Lothar Noack / Jürgen Splett

BIO-BIBLIOGRAPHIEN

Brandenburgische Gelehrte
der Frühen Neuzeit

Berlin-Cölln 1640–1688

Veröffentlichungen
zur brandenburgischen Kulturgeschichte der Frühen Neuzeit

herausgegeben von Knut Kiesant

Lothar Noack / Jürgen Splett

BIO-BIBLIOGRAPHIEN

Brandenburgische Gelehrte
der Frühen Neuzeit

Berlin-Cölln 1640–1688

Akademie Verlag

Einbandgestaltung unter Verwendung eines Porträts von Martin Friedrich Seidel.

Die Deutsche Bibliothek – CIP-Einheitsaufnahme
Noack, Lothar :
Bio-Bibliographien. Brandenburgische Gelehrte der frühen Neuzeit /
Lothar Noack/Jürgen Splett. – Berlin : Akad. Verl.
  (Veröffentlichungen zur brandenburgischen Kulturgeschichte der frühen Neuzeit)
Berlin-Cölln 1640–1688. – 1997
  ISBN 3-05-002840-8

© Akademie Verlag GmbH, Berlin 1997
Der Akademie Verlag ist ein Unternehmen der VCH-Verlagsgruppe.

Gedruckt auf chlorfrei gebleichtem Papier.
Das eingesetzte Papier entspricht der amerikanischen Norm ANSI Z.39.48 – 1984 bzw. der europäischen Norm ISO TC 46.
The paper used corresponds to both the U.S. standard ANSI Z.39.48 – 1984 and the European standard ISO TC 46.

Alle Rechte, insbesondere die der Übersetzung in andere Sprachen, vorbehalten. Kein Teil des Buches darf ohne Genehmigung des Verlages in irgendeiner Form – durch Photokopie, Mikroverfilmung oder irgendein anderes Verfahren – reproduziert oder in eine von Maschinen, insbesondere von Datenverarbeitungsmaschinen, verwendbare Sprache übertragen oder übersetzt werden.
All rights reserved (including those of translation into other languages). No part of this book may be reproduced in any form – by photoprinting, microfilm, or any other means – nor transmitted or translated into a machine language without written permission from the publishers.

Gestaltung und Satz: Petra Florath, Berlin
Druck: GAM Media GmbH, Berlin
Bindung: Verlagsbuchbinderei Mikolai GmbH, Berlin

Printed in the Federal Republic of Germany

Inhaltsverzeichnis

Vorwort VII

Berlin-Cölln 1640–1688

Abbadie, Jacques (1654/58–1727) 3	Kunsch von Breitenwald, Johann (1620–1681) 221
Bergius, Georg Conrad (1623–1691) 10	Lilien, Georg von (1597–1666) 225
Bergius, Johann (1587–1658) 14	Lubath, Martin (1621–1690) 244
Berkow, Johann (1600–1651) 25	Madeweis, Friedrich (1648–1705) 251
Bödiker, Johannes (1641–1695) 31	Mentzel, Christian (1622–1701) 264
Bontekoe, Cornelius (1647–1685) 65	Müller, Andreas (1630–1694) 272
Bötticher, Otto (1581–1663) 73	Pankow, Thomas (1622–1665) 294
Bredow, Peter (1633–1689) 76	Pawlowsky, Andreas von (1631–1691) 297
Brunsenius, Anton (1641–1693) 84	Peucker, Nikolaus (1620–1674) 302
Buntebart, Johann (1629–1674) 89	Rango, Cunradus Tiburtius (1639–1700) . . . 317
Craanen, Theodor (1620–1688) 95	Reinhardt, Elias Sigismund (1625–1669) 334
Crell, Wolfgang (1592–1664) 99	Rodigast, Samuel (1649–1708) 346
Crüger, Johann (1598–1662) 103	Rosa, Samuel (gest. 1702) 356
Elsholtz, Johann Sigismund (1623–1688) . . . 118	Rösner, Johann (1589–1661) 362
Fromm, Andreas (1621–1683) 124	Runge, Christoph (1619–1681) 369
Fromm, Joachim (1595–1657) 138	Schirmer, Michael (1606–1673) 373
Gerhardt, Paul (1607–1676) 147	Schmettau, Heinrich (1628–1704) 396
Grabow, Georg (1637–1707) 165	Schmitstorff, Erdmann (1626–1715) 404
Heimburger, Daniel David (1647–1691) 174	Seidel, Martin Friedrich (1621–1693) 409
Heinzelmann, Johannes (1626–1687) 177	Spengler, Adam (1612–1665) 422
Hellwig d. Ä., Jakob (1600–1651) 186	Stosch, Bartholomaeus (1604–1686) 431
Hellwig d. J., Jakob (1631–1684) 192	Vechner, Gersom (1629–1708) 437
Klingenberg, Martin (gest. 1688) 201	Vehr d. Ä., Peter (1585–1656) 441
Knesebeck d. J., Thomas von dem (1594–1658) 205	Vorstius, Johann (1623–1676) 450
Koch, Hermann (1638–1697) 211	Weber, Gottfried (1632–1698) 462
Kunckel von Löwenstern, Johann (1637/42–1703) 216	Weise, Martin (1605–1693) 477
	Westphal, Philipp (gest. 1702) 482
	Wilhelmi, Johann Gerlach (1636–1687) 486

Anhang

Siglenverzeichnis 497
Verzeichnis häufig benutzter Literatur 499
Porträtnachweis 509
Namenverzeichnis 511

Vorwort

Die Geschichte Brandenburgs (seit 1701 Brandenburg-Preußens) vom 16. bis zum frühen 18. Jahrhundert ist im Ensemble der historischen Wissenschaften eine Domäne der Politik- und Verfassungsgeschichte, die seit dem 19. Jahrhundert mit umfangreichen Editionen auch eine solide quellenmäßige Basis ihrer Forschungen geschaffen hat. Sieht man hingegen auf die Entwicklungen in der Literatur und den Wissenschaften, dann gehören diese Bereiche der Kulturgeschichte Brandenburgs in der Frühen Neuzeit noch immer zu den wenig erforschten Gebieten der Landesgeschichte. Dies nicht zuletzt deshalb, weil eine Vielzahl von Quellen, deren Erschließung ein genaueres Bild der kulturellen Manifestationen und ihrer Trägerschichten zeichnen könnte, bislang ungesichtet und unerschlossen in Bibliotheken und Archiven ruht und zudem über ganz Deutschland und halb Europa verstreut ist.

Die Reihe *Veröffentlichungen zur brandenburgischen Kulturgeschichte der Frühen Neuzeit* trägt dem in zwei aufeinanderbezogenen Teilen Rechnung. Mehrere in loser Folge erscheinende Bände der *Bio-Bibliographien. Brandenburgische Gelehrte der Frühen Neuzeit* wollen die personen- und textgeschichtlichen Grundlagen der Region erschließen helfen. Sie verstehen sich als Hilfs- und Informationsmittel zur kulturhistorischen Entwicklung Berlin-Brandenburgs und bilden die Basis für eine die Reihe abschließende *Brandenburgische Kulturgeschichte der Frühen Neuzeit*.

Der vorliegende Band *Berlin-Cölln 1640–1688*, der die Reihe eröffnet, enthält Artikel zu brandenburgischen Gelehrten, die während der Regierungszeit des Kurfürsten Friedrich Wilhelm (1640–1688) in der Residenz Berlin-Cölln wirkten. Die meisten der hier erfaßten Personen lassen sich bestimmten Gruppen zurechnen, etwa den kurfürstlich-brandenburgischen Leibärzten oder Kammergerichtsräten, den Gymnasiallehrern, vor allem aber den kurfürstlich-brandenburgischen Hofpredigern beziehungsweise den Predigern an den Stadtkirchen. Die in den Band aufgenommenen Theologen, Juristen, Mediziner und Schulmänner haben, im höfischen oder städtischen Dienst, in oder neben ihrem Amt, das kulturhistorische Antlitz der Region durch ihre wissenschaftlichen und literarischen Arbeiten entscheidend mitgeformt. Das Spektrum der jeweiligen Betätigungsfelder reichte dabei von den Anfängen der sinologischen Sprachstudien in Berlin-Cölln über medizinische, naturwissenschaftliche und philologische Forschungen sowie kirchenpolitische Streit- und Reformschriften bis zu den Formen der regionalen Literaturpraxis und der Aneignung des europäischen Bildungshorizontes durch Übersetzungen. Ihre vielfältigen Beziehungen zueinander gewähren erste Einblicke in das geistig-kulturelle Leben der im Spannungsverhältnis von Hof und Stadt existierenden brandenburgischen Doppelresidenz Berlin-Cölln, die zugleich auch ein Schauplatz konfessioneller Auseinandersetzungen zwischen Reformierten und Lutherischen war. Die Bedeutung, die der betreffende Autor für die brandenburgische Kulturgeschichte hatte, war das wesentliche Kriterium für seine Aufnahme in den Band; ob dabei der Geburts- beziehungsweise Sterbeort im Brandenburgischen lag, blieb unberücksichtigt.

Am Beginn jedes Artikels stehen die wichtigsten Lebensdaten des jeweiligen Gelehrten mit Angaben zu Beruf, Herkunft, Eheschließung und Familie sowie eine Übersicht über die Stationen der Ausbildung und über die ausgeübten Ämter. Etwa ein Drittel der Artikel verfügt zusätzlich über ein Porträt, für das in den meisten Fällen ein zeitgenössischer Kupferstich die Vorlage bildet. Im chronologisch angelegten biographischen Teil des Artikels wird der Lebensweg des Gelehrten entsprechend der Quellenlage nachgezeichnet, von der Geburt und Herkunft über Eheschließung und Familie bis hin zum Tod und der Würdigung des Verstorbenen durch Leichpredigt, Epicedia und Epitaph. Dem Bildungsgang der Gelehrten kommt ein besonderes

Gewicht zu, da Methoden, Lehr- und Lektürepläne der Bildungsinstitutionen in einer Zeit des normativen Verständnisses von Autor und Text die wissenschaftlichen und literarischen Präferenzen nachhaltig bestimmten. Der Universitätsausbildung wird in den Biographien breiter Raum zugestanden, die häufigsten Studienorte waren Wittenberg und Frankfurt/Oder, daneben Rostock, Jena, Leipzig und Greifswald. Der Einfluß der hier wirkenden Professoren auf die späteren Amtsinhaber in der kurbrandenburgischen Residenz Berlin-Cölln ist vielfach spürbar und zeigt sich in besonderer Weise bei jenen Wittenberger Theologen, die für das Auftreten der lutherisch-orthodoxen Geistlichen des Berlinischen Ministeriums in den religionspolitischen Auseinandersetzungen der sechziger Jahre des 17. Jahrhunderts mitverantwortlich waren. Eingearbeitet in die Gelehrtenlebensläufe sind hauptsächlich durch Casualia belegte Beziehungen zu anderen Personen, etwa zu Universitätsprofessoren, Ratsherren, Hofbeamten oder Amtskollegen. Handelt es sich hierbei um Gelehrte, die ebenfalls in diesen Band aufgenommen worden sind, ist dies durch einen Pfeil [→] kenntlich gemacht, der auf weitere Informationen unter dem betreffenden Namen verweist. Wichtige Schriften der Autoren werden durch knappe Werkbeschreibungen in ihrem geistes- und wissenschaftsgeschichtlichen Kontext erläutert, wobei Bemerkungen und Wertungen der einschlägigen Forschungsliteratur sowie zeitgenössische Urteile mit einfließen. Zugleich werden Verbindungen zu Vorgängern, Zeitgenossen und Nachfolgern aufgezeigt. Im biographischen Teil der Artikel (der jeweils mit den Initialen seines Verfassers – LN beziehungsweise JS – schließt) wurde das bislang immer vernachlässigte, für den zeitgenössischen Gelehrtentyp jedoch gleichwohl so charakteristische Personal- und Gelegenheitsschrifttum – zum Beispiel Hochzeitsgedichte, Trauergedichte etc. – umfassend berücksichtigt. Die Erfassung und Auswertung dieser Quellen ermöglichte es, wichtige personen- und kulturgeschichtliche Informationen aus dem Verborgenen ans Licht zu ziehen, Lücken in den Lebensläufen zu schließen sowie das wissenschaftliche und persönliche Beziehungsgeflecht nachzuzeichnen, in dem sich die jeweilige Leistung situierte. Da sich hier charakteristische Beziehungen zwischen Adressaten und Beiträgern besonders deutlich zeigen, wird durch das Personal- und Gelegenheitsschrifttum zugleich eine wichtige mentalitätsgeschichtliche Quelle für das 17. Jahrhundert bibliographisch erschlossen.

Der jeweiligen Gelehrten-Biographie angeschlossen ist eine Bibliographie, die alle ermittelten Werke des Autors einschließlich Personalschriften und Casualia chronologisch auflistet. Soweit die vom Autor verfaßten Werke noch vorhanden und einsehbar sind, wurde ihre Wiedergabe mit dem vollständigen Titel angestrebt, wobei offensichtliche Druckfehler stillschweigend verbessert, weitere sprachliche Besonderheiten oder Fehler aber nicht kenntlich gemacht und kommentiert sind. Was den Nachweis der Schriften betrifft, ist dieser auf einen Standort zumeist in der Region Berlin-Brandenburg beschränkt, da die Bestände der regionalen Bibliotheken und Archive von uns vorrangig erfaßt und ausgewertet wurden. Bei Werken, auf die der Zugriff etwa durch Kriegsverlust nicht mehr möglich ist, wird der in alten Katalogen verzeichnete Titel mit dem Hinweis »ehem.« zur ehemaligen Signatur beziehungsweise der durch die Sekundärliteratur überlieferte Titel mit der Quelle der Titelaufnahme angegeben. Dahinter steht unter anderem auch die Auffassung, daß einmal produziertes Wissen nicht verschüttet werden darf, sondern im Sinne der »Bibliotheca universalis« des Schweizer Polyhistors Konrad Gesner (1516–1565) Ausdruck des kulturellen Gedächtnisses der Menschen ist und daher erhalten bleiben muß. Aufgenommen wurden Druckwerke und Handschriften, außerdem Aufsätze, Briefe und Selbstzeugnisse sowie der Nachlaß des Gelehrten als integraler Bestandteil kommunikativer Beziehungen. Die Bibliographie enthält des weiteren die Literatur über den Autor, die bei jenen der Vergessenheit entrissenen Gelehrten möglichst vollständig aufgeführt, bei den bekannteren Autoren hingegen in einer repräsentativen Auswahl zusammengestellt ist, wobei häufig zitierte Literatur verkürzt aufgenommen wurde und über das Literaturverzeichnis am Ende des Bandes mit dem vollständigen Titel erschlossen werden kann. Außerdem sind in den meisten Fällen Leichpredigt und Epicedia-Sammlungen auf den Verstorbenen nachgewiesen. Darüber hinaus liefert die Literatur über den Autor bei mehreren Theologen auch die Titel wichtiger konfessionspolemischer Schriften von Zeitgenossen.

Der Band enthält neben einem Verzeichnis der häufig zitierten Literatur und einem Siglenverzeichnis der Bibliotheken, in denen die Quellen einsehbar sind, vor allem ein Register der erwähnten Personen. Dieses Personenverzeichnis soll dem Nutzer die Arbeit mit den *Bio-Bibliographien* wesentlich erleichtern. Gleichsam unverzichtbar ist es jedoch im Hinblick auf die Personalschriften und Casualia, die bei den meisten Autoren den größten Teil der Werke ausmachen. Deshalb wurden in dieses Register auch die im Titel verzeichneten Namen zeitgenössischer Personen, zumeist Adressaten der Gelegenheitsschriften, aufgenommen.

Dem vorliegenden Band sollen weitere vier bio-bibliographische Bände zu brandenburgischen Gelehrten der Frühen Neuzeit folgen. Sie beleuchten deren geistig-kulturelles Wirken in Berlin-Cölln in der Zeit von der Einführung der Reformation in der Mark Brandenburg (1539) bis zum Regierungsantritt des Kurfürsten Friedrich Wilhelm (1640) beziehungsweise während der Herrschaft des Kurfürsten Friedrich III. (1688 bis 1713, ab 1701 König Friedrich I. von Preußen), sowie die Leistungen märkischer Gelehrter außerhalb der Residenz in den Jahren 1506–1640 und 1640–1713. Alle Bände beruhen auf der Selektion aus einer bio-bibliographischen Datenbank, die nach der Fertigstellung der Bände als CD-ROM-Edition erscheinen soll. Diese erfaßt nicht nur einen zahlenmäßig weitaus größeren Autoren- und Adressatenkreis, sondern auch weitere Detailinformationen zu den Verfassern und ihren Schriften, wie sie in diesem Umfang in den gedruckten Bänden nicht berücksichtigt werden konnten.

Den Abschluß der Reihe wird eine *Brandenburgische Kulturgeschichte der Frühen Neuzeit* bilden, welche die aus der Vielzahl analysierter individueller Lebensläufe, aus der Breite und Vielgestalt der auf diese Weise zutagegekommenen literarischen, wissenschaftlichen und publizistischen Aktivitäten und Beziehungen gewonnenen Informationen bündelt und vertieft und im Zusammenhang mit den literarischen, moralischen, religiösen, wissenschaftlichen, bildungsgeschichtlichen, kirchlichen und landespolitischen Diskursen der Zeit an ihren Schnitt- und Umbruchspunkten untersucht. Dadurch soll ein differenziertes Bild der kulturellen Entwicklungsgeschichte der Region entstehen, das auch Brandenburgs Stellung im Gesamtverband der Territorien des alten deutschen Sprachraums sowie seine Verflechtung mit der europäischen Kultur ins Blickfeld rückt.

Der Dank der Verfasser gilt zuerst Herrn Professor Dr. Werner Lenk, der das Unternehmen initiiert und bis zu seiner Emeritierung geleitet hat, und Herrn Professor Dr. Knut Kiesant, der seitdem das Projekt betreut und als Herausgeber der Reihe *Veröffentlichungen zur brandenburgischen Kulturgeschichte der Frühen Neuzeit* verantwortlich zeichnet, sowie der früheren Projektmitarbeiterin, Frau Dr. Gabriele Kees. Dank schulden wir darüber hinaus besonders dem Leiter des Internationalen Arbeitskreises »Stadt und Kultur der Frühen Neuzeit« (mit Sitz in Osnabrück) und Direktor des Interdisziplinären Instituts für Kulturgeschichte der Frühen Neuzeit an der Universität Osnabrück, Herrn Professor Dr. Klaus Garber, für seine unermüdliche Förderung. Abschließend danken wir dem Leiter der Handschriftenabteilung der Staatsbibliothek zu Berlin – Preußischer Kulturbesitz, Herrn Professor Dr. Tilo Brandis, für die Genehmigung zur Veröffentlichung der Porträts, den Mitarbeitern der von uns aufgesuchten Bibliotheken und Archive, die unsere Forschungen durch die schnelle Bereitstellung der gesuchten gedruckten und handschriftlichen Quellen erleichterten, sowie dem Akademie Verlag für die Aufnahme des Bandes in sein Programm.

Lothar Noack
Jürgen Splett März 1997

Berlin-Cölln
1640–1688

Abbadie, Jacques

* zwischen 1654 und 1658 in Nay/Béarn
† 25. Sept. 1727 Marylebone b. London
Theologe, reform.
V N. N.
M N. N.

1680 Prediger der franz. Gemeinde in Berlin
1690 Prediger der franz. Gemeinde in London

Jacques Abbadie wurde vermutlich um 1654 (andere Angaben 1657, 1658, 1664) in Nay bei Pau in der Provinz Béarn – die durch Henri IV. an Frankreich kam und nach dessen Ermordung (1610) auch immer wieder die Unterdrückung des dort seit 1560 herrschenden Protestantismus zu erleiden hatte – geboren. Diese Vermutung stützt sich darauf, daß der Nachruf auf Abbadie in der Londoner Zeitung »Daily Courant« (5. Okt. 1727) sein Todesalter mit 74 Jahren in etwa richtig angibt.

Obwohl Jacques Abbadie später im Kreise der europäischen Gebildeten zu den meistgelesenen zeitgenössischen Autoren zählte, geben die einschlägigen Nachschlagewerke und Spezialuntersuchungen nur unzureichende bzw. sich widersprechende Auskünfte über seine Lebensumstände, und angesichts der erreichbaren Quellen müssen seine Herkunft, die Zeit seines Pariser Aufenthalts und sein Wirken in England und Holland auch weiterhin unaufgeklärt bleiben.

Auf den Besuch der Universität bereitete sich Abbadie unter Anleitung von Jean de la Placette (1639 bis 1718) vor, der 1664 als Prediger nach Nay gekommen war und später durch seine christlich-moralischen Reflexionen ein erfolgreicher theologischer Schriftsteller wurde.

Anschließend bezog Abbadie die Akademien von Puylaurens sowie Saumur und Sedan; letztere nach dem Vorbild der Genfer Akademie ausgerichtet, sorgte für gut ausgebildete Prediger, die auch in der Kontroversliteratur bewandert waren. Zweifelsohne stand aber bereits die Ausbildung, die Abbadie durch La Placette erhalten hatte, auf so hohem Niveau, daß er seine Studien an diesen Ausbildungsstätten gut vorbereitet und in relativ kurzer Zeit mit der Verteidigung des theologischen Doktorgrades beenden konnte.

Nach dem Studium wandte sich Abbadie nach Charenton (bei Paris), um insbesondere seine Kenntnisse der Redekunst bei den berühmten reformierten Predigern Jean Claude (1619–1687) und Pierre Allix (1641–1717) zu vervollkommnen. Hier wurde 1678 der Gesandte des Kurfürsten Friedrich Wilhelm von Brandenburg, Louis de Bouveau, Comte d'Espense, auf ihn aufmerksam, der im Auftrag des Kurfürsten einen Ersatz für den sich mit Abwanderungsgedanken tragenden Prediger der französischen Gemeinde in Berlin, David Fornerod, suchte. Abbadie nahm den Ruf nach Berlin an und wurde nach abgelegten Probepredigten am 4. Sept. 1680 durch den kurfürstlichen Hofprediger Georg Conrad → Bergius ordiniert.

Sein geistliches Amt versah Abbadie in der Folgezeit mit außerordentlichem Zuspruch; er zeigte sich als eloquenter Kanzelredner, dessen Predigten auch von der kurfürstlichen Familie besucht wurden. Mit dem Blick auf seine wegen ihres Glaubens bedrängten Landsleute in Frankreich bekamen seine Predigten seit 1681 auch einen politischen Akzent. Aus dieser Zeit ist ein Vorfall überliefert, wonach er beschuldigt wurde, in einer Predigt den König von Frankreich mit Pharao und Antiochus verglichen und dadurch verunglimpft zu haben. Allerdings konnte Abbadie dadurch, daß er dem Botschafter des französischen Königs in Berlin, dem Grafen de Rébenac, seinen Predigtentwurf vorlegte, diese Anschuldigen zurückweisen. Trotz dieses deutlichen Hinweises hinsichtlich der Grenzen der Kritik an der französischen Religionspolitik informierte Abbadie auch weiterhin über das Schicksal seiner verfolgten Landsleute; so hielt er seit 1683 liturgische Gottesdienste, in denen er über die Geschehnisse im Heimatland berichtete.

Neben seinem Predigtamt bemühte sich Abbadie in besonderem Maße um den Aufbau einer kirchlichen Ordnung und um die Regelung der Belange des alltäglichen Lebens der Gemeindemitglieder in Berlin und Cölln. Dazu gehörten neben der Bildung eines Ältestenrates als Entscheidungsgremium für kirchliche Fragen auch die religiöse Erziehung der Kinder und soziale Aufgaben wie die Armenpflege, die Vorsorge für Waisenkinder und die Vergabe von Krediten zur Gründung von Handwerken. Daß diese Maßnahmen zur Konsolidierung und Festigung der Gemeinde von den Lutherischen der Stadt kritisch verfolgt wurden, die nicht zu Unrecht befürchteten, daß dadurch insgesamt die Stellung der Reformierten gestärkt würde, zeigte sich 1683 aus Anlaß des Todes der ersten Frau des Thronfolgers Friedrich III., Elisabeth Henriette. Damals wurde von lutherischer Seite das Gerücht verbreitet, daß die Franzosen die von ihnen seit 1682 genutzte Schloßkapelle zu den anstehenden Trauerfeierlichkeiten nicht räumen wollten. Tatsächlich aber hatte sich Abbadie bereits an den Potsdamer Hofprediger Anton → Brunsenius gewandt, um ihn zu bitten, sich beim Kurfürsten für einen geeigneten Ersatzort einzusetzen.

Nach der Aufhebung des Edikt von Nantes wurde Abbadie vom Kurfürsten in die Organisation der Ansiedlung der französischen Religionsflüchtlinge in Brandenburg einbezogen. So reiste er in den folgenden Jahren mehrmals nach Den Haag, um die aus Frankreich Geflohenen zur Übersiedlung nach Brandenburg zu bewegen, das im Gegensatz zu Holland und England als neue Heimat viel weniger attraktiv erschien. Als eine Frucht dieser Bemühungen konnte er am 22. Dez. 1685 ein vom Kurfürsten zur Verfügung gestelltes Schiff verabschieden, das 109 Handwerker nach Brandenburg bringen sollte. Des weiteren erarbeitete er Pläne, wie die Réfugiés in den kurfürstlichen Landen angesiedelt werden sollten (BAUDOIN, 1939, S. 17). Im Haag bemühte er sich auch, den inzwischen dorthin geflohenen J. Claude als Prediger in das Kurfürstentum Brandenburg zu holen, was dieser allerdings mit dem Hinweis auf sein Alter ablehnte (vgl. BAUDOIN, 1939, S. 15: Brief von Claude an den Kurfürsten vom 16. Febr. 1686). Aber auch von Berlin aus warb Abbadie um bedeutende reformierte Prediger wie seinen ehemaligen Lehrer La Placette, den der Kurfürst als Prediger für Königsberg gewinnen wollte. La Placette kam nach Berlin, nahm aber dann die Berufung der dänischen Königin nach Kopenhagen an und blieb dort bis 1712 Hofprediger.

Abbadie nutzte seine Aufenthalte in Holland auch, um den Druck seiner Schriften zu besorgen. Bereits mit seiner ersten größeren, in Berlin beendeten Arbeit »Von der Wahrheit der christlichen Religion« erntete er nahezu ungeteilte Bewunderung und Anerkennung. Das Ziel seiner Arbeit formulierte er einleitend in der Wiederherstellung eines christlichen Handelns, das sich auch eines bestimmten Vernunftsprinzips bedient: »In der That: ob zwar die Warheiten der Christlichen Religion an sich selbst unendlich weit gewisser sind/ alles andere in der Welt; so verlangen wir doch nur bloß/ daß man sie mit eben der Gewißheit annehmen möge/ als man die ersten und gemeinen Warheiten annimmt/ nach denen man sich in seinen Thun und Handlungen richtet.« (Cap. I § IV.)

Die Versuche, die Wahrheit der christlichen Religion zu erweisen, sind nun fast ebenso alt wie das Christentum selbst. Wie sehr aber das von Abbadie aufgegriffene Thema gerade seine Zeitgenossen bewegte, wird deutlich an dem Kontext, in den der deutsche Übersetzer dieses Werk stellte: »H. Grotius' ›Buch von der Wahrheit der Christl. Religion‹; B. Pascals ›Pensees sur la religion‹; D. Huets ›Demonstrationem Evangelicam‹; I. Jaquelots ›Dissertations sur l'Existence de Dieu‹; B. Pictets ›La Theologie Chretienne & la Science du Salut‹; J. Le Clercs ›Tractat de l'Incredulité‹; R. Bentleys ›De irrationabilitate Atheismi‹; W. Sherlocks ›Discurs von der Glückseligkeit der Frommen und Bestraffung der Bösen nach dem Leben‹; J. Lockes ›Von der Vernünftigkeit der Christlichen Religion‹; Salomon von Tills ›Erklärung des Evangelii Matthai‹ und Ph. Limborchs ›Amica Collatione de Veritate relig. Christ. cum eruditio Judaeo‹«.

Diese Reihe ließe sich fortsetzen, da die apologetischen Schriften zum Ende des Jahrhunderts eine Massenware wurden, die auf die überall sichtbaren Erscheinungen des Säkularisierungsprozesses der Zeit, der sich u. a. in zunehmender religiöser Indifferenz sowie dem Auseinanderfallen von tatsächlichen Lebensformen und christlichem Ethos zeigte, reagierte. Zum anderen hatte die nachcartesianische »Logique de Port Royal« (1662) die Regeln der Erkenntnis neu definiert und damit die Frage nach der Vernünftigkeit der Religion aktualisiert. Aus diesen Gegebenheiten heraus unternahm Abbadie den Versuch, die Übereinstimmung von Vernunft und Offenbarung rational zu beweisen, um dadurch den Gottesglauben als handlungsleitenden Mittelpunkt zu bewahren. Dabei schuf er letztlich ein klassisches Werk der Apologetik, von dem selbst sein späterer Antipode Pierre Bayle (1647–1706) in seinen »Nouvelles de la République des Lettres« (Okt. 1684) lobend sagte, daß seit langer Zeit kein so vernünftiges und eloquentes Werk zum Thema erschienen sei. Daß das Buch auch im Kreis der Gebildeten eifrig gelesen wurde, belegt u. a. die Anerkennung, die die brandenburgische Kurfürstin Sophie Charlotte in einem Brief an Leibniz diesem Werk zollte. Aber vor allem durch den Ausspruch vom ›le divin Abbadie‹ der Madame Sévigné (1626–1696) – selbst eine glänzende Schriftstellerin – war die Schrift bestens empfohlen worden (vgl. HAASE, 1959, S. 14: Brief an Bussy vom 13. Aug. 1688).

Daß sich Abbadie in seiner Abhandlung jeglicher konfessioneller Polemik enthielt, sicherte der Schrift im protestantischen wie katholischen Lager gleichermaßen Erfolg. So konnte später Philipp Jacob Spener (1635–1696) in seiner antisozinianischen Schrift »Vertheidigung des Zeugnüsses von der Ewigen Gottheit Unsers Herrn JESU CHRISTI, …« Frankfurt a. M. 1706 auf dieses Werk zurückgreifen, das, obwohl von einem Calvinisten verfaßt, sich aller theologischen Kontroversen enthielt und somit von Spener als Demonstration der Einigkeit der Protestanten in der Christologie, in der Lehre von der Gottheit Christi, benutzt werden konnte.

Mit seinem literarisch erfolgreichen Erstlingswurf hatte Abbadie sein Thema gefunden, das er in den folgenden Jahren in verschiedenen Richtungen vertiefen sollte. Unter den Schriften der ersten Berliner Jahre ragt noch die panegyrische Rede auf den Kurfürsten Friedrich Wilhelm heraus, die den brandenburgischen Herrscher sowohl als »Hof-, Welt-, Staats- und Kriegs-Mann« wie auch als gelehrten, frommen und redlichen Mann lobte. Die Schrift, die Abbadie auch als einen Dank für die Aufnahme in Brandenburg verstand, trug maßgeblich zur Erhöhung des Ansehens des Kurfürsten in Europa bei.

Der Zustrom französischer Flüchtlinge in die brandenburgische Doppelresidenz verlangte nicht nur erhöhte Anstrengungen in der Bewältigung der kirchlichen Aufgaben, sondern führte auch zur Frage nach dem Status der reformierten Kirche außerhalb Frankreichs. Am 2. Febr. 1687 faßte das Mittwochskonsistorium den Vorsatz, im Rahmen ihrer Sitzungen aus der alten französischen Kirchenordnung, der *Discipline ecclésiastique*, vorzulesen, worauf am 13. Juni 1688 (ACTES DU CONSISTOIRE, Bl. 41r, 59r) der Beschluß folgte, sie auch in Berlin-Cölln in ihrer alten Form wiederherzustellen. Das bedeutete u. a., daß jede Rangordnung unter den Predigern aufgehoben werden sollte. Abbadie weigerte sich sowohl im Juni als auch am 14. Nov. 1688 (ACTES DU CONSISTOIRE, Bl. 65r), diese zu unterzeichnen, indem er darauf verwies, daß er nach der deutschen Kirchenordnung ordiniert worden war und auch die Weisungsbefugnis des Konsistorialrates G. C. Bergius in den Kirchenangelegenheiten der Gemeinde der französischen Ordnung widerspräche. Nachdem Abbadie im Mai 1689 nochmals gegen die Unterzeichnung protestiert hatte, wandten sich die anderen Mitglieder des Konsistorium, an ihrer Spitze Charles Ancillon, mit einer diesbezüglichen Beschwerde am 19. Juni 1689 an den Kurfürsten (GStA, Rep. 122, Nr. 5. 1, Vol 1, Bl. 1f.). Die vom Kurfürsten eingesetzte Untersuchungskommission schloß sich in ihrem Votum den Beschwerdeführern an, so daß der Kurfürst in einer Deklaration vom 7. Dez. 1689 die Verbindlichkeit der *Discipline ecclésiastique* bestätigte. Abbadie teilte darauf am 30. April 1690 mit, daß der Kurfürst seinem Abschiedsgesuch zugestimmt habe. (Zum Weggang Abbadies vgl. auch GABRIEL D'ARTIS: LETTRE PASTORALE Du plus Anciens & plus Légitime PASTEUR DE L'EGLISE FRANÇOISE DE BERLIN, … Amsterdam 1699, S. 20f.)

Die geschilderten Vorgänge hatte Abbadie teilweise nur aus der Ferne miterlebt, da er Ende 1688 den Marschall von Schomberg, ehemaliger Marschall von Frankreich und seit 1687 Chef aller brandenburgischen Truppen, Geh. Staats- und Kriegsrat sowie Statthalter Preußens, im Gefolge des Prinzen von Oranien nach England begleitete. Schomberg hatte 1688 eine Armee aus Hugenotten aufgestellt, um Wilhelm von Oranien im Feldzug nach England zur Entthronung Jacobs II. (1633–1701) zu unterstützen. Am 1. Juli 1690 fiel Schomberg in der Schlacht an der Boyne (Irland). Abbadie soll unter dem Lärm der Schlacht seine vielleicht bekannteste Schrift von der »Kunst sich selbst zu erkennen« verfaßt haben, in der er den Weg zu einem guten Gewissen in den Mittelpunkt stellte. Die Möglichkeit dazu sah er in einem Verhalten, das einen Mittelweg im Handeln verfolgte und so am ehesten die hohen christlichen Moralgebote mit dem beschränkten natürlichen menschlichen Vermögen, wie es sich in der Eigenliebe zeigte, in ein ausgewogenes Verhältnis bringen konnte. Darin wurde auch nochmals der Einfluß seines Lehrers La Placette deutlich, der gleichfalls im Bezug zur Moral diese ausgleichende Haltung vertrat.

Ende 1690 ging Abbadie nach London an die 1641 von Benjamin de Rohan gegründete reformierte Kirche La Savoyen. Aus seinem gutem Verhältnis zum Prinzen von Oranien, dem späteren König Georg III., rühren seine politischen Verteidigungsschriften »Defense de la Nation Britannique« und »Histoire de la Derniere Conspiration d'Angleterre«.

In der ersten Schrift verteidigte Abbadie die Revolution von 1688 und das Widerstandsrecht des Volkes.

Den aktuellen Anlaß zu dieser Schrift gab das anonym publizierte und fälschlich P. Bayle zugeschriebene Pamphlet »Avis aux Réfugiés« (1690). Diese Schrift verurteilte scharf jene Partei, die sich im Gefolge von Pierre Jurieu (1637–1713) für eine gewaltsame Rückeroberung Frankreichs durch englische Waffen aussprach und rief die französischen Protestanten zur Loyalität gegenüber dem französischen König als Voraussetzung für eine friedliche Rückkehr in ihre Heimat auf.

Die zweite politische Schrift dieser Jahre verfaßte Abbadie auf Bitten des Königs Georg III.; sie hatte die gegen den Krieg geplante Verschwörung von 1696 zum Hintergrund.

Da Abbadie das Londoner Klima nicht vertrug, ging er auf Empfehlung des Königs nach St. Patrick/Dublin als Doyen und 1699 nach Killalow/Irland. 1720 bis 1723 weilte er in Amsterdam zur Vorbereitung einer Edition seiner Werke, die auch die beiden bis dahin unveröffentlichen Texte »Nouvelle Manière de prouver l'Immortalité de l'Ame« und »Notes sur le Commentaire philosophique de M. Bayle« enthalten sollte. Danach lebte er in dem Londoner Vorort Marylebone, wo er am 25. Sept. 1727 starb. [JS]

Werke

Sermons sur divers textes de l'Ecriture. Leide 1681. 8°. (ehemals 1: Ed 4510; wieder abgedr. in: Sermons et Panéqyriques, 1760).

Sermon sur Apocalypse chap. 14 v. 13 prononcé à l'occassion de la mort de S. A. la Princesse electorale de Brandebourg. Cologne à la Spree: G. Schoults 1683. 4°. (1: Ed 4015, n. 5 ehemals).

Sermon sur ces paroles du Pseau CXVIII. C'est ici la journée ... Prononcé dans l'eglise françoise de Berlin à l'occassion du mariage de Monseigneur le Prince Electoral et Madame la Princesse d'Hanovre. o. O. 1684. 8°. (ehemals 1: Su 700).

TRAITÉ de la Vérité de la RELIGION CHRÉTIENNE. PREMIERE [ET SECONDE] PARTIE. Où l'on établit la Religion Chrétienne par ses propres caracteres. A ROTTERDAM, Chez REINIER LEERS, M.DC.LXXXIV. (B 2023: A – 435; 14: Th.ev.dogm. 350,1). 2. Ed., corrigée, & augmentée, vol. 1, 2, Rotterdam: R. Leers 1688 (1: Dc 1122); 3. Ed. Rotterdam: R. Leers 1689 (11: 150 fb); 4. Ed. Rotterdam: R. Leers 1701; weitere Aufl. u. a.: 1711, 1715, Rotterdam: R. Leers 1728; Amsterdam: F. Changuion 1729, La Haye 1741, La Haye: Neaulme 1760; Dijon 1826; Toulouse 1864. (B 2023: A – 440/441); Übers. ins Engl. von H. L. C. [H. Lussan], London 1694; dt. Übers. von C. L. Bilderbeck: Die Triumphirende Christliche RELIGION Das ist Hochnöthiger Nützlicher und Erbaulicher TRACTAT Von der Warheit Und Gewißheit der Christlichen RELIGION, Worinne Nicht nur die Existentz GOttes/ auch daß die Schrifft GOttes Wort/ und JESUS der wahre Messias, und insgemein der gantzen Christlichen RELIGION Gewißheit durch vernünfftige Gründe/ und vielfältige unwidersprechliche Beweißthümer gantz deutlich und klar dargethan/ sondern auch denen Zweiffeln und Einwürffen/ so die Atheisten, Naturalisten, Deisten, Juden/ Schwachgläubige &c. dagegen machen/ oder nur immer formiren können/ sattsam begegnet wird. Aus dem unvergleichlichen Frantzösischen Scripto Des JACOBI ABBADIE, Theol. Doct. Und Predigers zu Dublin in Irrland/ mit besonderm Fleiß übersetzet/ Und durch unten beygefügte/ aus denen neuesten Autoren so diese Materie behandelt/ als MORNAEO, GROTIO, PASCAL, HUETIO, CLERICO, LIMBORCH, ALLIX, HALE, PICTETE, CUDWORT, JAQUELOT, BENTLEII, SALOMON von TYLL, und anderen guten Theils gezogene Anmerckungen an denen nöthigen Orten erläutert Nebst einer Vorrede Worinne 1. von dem Nutz und rechten Gebrauch dieser und dergleichen Schrifften gehandelt und 2. von denen fürnehmsten hieher gehörigen Scribenten umständliche Nachricht gegeben wird/ 3. Die hauptsächlicheste Methoden, nach welchen die Autores hie den Beweißthumb geführet/ insonderheit aber das Project des sehl. Pascals umständl. beschrieben/ auch 4. von gegenwärtigem Wercke dessen Einrichtung und nützlichen Gebrauch nöthige Meldung gethan wird. Franckfurt und Leipzig/ in Verlegung Hieronymus Friedrich Hoffmanns. 1713 (1: Dc 1130; 14: 3 A 8847); Triumphirende Christliche RELIGION Das ist Hochnöthiger/ Nützlicher und Erbaulicher TRACTAT Von der Warheit Und Gewßheit der Christlichen RELIGION: Aus dem Unvergleichlichem Frantzösischen Scripto Des Herrn JACOBI ABBADIE, Theol. D. Und Predigers in Irrland/ mit Fleiß übersetzet/ Und durch einige unten beygefügte/ aus den neuesten Autoren so gleiche

Materie behandelt/ Guten Theils gezogene Anmerckungen erläutert. Zweyter und letzter TOMUS Nebst einer Vorrede/ Worinnen gezeiget wird: I. Daß kein Zustand unglücklicher und unvernünfftiger sey/ als eines/ der von der Warheit der Christlichen Religion nicht gewiß ist/ oder gewiß zu werden nicht ernstlich suchet. Hingegen auch II. nichts glücklicher/ als der Zustand eines Gläubigen/ Und III. wie hiezu zu gelangen? Leipzig/ in Verlegung Christoph Julius Hoffmanns. 1721. 4°. (23: Te 1); Aufl. Leipzig und Rudolstadt: W. Deer/ Chr. J. Hoffmann 1739 (1a: Dc 1132); weitere Aufl. Leipzig und Jena 1748; Augsburg 1776 und Karlsruhe 1788 (übers. von H. J. v. Hahn, HEINSIUS, 1812); De Waarheit van den Christelyken Godsdienst. Amsterdam 1731–1733; d. i. Übers. der engl. Ausgabe »Vindication of the trutes of the Christian Religion, 1694« ins Holl.: (Haar, J. v. d., 1980, S. 1; Übers. P. le Clerc ?).

PANEGYRIQUE DE MONSEIGNEUR L'ELECTEUR DE BRANDEBOURG, FREDERIC GUILLAUME. Par Monsieur ABBADIE. A BERLIN, Chez ROBERT ROGER, Libraire & Imprimeur de Son Altesse Electorale. M.DC.XCV. (B 2023: A – 431; 14: Hist. Boruss. 258, 23m); 1. Aufl. Rotterdam 1684; dt. Übersetzung von Charles des Hayes: Hochverdienter Heldenlorbeer, Sieges- und Ehren Palmen, welche von der Fama dem Churf. FRIEDR. WILHELM, als dem wahren Achilli unserer Zeiten durch eine Französ. Hand zubereitet, nunmehro aber ins Deutsche übersetzet, Berl. 1685, 12°; Ihro Churfürstlichen Durchlauchtigkeit zu Brandenburg Lob=Rede/ Auß dem Frantzösischen ins Teutsche übersetzet. Cölln an der Spree/ Druckts Georg Schultze/ Churfl. Brandenb. Hoff=Buchdr. Anno M.DC.LXXXIV. (11: 66 A 7321); Übers. ins Ital. von Gregor Leti: Ritratti historici, ... Amsterdam 1687, Part I (Küster, Bibliotheca Brandenb., 1743, S. 494).

Réflexions sur la présance reelle du Corps de Jesus-Christ dans l'Eucharistie, comprise en diverses lettres. La Haye: Troyel 1685. (CBN, vol. I, p. 20; Baudouin, 1939, S. 27: 4 Briefe; auch abgedr. in: Pieces Françaises sur l'Eucharistie. Rotterdam 1713).

LES CARACTERES DU CHRESTIEN Et du CHRISTIANISME; Marqués dans trois SERMONS Sur divers Textes de l'Ecriture, avec des Reflexions sur les afflictions de l'Eglise. A LA HAYE, Chez ABRAHAM TROYEL, Libraire à la grand' Salle de la Cour. M.DC.LXXXVI. (B 2023: A – 453; 14: Th. ev. asc. 701); weitere Aufl. 1687 und 1695; La Haye: Troyel 1697.

Sermon sur le Couronnement de Sa Serenité Electorale de Br. prononcé à Berlin le 13. Juin 1688. Berlin: Roger. 8°. [1: Su 2380 ehemals].

TRAITÉ de la DIVINITÉ de Notre Seigneur JESUS-CHRIST. A ROTTERDAM, Chez REINIER LEERS, MDCXC. Avec Privilege de Nosseigneurs les Estats de Hollande & de West-Frise. [14: Th.ev.Dogm. 824; B 2023: A – 432; 11: 150 fb]; Rez. von J. Le Clerc, in: BUH, Dec. 1689, pp. 366–379; weitere Aufl. u. a. Rotterdam: Caspar Fritsch & Michel Böhm 1709 (1: Dc 1125); 6. Aufl. Amsterdam: Wetstein 1719 (1: Diez° 6005); 7. Aufl. Amsterdam: François Changlion 1729 (1: Cx 7520, 7; B 2023: A – 433); Übers. ins Engl. v. M. Booth, London 1697; dt. Übers. von Johann Georg Angerer: Tractat von der Gottheit unsers Heilandes. Nürnberg 1754; Cöthen 1756 [HEINSIUS, 1812]; holl. Übers.: Verhandeling over de Godheid van onzen Heer Jesus Christus. Utrecht 1783. (Haar, J. v. d., 1980, S. 1).

DEFENSE DE LA NATION BRITANNIQUE: Ou les droits de DIEU, de la Nature, & de la Societé clairement établis au sujet de la revolution d'Angleterre, CONTRE l'Auteur de l'Avis important aux Refugiés. Par M. ABBADIE MINISTRE. A LONDRES Chés La Vesve Mallet 1692. 8°. (B 2023: A – 455); weitere Aufl. London: La Vesve Mallet 1693. (B 2023: A – 547); La Haye: Abraham de Hondt 1693. (B 2023: A – 456); Les Droits de Dieu, de la nature et des gens, tirés d'un livre de M. Abbadie intitulé: »Défense de la nation britannique ...« On y ajouté un discours de M. Noodt sur les droits des souverains (traduit du latin par Barbeyrac). Amsterdam 1775. 8°. (CBN, vol. I, p. 20; BSB–AK 1501–1840: Ph.pr.3).

L'ART DE SE CONNOITRE SOY-MEME, ou la Recherche des Sources De la MORALE. Par JAQUES ABBADIE Docteur en Theologie & Ministre du St. Evangile. PREMIERE [ET SECONDE] PARTIE. A ROTTERDAM, Chez PIERRE VAN DER SLAART. M.DC.LXXXXII. 8°. (14: Theol. ev. mor. 150); Rez. v. Jacques Bernard, in: BUH, Nov. 1693, pp. 446–469; weitere Aufl. Lyon 1693; La Haye: v. Bulderen 1700; Rotterdam: R. Leers 1711 (1a: No 8836); La Haye: Guillaume de Voys 1711 (B 2023: A – 454); La Haye: Nèaulme 1741; 1743; La Haye: Nèaulme 1749 (1: Diez 8° 6330); Zürich: Heiddeguer 1751; La Haye: Nèaulme 1760; Übers. ins Engl. von T. Woodcock, Oxford 1695, 1698; dt. Übers.: Kunst sich selbst zu erkennen, oder Untersuchung dess Ursprungs der Tugend-Lehre. Augsburg: Kühtz 1712 [HEINSIUS, 1812].

L'esprit du Christianisme. s. l.: Griffin 1694. (BSB–AK 1501–1840: Film.R 361–339).

PANEGYRIQUE DE MARIE STUART, REINE D'ANGLETERRE, D'ECOSSE, DE FRANCE ET D'IRLANDE, &c. DE Glorieuse & d'Immortelle Mémoire. Décédée à Kensington le 28. Décemb. 1694. Par J. ABBADIE, Ministre de l'Eglise de la Savoye à Londres. Avec une Eglogue sur le meme Sujet. A BERLIN, Chez ROBERT ROGER, Libraire & Imprimeur de S. A. Elect. M.DC.XCV. (14: Hist. Britann. B. 478,64); weitere Aufl. Genève: F. Teiches 1695, Amsterdam: Garrel 1695, La Haye 1697; dt. Übers.: Lob-Rede der unvergleichlichen Maria Stuart, gewesenen Königin in England, Schottland und Irrland. Aus dem Franz. ins Teutsche übersetzet von M. Gottfried Langen. Leipzig 1695. 4°. (1: Tt 6552 ehemals); Berlin 1695 (1: Tt 7512 ehemals).

HISTOIRE DE LA DERNIERE CONSPIRATION D'ANGLETERRE AVEC Le détail des diverses entreprises contre le ROY ET LA NATION, Qui ont precedé ce dernier attentat. A LONDRES. 1696. 8°. (14: Hist. Britann. 1263 B); Dordrecht 1697 (14: Hist. Brit. B. 1264); Übers. ins Engl.: The History of the late Conspiracy against the King and the Nation. With a particular account of the Lancashire Plot, etc. London: Daniel Brown & Th. Bennet 1696.

Nouvelle Dissertation touchant le temps auquel la religion chrétienne a été établie dans les Gaules. 1703. (BM).

Le regne glorieux de Jesus Christ sur la terre, ou Sermon sur le Ps. 72. prononcé à Saint Patrick, devant le Corps Officiers Francais, qui sont en Irlande, … Par le Docteur Abbadie … à un Officier le 31. Janvier 1712. Londres 1713. (Niceron).

LA VERITÉ DE LA RELIGION CHRÉTIENNE REFORMÉE. TOME PREMIER [ET SECOND]. A ROTTERDAM. POUR CASPAR FRITSCH, M DCCXVIII. (B 2023: A – 442/443); Übers. ins Engl. v. Henry Lambert, Bischof zu Dromore/Irland.

Liturgie de l'Eglise anglicane. Londres 1719. 8°. (Übers. der engl. Liturgie ins Franz.; Haag, 1877; Baudouin, 1939, S. 26).

LE TRIOMPHE DE LA PROVIDENCE ET DE LA RELIGION; OU L'OUVERTURE DES SEPT SEAUX PAR LES FILS DE DIEU; Où l'on trouvera la premiere partie de l'Apocalypse, clairement expliquée par ce qu'il y a de plus connu dans l'histoire & de moins contesté dans la parole de Dieu. Avec une nouvelle & très sensible demonstration de la verité de la Religion Chrétienne. Par le Dr. ABBADIE, Ministre du St. Evangile & Doyen de Killalow. TOME PREMIER [–TOME QUATRÈME]. A AMSTERDAM Chez MICHEL CHARLES LE CENE. M.DCCXXIII. (1a: Dc 1600; B 2023: A–446; 14: Th.ev.dogm. 355; 14: Exeg.C 1040); holl. Übers.: Triomferende Godtsdienst, in zeven profetische tafereelen by de opening der zeven zegelen vertoont. Uit het Fransch overgez., en met aantekeningen vermeerdert door Abraham Moubach. D. 1,2. Amsterdam 1726. 4° (GkPB, Bd. I, Sp. 45).

SERMONS ET PANEGYRIQUES Par JAQUES ABBADIE, Docteur en Théologie, & Doyen de Killalow. Auxquels ou à joint quattre lettres du même Auteur, & un Essai Historique sur sa Vie & ses Ouvrages. TOME PREMIER [TOME SECOND ET TOME TROISIEME]. AMSTERDAM, Chez FRANÇOIS CHANGUION. MDCCLX. [Mit Lebenslauf]. (B 2023: A – 450–452).

La Chaire évangelique. 1re série. Sermons anciens. No. 4. La science du chrétien, sermon … par Jacques Abbadie …, Paris: Servier 1829. (CBN, vol. I, p. 20).

Quatre Lettres sur la transsubstantion, par Jacques Abbadie …, Toulouse 1835. (CBN, vol. I, p. 20).

Literatur

ACTES DU CONSISTOIRE D L'EGLISE FRANÇOISE DE BERLIN. Protokolle (Mittwochsconsistorium) 10. 6. 1672–4. 7. 1694. (Archiv der Französischen Kirche zu Berlin [im Französischen Dom]: Rep 04 I 1); JÖCHER, Chr. G., Bd. 1, 1750, Sp. 10f; ANCILLON, Charles: Geschichte der Niederlassung der Réfugies in den Staaten Seiner Kurfürstl.Hoheit von Brandenburg. Nach der frz. Originalausgabe von 1690. Berlin 1939; NICERON, J. P.: Mémoires pour servir a l'histoire des hommes illustres dans la République des lettres …, Paris 1729–1745, Vol. 43; ERMAN: Mémoires historique sur la fondation de l'eglise fançoise de Berlin. Berlin 1772; Mémoires pour servir à l'histoire des réfugiés français dans les états du Roi. Par Messieurs Erman et Reclam. T. 1–4. A Berlin, chez Jean Jasperd, MDCCLXXXII. Imprimé chez G. F. Starcke. [Berlin 1782–1785]: Vol. I, S. 148; ŒUVRES COMPLETES DE M. PALISSOT, NOUVELLE ÉDITION, RÉVUE, CORRIGÉE ET AUGMENTÉE. TOME QUATRIÈME. MÈMOIRES SUR LA LITTÈRATURE. A PARIS M.DCCC.IX., S. 1–6; HAAG, Eugène et

Emile: La France Protestante. Deuxième Édition. Paris 1877: T. 1; S. 10; BORDIER, Henri: La France protestante. T. I–VI. Paris 1877–1887; ILLAIRE, Maurice: Etude sur Jacques Abbadie considéré comme prédicateur. Strasbourg 1858; MURET, Edouard: Geschichte der Französischen Kolonie in Brandenburg-Preußen. Berlin 1885; DICTIONARY OF NATIONAL BIOGRAPHY. EDITED BY LESLIE STEPHEN. VOL. I., ABBADIE-ANNE. LONDON 1885; MARQUIE, P. F.: Jacques Abbadie considerée comme moraliste étude sur son Art de se connaître. Montauban 1885; BAUDOIN, Aimée: Jacques Abbadie. Prediger der französischen Gemeinde zu Berlin in der Geschichte der französischen Literatur. Phil. Diss. Berlin 1939; MANOURY, Karl: Geschichte der Französischen Kirche zu Berlin. Hugenottenkirche 1672–1955. Berlin 1955; HAASE, Erich: Einführung in die Literatur des Refuge. Der Beitrag der französischen Protestanten zur Entwicklung analytischer Denkformen am Ende des 17. Jahrhunderts. Berlin 1959, S. 241–44; HAAR, J. V. D.: Van Abbadie tot Young. Een Bibliografie van Engelse, veelal Puritaanse, in het Nederlands vertaalde Werken. 2 vols. Veenendaal 1980; Archives biographiques Françaises, Microfiche 1; CLAUSIUS, Marcus: Die Etablierung der Hugenotten in Berlin 1672–1702. Magisterarbeit. Freie Universität Berlin, Fachbereich Geschichtswissenschaften. Berlin 1996.

Bergius (Berg), Georg Conrad

* 21. Dez. 1623 in Berlin
† 7. Sept. 1691 in Berlin
Theologe, reform.
V Johann B. (1587–1658), Hofprediger Berlin
M Dorothea, Tochter des Berliner Hofpredigers Martin Füssel
⚭ I. 24. April 1651 mit Elisabeth (2. Sept. 1629 bis 16. April 1679), Tochter des kurbrdbg. Rats und Altmärkischen Quartalsgerichts-Assessors Joachim Schönhaus
II. Anna Maria Franeau (gest. 1./11. März 1687)
III. Elisabeth Luise, Tochter des Berliner Hofpredigers Johann Appelius
K Johannes, kgl.-preuß. Hofrat (1657–1730); Eleonore (1655–vor 1689), verh. mit Friedrich Wilhelm von Stosch; Gertraud Hedwig, verh. mit Johann Risselmann

Gymnasium Bremen
1632   Universität Königsberg (non iur.)
1642   Universität Frankfurt/O.
1645   Universität Leiden
1651   Prof. theol. Universität Frankfurt/O.
1664–1691   Hofprediger Cölln

Georg Conrad Bergius wurde am 21. Dez. 1623 als Sohn des bekannten brandenburgischen Hofpredigers Johann → Bergius geboren. Er besuchte zunächst das reformierte Gymnasium in Bremen, das mit dem Bruder seines Vaters, Conrad Bergius (1592–1642), einen herausragenden reformierten Theologen für die Lehre verpflichtet hatte. Zum Abschluß seiner Bremer Schulzeit verteidigte er die ehemals viel diskutierte Schrift seines Vaters »De S. Coena«. Anschließend besuchte er die Universitäten Königsberg, Frankfurt/O. (1642) und Leiden (Matrikel Leiden, 1875: Georg Conrad Bergius, Berolinus; imm. 18. Febr. 1645, Rektor Johann Polyander; Lehrer Friedrich Spanheim) und unternahm 1648 eine Reise nach Paris. 1650 erwarb er in Frankfurt/O. unter Friedrich Beckmann, dem Vater des brandenburgischen Historikers J. C. Beckmann (1641–1717), die Magisterwürde und bereits ein Jahr später konnte er sich unter Friedrich Reichel (1608–1653) zum Doktor der Theologie promovieren. 1653 übernahm Bergius das Ordinariat für Theologie an der Landesuniversität; ein Amt, das vor ihm schon sein Vater und Onkel inne hatten (Beckmann, J. Chr., 1706, S. 52: Rektor 1653: Georg Conradus Bergius, Phil. ac S. S. Th. D. & Philosophiae Mor. postea S. S. Th. Prof. Ordin. V. D. Minister in Ecclesia Reformata Francof. & Cüstrini, tandem Sereniss. Electori Friderico Wilhelmo). Die 1653 neugegründete reformierte Gemeinde in Frankfurt/O. gewann ihn als Prediger; assistierend zur Seite gestellt wurde ihm Joachim Mencelius (1616–1673), Sohn des ehemaligen Berliner Dompredigers. Als Nachfolger von Wolfgang → Crell kam Bergius 1664 als Hofprediger in die Doppelresidenz Berlin-Cölln, wo er nach dem Tode von Bartholomaeus → Stosch auch Konsistorialrat wurde und wegen seiner Gelehrsamkeit vom Kurfürsten sehr geschätzt war. Neben dem Unterricht der Kurprinzen Karl Emil und Friedrich übernahm Bergius auch einen Lehrauftrag am Joachimsthalschen Gymnasium. In seinen theologischen Anschauungen unterschied sich Bergius in mehreren Punkten von denen seines Vaters, was vor allem auf seine Studien in Holland zurückzuführen ist. »Im Unterschied zu seinem Vater, der in der Frage der Gnadenwahl ›Universalist‹ war, dachte er mehr ›partikularistisch‹, was ihm zwar beim Kurfürsten nichts schadete, seiner Stellung in Berlin aber auch nicht gerade förderlich war.« (Thadden, S. 185.) Bergius war an den Unionsverhandlungen mit dem Schotten J. Duraeus (1596–1680) beteiligt. Als Konsistorialrat oblag ihm die Kirchenaufsicht über die reformierte französische Gemeinde in Berlin. In seiner Eigenschaft als Konsistorialrat führte Bergius auch ein Kolloquium mit Spener, indem dieser ihm zusicherte, die kfl. Religionsedikte einzuhalten. (Vgl. Bericht von G. C. Bergius an E. v. Danckelmann über sein Kolloqium mit Ph. J. Spener vom 21. Juni 1691, abgedr. bei K. ALAND, Spener-Studien, 1943, S. 119–122.) [JS]

Werke

Disp. theol. de Trinitate. s. l. e. a. (Beckmann, 1706, S. 32).
Disp. phil. de Nobilitate. s. l. e. a. (Beckmann, 1706, S. 32).
Disp. phil. de Virtute Morali. s. l. e. a. (Beckmann, 1706, S. 32).
Disp. phil. de Rege. s. l. e. a. (Beckmann, 1706, S. 32).
Disp. phil. de Summo Hominis Bono. s. l. e. a. (Beckmann, 1706, S. 32).
Disp. theol. de Cognitione Dei Supernaturali. s. l. e. a. (Beckmann, 1706, S. 32).
Disp. phil de Natura Politcae. s. l. e. a. (Beckmann, 1706, S. 32).
Disputatio de usu rationis in controvers. Theolog. s. l. e. a. (Küster/ Müller, 1737, I, S. 172).
»Cum non muta tibi toto sit pagina libro ...«. [Widmungsgedicht für Conrad Bergius]. In: C. B.: PRAXIS CATHOLICA DIVINA CANONIS ... Bremen 1639. (1a: Dk 11260 R)
DIATRIBE De INTERPRETATIONE S. SCRIPTURAE, In quâ quaestiones de USU LUMINIS RATIONIS, AUTHORITATE ECCLESIAE, (ubi simul ea, quae VALERIANUS MAGNUS, contra Praxin Catholicam D. CONRADI BERGII, Theologi quondam Bremani, scripsit, breviter examinantur,) JUDICIO DISCRETIONIS PRIVATO in sacrae Scripturae interpretatione discutiuntur, Quam, Adspirante Spiritu Veritatis S. Scripturarum authoris, PRAESIDE FRIDERICO REICHELIO, SS. Theol. D. & Prof. Extraord. ut & Linguae S. ord. Facult. Phil. p. t. Decane, In Elect. Francofurtanâ publicae eruditorum disquisitioni subjicit GEORGIUS CONRADUS BERGIUS, BEROLINO MARCH. pridie Cal. Sextil. An. M.DC.XLIV. hor. post VII. mat. Typis MICHAEL KOCHII. s. l. e. a. [Frankfurt/O. 1644]. 4°. (1a: Bd 8112, 20).
ANTITHESIS FIDEI CATHOLICAE, ET HETERODOXIAE SOCINIANAE De SATISFACTIONE JESU CHRISTI, Quam Annuente SS. Trinitate, Consensu Venerandi Theologorum Ordinis, In Electorali Academiâ Francofurtanâ, Sub Praesidio Reverendi, Clarissimiq., VIRI, DN: FRIDERICI REICHELII, SS. Theol: Doct: & Profess. Extraord: ut & S. Lingvae Ordinarii, Praeceptoris sui honorandi, examinandam publicê proponit, GEORGIUS CONRADUS BERGIUS BEROLINO-MARCHICUS, In Acroaterio majore, Ad diem XVII. April. horis consvetis. Typis MICHAEL KOCHII An: MDCXLV. [Frankfurt/O.]. (1a: Bd 8112, 19).
DISPUTATIO THEOLOGICA De ECCLESIA, Quam, DEO OPT. MAX. adjuvante, Consensu Facultatis Theologicae In inclytâ Academiâ Electorali Brandeburgica, qve est Francofurti ad Viadrum, sub Moderamine Viri plurimum Reverendi, Clarissimi, Celeberrimi, DN. FRIDERICI REICHELII, S. S. Theologiae Doctoris & Professoris meritissimi, Facult. Theolog. h. t. DECANI, pro summis in Theologia honoribus, & privilegiis Doctoris adipiscendis, publico Eruditorum examini subjicit GEORGIUS CONRADUS BERGIUS Phil. Pract. Ordinar: & Theolog. Extraord: Profess. Publ. In Auditorio Majori Horis ante & pomeridianis ad diem XI. Cal. Jun. Anno Ch. MDC LI. Literis NICOLAI KOCHII Acad. Typogr. (SSB 4/2974).
Disputatio Politica De LEGATIS, Quam FAVENTE DEO OPT: MAX: Permissu amplissimae Philosophicae Facultatis, Sub PRAESIDIO GEORGII CONRADI BERGII In inclyta Academia Francofurtana Philosophiae Practicae Professoris Ordinarii, publice defendet CHRISTOPHORUS de BRANDT Nob: Neo March. Author & Respondens Ad diem XXV. Jan: Horis locoq. solitis. Typis NICOLAI KOCHII Acad. Typogr. Anno 1651. [Frankfurt/O.] (14: Jus publ. univ. 188, 3).
Disp. phil. de Senatu reip. s. l. e. a. [1651]. (14: Polit 312 II ehemals).
Disp. phil. de Subditis. s. l. e. a. [Praes.: G. C. Berg; Resp.: Samuel Rothe. s. l. 1652]. (14: Polit 704 ehemals).
Disp. theol. de Gratuita Hominis Peccatoris coram Deo Justificatione. s. l. e. a. [Frankfurt/O. 1654. 4°]. (Beckmann, 1706, S. 32; Küster/ Müller, 1737, I, S. 172).
Collegii theolog. disputatio 1. 2. 3. de theologia in genere, & scriptura sacra. Franckfurt 1654. 4°. (Küster/ Müller, 1737, I, S. 172).

DISPUTATIO THEOLOGICA, De PROPRIETATIBUS DEI COMMUNICABILIBUS Quam Divinâ affulgente gratiâ Annuentibus venerandae Facultatis THEOLOGICAE statutis SUB PRAESIDIO Admodum Rev. Clarissimi ac Doctissimi Viri Dn. GEORGII CONRADI BERGII, SS. Theolog. Doctoris, & Professoris Publ. Ordinarii, Fautoris, Promotoris & Praeceptoris sui aeviternum deverandi. Publico Eruditorum Examini proponet GODOFREDUS KRETSCHMARUS, Dessa-Anhaltinus. Ad deim 20. Junij horis locoq.: Solitis Francofordiae ad Oderam, Typis Johannis Ernesti, Acad. typogr. M DC LV. (1a: Bd 8112, 28).

Dissert. theol. de pane eucharistico. Franckfurt 1655. 4°. (Küster/ Müller, 1737, I, S. 172).

I. N. D. N. I. C. DISPUTATIO THEOLOGICA De SESSIONE CHRISTI AD DEXTRAM PATRIS. PARS SECUNDA, Quam Deo benignè Favente, Facultate Theologica consentiente, PRAESIDE GEORGIO CUNRADO BERGIO S. S: THEOL. D. & Prof: Fac. Theol. h. t. Decano, & V. D. Ministro publicè ventilandam proponit BERNHARDUS GEORGIUS ANDERMÜLLER Dessavia Anhaltinus, in Acroaterio Majore, Ad Diem XXIV. Martii, Horis ab Octavâ matutinis. FRANCOFURTI AD VIADRUM Anno M DC LXIV. Typis BECMANIANIS. (1a: Bd 8603, 144–21).

Christliche Leich=Predigt Von Der Gerechten Tode/ Auß dem 56. Capitel Esaie/ vers 13/14. Dem Weyland Hoch=Edel=gebornen Gestrengen/ Vesten/ Hochgelahrt= und Hochbenamten Hn. Johann Georgen von dem Born/ Der Churfürstl. Durchl. zu Brandenburg vornehmen geheimbten Rahte/ und Neu=Märckischen wolverdienten Cantzelern/ auff Dolgen/ Born und Bernäuichen Erb=Herrn; Als derselbe Anno 1656. am 30. Augusti in der veste Cüstrin sannft und selig in dem HERRN entschlaffen/ und den folgenden 18. Novembris mit Christlichen gewöhnlichen Ceremonien zur Erden ist bestattet worden; Bey Hoch=Adelicher/ ansehnlicher/ volckreicher Versammlung in der Pfarr=Kirchen zu Cüstrin gehalten/ und auff Begehren zum Druck übergeben duch GEORGIUM CONRADIUM BERGIUM; der H. Schrifft Doctorem und Professorem Publicum zu Franckfurt an der Oder/ auch daselbst/ und zu Cüstrin Dienern des Wortes Gottes in der Reformierten Gemeine. Zu Franckfurt an der Oder Bey Erasmus Roesnern gedruckt/ 1658. (1: Ee 504, 4; Küster/ Müller, 1737, I, S. 172: Christl. Leich-Predigt von der Gerechten Tode aus Jes. LYI. 13. 14. Herrn Joh. Georg von dem Borne Ch. Br. geh. Rath und Neumärckischen Cantzler a. 1656 d. 18. Octobr. in Cüstrin gehalten. Frankfurt s. a. 4°).

»Fortes communi naturae lege creantur ...«. [Glückwunschgedicht für Friedrich Wilhelm von Kalchum, gen. Leuchtmar.]. In: Q. B. V. VIRTUTUM MORALIUM PRIMAM, FORTITUDINEM DEO FORTI ADSISTENTE, PERMITTENTE AMPLISS. PHILOSOPHORUM ORDINE IN ELECTORALI ACADEMIA VIADRINA, PRAESIDE M. JACOBO HELVVIGIO, COLONIENSI MARCHICO, VENTILATIONI PUBLICAE ATQUE AMICAE EXHIBET GUILIELMUS FRIDERICUS à KALCHUM, COGNOMINE LEUCHTMAR, IN AUDITORIO MAJORI AD D. III. DECEMB. A. C. M DC LIII. HORIS AB OCTAVA MATUTINIS. Typis ERASMI RÖSNERI. [Frankfurt/O.]. (1a: Np 10251, 5).

Leichpredigt auf Kurfürstin Elisabeth Charlotte. Berlin [1660]. (1: St 5746 ehem.; Küster, G. G., 1743, S. 475).

Trost wider den Todeskampff/ sonderlich für Christliche Matronen in Kindesnöthen/ Aus dem Spruch Pauli 2. Tim. IV. 6. 7. 8. Bey dem Leichbegängniß Der weyland HochEdelgebornen/ VielEhr= und Tugendreichen Frauen/ Frauen Anna Sophia von Hoverbecke/ Geborne von Rochow/ Frauen auff Eichmedien/ Geyerswalde und Dombkow/ etc. Als deroselben verblichener Cörper am 17. Decembr. Anno 1658. In der ThumKirchen zu Cölln an der Spree zu seinem Ruhekämmerlein/ Christ=Adelichem Brauch nach eingesetzet worden: In gnädigster Gegenwart Ihrer Churfürstl. Durchl. der Regierenden Churfürstinn/ bey hochansehnlicher Chur= und Fürstl. Gesandten/ wie auch Gräff= Herr= und Adelicher und sonsten vornehmer Personen Volckreicher Begleit= und Versamlung erkläret Durch D. Johannem Bergium, Churfürstl. ältesten Hoffprediger und Kirchen= Rath. Und weiln Er bald darauff gestorben/ also daß dieses seine letzte Predigt gewesen/ Aus dem lateinischen Concept gesetzt durch dessen Sohn Georgium Conradum Bergium, der Heil. Schrifft Doct. und Prof. P. zu Franckfurt an der Oder. Berlin/ Gedruckt bey Christoff Runge. s. a. [1661]. (1: Ee 518, 20).

»Siccine, TORNOVI, terrenas deseris oras, ...«. [Epicedium]. In: Stosch, B.: Was einer Stats=Person und Rahts höchster Wundsch und Absehn seyn soll: Zum Ehrengedächtniß ... Herrn JOHANNIS TORNAU, J. U. D. Churfürstl. Brandenburgischen vornehmen Geheimbten Stats= auch Hoff= und Cammergerichts=Rahts und Lehen=Secretarii, &c. Nach dem Derselbe am 18. Augusti dieses 1662. sten Jahres seliglich entschlaffen/ und am 28. der verblichene Cörper in sein Ruhekämmerlein beygesetzet worden: Erkläret und auff Begehren in Druck gegäben Durch Bartholomaeum Stoschium. Berlin/ gedruckt bey Christoff Runge/ Anno 1662. (LB Coburg).

Der Gläubigen Trost und Rüstung wieder den zeitlichen Todt aus Hiob XIII. 15. in einer Trauer- und Trost-Predigt der Durchl. Fürstin, Frau Louysen Marggräfin und Churfürstin zu Brandenb. auf dem Churf. Schloß vorgestellet. Berlin 1667. 4°. (1: St 6350 ehemals; 1: St 6478 z. Zt. vermißt; Küster, G. G., 1743, S. 510).

Der Gläubigen Trost wegen ihres Glaubens und Himmlischen Beylage aus 2. Tim. I. 12. bey dem Leich-Begängniß Frau Maria Rhetius geb. Neuhausin am Oster-Montage a. 1668 vorgestellet. Frankfurt: Eichorn. s. a. [1668]. 4°. (Dünnhaupt 1991, V, S. 3656; Stolberg III, 194, 17083; Küster/ Müller, 1737, I, S. 172).

Fünff und Zwanzig Predigten/ In unterschiedlichen Zeiten und Orten/ bey sonderbaren fürfallenden Gelegenheiten/ an dem Churfürstlichen Brandenburgischen Hofe/ gehalten Von JOHANNE BERGIO, weiland Theol. D. Churfürstl. Brandenb. Eltistem Hoff=Prediger und Consistorial-Rahte: Vnd Nunmehr Von seinem Eltisten Sohne GEORGIO CUNRADO BERGIO, auch Theol. D. und Churfürstl. Brandenb. Hoff=Prediger/ Zum Druck herausgegäben/ In Dreyen Theilen: Vnter welchen Der Erste in sich hält Sechs Predigten/ über den 101.sten/ und Drey über den 116. Psalm: Der Andere: Zehen/ über die sämptliche Reden Christi in seinem Leiden: Der Dritte: Sechs hiebevor gedruckte: Nemlich/ Zwo Dancksagungs=Predigten über die Bitte Salomonis umb ein weises Hertz. Zwo Catholische Predigten/ zu Prag in Böhmen: Zwo Valet=Predigten/ zu Königsberg in Preussen. Mit Churfürstl. Brandenb. Gnädigsten Privilegio nicht nachzudrukken/ In Berlin gedruckt bey Christoff Runge/ Anno M.DC.LXIX. 4°. [1668–1669]. (23: Th 2329; 2).

Gottseliger Hof-Leute heilsame Lebens-Regel wegen ihres gegenwärtigen und zukünftigen Zustandes aus Ps. XLII. 3.4. bey dem Leich-Beg. Herrn Jacob Friedeborn Ch. Brand. Staats-Secretarii als derselbe d. 23. Octobr. 1676 in der Dohm-Kirche beygesetzet worden, vorgestellet. Cöln s. a. 4°. (Küster/ Müller, I, S. 172).

Christ=Fürstlicher Personen beste Lebens=Regel sampt ihren herrlichen Vortheilen/ Aus dem LXXIII. Psalm v. 23.24. In einer Leich=Predigt/ Bey der hochansehnlichen Beerdigung Der weiland Durchläuchtigsten Fürstin und Frauen/ Frauen Elisabeth Henriette/ Marggräffin und Chur-Princessin zu Brandenburg; in Preussen/ zu Magdeburg/ Jülich/ Cleve/ Berge/ Stettin/ Pommern/ der Cassuben und Wenden/ auch in Schlesien zu Crossen und Jägerndorff/ Hertzogin; Burggräffin zu Nürnberg; Gebornen Land=Gräffin zu Hessen=Cassel; Fürstin zu Halberstadt/ Minden und Camin; … etc. Im Jahr 1683. den 7/17. Novembris, war Mittwochs nach dem 22. Sonntage Trinitatis/ umb 3. Uhr nach Mittage/ in der Churfürstl. Schloß= und Thum=Kirchen allhier/ Bey Volckreicher Versamlung vieler Hoch=Fürstlichen und anderer Standes Personen/ Der Gemeine Gottes vorgestellet/ Und/ auff gnädigsten Befehl/ zum Druck übergeben. Von GEORGIO CUNRADO BERGIO, der H. Schrifft Doctore, und Churfürstl. Brandenb. Hoff=Predigern. Cölln an der Spree/ Druckts Georg Schultze/ Churfürstl. Brandenb. Hoff=Buchdrucker. s. a. [1683]. (1: Ee 700 – 4115).

Das Beste Hülffs=und Heilungs=Mittel/ Wider Das höchste Seelen=Übel die Sünde/ In einer Leich=Predigt Über die Worte 1. Joh. I. v. 7. Das Blut JEsu CHristi seines Sohnes machet uns rein von aller Sünde; Bey der Christfürstlichen Beerdigung des Weyland Durchlauchtigsten Fürsten und Herrn/ Herrn Ludewig/ Marggraffen zu Brandenburg/ in Preussen/ zu Magdeburg/ Jülich/ Cleve/ Berge/ Stettin/ Pommern/ der Cassuben und Wenden/ auch in Schlesien/ zu Crossen und Schwiebus Hertzogen/ Burggraffen zu Nürnberg Fürsten zu Halberstadt/ Minden und Camin/ Graffen zu Hohen=Zollern/ der Marck und Ravensberg/ Herrn zu Ravenstein/ und der Lande Lauenburg und Bütow/ etc. Im Jahr 1687. den 27. Aprilis/7. Maji Mittwochs nach dem Sonntage Cantate, umb fünff Uhr Nachmittage/ in der Churfürstl. Schloß=und Thumb-Kirchen allhier/ in Beyseyn Sr. Churfürstl. Durchl. unsers gnädigsten Churfürstens und Landes=Vaters/ sambt Ihrer Churfürstl. Durchl. unserer gnädigsten Churfürstin und Landes=Mutter; Der sämbtlichen Churfürstlichen Printzen und Printzeßinnen/ auch vieler anderer hohen Stands=Personen/ und bey Volckreicher Versammlung Der Gemeine GOttes gezeiget/ Auch auff gnädigsten Befehl zum Druck übergeben von GEORGIO CONRADO BERGIO, der Heil. Schrifft Doctore, Churfürstl. Brandenb. ConsistorialRaht und ältisten Hoff=Predigern. Cölln an der Spree/ Druckts Ulrich Liebpert/ Churfl. Brandenb. Hoff-Buchdr. s. a. fol. (1a: St 7100 R).

Literatur

Küster/ Müller, 1752, I, S. 171f.; III, S. 417 u. 626; Beckmann, 1706, S. 156–158; Jöcher, Chr. G., Bd. 1, 1750, Sp. 989; Zedler, Bd. 3, 1733, Sp. 1269f.; Thadden, 1959, S. 185; ADB, II, 387; GStA Rep. 2, Nr. 45 b; GStA Rep 2, Nr. 11, fol. 151; GStA Rep 2, Nr. 11, fol. 162–167.

Bergius (Berg), Johann

* 14./24. Febr. 1587 in Alt Stettin
† 27. Dez. 1658 in Berlin
Theologe, reform.
V Conrad B. (1544–1592), Prof. eloq. Wittenberg Rektor Stettin, Pastor S. Marien Stettin
M Gertrud, Tochter des Kolberger Ratsherren Lorenz Borcherd
∞ I. 1618 Dorothea, Tochter des Berliner Hofpredigers Martin Füssel
II. 1637 Ursula, Tochter des kurbrdbg. Geh. Rates und Vizekanzlers Daniel Matthias
K Georg Conrad (1623–1691), Hofprediger Cölln; Johann (1644–1685), Hofprediger Königsberg; Catharina Gertrud (1648–1705), verh. mit Lewin Schardius, Bürgermeister Berlin

	Gymnasium Neuhausen b. Worms
1604	Universität Heidelberg
1608	Universität Cambrigde (Mag.)
1615	Prof. theol. Universität Frankfurt/O.
1617	kfl.-brdbg. Hofprediger in Königsberg/Preußen
1624–1658	Hofprediger Cölln

Einer der bedeutendsten und angesehensten Lehrer der reformierten Glaubensartikel in den Ländern der brandenburgischen Kurfürsten, Johann Bergius, wurde am 14. Febr. 1587 in Stettin geboren. Sein Vater, Conrad Bergius, hatte sich bereits der reformierten Lehre zugewandt. Nach dem frühen Tod des Vaters sandte ihn sein Pate, Adrian von Borck, Jurist am Kaiserlichen Kammergericht in Speyer, auf das reformierte Gymnasium Neuhausen bei Worms und anschließend an die Universität Heidelberg, wo er 1604 sein Baccalaureat erwarb. Als ein Zentrum des deutschen Calvinismus bot Heidelberg beste Möglichkeiten, sich mit der neuen Lehre und ihren kirchenpolitischen Aspekten vertraut zu machen; Bergius begegnete hier Theologen wie Abraham Scultetus, die nach dem Konfessionswechsel des brandenburgischen Kurfürsten Johann Sigismund im Jahre 1613 sich für einen kurzen Zeitraum in Berlin-Cölln als Prediger zur Verfügung stellten, damit auch hier der reformierte Glauben praktiziert werden konnte. Zu den herausragenden Lehrern dort gehörte neben dem Orientalisten Bartholomaeus Copenius (1565–1617) der Theologe David Pareus (1548–1622). Er setzte die Tradition seines Lehrers Zacharias Ursinus (gest. 1583), Mitschöpfer des Heidelberger Katechismus und Begründer der um Vermittlung zwischen Lutheranern und Reformierten orientierten Heidelberger Schule, fort. Pareus verfaßte später die vielbeachtete Schrift »Irenicum« (1614), in der er die Lutheraner zur Einigung mit den Reformierten in fundamentalen Glaubensfragen aufrief. Sein Haus, das sogenannte Pareanum, war ein Mittelpunkt für Professoren und Studierende der Stadt. Zu Pareus' Hörern zählte auch Johann Amos Comenius (1592–1670), der später die irenischen Gedanken seines Lehrers fortführte.

Von Heidelberg ging Bergius nach Straßburg und anschließend nach Danzig, um den Philosophen Bartholomaeus Keckermann (um 1572–1609) zu hören, der sich mit der Umsetzung der reformierten Soziallehre in das Leben des Staates befaßte. Im nächsten Jahr, 1608, wandte sich Bergius nach England, wo er die Universitäten Oxford und Cambrigde besuchte und in letzterer auch die Magisterwürde erwarb; unentgeltlich aufgrund seiner herausragenden Leistungen. Vor der Rückkehr nach Deutschland besuchte er noch die Zentren der französischen Reformierten in Charenton (bei Paris), wo er die dort lebenden Reformierten Petrus Molinaeo (d. i. Pierre du Moulin) und Samuel Durant traf, sowie die Akademie Saumur. In Frankfurt/O. habilitierte sich Bergius 1614 und übernahm 1616 das Ordinariat für Theologie, nachdem ein kurfürstlicher Erlaß vom 17. Aug. 1616 die Universität zu einer reformierten Hochschule umgewandelt hatte. 1618 wurde er vom Kurfürsten zum Hofprediger bestellt und avancierte schnell zum Hauptberater in religiösen Fragen. Zusammen mit Hieronymus Prunner und Peter → Vehr führte Bergius 1626 Gespräche mit Joachim Stegmann, Pfarrer zu Fahrland b. Potsdam, der seine sozinianisch gefärbte Schrift »Christologia« dem Kurfürsten gewidmet hatte und daraufhin in Spandau arretiert wurde. Bergius oblagen aber nicht nur die lokalen Vorgänge, sondern auch jene, die die Ausübung des reformierten Glaubens in den brandenburgischen Landen insgesamt betrafen und sein eigentliches Wirkungsfeld bezeichnen. In der Folgezeit verteidigte er die sogenannte zweite Reformation gegen die Angriffe, die sich zunächst gegen den märkischen Superintendenten Christoph Pelargus (1565–1633) von Daniel Cramer (1568–1637) aus Stettin, Conrad Schlüsselburg aus Stralsund und Johann Behm (1578–1648) aus Königsberg und dann gegen ihn selbst richteten. Einen Höhepunkt fand diese Auseinandersetzung in dem Streit zwischen Bergius und Cölestin Myslenta (1588–1653), dem Führer der lutherischen Orthodoxie in Königsberg, wobei Bergius immer den Weg zur Versöhnung sah und den Ausgleich suchte, weil er die Unterschiede nicht in den eigentlichen Glaubensartikeln, sondern in theologischen Nebenfragen fand. Bergius vertrat auch hinsichtlich der Prädestinationslehre eine universalistische, auf Tilgung des Gegensatzes zum Luthertum gerichtete Sicht, was ihm bereits während ihrer gemeinsamen Zeit an der Viadrina die Vorwürfe seines Kollegen Wolfgang → Crell eintrug. Bergius versuchte deshalb die Berufung seines ehemaligen Frankfurter Kollegen nach Berlin (1626) zu verhindern, da er darin eine Belastung der Ausgleichsbemühungen zu den Lutheranern sah. 1630 mußten die kfl. Räte in diesen Streit eingreifen und ihn mittels eines Rezesses beenden (GStA Rep. II, 30, 31, f. 23 bis 30). Der Streit wurde dadurch aber nicht endgültig beigelegt; der Kurfürst schloß deshalb zeitweilig Crell von der Kanzel aus.

Zur Reorganisation des Konsistoriums verfaßte Bergius zusammen mit dem Frankfurter Professor Georg Franck (1583–1651) ein Memorandum, daß die Abschaffung der Position des Generalsuperintendenten vorsah und vom Kurfürsten angenommen wurde. Als gleichberechtigte Ratgeber kamen Bergius und der von ihm vorgeschlagene Johann Koch ins Konsistorium. Die paritätische Besetzung durch jeweils einen lutherischen und einen reformierten Theologen verfolgte das Ziel, die Einheit der Protestanten zu befördern.

Im März 1631 nahm Bergius am Leipziger Kolloquium teil, wobei seine irenischen Ansichten viel Zustimmung fanden; man diskutierte die Artikel der Augsburgischen Konfession im Wortlaut von 1530 und einigte sich in allen Artikeln mit Ausnahme der Artikel 3 und 11, die von Christus und dem Abendmahl handelten. Im Protokoll wird der Begriff Toleranz zum erstenmal verwendet, um die Beziehungen zwischen Reformierten und Lutheranern zu beschreiben. Das Protokoll des Treffens, das unter dem Titel »Colloquium Lipsiacum Anno 1631, da die anwesende Reformirte und Lutherische Theologi eine Liquidation angestellet, wie weit sie einig und nicht einig seyn« (abgedruckt bei GERICKE, W., 1977, S. 143 bis 156), widerspiegelt diese kirchenpolitische Einstellung Bergius'.

Bergius war der religiöse Erzieher des Großen Kurfürsten und begleitete diesen später auf zahlreichen diplomatischen Missionen: 1641 nach Warschau, 1646/47 nach Cleve und in die Niederlande und 1652 nach Prag. 1645 vertrat Bergius die Reformierten Brandenburgs auf dem Kolloquium in Thorn. Hier in Thorn trafen Bergius und Friedrich Reichel als brandenburgische Reformierte sowie die Lutheraner Georg Calixt (1586–1656), Abraham Calov (1612–1686) aus Danzig und Johann Hülsemann (1602–1661) aus Leipzig einerseits und auf der katholischen Gegenseite der Jesuit Georg Schönhoff zusammen, um weitere Verbesserungen im Verhältnis der Konfessionen zueinander zu erzielen. Das Treffen endete im Nov. 1645 ohne Ergebnis; vor allem aufgrund der starren Haltung der von J. Hülsemann geführten lutherischen Delegation.

Während seiner langen Amtstätigkeit wurde Bergius sowohl kirchenpolitisch wie theologisch die bestimmende Persönlichkeit in der Umgebung des Kurfürsten. In seinen zahlreichen Verhandlungen und Disputationen vertrat er konsequent die neue, mit der Konversion von 1613 gegebene Linie des Hauses Brandenburg, die im Tolerieren beider protestantischer Konfessionen im Zeichen reformierter Ökumenizität bestand. Seiner theologischen Einstellung nach war Bergius – in der Sprache der damaligen Zeit – ein Universalist, d. h. ein Vertreter der Anschauung, daß die göttliche Gnadenwahl allgemein sei und sich auf alle Menschen erstrecke (im Gegensatz zu den sogenannten Partikularisten, die die strenge calvinistische Prädestinationslehre verfochten und sich auf der Dordrechter Synode 1619 durchsetzten). Der Hofprediger Jablonski urteilte später über ihn: »Er war ein Theologus von allen Qualitäten, unerschöpfter Erudition, großer Beredsamkeit, vernünftiger Conduite. Er kam niemals zu Hofe, als wann ihn der Kurfürst rufen ließ, und man traf ihn allezeit, auch bis zu Mitternacht, über Büchern an.« (Tagebuch 1693, zitiert nach D. HERING, Beiträge, Teil 1, S. 20.)

[JS]

Werke

ANTAPOCRISIS Oder Gegenantwort Wegen der Franckfurter Studenten auff Herrn Danielis Crameri D. Pastoris zu alten Stettin vermeinte Verantwortung/ etc. Worin kürtzlich erwiesen wird I. Das nicht der Studenten Responsum, sondern Crameri VnApostolischer Brieff ein FamoßLibell sey/ II. Das Cramerus seine vorigen Syllogismos nicht vertheidigen wollen noch können/ III. Das sich Herr Pelargus noch jemand widers der Churfürstlichen Berlinischen Kirchen Reformation mit keinem fug noch recht widersetzen können noch sollen/ Zu stewer der Warheit vnd Ehren nothdurfft gestellet Durch M. JOHANNEM BERGIVM Stettinensem, Vnd durch obgedachte Studenten zu Franckfurt consensu Academiae in Druck verfertiget Rana loquax, Coluber mordax odere Pelargum. Cum Privilegio Elect. Brandenb. Bey Friedrich Hartman Buchdrucker vnd Händler in Franckfurt an der Oder/ Gedruckt vnd Vorlegt/ Im Jahr 1615. 4°. (23: 3917 Theol. 11).

Collegium Theologicum. Franckfurt 1615. 4°. (Küster/Müller, 1737, I, S. 155; Beckmann, 1706, S. 32).

De quaest. Theolog: An Evangelicae per Germaniam Ecclesiae dissentiant in fundamento fidei? Diss. I. quae est de controversia sacramentaria in genere & in specie pro loco in facultate resp. Martino Fusselio. Franckfurt 1617. 4°. (Küster/Müller, 1737, I, S. 155; Beckmann, 1706, S. 32).

ΣΥΝ ΧΡΙΣΤΩ ANTITHESES APOLOGETICAE, D. CHRISTOPHORI PELARGI PROFESSORIS IN ACADEMIA MARCHICA, PASTORIS ET SUPERATTENdentis Gener. Senioris & DECANI facultatis Theologicae, Oppositae Thesibus censorii vel Examini FRIDERICI BALDUINI D. Professoris VVitembergici, &c. De quibus, quantum ad realia adjutu DEI Pro LICENTIA consequendi supremum in Theologicis gradum, respondebunt Viri & Professores CL. in locis, de DEO, de PECCATO, de DESERTONE, & PRÆDESTINATIONE Dn. M. GREGORIVS FRANCVS Graecaelinguae Profess. publ. pro tempore Academiae RECTOR. In locis de PRAEDESTINATIONE, de PERSONA CHRISTI, BAPTISMO & S. COENA; Dn. M. IOHANNES BERGIVS S. Theol. Profess. publ. ord. ad d. XXVII Martij anno M.DC.XVII. Prostat apud JOHANNEM THYMIUM. (1a: Dk 9, 17).

EPISTOLA APOLOGETICA AD REVERENDUM ET CLARISSIMUM VIRUM DN. JOHANNEM CROCIUM, Doctorem Theologum, & Serenissimi Electoris Brandenburgici Concionatorem fidelissimum. Dominum & Fratrem in CHRISTO honorandum. [Brief an Joh. Crocius; datiert Frankfurt/O. 10. Febr. 1618]. In: JOHANNIS CROCII DOCTORIS, & Ecclesiae Casselanae in Hassia Pastoris ordinarij, CONVERSATIONIS PRUTENICAE Pars Prima, Quae PROBLEMATUM DE GLORIOSO DEI & beatorum coelo, nonnullisq. corporum gloriosum dotibus, à JOHANNE BEHMIO Doctore, & in Regiomontana Prussorum Academia Professore propositorum, PLENAM ET SOLIDAM CONSIderationem ex Sacra Scriptura, Pia antiquitate, Doctoribus Scholasticis, Augustana confessione, Corpore doctrinae prutenico & praecipuis Lutheranis Productam, Ecclesiae DEI exhiber, ejusq; judicio subjicit. Addita est Epistola Apologetica JOHANNIS BERGII, THEOLOGIAE Doctoris, & in Academia Electorali Marchia Professoris, & c. Criminationi BEHMIANAE opposita. CUM GRATIA ET PRIVIL. SERE. El. BRAND. BEROLINI sumptibus Martini Guthij, Anno M DC XVIII. (1a: Dk 10100; Küster/Müller, 1737, I, S. 155: Apologia opposita criminationi Ioh. Bergii. Franckfurt 1618. 4°).

Analysis controversiae de Persona Christi praeside Ioh. Bergio resp. Adamo Forwercia Bernburg. Frankfurt 1619. 4°. (Küster/Müller, 1737, I, S. 155; Zedler, Bd. 3, 1733, Sp. 1270f.; Beckmann, 1706, S. 32).

DISPUTATIO THEOLOGICA DE COENA DOMINICA, SECUNDUM SCRIPTURAM SACRAM, ET FIDEI ANALOGIAM INSTITUTA Quam SUB PRAESIDIO Reverendi, & Excellentissimi Viri Dn. JOHANNIS BERGII, S. S. Theol. D & Profess. Publ. in Acad. Francofurt. Ad publicam placidamq. συζητησιν proponit ANDREAS VVINS CUSTRIN. March. Ad diem 29. Julii acroaterio collegii majore. ANNO M.DC.XIX. Typis FRIDERICI HARTMANNI Bibliopolae & Typographi. s. a. [1619]. 4°. (1a: Dk 9, 18).

De primo homine. Frankfurt 1619. 4°. (Küster/Müller, 1737, I, S. 155; Zedler, Bd. 3, 1733, Sp. 1270f.; Beckmann, 1706, S. 32).

»Lux eadem geminae tristis mihi nuncia mortis ...«. [Epicedium auf den Tod von Daniel Matthias]. In: Christenwache/ Auß dem Spruch Matth. 24. v. 42 Bey der Leichbegängnüß/ Deß Weyland/ Edlen/Ehrnvesten/ GroßAchtbarn/Hochgelahrten Herrn DANIELIS MATTHIAE, Churf. Brand. Vornehmen Geheimbten Rhats/ und Vice Cantzlers/ welchen Gott nach seinem vnwandelbaren Rhat/ heiligen vnd vnsträfflichem willen/ den 19. Augusti, Abends zwischen 5. vnd 6. Vhr/ Durch einen zwar schnellen/ doch sanfften seligen Todt/ auß dieser betrübten Welt zu sich in sein Ewiges Reich abgefordert hat/ vnd sein verblichener Cörper den 23. Augusti folgends/ in der Churfürstlichen Stifftskirchen zu Cölln an der Sprew/ in sein Ruhebetlein eingesenkt worden ist/ Bey Volckreicher Versamlung Erkläret Von MARTINO FÜSSELIO, der Heiligen Schrifft Doctore, Inspectore vnd Pastore der Kirchen daselbst. Gedruckt zu Berlin bey George Runge. Ao. 1619. 4°. (1: Ee 522, 15).

Ad exequiae funeris [Einladung zu den Exequien f. Johann David Arithmaeus, gest. 1620]. [Francofurti]: Hartmann 1620. (Katalog Braunschweig 1500–1750, Bd. 1).

Ad funus quod ... [Einladung zum Begräbnis v. Martha Jordan, geb. Winse, gest. 1620]. [Francofurti]: Hartmann 1620. 4 Bl. (Katalog Braunschweig 1500–1750, Bd. 1).

Vorbereitung Zu den Passionpredigten. Gehalten Am Sontage OCULI In Preussen: In ansehnlicher versamblung Von JOHANNE BERGIO, der H. Schrifft Doctore vnd Professore der Universitet Franckfurt an der Oder/ Churfürstlichen Brandenburgischen in Preussen Hoffpredigern. Vnd durch etliche der warheit Liebhaber von ihm schrifftlich begeret auch erlanget/ vnd nu durch dieselbten zu Erbawung ihrer Brüder in Druck verfertiget. Gedruckt Bey Friedrich Hartman in Franckfurt an der Oder/ im Jahr 1621. 4°. (1: Tc 4300, 5; 23: 521. 5 Theol. 10).

Decas Dispp. Theol. quibus praecipua Christianae fidei capita exhibentur. Frankfurt 1621. 4°. (Küster/Müller, 1737, I, S. 155; Zedler, Bd. 3, 1733, Sp. 1270f.)

Der Weg Davids vnd aller Welt. Zu Christlichen Ehrengedächtniß Desz weiland Durchlauchtigsten/ Hochgebornen Fürsten vnd Herren/ Herren JOHANN SIGISMUNDI Marggraffen zu Brandenburg/ des Heiligen Röm. Reichs ErtzCämmerern vnd Churfürsten/ in Preussen/ zu Gülich/ Cleve/ Berge/ Stettin/ Pommern/ der Cassuben vnd Wenden/ auch in Schlesien zu Crossen vnd Jägerndorff Hertzogen/ Burggraffen zu Nürnberg/ Fürsten zu Rügen/ Graffen zu der Marck und Ravensperg/ Herrn zu Ravenstein/ etc. Vnsers gnädigsten Chur vnd Landesfürsten. Den 3./13. Octob. Anni 1620. da die Churfl. Leiche in dero Erbbegräbnisz zu Cölln an der Sprew mit gewöhnlichen Solenniteten versetzet worden/ Auff gnädigsten Befehlich/ In Churfürstl. Brandenburgischen damahligen Hoflager zum Rein in Preussen/ Erkläret vnd zum Druck verfertiget Durch JOHANNEM BERGIUM der H. Schrifft Doctorem vnd Professorem der Universitet Franckfurt an der Oder/ Churfl. Brandenburgischen in Preussen Hoffpredigern. CUM PRIVILEGIO Gedruckt zu Franckfurt an der Oder In Vorlegung MARTINI Guets/ Buchhändlers. s. a. 4°. [Friedrich Hartmann 1621]. (1a: 11 in St 5432 R; Küster/Müller, 1737, I, S. 155: Frankfurt 1620. 4°; Nischan, 1990, S. 57).

Die Bitte Salomonis In zwey DancksagungsPredigten/ wegen belehnung des Hertzogthumbs Preussen. Die erste den 20./30. Septembr: auff dem Grentzhause Ortelsburg/ nach der Churf. Durchl. von Warsaw glücklich daselbst wieder angelanget. Die andere den 7./17. Octobr; auff dem Churf. Schloß zu Königsberg in Preussen/ Nach dem Churf. Durchl. den Freytag zuvor ihren Einzug gehalten/ Erkläret und in Druck verfertiget Durch JOHANNEM BERGIUM, der H. Schrifft Doctorem vnd Professorem in der Universitet Franckfurt an der Oder/ Churf. Brandenb. in Preussen Hoffprediger. Gedruckt zum Berlin bey George Rungen/ In verlegung Martin Guthen/ Buchhändlern daselbst/ Ao. 1622. 4°. (23: 521. 5 Theol. 6).

HYPOTYPOSIS Oder Fürbild der Heilsamen Lehre/ Welche Am Chur=Brandenburgischen Hofe/ im Hertzogthumb Preussen/ Der Christlichen Gemeinde bißher fürgetragen worden/ Auß Heiliger Göttlicher Schrifft In Zwey Valet Predigten zu Königsberg in Preussen wiederholet/ Vnd anjetzo zu ablehnung vielfältiger Calumnien in Druck gefertiget Durch JOHANNEM BERGIUM, der H. Schrifft Doctorem, Churf. Brandenburg. Hoffprediger/ vnd Professorem der Universitet Franckfurt an der Oder. 2. Timoth. 1/ Halt an dem

Fürbilde der Heilsamen Wort/ die du von mir gehöret hast/ vom Glauben vnd von der Liebe in Christo Jesu. Gedruckt zum Berlin/ durch George Rungen/ In verlegung Martin Gueths/ Buchhändlers/ Anno 1624. 4°. (23: 521. 5 Theol. 8; Nischan, 1990; S. 57: Predigten vom 3. und 6. März 1622 mit etwas verändertem Titel: Hypotyposis oder Fürbild der Heilsamen Lehre/ Welche am Chur-Brandenburgischen Hofe/ im Herzogthumb Preussen/ Der Christlichen Gemeinde bißher fürgetragen worden. Berlin 1624).

Gründlicher Beweiß, daß alle und jede Wort der Einsetzung feste stehen für die wahre selig-machende Gemeinschafft des Leibes und Blutes im Heil. Abendmahl, wieder alles Gegen-Gedichte der blinden Vernunfft. Berlin 1624. 4°. (Küster/Müller, 1737, I, S. 156; Küster, G. G., 1743, S. 233).

Ausführliche Behauptung der verbesserten Augsp. Confession und etlicher dazu gehörigen Materien, d. i. Gründl. Beweise, dass die verbesserte Augsp. Confession niemals bey Lebzeiten Hrn. Lutheri, auch nicht etliche Jahre nach seinem Abscheide den Euangelischen protestirenden Staenden sey verdaechtig gewesen, sondern dass sie vielmehr sowol von Luthero selbst, als allen protestirenden Staenden, und deren Theologis zu derselben zeit sey beliebet und gebilliget worden: dann auch, dass IO. CALVINVS beydes von LUTHERO und allen protestirenden Theologis, wie auch von Fürsten und Staenden fur ein Gliedmass der Augsp. Confession sey gehalten, die von ihm also genanten Caluinisten auch im Religionsfriede sind begriffen, und von saemtlichen Staenden für Glaubensgenossen erkant worden. 1625. (Küster, G. G., 1743, S. 232).

Fürstlicher Todeskampff/ Deß weyland Hochwürdigen/ Durchleuchtigen/ Hochgebohrnen Fürsten und Herrn/ Herrn IOACHIMI-SIGISMUNDI Marggraffens zu Brandenburgk/ in Preussen/ zu Gülich/ Cleve/ Berge/ Stettin/ Pommern/ der Cassuben und Wenden/ auch in Schlesien/ zu Crossen und Jägerndorff Hertzogen/ Burggraffens zu Nürnberg/ Fürstens zu Rügen/ Graffens zu der Marck und Ravensperg/ Herrens zu Ravenstein etc. Deß Ritterlichen Johanniter Ordens/ in der Marck/ Sachsen/ Pommerns und Wendtlandt/ Herrn Meisters/ Hochlöblichen gedechtniß/ Welchen Er Den 22. Febr./4. Mart. im Jahr 1625. auff dem Churf. Hause zu Cölln an der Spree/ Christ=Seliglich geendet/ Zur Fürstlichen Leichpredigt/ Den folgenden 4./14. April. da der Fürstliche Cörper in das Churf. Erbbegräbniß dasselbst/ mit gewöhnlichen solenniteten eingesetzet worden/ In Volckreicher Versamblung erzehlet/ Durch JOHANNEM BERGIUM der H. Schrifft Doct. Churfürstl. Brandenb. Hoffprediger. Gedruckt zum Berlin/ durch George Rungen/ im Jahr 1625. 8°. (11: Gesch 39778).

SYMBOLUM Oder Glaubens Spruch/ Der weiland Durchläuchtigsten/ Hochgebornen Fürstin und Frawen/ Frawen ANNEN/ Gebornen Marggräffinn und Vermählten Churfürstin zu Brandenburgk/ in Preussen/ zu Gülich/ Cleve/ Berge/ Stettin/ Pommern/ der Cassuben und Wenden/ auch in Schlesien/ zu Crossen und Jägerndorff Hertzoginn/ Wittiben/ Hochseligster gedechtniß. Bey Abführung deroselben Churfürstl. Leiche/ Den 24. Juni /4. Juli, dieses 1625. Jahres/ Auff Churfürstl. Durchl. zu Brandenburgk gnedigsten Befehlich Bey Volckreicher Versamblung In der Thumbkirchen zu Cölln an der Spree/ Erkleret und geprediget Durch JOHANNEM BERGIUM, der H. Schrifft Doctorem, Churfürstl. Brandenb. Hoffprediger. Gedruckt zum Berlin/ durch George Rungen/ im Jahr 1625. 8°. (11: Gesch 39777).

Fürstliche Leichpredigt/ Auff gnedigsten Bevehlich Deß Durchlauchtigsten Hochgebornen Fürsten vnd Herrn/ Herrn GEORG-WILHELM, Marggraffen zu Brandenburg/ des Heiligen Römischen Reichs ErtzCammerern vnd Churfürsten/ in Preussen/ zu Gülich/ Cleve/ Berge/ Stettin/ Pommern/ der Cassuben vnd Wenden/ auch in Schlesien zu Crossen vnd Jägerndorff Hertzogen/ etc. etc. etc. Vnsers gnedigsten Churfürsten vnd Herren/ Da Seiner Churf. Durchl. Jüngstgebornes Söhnlein/ JOHANN-SIGISMUND, Marggraff zu Brandenburgk/ etc. etc. Den Siebenden Tag nach empfangener H. Tauffe/ war der 30. Octob./ 9. Nov. Anni 1624. Sein kurtzes Leben seliglich geschlossen/ Vnd der Fürstliche Leichnam/ den nechstfolgenden 2./12. Decemb. in das Churf. Erbbegräbnüß/ in der Thumkirchen zu Cölln an der Spree/ mit gewöhnlichen solenniteten eingesetzet worden/ Daselbst gehalten Von JOHANNE BERGIO, der H. Schrifft Doctore, Churf. Brandenburgischen Hoffprediger. Gedruckt zu Berlin/ durch George Rungen/ Im Jahr 1625. 4°. (1a: St 5808 R; Küster/Müller, 1737, I, S. 156: Berlin 1624. 4°).

Landtags Predigten/ Auff dem Churfürstl. Hause zu Marienwerder In Preussen/ im Februario Dieses 1626. Jahres/ Gehalten Durch JOHANNEM BERGIUM, Churfürstlichen Brandenb. Hoffprediger. Gedruckt zu Berlin/ durch George Rungen/ in verlegung Martin Guthen/ Buchhändl. Im Jahr 1626. 4°. (1: Tc 4300, 4).

Daß die Worte Christi noch feste stehen für die wahre seligmachende Gemeinschafft des Leibes und Blutes im H. Abendmahl, nebst angehängter Antwort auf Himmelii Collegium testamentarium. Berlin 1632. 4°. (Küster/Müller, 1737, I, S. 156: Consideratio collegii testamentarii Io. Himmelii. 1632. 4°).

Klag=Predigt/ Gehalten Auff dem Churfürstlichen Hause zu Wolgast in Pommern/ Am vierdten Sontage nach Trinitatis, War der 14. Julij, Im Jahr 1633. Durch D. JOHANNEM BERGIUM, Churfürstl. Brandenb. Hoffprediger. Gedruckt zum Berlin/ durch Georg Rungen. s. a. [1633]. 4°. (1: Ee 1485, 1).

Brüderliche Eynträchtigkeit/ Auß dem Hundert Drey vnd Dreyssigsten Psalm/ Bey Der Protestirenden/ Evangelischen/ Chur=Fürsten vnd Stände Zusammenkunfft zu Leipzig/ Anno 1631. In Drey Predigten erkläret/ Vnd Auff vieler Christlicher Hertzen Begehren in Druck verfertiget Durch D. JOHANNEM BERGIVM Churfürstl. Brandenburgischen Hoffpredigern. Franckfurt/ Bey Johann Friedrich Weissen zu finden. Im Jahr M.DC.XXXV. (23: 189. 59 Theol. 7).

RELATION Der Privat=Conferentz, Welche Bey wehrendem Convent Der Protestirenden Evangelischen Chur=Fürsten vnd Stände Zu Leipzig im Jahr 1631 im Monat Martio, Zwischen den anwesenden Chur=Sächsischen/ Chur=Brandenburgischen/ vnd Fürstlichen Hessischen Theologen gehalten worden/ Nebenst einer Vorrede/ Darinn auff das jenige/ was Herr D. Mathhias Hoë von Honegg/ Churfürstl. Sächsischer Ober=Hoffprediger/ in seiner Rettung/ deßfalls fürgebracht/ gebürlich geantwortet wird/ Durch D. JOHANNEM BERGIUS, Churfürstl. Brandenburgischen Hoffprediger. Gedruckt zum Berlin/ durch George Rungen/ im Jahr 1635. (23: 287. 16 Quod. 32); weitere Aufl.: RELATION Der Privat-Conferentz Welche bey wehrendem Convent Der Protestirenden Evangelischen Chur=Fürsten vnd Stände Zu Leipzig im Jahr 1631. im Monat Martio gehalten worden. Berlin 1635. 4°. (1a: Dg 33, 1); RELATION Der Privat=Conferentz/ Welche Bey wehrendem Convent Der Protestirenden Evangelischen Chur=Fürsten vnd Stände Zu Leipzig/ Im Jahr 1631, im Monat Martio, Zwischen den anwesenden Chur=Sächsischen/ Chur=Brandenburgischen/ vnd Fürstlichen Hessischen Theologen gehalten worden/ Nebenst einer Vorrede/ Darinn auff das jenige/ was Herr D. Matthias Hoë von Hoenegg/ Churfürstl. Sächsischer Ober=Hoffprediger/ in seiner Rettung deßfalls fürgebracht/ gebürlich geantwortet wird/ Durch D. JOHANNEM BERGIUM. Churf. Brandenburgischen Hoffprediger. Gedruckt zum Berlin/ Im Jahr M.DC.XXXVI. 4°. (23: 283. 14 Theol. 2); Abermaliger Abdruck der Relation von der Privat-Conferentz/ welche bey währendem Convent der Protestirenden Evangelischen Chur-Fürsten vnd Ständen zu Leipzig im Jahr 1631. Monats Martii ... gehalten worden. Berlin 1644; darin: Vorrede, darinnen er auff dasjenige, was vom D. Matthia Hoe von Honegg zu seiner Rettung disfalls fürgebracht worden, gebührlichen geantwortet hat. (Nischan, 1990, S. 58; Kat.Braunschweig 1500–1750, Bd. 1).

Vnterscheidt Vnd Vergleichung Der Evangelischen/ In Lehr vnd Ceremonien. Allen Warheit vnnd Friedliebenden Hertzen zuerwegen fürgestellet Durch D. JOHANNEM BERGIUM, Churfürstl. Brandenb. Hoffprediger. Gedruckt zum Berlin/ durch George Rungen/ Im Jahr: M.DC.XXXV. (1a: Dk 11010); weitere Aufl.: Vnterscheidt vnd vergleichung der Euangelischen in Lehr vnd Ceremonien. Arnhem bey Jacob von Biesen. 1638; Vnterscheidt Vnd Vergleichung Der Evangelischen/ In lehr vnd Ceremonien, Allen warheit vnd fried=liebenden hertzen zuerwegen fürgestellet/ Durch D. JOHANNEM BERGIUM, Churfstl. Brandenb. Hoffprediger. [Bremen: Berthold de Villiers 1640]. (1a: Dk 11011); Berlin 1644, Berlin 1653 (Beckmann, 1706, S. 32); Unterscheidt und Vergleichung Der Evangelischen/ In Lehr und Ceremonien. Allen Warheit und Friedliebenden Hertzen zuerwegen fürgestellet Durch D. JOHANNEM BERGIUM, Churfürstl. Brandenb. Hoffprediger. Von Neuem Gedruckt und verleget von Andreas Becman/ zu Franckfurt an der Oder/ Im Jahr 1666. (1a: Ds 9373 angeb.); Unterscheid und Vergleichung Der Evangelischen In Lehr und Ceremonien/ Allen Warheit und Friedliebenden Hertzen zu erwegen fürgestellet Durch D. JOHANNEM BERGIUS, Churfürstlich=Brandenburgischen Hof=Prediger. Von neuem gedruckt und verlegt von Andreas Becmann zu Franckfurt an der Oder/ Im Jahr 1666. Regenspurg/ Abermahls gedruckt und verlegt durch Joh. Heinrich Krütinger/ Anno 1723. (1a: Dk 11014); The Pearle of Peace & Concord. Or, a Treatise of pacification betwixt the dissenting Churches of Christ. First written in the German language. ... and now translated into English by Mauritius Bohemus. London 1655. 12° (BLC, vol. 26, 1979, S. 119).

Der Euangelische Hauptspruch/ Also hat Gott die Welt geliebet/ etc. Von den vrsachen Der seligkeit vnd verdamniß der Menschen/ Erkläret durch D. JOHANNEM BERGIUM. Auffs new gedruckt zu Bremen/ bey BERTHOLD de VILLIERS, im jahr 1640. [BREMEN/ In vorlegung M. Johannis WILLII]. (1a: Dk 11011, 1); Der Evangelische Haupt=Spruch: Also hat GOtt die Welt geliebet/ etc. Von den Ursachen Der Seligkeit und Verdammnuß der Menschen/ Erkläret durch D. JOHANNEM BERGIUM. Aufs neue gedruckt zu Bremen bey Berthold de Villiers, im Jahr 1640. Wieder neu aufgelegt Anno 1723. (1a: Dk 10792).

Vier Trost=Predigten/ Über Den Schluß des Achten Capitels der Epistel an die Römer/ Zum Trost und Ehrengedächtniß Des weyland HochEdlen/ Gestrengen vnd Vesten Herrn/ Levin von dem Knesebeck/ Churf.

Brandenb. vornehmen Geheimbten Raths vnd Hauptmans der Empter Zossen vnd Trebbin/ auff Birkenwerder/etc. Erbsessen/ Seligster gedächtniß/ Nach dem derselbte im Jahr 1638. am 21. Augusti, zu Drossen selig verschieden/ Hernach sein Adelicher Cörper von dannen geführet/ vnd in der Thumbkirchen zu Cölln an der Spree/ im Jahr 1640. am 5. Novembris, beygesetzet worden. Auff begehren hinterlassene Wittiben zum Druck vbergeben/ Durch JOHANNEM BERGIUM, Churf. Brandenb. Consistorial-Rath vnd Hoffpredigern. Gedruckt zum Berlin/ bey George Rungens Sel. Witwe. [1640]. 4°. (1: Ee 1485, 2).

Churfürstl. Leich-Predigt dem Weiland Durchl. Fürsten und Herren, Herrn Georg Willhelm Marggrafen zu Brand. des. Heil. Röm. Reichs Ertz-Cämmerer und Churfürsten, nachdem S. Churf. Durchl. am 1. Dec. 1640 auf Dero Churfürstl. Hause zu Königsberg seelig verschieden, als hernach am 11. Mart. 1641 der Churf. Cörper aus der Schloß-Kirche daselbst in das Fürstl. Erb-Begräbniß der Cniphövischen Thum-Kirche abgeführet worden, aus Reg. XV. 14. in der Schloß-Kirche gehalten. Königsberg s. a. [1642]. 4°. (Küster/Müller, 1737, I, S. 156; Küster, G. G., 1743, S. 473).

Seligkeit der Todten in Christo Auß der Offenbarung Johannis am 14. Cap. Zum Trost vnd Ehrengedächtnis Deß Weyland Erleuchten Hoch=wolgebornen Herren Hn. Magnus Ernesten Graffens von Dönhoff/ Woywodens zu Pernaw/ Starostens zu Derpt vnd Oberpahlen/ etc. Als derselbe am 18. Junij dieses 1642. Jahres zu Wilkam Sanfft vnd Seliglich verschieden/ vnd folgenden 9. Octobr. in der Alt=Städtischen Kirchen der Königlichen Stadt Elbing in Sein Ruhekämmerlein beygesetzet worden. In Volckreicher versamlung daselbst geprediget/ vnd auff begehren zum Druck vbergeben durch D. Johannem Bergium, Churfürstl. Brandenburg. Consistoriall Raht vnd Hoffpredigern. Gedruckt zu Elbing/ bey Wendel Bodenhausen Erben/ 1642. 4°. (1: Ee 1485, 3).

Frewde der Erlöseten in Zion. Auß dem Propheten Jesaia am 35. vnd 51. Cap. Zum Trost vnd Ehrengedächtnüß Der Weiland Wollgebornen Frawen/ Frawen Maria Erb=Truchsessin/ FreyFrawen zu Waltpurg/ Gebornen von Kreytzen/ Als dieselbe den 15. Aprilis deß 1642. Jahres zu Königsberg in Preussen sanfft vnd seeliglich verschieden/ vnd der Verbliechene Cörper folgenden 17. Septembris in dero Erbbegräbnüß zu Friedrichstein beygesetzet worden. In HochAdelicher Versamblung daselbst erkleret/ vnd auff begehren zum Druck übergeben durch D. Johannem Bergium, Churfürstl. Brandenb. Consistoriall Rath vnd Hoffprediger. Elbing/ Gedruckt bey Wendel Bodenhausen Erben/ 1643. 4°. (1: Ee 1485, 4).

Fürstl. Leich-Pred. dem weiland Durchl. Fürsten und Herrn, Herrn Ernsten Marggrafen zu Brand., als derselbe Anno 1642. am 24. Sept. auf dem Churf. Hause zu Cöln an der Spree seelig verschieden, und a. 1643 am 7. Mart. sein Fürstl. Cörper in der Thum-Kirchen in das Churfürstl. Erb-Begräbniß beygesetzet worden aus 2. Tim. VI.–8. gehalten. Frankfurt 1643. 4°. (Küster/Müller, 1737, I, S. 156; Küster, G. G., 1743, S. 659).

Das Ende Danielis/ Bey dem Leichbegängniß Des weyland Wolwürdigen/ Hoch=Edlen/ Gestrengen/ Wol=Ehrenvesten vnd Hoch=benambten Herrn Samueln von Winterfelden/ seligen/ weyland Churfl. Brandenb. vornehmen Geheimbten Raths/ Decani des Stiffts zu Havelbergk/ vnd der Löblichen Märckischen Landschafft Verordnetens/ etc. auff Kerberg etc. Erbherrens/ In der Thumbkirchen zu Cölln an der Spree/ bey Volckreicher versamlung/ am 18./25. Octobris dieses 1643. Jahres Erkläret/ vnd auff begehren zum Druck vbergeben Durch Johannem Bergium, der H. Schrifft Doctorem, Churfürstl. Brandenb: Hoffpredigern vnd Consistorial-Rath. Gedruckt zum Berlin/ bey George Rungens sel. Witwe/ 1643. 4°. (1: Ee 1485, 5).

Das Heyl Jacobs/ Bey Adelicher Leichbegängniß/ Des weyland HochEdlen/ Gestrengen/ Vesten vnd Hochbenambten/ Herrn Gerhard=Romilian von Kalchum/ Genand Leuchtmar von dem Hause Leuchtmar/ Churfürstl. Brandenburg. gewesenen Vornehmen Geheimbten/ auch Kriegs=Hoff=vnd Cammergerichts Rathes/ vnd Hauptmanns der Graffschafft Ruppin/ etc. Seligster Gedächtniß/ In der ThumKirchen zu Cölln an der Spree/ am 16./26. Jan.: dieses 1645. Jahres/ bey volckreicher Versamblung erkläret Durch JOHANNEM BERGIUM, Der H. Schrifft Doctorem, Churfürstl. Brandenb. Consistorial-Rath vnd Hoffpredigern. Berlin/ Gedruckt durch Christoph Runge/ Anno M DC XLV. 4°. (1: Ee 1485, 6).

Wahres Christenthumb Der Weiland Durchläuchtigsten Hochgebornen Fürstinn vnd Frawen/ Fr. Loisae Julianae Pfaltzgräfin vnd Churfürstinn beym Rhein/ Hertzogin in Beyern/ Gebornen Princessin zu Oranien/ Gräfin zu Nassau/ CatzenElbogen/ Vianden vnd Dietz/ etc. Wittiben/ Hochseligsten Andenckens/ Bey dero Fürstlichem Leichbegängniß/ Da der Churfürstliche Cörper am 11./21. Martij dieses 1645. Jahres/ auß der SchloßKirchen zu dem Fürstlichen Erbbegräbniß/ in der Kneiphöfischen Thumbkirchen zu Königsberg in Preussen/ mit gewöhnlichen Solenniteten abgeführet vnd beygesetzet worden/ Auß der Ersten Epistel Petri am Ersten Cap. Bey Volckreicher Versamlung in der Schloßkirchen daselbst erkläret durch D. Johannem

Bergium Churfl. Brandenb. Consistoriall-Raht vnd Hoffpredigern. Königsberg/ Gedruckt durch Johann Reusnern/ 1645. 4°. (1: Ee 1485, 7).

Der Sechs vnd Zwantzigste Psalm/ Bey der Leichbegängniß Des weyland Ehrwürdigen vnd Wolgelahrten Herrn M. ADAMI CHRISTIANI AGRICOLAE, Churfürstl. Brandenburgischen Hoffpredigers/ Alß derselbe am 22. Maij/ 1. Juni Anno 1645 in Erklärung selbigen Psalmes/ sein Ampt vnd Leben auff der Cantzel seliglich beschlossen/ Vnd folgenden Pfingst-Montag/ (war der 25. Maij/4. Junij) zur Erden bestattet worden/ Auff dem Churfürstl. Hause zu Königsberg in Preussen/ bey Volckreicher Versamblung vollend erkläret Durch JOHANNEM BERGIUM, der H. Schrifft Doctorem, Churf. Brandenb. Hoffprediger. Gedruckt zum Berlin/ Bey Christoff Runge/ Im Jahr: M.DC.XLVI. 4°. (1: Ee 1485, 8).

Christlicher Lebens Trost vnd Sterbens Gewinn/ auß der Epistel S. Pauli an die Philipper bey dem Adelichen Leichbegängnüß Deß Weyland Hoch=Edelgebornen Herrn Johans Herman von Bawyr/ zu Böcken vnd Romelian/ Herrn zu Franckenberg/ vnd Erbvogten zu Butscheidt/ Land Commissarien vnd Deputirten deß Fürstenthumbs Berg/ etc. In der Reformirten Kirchen zu Cleve am 15. oder 25. Martij dieses 1647. Jahrs Bey Volckreicher Versamblung in gegenwart seiner Churf. Durchl. zu Brandenb. etc. erkläret. Durch JOHANNEM BERGIVM SS. Theolog. Doct. Churf. Brandenb. Hoffpredigern. Gedruckt zu Duyßburg bey Diterich Bernhausen/ Anno 1648. 4°. (1: Ee 1485, 9).

Leichpredigt Aus dem zwellften Capitel an die Römer/ Bey der Leichbegängniß Des Weyland Edlen/ WolEhrenvesten/ Großachtbaren und Hochgelahrten Herrn Sebastian Striepens/ Churfürstlichen Brandenburgischen Geheimbten und Cammergerichts=Rathes/ auch Lehen Secretarii, Nach dem derselbe am 29. Octobris dieses 1649. Jahres seliglich entschlaffen/ und der verblichene Cörper auff folgenden 7. Novembris in sein Ruhekämmerlein beygesetzet worden/ in der Thumbkirchen zu Cölln an der Spree bey Volckreicher Versamblung gehalten durch D. JOHANNEM BERGIUM. Churfl. Brandenb. Hoffprediger. Berlin/ Außgedruckt bey Christoff Runge/ im vorgesetzten Jahre. [1649]. 4°. (1: Ee 1485, 10).

Trost und Pflicht Aller gläubigen Schäflein und Vnterhirten des einigen Ertzhirten JEsu Christi aus Joh. 10. v. 27. Bey der Leichbegängnis Des HochEdelgebornen/ Gestrengen/ Vesten und Hochbenampten/ Herrn Sigmundt von Götzen/ weyland Churfl. Brandenburgischen vornehmen geheimbten Rathes und Cantzlers/ Hauptmans zu Gramtzow und Seehausen/ auff Rosenthal/ Pinnow und Hermensdorff/ Erbsessen. Nach dem derselbe am 15. Decembris, Anno 1650. seliglich in dem HErrn entschlafen/ und sein verblichener Cörper am 17. Aprilis, Anno 1651. in der Thumbkirchen zu Cölln an der Spree zu seinem Ruhekämmerlein beygesetzet worden/ In Volckreicher/ Chur=Fürstlicher und Adelicher Versamblung Erkläret durch D. JOHANNEM BERGIUM, Churfl. Brandenb. Hoffpredigern. Berlin/ Außgedruckt bey Christoff Runge. s. a. [1651]. 4°. (1: Ee 1485, 11; 1: Ee 511, 18).

Gedult und Trost Der Kinder GOttes in jhren Trübsalen/ Aus dem Propheten Micha/ am 7. Cap. Bey der Leichbegängniß Der weyland Erbarn und Ehren=Tugendreichen Frawen/ Barbara Grünicken/ Des Wol=Ehrenvesten/ Groß=Achtbarn/ und Hochgelahrten Herrn Otto Bötticherts/ MED. DOCTORIS, Ihrer Churfürstl. Durchl. zu Brandenburg Eltisten Leib=Medici, gewesenen Hauß=Ehre/ Nach dem sie am 2. Januarii dieses Jahres sanft und selig verschieden/ und am folgenden 9. ten/ bey der Thumbkirchen zu Cölln an der Spree beerdiget worden/ In volckreicher Versamblung erkläret/ Durch D. JOHANNEM BERGIUM, Churfürstl. Brandenb. Eltisten Hoffprediger und Kirchen Rath. Zu Berlin gedruckt bey Christoff Runge/ im 1653. Jahre. 4°. (1: Ee 1485, 12).

Ungleiches Glück Der gerechten und gottlosen/ Bey Adelichem Leichbegängniß Des HochEdelgebornen/ Gestrengen/ Vesten und Hochbenambten Herren Wolff Dieterichen von Rochow/ zu Lunaw/ und Rottsee Erbherren/ weiland Churfürstl. Brandenb. wolbestalten ältisten Hoff= und Cammergerichts=Rathes und des Kirchen=Rathes Praesidenten. In der Thumbkirchen zu Cölln an der Spree am 23. Junii Anno 1653. Da desselben verblichener Cörper zu seinem Ruhe=Cämmerlein eingesetzet worden/ Bey Volckreicher Versamlung/ erkläret Durch D. JOHANNEM BERGIUM, Churf. Brandenb. Hoffprediger. BERLIN/ Gedruckt bey Christoff Runge. s. a. [1653]. 4°. (1: Ee 1485, 13).

Apostolische Regel, wie man in Religions-Sachen recht richten soll. Elbing: Wendel Bodenhausen, 1641. (1a: Dk 11411); Apostolische Regul, wie man in Religions-Sachen recht richten solle. Cölln an der Spree 1695. 4°. (Dinse, 1877, S. 522).

D. Joh. Bergii auf Erfordern Friderici Wilhelmi Churfürsten zu Brandenburg an denselben gestelltes Bedencken über … Einladung zum Thornischen Colloquio charitat, 1644. In: Fortgesetzte Sammlung von Alten und Neuen Theologischen Sachen, Leipzig 1743, S. 374-396. (Nischan, 1990, S. 59).

Summarischer Bericht von Ursprung der Streitigkeiten in Religions-Sachen zwischen den Evangelischen Kirchen, und worauf dieselben noch beruhen. Berlin 1646. (Küster, G. G., 1743, S. 234).

Der Wille GOttes Von aller Menschen Seligkeit/ Aus dem Spruch des Apostels Pauli in der ersten Epistel zu Timothes am andern Capitel 4. Wider allerhand alte und neue Irrungen erkläret/ und Zur Vergleichung der mißhelligen Theologen, So wol auch Zu nötigem Unterricht/ Trost und Warnung aller Christen gerichtet Durch JOHANNEM BERGIUM, der H. Schrifft Doctorem, Churfürstl. Brandenburgischen Eltisten Hoffprediger und Kirchen=Rath. Joh. 7. V. 17. (…). Gedruckt zu Berlin/ bey Christoff Runge/ Anno M DC LIII. 4°. (23: 509. 5 Theol.).

2. Catholische Predigten deren die erste vom rechten Catholischen Glauben, Liebe und Hoffnung, die andere von der Liebe Catholischer Warheit und Friedens zu Prag in Böhmen für Sr. Churf. Durchl. zu Br. in Dero Hof-Lager gehalten. [Berlin] 1653. 4°. (Küster/Müller, 1737, I, S. 157; Beckmann, 1706, S. 32).

Antwort Auff die Vielfaltige Miszdeutungen/ Damit Herr JOH. MICRAELIUS SS. Th. D. und Professor, auch Rector des Gymnasii zu Stettin in seiner genanten ORTHODOXIA LUTHERANA die sämptliche reformirte Kirchen und insonderheit D. JOHANNIS BERGII Churfürstl. Brandenb. Hoffpredigers und Kirchenrathes/ Tractat Von dem Willen Gottes/ Grewlicher verdamlicher Irthümer beschuldiget. Gedruckt zu Berlin bey Christoff Runge/ im 1654. Jahr. 4°. (1a: Dk 12220).

Viertzig außerlesene Busz= und Trost=Sprüche Der Heiligen Schrifft In so viel Predigten erkläret und vornemlich Zur Vorbereitung des heiligen Abendmahls gerichtet: Denen auch beygefüget ist Der Spruch Welcher bey der Heiligen Tauffe Seiner Fürstl. Durchl. Des Chur=Printzen zu Brandenburg erkläret worden Durch JOHANNEM BERGIUM der heiligen Schrifft Doctorem, Churf. Brandenburgischen Hoffprediger und Kirchen=Raht. I. Corinth. 2:2. Ich hielt mich nicht dafür/ daß ich etwas wüste unter euch/... BERLIN/ Gedruckt bey Christoff Runge/ im Jahr 1655. 4°. (23: 456. 8 Theol.).

Trost und Theil Der Kinder GOttes/ im leben und tode aus dem 73. Psalm/ bey Hochadelichem Leichbegängniß Der Wolgebornen Frawen/ Fr. Elisabeth Sophien/ FreyFrawen von Schwerin/ gebornen von Schlaberndorff/ Frawen zu Alten Landsberg/ etc. Nach dem dieselbe am 26. Januarij dieses 1656. jahres seliglich im HErren entschlaffen/ und ihr verblichener cörper am folgendem 13. Martij in der Thum=Kirchen zu Cölln an der Spree beygesetzet worden/ in volckreicher Versamlung erkläret durch D. JOHANNEM BERGIUM. Churfürstl. Brandenb. Hoffprediger und KirchenRaht. Berlin/ Gedruckt bey Christoff Rungen. Anno 1656. 4°. (1: Ee 1485, 14).

Trost der Sterbenden/ Aus dem Evangelischen Haupt=Spruch Also hat Gott die welt geliebet/ etc. bey dem Leichbegängnüß Des Edlen/ WolEhrenvesten/ Großachtbarn und Hochgelahrten/ Hrn. Reichard Dietern/ weyland Churfürstlichen Brandenburg. Ampts=CammerRahtes/ seligen/ als desselben verblichener Cörper am 20. Julij itzt lauffenden jahres/ in der Thumbkirchen zu Cölln an der Spree/ zu seinem Ruhekämmerlein eingesetzet worden/ in volckreicher Versamlung erkläret durch D. JOHANNEM BERGIUM, Churf. Brandenb. Hoffprediger und Kirchen=Rath. Berlin/ Gedruckt bey Christoff Runge/ im jahr 1656. 4°. (1: Ee 507,6; 1: Ee 1485, 15).

»So hats den Gottes will und ordnung so geschickt ? ...«. [Trauergedicht]. In: EPICEDIA In beatum Obitum. Nobilis, Amplißimi et Doctißimi DN. REICHARDI DIETERI: DUORUM LAUDATISSIMORUM ELECTORUM Brandenburgicorum Consiliarij meritissimi, A Fautoribus & Amicis Defuncti Scripta. Prov. 10 v. 7. Memoria Justi erit in Benedictionem. Typis RUNGIANIS. s. l. e. a. [Berlin 1656]. (1: Ee 507, 5).

»Idem annus, primo Tibi mense, mihique secundo, ...«. [Epicedium]. In: EPICEDIA In beatum Obitum. Nobilis, Amplißimi et Doctißimi DN. REICHARDI DIETERI: DUORUM LAUDATISSIMORUM ELECTORUM Brandenburgicorum Consiliarij meritissimi, A Fautoribus & Amicis Defuncti Scripta. Prov. 10 v. 7. Memoria Justi erit in Benedictionem. Typis RUNGIANIS. s. l. e. a. [Berlin 1656]. (1: Ee 507, 5).

Praefatio exercitationi Scholasticae filii D. Georgii Conr. Bergii contra Calovium praefixa. Berol. 1657. 4°(Küster/Müller, 1737, I, S. 157).

Trost wider den Todeskampff/ sonderlich für Christliche Matronen in Kindesnöthen/ Aus dem Spruch Pauli 2. Tim. IV. 6. 7. 8. Bey dem Leichbegängniß Der weyland HochEdelgebornen/ VielEhr= und Tugendreichen Frauen/ Frauen Anna Sophia von Hoverbecke/ Geborne von Rochow/ Frauen auff Eichmedien/ Geyerswalde und Dombkow/ etc. Als deroselben verblichener Cörper am 17. Decembr. Anno 1658. In der ThumKirchen zu Cölln an der Spree zu seinem Ruhekämmerlein/ Christ=Adelichem Brauch nach eingesetzet worden: In gnädigster Gegenwart Ihrer Churfürstl. Durchl. der Regierenden Churfürstinn/ bey hochansehnlicher Chur=

und Fürstl. Gesandten/ wie auch Gräff=Herr= und Adelicher und sonsten vornehmer Personen Volckreicher Begleit= und Versamlung erkläret Durch D. Johannem Bergium, Churfürstl. ältesten Hoffprediger und Kirchen=Rath. Und weiln Er bald darauff gestorben/ also daß dieses seine letzte Predigt gewesen/ Aus dem lateinischen Concept gesetzt durch dessen Sohn Georgium Conradum Bergium, der Heil. Schrifft Doct. und Prof. P. zu Franckfurt an der Oder. Berlin/ Gedruckt bey Christoff Runge. s. a. [1661]. (1a: Ee 518,20; 1: Ee 1485, 16).

Trau-Sermon aus Prov. XXXI. 30. auf dem Hochzeitl. Ehren-Tage Herrn Joh. von Höverbecke, der Chur- und Marck Brandenb. Erb-Truchsessens der Königl. Maj. zu Pohlen und Schweden Cämmerers und Churf. Br. Geh. Staats-Raths, und Jgfr. Anna Sophia von Rochow, a. 1644. d. 28. Oct. in Gegenwart Sr. Churfürstl. Durchl. gehalten, und von Georg Conrad Bergio aus dem lateinischen Concept übergesetzt und zum Druck befördert. Frankfurt 1661. 4°. (Küster/ Müller, 1737, I, S. 157).

Neun und 30. Predigten über unterschiedl. schwere Sprüche Pauli, sonderlich aus der Epistel an die Römer, nebst einem Anhange von 7. Predigten über der gottseeligen Hanna Gebeth, Erhörung, und Danckbarkeit, aus den Concepten in Ordnung gebracht von Georg Conr. Bergio. [Frankfurt/O.] 1664. 4°. (Beckmann, 1706, S. 32; Küster/ Müller, 1737, I, S. 157; Katalog Braunschweig 1500–1750, Bd. 1: Aufl. Frankfurt/O.: Andr. Becmann 1666; darin: Predigt bey der Tauffe CAR. AEMILII; BIBLIOTHECA BRUNSENIANA, 1724, S. 45, Nr. 223 u. d. T.: Verschiedene Predigten. Frankfurt 1664).

Fünff und Zwantzig Predigten/ In unterschiedlichen Zeiten und Orten/ bey sonderbaren fürfallenden Gelegenheiten/ an dem Churfürstlichen Brandenburgischen Hofe/ gehalten Von JOHANNE BERGIO, weiland Theol. D. Churfürstl. Brandenb. Eltistem Hoff=Prediger und Consistorial-Rahte: Vnd Nunmehr Von seinem Eltisten Sohne GEORGIO CUNRADO BERGIO, auch Theol. D. und Churfürstl. Brandenb. Hoff=Prediger/ Zum Druck herausgegäben/ In Dreyen Theilen: Vnter welchen Der Erste in sich hält Sechs Predigten/ über den 101.sten/ und Drey über den 116. Psalm: Der Andere: Zehen/ über die sämptliche Reden Christi in seinem Leiden: Der Dritte: Sechs hiebevor gedruckte: Nemlich/ Zwo Dancksagungs=Predigten über die Bitte Salomonis umb ein weises Hertz. Zwo Catholische Predigten/ zu Prag in Böhmen: Zwo Valet=Predigten/ zu Königsberg in Preussen. Mit Churfürstl. Brandenb. Gnädigsten Privilegio nicht nachzudrucken/ In Berlin gedruckt bey Christoff Runge/ Anno M.DC.LXIX. 4°. [1668–1669]. (23: Th 2329, 2).

Daß die Worte Christi noch fester stehen. Berlin [G. Schultze] 1677. (BIBLIOTHECA BRUNSENIANA, 1724, S. 58, Nr. 381; Katalog Braunschweig 1500–1750, Bd. 1, darin: Vorrede und Bericht von der zwischen Churfürstlichen Hoffpredigern und einem Inspectorn aus der Alten Marck angestellten und angefangenen mündlichen Conferentz).

Eydschwur Gottes Ezech. XXXIII. 11. erkläret. Berlin 1676. (Küster/Müller, 1737, I, S. 158).

Sermon von der Messe. Berlin 1681. 4°. (Küster/Müller, 1737, I, S. 158).

Briefe

Briefwechsel mit Duraeus (seit 1631). (Landwehr, Hugo: Die Kirchenpolitik Friedrich Wilhelms ... Berlin 1894, S. 154).

Brief an G. C. v. Burgsdorff vom 13./23. Nov. 1645. (Landwehr, Hugo: Die Kirchenpolitik Friedrich Wilhelms ... Berlin 1894, S. 319).

Brief Johann Bergius' an Johann Christoph Hübner. (Küster/ Müller, 1737, I, S. 161, in: Crenius, Animadversionibus philologicis & historicis, Parte II, p. 38).

Brief an M. Fusselius, Brandenburg 23. Febr. 1619. In: Hartsoeker, Christian, Praestantium ac eruditorum virorum epistolae ecclesiasticae et theologicae varii argumenti ... Amsterdam 1660, 3. Aufl. 1704, 1, S. 7f. (Estermann, S. 139).

Literatur

Stosch, Bartholomaeus: Zwo Leich-Predigten/ Aus dem 71. Psalm v. 17. 18. 19. 20. 21. Die Erste; Dem weyland Wol Ehrwürdigen/ Großachtbarn und Hochgelahrten Herrn JOHANNI BERGIO S. S. Theol. D. und Churfürstl. Brandenb. wolverdienten Hoff=Prediger und Consistorial-Raht/ Welcher am 27. Decembr. Anno 1658 selig in Christo entschlaffen und dessen verblichener Cörper am 6. Jan. Anno 1659 in der Thumkirchen zu Cölln an der Spree begraben worden. Die Andere; Der weyland Edlen/ Viel=Ehr= und Tugendreichen Frawen Ursula Matthiassin/ Seligen Herrn D. Bergii nachgelassenen Witwen/ Welche am 18. Januarii Ihrem Ehe-Herrn durch einen Seligen Abschied gefolget und am 23. dieses in Sein Grab beygesetzet worden. Gehalten durch Bartholomaeum Stoschium, Silesium des Sel. Verstorbenen gewesenen Collegen. Berlin/ Gedruckt bey Christoff Runge. s. a. [1659]. 4°. (1: 13 in: Ee 502); Witte, Diar. biog. 1658; Beckmann, 1707, S. 133-156; Vanselow, Gelehrtes Pommern, 1728; Zedler, Bd. 3, 1733, Sp. 1270f.; Küster, 1743, S. 233; Küster, 1737, I, S. 149ff.; Hering, Daniel Heinrich: Beiträge zur Geschichte der reformierten Kirche in den Preußischen Landen, 2 Bde, Breslau 1784f, Bd. 1, S. 16–51; ADB, II, 385; Krollmann, Chr. (Hg.): Altpreuss. Biographien, Bd. 1, 1943; Bautz, Fr. Wilh.: Biogr.-Bibl. Kirchenlexikon, Bd. 1, 1975; NDB, II, S. 84f.; LThK, II, S. 222; RE, II, S. 613f.; RGG, I, S. 1046f.; Die Religion in Geschichte und Gegenwart, 3. Aufl., Bd. 1, 1957; Realenzyklopädie f. protest. Theologie und Kirche, hrsg. v. Alfred Hauck, 3. Aufl., Bd. 2, 1897; Thadden, 1959, S. 175 bis 178; Gericke, Wolfgang: Glaubenszeugnisse und Religionspolitik der brandenburgischen Herrscher bis zur preußischen Union. 1540 bis 1815. Bielefeld 1977; Nischan, Bodo: Johann Peter Bergius, in: Berlinische Lebensbilder. Theologen, hrsg. v. Gerd Heinrich. Berlin 1990, S. 35–60. (= Einzelveröffentlichungen der Historischen Kommission zu Berlin, Bd. 60); GStA Rep. 2, Nr. 39.

Berkow (Bercovius), Johann

* 25. Sept. 1600 Neustadt Brandenburg
† 26. Febr. 1651 Berlin
Pädagoge, Theologe, luth.
V Constantin B., Bäcker
M Anna geb. Mertens
G Georg B., Konrektor in Neustadt Brandenburg; Konstantin B., Konrektor am Berlinischen Gymnasium
∞ Margarethe geb. Runge, gest. 1684
K 12 Kinder (Johann Friedrich, Sekretär der verwitweten Königin von Schweden; Constantin Andreas, gest. 1650; Anna Maria verh. Moritz)

Schule in der Neustadt Brandenburg
1615–1618 Joachimsthalsches Gymnasium
1619–1621 Universität Wittenberg
1621 Universität Leipzig (?)
1621–1628 Baccalaureus am Berlinischen Gymnasium
1628–1630 Subkonrektor
1630–1634 Konrektor
1634–1640 Dritter Diakon zu S. Nicolai in Berlin
1635–1639 zugleich Bibliothekar zu S. Nicolai
1640–1650 Diakon zu S. Marien in Berlin
1650–1651 Archidiakon

Johann Berkow (Bercovius) wurde am 25. Sept. 1600 als Sohn des Bäckers Constantin Berkow (Berckau) in der Neustadt Brandenburg geboren. Seine Mutter Anna geborene Mertens brachte noch weitere Kinder zur Welt, unter ihnen die Söhne Georg (später Konrektor in der Neustadt Brandenburg) und Konstantin (später Konrektor am Berlinischen Gymnasium zum Grauen Kloster). Johann Berkow besuchte zunächst die Schule in der Neustadt Brandenburg, die 1572 in einem stattlichen Neubau eingerichtet worden war. In den Jahren 1586/87 hatte hier der berühmte märkische Chronist Andreas Engel (1561–1598) das Konrektorat inne. Von 1615 bis 1618 setzte Berkow seine Ausbildung am Joachimsthalschen Gymnasium fort, wo Rektor Samuel Dresemius (1578–1638) sein wichtigster Lehrer wurde. Dresemius, Kaiserlich gekrönter Poet, gehörte noch der späthumanistischen Gelehrtengeneration an; unter seiner Leitung wurden vor allem poetisch-moralische Disputationen gehalten (MERBACH, 1916, S. 222). Hier am Joachimsthalschen Gymnasium traf Berkow auch mit Georg von → Lilien zusammen, der von 1613 bis 1616 die Anstalt besuchte. Beide studierten später in Wittenberg und wurden Diakone zu S. Nicolai in Berlin, wo sie gemeinsam gehaltene Wechselpredigten im Druck herausgaben.

Am 12. Aug. 1619 immatrikulierte sich Berkow unter dem Rektor und Professor Juris Lucas Beckmann (1571–1623) an der Universität Wittenberg (WEISSENBORN, 1934, 19,457), »allwo er in den Collegiis Philosophicis und Theologicis sich fleißig geübet, wie es eine und die andere gedruckte Disputation ausweiset« (DITERICH, 1732, S. 282). Leider sind keine Druckwerke aus der Wittenberger Studienzeit überliefert, ebensowenig die Namen jener Professoren, bei denen Berkow Vorlesungen besuchte. Ganz sicher gehörte aber zu diesen Erasmus Schmidt (1570–1637), seit 1597 Professor für Griechisch, bei dem auch Lilien studierte. Aus einer intensiveren Beschäftigung Berkows mit der griechischen Sprache entstand seine 1632 veröffentlichte Schrift »Christen=Rosen unter den Verfolgungs=Dornen«, eine aus dem Griechischen ins Deutsche übersetzte und vor allem für die Hausandacht gedachte Sammlung »Gebeths=Andachten und süsse Gespräche, welche Griechische und Morgenländische Christen unter dem harten Bedrängniß der Türckischen Tyrannen so wohl in ihren öffentlichen Versammlungen, als daheim mit GOtt halten« (KÜSTER/ MÜLLER, 1737,

I, S. 327; nach DITERICH, 1732, S. 284, jedoch erst 1652 nach Berkows Tode erschienen).

Zwei Jahre später soll Berkow seine Studien in Leipzig fortgesetzt haben; allerdings weist die Matrikel seinen Namen nicht auf. Lang dürfte ein möglicher Aufenthalt in Leipzig indes auch nicht gewesen sein. Da seine Eltern gestorben waren und das ihm vermachte Erbe durch die Kipper- und Wipperjahre beträchtlich zusammenschmolz, mußte er sich schon bald um eine feste Anstellung bemühen. Diese fand er noch im Jahr 1621 zunächst als Baccalaureus am Berlinischen Gymnasium zum Grauen Kloster. Nun konnte er auch an die Gründung einer Familie denken: Am 13. Jan. 1627 heiratete Johann Berkow Margarethe, eine Tochter des Berliner Buchdruckers Georg Runge. Auf diesen Anlaß verfaßten seine Kollegen und Freunde mehrere (allerdings nicht überlieferte) Epithalamia. 1628 wurde Berkow Subkonrektor, und zu Michaelis 1630 erhielt er die durch den Tod seines Bruders freigewordene Stelle als Konrektor. Konstantin Berkow war wohl schon 1622 als Konrektor ans Berlinische Gymnasium berufen worden. 1627 verfaßte er die Entstehungsgeschichte der Septuaginta, der ältesten griechischen Übersetzung des Alten Testaments, als Gesprächsspiel, in dem die auftretenden Personen lateinisch, griechisch und hebräisch redeten (GUDOPP, 1900, S. 7; HEIDEMANN, 1874, S. 145, gibt 1624 als Aufführungsjahr an). Die Aufführung des Stückes durch die Schüler dauerte ganze acht Stunden. Konstantin Berkows Schulstück ist das älteste in den Gymnasialprogrammen nachgewiesene »Drama sacrum«. Als im September 1629 die Schüler des Berlinischen Gymnasiums auf dem Rathaussaal eine Komödie spielten (im allgemeinen fanden die Schüleraufführungen im Auditorium des Gymnasiums statt, bei besonderen Gelegenheiten jedoch, wenn ein großer Andrang des Publikums zu erwarten war, stellte der Rat zu Berlin den großen Saal des Rathauses zur Verfügung), untersagte Kurfürst Georg Wilhelm mit Rücksicht auf die Kriegsjahre weitere Komödien. Offensichtlich betraf das kurfürstliche Verbot jedoch nicht die Schüleraufführungen in ihrer Gesamtheit; denn selbst in den Jahren wiederholter Brandschatzungen durch die Schweden und der Pestepidemien in der Mark wurden dramatische Schulübungen – wenn nicht auf dem Rathaussaal, so doch im Schulauditorium – öffentlich aufgeführt. Als Konstantin Berkow 1630 bei einem festlichen Einzug des Kurfürsten in Berlin auf der Straße versehentlich von einem Geschoß getroffen wurde und an seinen Verletzungen starb, erhielt sein Bruder die vakante Stelle als Konrektor.

Aus Johann Berkows literarischer Tätigkeit am Berlinischen Gymnasium sind nur wenige Werke überliefert, neben den bereits erwähnten Gebetsandachten und Gesprächen aus dem Griechischen lediglich drei Gelegenheitscarmina. Als 1634 der Archidiakon zu S. Nicolai, Joachim Nise (1574–1634), erkrankte, verrichtete Berkow neben seinem Schulamt als Substitutus dessen Predigtamt. Nach Nises Ableben wurde er zu Michaelis 1634 als Dritter Diakon voziert. Von 1635 bis 1639 betreute er zugleich die Kirchenbibliothek (LAMINSKI, 1990, S. 28). An der Kirche zu S. Nicolai traf Berkow nun wieder mit Georg von Lilien zusammen, den er aus Joachimsthal kannte und mit dem er in Wittenberg studiert hatte. Lilien war 1632 als Dritter Diakon an S. Nicolai gekommen und nach Nises Tod zum Zweiten Diakon aufgestiegen; auf seine frühere Stelle war nun Berkow berufen worden (der Lilien auch in seinem Amt als Bibliothekar zu S. Nicolai ablöste).

Aus der Begegnung beider erwuchs eine fruchtbare literarische Tätigkeit. 1636 gaben der drei Jahre ältere Lilien und Berkow gemeinsam gehaltene Predigten in Gesprächsform unter dem Titel »Himmel= Schatz im neuen Jerusalem« im Druck heraus. Belegt ist auch eine Wechselpredigt anläßlich der Pockenepidemie im Jahre 1643. Als 1639 in der Mark Brandenburg das einhundertjährige Jubiläum der Einführung der Reformation feierlich begangen wurde, befand sich unter den vom Berlinischen Ministerium unter dem Titel »Iubilaeum Evangelico-Marchicum Berlinense« (Berlin 1640) im Druck veröffentlichten Festpredigten auch Berkows »Märkischer Josaphat«, zwei Predigten, in denen die durch Kurfürst Joachim II. (1505–1571) eingeführte Reformation mit der »Kirch= und Policey Verfassung« des judäischen Königs Josaphat verglichen wurde, wie sie in der Bibel im 2. Buch der Chronik dargestellt ist. Josaphat, von etwa 874–850 v. Chr. König von Juda, in der biblischen Überlieferung als Muster der Frömmigkeit geschildert, gab die seit der Aufhebung der Personalunion des judäischen Reiches mit Israel bestehende Feindschaft auf und ging mit dessen regierender Dynastie ein Bundesverhältnis ein.

Berkow, der 1640 Diakon zu S. Marien geworden war, und Lilien ließen 1648 zur Geburt des Kurprinzen Wilhelm Heinrich am 21. Mai gemeinsam ein geistliches Gesprächsspiel mit dem Titel »Uber des Durchlauchtigsten neu Hochgebohrnen Brandenburgischen Chur=Printzen Geburts= und Tauff= Freude« ausgehen (Wilhelm Heinrich starb jedoch schon am 24. Okt. 1649). Leider ist der Druck nicht erhalten geblieben. In der Tradition, bedeutende Ereignisse fürstlicher Familien, insbesondere Geburt und Taufe, in »Gesprächen« zu feiern, stand später auch der Rektor des Cöllnischen Gymnasiums, Johannes → Bödiker, der 1685 seine »Nymphe Mycale«, ein »Poëtisches und Historisches Gespräche von dem Miggelberge«, zur Geburt des Prinzen Friedrich August veröffentlichte.

Inwieweit die von Berkow und Lilien zusammen veröffentlichten Schriften auf ein besonders enges, aus den gemeinsamen Amtspflichten entstandenes Verhältnis beider zueinander verweisen (wie ältere Darstellungen versichern), muß offen bleiben. Auch die Personal- und Casualschriften tragen wenig zur Erhellung bei. Überliefert sind von Lilien lediglich die (schon von Amts wegen) gehaltenen Leichpredigten auf Berkows Tochter Margaretha 1638 und auf dessen 1650 verstorbenen Sohn Constantin Andreas; für letzteren verfaßte Lilien noch ein Epicedium. Von Berkow sind keine Casualia an Lilien überliefert.

1650 stieg Berkow zum Archidiakon von S. Marien auf. Lange konnte er sein Amt jedoch nicht mehr ausüben: Bereits am 26. Febr. 1651 starb er auf dem Rückweg vom Kirchhof zu S. Georg, wo er eine Grabrede gehalten hatte, plötzlich an Schlagfluß. Die Leichpredigt für den Verstorbenen hielt Propst Peter → Vehr (der Ältere); die lateinische Abdankung stammte vom Konrektor Martin → Lubath. Der bekannte Kirchenlieddichter Paul → Gerhardt schrieb für Berkow das Lied »Erhebe dich betrübtes Herz« in 22 fünfzeiligen Strophen (KEMP, 1975, S. 17f.; das Bildnis des Verstorbenen in Lebensgröße hing ehemals in der Kirche zu S. Marien, vgl. BACHMANN, 1859, S. 226).

Berkows Witwe durfte als erste das eben fertiggestellte Witwenhaus für die Predigerwitwen und -waisen von S. Marien beziehen, wo sie 1684 im Alter von 74 Jahren starb. Von Berkows zwölf Kindern brachte es der Sohn Johann Friedrich bis zum Sekretär der verwitweten Königin von Schweden. Die Tochter Anna Maria heiratete später den kfl.-brandenburgischen Kammergerichtsadvokaten Andreas Moritz. Der Sohn Constantin Andreas starb noch vor seinem Vater bereits 1650; der Leichpredigt Liliens angehängt ist wiederum ein Trauergedicht von Paul Gerhardt (KEMP, 1975, S. 46).

In seinem Kirchenamt ließ Berkow, der als geduldig und sanftmütig galt (DITERICH, 1732, S. 283f.), zahlreiche seiner Leichpredigten im Druck ausgehen, außerdem mehrere Predigtsammlungen, wie die schon erwähnten Wechselpredigten mit Lilien. Erst nach seinem Tode erschien die dem Erbauungsschrifttum zuzurechnende »Anweisung zu einem höchsttröstlichen Bibel-Gespräch« (Berlin 1659). 1643 gab Berkow die »Scheda regia« des Agapet heraus; der Diakon zu Konstantinopel hatte im 6. Jahrhundert unter diesem Titel eine Schrift über die Art und Weise, in der ein christlicher Fürst regieren solle, an Kaiser Justinian gesandt. Berkow fügte dem in der Vergangenheit immer wieder gedruckten Werk zahlreiche Anmerkungen bei und widmete seine Ausgabe dem Großen Kurfürsten. Schließlich ist noch auf sein geistliches Lied »Seufftzer zu Christo« zu verweisen, das 1640 in Johann → Crügers Gesangbuch aufgenommen wurde und Berkow einen Platz unter den Berliner Kirchenlieddichtern einräumte, deren namhaftester im 17. Jahrhundert Paul Gerhardt war. [LN]

Werke

Epicedium für Margarethe Weyler geborene Schönbeck, Ehefrau von Justus Weyler. An Vehr, Peter: Leichpredigt für Margarethe Weyler geborene Schönbeck. Berlin 1625 (LP StA Braunschweig, Nr. 5922).
Epithalamium für Georg Gutke und Maria Hoffmann geb. Moritz. Berlin 1621 (109: Slg. GK: Sch 1/13. 1).
Epicedium für Martin Pasche. An: Raue, Johannes: Leichpredigt für Martin Pasche. Berlin 1627 (1: an 1 in: Ee 526).
Epicedium für Johann Wernicke, kfl.-brand. Rentmeister. An: Koch, Johann: Leichpredigt für Johann Wernicke. Berlin 1630 (LP StA Braunschweig, Nr. 7173).

Christen=Rosen unter den Verfolgungs=Dornen, das ist hertzliche Gebeths=Andachten und süsse Gespräche, welche Griechische und Morgenländische Christen unter dem harten Bedrängniß der Türckischen Tyrannen so wohl in ihren öffentlichen Versammlungen, als daheim mit GOtt halten, aus ihrem Kirchen= und Stunden=Buch zusammen getragen, aus der Griechischen in die Deutsche Sprache übersetzet. Berlin 1632 (1652) (Küster/ Müller, 1737, I, S. 327; nach Diterich, 1732, S. 284, erst 1652 nach seinem Tode erschienen).

EPICEDIA Pijs manibus & Beatæ memoriæ Præstantissimi Integerrimique Viri DN. GEORGII HAHNI, Sereniss. Elect. Brandenburg. Secretarij piè defuncti. An: Vehr, Peter: Leichpredigt für Georg Hahn. Berlin 1632 (1: an 8 in: Ee 513).

Epicedium für Georg Gutke, Rektor am Berlinischen Gymnasium zum Grauen Kloster. An: Elerd, Nikolaus: Leichpredigt für Georg Gutke. Berlin 1635 (LP StA Braunschweig, Nr. 2096).

Himmel=Schatz: (Luc. 18,21.) Jm Newen Jerusalem/ (Apoc. XXI.) Das Droben ist/ (Gal. 4,24.) Bey jrrdischen Landes=verderb/ vnd Haabe=verlust/ bekümmerten Himmel=sehnenden Hertz=Christen: zu Berlin/ Jn Ampts=brüderlichen wechsel=Predigten vertröstet/ vnd Himmel=Gesprechs=weise verfasset/ durch Georg Lilien/ Johann Berkoen/ beyden Ev. Mitpredigern in S. Niclas Pfarrkirch. Gedruckt mit Verlag der Autorum, durch George Rungen in Berlin/ Jm Jahr 1636. Mit Kupffer=stücken zufinden bey Johann Kallen/ Buchhändl. daselbst. Berlin 1636 (1: 1 in: Tc 7032 ehem.; Küster/ Müller, 1737, I, S. 327 und 337; Deutsche Drucke des Barock HAB, 1986, B 4, B 4643).

ΔΙΑΚΟΝΟΤΙΜΗΜΑ Johan:12. v. 16. Getrewer Diener JESU CHRISTI Schuld=forderlicher Amts=gang. Vnd darauf Erfrewlich=folgender Ehrendanck. Bey beerdigung Deß Wol=Ehrwürdigen/ Vorachtbarn/ Andächtigen vnd Wolgelahrten Herrn NICOLAI ELERDI, Wolverdienten Probstes vnd Inspectoris der Berlinischen vnd zugehörigen Kirchen/ Christseligen andenckens/ Alß derselbe am 14. Augusti, dieses 1637. Jahres früh morgens vmb 5. Vhr/ in wahrem erkäntniß seines Heylandes selig entschlaffen/ Vnd darauff am 17. ejusdem, bey Hochansehnlicher Volck=reicher Versamlung/ in sein vorerwehltes Ruh=kämmerlein/ zu S Nicol: Pfarrkirch/ mit fried vnd allgemeinem Trawr=Leid/ eingangen. Auß vnsers Hochverdienten Heylandes Trost=Munds gewiesen vnd gepriesen/ Auch auff begehren publiciret Von JOHANNE BERCOVIO, Diener Christi am Wort bey gedachter S. Nicol: Kirchen. Gedruckt zum Berlin/ durch George Rungen/ im Jahr 1637 [am Ende Epicedium]. Berlin 1637 (1: 8 in: Ee 508; Küster/ Müller, 1737, I, S. 327).

Epicedium für Anna Maria Miser geborene Heyde, Ehefrau von Caspar Miser, Bürgermeister von Berlin. An Elerd, Nikolaus: Leichpredigt für Anna Maria Miser geborene Heyde. Berlin 1637 (LP StA Braunschweig, Nr. 2295).

Epicedium für Nikolaus Elerd, Propst in Berlin. An: Berkow, Johann: Leichpredigt für Nikolaus Elerd. Berlin 1637 (LP StA Braunschweig, Nr. 1133).

SACRUM NUPTIALE, VIRO Clariß. Excellentiß. et Consultiß. DN: BALTHASARI FÜNSTERO, J. U. D. REVERENDISS: ET ILLUSTRISS: DN: DN. ADAMI, COMITIS à Schwartzenberg/ S. Johannis per Marchiam, Saxoniam, Pomeraniam atque Vandaliam MAGISTRI, Domini in HohenLandsberg & Chimborn/ &c. &c. Consiliario conspicuo, secundùm SPONSO; Nec non Virgini Nobili, Castissimæ, Pudicissimæque ANNÆ-SABINÆ, Viri Nobil: Magnifici, Ampliß: et Excellentiß: Dn. PETRI Fritzen/ J. U. D. celeberr: Comit: Palat: Cæsar: Sereniss: Elect: Brandenb. Consiliarij, & S. Consistorij Præsidis Spectatissimi Filiæ, SPONSÆ. Destinatum & peractum â Fautoribus, Amicis & Clientibus, Die 28. Octob. An: 1639. BEROLINI, TYPIS RUNGIANIS. Berlin 1639 (109: Slg. GK: Cg 51. 2/1).

Epithalamium für Johannes Baltzar und Sophia Strömann. S. l. 1640 (109: Slg. GK: Cg 7,1).

Kirchenlied »Seufftzer zu Christo«. In: Crüger, Johann: Newes vollkömliches Gesangbuch, Augspurgischer Confession. Berlin 1640 (abgedruckt bei: Bachmann, 1859, S. 227f.).

Io. Bercouii Märkischer Josaphat, d. i. eigentliches Abbild der heilwärtigen Religions-Besserung und wohlerspreißlichen Kirchen=Ordnung, welche Churfürst Joachim II. eingeführet hat, verglichen mit des Himmelseel. und hochpreißl. Königes Josaphat Kirch- und Policey=Verfassung aus 2. Chron. XVII. 3. 14., Jn Zwo Predigten vorgestellet, vnd jtzo etwas kürtzer gefasset ... Von Johanne Bercovio. In: Iubilaeum Evangelico-Marchicum Berlinense, Berlinische Jubel-Predigten über des allerhöchsten Gottes haupt-grosse Gnaden-Werck der heilsamen Kirchen-Reformation von Päbstlichen Greueln durchs Heil. Evangelii Lauterkeit und der Chur- und Marck Brandenburg, besonders den beyden Residentzien, Berlin und Cölln an der Spree, auf damahls gnädigste Anordnung Herrn Joachimi II. an. 1539. gleich vor 100 Jahren den 31. Oct. 1539 herrlich angefangen, und bißher bey vielfältiger Gefahr wunder-gnädiglich erhalten, in selbiger heil. Wunder-Woche 1639. gehalten durch die damahls ordentlich beruffne Prediger derer beyden Pfarr-Kirchen in Berlin. Berlin 1640 (1: Tc 4400 ehem.; 1: Tc 4401 ehem.; 1: Tc 4401ᵃ ehem.; Küster/ Müller, I, 1737, S. 327).

In Obitum præmaturum Viri-Juvenis Præstantissimi et Eruditissimi DN. JOACHIMI BERCHELMANNI, LL. Candidati &c. Filiæ viduæ Berchelmannianæ unicilongeque desideratissimi. S. l. 1641 (1: an 10 in: Ee 502).

Epithalamium für Wolff Tzautsch und Anna Becker. S. l. 1641 (109: Slg. GK: Cg 209).

VOTA VIRO Amplissimo Prudentiß: et literariß: M. GEORGIO WEBERO, Hactenus Camerario &c. CONSULATUS BERLINENSIS AXIOMATE Ornato nec minùs onerato, Nuncupata & scripta. BEROLINI, Charactere Rungiano expressa. ANNO 1642. Berlin 1642 (109: Slg. GK: Sch 1/20).

BONA OMINA NUPTIIS AUSPICATISSIMIS Admodum Reverendi et Clarissimi VIRI Dn: M. JOACHIMI FROMMII, AD D. Nicolai Archidiaconi, ut meritissimi ita & vigilantissimi SPONSI, Nec non Lectissimæ, pientissimæque Virginum SABINÆ Bartholdin/ Viri Amplissimi, Consultissimique Dn. ANDREÆ Bartholds/ Cameræ Electoralis Brandenb. Advocati non è postremis, sed primi, & Senioris FILIÆ, SPONSÆ, Prolixissimo affectu, A Fautoribus, Collegis & Amicis NUNCUPATA. BEROLINI, Typis Rungianis, Anno 1643. Berlin 1643 (109: Slg. GK: Sch 1/22).

Variolarum meletema: Andächtiges Bedencken von der Kinder=Bocken=Kranckheit aus Rom. VI. 23. bey eingerissener Kinder=Seuche im 1643. Jahr zu Berlin in S. Nicolas Pfarr=Kirch einfältig und gründl. kürtzlich geprediget, cum affixa oratiuncula funebri abs Rev. & Cl. Viro Dn. Jo. Bercovio ante exequias variolis extincti filioli autoris habita. [Wechselpredigten von Georg Lilius und Johann Berkow] Berlin 1643 (Küster/ Müller, I, 1737, S. 338).

Frommer Kinder GOttes Thränen=trucknendes Trost=Tüchlein, aus Phil. III. 20. bey Beerdigung Frau Catharinen Vehren, gebohrner Diepensees, gezeiget. Berlin 1643 (Küster/ Müller, 1737, I, S. 327).

Epithalamium für Peter Vehr und Anna geborene Vogt. Berlin 1643 (109: Slg. GK: Sch 1/23).

Agapeti Paraenesis, alias scheda regia officium boni Principis exacte commendans, divo Imp. Iustiniano quondam inscripta, quam denuo recognitam, et plus quam chiliade sententiarum et historiarum ex optimis auctoribus fideliter collectarum locupletatam SerenisS. Principi ac Domino, Dn. Friderico Wilhelmo, Marchioni Brand. Electori Septemviro in auspicium felicissimi ingressus cum pientissimo pacifici et gloriosi regiminis voto reverenter consecratam offert Io. Bercovius Berl. 1643. sumtibus auctoriS. Berlin 1643 (1: Ow 7976 ehem.; Küster/ Müller, 1737, I, S. 327).

Παιδογερόντων ταχυτελείωσις Τιμιομοζος, des Jungen=Alters frühzeitige Sterbepreißliche Vollkommenheit, in Eröffnung des heil. Raths GOttes, warum dessen Weißheit die fromme Jugend so zeitig durch den Todt aus diesem Leben abfordert, bey Sepultur Mich. Holferti, des Simon Holfert ... Sohnes, aus Sap. IV. vorgestellet. Berlin: Runge 1647 (1: 12 in: Ee 518; Küster/ Müller, 1737, I, S. 327).

Uber des Durchlauchtigsten neu Hochgebohrnen Brandenburgischen Chur=Printzen Geburts- und Tauff=Freude geistliches Gespräch=Spiel unferne Berlin von Lilien und Bercken gehalten 1648. Berlin 1648 (1: 3 in: Tc 84 ehem.; Küster/ Müller, I, 1737, S. 338).

Παιδοφαιρέσεως πικρογλυκισμος, süsse Trost=Freude wider bitteres Trauer=Leid über geliebter Kinder Abscheid, bey Sepultur eines Knäbleins von seiner Seele und grosser Hoffnung Frid. Benedicti, des Frid. Blechschmied, churfürstl. Brandenb. Hoff. Raths Söhnlein ... am 22. Sept. 1649 angewiesen. Berlin 1649 (1: 8 in: Ee 503; Küster/ Müller, 1737, I, S. 327).

Epicedium für Samuel Hoffmann. Berlin 1649 (1: 7 in: Ee 518).

DEO OPTIMO MAX. AUSPICE ! Fautorum Amicorumque votivi applausus Conscripti, dum DNS. MARTINUS=FRIDERICUS SEIDEL, J. U. L. Serenissimi Electoris Brandenburgici Consiliarius & Consistorii Marchici Assessor Cum Virgine Nobili Cunctisque Sui Sexus Virtutibus Condecoratissima MARTHA SOPHIA, VIRI emeriti Domini ANDREÆ KHOLI, ICti Clarissimi & ProCancellarii Marchionatus Brandenburgensis Natâ perdilectâ, Hilaria gamica celebraret, ANNO Post Christi Nativitatem 1649. 3. Non. Decemb. BEROLINI, CHARACTERE RUNGIANO. Berlin 1649 (1: MS. Boruss. fol. 200, f. 91r–98r).

Nachlaß

Anweisung zu einem höchsttröstlichen Bibel-Gespräch. Berlin 1659 (Diterich, 1732, S. 284; Küster/ Müller, 1737, I, S. 327, erst nach Berkows Tode erschienen).

Literatur

Vehr, Peter: ΠΛΗΡΟΦΟΡΙΑ Christiana. Beständiger Christen-Trost/ Geschöpffet auß den Worten des 8. Cap. an die Röm. v. 32. & seqq. Ist Gott für uns/ etc. und Erkläret bey dem schnellen Tode … Des WolEhrwürdigen/ in Gott Andächtigen … Herrn Johannis Bercovii, Wolverdienten beyder Pfarrkirchen zu Berlin Predigers/ und in S. Marien Kirche Archidiaconi; Welcher den 26. Februarij dieses 1651. Jahres/ da Er in seinem Amte eine Leiche vorm Thor hinaus begleitet, im Rückweg vorm Thor niedergesunken, und gehlinges Todtes gestorben, und darauf den Sonntag Laetare in S. Marien=Kirche begraben … durch M. Petrum Vher/ Probsten in Berlin. Außgedruckt bey Christoff Runge/ im vorgesetztem Jahre. Berlin 1651 (Kemp, 1975, S. 46; Küster/ Müller, 1737, I, S. 332); Lubath, Martin: Gratiarum actio parentalis ad exequiatores in funere Io. Bercouii habita. Berlin 1651 (Küster/ Müller, 1752, II, S. 486); Diterich, 1732, S. 282–285; Küster/ Müller, 1737, I, S. 327f.; Jöcher, 1750, I, Sp. 985; Bachmann, 1859, S. 227f.; Heidemann, 1874, S. 144f.; Gudopp, 1900, S. 7; Nohl, 1903, S. 75; Fischer, 1937, S. 46.

Bödiker, Johannes

* 1. Mai 1641 nahe Stettin
† 27. Aug. 1695 Cölln
Pädagoge, luth.
V N. N., Bauer
M N. N.
⚭ N. N.
K Carl Etzard, Archidiakon zu Wriezen/O.; mehrere Töchter (u. a. Carolotta Catharina)

10 Jahre Cöllnisches Gymnasium
1663–1665   Studium in Jena
1665–1673   Prediger in Parstein/ Uckermark
1673–1675   Konrektor am Cöllnischen Gymnasium
1675–1695   Rektor

Johannes Bödiker wurde am 1. Mai 1641 als Sohn eines Bauern in einem Dorf nahe Stettin geboren. (Das genaue Geburtsdatum war bisher nicht bekannt; es ergibt sich jedoch aus der Abdankung von Christian ROTARIDIS auf den Tod seines Kollegen, in der es hieß, daß dieser am 27. Aug. 1695 im Alter von 54 Jahren, 3 Monaten, 3 Wochen und 5 Tagen verstarb.) Die ärmlichen Verhältnisse, denen Bödiker entstammte, umschrieb er später in seinem Werk »Grund=Sätze Der Deutschen Sprachen im Reden und Schreiben« (1690) damit, daß er ein Angehöriger aus dem edlen, uralten Geschlecht derer vom Pflug sei. Die darin liegende Ironie wurde in der Folgezeit jedoch nicht verstanden – man bemühte sich, seine Abstammung aus einer tatsächlichen uralten Familie vom Pflug zu erklären, und verwies auf berühmte Vorfahren in Stettin. Schon als Schüler kam Bödiker in die kurbrandenburgische Residenz, wo er zehn Jahre das Cöllnische Gymnasium unter dem Rektor Samuel Müller (1610–1674) besuchte. Hier verfaßte er 1657 seine wohl ersten Gelegenheitsgedichte, nämlich ein lateinisches und ein deutsches Epicedium auf den Tod seines Mitschülers Peter Werth; im Genre der Casualdichtung wird er später ganz Bedeutendes leisten.
Nachdem Bödiker das Cöllnische Gymnasium absolviert hatte, setzte er seine Ausbildung an einer Hohen Schule fort. ROTARIDIS erinnerte 1695 in seiner Leichabdankung auf den Verstorbenen, daß dieser seiner bäuerlichen Abkunft wegen nur *eine* Universität besuchen und auch nur kurze Zeit studieren konnte. Wie Bödiker 1681 in seiner Leichrede für den verstorbenen Johann Adam Lauer selbst angab, studierte er in Jena, wo er sich im Sommersemester 1662 unter dem Rektor und Professor Juris Johann Volkmar Beckmann in die Matrikel einschrieb (JAUERNIG/ STEIGER, 1977, S. 67; dagegen KÜSTER/ MÜLLER, 1752, II, S. 975, wo Leipzig angegeben ist). In Bödikers Schrift »Christlicher Bericht Von Cometen« (Cölln 1681) werden seine wichtigsten Lehrer in Jena genannt, nämlich Erhard Weigel (1625–1699), »welchen ich als meinen Lehr=Herrn/ ehermals mit schuldiger Ehr=Erbietigkeit und Verwunderung gehöret habe«, und Johann Andreas Bose (1626 bis 1674), dessen Ausführungen über den Wert von Kometenweissagungen der Student »vor 18 Jahren«, also 1663, folgte.
Die Universität Jena, in der ersten Hälfte des 17. Jahrhunderts noch Hochburg der lutherischen Orthodoxie und der protestantischen Scholastik, bestimmte seit der Jahrhundertmitte durch den mathematisch-naturwissenschaftlich geprägten Lehrbetrieb zunehmend das deutsche Geistesleben. Ihren Ruf verdankte sie vor allem Erhard Weigel, der seit 1653 als Professor für Mathematik wirkte und mehrmals zum Dekan der Philosophischen Fakultät sowie dreimal

zum Rektor der Universität berufen wurde; als Haupt der Jenaer Frühaufklärung und Jenas bedeutendster Vertreter der modernen Wissenschaft zog er Gottfried Wilhelm Leibniz (1646–1716) und Samuel von Pufendorf (1632–1694) an die Universität – bis ins erste Drittel des 18. Jahrhunderts hinein nahm Jena eine führende Rolle unter den deutschen Hochschulen ein. Jenas erster Profanhistoriker Johann Andreas Bose (1626–1674), ein Schüler des Straßburger Professors Johann Heinrich Boecler (1611 bis 1672), hatte in Helmstedt bei Georg Calixt (1586 bis 1656) und Hermann Conring (1606–1681) studiert; in seinen Vorlesungen lehrte er den engen Zusammenhang zwischen politischen, staatsrechtlichen und historischen Fragen und betrieb historische Staatenkunde im Sinne eines polyhistorischen Wissenschafts- und Bildungsideals (auf ihn geht unter anderem auch die Einteilung der Weltgeschichte in Altertum, Mittelalter und Neuzeit zurück).

Bödikers Jenaer Studienzeit kann demnach für die Jahre 1662 bis 1665 angesetzt werden; denn 1665 übernahm er das Predigtamt in Parstein bei Angermünde in der Uckermark. Aus seiner Parsteiner Pfarrtätigkeit sind zwei Leichreden überliefert, eine in deutscher Sprache auf den kfl.-brandenburgischen Hauptmann und Arrendator des Amtes Chorin, Johann Fuchs, aus dem Jahre 1670 sowie eine lateinische Laudatio parentalis für den Neu-Angermünder Pastor und Inspektor Peter Hermann von 1671.

Zu Beginn des Jahres 1673 kam Bödiker als Konrektor ans Cöllnische Gymnasium zurück. Wer seine Vokation beförderte, ist aus den vorliegenden Quellen leider nicht ersichtlich. Der neue Konrektor beteiligte sich sogleich an der in der brandenburgischen Residenz in hoher Blüte stehenden Gelegenheitsdichtung. Als sein ehemaliger Lehrer und nunmehriger Kollege, Rektor Samuel Müller, 1673 noch einmal heiratete, verfaßte Bödiker ein »Schäffer=Geticht« in 112 Alexandrinerversen; auf den Tod des Rektors 1674 schrieb er ein griechisches Epicedium und hielt am 16. Sept. auch die Leichabdankung. 1675 übernahm er dann selbst für 20 Jahre die Leitung der Anstalt.

In seinem Schulamt veröffentlichte Bödiker seit 1676 jährlich einen »Catalogus dissertationum et declamationum«; die Kataloge verzeichnen die während des vergangenen Jahres von den Cöllnischen Gymnasiasten unter der Leitung des Rektors beziehungsweise Konrektors (Georg → Grabow) verteidigten theologischen und philosophischen Abhandlungen mit Datum, Thema, Namen des Respondenten und des Opponenten sowie die im betreffenden Zeitraum stattgefundenen Deklamationen. Seit den achtziger Jahren wurden vereinzelt auch Redeübungen in deutscher Sprache gehalten, so zum Beispiel am 11. Juni 1680, als ein Schüler »von der Macht Deutscher Sprachen in Beredsamkeit« redete, oder am 25. Juni desselben Jahres, als ein anderer Schüler die biblische Geschichte von »Johannes dem Täufer in Deutschen Reimen« vortrug. Auch unter den öffentlichen Schulactus, die unter anderem die Lernfortschritte der Schüler dokumentieren sollten, finden sich mehrere, die teilweise oder sogar ganz in deutscher Sprache aufgeführt wurden, wie etwa »Der klagende Und Getröstete Rhein«, den die Cöllnischen Gymnasiasten am 31. Juli 1689 darboten. Hierbei ließ Bödiker seine Schüler als redende deutsche Flüsse auftreten: »Jch habe/ bey dieser Schul=Ubung/ die Deutschen Flüsse zu Rednern gemacht/ weil es erstlich wol ehermals bey Poëten und Rednern bräuchlich/ daß in einer beweglichen Vorstellung die Flüsse redend eingeführet werden. Darnach daß auch die Deutsche Jugend durch solche Gelegenheit die Landbeschreibung des Deutschen Reiches erlerne. Denn die Ströhme sind das merckligste in den Landkarten. Und endlich/ daß unsre Jugend zugleich der Geschichte Kundschafft erlange/ und nicht im Zustande des Vaterlandes so unwissend bleibe.« Gleichwohl war der Einsatz der deutschen Sprache nur Mittel zum Zweck, denn mit dem Actus verfolgte Bödiker unmißverständlich patriotische Zielsetzungen, wenn er in der Aufführung die Bedrohung des Reiches durch Frankreich in der jüngsten Vergangenheit anprangerte. In ähnlicher Weise ließ der Rektor des Berlinischen Gymnasiums, Samuel → Rodigast, 1706 in einem Redeactus den Rhein und die Donau über die an ihren Ufern tobenden Kriege klagen, während sich die Spree am Glück des Friedens erfreuen durfte. Auch die meisten der anderen von Bödiker am Cöllnischen Gymnasium veranstalteten Redneraufzüge wurden szenisch dargestellt und behandelten Ereignisse der jüngsten Geschichte aus vaterländischer Sicht, wobei er die tatsächlichen Namen der handelnden Personen durch erdichtete beziehungsweise antike und aus Sage und Geschichte allgemein bekannte ersetzte. In dem Actus »De Obitu & Exequiis Potentissimi Principis Augusti NESTORIS« zum Beispiel, in dem Bödiker den Tod und das Leichbe-

gängnis des wenige Monate zuvor verstorbenen Kurfürsten Friedrich Wilhelm zur Aufführung brachte, verlegte er die Handlung ins homerische Zeitalter und gab dem Verstorbenen den Namen »Nestor«.
Am Ende seiner Einladungsschrift für den Schulactus »Der klagende Und Getröstete Rhein« begründete Bödiker noch einmal den Einsatz der deutschen Sprache in den bisher üblichen lateinischen Schulactus: »Jch habe diese Ausschrifft Deutsch gestellet/ damit alle und jede von den guten Schul=Gönnern unsre Arbeit verstehen können: Und daher auch von der Löblichen Bürgerschaft dazu eingeladen werden/ die unsere Jugend in dem engen Schul=Raum hören wollen. Sonderlich weil auch wol das dritte Theil dieser Handlung in Deutsche Reden gefasset. Denn auch die Ubung der Deutschen Sprachen ist der Jugend nöhtig.« Außerdem enthalten zahlreiche Einladungsschriften zu lateinisch aufgeführten Actus deutschsprachige Inhaltsangaben, umso mehr, wenn diese Aufführungen auf dem Rathaus in Cölln stattfanden, »um der Deutschen Zuhörer willen/ von der Löbl. Bürgerschafft/ die wir auch bey dieser Schul= Ubung und Redner=Auffzuge vermuthen/ und Sie hiemit auch freundlich dazu einladen; Damit Sie/ wann die Reden Lateinisch fallen/ dennoch einigen Verstand daraus haben«.
Diese wenigen hier zitierten Passagen aus den Einladungsschriften für die Schulactus sind mit ihrer Hinwendung zur Muttersprachlichkeit Ausdruck des reformpädagogischen Programms Bödikers, dessen Bemühungen um die deutsche Sprache mit der Schrift »Grund=Sätze Der Deutschen Sprachen im Reden und Schreiben/ Samt einem Bericht vom rechten Gebrauch Der Vorwörter/ Der studierenden Jugend und allen Deutschliebenden zum Besten Vorgestellet. Cölln an der Spree 1690« ihren Höhepunkt erreichten. Bödiker, der laut Vorrede seine Schrift in den Mußestunden neben seiner umfangreichen Tätigkeit im Cöllnischen Schulamt verfaßt hatte, wollte mit ihr vor allem »der Deutschen Jugend/ als Hoffnung der Nachwelt/ dienen«. Wie manche seiner Vorgänger, zum Beispiel Justus Georg Schottel (1612–1676), bemühte auch er zur Beförderung des Ansehens der deutschen Sprache patriotische Motive: »Beschützen andere mit Raht und Waffen die Ehre des Vaterlandes; so zeige ich hier Grammatische Waffen/ dadurch die Ehre des Vaterlandes auch in der Sprache kan beschützet werden« (zit. nach DIEDRICHS, 1983, S. 80). Bödiker stellte den Sprachunterricht in seinem Rang neben den Religionsunterricht, wobei er ihn nicht nur auf die Ausbildung der Schüler in Latein und Griechisch beschränkte, sondern auf »gewisse nützliche Sprachen«, und hier insbesondere auf die deutsche Sprache ausgedehnt wissen wollte; auch müsse der Unterricht »kunstmäßig« sein, das heißt wissenschaftlichen Forderungen an die Sprache gerecht werden.
Bödikers Schrift wurde nach dem Tode des Verfassers nacheinander von seinem Sohn Carl Etzard sowie von Johann Leonhard Frisch (1666–1743) und Johann Jacob Wippel (1714–1765) bearbeitet und herausgegeben und erlebte bis 1746 insgesamt sieben Auflagen. Die Resonanz der Zeitgenossen auf die »Grund=Sätze« war beträchtlich: Johann Georg Eccard rühmte 1711 die Schrift als ein unvergleichliches Buch, das wert sei, von allen, die richtig deutsch reden und schreiben lernen wollen, mit Fleiß gelesen zu werden (ECCARD, 1711, S. 252). Sieben Jahre später schrieb Caspar Gottschling, daß Bödiker als »ein grundgelehrter Mann und in vielen Sprachen/ welche zu gründlicher Ausführung dieses Vorhabens gehören/ höchsterfahren« den Ursprung der deutschen Sprache vortrefflich untersucht habe, jedoch sich einiger unreiner Redensarten und unrichtiger Wortfügungen besser enthalten hätte (GOTTSCHLING, 1713, S. 3f.). Und 1747, ein Jahr, nachdem Wippel Bödikers Schrift erneut herausgegeben hatte, konnte der Professor am Fürstlichen Collegium Carolinum in Braunschweig, Elias Caspar Reichard, in seinem »Versuch einer Historie der deutschen Sprachkunst« als Fazit festhalten: »Der fast allgemeine Wunsch, daß den Deutschen einmal eine richtige und nützliche deutsche Sprachkunst in die Hände geliefert werden möchte, fing endlich 1690. an in Erfüllung zu gehen, als in welchem Jahre die bekannte und bis auf unsere Zeiten beliebt gebliebene Grammatik des Bödikers … zum erstenmale zum Vorschein kam. Dis Buch prangte schon damals mit den mehresten Eigenschaften einer guten Sprachlehre und der Verfasser, der die deutsche Sprache in ihrem Umfange kannte und einen grossen Theil seiner Kräfte und seiner Zeit auf deren Untersuchung gewandt hatte, legte darin unwiedersprechliche Beweise dar, daß er an Einsicht, Nachdenken und Urtheilskraft wo nicht alle, doch die allermeisten seiner Vorgänger auf diesem Wege übertreffe …« (REICHARD, 1747 [1978], S. 287f.; vgl. auch DIEDRICHS, 1983, S. 40–46, mit weiteren Belegen; nach KÜSTER/ MÜLLER, 1752, II,

S. 975, sei diese Deutsche Grammatik Bödikers bestes Werk, das Frisch durch seine Bearbeitung noch brauchbarer gemacht habe, so daß es besonders von Ausländern anerkennend aufgenommen wurde).

Bödiker plante, auch ein Lexikon der deutschen Sprache herauszugeben (zum Wörterbuchprojekt ausführlich DIEDRICHS, 1983, S. 381–388). Sein Konzept für das Unternehmen sah vor, möglichst alle Aspekte des Deutschen zu berücksichtigen; das Wörterbuch sollte die historische wie auch regionale und stilistische Gliederung der deutschen Sprache ausweisen und dem Deutschen verwandte Sprachen einbeziehen. Gemeinsam mit seinem Sohn begann er Quellen auszuwerten; 1699 – also bereits nach Bödikers Tod – lagen drei Artikel zu den Wörtern »Brenn«, »Brech« und »Dank« vor. Allerdings sah sich Carl Etzard Bödiker nicht in der Lage, das monumentale Projekt – jeder Artikel sollte die zu einem Stammwort gehörenden Ableitungen und Komposita in Beispielsätzen und Zitaten enthalten, außerdem Synonyme und ähnlich gebrauchte Redewendungen aufzählen und diese ebenfalls im Kontext, unter anderem auch durch Beispiele aus der poetischen Sprache einschließlich der Gedichte in lateinischer Sprache, aufzeigen – fortzuführen und zu vollenden, was bei dem damals geringen Stand an Vorarbeiten und dem voraussichtlichen Arbeitsumfang, der das Pensum eines einzelnen bei weitem überschreiten mußte, auch nicht verwundert.

Bödiker hatte seine »Grund=Sätze« den elf Cöllnischen Ratsherren, seinen Patrones, von denen einige zugleich wichtige kurfürstliche Ämter bekleideten, gewidmet; in den meisten Fällen lassen sich seine Beziehungen zu den aufgeführten Herren auch durch Casualcarmina beziehungsweise Personalschriften belegen. In den Jahren seiner Schultätigkeit in Cölln verfaßte Bödiker eine Vielzahl von Gelegenheitsgedichten und wurde dadurch einer der profiliertesten Casualpoeten in der kurfürstlich-brandenburgischen Residenz. Die Staatsbibliothek zu Berlin, Stiftung Preußischer Kulturbesitz (Haus 2), besitzt einen recht umfangreichen Sammelband mit Bödikers Gelegenheitsgedichten unter dem Titel »JOHANNIS BÖDIKERI, OPUSCULA QUÆDAM. n. PARENTATIONES. ORATIONES. CARMINA. PROGRAMMATA. EMBLEMATA. ab anno 1674 edita. Coloniæ Brandenburgicæ.« (1a: Ag 923 R; auf dem Vorsatzblatt dieses 129 Stücke umfassenden Exemplars befindet sich die handschriftliche Notiz, daß sein Sohn Carl Etzard Bödiker die Sammlung von seinem Vater erhalten habe).

Die hier erstmals vorgenommene bibliographische Erfassung dieser Gelegenheitsgedichte mit ihrem vollständigen Titel und ihre Auswertung (unter Einbeziehung der Widmungen) erlaubt über den dadurch ausgewiesenen Adressatenkreis hinreichende Aussagen zu Bödikers Wirksamkeit in der kommunalen und regionalen Kommunikation. Gerade der hohe Anteil des anlaß- und adressatenbezogenen poetischen Schrifttums bietet in seinem Fall bisher kaum erahnte Möglichkeiten zur Erschließung des Beziehungsgeflechtes von Stadt und Hof in der kurbrandenburgischen Residenz. Informationen über Personen werden ergänzt durch Aussagen über die mit der Formierung des absolutistischen Staates aufsteigende Schicht des gelehrten Bürgertums. Bemerkenswert ist es auch, daß Bödiker seine zumeist ausgesprochen langen Casualia im allgemeinen separat veröffentlichte, im Unterschied etwa zu dem in jenen Jahren am Berlinischen Gymnasium wirkenden Rektor Gottfried → Weber, der seine ebenfalls recht zahlreichen (jedoch oft auf wenige Zeilen beschränkten) Gedichte in der Regel gemeinsam mit Gelegenheitsgedichten seiner Kollegen publizierte. Dies erlaubte dem Cöllnischen Rektor, seine Druckerzeugnisse gezielt den wichtigen Amtsträgern am kurfürstlichen Hof zuzueignen. Es waren vor allem seine Casualia, die Bödiker als Dichter über die Grenzen Brandenburgs hinaus berühmt machten. Joachim Feller aus Leipzig widmete ihm 1689 einen Lobspruch, in welchem er den Namen des Cöllnischen Rektors spielerisch-scherzhaft zum »Poeten Kern« umformte (JÖCHER, 1750, I, Sp. 1168: »Quum multi eximii sint Teutonum in orbe poetæ, Tute poetarum nucleus esse potes.«; KÜSTER/ MÜLLER, 1752, II, S. 976).

Bödiker verfaßte nicht nur Epithalamia und Epicedia für einzelne Personen, sondern bedichtete auch zahlreiche Jubiläen und andere Gelegenheiten am kurbrandenburgischen Hof und galt als angesehener Poet. An seiner Dichtung erfreuten sich nicht nur Angehörige der Bürgerschaft, »sondern/ nebst Jhro Käyserlichen Majestät selbsten/ auch Seine Churfürstl. Durchlaucht./ unser gnädigster Herr/ zusammt denen hohen Ministris unsers Brandenburgischen Hofes/ als welche mehrmahlen daran Jhr sonderbahres Vergnügen gehabt/ und an seiner gelahrten Feder sich inniglich ergötzet haben« – so ROTARIDIS in seiner Leichabdankung; schon als Sechzehnjähriger soll

Bödiker in einem Epigramm anläßlich der Geburt des Kurprinzen Friedrich im Jahre 1657 das preußische Königtum vorausgesagt haben (JÖCHER, 1750, I, Sp. 1168).

Mehrere der von Bödiker für das Haus Brandenburg verfaßten Gelegenheitsschriften enthalten einen in Kupfer gestochenen emblematischen Einblattdruck mit dem Namen des Gefeierten und einem ihm zugeordneten lateinischen Wahlspruch; die Buchstaben sind mit Sinnbildern unterlegt und mit erklärenden Versen, häufig Distichen, versehen. Dem Kupferstich folgt meist eine mehrseitige deutschsprachige »Erklärung« der Sinnbilder. Einen solchen Casualdruck ließ Bödiker bereits 1675 anläßlich des Leichbegängnisses für den am 7. Dez. 1674 verstorbenen Prinzen Karl Emil von Brandenburg ausgehen (die angehängte deutschsprachige Erklärung ist hier jedoch verloren). Dies war zugleich die erste Ehrenbezeugung an die kurfürstliche Familie, die Bödiker in seiner neuen Stellung als Rektor des Cöllnischen Gymnasiums verfaßte. Weitere emblematische Dichtungen, mit denen er sich der Gunst des Hofes versichern wollte, folgten in den nächsten Jahren. Ein derart herausragendes Beispiel Bödikerscher Casualia an das brandenburgische Herrscherhaus ist sein Epinicion für Kurfürst Friedrich Wilhelm anläßlich der Eroberung Stettins im Jahre 1677. Der Kupferstich »EMBLEMATA VICTORIÆ HIEROGLYPHICA« enthält 38 emblematische Buchstaben (»FRIDERICUS WILHELMUS MAGN: VICTOR POMERANIÆ.«), jedes Sinnbild wiederum zwei lateinische Distichen. Der Einblattdruck ist in einem 18 Blatt umfassenden, 1678 in Cölln erschienenen Gelegenheitsdruck »Erklärung Der Hieroglyphischen Sinn=Bilder anläßlich der Eroberung Stettins 1677« eingebunden; vorangestellt ist die Zuschrift an den Kurfürsten, dem Kupferstich folgt die deutsche Erklärung der Sinnbilder. (Ein von Bödiker aus demselben Anlaß verfaßtes lateinisches Carmen in 28 Versen befindet sich auf einem Einblattdruck, der wohl ursprünglich dem Werk ebenfalls beigebunden war.)

Kurfürst Friedrich Wilhelm, der im Ergebnis des Westfälischen Friedens 1648 beachtliche Gebietszuwächse erhalten hatte und in der Folge seine Machtpositionen in Preußen ausbauen konnte, sah sich in seinem Streben, Brandenburg als Führungsmacht in Norddeutschland auszubauen und zu verteidigen, wiederholt mit Schweden, der Hegemonialmacht in Nordeuropa, konfrontiert, das wichtige Teile Pommerns, so auch Stettin mit seinem Zugang zur Ostsee, beherrschte. Die Arrondierung der weit auseinanderliegenden brandenburgischen Besitzungen beinhaltete für den Kurfürsten auch die Aufhebung der schwedischen Herrschaft über Pommern und die Eingliederung der eroberten Gebiete in sein Territorium als eines seiner außenpolitischen Ziele, die er mit wechselnden Bündnissen zu erreichen suchte. Als 1674 die Schweden als Kriegsverbündete Frankreichs in die Mark einfielen und Friedrich Wilhelm, der seine Truppen vom französischen Kriegsschauplatz zurückgeführt hatte, nach der siegreichen Schlacht bei Fehrbellin am 18. Juni 1675 (die ihm den Namen »Großer Kurfürst« einbrachte) an die Eroberung Schwedisch-Pommerns ging, wurden seine Siege überall im Land und namentlich in der kurbrandenburgischen Residenz begeistert gefeiert. Anläßlich der Rückkehr Friedrich Wilhelms nach seinem siegreichen Feldzug am 2. Dez. 1678 errichteten Rat und Bürgerschaft von Cölln eine »Ehren= Pforte«, die Bödiker in einem weiteren Gelegenheitsdruck poetisch beschrieb. Allerdings mußte der Kurfürst, von seinen Verbündeten im Stich gelassen, am 29. Juni 1679 im Frieden zu St.-Germain-en-Laye, der den seit 1675 andauernden brandenburgisch-schwedischen Krieg beendete, die eroberten pommerschen Besitzungen wieder zurückgeben. In Anspielung auf den Friedensvertrag feierte Bödiker in einer umfangreichen Neujahrsgratulation zu Beginn des Jahres 1680 den Kurfürsten als den großen Friedensstifter. Am Anfang steht ein Carmen von 96 Alexandrinerversen, das die militärischen Erfolge des Kurfürsten rühmt:

»GOtt lob/ dein Adler steht/ wie in den Meeres=Wellen
Ein unbewegter Felß/ den keine Wuut kan fällen.
GOtt wiese Dir den Weg durch manche Krieges=Fluht/
Und war mit deiner Faust' und deinem Tapffern Muht.« (V. 5–8)

In einem sich anschließenden »Krieg= und Friedens=Gespräch« tauschen (die mit sprechenden Namen versehenen) Akteure Heermann und Friedlieb die gegensätzlichen Positionen von Krieg und Frieden aus – dem Loblied Heermanns auf den Kriegsruhm hält Friedlieb die Schrecken des Krieges entgegen; nur durch die Anspannung aller Kräfte zur Friedensbewahrung könne man sich in Ehren auszeichnen.

Wer jedoch meine, unbedingt im Felde Ruhm erringen zu müssen, der solle »auff die Türcken=Lantzen mit vollen Sporen gehn« – erst wenn die Türken endgültig besiegt seien, käme der ewige Frieden. Es entsprach der allgemeinen Auffassung gläubiger Christen, nach der ein Frieden mit dem Osmanischen Reich gänzlich ausgeschlossen schien – 1683 ließ zum Beispiel Samuel Rodigast in einem Schulactus die Hoffnungen der Christen erörtern, vor dem jüngsten Tag das türkische Reich vernichtet, die Juden zum Christentum bekehrt und die päpstliche Macht gestürzt zu sehen. Drei Jahre später machte auch Bödiker die Türkenkriege zum Gegenstand eines Schulactus am Cöllnischen Gymnasium. Daß trotz der antitürkischen Auslassungen die Neujahrsgratulation Bödikers für Kurfürst Friedrich Wilhelm von 1680 auf Bewahrung des Friedens zielt, unterstreicht ein den Gelegenheitsdruck beschließender »Friedens=Wundsch« von 68 Versen, in denen fünf Gesandte ihre Friedenshoffnungen artikulieren. Schon zu Beginn des Jahres 1676 hatte Bödiker ein »Christliches New=Jahrs=Gespräche« verfaßt, in dem er in ähnlicher Weise den brandenburgisch-schwedischen Krieg und den allgemeinen Wunsch nach Frieden reflektierte.

Gleichwohl haben diese fast im Sinne einer Fürstenerziehung wirkenden Casualia, die oft prunkvoll gestalteten Gelegenheitsgedichte für den kurfürstlichen Hof und namentlich für die kurfürstliche Familie, dem Cöllnischen Rektor außer seiner Anerkennung als Dichter offensichtlich keinen größeren Gewinn gebracht. In diesem Zusammenhang ist auf den ehemaligen Konrektor des Berlinischen Gymnasiums, Friedrich → Madeweis, zu verweisen, der ebenfalls die außenpolitischen Erfolge des Großen Kurfürsten in den siebziger Jahren durch (allerdings nicht mehr erhaltene) Glückwunschcarmina begleitete. Er wurde 1681 von Friedrich Wilhelm als kurfürstlicher Sekretär in den brandenburgischen Hofdienst berufen. Ähnliche Ambitionen Bödikers auf ein höfisches Amt (sofern er sie wirklich hatte, was aus den Quellen zwar nicht ersichtlich, jedoch wegen der Häufigkeit und besonders wegen des Charakters seiner Gelegenheitsgedichte durchaus wahrscheinlich gewesen sein dürfte) blieben dagegen ohne Erfolg, vielleicht fehlte es ihm auch nur – im Unterschied zu Madeweis – an einflußreichen Fürsprechern.

Gleichwohl sah Bödiker in der Würdigung des brandenburgischen Herrscherhauses einen wichtigen, wenn nicht sogar den hauptsächlichen Auftrag eines Poeten. Aufschluß darüber gibt seine »Nymphe Mycale«, ein 80 Seiten langes »Poëtisches und Historisches Gespräche von dem Miggelberge (...) Zu Ehren Der Gnädigsten Herrschafft/ Bey allgemeiner Freude eines Neugebornen Erb=Printzen/ Jn unterthänigster Glückwündschung vorgestellet«. Bödiker verfaßte die 1685 publizierte Schrift für den Kurprinzen Friedrich (ab 1688 Kf. Friedrich III., ab 1701 Kg. Friedrich I.) und seine Gemahlin Sophie Charlotte von Braunschweig-Lüneburg anläßlich der Geburt des Prinzen Friedrich August am 6. Okt. 1685 (der Prinz starb jedoch bereits am 31. Jan. des folgenden Jahres). Fünf »vornehme/ aber schon verstorbene Poeten«, nämlich der Preuße Simon Dach (1605 bis 1659), der Braunschweiger Justus Georg Schottel, der Holsteiner Johann Rist (1607–1667), der Lausitzer Johann Franck (1618–1677) und der Schlesier Andreas Gryphius (1616–1664), außerdem zwei Wirte aus Pommern und aus der Mark, machen eine Kahnpartie auf der Spree nach Köpenick und zum Müggelberg und dichten zunächst jeder einige Verse auf das freudige Ereignis in den Häusern Brandenburg und Braunschweig-Lüneburg. Bei der Besteigung des Müggelberges begegnen sie der Nymphe Mycale, die sie zunächst zu den Bestattungshügeln führt, unter denen die Poeten der alten Deutschen, die Druiden und Barden, begraben liegen, und sie dann in eine Grotte einlädt, in deren Tempeln die alten Vorfahren und »rühmlichen Helden« des kurbrandenburgischen Herrscherhauses und des welfischen Hauses zu sehen sind. Die Besichtigung der geschichtsträchtigen Tempel inspiriert die Reisenden zu neuen Versen auf die beiden Herrscherhäuser. An dieser Stelle baut Bödiker seinen Appell an die deutschen Poeten ein, die fürstlichen Häuser zu verherrlichen und so zum Ruhme der deutschen Sprache beizutragen: »Jhr thut/ sagte drauff Mycale/ nach eurer Schuldigkeit/ die euch die Natur auch an diesem Miggelberg vorhält/ daß ihr euch dieser Freude mittheilhafftig machet/ und alle eure Dichtkunst/ nechst den Ehren Gottes/ zu Ehren der Herrschafft in tieffster Unterwürffigkeit anwendet. Jhr Hirten seyd eben diejenige/ die solche Freudentage der Fürsten/ und die guten Glücks=Fälle besingen/ und der Nachwelt hinterlassen können. Jhr Poeten ergreifft aus den Fürstlichen Handlungen eben Geist und Gelegenheit/ daß ihr der Fürsten Ruhm/ und euch selbst durch euren treuwilligen Gehorsam und Fleiß verewigen möget. Jhr Poeten seyd vornemlich schuldig/ die Teutsche Mutter= und Helden=Sprache zu erhöhen und zu zieren/ alle Frembdgierigkeit und Unstand ausländischer Mischwörter zu hindern/ und wider einen Bodinus und Barclajus/ Duretus und andere Durch=Aechter der Teutschen/ zu erweisen/ daß die Teutsche Sprache nicht so arm und hartlautend/ stumpff und unlieblich sey/ als sie die Welt bereden wollen. Wolan fahret fort/ und dencket an die Freude/ die beyderseits Chur= und Hochfürstliche Häuser haben/ daß sie ihren Chur=Printzen und Chur=Princessinn in solcher höchstvergnüglicher und gesegneter Vermählung sehen.« (S. 59f.)

Aus dem zuletzt Zitierten spricht der Poet und der Sprachforscher, der sich für die kulturpolitische Legitimierung der deutschen Dichtkunst und Sprache einsetzt und sein sprachreformerisches Programm in die Funktion von Panegyrik einbettet. Indem die Poeten die Taten der Fürsten verherrlichen, tragen sie zum Ruhme der deutschen Sprache bei – dieser wechselseitigen Bedingtheit entspricht der Terminus »Teutsche Mutter= und Helden=Sprache«. Wenn nach Bödiker das vom Dichter »gesungene« Fürsten-Lob auf ihn selbst zurückfalle, er also – dem Fürsten gleich – durch seine Dichtkunst Unsterblichkeit erlange, dann ist damit auch die Förderung der Poesie durch die Herrschenden als Bedingung für eben jene Gleichheit angesprochen. In der Vorrede für seine fünf Jahre später veröffentlichten »Grund=Sätze« wiederholte Bödiker die Forderung nach einem »effektiven Mäzenatentum«, indem er ähnlich wie Daniel Georg Morhof (1639–1691) von den Fürsten verlangte, jene zu unterstützen, die »unsers wehrten Vaterlandes Altertühme (dazu auch die Sprache gehöret)« erforschen (DIEDRICHS, 1983, S. 75f.).

Bödikers Terminus enthält aber noch eine weitere Komponente: Indem der Dichter angehalten wird, ständig »die Teutsche Mutter= und Helden=Sprache zu erhöhen und zu zieren«, leistet er – wie die Fürsten mit ihren Mitteln – das Seinige zum Wohle des Landes. Dabei geht es Bödiker nicht nur um die Anerkennung der Muttersprache im eigenen Land, sondern aus national-patriotischen Erwägungen auch und ganz besonders um deren Aufwertung gegenüber den anderen europäischen Sprachen, namentlich dem Französischen, das in der zweiten Hälfte des 17. Jahrhunderts das ehemals vorherrschende Latein abgelöst hatte. Dies könne jedoch nur dann zum Erfolg führen, wenn die deutsche Sprache von »aller Frembdgierigkeit und Unstand ausländischer Mischwörter« befreit werde.

In Bödikers Prosa-Ekloge, der wohl ersten poetischen Genealogie des Hauses Brandenburg, endet die Begegnung mit der Nymphe in einer fiktiven Theatervorstellung: Nachdem Mycale den Vorhang geöffnet hat, erleben die fünf Reisenden wie auf einer Bühne die Vermählung beider Fürstenhäuser. Derart zum wiederholten Male zum Dichten angeregt, kehren sie in die Residenz zurück. Die ihnen auf dem Rückweg eingekommenen Gedichte, ein »Glückwündschungs= Lied« und ein »Wiegen=Lied«, werden im letzten Aufzug vorgetragen.

Im Zusammenhang mit den Casualcarmina müssen an dieser Stelle die Standreden und Abdankungen genannt werden, die Bödikers excellente Rednerqualitäten belegen. Unter den etwa 100 überlieferten Leichreden, die sein Sohn Carl Etzard 1699 in zwei Bänden in Frankfurt/O. drucken ließ, befinden sich zahlreiche auf hochangesehene Männer des kurfürstlichen Hofes wie auf den 1688 verstorbenen Hofarzt Johann Sigismund → Elsholtz und auf den 1693 beerdigten kfl.-brandenburgischen Rat und ältesten Leibmedikus Martin → Weise, den Bödiker mit dem griechischen Arzt Hippokrates verglich. Diese Abdankungen auf die Hofärzte widerspiegeln zugleich seine ungewöhnlich guten Kenntnisse der Medizingeschichte seiner Zeit, die nicht zuletzt auch Auswirkungen auf sein Menschenbild, seinen Begriff von Tradition und Wissenschaftsmodernisierung zeitigten.

Als 1674 der Propst zu Cölln, Konsistorialrat Johann → Buntebart, starb, verfaßte Bödiker – zu diesem Zeitpunkt noch Konrektor des Cöllnischen Gymnasiums – die Abdankung. Zwei Jahre später hielt er dann als Rektor im Auditorium der Anstalt eine lateinische Oratio panegyrica »de vita Johannis Buntebarti« und verlas bei dieser Gelegenheit im Anschluß daran die Schulgesetze. Diese oratio panegyrica gehört zu den frühen in Cölln verfaßten Drucken Bödikers. Der erst im Jahr zuvor ernannte neue Rektor ließ die lateinische Gedächtnisrede mit einer Widmung an hochgestellte kurbrandenburgische Persönlichkeiten, nämlich an die Geheimen Räte Otto Freiherr von Schwerin (1616–1679) und Franz Meinders (1630–1695), die Räte Johann Heinrich von Flemming (gest. 1704) und Johann Görling (1622 bis 1677) sowie an den Kammeradvokaten und Cöllnischen Ratsherrn Christian Straßburg (1619 bis

1676), im Druck ausgehen, was erneut ein bezeichnendes Licht auf Bödikers Bestrebungen wirft, sich wieder und wieder der Gunst des Hofes und der Stadt zu versichern.

Zu den von Bödiker verfaßten bemerkenswerten Schriften zählt zweifellos sein »Christlicher Bericht Von Cometen/ Als der grosse Comet 1680. und 1681. geleuchtet/ Dem Christlichem/ Deutschen Leser zu Dienst/ aus den vornehmsten Meynungen alter und neuer Lehrer zusammen gezogen«; das 58 Blatt starke Werk wurde 1681 in Cölln gedruckt. In seiner Vorrede verwies der Autor darauf, daß manche Gelehrte mit ihren Kometenschriften nur abergläubische Furcht verbreiten, andere wiederum jeglichen Einfluß der Kometen leugnen und verspotten. Die beste Art sei es jedoch, den Kometen »mit Vernunfft und mit Christlichen Sinnen« zu betrachten und ihn nach seinen Eigenschaften zu beschreiben, und zwar in deutscher Sprache, die alle Leser verstehen würden. Er selbst wolle deshalb unter Hinzuziehung zahlreicher Quellen ausführen, worin die Ursachen für das Auftreten von Kometen zu sehen seien, und besonders den Kometen von 1680/81 nach Ordnung, Größe, Lauf und Bedeutung beschreiben. Allerdings habe er sich bei seinem »armseligen Schulstande« keine entsprechenden Geräte zur genaueren Beobachtung des Kometen anschaffen können.

In seinen Ausführungen lehnte Bödiker dann unter Verweis auf seine ehemaligen Jenaer Professoren Erhard Weigel und Johann Andreas Bose jegliche Kometenwahrsagerei als vermessen und abergläubisch ab. Allerdings seien Kometen, auch wenn sie allgemein für Unglücksboten gehalten werden, nützlich und notwendig, um mancherlei Geheimnisse der Natur zu entdecken. Mit seiner Kometenabhandlung schrieb Bödiker gegen den in breitesten Schichten des Volkes herrschenden Aberglauben, der sich an derartige Naturerscheinungen knüpfte, von denen man eine ganz besondere Wirkung erhoffte. Kometen, Sonnenfinsternisse und andere Himmelserscheinungen galten Gelehrten und Ungebildeten als bedeutende Warn- und Vorzeichen, durch die Gott seinen Zorn über die Menschen mit ihren Sünden anzeigte. Solchen Erscheinungen – so glaubten die Menschen – würden dann unweigerlich Seuchen, Überschwemmungen, Kriege oder Hungersnöte folgen. Ganz allgemein galten Kometen hauptsächlich als Zeichen des Verfalls von Sitte und Ordnung. In zahlreichen Schriften auch in Brandenburg (so verfaßte zum Beispiel Friedrich Madeweis mehrere Abhandlungen zum selben Kometen) erörterten die Gelehrten das Auftreten einzelner Kometen und die ihnen folgenden Ereignisse. Es bedurfte großer Anstrengungen, gegen den herrschenden Aberglauben anzukämpfen, und es zeichnete Bödiker aus, daß er seine – auf die naturwissenschaftlichen Auffassungen seiner Jenaer Lehrer Weigel und Bose gestützte – Kometenabhandlung in deutscher Sprache veröffentlichte, um möglichst viele Menschen aufklären zu können. Das unterschied ihn von den meisten Verfassern der Kometenschriften, die ihre Kommentare in Latein verfaßten und mit ihren Erkenntnissen im Kreise der Gelehrten verblieben. Und nach der naturwissenschaftlichen Begründung von Ursachen und Wesen der Kometen meldete sich am Ende des Bödikerschen Buches der gläubige Christ, der Gottvertrauen als beste Lösung für den Umgang mit Kometen anmahnt.

Seine letzten Schriften verfaßte Bödiker 1694, und zwar vier Abdankungen sowie ein (nicht mehr erhaltener) lateinischer Leichsermon auf den kurfürstlichen Geheimen Rat Samuel Freiherr von Pufendorf, der am 7. Nov. 1694 beerdigt wurde. Der Leichsermon auf den berühmten Naturrechtler und brandenburgischen Hofhistoriographen steht am Ende einer fast vierzigjährigen publizistischen Wirksamkeit; das Werkverzeichnis umfaßt 250 Positionen. Bald danach erkrankte Bödiker schwer und verlor Ende 1694 sein Gedächtnis. Wegen seiner Krankheit mußte er das Rektorat aufgeben, durfte aber den Titel eines Rektors noch bis zu seinem Tode führen.

Bödiker starb am 27. Aug. 1695 und wurde am 8. Sept. begraben. Die (nicht überlieferte) Leichpredigt hielt Franz Julius Lütkens (1650–1712), seit 1684 Propst zu St. Petri in Cölln, die Abdankung – wie bereits mehrfach erwähnt – Bödikers ehemaliger Schüler, Kollege und Nachfolger im Rektorat, Konrektor Christian Rotaridis (gest. 1723). Letztere ist uns in dem von Carl Etzard Bödiker herausgegebenen Sammelband der Leichreden seines Vaters überliefert (zit. BÖDIKER, 1699, II, S. 1174–1212). Die Abdankung enthält zahlreiche Epigramme auf den Verstorbenen; so heißt es gleich am Anfang:

»ERUDITIONI BOEDIKERIANÆ.
Des werthen Bödickers besondre Wissenschafft
Wird bey der späten Welt noch zeigen ihre
Krafft.« (S. 1179.)

Rotaridis würdigte Bödiker als einen Mann, » ... der nicht nur ein Maul=voll Lateinischer und Griechischer Wörter irgend gefasset; sondern/ vielmehr nach wolgelegtem Grunde in verschiedenen Sprachen/ die Theoretico-Practicas Disciplinas, mit solchem Eifer Ruhmwürdig sich bekandt gemacht/ daß er geschickt war/ nicht allein von der Natur ihren Wundervollen; sondern auch von den hohen Geheimnüssen Gottes deutlich zu lehren. ... Und trage ich fast Bedencken/ von seiner ungemeinen Erudition in Criticis und Philologicis, in Græcis, Historicis, und vielen andern Wissenschafften jetzo viel Worte zu machen: angesehen dann seine in öffentlichen Druck gegebene Schrifften hievon sattsam reden.« (S. 1280f.) So habe Bödiker nicht nur durch seinen unverdrossenen Arbeitseifer seine vortreffliche Gelehrsamkeit ausgebildet, die ihm den anerkennenden Namen eines »Polyhistors« einbrachte, sondern auch die täglichen Mühen der Schularbeit geduldig ertragen. Rotaridis wußte, wovon er sprach, wenn er in seiner Abdankung das beschwerliche Leben eines Schulmannes ausführlich schilderte. Auch Bödiker habe die Plagen der Schularbeit aufs gründlichste erfahren, doch das anstrengende Schulamt mit höchster Geduld ertragen; geduldig habe er auch Krankheit und den Tod seiner Angehörigen noch in jüngster Zeit ausgehalten: »Er überwand damit den kläglichen Verlust seines edlen und unvergleichlichen Gedächtnisses/ welchen er zu Ende des abgewichenen Jahres/ wider alles Verhoffen erlitten.« (S. 1201f.)

Als Bödiker 1695 starb, hinterließ er seine (nicht namentlich genannte) Ehefrau, seinen Sohn Carl Etzard und mehrere unverheiratete Töchter (für deren gelehrte Ausbildung er gesorgt hatte – eine Tochter ließ später ein Epigramm auf ihren Vater drucken). Carl Etzard Bödiker hatte eine Fischerstochter geehelicht (was dem Vater Gelegenheit bot zur Abfassung eines Epithalamiums mit dem Titel »Fischerey der Venus«, in dem alle Fischarten der Mark Brandenburg aufgezählt werden). Der Sohn, später Archidiakon zu Wriezen an der Oder, ließ 1699 die Stand- und Abdankungsreden seines Vaters in zwei Bänden in Frankfurt/O. drucken. Der erste Band des dem Kurfürsten Friedrich III. von Brandenburg gewidmeten Werkes enthält einen Kupferstich mit dem Porträt Johann Bödikers sowie ein vierzeiliges Epigramm von Carolotta Catharina, der Tochter des Cöllnischen Rektors:

»Die Schale siehst du hier von einem werthen Mann,
Der Kern des Geistes zeigt sich in den Schriften an.
Und wer dieselbe wird ohn alle Mißgunst lesen,
Wird zeigen, daß Er sey from und gelehrt gewesen.« [LN]

Werke

EPICEDIA In honorem BONÆ SPEI ADOLESCENTIS PETRI Werths/ HALBERSTADIENSIS, Gymnasii Coloniensis Alumni, Ab impio milite præter culpam die 23. Julii, An. 1657. trucidati et die 9. Aug. ejusdem anni honeste sepulti, FUSA â Tribus ejus Condiscipulis. BEROLINI, TYPIS RUNGIANIS. Berlin 1657 (1a: 107 in: Ag 923 R).

Ehren= und Trost=Rede/ bey Beerdigung Tit. Hrn. Johann Fuchs/ Churf. Brandenb. wolverdient gewesenen Hauptmanns/ und hochansehnlichen Arrendatoris des Churfürstl. Ambts Chorin. d. 6. April. 1670. s. l. 1670 (Bödiker, 1699, I, S. 1–14).

LAUDATIO PARENTALIS, VIRO Tit. DOMINO PETRO HERMANNO NEO-Angermundiæ Pastori & Inspectionis Præposito meritissimo d. 15. Aprilis piè mortuo, at Die 20. Decebr. ultimum Exequiarum honorem adepto, habita 1671. s. l. 1671 (Bödiker, 1699, I, S. 15–22).

Glückwünschende Zuruffung/ Auff den Hochzeitlichen Freuden=Tag Des Edlen/ Groß=Achtbaren und Wolgelahrten/ Hn. M. Samuel Müllers/ Des Cöllnischen Gymnasii Rectoris/ und Der Edlen/ Hoch=Ehr= und Tugendreichen/ Frauen Anna Wedigens/ Sel. Herrn Friderich Prüfers/ gewesenen Churfürstl. CammerGerichts Advocati, und Stadt=Richters in Berlin/ hinterlassener Wittwen/ Geschehen von Zweenen des Gymnasii COLLEGEN. Den 26. Augustmonts 1673. Cölln an der Spree/ Druckts Georg Schultze/ Churfürstl. Brandenb. Buchdr. Cölln 1673 (1a: 30 in: Ag 923 R).

LESSUS FUNEBRIS Viro perquàm Reverendo, Clarissimo atque Doctißimo Dno. JOHANNI FIDLERO, Dioeceseos Ratenoviensis Seniori Pastori in Lipe & Damme/ longè meritissimo, seni venerando, plusqam Octogenario, die 2. Novembr. 1673. piè de nato, exhibitus ipso Exequiarum die 26. Novembr. à Benedicto Conrado Pfreundio, Cam. Elector. in Neomarchiâ Advocato, Nepote: & Johanne Bödikero, h. Pastore in Parstein & Belgendorff/ n. Gymn. Col. ConRectore, pii senis Admiratore. COLONIÆ BRANDENBURGICÆ, Ex Officinâ GeorgI SchultzI, Elect. Typogr. Cölln 1673 (1a: 101 in: Ag 923 R).

Liebreiches Andencken/ bey Beerdigung Tit. HERRN Leonhard Kubitzen/ Sr. Churfürstl. Durchl. zu Brandenb. wolbestellten Feuerwerckers und alten wolbenamten Bürgers und Gastwirts in Cölln an der Spree d. 23. Nov. 1673. s. l. 1673 (Bödiker, 1699, I, S. 23–29).

JOHANNIS BÖDIKERI, OPUSCULA QUÆDAM. n. PARENTATIONES. ORATIONES. CARMINA. PROGRAMMATA. EMBLEMATA. ab anno 1674 edita. Coloniæ Brandenburgicæ. Cölln 1674 sqq. (1a: Ag 923 R).

Johann Bödicker: 42 Abdankungsreden auf Berlin-Cölner Bürger aus den Jahren 1674–94. s. l. 1674 sqq. (1: Ee 1613).

Oratiuncula metrica gratulatoria, quam pro salute … Summi … Magistratus, Augustaeque Electoralis Domus etc. Novi anni introitu … exhibet … Joh. Bödikerus, Gymn. Col. Con-Rector. Cölln 1674 (1: 1 in: Ah 15753 ehem.).

Honor ultimus Singulari Pietatis, Fidei, Constantiæ et Patientiæ mere et verè Christianæ Exemplo, Reverendo admodum et Clarissimo Viro DOMINO CHRISTIANO NICOLAI, Archi-Diacono Templi Coloniensis Petrini optimè merito, dolenter exhibitus ab Ecclesiæ ejusdem, Diacono et Gymnasii Collegis. COLONIÆ BRANDENBURGICÆ, Ex Officinâ GeorgI SchultzI, Typogr. Elect. Anno M.DC.LXXIV. Cölln 1674 (109: Slg. GK: Sch 1/77).

Unverweßliches Ehrenmahl als Tit. HERR M. Joh. Buntebart/ Churf. Brandenb. Consistorial=Rath und wolverordneter Probst zu St. Peter/ wie auch der benachbarten Kirchen und des Gymnasii Inspector. d. 26. Juli 1674. zu Cölln an der Spree/ ward beerdiget. s. l. 1674 (1: 1 in: Ee 1613; Bödiker, 1699, I, S. 30–40).

EPICEDIA Quibus VIRI MAXIME REVERENDI, CLARISSIMI ET EXCELLENTISSIMI DN. M. JOHANNIS BUNTEBARTII, ELECTORALIS SYNEDRII ADSESSORIS, PASTORIS ECCLESIÆ PETRINÆ PRIMARII ET VICINARUM INSPECTORIS BENE MERITI, CHRISTI SERVI FIDELIS TUMULUS A Fautoribus, Clientibus et Liberis Honorabatur. s. l. 1674 (1a: 104 in: Ag 923 R).

ΜΝΗΜΟΣΥΝΟΝ ΕΠΙΚΗΔΙΟΝ (griech. Epicedium für Samuel Müller). Cölln 1674 (1a: 1 in: Ag 923 R).

PHILOSOPHIE Der Sterbekunst bey Beerdigung Tit. HERRN M. Samuel Müllers/ Wohlverdienten Rectoris des Gymnasii zu Cölln an der Spree den 10. Sept. 1674. vorgetragen. s. l. 1674 (1: 2 in: Ee 1613; Bödiker, 1699, I, S. 87–98; am Ende Epicedium).

Als der weiland WolEdle/ Vest und Hochgelahrte HERR Dietrich Butte/ Churfürstl. Brandenb. geheimter und Kriegs=Secretarius, Jm abgewichenen Monat Februariô, zu Rotenburg an der Tauber von dieser Welt abgeschieden/ Und dadurch Seine Eheliebste und Kinder/ nebst der ganzen werthen Familie, in grosse Betrübniß gesetzet hatte: Schrieben Derselben folgende Gedichte zu Trost Nachgesetzte mitleidende Freunde. s. l. e. a. [hs: 1675] (1a: 31 in: Ag 923 R).

Letzte Schuldigkeit/ Welche Dem Edlen/ Wol=Ehrenvesten/ Groß=Achtbarn und Wolweisen Hn. Andreas Idelern/ Rahtsverwandten allhier in Cöln/ auff Grevendorff und Gussow etc. Erbherrn. Nach dem Er im Zwey und siebentzigsten Jahre seines Alters/ den 15. Maji/ dieses 1675. Jahres/ frühe zwischen 8. und 9. Uhr/ durch einen sanfften Tod/ aus dieser mühseligen Welt abgefodert/ Am Tage seiner Beerdigung/ war der andere Tag in den H. Pfingsten/ Erwiesen Von Denen sämptlichen Herren Collegen des Cölnischen Gymnasii. Berlin/ Gedruckt bey Christoff Runge. Berlin 1675 (109: Slg. GK: Sch 1/82. 1).

Emblemata Exequiarum Hieroglyphica SERENISSIMI PRINCIPIS, CAROLI ÆMILII, MARCHIONIS, Hæredis Electoral. Brandenburg. maturè, proh dolor! sed piissimè defuncti: in honorem optimi & desideratissimi Principis: in memoriam Virtutis: in Electoralis Domûs solatium: & communis Patriæ condolentiam erecta & explicata â JOHANNE BÖDIKERO, P. GYMNAS. COLON. RECTORE. s. l. 1675 (1a: 102 in: Ag 923 R; 1: an: St 6824 4°).

ACTUS TRAGICUS DE FUNERE ACHILLIS, Ducis THESSALI, AD TROJAM EXTINCTI. Ad Diem 7. Decembris 1675. ab hor. 12. Mer. Latinè: Ad Diem 8. Decembris ab hor. 12. Germanicè exhibendus, In Curiâ Coloniensi, à Gymnasii Coloniens. Petrini Discipulis A. et Invitatore Johanne Bödikero, P. Gymn. Colon.

Rectore. COLONIÆ BRANDENBURGICÆ, Ex Officina GeorgI SchultzI, Typogr. Elect. Schulactus Cölln 1675 (1a: 6 in: Ag 923 R; Gudopp, 1900, S. 12).

Christliche New=Jahrs=Gespräche/ Welche Zu danckbarem Lobe des grossen GOTTES/ Zu Ehren der gnädigsten Landes=Herrschafft/ Und Zu hertzlichem Wunsche des geistlich= und leiblichen Segens in allen Christlichen Ständen heraus giebet Zum Neuem Jahr am 1. Januar. 1676. JOHANNES BÖDIKERUS, P. Gymn. Colon. Rector. Cölln an der Spree/ Druckts Georg Schultze/ Churfürstl. Brandenb. Buchdr. Cölln 1676 (1a: 32 in: Ag 23 R).

Letzte Ehren=Bedienung/ Dem weyland Edlen/ Wol=Ehren= und Mannvesten Hrn. Paul Ströhmann/ Seiner Churfürstl. Durchl. zu Brandenburg/ unsers gnädigsten Herrn/ wollbeliebten und belobten Ober=Feuer=Wercker/ Welcher gebohren in Bernau den 1. May Anno 1633. Jm 42. Jahr seines Alters/ und also in der rechten Blühte seines Lebens und Glücks den 3. Januar. Anno 1676. gestorben und darauff Christ=rühmlich zur Erden bestatiget wurd/ erwiesen Am Tage seiner Beerdigung Durch eine begehrte und gethane Abdanckung/ Von JOHANNE BÖDIKERO P. G. Colon. RECTORE. Cöln an der Spree/ Druckts Georg Schultze/ Churfürstl. Brand. Buchdr. Cölln 1676 (1: 3 in: Ee 1613; Bödiker, 1699, I, S. 100–106).

Die wohlversorgte Tochter/ Beym frühzeitigen Absterben/ der Tugendvollen Jungfer/ Anna Catharina/ Des Wol=Ehrwürdigen/ Hoch=Edelgebohrnen und Hochgelahrten Herrn M. Andreä von Pawlowski/ Hochverdienten Archi-Diaconi bey der St. Peters=Kirchen zu Cölln an der Spree liebwehrten Jungfer Tochter/ den 23. Jan. 1676. s. l. 1676 (Bödiker, 1699, II, S. 308–327; Epicedium, S. 327f.).

Letztes Ehren= und Denck=Mahl Auff das Selige Ableben Der Edlen/ VielEhr= und Tugendreichen Frn. Annen Catharinen Bruchmannin/ Des WolEhrwürdigen etc. Herrn M. Andreas de Pawlowsky, Hiesiger St. Peters Kirchen wolverdienten Archidiaconi, Hertzgeliebten Hauß=Ehren/ Gesetzet mitleydig Von Etlichen des Cöllnischen Gymnasii Lehrern. d. 17. Februarii Anno 1676. Cölln an der Spree/ Druckts Georg Schultze/ Churfürstl. Brandenb. Cölln 1676 (1a: 34 in: Ag 923 R).

Es ist mir leid umb dich. (Bl. 1v:) Es ist mir leid umb dich. So hat nebst andern treuen Freunden/ Als (Tit.) Herr Johann Leonhard Kubitz/ N. P. C. Neustadt=Eberswaldischer Cämmerer und Stadtschreiber in seinen besten Jahren dahin gestorben/ und daselbst am 23. Jan. 1676. Christrühmlich bestattet/ im Hertzen gedacht und mit dieser Schrifft bezeuget/ dem Verstorbenen zu Ehren und Andencken der alten Schul=Freundschafft/ auch den Betrübten zu Trost/ JOHANNES BÖDIKERUS. P. Gymnas. Colon. Rector. Cölln an der Spree/ Druckts George Schultze/ Churfürstl. Brandenb. Buchdrucker. Cölln 1676 (1a: 33 in: Ag 923 R).

Epicedium für Christoph Peutzer (ohne Titelblatt; hs. unter dem 1. Beitrag: A. 1676. 31. Januar: auf Christoph Peützern, Apotheker.) s. l. 1676 (1a: an 32 in: Ag 923 R; auch in 1: 16 in: Ee 527, ebenfalls ohne Titelblatt).

Adjubilatio Votiva quâ Nuptias auspicatissimas VIRI Nobilissimi atque prudentia singulari spectatissimi Dn. ANDREÆ CHRISTIANI UDENI, Serenissimæ Electricis Brandenb. Secretarii Cameræ intimioris: Desponsatæque Nobilissimæ atque undiquaque ornatissimæ Virginis CATHARINÆ ELISABETHÆ VIRI Nobilissimi atque Consultissimi, Dn. Christiani StrasburgI, Cameræ. Elect. Brandenb. Advoc. inclytæque Reipubl. Coloniensis CONSULIS ut gravissimi ita meritissimi Filiæ lectissimæ, d. 22. Febr. A. O. R. 1676. celebratas excipiunt quidam Gymnasii Colon. Petrin. PRÆCEPTORES. Coloniæ Brandenburgicæ, Ex Officina Georgii Schultzii, Typogr. Elect. Cölln 1676 (1a: 103 in: Ag 923 R).

Der schwimmende Schiffer. (Bl. 1v:) Der schwimmende Schiffer. Zum Sinn=Bilde vorgestellet/ Als der Hoch-Edle/ Veste und Hochachtbahre H. Johann Martitz, Sr. Churfürstl. Durchl. zu Brandenburg Raht/ zur andern Ehe schritte Mit der HochEdlen/ HochEhr= und Tugendreichen Frauen/ Frn. Anna Margaretha Hussen/ Und die Hochzeitliche Ehrenfreude am 24. Febr. 1676. auffm Friederichs=Werder gehalten wurde. Cölln an der Spree/ Druckts Georg Schultze/ Churfürstl. Brandenb. Cölln 1676 (1a: 35 in: Ag 923 R).

Betrachtung Menschlicher Hinfälligkeit/ Bey dem plötzlichen/ doch seligen Hintritt Der Edlen/ Viel=Ehr und Tugendreichen Frauen Catharina Kraatzen/ Sel. Herrn Gottfried Müllers/ Churfürstl. Brandenburgischen gewesenen Hauskellers Hinterlassenen Wittwen/ Als derselben am 5. Martii 1676. ein Christlich Leichbegängniß gehalten wurde/ Zu Ehren und Andencken angestellet von Etlichen des Cöllnischen Gymnasii Lehrern. Berlin/ Gedruckt bey Christoff Runge. Berlin 1676 (1a: 36 in: Ag 923 R).

Gelehnte Bluhme. (Bl. 1v:) Gelehnte Bluhme. Welche/ Da der Wol=Ehrwürdige und Wolgelahrte H. Joachimus Lehmann/ Treuer SeelSorger und Prediger in grossen Kynitz und Dalewitz/ Seine gewesene Hertzgeliebte Ehegenoßin/ Die weyland Wol=Ehrbare/ Viel=Ehr und Tugendreiche Frau Margaretha Bluhmen/ Als Sie am 27. Febr. 1676. selig entschlaffen/ Am 16. Martij. mit wehmühtigen Hertzen beerdigen lassen/ Zum

Nachdencken und den Leydtragenden zu Trost Fürstellet JOHANNES BÖDIKERUS. P. COLON. GYMN. RECTOR. Cölln an der Spree/ Druckts Georg Schultze/ Churfürstl. Brandenb. Buchdr. Cölln 1676 (1a: 38 in: Ag 923 R).

Versetzte Lilie: ΕΠΙΤΆΦΙΟΝ ... (Bl. 1v:) Versetzte Lilie. Wird billich genennet Des Wol=Ehrwürdigen und Hochgelahrten Herrn M. JOH. ERNESTI SCHRADERI, Wolverdienten Archi-Diaconi bey St. Nicol. in Berlin/ Hertzgeliebtes ältesten Söhnlein Und Lilianisches Enckelein/ GEORGIUS CHRISTOPHORUS, Welches geboren im Jahr 1669. am 5. Septembr. und als ein Knabe guter Art nach gegäbenen vielen Zeichen grosser Hoffnung am 7. Martii 1676. aus den Wermuth=Garten dieser Welt in den himmlischen Paradies= Garten versetzet worden; Welche GOtt=gefällige/ den Eltern in ihrem Leyde tröstliche Versetzung besinget JOHANNES BÖDIKERUS, P. COL. GYMNAS. RECTOR. Berlin/ Gedruckt bey Christoff Runge. Berlin 1676 (109: Slg. GK: Sch 1/83. 3; 1a: 37 in: Ag 923 R).

Girrende Taube. Läst sich hören in dem Hause Des Wol=Ehrwürdigen und Hochgelahrten Herrn M. JOH. ERNESTI SCHRADERI, Wolverdienten ARCHI-DIACONI bey St. Nicolai in Berlin/ Als Jhm auff den Tod des ersten Söhnleins inner wenig Zeit auch das andere JOHANNES ERNESTUS Am 16. Martii dieses Jahrs 1676. seines Alters im 6. Jahre genommen wurde; Wie Solche nebst Wündschung des Göttlichen Trostes wollen fürstellen JOHANNES BÖDIKERUS P. COL. GYMNAS. RECTOR. s. l. 1676 (1a: 39 in: Ag 923 R; lat. »EPITAPHIUM« auf dem Titelblatt).

Christfolgendes Schäflein. (Bl. 1v:) Christ=folgendes Schäflein/ wird billich genennet Die Wol=Erbare und viel=Tugendsame Frau/ Anna Regina Bebelin/ Hrn. PAULI Hassens/ wolbestelten Organistens bey St. Peter in der Haupt= und Residentz=Stadt Cölln an der Spree/ gewesene Eheliebste/ Die nicht allein durch den Lauff ihres Lebens bis ins 34ste Jahr Christo ihrem Seelen=Hirten treulich nachgewandelt; sondern auch da Er am Sontage Misericord. Dom. im Evangelio gesagt: Meine Schafe hören meine Stimme etc. bald darauff des Montags. ihrem Erlöser durch den zeitlichen Tod willig gefolget/ am 10. April 1676. und von Jhm das ewige Leben empfangen/ Der Cörper aber am 14. April beerdiget: Davon zu Ehren der sel. Fr. und Trost der betrübten Hinterbliebenen tichtet JOHANNES BÖDIKERUS, Gymn. Col. Rector. Cölln an der Spree/ Druckts George Schultze/ Churfürstl. Brandenb. Buchdrucker. Cölln 1676 (1a: 41 in: Ag 923 R).

Abdanckungs=Rede gehalten von JOHANNE BÖDIKERO P. GYMN. COL. RECTORE.; PARENTATIO B. Matr. ANNÆ VVEDIGIÆ, Viduæ MÜLLERIANÆ, à JOHANNE BÖDIKERO P. G. C. RECTORE. 1676. s. l. 1676 (1: 5 und 6 in: Ee 1613; Bödiker, 1699, I, S. 107–112, mit falschem Beisetzungsdatum: Ehren=Seule (Tit.) Anna gebohrne Wediginn/ Sel. HERRN M. Samuel Müllers/ W. Rectoris des Gymnasii zu Cölln an der Spree hinterlassene Wittwe. d. 16. April. 1678. aufgerichtet).

Wittwenstand. (Bl. 1v:) Wittwen=Stand. Den Hat rühmlich geführt Die WolEdle/ Hoch=Ehr= und Tugendreiche Fraw Anna Wedigen/ Sel. Herrn M. Samuelis Mülleri, wolverdienten Rectoris des Cöllnischen Gymnasii, hinterbliebene Wittwe/ Und auch denselben selig vollendet/ Als Sie am 8. April. 1676. ihres Alters bey 33. Jahren/ in Christo gestorben. Davon Nach Christlicher Gebühr mitleidend/ und nach unsern Glauben Glückwünschend am Tage ihrer letzten Ehren d. 16. April. getichtet: Cölln an der Spree/ Druckts George Schultze/ Churfürstl. Brandenb. Buchdrucker. Cölln 1676 (1a: 40 in: Ag 923 R; 1: 5 in: Ee 1613).

Was Lange währet/ das wird gut. (Bl. 1v:) Was Lange währet/ das wird gut. Solches Wündschet und hoffet/ ja freuet sich erlanget zu haben Die Christliche/ Cöllnische Gemeine bey St. Peter. Als nach Abgang Tit: Sel. Herrn M. Johannis Buntebarts/ etc. etc. Sie zwey Jahr eines Probstes gemangelt; Und nunmehr Tit: Hn. M. Gottfried Langen/ Gewesenen Diaconum zu St. Nicolai in Berlin zu solchem heiligen und hohen Ampte befordert siehet. Am 4. Junii 1676. Wie diese Freude mit hertzlicher Glück= und Zuwünschung alles Himmlischen/ Kirchen= und Hauß=Segens fürstellet in Eyl JOHANNES BÖDIKERUS, P. Colon. Gymnasii Rector. Cölln an der Spree Druckts George Schultz/ Churfürstl. Brandenb. Buchdr. Cölln 1676 (1a: 42 in: Ag 923 R).

ORATIO PANEGYRICA De VITA Admodum Reverendi atque Excellentißimi VIRI DOMINI M. JOHANNIS BUNTEBARTI, Piè M. Electoralis quondam Consistorii Adsessoris, Præpositi ad D. Petri Coloniæ, Vicinarum Ecclesiarum & Gymnasii Inspectoris, THEOLOGI CELEBERRIMI, DATO POST BIENNIUM SUCCESSORE, In Repetitione Legum Scholasticarum Publicè in Auditorio Majori die XV. Junii, 1676. RECITATA à JOHANNE BÖDIKERO P. Gymnasii Colon. Rectore. COLONIÆ BRANDENBURGICÆ, Ex Officinâ Georgi SchultzI, Electoral. Typogr. Cölln 1676 (1a: At 12836; Bödiker, 1699, I, S. 41–86).

Hospital (Bl. 1v:) Hospital/ Geistlich und Leiblich betrachtet: Auff der Hochzeit Des (Tit.) Hrn. Martin Schultzens/ Wollbestalten Hospital=Predigers/ etc. bey St. Gertrud in Cölln/ Und (Tit.) Jungfer Anna Christina

Bärendes/ So gehalten auffm Friedrichswerder am 28. Junii/ 1676. Mit hertzlichem Wunsch aller Seelen= und Leibes=Wolfahrt/ Jn Eyl Von JOHANNE BÖDIKERO, P. Gymnas. Colon. RECTORE. Cölln an der Spree Druckts George Schultz/ Churfürstl Brandenb. Buchdr. Cölln 1676 (1a: 43 in: Ag 923 R).

Lobwürdiger Stadt=Regent/ war Tit. HERR Christian Straßburg/ J. C. Churf. Brandenb. vornehmer Cammer- gerichts=Advocatus/ wie auch wolverdienter Bürger=Meister/ der Churf. Haupt und Residentz=Stadt Cölln an der Spree/ am 24. Sept. 1676. s. l. 1676 (1: 4 in: Ee 1613; Bödiker, 1699, I, S. 112–127; am Ende Epicedium).

ÆTERNATURI HONORIS COLUMNA VIRO Quem luget Patria, desiderat Respubl. dolet Ecclesia, deflet Gymnasium, Nobilissimo, Amplissimo ac Consultissimo DN. CHRISTIANO STRASBURGIO, Jcto cele- berrimo, ADVOCATO Cam. Elect. Brandenb. primario, & CONSULI Reipubl. Colon. p. t. REGENTI, ut gravissimo sic meritissimo, PATRONO suo, dum viveret, omni honoris cultu colendo, nunc proh! acerbe lugendo, D. XIII. Septemb. Anno 1676. piè defuncto, ipse humationis die d. XXIV.-br. Multis gemitibus nec paucioribus lacrymis erecta à Quibusdam Gymnasii Coloniensis-Petrini PRÆCEPTORIBUS. Coloniæ Brandenburgicæ, Typis GeorgI SchultzI, Electoral. Typogr. Cölln 1676 (1a: 105 in: Ag 923 R).

Seliger Lebens=Schluß: Welchen Gegen Beschliessung dieses 1676. Kirchen=Jahres gemacht Die Weiland Wol- Erbare Fr. Anna Bönnemannin/ Sel. Herrn Johann Paul Wolffen/ Churf. Brandenb. gewesenen Zoll=Ver- walters und Licent=Einnehmers in Schwedt nachgelassene Frau Wittwe/ So Anno 1599. zu Magdeburg ge- boren/ Anno 1620. allhier zu Cölln verheyrathet/ und Anno 1676. den 19. Novembris hinwiederumb diese Welt gesegnet/ ihres Alters 77. Jahr/ 9. Monat/ 2½. Woche/ nachdem Sie im 45. jährigen Ehestande 11. Kinder Mutter/ und 23. Kinder Großmutter worden. Am Tage dero Beerdigung/ den 26. Novembr. Anno 1676. beehret/ Von JOHANNE BÖDIKERO, P. Gymn. Colon. Rectore. Cölln an der Spree/ Druckts Ge- org Schultze/ Churfürstl. Brand. Buchdr. Cölln 1676 (1a: 44 in: Ag 923 R).

CATALOGUS DISSERTATIONUM ET DECLAMATIONUM, ab Anno 1676. ad An. 1677. A Discipulis Pri- mi Ordinis in Gymnasio Svevo-Coloniensi, Exercitandi causâ, HABITARUM. exscripsit, CALENDIS JA- NUARIIS M DC LXXVII. JOHANNES BÖDIKERUS, P. RECTOR. Coloniæ Brandenburgicæ, Ex Of- ficinâ GeorgI SchultzI, Elect. Typogr. Cölln 1677 (1a: Ah 15742; 1a: 109 in: Ag 923 R).

Melos Epagogicum, Quo, Quod felix faustumque sit, Nobilißimo atque Consultißimo Domino, DOMINO JOACHIMO ERNESTO SEIDELIO, Sereniss. Elector. Brandenburg. Consiliario, &c. PATRONO suo Venerabili Adeptum sub finem Decembr. M DC LXXVI. CONSULATUM Urbis Metropolitanæ Colonien- sis, & Reipublicæ CONSULEM, Cum voto Novi Anni M DC LXXVII. publico, gratulatur Johannes Bödi- kerus, P. Colon. Gymn. Rector. Coloniæ Brandenburgicæ, Ex Officina SCHULTZIANA. Cölln 1677 (1a: 106 in: Ag 923 R).

ΔΩΡΑ ΘΕΟΥ (griech. u. dt. Epithalamia für Daniel David Heimburger und Dorothea Elisabeth geborene Buntebart) Berlin s. a. [1677] (1a: 2 in: Ag 923 R).

VERSA SCENA, TUMULI IN THALAMUM. Quam VIRI Plurimum REVERENDI atque Clarißimi DN. M. ANDREÆ de PAWLOWSKY, Coloniensis ad D. Petri Ecclesiæ ARCHI-DIACONI, iterum SPONSI, & Virginis Nobilißimæ atque Lectißimæ ROSINÆ SABINÆ NAFZERIANÆ, SPONSÆ, In Nuptiis die 12. Februarii, Anno M DC LXXVII. celebratis, Faustâ describunt acclamatione Quidam in GYMNASIO COLONIENSI DOCENTES. Coloniæ Brandenburgicæ, è Chalcographéo SCHULTZIANO. Cölln 1677 (1a: 98 in: Ag 923 R).

Neuer Bau Gibt auf den heiligen Ehestand Gedancken/ bey der Hochzeit (Titt:) Hn. Heinrichs Eleasar Neu- bauers/ Vornehmen Kauff= und Handelsmanns/ etc. Und (Titt:) Jungfrau Maria Weilerin/ (Titt:) Herrn Johann Weilers/ vornehmen Kauff= und Handelsmanns/ etc. Eheleiblichen Jungfrau Tochter/ Jn Berlin/ den 14. Februarii. 1677. Welche mit hertzlicher Zuwündschung von der Seegen=Hand Gottes alles zeitlichen und ewigen Wolergehens/ Jn Eyl fürgestellet JOHANNES BÖDIKERUS, P. Colon. Gymnas. RECTOR. Berlin/ Gedruckt bey Christoff Runge. Berlin 1677 (1a: 45 in: Ag 923 R).

Euphemia VIRI Admodum Reverendi atque Præclarissimi DOMINI M. CHRISTOPHORI REHWENDI, Archi-Diaconi Spandoviensium meritissimi, BEATIS MANIBUS sacrata, à Quibusdam Fautoribus atque Amicis in Gymn. Coloniensi, die 1. Julii, 1677. Coloniæ Brandenburgicæ, Typis expressit GEORGIUS Schultz- ze/ Elect. Typogr. Cölln 1677 (1a: 3 in: Ag 923 R; 1a: 99 in: Ag 923 R).

Abdanckungs=Rede/ bey Beerdigung Frau Anna Paschen/ Des Sel. Hern. Richard Dieters/ Churf. Brand. wol- bestellten Amts=Rahts hinterbliebenen Witwen/ im Jahr 1677. gehalten. s. l. 1677 (1: 7 in: Ee 1613: hs. 9. Sept. 1677; Bödiker, 1699, I, S. 216–226).

Rehe=Wendung. (Bl. 1v:) Rehe=Wendung. Welche Bey tödtlichem Hintritt Der Edlen/ Viel=Ehr= und Tugendreichen Frauen/ Frauen Anna Catharina Rehwendes/ Tit. Herrn Johann=Salomon Schilings/ Churfürstl. Brandenb. Hoff= und Cammer=Gerichts=Advocati, gewesener Eheliebsten/ Als auff Gottes Geheiß und gnädigem Winck Sie sich als ein Christliches Rehe von der Erden zum Himmel/ vom Tode zum Leben gewendet/ und der Cörper am 3. Octob. 1677. beerdiget wurde/ Der seligverstorbenen Frauen und der gantzen Rehwendischen Familie zu Ehren/ dem Hn Wittwer aber zu Trost mitleidend besinget JOHANNES BÖDIKERUS, P. Gymnasii Colon. Rector. Cölln an der Spree/ Druckts Georg Schultze/ Churfl. Brandenb. Buchdr. Cölln 1677 (1a: 47 in: Ag 923 R).

EROTOPOLEMOS Quem In Nuptiis VIRI Nobilissimi, Amplissimi, atque Consultissimi DOMINI, DN. JOACHIMI ERNESTI SEIDELII, Serenissimi Electoris Brandenburgici Consiliarii, & in Republica Coloniensi CONSULIS, Iterum Sponsi: Et VIRGINIS Nobilissimæ atque Elegantissimæ MARIÆ FRANCIÆ Sponsæ. d. 23. Octobris Anno 1677. Berolini celebratis In honorem Patroni fautorisque sui describit JOHANNES BÖDIKERUS, P. Gymnasii Svevo-Coloniensis RECTOR. Cölln 1677 (1a: 100 in: Ag 923 R).

Abdanckungs=Rede/ Dem Hoch=Edlen/ Groß=Achtbarn und Hochbenamten Herrn/ Herrn Caspar March/ Medicinæ D. Sr. Churfürstlichen Durchl. zu Brandenb. weyland wolbedient=gewesenem Raht/ und Leib-Medico. Der Anno 1629. zu Pencun in Pommern geboren/ Anno 1677. den 26. Octobr. allhie zu Cölln gestorben/ und den 4. Nov. in St. Peters Kirche beygesetzet. Zu letzten Ehren gehalten Von Johanne Bödikero, P. Gymnasii Colon. Rectore. Cölln an der Spree/ Druckts Georg Schultze/ Churf. Brand. Buchdr. 1678. Cölln 1677/78 (1: 10 in: Ee 1613, Casualdruck im Titel mit Erscheinungsjahr 1678; Bödiker, 1699, I, S. 365–383, mit Erscheinungsjahr 1677; angeschlossen: lat. Epicedia).

Gesundheit. (Bl. 1v:) Gesundheit/ War die Grab=Schrifft jenes Weltweisen/ Und hat auch statt bey dem Begräbnüß Des HochEdlen/ GroßAchtbaren und HochErfahrnen Herrn/ Herrn CASPAR Marchens/ Medicinæ Doctoris, Churfürstl. Brandenb. Rahts/ und Archiatri', Als Selbiger in seinem Ampte bey vielen die Gesundheit befodert/ und bey seinem Christlichem Absterben zur ewigen Gesundheit gelanget: Der Leib aber an den gesunden Ort des Grabes Anno 1677. d. 4. Novembris in St. Peters Kirche zu Cöllen beygesetzet worden/ Erwiesen Von JOHANNE BÖDIKERO, P. Gymn. Colon. Rectore. Cölln an der Spree/ Druckts Georg Schultze/ Churf. Brand. Buchdr. Cölln 1677 (1a: 49 in: Ag 923 R).

Stand=Rede und Abdanckung/ Zu letzten Ehren Des WolEdlen/ Vesten/ etc. Herrn/ Herrn Joachim Ernst Bläsendorffs/ Churfürstl. Brandenburg: gewesenen General=Quartiermeisters/ auch Ober=Ingenieurs und Directors aller Fortificationen und Bau=Sachen/ Als derselbe am 21. Octobr. 1677. in der Cöllnischen St. Peters Kirche Standesmäßig beygesetzet wurde/ Gehalten von JOHANNE BÖDIKERO, P. Gymn. Colon. Rectore. Cölln an der Spree/ Druckts Georg Schultze/ Churf. Brandenb. Buchdr. Cölln 1677 (1a: 6 in: Bd 8557; 1: 8 in: Ee 1613; Bödiker, 1699, I, S. 129–148, u. d. T.: Christliche Meßkunst des Lebens und Sterbens; ein Druck aus dem Jahre 1678 mit erweitertem Titel: Stand=Rede und Abdanckung/ Zu letzten Ehren Des HochEdlen/ Vesten/ etc. Herrn/ Herrn Joachim Ernst Bläsendorffs/ Churfürstl. Brandenburg: gewesenen General=Quartiermeisters/ auch Ober=Ingenieurs und Directors aller Fortificationen und Bau=Sachen/ Als derselbe am 22. Septembr. 1677. in der Belagerung vor Stettin/ nachdem Er/ seinem Beruffe nach/ in den Approchen arbeiten lassen/ vom Feinde mit einem gezogenen Rohr durchs Hertze geschossen/ und alsofort unter denen Worten; Herr Jesu/ wie geschiehet mir? sein Leben beschlossen; Hernachmals aber am 21. Octobr. darauff in Gegenwart Chur- und Fürstl. Abgesandten/ vornehmer Stats=Personen und Volckreichen Versammlung Standesmäßig in der Cöllnischen St. Peters Kirche beygesetzet wurde/ Gehalten von JOHANNE BÖDIKERO, P. Gymn. Colon. Rectore. Cölln an der Spree/ Druckts Georg Schultze/ Churf. Brandenb. Buchdr. 1678. Cölln 1678; 1: 9 in: Ee 1613).

Ruhm= und Ehren=Saal/ Dem HochEdlen/ Vesten und Mannhafften Herrn Joachim Ernst Bläsendorffen/ Churfürstl. Brandenb. gewesenem General=Qvartiermeister/ Ober=Ingenieur/ Directori aller Fortificationen und Civil-Architectur, &c. Wann Derselbe/ Nachdem Er in der Belagerung vor Stettin den 22. Herbstmon. 1677. durch eine feindliche Kugel erschossen/ den 21. Weinmonats itzterwehnten Jahres zu Cölln an der Spree in der Sanct Peters Kirchen zur Ruhe gebracht ward; Eröffnet Von Nachgesetzeten. Cölln an der Spree/ Druckts Georg Schultze/ Churf. Brandenb. Buchdr. Cölln 1677 (1a: 48 in: Ag 923 R).

Serenissimo ac Potentissimo Principi ac Domino, DOMINO FRIDERICO WILHELMO MAGNO, Electori Brandenburgico, &c. &c. &c. Stetini, Pomeranorum Duci, &c. &c. &c. Patri Patriæ, ac Domino suo Clementissimo, Maximâ expeditione Stetinum superanti Epinicion ponit devota COLONIA interprete JOHANNE BÖDIKERO, P. Gymnas. Colon. Rectore. Coloniæ Brandenburgicæ, Typis GEORGI SCHULTZI, Elect. Typogr. Die ultimo Decembris, 1677. Cölln 1677 (1a: 97 in: Ag 923 R).

EMBLEMATA VICTORIÆ HIEROGLYPHICA, SERENISSIMO ET POTENTISSIMO PRINCIPI AC DOMINO, DN. FRIDERICO VVILHELMO, ELECTORI BRANDENB. &c. &c. &c. PATRIÆ PATRI, feliciter ab Expeditione Pomeraniæ, captâ Metropoli Stetinensium, REDUCI, Domino suo Clementißimo, in publicam gratulationem, Patriæ spem lætam, & securæ pacis desiderium, cum solenni voto novi anni, Toti Domui Brandenburgicæ felicis, Erecta ac explicata à Johanne Bödikero, S. P. Gymn. Colon. Rectore. Coloniæ Brandenburgicæ, Typis expressit GEORGIUS Schultze/ Elector. Typogr. 1677. d. ult. Decembr. Cölln 1677 (1a: 118 in: Ag 923 R).

Erklärung Der Hieroglyphischen Sinn=Bilder/ Welche Zu unterthänigsten Ehren und Glückwünschung Der Durchläuchtigsten/ Gnädigsten Herrschafft/ Als Dieselbe von Stettin Siegreich mit Freuden des Vaterlandes/ umbgekehret und am 31. Decemb. des verlauffenen 1677. Jahres Jn Dero Churfürstl. Residentz Triumphirend eingezogen/ Jn einem Kupffer=Druck herausgegäben/ Und nunmehr zu Dienst der löblichen Bürgerschafft/ mit wünschung eines gesegneten Neuen Jahres/ ins Teutsche übersetzet/ Von JOHANNE BÖDIKERO, P. Gymn. Colon. Rectore. Cölln an der Spree/ Druckts Georg Schultze/ Churf. Brand. Buchdr. 1678. Cölln 1678 (1a: 117–119 in: Ag 923 R).

CATALOGUS DISSERTATIONUM Et DECLAMATIONUM, ab Anno 1677. ad 1678. A Discipulis Primi Ordinis in Gymnasio Svevo-Coloniensi, Exercitandi causâ HABITARUM. Ut eum exscripsit CALENDIS JANUARIIS M.DC.LXXVIII. JOHANNES BÖDIKERUS, P. Gymnasii Rector. Coloniæ Brandenburgicæ, Ex Officinâ GeorgI SchultzI, Elect. Typogr. Cölln 1678 (1a: 110 in: Ag 923 R).

Glückliche Himmels=Jagt/ Wird nach seligen Absterben Des HochEdelgebohrnen/ Vesten und Mannhafften Herrn/ Hn. Hans Friederich von Oppen/ Sr. Churfürstl. Durchl. zu Brandenb. weiland wolbestalten Ober=Jägermeisters und Cammer=Herrn: Hauptmanns der Aempter Marienwalde/ Reetz/ Potstam und Sarmund/ etc. Erb=Herrn auff Fredersdorff und Radun/ etc. Als demselben am 23. Januar. 1678. Standesmäßige Leich=Begängniß geschahe/ Zu letzten Ehren und schuldiger Dancksagung vorgestellet Von Etlichen Lehrern des Petrinischen GYMNASII in Cölln. Cölln an der Spree/ Druckts Georg Schultze/ Churf. Brandenb. Buchdr. 1678. Cölln 1678 (1a: 50 in: Ag 923 R).

Die schnelle Flucht des Lebens/ Wenn (Tit.) Herrn/ Herrn Thomas Schatten/ Churfürstl. Brand. weiland im Ampt Saarmund Amptschreibers/ Erblasster Leib eben hie am 14. Martii in Volckreicher Begleitung bestattet ward/ nach dem derselbe von der Seelen/ den 3. Februarii in diesem 1678. Jahr verlassen/ Beklaget Von Nachgesetzten Lehrern des Cöllnischen Gymnasii. Cölln an der Spree/ Druckts Georg Schultze/ Churf. Brandenb. Buchdr. 1678. Cölln 1678 (1a: 51 in: Ag 923 R).

Lichten Radischer Ackerbau. (Bl. 1v:) Lichten=Radischer Ackerbau/ Wird Mit hertzlichem Wunsch alles Geistlichen/ Eh= und Haus–Segens/ Als (Tit.) Herr Michael Köppen/ Prediger des Göttlichen Worts zu Lichten=Rade und Buckow/ Mit (Tit.) Jgf. Catharina Supens/ (Tit.) Herrn Caspar Supens/ Churfurstl. Brandenb. Eysen=Factors, und E. E. Raths zu Cölln Wolverdienten Cämmerers und Mitgliedes/ Jungfer Tochter/ sich verheyrahtete/ An Jhrem Ehren= und Hochzeit=Tage/ d. 15. Aprilis, 1678. Vorgestellet/ Von JOHANNE BÖDIKERO, P. Gymn. Colon. Rectore. Cölln an der Spree/ Druckts Georg Schultze/ Churf. Brand. Buchdr. 1678. Cölln 1678 (1a: 52 in: Ag 923 R).

Trost von Gott/ Jn der Noht. (Bl. 1v:) Trost von Gott/ Jn der Noht/ wündschet Bey frühzeitigem und traurigem/ doch seligem Hintritt (Tit.) Frauen Loysa Charlotta Schmiedinn/ (Tit.) Herrn Ludewig Sainson/ Sr. Chur-Printzl. Durchl. zu Brandenburg wolbestalten Cammer=Dieners/ gewesenen Hertzgeliebten Hauß=Ehren/ Als dieselbe am 3. Novembr. 1678. in Christlicher Versammlung zur Erden bestattet ward/ denen hochbetrübten Leidtragenden/ und weiset darzu an mit wenigen Reimen JOHANNES BÖDIKERUS, P. Gymn. Colon. Rector. Cölln an der Spree/ Druckts Georg Schultze/ Churfl. Brandenb. Buchdr. Cölln 1678 (1a: 53a in: Ag 923 R).

Ehren= und Trost=Schrift/ Welche Bey Hoch=Adl. Leichbestattung Des weyland Hoch=Edelgebohrnen/ Gestrengen und Vesten Herrn/ Hn. Johann George von Röbel/ Churfl. Brandenb. Kriegs=Commissarii des Oberbarnimbschen Creyses/ wie auch der Hoch=Adl. Landschafft Verordneten/ und Erb=Herrn auf Friedland/ Ringen=Walde/ Garzau/ etc. Denen hochbetrübten Hinterbliebenen/ Mit dem Wundsche der Göttlichen Gnaden und Auffrichtung/ mit schuldiger Ehrerbietigkeit übergiebet JOHANNES BÖDIKERUS, P.

Gymn. Colon. Rector. d. 20. Novembr. 1678. Cölln an der Spree/ Druckts Georg Schultze/ Churfl. Brandenb. Buchdr. Cölln 1678 (1a: 120 in: Ag 923 R; 1: 11 in: Ee 1613; Bödiker, 1699, I, S. 149–177).

Das Kräutlein Patientia. (Bl. 1b:) Das Kräutlein Patientia hat des berühmten Medici (Tit.) Hn. D. GREGORII Bernhards weyland Hertzgeliebte Ehewirthin und Hauß=Ehre (Tit.) Frau Ursula Maria gebohrne Hoffmanninn/ Jn ihrem Christlichem Tugendgarten vor andern wachsen und sehen lassen/ durch ihr gantzes Leben/ und sonderlich als Sie von GOTT mit anderthalb jähriger/ schmertzlicher Kranckheit heimgesuchet worden/ bis Sie am verwichenem 23. Decembr. [korr.: Nov.] 1678. Abends umb halb 7. Uhr im HErrn entschlaffen/ und am 8. December rühmlich zur Erden bestattet/ Solches hat der sehl. Fr. zu letzten Ehren/ den Hinterbliebenen zum Trost anmercken wollen JOHANNES BÖDIKERUS, P. Gymn. Colon. Rector. Cölln an der Spree/ Druckts Georg Schultze/ Churfl. Brandenb. Buchdr. Cölln 1678 (1a: 54 in: Ag 923 R; 1a: 55 in: Ag 923 R).

Kurtze Beschreibung Der Ehren=Pforten/ Welche Sr. Churfürstl. Durchl. zu Brandenburg/ Unserm Gnädigstem Herrn/ Nach Eroberung des gantzen Pommerlandes/ Bey Dero glücklicher Wiederkehr am 2. December 1678. auffgerichtet E. E. Raht und löbliche Bürgerschafft der Haupt= und Residentz=Stadt Cölln an der Spree/ Entworffen von JOHANNE BÖDIKERO, Gymnas. Colon. Rectore. Cölln an der Spree/ Druckts Georg Schultze/ Churfürstl. Brandenb. Buchdr. 1678. Cölln 1678 (1a: 121 in: Ag 923 R).

Serenissimi et potentissimi Electoris Brandenb. ... Friderici Wilhelmi ... oculis ... anni circulum 1678 die triumph. 2. Decebr. ... offert ... Còlonia. Cölln 1678 (1: 28 in: St 5892 ehem.; 1: 6 in: St.129 4° ehem.).

Abdanckungs=Rede/ Bey Christlicher Leichbestattung/ Des weyland WolEhrnvesten/ VorAchtbarn und Kunsterfahrnen Herrn Michael Hanffen/ Churfürstl. Brandenb. gewesenen Hoff= Kunst= und Lust=Gärtners Am 8. Decemb. 1678. Gehalten in Cölln an der Spree/ Von JOHANNE BÖDIKERO, P. Gymn. Colon. Rectore. s. l. 1678 (1: Ee 6153; 1: 13 in: Ee 1613; Bödiker, 1699, I, S. 227–244).

CATALOGUS DISSERTATIONUM Et DECLAMATIONUM, A Discipulis Primi Ordinis in Gymnasio Petrino Coloniæ, Exercitandi causâ HABITARUM ab Anno 1678. ad 1679. Qvem exscripsit CALENDIS JANUARIIS M.DC.LXXIX. JOHANNES BÖDIKERUS, P. Gymnasii Rector. Coloniæ Brandenburgicæ, Ex Officinâ GeorgI SchultzI, Elect. Typogr. Cölln 1679 (1a: 111 in: Ag 923 R).

Stand=Rede und Abdanckung. Dem Hoch=Edelgebohrnen Herrn/ Hr. Elert von Steensen oder Steinau/ Sr. Churfürstl. Durchl. zu Brandenburg gewesenem Hoff= und Cammer=Junckern etc. in Adl. Leichbegängniß und Abendl. Beysetzunge/ Den 12. Januar. 1679. zu Cölln an der Spree gehalten. s. l. 1679 (Bödiker, 1699, II, S. 1049–1064).

ΜΕΝΟΚΑΛΛΙΣ. Cùm Nobilissimi, Amplissimi atque Consultissimi Domini, Domini JOACHIMI ERNESTI SEIDELII, Sereniss. Elect. Brandenb. Consiliarii, & Reip. Coloniens. Consulis, Patroni sui Venerabilis FILIOLUS, Erasmus Christianus, ut recens flosculus enatus, sed menstruo rursum spatio denatus esset, Debitâ Condolentiâ atque humili observantiâ d. 23. Januarii Anno 1679. Describitur à JOHANNE BÖDIKERO, P. Gymn. Colon. Rectore. Coloniæ Brandenburgicæ, Ex Officinâ GeorgI SchultzI, Elect. Typogr. Cölln 1679 (1a: 89 in: Ag 923 R).

Ehren= Klag= und Trost=Gedichte/ Dem HochEdelgebornen/ Hoch=Mannvesten Herrn/ Herrn Friderich Wilhelm von Rhedern/ Weiland Obrist=Lieutenant unter der Cron Spanien/ Erb=Herrn zu Gorlsdorff/ Woltmersla/ Königsmarck/ Kerkow/ Meseberg/ Steinhöfel/ Liechterfeld/ Wasmerschlage/ Bantscorel/ etc. Am Tage/ da dessen hinterlassener Cörper/ nachdem derselbe den 16. Maji 1679. von der Seelen verlassen; Standesgebühr nach zu Kerkow in sein Erbbegräbniß eingesencket ward/ war der 31. Martii des 1680. Jahrs/ Abgefasset Von Nachgesetzeten. Cölln an der Spree/ Druckts Georg Schultze/ Churfürstl. Brandenb. Buchdr. Cölln 1679 (1a: 59 in: Ag 923 R).

Klag=Lied/ Eines Hochbetrübten Wittwers/ Als Die Hoch= und WolEdle Frau/ FRAU Catharina Elisabeth von der Lühe/ gebohrne von Peine/ Deß Wohlgebohrnen Herrn/ Herrn Eilert Christoff von der Lühe/ Churfürstl. Brandenb. wolbestalten Ober=Schencken/ Obrist=Wachtmeistern bey der Guarde zu Fuß/ und Hauptmanns der Aembter Alten Gaterschleben und Crottorff/ etc. Hochselige Ehe=Liebste. Am 16. Junii 1679. zu Cölln/ an der Spree von dieser mühseligen Welt ihren Abschied genommen/ und durch ihren frühzeitigen und schnellen Tod die Hinterbliebenen zwar in groß Betrübnüß gesetzet/ für sich aber zu einen bessern Leben erhoben worden/ Mit schuldigster Ehrbezeigung Jn höchster Eyl vorgestellet Von JOHANNE BÖDIKERO, P. Gymn. Colon. Rectore. Cölln an der Spree/ Druckts Georg Schultze/ Churfürstl. Brand. Buchdr. Cölln 1679 (1a: 56 in: Ag 923 R).

Abdanckungs=Rede/ Welche bey Christlicher Beerdigung/ Des Weiland Wol=Ehrenvesten/ Vorachtbaren und Wolbenamten Hrn. Huebert Huebertsen Gewesenen Churfürstl. Brandenb. Hof-Schuhmacher/ wie auch Handels=Manns allhie in Cölln an der Spree/ am 19. Junii 1679. gehalten. s. l. 1679 (Bödiker, 1699, II, S. 952–978; am Ende Epicedium).

THALASSIONEM Auspicatissimis Nuptiis VIRI Nobilissimi, Amplissimi, Consultissimi atque Excellentissimi DOMINI, DN. MARTINI FRIDERICI SEIDELII, Sereniss. Elector. Brandenb. à Consiliis Aulæ & Cameræ, Patroni & Fautoris sui perhonorandi: & MATRONÆ Generoso Ortu et Virtutibus Selectis Nobilissimæ Dominæ, DOMINÆ EVÆ CATHARINÆ ab Jlow/ Viduæ ROCHOVIANÆ, die 14. Septembr. 1679. in Kemnitz Celebratis, accinuit JOHANNES BÖDIKERUS, P. Gymnas. Colon. Rector. BERLINI, Ex Officinâ RUNGIANA. Berlin 1679 (1a: 90 in: Ag 923 R; 1: Ms. Boruss. fol. 200, f. 235r–238r).

Actus Dramaticus, de Consultatione Principum Christianorum ad Bellum Turcicum, & Gratulatione Pacis Germanicæ, in quo omnes ferme Discipuli Classium superiorum operam suam locarunt, ut Programma testatur. Cölln 1679 (1a: 112 in: Ag 923 R).

FAMA POSTHUMA, VIRI Nobilissimi, Amplissimi atque Excellentissimi DN. JOHANNIS Rauen/ Seren. Elect. Brandenb. Consiliarii & Bibliothecarii Primarii, ... Cum post strenuè adjutam rem literariam, Sepositâ Librorum curâ, quam hactenus ut ingens Librorum helluo, seipsum consumens insumpserat, Membris affectis, viribus defectis, Beatè in Domino obdormijsset. In sepultura publicè honorificâ d. 24. Novembr. 1679. Jure merito celebrata Ab Affini et Amicis. COLONIÆ BRANDENBURGICÆ, Typis expressit GEORGIUS Schultze/ Elect. Typogr. Cölln 1679 (1a: 91 in: Ag 923 R).

Das recht erlangte Neue/ Welches Bey Christlicher Leichbestattung/ HERRN Herrmann de Neuen/ Wolvornehmen Bürgers und Handelsmanns/ wie auch ansehnlichen Gerichts Assessoris in Cölln an der Spree/ den 14. Decembr. 1679. vorgestellet. s. l. 1679 (Bödiker, 1699, I, S. 177–215).

CATALOGUS DISPUTATIONUM Et DECLAMATIONUM, à Discipulis Primi Ordinis in Gymnasio PETRINO COLONIÆ, Exercitandi Causâ HABITARUM Ab Anno 1679. ad 1680. Quem exscripsit Calendis Januariis M.DC.LXXX. JOHANNES BÖDIKERUS, P. Gymnasii Rector. Coloniæ Brandenburgicæ, Typis expressit GEORGIUS Schultze/ Elect. Typogr. Cölln 1680 (1a: 112 in: Ag 923 R).

Stand=Rede und Abdanckung/ Welche bey Christlicher Leichbestattung Des weyland Hoch=WolEdlen/ Vesten und Hochgelahrten Herrn/ Herrn Johann Christoph Hörmanns/ J. U. D. und der Hochadelichen Ritterschafft der Graffschafft Ravensberg Syndici, als derselbe geboren im Jahr 1637. in der Churfürstl. Erb=Stadt Hervord in Westphalen: und in dieser Churfürstlichen Residentz= und Haupt=Stadt Cölln an der Spree/ woselbst Er gemeiner Landsachen wegen sich auffgehalten/ am 25. Januarii, 1680. sanfft und selig verschieden; Darauff am 28. Januarii, als in der Kirchen zu St. Peter dessen verblichener Cörper beygesetzet wurde/ Zu letzten Ehren/ auch zum Trost der hinterbliebenen Hochbetrübten gehalten/ und auff Begehren zum Druck befodert JOHANNES BÖDIKERUS, P. Gymn. Suevo-Coloniens. Rector. Cölln an der Spree/ Druckts Georg Schultze/ Churfürstl. Brandenb. Buchdr. Cölln 1680 (1: 12 in: Ee 1613; Bödiker, 1699, I, S. 245–278; am Ende lat. »Epitaphium«).

Panacea. (Bl. 1v:) Panacea/ Das ist: Allgemeine Wunder=Artzeney/ Wird billich genannt der heilige Ehestand/ darin sich abermal begiebet (Tit.) Herr GREGORIUS BERNHARDI, Medicinæ Doctor, Mit Frn. Anna Berghauerin/ sel. Herrn PASCHASII Trüstedten/ Churfürstl. Brandenb. Cammergerichts=Advocati und Hoff=Fiscalis hinterbliebenen Wittwe: Wie solches an ihrem Hochzeit=Tage/ am 18. Febr. 1680. dem hochgeehrtem Paar mit Wundsch allerley Segens beschreibet JOHANNES BÖDIKERUS, P. Gymn. Colon. Rector. Cölln an der Spree/ Druckts Georg Schultze/ Churfürstl. Brandenb. Buchdr. Cölln 1680 (1a: 58 in: Ag 923 R).

Letzte Frage/ Beym Begräbniß Fr. Anna Margareta Preunels/ Hrn. Joh. Lipmanns/ Churfürstl. Brand. wolbestalten Müntz=Gwardins Eheliebsten/ am 25. April 1680. zu Witten=See bey Berlin erörtert. s. l. 1680 (Bödiker, 1699, I, S. 279–291).

Feuer=Werck. Demütigster Glückwündschung/ Dem Durchläuchtigsten/ Großmächtigsten Fürsten und Herrn/ Herrn Friderich Wilhelm/ Marggrafen und Churfürsten zu Brandenburg/ etc. etc. etc. Unserm gnädigsten Churfürsten und Landes=Vater/ Der Durchläuchtigsten Fürstin und Frauen/ Frauen Dorotheen/ Marggräfin und Churfürstin zu Brandenburg/ etc. etc. Unserer gnädigsten Churfürstin und Landes=Mutter. Dem Durchläuchtigstem Fürsten und Herrn/ Herrn Friderich/ Marggrafen und Chur=Printzen zu Brandenburg/ etc. etc. Unserm gnädigsten Chur=Printzen und Landes=Erben/ Der Durchläuchtigsten Fürstin und Frauen/ Frauen Elisabeth Henriette/ Marggräfin und Chur=Princeßin zu Brandenburg/ etc. etc. Unserer gnädigsten Fürstin und Frauen/ Als das grosse Feuer=Werck/ Anno 1680. am 12 Maji. Jn beysein vieler/ Käyserlichen/ Königlichen/ Fürstlichen und anderer Regierungen/ Herren Gesandten glücklich abgieng/ In gehorsamster Pflicht angezündet Von JOHANNE BÖDIKERO, P. Gymnas. Colon. Rectore. Cölln an der Spree/ Druckts Georg Schultze/ Churfürstl. Brandenb. Buchdr. Cölln 1680 (1: 60 in: Ag 923 R).

Seliges Ende/ Der Wol=Edlen/ Hoch=Ehr= und Tugendreichen Frauen/ Fr. Catharina Weilerin/ Sel. Herrn Gottfried Schardii/ Churfürstl. Brandenb. Consistorial-Rahts/ Protonotarii, und der Stadt Berlin Burgermeister/ hinterbliebene Wittib: Welche gebohren d. 16. Febr. 1624. gestorben d. 17. Junii Nachts umb 2. Uhr/ Anno 1680. ihres Alters 56. Jahr 4. Monat 1. Tag. Am Tage ihrer Beerdigung war der 27. Junii aus schuldiger Ehrerbietung beschrieben Von Nachgesetzten. Cölln an der Spree/ Druckts Georg Schultze/ Churfürstl. Brandenb. Buchdr. Cölln 1680 (1a: Yi 8207–10 R; 1a: 61 in: Ag 923 R).

Abdanckung/ Dem weiland Edlen/ Vorachtbaren und Wolweisen Herrn Christoph Witten/ E. Wol=Edlen und Wolweisen Rahts zu Cöln an der Spree ansehnlichem Mitgliede und Wolverdienten Cämmerer/ Zu letzten Ehren am Tage seiner Christlichen Begräbniß/ d. 25. Julii, 1680. gehalten von Johanne Bödikero, P. Gymnas. Col. Rectore. s. l. 1680 (1: Ee 6155; 1: 14 in: Ee 1613; Bödiker, 1699, I, S. 291–302).

Prosphonesis tetraglotto Quadrato agmine votorum Amico veteri & in fide quadrato Domino Johanni Georgio Zeitzio, Spandoviensium Diacono, Cum Virginem Ornatissimam. Eleonoram Buntebartinam, Nuptiis auspicatissimis duceret, d. 2. Augusti, 1680. Coloniæ, facta â JOHANNE BÖDIKERO, P. Gymn. Colon. Rectore. COLONIÆ BRANDENBURGICÆ, Typis GEORGI SCHULTZI, Elect. Typogr. Cölln 1680 (1a: 4 in: Ag 923 R).

SERENISS. AC POTENTISS. PRINCEPS AC DOM. DN. FRIDERICUS WILHELMUS. VIVAT! VIVAT! VIVAT! inp: Joh: Bödikerus. [am Ende:] Cölln an der Spree/ Druckts Georg Schultze/ Churfürstl. Brandenb. Buchdr. 1680. Cölln 1680 (1a: Yi 8206; 1a: 57 in: Ag 923 R).

LUBENTIA. Cum Dn. Christianus Ranslebius, Virginem Annam Ursulam Lubenam, duceret Coloniæ d. 9. Novembr. 1680. Ad Auspicatas nuptias, verbis aliquà Archaicis, antiquâ fide descripta à Johanne Bödikero. P. Gymn. Colon. Rectore. Coloniæ Brandenburgicæ, Ex Officinâ GeorgI SchultzI, Elect. Typogr. Cölln 1680 (1a: 92 in: Ag 923 R).

CATALOGUS DISPUTATIONUM Et DECLAMATIONUM, à Discipulis Primi Ordinis in Gymnasio PETRINO COLONIÆ, Exercitandi Causâ HABITARUM Ab Anno 1680. ad 1681. Quem exscripsit Calendis Januariis M.DC.LXXXI. JOHANNES BÖDIKERUS, P. Gymnasii Rector. Coloniæ Brandenburgicæ, Typis expressit GEORGIUS Schultze/ Elect. Typogr. Cölln 1681 (1a: 113 in: Ag 923 R).

Christlicher Bericht Von Cometen/ Als der grosse Comet 1680. und 1681. geleuchtet/ Dem Christlichem/ Deutschen Leser zu Dienst/ aus den vornehmsten Meynungen alter und neuer Lehrer zusammen gezogen/ Von JOHANNE BÖDIKERO, P. Gymn. Colon. Rectore. Jn Verlegung desselben. Cölln an der Spree/ Druckts Georg Schultze/ Churfürstl. Brandenb. Buchdr. Jm Jahr 1681. Cölln 1681 (1a: 122 in: Ag 923 R).

Stand=Rede u. Abdanckung Welche Bey Christl. Leich=Bestattung Des Edlen und Wolgelahrten Hrn. David Roloffs/ L. L. Studiosi, kunstreichen Musici und Lautenisten: gehalten den 17. Jan. Anno 1681. in Cölln an der Spree. s. l. 1681 (Bödiker, 1699, I, S. 823–831).

Schuldige Wundsch= Und Ehren=Pflicht/ Hat gegen Tit. Herrn Joachim Friderich Kornmesser/ Sr. Churfürstl. Durchl. zu Brandenb. unsers gnädigsten Herrn/ geheimen Cammerdiener/ Bey seiner hocherfreulichen Hochzeit/ Mit Tit. Jungfer Sibylla Dorothea Marchen/ Tit. Herrn D. Caspar Marchen/ weyland Churfürstl. Brandenb. Raths und Leib=Medici, Jungfer Tochter/ Am 17. Hornungs=Tage/ 1681. Als seinem hochgeneigtem Gönner abstatten wollen JOHANNES BÖDIKERUS, P. Gymn. Colon. Rector. Cölln an der Spree/ Druckts Georg Schultze/ Churfürstl. Brandenb. Buchdrucker. Cölln 1681 (1a: Yi 8207–30; 1a: 62 in: Ag 923 R).

Stand=Rede und Abdanckung bey Christl. Leichen=Begängniß. (Tit.) Herrn Caspar Supen/ Churfürstl. Brandenb. gewesenen Eysen-Factors/ und E. E. Rahts in Cölln an der Spree wolverdienten Cämmerers/ etc. Am 20. Februarii. 1681. Dem selig Verstorbenen zu letzten Ehren/ der Hinterbliebenen Frau Wittwen/ und Leidtragenden Kindern/ und Freundschafft zu Trost/ Gehalten Von JOHANNE BÖDIKERO, P. Gymnasii Colon. Rectore. Cölln an der Spree/ Druckts Georg Schultze/ Churf. Brandenb. Buchdr. Cölln 1681 (1: 15 in: Ee 1613; Bödiker, 1699, I, S. 303–312).

Stand=Rede und Abdanckung Alß (Tit.) Hr. Christoph. Schmidt Medicin. D. Churfürstl. Brandenb. Hoff= und Leib=Medicus/ und nunmehr wolverordneter Bürgermeister der Churfl. Residentz= und Haupt-Stadt

Berlin Sein liebes Söhnlein/ Otto Christoff/ So durch GOTTes unerforschliches/ doch heiliges Verhängniß/ hinter seiner Eltern Hauß/ in den Spree=Strom gefallen/ und jämmerlich ümkommen/ im April. 1681. d. 1. Maji gehalten. s. l. 1681 (Bödiker, 1699, II, S. 937–951).

Eines Christen Wachsamkeit/ 1. Uber sich selbst. 2. Uber sein Amt. 3. Uber des HErrn Ankunfft. Als (Tit.) HERR Christianus Gregorius Churfürstl. Brandenburgischer General=Commissariats=Secretarius/ d. 15. Maji 1681. zu Cölln an der Spree beerdiget wurde/ Dem selig Verstorbenen zu letzten Ehren und den Hinterbliebenen zum Trost betrachtet. s. l. 1681 (Bödiker, 1699, II, S. 780–802).

Apotheke. Christlicher Ehe=Liebe/ Hat mit wenigen Beim Hochzeit=Tage (Tit.) Herrn Daniel Erasmi/ vornehmen Bürgers und Apotheckers in Spandow/ Und (Tit.) Jungfer Catharina Hammelmans/ Den 4. Julii/ 1681. Jn Cölln an der Spree/ Jn Eil beschreiben Wollen Johannes Bödikerus, P. Gymn. Colon. Rector. Cölln an der Spree/ Druckts Georg Schultze/ Churfürstl. Brandenb. Buchdr. Cölln 1681 (1a: 63 in: Ag 923 R).

Glückseligkeit eines Jungverstorbenen/ Als (Tit.) Herr Johannes Lauer/ Churfürstl. Brandenb. wolbestalter Holtz=Schreiber/ auch E. E. Raths allhier zu Cölln an der Spree/ ansehnliches Mit=Glied/ Und (Tit.) Fr. Maria Osterheldes/ Jhren ältesten/ wolgezognen/ lieben Sohn JOHANN-ADAM LAUER, Durch einen frühzeitigen/ doch seligen Tod entbehren musten/ d. 14. Augusti, Anno M.DC.LXXXI. Zum Trost der Betrübten Eltern/ und Andencken dieses frommen und fleißigen Schul=Knaben/ aufs aller Einfältigste beschrieben Von JOHANNE BÖDIKERO, P. Gymn. Colon. Rectore. Cölln an der Spree/ Druckts Georg Schultze/ Churfürstl. Brandenb. Buchdr. 1681. Cölln 1681 (1a: 123 in: Ag 923 R; Bödiker, 1699, I, S. 434–467).

LAURUS PULLA, In memoriam Discipuli desideratissimi, JOHANNIS ADAMI LAURI, Parente Senatorii Ordinis, &c. Matre matronarum lectissimâ, &c. Optimâ naturæ indole nati, & egregiâ cum spe in studiis progressi, sed acerbo funere die 14. Augusti 1681. immaturè Concidentis, Carmine Lugubri Posita à Johanne Bödikero, P. Gymn. Colon. Rectore. Coloniæ Brandenburgicæ, è chalcographéo SCHULTZIANO. Cölln 1681 (1a: 93 in: Ag 923 R).

SCHOLA SIONÆA NATHANIS, Cujus FATA bona et mala ACTU ORATORIO à GYMNASII Svevo-Coloniensis DISCIPULIS, IN CURIA COLONIENSI Die et Novembris Anno 1681. repræsentantur AUTORE ATQVE INVITATORE JOHANNE BÖDIKERO, P. RECTORE. Coloniæ Brandenburgicæ, Ex Officinâ GeorgI SchulzI, Elect. Typogr. Schulactus Cölln 1681 (1a: 7 in: Ag 923 R; Gudopp, 1900, S. 12, 1902, S. 12–16).

ACTUS DRAMATICUS, De SCHOLA SIONÆA publice habitus est, in quo suam operam omnes primæ Classis Discipuli præbuerunt, &c. Cölln 1681 (1a: 114 in: Ag 923 R).

Gedammter Auen=Brand. [Bl. 1v:] Gedammter Auen=Brand/ Wird Bey der Hochzeitlichen Freude (Tit.) Herrn Joachim Damerowen/ Churf. Brandenb. wolbestallten Silbermeisters/ Und (Tit.) Jungfer Anna Margaretha Brandeszin/ (Tit.) Herrn Heinrich Julius Brandes/ Churfürstl. Brandenb. Fischmeisters und Hoff= Kuchschreibers/ wie auch wolverdienten Camerarii dieser Stadt Cölln/ Eheleiblichen Jungfer Tochter/ Am 29. Novembr. 1681. Glückwündschend vorgestellet Von JOHANNE BÖDIKERO, P. Gymn. Colon. Rectore. Cölln an der Spree/ Druckts Georg Schultze/ Churfürstl. Brandenb. Buchdrucker. Cölln 1681 (1a: Yi 8207–50 R; 1a: 64 in: Ag 923 R).

Seliger Lebens=Schluß/ Welchen Bey Beschliessung dieses 1681. Jahres gemacht/ Der weyland WolEhrenveste Herr George Wilhelm Wolff/ Churf. Brandenb. gewesener Jagtschreiber und Wildwäger zu Cölln an der Spree/ Welcher den 24. Junii/ 1621. in der Churfürstl. Preußischen Residentz Stadt Königsberg geboren/ 1647. in Sr. Churfürstl. Durchl. Diensten gekommen/ 1651. den 3. Febr. mit Jungfer Erdmuth Gerlachin/ allhier verehliget/ den 1. Decembr. 1681. diese Welt gesegnet/ seines Alters 60. Jahr/ 5. Monat/ 2. Wochen/ 3. Tage/ nachdem Er im 31. Jährigen Ehestand 13. Kinder Vater/ und 1. Kindes Groß=Vater worden; Am Tage der Beerdigung/ war der 11. Decembr. 1681. da Er in Volckreicher Versammlung bey der St. Nicolai Kirchen in Berlin beygesetzet ward/ Beehret von Nachgesetzten. Cölln an der Spree/ Druckts Georg Schultze/ Churfürstl. Brandenb. Buchdrucker. Cölln 1681 (1a: 65 in: Ag 923 R).

Hochnöhtige und nützliche Betrachtung des Todes/ Als der HochEdle/ Gestrenge/ Herr/ HERR/ Lazarus Kittelmann von der Sale/ Sr. Churfürstl. Durchl. zu Brandenburg gewesenen Raht/ und Amts=Oberhauptmann zu Egeln/ plötzlich/ doch selig verschieden war/ und zu Cölln an der Spree/ Anno 1681. beygesetzet ward/ erwogen. s. l. 1681 (Bödiker, 1699, II, S. 722–745).

CATALOGUS DISPUTATIONUM Et DECLAMATIONUM, à Discipulis Primi Ordinis in Gymnasio PETRINO COLONIÆ, Exercitandi Causâ HABITARUM Ab Anno 1681. ad 1682. Quem exscripsit Calendis

Januariis M.DC.LXXXII. JOHANNES BÖDIKERUS, P. Gymnasii Rector. Coloniæ Brandenburgicæ, Typis expressit GEORGIUS Schultze/ Elect. Typogr. Cölln 1682 (1a: 114 in: Ag 923 R).

Stand=Rede und Abdanckung. Welche Beym Christlichen Leich=Begängnüß Der Jm Glauben Verstorbenen Frauen Sibÿlla Dorothea Marchen/ (Tit.) Herrn Joachim Friederich Kornmessers/ Churfürstl. Brandenb. Treubedienten geheimen Cammer=Dieners/ Gewesenen Hertz=geliebtesten Ehe=Gattin/ Zu letzten Ehren/ und dem Hochbetrübtem Herrn Wittwer/ und Leidtragenden Freundschafft zu einigem Trost/ Am 1. Jenner 1682. zu Cölln an der Spree gehalten Von JOHANNE BÖDIKERO, P. Gymn. Colon. Rectore. Cölln an der Spree/ Druckts Georg Schultze/ Churfürstl. Brandenb. Hoff=Buchdrucker. Cölln 1682 (1: 16 in: Ee 1613; Bödiker, 1699, I, S. 384–398).

Trauer= und Trost=Gedancken/ Welche Beym frühzeitigen/ doch seeligen Abschiede aus dieser Welt (Tit.) Frauen Sibÿlla Dorothea Marches/ (Tit.) Herrn Joachim Friederich Kornmessers/ Sr. Churfürstl. Durchl. zu Brandenb. Treubedienten Geheimen Cammer=Dieners/ hochwerthesten Eheliebsten/ An Jhrem Begräbnüß=Tage am 1. Januar. 1682. Zu Bezeigung hertzlichen Mittleydens und schuldiger Ehren=Pflicht seinem grossen Gönner/ Jn höchster Eyl zusammen getragen JOHANNES BÖDIKERUS, P. Gymn. Colon. Rector. Cölln an der Spree/ Druckts Georg Schultze/ Churfürstl. Brandenb. Hoff=Buchdr. Cölln 1682 (1a: 66 in: Ag 923 R).

Dem HochEdlen/ Vesten und Hochweisen Herrn/ Herrn Werner Johann Uffelmann/ An Seine Churfürstl. Durchl. zu Brandenburg/ etc. etc. Von der Käyserlichen Reichs= und Ansee=Stadt Hamburg Hochansehnlichem Gesandten/ etc. Eines Hoch=Edlen Rahts daselbst Mitgliede/ Seinem grossem Gönner und Beförderer. An dessen erfreulichem Gebuhrts=Tage/ d. 8. Hornungs. 1682. Zu Cölln an der Spree/ Druckts George Schultze/ Churfürstl Brandenb. Hoff=Buchdrucker. Cölln 1682 (1a: 67 in: Ag 923 R).

Einladungsschrift zu einer öffentlichen Rede, für Andreas Matthias Rühle, über die Politikwissenschaft [ohne Titelblatt] Coloniæ. d. 22. Aprilis 1682. Cölln 1682 (1a: 8 in: Ag 923 R).

Welt gute Nacht! Hat Bey frölichem/ und seligem Abschied aus dieser Welt gesaget (Tit.) Frau Maria Wenschendorffes/ Seligen Herrn Georg Reichenaues/ Churfürstlichen Brandenb. berümt gewesenen Hauß=Voigts etc. hinterlassene Wittwe/ Jm 67. Jahr ihres Alters/ und 24. des Wittwenstandes. Welcher Christlichen Matron zu letzten Ehren/ und denen Hinterbliebenen zu Trost/ Am Tage Jhrer Begräbniß den 2. Julii 1682. Folgende Zeilen setzet Johannes Bödikerus, P. Gymn. Colon. Rector. Cölln an der Spree/ Druckts George Schultze/ Churfürstl. Brandenb. Buchdrucker. Cölln 1682 (1a: 68 in: Ag 923 R).

Einladungsschrift zu einer Rede, für Johann Gottfried Lange, [ohne Titelblatt] Coloniæ, d. August. 1682. JOHANNES BÖDIKERUS, P. G. C. Rector. Cölln 1682 (1a: 9 in: Ag 923 R).

Stand=Rede und Abdanckung/ Als der Hoch=Edle/ Veste/ und Hochbenamte Herr/ Herr Christian Sigismund Heydekampff/ Churfürstl. Brandenburg. gewesener Raht und geheimer Camerier/ Nach treuem Dienst GOttes und seines Fürsten/ der Seelen nach in die Himmlische Schatz=Kammer gesamlet war; Der verblichene Cörper aber von einer ansehnlichen Versamlung am 8. Octobr. Anno 1682. Seines Alters im 67. Jahre/ Jn die Ruh=Kammer des Grab=Gewölbes begleitet wurde/ Seinem und vieler Menschen grossem Wolthäter zu letzten Ehren/ Der Hochbetrübten/ hinterlassenen Heydekampffischen Familie zu einigem Trost gehalten Von JOHANNE BÖDIKERO, P. Gymn. Colon. Rectore. Cölln an der Spree/ Druckts Georg Schultze/ Churfürstl. Brandenb. Hof=Buchdr. Cölln 1682 (1: 17 in: Ee 1613; Bödiker, 1699, I, S. 597–615).

Stand=Rede und Abdanckung/ Als Die Wol=Edle und Tugendreiche Frau/ Frau Anna Sophia Sommerinn./ (Tit.) Hn. WENDELINI LONICERI, Churfürstl. Brandenb. Haus=Voigts/ gewesene hertzgeliebte Haus= Ehre/ Der Seelen nach wie ein schöner Christen=Baum mit sampt ihrem Ehe=Pfläntzlein in den Himmel; Die verblichene Leibes=Reiser aber in des Grabes geheiligten Garten versetzet wurden/ Jhres Alters 41. Jahr/ am 30. Octobr. 1682. Der seligen Frauen zu letzten Ehren; Seinem Hochgeehrten Herrn Nachbar/ als hochbetrübtem Wittwer/ und den lieben Seinigen/ zu einigem Trost gehalten Von JOHANNE BÖDIKERO, P. Gymn. Colon. Rectore. Cölln an der Spree/ Druckts Georg Schultze/ Churfürstl. Brandenb. Hof=Buchdr. Cölln 1682 (1: 18 in: Ee 1613; Bödiker, 1699, I, S. 645–664, mit dem Titel »Christlicher Palmbaum«).

Sinnbild des Weinstocks. Der Christl. Beerdigung/ (Tit.) Frau Anna Hübners/ (Tit.) Hrn. Gottfried Bartsch/ Churfürstl. Brandenb. Wolbestalten Kunst= und Kupfer=Stechers/ Hertzlieb gewesenen Haus=Ehre/ am 19. Decemb. 1682. vorgestellet. s. l. 1682 (Bödiker, 1699, I, S. 343–365).

Rechte Zeit Hat im Sterben getroffen/ allem Ubel zu entkommen Der Edle/ GroßAchtbare und Wolweise Herr Johannes Schindler/ Eines Wol=Edlen Rahts der Churfürstl. Residentz=Stadt Cölln an der Spree/ Mitglied/

Wie auch vornehmer Kauffmann. Welche Bey dessen Christlicher Beerdigung Am 26. December A. 1682. Glückwündschend besinget/ Denen hinterbliebenen Kindern aber von GOtt Trost wündschet JOHANNES BÖDIKERUS, P. Colon. Gymnas. Rector. Cölln an der Spree/ Druckts Georg Schultze/ Churfürstl. Brandenb. Hof=Buchdr. Cölln 1682 (1a: 69 in: Ag 923 R).

CATALOGUS DISPUTATIONUM Et DECLAMATIONUM, à Discipulis Primi Ordinis in Gymnasio PETRINO COLONIÆ, Exercitandi Causâ HABITARUM Ab Anno 1682. ad 1683. Quem exscripsit Calendis Januariis M.DC.LXXXIII. JOHANNES BÖDIKERUS, P. Gymnasii Rector. Coloniæ Brandenburgicæ, Typis expressit GEORGIUS Schultze/ Elect. Typogr. Cölln 1683 (1a: 115 in: Ag 923 R).

Die irrdische Schule und himmlische hohe Schule/ als ein liebreiches Kind und Söhnlein/ des (Tit.) HERRN/ M. Pauli Lütkemanns/ Treufleißigen Sub-Rectoris dieses Cöllnischen Gymnasii/ Jm Jahr Christi 1683. den 21. Jan. aus diesem irrdischen= in das himmlische Freuden=Leben versetzet wurde/ zum beständigen Andencken des seligen Kindes/ und einigen Trost der betrübten Eltern und andern Anverwandten vorgestellet. s. l. 1683 (Bödiker, 1699, II, S. 540–559).

Abdanckung gehalten von Johanne Bödikero. P. Gymn: Colon: Rector: Zu ehren Frau Jlsa Anna Tietzen genandt Schlüterin, Johann Bosterhausen Fürstl: Braunschw: Lüneburgischen Amtmans Witwen. A. 1683. d. 28. Januarii. s. l. 1683 (1: 19 in: Ee 1613; am Ende »Sinn-Bild« u. dt. Epicedium; Bödiker, 1699, I, S. 467 bis 495, u. d. T.: Ehren=Schiff/ bey Beerdigung Der Edlen/ Christlichen/ frommen Fr. Ilsa Anna Tietzin/ genannt Schlüters. Sel. HERRN Johann Bosterhausens Fürstl. Braunschweig=Lüneburgischen Amtmanns zu Bardorf/ hinterlassenen Wittwe Anno 1682. Domin. IV. post Epiphan. vorgestellet).

Traur und Ehren=Zeilen/ Welche Auff den schmertzlichen Abschied Der nunmehr seeligen Frauen/ (Tit.) Frauen Jlsa Anna Tietzen genant Schlüterinn/ Des Weyland (Tit.) Herrn Johann Bosterhausen/ Fürstl. Braunschw. Lüneburgischen Hochverdienten Ambtmann zu Bardorff/ Hinterbliebenen Wittwen/ Als dieselbe Bey ansehnlicher Begleitung Am Tage Jhrer Beerdigung/ war der 28. Januarii dieses 1683sten Jahrs/ in Jhrem Erb=Begräbnüß zu Cölln an der Spree/ beygesetzet ward/ Mitleydend abgefasset von Etlichen guten Freunden. Cölln an der Spree/ Druckts Georg Schultze/ Churfürstl. Brandenb. Hof=Buchdr. Cölln 1683 (1a: 70 in: Ag 923 R).

EMBLEMATA GRATULATIONUM HIEROGLYPHICA, SERENISSIMIS ET AUGUSTISSIMIS PRINCIPIBUS, DOMINO FRIDERICO WILHELMO, ELECTORI BRANDENB. &c. &c. &c. PATRI PATRIÆ, in NATALEM, superato feliciter Climactere Heroico Anni 63 d. 6. Februar. & DOMINÆ DOROTHEÆ, ELECTORISS. BRANDENB. &c. &c. &c. PATRIÆ MATRI, in Onomasma, Cum Comprecatione omnigenæ salutis Universæ Domui Brandenb. humillime erecta ac explicata à JOHANNE BÖDIKERO, P. Gymn. Colon. Rectore. COLONIÆ BRANDENBURGICÆ, Typis expressit GEORGIUS Schultze/ Elect. Typogr. d. 6. Februar. 1683. Cölln 1683 (1a: 124 in: Ag 923 R).

Erklärung der Hieroglyphischen Sinn=Bilder/ Welche Dem Durchläuchtigsten/ Großmächtigsten Fürsten und Herren/ Hrn. Fridcrich Wilhelm/ Churfürsten zu Brandenburg/ ect. ect. ect. Unserm gnädigsten Landes= Vater/ Auff Dero Geburts=Tag/ nach überstandenem gefährlichen Stuffen=Alter/ des 63. Jahrs/ und der Durchläuchtigsten/ Hochgebornen Fürstinn und Frauen/ Frauen Dorothea/ Churfürstinn zu Brandenburg/ etc. etc. etc. Unserer gnädigsten Landes=Mutter/ An Dero Namens=Tage/ den 6. Februarii 1683. Jn unterthänigster Glückwündschung/ mit demüthigstem hertzlichstem Wundsch/ langen Lebens/ und alles fernern Segens in dem Churfürstl. Hause und Landen/ Jn einem Kupffer=Druck überreichet JOHANNES BÖDIKERUS, P. Gymn. Colon. Rector. Cölln an der Spree/ Druckts Georg Schultze/ Churfürstl. Brandenb. Hoff=Buchdr. Cölln 1683 (1a: 125 in: Ag 923 R).

Cammer=Music. (Bl. 1v:) Cammer=Music/ Auff der Hochzeit Herrn Peter Grünackers/ Churfürstl: Brandenburgischen Cammer=Musici, Mit Fr: Marien Benignen Peutzers/ Sel: Herrn Olivier Beauliau/ Hinterlassenen Wittwen/ Am 17. April. 1683. Mit dem Wundsch des Segens vorgestellet von Johanne Bödikero, P. Gymn. Colon. Rectore. s. l. 1683 (1a: 74 in: Ag 923 R).

Einladungsschrift für ein Schulprogramm anläßlich der erfolgreichen Verteidigung Wiens gegen die türkische Bedrohung 1683 [ohne Titelblatt; Triumphum canit triumphalis Germania] Cölln 1683 (1a: 10 in: Ag 923 R).

Fürstliches Exempel/ Im Christlichen Leben und seligem Tode An der Durchläuchtigsten Fürstinn und Frauen/ Frauen Elisabeth Henrietta/ gebornen Landgräffin zu Hessen/ Fürstin zu Hirschfeld/ vermählten Chur=Princeßinn zu Brandenburg/ etc. Nunmehr Christmildester Gedächtniß/ ihrem/ durch Dero Tod/ hochbetrübtem Eh=Gemahl/ Sr. Chur=Printzlichen Durchläuchtigkeit/ Zu kräfftigem von Gott erwündschtem Troste/ In gehorsamster Unterthänigkeit vorgestellet/ Von JOHANNE BÖDIKERO, P. Gymn. Colon. Rectore. Cölln an der Spree/ Druckts Georg Schultze/ Churfürstl. Brandenb. Hoff=Buchdr. Cölln 1683 (1a: 73 in: Ag 923 R; 14: H. Boruss, 28,10).

Wolgereiseter Bürger/ Bey des Hn. Johann Kalows/ Vornehmen Bürgers und Scheiders in der Churbrandenburgischen Residentz=Stadt Cölln an der Spree/ Christlichen Leichbegängniß/ d. 2. Decemb. 1683. Dem sel. Manne zu letzten Ehren/ und denen sämtlichen Leidtragenden zu einigen Trost vorgestellet. s. l. 1683 (Bödiker, 1699, II, S. 1093–1114).

CATALOGUS DISPUTATIONUM Et DECLAMATIONUM, à Discipulis Primi Ordinis in Gymnasio PETRINO COLONIÆ, Exercitandi Causâ HABITARUM Ab Anno 1683. ad 1684. Quem exscripsit Calendis Januariis M.DC.LXXXIV. JOHANNES BÖDIKERUS, P. Gymnasii Rector. Coloniæ Brandenburgicæ, Typis expressit GEORGIUS Schultze/ Elect. Typogr. Cölln 1684 (1a: 116 in: Ag 923 R).

De commerciis. Progr. Gymn. Coloniensis. 1684. Cölln 1684 (1: 2 in: Fg 551 ehem.).

Verschwindender Rauch des menschlichen Lebens/ bey Christlicher Leichbegängniß (Tit.) HERRN Christian Martin Bockel/ Churfürstl. Brandenburg. Tabackspinners am 19. Febr. 1684. Jn volckreicher Versamlung/ dem Verstorbenen zu letzten Ehren/ der hochbetrübten Frau Wittwen zu Troste/ in einer Stand=Rede betrachtet. s. l. 1684 (Bödiker, 1699, II, S. 1–21; Epicedium, S. 21–22).

Die fröliche Heimfahrt als (Tit.) Fr. Anna Schmiedes/ (Tit.) Hrn. Leonh. Cubitzes/ Weyland Churf. Brandenb. Feuerwerckers bey den Churf. Residentz=Städten hinterlassene Wittwe Aus dem Winter dieser Welt in den frölichen Himmels=Sommer/ den 16. Martii 1684. versetzet. s. l. 1684 (Bödiker, 1699, I, S. 497 bis 516).

Himmlische Erquickung. Welche Der Edlen/ Hoch=Ehr und Tugendreichen FRAUEN Maria Weilerinn/ Des Edlen/ Großachtbaren und Wolbenamten Hn. Heinrich Eleasar Neubaurs/ Vornehmen Kauffherrn und Banckiers in Berlin/ Hertzliebgewesenen Ehegenoßin/ Nach überstandenem dürren/ hitzigen Sommer dieser Welt/ als einem versetzten Baum/ der Seelen nach wiederfahren/ Der nunmehr sel. Frauen zu letzten Ehren/ denen hochbetrübten/ als Herrn Wittwer/ Herrn Vater/ lieben Kindern/ und sämptlicher leidtragender Freundschafft zu Trost/ bey des verblichenen Cörpers ansehnlicher Beysetzung/ Den 24. Julii 1684. Vorgestellet von JOHANNE BÖDIKERO, P. Gymnas. Colon. ad Spream Rectore. Cölln an der Spree/ Druckts Georg Schultze/ Churfürstl. Brandenb. Hof=Buchdr. Cölln 1684 (1: 20 in: Ee 1613; Bödiker, 1699, I, S. 517–549).

Himmlische Bewirtung/ Hat HERR Joachim Friderich/ Vornehmer Bürger/ Brauer und Gastwirth in Berlin/ nunmehr seliger/ Nach überstandener Pilgrimschaft dieses mühseligen Lebens/ und Verlassung der Welt=Herberge/ aus göttlicher Gnade der Seelen nach erlangt: Der verblichene Leib aber ist auf den Gottes=Acker bey St. Peter in Cölln/ als in seine Ruh=Herberge Christlich beygesetzet/ am 18. Septembr. 1684. s. l. 1684 (Bödiker, 1699, II, S. 1115–1137).

Christen=Spiegel im Leben und Tod/ Bey Christlicher ansehnlicher Beerdigung Der/ so wol durch stillen wolgeführten Wandel/ als seeligen Abschied/ Jtzt in ihrem Grabe höchst=beglückten Matron/ Frau Marien Wittib Frantzinn/ gebohrnen Bootsinn/ Als dieselbe im 69sten Jahr ihres Alters diese Sterblichkeit verlassen/ und dem Cörper nach in dero Geliebten Hinterlassenen Erblichem Grab=Gewölbe zu Sanct Peter in Cölln an der Spree/ den 15. Oct. Ao. 1684. beygesetzet wurde/ Bey gehaltener Parentation vorgestellet Von JOHANNE BÖDIKERO, P. Gymnas. Colon. RECTORE. Berlin/ Gedruckt bey Christoff Rungens sel. Wittwe. Berlin 1684 (1: Ee 6161; Bödiker, 1699, I, S. 615–645).

Reise zum rechten Vaterlande Hat (Tit.) Hr. Ludovicus Bebel/ Der Politischen und Mathematischen Wissenschafft Beflissener/ Hr. Laurentii Bebels/ Churf. Brandenburg. hochansehnlichen Rahts in Preussen einiger Sohn/ Auf seiner Heimreise ins irrdische Vaterland Preußen/ nach Gottes heiligem Ruhm und Willen vorgenommen und wol geendet: Da er nemlich zur Churfürstl. Haupt= und Residentz=Stadt Cölln am 18. Novembr. kranck ankommen/ den 30. verstorben/ und nach dem die Seele im Himmel versetzet/ der Leib am 18. Decemb. Christlich und rühmlich in St. Peters=Kirche begraben/ im Jahr 1684. s. l. 1684 (Bödiker, 1699, I, S. 665–692).

Einzug und Feuerwerck, als Friderich, Marggr. zu Brandenb., etc. etc. Seine Gemahlinn, Sophia Chàrlotta, etc. etc. heimführete. Cölln 1684 (1: 13 in: St 5894 ehem.; 1: 21a in: St 3703 ehem.).

Trauer=Fall Und Ehren=Schall. Dem HochEdlen/ Vesten/ Hochgelahrt= und Hocherfahrnem Herrn/ Herrn Cornelio Bontekoh/ U. Med. Doct. Sr. Churfürstl. Durchl. zu Brandenburg Raht/ und glücklichem/ hochbeliebten Hoff= und Leib=Medico, Profess. zu Franckfurt/ Als derselbe durch einen plötzlichen Fall sein Leben frühzeitig/ doch nicht unselig geendiget/ und der Leichnam mit einem hochansehnlichem Gefolg des Churfürstl. Hofes/ und dieser Haupt= und Residentz=Stadt/ in der Schloß=Kirchen zur Heil. Dreyfaltigkeit/ Christlich beygesetzet wurde/ am 18. Jenner 1685. Jn einer Stand=Rede und Abdankung vorgestellet und zum Druck herauß gegeben von JOHANNE BÖDIKERO, P. Gymn. Svevo-Colon. Rectore. M.DC.LXXXV. s. l. 1685 (1a: Aw 20361a; 1a: 1 in: Jb 664; 1: 21 in: Ee 1613; Bödiker, 1699, I, S. 693–728; auch ins Holländische übersetzt: Treur-klacht, en eer-galm, van ... Cornelis Bontekoe ... In een lijck-en afscheyt-reden voor gestelt, en in druck uytgegeven van Johannes Bodikerus. Uyt het hooghduyts vertaelt. Waer by noch gevoeght sijn eenige soo Latynse als Duytse lofen lijk-gedichten, ter eeren van den selven, by verscheyde persoonen gemaeckt. 's Gravenhage, Pieter Hagen, 1685. Den Haag 1685; Krivatsy, 1989, Nr. 1416; eingebunden in: C. Bontekoe Tractaat van het excellenste kruyd thee. 1685.).

Deutsche Sinn=Schrifft/ Mit demühtigster Glückwündschung Dem Teutschen Jrenarches Sr. Churfürstl. Durchl. zu Brandenburg Friderich Wilhelm/ etc. etc. etc. Unserm gnädigsten Chur=Fürsten und Landes=Vater/ An dero Höchst=erfreulichem Namens=Tage Friderich/ Den 6. Martii, M.DC.LXXXV. Unterthänigst gewidmet Von Den Cöllnischen Musen/ Durch Verdolmetschung JOHANNIS BÖDIKERI, P. Gymn. Colon. Rector. Cölln an der Spree/ Gedruckt bey sel. Georg Schultzens hinterlassenen Wittwe. Cölln 1685 (1a: 75 in: Ag 923 R).

Nymphe Mycale/ Das ist: Poëtisches und Historisches Gespräche von dem Miggelberge: Von dessen Natur und der Spree und Seen umb Cöpenick Gelegenheit/ von den alten Einwohnern dieser Orten/ und sonst der Marck Brandenburg: Dabey Das alte und neue Stamm=Register Des Chur=Brandenburgischen und Hoch-Fürstl. Braunschweig=Lüneburgischen Hauses: Zu Ehren Der Gnädigsten Herrschafft/ Bey allgemeiner Freude eines Neugebornen Erb=Printzen/ Jn unterthänigster Glückwündschung vorgestellet von JOHANNE BÖDIKERO, P. Gymn. Colon. Rectore. Berlin/ Gedruckt bey Christoff Rungen Sel. Wittwe. Berlin 1685 (1a: 126 in: Ag 923 R).

Erklährung Der Hieroglyphischen Sinn=Bilder/ Welche Dem Glorwürdigstem Käyser und Herrn/ Herrn Leopoldo I. Allezeit Mehrern des Reichs/ etc. etc. etc. Dem allergnädigstem Vater des Teutschen Vaterlandes/ Als Se. Majestät vom Türckischem Erb=Feind unterschiedliche grosse Siege erhalten/ Vestungen theils beschirmet/ theils erobert/ Feindliche Wercke zerstöhret/ u. s. w. Bey Freudenreicher Glückwündschung der Christenheit Zu allerunterthänigsten Ehren in einem Kupfferdruck 1685. herauß gegeben JOHANNES BÖDIKERUS, P. Gymn. Colon. ad Spream Rector. Cölln an der Spree/ Gedruckt bey sel. Georg Schultzens hinterlassenen Wittwen. Cölln 1685 (1a: 127 in: Ag 923 R).

IN NATALEM LXVI. SERENISSIMI PATRIÆ PATRIS, FRIDERICI WILHELMI, ELECTORIS, DOMINI NOSTRI CLEMENTISSIMI, Programma Solenne. Ex Museo Colon. Brand. 1685. JOHANNES BÖDIKERUS, P. Gymn. Colon. Rector. Cölln 1685 (1a: 11 in: Ag 923 R).

Trauren Uber eines einigen Sohnes frühzeitigen/ und Trost über desselben glückseligen Tod: Als Tit. Herr Andreas Schleich/ vornehmer Bürger und Handels=Mann in Cölln an der Spree/ sampt seiner Ehe=Liebsten Jhren einigen frommen Sohn Daniel Schleich/ Mit vielen Thränen begraben liessen/ Jn einer Abdanckungs= Rede vorgestellet d. 17. Maji/ Anno M. DC. LXXXV. Von JOHANNE BÖDIKERO, Rector Gymn. Colon. Cölln an der Spree/ Gedruckt bey sel. Georg Schultzens hinterlassener Wittwe. Cölln 1685 (1: 22 in: Ee 1613; Bödiker, 1699, I, S. 399–415).

Trost=Wage/ Bey Christlicher Leich=Begängniß (TIT.) Hn. Andreas Schleich/ Gewesenen vornehmen Bürgers und Handelsmannes allhier in Cölln/ Am Tage der Himmelfahrt Christi Den 28. Maji des 1685. Jahrs/ Dem Selig=verstorbenen zu letzten Ehren/ Der hochbetrübten Frau Wittwen/ und Leidtragenden Freundschafft zu Erleichterung Jhres Schmertzens/ Jn Einer Abdanckung Vorgestellet von JOHANNE BÖDIKERO, P. Gymn. Colon. Rectore. Cölln an der Spree/ Druckts Ulrich Liebpert/ Churfürstl. Brandenb. Hof=Buchdrucker. M. DC. LXXXVI. Cölln 1686 [?] (1: 23 in: Ee 1613; Bödiker, 1699, I, S. 415–433, mit dem richtigen Erscheinungsjahr 1685).

Nützliche Einsamkeit/ Welche (Tit.) Herr Johann Beyer/ Jn seinem Leben geliebet/ und bey seiner ansehnlichen und Christlichen Begräbniß/ 1685. zu Berlin beschrieben worden. s. l. 1685 (Bödiker, 1699, II, S. 1006–1034).

Orationes partim Eucharistice Memorabiles, partim luctusse Lamentabiles. Berlin und Frankfurt/O. 1686 (1: Xg 15286 ehem.).

MEMORIA MEMORABILIS ANNI M DC LXXXV. CUM LAMENTABILI JANUARIO NOVI ANNI CONJUNCTA ET ACTU ORATORIO Expressa: Ad quem in Gymnasii Coloniensis Auditorio Majori, habendum d. 27. Januar. hor. 8. Matut. M D CLXXXVI. Omnes Musarum Evergetas, Patronos Et Fautores Humiliter, officiose, peramanter Invitat JOHANNES BÖDIKERUS, P. Gymn. Svevo-Colon. Rector. COLONIÆ BRANDENBURGICÆ, PER ULRICUM LIEBPERTUM, PRELI IBIDEM ELECTORALIS TYPOGRAPHUM. Cölln 1686 (1a: 12 in: Ag 923 R).

Einladungsschrift zu einer Schulprogramm-Rede, für Achatius Müller [ohne Titelblatt; Programma physicum ... Valete Colon. Brand. Ex Museolo d. 24. Martii, anno 1686. Johannes Bödikerus, P. Gymn. Colon. Rector.] Cölln 1686 (1a: an 12 in: Ag 923 R).

Heim=Reise Zum himmlischen Vaterlande: Hat Ein Christlicher Jüngling/ HERR Melchior Rotaridis/ Durch einen zwar frühen/ doch sel. Tod/ am 19. Martii/ st. vet. umb 2. Uhr des Nachts/ Anno 1686. glücklich vollendet/ Nachdem er eben in sein irrdisches Vaterland Ungarn heimreisen wollen. Am Tage seiner Beerdigung den 21. Martii/ war der Sontag Judica/ vorgestellet. s. l. 1686 (Bödiker, 1699, I, S. 747–779).

Schöne Farbe Eines wahren Christen/ Beym Begräbniß Herrn Johann Becherers/ Gewesenen vornehmen Bürgers und Schön=Färbers/ Dem selig Verstorbenen zu letzten Ehren/ den Hinterbliebenen zu einigem Trost/ Jn einer Abdanckung/ Vorgestellet Jn Spandow am 27. April. 1686. von JOHANNE BÖDIKERO, P. Gymn. Colon. Rectore. Cölln an der Spree/ Druckts Ulrich Liebpert/ Churfürstl. Brandenb. Hof=Buchdrucker. Cölln 1686 (1: 25 in: Ee 1613; Bödiker, 1699, I, S. 780–800).

Musterung Aller Menschen im Tode/ Beym Frühzeitigen Absterben/ Des WolEdlen/ und Wolgelahrten/ Hr. Bernhard Friesen/ Eines geschickten Studiosi in der Rechts und Politischer Wissenschafft/ als er Anno 1686. den 13. Maji. Allhier in der Churfürstl. Brandenburg. Haupt= und Residentz=Stadt Cölln an der Spree/ Christlich zur Erden bestattet wurde. s. l. 1686 (Bödiker, 1699, II, S. 828–853).

Nöhtigste/ schwereste und nützlichste Lection des Todes/ Welche der WolEhren=Veste/ Wolgelahrte Herr David Schultze/ Wolverdienter Baccalaureus Infimus dieses Petrinischen Gymnasii zu Cölln an der Spree/ in seinem Leben wol gelernet/ und in seiner Todes=Stunde sich zu Nutz gemachet/ Anno 1686. d. 30. May. s. l. 1686 (Bödiker, 1699, II, S. 646–676).

Lob=Schrifft/ als der Hoch=Edle/ Veste/ und Hochweiser Herr/ Hr. Joachim Ernst Seidel/ Sr. Churfürstl. Durchl. zu Brandenburg Rath/ und wolverdienter Bürgermeister dieser Churfürstl. Haupt= und Residentz=Stadt Cölln an der Spree Am 6. Aug. des 1686. Jahres dieses zeitliche gesegnet/ Und am 15. Augusti in volckreicher Versammlung dessen Cörper zur Grabes=Ruh gebracht wurde/ Seinem Seligverstorbnen Herrn Patron zu schuldigen Ehren/ den hinterbliebenen Hochbetrübten zu einigem Trost auffgesetzet von Johanne Bödikero, P. Gymn. Colon. Rectore. Gedruckt/ Bey David Salfelds Wittwe. Berlin 1686 (1a: 128 in: Ag 923 R; Bödiker, 1699, I, S. 729–746).

I. N. J. Abdanckung u. Stand=Rede Bey dem Leichbegängniß FRAUEN Anna Elisab. Walterinn Des (Tit.) Hn. Philipp Westphals Wolverdientem Cantoris des Gymnasii zu Cölln an der Spree/ im Leben hertzlich geliebten/ und nun im Tode schmertzlich betrübten Eheliebsten/ am 18. August. 1686. s. l. 1686 (Bödiker, 1699, II, S. 560–587).

Weg und Zweck Einer Himmels=begierigen Seelen/ Beym Christlichem/ Standesmäßigem Begräbniß Der Weyland Hoch=Wol=Edlen/ Groß=Ehr= und Tugendreichen Frauen/ Fr. Maria Magdalena gebohrner Willmanninn/ Des Hoch=Wol=Edlen/ Groß=Achtbaren und Wolgelahrten Herrn/ Herrn Chrysostomi Brümmers/ Churf. Brandenb. hoch=wolbestalten Kriegs= und Steur=Commissarii in der Alten=Marck/ E. Hochlöbl. Landschafft daselbst und in der Prignitz Verordneten/ und Burgermeisters in Gardelegen/ Hertzliebgewesenen Hauß=Ehren/ Am 10. Octobris/ 1686. Jn einer Abdanckung Vorgestellet von JOHANNE BÖDIKERO, P. Gymn. Colon. Rectore. Cölln an der Spree/ Druckts Ulrich Liebpert/ Churf. Brand. Hof=Buchd. Cölln 1686 (1: 24 in: Ee 1613; Bödiker, 1699, I, S. 549–565).

Actus oratorius de liberata Vinconia et victoriis inde contra Osmaneos insecutis ad Budam usque expugnatam per iuventutem scholasticam anno 1686 exhibitus. Schulactus Cölln 1686 (Gudopp, 1900, S. 12, 1902, S. 10f.).

Einladungsschrift zu einer Schulprogramm-Rede, für Johannes Schmid [ohne Titelblatt; Programma labores sudoresque ... ad horam IX. Diei Martialis XXII. invito Coloniæ Brandenb. d. 21. Mart. 1687. Ex Museolo Johannes Bödikerus, P. Gymn. Colon. Rector.] Cölln 1687 (1a: 14 in: Ag 923 R).

Einladungsschrift zu einer Schulprogramm-Rede, für Wilhelm Prillwitz [ohne Titelblatt; ... Coloniæ Brandenb. d. 17. Mart. 1687. Ex Museolo Johannes Bödikerus, P. Gymn. Colon. Rector.] Cölln 1687 (1a: 13 in: Ag 923 R).

AD ETHOPOEIAS PASCHALES, Quas ACTU ORATORIO VERBIS IMITATORIIS, Quid Ipso nempe die Resurrectionis dicere potuerint Christi tum amici tum inimici, Gymnasii nostri quidam Cives DIE I. APRILIS M.DC.LXXXVII. repræsentabunt, Omnes Musarum Patronos, Moecenates ac Fautores humillimè, obsequiosissimè, amantissimè INVITAT JOHANNES BÖDIKERUS, P. Gymnasii Colon. Rector. Coloniæ Brandenburgicæ, PER ULRICUM LIEBPERTUM, ELECT. TYPOGR. Cölln 1687 (1a: 15 in: Ag 923 R).

Vollkommene Gesundheit Der seligen Ewigkeit Hat nach Christl. Absterben erlanget Die Weyland Hoch=Wol=Edle u. s. w. Frau/ Frau Eva Justina/ gebohrne Elßholtzinn/ Des Hoch=Wol=Edlen u. s. w. Herrn Hn. Diederich Dickhafs Churfürstl. Brandenb. wie auch bey Sr. Chur=Printzl. Durchl. wolbestallten Secretarii gewesener Ehe=Schatz/ am 27. Maji 1687. s. l. 1687 (Bödiker, 1699, I, S. 896–924).

Krieges= u. Sieges=Palmen der zarten Kinder/ Als (Tit.) HERR Lucas Heinr. Thering/ Wohlverdienter Diaconus an der St. Peters Kirchen zu Cölln an der Spree/ Sein liebwerthes Töchterlein/ Dorothea Sophia/ Anno 1687. am Palm Sontage/ beerdigen ließ/ vorgestellet. s. l. 1687 (Bödiker, 1699, II, S. 329–344).

Einladungsschrift zu einer Schulprogramm-Rede [ohne Titelblatt; Programma historicum de incrementis jurisprudentiæ … adeste frequentes die 11. Julii, horâ octavâ matutina, & iuvenum horum conatus adiuvate. Coloniæ Brandenb. d. 9. Julii 1687. Invitat æger Johannes Bödikerus, P. Gymn. Col. Rector.] Cölln 1687 (1a: 16 in: Ag 923 R).

Geistliches Müntz= und Schau=Bild/ Bey Christlicher ansehnlicher Leich=Bestattung/ Der nunmehr wolseligen Frauen/ Armgard Margaretha/ gebohrner Dehninn/ (Tit.) Herrn Christoph Strickers/ Churfürstl. Brandenb. Müntz=Guardins/ Hertzliebgewesener Haus=Ehren/ Jn einer Abdanckung an Cölln am 28. August. 1687. Zum Gedächtniß der GOtt=geliebten Seelen/ und zum Trost der Hochbetrübten Vorgestellet von JOHANNE BÖDIKERO, P. Gymn. Colon. Rectore. Cölln an der Spree/ Druckts Ulrich Liebpert/ Churfürstl. Brandenb. Hof=Buchdrucker. Cölln 1687 (1: 26 in: Ee 1613; Bödiker, 1699, I, S. 801–822).

Letzte Ehren=Abstattung/ Welche Der Edlen/ Viel=Ehr= und Tugendreichen Frauen Armgard Margaretha Dehninn/ Des Edlen/ Wohl=Ehrenvesten/ Vor=Achtbarn und Wohlbenahmten Hn. Christoph Strikkers/ Churfürstl. Brandenb. Müntz=Guardeins/ Bey Dero Christ=gebräuchlicher Beerdigung/ Am XIV. Trinit. war der 28. Aug. 1687. Abgestattet wurde. Cölln an der Spree/ Druckts Ulrich Liebpert/ Churf. Brandenb. Hoff=Buchdr. Cölln 1687 (1a: 77 in: Ag 923 R).

CASTRUM DOLORIS, IN OBITUM Serenissimi Principis ac Domini, DNI. LUDOVICI, Marchionis Brandenburgici, In Prussia, Magdeburgi, Juliæ, Cliviæ, Montium, Stetini, Pomeranorum, Cassubiorum, Vandalorum, &c. nec non in Birsa, Dubinski, Sluccia, & Copyli, DUCIS; &c. &c. &c. Nunc piæ ac desideratissimæ memoriæ; Postquam Exuviis ultimi honores deferrentur D. XXVII. April. Anno M DC LXXXVII. ELEGIÆ LAMENTIS humillimè erectum â JOHANNE BÖDIKERO, P. Gymn. Svevo-Colon. Rectore. In: Klag= und Trost=Schrifften/ Wie auch Die Leich= und andere Trost Predigten Welche gehalten Worden/ Auff den frühzeitigen/ jedoch höchst=seeligen Abscheid Des Weyland Durchlauchtigsten Fürsten und Herrn/ Herrn Ludwig/ Marggraffens zu Brandenburg/ in Preussen/ zu Magdeburg/ Jülich/ Cleve/ Berge/ Stettin/ Pommern/ der Cassuben und Wenden/ auch in Schlesien zu Crossen und Schwiebus Hertzogen/ Burggrafen zu Nürnberg/ Fürsten zu Halberstadt/ Minden und Cammin/ Graffen zu Hohen=Zollern/ der Marck und Ravensberg/ Herrn zu Ravenstein/ und der Lande Lauenburg und Bütow/ etc. Der im Jahre 1687. den 28. Martiis/ 7. Aprilis am andern Oster=Tage/ umb 1 Uhr Nachmittage/ im zwantzigsten Jahre und Neunden Monden seines Alters/ zu Potsdam/ auff dem Churfürstl. Schlosse/ seelig im Herrn entschlaffen Und Dessen Hochfürstl. Körper In eben dem Jahre am 27. Aprilis/ 7. Maii Mittwochs nach dem Sonntage Cantate in der Churfürstl. Schloß= und Thum=Kirchen zu Cölln an der Spree Mit Hochfürstlichen Solennitäten in das Erb-Begräbniß ist beygesetzet worden. Cölln an der Spree/ Druckts Ulrich Liebpert/ Churfürstl. Brandenb. Hoff=Buchdr. Cölln 1687 (1: 11 in: St 7100a).

Helden=Teppich/ Bey Glück=wündschender Freude der glückseligsten Heimfahrt Sr. Hoch=Fürstl. Durchl. Herrn Carl/ Hertzogen zu Mecklenburg/ etc. etc. etc. Und Jhr Hoch=Fürstl. Durchl. Princessin Maria Amelia/ Marggräffinn zu Brandenburg/ etc. etc. Mit kurtzer Beschreibung Der Durchl. Ahnen Des Hoch=Fürstl. Alten Hauses zu Mecklenburg/ Jm Jahr 1687. Zu unterthänigsten Ehren ausgebreitet von JOHANNE BÖDIKERO, P. Gymn. Svevo-Colon. Rectore. Cölln an der Spree/ Druckts Ulrich Liebpert/ Churfl. Brand. Hoff=Buchdr. Cölln 1687 (1a: 76 in: Ag 923 R).

Ehren=Gedächtniß Deß Hoch=Edlen/ Groß=Achtbaren/ Hochgelahrt= und Hocherfahrnen Herrn/ Herrn Johann Sigismund Elßholtz/ Med. Doct. und Churfürstl. Brandenb. Hoff=Medici, Als derselbe den Lauff eines guten Medici glücklich und seelig vollendet/ Bey seiner Christ= und Standesmäßigen Leich=Bestattung/ am 4. Martii 1688. in Cölln an der Spree/ Dem seel. Herrn D. zu gutem Andencken/ den Leydtragenden zu einigem Trost/ Jn einer Abdanckungs=Rede/ Vorgestellet von JOHANNE BÖDIKERO, P. Gymn. Colon. Rectore. Cölln an der Spree/ Druckts Ulrich Liebpert/ Churfürstl. Brandenb. Hof=Buchdrucker. Cölln 1688 (1a: 1 in: At 1941; 14: H. Germ. biogr. 60, 120; Bödiker, 1699, I, S. 876–895).

Landes-Freude Nach dem Leide/ Als Nach betrübtem/ iedoch hochseeligsten Hintrit aus dieser Sterbligkeit Des Durchlauchtigsten/ Großmächtigsten Fürsten und Herren/ Herren Friedrich Wilhelm/ Marggraffens Und Chur-Fürstens zu Brandenburg/ in Preussen/ zu Magdeburg/ Jülich/ Cleve/ Berge/ Stettin/ Pommern/ der Cassuben und Wenden/ auch in Schlesien/ Crossen und Schwibus Hertzogs/ Grafens zu Hohen Zollern/ Burggraffens zu Nürnberg/ Fürstens zu Halberstadt/ Minden und Cammin/ Graffens zu der Marck und Ravensberg/ Herrens zu Ravenstein/ und der Lande Lauenburg und Bütow/ etc. Der Durchlauchtigster/ Großmächtigster Fürst und Herr/ Herr Friderich der Dritte/ Marggraff und Churfürst zu Brandenburg etc. etc. etc. Die Regierung glücklich angetreten/ Und von der Chur= und Marck Brandenburg/ am 14. Junij 1688. Die Huldigung Höchst feyerlich angenommen/ Zu unterthänigsten Ehren und demüthigsten Glück=Wünschung Vorgestellet Von JOHANNE BÖDIKERO, P. Rect. Gymn. Colon. Berlin/ Gedruckt bey Salfeldischer Witwen. Berlin 1688 (1a: Yi 9053; 1a: 78 in: Ag 923 R; 14: H. Boruss. 28, 23).

ACTUS TRAGICUS, De Obitu & Exequiis Potentissimi Principis Augusti NESTORIS, &c. &c. &c. à Juventute Gymnasii Svevo-Coloniensis, In Curia Coloniensi, die 18. et 19. Septembris ANNI M.DC.LXXXVIII. Repræsentandus, Auctore atque Invitatore JOHANNE BÖDIKERO, P. Gymn. Colon. Rectore. COLONIÆ AD SPREAM, PER ULRICUM LIEBPERTUM, ELECT. TYPOGRAPH. Schulactus Cölln 1688 (1a: 18 in: Ag 923 R; Gudopp, 1900, S. 12).

Glück/ Dem Durchlauchtigsten/ Großmächtigsten Fürsten und Herrn/ Herrn Friderico III. Marggraffen und Churfürsten zu Brandenburg/ etc. etc. etc. Unserm gnädigsten Churfürsten und Landes=Vater/ Und Der Durchlauchtigsten Fürstinn und Frauen/ Frauen Sophia Charlotta/ Churfürstinn zu Brandenburg/ gebohrnen Hertzoginn zu Braunschweig und Lüneburg/ etc. etc. etc. Unser gnädigsten Churfürstinn und Landes= Mutter/ Zum Neugebohrnen Churprintzen! Welche allgemeine Landes=Freude Am 12. August. 1688. Mit unterthänigster Heylwündschung besinget Johannes Bödikerus, P. Gymn. Colon. Rector. Cölln an der Spree/ Druckts Ulrich Liebpert/ Churf. Brand. Hof=Buchdr. Cölln 1688 (1a: 79 in: Ag 923 R).

Die Schule einer frommen Christinn/ in der Creutzes Gewohnung und Creutzes Belohnung/ beym Christlichen Begräbniß/ Der Seligen Frauen/ Maria Wellin/ gebohr. Wediginn/ (Tit.) Sel. HERRN/ Sebastian Wellens/ Wolverdienten Con=Rectoris am Cöllnischen Gymnasio/ hinterlassenen Wittwen/ A. C. 1688. den 9. Sept. betrachtet. s. l. 1688 (Bödiker, 1699, II, S. 511–539).

Tugend=Schmuck/ An dem Leben und Tode Der Tit. Frauen Benignen Lissowin/ Tit. Herrn Rudolph Naffzers/ Weyland vornehmen Kauff= und Handelsmanns/ wie auch Rahts=Verwandten in Cölln an der Spree/ Hinterlassenen Wittwen/ Bey ihrem ansehnlichen Leich=Begängnüß/ Am 28. Octobr. 1688. Der Seel. Frauen zu letzten Ehren/ den Leydtragenden zu einigem Trost/ mit der Feder etwas entworffen/ von Des Cöllnischen Gymnasii Lehrern. Cölln an der Spree/ Druckts Ulrich Liebpert/ Churfl. Brandenb. Hoff=Buchdr. Cölln 1688 (1a: 80 in: Ag 923 R; 109: Slg. GK: Sch 1/100).

Bild der Liebe/ Als Des Hoch=Edlen und Vesten Hrn. Johann Bessers/ Churfürstl. Brandenburg. Hoff=Legations- und Magdeburgischen Regierungs=Rahts Hertzgeliebte Eheliebste (Tit.) Fr. Catharin. Elisabeth gebohrne Kühlweininn/ Nach schmertzlichem doch seligem Todes=Fall samt ihrem Neugebohrnem Kinde/ mit einer Standesmäßigen Leich=Bestattung geehret wurde/ am 17. Decembr. 1688. s. l. 1688 (Bödiker, 1699, I, S. 832–856).

Uberwindung und Triumphirung eines lieben Kindes/ Als der Hoch=Ehrwürdige/ Groß=Achtbare und Hochgelahrte HERR Hr. Frantz Julius Lütkens/ Churfürstl. Brandenburg. Consistorial=Raht und Probst an der St. Peters Kirchen in Cölln an der Spree/ sein liebes Töchterlein Maria Elisabeth/ 1688. beerdigen ließ. s. l. 1688 (Bödiker, 1699, II, S. 289–307).

Der Schulen schwere Arbeit/ und Der himml. Belohnung Herrligkeit/ Bey Des WolEdlen und Wohlgelahrten/ HERRN Joh. Georg Piperts/ Wolverdienten Baccalaurii Superioris an dem Gymnasio zu Cölln an der Spree/ Christlicher Leichbestattung und Beysetzung/ Anno 1688. Zu Ehren seinem Hochgeehrten und hertzgeliebten Herrn Collegen/ und zum Trost der schmertzlich betrübten Frau Wittwen betrachtet. s. l. 1688 (Bödiker, 1699, II, S. 588–623; »Sinnbild«, S. 623).

Stadt=Gottes in welcher eingangen/ Der (Tit.) HERR Hermann Zimmermann/ Vornehmer Kauf= und Handels=Mann wie auch Stadtverodneter in der Churf. Brandenb. Residentz=Stadt Cölln an der Spree. Am Tage seiner Christl. Begräbniß. Anno 1689. d. 17. Febr. s. l. 1689 (Bödiker, 1699, II, S. 1065–1092).

Ehren=Bette/ Der Christlichen Gebehrerinn/ Die bey oder nach der Geburt stirbet/ Als der Wol=Edle etc. Herr Christian Schechtken/ Churf. Brandenb. Ambts=Cammer= und Müntz=Secretarius/ Seine hertzgeliebte Eheliebste Frau Marien Loysen/ gebohrne Küsewetterinn/ Durch solchen betrübten doch seeligen Fall verlohren/ Bey dero Begräbniß d. 18. Feb. 1689. Jn einer Stand=Rede und Abdankung beschrieben von JOHANNE BÖDIKERO, P. Gymn. Colon. Rectore. Cölln an der Spree/Druckts Ulrich Liebpert/ Churf. Br. Hof=B. Cölln 1689 (1: 27 in: Ee 1613; Bödiker, 1699, I, S. 313–342).

Glückseliger Todt in der Kirchen angekündiget/ Bey Beerdigung Fr. Elisabeth Schultzin Sel. HERRN Eugenius Osterhelds/ Weiland vornehmen Bürgers und Apothekers nachgelassenen Wittwe/ d. 24. Martii 1689. betrachtet. s. l. 1689 (Bödiker, 1699, I, S. 566–596).

Zeitiger und seliger Verlust seiner Augenlust/ den GOtt selbst genommen/ als Die Ehr= und Tugendsame Frau FRAU Maria/ geb. Schmiedinn/ Des Wol=Ehrenvesten und Wolgelahrten/ Hr. Georg Schultzens/ Treufleißigen Baccalaurei inferioris, Des Petrinischen Gymnasii/ zu Cölln an der Spree/ Ehe=Liebste/ Anno 1689. d. 9. Juni Christlich zur Erden bestattet wurde/ betrachtet. s. l. 1689 (Bödiker, 1699, II, S. 624–645).

Der Christliche Kauffmann/ Bey Dem Leichbegängniß Herrn Gustavus Cassel/ Weyland vornehmen Bürgers und Handelsmanns in Berlin Am 14. Julii 1689. Dem selig Verstorbenen zu gutem Nachruhm/ der hochbetrübten Frau Wittwen aber und sämtlichen Leidtragenden zu einigem Trost Vorgestellet Von JOHANNE BÖDIKERO, P. Gymn. Colon. Rectore. Cölln an der Spree/ Druckts Ulrich Liebpert/ Churf. Brandenb. Hof=Buchdr. Cölln 1689 (1: 28 in: Ee 1613; Bödiker, 1699, I, S. 1035–1049).

Ehren=Schrift/ Herrn Gustavus Cassel/ Kauff= Und Handelsmann in Cölln/ Nunmehr Seeligem Zu gutem Gedächtniß zusammen getragen/ Und Bey Seiner Christlichen Leich=Begängniß Am 14. Julii 1689, Den Leydtragenden zum Trost Ubergeben Von Des Cöllnischen Gymnasii Lehrern. Cölln an der Spree/ Druckts Ulrich Liebpert/ Churf. Brandenb. Hof=Buchdr. Cölln 1689 (1a: 81 in: Ag 923 R).

Die GOTT wolgefällige Seele eines unvergleichlichen Knaben/ Johann Friderich Besser/ Welchen Der Churfl. Brandenb. Hof=Raht u. s. w. Herr Johann Besser/ Jn seinem Wittwenstande verlohren/ Am 21. Julii 1689. Jn einer Stand=Rede und Abdankung Zum Trost vorgestellet von Johanne Bödikero, P. Gymn. Colon. Rectore. Cölln an der Spree/ Druckts Ulrich Liebpert/ Churf. Brand. Hof=Buchd. Cölln 1689 (1: 29 in: Ee 1613; Bödiker, 1699, I, S. 862–875).

Der klagende Und Getröstete Rhein/ Jn einer Schul=Übung Von der Jugend des Cöllnischen Gymnasiums Vorzustellen Am 31. Julii 1689. Von 8. Uhr des Morgens/ Dazu/ Alle hochgebietende/ Hoch= und Wolgeehrte Herren Patronen/ Gönner und Schul=Freunde gebührend einladet JOHANNES BÖDIKERUS, P. Gymnasii Colon. Rector. Cölln an der Spree/ Druckts Ulrich Liebpert/ Churfl. Brandenb. Hof=Buchdr. Schulactus Colln 1689 (1a: 19 in: Ag 923 R; Gudopp, 1900, S. 12, 1902, S. 11f.).

SYMPATHIA LACRIMABILIS dum Uxori Clarissimæ b. m. MARIÆ EHRENTRAUT NICOLAI. Vir Admodum Reverendus & Clarissimus Dn. JOAN. SCHINDLERUS, ad D. Nicol. Ecclesiastes, justa faceret Berolini, Die 2. Octob. Anno M.DC.LXXXIX. Exhibita A GYMNASII COLONIENSIS Collegis quibusdam. Typis Roberti Roger, Typogr. & Bibliopol. Elect. Brand. Cölln 1689 (109: Slg. GK: Sch 1/103; 1a: 94 in: Ag 923 R).

Frohlockende Glückwündschung Sr. Churf. Durchl. zu Brandenburg Herrn Friderich den Dritten/ Dem gnädigsten Landes-Vater Bey Glücklicher und Siegreicher Wiederkunft zu dero Haupt-und Sitz-Stadt/ d. 7. Nov. 1689. Unterthänigst angestattet Von Johanne Bödikero, P. Gymn. Colon. Rectore. Cölln an der Spree/ Druckts Ulrich Liebpert Churf. Brandenburg. Hof-Buchdr. Cölln 1689 (14: H. Boruss. 28, 55).

Artzney der Liebe/ Welche Bey dem hochzeitlichen Ehren=Fest Des Hoch=Edlen/ Vesten und Hochgelahrten Hn. GEORGII CONRADI Wolffs/ Medicinæ Doctoris, Churfürstl. Brandenb. Hof=Medici und Practici, auch des Stiffts SS. Petri & Paul in Magdeburg Canonici Mit der Hoch-Edlen und Tugendbegabten Frauen LOUYSA MARIA Des Weyland Wol=Edlen/ Vest= und Hochgelahrten Hn. JUSTI VALENTINI Weilers/ Gewesenen Churfürstl. Brandenb. Hof= und Cammer Gerichts=Advocati Hinterlassenen Frau Wittwen/ Den 11. Novemb. dieses 1689. Jahres Jhrer Schuldigkeit gemäß vorzustellen sich bemüheten Nachgesetzte. Cölln an der Spree/ Druckts Ulrich Liebpert/ Churf. Brandenb. Hof=Buchdr. Cölln 1689 (1a: 82 in: Ag 923 R).

AFFECTUUM DOCTRINA ACTU ORATORIO. PER EXEMPLA HISTORIARUM ET POEMATUM ILLUSTRIA, à JUVENTUTE GYMNASII COLONIENSIS IN AUDITORIO PRIMO, D. V. D. 14. Novembr. Anno 1689. repræsentabitur. AUTORE atque INVITATORE JOHANNE BÖDIKERO, P. Gymn. Coloniens. Rectore. COLONIÆ AD SPREAM. TYPIS ULRICI LIEBPERTI, ELECT. BRAND. TYPOGRAPHI. Cölln 1689 (1a: 17 in: Ag 923 R).

Die beste Kunst selig zu sterben/ von Friederich Goetschen/ Anclam. Pomeran. Des Gymnasii zu Cölln an der Spree Alumnio, Bey Zeit erlernet: Welche Dem nunmehr Sel. zu letzten Ehren/ dem hochbetrübten Herrn Vater und leydtragenden Anverwandten zu einigem Trost Jn einer Abdanckung am 8. Decembr. 1689. vorgestellet JOHANNES BÖDIKERUS, P. Gymn. Svevo-Colon. Rector. Greiffswald/ Gedruckt bey Daniel Benjamin Starcken/ Königl. Acad. Buchdrucker. Greifswald 1689 (1: 29a in: Ee 1613; Bödiker, 1699, II, S. 256–271).

Testimonium OPTIMO DISCIPULO, JUVENI ORNATISSIMO, Friderico Goetschio Anclam. Pomeran. Non ad Academiam, sed heu dolor! ad urnam abeunti d. 8. Decembr. 1689. manantibus lacrimis exaratum à Gymnasii Svevo-Coloniensis Præceptoribus. COLONIÆ BRANDENBURGICÆ, Typis ULRICI LIEBPERTI, Elect. Brand. Typogr. Cölln 1689 (1a: 95 in: Ag 923 R).

PARENTATIO, in honorem Nobilissimi, Dn. FRIDERICI GOETSCHII, Anclam Pomerani, Juvenis singularii industriâ, pietate, & virtute præditi, Musarum Coloniensium Præfecti dignissimi, & Gymnasii nostri Petrini Alumni diligentissimi, Anno 1689. d. 12. Decembr. elaborata & habita. s. l. 1689 (Bödiker, 1699, II, S. 272–289).

Grund=Sätze Der Deutschen Sprachen im Reden und Schreiben/ Samt einem Bericht vom rechten Gebrauch Der Vorwörter/ Der studierenden Jugend und allen Deutschliebenden zum Besten Vorgestellet. Cölln an der Spree 1690. (1: Y 4071 ehem.; Diedrichs, 1983, S. 30; Küster/Müller, 1752, II, S. 975); weitere Auflagen und Bearbeitungen: Grund=Sätze Der Deutschen Sprachen Im Reden und Schreiben/ Samt einem Bericht vom rechten Gebrauch der Vorwörter/ Der studierenden Jugend und allen Deutschliebenden zum besten vorgestellet. Berlin 1698 (Diedrichs, 1983, S. 30); Neu=vermehrte Grund=Sätze Der Deutschen Sprachen im Reden und Schreiben/ Samt einem ausführlichen Bericht vom rechten Gebrauch der Vorwörter/ Der studierenden Jugend und allen Deutsch= liebenden zum besten vorgestellet. Berlin 1701 (23: Ko 169; Deutsche Drucke des Barock HAB, 1982, B 1505; Diedrichs, 1983, S. 30; Neu=vermehrte Grund=Sätze Der Deutschen Sprachen Jm Reden und Schreiben/ Samt einem ausführlichen Bericht vom rechten Gebrauch Der Vorwörter/ Der studierenden Jugend und allen Deutsch=liebenden zum besten vorgestellet. Berlin 1709 (Diedrichs, 1983, S. 30); auch an: Hamilton, Jakob Immanuel: Allerleichteste Arth der Teutschen Rede=Kunst ... Leipzig 1712; Joh. Bödikeri Grund=Sätze der Teutschen Sprache Meistens mit Ganz andern Anmerkungen und einem völligern Register der Wörter, die in der Teutschen Übersetzung der Bibel einige Erläuterung erfodern Auch zum Anhange mit einem Entwurff und Muster eines Teutschen Haupt= Wörter=Buchs Verbessert und vermehrt von Joh. Leonh. Frisch. Berlin 1723 (Diedrichs, 1983, S. 30); Joh. Bödikeri Grund=Sätze der Teutschen Sprache Meistens mit Ganz andern Anmerkungen und einem völligen Register der Wörter/ die in der Teutschen Ubersetzung der Bibel einige Erläuterung erfodern Auch zum Anhange mit einem Entwurff und Muster eines Teutschen Haupt=Wörter=Buchs Verbessert und vermehrt von Joh. Leonh. Frisch. Berlin 1729 (Diedrichs, 1983, S. 30); Johann Bödikers Grundsäze der Teutschen Sprache Mit Dessen eigenen und Johann Leonhard Frischens vollständigen Anmerkungen Durch neue Zusäze vermehrt von Johann Jacob Wippel, nebst nöthigen Registern. Berlin 1746 (Diedrichs, 1983, S. 30; Fotomechan. Neudruck Leipzig 1977, 1a: 382953).

Klage über einen einigen Sohn/ Als Herr Joh. Caspar Peutzer/ Weyland Bürger und wolerfahrner Apotheker in Cölln an der Spree/ frühzeitig doch seelig dahin gestorben/ Bey dessen Begräbniß dem seel. zu letzten Ehren/ Der hochbetrübten Frau Mutter in ihrem einsamen Wittwen=Stande/ zu einigem Trost Am 23. Hornung. 1690. Vorgestellet von JOHANNE BÖDIKERO, P. Gymn. Colon. Rectore. Cölln an der Spree/ Gedruckt bey Ulrich Liebpert/ Churf. Brandenb. Hof=Buchdr. Cölln 1690 (1: 30 in: Ee 1613; Bödiker, 1699, I, S. 941–955).

Rosenbaum der Gottseligkeit/ beym Christlichen Leich=Begängniß Der Woledlen etc. nunmehr seligen Frauen/ Fr. Catharina Ursula Rhoden/ Tit. Herrn Johann Daniel Brombergs/ Churfürstl. Brandenb. Wolbestalten Steur=Directoris in diesen Residentzien/ Hertzgeliebten Eheliebsten/ Der sel. Frauen zu verdientem Nachruhm/ dem Herrn Wittwer und sämmtlichen Leidtragenden zu einigem Trost in einer Abdanckung am 28. Febr. 1690. vorgestellet von Johanne Bödikero, P. Gymn. Colon. Rectore. s. l. 1690 (1: 31 in: Ee 1613; Bödiker, 1699, II, S. 396–415, mit anderem Namen des Witwers: Johann David Bromberg).

Grabmal/ Der Wol=Edlen/ Christlich=Tugendreichen Frauen/ Frauen Cathar. Ursula Rhoden/ Tit. Herrn Joh. Daniel Bromberg/ Churfürstl. Brandenb. wolbestallten Steuer=Directoris in allen Residentien/ Gewesener hertzgeliebten Eheliebsten/ Am 28. Februar. 1690. Von Den Cöllnischen Musen aufgerichtet. Cölln an der Spree/ Druckts Ulrich Liebpert/ Churfürstl. Brandenb. Hof=Buchdr. Cölln 1690 (1a: 83 in: Ag 923 R).

Brennus Jrenarchus Eilet/ Nach empfangener Erb=Verbindung der hochschätzbaren Pruttenien/ zu Felde. Solches Wird durch die studirende Jugend des Cöllnischen Gymnasiums/ Jn einem Redner=Aufzuge/ Am 4. Julius 1690. früh von 8. Uhren Mit unterthänigster Glück=Wündschung Vorgestellet Von JOHANNE BÖDIKERO, P. Gymn. Colon. Rectore. Cölln an der Spree/ Druckts Ulrich Liebpert/ Churf. Brandenb. Hof=Buchdr. Schulactus Cölln 1690 (1a: 20 in: Ag 923 R; Gudopp, 1900, S. 12).

Die geliebte und belobte Jungfrauschaft/ Bey Christlicher Beerdigung Der WolEdlen/ Ehr= und Tugendreichen JUNGFER/ Sophia Jungclaßinn/ (Tit.) HERRN D. Joach. Jungclaß/ Rahts und Cantzlers zu Mecklenburg nachgelassener Jungf. Tochter d. 9. Juli 1690. vorgestellet. s. l. 1690 (Bödiker, 1699, II, S. 1035 bis 1048).

Ehren=Krantz/ Nach selig vollendetem Lauffe/ (Tit.) Hrn. Carolus Döring/ Bey Jhro Churfürstl. Durchl. unsrer gnädigsten Churfürstinn und Landes=Mutter wolbestalt gewesenen Pagen=Hofmeister und Cammerdiener/ nunmehr im Himmel aufgesetzt/ am 13. Julii 1690. vorgestellet. s. l. 1690 (Bödiker, 1699, I, S. 963–988).

Trost Wieder Schrecken alles Unfalls/ sonderlich des Todes/ Beym Christlichen Begräbniß Der Ehr= und Tugendreichen Frauen/ Frauen Rosinen/ gebohrnen Puhlmeyerinn/ Hr. David Burckhards/ Vornehmen Kauf= und Handelsmanns allhier in Cölln an der Spree/ gewesenen Ehe=Liebsten/ Am 20. Nov. 1690. in einer Abdanckung vorgestellet. s. l. 1690 (Bödiker, 1699, II, S. 437–457).

In insignia ... Johannio à Besser, Consiliarii Elector. Brandenburgici ..., à ... Friderico III. ... Electore etc. Prussiae Duce supremo ... cum ipso Nobilitatis honore collata, gratulatorium hoc Càrmen cum voto novi anni ... obtulit m. Januar. 1691. Cölln 1691 (1: 27 in: Tc 86 ehem.; Küster/ Müller, 1752, II, S. 976).

ΠΑΝ Ο ΜΕΓΑΣ ΤΕΘΝΗΚΕ. MAGNUS PAN OBIIT. (Bl. 2v:) Cum luctuosa fama, Thamus infelix, d. 31. Decembr. 1690. nuntiaret, Illustrißimum atqve Excellentißimum DOMINUM, DN. JOACIM. ERNEST. DE GROMKAU, Serenissimi & Potent. Electoris Brandenb. Ministrum præcipuum & meritis gravem, Consiliarium Status Intimum, Generalem Belli Commissarium, Supremum aulæ Mareschallum, &c. &c. In itinere Belgico, proh dolor! obiisse, Tum inter silentium triste torpentium animorum, & eruptura mox lamenta ploratusqve, illo ipso die hæc efflevit & Calend. Januar. 1691. typis commisit JOHANNES BÖDIKERUS, P. Gymn. Svevo-Colon. Rector. s. l. 1691 (1a: 96 in: Ag 923 R).

Der Hoch=Wolgebohrne Herr ... Joachim Ernst von Grumbkow, Churfürstl. Brandenb. ... geh. Staats= und Krieges=Rath ... wird nach seinem Todes=Fall ... mit einem Klag=Gedicht ... im Namen der Cöllnischen Musen ... geehret. Cölln 1691 (1: an Su 1712 ehem.; 1: an 18 in: Su 26 ehem.).

Abdanckung/ bey frühzeitigen Absterben/ Samuel Jacob Lubens Des (Tit.) HERRN Christian Frid. Lubens Churfürstlichen Brandenburgischen Cammerschreibers einiges Söhnleins Denen betrübten Eltern und Gros-Eltern zu einigen Trost gehalten 1691. den 11. Jan. s. l. 1691 (Bödiker, 1699, II, S. 980–1005).

Das Glückselige Alter/ Als (Tit.) HERR Christian Weidner/ Churfürstl. Brand. Wolverdienter ältester Kriegs= Cantzley Secretarius/ etc. in Volckreicher Begleitung d. 1. Febr. 1691. zu sein Ruhkämmerlein gebracht ward/ dem selig Verstorbenen zum wolverdienten Nachruhm/ der Hochbetrübten Frau Wittwen/ lieben Kindern und andern nahen Anverwandten zu einigem Trost/ in einer Stand=Rede und Abdanckung betrachtet. s. l. 1691 (Bödiker, 1699, II, S. 746–779).

COLLEGÆ MEMORIA, Cum Plurimum Reverendus, Clarissimus et Doctissimus DN. M. JOHANNES PAMBO, Fürstenvvaldensis Ecclesiæ Pastor & Inspector/ Auspicatis nuptiis duceret Lectissimam Virginem virtutibusqve ornatissimam ANNAM DRESLERIANAM, Tit. DN. M. BERNHARDI Dreßlers/ Inspectoris ibidem benemeriti, & nunc emeriti Filiam, Die XVII. Februarii M.DC.XCI. Quibusdam Gynasii Col. Præceptoribus Conservata. BEROLINI, Typis B. Salfeldii. Berlin 1691 (1a: 87 in: Ag 923 R).

Geehrter Stadt=Vater/ Wird Zu Ehren Dem Wol=Edlen etc. Herrn Heinrich Julius Brandes/ Weyland Churfürstl. Brandenb. wolbestaltgewesenen Hof=Küch=Schreiber und Fisch=Meister/ auch wolverdienten Mit= Bürgermeister dieser Haupt= und Residentz=Stadt Cölln/ Nunmehr Seeligem/ Den hinterbliebenen hochbetrübten aber zu einigem Trost/ bey dessen Volckreichen Leich=Bestattung Am 22. Februarii 1691. Jn einer Abdanckung Beschrieben von JOHANNE BÖDIKERO, P. Gymn. Colon. Rectore. s. l. 1691 (1: 32 in: Ee 1613; Bödiker, 1699, II, S. 699–721).

ECLOGA, De MAGNO PASTORUM CONVENTU, SERENISSIMO ATQVE POTENTISSIMO ELECTORI BRANDENBURGICO, FRIDERICO III. &c. &c. &c. Patri Patriæ pio, forti, felici, Insignium jam tum palmarum Victori, Hostium Terrori, Germaniæ Vindici, Libertatis Restauratori, Sociorum Defensori, Futuræ pacis Fundatori, DOMINO suo Clementissimo, humillimè dicata Mense Februar. A. M DCXCI. á JOHANNE BÖDIKERO, P. Gymn. Svevo–Colon. Rectore. COLONIÆ BRANDENBURGICÆ, IMPRIMEBAT ULRICUS LIEBPERTUS, ELECTORAL. TYPOGR. Cölln 1691 (1a: 88 in: Ag 923 R; 14: H. Boruss. 28, 75).

Klage eines Wehmütigen Wittwers/ Als Der HochEdle/ Veste u. Hochgelahrte HERR Friderich Wippermann/ Sr. Hochfürstl. Durchl. des Herrn Landgrafen von Hessen/ etc. Hoff=Raht/ Seine hertzgeliebte Eheliebste/ Frau Loysa Maria/ gebohrne Krausinn/ Durch einen frühzeitigen und schmertzhafften/ doch seligen Tod verlohren/ und den Cörper standes=mäßig beysetzen ließ/ den 12. Martii. 1691. vorgestellet/ und mit einigen Trost beantwortet. s. l. 1691 (Bödiker, 1699, II, S. 345–368).

Treue Brüderschaft JEsu/ Bey Christlichem Gedächtniß Herrn Antonius Schäfers/ Weiland vornehmen Bürgers und Handelsmanns in Berlin/ Am 13. April. 1691. Denen hochbetrübten Hinterbliebenen/ der Frau Wittwen/ den Kindern und Herren Brüdern zu Trost Jn einer Abdanckung betrachtet Von JOHANNE BÖDIKERO, P. Gymn. Colon. Rectore. Cölln an der Spree/ Druckts Ulrich Liebpert Churfürstl. Brandenb. Hoff=Buchdrucker. Cölln 1691 (1a: 7 in: Bd 8557; 1: 33 in: Ee 1613; Bödiker, 1699, I, S. 956–963, falsche Seitenzählung, tatsächlich 19 S.).

Christliche Tugend=Sonne/ Bey Standesmäßigem Leich=Begängniß Der sel. Frauen/ TIT. Frau Loysa Maria Rhewendts/ TIT. Herrn Georg Conrad Wolffs/ Medicinæ Doctoris, Churfürstl. Brandenb. Hof=Medici und Practici, Gewesenen Hertzgeliebtesten Eheliebsten/ Jn Cölln an der Spree/ den 21. Julii 1691. Zum Trost der Betrübten betrachtet Von JOHANNE BÖDIKERO, P. Gymn. Colon. Rectore. Cölln 1691 (1: 34 in: Ee 1613; Bödiker, 1699, I, S. 925–940).

Als Die Weyland Hoch=Edle/ Groß=Ehr= und Viel=Tugendreiche Frau/ Frau Loysa Maria/ gebohrne Rhewendtin/ Des Hoch=Edlen/ Vesten und Hochgelahrten Herrn/ Herrn GEORG CONRAD Wolffs/ Medicinæ Doctoris, Churfürstl. Brandenb. Hof=Medici und Practici, auch des Stiffts S. S. Petri & Pauli in Magdeburg Canonici, Liebwerthester Ehe=Schatz/ Am 21. Junii des 1691. Jahres/ in Jhre Ruhe=Kammer und Groß=Elterlichen Erb=Begräbniß in der St. Petri Kirchen zu Cölln an der Spree/ beygesetzet wurde/ Bezeigeten Jhr Christliches Mitleiden Nachgesetzte. Cölln an der Spree/ Gedruckt bey Ulrich Liebpert/ Churf. Brandenb. Hofbuchdr. Cölln 1691 (1a: 84 in: Ag 923 R).

Kriegen und Siegen eines tapfern Hauptmanns/ bey Militarischer/ Standmäßigen und Christrühmlichen Leichen=Ausführung Des Hoch=Edelgebohrnen u. Mannvesten/ Herrn Hans Christoph von Bandemer/ Churf. Brandenb. Hauptmanns bey der Churfürstlichen Leibgvardie am 10. Juli 1691. in einer Stand=Rede und Abdanckung vorgestellet. s. l. 1691 (Bödiker, 1699, II, S. 853–879).

SYMPATHIAN in Funere lacrimabili Plurimùm Reverendi et Clarissimi Dn. Danielis Davidis Heimburgeri, Ecclesiæ Berlinensis ad S. Nicolai Archidiaconi meritissimi d. 16. Aug. 1691. Consolandæ familiæ Buntbartianæ colligentes exponunt GYMNASII COLONIENSIS COLLEGÆ. COLONIÆ BRANDENBURGICÆ, Imprimebat ULRICUS LIEPERTUS, Electoral. Typogr. Cölln 1691 (1a: 5 in: Ag 923 R).

Seelige Entschlafung in dem HErrn/ Beym Christlichen Begräbniß Der seeligen Jungfer Juliana Maria/ Des Wol=Edlen/ etc. Herrn Johann Daniel Brombergs/ Churfürstl. Brandenb. Steuer=Directoris in diesen Churfürstl. Residentien/ Hertzlieben Jungfer Tochter/ Am 30. Augusti 1691. Aufm Friderichs Werder betrachtet Von JOHANNE BÖDIKERO, P. Gymn. Colon. Rectore. Cölln an der Spree/ Druckts Ulrich Liebpert/ Churf. Brandenb. Hof=Buchdr. Cölln 1691 (1: 35 in: Ee 1613; Bödiker, 1699, II, S. 380–395).

Wolverwahrtes Kleinod. (Bl. 1v:) Wolverwahrtes Kleinod/ Als TIT. Herr Johann Daniel Bromberg/ Churfürstl. Brandenb. wolverordneter Steuer=Director in diesen Churfürstl. Residentzien/ Sein hertzliebes Töchterlein/ Jgfr. Juliana Maria/ Am 30. Augusti 1691. begraben ließ/ Zum Trost betrachtet Von JOHANNE BÖDIKERO, P. Gymn. Colon. Rectore. Cölln an der Spree/ Druckts Ulrich Liebpert/ Churfürstl. Brandenb. Hof=Buchdr. Cölln 1691 (1a: 85 in: Ag 923 R).

Überwundene SULTANIA, Jn Einem Redner=Aufzuge Von der Schul=Jugend Des Cöllnischen Gymnasiums Am. 6. November 1691. gegen 9. Uhr des Morgens vorzustellen. Dazu werden alle hohe/ hoch= und wohlgeehrte Herren Patronen/ Gönner und Freunde Gebührend eingeladen von JOHANNE BÖDIKERO, P. Gymn. Colon. Rectore. Cölln an der Spree/ Gedruckt bey Ulrich Liebpert/ Churf. Brandenb. Hofbuchdr. Schulactus Cölln 1691 (1a: 21 in: Ag 923 R; Gudopp, 1900, S. 12).

Kirchen=Stern/ Mit Seinem Aufgang/ Lauff und Niedergang/ Beym Adelich=Christlichen Begräbniß Des Wol=Ehrwürdigen/ Hoch=Edelgebohrnen und Hochgelahrten Hn. M. ANDREÆ von Pawlowski/ Weiland Hoch=verdienten 25. jährigen Archi-Diaconi bey der St. Peters Kirchen zu Cölln an der Spree/ Jn wehmühtigster Mitleidigkeit beschrieben von JOHANNE BÖDIKERO, P. Gymn. Svevo-Colon. Rectore. Cölln an der Spree/ Gedruckt bey Ulrich Liebpert/ Churf. Brandenb. Hof=Buchdr. Cölln 1691 (1: an 3 in: Ee 526; Bödiker, 1699, II, S. 79–98).

MINYRISMATA MUSARUM in funere Nobilissimi, Plurimum Reverendi atque Amplissimi Viri DN. M. ANDREÆ de PAWLOWSKY, Archi-Diaconi meritissimi ad D. Petri Coloniæ, d. 6. Decembr. Anno 1691. Grata benevolentiæ recordatione expromta à Præceptoribus Gymnasii Colon. COLONIÆ BRANDENBURGICÆ, Typis Ulrici Liebperti, Electoral. Brandenb. Typogr. Cölln 1691 (1: an 3 in: Ee 526).

Minne-Praetjen. Op Heere Joachim Ernst Bergers, En Jonckvrou Margaretha Maria Hary, Bruylof. d. 28. Decembr. 1691. vertoont van JOHANNES BÖDIKERUS, P. Gymn. Colon. Rector. s. l. 1691 (1a: 86 in: Ag 923 R).

Des Lebens Jammer=Thal und des Himmels Freuden=Sahl. Betrachtet Als (Tit.) Hr. Christophor. Bechererus/ Treufleissiger Seelsorger und Archi-Diaconus zu Wrietzen an der Oder/ Sein Hofnungvolles Töchterlein/ Catharina Ehrentraut/ Anno 1691. beerdigen ließ. s. l. 1691 (Bödiker, 1699, II, S. 168–185; Epitaph, S. 185f.; Epicedium, S. 186–188).

Epicedium für Gottfried von Perbant (ohne Titelblatt). s. l. 1692 (1a: 28 in: Ag 923 R).

Trost=Schrift/ Darinn enthalten Eine kurtze Lebens=Beschreibung Des Seligen Herrn/ Herrn Gottfried von Perbants/ An die verwittwete Frau/ Fr. Dorothea Amelia von Perbantinn/ geb. von Wangenheim/ Jm Jahr Christi 1692. übergeben von JOHANNE BÖDIKERO, P. Gymn. Colon. Rectore. Cölln an der Spree/ Gedruckt bey Ulrich Liebpert/ Churf. Brandenb. Hof=Buchdr. Cölln 1692 (1a: 129 in: Ag 923 R; Bödiker, 1699, I, S. 989–1034).

Inscriptio gratulatoria … principi … Dn. Ernesto Augusto, electori guelfico, episcopo Osnabrugensi … cum … nuncium de adepto electoratus axiomate Berlini celebratum … 1692 … expressa a Johanne Bödikero … Cölln 1692 (1: an Xe 7314 ehem.).

Epigrammata, Friderico III … Elect. Brandenb. etc. ipso onomasmate Friderici d. 5. Martii, 1692 … devota. Cölln 1692 (1: 26 in: Su 17 ehem.).

VIRO Eruditionis et Virtutis Fama Illustrissimo, DOMINO ANTONIO MAGLIABECCHI, MAGNI DUCIS HETRURIÆ BIBLIOTHECÆ CURATORI, PATRONO SUO COLENDISSIMO, JOHANNES BODIKERUS, P. Gymnasii Svevo-Coloniensis in Metropolirana urbe Berlini Rector. Coloniæ Brandenburgicæ, Typis ULRICI LIEBPERTI, Electoral. Brandenb. Typogr. M DC XCII. Cölln 1692 (1: 7 in: St 114 RAR).

Der Prediger Eines guten Andenckens/ Beym Christlichen Begräbniß/ (Tit.) Herrn Jonas Waldauen/ Wolverdienten Predigers und Seelsorgers zu Oderberg/ wie auch bey der Churfürstl. Guarnison/ und im Churfürstl. Ammte Neuendorff/ Jn einer Abdanckung Zu Oderberg am 2. Maji. 1692. Den Betrübten zu Trost beschrieben/ und hernach seinem Alten Freunde zu gutem Gedächtniß in Druck gegeben von JOHANNE BÖDIKERO, P. Gymn. Colon. Rectore. Cölln an der Spree/ Gedruckt bey Ulrich Liebpert/ Churf. Brandenb. Hof=Buchdr. Cölln 1692 (1: 36 in: Ee 1613; Bödiker, 1699, II, S. 23–45; am Ende zwei lat. Epicedia).

Meyen=Blume/ Als (TIT.) Hr. Friderich Oelschläger/ Churf. Brand. Wolbestalter Cammerschreiber/ Und (TIT.) Frau Helena Sophia Gebohrne Brandeßinn/ Jhr liebes Söhnlein Friderich Julius/ Christlich beysetzen liessen/Am 14. Mayen=Tage des 1692. Jahres. Jn einer Abdanckung Kürtzlich betrachtet von JOHANNE BÖDIKERO, P. Gymn. Svevo-Colon. Rectore. Cölln an der Spree/ Gedruckt bey Ulrich Liebpert/ Churf. Brandenb. Hof=Buchdr. Cölln 1692 (1: 37 in: Ee 1613; Bödiker, 1699, II, S. 369–379).

Knecht Gottes/ Der zum Abendmahl eingeladen/ Wird Bey Thraenen=voller Leich=Bestattung Herrn Christoph. Bechrers/ Weyland Treufleissigen Predigers und Archidiaconi zu Wrietzen an der Oder/ Am 5. Junii 1692. War der ander Sonntag nach Trinitatis/ Jn einer Stand=Rede und Abdanckung Wehmüthig beschrieben Von JOHANNE BÖDIKERO, P. Gymn. Colon. Rectore. Cölln an der Spree/ Gedruckt bey Ulrich Liebpert/ Churf. Brandenb. Hof=Buchdr. Cölln 1692 (1: 2 in: Ee 502; 1: 38 in: Ee 1613; Bödiker, 1699, II, S. 47–78).

Lilien=Blühmlein/ Als (Tit.) HERR Christianus Rotaridis/ damals wolverdient. Con=Rector/ itzo Rector beym Gymnasio zu Cölln an der Spree/ und (Tit.) FRAU Anna/ geb. Memhardinn/ Jhr einiges zartes Töchterlein/ Den 4. Septemb. 1692. begraben liessen. s. l. 1692 (Bödiker, 1699, II, S. 497–511; Epicedium, S. 511).

EUROPÆI ORBIS ANNUA GESTA, Vetustis nominibus Princ. Populor. Urb. IN ACTU ORATORIO Per Juventutem Scholasticam Gymnasii Coloniensis ad Spream Repræsentanda Die Novembr. 1692. Ab horâ 8. matutin. Invitatore JOHANNE BÖDIKERO, P. Gymn. Colon. ad Spream Rectore. COLONIÆ BRANDENBURGICÆ, IMPRIMEBAT ULRICUS LIEBPERTUS, ELECTORAL. TYPOGR. Schulactus Cölln 1692 (1a: 22 in: Ag 923 R; Gudopp, 1900, S. 12).

Der Brandenburgische Hippocrates/ Zu wolverdientem Ehren=Gedächtniß Des Weyland Hoch=Edlen/ Hochgelehrt= und Hocherfahrnen/ Herrn Martin Weisen/ Medicinæ D. Churfürstlichen Brandenburgischen Rahts und ältesten Leib=Medici, Bey dessen Standesmässigen Begräbniß Am 25. Martii, 1693. Jn einer Stand=Rede und Abdanckung Beschrieben Von Johanne Bödikero, P. Gymnas. Colon. Rectore. Berlin 1693 (1: 11 in: Ee 633; Bödiker, 1699, II, S. 677–698).

JANUS BIFRONS, IN ÆTERNAM MEMORIAM Viri Nobilissimi, Experientissimi, Pietate Gravissimi DOMINI MARTINI VVEISII, Medicinæ Doctoris Celeberrimi, Serenissimi & Potentissimi Electoris Brand. & Domus Brandenburgicæ Archiatri bene Meritissimi, In die funerali d. 25. Martii 1693. Descriptus à JOHANNE BÖDIKERO, P. Gymn. Colon. Rectore. BEROLINI, Typis VIDUÆ SALFELDIANÆ. Berlin 1693 (1: 12b in: Ee 633).

[Abdanckung] Zu Ehren Der Seligen Jungfer Elisabeth Charlotta de la Fertee Jn Berlin/ d. 27. Apr. 1693. gehalten. s. l. 1693 (Bödiker, 1699, II, S. 486–497).

Schnelle Abforderung eines treuen Knechts/ Beym Christlichen Begraebniß (Tit) HERRN Johann. Henrici/ Wolverdienten Predigers und Seelsorgers in Schwanenbeck und Birckholtz/ in wehmütigem Mitleiden/ den 9. Junii 1693. Den Betrübten zu Trost gehalten und zu seines alten Freundes gutem Gedaechtniß ausgefertiget. s. l. 1693 (Bödiker, 1699, II, S. 135–168).

Die Feuerkunst als ein Bildniß der Sterbekunst/ Bey Christlicher und ansehnlicher Leichbestattung/ Des (Tit.) Herrn Johann Paul Wolfs/ Churfürstlichen Brandenburgischen Artillerie Hauptmann/ Den 20. Junii Anno 1693. s. l. 1693 (Bödiker, 1699, II, S. 880–908).

Ein Christ Als Fremdling dieser Welt/ Bey dem letzten Ehrendienste und ansehnlicher Begräbniß Hr. Johann Christoph Ayrmann/ Der Politischen Weißheit beflissenen/ nunmehr Seligen/ zu Berlin am 29 Juni 1693. in einer Stand=Rede und Abdanckung betrachtet. s. l. 1693 (Bödiker, 1699, II, S. 803–827).

Fridericus Wilhelmus Magnus, Elect. Brandenb. beat. memor. et Fridericus III Sapiens, Elect. Brandenb. nunc … imperans, epigrammatis ex cognomine celebrati, solennitate natalis, quem pater patriae hoc die I Juli 1693 … s. l. 1693 (1: 7 in: Su 18 ehem.).

Christliche Perle/ Als HERR Joachim Damerau/ Churfürstl. Brandenb. Wolbestallter Silbermeister/ Seine hertzgeliebte und werthe Ehe=Liebste/ Fr. Anna Margareta gebohrne Brandeßinn/ Der Erden hingeben müssen/ Am Tage ihres Begräbnisses den 17. Juli 1693. beschrieben. s. l. 1693 (Bödiker, 1699, II, S. 416–436).

Unvergängliches Ehrengedächtniß Einer frommen Christinn/ Bey Christlicher Leichbestattung Der seel. Frauen Elisabeth Berbaums/ Des auch seel. Herrn Andreas Wilcken/ Weiland Churfürstl. Brandenburgischen treubedient=gewesenen Ammtmanns zum Müllenhofe/ hinterlassenen Wittwen/ Den verstorbenen Alten zu gebührendem Nachruhm/ Den Leidtragenden Kindern und Anverwandten zu Trost/ Am 18. Septemb. 1693. in Berlin/ Jn einer Stand=Rede und Abdanckung beschrieben von JOHANNE BÖDIKERO, P. Gymn. Svevo-Colon. Rectore. Cölln an der Spree/ Gedruckt bey Ulrich Liebpert/ Churf. Brandenb. Hof=Buchdr. Cölln 1693 (1: 39 in: Ee 1613; Bödiker, 1699, I, S. 1050–1092, falsche Seitenzählung, tatsächlich 35 S.; am Ende ein »Sinnbild«).

Freundinn JEsu/ Bey der Hoch=Edlen/ nunmehr Sel. Frauen/ Frauen Anna Margaretha/ Bartholdinn/ gebohrner Costinn/ Standesmässigem Leich=Begängniß/ Am 26. Octobr. 1693. Der Sel. Frauen Räthinn zu letzten Ehren/ der Leidtragenden Familie zu einigem Troste/ wehmütig beschrieben Von JOHANNE BÖDIKERO, P. Gymn. Svevo-Colon. Rector. Cölln an der Spree/ Druckts Ulrich Liebpert/ Churf. Brand. Hof=Buchd. Cölln 1693 (1: an 9 in: Ee 501; Bödiker, 1699, II, S. 219–254).

Rechte Zeit zu sterben/ Zu rühmlichem Ehren=Gedächtniß sel. Herrn Andreas Döring/ Weiland vornehmen Kauff= und HandelsManns allhier/ Der Hochbetrübten Frau Wittwen aber/ Und sämtlichen Leidtragenden zu einigem Trost/ Am Tage seiner Christlichen/ sehr=ansehnlichen Leich=Bestattung/ Den 19. November

1693. beschrieben von JOHANNE BÖDIKERO, P. Gymn. Svevo-Colon. Rectore. Cölln an der Spree/ Druckts Ulrich Liebpert/ Churf. Hoff=Buchdr. Cölln 1693 (1: 40 in: Ee 1613; 1: an 11 in: Ee 507; Bödiker, 1699, II, S. 1138–1173).

Epicedium für Andreas Döring. Cölln 1693 (1: an 11 in: Ee 507).

Eines lieben Mannes Arbeit/ Ruhe und Herrligkeit/ Beym volckreichen und Christlichen Begraebniß/ (Tit.) Herrn Martini Zimmermanns/ Wolverdientem Pastoris und Inspectoris zu Storckou/ den 17. Maji 1694. Zu gutem Andencken des selig=Verstorbenen und zu Trost der saemtlich=Leidtragenden Jn einer Stand=Rede und Abdanckung beschrieben. s. l. 1694 (Bödiker, 1699, II, S. 99–134).

Priester im Himmel/ Wird beym Begräbniß des Hoffnungs=vollen nunmehr seligen Knabens Johann Christian Papen Tit. Hn. Petri Sigismund Papen Treufleissigen Predigers und Diaconi bey der St. Peters Kirchen allhier in Cöln/ Und Tit. Fr. Gertrud Prentzlaues Hertz=lieben Söhnleins/ Zu Trost den Eltern und Groß= Eltern am 6. Julii 1694. Jn einer Abdanckung betrachtet von JOHANNE BÖDIKERO P. Gymn. Colon. Rectore. Cöln an der Spree/ Druckts Ulrich Liebpert/ Churf. Brand. Hof=Buchdrucker. Cölln 1694 (1: 41 in: Ee 1613; Bödiker, 1699, II, S. 189–213).

Wahre Mittel der Unsterblichkeit/ Bey Der ansehnlichen Leichen=Bestattung Hn. Andreas Müllers/ Churfürstl. Brandenb. wolverdienten Secretarii bey der Trabanten=Guarde/ Welcher den 13. Juli 1694. selig im HErrn entschlafen/ und am 16. Juli 1694. in Cölln/ in St. Petri Kirche Christlich zur Erden beschicket. Zu gutem Andencken des sel. Verstorbnen und zu Trost der Leidtragenden/ Jn einer Stand=Rede und Abdanckung beschrieben Von JOHANNE BÖDIKERO P. Gymn. Svevo-Colon. Rectore. Berlin/ Gedruckt bey sel. David Salfelds Wittwe. Berlin 1694 (1: 20 in: Ee 523; 1: 42 in: Ee 1613; Bödiker, 1699, II, S. 909–936).

Wasser=Lilje des Lebens/ und Adlers Flügel der Seelen/ Beym frühzeitigen Absterben/ Des (Tit.) HERRN David Burgkards/ Vornehmen Handelsmanns/ in Berlin/ liebgewesenes Töchterlein Jungfer Amanda/ Welche gebohren in Cölln an der Spree den 5. Febr. vor Mittag um halb Acht Uhr 1689. und gestorben in Berlin den 17. August/ 1694. und in der S. Marien=Kirchen begraben. s. l. 1694 (Bödiker, 1699, II, S. 458–485).

Eclipsis solis, cum … Samuel Liber Baro de Pufendorf, … Electoris Brandenburgici Consiliarius Intimus, ultimum diem in orbe fecisset, Berlini ipsa exsequiarum vespera 7. Nov. 1694 luctuose ingeminata … Berlin 1694 (1: 8 in: Tc 86 ehem.).

Fischerey der Venus. s. l. e. a. (Küster/ Müller, 1752, II, S. 976).

Einladungsschrift zur Schulprogramm-Rede, für Georg Conrad Wolff [ohne Titelblatt; Domus Brandenburgicæ decora … JOHANNES BÖDIKERUS, P. Gymnas. Svevo-Colon. RECTOR.] Cölln s. a. (1a: 27 in: Ag 923 R).

Balsam aus Bilead. Das ist: Kräfftigen Trost vom Himmel/ Wünschet bey frühzeitigen/ doch seligen Hintritt aus dieser Welt Des weiland WolEdlen und Hochgelahrten Herrn/ Herrn GREGORII BERNHARDI, Medicinæ hocherfahrnen Doctoris, &c. Der hochbetrübten Frau Wittben/ und den weinenden Kindern. Und schreibet etliche Verße dem seligverstorbenen Schul=Wolthäter zu letzten Ehren JOHANNES BÖDIKERUS, P. Gymn. Col. Rector. Cölln an der Spree/ Druckts Georg Schultze/ Churfürstl. Brandenb. Buchdr. Cölln s. a. (1a: Yi 8207–96 R; 1a: 29 in: Ag 923 R).

DISSERTATIUNCULA. DE. MEDICINA. Cum PROGRAMMATE INVITATIONIS. BEROLINI, Typis B. RUNGII. Berlin s. a. (1a: 108 in: Ag 923 R).

Vestibulum lat. ling. s. l. e. a. (Jöcher, 1750, I, Sp. 1169).

Epigrammata juvenilia. s. l. e. a. (Jöcher, 1750, I, Sp. 1169).

Zeit=Lieder. s. l. e. a. (Jöcher, 1750, I, Sp. 1169).

JOHAN. BÖDIKERI, P. Rect. Gymnasii Coloniensis, Triumphbogen/ Denen Selig=Verstorbenen Jn unterschiedenen Stand=Reden und Abdanckungen Zu letzten Ehren aufgerichtet/ Und auf vielfältiges Verlangen ausgefertiget/ Von CAROLO ETZARDO BÖDIKERO, Parsteiniens. March. Prediger und Diacono zu Wrietzen an der Oder. (Vignette) Franckfurt und Leipzig Verlegts Jeremias Schrey/ und J. C. Hartmann. 1699; JOHAN. BÖDIKERI, P. Rect. Gymnasii Coloniensis, Triumphbogen/ Denen Selig=Verstorbenen Jn unterschiedenen Stand=Reden Und Abdanckungen Zu letzten Ehren aufgerichtet/ Und auf vielfältiges Verlangen ausgefertiget/ Von CAROLO ETZARDO BÖDIKERO, Parsteiniens. March. Prediger und Diacono zu Wrietzen an der Oder. Anderer Theil. Mit nützlichen Registern. Franckfurt und Leipzig Verlegts Jeremias Schrey/ und J. C. Hartmann. 1699. (1: Ee 1700).

Nachlaß

Das flehende Griechen=Land (GRÆCIA SUPPLICANS. ad Principes et populos Christianos Occidentus, &c. cum Commentar. prolixis de statu Reip. Christianæ, respectu Tyrannidis Osmanicæ. Ubi Validis argumentis ostenditur, concordiâ inter Christianos stabilita â et contra Turcam pugnandum, et illum vinci posse.) [mitgeteilt in: Christlicher Bericht Von Cometen … Cölln 1681, fol. N 3].
Lexicon Germaniae Brandenburgicum (Vorarbeiten, vgl. Gottschling, 1713, S. 6f.).

Literatur

ROTARIDIS, Christian: Denck=Altar/ Bey Ansehnlicher Leichbestattung. Des Weyland Wol=Ehrwürdigen/ Wol= Ehrenvesten/ Großachtbaren und Wolgelahrten HERRN Johannis Bödikeri/ Weitberühmten Philologi, und in die 20. Jahr hochverdienten Rectoris des Gymnasii zu Cölln an der Spree/ Welcher den 27. Augusti des 1695sten Jahres/ seines Alters 54. Jahr/ 3. Monat/ 3. Wochen und 5. Tage/ diese Welt gesegnet/ Und den 8. Septembr. war der XVI. Sonntag nach Trinitatis/ in sein Ruhe=Kämmerlein gebracht worden/ Jn damahliger Abdanckung aufgerichtet/ und auf Begehren zum Druck überlassen/ Von CHRISTIANO ROTARIDIS, Gymn. Colon. Con Rectore. s. l. 1695 (BÖDIKER, 1699, II, S. 1174–1212); HENDREICH, Christoph: Pandectae Brandenburgicae. Berlin 1699, S. 620; ECCARD, Johann Georg: Historia Stvdii Etymologici Lingvae Germanicae hactenvs impensi; vbi scriptores pleriqvo recensentvr et diivdicantvr … Hannover 1711, S. 252–254; GOTTSCHLING, Caspar: Einleitung in die Wissenschaft guter und meistentheils neuer Bücher … Andere verbesserte Edition. Dresden und Leipzig 1713, S. 3f. u. 6f.; KÜSTER, 1731, S. 15f.; KÜSTER, Georg Gottfried: Collectio Opvscvlorvm Historiam Marchiam illvstrantivm … I,3. Berlin 1731, Reg.; REICHARD, Elias Caspar: Versuch einer Historie der deutschen Sprachkunst. Hamburg 1747 (Neudruck Hildesheim 1978), S. 287–293; KÜSTER/ MÜLLER, 1752, II, S. 975f.; BAUR: Bödiker (Johann). In: Ersch/ Gruber, 1823, 11, S. 169f.; ENGELIEN, August: Geschichte des deutschen Unterrichts, S. 292; JÖCHER, 1750, I, Sp. 1168f.; JÖRDENS, 1811, VI, S. 577–579; SCHERER, Wilhelm: Bödiker, Johann. In: ADB, 1896, III, S. 15; GUDOPP, 1900, S. 12f.; NOHL, 1903, S. 76; DIEDRICHS, Eva Pauline: Johann Bödikers Grund-Sätze der deutschen Sprache mit den Bearbeitungen von Johann Leonhard Frisch und Johann Jakob Wippel. Heidelberg 1983; GORZNY, Willy (Hg.): Deutscher Biographischer Index. Bd. 1. München 1986: Deutsches Biographisches Archiv: Mikrofiche 116/ S. 46–49; JÜRGENSEN, Renate: Bödiker, Johann. In: Literaturlexikon. Autoren und Werke deutscher Sprache. Hg. von Walther Killy. Bd. 2. Gütersloh/ München 1989, S. 51f., leicht geändert in: Deutsche Biographische Enzyklopädie. Hg. von Walther Killy, Bd. 1. München u. a. 1995, S. 613.

Bontekoe (eigentl. Decker), Cornelius

* 1647 Alkmar/ Holland
† 18. Jan. 1685 Berlin
Mediziner, reform.
V Johann Gerhard D. (gest. 1652)
M N. Maertens
⚭ I. seit 3. Juni 1667 mit Anna de Mooraz (gest. 20. Juli 1668)
    II. N. N.

1665 Universität Leiden
1667 Arzt in Alkmar
1676 Arzt in Den Haag
seit 1682 kfl. Rat und Leibarzt, Prof. med. Frankfurt/O.

Cornelius Bontekoe, 1647 als Sohn eines Gastwirts geboren (vgl. BÖDIKER, 1685: Bontekoe natus est Alcmariae in Frisia A. C. 1647), bezog gegen den ausdrücklichen Wunsch der Eltern am 22. Sept. 1665 die Universität Leiden, um bei Frans de la Boë Sylvius (1614–1672) Medizin zu studieren. Die Leidener Medizin dieser Jahre hatte sich durch Johan van Horne (1621–1670), Florentius Schuyl (1619–1669) und Sylvius den führenden Rang in der medizinischen Ausbildung erworben, den bis dahin die norditalienischen Universitäten inne hatten. Schuyl und Sylvius zählten dabei zu den führenden Repräsentanten jener Theorien, in deren Rahmen die Medizin seit der Mitte des 17. Jahrhunderts ihre neuen Anschauungen vom menschlichen Organismus formulierte: der Iatrophysik und der Iatrochemie.

Obwohl ziemlich mittellos, konnte Bontekoe sich bereits am 6. Mai 1667 zum Dr. med. promovieren lassen. Der anschließende Versuch, sich als Arzt in seiner Heimatstadt niederzulassen, scheiterte daran, daß Bontekoe aufgrund seiner Praxis, die Medikamente für seine Patienten selbst anzufertigen, die Privilegien der städtischen Apotheker verletzte und deshalb von diesen beim Rat angeklagt wurde. Wenngleich ein Gutachten seines Lehrers Sylvius zum Fallenlassen der Klage führte, zog es Bontekoe vor, die Stadt zu verlassen und als Arzt in der Ortschaft Ryp zu praktizieren. Neben der Erfüllung seiner ärztlichen Aufgaben in diesem Ort fand er genügend Zeit, seine chemischen Studien weiter zu betreiben. Insbesondere aber beschäftigte er sich intensiv mit den Schriften von René Descartes (1596–1650) und bezog 1674 und nochmals am 24. Febr. 1676 die Universität Leiden, um hier Theodor → Craanen zu hören, dessen Ruf als ausgezeichneter Cartesianer u. a. auch Leibniz veranlaßte, mit ihm in Briefwechsel zu treten. Craanen nahm eine herausragende Stellung im Kreis jener Mediziner ein, die, beginnend mit Descartes selbst und dessen Freund früher Jahre, Henricus Regius (1598–1679), die Erkenntnisse des Rationalismus auf die physiologische Erklärung der menschlichen Lebensfunktionen anwandten. Bontekoe bot sich unter der Anleitung Craanens die Möglichkeit, seine Kenntnisse der cartesischen Philosophie weiter zu vertiefen, sowie die Rückschlüsse, die er daraus für die medizinische Praxis gezogen hatte, nochmals zu überprüfen. In diesem Zusammenhang steht auch seine Beschäftigung mit dem Denken der Nachcartesianer, die ihn zu der philosophiegeschichtlich bedeutsamen Leistung, der Edition der »Ethica« (1675) aus dem Nachlaß des Leidener Professors Arnold Geulincx (1624–1669), führte. Diese für das Verständnis der Anschauungen Geulincx' wichtigste Schrift besteht aus sechs Traktaten, von denen Geulincx nur den ersten unter dem Titel »Disp. ethica De Virtute« (1664 und 1665) veröffentlicht hatte. Bontekoe besorgte die erste vollständige Ausgabe unter dem Pseudonym Philaretus, indem er aus dem Nachlaß und den Mitschriften der ehemaligen Vorlesungs-Hörer den Text zusammenstellte und der Ausgabe eine Zuschrift an den Theologen Heidanus und zwei

Gedichte an Geulincx voranstellte. In dieser Schrift hatte sich Geulincx in eigenständiger Weise mit dem cartesischen Dualismus von Leib und Seele auseinandergesetzt, der schon bald als offenes Problem des cartesischen Systems erkannt worden war. Geulincx' »Ethik« bot nun Lösungswege an, die die nachcartesianische Diskussion zu inspirieren und weiter zu entwickeln vermochten. Nicht zuletzt die darin entwickelten Ansätze zur Annahme einer prästabilierten Harmonie der Leib-Seele-Beziehung wurden umfassend diskutiert und wirkten auch auf Leibniz, wenngleich dieser sie unter andere Prämissen stellte (vgl. ZELLER, 1884). Mit der Edition der »Metaphysik« Geulincx', die 1688 aus Bontekoes Nachlaß herausgegeben wurde, konnte er umfassend das Werk eines der wichtigsten Nachcartesianer dem philosophischen Denken seiner Zeit zugänglich machen.

Als praktischer Arzt und schreibender Mediziner wirkte Bontekoe noch für fünf Jahre in Den Haag, um sich dann in Hamburg (Juli 1681) niederzulassen. Vermutlich die Fürsprache von Craanen und sein dem Kurfürsten gewidmetes Buch »Annum Climactericum«, das dem Kurfürsten die Angst nehmen sollte, daß sein bevorstehendes 63. Lebens- auch sein Todesjahr sein könne (vgl. dazu LUYENDIJK-ELSHOUT, A. M.: Der grosse Kurfürst und die holländische medizinische Wissenschaft. In: Lieburg, M. J. van/ Toellner, R. (Hg.): Deutsch-Niederländische Beziehungen in der Medizin des 17. Jahrhunderts. Amsterdam 1982, S. 25–38), sicherten ihm die gut dotierte Berufung an den Berliner Hof (vgl. KÖNIG, 1793, S. 389: Besoldung nach dem General-Etat von 1683: 1052 Thl.). Bontekoe starb durch einen Unfall – an den Folgen eines Treppensturzes – am 18. Jan. 1685 in Berlin. Nach Bontekoes Tod erwarb der Kurfürst dessen Bibliothek für sich (vgl. KÖNIG, 1793, S. 235).

Auf die überall sichtbaren Erschütterungen der noch aristotelisch-galenisch dominierten Medizin seiner Zeit, die durch die auf der Basis präziser Instrumente im Experiment gewonnenen neuen Erkenntnisse hervorgerufen wurden, reagierte Bontekoe mit einer rigorosen Kritik der zeitgenössischen Schulmedizin: »Denn gleichwie die Theorie und Regeln unserer Schul-Männer keinen guten noch festen Grund haben/ so sind auch ihre Verfassungen von den Kranckheiten.« (Vgl. Kurtze Abhandlung…, S. 544.) Der medizinische Fortschritt eröffnete sich ihm dabei auf den beiden Wegen der »experientia practica« und »experientia historica«. Während die erste sich mit experimentellen Forschungen in Bereichen der Anatomie und Chemie zu befassen habe und dabei auch die Erfahrungen im Umgang mit den Patienten und ihren Krankheitsbildern berücksichtigen müsse, hätte die zweite sich das Studium der Medizingeschichte zur Aufgabe zu machen. Dabei sollten insbesondere die Fälle studiert werden, die Rückschlüsse auf die Wirkung von Medikamenten zulassen würden, wobei vorauszusetzen sei, daß die Beschreibungen der Krankheiten und ihres Verlaufs in solcher Form vorlägen, die sie auch vergleichbar machen.

Dabei erarbeitete Bontekoe seinen Beitrag zum medizinischen Fortschritt vorrangig auf dem Weg, den die Iatrophysiker beschritten hatten, indem sie vitale Prozesse als mechanisch-physikalische Vorgänge erklärten. Die bekanntesten Vertreter dieser Richtung waren die italienischen Ärzte Marcello Malpighi (1628–1694) und Alfonso Giovanni Borelli (1608 bis 1679), der Däne Nils Stensen (1638–1686) und der Engländer Robert Boyle (1627–1691). Auf ihren Spuren erläuterte Bontekoe beispielsweise die Funktionen des Magens dadurch, daß, entgegen der Auffassung der traditionellen Medizin (Kochung) und der neueren, iatrochemisch orientierten Mediziner (Fermentation), die Speisen im Magen durch Säure zersetzt und die Atmung physikalische Bewegungen (Kontraktionen) erzeuge, die die mechanische Scheidung der Nahrungsbestandteile verursachen würde. Mit dieser Ansicht modifizierte er die chemische Verdauungstheorie, die 1660 sein ehemaliger Lehrer Sylvius aufgestellt hatte. Wie in diesem Punkt war Bontekoe auch in anderen medizinischen Fragen durchaus bereit, die Ansichten der Iatrochemiker in seine Auffassungen zu integrieren. Leider fehlt bislang eine eingehende medizingeschichtliche Untersuchung zu Bontekoe, so daß das insgesamt ambivalent erscheinende Verhältnis Bontekoes zu seinem Lehrer Sylvius und damit die Beziehungen zwischen diesen beiden neuen Richtungen der medizinischen Forschung ungeklärt bleiben. In der medizinischen Therapie hingegen setzte Bontekoe – anders als die Iatrochemiker, die nach chemischen Mitteln suchten, um gestörte physiologische Prozesse reversibel zu machen – ganz in der Weise der Iatrophysiker auf ein Universalheilmittel. Als diese Universalmedizin sah er den Tee an, der die Störungen des Blutkreislaufes sowie der körpereigenen Flüssigkeiten durch seine Wirkung auf deren jeweilige Gefäße positiv beeinflusse und damit »bey nahe ein allgemeines Remedium« (vgl. Kurtze Abhandlung ..., S. 411) gegen alle Krankheiten darstelle. Die gesundheitsfördernden Wirkungen des Tees beschrieb Bontekoe mehrfach, verordnete ihn auch dem Kurfürsten, wodurch dessen Nierenleiden spürbar gemildert wurde (vgl. dazu Chr. Mentzels Brief an Volckamer vom 16. Febr. 1684; ARTELT, W., 1948, S. 13). Als Propagandist des Tee-Genusses hat er der Einführung des Getränkes in Brandenburg wesentlich den Weg geebnet und ist vielen dadurch im Gedächtnis geblieben; daß er daraus auch Kapital in Form klingender Münze schlug, führte seitens seiner Zeitgenossen zu zahlreichen Angriffen, die ihn als Agenten der Ostindischen Kompagnie entlarven sollten. Später nahm der Leibarzt König Friedrichs I., Friedrich Hoffmann (1660 bis 1742), Bontekoes Therapie der warmen Teegetränke auf (vgl. HOFFMANN, Friedrich: Medicinae rationalis systematicae tomus primus ... Halle 1729, S. 30 bis 38).

In den wenigen Jahren, die Bontekoe in Brandenburg wirkte, erwarb er sich den Ruf eines ausgezeichneten Arztes. Noch wesentlicher waren aber die Vorlesungen, die er an der Landesuniversität in Frankfurt hielt, da sie die dort herrschende protestantische Schulmetaphysik zugunsten des Rationalismus zurückdrängten und einen näheren Anschluß an die europäische Wissenschaftsentwicklung ermöglichten.

Bontekoe, der das Experiment höher als die medizinischen Autoritäten Hippokrates und Galen schätzte und sich durch seine theoretisch-deduktive Methode als ein entschiedener Vertreter des Cartesianismus zu erkennen gab, der auch für Spinoza und Geulincx eintrat, war ein ebenso vielgelesener wie umstrittenen Autor (vgl. Acta Erud. Sept. 1688, p. 487–490; GUNDLING, Coll. hist.-lit., 1686, Cap. IV; Bibliotheca Phil. Struviana T. II, p. 3, 54; Bibl. universell T. III, Fevr. 1687, p. 363–376, T. XII, Jan. 1689, p. 116–128; Republ. de lettres, May 1688, p. 63 bis 70; Journal des Savants XVII, 507–11; T. XXVII, p. 796; BASNAGE: Histoire des ouvrages des Scavans, Maj. 1688, p. 19–25). Zu diesem Urteil trugen seine heftigen Angriffe und Polemiken gegen die Schulmedizin und Anticartesianer wie z. B. gegen Johann Frederik Helvetius (eigentl. Schweitzer, 1629/30 bis 1709; vgl. dazu J. F. H.: Vorlooper an C. Bontekoe. Hagae A. 1681. 8°) sowie seine Zwischenstellung hinsichtlich der beiden neuen medizinischen Schulen maßgeblich bei, so daß in den angesprochenen Rezensionen so manchesmal mehr die Person als ihre Leistung im Mittelpunkt steht. Aber nicht nur Gelehrte wie Leibniz (vgl. BODEMANN, Eduard: Die Leibniz-Handschriften der königlichen öffentl. Bibliothek in Hannover. Hannover 1895, S. 41–48) bezogen ihre medizinischen Kenntnisse aus den Schriften Bontekoes. Vielmehr konnte sich durch die Übersetzungen nun auch ein gebildeter Laie über den Aufbau und die Funktionen des menschlichen Organismus aus den Schriften eines Universitätsmediziners informieren. Da Bontekoes medizinische Auffassungen wesentlich durch Descartes geprägt waren, eröffnete sich hier eine breite Rezeption des Denkens des französischen Philosophen. [JS]

Werke

VERHAEL, Van een Wonderlijck GESICHT, Dat eenige dagen geleden een Fijn-Man gehad heest, meynende Christus met sijn Apostelen en veele Engelen en Zielen op een Olijf-Berg gesien te hebben, RAKENDE Cocceanerye, Cartesianerye, en in 't besonder d' outrouw van de Classis van seven-wonden. Gedruckt na de Copye, in Nieuw Stads by Neotericus Detertors, in de Tyding-Straet, in 't Oudt-Nieuws. s. a. (1a: Dk 13464; erschien ohne Verfassername).

DISPUTATIO CHIRURGICO-MEDICA INAUGURALIS, DE Gangraenâ & Sphacelo. QVAM, Praeside Summo Numine, Ex Auctoritate Magnifici D. Rectoris, D. ALBERTI RUSII, J. C. & Jurisprudentiae in Illustr. Lugd. Bat. Acad. Professoris celeberrimi, NEC NON Amplissimi Senatûs Academici consensu, & clarissimae Facultatis Medicae decreto, Pro gradu Doctoratûs, summisque in Medicina Honoribus & Privilegiis ritè consequendis, Publico Eruditorum examini subjicit CORNELIUS BONTE-KOE, Alcmar. A. D. 6. Maji, loco horisque solitis. LUGDUNI BATAVORUM, Apud Viduam & Heredes JOANNIS ELSEVIRII, Academiae Typograph. MDCLXVII. (1a: 56 in Ja 90).

TRACTAAT Van het Excellenste Kruyd THEE: 't Welk vertoond het regte gebruyk, en de groote kragten van 't selve in Gesondheyd, en Siekten: Benevens een KORT DISCOURS OP Het Leven, de Siekte, en de Dood:

mitsgaders op de Medicijne van dese tijd. Ten dienste van die gene, die lust hebben, om Langer, Gesonder, en Wijser te leven. DEN TWEEDEN DRUK Vermeerdert, en vergroot met byvoeginge van noch twee korte Verhandelingen, I. Van de COFFI; II. Van de CHOCOLATE, Mitsgaders van een Apologie van den Autheur tegens sijne Lasteraars. Door CORNELIS BONTEKOE, Doctor in de Medicijnen. IN 's GRAVENHAGE, Gedrukt by PETER HAGEN, Boek-verkooper inde Hoogstraat, inde auw, M DC LXXIX. (14: Diaetet. 459); TRACTAAT van Het Exellenste KRUYD THEE. Door C. Bontekoe. [Vorsatzblatt mit Kupfertitel]. TRACTAAT Van het Excellenste KRUYD THEE: 't Welk vertoond het regte gebruyk, en de groote kragten van 't selve in Gesondheyt, en Siekten BENEVENS EEN KORT DISCOURS Ophet leve, de Siekte, en de Dood: mitsgaders op de Medicijne van dese tyd. Ten dienste van die gene, die lust hebben, om langer, Gesonder, en Wuserte leven. DEN DER DEN DRUK Vermeerdert, en vergroot met byvoeginge van noch twee korte Verhandelingen, I. Van de COFFI, II. Van de CHOCOLATE: Mitsgaders van een Apologie van den Autheur tegens sijne lasteraars. Door CORNELIS BONTEKOE, In zyn leven, Lyf-Medicus van zyn Cheurvorstelyke Doorlagtigheyt van Brandenburg &c. IN 's GRAVENHAGE, By Pieter Hagen, Boekverkooper woonende op de Hoogstraet, 1685. (1a: Jp 10960); Aufl. 's Gravenhage 1697; auch abgedr. in: Opuscula selecte Neerlandicorum de arte medica. Amsterdam 1937.

Γνωθι σεαυτον sive Arn. Geulincx' Ethica. Post tristia autoris fata omnibus suis partibus in lucem edita per Philarethum. Lugd. Bat. 1675; [unter Pseud. herausgegeben]; weitere Aufl. 1683, 1691; CORNELII BONTEKOE, Celeberrimi, dum viveret, Medici & Philosophi, TRACTATUS ETHICO-PHYSICUS De ANIMI & CORPORIS PASSIONIBUS, Earumdemque CERTISSIMIS REMEDIIS, (Qui necessarium & utilissimum Quarti Tractatûs Ethici GEULINGIANI est supplementum, imò totius Ejusdem Ethicae Compendium, & quasi Anima) Ex Manuscripto in lucem fideliter protractatus, sectionibusque utilibus & Argumentis in fronte paginarum & Paragraphorum omnio necessariis, locóque Iudicis serie rerum uberiore, ceu integri Tractatûs Synopsi, ornatus & auctus, A. JOHANNE FLENDERO, Profess. & Rector Zutphaniensi. s. a. In: A. GEULINCS ETHICA Amstelodami apud Iansonio Waasbergios [Vorsatzblatt mit Kupfer]. ARNOLDI GEULINCS, (Dum viveret) Med. ac. Philos. Doct. hujusque in Academia Lugd. Batavâ Profess. Celeberrimi, Γνωθι σεαυτον SIVE ETHICA, Post tristia Auctoris fata. Omnibus suis partibus in lucem edita, & tam seculi hujus, quam Atheorum quorundam Philosophorum impietati, scelestisque moribus, quanquam speciosâ ut plurimum Virtutis praetextu larvatis, opposita, PER PHILARETUM. Cui accessit Clariss. CORNELII BONTEKOE Eruditissimus & utilissimus libellus de PASSIONIBUS ANIMAE, Cum gemina Serie rerum, quae utrobique tractantur, PER JOH. FLENDERUM, Prof. & Rect. Zutphan. Editio Ultima, ab Eodem à mendis ampliùs centum accuratissimè emendata. [Vignette]. AMSTELODAMI, Apud JANSSONIO-WAESBERGIOS, MDCCIX. [zuerst 1696]. (1a: Np 3064).

Nieuw gebouw van de Chirurgie of heelkonst eersten deel alwaer t'onde gestel van de Theorie der gezwellen wonden en ulceratien afgebroke word. Haag 1680. 8°; 2. erw. Aufl.: Vervoolg van het eerste deel alwaer de practyk der chirurgie van een mennigte van abuzen en morddaadigkeit overtuigt, met een vorrede waarin de oorzaken angewesen worden, door welke der medicyn en chirurgie zo onvolmaaktig zyn. Haag 1681. 8° (Haller, BIBLIOTHECA CHIRURGICA, T. I, S. 440); dt. Übers.: Newes Gebaw der Chirurgie, worinnen der Alten Theoria, Anatomie und Lehre von Geschwülsten, Wunden, Geschwüren ... dargethan ... aus der niederländischen in die hochteutsche Sprache überges. und mit ... Anm. vers. von Johann Petro Albrecht. Hannover und Hildesheim: Grentzen 1687. 8°; Neues Gebäude der Chirurgie, worinnen der alten Theoria, Anatomie und Lehre von Geschwülsten, Wunden, Geschwüren, Aderlassen, Purgieren, Repelliren ... Defendiren und vielen andern Mitteln abgebrochen, auch in einer ... Vorrede dargethan, warum die Artzney- und Heil-Kunst bisshero zu keiner grössern Perfection gelanget? ... Nebst des Herrn Autoris Lebens-Lauff ... in die hochteutsche Sprache übergesetzet und mit vielen ... Anmerckungen vermehret von Johanne Petro Albrecht ... Frankfurth und Leipzig, Verlegts Gottfried Freytag, 1697. (Zachert, 1982ff, Reihe A, Bd. 1, S. 235; Krivatsy, P., 1989, Nr. 1531).

Een brief aan Jan Frederik Swertsertje gesworen vijand van alle reden en verstand, hoofdlasteraar van twee grote mannen Coccejus en Descartes, mitsgaders van alle sijne regtmatige navolgers, godlooselijk en valschelijk overgehaald in sijn verduijvelde metoposcopia, of meesteresse der toverijen door C. B. M. D. ['s Gravenhage: P. Hagen 1680]. (THIJSSEN-SCHOUTE, C. L., 1954; CBN, vol. XVI, p. 70).

Latste Reden van Affscheid over de koortsen, uytgesprocken d. 15. Jul. A. 1681, tot Waarschouwing van alle, die nou liif en leven te leef hebben, om sig na de Mode, en in de Form, te laten piinigen, martelen en moor-

den, met Aderlaten, Purgeeren, Koeldrüncken, en wat meerder iß von dergliicken Moordgeweer. Hagae 1681. 8°. (Moller, II, S. 78; BLC, 37, 1980, S. 322).
Reden over de koortzen; door welke aangewesen word, dat de gemene theorie en praktijk valsch, schadelijk en moordadig is. 4. druk, vermeerderd ... Met en Provocatie aan alle doctoren, chirurgijns, apothekers en in 't besonder aan die van de stad Amsterdam. 's Gravenhage, Pieter Hagen, 1682. (Krivatsy, P., 1989, Nr. 1533); frz. Übers.: Traitée de fièvres, où l'auteur découvre l'erreur des medicins anciens & modernes, tant en leur théorie que dans leur pratique. Utrecht: Jean Ribbius 1682. 8°. (CBN, vol. XVI, p. 70; Krivatsy, P., 1989, Nr. 1534); Diatriba de febribus ... Belgicè conscripta ... Tandem Latinitate donata à Jano Abrahamo à Gehema ... Adposita est epistola cl. auctoris ad interpretem, nec non ejusdem provocatio ... nunc quoque Latinè translata. Hagae: P. Hagii 1683. (BLC, 37, 1980, S. 322; CBN, vol. XVI, p. 70; CATALOGUS LIBRORUM MEDICORUM ... in Officina JANSONIO-WAESBERGIANA ..., 1721: De Febribus. Hague 1683); [Bezançon, G. de]: La Medecine pretendue reformée, ou l'Examen d'un traité des fièvres ... compose par un auteur hollandois ... 1683. (BLC, 37, 1980, S. 322).
Antwort aan de Schryvers van de brief onder den naam van Pieter Bernagie uytgegeven door welke de pretense contradiction tegens het nieuw gebouw der chirurgie wederlegt wierd. Amsterdam: Jan Bouman 1682. 8°. (Haller, BIBLIOTHECA CHIRURGICA, T. I, S. 440; Krivatsy, P., 1989, Nr. 1524).
Notae provocatoriae in corollaria, quae disputationi suae de ictero opposuerat V. C. Gerh. Blasius, Med. D. & Prof ... Amstelodami, Typis Johannis ten Hoorn, 1682. 8°. (Krivatsy, P., 1989, Nr. 1532; BLC, 37, 1980, S. 322; Haller, BIBLIOTHECA ANATOMICA, Vol. I., 1774, S. 672; Moller, Joh. II, S. 77).
Vervolg van de Reden over de koortzen: dienende tot ... een kort antword op de beuselagtige tegenwerpingen ... in seker brief, onder de naam van Pieter Bernagie ... voor egebragt. Amsterdam: J. Boumann 1683. 8°. (BLC, 37, 1980, S. 322).
FRAGMENTA, Dienende tot een Onderwys van de Beweginge, en Vyandschap, of liever Vriendschap, Van het ACIDUM met het ALCALI. Mitsgaders Plegma, Spiritus, Oleum, Sulphur, Terra, en Caput Mortuum. Als mede De Grondt-slagh, tot den Opbouw Der MEDICYNE en CHIRURGIE. Wel eer beschreven door den Hoogh-geleerden HEER CORNELIS BONTEKOE, Medicynen Doctor. In 's GRAVEN-HAGE, By NICOLAES WILT, Boek-verkooper, woonende in de Pooten, 1683. (14: Pathol. gen. 501); Übers. ins Lat.: CORNELII BONTEKOE, Med. Doctoris, Francfurti ad Oderam med. Profess: ord. ac Frederici Wilhelmi, magni ducis Brandenburgici Archiatri & consiliarii &c. &c. &c. FUNDAMENTA MEDICA Sive de ALCALI ET ACIDI Effectibus per modum fermentionis & effervescentiae. Acedit item, Anonymi cujusdam authoris PHARMOCOPAEA Ad mentem neotericorum adornata. AMSTELODAMI. Ex officina CORN. BLANCARDI in platea Vulgo de Warmoesstraat. MDCLXXXVIII. [1688]. 12°. (14: Pathol. gen. 502); dt. Übers.: CORNELII BONTEKOE, weiland Med. D. und Prof. wie auch Ihr. Churfürstl. Durchl. zu Brandenb. Rahts= und Leib=Medici Grund=Saetze Der Medicin, oder Die Lehre vom Alcali und Acido durch Würckung der fermentation und effervescentz. Erstlich in Hollandischer Sprache vom Authore selbsten geschrieben/ anjetzo aber ins Hochteutsche übergesetzt durch H. H. Franckfurt und Leipzig In Verlegung Philip Gottfried Saurmans Buchhändl. in Bremen. 1691. 8°. (14: 4 A 7134; 14: 8 Path. gen. 503); CORNELII BONTEKOE, Weyland Med. D. und Professoris, wie auch Ihro Churfürstl. Durchl. zu Brandenburg Raths= und Leib=Medici Grund=Sätze/der MEDICIN und CHIRURGIE Oder Die Lehre vom Alcali und Acido durch Würckung der Fermentation und Effervescenz. Erstlich in Holländischer Sprache vom Authore selbst geschrieben/ nachdem ins Hochteutsche übersetzt. Anietzo aber Bey dieser weitern Auflag mit Fleiß übersehen/ von vielen Druckfehlern und sonsten gebessert/ geändert/ vermehrt/ sonderbar die Chirurgie betreffende denen Lehrenden und Anfängern/ der Lateinischen Sprach Unerfahrenen zum besten alle Terminos verteutschet Durch Johann Caspar Reiß/ Barbierer und Wund=Arzten in Augspurg. Augspurg/ In Verlag David Raymund Mertz/ 1721. 8°. (14: Pathol. gen. 504).
KORT en VAST BEWYS Dat'er geen ANNUS CLIMACTERICUS OF MOORT-JAAR IS, En 't selve In het 63. of 81. of enig ander Jaar van 's Menschen Leven niet te vresen staat. AEN Sijn Doorlugtigheyt de Heere Keur-Vorst van Brandenburg. Als Sijne Doorl. in het preten se Annus Climactericus ingetreden wa. DOOR CORNELIS BONTEKOE, Med. Doct. woonende tot Hamburg. IN 's GRAVENHAGE, By PIETER HAGEN, Boekverkooper woonende in de Hoogstraat in de Pauw, M.DC.LXXXIII. (14: Pathol. gen. 136, 22; 14: 4° Path. gen. 163, XXII); dt. Übers.: Kurtzer und Fester Beweiß/ daß kein Annus Climactericus, Oder Gefahr=Jahr zu finden/ Und daß solches weder in dem 63sten/ 81sten/ oder einigem andern Jahr des Mensch-

lichen Lebens zu befürchten ist durch CORNELIUM BONTEKOE Med. Doct. verteutscht von Joh. Abraham à Gehema, Eq. Med. Doct. S. R. M. polon. Consil. & Med. Extraord. HAMBURG/ Auff des Translators Kosten/1683. (14: Pathol. gen. 615).

Korte verhandeling van s'menschen leven, gesondheid, siekte, en dood, begrepen in een drie ledige reden, I. over t'lighaam en sijne werkingen in gesondheid; II. over de siekte en desselfs oorsaken; III. over de middelen, om het leven en de gesondheid te bewaren en te verlengen ... Synde een korte vervulling van 't Niew gebouw der chirurgie, van 't Tractaat van thee, van de Reden over de koortzen ... Als mede Drie verhandelingen, I. Over de natur. II. Over de bevinding. III. Over de sekerheit in de genees en heel-kunde ... 's Gravenhage, Pieter Hagen, 1684. (Krivatsy, P., 1989, Nr. 1527); dt. Übers.: Kurtze Abhandlung Von dem Menschlichen Leben/ Gesundheit/ Kranckheit/ und Tod/ In Drey unterschiedenen Theilen verfasset/ Davon das I. Unterricht giebet von dem Leibe/ und desselben zur Gesundheit dienlichen Verrichtungen. II. Von der Kranckheit/ und derselben Ursachen. III. Von denen Mitteln/ das Leben und die Gesundheit zu unterhalten und zu verlängern/ die meisten Kranckheiten aber/ und ein daraus entstehendes beschwerliches Alter/ durch Speise/Tranck/Schlaffen/Thee, Coffee, Chocolate, Taback/ und andere dergleichen zur Gesundheit dienliche Mittel/ eine geraume Zeit zu verhüten. Wobey noch angehänget/ Drey kleine Tractätlein/ I. Von der Natur/ II. Von der Experienz oder Erfahrung/ III. Von der Gewißheit der Medicin,oder Heil-Kunst. Erstlich in Holländischer Sprache beschrieben/ durch CORNELIUM BONTEKOE, Med. D. Ihro Churfl. Durchl. zu Brandenburg Rath und Leib-Medicus. Anitzo aber in die Hochteutsche Sprache versetzet/ Von R. J. H. Mit Churfl. Sächs. Gn. Privilegio. BUDISSIN/ In Verlegung Friedrich Arnsts/ druckts Andreas Richter/ 1685. 8°. (14: Diaetet. 209); weitere Aufl. 1688 (1a: Jd 5864 R; 14: Diaet. 210); Bautzen und Rudolstadt: F. Arnst/ Joh. Rudolph Löwe 1692 (14: 4 A 7134; mit Bontekoes Bildnis von J. C. Böcklin); Aufl. 1701 (14: Diaet. 211) und 1719 (Zedler, Bd. 4, 1733, Sp. 684); frz. Übers.: Nouveaux elemens de medicine; ou, Reflexions physique sur les divers états de l'homme. Divisées en trois parties. La premiere traite du corps humain & de ses operations. La seconde, des maladies, de la mort, & de leurs causes. Et la troisiéme, des moiens de prolonger la vie & de conserver la santé ... Nouvellement traduit en françois par un maitre chirurgien [i. e. Jean Devaux]. 2 vol. Paris, Laurent d'Houry, 1698. 12°. (Krivatsy, P., 1989, Nr. 1528; BLC, 37, 1980, S. 322).

Een nieuw bewys van d'onvermijdelijke noodsakelijkheid en grootste nuttigheid van een algemene twyfeling, nevens De reden, tegens alle redelose ... al redenerende betwist-redent ... Nevens Een brief aan Jan Frederik Swetsertje ... Amsterdam: Jan ten Hoorn 1685. (Krivatsy, P., 1989, Nr. 1530).

Gerbruik en mis-bruik van de thee, mitsgaders een verhandelinge wegens de deugden en kragten van de tabak. Door Cornelis Bontekoe ... Hier nevens een Verhandelinge van de coffe ... Door Stephanus Blankaart ... 's Gravenhage, Pieter Hagen. Amsterdam: Jan ten Hoorn 1686. (Krivatsy, P., 1989, Nr. 1526).

Verscheyde tractaen, handelnde van de vornaamste grondstukken om tot een waare kentnis der Philosophie en Medicyn te geraaken. Haag [P. Hagen] 1687. (Haller, BIBLIOTHECA ANATOMICA, Vol. I., 1774, S. 672f.; Rez. v. J. Le Clerc u. J. C. de La Crose, in: BUH, Fevr. 1687, pp. 363–376).

C. BONTEKOE Metaphysica ejusd. de Motu Liber Singul. nec non Oeconomia Animalis Accedit A. GEULINCX Physica Vera. LUGDUNI BATAVOR. Apud Iohannem de Vivié et Frederici Haaringh. [Vorsatzblatt mit Kupfer]. CL: C. BONTEKOE Serenißimi Electoris Brandenburgici Consiliari & Archiatri dignißimi METAPHYSICA, Et liber singularis DE MOTU, Nec non ejusdem OECONOMIA ANIMALIS, Opera Posthuma: Quibus accedit ARNOLDI GEULINCX Olim in Illustri Lugdunensium Athenaeo Professoris Celeberrimi, Eximii PHYSICA VERA Opus Posthumum. LUGDUNI BATAVORUM, Apud JOHANNEM DE VIVIÈ, ET FREDERICUM HAARLING. 1688. (1a: Ni 756; 14: 8 Philos B 529; 14: Mech. 302m; Rez. v. J. Le Clerc, in: BUH, Jan. 1689, pp. 116–128).

OECONOMIA ANIMALIS Sive Humanarum Functionum Contemplatio Theoretica. Opus Posthumum cI: Viri CORNEL: BONTEKOE. [Lugd. Batav. 1688]. (14: Physiol. 376); dt. Übers.: CORNELII BONTEKOE, Weyland Med: Doct: und Prof: Wie auch Ihro Churfürstl. Durchleuchtigkeit zu Brandenburg Rahts=und Leib=Medici Opus Posthumum, sive OECONOMIA ANIMALIS. Das ist: Kurtze und ausführliche Beschreibung des gantzen menschlichen Leibes/ und desselben Würckungen. Wie solche fürnemlich in dem Umlauff des Geblühts bestehen/ und daher ihren Ursprung nehmen. Aus dem Lateinischen und Holländischen ins Hochteutsche übergesetzet von H. H. BREMEN/ Verlegts Philip Gottfried Saurman Buchhändl. 1692. (14: 4 A 7134).

Kort en bondig recept, of Remedie tegens het podagra. 1688. (BLC, 37, 1980, S. 322).

Alle de philosophische, medicinale en chymische werken van den Heer Corn. Bontekoe ... behelsende een afwerp der ongefondeerde medicyne ... Neffens den opbouw van een ware philosophie, medicyne en chymie ... Eerste deel [-tweede deel]. Amsterdam, Jan ten Hoorn, 1689. [S. 49–54: »Kort verhaal van het leven en de dood van den heer Corn. Bontekoe.«]. (Krivatsy, P., 1989, Nr. 1523; BLC, 37, 1980, S. 322).

Unaussprechlicher Nutz Des Krauts aller Kräuter/ oder Des Königlichen Gewächses/ Des Tabacks/ Vormahls durch den Churfl. Brandenburgischen Rath und Leib=Medicum, Cornelium BONTEKOE, Med. D. rem, in Holländischer Sprache herausgegeben/ Nunmehr aber mit sonderlichem Fleiß Denen vornehmen Liebhabern dieser Herrlichen Panate Zu einer Ergetzligkeit In die Hoch=Teutsche Mutter=Sprache übersetzet von R. J. H. Gedruckt im Jahr 1700. (14: Diaetet. 166, 12).

Rechte Manier wie man den Theé recht kennen unterscheiden und gebührend nach den Regeln der gesundheit gebrauchen soll. – Von der Krafft und Gebrauch der Chocalate bey Gesunden und Krancken ... (1705).

Briefe

Schreiben von Herrn Cornelis Bontekoe an Heydentryk Overkamp. In: Overkamp, Heydentryk: Nieuw Gebouw der chirurgie of heel-konst. 1689. (Zachert, 1982ff, Reihe A, Bd. 1, S. 235).

Epistola Cornelii Bontekoe ad Conerdingium Archiatrum. [Brief an den fürstl.-braunschweig. Leibmedikus Conerding vom 21. Dez. 1683]. In: ACTA MEDICORUM BEROLINENSIUM, Vol. X, S. 88–106. (11: Ja 1580).

Magni Philosophi DN. CORNELII BONTEKOE, MED. DOCT. Serenissimi Elect. Brandenburgici qvondam Consiliarii & Archiatri dignissimi, nec non Professoris Francofurt. ad Viadrum Meritissimi, LITERAE FAMILIARES Ad Virum Nobilissimum JANUM ABRAHAMUM à GEHEMA, Eqvitem & Indigenam Polonum S. R. M. Polon. Consiliarium & Medicum Extraordinarium. BEROLINI, Sumptibus RUPERTI VÖLCKERI, Bibliopolae Berol. & Francofurt. ANNO M DC LXXXVI. (14: Epistol. 608). [7 Briefe; vermutl. alle aus der zweiten Jahreshälfte 1682].

Nachlaß

Autograph von 1680. (BJK).

Literatur

BÖDIKER, Johann: Trauer=Fall Und Ehren=Schall. Dem HochEdlen/ Vesten/ Hochgelahrt= und Hocherfahrnem Herrn/ Herrn Cornelio Bontekoh/ U. Med. Doct. Sr. Churfürstl. Durchl. zu Brandenburg Raht/ und glücklichem/ hochbeliebten Hoff= und Leib=Medico, Profess. zu Franckfurt/ Als derselbe durch einen plötzlichen Fall sein Leben frühzeitig/ doch nicht unselig geendiget/ und der Leichnam mit einem hochansehnlichem Gefolg des Churfürstl. Hofes/ und dieser Haupt= und Residentz=Stadt/ in der Schloß=Kirchen zur Heil. Dreyfaltigkeit/ Christlich beygesetzet wurde/ am 18. Jenner 1685. Jn einer Stand=Rede und Abdankung vorgestellet und zum Druck heraußgegeben von JOHANNE BÖDIKERO, P. Gymn. Svevo-Colon. Rectore. M.DC.LXXXV (1a: Aw 20361a); OVERCAMP, H.: Rede van het leven en Dood van de Heer Cornelius Bontekoe. Amstelodami 1685 (Dt. Übers. v. Joh. Peter Albrecht, in: Neues Gebäude der Chirurgie ... 1697); HENDREICH, Chph.: PANDECTAE BRANDENBURGICA, ... 1699. (11: A 10085); ACTA MEDICORUM BEROLINENSIUM, Vol. X (1722); SYLVIUS, Jacob: TOE-SANGH, OP DEN EERDAGH VANDE WELWEYSE HOOGH-GELEERDE CORNELIS BONTEKOE ... [Promotion zum Dr. med. am 6. Mai 1667]. s. l. e. a. (1a: Ja 87, 50); DE MORAAZ: EPITHALAMIUM NUPTIIS Auspicatissimis, Felicissimis, Clarissimi ac Doctissimi Viri CORNELI BONTEKOE, MEDICINAE DOCTORIS ... ET ANNAE DE MORAAZ. Celebratis III. Kalend. Junî Anno 1667. Lugdun.-Batav, Apud Viduam Danielis à Boxe, Anno 1667. (1a: Ja 87, 1a); ZEDLER, Vierter Band: Bl-Bz, Halle und Leipzig 1733, Sp. 683f.; KÖNIG, 1793, S. 235, 389; KESTNER, Medicinisches Gelehrten-Lexicon, 1740, S. 130; MOLLER,

Joh.: Cimbria litterata, T. II, 1744, p. 74–79; REIMMANN, Histor. Litt., VL p. 36ff; STOLLE, Anl. z. Hist. d. Medicin, C. I, § S. 213; KÜSTER/MÜLLER, 1752, III, 283; JÖCHER, Bd. I, 1750; DUNKEL, J. G. W., Bd. 1, T. 4, 1755; ERSCH/GRUBER, Erste Sektion A–G, 11. T., Leipzig 1823, S. 413; SCHRÖDER: Lexikon hamb. Schriftsteller, Bd. 1, 1851; MICHAUD, 1854, T. 5, p. 53; BANGA, J.: Geschiedenis der geneeskunde en van hare beoefenaren in Nederland. Leeuwarden 1868, p. 627–636; FREDERIKS, Johannes G.: Biographisch woordenbock der Norden Zuidnederlandsche Letterkunde. Amsterdam 1888; ZELLER, E.: Über die erste Ausgabe von Geulincx' Ethik und Leibniz' Verhältniss zu Geulincx' Occasionalismus. In: Sitzungsberichte der Preußischen Akademie der Wissenschaften. 1884, S. 673–695; NIEUW NEDERLANDISCH BIOGRAFISCH WORDENBOEK: ACHTSTE DEEL: Leiden 1930, S. 172–175; ARTELT, W., 1948, S. 13; THIJSSEN-SCHOUTE, C. L.: Nederlands Cartesianisme. Amsterdam 1954, p. 276–315; LIEBURG, M. J. van/ TOELLNER, R. (Hrsg.): Deutsch-Niederländische Beziehungen in der Medizin des 17. Jahrhunderts. Amsterdam 1982; ZACHERT, Ursula (Bearb.). Herzog August Bibliothek Wolfenbüttel. Verzeichnis medizinischer und naturwissenschaftlicher Drucke. 1472–1830. Bearbeitet von Ursula Zachert unter Mitarbeit von Ursel Zeidler. Reihe A–D. 14 Bde. Nendeln u. a. 1982ff.; A CATALOGUE OF Seventeenth Century Printed Books IN THE NATIONAL LIBRARY OF MEDICINE. Compiled by Peter KRIVATSY. U.S. DEPARTEMENT OF HEALTH AND HUMAN SERVICES. Public Health Service National Institutes of Health. National Library of Medicine Bethesda, Maryland 1989.

Bötticher, Otto

* 27. Nov. 1581 Landsberg a. d. W.
† 8. März 1663 Berlin
Mediziner, Historiograph, reform.
V Otto B., Pastor und Inspektor Diözese Falkenburg
M Anna, Tochter des Garzer Rats Lorenz Schultze
⚭ I. 2. Jan. 1626 mit Barbara (9. Jan. 1608–2. Jan. 1653), Tochter des Ratskämmerers Sebastian Grünicke
   II. 1660 Margarethe Munier, geb. Seidel

Schule in Falkenburg und am Gymnasium in Stettin
1606–1609   Universität Marburg
1611   Universität Giessen
1613   Universität Straßburg und Basel (Dr. med.)
1614   Arzt in Berlin
1622   Ernennung zum kfl. Leibmedikus

Otto Bötticher wurde am 27. Nov. 1581 in Landsberg/Warthe geboren. Sein Vater war dort Archidiakon, bevor er in Falkenburg (Hinterpommern) als Pfarrer und Inspektor eingesetzt wurde. Nachdem Bötticher die ersten Schuljahre in Falkenburg verbracht hatte, wechselte er für vier Jahre an das Gymnasium in Stettin, wo er sich unter dem Rektor Christoph Butelius (1571–1611) auf die Universität vorbereitete. Gemeinsam mit Hermann von Blüchern bezog er zunächst die Universität Wittenberg, dann die Helmstedter Alma mater und von 1606 bis 1609 die Universität Marburg, um sich vor allem der Medizin zu widmen. Anschließend immatrikulierten sich beide an der Leipziger Universität (Sommer 1610). Sein Studium finanzierte Bötticher dadurch, daß er wiederholt die Stelle eines Informators für Studenten aus adligen Häusern annahm. In Leipzig leitete er die Studien des schwedischen Freiherrn Erich Bielcke, danach die eines Sohnes aus der Familie der von Marwitz zu Beerfelde an.
Am 10. Mai 1611 bezog er mit Achatz von Sydow die Universität Giessen, und vermutlich übernahm er hier auch die Aufsicht über die Studien von Franz Joachim von Arnim, der sich Ende 1609 immatrikuliert hatte. Bötticher's Interessen lagen nicht nur auf dem Gebiet der Medizin, sondern auch der historisch-politischen Wissenschaften. Deren Kenntnis befähigte ihn auch in besonderer Weise zum Informator adliger Studenten, da die Lehre vom Staat in der Regel das Hauptfach für jene war, die sich auf die Übernahme des väterlichen Erbes oder für ein Amt im Dienste ihres Landesfürsten vorbereiteten. Und weil die »Politica« nicht nur das Staats- und Völkerrecht, sondern auch angrenzende Gebiete wie die Genealogie umfaßte, erwarb Bötticher dadurch auch grundlegende Kenntnisse für seine eigene spätere Studie zu den Hohenzollern. Nach der Fortsetzung des Medizin-Studiums in Heidelberg betreute er seit 1613 zwei hessische Adlige an der Universität Straßburg und wechselte dann nach Basel, um sich im Fach Medizin zu promovieren. Zu seinen Basler Lehrern zählte neben Felix Platter (gest. 1614) insbesondere der Medizinprofessor Caspar Bauhuis, dem die dortige Medizin-Fakultät ihr hohes Ansehen verdankte.
Als Bötticher nach Stettin zurückkehrte, hatten sich die konfessionellen Auseinandersetzungen zwischen Reformierten und Lutherischen so verschärft, daß er sich bereits nach kurzem Aufenthalt nach Berlin wandte, wo er sich 1614 als praktischer Arzt niederließ. Hier konnte er seine guten Verbindungen zum märkischen Adel, die er während seiner Studienjahre geknüpft hatte, reaktivieren und einen breiten Patientenkreis an sich binden. Da zahlreiche adelige Leichenpredigten dieser Zeit ihn als behandelnden Arzt nennen, darf man von einer gut gehenden Praxis ausgehen, die seinen Ruf als Mediziner festigte und 1622 zur Bestallung als kurfürstlicher Leibarzt führte. (Ein Entwurf der Bestallungsurkunde ist datiert auf den 1. Mai 1622; vgl. GStA Rep. IX, L 1, Fasc. 6, Fol. 1.)
Seine Aufgaben lagen nun in der medizinischen Betreuung von Angehörigen der kurfürstlichen Familie, die er als Reisearzt bereits 1626–1629 nach Königsberg, später zum Leipziger Fürstentag und dann nach Cleve und Böhmen begleitete. 1637 zog Bötticher wieder für drei Jahre – nun aber mit seiner Familie – nach Königsberg, um die Mutter des Kurfürsten zu behandeln. Hier in Preußen beendete er auch seine genealogischen Studien zum Hause Hohenzollern, die sich in eine Reihe thematisch gleicher Werke, beginnend mit Peter Hafftiz' (um 1530–1589) »Manuscriptum microchronicum, das ist Ein klein geschriebeen Buch in welchen kürtzlich verfasset ist der Ursprung und Ankunfft der Marg-Grafen zu Brandenburg. Anno 1597«, stellen. Obwohl von Bötticher keine weiteren Arbeiten bekannt sind, hat er sich

dennoch bemüht, die wissenschaftlichen Arbeiten von Kollegen und Bekannten zu unterstützen. So beriet er u. a. Martin Friedrich → Seidel bei dessen historischer Untersuchung »Kurtzer Bericht von dem Adel, uhralten Herkommen, Geschichten und Wapen Derer von Schwerin« und setzte sich für die Publikation der Arbeit ein.

Nachdem 1653 seine Frau gestorben war, heiratete er 1660 die Witwe des Sekretärs Munier, die aber bereits nach 4 Monaten starb.

Bötticher war Mitunterzeichner des Briefes von 1661, der 1685 zum ersten Medizinaledikt Brandenburgs führte. Die Hofstaatliste von 1652 beziffert sein Einkommen auf 400 Thl. (KÖNIG, 1792–1799, S. 295); aktenkundig überliefert ist ein Schriftwechsel, der vor allem Gehaltsforderungen sowie die Befreiung von Kontributionszahlungen und Einquartierungen betrifft. (Vgl. auch WINAU, 1987, S. 12: Reskript des Kf. vom 12. Sept. 1640, das Böttichers Haus von Einquartierungen befreit.) Allerdings war die Freistellung von Einquartierungen und Abgaben ein Privileg, das nur zeitweilig vergeben wurde. Als Bötticher im Juli 1656 erneut um eine Befreiung nachkam, reagierte der kurfürstliche Geheime Rat mit einer Vorladung und einer ernsten Vermahnung, die Gunst des Kurfürsten nicht auszunutzen.

Bis zu seinem Tode führte Bötticher seine Privatpraxis weiter und versah auch im Auftrag des Kurfürsten die Aufgaben eines Amtsarztes. Seit 1649 wirkte er neben Wolf Dietrich von Rochow, Zacharias Friedrich von Götzen und Johann Tornow als Schulrat des Joachimsthalschen Gymnasiums sowie als Kirchenrat der reformierten Gemeinde. Trauergedichte zu seinem Gedächtnis verfaßten seine Kollegen Martin → Weise, Thomas → Pankow und Johann Sigismund → Elsholtz sowie der Rektor und die Lehrer des Joachimsthalschen Gymnasium Johann → Vorstius, Balthasar Mülner und Gersom → Vechner.

Die in der Leichpredigt von Bartholomaeus Stosch erwähnten Paraphrasen auf die Psalmen Davids, die Bötticher in Form lateinischer Carmina dichtete, ließen sich nicht mehr nachweisen. [JS]

Werke

Epicedium. In: Schmuck, Vincent: Leichpredigt auf Antonius Hohgrefe, Stud. Leipzig. Leipzig: Michael Langenberger 1611. (1: Ee 518, 11, ohne Epicedia; LP StA Braunschweig Nr. 2614).

Discursus historico-politicus de formis rerum publicatum, summisque imperii affectionibus privatim in privato congressu & collegio excussus praeside O. Boettichero Falcoburgo-Marchico respondente Achatio a Sidow equite Marchico. Gissae 1613. 4°. (Küster, 1740–1762; I, 1740, S. 7).

De causis & differentiis dierum decretoriorum. Basilae 1613. 4°. (Haller, BIBLIOTHECA MEDICINAE PRACTICAE, T. II, MDCCLXXVI, S. 435).

Genealogia electorum ac marchiorum Brandenburgensium ex burggraviis norimbergicis. Königsberg 1640. (Winau, 1987, S. 12).

OTTONIS BOETTICHERI gründlicher Beweis der Stamm-Linie des uhrältesten hochlöblichen Hauses der Churfürsten zu Brandenburg, woher sie anfänglich entsprossen, zu welcher Zeit sie Grafen zu Zollern geworden, die nunmehr den Titel der Grafen zu Hohenzollern und endlich die Chur-Würde erlangt haben, wird ausgeführt in beygedrukter Introduction solcher Stamm-Linie. Königsberg 1643. (Küster, 1743, S. 910: ad p. 332).

Nuptiis IACOBI & LOYSAE CHARLOTTAE omnem felicitatem gratulatur. Berolini 1645. (Küster, 1743, S. 921).

»Clarissimo Dn. PANCOVIO, Medicinæ Doctori, Sponse gratulabundus deproperabam.« [Epithalamium für Thomas Pankow und Catharina Berchelmann]. In: MISSUS POETICUS in Nuptiis auspicatissimis VIRI Excellentissimi Clarissimi atque Experientissimi DOMINI THOMÆ PANCOVII, DOCTORIS MEDICI, ET PRACTICI BERLINENSIS, cum VIRGINE Lectissimâ, virtutibusque Virgineis perquam conspicuâ CATHARINA, VIRI Amplissimi, Excellentissimi et Consultissimi, DN. JOHANNIS BERCHELMANNI, J. U. L. & Statuum provincialium in Electoratu Brandenb. cis Viadrum Syndici & Quæstoris fidelissimi, dilectissimâ FILIA, BEROLINI pridie Martini celebratis, Mensæ secundæ surrogatus à PATRONIS, PROPINQUIS, FAUTORIBUS, AMICIS. Literis RUNGIANIS. s. a. [1651]. (109: Slg. GK: Cg 144).

»Justitiae truculenta fores Mars pulsat iniquis …«. [Epicedium auf den Tod von Johann Krause]. In: MONIMENTA, Quae VIRO Clarißimo & Amplißimo DN. JOHANNI CRAUSIO, JURISCONSULTO & Camerae Elector. Brandenburg. Svevo-Colon. Advocato per XIX. annos celeberrimo, integerrimo IN SUPREMUM HONOREM [Griech.] contestandae ergo. EREXERUNT Amici & Fautores. ANNO M.DC.LVII. BEROLINI, Typis Rungianis. (1: Ee 519, 17, angeb.).

»PANCOVI Turnheuserias tenebris …« [Widmungsgedicht f. Th. Pankow]. In: Pancov, Thomas/Zorn, Bartholomäus, HERBARIUM, 1673. (11: Jo 73150).

Literatur

Stosch, Bartholomäus: Der Christen Trost und Hoffnung Zum Ehren=Gedächtniß Des weiland Wol=Edlen Groß=Achtbarn und Hochgelahrten Herrn Otto Böttichers M. D. Churfürstl. Brandenb. Raths und Wolverdienten Eltesten Leib=Medici Nachdem derselbige am 8. Martii dieses 1663. Jahres selig in Christo entschlaffen und dessen verblichener Cörper am 15. in seinem Ruhekämmerlein beygesetzet worden. Erkläret auß dem 91. Psalm v. 15. 16. und auff begehren in Druck gegäben. Berlin Gedruckt bey Christoff Rungen. s. a. [1663]. (1: Ee 503, 14,15); Lessus Lugubres In Obitum Amplißimi, Nobilißimi, Experientißimi, atq. Excellentißimi, DOMINI OTTONIS BOTTICHERI, Medicinarum Doctoris …, Serenissimi Electoris Brandenburgici Consiliarii & Archiatri Senioris, nec non Ecclesiastici & in Gymnasio Joachimico Scholastici Antistis, Viri incomparabilis &, dum viveret, rarae Eminentiae, deq. Aulâ & totâ Patriâ meritißimi, Fusi A summo dolore affectis Amicis & Fautoribus. Berolini, Typis Rungianis. M.DC.LXIII (1: Ee 503, 14); MÜLNER; Balthasar: Cupressus & Ara Exequialis Nobilißimi, Amplißimi, Consultißimi, Experientißimi VIRI DOMINI OTTONIS BOTTICHERI … A Balthasare Mülnero, Gymnasii Electoralis Joachimici Sub-Rect. (1: Ee 503, 15); ACTA MEDICORUM BEROLINENSIUM, Decas II, vol. V., 1725, S. 6; Küster, 1740–1762; I, 1740, S. 3–8; Küster/Müller, 1737, I, S. 70 (Epitaph), S. 165; Küster, 1743, S. 333; BIBLIOTHECA MEDICINAE PRACTICAE QUA SCRIPTA AD PARTEM MEDICINAE PRACTICAM FACIENTA A RERUM INITIIS AD A. MDCCLXXV RECENSENTUR. AUCTORE ALBERTO von HALLER. (…) TOMUS I. AD ANNUM MDXXXIII. TOMUS II. AB ANNO 1534. AD A. 1647. TOMUS III. AB ANNO 1648 AD 1685. TOMUS IV. AB ANNO 1686 AD A. 1707. BASILAE apud JOH. SCHWEIGHAUSER, & BERNAE apud EM. HALLER. MDCCLXXVI–MDCCLXXXVI; Klewitz, E./ Ebel, Karl: Die Matrikel der Universität Gießen. 1608–1707. Gießen 1898; Winau, 1987, S. 12; GStA Rep. IX, L 1, Fasc. 6; GStA Rep 2, Nr. 10, fol. 335.

Bredow, Peter

* 15. Dez. 1633 Berlin
† 5. Juli 1689 Berlin
Pädagoge, luth.
V   Bartholomaeus B.
M   Gertraut geb. Schultze
⚭   I. 1663 Anna Maria geb. Kuntzenbach (gest. 1674)
    II. 1676 Gertrud geb. Rohtenberges
K   I. 7 Kinder (außer Johannes starben alle früh)
    II. 3 Kinder (Franz, Ludwig, Louisa)

Schulbesuch am Berlinischen Gymnasium
1652   Universität Wittenberg (und Universität Frankfurt/O. ?)
1654–1668   Baccalaureus am Berlinischen Gymnasium
1668–1673   Subkonrektor
1673–1689   Subrektor

Peter Bredow wurde am 15. Dez. 1633 in Berlin geboren. Von seinem Vater Bartholomaeus Bredow ist lediglich überliefert, daß er ein bekannter und beliebter Bürger der Stadt war (seinen Beruf verschwieg Daniel David HEIMBURGER in seiner Leichpredigt auf den Verstorbenen 1689; auch den Großvater Joachim Bredow bezeichnete er lediglich als Bürger Berlins). Auf jeden Fall stammte Bredow aus recht bescheidenen Verhältnissen, die ihn später sogar zum Abbruch der Universitätsausbildung zwangen. Die Mutter Gertraut war eine Tochter des Cöllner Fischers Peter Schultze. Die Eltern erreichten ein hohes Alter und starben Mitte der achtziger Jahre des 17. Jahrhunderts. Überliefert ist außerdem, daß sie während des Dreißigjährigen Krieges, als ihr Sohn geboren wurde, »ihr Brod mit Blut saurer Arbeit erwerben müssen«, so daß sie den kleinen Knaben einer Kinderwärterin anvertrauten, die ihn im Alter von einem halben Jahr jedoch so unglücklich fallen ließ, daß er einen lebenslangen Gliederschaden davontrug.

Schon als Kind soll sich Bredow durch seine Wißbegier und seinen Leseeifer sowie durch ein erstaunliches Gedächtnis ausgezeichnet haben. Am Berlinischen Gymnasium, das er mehrere Jahre besuchte, waren Adam → Spengler, Martin → Lubath und Isaak Pölmann (1618–1693), der spätere Pastor zu Schönberg und Langwitz bei Berlin, seine wichtigsten Lehrer. Als Rektor Spengler 1649 seinen Namenstag feierte, gehörte auch Bredow zu jenen Schülern, die ihm aus diesem Anlaß zahlreiche selbstverfaßte Carmina überreichten. An dieser angesehenen Bildungsanstalt in der kurbrandenburgischen Residenz erhielt Bredow eine fundierte Ausbildung vor allem in den philosophischen Disziplinen, nahm an mehreren Disputationsübungen teil, konnte sich wohl auch in den öffentlichen Deklamationen auszeichnen und erlebte vor allem den Aufschwung des Schultheaters. Später ließ er dann selbst als Lehrer an dieser Anstalt mehrere Schulspiele durch die Gymnasiasten aufführen.

Obwohl sich Bredows Eltern »in höchster Armuth« befanden (so D. D. HEIMBURGER in seiner Leichpredigt), schickten sie 1652 ihren Sohn zum Studium nach Wittenberg, wo sich dieser am 8. Aug. unter dem Rektor und Professor für Logik, Christian Trentsch (gest. 1677), in die Matrikel einschrieb (WEISSENBORN, 1934, 52,324; FRIEDLÄNDER, 1888, S. 29, 35, weist für 1652 auch die Immatrikulation eines gleichnamigen Studenten an der Universität Frankfurt/O. nach, HEIMBURGER allerdings wußte nichts von einem Universitätsbesuch Bredows an der Viadrina). Die zum Studium und zum Unterhalt in der Universitätsstadt notwendigen Mittel konnte Bredow jedoch nicht lange aufbringen, so daß er bereits nach einem Jahr sein Studium abbrechen und nach Berlin zurückkehren mußte, in der Hoffnung, mit Hilfe eines Stipendiums seine Studien wieder aufnehmen zu können. Zwar erfüllte sich diese Hoffnung nicht; gleichwohl erhielt er am 17. Jan. 1654 durch einstimmigen Beschluß der Berliner Ratsherren die Vokation zum Baccalaureus Inferior am Berlinischen Gymnasium, des unteren Baccalaureus also, der die siebente Lehrerstelle einnahm. Bereits im August 1655 stieg er auf die nächste Position zum Baccalaureus Superior auf.

Die feste öffentliche Anstellung erlaubte nun auch die Gründung einer Familie: Am 9. März 1663 ehelichte Bredow Anna Maria geborene Kunzenbach. Aus dieser Ehe stammten sieben Kinder, von denen beim Tode des Vaters 1689 nur noch der Sohn Johannes am Leben war, der in der Fremde als Barbier seinen Unterhalt verdiente. Nachdem seine Frau am 10. Febr. 1674 verstorben war, heiratete Bredow am 25. Okt. 1676 Gertrud geborene Rohtenberges, die ihm drei Kinder gebar, welche alle den Vater überlebten.

Bredow, der als unverzagter und unbeirrbarer Schullehrer galt, stieg am 17. Dez. 1668 zum Subkonrektor auf und erhielt am 12. Sept. 1673 die Stelle des Subrektors, die er bis zu seinem Tode 1689 bekleidete. Der Archidiakon zu S. Nicolai, Daniel David → Heimburger, sagte in seiner Leichpredigt über den Verstorbenen: »Er hat ein gutes Zeugniß mit sich aus der Welt genomen/ von der hiesigen Obrigkeit/ von seinen Herren Collegen/ ja von der gantzen Stadt. Er hat sein Leben in aller Stille/ Frömmigkeit und Gottseligkeit geführet. Ein solches Leben/ welches arbeitsam/ niemand beschwerlich/ vielen aber nützlich war.«

Wie viele Gelehrte seiner Zeit verfaßte auch Bredow zahlreiche Epicedia, Epithalamia und andere Carmina gratulatoria, die er gemeinsam mit seinen Schulkollegen des Berlinischen Gymnasiums ausgehen ließ. Besonders enge Beziehungen schien er zur angesehenen Familie des Kaufmanns und Apothekers Joachim Tonnenbinder gehabt zu haben, wurde er doch bei der Beerdigung Tonnenbinders am 9. Nov. 1673 mit der Abdankungsrede betraut. Auch für die Ehefrau eines der Söhne Tonnenbinders hielt er 1674 die Abdankung. Mit der Abdankungsrede wurden meist der Trauerfamilie nahestehende Personen beauftragt. Wichtig war vor allem Bredows Beitrag für die Entwicklung der Schüleraufführungen am Berlinischen Gymnasium: Sein Schulspiel »Germania de profligata barbarie triumphans« (1670) verherrlichte den Sieg Germanias über die Barbarei. In vier Akten wurden »das Zwielicht, die Morgenröte, die Verdunkelung und das helle Tageslicht« deutscher Bildung im Zeitalter des Arminius, Karls des Großen, der mönchischen Scholastik und der Reformation dargestellt. Wegen seiner einheitlichen Konzeption war dieses Schulspiel den anderen Schüleraufführungen jener Jahre weit voraus (GUDOPP, 1900, S. 12 u. 1902, S. 8f.). Anstelle von bisher gern verwendeten mythologischen Figuren machte Bredow nun historisch faßbare Personen zum Gegenstand der Schüleraufführungen, allerdings in einem universellen deutschnationalen Sinne. Insgesamt sind fünf von Bredow veranstaltete Schulactus belegt, unter anderem ein Actus über das Leben des römischen Politikers Marcus Porcius Cato, gemeint der Jüngere (95–46 v. u. Z.). Der von stoischen Erziehungsidealen geprägte römische Staatsmann war durch die Ablehnung jeglicher Angriffe auf die althergebrachte, gesetzlich geformte römische Ordnung und durch seinen ganzen Einsatz für die dominierende Stellung des Senats in zunehmende Spannungen zu dem nach Alleinherrschaft strebenden Konsul Pompeius und später in unüberbrückbare Gegensätze zu Caesar geraten. Während der bewaffneten Auseinandersetzungen zwischen Caesar und den Republikanern verteidigte er von Frühjahr 47 bis April 46 als Kommandant die Stadt Utica vor den vorstoßenden Caesarianern (was ihm den Beinamen »Uticensis« einbrachte). Nach dem Sieg des Diktators bei Thapsus stürzte sich Cato ins eigene Schwert; sein Selbstmord brachte den vor den Toren der Stadt stehenden Caesar um den erhofften Akt der Begnadigung und wirkte politisch wie ein Fanal. Das Thema wurde wiederholt in der Literatur bearbeitet, unter anderem durch Johann Christoph Gottsched (1700–1766), dessen »Sterbender Cato« (1732) bis 1757 zehn Auflagen erlebte.

Zu Beginn des Jahres 1688 wurde Bredow von einer schweren Hypochondrie befallen, von der er sich nicht mehr erholte; er starb im Alter von 55 Jahren am 5. Juli 1689 in Berlin. Die später auch im Druck veröffentlichte Leichpredigt hielt zur Beerdigung am 14. Juli der Archidiakon zu S. Nicolai, Daniel David Heimburger; die Abdankung stammte vom Konrektor Samuel → Rodigast, der die Zuschrift an die Witwe als Sonett in Alexandrinerversen dichtete. Rodigast entwarf in seiner Rede an der Gestalt des ägyptischen Gottes Anubis, der einen Menschenkopf und zwei Tierköpfe besaß, in der linken Hand den Heroldsstab führte und in der rechten Hand einen Palmzweig hielt, das Bild eines öffentlichen Lehrers, »das vor der Welt zwar eine seltzame und verachtete Gestalt/ aber eine gute und nützliche Bedeutung habe/ durch den Menschen=Kopff werde angezeiget die Klugheit/ durch den Kopff eines Hundes die Wachsamkeit/ durch den Pferde=Kopff eine muthige Gedult und Standhafftigkeit/ durch den Herold=Stab ein Friedsames und bescheidenes Wohlverhalten/ dadurch die Zuhörer regieret/ und zum Guten mit angeführet werden: endlich durch den Palm=Zweig die Überwindung seiner selbst und anderer Feinde in der Welt.« Für Rodigast war Bredow »ein Kluger und Wachsamer/ ein muthiger und unverdroßner Lehrer/ der den Stab Weh und Sanffte wol wuste zu führen/ und zu gebrauchen … in die 36. Jahr durch unermüdeten Fleiß grossen Nutzen geschaffet/ nun aber gleichsam die Sieges=Palmen in seiner Hand zeiget/ und über alles erlittene Ungemach frölich triumphiret«.

[LN]

Werke

N. J. Clarissimo atque Doctissimo DN. M. ADAMO SPENGLERO, Gymnasii Berolinensis Rectori Meritissimo, Natalem suum XXIV. Decembris Anno ... 1649. CELEBRANTI, Devotè applaudunt Quidam Ejus Cupientissimi Discipuli. Berlin 1649 (109: Slg. GK: Sch 1/25 u. 28).

Epicedium für Sidonia Rösner geborene Waldner, Ehefrau von Johann Rösner, Achidiakon zu S. Marien. An: Lubath, Martin: Leichpredigt für Sidonia Rösner geborene Waldner. Berlin 1656 (LP StA Braunschweig, Nr. 6966).

»Principibus placuisse Viris, non ultima laus est ...« [Epicedium]. In: Lilius, Georg: Chur Brandenburg: Vice Cancellärn H. Andr. Khols I. C. Seel. ged. Andenck=Seule 1656 [Bl. 1]. GAUDIUM IN DOMINO, de Animae vestimento Die Herrn=Freudt/ übern Seeln=Kleidt Aus Esaias Propheten=buch/ im LXI Cap. Bey Christlich= Edler Leichnbegängknüß/ Deß Weyland WolEdlen/ Großacht=bahren/ Hochgelarten/ Herrn Andreas Kohl: ICTI, Churfürstl. Durchläucht: zu Brandenburgk: Hoff=vnd Cammer=gerichts=Raths/ auch Vice= Cancellärn: Seelged. [...]. Helmstadt/ Gedruckt bey Henning Müllern/ Anno 1656. (1: Ee 519, 8).

Epicedium für Margaretha Hoffmann geborene Bernhard, Ehefrau von Jakob Hoffmann, kfl.-brand. Ziesemeister. An: Lubath, Martin: Leichpredigt für Margaretha Hoffmann geborene Bernhard. Berlin 1656 (LP StA Braunschweig, Nr. 419).

LACRYMÆ POSTHUMÆ HONORI SUPREMO Viri Reverendi. Plurimum et Ampliß̄imi DOMINI M. JOACHIMI FROMMI, Archidiaconi Nicolaitani & Senioris Ministerii Berlino-Coloniensis, Emeriti THEOLOGI JUSTI, SANCTI, INCUL-pati, Recti, jam benè beateque habentis in Patriâ, Inde â IV. Kal. Maij MDCLVII. fatali, Viæ, et Gratiæ regni. AFFUSÆ AB AMICIS QUIBUSDAM, COLLEGIS, ET FAUTORIBUS. Berolini Typis Rungianis. Berlin 1657 (1: 17 in: Ee 510).

MEMORIÆ. SACRUM. HEUS. VIATOR. REFLECTE. OCULOS. ET. MENTEM. IN. HANC. TUMBAM. HIC. JACET. PUERULUS. NOVENNIS. VENUSTI. ORIS. ET. MORIS. FRIDERICUS. ZARLANG. CONSULARIS. FILIOLUS. IN. IPSO. VERE. ÆTATIS. INSTAR. ELORIS. AMOENISSIMI. SUCCISI. DYSENTERIA EXTINCTUS. PARENTUM. LAUDATISSIMORUM. MODO. SPES. AT. NUNC. DESIDERIUM. (HEU!) INANE. DIFFICILE. EST. HUIC. MAGNO. PARENTUM. DOLORI. PARIA. VERBA. REPERIRE. AMICI. TAMEN. ET. CONSULARIS. NOMINIS. CULTORES. VERBORUM. FOMENTA. RITE. ADHIBUERUNT. NUNCABI. ET. MEMORI. MENTE. HOC. LEMMA. VERSA. INFANTUM. ET. PUERORUM. EXTINCTIO. EST. VIRORUM. ET. SENUM. AD. DEBITUM. NATURÆ. SOLVENDUM. CITATIO. BEROLINI. TYPIS. RUNGIANIS. ANNO. 1660. Berlin 1660 (1: 3 in: Ee 543).

Epicedium für Johann Rösner. An: Lubath, Martin: Leichpredigt für Johann Rösner. Wittenberg 1661 (1: an 2 in: Ee 531).

CIPPUS Immortalitati ac Memoriæ Posthumæ Matronæ Pietate aliisque Sexus sui Virtutibus instructissimæ ANNÆ FLORINGIÆ, Viri Amplissimi, Consultissimi ac Cl. Dn. M. GEORGII VVEBERI, Reipubl. Berlinensis Consulis Gravissimi, omnique bono Meriti, Conjugis desideratissimæ, Cum illa, Deposita Feliciter Prid. Kl. Febr. Mortalitatis Sarcina, Mentem Divinam Deo reddidisset, Mœstissimusque Viduus Relictas Exuvias Solemni Ceremonia componeret, IV. Eid. Feb. A. O. R. M DC LXI. Erectus à Fautoribus Magnis ac Amicis desideratissimis. An: Gerhardt, Paul: Leichrede für Anna Weber geborene Flöring. Wittenberg 1661 (1: an 5 in: Ee 1550).

PLAUSUS VOTIVUS Solemnitati secundarum Nuptiarum VIRI Pl. Reverendi, Ampliß̄imi, Clariß̄imi DN. JOACHIMI GRABOVII, Ecclesiæ Perlebergensis Pastoris fidissimi, & Scholæ indidem, ut & vicinarum Ecclesiarum Inspectoris vigilantissimi ac benè merentis SPONSI, Nec non Ornatiß̄imæ, Pudiciß̄imæque Foeminæ ILSABE Manarts/ Viri Spectatiß̄imi, Integerrimique DN. FRANCISCI Hahnsteins/ Brunswigæ Coenobii ad D. Ottil. quondam Præfecti & Curatoris solertissimi ..., relictæ Viduæ SPONSÆ, Perlebergæ XIV. Calendarum Decembris An. M.DC.LXII. celebratarum Datus A Fautoribus & Amicis quibusdam Berlinensibus per Amicum ibi viventem conciliatis. Berl. Typis Rungianis. Berlin 1662 (109: Slg. GK: Sch 1/54).

Epicedium für Eva Preunel. Berlin 1664 (Roth, 1959, I, R 877).

DE LAUREA PHILOSOPHICA, Qua RECTORE Magnifico (TIT.) Dn. JOHANNE PLACENTINO, Phil. M. Mathemat. Prof. Publ. &c. celeberrimo, et DECANO SPECTABILI (TIT.) Dn. JOHANNE SIMONIS, S. S. Theol. Licent. Logicæ Profess. Publ. Ordinario, In Illustri Viadrina Anni Currentis M.DC.LXV. d.

Xii. Octob. coronatus est (TIT.) DN. SAMUEL ROSA, Gymn. Berlinens. SubConRector, bene merentiss. gratulantur Patroni, Fautores, Amici, & Collegæ. COLONIÆ BRANDENBURGICÆ, Ex Officina GEORGII SCHULZII, Electoralis Typographi. Cölln 1665 (109: Slg. GK: Sch 1/59. 2).

DOLORI super funere Exhausti et exanimati corpusculi. Dulcis et amantißimi Pupi, ANDREÆ CHRISTIANI, VIRI Pl. Reverendi, Clarißimi, DN. PAULI GERHARDI, Ecclesiastæ apud Berlinenses ad D. Nicolai fidelissimi et maximè sinceri, ET Præstantißimæ foeminæ ANNÆ MARIÆ BERTHOLDIÆ, desideratiss. Filioli, NATI Ipsis Non. Febr. circa IIX. vespertin. DENATI A. d. XII. Cal. Octobr. HUMATI verò, & ad majorum latera, in dictâ Æde, compositi a. d. 8. Cal. ejusd. mens. Ipsâ de mandato magno, Pharisæo nobisque omnibus dato, ceterum Mortem involventi, Dominicâ ANNO M.DC.LXV. allevando sunt AMICI CONDOLENTES. BEROLINI, Literis Rungianis. Berlin 1665 (109: Slg. GK: Sch 1/58).

Epicedium für Johann Gottfried Seydel. 1666 (109: Slg. GK: Cg 215. 1).

Nuptiale Donum. (Bl. 1v u. 2:) Raris ac tanto Auspicatioribus Nuptiarum tædis, Quas VIRO Consultissimo et Clarissimo, DN. THOMÆ BOTTICHERO, Cam. Electoralis Advocato longè meritissimo; et Virgini Patriciæ Lectissimæque EUPHROSYNÆ MARGARETÆ TIEFFENBACHIÆ, Parentes Socerique Amplissimi, JOHANNES TIEFFENBACHIUS, Cameræ Elector. Advocatus & COS. Berlinensis ut et THOMAS BOTTICHERUS, COS. Primislaviensis, eodem ipso XXI. Octobris die parant, quo Major Socer, Sponsæ Avus, Vir Senio venerabilis, BENEDICTUS RICHARDUS, inter Principes sui temporis caussarum Patronos, ipse Nobilissimus, & Consul Berlinensis, nunc utrobique emeritus cum Nobilissima Patriciaque Conjuge, MARGARETA MAURITIA, ante hos Quinquaginta annos, Connubio stabili ac foecundo juncti, Per Dei gratiam vivi adhuc ac valentes, Neptis suæ Vota & sua simul ipsa repetentes, Auctori rerum DEO Dicant, Donant, Consecrant, ijsque applaudunt Omnes BONI. Coloniæ Brandenburgicæ, Typis Georgij Schultzij, Elect. Typogr. Anno 1666. Cölln 1666 (109: Slg. GK: Cg 17).

Am Sontag Cantate, des 1667. Jahres/ War Kirchweihe der Marien=Kirchen in Berlin/ do in gewöhnlichen Sontäglichen Evangelio der Heyland von seinem Hingang aus dieser Welt zum Vater lehrete/ Bereitete sich durch ein Hochzeitliches Ehe=verbündnüß Mit ihren Herrn Bräutigamb/ Dem Woll=Ehrenvesten/ Vorachtbaren/ und Wollgelahrten Hn. Zacharia Fröscheln/ Stadt= und Gerichts=Notario in Templin/ Die Woll=Erbare/ Viel=Ehr= und Tugendreiche Braut J. Eva Maria Zanderin/ Herrn Carol Zanders/ Churfürstl. Brandenb. alten außgedienten Trabanten seel. Eheliche hinterbliebene Jungfer Tochter/ Aus Berlin nacher Templin zugehen: Zu welchen theils Hochzeitlichen Ehren=Feste/ theils glücklichen Hinzuge/ Jhren Wunsch hinzuthun Etliche nahe Anverwandten und gute Freunde. Cölln an der Spree/ Druckts Georg Schultze/ Churfürstl. Brandenb. Buchdrucker auf dem Schlosse daselbst 1667. Cölln 1667 (109: Slg. GK: Cg 50. 2).

Epicedium auf Johann Friedrich Freiherr von Löben. 1667. (14: H. Sax D 191).

FAUSTITATEM NUPTIIS TIEFFENBACHIO-BERCHELMANNIANIS GRATULABUNDI PRECANTUR AVUNCULUS & AMICI. COLONIÆ BRANDENBURGICÆ, Ex Officina GEORGII SCHULTZII, Typogr. Elector. Mens. Nov. M.DC.LXIIX. Cölln 1668 (109: Slg. GK: Cg 12,1).

Die Thränen Des Wol=Ehrenvesten/ Vor=Achtbarn/ und Wolgelahrten Herrn Martin Klingenbergs/ Und der Viel=Ehr= und Tugendreichen Frauen Sophia Schwanhäuserinn: Welche sie vergossen über den frühzeitigen Todt ihres ältesten Töchterleins Dorotheen/ Nachdem selbiges an diese Welt gebohren im Jahr Christi 1662. den 12. Augusti/ früh umb 6. Uhr/ und wieder von derselben abgefordert den 25. Martii/ Abends umb 9. Uhr/ dieses itztlauffenden 1668ten Jahres/ wurden Am Tage der Beerdigung desselben/ welcher war der 31. Martii/ gemeldten Jahres/ durch tröstlichen Zuspruch abgewischet von Des Herrn Cantoris sämptlichen Amptsgenossen. Berlin/ Gedruckt durch Christoff Runge. Berlin 1668 (109: Slg. GK: Sch 1/65).

Epithalamium für Dietrich Butt und Anna Maria geborene Zarlang. 1668 (109: Slg. GK: Cg 23).

Epicedium für Bartholomaeus Zorn (d. Ä.). Guben 1669 (1: 13 in: Ee 543).

FRONDES CUPRESSINÆ, AD TUMULUM Beatissimæ VIRGINIS, DOROTHEÆ ELISABETHÆ VEHRIÆ, Condolentibus manibus SPARSÆ à FAUTORIBUS ET GYMNASII BERLINENSIS COLLEGIS. BEROLINI, Charactere RUNGIANO. s. a. (hs. 1669) Berlin 1669 (109: Slg. GK: Sch 1/66).

Germania de profligata barbarie triumphans. Schulactus Berlin 1670 (Gudopp, 1900, S. 12, 1902, S. 8f.; Heidemann, 1874, S. 171f.).

Epicedium für Ursula Maria Gericke geborene Burckhardt, Ehefrau von Bartholomaeus Gericke, kfl.-brand. Kammergerichtsadvokat. An: Buntebart, Johann: Leichpredigt für Ursula Maria Gericke geborene Burckhardt. Cölln 1672 (LP StA Braunschweig, Nr. 829).

»Es wird ein Weitzenkorn gesenkt ins Hohl der Erden ...« [Trauergedicht]. In: Am Tage Johannis/ Des Jahrs Christi M. DC. LXXI. wurde der Erden anvertrauet Der Leichnam Des Wol=Ehrenvesten/ Groß=Achtbarn und Wolbenamten Hrn: Johann Korns/ Weiland vornehmen Kauff= und Handelsmannes/ wie auch Bürgers in Berlin. Nach dem die Seele/ jedermanns Wundsche nach/ allbereit im Himmel/ mit Johanne dem Täuffer und allen Heiligen/ der ewigen Freude zugesellet war. Die letzte Ehre bezeugeten mit nachfolgenden Gedichten wolmeynend Einige Gute Freunde. Zu Berlin/ Gedruckt bey Christoff Runge. s. a. [1671]. (1: Ee 519, 14).

Die keuschen Liebes=Flammen/ Welche GOtt selbst angezündet in den Hertzen/ Des Wol=Ehrenvesten/ Vorachtbarn und Wolgelahrten Herrn Herman Kochs/ Wolbestallten DIRECTORIS der Music bey St. Nicol. Kirche in Berlin/ und des Gymnasii daselbst Collegens/ Als Bräutigams: Und dann auch der Wol=Erbarn/ Viel Ehr= und Tugendreichen Jungfer Louysen Söllens/ Des Wol=Ehrenvesten/ Vorachtbarn und Wolbenahmten Herrn Simon Söllen/ Churf. Brandenb. Hoff=Sattlers/ Eheleiblichen Tochter/ Als Braut: Wolten am Tage ihrer Freuden/ welcher war der 7. Maii/ des 1671sten Jahres/ mit wolgemeynten Wündschen vermehren Die sämptliche Collegen des Berlinischen Gymnasiens. Zu Berlin/ Gedruckt bey Christoff Runge. Berlin 1671 (23: J. 105. 4° Helmst.; Deutsche Drucke des Barock HAB, 1988, C 1880).

Epithalamium für Heinrich Wordenhoff, der Rechte Beflissenen, und Dorothea Elisabeth geborene Ulrich, Tochter des Archidiakons der Kirche in der Altstadt Salzwedel, zum 16. 5. 1671. Stendal: Andreas Güssow 1671. (23: J 105. 4° Helmst. [45]; Deutsche Drucke des Barock HAB, 1988, C 2676).

Das preißwürdige Alter/ Des Weiland Hoch=Ehrenvesten/ Groß=Achtbaren und Hoch=Weisen Herrn David Reezen/ Hochverdienten Rahts=Cämmerers bey der Churfürstlichen Brandenburgischen Residentz und Veste Berlin/ wurde/ Als derselbige; Da Er im Jahr Christi 1590. den zwantzigsten Julii, frühe zwischen 8. und 9. Uhren/ diese Welt zuerst erblicket/ und in dem itzt lauffenden 1672. Jahre/ den 26. Januarii, Abends zwischen 5. und 6. Uhre/ im wahren Glauben an seinem Erlöser JEsu/ durch einen seligen Tod dieselbe wieder verlassen: Jm 82ten. Jahr seines Alters; Den darauff folgenden 4ten. Februarii, in St. Nicolai Kirche/ bey Hochansehnlicher und Volckreicher Versammlung in sein Ruhekämmerlein beygesetzet: Mit schuldigstem Nachruhm bezieret von Den sämptlichen Collegen des Gymnasii in Berlin. Berlin/ Gedruckt bey Christoff Runge. Berlin 1672 (109: Slg. GK: Sch 1/70).

De Christi resurgentis gloria. Schulactus Berlin 1672 (Diterich, 1732, S. 334).

Freudige Jn Poetische Schrancken verfassete Hochzeit=Wündsche/ So da/ als (Tit.) Herr Wolff Christian Otto/ Wolbestallter Cammergerichts=Secretarius, mit (Tit.) Jungfer Marien Elisabeth Tieffenbachin/ (Tit.) Herrn Johann Tieffenbachs/ Churfürstl. Brandenb. Cammergerichts=Advocati, der Löbl. Landschafft zum Engern Außschusse Verordneten/ und Burgermeister in Berlin/ Jüngsten Jungfer Tochter/ Den 14. Aprilis M.DC.LXXIII. Ehelich vertrauet worden. Zur Versicherung eines Hertzgemeynten Wolwollens/ überreichen liessen Derer Neu=Vertrauten Wolbekandte. s. l. 1673 (109: Slg. GK: Sch 1/75. 1).

Abdanckungs=Rede/ Welche Bey Hochansehnlicher Leichbegängnüß Des weiland Wol=Ehrenvesten/ Groß=Achtbaren und Hochbenahmten Hn. Joachim Tonnenbinders/ vornehmen Apotheckers/ Kauff= und Handelsmanns in der Churfürstl. Residentz und Veste Berlin/ Am 9ten Novembr. war der 24ste Sonntag nach Trinitatis/ Jm Jahr Christi/ M.DC.LXXIII. Jm Trauerhause gehalten Petrus Bredow/ des Berlinischen Gymn. SUB-RECTOR. Cölln 1673 (1: an 3 in: Ee 1593, II).

Jesum propitium, Thalamum florentem, Empyream concordiam, NUPTIIS GNOSPELIO-STARCKMANNIANIS, Fato divino auspicatis, Ejusque benigno nutu D. IX. Junii. M.DC.LXXIII. absolvendis, Uberiori Symbolo votivo, Pro eo, quo in noviter jugandos sunt animo propensiori, Advovent, COGNATI. AMICI. COLLEGÆ. BEROLINI, Ex Officinâ RUNGIANA. Berlin 1673 (109: Slg. GK: Sch 1/74. 1).

Abdanckung/ Welche Bey Volckreicher und ansehnlicher Beerdigung Der weiland Edlen/ Hoch=Ehr= und Tugendreichen Frauen, Fr. Catharina Zorninn/ Des Edlen/ Groß=Achtbaren und Wolbenahmten Herrn Johann Heinrich Tonnenbinders/ Fürnehmen Apothekers Kauff= und Handelsmanns hieselbst/ Hertzlich geliebten Ehgenoßinn/ Am 22sten Tage des Febr. war der Sonntag Septuagesimæ/ Jm Jahr Christi M.DC.LXXIV. Jm Trauerhause gehalten PETRUS Bredow/ des Berlinischen Gymn. Sub-Rector. Cölln 1674 (1: an 4 in: Ee 1593, II).

GENES. XXIV. v. 50. Das kömmt vom HErren! Daß (Titt:) Herr Joachim Pauli/ SS. Theologiæ Candidatus, in der Hochlöbl. Fruchtbringenden Teutschgesinneten Genossenschafft benamt der Treffliche/ und der Hrn. Hrn. von Platen Ephorus, Mit (Titt:) Jungf. Maria Fahrenholtzin/ Herrn Hans Fahrenholtzen/ Weiland auf

Sumholtz Erbherren/ nachgelassenen Eheleiblichen Tochter/ Sich heute den 25. Februarii, M.DC.LXXIV. Göttlicher Ordnung Gemäß/ Ehelichen vertrauen läst. Darum können nicht anders/ Als Fried/ Glück/ Segen/ dazu wündschen/ Etliche des Bräutigams Bekandte Vertraute Freude. Berlin/ Gedruckt bey Christoff Runge. Berlin 1674 (109: Slg. GK: Sch 1/78).

Carmen zur ersten Säkularfeier am Berlinischen Gymnasium zum Grauen Kloster in Berlin. Berlin 1674 (Diterich, 1732, S. 202f.).

GOTT/ Der die gantze Welt geliebet/ Hat Umb seines eingebornen Sohnes willen auch im Tode nicht verlassen Den weiland Edlen/ GroßAchtbarn/ Wolweisen und Wolbenamten HERRN Andreas Ideler/ Rathsverwandten in Cölln an der Spree/ Auff Gravendorff und Güssow Erbsassen/ Dessen Christliches Leich=Begängniß Am Andern Pfingst=Feyertage/ war der 24. Maji/ des 1675sten Jahres Mit nachgesetzten Zeilen mitleidend beehreten Etliche Collegen des Berlinischen Gymnasii. Berlin/ Gedruckt bey Christoff Runge. Berlin 1675 (109: Slg. GK: Sch 1/82. 3).

Epicedium für Dietrich Butt, kfl.-brand. Geh.- und Kriegssekretär. An: Herrnbaur, Johann Georg: Leichpredigt für Dietrich Butt. Berlin 1675 (LP StA Braunschweig, Nr. 851).

Trost=Worte/ Uber den unverhofften/ Aber von GOtt nicht unversehenen Todesfall Der Wol=Edlen und Hoch= Tugendbegabten Frauen/ Frauen Anna Marien/ gebornen Zarlangin/ Herrn Dieterich Butten/ Weiland Churf. Brandenburgischen Geheimten und Kriegs=Secretarii Nachgelassene Ehegenossin/ Welche am 8. Oct. im Jahr 1650. an die Welt geboren/ und im 17. Octobr. im Jahr 1676 im HErrn selig entschlaffen/ Womit Am Tage ihrer Beerdigung den 29. Octobr. war der 23. Sonntag nach Trinitatis/ Die höchstbetrübte Frau Mutter/ in ihrem ohne dem recht traurigen Wittwenstande/ aufzurichten sich bemüheten Die Collegen am Gymnasio zu Berlin. Berlin/ Gedruckt bey Christoff Runge. Berlin 1676 (1a: 33 in: Bd 8557).

Wolverdienter Nach=Ruhm der beständigen Treue An der Edlen und Hoch=Ehr= und Tugendbegabten Fr. Eva Magdalena/ gebornen Stanginn/ Des Edlen/ GroßAchtbaren und Hochbenahmten Hn. Johann Metzners/ Sr. Churf. Durchl. zu Brandenburg und Dero Hochlöbl. Landschafft wolbestalleten Ober=Ziesemeisters der Mittel= und Ucker=Marck/ Nunmehr Hochbekümmerten Herrn Wittibers/ Wolseligen Eheliebsten/ Welche Zu Regenspurg den 23. Decembr. frühe zwischen 6. und 7. Uhr Anno 1633. geboren/ und allhie in Berlin den 14. Julii Nachmittag umb 3. Uhr ihre Seele dem getreuen Seligmacher wieder anbefohlen/ nachdem Sie in dieser Sterblichkeit zugebracht 42. Jahr/ 6. Monat/ 3. Wochen und 8. Stunden/ Am Tage Jhrer Beerdigung bey volckreicher und ansehnlicher Versammlung/ war der 20. Julii, Zum Trost denen Hinterbliebenden abgefasset/ von Einigen guten Freunden. Berlin/ Gedruckt bey Christoff Runge/ 1676. Berlin 1676 (109: Slg. GK: Sch 1/84. 1).

Gegläubet Hat An Jhren Erlöser JEsum bis ans Ende/ Und daher empfangen Das Ewige Leben/ Die (Tit.) FRAU Anna Maria Seltrechtin/ Des (Tit.) Herrn Wolff Ottens/ Längst Verdienten Churfürstl. Cammer=Gerichts= Secretarii 36. Jahre lang liebgewesene Ehe=Frau/ Welche den 9. Maji dieses 1676. Jahres nach lange außgestandener Leibes=Schwachheit von den Jhrigen durch einen sanfften Tod Abschied genommen/ Und den darauf folgenden 15. selbigen Monats/ war der Pfingst=Montag/ in ihre Ruhe=Kammer in Berlin bey St. Nicolai Kirchen beygesetzet worden. Dieser zur letzten Ehre/ und Trost denen hinterbliebenen haben folgende Zeilen auffsetzen wollen Einige Gönner und Freunde. Berlin 1676 (1: an 6 in: Ee 1593, II).

EPICEDIA Quibus Præmaturum quidem at beatum è vita excessum Pueri singularibus animi ac corporis dotibus ornatissimi GEORGII CHRISTOPHORI, Pl. Reverendi et Clarissimi VIRI, DOMINI M. JOH. ERNESTI SCHRADERI, Ecclesiæ Berolinensis ad D. Nicolai ArchiDiaconi, Filii primogeniti: VII. Martii Anno M DC LXXVI. magno Parentum desiderio exstincti LUGENT Collegæ et Amici. BERLINI, è chalcographéo RUNGIANO. Berlin 1676 (109: Slg. GK: Sch 1/83. 1).

ROGAVIT, & adepta est CORONAM ÆTERNATURÆ GLORIÆ Fæmina quondam Nobilissima, sexumque ipsius decentissimis virtutibus instructissima ANNA SIBYLLA KRAUSIA, Viri Nobilissimi atque Consultissimi DOMINI DN. JOH. CHRISTOPHORI OTTONIS, J. U. Licentiati, & Cameræ Electoralis Advocati celeberrimi Usque ad extremam Lachesin Cara Castaque Costa, Cujus obitum præmaturum, cum justa ei solverentur, Dominica Rogate, A. P. V. M.DC.LXXVII. lugebant FAUTORES & AMICI. BEROLINI, Ex Officinâ RUNGIANA. Berlin 1677 (109: Slg. GK: Sch 1/87. 1).

Davids=Hertz/ Womit Er sich in allen Seinen Anliegen und Bekümmernissen getröstet/ Wündschen getreulich Bey dem frühzeitigen und unverhofften Ableben Des weiland Edlen/ Wol=Ehrenvesten und Wolgelahrten Herrn David Reetzen/ Patritii Berlinensis, Und Juris Utriusque Candidati, Welcher im Jahr 1641. den 20. Julii geboren/ und den 11. Martii, war der Sonntag Reminiscere, im Jahr 1677. wiederumb diese Welt gesegnet/ Am Tage seiner Beerdigung/ den 18. Martii, ist der Sonntag Oculi, obgedachten Jahres/ Bey volckreicher Versamlung/ Denen hochbetrübten hinterbleibenden Die sämptliche Collegen des Gymnasii, und guten Freunden zu Berlin. Berlin/ Gedruckt bey Christoff Runge. Berlin 1677 (109: Slg. GK: Sch 1/88).

Das ewige JUBILATE feyret im Himmel Die numehr Selige Frau Rebecca Kunzenbachs/ Des Wol=Ehrenvesten und Wolgelahrten Herrn Erdmann Schmidsdorffs/ Des Berlinischen Gymnasii wolverdienten Collegæ, bis in den Tod getreu gewesene Ehegenossin/ Welche Nachdem Sie in dieser Welt gelebet bis ins 44. und in ihrem Ehestande bis ins 24. Jahr/ und 12. Kinder erzeuget hatte/ Am 2. Maji des 1677. Jahres/ Abends zwischen 9. und 10. Vhr in ihrem Erlöser sanfft und selig entschlaffen. Da Sie aber Den drauff folgenden 6. Maji/ war der Sonntag JUBILATE Auff St. Marien Kirchhoff in Berlin/ Bey Volckreicher Versamlung beygesetzet wurde/ Beehrten ihren Seligen Abschied Mit folgenden Trauergedichten Des Herrn Wittbers Sämptliche Amptsgenossen. Berlin/ Gedruckt bey Christoff Runge. Berlin 1677 (109: Slg. GK: Sch 1/86).

MALAGMA Vulneratis cordibus ex Obitu præmaturo Honestissimæ, omnigenisque sexum suum decentibus virtutibus Ornatissimæ Foeminæ, URSULÆ MARIÆ, genere HOFFMANNIÆ, VIRI Nobilissimi, Amplissimi et Excellentissimi DN. GREGORII BERNHARDI, Medicinæ Doctoris Celeberrimi, & Practici apud Berlinenses Felicissimi, Conjugis hactenus exoptatissimæ, Nunc verô post pertinacissimos superatos dolores a. d. XXIII. Novemb. ad æternam qvietem receptæ, DIE EXEQVIALI, qvi erat Dom. II. Advent. A. Æ. C. M DC LXXIIX. levando luctui miserê dolentium EXEQVIATORUM exhibitum à FAUTORIBUS ET AMICIS. Coloniæ Brandenburgicæ, Typis GEORGI SCHULTZI, Elect. Typogr. Cölln 1678 (109: Slg. GK: Sch 1/89).

Das Neue Jahr Hält Der Seelen nach Bey Gott im Himmel Der weiland Wol=Ehrenveste/ GroßAchtbare und Wolbenamte Hr. Melchior Breunig/ Bürger und Handelsmann in Berlin/ Welcher den 2. Novembr. Anno 1637. in der Stadt Müllberg an diese Welt geboren/ und an 22. Decembr. des jüngst verflossenen Alten Jahres allhier zu Berlin diese Sterblichkeit gesegnet/ Weßhalb der hocherfreuten Seelen zwar Glückwündschend/ Aber Die hochbetrübte/ Frau Wittibe/ Sohn und andere sämptliche hinterbleibende Leidtragende/ Am Tage Seiner Christlichen Beerdigung/ war der Sonntag nach dem Neuen Jahrs=Tage/ als der 5. Januar. 1679. Danck=schuldigst trösten wollen Die Collegen am Gymnasio zu Berlin. Berlin/ Gedruckt bey Christoff Runge/ Anno 1679. Berlin 1679 (109: Slg. GK: Sch 1/90. 1).

De vita M. Porcii Catonis. Schulactus Berlin 1679 (Diterich, 1732, S. 334).

Als Die Seelge Himmels=Braut/ Die Edle und Tugendglänzende Jungfer Dorothea Margaretha/ Des Wol=Edlen/ Vesten und Hochgelahrten Herrn Dieterich Butten/ weiland Sr. Churf. Durchl. zu Brandenburg hochbestallten Geheimten Krieges=Secretarii, Hinterlassene Jungfer Tochter/ Von Jhrem Hertzgeliebten Seelen= Bräutigam JESU CHRISTO/ Zu der himmlischen Hochzeit=Freude/ Von dieser schnöden Welt am 18. Febr. abgefodert/ und der Seelen nach heimgeholet worden/ setzten folgendes Am Tage des Christlichen Volckreichen Leichbegängniß/ War der Sonntag Esto Mihi, als der 2. Martii 1679. da der entseelete Cörper in der Kirchen zu St. Nicolai beygesetzet ward/ Der höchstbetrübten Groß=Frau-Mutter und andern hinterbleibenden Leidtragenden zu Trost Die Collegen am Gymnasio zu Berlin. Berlin/ Gedruckt bey Christoff Runge. Berlin 1679 (1a: 33 in: Bd 8557).

APPLAUSUS VOTIVI, Qvibus Ab Amplissimi Philosophici Collegii DECANO Spectabili, Viro Plurimùm Reverendo, atque Excellentissimo DN. JOH. CHRISTOPHORO BECMANNO, S. S. Theol. & Phil. D., Historiarum Professore Publico, nec non ad hunc Magisterialem Actum delegato PRO-CANCELLARIO &c. LAURUM PHILOSOPHICAM Et cum ea MAGISTERII TITULUM & INSIGNIA In Illustrissima ad Viadrum Academia ad d. IX. Octobr. A. O. R. 1679. solemni ritu, In augustissima corona publica impertita, Viro Clarissimo et Humanissimo DN. MARTINO Bussen/ Gymnasii Berlinensis Sub-Con-Rectori dexterrimo, Gratulantur COLLEGÆ. Francofurti ad Viadrum, Literis CHRISTOPHORI ZEITLERI. Frankfurt/O. 1679 (109: Slg. GK: Sch 1/94. 1).

LÆTARE, Freuet Euch/ Jhr Frommen; Daß euere Namen im Himmel angeschrieben seyn! Womit sich gleichesfalls getröstet Der Wol=Ehrnveste/ Groß Achtbare/ und Wolvornehme Herr TOBIAS Scharnow/ Der Löbl. Ritterschafft des Haveländischen Creyses wolbestalter Einnehmer/auch Bürger und Handelsmann in Berlin/ Nunmehr Seliger Welcher Anno 1624. im Monat Junio zu Jüterbock an diese Welt geboren/ Anno 1679. den 22. Martii zu Berlin im Herren Selig entschlaffen/ Und am Sonntage Lætare, war der 30. Martii, Christl. Gebrauch nach bey Volckreicher Versamlung öffentlich in St. Marien Kirchen daselbst beygesetzet ward/ Uber welchen unverhofften tödtlichen Hintritt die hochbetrübte Frau Wittibe/ die überbleibende Vater= und Mütter=lose Weysen/ auch andere traurige Anverwandten zu trösten sich bemüheten Die Collegen an dem Gymnasio zu Berlin. Berlin/ Gedruckt bey Christoff Runge. Berlin 1679 (109: Slg. GK: Sch 1/91. 2).

Epicedium für Anna Maria Zarlang. 1679 (1a: 33 in: Bd 8557).

Felicitatem Omnigenam NUPTIIS VIRI Perqvam Reverendi atque Doctissimi DNI. JOHANNIS CHRISTOPHORI LINDEMANNI, Ecclesiæ Segenfeldensis & Falkenhagensis Pastoris benè merentis & Lectissimæ Virginis MARIÆ MAGDALENÆ Meerkatzin/ VIRI Qvondam perqvam Reverendi atque Doctissimi DNI. CHRISTOPHORI Meerkatzens/ Natæ Relictæ d: XVIII. Jan. A. M.DC.LXXXI. celebratis comprecantur Amici nonnulli Berolinenses. Berlin 1681 (109: Slg. GK: Sch 1/95).

De Majestate Principum. Schulactus Berlin 1684 (Diterich, 1732, S. 334).

De rebus Turcicis. Schulactus Berlin 1687 (Diterich, 1732, S. 334).

Die auf Erden offt betrübte Und Jm Himmel völlig=erfreuete Wittwe/ Bey ansehnlicher und Volckreicher Leichenbestattung Der weiland Wol=Edlen/ Hoch=Ehren und Tugendbegabten Frauen Margarethen gebohrner Damerowin/ Des weiland Wol=Edlen/ Vesten/ Hochgelahrten und Hochweisen Herrn Michael Zarlangs/ Höchstverdienten ältesten Bürgermeisters in der Chur=Fürstl. Brandenb. Haupt und Residentz=Stadt Berlin/ wie auch der löbl. Mittel=Uckermärck= und Ruppinischen Städte Directoris und Verordneten Nachgelassener Frau Wittwen/ Als selbige den 3ten Herbst=Monatstage des 1687sten Jahres/ im 68sten Jahre ihres rühmlichen Alters/ durch einen sanfften und seligen Abschied diese Zeitlichkeit verlassen/ und der Seelen nach/ in die selige Ewigkeit versetzet/ dem verblichenen Leibe nach aber am 11ten darauff/ war der XVI. Sonntag nach Trin: Von der betrübten und Wieder erfreueten Wittwe zu Nain/ in Jhr Begräbniß/ in der St. Nic. Kirchen zur Ruhe gebracht wurde/ Der Seligst=Verstorbenen Matron zur letzten Ehre/ und denen hinterbliebenen Leidtragenden zu schuldigster Dienstbezeugung und Auffrichtung in ihrem Leidwesen/ Beschrieben und gepriesen Von nachbenahmten Collegen deß Berlinischen Gymnasii. Berlin/ Gedruckt bey David Salfelds Wittwe. Berlin 1687 (109: Slg. GK: Cg 227,1).

Epicedium für Johann Ernst Schrader, Propst in Berlin. An: Heimburger, Daniel David: Leichpredigt für Johann Ernst Schrader. Berlin 1689 (LP StA Braunschweig, Nr. 5992).

Literatur

HEIMBURGER, Daniel David: Das Veste Siegel GOttes/ Der HERR kennet die Seinigen/ Aus denen heiligen Worten Pauli/ 2. Tim. II,19. Als der entseelte Cörper Des Wol=Ehrenvesten/ Großachtbaren und Wolgelahrten Herrn PETRI BREDOVII, Gewesenen wolverdienten Sub-Rectoris, und in die 35. Jahr insgesamt treufleissigen Collegæ bey hiesigen berühmten Berlinischen Gymnasio, Bey Volckreicher Versamlung allhier in der Haupt= Kirchen zu St. Nicolai den 14. Tag des Monats Julii Anno 1689. in den Schooß der Erden niedergesetzet wurde/ Jn einer Leich=Predigt vorgestellet/ und auff Begehren in Druck gegeben von Daniel David Heimburgern/ Archid. Berol. ad D. Nicol. Berlin/ Gedruckt bey Salfeldischer Wittwen. (1: 11 in: Ee 504); RODIGAST, Samuel: Ein Auf Erden wohlverdienter Und Jm Himmel wohlbelohnter Schul=Lehrer/ Bey Ansehnlicher und Volckreicher Beerdigung Tit: Herrn PETRI BREDOVII, Berühmten und beliebten Sub-Rectoris, des Berlinischen Gymnasii, Am 14 Julii des 1689sten Jahres/ Jn Einer darbey gehaltenen/ und auff Begehren zum Druck ausgefertigten kurtzen Trauer= und Danck=Rede/ gepriesen von M. Samuel Rodigast/ ejusdem Gymnasii Con-R. Berlin 1689 (1: an 11 in: Ee 504); NÆNIÆ FUNEBRES ultimis honoribus VIRI quondam Clarissimi atque Doctissimi DOMINI PETRI BREDOVII, Gymnasii Berlinensis Sub-Rectoris longe meritissimi, Qui post exantlatos XXXV. annorum labores Scholasticos, semestresque languores domesticos III. Nonas Julii A.C. M.DC.LXXXIX. paulo ante horam tertiam pomeridianam hanc mortalitatem pie placideque deposuit, corpore postmodum pridie Idus ejusdem mensis ad D. Nicolai solenniter contumulato, ex communi dolore decantatæ à COLLEGIS, COGNATO, FILIISQVE relictis. BERLINI, Typis B. SALFELDII. Berlin 1689 (109: Slg. GK: Sch 1/101); DITERICH, 1732, S. 334; JÖCHER, 1750, 1, Sp. 1354; KÜSTER/ MÜLLER, 1752, II, S. 962f.; HEIDEMANN, 1874, S. 160, 171f., 180; GUDOPP, 1900, S. 12, 1902, S. 8f.

Brunsenius (Brunsen), Anton

* 6. Jan. 1641 Bremen
† 17./27. Okt. 1693 Berlin
Theologe, reform.
V Lüder B., Bürger in Bremen
M Engel Prange
∞ Anna Margaretha, Tochter d. Liegnitzischen Rats und Leibmedikus Heinrich Martin (Martini, Martinius)
K Philipp Anton, kgl.-preuß. Bibliothekar

1659–1661	Gymnasium illustre Bremen
1670	Universität Duisburg
seit 1670	Hofprediger des Herzogs Christian zu Liegnitz, Brieg und Wohlau
seit 1680	Hofprediger Potsdam und seit 1683 auch in Cölln

Als Sohn des Bremer Bürgers Lüder Bruns(en) wurde Anton Brunsenius am 6. Jan. 1641 geboren. Seine Mutter war Engel Prange, Tochter eines Bremer Kaufmanns. Am 14. April 1659 immatrikulierte sich Brunsenius an der renommierten Ausbildungsstätte seiner Heimatstadt, dem reformierten Gymnasium illustre, wo er bis 1661 unter Ludwig Crocius (geb. 1586), Balthasar Willius und Johann Hippstedt (gest. 1681) Theologie und Philosophie studierte (ACHELIUS, Th. O., 1968, S. 127). 1662 erwarb er durch Prüfung den Status des »cand. min«. (Predigtamtskandidat) und damit die Voraussetzungen für eine Predigerlaufbahn. In den darauf folgenden Jahren betätigte sich Brunsenius als Informator der Söhne adeliger Familien – so u. a. bis 1664 bei einem Herrn von Krockow in der Nähe von Danzig – und gelangte in dieser Rolle wieder nach Bremen, wo er nicht nur die Studien seines Zöglings (vermutlich Sigismund Israel [von] Kerssenstein aus Danzig, seit April 1667 Schüler am Gymnasium illustre) überwachte, sondern auch für neun Monate den Prediger der St. Martin-Gemeinde vertrat. In dieser Zeit erreichte ihn der Ruf auf die Predigerstelle der reformierten Gemeinde Glückstadt, den er jedoch im Hinblick auf seine noch ausstehende Bildungsreise ausschlug, die er dann 1668 antrat. Sie führte ihn zunächst nach Franeker, Groningen, Leiden und Amsterdam und ermöglichte ihm das Zusammentreffen mit den bedeutenden Gelehrten seiner Zeit: Samuel Maresius (1599–1673), Johann Coccejus (1603–1669), Herdanus, Arnold, Scotanus, Valckenir (1617–1670), Johann Amos Comenius (1592–1670) und Lipstorp (1631–1684). Noch im gleichen Jahr ging er an die Universität Oxford und reiste 1669 über Holland nach Duisburg, um als Hauslehrer der Familie des Freiherrn von Schwerin tätig zu werden. Am 1. März 1670 immatrikulierte sich ›Antonius Brunsen, Bremensis Min: Cand.‹ unter Rektor Johann Hermann Hugenpoth an der Duisburger Universität, um seine Studien zu beenden (MATRIKEL DUISBURG, 1938, S. 50, Nr. 10). Allerdings erreichte ihn bereits in diesem Jahr die Berufung auf die Hofpredigerstelle des Herzogs Christian zu Liegnitz, Brieg und Wohlau.

Neben der Tätigkeit als Hofprediger kamen auf Brunsenius weitere Aufgaben und Ämter zu. Am 2. Nov. 1671 wurde er als Prof. honor. am Gymnasium zu Brieg eingeführt; im April 1673 wurden ihm die Verwaltung und im November 1674 die volle Würde des Rektorats übertragen. Darüber hinaus erhielt er bereits 1673 die Aufsicht über die fürstliche Bibliothek. Maßgeblichen Einfluß auf die Wahl von Brunsenius für diese Ämter hatte der fürstliche Rat und Leibmedikus Heinrich Martin, der 1671 als Schulinspektor die Aufsicht über das Gymnasium erhalten hatte, um durch Reformen dem schwindenden Ansehen der Bildungsstätte zu begegnen. Brunsenius soll dabei die Pläne seines Aufsichtsherrn und Schwiegervaters in die Praxis umgesetzt haben, was an den Schulschriften seiner Amtszeit ablesbar sei (vgl. SCHÖNWÄLDER, K. F./ GUTTMANN, 1869; ohne konkrete Hinweise dafür). Die Einkünfte, die Brunsenius aus diesen Ämtern (Inskriptionsgebühren, Beteiligung der Schule an Begräbnissen etc.) bezog, beliefen sich 1673 auf 556 Fl. 38 Kronen und 2 Malter Korn (vgl. SCHÖNWÄLDER, K. F./ GUTTMANN, 1869, S. 32).

Als nach dem Tode des letzten Piastenherzogs Georg Wilhelm die Rekatholisierung in Schlesien weiter an Boden gewann und die Ausübung des reformierten Bekenntnisses, trotz der Intervention des brandenburgischen Kurfürsten beim Kaiser in Wien, immer schwieriger wurde, zog Brunsenius, nachdem er das Rektorat niedergelegt hatte, 1678 mit der Herzoginwitwe nach Ohlau, wo bis zum Tode der Herzogin (25. April 1680) nur noch in der Schloßkirche reformierte Gottesdienste abgehalten werden konnten. In Brieg hingegen mußten bereits 1679 die Reformierten ihren Gottesdienst aufgeben.

Eine neue Anstellung fand Brunsenius 1680 als Hofprediger des Großen Kurfürsten in Potsdam, der den schlesischen Herzögen familiär und konfessionell verbunden war und ähnlich wie im Falle Heinrich → Schmettaus darauf hoffen durfte, einen Prediger zu bestellen, der Erfahrungen im Umgang mit den konfessionellen Problemen seiner Zeit hatte. Als Nachfolger von Johann → Kunsch von Breitenwald wurde Brunsenius 1683 Hofprediger der Residenzstadt Cölln, hielt sich aber weiter in Potsdam in der Umgebung des Kurfürsten auf und nach dessen Tod in der Nähe der Kurfürstin Dorothea. Da Brunsenius aus eigener Erfahrung die Verfolgungssituation kannte, setzte er sich besonders für die aus ihrer Heimat geflohenen französischen Reformierten ein. Schon 1682 wandte sich Jacques → Abbadie, Prediger der französischen Gemeinde in Berlin, an ihn mit der Bitte, die Suche nach einem geeigneten Kirchenraum durch Vorsprache beim Kurfürsten zu unterstützen. In der Mitte der achtziger Jahre beteiligte sich Brunsenius an der Debatte zur Kirchenunion und veröffentlichte seine Gedanken in der Denkschrift »Einigkeit der Christen« (1687). Darin stellte er bedauernd fest, daß »Calvin und Luthers Heere leider nicht in einen Takt und Ton« kommen und entwickelte einen detaillierten Stufenplan zur Herstellung einer Kirchenunion. Der Plan sah dabei folgende Maßnahmen vor: 1. sollte ein Jahr lang von der Kanzel für die Versöhnung der Konfessionen gepredigt werden; 2. müßte ein Kolloquium zur Beilegung der theologischen Streitpunkte ausgerichtet werden und 3. empfahl er die Schaffung einer Professur für prophetische Schriften an der Universität Frankfurt/O. Durch diese Professur könnte eine Forschung befördert werden, die die Erkenntnis, daß die Differenzen zwischen Lutherischen und Reformierten unwesentlich sind, hervorzubringen vermag. Der vom Hofprediger Johann Friedrich Sturm in der Leichpredigt in diesem Zusammenhang angesprochene, umfangreiche Briefwechsel ließ sich nicht ermitteln. [JS]

Werke

Todes-Gedancken bey der Beysetzung Herrn Wilhelm Johann von Cabeljau, Rittmeisters in Holländischen Diensten aus Hiob XVII. 1. zu Potstamm vorgestellet. Berlin s. a. 4°. [1: Ee 10010, 8 ehemals].

Tractat vom Ursprung und Wachstum der Kirchen-Gebräuche aus dem Franz. (Vgl. Hendreich, Pandectis Brand, 1699 und Küster/ Müller, 1737, I, S. 177).

Der Christliche Haußvater/ Oder THOMAE GOUGE wolgemeinte Ermahnung/ An Alle gottselige Haußväter/ wie sie sollen täglich mit ihrem Hause GOtt dienen/ anitzo Aus dem Englischen verdeutschet/ und auf etlicher Begehren zum Druck gegeben von ANTONIUS BRUNSEN. Cum gratia & Privilegio. Berlin/ Bey Rupert Völckern/ Buchhändlern. M.DC.LXXI. 12°. [1671]. (1: Bs 2736; 23: Ts 362, 1).

»Bonum Duabus niti anchoris. Zwey Ancker halten fest.« [Hochzeitsgedicht]. In: Als Dem Hoch=Edel=Gebornen Herren/ Herren Balthasar Friederichen von Logau/ Von und auf Brocut/ [...] Haben mit diesen wenigen Zeilen glückwünschend ihre Devotion bezeugen wollen/ RECTOR & PROFESSORES deß Gymnasii zum Brieg. Gedruckt in der Königlichen Stadt Brieg/ durch Johann Christoph Jacob. s. a. [1678]. 4°. (UB Breslau: 366 586).

»Nunc LABIA ex HILARANT ROSEO, quæ CLARA COLORE URANIA ZONA JUNGE FAVE'q; DEUS«. [Anagramm]. In: Als Dem Hoch=Edel=Gebornen Herren/ Herren Balthasar Friederichen von Logau/ Von und auf Brocut/ Deß Briegischen Fürstenthums zu denen der Hoch=Löblichen Herren Fürsten und Stände in Ober= und Nieder=Schlesien Conventibus publicis in Breßlau/ Hoch=verdienten bestellten Landes=Deputirten/&c. Die Hoch=EdelGeborne/ Hoch=Tugend=Begabte Jungfer Anna Eleonora Zolikoferin/ von und zu Alten Klingen/ Deß Hoch=Edel=Gebornen/ Gestrengen Herren/ Herren Christoph Zolikofers/ von und zu Alten Klingen/ Der Kaiserl. und Königl. Mayt. In Dero Fürstenthümern Liegnitz/ Brieg und Wohlau/ Hoch- verordneten Cammer=DIRECTORIS, Hertz=geliebte Jungfer Tochter/ Den 15. Februarii, am Tage Faustini, dieses 1678. lauffenden Jahres/ durch Priesterliche Einsegnung/ in Hoch=ansehnlicher Gegenwart/ zugegeben ward/ Haben mit diesen wenigen Zeilen glückwünschend ihre Devotion bezeugen wollen/ RECTOR & PROFESSORES deß Gymnasii zum Brieg. Gedruckt in der Königlichen Stadt Brieg/ durch Johann Christoph Jacob. s. a. [1678]. 4°. (UB Breslau: 366 586).

Das Eifrige CHRISTENTHUM oder THOMAE WATSON Eines Englischen Lehrers kräfftige Ermahnung, An Alle Christen/ wie sie den Himmel mit Gewalt sollen zu sich reissen/ das ist/ mit grössestem Eifer streben selig zu werden. Auß dem Englischen verdeutschet und zur Ehre Gottes wie auch auß Liebe die schläfrige Christen zu ermuntern/Zum Druck gegeben von ANTONIUS BRUNSENIUS Fürstl. Briegischen Hoff-Prediger. In Brieg/ druckts Christoph Tschorn. 1672. 8°. (23: Th 2752, 1); 2. Aufl.: Franckfurt/ In Verlag Joh. Adam Kästners Buchhändlers in Görlitz 1679. 12°. (23: Th 2753); 3. Aufl.: Franckfurt/ Gedruckt im Jahr Christi 1689. 12°. (23: Th 2754).

Epicedium. In: Adam Ezler: Leichpredigt auf Octavius von Pestaluzi, Sohn des Wiener Wechselherrn. Brieg: Johann Christoph Jacob 1677. (Leichenpredigten Liegnitz, 1938, S. 365).

Himmel auf Erden. Frankfurt 1679. 12°: (Beckmann, 1706, S. 46; Küster/ Müller, 1737, I, S. 176).

Welt-Gewinn, Seelen-Verlust. Frankfurt 1679. 12°. (Beckmann, 1706, S. 46; Küster/ Müller, 1737, I, S. 176).

Christliches Ehren-Gedächtniß der Durchlauchtigsten Fürstin und Frau Frau Louyse verwitbeten Hertzogin in Schlesien zu Lignitz, Brieg und Wohlau, als dero Fürstl. Cörper d. 17. Maj. 1680. zu Lignitz in der Piastischen Fürstl. Grufft beygesetzet worden, aufgerichtet, enthalten. a) eine Straf-Predigt auf öffentl. Schloß-Platz in Ohlau d. 17. Maj. 1680. aus Joh. XX. 17. b) eine Leichen Predigt in der Kirchen zu Ohlau d. 19. Maj. e. a. Dom. Cantate aus Ps. XXXIX. 14. s. l. e. a. [Brieg: Johann Christoph Jacob 1680]. (1: Ee 10010, 5 ehemals).

Glaubens-Fragen. Frankfurt 1680. (BIBLIOTHECA BRUNSENIANA, 1724).

Die Abbildung einer Gläubigen Seele/ Aus dem Leich=Text Psalm. LXXIII. v. 23. 24. 25. 26. Der weiland Durchläuchtigsten Fürstin und Frauen/ Frauen Elisabeth Henrietta/ Marggräffinn und Chur=Princessinn zu Brandenburg; in Preussen/ zu Magdeburg/ Jülich/ Cleve/ Berge/ Stettin/ Pommern/ der Cassuben und Wenden/ auch in Schlesien/ zu Crossen und Jägerndorff/ Hertzoginn; Burggräffinn zu Nürnberg; Gebornen Land=Gräffinn zu Hesse=Cassel; Fürstinn zu Halberstadt/ Minden und Camin; Gräffinn zu der Marck und Ravensberg; Frauen zu Ravenstein/ und der Lande Lauenburg und Bütow/ etc. An dem ordentlichen Bußz= und Bät=Tage/ Als Dero öffentlichem Begräbniß=Tage/ 1683. den 7. Novembr. Vor der Churfürstlichen Herrschafft zu Potsdam in der Vor= und nachmittags=Predigt vorgestellet/ Und Auff gnädigsten Befehl Sr. Chur=Printzl. Durchl. zum Druck übergeben Von ANTONIO BRUNSENIO, Churfürstl. Brandenb. Hoff=Prediger. Cölln an der Spree/ Druckts Georg Schultze/ Churfürstl. Hoff=Buchdr. s. a. [1683]. (1: Ee 700–4115, 2; 14: H. Boruss. 18, 26).

Die heilsame Lehre der Warheit, vorgestellet in 15. Predigten und auf Churfürstl. Befehl samt 2. Leich-Predigten, vormals in Schlesien gehalten, in Druck gegeben, Berlin 1687. [2. Aufl. 1690]. 4°. (1: Ee 10010 ehemals).

Der Seegen des Herrn aus Ps. CXXIX. 8. bey der Vermählung des Mecklenburg-Güstrauischen Erb-Prinzen Carl mit der Marggräfin von Brandenburg Maria Amelia am 10. Aug. 1687. vorgestellet. Cöln s. a. [1687]. 4°. [1: Ee 10010]. ehemals).

Die Betrachtung Des Menschlichen Lebens/ Aus Psal. XC. 11. 12. 13. In einer Trauer=Predigt Über den Weyland Durchlauchtigsten Fürsten und Herrn/ Herrn Ludewig/ Marggraffen zu Brandenburg/ in Preussen/ zu Magdeburg/ Jülich/ Cleve/ Berge/ Stettin/ Pommern/ der Cassuben und Wenden/ auch in Schlesien/ zu Crossen und Schwiebus Hertzogen/ Burggraffen zu Nürnberg/ Fürsten zu Halberstadt/ Minden und Camin/ Graffen zu Hohen=Zollern/ der Marck und Ravensberg/ Herrn zu Ravenstein/ und der Lande Lauenburg und Bütow/ etc. An dem ordentlichen Busz= und Bät=Tage Anno 1687. den 6. April zu Potstamb Vorgestellet von ANTONIO BRUNSENIO, Churfürstl. Brandenb. Hoff=Prediger. Cölln an der Spree/ Druckts Ulrich Liebpert/ Churfürstl. Brandenb. Hoff=Buchdrucker. s. a. [1687]. fol. (1: St 7100a, 4).

Grabschrifft über die Churfürstl. Grufft des Durchl. Fürsten und Herrn Herrn Friedrich Wilhelm des Grossen, an dem ersten Sonntag nach dem Churfürstl. Begräbniß (Dom. XIV. post Trinit.) 1688. aus Apoc. XIV. 13. in der Dohm-Kirche vorgestellet. Berlin s. a. [1688]. fol. (1: St 9660).

Das Sterben der Gerechten aus Jes. LVII. 1. 2. an eben dem Sonntage vor der Churfürstl. Herrschafft in dem Zimmer der verwitbeten Churfürstin vorgestellet. Berlin s. a. fol. (1: St 9660).

Monumentum thermis Carolinis memorandum. Trost-und Gedächtniß-Predigt, welche in Carlsbad als daselbst die Durchl. Fürstin, Frau Dorothea verwitbete Churfürstin zu Brandenb. den 5. Aug. 1689. plötzlich erkrancket, und den 6. seelig verschieden, am Tage vor Abführung der Churfürstl. Leiche aus Ps. XXXIX. 10. gehalten. Berlin s. a. [1689]. 4°. [2. Aufl. Berlin 1691]. (1: Ee 10010, 4 ehemals).

Threni Postamienses ex threnis Jeremiae Klage-Predigt über das hochseel. Absterben der Durchl. Churfürstin Dorotheen, nachdem die Churfürstl. Leiche den 20. Aug. 1689. nach Potsdam gebracht und in dem Trauer-Gewölbe allda standmäßig bewacht ward, Dom. XIII. p. Tr. in einer öffentl. Predigt aus Thren. V. 15–17. in der dortigen Schloß-Capelle erkläret, Cöln s. a. [1689]. fol. (1: St 6632; St 130, 21).

Symbolum pietatis, Denck-oder Wahl-Spruch der Durchl. Churfürstin Dorotheen bey dero Beysetzung am 12. Sept. 1689. in der Dohm-Kirche zu Cöln aus Ps. XIII. 7. in der ordentl. Leich-Predigt erkläret. Cöln s. a. [1689]. fol. (1: St 6632).

Danck-Altar, als nach glückl. geendetem Feld-Zug der Durchl. Churfürst Friedrich der dritte in öffentl. Gemeine Gottes zum ersten mahle dem Gottes-Dienst beywohneten aus Ps-XX. 7–10. aufgerichtet. Berlin 1689. 4°. (1: Ea 10015 ehemals; Ea 10010, 2 ehemals).

Medicina Catholica, die Seelen Artzney in Vergebung der Sünden Dom. 19. p. Trinit. a. 1690. erkläret. Berlin s. a. [1690]. 4°. (1: Ea 10010 ehemals).

Elogium probae mulieris, Lob-Rede eines fleißigen Weibes bey Vertrauung Herrn Joach. Martin Unverfährt Ch. Br. geh. Raths, und Halberstädtischen Cantzlers mit Jungfer Maria Stephani. Berlin 1690. 4°. (1: Ea 10010,10 ehemals).

Symbolum Constantiae aus dem Denck-und Wahl-Spruch Ps. LXXIII. 25. 26. Frau Constance Louyse von Börstel geb. von Prön. Dom. Septuages. 1691. erkläret. Berlin s. a. [1691]. fol. (1: Ea 10010, 6 ehemals).

Beth-Andacht/ Nach Anleitung der Historie des Leidens und Sterbens unsers Herrn und Heylandes Jesu Christi/ Wie dieselbe aus allen vier Evangelisten zusammen gezogen/ und in der Fastenzeit pfleget öffentlich gelesen und erkläret zu werden/ vormahls Anno 1680. Zu Ohlau in Schlesien Bey der Hochfürstlichen Herrschafft täglich in den Abendstunden geübet: Nun aber auff Verlangen frommer Seelen und zur Erbauung eines jedweden/ der es verlanget zu lesen zum Druck befördert von Antonio Brunsenio, Churfürstl. Brandenb. Hofprediger. Berlin/ gedruckt und zu finden bey der Salfeldischer Witwen, 1691. 4°. (ehemals 1: Es 18610; Spandau S. Nikolai: 4/339–5, angeb.).

Glaubens-Fragen aus Heiliger Schrifft nach Anleitung des Heydelbergischen Catechismi. Berlin 1691 und 1694. 12°. (Küster/ Müller, 1737, I, S. 176).

Das göttliche Geschick aus Genes. XXIV. 50. bey der Vertrauung des Churf. Brand. Cammer-Mohren Friedrich Wilhelms auf dem Saal zu Potstamm a. 1693. d. 3. Jul. betrachtet. Berlin s. a. [1693]. 4°. (1: Ea 10010, 11 ehemals).

Felix itinerarii clausula, die glückl. geendigte Wanderschafft Frau Amelia Louisa Stoschin, Herrn Joach. Sculteti Churf. Brand. Geh. Cammer-Raths Ehegattin aus Joh. XX. 17. a. 1695. am Fest der Himfahrt in der Thum-Kirche erkläret. Berlin s. a. [4°] (1: Ea 10010 ehemals).

Einfältige Doch gründliche Glaubensfragen. s. l. [Berlin] 1694. (1: Eo 7724 ehemals).

Eilff Miscellan-Predigten. Berlin 1695. 4°. (Küster/ Müller, 1737, I, S. 176).

Der Christen Einigkeit durch Christi Herrligkeit/ oder Die wiederkehrende SCHULAMITH zurückgeruffen Durch die Herrligkeit des HErrn/ Das ist: Ohnmaßgebliche und Schrifftmäßige Vorschläge/ wie die beyden Protestirenden Religionen/ die Reformirten und Augspurgischen Bekenner zur Christlichen Einigkeit in den 3. vornehmsten Streit=Puncten können gebracht werden. Auf Verbesserung dargestelt An. 1687. den 10. Dec. st. n. von Antonio Brunsenio, damahls Churf. Brandenburgischen Hoff=Prediger. Jetzund aber zum Druck befördert als eine Probe der Fürschläge zum Religions-Vergleich/ welche vor diesem die Reformirten Theologi in Berlin selbst gethan haben. Etlichen Augspurgischen Confessions-Verwandten zum Exempel/ Welche ietzund diese wichtige Sache viel übler tractiren. Anno 1704. (1: Dl 102, 4; 14: 3 A 10088, 13; 1. Aufl. 1687; 3. Aufl. 1708).

»Tu gratus es Deo Vigil ...«. [Anagramm auf Georg Conrad Bergius.]. In: Johann Christoph Beckmann, Notitia Universitatis Francofurtanae ..., 1706, S. 157.

Nachlaß

Autograph. (1a: Ms. germ. fol. 1479).

Literatur

URSINUS VON BÄR, Benjamin: Die Heimsucht der Heiligen/ Aus den Worten Eliae im I. Buch der Könige/ am XIX. Cap. den 4. vers. Es ist genung/ so nimm nun/ HErr/ meine Seele/ ich bin nicht besser/ dann meine Väter! In einer Gedächtnüß=Predigt Über den plötzlichen doch seeligen Abschied/ welchen den 17/27. Octobr. 1693. war Dienstags/ Abends bald nach 11. Uhr/ an einem Steckfluß/ allhier in Berlin genommen: Der Hoch=Ehrwürdige/ Groß=Achtbahre und Hochgelahrte Herr ANTHONIUS BRUNSENIUS, Churfürstl. Brandenb. Hoff-Prediger/ Am XIX. Sontage nach Trinitatis war der 22. Octobr./1. Nov. 1693. als am Tage seiner Beerdigung/ in der Churfürstl. Dohm und Schloß=Kirchen Bey hoher Gegenwart der Churfürstl. Herrschafft und Volckreicher Versammlung kürtzlich betrachtet und auff inständiges Begehren zum Druck gegeben/ Von BENJAMIN URSINO. Churfürstl. Brandenb. Hof=Prediger. Berlin/ gedruckt bey sel. David Salfelds Witwe. [1693]; (1: Ee 612); STURM, Johann Friedrich: Der Am Brandenburgischen Kirchen=Himmel plötzlich Untergangene Stern Ward Bey Christlicher Leich-Begängnüß Des Weyland Hoch=Ehrwürdigen/ Hoch=Achtbahren und Hochgelahrten Herrn ANTHONII BRUNSENII, Churfürstl. Brandenb. Hochverdienten Hof=Predigers/ Welcher den 7. Octobr. Anno 1693. plötzlich doch seelig in dem HErrn entschlaffen/ und drauff den 22. selbigen Monats in der Churfürstl. Schloß und Dohm=Kirchen beygesetzet worden/ in einer Abdanckungs=Rede vorgestellet Von Johann Friedrich Sturm/ Diener des H. Evangelii bey der Christl. Gemeine in Friedrichswerder und Dorotheenstadt. Berlin/ gedruckt bey sel. David Salfelds Witwe. s. a. [1693]. (1: Ee 612); BIBLIOTHECA BRUNSENIANA, h. e. Viri Praecellentissimi atque Literatissimi DOMINI PHIL. ANT. BRUNSENII, Sereniss. atque Potentiss. Borussor. Regis Bibliothecarii, dum viveret, integerrimi & fidelissimi Libris ut maximè Theologicis, sic insuper Historicis, Philologicis atque Philosophicis copiosissimè referta, Die XI Septembr. &c. in Museó Süringiano cuilibet notissimô publicô Auctionis ritu praesenti pecuniâ distrahetur. Catalogus Ibidem gratis distribuetur Die VII Augusti. Bibliotheca autem omnibus perlustraturis patebit totô ante Auctionem Triduô. Dem Teutschen Leser. Des Tit. Seel. Herrn Phil. Anthon. Brunsenii, weil. Königl. Preuß. Bibliothecarii, hinterlassene Bibliothek, so aus einigen tausend guten Büchern bestehet, soll den XI. Septembr. dieses Jahrs, im Süringschen Bücher=Auctions=Logement verauctioniret, der Catalogus davon den VII Augusti jedermann ohne Entgeld mitgetheilet und die Bücher selbsten 3 gantze Nachmittage vor der Auction denen Herren Käuffern und Bücher=Freunden gezeiget werden. Berolini, Literis Joh. Grynaei, Boruss. Reg. Typogr. 1724. [1a: Ap 20671, 5]; JÖCHER, I, 1750, Sp. 1431f; KÜSTER/ MÜLLER, 1737, I, S. 174f., 182, 1007; KÖNIG, 1793, S. 380; ROTERMUND, Lexikon, 1818; SCHÖNWÄLDER, K. F./ GUTTMANN, J. J.: Geschichte des Königlichen Gymnasiums zu Brieg. Zur Dreihundertjährigen Jubelfeier verfaßt von K. F. S., Professor, und J. J. G., Direktor. Breslau 1869; THADDEN, R. v., 1959, S. 191f.

Buntebart, Johann

* 24. Febr. 1629 Langen bei Ruppin
† 15. Juli 1674 Cölln
Pädagoge, Theologe, luth.
V   Joachim B., Prediger
M   Catharina geb. Klose
⚭   N. N.
K   Dorothea Elisabeth verh. Heimburger; Eleonora verh. Zeitz

Privatunterricht bei Familie von Redern
4 Jahre Schule in Spandau, anschl. Cöllnisches Gymnasium
1647–1651   Paedagogicum in Stettin
1651   Universität Greifswald (und Frankfurt/O. ?)
            Rektor zu Bernau, später zu Spandau
1657   Universität Wittenberg (Mag.)
1659   Diakon zu Spandau, Archidiakon
1660–1667   Archidiakon zu St. Petri in Cölln
1667–1674   Propst und Inspektor zu Cölln, Konsistorialrat

Johann Buntebart wurde am 24. Febr. 1629 als Sohn des Predigers zu Langen bei Ruppin, Joachim Buntebart, geboren. Seine Mutter Catharina geborene Klose war die Tochter eines Predigers zu Garz. Nachdem das Dorf Langen im Dreißigjährigen Krieg völlig zerstört wurde, siedelte der Vater nach Wansdorf um. Hier wurde Johann gemeinsam mit den Kindern des Herrn von Redern durch den Hauslehrer Sigmund Neumeister, später Prediger zu Fahrland, unterrichtet. Anschließend besuchte der Knabe noch vier Jahre die Schule in Spandau. Schon lange vor der Reformation verfügte das kleine Städtchen vor den Toren der kurbrandenburgischen Residenz über eine Schule, die 1539 dem Patronat des Rates unterstellt wurde. 100 Jahre später bestand das Lehrerkollegium aus Rektor, Konrektor, Kantor, zwei weiteren Lehrern (Tertianus und Quartus) sowie einem Kustos, welche – außer dem Kustos – eine Universität besucht hatten und damit hochgebildete Männer waren. Unter den einzelnen Rektoren konnte die Anstalt ihr öffentliches Ansehen zunehmend erhöhen, insbesondere während der Amtszeit von Emanuel Vulpinus, der das Rektorat von 1640 bis 1656 bekleidete und anschließend in den Rat der Stadt gewählt wurde, wo er zum Bürgermeister aufstieg. Vulpinus war von 1634 bis 1636 als Subrektor am Berlinischen Gymnasium und ab 1636 als Rektor der Saldrischen Schule in der Altstadt Brandenburg tätig gewesen. Er galt als ausgezeichneter Schulmann, der sich zudem guter Kontakte zu angesehenen Persönlichkeiten der kurbrandenburgischen Residenz erfreuen konnte. Als Vulpinus 1643 eine Tochter des Alt-Landsberger Pastors Matthaeus Rosenthal heiratete, überreichten Gönner und Freunde eine stattliche, 16 Blatt starke Sammlung lateinischer und deutscher Epithalamia (109: Slg. GK: Cg 216.1). Unter den knapp 40 Beiträgern waren auch jene Lehrer, die Buntebart unterrichteten, nämlich Konrektor Johannes Lange, Kantor Burckhard Jockert und Georg Krüger als Dritter Lehrer zu Spandau.

Die nächste Station der schulischen Ausbildung Buntebarts war das Cöllnische Gymnasium, das zu den ältesten Bildungsanstalten der kurbrandenburgischen Residenz gehörte und 1569 aus den Räumen der S. Petrikirche in ein neuerbautes Schulgebäude neben der Kirche zog. Rektor war seit 1640 Samuel Müller (1610–1674), der dieses Amt bis zu seinem Tode inne hatte; das Konrektorat übten Sebastian Krieger und nach ihm Stephan Gresse (gest. 1656) aus, Subrektor war Sebastian Welle (gest. 1672). Von ihnen allen sind Gelegenheitsgedichte überliefert, von Müller außerdem einige Disputationen, die in den fünfziger Jahren unter seiner Leitung zu metaphysischen Fragen gehalten wurden. Zu dieser Zeit hatte Buntebart das Cöllnische Gymnasium jedoch längst verlassen und in Stettin seine Ausbildung fortgesetzt. Hier besuchte er von 1647 bis 1651 das angesehene Paedagogicum, eine 1543 gegründete Fürstenschule, die 1667 in den Rang eines Akademischen Gymnasiums erhoben wurde. Die Leitung der Schule lag in den Händen des Rektors Johann Micraelius (1597–1658), der mit besonderer Vorliebe die Gymnasiasten im Disputieren schulte. Die Programme mit Thesen und Ergänzungen wurden von den Lehrern verfaßt und auf Kosten der Gymnasiasten gedruckt, die diese dann als Respondenten zu verteidigen hatten. Zu den Stettiner Professoren, bei denen Buntebart Theologie, Sprachen, Philosophie und Redekunst hörte, zählte auch Andreas → Fromm, der die Einrichtung schon als Schüler besucht hatte und 1649 als Professor Musices zurückgekommen war, welches Amt er bis 1651 bekleidete. Neben seinen daraus erwachsenden Aufgaben hielt Fromm auch philosophische Collegia sowie ein Disputationslektorium und durfte sogar im Auditorium lesen. Mit ihm traf Buntebart später in Cölln wieder zusammen, wohin Fromm als Propst berufen wurde. Ebenfalls am Stettiner Paedagogicum begegnete Buntebart dem später berühmten Orientalisten und Sinologen Andreas → Müller, der bis 1649 hier ausgebildet wurde; auch ihn traf er in der kurbrandenburgischen Residenz wieder, als Müller 1667 zum Propst zu S. Nicolai vozierte.

Nachdem Buntebart in Stettin das für den Besuch einer Hohen Schule notwendige Rüstzeug erworben hatte, immatrikulierte er sich unter dem Rektorat des Medizinprofessors Johann Hennius am 11. April 1651 an der Universität Greifswald (»Johannes Buntebardt, Rupinensis Marchiacus«; FRIEDLÄNDER, 1894, S. 36,25). An der theologischen Fakultät hörte er die Professoren Johannes Bering (1607–1658), der zunächst als Professor für Mathematik berufen worden war und später auf eine der theologischen Professuren wechselte, die in Greifswald seit 1558 mit Pfarrstellen an den Stadtkirchen verbunden waren, und Abraham Battus (1606–1674), später Generalsuperintendent von Vorpommern und Rügen. An der philosophischen Fakultät lehrte Jakob Gerschow (1587 bis 1655), Kaiserlich gekrönter Poet und bekannter Historiker für pommerische Geschichte, der seit 1619 die Professur für Poetik sowie für klassische und orientalische Sprachen und seit 1626 außerdem die Professur für Geschichte bekleidete. Weiterhin dozierten Caspar March (1629–1677), später kfl.-brandenburgischer Leibarzt, Johannes Michaelis, Friedrich Dedekind, Georg Schlieff und Johannes Hieronymus Staudius. Ob Buntebart gleich nach seinem Greifswalder Aufenthalt auch an der Universität Frankfurt/O. »dem Studiren fleißig obgelegen hatte« (so KÜSTER/ MÜLLER, 1752, II, S. 565), ist ungesichert, da die Frankfurter Universitätsmatrikel für jene Jahre keine entsprechende Eintragung aufweist.

Nach Abschluß seiner Universitätsstudien erhielt Buntebart die Vokation auf ein Schulamt, und zwar auf das Rektorat zu Bernau, einer kleinen Stadt nordöstlich der kurbrandenburgischen Residenz. Über seine dortige Amtszeit sind keine Belege überliefert. Die nächste Nachricht bringt erst wieder das Jahr 1657, in welchem er am 28. April an der Universität Wittenberg zum Magister promovierte, und zwar mit dem ergänzenden Vermerk »rector Spandaviensis« (WEISSENBORN, 1934, S. 599). Demnach hatte Buntebart um die Jahreswende 1656/57 die Vokation auf das Rektorat an jener Schule erhalten, die er als Schüler einst selbst besuchte. Die in Wittenberg erlangte Magisterwürde beförderte seine öffentliche Reputation in erheblichem Maße: Schon 1659 berief ihn der Rat von Spandau zum Diakon und bald darauf zum Archidiakon von S. Nikolai, an jene traditionsreiche Kirche, in welcher – einer noch immer maßgeblichen Überlieferung nach – am 1. Nov. 1539 Kurfürst Joachim II. (1505–1571) erstmals das Abendmahl in beiderlei Gestalt eingenommen hatte, was seitdem als Beginn der Reformation in der Mark Brandenburg gefeiert wird.

Sein Spandauer Kirchenamt übte Buntebart jedoch nur ein Jahr aus: 1660 vozierte er nach dem Tode von Martin Hanisch (gest. 1659) auf das Archidiakonat zu S. Petri in Cölln und wurde Amtskollege von Andreas Fromm, der seit 1651 als Propst und Inspektor hier tätig war und 1654 zum Konsistorialrat ernannt worden war. Buntebart kam in einer Zeit nach Cölln, als in der kurbrandenburgischen Residenz die mit dem Übertritt des Kurfürsten Johann Sigismund (1572–1620) zum Kalvinismus im Jahre 1613 ausgebrochenen religionspolitischen Streitigkeiten zwischen Reformierten und Lutherischen, die nach ersten tumultartigen Zusammenstößen in den folgenden Jahren dann über Jahrzehnte hinweg weiter gegärt hatten, erneut hervortraten und seit der Ernennung des reformierten Hofpredigers Bartholomaeus → Stosch zum Konsistorialrat an Schärfe zunahmen. Nach dem Beispiel des Kasseler Religionsgespräches von 1661, das mit einer friedlichen Übereinkunft ausgegangen war, ordnete Kurfürst Friedrich Wilhelm im August 1662 eine »freund- und brüderliche Conferentz« an, die die Auseinandersetzungen zwischen beiden konfessionellen Lagern beenden sollte. Vorausgegangen war am 2. Juni das in großen Abschnitten von Stosch verfaßte Toleranzedikt »Mandatum, wie sowohl zwischen Reformirten und Lutherischen Predigern als Unterthanen die Einträchtigkeit zu halten«, mit dem die lutherischen Geistlichen aufgefordert wurden, ihre Angriffe gegen die reformierte Religion zu unterlassen. Friedrich Wilhelm hatte das kurfürstliche Schloß zu Cölln zum Ort des Religionsgespräches bestimmt, das sich in unmittelbarer Nachbarschaft zu Berlin, dem Haupthort des lutherischen Widerstandes in der Mark, befand. Für ihn ging es auch um die Frage, ob die lutherischen Geistlichen der Mark Brandenburg und insbesondere Berlins es weiterhin wagen konnten, die reformierte Religion abzulehnen und damit dem Kurfürsten die Anerkennung als souveränen Landesherrn zu verweigern.

Am Religionsgespräch, das unter dem Vorsitz des Oberpräsidenten Otto Freiherrn von Schwerin (1616–1679) in der Zeit vom September 1662 bis Mai 1663 stattfand, beteiligten sich außer einigen kurfürstlichen Kommissaren die reformierten Hofprediger und der Rektor des Joachimsthalschen Gymnasiums, Johann → Vorstius, sowie die lutherischen Geistlichen an den Berliner Stadtkirchen S. Nicolai und S. Marien und die lutherischen Geistlichen von S. Petri in Cölln, zu welchen außer Propst Fromm und Archidiakon Buntebart noch Diakon Christian Nicolai (1627–1674) gehörte. Während der insgesamt 17 Begegnungen wurden die Auseinandersetzungen mit aller Schärfe geführt, besonders von Stosch und Elias Sigismund → Reinhardt, dem Wortführer der unter dem Einfluß der lutherisch-orthodoxen Wittenberger Theologen stehenden Berlinischen Geistlichen. Ihnen vor allem ging die Anerkennung der reformierten Lehre gegen das Gewissen; sie befürchteten einen Synkretismus, d. h. eine Vermischung beider Bekenntnisse und damit das Ende der »unverfälschten« Lehre. Die Cöllnischen Geistlichen hingegen zeigten sich eher geneigt, religiöse Toleranz gegenüber den Reformierten zu üben. Buntebart wie Nicolai schlossen sich der mäßigenden Linie ihres Propstes Fromm an und suchten einen Ausgleich zwischen den Konfessionen. Doch die auf Verständigung zwischen den verfeindeten Lagern bedachten Cöllnischen Geistlichen gerieten schon bald zwischen die Fronten und verloren in der Folgezeit zunehmend an Einfluß auf den Fortgang der Ereignisse.

Fromm, der während des Religionsgespräches von Reinhardt als »Synkretist« beschimpft worden war, verließ 1666 Berlin und konvertierte später zum Katholizismus. Buntebart vozierte auf die vakante Propststelle und das Inspektorat zu S. Petri und wurde Anfang 1667 in sein neues Amt eingeführt. Da der Berlinische Propst Georg von → Lilien im Juli 1666 verstorben war – sein Nachfolger Andreas Müller, mit dem Buntebart bereits in Stettin zusammengetroffen war, trat erst im Juli 1667 sein Amt an –, nahm der Superintendent der Stadt Brandenburg, Valentin Fromm (1601–1679), die Introduktion vor. Dessen Predigt fand wegen ihres mäßigenden Tones in einer Zeit anhaltender religiöser Anfeindungen zwischen Lutherischen und Reformierten in der kurbrandenburgischen Residenz den »überaus gnädigen Beifall« des Kurfürsten (KÜSTER/MÜLLER, 1752, II, S. 565f., mit dem Abdruck des kfl. Reverses vom 4. März 1667).

Als Propst hatte Buntebart die höchste geistliche Würde Cöllns inne, als Inspektor führte er zugleich die Aufsicht über das Cöllnische Gymnasium, in welchem Amt er regelmäßig vor dem Rat berichten mußte. Aus seiner Amtstätigkeit sind lediglich einige gedruckte Leichpredigten überliefert, in denen – ganz im Sinne der ausgleichenden Linie der Cöllnischen Geistlichen während des Religionsgespräches 1662/63 – die schwelenden religionspolitischen Auseinandersetzungen ganz bewußt außer acht gelassen wurden. So wurde Buntebart folgerichtig von Kurfürst Friedrich Wilhelm auch zum Konsistorialrat ernannt und erreichte in seinem Amt hohes Ansehen. An ihn ergangene ehrenvolle Vokationen als General-Superintendent nach Bielefeld in Westfalen beziehungsweise nach Pommern lehnte er jedoch ab.

Buntebart erkrankte am 7. Juli 1674 so schwer, daß er bereits eine Woche später, am 15. Juli, im Alter von erst 46 Jahren verstarb. Die Leichpredigt hielt der Archidiakon zu S. Petri, Andreas von → Pawlowsky; die Abdankung stammt vom Cöllnischen Konrektor und späteren Leiter des Cöllnischen Gymnasiums, Johannes → Bödiker. Eine überlieferte Epicedia-Sammlung enthält ein lateinisches Trauercarmen von Bödiker in 70 Versen, außerdem Trauergedichte von Buntebarts Nachfolger im Propstamt, Gottfried Lange (1640–1687), von einem Beiträger mit den Initialen J. M. S., vielleicht dem vormaligen Berliner Garnisonsprediger und nunmehrigen Inspektor zu Storkow, Johann Melchior Stenger (1638 bis 1710), und vom Spandauer Diakon Zacharias Matthias sowie von den kfl.-brandenburgischen Leibärzten Martin → Weise und Johann Sigismund → Elsholtz. Die Cöllnischen Kaufleute Christoph Witte (gest. 1690), zugleich Ratskämmerer, und Balzer Faust sowie der kfl.-brandenburgische Hofbeamte und Cöllnische Ratsherr Johannes Lauer setzten ihrem verstorbenen Propst in der Kirche zu S. Petri in Cölln ein Denkmal mit einem Bildnis Buntebarts in Lebensgröße (Inschrift mitgeteilt bei KÜSTER/ MÜLLER, 1752, II, S. 566; KÜSTER, 1731, S. 182). Zwei Jahre später hielt Rektor Bödiker im großen Auditorium des Cöllnischen Gymnasiums eine »ORATIO

PANEGYRICA De VITA … M. JOHANNIS BUNTEBARTI«, die 1676 in Cölln gedruckt wurde.
Von Buntebarts Frau sind keine Nachrichten überliefert. Vielleicht war sie eine geborene Matthias, da Zacharias Matthias in seinem Epicedium für Buntebart diesen als »seinen liebsten Schwager« bezeichnet hatte. Buntebarts Tochter Dorothea Elisabeth heiratete am 5. Febr. 1677 den Dritten Diakon zu S. Nicolai, Daniel David → Heimburger, zu welchem Anlaß Bödiker zwei Epithalamia dichtete. Als Buntebarts Tochter Eleonora am 2. Aug. 1680 den Diakon zu Spandau, Johann Georg Zeitz (1647–1695), ehelichte, war es wieder der Cöllnische Rektor, der zwei Hochzeitsgedichte verfaßte. Andere Epithalamia auf diese beiden Eheschließungen sind jedoch nicht überliefert.
[LN]

Werke

Gottseelige Sterbens=Gedancken über die Worte Sirachs/ c. VII. v. 40. Was du thust/ so bedencke das Ende/ so wirst du nimmermehr übels thun. Bey Sepultur, Herrn Asmus Flethen/ Sr. Fürstl. Durchl. zu Braunschweig und Lüneburg/ etc. gewesenen bestalten Hoff= und Feld=Trompeters/ Welcher am 20. Mart. Anno 1662. zu Cöln an der Spree plötzlich umb sein Leben kommen/ und folgenden Sonntag JUDICA auff S. Peter-Kirchhoff beerdiget worden/ Jn einer dabey gehaltener Predigt eröffnet/ Vnd auff höchstgedachter Fürstl. Durchl. gnädigen Begehren zum Druck übergeben Von M. Johanne Buntebart/ bey St. Peters=Kirchen in Cöln Predigern. Zu Berlin/ Gedruckt bey Christoff Runge/ M DC LXII. Berlin 1662 (1: 23 in: Ee 509; Küster, 1731, S. 183; Leichenpredigten Franckesche Stiftungen Halle, 1975, S. 177).

Lux in tenebris, oder Trost=Predigt, aus Micha VII. 8. 9. bey Beerdigung Hr. Gebhard, des heil. Röm. Reichs Erb=Truchsen, und Frey=Herrn zu Waldburg in Alten=Landsberg vorgestellt a. 1664. Berlin 1664 (Küster, 1731, S. 183; Leichenpredigten Franckesche Stiftungen Halle, 1975, S. 177).

INDEBITUM PIE DEFUNCTORUM PRÆMIUM Vnverdienter Gnaden=Lohn/ derer die im Herrn sterben. Bey Christlicher Leichbegängnüß Herrn Burgermeisters Sebastian Rhewends/ Churfürstl. Brandenb. wollbestalten Cammergerichts=Advocati/der löblichen Landschafft und hiesiger Residentz Cölln wollverdienten Syndici, sel. Gedächtnüß. Als derselbige am 16. Julij dieses 1666. Jahres selig im Herrn entschlaffen/ und dessen verblichener Cörper folgenden Sontag/ war der VI. Trinit. in der S. Peters=Kirchen in sein Ruhekämmerlein beygesetzet worden/ Aus den Worten der Offenbar. Joh. XIV. 13. Selig sind die Todten etc. Jn einer Leichpredigt betrachtet und vorgestellet Von Johanne Buntebart. Dienern am Worte GOttes bey der S. Peters=Kirchen in Cölln an der Spree. Cölln an der Spree/ Druckts Georg Schultze/ Churfürstl. Brandenb. Buchdrucker auff dem Schlosse. Cölln 1666 (1: 1 in: Ee 530; Küster, 1731, S. 183; Leichenpredigten Franckesche Stiftungen Halle, 1975, S. 177; bei Küster/ Müller, 1737, I, S. 132, u. d. T.: Lebenslauf des Cöllnischen Burgenmeisters Sebastian Rhewendt, zusammen mit der Leichpredigt. Cölln 1666).

Das höchste Gut aller Gläubigen/ die Seligkeit/ Aus den Trostreichen Worten des Apostels Pauli 1. Thess. V. v. 9. 10. GOtt hat uns nicht gesetzt zum Zorn etc. Bey Christlicher Leichbegängnüß Herrn Jodoci Varenholtz/ Sr. Churfürstl. Durchl. zu Brandenburg gewesenen wollbestalten Haußvoigts und Teich=Inspectoris sel. Gedächtnüß/ Welcher am 2. Septembr. des 1666ten Jahres im 54. Jahr seines Alters dieser Welt abgedancket/ und folgends am 9. Septembr. war der XIII. Trinitatis in der S. Peters=Kirchen zu seinem von ihme selber zu bereiteten Ruhekämmerlein gebracht worden. Jn einer Leichpredigt betrachtet und vorgestellt Von Johanne Buntebart/ Predigern bey S. Peter zu Cöln an der Spree. Cölln an der Spree/ Druckts Georg Schultze/ Churfürstl. Brandenb. Buchdrucker auff dem Schlosse daselbst. Cölln 1666 (1: 5 in: Ee 539; 11: 86 A 1778 Rara; Küster, 1731, S. 183; Leichenpredigten Franckesche Stiftungen Halle, 1975, S. 177).

Veste Burg: Das ist: Christliche Anweisung/ Wohin Kinder GOttes ihre Zuflucht nehmen/ und worauf Sie sich in allerley Fällen sicherlich verlassen können. Aus dem 146. Psalm Davids/ v. 3. 4. 5. 6. Bey Christlicher Leichbegängniß Herrn Johann=Jacob Römans/ Churfürstl. Brandenb. wolbestalten Hof=Rentey=Schreibers: Welcher am 10. Augusti dieses 1667. sten Jahres Abends nach 12. Uhr in seinem Erlöser selig entschlaffen/ und am 20. darauf Christlich zur Erden bestattet. Jn einer Leichpredigt fürgestellet Von M. JOHANNE Buntebart/ Consistorial-Raht und Probsten in Cöln. Zu Berlin/ gedruckt bey Christoff Runge/ in obbemeldtem Jahre. Berlin 1667 (1: 18 in: Ee 530; Küster, 1731, S. 183; Leichenpredigten Franckesche Stiftungen Halle, S. 177).

Hiskiæ querela & medela aus Ies. XXXVIII. 12–14. bey der Leiche Herrn Christian Friedr. Fahrenholtzes Anno 1669. den 2. Jun. vorgestellet. Berlin 1669 (Küster, 1731, S. 183; Leichenpredigten Franckesche Stiftungen Halle, 1975, S. 177).

Seelen=Fried/ Aus den Worten des CXVI. Psalms/ v. 7,8,9, Sey nun wieder zu frieden meine Seele/ etc. Beym Christlichen Leich=Begängnüß/ Herrn Martin Donikens/ Churfürstl. Brandenb. gewesenen wollbestallten Reise-Apotheckers/ Welcher am 25. Septemb. dieses 1669. Jahres früh zwischen 7. und 8. Uhr selig entschlaffen/ und am 3. Octobr. war der 17. Sontag nach Trinitatis in der St. Peters Kirchen beerdiget worden/ Jn einer Leichpredigt betrachtet und vorgestellet Von M. Johanne Buntebart/ Consistorial-Raht und Probsten daselbst. Cölln an der Spree/ Druckts George Schultze/ Churfl. Brandenb. Buchdrucker auff dem Schlosse. Cölln 1669 (1: 12 in: Ee 507; Küster, 1731, S. 183; Leichenpredigten Franckesche Stiftungen Halle, 1975, S. 177).

Seelen=Durst: Das ist: Heiliges Verlangen einer gläubigen Seelen nach GOTT. Aus dem 42. Psalm/ v. 2. 3. 4. 5. 6. Beym Christlichen Leich=Begängniß Frauen Elisabeth Schattinn/ Herrn Wilhelm Heinrich Happen/ Churfürstlichen Brandenburgischen Wolbestalten Ober=Licent-Einnehmers/ Hertzlich geliebeten Ehefrauen/ Welche am 5. Februarii dieses Jahres selig im HERRN entschlaffen/ und am 14. Februarii/ war der Sonntag Sexagesimæ, mit Christlichen Ceremonien in der St. Peters Kirchen allhier zu Cöln beygesetzet worden. Jn einer Leichpredigt betrachtet und fürgestellet/ Von M. Johanne Buntebart/ Probsten und Consistorial-Rahte. Zu Berlin/ gedruckt bey Christoff Runge/ Anno M. DC. LXIX. Berlin 1669 (1: 17 in: Ee 513; Küster, 1731, S. 183; Leichenpredigten Franckesche Stiftungen Halle, 1975, S. 177).

Letzter Wille, oder eines gläubigen Christen Testament wegen des edelsten Gutes seiner Seele aus Ps. XXXI. 6. bey der Leiche Hrn. Gottfried Müllers, Churfürstl. Brandenb. Hauß=Kellers, welcher a. 1669. den 5. April gestorben. Berlin 1669 (Küster, 1731, S. 183; Verzeichnis der Leichenpredigten Franckesche Stiftungen Halle, 1975, S. 177).

Die seelige Kindbetterin aus 1. Tim. II. 15. bey dem Begräbnüß Frau Cathar. Papenbruchs, Hrn. Petri Supen, Churfürstl. Brandenburg. Zoll=Verwalters und Saltz=Factors Ehe=Frauen, welche a. 1669. den 13. Ian. gestorben. Cölln 1669 (Küster, 1731, S. 183; Leichenpredigten Franckesche Stiftungen Halle, 1975, S. 177).

Mysterium crucis aus Ps. LXXIII. 23–26. bey der Leiche Hrn. Rudolff Naffzers, Rathsverwandten in Cöln, so a. 1669. den 12ten Ian. gestorben. Berlin 1669 (Küster, 1731, S. 183; Leichenpredigten Franckesche Stiftungen Halle, 1975, S. 177).

Christliche Lebens= und Sterbens=Gedancken/ Uber die Wort Jobs Cap. 14. v. 14. 15. 16. 17. Jch harre täglich/ dieweil ich streite/ etc. Beym Hoch=Adelichen Leichbegängnüß Des seligen Herrn Hn. Hans Ludewig von der Gröben/ weyland/ Churfürstl. Brandenb. Geheimbten Rahts/ Dom=Dechands der Bischöfflichen Stiffts= Kirchen zu Brandenburg/ Erb=Jägermeisters der Chur= und Marck Brandenburg/ wie auch der Löblichen Mittelmärckischen Landschafft Verordneten und Directoris; auff Lichterfeld/ Mesenberg/ Schönermarck/ Baumgarten und Ruschendorff/ Erbherrens. Welcher am 6. August. dieses 1669. Jahres allhier in Cölln selig entschlaffen/ und dessen Adeliches Leichbegängnüß am 9. Novembr. mit Christlichen Ceremonien gehalten worden. Jn einer Leichpredigt fürgestellet/ und hernach zum Druck übergeben Von M. JOHANNE Buntebart/ Consistorial-Raht und Probsten. Cölln an der Spree/ Druckts George Schultze/ Churfl. Brand. Buchdrucker auff dem Schlosse. Cölln 1669 (1: Ee 6172; Küster, 1731, S. 183; Leichenpredigten Franckesche Stiftungen Halle, 1975, S. 177).

Himlischer Wandel, welchen Kinder Gottes auf Erden führen aus Phil. III. 20. 21. bey der Leiche Fr. Ursula Marien Burkhartin, Herr Lic. Bartholom. Gericken Haußfrau, welche Anno 1672 den 8. Mart. gestorben, betrachtet. Cölln 1672 (1: 9 in: Ee 505; 1: 9 in: Ee 509; Küster, 1731, S. 183; Leichenpredigten Franckesche Stiftungen Halle, 1975, S. 177; LP StA Braunschweig, Nr. 829).

Crone der Ehren allen getreuen Streitern JEsu Christi verheissen aus 1. Cor. IX. 24. 25. bey der Leiche Fr. Cathar. Neuschützin Witbe Müllerin, so 1672. den 1. May. gestorben. Berlin 1672 (Küster, 1731, S. 183; Leichenpredigten Franckesche Stiftungen Halle, 1975, S. 177).

Treuer Diener Abschied, welcher ihnen von GOtt gegeben wird, wenn sie aus der Welt scheiden und sterben müssen, aus Dan. XII. 13. 14. bey der Leiche Herr Joh. George Reinhardts, Churfürstl. Brandb. auch Fürstl. Magdeb. Geheimten Raths auf Dachriz und Merckwiz Erb=Herrn gehalten. Cölln 1672 (LP StA Braunschweig, Nr. 5203; Küster, 1731, S. 183; Leichenpredigten Franckesche Stiftungen Halle, 1975, S. 177).

Himmlische Wohnung von GOtt bereitet für seine Kinder aus 2. Cor. V. 1–5. bey der Leiche Hrn. Joach. Ernst Wernickens, Churfürstl. Brandenb. Ammts=Raths und Cammermeisters, welcher Anno 1673. den 17. Jan.

gestorben. Berlin 1673 (Küster, 1731, S. 183; Leichenpredigten Franckesche Stiftungen Halle, 1975, S. 177).

Geistl. Liebes=Kuß zwischen Christo und seiner Braut aus Apost. Ges. XXII. 20. bey dem Leichbegängnüß Fr. Cathar. Regina Krausin, Hern. Sebast. Rhewends Churfürstl. Brandb. Cammergerichts=Advocati und Burgemeisters in Cöln nachgelassenen Witbe, Anno 1673. den Decembr. betrachtet. Berlin 1674 (Küster, 1731, S. 183; Leichenpredigten Franckesche Stiftungen Halle, 1975, S. 177).

Briefe

Schreiben an das Konsistorium (betreffs theologische Konferenz von 1662/63). (Ms.; Nachlaß Oelrich, 1990, S. 99, Nr. 474, 2).

Literatur

PAWLOWSKY, Andreas von: Christliche Leich=Predigt, darinnen vorgestellet wird die Krafft GOttes, so in der Unvollkommenheit der schwachen Menschen sich mächtig erzeiget bey der Leiche Herrn M Joh. Buntebarts, Probsten in Cöln Anno 1674. den 26. Jul. aus 1. Cor. XIII. 9. 10. Cölln 1674 (Küster, 1731, S. 187); BÖDIKER, Johannes: Unverweßliches Ehrenmahl als Tit. HERR M. Joh. Buntebart/ Churf. Brandenb. Consistorial=Rath und wolverordneter Probst zu St. Peter/ wie auch der benachbarten Kirchen und des Gymnasii Inspector. d. 26. Jul. 1674. zu Cölln an der Spree/ ward beerdiget. Cölln 1674; EPICEDIA Quibus VIRI MAXIME REVERENDI, CLARISSIMI ET EXCELLENTISSIMI DN. M. JOHANNIS BUNTEBARTII, ELECTORALIS SYNEDRII ADSESSORIS, PASTORIS ECCLESIÆ PETRINÆ PRIMARII ET VICINARUM INSPECTORIS BENE MERITI, CHRISTI SERVI FIDELIS TUMULUS A Fautoribus, Clientibus et Liberis Honorabatur. s. l. 1674 (1a: 104 in: Ag 923 R); BÖDIKER, Johannes: ORATIO PANEGYRICA De VITA Admodum Reverendi atque Excellentißimi VIRI DOMINI M. JOHANNIS BUNTEBARTI, Piè M. Electoralis quondam Consistorii Adsessoris, Præpositi ad D. Petri Coloniæ, Vicinarum Ecclesiarum & Gymnasii Inspectoris, THEOLOGI CELEBERRIMI, DATO POST BIENNIUM SUCCESSORE, In Repetitione Legum Scholasticarum Publicè in Auditorio Majori die XV. Junii, 1676. RECITATA à JOHANNE BÖDIKERO P. Gymnasii Colon. Rectore. COLONIÆ BRANDENBURGICÆ, Ex Officinâ Georgi SchultzI, Electoral. Typogr. Cölln 1676 (1a: At 12836); KÜSTER, 1731, S. 180–184; JÖCHER, 1750, 1, Sp. 1484; KÜSTER/ MÜLLER, 1752, II, S. 565f.; NOHL, 1903, S. 14 u. 77; GStA Rep. 47, Nr. 19.

Craanen (Kraanen), Theodor

* 1620 Köln/Rhein (?)
† Febr./März 1688
Arzt
V N. N.
M N. N.

1651 Universität Utrecht
1655 Universität Leiden
1657 Universität Duisburg
1661 Prof. phil. et med. Nijmegen
1673 Prof. med. Leiden
1685 Prof. med. Frankfurt, brdbg. Rat und oberster Leibarzt

Theodor Craanen studierte zunächst in Utrecht (MATRIKEL UTRECHT, S. 27: 1651: Theodorus Cranen; Rektor Cypriano ab Oosterga) bei dem Mediziner Henricus Regius (eigentl. Henry de Roy, 1598 bis 1679), der ehemals begeistert René Descartes (1596 bis 1650) angehangen und sich seit 1645 zunehmend von diesem distanziert hatte. Überhaupt hatte Cartesius mit seinen Anschauungen in Utrecht einen schweren Stand, da die Theologie-Professur von einem seiner unversöhnlichsten Kritiker, Gisbert Voëtius (1589–1676), besetzt wurde, so daß sich Craanen bald nach Leiden wandte (MATRIKEL LEIDEN, 1875: Theodorus Cranen, Coloniae Agrippinae natus, P et T.; imm. 17. Febr. 1655; Rektor Alberto Kypero) und anschließend nach Duisburg ging, wo er am 4. Mai 1657 promovierte. Craanen praktizierte daraufhin einige Jahre als Arzt, bis er 1661 als Professor für Philosophie und Medizin an die Universität Nijmegen berufen wurde. Hier saß seit 1663 u. a. Gerhard Noodt (1647–1725) unter seinen Hörern, der später ein bekannter Staats- und Völkerrechtler wurde und sich dankbar seines Lehrers erinnerte. Ende der sechziger Jahre gab Craanen diesen Lehrstuhl auf, und nachdem er zunächst Privatvorlesungen gehalten hatte, wurde er 1670 ordentlicher Professor für Logik und Metaphysik an der Universität Leiden. Wegen Differenzen mit Friedrich Spanheim mußte er 1673 diese Professur aber gegen den medizinischen Lehrstuhl eintauschen. In seinen beliebten und gutbesuchten Vorlesungen setzte sich Craanen mit der aristotelisch-galenisch dominierten Medizin seiner Zeit auseinander. Die neuen, präziseren medizinischen Instrumente, die eine bessere Beobachtung physiologischer Vorgänge und der menschlichen Anatomie ermöglichten, hatten ebenso wie die neuen Erkenntnisse der Chemie und Physik dieses Lehrgebäude mehr und mehr erschüttert. Auch wenn die Traditionalisten immer wieder versuchten, die neuen Entdeckungen im Rahmen der alten Lehren zu erklären oder sie einfach zu verbieten – noch 1661 wurde von den Studenten in Bologna ein Treuegelöbnis auf die Lehren von Hippokrates und Galen gefordert –, konnte nur auf chemisch-physikalischen Wegen der medizinische Fortschritt gesucht werden; so jedenfalls verstanden es eine Reihe von Mediziner in dieser Zeit. Eine Möglichkeit, die Medizin auf eine naturwissenschaftliche Grundlage zu stellen, war die Anknüpfung an die von Paracelsus und Johann Baptista van Helmont (1577–1644) inspirierte Iatrochemie, die die Lebensprozesse und die Krankheiten als deren Störung durch das Wirken chemischer Prinzipien erklärte. Craanen wählte einen anderen Weg, indem er in der Erklärung der menschlichen Physiologie auf mechanistisch-physikalische Auffassungen von Pierre Gassendi (1592–1655) und Descartes und die in der quantitativen und mathematisch-geometrischen Deskription der organischen Funktionen auf Galileo Galilei (1564–1642) zurückgehenden italienischen Schule zurückgriff. Neben Craanen waren Alfonso Giovanni Borelli (1608–1679) und Marcello Malpighi (1628–1694) prominente Vertreter dieser Richtung, die vitale Prozesse als mechanische Operationen in mathematisch-geometrischer Weise in der Form eines geschlossenen Systems von Röhren, Hebeln und Pumpen zu beschreiben suchten. Anders als sein Schüler Cornelius → Bontekoe verband Craanen die iatrochemischen Ansichten seines Lehrers Frans de la Boë Sylvius (1614–1672) noch stärker mit dem Cartesianismus; dabei fanden die chemischen Vorgänge im Körper zwar noch Berücksichtigung, aber sie verloren ihre ausschließliche und damit einseitige Regulierungsfunktion im Verständnis des organischen Lebens. Craanens Physiologie beruhte im wesentlichen auf der Materie-Theorie Descartes', wonach die Bewegung von Teilchen in den Körpergefäßen bzw. ihre Stockung Gesundheit und Krankheit bedingen. Mit diesem Konzept war er in den Jahren von 1673 bis 1685 die Autorität der Leidener Medizin, und seine intensive Beschäftigung mit Descartes erregte auch das Interesse von Leibniz, der von sich aus den Kontakt mit Craanen suchte.

1685 folgte Craanen dem Ruf nach Berlin und nach Frankfurt/Oder, wo er mit nicht geringerem Erfolg das Gebäude des Descartes aus der Sicht des Mediziners erklärte. Bereits während seiner Leidener Professur hatte Craanen eine Reihe solcher hervorragender Mediziner wie Benjamin Broeckhuysen (1647 bis 1686), Heydentrijck Overkamp (geb. 1652), Steven Blankaart (1650–1704), Theodor Schoen (geb. 1656), Johannes Broen (1662–1703) und Cornelius Bontekoe ausgebildet. In Frankfurt konnte er daran anschließen, wobei unter seinen Schülern vor allem Bernhard Albinus (gest. 1719) herausragt, der später die Berufung in die Brandenburgische Societät der Wissenschaften ablehnte und statt dessen nach Leiden zog, wo er ein bedeutender Mediziner wurde. In seiner Gedächtnisrede auf Albinus stellte Herman Boerhaave (1668–1738), als der herausragende europäische Mediziner des frühen 18. Jahrhunderts, diesen mit Craanen auf eine Stufe: »Der Brandenburgische Hof mag sich rühmen, es sei die Liberalität des grossmüthigen Friedrich Wilhelm gewesen, die den berühmten Craanen aus einer blühenden Stellung an den Hof zu ziehen vermocht habe. Die Batavische Akademie konnte den Albinus vom König von Preussen losreissen, wie einst vom kaiserlichen Hofe Clusius und Dodonaeus und aus dem glänzenden Frankreich Scaliger und Salmasius« (H. B.: Leben und Tod des berühmten Albinus. Trauerrede, gehalten am 22. Sept. 1721). Über die Wirkung auf seinen Schüler Albinus hinaus, dürften Craanens Frankfurter Vorlesungen wesentlich dazu beigetragen haben, seinem Hörerkreis ein Verständnis für die cartesianischen Grundlagen der Medizin zu eröffnen, wodurch sie leichter an die Leistungen der holländischen Medizin anschließen konnten.

Craanens Wirken in Brandenburg hinterließ auch ihre Spuren in der Philosophiegeschichte. In Friedrich Wilhelm Stoschs (1648–1704) Abhandlung »Concordia rationis et fidei« (1692), die die Nichtübereinstimmung von Religion und Vernunft behauptete und dadurch eines der frühesten Zeugnisse des philosophischen Radikalismus der Aufklärung darstellt, wird Craanens Einfluß durch Zitate deutlich, mit denen Stosch seine Argumentationen stützt.

Craanen starb vermutlich im Febr./Anfang März 1688, da das Bestallungsdokument vom 16. März 1688 für Samuel von Pufendorf (1632–1694) bereits vom »verstorbenen D. Cranen« spricht, dessen Zuwendungen an Pufendorf gezahlt werden sollen, so daß das häufig genannte Todesdatum (27. März 1688) falsch ist (vgl. GStA, Rep. 9 J 8, Fasc. 14, Bl. 1r–4r). [JS]

Werke

De suffocante uteri. Duisburgi 1657. (Komorowski, M, 1984, S. 89).
Disputatio medica inauguralis de vertigne ... [Präs.: Albertus Rusius]. Lugduni Batavorum, Apud viduum & haeredes Joannis Elsevirii, 1672. (BLC, vol. 71, 1980, S. 522).
Disputatio medica de fluxu sanguinis menstrui ... [Resp.: J. van Eysden]. Leiden 1676. 4°. (Haller, BIBLIOTHECA ANATOMICA, Vol. I., 1774, S. 632; BLC, vol. 71, 1980, S. 522).
DISPUTATIO MEDICA DE MANIA, QVAM, Favente Divino Numine, SUB PRAESIDIO Clarissimi, Expertissimi, Acutissimique Viri, D. THEODOR CRAANEN, Phil. & Medicinae Doct. hujusque in Illustri Academia Lugd. Batav. Professoris ordinarii, Publico Examini submittet, ELIAS SAUTYN, Mediob. Zeland.

Die I. Febr. loco horisque solitis, post meridiem. LUGDUNI BATAVORUM, Apud Viduam & Heredes JOHANNIS ELSEVIRII, Academiae Typograph. MDCLXXVI.

Disputatio medica de catarrhis in genere ... [Resp.: J. Fuhrmann]. 1676 4°. (BLC, vol. 71, 1980, S. 522).

Disputatio medica De cephalalgia, ex intemperie frigida. Quam ... sub praesidio ... Theodori Craanen ... publico examini submittet Joannes Terwen [auth. & resp.] ... die 25. April ... ... Lugduni Batavorum, Apud viduam & haeredes Johannis Elsevirii, 1676. 4°. (Monti, M. T., 1985, Nr. 10265).

Disputatio medica De calculo renum & vesicae, quam ... sub praesidio ... Theodori Craanen ... publici examini submittet Zacharias Regius [auth. & resp.] ... die 20. Iunii ... Lugduni Batavorum, Apud viduam & haeredes Johannis Elsevirii, 1676. 4°. (Monti, M. T., 1985, Nr. 10264; Krivatsy, P., 1989, Nr. 2796; Haller, BIBLIOTHECA CHIRURGICA, T. I, S. 429).

Disputatio medica de hydrope ... [Resp.: J. van Eysden]. Lugduni Batavorum, Apud viduam & haeredes Johannis Elsevirii, 1676. (Krivatsy, P., 1989, Nr. 2798).

Disputatio medica de variolis ...[Resp. J. Hellendoorn]. 1676. 4°. (BLC, vol. 71, 1980, S. 522).

Disputatio medica de apoplexia ... [Resp.: T. Preusman]. 1677. 4°. (BLC, vol. 71, 1980, S. 522).

Disputatio medico-chymica exhibens medicamenti veterum universalis, recentiorumque particularium verum in medicina usum ... [Resp.: J. Crull]. Lugduni Batavorum, Apud viduam & heredes Joannis Elzevirii, 1679. (Krivatsy, P., 1989, Nr. 2801).

Oratio funebris in obitum ... D. Arnoldi Syeni ... recitata v. cal. febr. MDCLXXIX. Lugd. Batav.: Arnold Doude [1679]. (BLC, vol. 71, 1980, S. 522; Zedler, 6. Bd., 1733, Sp. 1516).

Disputatio medica de palpitatione cordis ... [Resp.: J. Broen]. Lugduni Batavorum, Apud Abrahamum Elzevier, 1681. (Krivatsy, P., 1989, Nr. 2799).

Disputatio medica de phthisi s. tabe vera ... [Resp.: J. Broen]. Lugduni Batavorum, Apud Abrahamum Elzvier, 1682. 4°. (Krivatsy, P., 1989, Nr. 2800).

Disputatio medica De dolore colico. Quam ... sub praesidio ... Theodori Craanen ... publico examini subjicit Martin Schepel ... ad diem 7. Iulii ... Lugduni Batavorum. Apud Abrahamum Elsevir. 1683. (Monti, M. T., 1985, Nr. 10266; BLC, vol. 71, 1980, S. 522).

Disputatio medica de arthritide ... [Resp.: A. Luders]. 1685. 4°. (BLC, vol. 71, 1980, S. 522).

Disputatio medica de phthisi ... [Resp.: A. Luders]. 1685. 4°. (BLC, vol. 71, 1980, S. 522).

Oeconomia animalis ad circulationem sanguinis breviter delineata. In duas partes distributa. Item Generatio hominis ex legibus mechanicis. Omnium quaestionum in hoc libro ex sanioris philosophiae principiis solutarum elenchum, si quis desiderat, calcem cujusque tractatus adeat. Goudae, Ex officina Guilhelmi vander Hoeve, 1685. 8°. (Krivatsy, P., 1989, Nr. 2794; CATALOGUS LIBRORUM MEDICORUM ... in Officina JANSONIO-WAESBERGIANA ..., 1721: Amsterdam 1703).

Praxis medica. Hrsg. v. Johannes Broen. [1685]; dt. Übers. des von J. B. auf der Grundlage von Craanens Vorlesungen edierten Werkes: Neuleuchtende Practica der Medicinae, meistenteils fundiert auf die Principia Cartesii und die vom Acido und Alcali. Hannover 1689.

Lumen rationale medicum, hoc est Praxis medica reformata sive annotationes in Praxin Henrici Regii ... Accedit Examen institutum in Dan. Sennerti librum quintum epitomes institutionum tractantem de auxiliorum materia ... Medioburgi: Johannem de Reede 1686. 8°. (BLC, 71, 1980, S. 522; Zedler, 6. Bd., 1733, Sp. 1516).

Observationes excerptae ex praelectionibus publicis, privatisque collegiis ... Theodori Craanen ... quibus emendatur & illustratur V. Institutionum liber Danielis Senerti, De auxiliorum materia. Auctore P. V. D. med. doct. Lugd. Batav., Apud Jacobum Mouque, 1687. (Krivatsy, P., 1989, Nr. 2792); OBSERVATIONES Excerptae ex praelectionibus publicis, privatisque collegiis Viri Clarissimi THEODORI CRAANEN, Olim in Leidensi Acad. Med. Prof. Nunc Consil. & Archiatr. aug. ac potentissimi electoris BRANDENBURGICI. Nec non Curat. Acad. Duisburg. Quibus emendatur & illustratur V. Insitutionem Liber DANIELIS SENNERTI. De auxiliorum Materia. Auctore P. V. D. Med. Doct. Editio secunda. LUGD. BATAV. Apud FREDERICUM HAARING. M DC XCIII. (14: Pharmacol. gen. 345).

THEODORI CRAANEN Philos. ac Med. Doct. Profess. olim in Celeb. Acad. Leidens. ac Consil. Archiatr. Prim. (dum viveret) Aug. ac Potentiss. Electoris (gloriosae memoriae) Brandenburgici, nec non Curat. Acad. Duisb. OBSERVATIONES, Quibus emendatur & illustratur HENRICI REGII. PRAXIS MEDICA, Medicationum exemplis demonstrata. LUGDUNI BATAVORUM; Apud PETRUM VANDER Aa, M.DC.LXXXIX.

Cum Privilegio D. D. Ordinum Hollandiae & Westfrisae. [Mit Kupferstichporträt von A. Blooteling]; (14: Pathol. gen. 336).

Opera omnia. Nunc demum conjunctim edita tomus alter continens Observationes, quibus emendatur & illustratur Henrici Regii. Praxis medica, medicationum exemplis demonstrata. Antverpiae, Apud Joannem Baptistam Verdussen, 1689. (Krivatsy, P., 1989, Nr. 2791).

Tractatus physico-medicus de homine, in quo status ejus tam naturalis, quam praeternaturalis, quod theoriam rationalem mechanice demonstratur. Edent Theodoro Schoon ... Lugduni Batavorum, Apud Petrum vander Aa, 1689. 4°. (14: 4 Physiol. 66); THEODORI CRAANEN PHIL. AC MED. DOCT. Profess. olim in Celeb. Acad. Leid. ac Consil. & Archiatr. Prim. (dum viveret) Aug. ac Potentiss. ELECTORIS (gloriosae memoriae) BRANDENBURGICI, necnon Curat. Acad. Duisb. TRACTATUS PHYSICO-MEDICUS DE HOMINE, In quo status ejus tam naturalis, quàm praeternaturalis, quod Theoriam rationalem mechanicè demonstratur. ANTVERPIAE OLIM EDENTE THEODORO SCHOON, M. D. HAGIENSI, Cum Figuris aeneis & Indicibus tam Capitum, quàm Rerum & Verborum locupletissimis. NEAPOLI, Ex Typographia Felicis Mosca MDCCXXII Superiorum facultate & Privilegio. EXPENSIS BERNHARDI GESSARI. 8°. (11: Je 19168; 14: Physiol. 67).

DISPUTATIO MEDICA DE EPILEPSIA, QVAM, Favente Divino Numine, SUB PRAESIDIO CLARISSIMI, EXPERTISSIMI, ACUTISSIMIq. VIRI, DN. THEODORI CRAANEN, PHIL. ET MEDICINAE DOCT. HUJUSq. IN ILLUSTRI ACADEMIA LUGD. BATAV. PROFESSORIS ORDINARII, Publico Examini submittet BERNHARDUS ALBINUS, Dessa-Anhaltin. Die 29. Febr. loco horisqve solitis, ante meridem. ANNO M DC LXXVI. Francofurti ad Viadrum, Literis CHRISTOPHORI ZEITLERI, de novo impressa Anno M DC XC. (14: Pathol. spec. 431, 16; 14: 4 Path. spec. 432, XVI).

Davidis Graebneri ... Medicina vetus restituta sive paragraphe Hippocratio-Galenica in Theodori Craanen tractatum de homine ... Lipsiae 1695. 4°. (14: Physiol. 68).

Davidis de Grebner ... Tractatus septem ...v. Additamentum in Paragraphen Hippocrat.-Galenicam in Theodori Craanen Tractatum physico-medicum de homine ... 1714. 4°. (BLC, vol. 71, 1980, S. 522).

Briefe

Brief von Leibniz an Th. Craanen. (1672). In: Leibniz, Sämtliche Schriften, R. I, Bd. 1, Nr. 131.
Brief von Leibniz an Th. Craanen. (1679). In: Leibniz, Sämtliche Schriften, R. II, Bd. 1, Nr. 206.
Brief von Leibniz an Th. Craanen. (1680). In: Leibniz, Sämtliche Schriften, R. III, Bd. 3, Nr. 149.

Literatur

ZEDLER, Sechster Band, Ci–Cz, Halle und Leipzig 1733, Sp. 1516; KESTNER, Medicinisches Gelehrten-Lexicon, 1740, S. 227; MICHAUD, 1854, T. 1, p. 423; AA, Abraham J. van der: Biographisch woordenboek der Nederlanden. D. 3. Haarlem 1858; JÖCHER, 1750, Bd. I; DELVENNE, Mathieu: Biographie du royaume des Pays-Bas. T. 1. Liége 1829; HIRSCH, August: Biographisches Lexikon der hervorragenden Ärzte aller Zeiten und Völker ... 6 Bde. Wien, Leipzig 1884–1888. 2. Aufl. 1929–1935. 3. unveränd. Aufl. München, Berlin 1962; BLOCH, E.: Die chemischen Theorien bei Descartes und den Cartesianern. In: Isis 1 (1913–1914), S. 590–636; VRIJER, M. J. A. de: Henricus Regius. Een »Cartesiaansch« hoogleeraar aan de Utrechtsche Hoogeschool. 's Gravenhage 1917; LUYENDIJK-ELSHOUT, A. M.: The rise and fall of the mechanical school of Theodor Craanen. In: Leyden University in the seventeenth century, An exchange of learning. Leiden 1975, S. 295–308; Gottfried Wilhelm LEIBNIZ. Sämtliche Schriften und Briefe. Bd. 1ff. Darmstadt 1923ff.; KOMOROWSKI, Manfred: Bibliographie der Duisburger Universitätsschriften (1652–1817). Sankt Augustin 1984. (= Duisburger Studien, 7); MONTI, Maria Teresa: Catalogo del Fondo Haller della Biblioteca Nazionale Braidense di Milano. Parte II Dissertazioni Vol. I: A–F. Milano 1985.

Crell (Crellius), Wolfgang

* Sept. 1592 in Bremen
† 8. Juli 1664 in Berlin
Theologe, reform.
V Wolfgang C., Prof. moral. Wittenberg, Superintendent der Grafschaft Nassau-Siegen
M Dorothea, Tochter von Christoph Pezelius
∞ I. Maria, Tochter des Frankfurter Professors Andreas Sartorius
II. 1642 Anna Maria Bredow
III. Tochter Valentin Schwans, Einnehmer in Geldern und Zütphen
K Christoph Friedrich, Prof. theol. Duisburg (I.); Friedrich, Leibmedikus Küstrin (II.); Ernst Sig., königl. preuß. Rat und Bibliothekar (III.)

Gymnasium Bremen
Universität Marburg (Mag.)
1616–1627 Prof. theol. Universität Frankfurt/O.
1628–1664 Domprediger Cölln

Als Sohn des ehemaligen Professors für Moral an der Universität Wittenberg, wurde Crell im Sept. 1592 in Bremen geboren. (Entgegen den sonstigen Angaben – 1593 – gab Crell in einem Schreiben vom Februar 1662 als sein Geburtsjahr 1592 an). Er besuchte zunächst das Gymnasium seiner Heimatstadt (nicht in der Matrikel des Bremer Gymnasium illustre aufgeführt) und anschließend die Marburger Universität, an der er 10 Jahre studierte (KÜSTER/MÜLLER, I, S. 158) und den Magistergrad erwarb. Nachdem 1613 der brandenburgische Kurfürst Johann Sigismund zum reformierten Glauben übergetreten war, suchte er außer Landes nach Theologen, die den neuen Glauben in Kurbrandenburg lehren konnten. So kam im Zuge dieser Bemühungen – aufgrund einer Bitte des brandenburgischen Kurfürsten an den Landgrafen von Hessen-Kassel, an dessen Hofe Crell inzwischen predigte – Crell am 2. Mai 1616 als Professor für Metaphysik an die Viadrina in Frankfurt/O. Bereits 1620 bekleidete er, der als sehr gelehrter und kompromißloser reformierter Theologe galt, das Amt des Rektors. Dieses Rufs wegen erreichten ihn auch wiederholt Angebote anderer Landesfürsten; so bemühte sich im Dezember 1621 der Herzog Hans Albrecht von Mecklenburg beim Kurfürsten um Crells Demission in Frankfurt, damit er die Stelle eines mecklenburgischen Hofpredigers annehmen könne (vgl. GStA Rep 2, Nr. 41; Brief vom 6. Dez. 1621). Der Kurfürst lehnte ab und berief Ende 1626 Crell als Domprediger nach Cölln (GStA Rep 2, Nr. 41: Kopie der Bestallung vom 25. Dez. 1626, ausgestellt Sept. 1664). Als Domprediger hatte er zunächst mit Levin von dem Knesebeck die Schwester des Kurfürsten Georg Wilhelm, Katharina, zur Hochzeit mit Bethlen Gábor (1580–1629) nach Siebenbürgen zu begleiten. In den folgenden Jahren galt Crells Interesse, neben der Wahrnehmung seines Amtes als Vormittagsprediger (GStA Rep 2, Nr. 11, fol. 226: Predigtordnung vom 16. Juni 1632), der theoretischen und praktischen Ausgestaltung des reformierten Gemeindelebens. So entwarf er u. a. zusammen mit den Geheimen Räten eine Kirchenordnung für die Dom-Kirche (GStA Rep 2, Nr. 11, fol. 222–24; fol. 228: Memorial zur Kirchenordnung; 7./17. Okt. 1632). Seine Auslegung der reformierten Glaubensartikel führte ihn seit 1629 zunehmend in Gegensatz zu die auf Ausgleich mit den Lutherischen bedachte Kirchenpolitik des Hofpredigers Johann → Bergius. Dies fand nicht nur in Crells Predigten ihren Niederschlag, sondern auch in der Edition der auf der Dordrechter Synode (1618/19) festgelegten Glaubensartikel der Reformierten, die nicht nur den

Arminianismus zurückwiesen, sondern sich durch ihr Beharren auf der streng calvinistischen Prädestinationslehre auch schärfer von den Lutherischen abgrenzten. In der Folge dieser Auseinandersetzung mit Johann Bergius wurde Crell im Jahr 1632 zeitweilig die Kanzel verboten. (GStA Rep 2, Nr. 40).

Vermutlich trug er sich daraufhin mit Abwanderungsgedanken und hielt eine diesbezügliche Rücksprache mit dem Hof in Schwerin, da dieser 1632 nochmals um Crells Dimission bat (Schreiben des Herzogs Hans Albrecht von Mecklenburg vom 6. Mai 1632), die der Kurfürst aber ablehnte. Fortan hatte Crell einen schweren Stand in der Residenz, was aber seinem Ansehen außerhalb Cöllns nicht schadete. So wandte sich der Bremer Rat 1642 an den Kurfürsten mit der Bitte um Crells Entlassung, damit er die Nachfolge des verstorbenen Conrad Bergius als Professor am Gymnasium annehmen könne. Nachdem Crell und der Kurfürst zunächst diesem Anliegen zugestimmt hatten, bewirkte eine Bittschrift der Dom-Gemeinde (21. Febr. 1643; vgl. MEINARDUS, O.: Protokolle und Relationen … Bd. 41, S. 439f.; dort auch die Namen der Unterzeichner der Bittschrift), die Rücknahme dieser Zusage, mit der sich auch Crell einverstanden erklärte. (GStA Rep 2, Nr. 41: Brief vom 14. Apr. 1643). Da Crell die Aufgaben des Dompredigers seit Ende der dreißiger Jahre kaum noch allein bewältigen konnte, setzte er sich für die Anstellung der Prediger Johann Christian Sagittarius (gest. 1674; Vokation 1639) und Christian Bartholdi (um 1603–1647; Vokation am 19. Febr. 1642) sowie des Kantors Matthias Martitz (Marticius) ein.

Am 27. April 1651 predigte Crell gegen die vom Kurfürsten herausgegebenen Münzen, die dieser wegen Geldmangel prägen ließ und die de facto eine Münzverschlechterung bedeuteten. Crell wurde daraufhin in zwei Schreiben vom Kurfürsten streng ermahnt, da er das Gespenst der Kipper- und Wipperjahre heraufbeschwöre. Anläßlich einer neuen Kontroverse, die Crell 1660 mit dem Hofprediger Bartholomaeus → Stosch ausfocht, wurde das Archiv angewiesen, eine Akte über den widerspenstigen Domprediger anzulegen. Sie enthält ein von Stosch unterzeichnetes Verzeichnis, das unter 25 Punkten alle ›Verfehlungen‹ Crells auflistete, zu denen zahlreiche persönliche Streitfälle (u. a. mit Johann Tornow und Sebastian Striepe) und Eigenmächtigkeiten im Amt zählten (GStA Rep 2, Nr. 40; GStA Rep 2, Nr. 31, fol. 2ff.). Crell war ein Mann, der Auseinandersetzungen nicht scheute. Auch in seiner Leichpredigt auf Conrad von Burgsdorf (am 26. Dez. 1651 aller seiner Ämter enthoben) verteidigte er den in Ungnade Gefallenen, der in der Gunst des Kurfürsten dem Freiherrn Otto von Schwerin weichen mußte, indem er einer Erzählung am Ende des Buches Esther folgend, wonach ungebundene Zungen zu binden, gebundene Zungen zu lösen seien, das Lob des Verstorbenen spricht.

Crell starb am 8. Juli 1664 in Berlin; den Nachruf hielt der Subrektor des Joachimsthalschen Gymnasiums Balthasar Mülner. [JS]

Werke

De paucitate philosophantium. 1616. (Küster/ Müller, 1737, I, S. 158: Antrittsrede in Frankfurt).
De difficultate cognoscendae veritatis in artibus & disciplinis. 1616. (Küster/ Müller, 1737, I, S. 158).
ORATIO SVPREMIS LAVDIBVS, INVICTAE PUDICITIAE, ILLAESAE CONSCIENTIAE, IMMORTALIS MEMORIAE & GLORIAE FAEMINAE INCOMPARABILIS ROSINAE, Ex antiqua generis & Virtutis laude nobilitata ROBERORVM prosapia oriundae MAGNIFICI, AMPLISSIMI, NOBILISSIMI VIRI DN. ANDREAE SARTORI CONSVLTORVM DE JURE FACILE PRINCIPIS, SERENISSIMO ELECTORE Brandenburgico à consiliis secretis, Pandectarum in Illustri Athenaeo Viadrino Professoris Ordinarij, Practici Doctoris eminentissimi: SECVNDI VOTI, EXEMPLI RARISSIMI CONJUGIS, A. AE. C./ M. D. XCIII. II. V. Id. Septemb. vitam auspicatae/ M.DC.XIII. II. V Cal. Maj. Thalamum ingressae/ M.DC.XVI. IX. Cal. Decembr. Foedere solutae/ dehinc Cal. Decembr. Tumulo illatae. IPSO CAL. DECEMBR. die IN PLENA ACADEMIAE LUGENTIS CURIAE COMITANTIS POPULI circumfusi corona AEDIUM MARITALIUM praes foribus HABITA A. M. WOLPHGANGO CRELLIO PRIMAE PHILOSOPhiae Professore P. Scripta TYPIS FRIDERICI HARTMANNI, BIBLIOPOLAE. s. a. [1616]. 8°. (1: Ee 532, 7 angeb. 2; 14: Biogr. erud. D. 1659, 82).

»SOCRATIS auditis Hierocles artibus, ...«. [Glückwunschgedicht für Andreas Wins]. In: DISPUTATIO THEOLOGICA DE COENA DOMINICA, SECUNDUM SCRIPTURAM SACRAM, ET FIDEI ANALOGIAM INSTITUTA Quam SUB PRAESIDIO Reverendi, & Excellentissimi Viri Dn. JOHANNIS BERGII, S. S. Theol. D & Profess. Publ. in Acad. Francofurt. Ad publicam placidamq. ... proponit ANDREAS VVINS CUSTRIN. March. Ad diem 29. Julii acroaterio collegii majore. ANNO M.DC.XIX. Typis FRIDERICI HARTMANNI Bibliopolae & Typographi. s. a. [Frankfurt/O.]. (1a: Dk 9, 18).

Saat und Erndte der rechtglaubigen Frommen aus Ps. CXXVI. 5. 6. bey dem Leich-Begängniß Frau Ursula Schönhausin Herrn Stephani Eckharts J. U. D. Churf. Br. Raths und Hof-Advocati Hauß-Frau a. 1627. erkläret. 1627. 4°. (Küster/ Müller, 1737, I, S. 159).

Bericht von der Gnaden-Wahl Gottes, und gewissen Kennzeichen der Auserwehlten Gottes. Berlin 1628. 8°: (Küster/ Müller, 1737, I, S. 159).

Wunsch und Verlangen der Frommen aus Phil. I. 23. bey der Leich-Begängniß Herrn Georg Crausii Ch. Br. Cammer-Ger. Advocati erkläret. Berlin 1628. 8°. (Küster/ Müller, 1737, I, S. 159).

Schrifftmäßige Erklärung der Lehre von göttl. Verordnung und angehörigen Hauptstücken, dazu die Reformirten Gemeinen Christi innerhalb und ausserhalb Teutschlands nach Gottes Wort sich öffentlich bekennen, aus dem publicirten Urtheil des Dordrechtischen Synodi wiederholet, und zu mehrer Erbauung in teutsche Sprache aufs fleißigste versetzt. Berlin 1629. 8°. (Küster/ Müller, 1737, I, S. 159).

Treuhertzige wohlgemeinte Vermahnung an alle gottselige Christen, daß, dafern sie nur ausser Noth seyn mögen, ihre öffentliche heilige Versammlung so wohl mit Fleiß und Eifer besuchen, als mit rechtgläubigem einmüthigem Hertzen andächtig halten sollen. Berlin 1629. 8°. (Küster/ Müller, 1737, I, S. 159).

Zeitliche Angst/ Vnd Beständige Verhaltung der Kinder Gottes in der Angst; Biß zur Gewünschten seligen Errettung: Auß dem XVI. XVII. XVIII. Versicul/ deß XXV. Psalmen Davids: Bey der Adelichen Leichbestattung Der weyland WolEdlen/ VielEhr vnd Tugendtsahmen Frawen Hedwig/ gebornen Röbelin/ auß dem Hause Buch: Deß auch WolEdlen/ Gestrengen/Vesten vnd Hochgelahrten Herren Sigismunds von Götzen/ Churf. Durchl. zu Brandenburg vornehmen Geheimbten Raths vnd Cantzlern; Auch hochverordneten Hauptmanns der ämpter Grambzow vnd Seehausen; Auff Rosenthal/ Hermsdorff vnd Pinnaw Erbsessens/ gewesenen hertzliebsten Gemahlin: Welche am 5. Augusti verlauffenen 1631. Jahres/ selig [allhie] im HErrn entschlaffen/ vnd hernacher den 20. Septemb. dieses 1632 Jahres/ in der Kirchen zur H. Dreyfaltigkeit/ in jhr Ruhkämmerlein beygesetzet worden ist: In Volckreicher Versamlung erkläret: Vnd auff begehren zum Druck verfertiget: Durch WOLFGANGUMM CRELLIUM, der H. Schrifft D. Gedruckt zum Berlin/ durch Georg Rungen. s. a. [1632]. 4°. (1: Ee 710–134,15).

Kindliches Vertrawen/ vnd Seliges Ende Der vertrawenden frommen Kinder Gottes. Auß dem 25. und 26. Versicul des LXXIII. Psalms; Bey dem Adelichen Leichbegängnüß Des weyland WolEdlen/ Gestrengen vnd Vesten Herrn Johan-Heinrichen von Volmar/ zu Hohen Maur/ vnd Newsorg Erbsassen/ &c. Seiner Churf. Durchl. zu Brandenburg/ etc. wolverordneten fürnembsten AmptsCammer Rhate/ etc. Nach dem derselbe den 16. Decembris Ann. 1636. im HErrn entschlaffen/ vnd folgends den 1. Martij Ann. 1637 zu Cölln an der Spree/ bey der Kirchen zur H. Dreyfaltigkeit genand/ Christlichem vnd Adelichem gebrauch nach/ zur Erden bestattet worden: Der Gemeine Gottes Erkläret/ Vnd Auff begehren in Druck gegeben Durch WOLFGANGUM CRELLIUM, der H. Schrifft D. s. l. e. a. [1637]. (1: Tc 4300, 6).

Hoch=Adeliches Ehrengedächtnis/ Des weiland Hochwürdigen/ HochEdelgebornen/ und Hochbenahmten Herrn/ Herrn Conrad von Burgdorff/ Sr. Churfürstl. Durchl. zu Brandenburg OberCammerern/ und Geheimten Fürnehmsten Raths: Auch Obristen zu Roß und Fuß: und OberCommendanten aller in der Marck belegenen Vestungen: DomProbsten derer beyden Stiffiskirchen zu Halberstadt und Brandenburg: des Johanniter Ordens Rittern/ und Commendanten zu Lagow &c. &s. auff Goldbeck/ Buckow/ Oberstorff/ und Groß Machenow gewesenen Erbherrn/ &c. nunmehr in Christo seligen: Aus unterschiedenen beglaubten Zungen und Zeugnissen zusammen getragen: und auf inständiges anhalten Hoch=Adelicher Freundschafft/ der werten Posterität zur Nachricht/ an das Tages Liecht gelegt: Durch WOLFGANGUM CRELLIUM, der H. Schrifft Doctorem, der Reformirten Gemeine zu Cölln an der Spree Pastorem, und Churfürstl. Brandenb. KirchenRath. Berlin Gedruckt bey Christoff Runge. 1652. 4°. (1: Ee 505,11).

Kurzer Begriff der Fürnembsten Hauptstücke Christlicher Religion für die einfältige Hertzen, die sich zur Reformirten Gemeinde begeben, und zum Heil. Gastmahl finden lassen wollen. In Frag und Antwort gefasset. Berlin 1652. 8°. (1: Eo 7410 ehemals; Küster/ Müller, 1737, I, S. 159).

Leichpredigt auf Conrad Bünting. Berlin 1652. (Gebhardt, P. von, 1920, S. 30).

Epicedium auf den Tod von Reichardt Dieter. In: EPICEDIA In beatum Obitum. Nobilis, Amplißimi et Doctißimi DN. REICHARDI DIETERI: DUORUM LAUDATISSIMORUM ELECTORUM Brandenburgicorum Consiliarij meritissimi, A Fautoribus & Amicis Defuncti Scripta. Prov. 10 v. 7. Memoria Justi erit in Benedictionem. Typis RUNGIANIS. s. l. e. a. [Berlin 1656]. (1: 5 in: Ee 507).

Nachlaß

Bibel-Kommentare. (Küster/ Müller, 1737, I, S. 159).

Literatur

Mülner, Balthasar: Daphnis s. Pastor Pastorum h. e. Pl. Reu. Dn. Wolfg. Crellius nonis Quintil. an. 1664. denatus dialogo pastorali celebratus. (Küster/ Müller, II, 1752, S. 929); Beckmann, 1706, S. 166f.; Küster/ Müller, 1737, I, S. 158 u. 415; König, 1793, S. 60; S. 295 (Besoldung nach der Hofstaatliste von 1652); Jöcher, Chr. G., Bd. 1, 1750, Sp. 2188; Zedler, Bd. 6, 1733, Sp. 1569; Thadden, 1959, S. 245; GStA Rep 2, Nr. 11, fol. 222–224, 226, 228; GStA Rep 2, Nr. 30, fol. 33; 31, fol. 2ff.; 40; Nr. 41; GStA Rep. 47, 10.

Crüger (Krüger), Johann

* 9. April 1598 Groß-Breesen bei Guben
† 23. Febr. 1662 Berlin
Kantor, Komponist, luth.
V Georg C., Gastwirt
M Ulrike geb. Kohlheim (gest. 1631)
⚭ I. 1628 Maria geb. Beling, verw. Aschenbrenner;
II. 1637 Elisabeth geb. Schmidt
K I. 5 K. (alle früh verstorben);
II. 14 K. (u. a. Elisabeth verh. Feller; Maria verh. Hoffmann)

Schule in Guben; ab 1613 fahrender Schüler (Schlesien, Mähren, Oberdt., Österreich, Ungarn, Böhmen, Meißen)
1614   Universität Frankfurt/O. (non iuravit)
1615–1620   Hauslehrer in Berlin (dazwischen 1616 erneut auf Wanderschaft), zugleich Besuch des Berlinischen Gymnasiums
1620–1622   Universität Wittenberg
1622–1662   Kantor zu S. Nicolai in Berlin und am Berlinischen Gymnasium

Johann Crüger wurde am 9. April 1598 in dem Dorf Groß-Breesen bei Guben in der Niederlausitz, die damals zur böhmischen Krone und damit zum Herrschaftsgebiet der Habsburger gehörte, geboren. Sein Vater Georg Crüger, ein wohlhabender Gubener Bürger, besaß ein Wirtshaus in Groß-Breesen in Erbpacht; seine Mutter Ulrike war die hinterbliebene Tochter des hiesigen Pfarrers Nikolaus Kohlheim. Mit zwölf Jahren kam Crüger auf die Lateinschule in Guben, die er unter dem Rektor und späteren Pastor Primarius, Melchior Hoffmann, drei Jahre besuchte, bevor er mit 15 Jahren seine Schulwanderschaft begann. Zunächst zog er als fahrender Schüler nach Sorau und weiter nach Breslau. Wie lange er sich an den genannten Orten jeweils aufhielt, ist nicht bekannt. Die nächste Nachricht bietet erst die Matrikel der Universität Frankfurt/O., in die sich Crüger im Sommersemester 1614 unter dem Rektor und Professor für Rhetorik, Johannes Schosser, als »non iuravit«, als Minderjähriger also, der noch keinen Eid leisten durfte, eintrug (FRIEDLÄNDER, 1887, S. 582,30). Die Frankfurter Viadrina konnte sich als brandenburgische Landesuniversität auch eines besonderen Zustroms schlesischer Studenten erfreuen, da es damals in Schlesien an einer Universität fehlte.

Wahrscheinlich ist, daß Crüger in Begleitung eines Breslauer Studenten nach Frankfurt kam, sich hier einige Zeit aufhielt, die Universität besuchte und durch die Einschreibung in die Matrikel auch bestimmte Universitätsprivilegien beanspruchen konnte.
Nach einem kurzen Zwischenaufenthalt im mährischen Olmütz, wo Crüger auch Unterricht im 1580 gegründeten Jesuitenkolleg erhielt, kam der erst Sechzehnjährige noch 1614 nach Regensburg. Die geschichtsträchtige freie Reichsstadt übte auf den fahrenden Scholaren eine besondere Faszination aus; denn er blieb ein ganzes Jahr in Regensburg und besuchte die »Poeten-Schul« (nämlich das »Gymnasium poëticum«). Der Aufenthalt in Regensburg sollte für Crügers spätere Entwicklung bedeutsam werden, da er sich hier im besonderen Maße seiner musikalischen Ausbildung widmete. Nach Crügers eigener Angabe in der Dedikation zu seinen »Laudes Dei Vespertinae« (Berlin 1645) war er in Regensburg Schüler von Paul Homberger (1560–1634), der seine Ausbildung bei dem berühmten Musiker und Organisten an der Markuskirche in Venedig, Giovanni Gabrieli (um 1556–1612), erhalten hatte und seit

1601 in der freien Reichsstadt das protestantische Kantorat bekleidete. Homberger galt als wichtiger Vermittler solcher italienischer Musikelemente nach Deutschland wie der Zwei- und Mehrchörigkeit, der vielfachen Stimmenaufteilung, einer stärkeren Verwendung von Dur und Moll sowie dem Einsatz von Instrumenten zur Stützung des Gesanges. Von Gabrieli beeinflußt waren auch Heinrich Schütz (1585–1672) sowie Jan Pieterszon Sweelinck (1562–1621) und besonders Michael Praetorius (1571–1621), die ihrerseits auf Crügers späteres musikalisches Schaffen wirkten.

Doch noch gab es keine Anzeichen dafür, daß Crüger nur wenige Jahre später sich als Tonschöpfer einen Namen machen würde. Vielmehr mußte Homberger seinem Schüler sogar ein »geringes talentum in arte Musica« (HOFFMEISTER, 1964, S. 26) bescheinigen. Dieser setzte nach seiner einjährigen Ausbildung in Regensburg die Schulwanderschaft fort, reiste durch Österreich und Ungarn, hielt sich einige Zeit in Preßburg auf und kam durch Mähren und Böhmen nach Freiberg im Meißnischen. 1615 war der nunmehr Siebzehnjährige erstmals in Berlin, wo er gegen freie Unterhaltung die Kinder des kurfürstlichen Hauptmanns von dem Mühlenhofe, Christoph von Blumenthal, unterrichtete. 1616 begab sich Crüger erneut auf Wanderschaft und wurde – wieder nach Berlin zurückgekehrt – abermals als Informator bei Blumenthal angestellt, bei dem er sich nun vier Jahre aufhielt und gleichzeitig das Berlinische Gymnasium zum Grauen Kloster besuchte. Aus dieser Zeit stammen die ersten überlieferten Gelegenheitsgedichte, und zwar ein Glückwunschcarmen für den bisherigen Rektor des Gymnasiums, Peter → Vehr (den Älteren), anläßlich seiner Vokation zum Prediger an S. Marien 1618 sowie ein 1620 verfaßtes Hochzeitsgedicht für den Subrektor und späteren Berliner Bürgermeister Georg Weber (1585 bis 1662) und dessen Ehefrau Anna geborene Flöring, einer Tochter des Stendaler Syndikus Henning Flöring. In jenen Jahren komponierte Crüger auch seine ersten musikalischen Werke, nämlich ein »Concentus musicus« zur Hochzeit von Caspar Goltze mit Magdalena (1619) und ein »Achtstimmig Hochzeitsgesang aus dem IV. Capitel des hohen Liedes Salomonis« für den Berliner Buchhändler Johann Kalle und seine Frau Margarethe geborene Krause (1620). Mit 22 Jahren kam Crüger nach Wittenberg, wo er sich am 20. Okt. 1620 unter dem Rektor und Professor theologiae, Balthasar Meisner (1587–1626), in die Universitätsmatrikel einschrieb (WEISSENBORN, 1934, 20,544). Da er später einen geistlichen Beruf ausüben wollte, widmete er sich im besonderen der Theologie und hörte Vorlesungen vor allem bei Balduin, Meisner und Hunnius. 1604 war der Kaiserlich gekrönte Poet und vorzügliche Prediger Friedrich Balduin (1575–1627), Begründer der evangelischen Kasuistik, als Professor theologiae berufen worden. Er erklärte in seinen Vorlesungen vor allem die Paulus-Briefe. 1611 hatte Balthasar Meisner zunächst die Professur für Ethik übernommen, 1613 erhielt er einen theologischen Lehrstuhl und las über die Propheten des Alten Testaments. Nikolaus Hunnius (1585–1643), der Sohn des bekannten Marburger Theologen und späteren Wittenberger Theologieprofessors Ägidius Hunnius (1550–1603), war erst 1617 auf die unterste theologische Professur gekommen und hinterließ nur wenig Spuren, da er 1623 als Hauptpastor nach Lübeck berufen wurde. An der philosophischen Fakultät Wittenberg lehrten in jenen Jahren unter anderem der Professor logicae Jakob Martini (1570–1649), der 1623 eine theologische Professur übernahm, der berühmte Graecist Erasmus Schmidt (1570–1637), seit 1597 Professor für griechische Sprache, weiterhin Reinhold Frankenberger (1585–1664), von 1616 an Professor historicae, und vor allem August Buchner (1591–1661), 1616 zum Professor für Dichtkunst berufen, ab 1632 auch Professor für Rhetorik. Zur selben Zeit wie Crüger studierten in Wittenberg auch seine späteren Amtskollegen zu S. Nicolai in Berlin, Georg von → Lilien und Johann → Berkow, sowie der spätere Archidiakon zu S. Petri in Cölln, Jakob → Hellwig (der Ältere).

Neben der Theologie galt Crügers besonderes Interesse der Musik. Da er eine schöne und ausgebildete Baßstimme besaß, konnte er sich wohl auch so manche Nebeneinnahme »ersingen«. Noch als Theologiestudent in Wittenberg, ließ er 1622 sein unter dem Einfluß von Johann Hermann Schein (1586–1630) stehendes »PARADISUS MUSICUS. Musicalisches Lustgärtelein« in Berlin drucken. Das später wiederholt aufgelegte und 1626 durch ein »Paradisus secundus, oder Ander Musicalisches Lust-Gärtlein« ergänzte Werk dürfte mit den Ausschlag gegeben haben, daß Crüger 1622 durch den Berliner Rat – der auf den vormaligen Gymnasiasten und Hauslehrer aufmerksam geworden war – als Kantor zu S. Nicolai und des Berlinischen Gymnasiums berufen wurde.

Nach den 1591 verabschiedeten »Leges Gymnasii Berolinensis« hatten die Kantore zu S. Nicolai und S. Marien – das Kantorat an der Marienkirche bekleidete zu jener Zeit Tobias Ernst Christoph Hübner (gest. 1646) – die Schüler nicht nur im Singen zu lehren, sondern auch musikalische Werke zu lesen und im gewissen Umfang Musiktheorie zu vermitteln. Außerdem ließ Crüger die Kirchengesänge durch die Gymnasiasten in der für den Gottesdienst nicht genutzten alten Klosterkirche einüben. Im wöchentlichen Wechsel hatten beide Kantore die täglichen »Classicis Cantionibus« (Klassengesänge) zu beaufsichtigen. Neben dem Musikunterricht mußten sie aber auch in anderen Fächern Lektionen halten. Als Cantor Nicolaitanus oder superior, d. h. als Oberkantor im Unterschied zum Cantor Marianus oder inferior (Unterkantor), erteilte Crüger in den oberen Klassen Unterricht in Arithmetik; Ausdruck der engen Verbindung von Mathematik und Musik. Außer den täglichen Gottesdiensten in den Pfarrkirchen mußten die Kantore jeweils mittwochs im Wechsel den Schulgottesdienst in der Klosterkirche wahrnehmen. Zu diesen sich aus dem Kirchen- und Schulamt unmittelbar ergebenden Pflichten kamen verschiedene außerunterrichtliche Aufgaben für den Kantor und seinen Chor, so bei den städtischen und kirchlichen Festen, bei Begräbnissen und Schulumzügen, bei Hochzeiten und Kindtaufen. Hierfür gab es neben dem Kirchenchor die sogenannte Kurrende. Am Berlinischen Gymnasium waren das 24 ärmere Schüler, die vor den Türen der Bürger sangen, worum sich auch die Kantore zu kümmern hatten. Vor allem aber waren sie für die Schulumzüge durch die Stadt zuständig, bei denen der Gesang eine wichtige Rolle spielte. Solche Umzüge, bei denen die Gymnasiasten Geld und Naturalien sammelten, fanden alljährlich an festgelegten Tagen statt und boten den Lehrern einen willkommenen Zuschuß zu ihrem meist dürftigen Gehalt.

In seiner vier Jahrzehnte währenden Amtszeit als Kantor zu S. Nicolai und des Berlinischen Gymnasiums erwarb sich Crüger durch seine Kompositionen und musiktheoretischen Werke bleibende Verdienste in der deutschen Musikgeschichte, machte er durch seine Tätigkeit als Komponist, Gesangbuch-Bearbeiter und Musiktheoretiker sowie als Director chori musici, Pädagoge und Organisator die kurbrandenburgische Residenz um die Mitte des 17. Jahrhunderts zu einer Musikstadt von Rang. Aus Crügers praktischer Unterrichtserfahrung als Kantor entstanden mehrere musiktheoretische Werke, zunächst sein 1625 veröffentlichtes lateinisches Lehrbuch »Praecepta MUSICÆ PRACTICÆ figuralis«, das er seinen Schülern widmete, von denen 22 namentlich genannt werden. Noch im selben Jahr ließ er unter dem Titel »Kurtzer vnd verstendtlicher Vnterricht/ recht vnd leichtlich singen zu lernen« einen kurzen Auszug in deutscher Sprache ausgehen, der wohl für den Musikunterricht in der Unterstufe gedacht war. 1630 dann erschien jenes musiktheoretische Werk, das Crügers Ruhm in der Musikgeschichte begründete, nämlich seine berühmte Schrift »Synopsis Musica Continens Rationem Constituendi & Componendi Melos Harmonicum«, die er drei kurfürstlichen Beamten (unter ihnen dem Sekretär Joachim Schultze, der selbst verschiedene Instrumente spielte und dessen Stimme Crüger rühmte, und dem Sekretär Hermann Lange, der sich ebenfalls intensiv der Musik widmete) sowie drei angesehenen Kaufleuten als besonderen Gönnern widmete. Diese theoretische Schrift zur Melodiebildung und Kunst des Kontrapunktes gilt als erste vollständige Kompositionslehre des 17. Jahrhunderts, die bis in die Zeiten des Leipziger Thomaskantors Johann Sebastian Bach (1685–1750) wirkte. Im Mittelpunkt stehen der Dreiklang, die Harmonie und die menschliche Stimme; vor allem in der modernen Auffassung der Tonartenlehre und in der Darstellung der italienischen Gesangsmethode treten Crügers Verdienste hervor. 1654 ließ er dann seine »Synopsis musica« in einer recht umfangreichen Neubearbeitung erneut ausgehen.

1660 erschien seine Schrift »MUSICAE PRACTICAE Praecepta brevia & exercitia pro Tyronibus varia. Der Rechte Weg zur Singekunst«. Hierbei handelte es sich um ein theoretisches Regelwerk mit Notenbeispielen sowie einem angeschlossenen Übungsteil mit Beispielen zur Intervall- und Tonleiternlehre und einer in zwei weitere Klassen eingeteilten Beispielsammlung von 75 Themen, zunächst für zweistimmige Fugen und danach ein »Gesänglein ohne Text mit 3 Stimmen«. Dieses sowie auch andere musiktheoretische Werke Crügers, wie etwa seine 1650 veröffentlichten »Quaestiones MUSICÆ PRACTICÆ«, zeigen den Einfluß mehrerer großer Melodienschöpfer seiner Zeit, etwa des Straßburger Musicus ordinarius Christoph Thomas Walliser (1568–1648), vor allem aber des Amsterdamer »Organistenmachers«

Jan Pieterszon Sweelinck, dessen bis zum Ende des 17. Jahrhunderts verbreitete Kompositionsregeln bei Crüger deutlich zutage treten, und Michael Praetorius', des damaligen bekanntesten Bearbeiters kirchlichen Musikgutes neben Schein, Samuel Scheidt (1587–1654) und Schütz. Vor allem Praetorius' »Syntagma musicum« hatte Crüger sehr beeinflußt. Schließlich läßt sich auch eine gewisse Abhängigkeit vom Schulpfortaer Kantor und späteren Thomaskantor Seth Calvisius (1556–1615) nachweisen, der den Kantionalstil zur Norm gemacht hatte.

Als Crüger 1628 Maria Beling, die Tochter eines Bernauer Bürgermeisters und Witwe des Berliner Ratsherrn Christian Aschenbrenner, ehelichte, trugen die verwandtschaftlichen Beziehungen zu einem angesehenen Berliner Ratsgeschlecht wesentlich zur Reputation des Organisten und Kantors bei. Doch Not und Elend des Dreißigjährigen Krieges trafen Crüger besonders hart: Seine fünf Kinder starben innerhalb kurzer Zeit an den Folgen von Hungersnot und Pest, 1636 wurde auch seine Frau ein Opfer der Seuche. Schon 1631 war seine Mutter, die mit im Kantoratshaus lebte, wahrscheinlich ebenfalls an der Pest gestorben. Crüger, der selbst am »Schwarzen Tod« erkrankte, konnte sich zwar wieder erholen, wurde aber durch die Notzeiten des Dreißigjährigen Krieges und das ausgestandene Leid schwer depressiv und brachte bis 1640 keine musikalischen Schöpfungen hervor. Seine zweite Eheschließung zu Beginn des Jahres 1637 mit Elisabeth, der erst 16jährigen Tochter des Berliner Gastwirtes Gabriel Schmidt (seine Schulkollegen verfaßten zu diesem Anlaß zahlreiche Epithalamia), änderte an diesem Zustand zunächst kaum etwas. Von den 14 Kindern seiner zweiten Frau – wie später Johann Sebastian Bach hatte auch Crüger zweimal geheiratet und in beiden Ehen 19 Kinder gezeugt – ehelichte Maria 1666 den Hofbäcker Christoph Hoffmann, Elisabeth 1681 den späteren Subkonrektor am Berlinischen Gymnasium, Georg Feller (1645–1715), und eine nicht namentlich genannte Tochter den Hofmaler Michael Conrad Hirt (1615–1694). Die meisten der Kinder Crügers starben jedoch ebenfalls früh.

Nach mehreren, durch den Tod seiner ersten Frau und seiner Kinder sowie durch seine eigene schwere Krankheit verursachten Jahren der Depression wurde Crüger erst um 1640 wieder schöpferisch tätig. Er sammelte Kirchenlieder vergangener Zeiten, die er zum Teil mit neuen Melodien versah. Als erstes Ergebnis seiner Bemühungen um eine Erweiterung des protestantischen Liedgutes erschien 1640 sein »Newes vollkömliches Gesangbuch, Augspurgischer Confession«, das 248 Kirchenlieder enthielt und auf das bedeutendste Gesangbuch jener Zeit, das »Leipziger Kantional« (1627) des Thomaskantors Schein, zurückging. Ab der zweiten Auflage mit »Praxis Pietatis Melica« betitelt, erlebte es knapp 50 Nachauflagen, davon allein zehn noch zu Crügers Lebzeiten, und wurde nicht nur Crügers bekanntestes Werk, sondern das wichtigste evangelische Kirchengesangbuch des 17. Jahrhunderts. Die Zeitgenossen zollten dem Organisten und Kantor höchste Anerkennung. Michael → Schirmer, der bekannte Dichter und Konrektor am Berlinischen Gymnasium, der selbst einige Kirchenlieder verfaßte, schrieb für dieses Gesangbuch ein Widmungsgedicht in 24 Alexandrinerversen; ein Ehrengedicht in Sonettform stammt vom Berlinischen Schulkollegen Burchard Wiesenmeyer (um 1612–1680).

Das Gesangbuch ging auf einen kurfürstlichen Auftrag zurück, das protestantische Liedrepertoire in modernen Generalbaßsatz zu bringen. Siebzig Melodien, zum Teil Neufassungen bereits vorhandener, stammten von Crüger, der sie für musikalisch Gebildete komponiert hatte, die diese Lieder zur Generalbaßbegleitung im häuslichen Kreis sangen. Waren Gesangbücher bis dahin vor allem häusliche Erbauungsbücher, wies Crüger sein »Newes vollkömliches Gesangbuch, Augspurgischer Confession« ausdrücklich der evangelischen Kirchengemeinde zu, wodurch es zum Vorläufer der heutigen evangelischen Kirchengesangsbücher wurde. Crügers großes Verdienst war es, einem starren evangelischen Kirchenliedbestand neue Lieder zugeführt zu haben, die bis dahin lediglich in der Hausandacht in Gebrauch waren und nun den Kirchengemeindegesang ergänzten. Neben den Liedern Johann Heermanns (1585 bis 1647) gilt dies vor allem für die Lieder von Paul → Gerhardt, dessen musikalischer Deuter und Tonsetzer Crüger wurde. Gerhardt war seit seiner Übersiedelung nach Berlin zur Jahreswende 1642/43 als Hauslehrer beim Kammergerichtsadvokaten Andreas Barthold tätig und durfte – vermittelt durch seinen späteren Schwager, den Archidiakon zu S. Nicolai, Joachim → Fromm – auch aushilfsweise in der Kirche zu S. Nicolai predigen. 1657 wurde er dann zum Zweiten Diakon berufen. Enthielt die »Praxis Pietatis Melica« von 1647 bereits 18 Lieder Gerhardts, so erhöhte sich sein Anteil an den folgenden Ausgaben auf knapp 90 Lieder. Daneben vertonte Crüger unter anderem auch Texte des Kirchenliedichters Johann Franck (1618–1677), der mit ihm befreundet war und aus Crügers Heimat Guben stammte; bis 1655 war Crüger Francks einziger Komponist. 1646 gelangte Franck in den Gubener Rat, wurde 1661 Bürgermeister, 1670 Landesältester der Niederlausitz und starb 1677 in Guben. [Als Dichter ließ ihn zum Beispiel Johannes → Bödiker in seiner »Nymphe Mycale« (1685) auftreten.] In seinem »Irdischen Helikon« (Guben 1674) nannte Franck, dessen Dichtung von Simon Dach (1605–1659 beeinflußt wurde, Crüger den »Assaph« seiner Zeit und rühmte ihn in folgenden Versen:

»Durch deinen Ton, mein Freund, wird alles Gift vertrieben,
Damit die Höllenschlang hat auf uns losgepfeilt.
Wohl dir, du edler Geist, der du in Geistes Sachen
Dich selber regig machst und so zu spielen weißt,
Daß sich der Freuden Feind alsbald davon muß machen,
Wenn deine Harfe klingt. Wohl dir, du edler Geist!«
(zit. nach KOCH, 1868, S. 101)

1647 unterbreitete Crüger dem Kurfürst Friedrich Wilhelm Vorschläge für eine Neuordnung der Hofkapelle, doch eine durch den Oberkammerherrn Conrad von Burgsdorff (1595–1652) ausgehandelte Vereinbarung zur Umsetzung dieser Vorschläge kam nicht zustande. 1652 sollte im Auftrag des Kurfürsten der Kanzler und spätere Oberpräsident Otto von Schwerin (1616–1679) Crüger als Domkapellmeister gewinnen, »(...) allein einig hoffartige Musikanten hinderten solches auf mancherlei Weise, und wollten ihn pro directore Musicae Electoralis nicht annehmen, weil er ein stiller, und ihnen ein allzu demüthiger Mann war, welcher sich vor den Augen der Stolzen nicht stattlich genug halten wollte. Einige bei Hofe hielten dafür, dass er gar zu Luthers [gemeint zu lutherisch] und der reformirten Kirche unanständlich wäre etc.« (LEDEBUR, 1861, II, S. 96). Tatsächlich galt Crüger bei seinen Zeitgenossen als ernster, bescheidener und rechtschaffener Mensch, dem Herzensgüte, innere Ruhe und eine tiefe Frömmigkeit nachgesagt wurden. Er selbst war dem kur-

fürstlichen Angebot wohl nicht abgeneigt, da das Amt eines kfl.-brandenburgischen Musikdirektors und Domkapellmeisters sein öffentliches Ansehen weiter gehoben hätte. Religiöse Differenzen zwischen den Reformierten und Lutherischen, die mancher für das Nichtzustandekommen der Berufung vermutete und die in den sechziger Jahren in der brandenburgischen Residenz Berlin-Cölln zur Amtsentsetzung mehrerer lutherischer Geistlicher, unter anderen auch Paul Gerhardts, führten, schienen für Crüger eine eher untergeordnete Rolle zu spielen. Deutlich wird dies auch bei seinen Bemühungen um die Verbreitung des reformierten Liedgutes.

1653 gab der Berliner Buchdrucker Christoph → Runge im Auftrage der reformierten Kurfürstin Luise Henriette das Andachtsbuch »D. M. Luthers Vnd anderer vornehmen geistreichen vnd gelehrten Männer Geistliche Lieder vnd Psalmen« heraus. Auch wenn Crügers Name nicht genannt wurde, ist seine Mitwirkung an dem Buch unstrittig, erschienen doch einige später in Crügers Gesangbüchern aufgenommene Melodien hier zum ersten Male. 1658 veröffentlichte Crüger, ebenfalls auf Betreiben der Kurfürstin, die »Psalmodia Sacra, Das ist: Des Königes und Propheten Davids Geistreiche Psalmen, durch Ambrosium Lobwasser, D. aus dem Frantzösischen, nach ihren gebräuchlichen schönen Melodien, in Deutsche Reim=Art versetzet«. Gewidmet dem Kurfürsten Friedrich Wilhelm und seiner Gattin Luise Henriette, war dies zugleich Crügers letztes großes Werk. 1565 hatte der Königsberger Rechtsgelehrte Ambrosius Lobwasser (1515–1585) den kalvinistischen französischen Psalter der Dichter Clément Marot (1496–1544) und Theodor de Bèze (1519 bis 1605) und des Komponisten Claude Goudimel (um 1514–1572) zum evangelischen Gebrauch in Deutschland übersetzt; er erschien 1573 in Leipzig und verbreitete sich schnell im deutschen Sprachgebiet. In seinem Buch mit dem Titelkupfer »Psalmen Davids Ambrosii Lobwassers Nebst des H. Lütheri und anderer Gottseliger Männer Geistreichen Liedern und Psalmen mit beygefügten derer beyderseits schönen Melodeyen« stellte Crüger das Singgut der Reformierten neben lutherische Kirchenlieder. Für die reformierte Lehre war der Psalter das Gesangbuch schlechthin, während die lutherische Lehre auch das Lied als Verkündigung anerkannte, das nicht wörtlich an die Bibel gebunden ist. Ein Vergleich beider von Crüger herausgegebenen Gesangbücher, der lutherischen »Praxis Pietatis Melica« und der reformierten »Psalmodia Sacra«, ergibt zudem, daß das Lied im lutherischen Gottesdienst eine beträchtliche Rolle als Verkündigung spielte, während bei den Reformierten dem geistlichen Lied eine eher untergeordnete Bedeutung zukam und das Schriftwort der Bibel- und Predigtverkündigung die entscheidende Stellung einnahm. Außerdem war der lutherische Choral mit dem Ablauf des Kirchenjahres fest verbunden, wurden also bestimmte Lieder zu bestimmten Feier- und Festtagen gesungen, während die reformierte Lehre der Einteilung des Kirchenjahres nur geringen Wert beimaß. Auch wenn Crüger nicht der erste war, der lutherisches und reformiertes Liedgut gleichermaßen verwendete, so ist das Werk insofern bemerkenswert, da seine Veröffentlichung in jene Zeit fiel, als die synkretistischen Streitigkeiten zwischen Georg Calixt (1586–1656) und Abraham Calov (1612–1686) die Theologen in besonderem Maße beschäftigten. Vor diesem Hintergrund konnte das Gesangbuch Crügers von 1658 sehr wohl den »Makel des Synkretismus« aufweisen.

In der Musikgeschichte sind mit Crügers Namen untrennbar seine Choralbearbeitungen verbunden, die den Kantor zu S. Nicolai zum »bedeutendsten Melodienschöpfer der evangelischen Kirche nach Luther« werden ließen (MAHRENHOLZ, 1957, S. 192). Die hier und in spätere Ausgaben der »Praxis Pietatis Melica« aufgenommenen Lieder unterstreichen die melodische Erfindungskraft ihres Schöpfers. Der evangelische Choralgesang verdankt ihm insgesamt 76 von ihm selbst geschaffene Melodien, 28 von ihm umgearbeitete älteren Ursprungs, und 18, die in seinen Sammlungen ohne Bezeichnung der Herkunft zuerst auftreten (BAUTZ, 1976, I, Sp. 1172; das evangelische Kirchengesangbuch von 1950 weist 18 Melodien von Crüger auf). Schon die Titelblätter der von ihm herausgegebenen Gesangbücher verweisen auf mehrstimmige Choräle. Bei manchen seiner Choralbearbeitungen ist die Anlehnung an reformierte Psalmmelodien unverkennbar; 21 Choralmelodien wurden auf Texte von Paul Gerhardt komponiert. Mit Crügers Chorälen halten subjektives Gefühl und persönliche Erbauung Einzug in den streng objektiven Choral des 16. Jahrhunderts, verbinden sich in seinen Lob- und Dankliedern Innigkeit und Wärme mit fester Glaubensstärke.

In seinem Amt als Kantor zu S. Nicolai widmete sich Crüger im besonderen der Verbesserung der Kirchenmusik. 1649 veröffentlichte er seine »Geistliche Kirchen=Melodien ... Jn vier Vocal= und zwey Instrumental=Stimmen, als Violinen oder Cornetten«, die im engen Zusammenhang mit seinen Ausgaben der »Praxis Pietatis Melica« stehen. 1657 folgten »Geistliche Lieder und Psalmen« in mehreren Stimmen. Durch diese Aufführungsweise wurden S. Nicolai, die Hauptkirche zu Berlin, und ihr Kantor weiter bekannt. Schon Crügers »PARADISUS MUSICUS. Musicalisches Lustgärtelein« aus dem Jahre 1622 hatte ja zahlreiche mehrstimmige Lieder enthalten, zumeist dreistimmige; im zweiten Teil des »Paradisus musicus« fanden sich zwei- bis achtstimmige Stücke mit Generalbaß, vier- bis fünfstimmige Vespern mit Generalbaß sowie geistliche Kirchenmelodien für vier Stimmen, zwei Violinen und Generalbaß. Zu den frühen Kompositionen gehören noch zwei Hochzeitsgesänge für acht Stimmen.

Erwähnenswert ist an dieser Stelle auch Crügers Beziehung zu Johannes → Heinzelmann, dem damaligen Rektor am Berlinischen Gymnasium. Für dessen 1657 verfaßte und ein Jahr später im »Panegyricus Seidelianus« auch veröffentlichte epigrammatische Verse auf den kfl.-brandenburgischen Geheimen Rat Erasmus Seidel (1594–1655) komponierte Crüger die Melodie. Als 1657 Martin → Klingenberg zum Kantor von S. Marien berufen wurde, fand Heinzelmann anläßlich der Amtseinführung in seiner lateinischen »ORATIO INTRODUCTORIA DE MUSICA COLENDA« für Crüger besonders lobende Worte, die übersetzt lauteten: »Hier muß ich nun noch eines Mannes in Ehren gedenken, der, hätte er zur königlichen Kunst auch königliche Unterstützung, keinem der Alten und Italiener nachstehen würde. Es ist mein teurer Amtsgenosse, Herr Crüger, nicht bloß Vorsänger (wie er heißt), sondern wahrhafter Meister des Gesanges und der Composition, der mit den übrigen Heroen in der Musik, welche Deutschland hervorgebracht, diese seine göttliche Wissenschaft nach und nach mit den trefflichsten Leistungen bereichert hat und noch ferner bereichern wird, wenn nur auch die Hörer sein Streben mehr aufmuntern und neben dem Ruhme zugleich die Mittel zu einem sorgenfreien Leben ihm zuteil werden wollten.« (HEINZELMANN, 1657, f. B2; in deutscher Übersetzung nach HOFFMEISTER, 1964, S. 75). Nachdem Heinzelmann 1660 wegen theologischer Differenzen mit den reformierten kfl.-brandenburgischen Hofpredigern amtsentsetzt worden war und die Superintendentur im altmärkischen Salzwedel übernommen hatte, setzte er sich gemeinsam mit dem dortigen Musikdirektor Christoph Lieffeld für eine Verbreitung der Crügerschen Kompositionen ein. Einer Umdichtung der 150 Psalmen, die Heinzelmann ursprünglich nur für den Gebrauch in seiner Salzwedeler Kirche verfaßt hatte, fügte Lieffeld am Schluß die Melodien in Diskant und beziffertem Baß bei. Die der sächsischen Kurfürstin Magdalene Sibylle übereigneten »Psalmen Davids In reime und Melodeyen gesetzet« (vor 1669) enthielten neben bekannten evangelischen Choralmelodien zahlreiche neue Melodien, vor allem aus Crügers Gesangbuch von 1640 und aus seiner »Praxis Pietatis Melica«.

Der große Erfolg der »Praxis Pietatis Melica« schon zu Crügers Lebzeiten und auch später hatte mehrere Ursachen: Das Gesangbuch zeigte textlich und musikalisch eine Verbindung von lutherisch-orthodox-doxologischer Frömmigkeit mit frühpietistischer Andachtshaltung, das überkommene Liedgut wurde gemeinsam mit neuem und neuestem Liedgut der Zeit präsentiert, die musikalischen Bearbeitungen des Gesangbuches machten dieses sowohl für die Singepraxis im öffentlichen Kultus als auch für die häusliche Privatandacht geeignet, volkstümliche und künstlerische Qualität fielen überzeugend zusammen (BUNNERS, 1985, S. 106). Nach Crügers Tod machten sich um die Neuausgaben der »Praxis Pietatis Melica« vor allem der aus Bernau stammende Berliner Stadtmusikus Jakob Hintze (1622–1702) sowie der Organist und Kantor zu Elbing, Peter Sohr (1630–1692), verdient. Neben den von Christoph Runge herausgegebenen Berliner Ausgaben erschienen Drucke des Gesangbuches auch an anderen Orten, unter anderem in Frankfurt am Main, die erste noch zu Crügers Lebzeiten im Jahre 1656. Spätere Frankfurter Ausgaben, insbesondere jene von 1668, zeigten in ihren Vorreden deutlich den Einfluß von Philipp Jakob Spener (1635–1705), dem Begründer des Pietismus, der seit 1666 als Senior des Frankfurter geistlichen Ministeriums fungierte. Besondere Beachtung verdient seine Ausgabe der »Praxis Pietatis Melica« aus dem Jahre 1702. Spener, seit 1696 Propst zu S. Nicolai, fügte dem vorhandenen Liedbestand zahlreiche Schöpfungen im pietistischen Geist hinzu, darunter Texte des bekannten schlesischen Dichters Johannes Scheffler (Angelus Silesius, 1624–1677), des Diakons zu S. Nicolai, Johann Caspar Schade (1666–1698), sowie von August Hermann Francke (1663–1727), Gottfried Arnold (1666–1714) und dem Lüneburger Superintendenten Johann Wilhelm Petersen (1649–1727). Speners Ausgabe der »Praxis Pietatis Melica« von 1702 gilt als erstes Gesangbuch des Pietismus; ein von Andreas Luppius 1692 in Wesel herausgegebenes Gesangbuch pietistischer Prägung konnte sich nicht durchsetzen, das berühmte Hallesche Gesangbuch von Johann Anastasius Freylinghausen (1670–1739) erschien erst 1704 bis 1714.

Crüger starb am 23. Febr. 1662 in Berlin und wurde am 2. März in seiner langjährigen Wirkungsstätte S. Nicolai beerdigt. Sein Schwiegersohn Michael Conrad Hirt, der am Hofe Friedrich Wilhelms als bester deutscher Porträtmaler galt, schuf ein Ölgemälde des Verstorbenen, das sich an einem Pfeiler unweit des kleinen Altars in der Kirche S. Nicolai befand (HEIDEMANN, 1874, S. 146; das Bild hing bis 1944 in der Kirche und konnte rechtzeitig vor deren Zerstörung im Zweiten Weltkrieg in Sicherheit gebracht werden; es befindet sich heute im Evangelischen Oberkirchenrat Berlin). Das Bild weist als »memento mori« Stundenglas und Totenschädel und über dem Haupt des schreibenden Komponisten einen Lorbeerzweig auf.

Crügers Witwe starb am 6. Mai 1700 und wurde am 11. Mai zu S. Nicolai begraben. In der Leichpredigt auf die Verstorbene gedachte Propst Spener auch ihres Gatten als »eines berühmten/ und durch das bekante nicht allein in der Marck/ sondern auch fast gantzen Reiche belobte/ daher mehr als einiges andre/ aufgelegtes/ Gesangbuch/ um die Evangelische kirche wolverdienten mannes« (SPENER, Philipp Jakob: Christliche Leich=Predigten. Zehende Abtheilung ... Frankfurt a. M. 1700, S. 595). 1713 ließ Joachim Ernst Crüger im Namen der Erben das Bild des Kantors durch J. P. Busch in Kupfer stechen und als Distichon daruntersetzen:

»Musa mori vetuit cumulatum laude Crugerum:
Et prolis pietas hunc superesse cupit.«
[»Crüger, den Ruhmgekrönten, läßt die Muse nicht sterben; / doch die Liebe der Nachkommen wollte ihn auch so verewigt.«]
(DITERICH, 1732, S. 353; BRODDE, 1936, S. 17.)

[LN]

Werke

Glückwunsch für Peter Vehr anläßlich seiner Vokation zum Prediger an S. Marien. Berlin 1618 (109: Slg. GK: Sch 1/9).

Concentus musicus zu hochzeitlichen Ehren dem Ehrenwerten ... Herrn Caspar Goltzen und seiner vielgeliebten Braut Magdalen Mauriti mit acht Stimmen komponiert. Berlin 1619 (Blankenburg, 1952, Sp. 1803).

Epithalamium für Subrektor Georg Weber und Anna Flöring. Berlin 1620 (109: Slg. GK: Sch 1/11. 1).

Achtstimmig Hochzeitsgesang aus dem IV. Capitel des hohen Liedes Salomonis zu Ehren ... dem Ehrenwerten ... Herrn Johanni Kallen, Buchhändler ... in Berlin und seiner vielgeliebten ... Braut Margareten Krausen. Berlin 1620 (Blankenburg, 1952, Sp. 1803).

PARADISUS MUSICUS. Musicalisches Lustgärtelein/ Auß lieblicher Dreystimmiger Harmoniâ zugericht/ vnnd mit schönen Blümlein/ so im Garten des Heiligen Geistes abgebrochen/ besetzt vnd verfertiget Von JOHANNE CRÜGERO Gub: Silesio S. S. Theol: Stud: SVPREMA VOX. Gedruckt zu Berlin im Grawen Kloster/ durch George Rungen/ Jn verlegung Martin Guthen Buchhändlern doselbst/ Anno 1622. Berlin 1622 (1a: 160540; Faks.-Neudruck an: Hoffmeister, 1964).

Praecepta MUSICÆ PRACTICÆ figuralis. Ea, qua fieri potuit facili ac succincta methodo in gratiam & usum studiosae juventutis Gymnasij Berlinens: conscripta ET Ad incipientium captum inprimis accomodata. Studio JohannIS CRUGERI, Cantoris ibidem. Cum Privilegio Elect. Brand. BEROLINI, Typis Georgij Rungij, Sumptibus Johannis Kallij Bibliopolae. Anno 1625. Berlin 1625 (Fischer-Krückeberg, 1930, S. 610).

Kurtzer vnd verstendtlicher Vnterricht/ recht vnd leichtlich singen zu lernen. Allen Gottesfürchtigen/ vnd der Music liebhabenden Knaben. Auff besondere newe/ vnd dieser örter vngebräuchliche art/ durch die 7. Musicalische wörterlein Bo, ce, di, ga, lo, ma, ni. Vorgeschrieben/ Von JOHANNE CRUEGERO, Cantore Berlin: Gedruckt zu Berlin/ durch George Rungen/ In verlegung Johan Kallen/ Im Jahr 1625. Berlin 1625 (Fischer-Krückeberg, 1930, S. 610).

Meditationum musicarum Paradisus secundus, oder Ander Musicalisches Lust-Gärtlein, neuer Deutschen Magnificat auß 2. und 8. stimmiger Harmonia, nebest dem basso continuo vor die Orgel nach den 8. gebräuchlichen tonis musicis. Berlin 1626 (RISM, 1972, 2, S. 255; Blankenburg, 1952, Sp. 1803; RISM, 1972, 2, S. 256, verzeichnet dazu folgenden Titel: Bassus generalis vor die Orgel und Directores Chori Musici, der neuen Deutschen Magnificat mit 8. und 2. Stimmen auff unterschiedene Compositiones nach den 8. gebräuchliche tonis musicis gerichtet. Berlin: Martin Guth 1626).

S. S. Meditationum musicarum paradisus primus. Erstes Musicalisches Lustgärtlein, auß 3. und 4. stimmiger harmonia zugerichtet ... zum andermahl gebessert, vermehrt. Berlin 1628 (RISM, 1972, 2, S. 255; ebenda auch eine Ausgabe von 1629).

Synopsis Musica Continens Rationem Constituendi & Componendi Melos Harmonicum. Conscripta variisque exemplis illustrata a Johanne Crügero Directore Musico in Ecclesia Cathedrali ad D. Nicol: quae est Berolini Cum gratia et Priuilegio Sumtibus Johannis Kallij Bibl. Anno 1630. Berlin 1630 (1a: Mus. ant. Theor. C. 308; Fischer-Krückeberg, 1930, S. 611; eine Ausgabe u. d. T. »Synopsis musica. Continens 1. methodum, concentum harmonicum ... constituendi; 2. Instructionem brevem, quamcunque melodiam ... modulandi. Quibus 3. (...) de basso generali ... annexa sunt. Conscripta ... à Johanne Crugero. Berolini Anno 1634.« soll sich nach dem alten Katalog in der Deutschen Staatsbibliothek, Sign. Mus G 522, befunden haben; eine Ausgabe Berlin 1634 jedoch von Fischer-Krückeberg, 1930, S. 612f., stark in Zweifel gezogen; nach Blankenburg, 1952, Sp. 1803, habe ein Lesefehler das Werk als ein früheres von 1624 erscheinen lassen, so bei Ledebur, 1861, II, S. 97).

Newes vollkömliches Gesangbuch, Augspurgischer Confession, Auff die in der Chur= vnd Marck Brandenburg Christliche Kirchen, Fürnemlich beyder Residentz Städte Berlin vnd Cölln gerichtet, Jn welchem nicht allein vornemlich des Herrn Lutheri, vnd anderer gelehrten Leute, Geist= vnd Trostreiche Lieder, so bißhero in Christl: Kirchen bräuchlich gewesen: sondern auch viel schöne newe Trostgesänge, Jnsonderheit des vornehmen Theol. vnd Poeten Herrn Johan Heermanns, zu finden, mit aussenlassung hingegen der vnnötigen vnd vngebräuchlichen Lieder, Jn richtige Ordnung gebracht, vnd mit beygesetzten Melodien, nebest dem Gen: Bass, Wie auch absonderlich, nach eines oder des andern beliebung in 4 Stimmen verfertiget, Von Johan Crüger, Direct: Mus: Berol: ad D. Nicol: Gedruckt vnd zu finden in Berlin bey Georg: Rungens Sel. Witwe, 1640. Berlin 1640 (angebunden in zwei besonderen Anhängen:) Altus. [und] Tenor. Geistlicher

Kirchengesänge, Augspurgischer Confession, Mit 4. Stimmen Vbersetzet Von Johan Crüger. Gedruckt zum Berlin, bey Georg Rungens Sel. Witwe, Jn verlegung Johan Kallen, Buchhändl. Jm Jahr: M.DC.XLI. Berlin 1641 (Bachmann, 1856, S. 20; Blankenburg, 1952, Sp. 1804).

Epithalamium für Peter Vehr und Anna geborene Vogt. Berlin 1643 (109: Slg. GK: Sch 1/23).

Laudes Dei Vespertinae, in … ecclesiarum Marchicarum usum concinnatae ad diversos modos musicos 4. & 5. vocibus. Berlin 1645 (RISM, 1972, 2, S. 256; Blankenburg, 1952, Sp. 1803).

Praxis Pietatis Melica. Das ist: Ubung der Gottseligkeit in Christlichen und Trostreichen Gesängen/ Herrn Dr. Martini Lutheri fürnemlich/ und denn auch anderer vonehmer und gelehrter Leute. Ordentlich zusammen gebracht/ und Mit vielen schönen außerlesenen newen Gesängen gezieret: Auch zu Befoderung des KirchenGottesdienstes mit beygesetzten Melodien/ Nebest dem Basso Continuo verfertiget Von Johann Crügern … In Verlegung des Auctoris und Christophori Runge/ Gedruckt zu Berlin Anno 1647. Berlin 1647 (Blankenburg, 1952, Sp. 1804; Marchia, 1992, S. 50).

Epithalamium für Samuel Lorentz und Catharina geborene Rosenthal. 1649 (109: Slg. GK: Cg 99,2).

Geistliche Kirchen=Melodien, Vber die von Herrn D. Luthero Sel. und anderen vornehmen und Gelehrten Leuten, auffgesetzte Geist= und Trost=reiche Gesänge und Psalmen, Der Göttlichen Majestät zu Ehren, und nützlichem Gebrauch seiner Christlichen Kirchen Jn vier Vocal= und zwey Instrumental=Stimmen, als Violinen oder Cornetten übersetzet von JOHANNE Crügern Gub: Lusato Directore der Music in Berlin ad D. N. BASSUS CONTJNUUS. Cum Privilegio Sereniss. Elector. Brandenburg. Leipzig, Jn Verlegung Daniel Reichels Buchhändlers in Berlin, Gedruckt bey Timotheo Ritzschen, Anno Christi M DC XLIX. Leipzig 1648 (Bachmann, 1856, S. 29 u. VII; Blankenburg, 1952, Sp. 1803).

Quaestiones MUSICÆ PRACTICÆ, Ex Capitibus comprehensae, quae perspicua, facili, &, qua fieri potuit, succincta Methodo ad praxin necessaria continent, In Gratiam et Usum Studiosae juventutis conscriptae, variisque idoneis exemplis, una cum utilissima XII. Modorum doctrina illustratae a Johanne Crugero Gubin: Lus: Direct: Musico ad D. Nic: Berolini. Cum Privilegio Elect: Brand: EDITIO TERTIA. Auctior & Correctior. BEROLINI, Typis Christophori Runge, Sumptibus Johannis Kallij Bibliopolae. Anno 1650. Berlin 1650 (Fischer-Krückeberg, 1930, S. 611; Blankenburg, 1952, Sp. 1803).

Hymni selecti, in gratiam studiosam Juventutis Gymnasii Berlinensis … simplici 4. Vocum stylo adornati à Joh. Crügero. Berlini s. a. [ca. 1650] (1: Ef 4850 ehem.; Blankenburg, 1952, Sp. 1803).

Recreationes musicae, d. i. Neue poetische Amorösen, entweder vor sich allein, oder in ein Corpus zu musiciren, aufgesetzt und den Musikliebhabern zur Ergetzlichkeit publiciret. Leipzig 1651 (Ledebur, 1861, II, S. 97f.; Blankenburg, 1952, Sp. 1803).

Mitarbeiter an Runge, Christoff (Hg.): D. M. Luthers Und anderer vornehmen geistreichen und gelehrten Männern Geistliche Lieder und Psalmen auff sonderbaren Ihrer Churfürstl. Durchlaucht zu Brandenburg … zur Erweckung unserer Andacht bey frommen Herzen zusammengetragen … Zu Berlin/ Gedruckt und verlegt von Christoff Runge. Im 1653. Jahr. Berlin 1653 (Blankenburg, 1952, Sp. 1804).

Praxis Pietatis Melica. Das ist: Ubung der Gottseligkeit in Christlichen und trostreichen Gesängen, Herrn D. Martini Lutheri fürnemlich … mit gar vielen schönen/ neuen Gesängen (derer insgesamt 500) vermehret … verfertiget Von Johann Crügern … Editio V. Gedruckt zu Berlin/ und verlegt von Christoff Runge/ Anno 1653. Berlin 1653 (Kemp, 1975, S. 48).

SYNOPSIS MUSICA, Continens 1. Methodum, concentum harmonicum pure & artificiose constituendi: 2. Instructionem brevem, quamcunque Melodiam ornate (in Accentibus cumprimis, & aliis diminutionum modulis apposite adhibendis/ modulandi Quibus 3. pauca quaedam de Basso Generali, in gratiam Musicorum Instrumentalium Juniorum praesertim organistarum & Incipientium idiomate Germanico annexa sunt. Conscripta variisque exemplis illustrata a JOHANNE CRUGERO Berolini. Sumptibus Authoris & Christopheri Rungii. Anno 1654. Berlin 1654 (Fischer-Krückeberg, 1930, S. 612).

EPIGRAMMA M. JOHANNIS HEINZELMANI, IN STEMMA ERASMO-SEIDELIANUM, Melodicè expressum AUTHORE JOHANNE CRÜGERO. BEROLINI, Literis Rungianis. Berlin s. a. (um 1655) (1a: an Av 14163).

Praxis Pietatis Melica. Das ist: Vbung der Gottseligkeit in Christlichen und trostreichen Gesängen, Herrn D. Martini Lutheri fürnemlich, wie auch anderer seiner getreuen Nachfolger, und reiner Evangelischer Lehre Bekennerer. Ordentlich zusammen gebracht, und über vorige Edition mit noch gar vielen schönen Gesängen de novo vermehret und verbessert. Auch zu Befoderung des sowohl Kirchen= als Privat=Gottesdienstes mit beygesetztem bißhero gebräuchlichen, und vielen schönen neuen Melodien, nebenst dazu gehörigen Fundament, verfertiget Von Johan Crügern, Gub. Lusato. Direct. Musico in Berlin. Jn Verlegung Balthasaris Mevii. Wittenb. Gedruckt zu Franckfurt, bey Casp. Röteln Anno 1656. Frankfurt 1656 (Bachmann, 1856, S. 47).

M. Luthers wie auch anderer gottseligen und christlichen Leute geistliche Lieder und Ps.: Wie sie bisher in ev. Kirchen dieser Landen gebrauchet werden. Denen auch anjetzo etliche auserlesnen sowohl alte als auch neue geistreiche Gesänge beigefügt sind. In 4 Vokal- und 3 Instr.-St. übersetzt. s. l. 1657 (Blankenburg, 1952, Sp. 1803).

M. Luthers, wie auch anderer gottseligen und christlichen Leute geistliche Lieder und Psalmen, wie sie ... denen anitzo etliche auserlesene sowohl alte (insonderheit der Böhmischen Brüder) als neugeistreiche Gesänge beigefügt sind. Berlin 1657 bei Christoff Runge. Berlin 1657 (Blankenburg, 1952, Sp. 1804).

(Titelkupfer:) Psalmen Davids Ambrosii Lobwassers Nebst des H. Lütheri und anderer Gottseliger Männer Geistreichen Liedern und Psalmen mit beygefügten derer beyderseits schönen Melodeyen Berlin 1658 bey Christoff Rüngen. (Nebentitel:) Psalmodia Sacra, Das ist: Des Königes und Propheten Davids Geistreiche Psalmen, durch Ambrosium Lobwasser, D. aus dem Frantzösischen, nach ihren gebräuchlichen schönen Melodien, in Deutsche Reim=Art versetzet: Denen auch des H. D. Lutheri und anderer Gottseliger und Christlicher Leute Geistreiche= so wol alte= als neue Lieder und Psalmen, wie sie in Evangelischen Kirchen gebräuchlich beygefüget. Zu nützlichem Gebrauch der Christlichen Kirchen, fürnemlich Sr. Churfürstl: Durchl: zu Brandenburg, in derer Residentz, auf eine gantz neue= und vor niemals hervorgekommene Art mit 4. Vocal- und (pro Complemento) 3. Instrumental-Stimmen, nebenst dem Basso Continuo auffgesetzet von Johann Crügern, Direct. Music. in Berlin. ALTUS. Berlin, Gedruckt bey Christoff Runge, Jm Jahr, 1658. (angebunden mit besonderem Titel und neuer Paginierung:) D. M. Luthers wie auch anderer gottseligen und Christlichen Leute Geistliche Lieder und Psalmen: Wie sie bisher in Evangelischen Kirchen dieser Landen gebrauchet werden. Denen auch anitzo etliche außerlesene so wol alte als neue geistreiche Gesänge beygefügt sind. Jn 4 Vocal- und 3 Instrument-Stimmen übersetzet von Johann Crügern. Altus. Zu Berlin Gedruckt bey Christoff Runge, Jm 1657. Jahr. (angeschlossen mit neuen Seitenzahlen:) Catechismus, Oder Kurtzer Vnterricht Christlicher Lehre, Wie der in Kirchen und Schulen der Chur=Fürstlichen Pfaltz getrieben wird. Mit nützlichen Randfragen. Sampt der Form der Heiligen Handelung des Hochheiligen Nachtmahls. Gedruckt bey Christoff Runge, Anno MDCLVII. Berlin 1657/58 (Bachmann, 1856, S. 63f.; Blankenburg, 1952, Sp. 1803f.).

PRAXIS pietatis melica. Das ist: Übung der Gottseligkeit in christlichen und trostreichen Gesängen Herrn D. Martini Lutheri führnemlich, wie auch anderer seiner getreuen Nachfolger und reiner evangelischer Lehre Bekenner ... Berlin: Chrph. Runge 1658 (Bachmann, 1856, S. 87; 1a: Eh 7212).

Trauerrede für Joachim Valtin von Baarfuss. Berlin 1658 (1: 7 in: Ee 501).

MUSICAE PRACTICAE Praecepta brevia & exercitia pro Tyronibus varia. Der Rechte Weg zur Singekunst/ darinnen begriffen Ein kurtzer vnd gründlicher Vnterricht/ wie die Jugend/ so Beliebung zur Music träget/ leicht und vortheilhafftig kan angeführet werden durch die 6. Voces Musicales Ut, Re, Mi, Fa, Sol, La, nach Anleitung des einzigen Clavis ... die Singekunst recht und wol zu fassen/ und nach itzo gebräuchlicher manier zu practiciren Nebenst gäntzlicher Verwerffung des hin und wieder eingeführten Singens nach den Buchstaben A, b, c, d, e, f, g, h, cis, dis, gis, fis Welchem zu mehrer und besser Vbung allerhand 2. stimmige Fugen, wie auch andere 3. stimmige Gesänglein und Concertlein mit – und ohne Text beygefüget. Alles der lieben Jugend zum Besten/ und derer Vortheil im singen zu gefodern/ Auffgesetzet von Johann: Crügern/ Gub. Lus. Direct. Mus. in Berlin. Berlin/ Sumptibus Authoris. 1660. Berlin 1660 (1a: Mus. ant. Theor. C. 312; Fischer-Krückeberg, 1930, S. 614).

Praxis Pietatis Melica. Das ist: Vbung der Gottseligkeit in Christlichen und trostreichen Gesängen, Herrn D. Martini Lutheri fürnemlich, wie auch anderer vornehmer und gelehrter Leute: Ordentlich zusammen gebracht, Und, über vorige Edition, mit gar vielen schönen neuen Gesängen (derer ingesammt 550) vermehrt. Auch zu Befoderung des sowohl Kirchen= als Privat=Gottesdienstes mit beygesetztem bißhero gebräuchlichen, und vielen schönen neuen Melodien, nebenst dazu gehörigen Fundament, verfertiget Von Johan Crügern, Gub. Lusato. Direct. Musico in Berlin. Editio X. Gedruckt zu Berlin, und verleget von Christoph Runge, Anno 1661. Werden verkaufft durch Martin Reischeln. Berlin 1661 (Bachmann, 1856, S. 87).

Praxis Pietatis Melica das ist Vbung der Gottseligkeit, Jn Christlichen und trostreichen Gesängen ... von Johan Crügern. Franckfurt am Mayn M.DC.LXJJ. Frankfurt a. M. 1662 (Bachmann, 1856, S. 60).

Praxis Pietatis Melica. Das ist: Vbung der Gottseligkeit in Christlichen und trostreichen Gesängen, Herrn D. Martini Lutheri fürnemlich, wie auch anderer seiner getreuen Nachfolger, und reiner Evangelischer Lehre Bekennerer. Ordentlich zusammen gebracht, und über die vorige Edition mit noch über 60 schönen trostreichen Gesängen von neuem vermehret und verbessert. Auch zu Befoderung des sowohl Kirchen= als Privat= Gottesdienstes mit beygesetztem bißhero gebräuchlichen, und vielen schönen neuen Melodien, nebenst dazu gehörigen Fundament, verfertiget Von Johan Crügern, Gub. Lusato. Direct. Musico in Berlin. Mit Churfl. Brand. Freyheit nicht nachzudrucken. Editio XI. Zu Berlin gedruckt und verleget von Christoff Runge, Anno 1664. Berlin 1664 (Bachmann, 1856, S. 91).

P. P. M. Das ist: Vbung der Gottseligkeit in Christlichen und trostreichen Gesängen, Herrn D. Martini Lutheri fürnemlich, wie auch anderer seiner getreuen Nachfolger, und reiner Evangelischer Lehre Bekennerer. Ordentlich zusammen gebracht, und über die vorige Editionen mit noch verschieden schönen Geist= und Trostreichen Gesängen, von neuen vermehret, und die Stimmen, nach dem Manuscripto des Auctoris Seligen, übersehen und verbessert: ... CANTUS & BASJS. Editio XII. Zu Berlin, gedruckt und verleget von Christoff Runge, Anno 1666. Berlin 1666 (1a: Libri in membr. impr. qu. 8; Bachmann, 1856, S. 95).

P. P. M. ... Und, über vorige Editiones, mit mehr als hundert und dreissig schönen trostreichen Gesängen vermehret und verbessert. Auch zur Beförderung ... Von Johann Crügern ... Mit Churfürstl. Sächs. Freiheit. Drucks und Verlags Balthasar=Christoph Wusts, in Franckfurt am Mayn. M.DC.LXVI. Frankfurt a. M. 1666 (Bachmann, 1856, S. 60).

P. P. M. Das ist: Vbung der Gottseligkeit in Christlichen und trostreichen Gesängen, Herrn D. Martini Lutheri fürnemlich, wie auch anderer seiner getreuen Nachfolger, und reiner Evangelischer Lehre Bekennerer. Ordentlich zusammen gebracht, ... Nunmehro bis in 710 Gesängen vermehret, ... Editio XIII. Zu Berlin gedruckt und verlegt von Christoff Runge, Anno 1667. Werden verkaufft durch Martin Reischeln. Berlin 1667 (Bachmann, 1856, S. 98).

Johann Crügers, Gub. Lus. Direct. Mus. in Berlin ad D. N. Neu zugerichtete P. P. M.: das ist: Uebung u. s. w. Auch über vorige Editiones mit ettlichen hundert schönen trostreichen Gesängen vermehret und verbessert Von Peter Sohren bestalten Schul= und Rechenmeister der Christlichen Gemeine zum H. Leichnam, in Königlicher Stadt Elbing in Preußen. Mit Churfl. Sächsischer Freyheit. Drucks und Verlags Balth. Christoph Wusts, in Franckfurt am Mayn M.DC.LXJJX. Frankfurt a. M. 1668 (Bachmann, 1856, S. 61).

P. P. M. Das ist: Vbung der Gottseligkeit in Christlichen und trostreichen Gesängen, Herrn D. Martini Lutheri fürnemlich, wie auch anderer seiner getreuen Nachfolger, und reiner Evangelischer Lehre Bekennerer. Ordentlich zusammen gebracht, Auch zu Beforderung des sowohl Kirchen= als Privat=Gottesdienstes mit beygesetztem bißhero gebräuchlichen, und vielen schönen neuen Melodien, nebenst dazu gehörigen Fundament, angeordnet Von Johan Crügern, Gub. Lusato. Direct. Musico in Berlin. Nunmehro bis in 762 Gesängen vermehret, Nebst Johann Habermanns vollständig= und vermehrtem Gebätbuche. Mit Churfürstl. Brandenb. Freyheit, in keiner Edition nachzudrucken. Editio XVI. Berlin, Gedruckt und verlegt von Christoff Runge, Anno M. DC. LXXII. Berlin 1672 (Bachmann, 1856, S. 101).

Johann Crügers, Gub. Lus. Direct. Mus. in Berlin ad D. N. Neu zugerichtete P. P. M.: das ist: Uebung u. s. w. Zu Lieb der alten und blöden Augen in diesen groben Druck gebracht, Nebenst Anmerkungen, wie unrecht in Theils Liedern gesungen wird. Mit Churfl. Sächs. Freyheit. Drucks und Verlags Balthasar Christoph Wusts in Franckfurt am Mayn. MDCLXXIV. Frankfurt a. M. 1674 (Bachmann, 1856, S. 62).

P. P. M. ... Berlin 1675 (Bachmann, 1856, S. 104).

Johann Crügers ... Neu zugerichtete P. P. M. ... Auch über vorige Editiones bis eilffhundert schönen trostreichen Gesängen vermehret und verbessert von Peter Sohren, bestalten Schul= und Rechenmeister der Christlichen Gemeine zum H. Leichnam, in Königlicher Stadt Elbing in Preußen. Franckfurt am Mayn, Drucks und Verlags Balthasar Christoph Wust. Jm Jahr Christi MDCLXXVJ. Frankfurt a. M. 1676 (Bachmann, 1856, S. 62).

Des Königes und Propheten Davids Psalmen, Nach Frantzösischen Melodien in deutsche Reimen gebracht Durch D. Ambrosium Lobwasser. Mit Zwoen Stimmen, Als dem Cantus Und seinem Fundament, Aus Sr. Churfl. Durchl. zu Brandenb. Gnädigstem Privilegio und Freyheit. Berlin, Gedruckt und verlegt Von Christoff Runge. Anno MDCLXXVI. (angeschlossen:) D. M. Luthers wie auch anderer gottseligen und Christlichen Leute Geistliche Lieder und Psalmen: Wie sie bisher in Evangelischen Kirchen dieser Landen gebrauchet werden. Denen auch anitzo etliche außerlesene so wol alte insonderheit der Böhmischen Brüder als neue geistreiche Gesänge beygefügt sind. Altus. Aus Sr. Churfl. Durchlauchtigkeit zu Brandenburg Befreyung und Privilegio. Zu Berlin, Gedruckt und verlegt von Christoff Runge, Anno 1676. (angeschlossen:) Catechismus, Oder Kurtzer Vnterricht Christlicher Lehre, Wie der in Kirchen und Schulen der Chur=Fürstlichen Pfaltz getrieben wird. Mit nützlichen Randfragen. Sampt der Form der Heiligen Handelung des Hochheiligen Nachtmahls. Gedruckt bey Christoff Runge, Anno 1676. Berlin 1676 (Bachmann, 1856, S. 77f.).

P. P. M. Das ist: Vbung der Gottseligkeit in Christlichen und trostreichen Gesängen, Herrn D. Martini Lutheri fürnemlich, wie auch anderer seiner getreuen Nachfolger, und reiner Evangelischer Lehre Bekennerer. Ordentlich zusammen gebracht, Auch zu Beförderung des sowohl Kirchen= als Privat=Gottesdienstes mit beygesetztem bißhero gebräuchlichen, und vielen schönen neuen Melodien, nebenst dazu gehörigen Fundament, angeordnet Von Johan Crügern, Gub. Lusato. Direct. Musico in Berlin. Anitzo bis über 770 Gesänge vermehret, Nebst Johann Habermanns vollständig= und vermehrtem Gebätbuche. Mit Churfürstl. Brandenb. Freyheit, in keiner Edition nachzudrucken. Editio XIX. Berlin bei Christoff Runge, Anno 1678. Berlin 1678 (Bachmann, 1856, S. 104).

P. P. M. ... Berlin 1679 (Bachmann, 1856, S. 104, der sie jedoch nicht selbst in den Händen hatte, sondern nach einer später wiederholt gedruckten »Zueignungs=Schrifft« aufführte).

Johann Crügers ... Neu zugerichtete P. P. M. ... und mit vielen trostreichen Gesängen vermehret Von Peter Sohren, ... Jm Jahr MDCLXXX. Frankfurt a. M. 1680 (Bachmann, 1856, S. 62).

P. P. M., das ist: Uebung der Gottseligkeit in Gesängen, mit bishero gebräuchlichen, wie auch neuen Melodien, nebst darzu gehörigen Fundament verfertiget und mit viel Gesängen vermehrt von Peter Sohren, Schul- und Rechenmeister in Elbingen in Preußen. Franckfurt am Mayn. 1680. Frankfurt a. M. 1680 (Bachmann, 1856, S. 63).

Ein aus Johannis Crügeri Praxi Pietatis Melica herausgezogenes vollständiges Gesangbuch: voll auserlesener, alter und neuer, Christlicher, Geist= und trostreicher Lieder. H. D. Martini Lutheri fürnemlich, als auch anderer Gottseliger, Gelehrter und vornehmer Leute. Zu Beförderung sowohl des allgemeinen Kirch= als Schulen= und Haus=Gottesdienstes, insonderheit für Alte und Junge Leute, also ordentlich in diese Form zusammen getragen. Mit Churfürstl. Brandenburgischer Freyheit. Zu Berlin gedruckt und verlegt von Christoff Runge, im Jahr Christi 1682. Berlin 1682 (Bachmann, 1856, S. 105).

P. P. M. ... bis in 1114 Gesängen vermehret ... Editio XXIII. Berlin, Gedruckt und verlegt von David Salfelds Sel. Wittwe 1688. Berlin 1688 (Bachmann, 1856, S. 107).

P. P. M.: ... Ordentlich zusammen gebracht und nunmehr mit Johann Heermanns Evangelien bis 1220. Gesängen vermehret, ... Jtzo mit vielen neuen Stimmen vermehret und verbessert Von Jacob Hintzen, Bernoâ-Marchico, Musico Instrumentali in Berlin, Nebst Johann Habermanns vermehrtem Gebätbuche CANTUS & BASIS. Mit Churfürstl. Brandenbl. Freyheit in keiner Edition nachzudrucken, noch in Dero Lande einzuführen. Editio XXIV. Zu Berlin, Gedruckt und verlegt von David Salfelds Sel. Wittwe 1690. Berlin 1690 (Bachmann, 1856, S. 107).

P. P. M. ... Anitzo bis über 770 Gesänge vermehret, ... Editio XXV. Berlin, Gedruckt und verlegt von Sel. David Salfelds Wittwe 1690. Berlin 1690 (Bachmann, 1856, S. 108).

P. P. M. ... Nunmehr mit Johann Heermanns Evangelien bis in 1124. Gesängen vermehret, ... Editio XXVII. Berlin, Gedruckt und verlegt von David Salfelds Sel. Wittwe, 1693. Berlin 1693 (Bachmann, 1856, S. 108).

P. P. M. ... Und nunmehr Mit Epistel= und Johann Heermanns Evangeliums=Gesängen bis 1163 vermehret ... Editio XXIIX. Berlin, Gedruckt und verlegt von sel. David Salfelds Wittwe, 1698. Berlin 1698 (Bachmann, 1856, S. 108).

Johann Crügers und Peter Sohrens, Uebung der Gottseligkeit ... Ordentlich zusammen gebracht, zur Beförderung so wohl deß öffentlichen Kirchen= als geheimen Haus=Gottesdienstes, mit bißhero gebräuchlichen und viel schönen neuen Melodeyen, neben darzu gehörigem Fundament, verfertiget. Abermalen auffs neue durchgangen, und über alle vorige Außfertigungen nicht nur mit einer ziemlichen Anzahl neuer unverdächtiger Lieder; sondern auch zehen herrlichen Betrachtungen von den geistlichen Liedern, auß des seel. Herrn D. Müllers Seelen=Music und sonderbahren Registern vermehret. Mit Königl. Poln. und Chur=Sächsischen Freyheit. Franckfurt am Mayn, druckts und verlags Balthasar Christoph Wusts. Jm Jahr Christi 1700. Frankfurt a. M. 1700 (Bachmann, 1856, S. 63).

Lobet den Hl: alle heyden u: preißet ihn alle Völcker. Des Königs und Propheten Davids Psalmen Nach Französischen Melodien in Deutsche Reime gebracht durch D. Ambrosium Lobwasser, nebst Einem vollständigen Gesangbuch. Mit Churfürstl: Brandenb: Gnädigster befreyung Berlin, Gedruckt und verlegt von Seel. Dav. Salfelds wittwe. 1700. (Erster Nebentitel:) Des Königs und Propheten Davids Geistreiche Psalmen Nach Französischen Melodien in Deutsche Reime gebracht durch D. Ambrosium Lobwasser, Denen auch des Herrn D. Lutheri und anderer Gottseliger und Christlicher Leute geistreiche und gebräuchlichste Lieder und Psalmen beygefüget; Vormals mit 4. Vocal- und 3 Instrumental-Stimmen, nebst dem Basso continuo aufgesetzet von Johann Crügern, Direct. Music. in Berlin, Jtzo Zu nützlichem Gebrauch der Christlichen Kirchen, fürnemlich Sr. Churfl. Durchl. Residenzien, mit Fleiß übersehen, und in 4. Vocal-Stimmen, zum Druck befordert: auch mit dem Heydelbergischen Catechismo und der Form der heiligen Handlung des hochheiligen Abendmahls vermehret. Auf Churfl. gnädigste Befreyung. CANTUS & BASSUS. Berlin, gedruckt und verlegt von Salfeldischer Wittwe. (Zweiter Nebentitel:) D. M. Luthers wie auch anderer gottseligen und Christlichen Leute Geistliche Lieder und Psalmen: Wie sie bisher in Evangelischen Kirchen dieser Landen gebrauchet werden. Denen auch anitzo etliche außerlesene so wol alte als neue geistreiche Gesänge beygefüget sind. Jn 4 Vocal-Stimmen übersetzet von Johann Crügern. CANTUS & BASSUS. Berlin, Gedruckt bey David Salfelds seel. Wittwe. ANNO 1700. (folgen wie in Ausgabe 1657/58 der Katechismus und die Form des Abendmahls). Berlin 1700 (Bachmann, 1856, S. 79f.).

P. P. M. ... Anjetzo bis auf 786 Gesänge vermehret ... Editio XXIX. Berlin 1702 (Bachmann, 1856, S. 108).

P. P. M. ... Und nunmehr Mit Epistel= un Johann Heermanns Evangeliums=Gesängen bis 1194 vermehret ... Editio XXX. Berlin ... 1703. Berlin 1703 (Bachmann, 1856, S. 109).

Psalmen Davids Nach Französ. Mel. in Deutsche Reimen gebracht durch D. Ambros. Lobwasser, Benebst dem Neuen Testament. Berlin. Verlegts Joh. Christian Reischel Koenigl. Bibl. Buchbinder. 1704. (Erster Nebentitel:) Des Königlichen Propheten Davids Geistreiche Psalmen, ... Wie auch D. Martin Luthers und anderer Gottseliger Lehrer geistreiche und in der Kirchen gebräuchlichste Gesänge, Nebst dem Chur=Pfälzischen Catechismo und Form der heiligen Handlung des hochheiligen Nachtmahls. Mit Königl. Preußisch= und Churfürstl. Brandenburgischem allergnädigstem Privilegio. Berlin, Jn Verlegung Johann Christian Reuschels, Königl. Biblioth. Buchbinders. Druckts Johann Wessel. 1704. (Zweiter Nebentitel:) Geistliche Psalmen und Lieder, des Seligen D. Martin Luthers, Benebst anderer gottseliger und frommer Männer, Wie solche in denen Evangelischen Kirchen dieser Landen gebrauchet werden, Und nach Ordnung der Jahres=Zeit aufs Neue eingerichtet, und mit vielen schönen neuen Gesängen vermehret, Nebst einem ordentlichen Register. Mit Königl. Preußisch= und Churfürstl. Brandenburgischem allergnädigstem Privilegio. Berlin, Jn Verlegung Johann Christian Reuschels, Königl. Biblioth. Buchbinders. Druckts Johann Wessel. 1704. (folgen wie in Ausgabe 1700 der Katechismus und die Form des Abendmahls). Berlin 1704 (Bachmann, 1856, S. 84f.).

P. P. M. ... Und ietzo Mit den neuesten, schönsten und Trostreichsten Liedern bis 1204 vermehret ... Editio XXXIV. Berlin, Gedruckt und verlegt von Johann Lorentz, als rechtmäßigen Successor der Salfäldischen Druckerery und deren Verlagsbücher 1711. Berlin 1711 (Bachmann, 1856, S. 109).

P. P. M. ... Und itzo Mit den neuesten, schönsten und Trostreichsten Liedern bis 1204 vermehret ... Editio XXXV. Berlin, gedruckt und verlegt von Johann Lorentz, Jm Jahr 1712. Berlin 1712 (Bachmann, 1856, S. 109).

P. P. M. ... Editio XXXVI. Berlin, Gedruckt und verlegt Johann Lorentz. 1714. Berlin 1714 (Bachmann, 1856, S. 110).

P. P. M. ... Ed. XXXVII. Berlin, bei Johann Lorentz. Jm Jahr 1716. Berlin 1716 (Bachmann, 1856, S. 110f.).

P. P. M. ... Editio XL. Berlin, bei Johann Lorentz 1724. Berlin 1724 (Bachmann, 1856, S. 111).

P. P. M. ... Editio XLI. Berlin, bei J. Lorentz 1729. Berlin 1729 (Bachmann, 1856, S. 111).

P. P. M. ... Editio XLII. 1733 (Bachmann, 1856, S. 111).

P. P. M. ... Editio XLV. (1736) (Bachmann, 1856, S. 111).

Choralsätze aus den Sammlungen von 1649 und 1658. In: Winterfeld, C. v.: Der evangelische Kirchengesang und sein Verhältnis zur Kunst des Tonsatzes. 2. Teile. Leipzig 1845 (Musikbeispiele Nr. 76–93) (Blankenburg, 1952, Sp. 1813).

Sechs Choralsätze (1649). Hg. von der Evangel. Verlagsanstalt. Berlin 1948 (Blankenburg, 1952, Sp. 1813).

Crüger, Johann/ Ebeling, Johann: Zwölf Choralsätze für vier gemischte Stimmen und zwei Instr.-Oberstimmen. Hg. von Hänßler. Stuttgart-Plieningen 1951 (Blankenburg, 1952, Sp. 1813).

Deutsches Magnificat »Meine Seele erhebet den Herrn«. Hg. von Adam Adrio. Berlin 1957 (= Staats- und Domchor Berlin, Chorwerke in Einzelausgaben IV). (Bautz, 1976, I, Sp. 1173).
Geistliche Chormusik. Hg. von Hermann Hildebrandt. Stuttgart 1965 (= Das Chorwerk alter Meister XI). (Bautz, 1976, I, Sp. 1173).
Sieben Psalmlieder aus »Psalmodia sacra« (1658). Hg. von R. Hallensleben. Wuppertal 1966 (= Singt und spielt IX) (Blankenburg, 1952, Sp. 1813; Bautz, 1976, I, Sp. 1173).
Neun geistliche Lieder für vierstimmigen gemischten Chor mit zwei Melodie-Instr. und Generalbaß. Hg. von Christhard Mahrenholz. Kassel s. a. (Bautz, 1976, I, Sp. 1173).

Literatur

ORATIO INTRODUCTORIA DE MUSICA COLENDA. RECITATA à M. JOH. HEINZELMANO, GYMN. BERL. RECT. Sub Inaugurationem Clarißimi in suâ hâc aliisque artibus, Doctissimique DN. MARTINI KLINGENBERGII, Mûnchenbergensis Marchici, hactenus Strausbergæ Cantoris & Informatoris munere functi, & nobi. liter meriti, jam vocati legitimè Cantoris Mariani Berlinensis, Anno M. DC. LVII. Illustr. Gratiæ. Feriâ II. Passionalis hebdomadæ. LITERIS RUNGIANIS. Berlin 1657 (1: 9 in: B. Diez 4°. 2899); SPENER, Philipp Jakob: Christliche Leich=Predigten. Zehende Abtheilung ... Frankfurt a. M. 1700, S. 595; DITERICH, 1732, S. 350–253; WALTHER: Musicalisches Lexicon. 1732, S. 194; JÖCHER, 1750, 1, Sp. 2229; KÜSTER/ MÜLLER, 1752, II, S. 966f.; FORKEL, Johann Nikolaus: Allgemeine Literatur der Musik. Leipzig 1792, S. 421; GERBER, Ernst Ludwig: Neues historisch-biographisches Lexikon der Tonkünstler. Tle. 1–4. Leipzig 1812–1814, hier Tl. 1 (1812), S. 827; LANGBECKER, Emanuel Christian Gottlob: Johann Crüger's, von 1622 bis 1662 Musikdirektor an der St. Nikolai=Kirche in Berlin, Choral-Melodien. Aus den besten Quellen streng nach dem Original mitgetheilt, und mit einem kurzen Abrisse des Lebens und Wirkens dieses geistlichen Lieder=Componisten begleitet. (Nebst Johann Crüger's Bildniß in Steindruck.) Berlin 1835; FILITZ, Fr.: Erinnerung an Johann Crüger. (Mit einer Notenbeilage.) In: Cäcilia 21 (1842), S. 211–221; WINTERFELD, Carl v.: Der evangelische Kirchengesang und sein Verhältnis zur Kunst des Tonsatzes. Tle. 1–3. Leipzig 1843–1847, hier Tl. 2 (1845), S. 159 bis 183; LEDEBUR, Carl von: Tonkünstler-Lexicon Berlin's von den ältesten Zeiten bis auf die Gegenwart. Bd. II. Berlin 1861, S. 95–99; BACHMANN, Johann Friedrich: Zur Geschichte der Berliner Gesangbücher. Ein hymnologischer Beitrag. Berlin 1856 (Neudruck Hildesheim/ New York 1970); KOCH, Eduard Emil: Geschichte des Kirchenlieds und Kirchengesangs der christlichen, insbesondere der deutschen evangelischen Kirche. 3. Aufl. Erster Hauptteil: Die Dichter und Sänger. Bd. 4. Stuttgart 1868, S. 99–108; BODE, L.: Die Kirchenmelodien Johann Crüger's. In: Monatshefte für Musikgeschichte 5 (1873), S. 57–60, 65–83; HEIDEMANN, 1874, S. 146; v. DOMMER: Johann Crüger. In: ADB 4 (1876), S. 623f.; ZAHN, Johannes: Die Kirchenmelodien Johann Crügers. In: Monatshefte für Musikgeschichte 12 (1880), S. 202–205; KÜMMERLE, Salomon: Encyklopädie der evangelischen Kirchenmusik. Bd. 1. Neudruck der Ausgabe Gütersloh 1888. Hildesheim/ New York 1974, S. 292 bis 296; GOLDSCHMIDT, Hugo: Die italienische Gesangsmethode des 17. Jhs. und ihre Bedeutung für die Gegenwart. Nach Quellen seiner Zeit dargestellt und erläutert. 2. Aufl. Breslau 1892 (Neudruck Leipzig 1978); SEIFFERT, Max: J. P. Sweelinck und seine direkten deutschen Schüler. In: Vierteljahrsschrift für Musikwissenschaft 7 (1891), S. 145–260, bes. S. 180f.; GEHRMANN, Hermann: Johann Gottfried Walther als Theoretiker. In: Vierteljahrsschrift für Musikwissenschaft 7 (1891), S. 468–578, bes. S. 480–483; STAHL, Wilhelm: Geschichtliche Entwicklung der evangelischen Kirchenmusik. Leipzig 1903 (4. Aufl. Berlin 1934), S. 34–36; FISCHER, Albert: Das deutsche evangelische Kirchenlied des 17. Jh. Vollendet und hg. von W. Tümpel. 6 Bde. Gütersloh 1904 bis 1916 (Nachdruck Hildesheim 1964); SACHS 1908, S. 219; KAWERAU, Gustav: Der Berliner Kirchenlieddichter Johann Heinzelmann und ein unbekanntes Gedicht Paul Gerhardts. In: JBKG 7/8 (1911), S. 1–13; LACH, Robert: Studien zur Fortentwicklungsgeschichte der Melopöia. Leipzig 1913; KRÜCKEBERG, Elisabeth: Johann Crüger. Ein Beitrag zur Musikgeschichte Berlins im 17. Jh. (ungedruckte Diss. Berlin 1919, in mehreren Aufsätzen ausgewertet); PREUSSNER, Eberhard: Die Methodik im Schulgesang der evangelischen Lateinschulen des 17. Jh. In: Archiv für Musikwissenschaft 6 (1924), S. 407–449; MOSER, Hans Joachim: Die evangelische Kirchenmusik in volkstümlichem Überblick. Stuttgart 1926, S. 62f.; MÜLLER-BLATTAU, Josef: Die Kompositionslehre Heinrich Schützens in der Fassung seines Schülers Christoph Bernhard. Leipzig 1926; RGG, 1927, I, S. 1748f.; HAAS, Robert: Die Musik des Barocks. Wildpark-Potsdam 1928, S. 116; HEYDT, Johann Daniel von der: Paul Gerhardts Bedeutung für die evangelische Kirchenmusik. In: Festschrift zum deutschen Pfarrertag in Berlin. Eberswalde 1928; SCHÜNEMANN, Georg: Geschichte der deutschen Schulmusik. Leipzig 1928, S. 161 u. ö.; FISCHER-KRÜCKEBERG, Elisabeth: Johann Crüger und das Kirchenlied des 17. Jhs. In: Monatsschrift für Gottesdienst und kirchliche Kunst 34 (1929), S. 310–315; FISCHER-KRÜCKEBERG, Elisabeth: Johann Crüger als Musiktheoretiker. In: Zeitschrift für Musikwissenschaft 12 (1930), S. 609–629; FISCHER-KRÜCKEBERG, Elisabeth: Zur Geschichte der ref. Gesangbücher des Berliner Kantors Johann Crüger. In: JBKG 25 (1930), S. 156ff.; FISCHER-KRÜCKEBERG, Elisabeth: Johann Crügers Praxis pietatis melica. In: JBKG 26 (1931), S. 27–52; FISCHER-KRÜCKEBERG, Elisabeth: Lebensgeschichte des Berliner Nikolaikantors Johann Crüger. In: Mitteilungen des Vereins für die Geschichte Berlins 49 (1932), S. 6–21, 59–61; FISCHER-KRÜCKEBERG, Elisabeth: Johann Crügers Choralbearbeitungen. In: Zeitschrift für Musikwissenschaft 14 (1932), S. 248–271; FISCHER-KRÜCKEBERG, Elisabeth: Johann Crügers Choralmelodien. In: JBKG 28 (1933), S. 31–95; BRODDE, Otto: Johann Crüger. Sein Weg und sein Werk. Leipzig 1936; UNGER, Hans-Heinrich: Die Beziehungen zwischen Musik und Rhetorik im 16.–18. Jh. Würzburg 1941 (Neudruck Hildesheim 1969); BLANKENBURG, Walter: Wertmaßstäbe für Choralweisen. Zur Frage des Wert-Ton-Verhältnisses im evangelischen Kirchenlied. In: Musik und Kirche 18 (1948), S. 76ff.; BRODDE, Otto: Johann Crüger. In: Musik und Kirche 18 (1948), S. 93–98; MICHAELIS, Otto: Johann Crüger. Paul Gerhardts Wegbereiter. Zur Erinnerung an Crügers 1647 erschienenes Werk »Praxis pietatis melica«. Berlin 1948; BLANKENBURG, Walter: Johannes Crüger. In: MGG, 1952, II, Sp. 1799–1814; DROYSEN, Zoe: Der Kantor von St. Nikolai. Erz. um Johann Crüger. 1952; BEYSCHLAG, Adolf: Die Ornamentik der Musik. 2. Aufl. Leipzig 1953 (1. Aufl. 1908), S. 28–30 (über M. Praeterius mit gelegentlicher Erwähnung Crügers); MOSER, Hans Joachim: Die evangelische Kirchenmusik in Deutschland. Berlin/Darmstadt 1954, bes. S. 86–99; FORNAÇON, Siegfried: Johann Crüger und der Genfer Psalter. In: Jahrbuch für Liturgik und Hymnologie 1 (1955), S. 115–117; MOSER, Hans Joachim: Musiklexikon. 2 Bde. Hamburg 1955 (4. Aufl.), Erg.-Bd. 1963, hier Bd. I, S. 228ff.; MAHRENHOLZ, Christhard/ SÖHNGEN, Oskar (Hg.): Handbuch zum Evangelischen Kirchengesangbuch. Bd. II, Tl. 1: Lebensbilder der Liederdichter und Melodisten. Bearb. von Wilhelm LUEKEN. Göttingen 1957, S. 192–194, Bd. II, Tl. 2, S. 96; EGGEBRECHT, Hans Heinrich: Johannes Crüger (Krüger). In: NDB 3 (1957), S. 428f.; RIEMANN MUSIK LEXIKON. 12. Aufl. Hg. von W. Gurlitt. Bd. I (Mainz 1959), II (1961), III (1967); 2 Erg.-Bde. Hg. von Carl Dahlhaus. (1972, 1975), hier Bd. I, S. 353f., Erg.-Bd. I, S. 244f.; EITNER, Robert: Biographisch-Bibliographisches Quellen-Lexikon der Musiker und Musikgelehrten christlicher Zeitrechnung bis Mitte des 19. Jh. 2. Aufl in 11 Bänden (1. Aufl. 1900) Bd. 3. Graz 1959, S. 118–121; BRODDE, Otto: Johann Crüger. Zur 300. Wiederkehr seines Todestages. In: Der Kirchenchor 22 (1962), S. 20–25; FORNAÇON, Siegfried: Johann Crüger und das weltliche Lied. In: Württembergische Blätter für Kirchenmusik 29 (1962), S. 6ff.; FORNAÇON, Siegfried: Johann Crüger und Berlin. Dem Gedächtnis seines Todestages am 23. Februar 1662. In: Der Kirchenmusiker 13 (1962), S. 1–3; SÖHNGEN, Oskar: Johann Crüger. Ansprache bei der Gedenkfeier zum 300. Todestag von Johann Crüger in der Auen-Kirche zu Berlin-Wilmersdorf am 25. Februar 1962. In: Gottesdienst und Kirchenmusik 13 (1962), S. 43–48; MEHL, Johannes G.: Johann Crüger. Abriß seines Lebens und Wirkens. In: Gottesdienst und Kirchenmusik 13 (1962), S. 48–54; MEHL, Johannes G.: Die Berliner St. Nicolai-Kirche. In: Gottesdienst und Kirchenmusik 13 (1962), S. 54–56; ANDLER, Erich: Ansprache bei der Einweihung der Johann-Crüger-Gedenktafel am Sonntag, dem 25. Februar 1962, vor der Ruine der St. Nicolai-Kirche in Berlin. In: Gottesdienst und Kirchenmusik 13 (1962), S. 56–58 [in dem Heft auch Bildbeilage zu Johann Crüger und seiner Wirkungsstätte, mit Bildkommentar, ebenda, S. 67–69]; HEINZELMANN, Siegfried: Johann Crüger. Paul Gerhardts Organist. In: Menschen vor Gott. Hg. von Alfred Ringwald. Bd. III. 1963, S. 116f.; HOFFMEISTER, Joachim: Der Kantor zu St. Nikolai. Beschreibung des Lebens von Johann Crügern, Direct. Musices zu Berlin, wo und wann er in diese Welt kommen, was er darinnen gelernet, erfahren, ausgestanden und gewirket. Berlin 1964 [darin Faks. von »Paradisus musicus« (1622)]; BLUME, Friedrich: Geschichte der evangelischen Kirchenmusik. 2. Aufl. Hg. von Ludwig Finscher u. a. (1. Aufl. Potsdam 1931) Kassel u. a. 1965, S. 161–163; RISM. RÉPERTOIRE INTERNATIONAL DES SOURCES MUSICALES. INTERNATIONALES QUELLENLEXIKON DER MUSIK. Einzeldrucke vor 1800. Redaktion: Karlheinz Schlager. Bd. 2. Kassel u. a. 1972, S. 255f.; BUNNERS, Christian: Singende Frömmigkeit. Johann Crügers Widmungsvorreden zur »Praxis Pietatis Melica«. Oskar Söhngen zum 80. Geburtstag. In: JBBKG 52 (1980), S. 9–24; BUNNERS, Christian: Crüger. In: Theologische Real-Enzyklopädie 8 (1981), S. 241f.; BUNNERS, Christian: Philipp Jakob Spener und Johann Crüger. Ein Beitrag zur Hymnologie des Pietismus. In: Theologische Versuche 14 (1985), S. 105–130; KROSS, Siegfried: Geschichte des deutschen Liedes. Darmstadt 1989, S. 55; DBE 2 (1995), S. 405.

Elsholtz (Elssholz, Elsholz), Johann Sigismund

* 26. Aug. 1623 Frankfurt/O.
† 28. Febr. 1688 Berlin
Mediziner, Botaniker
V Johann E., Sekr. in Frankfurt/O.
M Tochter des Rektors der Frankfurter Stadtschule Johann Möller
⚭ Anna Guttwill (gest. 20. Juli 1663)
K Lucia Elisabeth Elsholtz (1660–1684)

Gymnasium Frankfurt/O.
1641–1642 Universität Frankfurt/O., Fortsetzung des Studiums in Wittenberg, Königsberg und Padua (1653 Dr. med.)
seit 1656 Hofmedikus und Hofbotanikus in Berlin
seit 1674 Mitglied der Academia Naturae Curiosum (später Leopoldina)

Johann Sigismund Elsholtz, der sich als Miterfinder der Infusionsmethode einen bleibenden Platz in der Medizingeschichte sicherte, wurde am 28. Aug. 1623 in der Universitätsstadt Frankfurt/Oder geboren. Über das Elternhaus und die Schulzeit in Frankfurt geben die Quellen nur spärlich Auskunft. 1641 bezog er die Universität seiner Heimatstadt und disputierte im folgenden Jahr unter Martin Heinsius (1611–1667) über ein allgemeines philosophisches Thema, womit er erfolgreich die erste Etappe seines Studiums abschloß. Anschließend wechselte er an die Wittenberger Universität (imm. Juni 1643), wo die Professoren Johannes Sperling (1603–1658), Nikolaus Pompejus (1592–1659), Konrad Viktor Schneider (1614–1680), Bertram und Bauer seine Lehrer waren. Für die Zeit zwischen seinem Studium an der Königsberger Alma Mater (nicht in der Matrikel) und seiner Promotion an der Universität Padua, die aufgrund ihres guten Rufs in der medizinischen Ausbildung viele angehende deutsche Ärzte anzog, fehlen wieder die Quellen. Entsprechend dem damals üblichen Lebensweg für Akademiker dürfte er aber in dieser Zeit Holland, Frankreich und Italien bereist haben. Um 1652/53 ließ sich Elsholtz als praktischer Arzt in Berlin nieder und erhielt 1656 die Berufung zum kurfürstlichen Hofmedikus und Hofbotanikus (Ernennungsurkunde vom 17. Dez. 1657); letzteres als Nachfolger von Christian Mai (Majus). In den folgenden Jahren ist die Botanik das Hauptwirkungsfeld seiner Tätigkeit. Er legte im Botanischen Garten Versuchsfelder für holländische Gemüsesorten an und begann mit der Katalogisierung der Pflanzen, die in den Parks von Berlin, Potsdam und Oranienburg wuchsen. Als Ergebnis dieser Beobachtungen erschien 1663 seine »FLORA MARCHICA« im Druck; ein alphabetischer Pflanzenkatalog, der von »Abies alba sive foemina [weiße Tanne] bis Tulpa variegata Persica [Persische Tulpe]« die vorkommenden Gewächse verzeichnete. Elsholtz schloß mit dieser Arbeit an die zahlreichen regionalen Herbarien seiner Zeit an; so etwa an die von Michael Titius (Königsberg), Nicolaus Oelhafen und Christian → Mentzel (Danzig), Johann Chemnitz (Braunschweig), Carolus Schaeffer (Halle), Joannis Francius (Lausitz), Conrad Geßner und Caspar Bauhius.

Die Verbindung von Medizin und Botanik lag im 17. Jahrhundert sowohl im Amt als auch in der Praxis nahe, da die Mediziner vor allem in pflanzlichen Extrakten ihre Heilmittel gegen Krankheiten sahen und sich deshalb verstärkt der Untersuchung der Pflanzen und ihrer Wirkungen auf den Menschen widmeten. In Berlin hatte bereits der Hofmedikus Thomas → Pankow ein »HERBARIUM, Oder Kräuter= und Gewächs=Buch/ Darinn so wol Einheimische als Außländische Kräuter zierlich und eigentlich abgebildet zufinden« (1654, 2. Aufl. 1673, hrsg.

v. B. Zorn) publiziert und dabei selbst auf eine noch ältere Berliner Arbeit, die des bekannten Späthumanisten Leonhard Thurneiser zum Thurn, zurückgegriffen (1531–1595/96). Pflanzenextrakte waren dann u. a. auch das Mittel, das Elsholtz in die Blutbahn einbrachte und damit der Medizin einen neuen Weg wies. William Harvey (1578–1658) hatte 1628 den Kreislauf des Blutes beschrieben, wodurch es nun nahe lag, Medikamente direkt in die Blutbahn zu bringen. Forscher in Oxford (Christopher Wren), Kiel (Johann Daniel Major) und Pisa (Carlo Fracassati) befaßten sich zeitgleich mit dem Problem, das auch Elsholtz seit 1661 mit Injektionsversuchen – zunächst an Tieren – zu lösen versuchte. 1663/64 injizierte er als erster mit einer leicht auszuführenden Injektionstechnik seine Mittel drei Probanden und konnte bereits zum Erscheinen der zweiten Auflage seiner »Clysmatica nova« (1667) auf erste Heilerfolge hinweisen. Die Entwicklung der intravenösen Injektion war eine der bahnbrechenden Erfindungen für die Weiterentwicklung der Medizin, insbesondere der sich im 18. Jahrhundert etablierenden experimentellen Pharmakologie und Toxikologie (WINAU, 1987, S. 22f.).

Die Summe der botanischen Beobachtungen Elsholtz' fand in seinem »Garten-Bau« (1666) ihren Niederschlag, das insbesondere die klimatischen Bedingungen der Mark Brandenburg für das Pflanzenwachstum berücksichtigte und als Lehrbuch angelegt war (I. Buch: Von der Gärtnerei insgemein; II. Buch: Blumengarten; III. Buch: Küchengarten; IV. Buch: Baum-Garten; V. Buch: Wein-Garten; VI. Buch: Arznei-Garten).

1674 war Elsholtz als 53. Mitglied in die Academia naturae curiosum (später Leopoldina) – einer naturforschenden Gesellschaft – aufgenommen worden und beteiligte sich mit zahlreichen Aufsätzen in der Zeitschrift der Gesellschaft an den wissenschaftlichen Diskussionen seiner Zeit (u. a. anatomische Mißbildungen, Eigenschaften des Phosphors etc.). In seinem Briefwechsel mit Leibniz fand der wissenschaftliche Gedankenaustausch allerdings kaum eine Fortsetzung; vielmehr bat Elsholtz Leibniz um Hilfe bei der Beschaffung eines holländischen Mikroskopes und berichtete dafür im Gegenzug über die sinologischen Studien des Berliner Propstes Andreas → Müller, an denen Leibniz ein außerordentliches Interesse zeigte.

Sein letztes Werk befaßte sich mit der Ernährungslehre, die seit der Antike ein geachteter Zweig der Medizin war, so wie es eine später in Umlauf gekommene Redeweise formulierte, daß es besser wäre, seine Medizin aus der Küche statt aus der Apotheke zu beziehen. Im »DIAETETICON« erläuterte Elsholtz zunächst allgemeine Grundsätze der gesunden Ernährung, und anschließend beschrieb er die Nahrungsmittel hinsichtlich ihrer Eigenschaften und Bekömmlichkeit für den Menschen. Während Elsholtz mit seinen Untersuchungen zur intravenösen Injektion sich die neuen physiologischen Erkenntnisse angeeignet hatte, stand er mit seiner Diaetetik noch auf dem Boden der aus der Antike stammende Humoralphysiologie. Sie bildete die Grundlage für die Einteilung, die Elsholtz hinsichtlich der Nahrungsmittel und ihrer gesundheitsfördernden Mischung vornahm (vgl. dazu DIAETETICON, Neudr. 1984, Nachwort von Manfred Lemmer).

Am 28. Febr. 1688 starb Elsholtz in Berlin. Die Abdankungsrede hielt Johannes → Bödiker, Epicedien zum Trauerakt steuerten seine Kollegen Martin → Weise, Christian Mentzel, Johann Pankow, Johann Christian Mentzel und Adolph Friedrich Gerresheim bei. Die Instrumente, Präparate und anderes, was Elsholtz in den Jahren seines Experimentierens angeschafft hatte, wurde von der kurfürstlichen Kunstkammer angekauft (vgl. Verzeichnis der von der Kunstkammer angekauften Raritäten des Dr. Elsholtz; 1: Ms. Boruss. fol. 233, f. 20r–21v). [JS]

Werke

Diss. de stilo philosophico. Praes.: M. Heinsius. Frankfurt/Oder 1642. (ACTA MEDICORUM BEROLINENSIUM, Dec. II, 1726, Vol. VI).
J. S. ELSHOLTII. ANTHROPOMETRIA. JOANN. SIGISMUNDI ELSHOLTII D. & Medici Electoral. Brandeburgici ANTHROPOMETRIA, sive De mutua membrorum corporis humani proportione, & Naevorum harmonia libellus. Editio post Patavinam altera, figuris aeneis illustrata. Apud RUPERTUM Völckern/ Biblio-

pol. Berol. FRANCOFURTI ad ODERAM, Praelo ANDREAE BECMANI M.DC.LXIII. [1663]. (1: La 51 b; 1. Aufl. Padua: Jo. Baptistae Pasquati 1654, vgl. Krivatsy, P., 1989, Nr. 3635; weitere Ausgaben Stade 1672 (?); Berlin 1683; sowie in: Höchstfürtreflichtes chiromantisch-und physiognomisches Klee-Blat. 1695, vgl. Krivatsy, P., 1989, Nr. 3636).

JOAN. SIGISM. ELSHOLTII FLORA MARCHICA, sive CATALOGUS PLANTARUM, Quae partim in hortis Electoralibus Marchiae Brandenburgicae primariis, Berolinensi, Aurangiburgico, & Potstamensi excoluntur: partim sua sponte passim proveniunt. BEROLINI, Ex officina Rungiana. Sumptibus Danielis Reichelii, Bibliop. M.DC.LXIII. (1: Lx 8950 b RAR;. 2. Aufl. 1665, 3. Aufl. Berlin: Chr. Runge/ D. Reichel 1668; vgl. auch Zachert, 1982ff, Reihe A, Bd. 2, S. 485).

Vom/ Garten=Baw: Oder/ Unterricht von der Gärtnerey auff das Clima der Chur=Marck Branden=burg wie auch der benachbarten Teutschen Län=der gerichtet/ und in VI. Bücher abgefasset. Der dritte Druck: Welcher so wol an Figuren/ als am Text/ abermahl vermehret und verbessert worden. Mit Röm. Käys. Majest. nochmahls allergnädigst prorogirtem Privilegio. Zu finden In Berlin bey dem Autore/ Wie auch in Leipzig bey Joh. Frid. Gleditsch: und Gedruckt durch Georg Schultzen/ Churfl. Brandenb. Hoff=Buchdruckern zu Cölln an der Spree/1684. 1. Aufl. Berlin 1666 (Küster, G. G., 1743, S. 64; 2. Aufl. Berlin: G. Schultze 1672: LB Coburg: Ta 494; 4. Aufl. Leipzig 1715, 5. Aufl. Frankfurt, Leipzig und Wien: Paul Strube 1728: 11: Ox 65672, 4; Reprint. Herausgegeben und mit einem Nachwort versehen von Harri Günther. Hildesheim, Zürich, New York 1987).

Jo. Sig. Elsholtij,/ D. & Sereniss. Electoris Brandenburg./ Medici Ordinarii,/ CLYSMATICA/ NOVA:/ sive Ratio, qua in venam sectam/ medicamenta immitti possint, ut eodem/ modo, ac si per os assumta fuissent, ope-/ rentur: addita etiam omnibus seculis/ inaudita Sanguinis Trans-/fusione./ Editio secunda,/ Variis experimentis per Germaniam, Angli-/am, Gallias atque Italiam factis, nec non/ Iconibus aliquot illustrata./ COLONIAE BRANDENBURGICAE,/ Ex Officina GEORGI SCHULTZI,/ Typogr. Elector./ Impensis Danielis Reichelij, Biblopolae./ MDC LXVII. [1667]. (1a: Iv 9510 R; 1. Auf. Berlin: Chr. Runge/ D. Reichel 1665; 1665 in deutscher Sprache u. d. T.: ›Neue Clystierkunst‹. Vgl. auch Zachert, 1982ff, Reihe A, Bd. 2, S. 485; Haller, BIBLIOTHECA ANATOMICA, Vol. I., 1774, S. 457 : nennt weiterhin eine Ausgabe »… cum Collegio Anatomico SEVERINI & aliorum, Francofurti 1668, 4°; Reprint. Mit einem Vorwort von Heinz Goerke. Hildesheim 1966).

Historia steatomatis resecti et feliciter sanati. Coloniae Brandenburgicae: Voelckerus 1666: G. Schulzius. 8°. (Zachert, 1982ff, Reihe A, Bd. 2, S. 486; wieder abgedruckt in: Misc. cur. natur. ANNUS QUARTUS ET QUINTUS Anni M DC LXXIII & M DC LXXIV, S. 72–75).

JO. SIG. ELSHOLTII DESTILLATORIA CURIOSA, sive Ratio ducendi liquores coloratos per alembicum, hactenus si non ignota, certe minus observata atque cognita. Accedunt UTIS UDENII [Pseud. Georg Wolfgang Wedel] & GUERNERI ROLFINCII NON-ENTIA CHYMICA. BEROLINI, Typis RUNGIANIS, Impensis RUPERTI VOLCHERI. A. MDCLXXIV. 8°. [1674]. (11: 65 A 1901 R; 2. Aufl. 1681 vgl. Krivatsy, P., 1989, Nr. 3640; 3. Aufl. 1690; dt. Übers. u. d. T.: Joh. Sig. Elsholzens Destillatoria Curiosa: das ist curiose und nachdenksame Destillir=Kunst: oder der Gebrauch, die Liquoren oder Wasser, mit ihren Farben, über den Helm zu führen: wie solcher bis anhero, wo nicht unbewust: jedoch auch nicht so in Acht genommen worden, und bekandt ist. Darzu noch kommen Utis Udenii oder deß Niemands: und Guerneri Rollfinkens Chimische Non-Entia und Nichtwesende Dinge. Nürnberg, In Verlegung Peter Paulus Bleul, Kunst und Buchhändlern. Im Jahr M.DC.LXXXIII. 12° [1683]; vgl. Ferguson, J., 1906, vol. I, p. 237; auch abgedr. in: Wolfgang Hildebrands neues Kunst und Wunder-Buch. Frankfurt/M. 1690; engl. Übers. u. d. T.: The Curios Destillatory: or The Art of Destilling Coloured Liquors, Spirits, Oyls, &c., from Vegetables, Animals, Minerals, and Metals. A Thing hitherto known by few. Containing many Experiments easy to perform, yet Curios, surprizing, and useful: relating to the production of Coulours, Consistence and Heat, in divers Bodies which are Coulourless, Fluid, and Cold. Together with several Experiments upon the Blood (and its Serum) of Diseased Persons, with divers other Collateral Experiments. Written Originally in Latin by Jo. Sigis. Elsholt. Put into English by T. S. [Thomas Sherley] M. D. Physican in Ordinary to his Majesty. London, Printed by J. D. for Robert Boulter, at the Turks-head, over against the Royal-Exchange in Cornhil, 1677. 8°, vgl. Ferguson, J., 1906, vol. I, p. 237; Krivatsy, P., 1989, Nr. 3641).

De Conceptione tubaria, qua humani foetus extra uteri cavitatem in tubis quandoque concipiuntur: itemque de puella monstrosa, Berolini nuper nata, epistola. Coloniae Brandenburgicae 1669: G. Schulz. 8°. (Zachert,

1982ff., Reihe A, Bd. 2, S. 485]; wieder abgedruckt in: Misc. Cur. Med.-phys. annus IV/V. Anni M DC LXXIII & M DC LXXIV, S. 76–81).

De phosphoris observationes quator. Berolini 1676. 8°. 2. Aufl. Berlin: G. Schultze 1681. (Krivatsy, P., 1989, Nr. 3639; 3. Aufl. Jena: H. Chph. Kroker 1706, vgl. Ferguson, J., 1906, vol. I, p. 237).

JOAN. SIG. ELSHOLTII, Doct. & Sereniss. Elector. Brandeburgensis Medici Ordinar. DIAETETICON: Das ist/ Newes Tisch=Buch/ Oder Unterricht von Erhaltung guter Gesundheit durch eine ordentliche Diaet/ und insonderheit durch rechtmäßigen Gebrauch der Speisen/ und des Geträncks. In Sechs Bücher auff eine sehr bequeme Weise/ und in richtiger Ordnung abgefaßt: auch mit nöthigen Figuren gezieret/ und mit vollkommenen Registern versehen. Mit Röm. Käys. Majest. allergnäd. Privilegio. Cölln an der Spree/ Zu finden bey dem Autore/ Und gedruckt durch Georg Schultzen/ Churf. Brandb. Hoff=Buchdruckern/ Anno 1682. 8°. Neue Aufl. Leipzig: Th. Fritsch 1715. (11: in Ox 65672, 4; Neudruck hrsg. und mit e. Nachwort versehen von Manfred Lemmer. Leipzig 1984. München: Dr. Richter Verlag o. J.: 1: 5–39 MA 4849).

Aufsätze

HISTORIA STEATOMATIIS resecti, & feliciter sanati. Auctore JOAN. SIGISM. ELSHOLTIO D. & Sereniss. Electoris Brandenb. Medico Ordinario AD D. MARTINUM WEISSIUM ET D. CHRISTIANUM MENZELIUM Serenißimi Electoris Brandenburgici Consiliarios & Archiatros. In: Misc. Cur. Med.-phys. annus IV/V. Anni M DC LXXIII & M DC LXXIV, S. 72–75. [1676]. (11: 2655 c).

JOAN. SIGISM. ELSHOLTII, D. & Medic. Electoral. De CONCEPTIONE TUBARIA, qua humani foetus extra uterica – vitutem in Tubis quandoq. concipiuntur: itemque de PUELLA MONSTROSA, Berolini nuper nata, EPISTOLA AD DN. D. WOLFRATHUM HUXHOLTIUM Sereniss. Principis Landgraviae Hessorum Regentis Archiatrum, &. In: Misc. Cur. Med.-phys. annus IV/V. Anni M DC LXXIII & M DC LXXIV, S. 76 bis 81. [1676]. (11: 2655 c).

De equiseto subterraneo. In: Misc. Cur. Med. phys. annus VI/VII. Anni M DC LXXV & M DC LXXVI. Obs. XVII, S. 26–28. [1677]. (11: 2655 c).

De sale ex aere, et sulphure ex sole colligendo. In: Misc. Cur. Med. phys. annus VI/VII. Anni M DC LXXV & M DC LXXVI. Obs. XVIII, S. 28f. [1677]. (11: 2655 c).

De badiani Moscovitico. In: Misc. Cur. Med. phys. annus VI/VII. Anni M DC LXXV & M DC LXXVI. Obs. LXXIX, S. 114–115. [1677]. (11: 2655 c).

De ovo praegnante. In: Misc. Cur. Med. phys. annus VI/VII. Anni M DC LXXV & M DC LXXVI. Obs. LXXX, S. 115–116. [1677]. (11: 2655 c).

De artificii quo oculorum humores restituuntur, vestigiis apud veteres. In: Misc. Cur. Med. phys. annus VI/VII. Anni M DC LXXV & M DC LXXVI. Obs. CXXVI, S. 163–167. [1677]. (11: 2655 c).

Semen, zinae officinarum an sit genuinum ? In: Misc. Cur. Med. phys. annus VI/VII. Anni M DC LXXV & M DC LXXVI. Obs. CXXVII, S. 167–169. [1677]. (11:2655 c).

Hominis conceptione ex ovario. In: Misc. Cur. Med. phys. annus VI/VII. Anni M DC LXXV & M DC LXXVI. Obs. CXCVI, S. 287–289. [1677]. (11:2655 c).

De ovario humanoatque tubis. In: Misc. Cur. Med. phys. annus VI/VII. Anni M DC LXXV & M DC LXXVI. Obs. CXCVII, S. 289–292. [1677]. (11:2655 c).

De gmellorum origine. In: Misc. Cur. Med.-phys. annus VI/VII. Anni M DC LXXV & M DC LXXVI. Obs. CXCIIX, S. 293. [1677]. (11: 2655 c).

Moxa sinensi, antipodagrica. In: Misc. Cur. Med.-phys. annus VI/VII. Anni M DC LXXV & M DC LXXVI. Obs. CCXXIV, S. 329–332. [1677]. (11:2655 c).

De cordes dissecti fragantia. In: Misc. Cur. Med.-phys. annus VI/VII. Anni M DC LXXV & M DC LXXVI. Obs. CCXXV, S. 332–333. [1677]. (11: 2655 c).

De hirundinum ex caecatione et restitutione. In: Misc. Cur. Med.-phys. annus VIII. Obs. XVII, S. 31f. [1678]. (11: 2655 c).

De aqua rubicunda fossae Berolinensis. In: Misc. Cur. Med.-phys. annus VIII. Obs. LXXIX, S. 127–135. [1678]. (11: 2655 c).

De quator phosphoris. In: Misc. Cur. Med.-phys. annus VIII. Obs. XIX, S. 32–37. [1678]. (11: 2655 c).

De phosphoro liquido. In: Misc. Cur. Med.-phys. annus VIII. Obs. XX, S. 37f. [1678]. (11: 2655 c).
De pila plumbea per penem redditâ. In: Misc. Cur. Med.-phys. annus IX et X. Obs. LXXXV, S. 222. [1680]. (1: Lc 6482 a; 11: 2655 c).
De frutice sensibili, luxuriante. In: Misc. Cur. Med.-phys. annus IX et X. Obs. LXXXVI, S. 223. [1680]. (1: Lc 6482 a; 11: 2655 c).
De succino fossili et lapide belemnite. In: Misc. Cur. Med.-phys. annus IX et X. Obs. LXXXVII, S. 223–225. [1680]. (1: Lc 6482 a; 11: 2655 c).
De Microscopiis globularibus. In: Misc. Cur. Med.-phys. annus IX et X. Obs. CXV, S. 280–281. [1680]. (1: Lc 6482 a; 11: 2655 c).

Gelegenheitsschriften

»Dicitur admotâ faculâ, radiante Prometheus ...« [Widmungsgedicht für Christian Mentzel]. In: Mentzel, Chr., LAPIS BONONIENSIS In obscuro lucens ... 1675. (1a: Mx 8777).
»Mella loquebaris mera vivus, et ore fluebant, ...«. [Epicedium zum Tod von Johannes Buntebart, Propst an St. Petri, 1674]. In: EPICEDIA Quibus VIRI MAXIME REVERENDI, CLARISSIMI ET EXCELLENTISSIMI DN. M. JOHANNIS BUNTEBARTII, ELECTORALIS SYNEDRII ADSESSORIS, PASTORIS ECCLESIÆ PETRINÆ PRIMARII ET VICINARUM INSPECTORIS BENE MERITI, CHRISTI SERVI FIDELIS TUMULUS A Fautoribus, Clientibus et Liberis Honorabatur. (1a: 104 in: Ag 923 R).
Epicedium zum Tod von Martin Weise d. J. [1671]. In: Ad Nob. Excellent. atq. Experientissimum Virum, DN. D. MARTINUM WEISIUM, Sereniss. Elector. Brandenb. Consiliarium & Archiatrum longe meritissimum, FILII PRIMIGENAE fata lugentem. BEROLINI, Typis RUNGIANIS, ANNO MD.CLXXI. (1:Ee 540 no 22).

Ungedruckte, nicht mehr nachweisbare bzw. nicht nachgewiesene (nur erwähnte) Titel

Plantae Singulares Horti Electoralis Brandenburgici COLONIENSIS pro Eystettentis Appendice. Abbildung Etlicher sonderbaren Gewächse des Churfürstlich-Brandenburgischen Lustgartens zu Cölln an der Spree, welche im gedruckten Eystettischen nicht zu finden. MD CLIX. (1: Ms. Boruss. fol. 450, f. 1–34r).
Hortus Berolinensis, sive descriptio rerum praecipuarum, quae in vidario Electorali Berolinensi visuntur. (1a: Ms. Boruss. quart 12).
Theatrum Tuliparum ad mandatum sereniss. elect. Brand. FRIDERICI GUILIELMI MDCLX. 2°. [1660]. (OELRICHS, J. C. C., 1752, S. 85).
Plantae officinales, nova et praxi medicae accomodata methodo, digestae MDCLXI. 2 Bde. 2°. [1661]. (OELRICHS, J. C. C., 1752, S. 85).

Briefe

Brief an Leibniz, 1678. (Leibniz, Briefe, Bd. I,2, Nr. 364).
Brief an Leibniz, 27. Okt. 1678. (Leibniz, Briefe, Bd. II, Nr. 363)
Brief an Leibniz, 29. Jan. 1679. (Leibniz, Briefe, Bd. II, Nr. 403).
Brief an Leibniz, 5. April 1679. (Leibniz, Briefe, Bd. II, Nr. 449).
Brief an Leibniz, 9. Jul. 1679. (Leibniz, Briefe, Bd. II, Nr. 492).
Brief an Leibniz, 24. Aug. 1679. (Leibniz, Briefe, Bd. II, Nr. 510).
Brief an Leibniz, 7. Sept. 1679. (Leibniz, Briefe, Bd. II, Nr. 512).
Brief von Leibniz an Elsholtz vom 24. Jun. 1679. (Leibniz, Briefe, Bd. II, Nr. 486).
Brief von Leibniz an Elsholtz vom 5. Aug. 1679. (Leibniz, Briefe, Bd. II, Nr. 501).

Literatur

BÖDIKER, Johann: Ehren=Gedächtniß Deß Hoch=Edlen/ Groß=Achtbaren/ Hochgelahrt= und Hocherfahrnen Herrn/ Herrn Johann Sigismund Elßholtz/ Med. Doct. und Churfürstl. Brandenb. Hoff=Medici, Als derselbe den Lauff eines guten Medici glücklich und seelig vollendet/ Bey seiner Christ= und Standesmäßigen Leich= Bestattung/ am 4. Martii 1688. in Cölln an der Spree/ Dem seel. Herrn D. zu gutem Andencken/ den Leydtragenden zu einigem Trost/ Jn einer Abdanckungs=Rede/ Vorgestellet von JOHANNE BÖDIKERO, P. Gymn. Colon. Rectore. Cölln an der Spree/ Druckts Ulrich Liebpert/ Churfürstl. Hof=Buchdrucker. [1688]; WITTE, Diar. Biog, 1688; ACTA MEDICORUM BEROLINENSIUM, Dec. II, Vol. VI. [Vita Johann Sigismund Elsholtz, mit Bildnis], S. 1–5. [1726]; ROTH-SCHOLTZ, Bibliotheca Chemica, 1727, p. 61; STOLLE, Gottlieb/ KESTNER, Christian Wilhelm: Anleitung zur Historie der Medicinischen Gelahrtheit. Jena 1731, Th. II, 3. § 29. (Über Elsholtz als Mediziner); MANGET, J. J.: Bibliotheca scriptorum Medicorum, 1731, I, ii, p. 314; ZEDLER, Bd. VIII, 1734, Sp. 930; MOEHSEN, J. C. W.: Dissertatio epistolica secunda, de manuscriptis medicis, quae inter codices Bibliothecae Regiae Berol. servantur. Berlin 1747. JÖCHER, Bd. II, 1750, Sp. 331; OELRICHS, J. C. C.: Entwurf einer Geschichte der Königlichen Bibliothek zu Berlin. Berlin 1752; BÜCHNER, Andrea Elias: Academiae Sacri Romani Imperii Leopoldino-Carolinae Naturae Curiosum Historia. Halae 1755, S. 467; KÜSTER, G. G., 1768, II, S. 76; HALLER, Bibl. Botanica, 1771, I, p. 516; HALLER, Bibl. Anatomica, 1774, I, p. 457; HALLER, Bibl. Chirurgica, 1774; I, p. 375; ELOY, Dictionnaire Historique de la Medicine, 1778, II, p. 137; HALLER, Bibl. Medic. practica, 1779, III, p. 135; FUCHS, Repertorium der chemischen Literatur, 1806–1808, 151, 180, 183; GMELIN, Gesch. d. Chemie, 1798, II, p. 116, 137, 218; POGGENDORFF, Biogr.-lit. Handwörterbuch 1863, II, col. 660; ADB, VI, 1877, S. 66; WINAU, 1987, S. 22f.; LEIBNIZ, Gottfried Wilhelm: Sämtliche Schriften und Briefe. Allgemeiner politischer und historischer Briefwechsel. Zweiter Band 1676–1679. Darmstadt 1923.

Fromm, Andreas

* 1621 Plänitz bei Wusterhausen (Grafschaft Ruppin)
† 16. Okt. 1683 Strahov bei Prag
Pädagoge, Theologe, luth. (seit 1668 kath.)
V Andreas F., Prediger
M Margarethe geb. Michaelis
⚭ Elisabeth geb. Schönberg
K 4 Söhne, 1 Tochter

bis 1636	Schulbesuch in Perleberg
1636–1637	Berlinisches Gymnasium
1637–1638	Schulbesuch in Neuruppin
1638–1641	Paedagogicum in Stettin
1641–1644	Universität Frankfurt/O.
1644–1647	Universität Wittenberg (1645 Mag.; 1646 Mag. legens) und Hauslehrer
1647	Rückkehr nach Frankfurt/O., später Rektor in Altdamm bei Stettin
1648–1649	Prediger in Stettin
1649–1651	Professor Musices am Paedagogicum Stettin, zugleich Kantor des Marienstiftsgymnasiums und der Marienkirche
1651	Universität Rostock (Lic. theol.)
1651–1666	Propst und Inspektor zu St. Petri in Cölln, 1654–1666 Konsistorialrat
1666	Flucht nach Wittenberg
1668	Prag, Konversion zum Katholizismus, Eintritt in den Jesuitenorden, katholische Priesterweihe
1669	Dechant zu Kamnitz/ Nordböhmen
1671–1681	Domherr zu Leitmeritz
1681–1683	Diakon am Prämonstratenserstift Strahov bei Prag

Andreas Fromm wurde 1621 in Plänitz bei Wusterhausen in der Grafschaft Ruppin als Sohn des gleichnamigen Predigers dieses Fleckens geboren; seine Mutter Margarethe war eine Tochter des Perleberger Inspektors Daniel Michaelis (SCHWARZ, 1994, S. 52, gibt fälschlich Elisabeth geborene Schulz, die Tochter eines evangelischen Pfarrers im nördlich davon gelegenen Wittstock, an). Daß der Sohn in einigen Quellen als »Garzensis Pomeranus« erwähnt wird, geht darauf zurück, daß sein Vater später als Prediger nach Garz berufen wurde. Fromm besuchte zuerst die Schule zu Perleberg (die der Inspektion seines Großvaters Daniel Michaelis unterstand), wo sich der Rektor Bernhard von der Linden des begabten Knaben annahm. Der Pestausbruch im Jahre 1636 zwang ihn jedoch zur Rückkehr ins Elternhaus, und bald darauf brachte ihn der Vater nach Berlin, wo Fromm seine Ausbildung am Gymnasium zum Grauen Kloster unter dem Rektor Johannes Polz (gest. 1675), dem Konrektor Bernhard Kohlreiff (1605–1646), nach Polz Rektor der Anstalt, und dem Subrektor und späteren Konrektor Michael → Schirmer fortsetzte. Als die Pestepidemie auch Berlin heimsuchte, verfügte Fromms Vater die Weiterführung der Ausbildung seines Sohnes an der Schule in Neuruppin unter dem Rektor Christian Rosa (1609–1667). Rosa hatte erst 1633 im Alter von 24 Jahren als vormaliger Subrektor des Cöllnischen Gymnasiums die Leitung der Neuruppiner Schule übernommen, zu einer Zeit, als die Mark während des Dreißigjährigen Krieges durch hohe Kontributionslasten für die Bevölkerung, durch Einquartierung und Teuerung, durch Pest und Elend besonders heimgesucht wurde. Unterstützt vom Rat konnte der junge Rektor den Schulbetrieb trotz der Bedrängnisse aufrechterhalten. Rosa, der mit bedeutenden Persönlichkeiten in Berlin, Rostock und Hamburg in Verbindung stand, galt in der Stadt als vortrefflicher Poet. 1632 hatte er auf den Tod des schwedischen Königs Gustav Adolf ein umfangreiches lateinisches Klagegedicht drucken lassen (BEGEMANN, 1914, S. 25).

1638 kam Fromm nach Stettin. Hier studierte er drei Jahre am angesehenen Paedagogicum (dem späteren akademischen Gymnasium Carolinum), das ca. 100 Jahre zuvor vom pommerschen Herzog Philipp nach dem Vorbild der in jenen Jahren ins Leben gerufenen sächsischen Fürstenschulen gegründet worden war. Seine wichtigsten Lehrern waren Martin Leuschner, seit 1623 Rektor der Einrichtung, Erich Pelshoven, seit 1631 Subrektor, und Christian Grossen, bei denen er Theologie, Sprachen, Philosophie und Redekunst hörte.

Zum Wintersemester 1641 inskribierte sich Fromm an der Universität Frankfurt/O. (FRIEDLÄNDER, 1887, S. 748,35). Hier hörte er Vorlesungen beim Rektor, dem Theologieprofessor und Superintendenten Simon Ursinus (gest. 1646), einem religiösen Denker frühpietistischer Prägung, außerdem bei Tobias Magirus (1586–1652), seit 1625 Professor für Physik, der als sehr belesen galt und deshalb ehrenvoll »bibliotheca animata et museum ambulans« genannt wurde. Zu jenen Frankfurter Professoren, deren Vorlesungen Fromm besuchte, gehörte auch Martin Heinsius (1611–1667), der sich vor allem als Historiograph einen Namen gemacht hatte.

1644 setzte Fromm seine Studien in Wittenberg fort, wo er gegen freie Kost und Logis als Hauslehrer die Kinder des Archidiakons der Wittenberger Stadtkirche, August Fleischhauer, unterrichtete. (Informant im Hause Fleischhauers war von 1634 bis 1642 schon Paul → Gerhardt gewesen.) An der Universität, in deren Matrikel sich Fromm am 27. Aug. unter dem Rektor und Professor für Griechisch, Johann Erich Ostermann (1604–1668), eigenhändig eintrug (WEISSENBORN, 1934, 44,167), hörte er Vorlesungen bei Jakob Martini (1570–1649), der erst 1623 im Alter von 53 Jahren die unterste theologische Professur einnehmen konnte (nachdem er schon zwei Jahrzehnte Professor für Logik gewesen war) und als Vertreter des damals neu aufgekommenen und noch angegriffenen protestantischen Aristotelismus galt. 1627 wurde Wilhelm Leyser (1592–1649) Professor der Theologie in Wittenberg und übernahm neben systematischen Vorlesungen die Lektüre des Alten Testaments. Zu Fromms Wittenberger Lehrern gehörte außerdem Johannes Hülsemann (1602–1661), der 1629 eine Theologieprofessur erhalten hatte. 1641 erschien seine wichtigste dogmatische Schrift, das später erweiterte »Breviarium theologiae exhibens praecipuas fidei controversias«. Hülsemann galt nach dem Tode Johann Gerhards (1582–1637) als Führer des deutschen Luthertums, das er beim Thorner Religionsgespräch 1645 vertrat. Neben Abraham Calov (1612–1686) war er es, der die synkretistischen Bestrebungen des Helmstedters Georg Calixt (1586 bis 1656) am entschiedensten bekämpfte. Allerdings folgte Hülsemann bereits Anfang 1646 einem Rufe nach Leipzig, und wohl aus diesem Grund war sein Einfluß auf Fromm nicht so groß wie zum Beispiel auf Elias Sigismund → Reinhardt, der von 1641 bis 1645 in Wittenberg studierte, bei Hülsemann wohnte und zu dessen Tischgenossen gehörte. Später trafen Fromm und Reinhardt in der kurbrandenburgischen Residenz wieder zusammen; beide nahmen 1662/63 am Religionsgespräch teil, bei dem Reinhardt – ganz im Sinne seines ehemaligen Lehrers Hülsemann – Fromm als »Synkretisten« beschimpfte. Zu Fromms theologischen Lehrern kann auch Johann Scharff (1595–1660) gezählt werden, der die Professur für Ethik bekleidete und seit 1640 zugleich eine außerordentliche theologische Professur innehatte, 1649 dann ordentlicher Professor für Theologie wurde. Ab 1645 hielt er an der Universität »Collegia anticalviniana« und polemisierte in zahlreichen Schriften gegen die Reformierten.

Schließlich sind noch jene Professoren zu nennen, die als Lehrer an der philosophischen Fakultät an Fromms Ausbildung beteiligt waren, zunächst Johannes Sperling (1603–1658), der 1634 die Professio Physicae erhalten hatte und als erster in Deutschland atomistische Auffassungen in die Lehrbücher der Physik einfügte; seine »Institutiones physicae« erlebte mehrere Auflagen. Unter seinem Vorsitz fanden in den Jahren 1640 bis 1650 in Wittenberg zahlreiche Disputationen zur atomistischen Lehre statt. 1633 wurde Christoph Notnagel (1607–1666) als Professor für Mathematik berufen, bekannt vor allem durch sein Handbuch der Festungsbaukunst und durch die Einführung öffentlicher Vorlesungen über angewandte Mathematik in deutscher Sprache im Jahre 1656. Die Aufzählung der Wittenberger Professoren Fromms beschließen Michael Wendler (gest. 1671), der 1641 nach Scharff Professor für Ethik geworden war, und Christian Trentsch (gest. 1677), der über Jahre hinweg als Adjunkt der philosophischen Fakultät lehrte und erst 1649 Scharff als Professor für Logik ablösen konnte.

Am 22. April 1645 promovierte Fromm zum Magister philosophiae (WEISSENBORN, 1934, 44,167, mit dem – später nachgetragenen – Zusatz: »Fromme homo trium religionum.«), am 11. Febr. 1646 zum Magister legens (WEISSENBORN, 1934, 44,167, mit dem Vermerk: »philosophia practica«), so daß er nun selbst Lehrveranstaltungen durchführen konnte. Er hielt mehrere philosophische Collegia, unter anderem ein von Sperling angeregtes »Collegium Publicum Physicum« sowie ein theologisches Disputationskolleg zu Leysers »Summarium Theologicum«. Nachgewiesen ist außerdem eine »Disputatio ethica de causis virtutis moralis«, die er 1645 unter dem Praeses Michael Wendler 1645 durchführte.

1647 mußte Fromm aus gesundheitlichen Gründen seinen Aufenthalt in Wittenberg abbrechen. Er kehrte nach Frankfurt/O. zurück, wo er seine Zeit vor allem der Lektüre widmete und ab und zu an der Universität disputierte. Für kurze Zeit bekleidete er dann das Rektorat in Altdamm bei Stettin, bevor er 1648 einen Ruf nach Stettin annahm, um für den erkrankten Hofkaplan Johann Andreae dessen Predigten in der Schloßkirche zu verrichten. Ein halbes Jahr später wurde er dann Nachfolger von Jeremias Felbinger als Kantor des Marienstiftsgymnasiums und der Marienkirche und Professor Musices am Paedagogicum (das er einst selbst besucht hatte).

Hier schuf Fromm eines der frühesten deutschen Oratorien, mit dem er in die deutsche Musikgeschichte einging, und zwar den »Actus musicus de divite et Lazaro«, 1649 in Stettin gedruckt und in der Stettiner Haupt- und Stiftskirche aufgeführt (vgl. SCHWARZ, 1994, S. 53–58; eine von Greifswalder Studenten 1664 aufgeführte Kantate »Vom reichen Mann, mit vier Chören, mit Begleitung eines Geigenwerkes« dürfte auf demselben Werk basieren). Zugrunde liegt dem Stück die biblische Geschichte von Lazarus und dem Reichen: Der gottgefällige Lazarus wird von seinen irdischen Leiden erlöst und gelangt in den Himmel, während der Reiche wegen seines unchristlichen Lebens in die Hölle verstoßen wird (Lukas 16,19–31). Im Text hält sich Fromm eng an die biblische Vorlage; wo der Text darüber hinausgeht, ist er der biblischen Sprache angeglichen. Ein von Fromm eingebautes »Sauflied«, das den verderblichen Charakter des Reichen und seiner Zechkumpane besonders veranschaulichen soll, ist frei erfunden und als Rundgesang den zeitgenössischen Trinkliedern nachgebildet. Publikumsnähe erreichte Fromm durch die Einbeziehung bekannter evangelischer Choräle in seine Aufführung. Seine ausführlichen szenischen Anweisungen erinnern an die Aufführung kirchlicher Krippen- und Osterspiele, die Darstellung von Himmel und Hölle durch zwei getrennt stehende Chöre ist den mittelalterlichen Mysterienbühnen nachgebildet. Während im ersten Teil Not und Bedrückung des soeben zu Ende gegangenen Dreißigjährigen Krieges reflektiert werden, hebt die große Choralphantasie des zweiten Teiles die Glaubenskraft des norddeutschen Protestantismus heraus. Im Vorwort zur Druckausgabe dieses der königlich-schwedischen Regierung, den Capitulares von Kirche und Paedagogicum sowie den Stettiner Ratsherren gewidmeten und vom Autor auch als »Actus oratorius« bezeichneten Werkes maß Fromm der Verbindung von Musik und Redekunst herausragende Bedeutung für die Wirkung auf das Publikum bei und nannte die Italiener Orlando di Lasso (1532–1594) und Luca Marenzio (1553–1599) als vorbildliche Meister einer ausgezeichneten musikalischen Deklamation. Melodischer Gehalt des Actus, Chorsätze und Instrumentalteile gehen auf Johann Vierdanck, einen Stralsunder Zeitgenossen, zurück. Daneben zeigen sich Einflüsse der italienischen Monodie (generalbaßbegleiteter Sologesang) in der technischen Umsetzung sowie der Formen der venezianischen Oper, besonders im (auch in protestantischen Schulspielen üblichen) Prologus und im Wechsel von Symphonien, Ariosi und Duetten (SCHWARZ, 1994, S. 55).

Neben seiner kirchenmusikalischen und musikerzieherischen Arbeit zeigte Fromm in seinem Stettiner Amt auch ein starkes Interesse an theologischen und philosophischen Fragen; auf sein beharrliches Drängen hin durfte er schließlich philosophische Collegia und ein Disputationslectorium halten, zuweilen sogar im Auditorium lesen. Da die Durchführung philosophischer Lehrveranstaltungen eigentlich dem Konrektor zukam, das Konrektorat zur selben Zeit jedoch vakant war, verfolgten der königlich-schwedische Präsident Nicodemus Lilienström als Kurator der Einrichtung und auch die Capitulares argwöhnisch Fromms Auftreten. Als dieser seine »Disputationes Metaphysicas« im Druck herausgab, erregte eine der aufgestellten Thesen den Unmut der Anstaltsleitung, so daß sie umgedruckt werden mußte (vgl. KÜSTER/ MÜLLER, 1752, II, S. 534f., nach: LUDOVICUS, Jacob: Examen FROMMIANÆ ad ecclesiam Pseudo-Catholicam reuersionis. Leipzig 1674, S. 5).

Im April 1651 reiste Fromm in die Mark, zum einen, um seinen alten Vater zu besuchen, zum anderen wollte er sich aber auch wegen der Unstimmigkeiten mit der Stettiner Obrigkeit nach einer neuen Anstellung umsehen. Als er seinen Vetter, den Archidiakon zu S. Nicolai, Joachim → Fromm, in Berlin besuchte, bot ihm dieser an, in der Nikolaikirche zu predigen. Im Hause seines Vetters traf er auch mit Ratsherren aus Berlin und Cölln zusammen, und der Eindruck, den er dabei hinterließ, war so vorteilhaft, daß ihn der Cöllnische Rat durch seinen Syndikus um eine Gastpredigt in der Cöllnischen S. Petrikirche ersuchte. Fromm sagte zu, seine Predigt erregte beachtliches Interesse, so daß er unmittelbar danach zum Propst zu S. Petri und Inspektor in Cölln gewählt wurde. Um eine diesem höchsten geistlichen Amt in Cölln entsprechende akademische Würde zu erlangen, immatrikulierte er sich im Juli 1651 unter Rektor Heinrich Rahne, Professor Juris, als »M. Andreas Fromm Wusterhusa-Marchicus, professor paedagogii Stettinensis et vocatus pastor et inspector Svevo-Coloniensis« an der Universität Rostock (HOFMEISTER, 1895, S. 167b). Am 7. Aug. disputierte er öffentlich an der Theologischen Fakultät unter dem Professor Caspar Mauritius »de justificatione« und erhielt am 23. Okt. den Grad eines Licentiatus Theologiae verliehen (HOFMEISTER, 1895, S. 170). Nun konnte er nach Cölln zurückkehren, wo er vom Berlinischen Propst Peter → Vehr (dem Älteren) offiziell in sein neues Amt eingeführt wurde. (Als dieser im Sept. 1651 zum Konsistorialrat berufen wurde, unterzeichnete Fromm sein lateinisches Gratulationsgedicht erstmals als Propst und Inspektor zu Cölln.) Die neue Stellung bot ihm auch die Sicherheit zur Gründung einer Familie: Am 27. Okt. 1651 heiratete er Elisabeth, die Tochter des Ruppiner Archidiakons Thomas Schönberg, die ihm vier Söhne und eine Tochter gebar.
Bereits 1654 wurde Fromm von Kurfürst Friedrich Wilhelm zum Mitglied des Konsistoriums berufen. Nicht wenige der hiesigen Geistlichen neideten ihm den schnellen Aufstieg, und Fromm rechtfertigte sich später in seiner Schrift »Böse Post wider deß Doctor Reinharts zu Leipzig Antwort auf die Post An Herrn P. MATTHIAM TANNERUM« folgendermaßen: »Ich habe erst an zweyen Schulen gedienet, nemlich zu Dam und Stettin in Pommern, ich habe die Disciplinas philosophicas auf Academien und in Gymnasiis lange Zeit gelehret. Jch bin ein halb Jahr zu Stettin, ehe ich Professor ward, ein Substitutus des kranken Hof-Diaconi gewesen. Hernach kam ich anno 1651. in die Mark von guten Freunden verschrieben, Diaconus zu Berlin an St. Marienkirche oder zu Ruppin zu werden. Da nun publica autoritas Magistratus (jenes waren nur privat Zuneigungen) ich zu Cöln, dahin ich Gott weiß nie gedacht hatte, begehrete, habe ich erst einen unter denen Diaconis, die da waren, selbst zum Propst vorgeschlagen, und da das nicht gehen wolte, das Amt angenommen, und mich zu dem Neide, der hinter mir her seyn würde, (welcher warlich die rechte innerste Hauptquelle alles unsers Streitwesens war) gefaßt gemacht. Was habe ich denn nun unrecht gethan?« (S. 62f.)
Durch seine Predigten und Seelsorge für seine Gemeindemitglieder erwarb sich Fromm alsbald hohe Anerkennung und Wertschätzung. In seinem neuen Amt übernahm er die theologischen Lektionen in den oberen Klassen des Cöllnischen Gymnasiums und benutzte die wöchentlichen Betstunden, um aus der Bibel vorzulesen. Als er jedoch 1654 – ohne die hierfür erforderliche Erlaubnis eingeholt zu haben – »Disputationes Theologicas« ausgehen ließ, über die er mit den Predigern seines Cöllnischen Amtsbereiches disputierte, äußerte Kurfürst Friedrich Wilhelm in einem Rescript vom 11. Mai 1654 seinen Unwillen darüber, daß »ein jeder, was ihm in den Kopf kommen absque Censura Ecclesiæ seines Gefallens publiciren lasse, dadurch denn allerhand hæreses & schismata einreissen können«. Der Kurfürst verlangte von Fromm die sofortige Abstellung seiner theologischen Disputationen mit den Predigern und ordnete an, »daß hinfüro keiner, so in Unsern Landen gesessen, scripta theologica es sey allhier oder ausserhalb Landes in den Druck gehen lasse, sie sey denn vorhero von Unsern Theologis reviediret und censiret, welche Wir dazu bestellet haben, oder noch bestellen werden« (das kfl. Rescript abgedruckt bei KÜSTER/ MÜLLER, 1752, II, S. 552).
In den religionspolitischen Streitigkeiten der sechziger Jahre zwischen reformierten und lutherischen Geistlichen in der kurbrandenburgischen Residenz erwies sich Fromm mit seinen maßvollen Predigten als ein Mann des Friedens und der Versöhnung, der das biblische Christentum an die Stelle des streng-lutherischen und des nicht weniger schroffen calvinistischen setzen wollte und der sich von der scharfen Polemik jener Zeit abgestoßen fühlte. Als zum Beispiel der Dritte Diakon zu S. Nicolai, Johannes → Heinzelmann, 1660 in einer Predigt heftige Ausfälle gegen

die Reformierten führte, äußerte Fromm in einem Brief an den Frankfurter reformierten Prediger und späteren Hofprediger Georg Conrad → Bergius sein Unverständnis über diese Angriffe mit den Worten: »Ach lieber Gott, wo will doch solche Teufelei endlich hinaus.« (WENDLAND, 1930, S. 94.) Die Briefe, die Fromm mit reformierten Geistlichen, unter anderem mit dem Hofprediger Bartholomaeus → Stosch, wechselte und deren Inhalt später ohne seine Zustimmung öffentlich wurde, belegen, daß der Cöllnische Propst in jener Zeit den Ansichten der Reformierten näher stand als denen der mit den orthodoxen Theologen Wittenbergs in Verbindung stehenden lutherischen Geistlichen Berlins (vgl. KÜSTER/ MÜLLER, 1752, II, S. 535f.).

Im Religionsgespräch zwischen reformierten und lutherischen Theologen, das Kurfürst Friedrich Wilhelm 1662/63 angeordnet hatte, um die mit dem Übertritt seines Großvaters Johann Sigismund zum Kalvinismus im Jahre 1613 ausgebrochenen und sich immer wieder verschärfenden Auseinandersetzungen zwischen beiden konfessionellen Lagern in einer »freund- und brüderlichen Conferentz« zu beenden, setzten die lutherischen Geistlichen des Cöllnischen Ministeriums unter Propst Fromm auf Verständigung zwischen den verfeindeten Lagern und deren Wortführer Bartholomaeus Stosch und Elias Sigismund Reinhardt. Diese zeigten sich jedoch unnachgiebig, und als Reinhardt während der Unterredungen gegen Fromm und die Seinen das Gespenst des Synkretismus heraufbeschwor, geriet das Cöllnische Ministerium zunehmend ins Abseits der Entwicklung. (Schon im Vorfeld des Religionsgespräches hatte sich abgezeichnet, daß die Cöllnischen Geistlichen – im Gegensatz zu den Geistlichen des Berlinischen Ministeriums – durchaus bereit waren, religiöse Toleranz gegenüber den Reformierten zu üben, so daß ein gemeinsames Auftreten der lutherischen Geistlichen nicht zustande kam und jedes Ministerium für sich sprach; vgl. die entsprechenden Schreiben beider Ministerien bei LANGBECKER, 1841, S. 29–34.)

Im Verlaufe des Religionsgespräches, das auf dem kurfürstlichen Schloß zu Cölln und damit in unmittelbarer Nachbarschaft zu Berlin, dem Haupthort des lutherischen Widerstandes gegen die landesherrliche Politik des Kirchenfriedens, gehalten wurde, erkannte Fromm immer deutlicher, daß die unterschiedlichen Interessen zwischen Reformierten und Lutherischen ein gegenseitiges Tolerieren kaum noch zuließen. In jener Zeit traf er auch mit Pater Matthäus Ignatius Zeidler, dem Hofprediger des Markgrafen Christian Wilhelm (1587–1665), zusammen. Der Markgraf, Administrator des Stiftes Magdeburg, war 1632 zur katholischen Kirche zurückgekehrt (der einzige Fall dieser Art im Hause Brandenburg) und hatte während des laufenden Religionsgespräches im März 1663 die kurbrandenburgische Residenz besucht. Von Zeidler angeregt, beschäftigte sich Fromm nun intensiver mit den katholischen Glaubensauffassungen. In einem für den Kurfürsten am 17. April 1663 abgefaßten Bedenken zum Religionsgespräch, das die Theologen von Rinteln und Marburg 1661 durchgeführt hatten, deutete er bereits an, daß die religiösen Streitigkeiten zwischen Reformierten und Lutherischen nur durch die Rückkehr beider zur alten Kirche beseitigt werden könnten (so Fromm in seiner später verfaßten Schrift »ANDREÆ Frommen/ der H. Schrifft LICENTIATEN ... Wiederkehrung zur Catholischen Kirchen«). Eine aus (vorgeschobenen) gesundheitlichen Gründen an den Rhein unternommene Reise (allein neun Tage hielt er sich in Köln auf) brachte die Begegnung mit weiteren katholischen Amtsträgern, das Studium katholischer Bücher führte ihn mehr und mehr zu der Erkenntnis, daß allein in den Lehren der katholischen Kirche der Gläubige sein Seelenheil finden könne.

Durch die im Inneren erwachten, nach außen jedoch geheimgehaltenen Zweifel an den protestantischen Lehrauffassungen wurde Fromm des theologischen Gezänks zwischen den Reformierten und Lutherischen zusehends überdrüssig, zumal ihm nun auch klar wurde, daß jegliche Einigungsbestrebungen an den unterschiedlichen dogmatischen Glaubenssätzen scheitern mußten. Fromm selbst erkannte die im wesentlichen von Stosch ausgearbeiteten Toleranzedikte des Kurfürsten vom 2. Juni 1662 und vom 16. Sept. 1664 zwar an, lehnte jedoch das harte Vorgehen gegen die Lutherischen ab. In der Sitzung des Konsistoriums am 3. April 1666, wo er Zeuge der Gewissensangst eines zur Reversunterzeichnung genötigten märkischen Pfarrers aus Ribbeck wurde, bekannte er schließlich, er könne nicht länger stillschweigen und müßte seine Meinung offenbaren, daß nämlich die lutherische Kirche in der Mark durch die Reformierten Gewalt erleide: »vim patitur Ecclesia Lutherana ... ad instantiam Reformatorum in Marchia« (KÜSTER/ MÜLLER, 1752, II, S. 537). Da Fromm damit den Reformierten um den Hofprediger Stosch die hauptsächliche Schuld an der eingetretenen Entwicklung anlastete, war dies zugleich der Anfang vom Ende seiner Cöllnischen Amtstätigkeit. Kurfürst Friedrich Wilhelm, dem die Sache hinterbracht wurde, verlangte die Zurücknahme der betreffenden Äußerung. Fromm konnte sich jedoch nicht dazu entschließen und schrieb dem Kurfürsten, er sei nunmehr der Ansicht, daß der Revers, den dieser im April 1665 erlassen hatte, um die Geistlichen zur Einhaltung seiner Toleranzedikte zu verpflichten, von den Lutherischen nicht mit gutem Gewissen unterschrieben werden könnte. In einer Supplikation legte er den Verlauf der Ereignisse aus seiner Sicht ausführlich dar (vgl. KÜSTER/ MÜLLER, 1752, II, S. 535–544, mit der Wiedergabe der umfangreichen Apologie Fromms an den Kurfürsten Friedrich Wilhelm vom 8. Mai 1666). Stosch fühlte sich angegriffen und erreichte beim Kurfürsten, daß dem Cöllnischen Propst mit Wirkung vom 16. Juni 1666 die Teilnahme am kurfürstlichen Konsistorium verboten wurde. Auf dessen Supplikation vom 8. Mai antwortete er nun seinerseits mit einer Erwiderungsschrift, die seinem Kontrahenten am 4. Juli zugestellt wurde. Als Fromm in einer Predigt die Reformierten nun auch öffentlich angriff, drohte ihm der Arrest, dem er sich am 20. Juli durch seine heimliche Abreise aus der Stadt entzog.

In jener Zeit erschien unter dem Pseudonym eines märkischen Bürgers eine Streitschrift mit scharfen Ausfällen gegen Stosch. Man hat als Verfasser dieser Schrift den Zweiten Diakon zu S. Marien, Jakob → Hellwig (den Jüngeren), vermutet (HERING, 1787, II, S. 237 u. 258). 1667 ließ der Pastor und Inspektor zu Calbe in der Altmark, Friedrich Gesenius, der sich mit mehreren Schriften an der Polemik um die kurbrandenburgischen Toleranzedikte beteiligte und 1675 bis 1678 mit Stosch eine Konferenz über Kirchenfragen abhielt, seine gegen Fromm, Reinhardt und den Leipziger Professor Johann Adam Scherzer gerichtete »Widerlegung/ Der unchristlichen und unbilligen Verleumbdungen« ausgehen. Darin setzte er sich unter anderem auch mit einem Pamphlet auseinander, daß unter dem Titel »Examine instituti ad Lap. Lydium« in Wittenberg unter dem Pseudonym eines »Civis Marchicus«, eines märkischen Bürgers also, auf den Markt kam und vor allem eine Erwiderung auf die von Gesenius verfaßte Schrift »Lapidis Lydii oder Probier=Stein« war. Nach Gesenius verberge sich hinter dem Pseudonym der vormalige Cöllnische Propst Fromm, der unter dem Namen »Civis Marchicus« nicht nur gegen Gesenius, sondern auch gegen andere geschrieben haben, unter anderem gegen den brandenburgischen Kurfürsten, die Landstände, die Geheimen und anderen Räte (ausführlich hierzu und zu dem Gerücht, daß Andreas Fromm der Verfasser sei, GESENIUS, Widerlegung, 1667, S. 20 bis 87). Ob Fromm – wie von Gesenius behauptet – tatsächlich der Verfasser des genannten Pamphlets war, muß offen bleiben; die Schrift des »Civis Marchicus« ist nicht überliefert.

Nach seiner Flucht aus der kurbrandenburgischen Residenz kam Fromm nach Wittenberg, wo er seine früheren Äußerungen gegen die »reine« lutherische Lehre widerrief und am 15. Aug. den Eid auf die Konkordienformel ablegte. Diese Umkehr allerdings war nicht ehrlich gemeint, sondern wohl eher ein Akt der Verzweiflung des zwischen den religiösen Lagern Stehenden. Später entschuldigte Fromm seinen Schritt damit, er habe Gerüchten geglaubt, in Sachsen würden sich in Kürze die Lutherischen den Katholischen annähern. Das Wittenberger Konsistorium ersuchte zwei Monate später den sächsischen Kurfürsten, sich bei nächster Vakanz einer geistlichen Stelle für den vormaligen Cöllnischen Propst zu verwenden, und stellte diesem ein Zeugnis seiner untadeligen lutherischen Gesinnung aus. Im Mai 1667 erhielt Fromm dann vom Altenburger Konsistorium die Superintendentur zu Eisenberg angeboten.

Erst jetzt entschied sich Fromm auch nach außen hin für die katholische Kirche. Unter dem Vorwand, sich in Regensburg eine neue Stellung suchen zu wollen, ließ er sich von den Professoren der Universität Wittenberg ein Zeugnis seiner Unbescholtenheit geben und reiste im Frühjahr 1668 mit seiner Familie nach Prag, wo er in der Überzeugung, daß »das beste Mittel wider alle Kirchen Spaltungen in der Wiederkehrung zur Catholischen Kirche« liege, am 19. Mai 1668 zum Katholizismus konvertierte und als »Xaver« in den Jesuitenorden eintrat. Diesen Schritt verteidigte er später in seiner Schrift »ANDREÆ Frommen/ der H. Schrifft LICENTIATEN … Wiederkehrung zur Catholischen Kirchen« (Prag 1668), mit der er ein bedeutender Kontroverstheologe der katholischen Kirche jener Jahre wurde. Die wiederholt aufgelegte Schrift (u. a. Polnisch-Lissa 1668), die 1669 in einer zweiten, wesentlich erweiterten Auflage erschien, widmete Fromm Kaiser Leopold I. sowie Kurfürst Friedrich Wilhelm. In der Dedikation rühmte er den brandenburgischen Kurfürsten, der ihn vormals begünstigte, und dessen Bemühungen um den Kirchenfrieden, wobei er auch auf die starre Haltung der Geistlichen beim Religionsgespräch 1662/63 anspielte: »Nun tapfere Fürsten müssen hier das Beste thun; die Theologen werden sonst nimmer williger.« (s. auch RÄSS, 1868, wo die Schrift in weiten Passagen mitgeteilt ist).

An den bisherigen Verlauf der religiösen Streitigkeiten seit der Reformation anknüpfend, legte Fromm in seiner Schrift, die durch eine Vielzahl in den Text gestreuter Zitate als wissenschaftliche Abhandlung gelten will, eingehend dar, daß die Wiederherstellung einer einzigen abendländischen Kirche, die auch angesichts der ständigen türkischen Bedrohung dringend geboten sei, trotz der unterschiedlichsten Bemühungen nicht zustande kommen könne, da jede religiöse Strömung auf ihren eigenen Lehrmeinungen beharre. Vehement wandte er sich gegen jegliche »synkretistische Religionsmengerei«; allein die katholische Kirche könne als »Mutter aller Kirchen« dem gläubigen Christen zu seinem Seelenheil verhelfen: »Gäbe die katholische Kirche etwas von dem alten Glauben nach, so wäre sie nicht mehr die rechte Kirche, denn sie hätte aufgehört, eine Säule und Grundveste der Wahrheit zu seyn.« Mit solchen und ähnlichen Sätzen zeigte Fromm nun in einer Weise mangelnde Toleranz, wie er sie immer hatte bekämpfen wollen.

Fromms Konversion erregte weithin großes Aufsehen; seine Apologie rief zahlreiche Gegenschriften hervor (u. a. von Reinhardt und Cunradus Tiburtius → Rango), von Lutherischen wie von Reformierten gleichermaßen, die – charakteristisch für den Ton der konfessionellen Auseinandersetzungen im 17. Jahrhundert – oft mit deftigen Beschimpfungen und Beleidigungen gespickt waren (die wichtigsten Gegenschriften aufgeführt bei KÜSTER, 1731, S. 155–159). Lateinische und deutsche Gedichte auf den Konvertiten machten die Runde; einer bildete aus Fromms Namen das Anagramm:

»Andreas Fromm
Den fraß Roma.
Der Probst Andreas Fromm/ der uns den Kirchen Steg
Verderben wolte/ den fraß Roma plötzlich weg.«

(Zit. nach KÜSTER/ MÜLLER, 1752, II, S. 550, wo S. 550f. weitere Äußerungen auf Fromms Konversion mitgeteilt sind.)

Bald nach seiner Konvertierung erhielt Fromm die katholischen Weihen zum Priesteramt. Im Zusammenhang damit trennte er sich von seiner Familie (für seine Frau mit ihren fünf Kindern hatte er ein Haus gemietet) und lebte zunächst einige Zeit im Jesuitenkolleg zu Prag. Am 9. April 1669 erfolgte seine Einsetzung als Dechant der Stadt Kamnitz in Nordböhmen; einen Tag später hielt er in Prag in Anwesenheit zahlreicher geistlicher und weltlicher Würdenträger mit großem Prunk seine erste Messe. Der Ablauf der Feierlichkeiten ist in einem Bericht überliefert, den der Jesuit Matthias Tanner (1630–1692), Theologiedozent in Prag und später Leiter der Böhmischen Ordensprovinz, ein bekannter Kontroverstheologe und Ordenshistoriker, verfaßt hatte (vgl. den Auszug bei KÜSTER/ MÜLLER, 1752, II, S. 549f.). Fromm zu Ehren führten die Jesuitenzöglinge das Schauspiel »MELCHISEDECH Panem & Vinum offerens HONORI Dn. ANDREÆ XAVERII FROMMEN THEOLOGIÆ LICENTIATI Olim, &c.« auf (vgl. KÜSTER, 1731, S. 148–150). 1671 wurde Fromm Domherr zu Leitmeritz. Zehn Jahre später kam er als Diakon ans Prämonstratenserstift zu Strahov auf dem Prager Hradschin, wo er am 16. Okt. 1683 starb (nach KÜSTER, 1731, S. 162, starb Fromm erst 1685).

Vierzig Jahre später erschien das »Vaticinium B. Fratris Hermanni Monachi in Lehnin«, jenes als sogenannte »Lehninsche Weissagung« bekannte Poem in 100 leoninischen Versen, erstmals im Druck (SCHULTZ, Georg Peter [Hg.]: Das Gelahrte Preußen. Thorn 1723. Teil II, S. 289ff.). Die lateinischen Verse, einem im 13. oder 14. Jahrhundert in der Zistersienserabtei Lehnin, nahe der Stadt Brandenburg, lebenden Mönch Hermann in den Mund gelegt, der nach dem frühen Aussterben der Askanier das weitere Schicksal der Mark namentlich unter den Hohenzollern prophezeite, entstammen tatsächlich jedoch der nachmittelalterlichen Zeit, das ganze Poem erweist sich als ein erst Ende des 17. Jahrhunderts angefertigtes »Vaticinium ex eventu« (als Fälschung zuerst erkannt durch den Lehniner Pastor WEIß: Vaticinium metricum D. F. Hermanni, monachi in Lenyn oder Bruder Hermanns etc. vorgegebene Weissagung, durch und durch aus den Geschichten erläutert u. mit notwendigen Anmerkungen, woraus offenbar wird, daß es eine Brut neuer Zeit sei, Berlin 1746). Es ist gekennzeichnet durch scharfe Ausfälle gegen das Luthertum in der Mark und gegen den Übertritt des Kurfürsten Johann Sigismund zum Calvinismus. Bei der Darstellung Friedrichs III. hört die bis dahin porträtähnliche Skizzierung der Herrscher plötzlich auf: der Kurfürst erlangt nicht die Königskrone, sondern erlebt den Zerfall seines Staates, sein Nachfolger geht ins Kloster, im 11. Glied endlich sterben die Hohenzollern in der Mark aus – unter einem den Katholizismus in Deutschland erneuernden Herrscher wird die Reichseinheit wiederhergestellt, erhebt sich auch das Kloster Lehnin zu neuer Pracht.

Die Forschung hat in der Folgezeit mehrere »papistisch gesinnte« Personen benannt, die im ausgehenden 17. Jahrhundert die »Lehninsche Weissagung« verfaßt haben könnten, an erster Stelle den zum Katholizismus konvertierten Andreas Fromm (u. a. SCHMIDT, 1820; HILGENFELD, 1875; SCHRAMMEN, 1887, und HERMENS, 1888). So solle der ehemalige Cöllnische Propst vor möglichen anderen Verfassern sowohl die Fähigkeit als auch die durch Groll und Bitterkeit bedingte Veranlassung für eine poetische Verurteilung der protestantischen Hohenzollern gehabt haben. Außerdem habe man das »Vaticinium«-Manuskript nach dem Tode des Berliner Kammergerichtsrates Martin Friedrich → Seidel, der ein Freund Fromms gewesen sein soll, in dessen Bibliothek gefunden. Seidel hatte sich als Geschichtsforscher und Sammler einen Namen gemacht; seine Sammlungen dienten vielen Nachfolgern als Grundlage ihrer Forschungen. Was nun Seidels Beziehungen zu Fromm betrifft, so stammt von ihm eine der ganz wenigen Äußerungen aus dem protestantischen Lager zur Konversion des Cöllnischen Propstes, die sich nicht in den allgemeinen Tenor der Verurteilungen und Verunglimpfungen einreihte: »Wolte GOtt, es wäre dieser L. Fromme mit Glimpff und gütlichen Mitteln bey unserer Lutherischen Kirche behalten und von solchen Extremitäten abgehalten worden. Jch muß Jhm das Zeugnüß geben, daß Jhm GOtt stattliche Gaben verliehen hatte, und mögen sich andere an seinem Unfall wohl spiegeln.« (Zit. nach KÜSTER, 1731, S. 160f.)

Gegen Fromms Verfasserschaft der »Lehninschen Weissagung« sprach sich schon der Dichter Theodor Fontane (1819–1898) in seinen »Wanderungen durch die Mark Brandenburg« aus, für den Fromm ein Mann des Ausgleiches war, dem wegen seiner ganzen Charakteranlage ein derartiger Angriff auf die Hohenzollern nicht zuzutrauen wäre (Fontane, 1862 [1994], S. 71; allerdings verkannte Fontane die nunmehr katholisch-intoleranten Aussagen in Fromms Rechtfertigungsschrift). Die erste deutschsprachige Übersetzung des »Vaticinium«, im jambischen Versmaß angefertigt, stammte vom Frankfurter Professor Johann Christoph Beckmann (1641–1717) und wurde im Anhang mehrerer Handschriften verbreitet; 1741 erschien dann die erste gedruckte Übersetzung in reimlosen Alexandrinern (in: Der Preußische Wahrsager, mitgeteilt von ZOROASTER [d. i. Georg Daniel SEYLER]. o. O. 1741, S. 2–12, zugleich mit dem lateinischen Text; vgl. auch HEYNE, 1939, S. 57f.). Die »Lehninsche Weissagung« wurde auch später wiederholt zu antipreußischer Polemik genutzt, besonders nach der von Preußen verlorenen Doppelschlacht bei Jena und Auerstedt im Jahre 1806, als in anonymen Flugschriften der nahe Untergang des Hauses Hohenzollern verkündet wurde, und Gleiches wiederholte sich dann im Umkreis der Revolution von 1848/49. [LN]

Werke

Disputatio ethica de causis virtutis moralis. (Praes. Mich. Wendelerus, Resp. Andr. Fromm). Wittenberg 1645 (1: 18 in: Np 12 ehem.).

Collegium Physicum exhibens selectas controuersias Vitebergæ XI. disputationibus publice ventilatas, auctore & præside M. Andrea Frommen, Wusterhus. March. Wittenberg 1647 (Küster, 1731, S. 151).

Disput. Geographica de terræ situ, figura, magnitudine, longitudine & habitudine ad coelum, Respondente Adamo Eberto Francof. Frankfurt 1648 (Küster/ Müller, 1752, II, S. 553).

Epicedium für Anna Hedwig Heinsius geborene Seger, Ehefrau von Martin Heinsius, Pfarrer in Frankfurt/O. An: [Ludecus?] Christoph, Johann: Leichpredigt für Anna Hedwig Heinsius geborene Seger. Frankfurt/O. 1649 [LP StA Braunschweig, Nr. 6196].

Epicedium für Christophorus Scultetus, Pfarrer an S. Jacobi in Stettin. An: Jacobi, Ludwig: Leichpredigt für Christophorus Scultetus. Stettin 1649 [LP StA Braunschweig, Nr. 6077].

Disput. Geographica de terræ motu, Respondente Ad. Waldovio Francof. Wittenberg 1648 (Küster/ Müller, 1752, II, S. 553).

Actus musicus de divite et Lazaro, Das ist Musicalische Abbildung der Parabel vom Reichen Manne und Lazaro Lucae 16. Mit gewissen Persohnen (derer Außtheilung nebst einem unterrichte zu ende des GeneralBasses zu finden) und allerley Instrumenten/ alß Orgel/ Clavicymbel/ Laut/ Violdig am/ Trompeten/ Paucken/ Dulcian/ Corneten/ Posaunen/ Geigen und Flöten/ In 14. Stimmen auff 2. Chöre: Wie auch DIALOGUS PENTECOSTALIS Das ist Ein Geistlich Pfingstgespräch der Chr. Kirchen mit dem HErren Christo/ Mit gewissen Vocalstimmen und allen jetztbenennten Instrumenten In 10. Stimmen auff 2. Chore Zum Generalbaß zu Musiciren. Stettin 1649 (Schwarz, 1994, S. 58).

Grabe-Lied auf den Tod des fürstlich pommerschen Leib- und Hoff-Apotheker und Gerichtsassessor Georg Dethardings (gest. am 7. 10. 1650) s. l. 1650 (Schwarz, 1994, S. 58).

Disputatio sollenis de Justificatione. (praes. Casp. Mauritius, resp. Andr. Fromm). Rostock 1651 (1: 24 in: Cw 71 ehem.; Küster/ Müller, 1752, II, S. 534).

Exercitationes Metaphysicæ Sedini 1651. Stettin 1651 (1a: Nl 12268; Küster, 1731, S. 151).

Ita novos Honores VIRO Perquàm Reverendo, Amplissimo, Præ-Clarissimo DOMINO M. PETRO VHER, ECCLESIARUM BEROLINENSIUM Præposito-& Inspectori Vicinarum meritissimo, S. Ministerii ibid. quoque Seniori honoratissimo. Quum Hagio-Synedrii Electoralis Brandenburgici ADSESSOR declararetur, Dn. Fautori, Fratri ac Patrono suo devotê colendo gratulantur. Mens. Septembris, Anno M DC LI. BEROLINI, Prælo Rungiano. Berlin 1651 (109: Slg. GK: Sch 1/35).

Theses Theologicæ de natura Theologiæ, eiusque principio sacra scriptura ad piam præparationem anno ecclesiastico digne incipiendo adhibendam in conuentu Pastorum Dioeceseos Sueuo-Coloniensis d. XXIII. Nou. a. 1653. horis ante & pomeridianis propositæ & ventilatæ præside Andrea Frommen, SS. Th. Lic. Respondentibus & opponentibus DNN. confratribus. s. l. 1653 (Küster, 1731, S. 152).

Christliche Introduction-Predigt am 5. Sonntage nach Trinitatis, war der 30. Julii 1653. über das ordentliche Evangelium Luc. V. da auf gnädigsten Befehl Churfürstl. Durchl. zu Brandenburg M. SAM. POMARIVS, bißher Adiunctus der Philos. Facultät in Wittenberg, als Diaconus zu S. Peter in Cöln an der Spree, in Gegenwart Fürstl. und anderer hohen Personen, bey volckreicher Versammlung öffentlich eingewiesen ward, gehalten von Andreas Frommen, wie auch eine Christl. Anzugs=Predigt am 6. Sonntage nach Trinitatis eiusd. a. über die ordentliche Epistel Rom. VI. zu Anfange des Ammts in benandter Cöllnischer Peters=Kirchen, gehalten von M. SAM. POMARIO, Diacono daselbst, mit Consens und Approbation einer Hoch=Ehrw. Theol. Facultät in Wittenberg. Wittenberg 1653 (Küster, 1731, S. 152).

Epicedium für Jacob Fabricius, Pfarrer an S. Marien in Stettin. An: Kanßdorf, Baltasar: Leichpredigt für Jacob Fabricius. Stettin 1654 (LP StA Braunschweig, Nr. 1256).

Leben der Sterbenden, und Freude der Leydenden, aus Sap. III. 1–5. bey der Leich=Bestattung Frau Anna Tonnenbinders, Hrn. Christian Lindholtzen, Churf. Brandenb. Cammer=Gerichts=Aduocati Hauß=Frauen, welche den 10ten Aug. 1654. gestorben. Wittenberg 1655 (1: 20 in: Ee 520; Küster, 1731, S. 153).

Der Glaubigen Thränen=Saat und Freuden=Erndte, aus Ps. CXXVI. 5. 6. bey dem Leichbegängnüß Hrn. Joach. Schultzen, Churfürstlichen Brandenb. Ammts=Cammer=Raths, welcher den 8ten Dec. 1654. verstorben. Wittenberg 1655 (1: 23 in: Ee 534; LP StA Braunschweig, Nr. 6099, jedoch Berlin 1655; Küster, 1731, S. 153).

Epicedium für Joachim Schultze, kfl.-brand. Amtskammerrat. An: Fromm, Andreas: Leichpredigt für Joachim Schultze. Berlin 1655 (LP StA Braunschweig, Nr. 6099).

EPICEDIA in Obitum NOBILISS. ET CONSULTISSIMI VIRI DOMINI ERASMI SEIDELII, JCTI. Et in Secretissimo Electoris Brandenburgici Consilio Senatoris haut postremi scripta â DOMINIS AMICIS ac FAUTORIBUS SINGULARIBUS. M.DC.LV. BEROLINI, Exprimebat Christophorus Runge. Berlin 1655 (1a: Av 14162).

Poenitentialia Sueuo-Coloniensia, oder 3. Christliche Buß=Predigten über den XX. Psalm zu Cölln im Jahr 1655. am 30ten Aug. als dem auf sonderbahre Verordnung angesetzten Buß=Bet= und Fast=Tage gehalten von dem daselbst in der Kirchen zu S. Peter bestellten ordentlichen Ministerio. Wittenb. 1656. Hiebey ein Gebeth, welches dazumahl in Cölln, und dahin gehörigen Creyse die Gemeinen auf den Knien gebetet. Wittenberg 1656 (Küster, 1731, S. 153).

Der höchste Schutz der Glaubigen, bey der Leiche Hrn. M. Gressii, Con-Rectoris in Cölln. Berlin 1656 (1: 10 in: Ee 512; Küster, 1731, S. 153).

Die hochwichtige geistl. Rechts=Sache von unserer ewigen Seeligkeit aus Rom. VIII. 31–34. bey der Leich=Bestattung Hrn. Gottfried Frieder. Straßburgs, Churfürstl. Brandenb. Cammer=Gerichts=Aduocati, welcher 1656. den 23. Nov. gestorben. Berlin 1657 (1: Ee 6099; Küster, 1731, S. 153).

Abwechselung des Leydens dieser Pilger=Zeit mit der Herrlickeit, welche an Christl. Wanderern im ewigen Vaterlande soll offenbahret werden, aus Apoc. VII. 16. 17. bey dem Leich=Begängnüß Frau Catharinen Selfischin, Hrn. Daniel Reichels, Buchhändlers in Cölln Hauß=Frauen, welche den 2. Octob. 1657. gestorben. Berlin 1657 (Küster, 1731, S. 153).

Erklehrung und abgedrungene Verantwortung. Wittenberg 1657 (Landwehr, 1893, S. 114, Anm. 3).

Synopsis metaphysica, qua exercitationes metaphysicæ … ab ipso autore in compendium … contrahuntur. Berlin 1658 (1: Nl 12270 ehem.; Dinse, 1877, S. 13; Schwarz, 1994, S. 58); Neuauflage Stettin 1684 (1: 1 Nl 12272 ehem.).

Geistl. Kampff der Streiter JESU Christi, aus 2. Tim. IV. 18. 1. Cor. XV. 57. bey Adelicher Leich=Bestattung Frau Margarethen von Pfuel gebohrnen von Stogsloffin zu Rangerstorff, Anno 1658. den 26ten April abgebildet. Berlin 1658 (Küster, 1731, S. 154).

Christlicher Ehe=Frauen vornehmster Beruff und bester Schmuck aus 1. Tim. II. 15. bey Beerdigung Frau Amalia Heidkampffin, Herrn Joach. Ernst Wernicken, Churfürstl. Brandenb. Ammts=Raths und Cammer=Meisters Hauß=Frauen, Anno 1661. am 4ten Epiphan. vorgestellet. Berlin 1661 (1: 11 in: Ee 541; 11: 86 A 1777 Rara; Küster, 1731, S. 153).

Freud auff Leyd. Am 6. Trin. Anno 1663. aus dem 30. Psalm in einer Leichpredigt zu St. Peter in Cöln der Gemeine Gottes gezeiget/ Bey Beerdigung der am 20. Julii im HERRN selig=verstorbenen Frawen/ Der weiland WolEdlen/ Hochehr= und Tugendreichen Fr. Annen Gutwillin/ Des WolEdlen/ Vest= und Hochgelährten Herrn JOHAN SIGISMUND Eltzholtzens/ Med. D. Sr. Churfürstl. Durchl. zu Brandenb. Wolbestalten Hof=Medici Gewesenen Ehelichen Haußfrauen: Welchen mit Wündschung kräfftigen Trosts diese Predigt auff begehren zu Druck übergiebet/ und dienst=freundlich zuschreibet/ Andreas Fromm/ Lic. Probst zu St. Peter und Consistorial-Rath. Zu Berlin/ Gedruckt bey Christoff Runge/ Anno 1663. Berlin 1663 (1: 11 in: Ee 508; Küster, 1731, S. 154).

Supplikation an Kurfürst Friedrich Wilhelm vom 8. Mai 1666 (Küster/ Müller, 1752, II, S. 535–544).

Drei Schreiben an das Kurfürstlich-Sächsische Konsistorium zu Wittenberg 1666/67. Wittenberg/ Altenburg 1666/67 (Küster, 1731, S. 143–146).

Andreae Frommen Der H. Schrift Licentiaten Gewesenen Churfürstl. Brandenb. Consistorial-Raths und Probsts in der Lutherischen Kirchen zu Cölln an der Sprew Welcher artibus einiger Reformirten de facto entsetzet ist Nöthige Erklehrung Und abgedrungene Verantwortung Wider die bißher in der Marck und anderen Orten mit Fleis herausgesprengte Beschuldigungen welche wider ihn zu treiben sich ohne einige Vrsache M. Gesenius, Pfarrer und Inspector zu Calbe in der Altmarck, unterstanden. Wittenberg Gedruckt bey Matthias Henckeln. Anno 1667. Wittenberg 1667 (1: an Tc 5100 ehem.; 1: Tc 5110 ehem.; Küster, 1731, S. 154; Jöcher, 1750, 2, Sp. 782; Dinse, 1877, S. 518; Landwehr, 1893, S. 123, Anm. 3).

Andreae Frommen der H. Schrift Lic. Nochmahlige Apologia wieder einige Reformirten zu Cölln an der Sprew sonderlich Herrn Bartholomaeum Stoschium Churf. Brandenb. Hoffprediger und Consistorii Assesorem, darin zugleich Bericht auff die privat-Briefe geschehen die neulich zu Cölln heraus gegeben so vor 5. und mehren Jahren geschrieben sind. Wittenberg, Gedruckt und verlegt bey Michael Wendt Anno 1667. Wittenberg 1667 (1: an 4° Tc 5100 ehem.; Küster, 1731, S. 154; Jöcher, 1750, 2, Sp. 782; Dinse, 1877, S. 518; Landwehr, 1893, S. 124, Anm. 1).

ANDREÆ Frommen/ der H. Schrifft LICENTIATEN, Der Sr. Churfürstl. Durchl. zu Brandenburg 10. Jahr als Consistorial-Rath gedienet/ auch die Prediger ordiniret, 15. Jahr Probst zu St. Peter in Cölln an der Sprew/ und Inspector des Cölln. Diæcesis, und ins 8. Jahr im Gymnas. allda Theol. Lector; Wie auch vor 17. Jahren im Königl. Gymnasio zu Stettin Professor in Philosophicis gewesen/ Wiederkehrung zur Catholischen Kirchen/ Davon er die HISTORIAM in Druck zu geben/ nöhtig erachtet. Gedruckt zu Prag in der Universität Druckerey bey S. CLEMENT. 1668. Prag 1668 (1: Dh 6820; Küster, 1731, S. 154; Küster/ Müller, 1752, II, S. 553; Nachauflage Prag 1672); andere Ausgabe: ANDREÆ Frommen/ der H. Schrifft LICENTIATEN … (wie oben) Wiederkehrung zur Catholischen Kirchen/ Davon er die HISTORIAM in Druck zu geben/ nöhtig erachtet. Gedruckt zu Polnische Lisse/ Jn der neuen Druckerey bey Michael Pocken/ zu verkauffen. 1668. Polnisch-Lissa 1668 (1: Dh 6821); Zweite, wesentlich erweitere Auflage: ANDREÆ Frommen/ der H. Schrifft

LICENTIATEN, Der Sr. Churfürstl. Durchl. zu Brandenburg 10. Jahr als Consistorial-Rath gedienet/ auch die Prediger ordiniret; 15. Jahr Probst zu S. Peter in Cölln an der Sprew/ vnd Inspector deß Cöll. Dioecesis, und ins 8. Jahr im Gymn. allda Theol. Lector; wie auch vor 17. Jahren im Königl. Gymnasio zu Stettin Professor in Philosophicis gewesen. Wiederkehrung zur Catholischen Kirchen/ Davon er die Historiam vnd motiven im Druck zu geben/ nötig erachtet. Die andere Edition. Gedruckt zu Cölln/ Jn Verlegung Johan Wilhelm Freissems des Jüngern. Anno 1669. Köln [am Rhein] 1669 (1: Dh 6822; 1: D 8477).

Entdeckung der nichtigen Künste/ welche D. El. Sigm. Reinhart in seinem Bericht und ferneren Erklärung gebrauchet. Prag 1669 (Küster, 1731, S. 155; Küster/ Müller, 1752, II, S. 554).

Böse Post wider deß Doctor Reinharts zu Leipzig Antwort auf der Post An Herrn P. MATTHIAM TANNERUM, SOC. JESV SS. Theol. Doctorn und Professorn bey der Universität Prag/ Daß er nemlich in solcher sonst an Worten/ allegatis, und ostentation zwar reicher/ an Gründen aber und nervis gantz armer Schrifft/ wider Lic: FROMMEN ein hauffen Lügen/ sonderlich daß er Calvinisch gewesen/ und vielfältig abgefallen sey/ außschütte; Dabey denn auch wegen ähnlichkeit der materien angezeiget wird/ was für ein hauffen Lügen Jacobus Ludovicus in seinem gedruckten Sendeschreiben vorbringe/ und wie er und Reinhart in den Lügen einander widersprechen. Von ihm LIC: ANDREA FROMMEN Der Warheit zu Steur/ und der Lügen zur Beschämung herauß gegeben. Eph. 4. v. 25. Leget die Lugen ab/ und redet die Warheit. Gedruckt zu Prag in der Universität Druckerey bey S. Clem: M. DC. LXIX. Prag 1669 (1: Dh 6988; Küster, 1731, S. 155; Küster/ Müller, 1752, II, S. 553).

Examen examinis corruptae rationis, demonstrans, lapidi lydio sacrarum literarum Frid. Gesenii congruum esse judicium Collegii theologici in Academia Wittebergensi latum super subscriptione reversus in Marchia brandenburgensi &c. institutum a cive quodam marchico (scil. Andr. Fromm) &c. s. l. e. a. (Jöcher, 1750, 2, Sp. 782).

Schreiben, so Lic. Fromme an den Pater Matthäus Zeidler, Collegii & domus probationis Rectorem zu Brün in Mähren geschrieben. s. l. e. a. (Küster, 1731, S. 155).

Ungesicherte Verfasserschaft

Vaticinium B. Fratris Hermanni Monachi in Lehnin (»Lehninsche Weissagung«). In: Schultz, Georg Peter (Hg.): Das Gelahrte Preußen. Thorn 1723. Teil II, S. 289ff. (bereits bei Küster/ Müller, 1752, II, S. 554, Verfasserschaft von Fromm ungesichert).

Briefe

Etliche Brieffe Lic. Andreæ Frommii, gewesenen Inspectoris zu Cölln an der Spree etc., welche er innerhalb 10. und mehr Jahren an die Churfürstl. Brandenb. Hof=Prediger eigenhändig geschrieben, auf Sr. Churfürstl. Durchl. gnädigste Verordnung abcopiret, und von 3. Notariis publicis, so Lutherischer Religion, vidimiret, und an statt einer Verantwortung auf desselben unlängst heraus gelassene Erklärung in Druck gegeben. Cölln 1667 (1: Tc 5104 ehem.; 1: 14 in: Tc 4266 ehem.; Küster, 1731, S. 154; Dinse, 1877, S. 518).

Nachlaß

Schreiben an das Konsistorium (Ms.; Nachlaß Oelrich, 1990, S. 99, Nr. 474, 2).

Zwei Schreiben betreffend die theologische Konferenz von 1662/63 (Ms.). 1662 (Nachlaß Oelrich, 1990, S. 99, Nr. 474, 4).

Brief an Kurfürst Friedrich Wilhelm von Brandenburg (Ms., 17. 04. 1663; Nachlaß Oelrich, 1990, S. 99, Nr. 475).

Literatur

STOSCH, Bartholomaeus: Summarischer Bericht Von der Märckischen Reformirten Kirchen Einträchtigkeit/ mit andern in und ausser Deutschland Reformirten Gemeinen. Mit Sr. Churfl. Durchl. Wissen und Genehmhabung auffs kürtzeste abgefaßt/ und in Druck gegeben. Durch B. S. Marc. 9: 40. Wer nicht wider uns ist/ der ist für uns. Cölln an der Spree/ Druckts Georg Schultze/ Churfürstl. Brandenb. Buchdrucker auff dem Schlosse daselbst/ 1666. Cölln 1666; SCHERZER, Johann Adam: Außführlicher Gegen=Bericht/ einem Summarischen Berichte/ B. S. Von der Märckischen Reformirten Kirchen Einträchtigkeit mit andern in und ausser Deutschland Reformirten Gemeinen/ Zu diesem mal in dem einigen Articul von dem Leiden und Sterben unsers HERRN JEsu Christi entgegen gesetzt von P. S. ... Leipzig/ Bey Christian Kirchnern zu finden. 1666. Leipzig 1666; GESENIUS, Friedrich: Probier=Stein/ Da Nach der Regul des Wortes Gottes Das Vrtheil Der Theologischen Facultät zu Wittenberg/ Wegen der von Sn: Churfl. Durchl. zu Brandenburg denen Märckischen Geistlichen vorgelegten Reverses Unterschreibung/ Vernünftiglich untersuchet und geprüfet wird/ Durch einen Pastorem und Inspectorem in der Alten Marck/ F. G. M. Anitzo auß den Lateinischen ins Deutsche versetzet. Mit Churfl. Brandenb. Freyheit. Verlegts Rupert Völcker Buchhändl. in Berlin und Cölln. im Jahr 1666. Cölln 1666; CIVIS MARCHICUS: Examine instituti ad Lap. Lydium. Wittenberg 1667; GESENIUS, Friedrich: M. Friderici Gesenii, Pastoris und Inspectoris zu Calbe in der Alten=Marck Widerlegung/ Der unchristlichen und unbilligen Verleumbdungen/ Womit Ihn beschmitzen wollen einestheils unter eigenen Namen L. ANDREAS Fromme/ gewesener Churfürstl. Brandenb. Consistorial= Raht und Probst zu Cölln an der Spree/ dann auch JOHANN ADAM Schertzer/ SS. Theol. D. und Prof. P. und ELIAS SIGISMUND REINHARD, SS. Theol. D. und Pastor in Leipzig/ und zwar durch ihren hiezu substituirten Lästerzeug zweyer Famulorum David Ulmanns/ und Gottfried Riedels/ darinnen zugleich von der Beschaffenheit des so übel beschrienen Revers-Wesens in der Chur=Marck Brandenburg von dem Gehorsam der Unterthanen gegen die Obrigkeit in Religions Sachen etc. gehandelt wird. Hats verlegt Rupertus Völcker/ Buchhändler in Berlin und Cölln an der Spree. M. DC.LXVII. Cölln 1667; ULMANN, David: Deß Lydischen Steins Numehro offenbarten Meisters M. FRIDERICI GESENII, CALBENSIS INSPECTORIS, Amica Συζητησις Cum Sympatriota Cive Marchico &c. Welche zwar erst in 14. Tagen soll ans Liecht kommen/ Zum Vorauß aber (Wegen fol. 75, 76, 77. enthaltener und unverschuldeter Anzäpffung des Hn. P. S. oder Professoris Scherzeri Gegen= Berichts auff Hn. B. S. oder Bartholomæi Stoschii Summarischen Bericht von der Märckischen Reformierten Kirchen Einträchtigkeit/ etc.) Eingeholet/ der Gebühr nach beneventiret, und noch vor ihrer Ankunfft wieder zurück gewiesen worden durch David Ulmannen von Eißleben/ Philos. Stud. auff der Universität Leipzig. Leipzig/ Bey Christian Kirchner zu finden/ 1667. Leipzig 1667; MELCHISEDECH Panem & Vinum offerens HONORI Dn. ANDRÆ XAVERII FROMMEN THEOLOGIÆ LICENTIATI Olim, &c. Nunc vero S. Romanæ Catholicæ Ecclesiæ Sacerdotis, & in Episcopatu Litomericensi Ciuitatis Kemnicensis DECANI Dum SECVNDVM ORDINEM MELCHISEDECH IN TEMPLO SALVATORIS COLLEGII SOCIETATIS IESV DEO ALTISSIMO Primitias solenni ritu consecraret, in Scena actus & dicatus Ab Illustrissimis, Per-illustribus, Generosis, Nobilibus ac ingenuis Oratoriæ Facultatis Auditoribus, in Collegio Societatis IESV ad S. Clementem. Pragæ d. X. April. M DC LXIX. Prag 1669; JASCHE, Valerius: Beweiß von Frommens unnöthiger Wiederkehrung zur Päbstischen Kirche. Stettin 1669; RANGO, Cunradus Tiburtius: Un=Catholich Papstthumb/ Oder Gnugsamer Beweiß/ Daß die Römische Religion nicht die wahre sey. Wider ALBERICI von Burghofen/ Abts und Herren des Klosters Neuen=Zell/ genandten DIGITUM IN TRIVIO. und L. ANDR. FROMMII, jüngsten Apostatæ, Wiederkehrung zur Catholischen Kirche/ wie ers nennet/ verfertiget Von M. C. T. RANGONE Philosophiæ in Gymnasio Carolino Regio Professore Publ. Alten Stettin/ Druckts und verlegts Michael Höpfner. 1669. Stettin 1669; GESENIUS, Friedrich: Kurtze doch gründliche Entdeckung der Leichtsinnigkeit/ Sophisterey und Trüglichkeit/ welche Andreas Fromm vorgehen lassen/ nicht nur in seinem liederlichen Um= und Rücksprung von der wahren Catholischen zur Papistischen Religion/ sondern auch in dessen angegebenen Motiven und Gründen seines so genannten grössern Wiederkehrungs=Buchs in einem Brief an P. Matth. Tannern. Stendal 1669; HOFFMANN, Bernhard Bartholomaeus: Gegen=Entdeckung der Lauterkeit und Wahrheit in entstehender Zeit und Weile/ die Herr D. Reinhart sonst viel auf nöthigere und bessere Dinge hat anzuwenden/ bey meiner Bekehrung in Leipzig zur Augsp. Confession dargestellet von mir M. Bernh. Barthol. Hoffmannen/ gewesener Sacellan zu Kemnitz im Bischoffthum Leutmeriz/ wie auch Päbstischen Seelsorger in Königswalde und Babloniz/ zu besserer Erkenntnis und Warnung für dem bey allen Religionen unsaubern Geiste Andreas Xaverius Frommen/ itzt der Päbstischen Kirchen Priester und Dechant in selbigen Kemnitz/ von dessen Geschreibe es wohl heissen mag: Multum in rubro, nihil in nigro. Leipzig 1669; Ludovicus, Jacob: Wohlgemeintes Send=Schreiben loco paræneseos & tractatus de Apostasia in specie an Hrn. Andr. Frommen ausgefertiget, wegen dessen/ daß Er von der allein seeligmachenden Evangelischen Wahrheit abgetreten/ sammt angehängter Ursach dieser Schrifft/ und warum Hr. Fromm den Römischen Hauffen hinwieder verlassen und sich von Hertzen zu den Protestirenden oder Lutherischen kehren soll. Stettin 1669; Olearius: Extract aus einem Discurs, was von Frommens Religions=Veränderung insgemein/ wie auch insonderheit von derselben Veranlassung und angeführten Ursachen zu halten sey/ a. 1669. s. l. 1669; Olearius: Greuel des Abfalls von der wahren Evangelischen Apostolischen Lehre/ Glauben und Religion zu der falschen Päbstischen und Unapostolischen Lehre/ Glauben und Religion/ zur treuhertzigen Warnung aus GOttes Wort und dem Trientischen Glaubens=Bekäntnüß vorgestellet. Leipzig 1669; Reinhardt, Elias Sigismund: Bericht an VINC. MACARIVM wegen einiger Unwahrheit/ so L. Fromm sich nicht gescheuet an einen Rector zu Brünn zu schreiben/ so nachgehends auch wohl wieder Frommens Willen im Druck in die Welt geflogen. Leipzig 1669; Reinhardt, Elias Sigismund: Fernere Erklärung gehörig zum jüngst=ergangenen Bericht an MACARIVM, wie das Transsubstantiations-Argument, welches PP. TANNER und ZIMMERMANN in ihres neuen Scholaren-Buche Frommens Wiederkehrung genannt/ mit ihrer Censur genehm gehalten/ zum Behuff der Juden/ Türcken/ Arrianer und Socinianer dienen könne. Leipzig 1669; Reinhardt, Elias Sigismund: Antwort auf der Post an P. Tannern auf dessen ohnlängst übersandtes Schreiben bey der Post/ sammt etlichen Anmerckungen. Leipzig 1669; Nifan, Christian: Bescheidentliche Beantwortung der Haupt=Gründe/ dadurch Andreas Fromm Papistisch zu werden vornemlich bewogen worden. Rinteln 1670; Reissner, Thomas: Gerechte und gantz unverfälschte Wagschaale der Wahrheit und Falschheit/ das ist/ reiffe und gründliche Erwegung derjenigen Ursachen/ welche die beyde Herren Licentiaten Fromm und Reißner/ jeden von seiner Religion/ in welcher er gebohren/ getaufft/ gestudirt und auch graduirt, ab= und zu einer andern zu treten bewogen/ daraus denn Sonnenklar zu ersehen/ welche Religion bessere Gründe habe/ die Papistische oder Evangelische. Leipzig 1670; Tentzel, Jakob: Gründliche Rettung von dem ungegründeten Verdacht/ unerfindl. Beschuldigungen/ und schändl. Lästerungen/ welche der jämmerl. verkehrte Andreas Fromm in seiner so genannten Wiederkehrung unverantwortlich wiederholet. Wittenberg 1671; Kortholt, Christian: ANTIFROMMIVS, oder gründliche Untersuchung der Motiven, wodurch L. Andreas Fromm zur Römisch= Catholischen Kirchen zu treten sich verleiten lassen. Frankfurt/O. 1671; Ludovicus, Jacob: Examen FROMMIANAE ad ecclesiam Pseudo-Catholicam reuersionis, oder Erörterung der Wiederkehrung L. Frommen zur Catholischen Kirchen/ welche Er sammt allen seinen als Ehe=Frauen/ 4. Söhnen und einer Tochter Anno 1668. zu Prage in der Jesuiter=Kirche zu seinem und der seinen zeitlichen und ewigen Verderben verrichtet/ darinn gezeiget wird/ daß dieser FROMMIVS, welcher nunmehr den Gauckel= Nahmen XAVERIUS mitführet/ einen unnöthigen und unverantwortlichen Ubergang gethan/ zu weit gegangen/ daß Er die Papisten zu weit erhaben/ fälschlich geschrieben/ daß die itzige Römische Kirche in substantia fidei & antiqui regiminis mit der Kirche N. Testaments der erster 500. Jahre übereinkomme. Leipzig 1674; Micraelius, Johann: Wohlgemeintes Send=Schreiben loco Paræneseos & Tractatus de Apostasia in specie an Herrn Andreas Frommen wegen dessen/ daß Er von der allein seeligmachenden Evangelischen Lutherischen Wahrheit abgetreten. s. l. e. a. [ca. 1669]; Crenius, Thomas (d. i. Crusius, Thomas Theodor): THOMÆ CRENII ANIMADVERSIONUM PHILOLOGICARUM ET HISTORICARUM PARS I(–VII). Novas librorum editiones, præfationes, indices nonnullasqve summorum aliqvot vivorum labeculas notatas excutiens … LVGDVNI BATAVORVM, Apud FREDERICUM HAARING, & DAVIDEM SEVERINUM. 1698 (–1700). Leiden 1698 bis 1700, hier PARS V (1699), S. 90; Küster, 1731, S. 133–163; Walther, Johann Gottfried: Musikalisches Lexikon. 1732. Faks.-Ausg. von Richard Schaal. 1953 (3. Aufl. 1967), S. 264f.; Zedler, 1735, 9, Sp. 2157f.; Jöcher, 1750, 2, Sp. 781f.; Küster/ Müller, 1737, I, S. 271; 1752, II, S. 534–554; Schmidt, H. Valentin: Die Weissagung des Mönchs Hermann von Lehnin. Berlin 1820; Fontane, Theodor: Wanderungen durch die Mark Brandenburg. T. 1: Die Grafschaft Ruppin. Berlin 1862. Nachdruck hg. von Edgar Gross. München 1994, S. 64–73; Räß, Andreas: Die Convertiten seit der Reformation nach ihrem Leben und aus ihren Schriften dargestellt. 10 Bde. Freiburg i. Br. 1866–1871, Bd. VII (1868), S. 333–362; 1 Reg.-Bd. 1872; 3 Supplement-Bde. 1873–1880, hier Bd. XIII (1880), S. 283 bis 333; Müller, E.: Die Conversion des Berliner Propstes Andreas Fromm. In: Berliner Bonifacius-Kalender 1873, S. 2–60; 1874, S. 77–89; Hilgenfeld, Adolph: Die Lehninische Weissagung über die Mark Brandenburg, nebst der Weissagung von Benediktbeuren über Bayern. Leipzig 1875; Sabell, E. W.: Literatur der sogenannten Lehninschen Weissagung. Heilbronn 1879; Müller, E.: Andreas Fromm als Propst und Mönch. In: Berliner Bonifacius-Kalender 1883, S. 139–147; ADB, VIII, S. 139, S. 796; Schrammen, J.: Des seligen Bruder Hermann aus Lehnin Prophezeiung über die Schicksale und das Ende der Hohenzollern. Köln 1887; Hermens: Kloster Lehnin und seine Weissagung. Barmen 1888; Schwartz, Rudolf: Das erste deutsche Oratorium. In: Monatsblatt der Gesellschaft für pommersche Geschichte und Altertumskunde 1898/99, S. 59ff. [auch in: Jahrbuch der Musikbibliothek Peters 5 (1899), S. 66ff., und in: Jahrbuch für Brandenburgische Kirchengeschichte 25 (1930), S. 181ff.]; Hurter, H.: Nomenclator literarius theologiae catholicae. 3. Aufl. 6 Bde. Innsbruck 1903–1913. Bd. IV, S. 402; Nohl, 1903, S. 81; Schering, Arnold: Geschichte des Oratoriums. 1911, S. 141, 148, 154f.; Begemann, Heinrich: Die Lehrer der Lateinischen Schule zu Neuruppin 1477–1817. Berlin 1914, S. 25–29 (über Christian Rosa); Wendland, Walter: Siebenhundert Jahre Kirchengeschichte Berlins. Berlin und Leipzig 1930, S. 94; Engel, Hans: Drei Werke pommerscher Komponisten. 1931, S. 5ff.; Kosch, W.: Das katholische Deutschland. Biographisch-bibliographisches Lexikon. Augsburg 1930–1938, S. 868; Krause, Erika: Andreas Fromm, ein Berliner Konvertit des 17. Jahrhunderts, in: St. Hedwigsblatt. Katholisches Kirchenblatt im Bistum Berlin. 23. 1. (1955); NDB, V, S. 657; MGG, IV, S. 1007f.; Riemann Musik Lexikon. 12. Aufl., hg. von W. Gurlitt. Bd. 1. Mainz 1959, S. 557f.; Moser, H. J.: Musiklexikon. 2 Bde. 4. Aufl. Hamburg 1955. Bd. 1, S. 375; Lexikon für Theologie und Kirche. 2. Aufl. Hg. von Josef Höfer und K. Rahner. 10 Bde. Freiburg i. Br. 1957–1966. Bd. IV (1960), S. 398; Schwarz, Werner: Pommersche Musikgeschichte. Teil II: Lebensbilder von Musikern in und aus Pommern. Köln u. a. 1994, S. 52–58; Bautz, Friedrich Wilhelm: Biographisch-Bibliographisches Kirchenlexikon. Bd. 2. Herzberg 1990, Sp. 142f.

Fromm, Joachim

* 11. Dez. 1595 Plänitz b. Wusterhausen
† 28. April 1657 Berlin
Theologe, luth.
V Andreas F., Prediger
M Catharina geb. Köppe
⚭ I. 1628 Elisabeth geb. Schwartzkopf (gest. 1641)
  II. 1643 Sabine geb. Barthold
K I. 7 Kinder (6 starben früh), Christian F.
  II. Andreas Joachim, Valentin Friedrich

Schulen in Wusterhausen, Wittstock, Celle, Cölln und Halle
1616–1618 Universität Wittenberg (mit Unterbrechung)
1618–1622 Universität Rostock
1622–1625 Universität Greifswald (Mag.), Hauslehrer
1626–1627 Rektor zu Wusterhausen
1627–1630 Prediger zu Wusterhausen
1630–1631 Dritter Diakon zu S. Nicolai in Berlin
1631–1634 Zweiter Diakon (1632–1633 zugleich Bibliothekar zu S. Nicolai)
1634–1657 Archidiakon

Joachim Fromm wurde am 11. Dez. 1595 in Plänitz, einem der Inspektion Wusterhausen unterstehendem Dorf in der Grafschaft Ruppin geboren. Sein Vater Andreas Fromm hatte hier das Predigtamt inne; seine Mutter hieß Catharina Köppe. Die Großeltern waren in Wusterhausen in verschiedenen Handwerken tätig, so der Großvater väterlicherseits, der ebenfalls Andreas Fromm hieß und das Backhandwerk ausübte. Verheiratet war er mit Anna, einer Tochter des Wusterhausener Bürgermeisters Pulmann. Der Großvater mütterlicherseits, Jobst Köppe, arbeitete als Schuster und hatte Anna, die Tochter eines Wusterhausener Goldschmiedes geehelicht (die biographischen Informationen nach der Leichpredigt, die Elias Sigismund → REINHARDT 1657 auf Fromm gehalten hat).
Zunächst erhielt Fromm Unterricht durch den Schulmeister des Ortes; außerdem kümmerte sich um seine Ausbildung auch der Vater, der ihn nach Erlangung der nötigen Reife auf die Stadtschulen zu Wusterhausen, später nach Wittstock schickte, wo der Onkel Benedikt Fromm, bei dem der Junge auch wohnte, das Rektorat bekleidete. Zu Beginn des Jahres 1610 setzte Fromm seine Schulausbildung in Celle im Lüneburgischen fort. Die dortige Schule hatte durch ihren Rektor Jacob Gerhard einen weit über Celle hinausreichenden guten Ruf. Gerhard nahm den Schüler in sein Haus auf und bildete ihn besonders im Griechischen aus. Als Fromm das 17. Lebensjahr erreicht hatte, kam er in die kurbrandenburgische Residenz und besuchte hier von 1612–1613 die Cöllnische Schule unter ihrem Rektor Adam Romanus, der die Leitung der Anstalt erst zu Beginn des Jahres übernommen hatte. Romanus galt als »guter Philosoph«, weil er 1611 einen »Cursus philosophicus« in Frankfurt/O. ediert hatte.

Zu Beginn des Jahres 1614 wurde Fromm von seinem Vater aus der Cöllnischen Schule genommen, »weil allerhand Verenderungen damahls vorgegangen« (so REINHARDT in seiner Leichpredigt). Gemeint ist der Übertritt des Kurfürsten Johann Sigismund und zahlreicher seiner Hofbeamten zum reformierten Bekenntnis am ersten Weihnachtsfeiertag des Jahres 1613. Der Konfessionswechsel in einem Lande, in dem die lutherische Konkordienformel seit 1577 fast kanonisches Ansehen besaß, mußte namentlich in der kurbrandenburgischen Residenz auf entschiedenen Widerstand stoßen; er führte in der Folgezeit auch mehrfach zu Ausschreitungen und Tumulten. Fromm wurde von seinem Vater nach Halle geschickt und dort der Obhut des Theologen Simon Gedicke (1551–1631) anvertraut. Gedicke (Gediccus), vormals Pastor Primarius in Halle und seit 1598 kfl.-brandenburgischer Hofprediger, war nach dem Konfessionswechsel des Kurfürsten Johann Sigismund, gegen den er vergeblich polemisierte, im Juni 1614 aus brandenburgischen Diensten entlassen worden und nach Halle zurückgekehrt. Ende 1614 vozierte er zum Superintendenten in Meißen, im März 1617 zum Superintendenten in Merseburg.

Während seines zweijährigen Aufenthaltes in Halle besuchte Fromm das 1565 im ehemaligen Franziskanerkloster eingerichtete Gymnasium. Die angesehene lateinische Gelehrtenschule hatte zehn Klassen, die Gymnasiasten wurden in den Freien Künsten und in den alten Sprachen unterrichtet. Daneben stellten sie in Disputationen sowie in öffentlichen deklamatorischen Übungen und regelmäßig stattfindenden Actus scholastici ihr Können unter Beweis. 1613 hatte Sigismund Evenius das Rektorat übernommen, das er bis 1622 bekleidete, bevor er dann Schulen in Magdeburg, Reval, Halberstadt und Regensburg leitete. Evenius, ein ausgezeichneter Kenner alter Sprachen, arbeitete als Schulrat zu Weimar an der Weimarischen Bibel und veröffentlichte unter anderem das Lehrbuch »Janua Graecismi & Ebraismi«. 1612 erschien in Wittenberg eine Sammlung von 27 Disputationen, die Evenius zu Fragen der Ethik durchgeführt hatte. Das Hallische Gymnasium, das in den Jahren 1628–1650 unter seinem Rektor Christian Gueintz (1592–1650), einem der bedeutendsten Schullehrer des 17. Jahrhunderts, eine bis dahin nie gekannte Ausstrahlung erlangte, besuchten nach Fromm auch Elias Sigismund Reinhardt, Cunradus Tiburtius → Rango und Gottfried → Weber, mit denen er später in der kurbrandenburgischen Residenz zusammentreffen wird.

Am 28. Nov. 1616 immatrikulierte sich Fromm, der inzwischen bereits im 21. Lebensjahr stand, an der Universität Wittenberg (WEISSENBORN, 1934, 16,619). Da der gewählte Rektor, der Theologieprofessor Leonhard Hutter (1563–1616), am 23. Okt. verstorben war, nahm der Mathematiker Ambrosius Rhodius (1577–1633) als Prorektor die Eintragung vor. Überliefert sind die Namen der Professoren, die Fromm in Wittenberg hörte, nämlich Heineccius an der philosophischen Fakultät sowie Balduin, Meisner, Franz und Hunnius an der theologischen Fakultät.

Friedrich Balduin (1575–1627), seit 1604 Theologieprofessor, war Kaiserlich gekrönter Poet und ein vorzüglicher Prediger. In seinen Vorlesungen legte er die Paulus-Briefe aus; darüber hinaus gilt er als Begründer der evangelischen Kasuistik. Balthasar Meisner (1587–1626) war schon 1611 als Professor für Ethik nach Wittenberg gekommen und hatte 1613 eine theologische Professur erhalten. Er las über die Propheten des Alten Testaments, führte aber auch polemische Auseinandersetzungen mit sozinianischen Bestrebungen, die er in seinen Disputationen wiederholt bekämpfte. Gleichwohl galt gerade Meisner bei aller Entschiedenheit seiner theologischen Stellungnahmen nicht als lutherisch-orthodoxer Streiter, sondern war bereit, über Mängel in Kirche und Staat zu diskutieren. Wolfgang Franz (1564 bis 1628) erhielt 1598 die Vokation als Professor für Geschichte, widmete sich aber dann der Theologie und ging als Propst nach Kemberg. 1605 kam er als Theologieprofessor nach Wittenberg zurück, wo er – wohl zu Unrecht – calvinistischer Neigungen verdächtigt wurde, da er 1587 an der Universität den Magistergrad erlangt hatte, als hier noch der Kryptocalvinismus herrschte, der erst zur Jahrhundertwende durch die Rückkehr zum strengen Luthertum überwunden worden war. In seinen Vorlesungen beschäftigte sich Franz vor allem mit den Büchern Mosis, doch beendete ein Schlagfluß bereits im Jahre 1620 seine akademische Tätigkeit. Nikolaus Hunnius (1585 bis 1643), ein Sohn des bekannten Marburger Theologen und späteren Wittenberger Theologieprofessors Ägidius Hunnius (1550–1603), hatte 1612 die Superintendentur in Eilenburg erhalten und war erst 1617 auf die unterste theologische Professur berufen worden, wo er sich durch seine Polemik gegen Katholiken und Calvinisten, gegen Weigelianer und Sozinianer einen Namen machte. 1623 ging er als Hauptpastor nach Lübeck.

1617 mußte Fromm eines Fiebers wegen das Studium abbrechen und nach Hause zurückkehren. Ein erneuter Versuch in Wittenberg zu studieren, noch im Nov. desselben Jahres unternommen, scheiterte 1618 aus dem gleichen Grund und endete wiederum mit der Heimreise. Nach seiner Gesundung immatrikulierte sich Fromm dann im Nov. 1618 unter dem Theologieprofessor und Rektor Johannes Affelmann (1588–1624) an der Universität Rostock (HOFMEISTER, 1895, S. 31b).

Aus Fromms Rostocker Universitätsjahren sind mehrere Disputationen überliefert, so schon 1619 an der philosophischen Fakultät eine »Disputatio Physicam de Coelo«, bei der der Magister Breier präsidierte, sowie eine »Disputatio Pneumatica de Intelligentiis«. Fromm nahm an mehreren Collegia teil, so etwa 1619 an einem Collegium Theologicum Lectorium et Disputatorium unter Johann Tarnow (1586–1629) zu theologischen Lehrsätzen von Matthias Hafenreffer (1561–1619). Der Stuttgarter Hofprediger, Theologieprofessor in Tübingen und Kanzler der dortigen Universität, der mit Johannes Kepler (1571–1630) einen freundschaftlichen Briefwechsel führte, hatte 1600 seine »Loci theologici« veröffentlicht, die als klare und schriftgemäße Darstellung seinen Namen weit über Württemberg hinaus bekanntmachten. Johann Tarnow galt als ausgezeichneter Exeget, dessen Kommentare jedoch oft den Widerspruch lutherisch-orthodoxer Theologen hervorriefen, da Tarnow Bibelauslegungen früherer hochgeschätzter lutherischer Lehrer als irrtümlich verwarf. Seine »Exercitationes biblicae« (1619) gehörten wie seine bei der protestantischen Orthodoxie wenig Beifall findende Forderung, das Studium der biblischen Grundsprachen zu verstärken, zu den Errungenschaften frühpietistischen

Denkens an der theologischen Fakultät Rostock. Außerdem besuchte Fromm Collegia Ebraea unter Daniel Michaelis (1592–1644), dem späteren Superintendenten zu Güstrow, und unter Movius. Belegt ist schließlich seine Teilnahme an einem Collegium Biblicum unter dem berühmten, sich um Versöhnung zwischen den Konfessionen bemühenden Theologen Johann Quistorp d. Ä. (1584–1648) sowie an einem Collegium Theologicum disputatorium unter Johannes Affelmann, der seit 1609 eine theologische Professur bekleidete und zahlreiche Kontroversschriften verfaßte.

1622 reiste Fromm nach Greifswald, wo er sich am 11. Mai unter dem Mediziner und Rektor Johannes Eberhard in die Matrikel einschrieb (FRIEDLÄNDER, 1893, S. 459,45). Ein Jahr später, am 12. Juni 1623, erlangte er die Magisterwürde (FRIEDLÄNDER, 1893, S. 462,37). Die Namen seiner Prüfer sind ebenfalls überliefert (FRIEDLÄNDER, 1893, S. 468,25): Johannes Trygophorus (1580–1626), Professor für Geschichte, Alexander Christiani, Laurentius Ludenius (1593 bis 1624), Kaiserlich gekrönter Poet und später Professor in Dorpat, sowie Jakob Gerschow (1587 bis 1655), ebenfalls Kaiserlich gekrönter Poet, ein bekannter Historiker für pommersche Geschichte, der 1619 als Professor für Poetik sowie für klassische und orientalische Sprachen berufen wurde und nach dem Tode von Trygophorus 1626 auch dessen Professur für Geschichte übernahm. Eigentlich hätte Fromm sein Magisterexamen auch in Rostock ablegen können, doch er zog Greifswald vor, weil er hoffte, hier eher eine Stelle an der Universität zu erhalten (so REINHARDT in seiner Leichpredigt). Allerdings wurde es so schnell nichts mit der erhofften Anstellung, doch der Theologieprofessor und Pastor Joachim Bering (1574–1627) nahm den eben gekürten Magister als Informator in sein Haus, wo dieser den Sohn und späteren Theologieprofessor Johannes Bering (1607 bis 1658) unterrichtete. Noch vor seinem Magisterexamen war Fromm Tischgenosse beim Theologieprofessor Bartholomäus Battus (1571–1637) gewesen, der zahlreiche exegetische und dogmatische Schriften veröffentlichte; jetzt disputierte er unter Battus »de Statu Exinanitronis Christi, ex Epistolâ ad Phil. II.« und empfahl sich damit der theologischen Fakultät. Die von Fromm öffentlich und privat gehaltenen Disputationen sollen in einem von der theologischen Fakultät Greifswald verfaßten »Ehrenzeugnis« verzeichnet gewesen sein (so REINHARDT, Leichpredigt).

Da Fromm trotz aller Bemühungen an der Universität keine Anstellung fand, verließ er Greifswald 1625 und kehrte in seine Heimat zurück. Es sollte allerdings noch ein ganzes Jahr vergehen, bis der inzwischen Dreißigjährige endlich seine erste Vokation erhielt, und zwar zum Leiter der Schule in Wusterhausen, die er als Schüler einst selbst besucht hatte und an welche er 1626 als Rektor zurückkehrte. Lange hat Fromm das Rektorat allerdings nicht bekleidet, sondern selbiges eher als Durchgangsstufe zu einem höher dotierten Kirchenamt angesehen: Bereits 1627 vozierte er auf das Predigeramt zu Wusterhausen.

Die gesicherte Stellung bot nun auch die Möglichkeit, eine Familie zu gründen. Am 18. Nov. 1628 heiratete Fromm Elisabeth, die Tochter des Wittstocker Superintendenten Erdmann Schwartzkopf. In dieser Ehe wurden sieben Kinder geboren, von denen sechs (Catharina, Elisabeth, noch eine Catharina, Andreas Joachim, Eva Maria und Anna Elisabeth) bereits früh starben; lediglich der Sohn Christian überlebte den Vater (als dieser 1657 starb, hatte er schon die Magisterwürde erlangt).

1630 folgte Fromm einem Ruf als Dritter Diakon an der Kirche zu S. Nicolai in Berlin. Nicht lange nach seiner Amtsübernahme starben die ihm übergeordneten Diakone, so daß Fromm schon 1631 zum Zweiten Diakon aufstieg und einige Zeit sogar die Geschäfte des Archidiakons mit ausüben mußte, bevor er 1634 selbst zum Archidiakon berufen wurde, welches Amt er mehr als zwei Jahrzehnte bekleidete, dabei mehrmals die vakante Propststelle für die verstorbenen Geistlichen Andreas Moritz (1559–1631), Nikolaus Elerd (1586–1637), Samuel Hoffmann (1608–1649) und Peter → Vehr (dem Älteren) mitversorgte. Auch war ihm in den Jahren 1632 und 1633 die Leitung der Kirchenbibliothek zu S. Nicolai übertragen worden (LAMINSKI, 1990, S. 28). Die gewissenhafte Erfüllung der übertragenen Amtspflichten, die Predigttätigkeit und Seelsorge, führten durch die zusätzliche Verwaltung der übergeordneten vakanten Stellen zu einer zeitweise sehr hohen Arbeitsbelastung, so daß Fromm oft nahe der Erschöpfung gewesen sein soll und schon damals sein »Curriculum vitae« aufgesetzt sowie alle Formalitäten für den Fall seines Todes getroffen haben soll (so REINHARDT in seiner Leichpredigt).

Letzteres war nicht verwunderlich, fielen doch die ersten Jahre, die Fromm in seinem Berliner Kirchenamt zubrachte, in jene Zeit, in der im Dreißigjährigen

Krieg nach den ersten militärischen Niederlagen der Schweden auf deutschem Boden die Mark fast unvermeidlich noch mehr zwischen die großen Mächte geriet und zum Hauptkriegsschauplatz wurde. Ende 1633 belagerten kaiserliche Truppen auch Berlin-Cölln, die Bürger fürchteten das Schlimmste. Zwar konnte die Residenz von den Belagerern nicht eingenommen werden, bot also gegenüber den unbefestigten kleineren Städten und vor allem gegenüber den Dörfern ihren Bewohnern eine relative Sicherheit, doch hohe Kontributionslasten drückten und ausbrechende Seuchen dezimierten die Bevölkerung. Die Prediger an den Kirchen in Berlin-Cölln erfuhren in jenen Jahren bei der Ausübung ihrer seelsorgerischen Tätigkeit viel Leid und Elend, das wohl manchmal auch auf das eigene Befinden zurückschlug.

1639 wurde in allen Kirchen der Mark Brandenburg das erste Säkulum der Einführung der Reformation durch Kurfürst Joachim II. mit Festgottesdiensten feierlich begangen. Unter den Predigten, die im »Iubilæum Evangelico-Marchicum Berolinense« (1640) veröffentlicht wurden, war auch die von Fromm am 1. Nov. 1639 im Grauen Kloster gehaltene »Hertzliche Danck=Predigt vor die, von GOtt uns allhier in der Chur= und Marck Brandenburg vor 100. Jahren erwiesene grosse Gnade und Wohlthat, daß Er uns aus der Päbstischen Finsterniß errettet und das Licht des heil. Evangelii unter dem hochlöblichen Churfürsten zu Brandenburg Ioachimo II. angestecket hat«. Das Werkverzeichnis weist außer einigen Disputationen, die Fromm während seiner Universitätsstudien gehalten hat, und der eben genannten Festpredigt ausschließlich Leichpredigten und Gelegenheitsgedichte für Persönlichkeiten des kurbrandenburgischen Hofes und der Residenz Berlin-Cölln auf. Er selbst erhielt zu seiner zweiten Eheschließung (seine erste Frau war am 17. Nov. 1641 gestorben) mit Sabina, der Tochter des angesehenen Berliner Kammergerichtsadvokaten Andreas Barthold, im Jahre 1643 zahlreiche Epithalamia von seinen Amtskollegen aus Kirche und Schule. Unter den Hochzeitsgedichten befand sich auch eine achtzehnstrophige jambische Ode, die Paul → Gerhardt gedichtet hatte; es ist das früheste nachweisbare deutschsprachige Lied des späteren berühmten Kirchenlieddichters. Gerhardt war zu Beginn des Jahres 1643 nach Berlin gekommen, wo ihn Barthold zum Hauslehrer bestellte. 1655 ehelichte auch er eine Tochter Bartholds. Sein späterer Schwager Fromm vermittelte ihm in Berlin wohl auch die Bekanntschaft mit Johann → Crüger, der seit 1622 als Organist zu S. Nicolai und Kantor am Berlinischen Gymnasium wirkte. 1640 hatte Crüger ein Kirchengesangbuch herausgegeben, das ihm bei den Zeitgenossen höchste Anerkennung verschaffte. Die 1647 erschienene zweite Auflage des Werkes unter dem Titel »Praxis Pietatis Melica« enthielt bereits 18 geistliche Lieder von Gerhardt; die späteren Auflagen brachten dann weitere Lieder von ihm. Als 1651 Andreas → Fromm auf der Suche nach einer neuen Stellung nach Berlin kam, bot ihm sein Vetter an, in der Nikolaikirche zu predigen, und wirkte wohl auch dahingehend mit, daß Andreas Fromm bald darauf zum Propst und Inspektor zu St. Petri in Cölln berufen wurde.

Joachim Fromm starb am 28. April 1657 in Berlin; die Leichpredigt hielt Elias Sigismund Reinhardt. Sie erschien in Wittenberg im Druck und war der Witwe sowie den noch minderjährigen Söhnen Andreas Joachim und Valentin Friedrich gewidmet. Der Leichpredigt angehängt sind Epicedia von Johannes → Heinzelmann, dem Rektor des Berlinischen Gymnasiums, und vom Subkonrektor Gottfried Weber. Eine separate Epicedia-Sammlung enthält 23 Beiträge, die von einem lateinischen Epicedium des kfl.-brandenburgischen Leibarztes Thomas → Pankow angeführt werden. Ihm folgen zumeist lateinische Epicedia der Berliner Geistlichen und Schulkollegen. Am Ende stehen zwei Gedichte, die die Söhne auf den Tod des Vaters verfaßten. Fromms Epitaph befand sich hinter der Kanzel zu S. Nicolai (die Inschrift mit einer kurzen Vita ist mitgeteilt bei KÜSTER/ MÜLLER, 1737, I, S. 322f.). Nach dem Aufrücken der Geistlichen in die nächst höheren Stellen wurde Fromms Schwager Paul Gerhardt zum Dritten Diakon zu S. Nicolai berufen. Nachdem dessen Frau am 5. März 1668 gestorben war, führte Joachim Fromms Witwe dem Schwager und seinem einzigen überlebenden Sohn Paul Friedrich Gerhardt den Haushalt. [LN]

Werke

Disputatio Physicam de Coelo. Rostock 1619 (Reinhardt, 1657).
Disputatio Pneumatica de Intelligentiis. Rostock s. a. (Reinhardt, 1657).
Disputatio de Statu Exinanitronis Christi, ex Epistolâ ad Phil. II. publicè. Greifswald 1623 (Reinhardt, 1657).
Der Christen Himmelfahrt, so sie mit dem Propheten Elia an jenem Tage halten werden, bey der Leiche Herrn M. Andreæ Mauritii Præpositi in Berlin aus 2. Reg. II. 11. 12. erkläret. Berlin 1631 (LP StA Braunschweig, Nr. 4048; Küster/ Müller, 1737, I, S. 323, jedoch Berlin 1631).
Pastor & baculus noster Christus über der Leich=Bestattung zweyer Eheleute, Herrn Johann Rauens Seelsorgers zu S. Nicolai in Berlin, und Frau Margaretha Gerickens, welche beyderseits anno 1631. gestorben, gezeigt. Berlin 1631 (Küster/ Müller, 1737, I, S. 323).
Epicedium für Andreas Moritz, Propst in Berlin. An: Fromm, Joachim: Leichpredigt für Andreas Moritz. Berlin 1632 (LP StA Braunschweig, Nr. 4048).
Resurrectio piorum, der wahren Kinder GOttes geist= und leibl. Auferstehung zum ewigen Leben bey der Leich=Bestattung Herrn Peter Kessels Bürgers und Handelsmann in Berlin, als Er d. 15. April 1634 in S. Nicolai beygesetzt worden, aus Hos. VI. 1. 2. gezeiget. Berlin 1634 (Küster/ Müller, 1737, I, S. 323).
Ἐυθανασια sive ars bene moriendi, bey der Leich=Bestattung Herrn M. Ioach. Nisæi, Archid. zu S. Nicolai, welcher Anno 1634. den 15 Julii gestorben, und den 20. ejusdem begraben, aus Ps. XXXI. 6. vorgestellet. Berlin 1634 (Küster/ Müller, 1737, I, S. 323).
Epicedium für Georg Gutke, Rektor am Berlinischen Gymnasium zum Grauen Kloster. An: Elerd, Nikolaus: Leichpredigt für Georg Gutke. Berlin 1632 (LP StA Braunschweig, Nr. 2096).
Zwey Christliche Leich=Sermones zweyer Christlicher, gottseeliger, frommer, und vornehmer junger Ehe=Leute, deren die erste uns zeiget ... das Bittersüsse und Betrachtung des Trauer= und Trost=Standes der Kinder GOttes, aus Ps. XII. 42. bey dem Begräbniß Herrn Andr. Kochs, Churfl. Brandenb. Hof=Cammer=Gerichts= auch Consistorial-Raths, welcher den 26. Aug. 1637 gestorben, die andere lehret ... die seelige Betrachtung des Todes und Lebens der wahren rechtgläubigen Christen, aus Rom. XIV. 7. 8. bey der Leich=Bestattung Frauen Cathar. Wernickens, Herrn Andr. Kochs Hauß=Ehre, welche den 11. Aug. gestorben. Berlin 1638 (LP StA Braunschweig, Nr. 3186 und 7172; Küster/ Müller, 1737, I, S. 323, jedoch Berlin 1637).
Epicedium für Anna Maria Miser geborene Heyde, Ehefrau von Caspar Miser, Bürgermeister in Berlin. An: Elerd, Nikolaus: Leichpredigt für Anna Maria Miser geborene Heyde. Berlin 1637 (LP StA Braunschweig, Nr. 2295).
Epicedium für Nicolaus Elerd, Propst in Berlin. An: Berkow, Johann: Leichpredigt für Nicolaus Elerd. Berlin 1637 (LP StA Braunschweig, Nr. 1366).
Epicedium für Andreas Koch, kfl.-brand. Hofkammergerichtsrat. An: Fromm, Joachim: Leichpredigt für Andreas Koch und Catharina Koch geborene Wernicke. Berlin 1638 (LP StA Braunschweig, Nr. 3186).
Hertzliches Verlangen frommer Christen, so sie in diesen elenden letzten Zeiten nach dem ewigen Leben haben und tragen, bey dem Leich=Begängniß Frau Anna Köppens, Herrn Ioach. Chemnitii I. V. D. Chur=Brandenb. Hof=Cammer=Gerichts= und Consistorial-Raths [...], welche[r] Anno 1639. den 29ten Julii gestorben, aus Jes. LVI. 1. 2. betrachtet. Berlin 1639 (Küster/ Müller, 1737, I, S. 323).
Sieg und Uberwindung der Kinder GOttes, über alle ihre geistl. und leibl. Feinde, bey der Leiche Herrn Andreas Frid. Kohl I. V. D. Churf. Brandenb. Cammer=Gerichts=Raths aus Rom. VIII. 31. sq. am 4. Juni 1639. gezeiget. Berlin 1639 (Küster/ Müller, 1737, I, S. 323).
Leichpredigt für Peter Kassel, Handelsmann in Berlin. Berlin 1639 (LP StA Braunschweig, Nr. 2943).
SACRUM NUPTIALE, VIRO Clariß. Excellentiß. et Consultiß. DN: BALTHASARI FÜNSTERO, J. U. D. REVERENDISS: ET ILLUSTRISS: DN: DN. ADAMI, COMITIS à Schwartzenberg/ S. Johannis per Marchiam, Saxoniam, Pomeraniam atque Vandaliam MAGISTRI, Domini in HohenLandsberg & Chimborn/ &c. &c. Consiliario conspicuo, secundùm SPONSO; Nec non Virgini Nobili, Castissimæ, Pudicissimæque ANNÆ-SABINÆ, Viri Nobil: Magnifici, Ampliß: et Excellentiß: Dn. PETRI Fritzen/ J. U. D. celeberr: Comit: Palat: Cæsar: Sereniss: Elect: Brandenb. Consiliarij, & S. Consistorij Præsidis Spectatissimi Filiæ, SPONSÆ. Destinatum & peractum â Fautoribus, Amicis & Clientibus, Die 28. Octob. An: 1639. BEROLINI, TYPIS RUNGIANIS. Berlin 1639 (109: Slg. GK: Cg 51. 2/1).

Refectio viduæ, d. i. bewährte Artzeney wider alle Traurigkeit in Creutz und Leiden, bey dem Grabe Fr. Maria Schönbeckin, Herrn Andr. Kohlen, Chur=Brandenb. Raths und Vice-Cantzlers Ehegenoßin, welche den 11ten Octobr. 1640. gestorben, aus Mich. VII. 8. 9. vorgestellet. Berlin 1640 (Küster/ Müller, 1737, I, S. 323).

Hertzliche Danck=Predigt vor die, von GOtt uns allhier in der Chur= und Marck Brandenburg vor 100. Jahren erwiesene grosse Gnade und Wohlthat, daß Er uns aus der Päbstischen Finsterniß errettet und das Licht des heil. Evangelii unter dem hochlöblichen Churfürsten zu Brandenburg Ioachimo II. angestecket hat, aus Apoc. XVIII. 1–4. in Berlin den 1. Nov. 1639. im grauen Kloster frühe gehalten. In: Iubilæum Evangelico-Marchicum Berolinense. Berlin 1640 (1: Tc 4400 ehem.; 1: Tc 4401 ehem.; 1: Tc 4401ª ehem.; Küster/ Müller, 1737, I, S. 323).

VOTA VIRO Amplissimo Prudentiß: et literariß: M. GEORGIO WEBERO, Hactenus Camerario &c. CONSULATUS BERLINENSIS AXIOMATE Ornato nec minùs onerato, Nuncupata & scripta. BEROLINI, Charactere Rungiano expressa. ANNO 1642. Berlin 1642 (109: Slg. GK: Sch 1/20).

Regenten=Seuffzerlein vor den Durchl. Herrn Friderich Wilhelmen, Marggrafen zu Brandenburg, aus Ps. XX. 2. 5. zu GOtt abgeschickt. Berlin 1643 (Küster/ Müller, 1737, I, S. 323).

COROLLÆ GAMICÆ, Viro Clarissimo & Literatissimo DN. EMANUELI VULPINO, SCHOLÆ Spandoviensis Rectori digniss: SPONSO, et Virgini pientissimæ, pudicissimæ & lectissimæ GERTRUDI, VIRI Reverendi Clariß: et Doctiß: Dn: MATTHÆI Rosenthals/ Palæo-Landsbergæ Pastoris vigilantiss: dilectiss: Filiæ, SPONSÆ, Prono affectu in debitum honorem plexa' et nexa'. A Fautoribus & Amicis. BEROLINI, TYPIS RUNGIANIS, Anno 1643. Berlin 1643 (109: Slg. GK: Cg 216. 1).

(...) Grundfeste des allgemeinen Heils und Seeligkeit der Menschen, so in Christo JEsu allein bestehet aus 1. Tim. 1. 15. bey dem Begräbnüß Herrn Balth. Fünsteri I. V. D. und Chur=Brandenb. Hof= und Cammer=Gerichts=Raths, welcher Anno 1648. den 11ten Octobr. gestorben. Berlin 1648 (1: 20 in Ee 510; Küster/ Müller, 1737, I, S. 323).

Epicedium für Balthasar Fünster. An: Fromm, Joachim: Leichpredigt für Balthasar Fünster. Berlin 1648 (1: an 20 in: Ee 510).

ΚΕΙΜΗΛΙΟΝ Piorum & benemeritorum, Das ist: Welches die herrliche Beylage/ Kleynod/ Köstliches Gnaden-Geschenck/ und wolverdienter Leute/ auch aller Gottseligen Christ-Hertzen reiche Belohnung nach diesem mühseligen Leben seyn werde. Uber den ... Todesfall Des ... Herrn Petri Fritzens Beyder Rechten Doctorn ... Churfürstl. Brandenb. Hoff-Cammer-Gerichts- und AmbtsRaths/ auch des Geistlichen Consistorii Wolverdienten Praesidenten ... Welcher den 23. Martij ... dieses 1648. Jahres ... zum ... ewigen Frieden ... kommen ... Aus dem 3. Cap. des Evangelisten Joh. v. 16. gezeiget ... Durch M. Joachimum Frommen/ Archidiac. der Kirchen zu S. Nicol. daselbst. Gedruckt zu Berlin bey Christoph Runge Anno 1648. Berlin 1648 (1: 11 in: Ee 510; Dünnhaupt, 1991, III, S. 1594f.; Küster/ Müller, 1737, I, S. 323).

Dulce amarum Deo charum solatio plenum, das ist, aller betrübten Ehe= und Christlicher (von GOtt geliebten) Hertzen in dem süß=bittern Ehe=Stande und Christenthum dieses zeitlichen Thränen=Thals gewisser und beständiger Trost bey dem Begräbniß Frau Eva Maria Fritzin, Herrn Sam. Hofmanns Eheliebsten, welche den 16ten Dec. 1648. gestorben, aus Ezech. XXIV. 15. 18. betrachtet. Berlin 1648 (1: 7 in: Ee 518; Küster/ Müller, 1737, I, S. 323).

Epicedium für Eva Maria Hoffmann geborene Fritz. An: Fromm, Joachim: Leichpredigt für Eva Maria Hoffmann geborene Fritz. Berlin 1648 (1: an 7 in: Ee 518).

Γλυκιπικρον piorum, das ist Honig=süsser Trost gegen das Gallen=bittere Creutz der Kinder GOttes allhier in diesem Leben, aus Mich. VII. 7–9. bey dem Grabe Herrn Andr. Wernikens, Churf. Brandenb. Hof= und Cammer=Gerichts=Raths, betrachtet Anno 1648. Berlin 1649 (Dünnhaupt, 1991, V, S. 3644; Küster/ Müller, 1737, I, S. 323).

Samuel Christianus, das ist, aller Christl. Lehrer und Prediger (als des Propheten Samuels getreuen Nachfolger) Amt und Beruff, auch reiche Belohnung für ihre Seel=Sorge und Hirten=Treue, aus 1. Sam. III. 19. 20. bey dem Grabe Herrn Sam. Hofmanns, Probst und Consistorial-Raths in Berlin, welcher Anno 1649. den 28ten April gestorben, und den 9ten Maji in S. Nicolai begraben. Berlin 1649 (1: 7 in: Ee 518; Küster/ Müller, 1737, I, S. 323f.).

DEO OPTIMO MAX. AUSPICE ! Fautorum Amicorumque votivi applausus Conscripti, dum DNS. MARTINUS=FRIDERICUS SEIDEL, J. U. L. Serenissimi Electoris Brandenburgici Consiliarius & Consistorii Marchici Assessor Cum Virgine Nobili Cunctisque Sui Sexus Virtutibus Condecoratissima MARTHA SO-

PHIA, VIRI emeriti Domini ANDRÆÆ KHOLI, ICti Clarissimi & ProCancellarii Marchionatus Brandenburgensis Natâ perdilectâ, Hilaria gamica celebraret, ANNO Post Christi Nativitatem 1649. 3. Non. Decemb. BEROLINI, CHARACTERE RUNGIANO. Berlin 1649 (1: Ms. Boruss. fol. 200, f. 91r–98r).

Trost wahrer Christen, sonderlich aber Christlicher Kreisterinnen und Kindbetterinnen, so etwa in, oder nach der Geburth ihr Leben endigen und beschliessen müssen, und wie man solche Todes=Fälle recht ansehen solle, über der Leich=Bestattung Fr. Matha Sophia gebohrner Kohlin verehlichter Seidelin aus Sapientiæ XVIII. 20. Berlin 1650 (Dünnhaupt, 1990, II, S. 1128; Küster/ Müller, 1737, I, S. 324).

Epicedium für Martin Stromann. Propst in Bernau. An: Vehr, Peter: Leichpredigt für Martin Stromann. s. l. 1650 (LP StA Braunschweig, Nr. 6604).

Ita novos Honores VIRO Perquàm Reverendo, Amplissimo, Præ-Clarissimo DOMINO M. PETRO VHER, ECCLESIARUM BEROLINENSIUM Præposito- & Inspectori Vicinarum meritissimo, S. Ministerii ibid. quoque Seniori honoratissimo. Quum Hagio-Synedrii Electoralis Brandenburgici ADSESSOR declararetur, Dn. Fautori, Fratri ac Patrono suo devotê colendo gratulantur. Mens. Septembris, Anno M DC LI. BEROLINI, Prælo Rungiano. Berlin 1651 (109: Slg. GK: Sch 1/35).

Epicedium für Johann Berkow. Archidiakon zu S. Marien. An: Vehr, Peter: Leichpredigt für Johann Berkow. Berlin 1651 (LP StA Braunschweig, Nr. 386).

VOTA NUPTIIS M. JOHANNIS HEINZELMANI, GYMNASII BEROLINENSIS RECTORIS ET SOPHIÆ ZIRIZIÆ OBLATA A FAUTORIBUS QVIBUSDAM ET AMICIS. Berlin 1652 (109: Slg. GK: Cg 76. 4).

Hertzens=Trost verlassener Christl. Wittben und Waysen, Armen und Elenden, bey der Leiche Frau Maria Mauritzin, Herrn Georg. Gutkii hinterlassenen Wittben, welche den 12ten Sept. 1653. dieses Zeitliche gesegnet, aus Sap. III. 1. 6. betrachtet. Berlin 1653 (1: 29 in: Ee 512; Küster/ Müller, 1737, I, S. 324).

Thränen=Saat und Freuden=Ernte, d. i. Christl. Bericht, wie die Kinder GOttes allhier in diesem Leben zwar ihre Thränen vergiessen, und trauren müssen, aber dort in ewigen Leben hergegen sich ewig freuen werden, aus Ps. CXXVI. 5. 6. bey der Leiche Frau Ursula, gebohrnen Striepin, Herrn Andr. Lindholtz, Chur=Brandenb. Cammer=Gerichts=Advocaten und Burgemeisters, welcher Anno 1653. den 12ten Jan. gestorben, vorgestellet. Berlin 1653 (1: 19 in: Ee 520; Küster/ Müller, 1737, I, S. 324).

EPICEDIA in Obitum NOBILISS. ET CONSULTISSIMI VIRI DOMINI ERASMI SEIDELII, JCTI. Et in Secretissimo Electoris Brandenburgici Consilio Senatoris haut postremi scripta â DOMINIS AMICIS ac FAUTORIBUS SINGULARIBUS. M.DC.LV. BEROLINI, Exprimebat Christophorus Runge. Berlin 1655 (1a: Av 14162).

VICTRIX ARMATUR SPIRITUALIS, Das ist: Siegreiche Christliche Wehr= und Waffen/ wider die geistlichen Feinde/ als wider den Teuffel/ den Zorn Gottes/ wider die Sünde/ und den Fluch des Gesetzes/ auch wider alles Elend/ und was den Kindern Gottes für widerwertiges allhier auff Erden zu handen stossen kan und mag. Bey Christlicher sehr vornehmer und Volckreicher Versammlung und Leichbestätigung Des weyland WolEdlen/ Hochgelahrten und Hochbenambten Herrn Erasmi Seidelii/ Vornehmen JCti. und Churf. Brandenb. Geheimten Raths/ Welcher/ Den 30ten Martii st. v. Anno 1655. früh kurtz nach 6. Vhrn im HERREN unvermuthlich zwar/ aber doch gar sanfft und selig entschlaffen/ und den 8. April. war Domin. Palmarum, der Palmen Sontag genant/ in der Kirchen zu St. Nicol. allhier in Berlin/ in das/ von den hinterlassenen geliebten Seinen darzu erkaufftes Begräbnis im Chor/ (wie es genannt wird) Christlich beygesetzet und der Erden/ als unser aller Mutter anvertrawet worden. Aus der Epistel vom Apostel S. Paulo an die Römer geschrieben am 8. Cap. vom 31. Vers. an bis zu Ende/ selbiges Cap. gezeiget/ oder an die Hand gegeben/ und auff Begehren zum Druck befordert von M. JOACHIMO Frommen/ der Kirchen daselbst Archidiac. und Seniorn. Berlin/ Gedruckt bey Christoff Runge/ 1655. Berlin 1655 (1a: Av 14161; Küster/ Müller, 1737, I, S. 324).

FOEDUS AMORUM SOLEMNI NUPTIARUM DN. GABRIELIS LUTHERI ET VIRG. ANNÆ ROSINÆ VVEISIÆ Sacrum Auspicatum vovent atque diuturnum Fautores & Amici. BEROLINI Typis RUNGIANIS, Anno 1655. Berlin 1655 (109: Slg. GK: Cg 121. 6).

Leichpredigt für Andreas Lindholtz, Cammer-Gerichts-Advocat und Bürgermeister. Berlin 1655 (1: Ee 705–812).

EPICEDIA MUSARUM LUGENTIUM. piis & beatis Manibus Viri Reverenda et Clarissima Dignitate, Eruditionis laude vitæque sanctimonia commendatissimi, DN. M. PETRI VHERII, Hagiosynedrii Elector. Brandenburg. Assessoris & Præpositi Berolinensis Meritissimi, Ministerii Senioris. Desecrat. Non debet mors eorum, quorum vita laudatur, silentio præteriri. Cicero. s. l. e. a. [ohne Impressum; Berlin 1656] (109: Slg. GK: Sch 1/42).

Perge, Lector erudite & benevole, & lege sis Funebres hosce modos Musarum Patronorum, Favitorum et Cultorum Prosequentium & Cohonestantium Obitum properum, sed prosperum VIRI Clarißima et Spectabili Dignitate, integra fide et Officio, DN. ERNESTI Pfuel/ J. U. D. Dicasterij Brennopyrgici Advocati, Comitis recèns Palatij Cæsarei, nunc DEI in fulgentissima Beatorum sede cum omnium sanctorum Angelorum splendidissimô Comitatu & applausu facti Placeat hoc monumentum, qvod in animis optimè sentientium atque ex sese virtutem verumque laborem æstimantium erigitur. Berlin 1656 (1: an: 21 in: Ee 526).

CHRISTIANORUM DIGNITAS ET PRIVILEGIA, Das ist: Der wahren Christen und Kinder GOttes ihre Würde und Freyheit/ so sie von GOtt durch CHristum erlanget/ und ewig zu geniessen haben werden: Bey Christlicher und volckreicher Versamlung und Leichbestätigung Des weyland/ Edlen/ WolEhrenvesten/ Groß-Achtbarn vnd Hochgelahrten HERRN ERNESTI Phulen/ J. U. D. COM. PALAT. CÆSAR. und Churfürstl. Brandenb. Cammergerichts gewesenen vornehmen Advocaten/ Welcher den 22. Julij Anno 1656. frühe zwischen 5. und 6. Uhr im HErrn selig entschlaffen/ und den 27. ejusdem war der 8. Sonntag nach Trinitat. in der Kirch zu St. Nicolai allhier beygesetzet/ und der Erden/ als unser aller Mutter anvertrauet worden/ Aus dem 4. Cap. der Epistel des Apostels St. Pauli an die Galater geschrieben/ vers. 7. gezeiget und auff Begehren/ publiciret von M. JOACHIMO FROMMEN/ der Kirchen daselbsten Ecclesiast. und Senioren. Berlin/ Gedruckt bey Christoff Runge. Berlin 1656 (1: 21 in: Ee 526; Dünnhaupt, 1991, V, S. 3651).

»Praeclarus COLIUS, vestitus veste salutir ...« [Epicedium]. In: Lilius, Georg: Chur Brandenburg: Vice Cancellärn H. Andr. Khols I. C. Seel. ged. Andenck=Seule 1656 [Bl. 1]. GAUDIUM IN DOMINO, de Animae vestimento Die Herrn=Freudt/ übern Seeln=Kleidt Aus Esaias Propheten=buch/ im LXI Cap. Bey Christlich= Edler Leichnbegängknüß/ Deß Weyland WolEdlen/ Großacht=bahren/ Hochgelarten/ Herrn Andreas Kohl: ICTI, Churfürstl. Durchläucht: zu Brandenburgk: Hoff= vnd Cammer=gerichts=Raths/ auch Vice= Cancellärn: Seelged. [...]. Helmstadt/ Gedruckt bey Henning Müllern/ Anno 1656. (1: Ee 519, 8).

KEIMHΛION, Das ist: Getreuer Lehrer und Prediger/ Bekenner und Kinder GOttes Bester Schatz/ So sie in dieser undanckbaren und letzten bösen Welt davon bringen/ Aus St. Stephani/ als des ersten heiligen Märtyrers Neues Testament/ Suspirio, Act. 7. Cap. v. 59. HERR JESU/ nimb meinen Geist auff. über und bey Christlicher ansehnlicher und sehr Volckreichen Leichbestätigung/ Des weiland Wol Ehrwürdigen/ GroßAchtbarn/ Hoch und Wolgelarten Herrn M. PETRI VHERN, SENIORIS, Wolverdienten und ins 39te Jahr gewesenen treufleissigen Berlinischen Prediger/ ins 7te Jahr hieselbst Probsten/ auch der incorporirten Kirchen und dieses Gymnasii Inspectorn, So wol auch des Churfürstlichen Brandenburg. Geistlichen Consistorii gewesenen Assessorn und Kirchen=Rahts. Welcher den 10. Octobr. Anno 1656. frühe zwischen 4. und 5. Vhr im HERRN sanfft und selig entschlaffen/ und ist dessen H. abgelebter Cörper ipsa Domin. 20 post Trinit in der St. Nicol. Kirchen nahe beym hohen Altar [wie es genant wird] mit Christlichen Ceremonien beygesetzet/ und der Erden/ bis auf den numehr bald herannahenden Jüngsten Tage anvertrauet worden/ Zur Leich=Predigt gehalten/ auffgesetzet/ und auff der hinterlassenen hochbetrübten Christlichen Frauen Wittwen Begehren zum Druck befördert von M. JOACHIMO Frommen/ Archi-Diacono, der Kirchen zu St. Nicol. und des Berlinischen Ministerii Seniore. Franckfurt an der Oder/ Gedruckt bey Johann Ernsten/ 1657. Frankfurt/O. 1657 (1: 9 in: Ee 539; Küster/ Müller, 1737, I, S. 324, jedoch mit Berlin 1656).

Literatur

REINHARDT, Elias Sigismund: Die Gnade Gottes des Vatters/ die Liebe seines Sohnes/ und die Gemeinschafft des Heiligen Geistes/ Darinnen/ zum Exempel aller seiner Christlichen Zuhörer/ seinen Wandel auff Erden seliglich in GOtt angefangen und vollenführet hat Der Weiland Woll=Ehrwürdige/ GroßAchtbare/ und Hochgelahrte Herr M. Joachimus Fromm/ in die 27. Jahr gewesener treuer Prediger und Archi-Diaconus zu S. Nicolai in Berlin/ auch des Ministerii daselbst wolverdienter Senior, auß seinem begehrten heiligen Leichtext geprediget und erkläret/ als dessen geheiligter Leichnam daselbst nechst der so offt von Jhm erbaulich bestiegenen Cantzel ehrlich beygesetzet worden/ Am Fest der Himmelfahrt unsers Hohen-Priesters JEsu/ von Elias Sigismund Reinharten/ der Heil. Schrifft Licentiaten. Wittenberg/ Gedruckt bey Johann Röhnern/ der Universität Buchdr. Anno M DC LVII. Wittenberg 1657 (1: 16 in: Ee 510); LACRYMÆ POSTHUMÆ HONORI SUPREMO Viri Reverendi. Plurimum et Amplißimi DOMINI M. JOACHIMI FROMMI, Archidiaconi Nicolaitani & Senioris Ministerii Berlino-Coloniensis, Emeriti THEOLOGI JUSTI, SANCTI, INCUL-pati, Recti, jam benè beateque habentis in Patriâ, Inde â IV. Kal. Maij MDCLVII. fatali, Viæ, et Gratiæ regni. AFFUSÆ AB AMICIS QUIBUSDAM, COLLEGIS, ET FAUTORIBUS. Berolini Typis Rungianis. Berlin 1657 (1: 17 in: Ee 510); KÜSTER/ MÜLLER, I, 1737, S. 321–324; NOHL, 1903, S. 23 u. 81; FISCHER, 1937, S. 7f.

Gerhardt, Paul

* 12. März 1607 Gräfenhainichen
† 27. Mai 1676 Lübben
Theologe, luth.
V   Christian G., Ackerwirt u. Bürgermeister
M   Dorothea geb. Starke
G   Christian G., Anna G., Agnes G.
∞   1655 Anna Maria geb. Barthold (gest. 1668)
K   Maria Elisabeth, Anna Catharina, Andreas, Andreas Christian (starben alle frühzeitig), Paul Friedrich

Stadtschule in Gräfenhainichen
1616   Universität Wittenberg (non iuravit)
1622–1627   Fürstenschule in Grimma
1628   Universität Wittenberg
1634–1642   Hauslehrer in Wittenberg beim Archidiakon August Fleischhauer
1643–1651   Hauslehrer in Berlin beim Kammergerichtsadvokaten Andreas Barthold
1651–1657   Propst in Mittenwalde
1657–1668   Zweiter Diakon zu S. Nicolai in Berlin (1666 amtsentsetzt, 1667 wieder eingesetzt, ohne jedoch Amtstätigkeit aufzunehmen, 1668 entlassen)
1668/69–76   Archidiakon zu Lübben

Paul Gerhardt wurde am 12. März 1607 in Gräfenhainichen im Meißnischen geboren. In dem kleinen Landstädtchen unweit Wittenbergs bekleidete sein Vater, der Ackerwirt Christian Gerhardt, das Bürgermeisteramt. Die Mutter Dorothea war eine Tochter des Eilenburger Superintendenten Kaspar Starke; die Ehe der Eltern wurde am 12. Mai 1605 geschlossen. Vater und Mutter starben jedoch bereits 1619 beziehungsweise 1621, als Sohn Paul noch ein Kind war, und ließen außer diesem noch den älteren Sohn Christian sowie die jüngeren Töchter Anna und Agnes als Waisen zurück. Paul Gerhardt besuchte zunächst die Stadtschule in Gräfenhainichen und bezog am 4. April 1622 die sächsische Fürstenschule in Grimma, an der schon sein älterer Bruder Christian ab 1620 unterrichtet wurde. 1550 in den Räumen des ehemaligen Augustinerklosters gegründet, hatte die Bildungsanstalt zu Grimma schnell an Ansehen gewonnen, was sie vor allem ihrem ersten Rektor, dem bekannten Humanisten Adam Siber (1515 bis 1583), verdankte. Paul Gerhardt gehörte – wie sein Bruder Christian – als sogenannter »Kostschüler« zu jenen 96 Alumnen, die für ihren Aufenthalt 15 Gulden jährlich entrichten mußten, die finanziellen Verhältnisse der beiden Brüder reichten also trotz des frühen Todes der Eltern für einen mehrjährigen Besuch dieser geachteten Bildungseinrichtung aus. In einer von lutherischen Traditionen geprägten Erziehung erhielt Gerhardt in einem streng geregelten Tagesablauf die Grundlagen lateinischer und theologischer Bildung vermittelt. Als er nach fünfeinhalb Jahren am 12. Dez. 1627 die Schulanstalt verließ, wurde ihm in einem Zeugnis bescheinigt, er habe bei guten Anlagen Fleiß und Gehorsam bewiesen, wenngleich seine gezeigten Leistungen über ein durchschnittliches Maß nicht hinausreichten.

Am 2. Jan. 1628 inskribierte sich Gerhardt unter dem Rektor und Professor für Botanik und Anatomie, Gregor Niemann (Nymmann, 1592–1638), an der Universität Wittenberg (WEISSENBORN, 1934, 28,1). Es war nicht das erste Mal, daß er diese Hohe Schule besuchte: Bereits unter dem Datum des 11. Juni 1616 – Gerhardt stand damals im 10. Lebensjahr – wurde er unter dem Rektorat des Mathematikers Ambrosius Rhodius (1577–1633) in die Matrikel eingetragen, gemeinsam mit sieben weiteren Knaben aus Gräfenhainichen, und zwar vier aus der

Familie Kremberg, zwei aus der Familie Meisner sowie außer Paul Gerhardt noch sein Bruder Christian, alle als »Henichenses non iurarunt«, als Minderjährige also (WEISSENBORN, 1934, 16,433). Die frühe Eintragung von Minderjährigen war nichts ungewöhnliches. Blieben sie in der Stadt, konnten sie an den Privilegien der Universität teilhaben, verließen sie den Ort wieder, hatten sie mit ihrer Immatrikulation das Recht erworben, zu einem späteren Zeitpunkt an der Universität studieren zu dürfen.

Von 1628 an hielt sich Gerhardt fast 15 Jahre in Wittenberg auf, so daß man diese Zeit mit Recht als besonders prägend für sein ganzes Leben bezeichnen kann. An der Universität hörte er Vorlesungen bei den Theologieprofessoren Martini, Röber und Leyser, später auch bei Hülsemann, alle entschiedene Verfechter der »reinen« lutherischen Lehre in der theologischen Auseinandersetzung mit dem Calvinismus im benachbarten Anhalt und in Kurbrandenburg. Wenn wir an Gerhardts Rolle in den religiösen Streitigkeiten zwischen Lutherischen und Reformierten denken, die in den sechziger Jahren das kirchliche Leben in der kurbrandburgischen Residenz Berlin-Cölln nachhaltig prägten, so wurden hier die Grundlagen für seine unbeugsame lutherisch-orthodoxe Haltung gelegt. Jakob Martini (1570–1649), der zunächst die Professur für Logik bekleidet hatte, war 1623 auf einen theologischen Lehrstuhl gewechselt. Wilhelm Leyser (1592–1649), ein Schüler des führenden lutherischen Theologen Johann Gerhard (1582–1637), wurde 1627 als Professor theologiae berufen und hatte neben systematischen Vorlesungen die Lektüre des Alten Testaments übernommen. Johannes Hülsemann (1602–1661) erhielt 1629 eine Theologieprofessur; er wurde nach dem Tode Johann Gerhards 1637 zum maßgeblichsten lutherischen Theologen. Beim Thorner Religionsgespräch 1645 bekämpfte er neben Abraham Calov (1612–1686) am entschiedensten die synkretistischen Bestrebungen des Helmstedters Georg Calixt (1586–1656). Einen nachhaltigen Einfluß auf Paul Gerhardt schien auch Paul Röber (1587–1651) ausgeübt zu haben, nicht nur in theologischer, sondern auch in literarischer Hinsicht. Röber, seit 1613 Archidiakon an der Marienkirche zu Halle, später Hofprediger daselbst, kam erst 1627 als Professor nach Wittenberg, wo er ein Jahr später auch die Generalsuperintendentur erhielt. Er hatte eine starke Vorliebe für geistliche Lieder und legte seinen Predigten statt einer Bibelstelle oft Verse eines geistlichen Liedes zugrunde, dichtete auch selbst Kirchenlieder. Wie groß Röbers Einfluß auf Gerhardt in diesen Hinsicht aber wirklich war, läßt sich natürlich nicht bestimmen. Belegt ist lediglich, daß Gerhardt eines der Lieder seines Lehrers später überarbeitete, indem er die Hebungen und Senkungen in gleichmäßigen Fluß brachte und damit einer von Martin Opitz (1597–1639) aufgestellten Regel folgte, von der Röber noch unbeeinflußt war (KAWERAU, 1907, S. 6f.). In diesem Zusammenhang muß jedoch unbedingt auf August Buchner (1591 bis 1661) verwiesen werden, der 1616 als Professor für Dichtkunst berufen worden war und 1632 auch die Professur für Rhetorik übernahm. Buchner, der mehrfach das Rektorat bekleidete und ebenfalls Kirchenlieder dichtete, gehörte zu den herausragenden Persönlichkeiten der philosophischen Fakultät Wittenbergs in jener Zeit. Seine Vorlesungen zur deutschen Poetik trugen zur Durchsetzung der Opitzschen Dichtungsreform bei und beeinflußten nachhaltig zahlreiche später berühmte Dichter. Erst in neuester Zeit ist schlüssig nachgewiesen worden, daß auch Gerhardts geistliche Lieder hinsichtlich der Gattungsanforderungen des protestantischen Kirchenliedes in starkem Maße von Buchner beeinflußt sind (HILLENBRAND, 1992, S. 119–135).

Außer Buchner sind von den Professoren der philosophischen Fakultät, deren Vorlesungen Gerhardt wohl ebenfalls besuchte, hier besonders Erasmus Schmidt (1570–1637), seit 1597 Professor für Griechisch und Neubearbeiter der lateinischen Grammatik Melanchthons, die 1621 in den sächsischen Schulen eingeführt wurde und eineinhalb Jahrhunderte dem Unterricht zugrunde lag, Reinhold Frankenberger (1585–1664), ab 1616 Professor für Geschichte, vor allem aber der Professor für Logik, Johann Scharff (1595–1660), zu nennen, dessen Lehrbücher zur Metaphysik nicht nur in Kursachsen weite Verbreitung fanden. 1640 erhielt Scharff eine außerordentliche Professur für Theologie, bekleidete jedoch den Lehrstuhl für Logik weiter, bis er 1649 ordentlicher Theologieprofessor wurde.

Leider liegen über Gerhardts Wittenberger Studienzeit keinerlei aussagefähige konkrete Belege vor, der Studiosus erlangte keinen akademischen Grad, nicht einmal eine wissenschaftliche Disputation kann nachgewiesen werden. Ende 1634 stellte der Archidiakon der Wittenberger Stadtkirche, August Fleischhauer, den inzwischen Siebenundzwanzigjährigen als

Hauslehrer ein. Insgesamt acht Jahre blieb Gerhardt als Informator im Hause des Predigers (nach ihm unterrichtete von 1644 bis 1647 Andreas → Fromm die Kinder des Archidiakons – beide treffen später in der kurbrandburgischen Residenz zusammen). Hier in Wittenberg erlebte Gerhardt die riesige Feuersbrunst des Jahres 1640, hier schrieb er auch sein erstes im Druck erschienenes Casualcarmen, ein lateinisches Gratulationsgedicht zur Magisterpromotion des aus Hamburg stammenden Jacob Wehrenberg am 26. April 1642.

An der Jahreswende 1642/43 siedelte Gerhardt nach Berlin über, wo er wiederum acht Jahre als Hauslehrer arbeitete, diesmal beim angesehenen Kammergerichtsadvokaten Andreas Barthold, seinem späteren Schwiegervater. Zur Hochzeit der ältesten Tochter Bartholds mit dem Archidiakon zu S. Nicolai, Joachim → Fromm, am 3. Sept. 1643 schrieb er ein umfangreiches Hochzeitscarmen von 18 siebenzeiligen Strophen. Es war sein erstes gedrucktes Gelegenheitsgedicht in deutscher Sprache, frei von indezenten Anspielungen und den üblichen mythologischen Spielereien um Venus und Cupido. Der engen Verbindung mit Fromm hatte er es wohl zu verdanken, daß er einige Aushilfspredigten in der Berliner Hauptkirche zu S. Nicolai halten durfte. Durch den Archidiakon kam er wohl auch in nähere Beziehung zu Johann → Crüger, der seit 1622 als Kantor zu S. Nicolai und am Berlinischen Gymnasium wirkte und 1640 ein Kirchengesangbuch herausgegeben hatte, das mehrfach aufgelegt wurde und ihm bei den Zeitgenossen höchste Anerkennung eintrug. Die zweite Auflage des Werkes, die 1647 unter dem Titel »Praxis Pietatis Melica« erschien, enthielt bereits 18 geistliche Lieder von Gerhardt; die späteren Auflagen brachten weitere Lieder von ihm, wie etwa die zehnte Auflage von 1661, die 95 Lieder aufwies – zu jener Zeit war Gerhardt bereits Diakon zu S. Nicolai und damit ein Amtskollege Johann Crügers.

Es waren die geistlichen Lieder, insbesondere die für den Gemeindekirchengesang geeigneten, die Gerhardt bekannt machten und seinen Ruhm als einen der bedeutendsten protestantischen Liederdichter neben und nach Luther begründeten. Dafür stehen von seinen insgesamt 134 deutschen Liedern und Psalmen-Nachdichtungen insbesondere das Morgenlied »Wach auf mein Herz und singe«, das Abendlied »Nun ruhen alle Wälder«, die Passionslieder »Ein Lämmlein geht und trägt die Schuld« und »O Welt, sieh hier dein Leben«, das Osterlied »Auf, auf, mein Herz mit Freuden« und das Pfingstlied »O du allersüßte Freude«, die sich – neben anderen – bis heute im gottesdienstlichen Gebrauch gehalten haben. Die neuere Forschung hat das tradierte Bild von der anspruchslosen Schlichtheit, der Einfachheit seiner Verse, das ganz entscheidend durch die eben genannten Lieder bestimmt wurde, korrigiert und den rhetorischen Charakter und die formale Kunstfertigkeit seiner Gedichte aufgezeigt (FECHNER, 1982; besonders HILLENBRAND, 1992). Gerhard hat seine Lieder als Lieder zur Ehre Gottes, zum Trost der Kirche und zur Erbauung des Einzelnen verstanden. Sie bereiten Ereignisse der Heilsgeschichte, des Kirchenjahres und des christlichen Lebens zur Andacht für den Einzelnen auf. Die vielen »ich«- und »wir«-Reflexionen in ihnen als Ausdruck persönlicher Innigkeit zeigen an, daß die Lieder in gleicher Weise für den Gemeindegottesdienst wie auch für die persönliche Einzelandacht geeignet waren. In der Versbehandlung steht der Dichter ganz in der neuen, von Opitz begründeten und von Buchner propagierten barocken Verskunst. Gerhardts geistliche Lieder nehmen – wie die weltliche Dichtung des 17. Jahrhunderts – die rhetorischen Ziermittel des Sprachstil seiner Zeit wie zum Beispiel metaphorische Verknüpfungen und emblematisches Bilddenken, also den »Schmuck der Rede«, auf, wobei sich der Dichter jedoch immer um die Angemessenheit des Stils bemüht. Insgesamt offenbaren sich seine Lieder als Beispiele einer geistlichen Kunstlyrik, die das in der Rezeption vorherrschende Bild Gerhardts als Dichter der Glaubensinnigkeit hin zu einem Dichter öffnet, der mit seinen geistlichen Liedern, ganz im Stile seiner Zeit und mit den ihr eigenen rhetorischen und poetischen Mittel, dem Einzelnen die Heilsgewißheit nahebringen und dabei nicht nur belehren, sondern auch erfreuen will.

Aus Gerhardts Tätigkeit als Informator im Hause Bartholds sind außer dem oben genannten Epithalamium für Joachim Fromm weitere Gelegenheitsgedichte überliefert, unter anderem auf den am 23. März 1648 verstorbenen Hofkammergerichtsrat und Konsistorialpräsidenten Peter Fritz (1584–1648), dessen Angehörigen er einen »Trostgesang« widmete, sowie Epicedia auf den Sohn des Rektors am Berlinischen Gymnasium, Adam → Spengler, und auf den Sohn des Diakons zu S. Marien, Johann → Berkow. Als der Subrektor des Berlinischen Gymnasiums, der vormals von Fritz zum Poeta laureatus Caesareus gekrönte Michael → Schirmer, selbst Verfasser einiger bekannten Kirchenlieder, 1650 seine Sammlung »Biblische Lieder und Lehrsprüche in allerhand gebräuchliche Reim=Arten verfasset« veröffentlichte, enthielt das Buch neben anderen Widmungsgedichten auch eine Ode von Gerhardt mit einem Lob der Bibel und der aus ihr geschöpften und in den geistlichen Liedern sich niederschlagenden Sangeskunst. 1651 erhielt Gerhardt, inzwischen bereits 44 Jahre alt, eine Berufung als Propst an die Kirche zu S. Mauritius in Mittenwalde, einem kleinen Landstädtchen südlich Berlins. Als der bisherige Amtsinhaber Kaspar Goede am 31. März 1651 gestorben war, wandte sich der Mittenwalder Magistrat auf der Suche nach einem neuen Prediger auch an den Rat von Berlin. Dieser empfahl »den Ehrenvesten, Vorachtbaren und Wolgelahrten Herrn Paulum Gerhardt, S. S. Theol. Cand.« als eine Person, »deren Fleiß und Erudition bekandt, die eines guten Geistes und ungefälschter Lehre, dabei auch eines ehr=friedliebenden Gemüthes und christlich untadelhaften Lebens ist, daher er auch bei Hohen und Niedrigen unseres Orts lieb und werth gehalten und von Uns alle Zeit das Zeugniß erhalten wird, daß er auf unser freundliches Ansinnen zu vielen Mahlen mit seinen von Gott empfangenen werthen Gaben um unsere Kirche sich beliebt und wohlverdient gemacht hat« (LANGBECKER, 1841, S. 5f.). Auf diese Empfehlung hin erhielt Gerhardt dann die offizielle Vokation des Mittenwalder Rates und wurde am 18. Nov. in der Kirche zu S. Nicolai in Berlin ordiniert, um sein erstes öffentliches Amt annehmen zu können. Mit seiner Ordination verpflichtete er sich, bis an sein Lebensende der lutherischen Lehre nach der ersten Augsburgischen Konfession, deren Apologie, den Schmalkaldischen Artikeln, den beiden Katechismen Luthers sowie der Konkordienformel unerschütterlich festzuhalten (das Ordiniertenbuch von S. Nicolai ist im Zweiten Weltkrieg vernichtet worden; ein Faksimile der in Latein abgefaßten schriftlichen Verpflichtung Gerhardts ist dem Buch von LANGBECKER beigebunden). Noch im selben Monat erfolgte seine Einführung als Propst in Mittenwalde und Inspektor der umliegenden Pfarreien.

Gerhardts Tätigkeit in Mittenwalde (von Theodor FONTANE 1881 in seinen »Wanderungen durch die Mark Brandenburg« als »unbestrittener Glanzpunkt« in der Geschichte des Ortes bezeichnet) war allerdings von Anfang an von Mißhelligkeiten begleitet, die dadurch entstanden, daß der Rat von Mittenwalde den seit Jahren an der Kirche predigenden Diakon Christian Alborn bei der Besetzung der vakanten Propststelle übergangen hatte, und Alborn, der sich Hoffnungen auf das Propstamt machte, wohl nicht zu Unrecht darüber erbittert war, daß ihm ein Candidatus Theologiae vorgezogen wurde, und nun an diesem seinen Unmut ausließ. Leider ist nur Weniges über Gerhardts Tätigkeit im Pfarramt und als Kircheninspektor überliefert, unter anderem eine Leichpredigt auf Joachim Schröder, den am 17. Mai 1655 beerdigten kfl.-brandenburgischen Amtsschreiber im benachbarten Zossen, das zu Gerhardts Inspektorat gehörte. Vor dem Hintergrund des Spannungsverhältnisses von gewissenhafter Pflichterfüllung und fortwährender Bedrängnis durch Neid und Intrigen entstanden zahlreiche neue Lieder, die Eingang in Johann Crügers fünfte Auflage seiner »Praxis Pietatis Melica« von 1653 fanden. Allerdings sind die dort aufgeführten insgesamt 64 neuen Lieder Gerhardts (weitere drei finden sich in Crügers 1656 erschienener Frankfurter Ausgabe der »Praxis Pietatis Melica«) nicht alle auch in Mittenwalde gedichtet worden, sondern zu einem nicht unbeträchtlichen Teil wohl noch in Berlin. 20 dieser neuen Lieder enthielt auch das ebenfalls 1653 auf Anregung der Kurfürstin Luise Henriette herausgegebene Rungesche Gesangbuch. 1661 ließ Crüger die zehnte und zugleich letzte von ihm selbst besorgte Ausgabe seiner »Praxis Pietatis Melica« publizieren; die Ausgabe enthielt insgesamt 95 Lieder von Gerhardt. Nach Crügers Tod am 23. Febr. 1662 machte sich vor allem dessen Nachfolger als Kantor am Berlinischen Gymnasium, Johann Georg Ebeling (1637–1676), der 1669 als Professor Musices ans Stettiner Carolinum wechselte, um die Verbreitung der Lieder Gerhardts verdient. Ab 16. Febr. 1666 erschienen nacheinander in zehn Heften jeweils zwölf Lieder Gerhardts mit Musik von Ebeling, 1667 folgte dann eine Buchausgabe der »Geistlichen Andachten« mit 120 Liedern.

Gerhardt stand bereits im 48. Lebensjahr, als er eine Familie gründete, die er nach seiner Berufung in ein öffentliches Amt auch ernähren konnte. Am 11. Febr. 1655 heiratete er Anna Maria, die Tochter des Kammergerichtsadvokaten Andreas Barthold, seines vormaligen Patrons und nunmehrigen Schwiegervaters. Ihr erstes Kind Maria Elisabeth kam am 19. Mai 1656 zur Welt, starb jedoch bereits am 14. Jan. 1657. Gerhardt ließ im Chor der Mittenwalder Kirche für seine verstorbene Tochter eine Tafel anbringen, mit dem biblischen Spruch aus Genesis 47, v. 9: »Wenig und böse ist die Zeit meines Lebens.« (die Inschrift ist mitgeteilt bei LANGBECKER, 1841, S. 9). Zu dem schmerzlichen Verlust kamen die Kränkungen des übergangenen Diakons; schon bald fiel Gerhardts Frau, die fünfzehn Jahre jünger als ihr Gatte war und sich in der Mittenwalder Abgeschiedenheit wohl auch nach ihrem Berliner Vaterhaus sehnte, in tiefe Schwermut. Gerhardt selbst hatte während seiner Tätigkeit als Propst in Mittenwalde den Kontakt zu seinen Berliner Freunden gepflegt. Begünstigt durch seine nunmehr auch verwandtschaftlichen Beziehungen, nicht zuletzt zu seinem Schwager Joachim Fromm, dem Archidiakon zu S. Nicolai, schien eine baldige Anstellung in Berlin nicht mehr fern. Als Fromm am 28. April 1657 verstarb und die nachfolgenden Geistlichen aufrückten, erhielt Gerhardt die Vokation als Zweiter Diakon auf die dritte Pfarrstelle an S. Nicolai (nach dem Archidiakon und dem Ersten Diakon), in welches Amt er Mitte Juli eingeführt wurde.

Obwohl Gerhardt von der angesehenen Stellung eines Propstes und Inspektors in die eines einfachen Diakons wechselte, dürfte er sich in seinem neuen Amt in Berlin im Kreise seiner vertrauten Freunde gleichwohl zufriedener gefühlt haben, zumal seine Frau erneut ein Kind erwartete. Am 15. Jan. 1658 wurde die Tochter Anna Catharina geboren, die jedoch ebenfalls früh verstarb und am 25. März 1659 begraben wurde. Bis auf Paul Friedrich, der als einziger seinen Vater überlebte, starben alle Kinder Gerhardts frühzeitig, so der 1660 geborene Sohn Andreas gleich nach der Geburt, und auch Andreas Christian, der am 5. Febr. 1665 auf die Welt kam, lebte nur ein halbes Jahr. Auf seinen Tod am 20. Sept. 1665 ist eine Epicedia-Sammlung der Kirchen- und Schulkollegen und Freunde Gerhardts überliefert (109: Slg. GK: Sch 1/58). Lateinische Trauergedichte verfaßten der Zweite Diakon zu S. Marien, Jakob → Hellwig (der Jüngere), der Subrektor am Berlinischen Gymnasium, Gottfried → Weber, Subkonrektor Samuel → Rosa und Baccalaureus Peter → Bredow. Der kfl.-brandenburgische Kammergerichtsadvokat und Hof-Fiskal Paschasius Trüstedt (1631–1678) steuerte eine lateinische Inscriptio und ein deutsches Epicedium bei. Deutsche Trauergedichte verfaßten Rektor Cunradus Tiburtius → Rango und Konrektor Michael Schirmer, der in einem »Gesang« Andreas Christian Gerhardt als aufblühende Rose feierte, im »Gegengesang« seinen frühen Tod als vergängliche Eitelkeit alles irdischen Lebens betrauerte und im »Abgesang« die hinterbliebenen betrübten Eltern tröstete. Der Theologiestudent und spätere Pfarrer in Ostrau bei Bitterfeld, Joachim Pauli (geb. um 1636), dichtete ein deutsches Epicedium von 15 Strophen als Ausdruck einer auf Gegenseitigkeit beruhenden Referenz. 1664 hatte Pauli eine kleine Sammlung geistlicher Lieder unter dem Titel »Vorschmack Der Traurigen und frölichen Ewigkeit« herausgeben, zu der Gerhardt ein Widmungsgedicht verfaßte. Auch Paulis um 1665 erschienenes Bändchen »Vier Geistliche Lieder/ Dem Lobwürdigen Gott Zu Ehren/ und dessen Liebhabern Zum besten abgefasset« enthielt ein Carmen gratulatorium des Diakons zu S. Nicolai.

Solche Widmungsgedichte, die nicht zuletzt Ausdruck des Standesbewußtseins der Poeten waren, verfaßte Gerhardt auch für andere Dichter, neben der bereits erwähnten Ode für Schirmers »Biblische Lieder und Lehrsprüche« ein erst jetzt der Forschung mitgeteiltes Gedicht aus dem Jahre 1659 für den bekannten Literaturtheoretiker Gottfried Wilhelm Sacer (1635–1699), der zu jener Zeit als Hofmeister in Berlin wirkte und 1666 in Leipzig seine Lipsius-Übersetzung »Von der Lästerung« herausgab. 1675, Gerhardt war zu jener Zeit bereits Archidiakon zu Lübben, schrieb er ein Ehrengedicht für Samuel Sturms Sammlung von 15 Lob- und Trauerreden, die der Landphysikus zu Luckau unter dem Titel »Fünfzehen-ästiger Nieder-Lausitzer Palm-Baum« ebenfalls in Leipzig veröffentlichte. Besonders hervorzuheben ist an dieser Stelle jedoch Gerhardts Widmungsgedicht für die Umdichtung des biblischen Psalters durch den vormaligen Rektor des Berlinischen Gymnasiums und späteren Superintendenten zu Salzwedel, Johannes → Heinzelmann. Dieser hatte seine lediglich handschriftlich ausgearbeitete Umdichtung der 150 Psalmen der sächsischen Kurfürstin Magdalene Sibylle in einer Abschrift überreicht, als die Gemahlin Johann Georgs II. von Sachsen und Tochter des Markgrafen Christian von Bayreuth während einer Reise durch Salzwedel kam. In der Vorrede schrieb Heinzelmann, er habe seine Psalmenumdichtung ursprünglich für seine Hauskirche angefertigt; da sich aber mehrere gelehrte Personen, unter ihnen auch Paul Gerhardt, zustimmend zum Werk geäußert hätten, habe er die Dichtung nun der Kurfürstin überreichen wollen.

Die Beziehungen Gerhardts zu Heinzelmann charakterisieren jedoch noch besser jene drei lateinischen Briefe, die die beiden Prediger in den Jahren 1664 und 1665 wechselten, als die religionspolitischen Auseinandersetzungen zwischen Reformierten und Lutherischen in der kurbrandburgischen Residenz einen neuen Höhepunkt erreichten (die beiden Briefe Heinzelmanns und der dazwischen liegende Brief Gerhardts vom Febr. 1665 als Abschrift im Manuskript »De Reformatione Marchica« des Beelitzer Pastors Heinrich SEBALD, in: 1: Ms. Boruss. fol. 3, f. 771v–778v). In ihren Briefen gehen Heinzelmann und Gerhardt ausführlich auf die kirchliche Entwicklung in der Mark Brandenburg seit dem Übertritt des Kurfürsten Johann Sigismund zum Kalvinismus im Jahre 1613 ein. Vor allem aber sind die Briefe – und da gehören sie in eine Reihe mit jenen Schreiben, die die Berliner Geistlichen zur selben Zeit an verschiedene theologische Fakultäten sandten – ausführliche Argumentationen zur Gewissensnot der lutherischen Prediger, die vor der Frage standen, ob sie guten Gewissens auf Befehl der weltlichen Obrigkeit die reformierte Religion dulden dürfen oder ob sie sich lieber aus Gewissensangst ihres Amtes entsetzen lassen sollen. 1658 war Heinzelmann zum Dritten Diakon zu S. Nicolai und damit zum Amtskollegen Gerhardts berufen worden, mußte aber wegen seiner anticalvinistischen Kanzelpolemik 1660 Berlin verlassen. Zum Zeitpunkt ihrer Korrespondenz befand sich Gerhardt in einer ähnlichen Situation, war er doch dem Kurfürsten und den reformierten Hofpredigern wegen seiner unbeugsamen lutherisch-orthodoxen Haltung, insbesondere während des Religionsgespräches von 1662/63, suspekt geworden.

Im Aug. 1662 hatte Kurfürst Friedrich Wilhelm Religionsgespräche mit reformierten und lutherischen Theologen auf dem kurfürstlichen Schloß zu Cölln und damit in unmittelbarer Nähe zu Berlin, dem Haupthort des lutherischen Widerstandes gegen die landesherrliche Politik des Kirchenfriedens, angeordnet, um die theologischen Differenzen zwischen beiden konfessionellen Lagern in einer »freund- und brüderlichen Conferentz« zu beenden. Vorausgegangen war am 2. Juni 1662 ein erstes Toleranzedikt über den konfessionellen Frieden zwischen Lutherischen und Reformierten. Der Kurfürst bestimmte nun, daß die Mitglieder der beiden lutherischen geistlichen Ministerien von Berlin und Cölln mit den beiden reformierten Hofpredigern Bartholomaeus → Stosch und Johann → Kunsch von Breitenwald sowie dem Rektor des reformierten Joachimsthalschen Gymnasiums, Johann → Vorstius, in Anwesenheit Geheimer Räte beider Konfessionen auf dem kurfürstlichen Schloß zu Cölln die Frage erörtern sollten: »Ob dan in derer Reformirten Confessionibus publicis, und sonderlich welche in Unserm jüngsten Edicto [vom 2. Juni 1662] fürnemlich benennet seind, etwas gelehret und bejahet werde, warumb der, so es lehret, oder glaubet und bejahet, judicio divino verdammet sey: oder ob etwas darinnen verneinet oder verschwiegen sey, ohne deßen Wißenschafft und übung der höchste Gott niemand seelig machen wolle ...« (das kfl. Rescript vom 21. Aug. 1662 befindet sich in einer Abschrift im Nachlaß Martin LUBATH, Bd. 3, Sign. A 1260-3, in den Sondersammlungen der Stadtbibliothek Berlin). Hintergrund für die Einberufung des Religionsgespräches war die Frage, ob die lutherischen Geistlichen es auch weiterhin wagen konnten, die reformierte Religion zu verdammen und damit dem Kurfürsten die Anerkennung als souveränen Landesherrn zu verweigern. Da die Geistlichen vor allem durch die lutherisch-orthodoxen Wittenberger Professoren beträchtliche Stärkung und Unterstützung erfuhren, ließ der Kurfürst zugleich mit der Einberufung des Religionsgespräches ein Rescript ausgehen, das den brandenburgischen Landeskindern das Studium der Theologie und der Philosophie an der Universität Wittenberg verbot.

In der Zeit vom Sept. 1662 bis Mai 1663 fanden insgesamt 17 Konferenzen statt; die Leitung lag in den Händen des Oberpräsidenten Otto Freiherrn von Schwerin (1616–1679). Dem Berlinischen Ministerium gehörten damals die Prediger der beiden Stadtkirchen zu S. Nicolai und S. Marien an, der Propst Georg von → Lilien, die Archidiakone Elias Sigismund → Reinhardt und Martin → Lubath sowie die Diakone Paul Gerhardt, Samuel Lorentz (1623 bis 1675) und Jakob Hellwig (der Jüngere). Seitens des Cöllnischen Ministeriums nahmen die Prediger der S. Petri-Kirche, nämlich Propst Andreas → Fromm, Archidiakon Johann → Buntebart und Diakon Christian Nicolai (1627–1674), an dem Religionsgespräch teil. Wie die anderen lutherischen Geistlichen verfaßte auch Gerhardt Gutachten zu bestimmten theologischen Streitpunkten; an der direkten polemischen Auseinandersetzung beteiligte er sich kaum, nur einmal, am 3. Okt. 1662, ergriff er kurz das Wort. Aus seinen Vorlagen ist ersichtlich, daß für ihn jedes Nachgeben gegenüber den Reformierten gleichbedeutend war mit der Einführung des Synkretismus, der letztlich zur Herrschaft des Calvinismus führen würde. Gerhardts schriftliche Voten, besonders jene vom 6. April beziehungsweise vom 19. Mai 1663 (LANGBECKER, 1841, S. 81–90), zeigen eine derart intolerante Haltung gegenüber der reformierten Konfession, wie sie in den entsprechenden Gutachten seiner lutherischen Amtsbrüder in einer solchen Schärfe nicht nachweisbar ist, so daß Gerhardt wohl nicht zu Unrecht als der »starrsinnigste Lutheraner« (BARNIKOL, 1957/58, S. 433) bezeichnet wurde.

Im Verlaufe der einzelnen Diskussionsrunden wurde jedoch immer deutlicher, daß die Gegensätze zwischen den konfessionellen Lagern nicht beseitigt werden konnten und sich die Fronten mehr und mehr verhärteten. Für die lutherischen Theologen des Berlinischen Ministeriums war wegen ihrer Bindung an die Konkordienformel kirchlich-theologische Toleranz ausgeschlossen; die Cöllnischen Geistlichen, die auf Verständigung setzten, gerieten als »Synkretisten« zwischen die verfeindeten Parteien und verloren ihren Einfluß auf den weiteren Gang der Dinge. So brach Oberpräsident Schwerin am 29. Mai 1663 das Religionsgespräch schließlich ab. Dem Berlinischen Ministerium wurde die Hauptschuld am Scheitern der Verhandlungen zugesprochen, nicht zuletzt deshalb, weil Reinhardts provokatives Auftreten am letzten Verhandlungstag unmittelbar zum Abbruch geführt hatte. Ein reichliches Jahr später, am 16. Sept. 1664, erließ Kurfürst Friedrich Wilhelm das zweite Toleranzedikt, in dem er Lutherischen und Reformierten befahl, die gegenseitigen Beschimpfungen zu unterlassen und den konfessionellen Frieden einzuhalten. Als die Berliner Geistlichen – ihr Einspruch vom 29. Okt. gegen das Edikt war vom Kurfürsten abgewiesen worden – von den theologischen Fakultäten einiger Universitäten, darunter auch der Wittenberger, Gutachten für ihr weiteres Verhalten erbaten und Friedrich Wilhelm erfuhr, daß sein Edikt Gegenstand öffentlicher Polemik geworden war, beorderte er die Prediger am 28. April 1665 vor das Konsistorium und verlangte von ihnen die Unterzeichnung eines Reverses, der zur Einhaltung der kurfürstlichen Toleranzedikte verpflichtete, was faktisch das Abrücken der lutherischen Geistlichen von der Konkordienformel bedeutet hätte. Propst Lilien und Reinhardt, der Wortführer der Berlinischen Geistlichen während des Religionsgespräches, wurden zuerst befragt. Sie verweigerten ihre Unterschrift und wurden umgehend aus ihren Ämtern entlassen. Die anderen Prediger, unter ihnen auch Gerhardt, schickte man ohne Unterschriftsverlangen wieder nach Hause – offenbar glaubte der Kurfürst, durch die als Exempel statuierte Amtsentsetzung Reinhardts und Liliens die anderen Geistlichen zur Unterzeichnung bewegen zu können. Tatsächlich unterschrieben in der Folgezeit mehr als 200 märkische Geistliche die Reverse. Der Rat von Berlin setzte sich für seine amtsenthobenen und von Remotion bedrohten Prediger ein, auch die Stände machten ihren Einfluß geltend. Auf kurfürstliche Order wurde Reinhardt aus Berlin ausgewiesen, Lilien unterzeichnete später einen Sonderrevers, der ihm allerdings von lutherischer Seite viel Ungemach einbrachte.

Am 6. Febr. 1666 stand Gerhardt, der als orthodoxer Lutheraner die gegenüber den Reformierten geforderte Toleranz mißbilligte, erneut vor dem Konsistorium. Als er die Unterschrift unter den Revers verweigerte, wurde ihm im Namen des in Kleve weilenden Kurfürsten die Amtsenthebung angekündigt. Auf Drängen der Bürgerschaft bat der Rat wiederholt, daß dem beliebten Prediger die Unterschrift erlassen werde, und verwies auch auf dessen Kirchenlieder, von denen der Kurfürst 33 in das für die reformierte Hof- und Domkirche bestimmte Rungesche Gesangbuch von 1657/58 übernommen habe. Friedrich Wilhelm reagierte ungnädig, wußte er doch um Gerhardts starrsinnige Rolle beim Religionsgespräch und war der Auffassung, dieser habe andere von der Unterzeichnung der Reverse abgehalten. Erst als die märkischen Stände am 17. Juli in einem längeren Schreiben den Kurfürsten bedrängten, die lutherischen Geistlichen von der Unterschrift zu befreien, und insbesondere Gerhardt ihrer Unterstützung versicherten, lenkte Friedrich Wilhelm ein. Am 9. Jan. 1667 wurde der Prediger per kurfürstlicher Order in sein Amt wiedereingesetzt. Der Kurfürst verzichtete in diesem besonderen Fall auf die Unterschrift (es ist schon erstaunlich, daß gerade Gerhardt als wohl entschiedenster Gegner der Reformierten seitens des Kurfürsten die mildeste Behandlung erfuhr), machte jedoch deutlich, er erwarte, daß sich der Prediger den Edikten gemäß verhalte. Doch Gerhardt konnte sich aus Gewissensgründen zu einer Tolerierung der reformierten Religion nicht verstehen und bat, bei allen seinen lutherischen Bekenntnissen bleiben zu dürfen:

Gehorsam gegen die Edikte schließe den Verzicht auf die Konkordienformel ein, und dazu sei er nicht imstande. Denn ein solcher Verzicht würde zu einer Abtrennung der märkischen Geistlichen von der lutherischen Gesamtkirche führen.

So ließ Friedrich Wilhelm am 4. Febr. 1667 den Bescheid ausgehen, falls Gerhardt das ihm »gnädigst« restituierte Amt nicht wieder einnehmen wolle, solle der Berliner Rat sich nach einem geeigneten Nachfolger umsehen und diesen zur Probepredigt einladen. Der Rat verzögerte die Neubesetzung, zum einen in der Hoffnung, daß Gerhardt doch noch sein Amt wiederaufnehmen werde, zum anderen aus der Angst, die Berufung eines Nachfolgers würde den Protest der lutherischen Bürgerschaft hervorrufen. Letzteres war nicht unbegründet: Als am 7. Juli 1667 Andreas → Müller auf das seit dem Tode Liliens bereits ein Jahr vakante Amt des Propstes zu S. Nicolai eingeführt wurde, brachte dies dem Zugereisten und vom Kurfürsten Begünstigten allerlei Ungemach, beschimpften Geistliche und auch Laien ihn als Synkretisten. Am 6. Juni 1667 hob der Kurfürst auf Bitten der Stände die Reverse ganz auf. Doch Gerhardt blieb – trotz mehrerer Bemühungen von verschiedenen Seiten, ihn umzustimmen – bei seinem einmal gefaßten Entschluß. Sein Diakonat war bis weit in das Jahr 1668 hinein vakant; der Prediger durfte in seiner Dienstwohnung bleiben, bezog auch einige Einnahmen aus seiner Stelle und erhielt Spenden aus den Reihen seiner Gemeindemitglieder. Außerdem erfreute er sich der besonderen Fürsorge Herzog Christians von Sachsen-Merseburg, der den Prediger schon 1666 nach dessen Amtsenthebung in seine Residenz eingeladen hatte und – als dieser das Angebot ablehnte – ihm bis zur Wiedereinstellung ein Jahresgehalt zusicherte. So blieb Gerhardt in diesen für ihn schweren Berliner Jahren ohne materielle Not.

Am 5. März 1668 starb Gerhardts Frau und wurde in der Kirche S. Nicolai hinter der Kanzel bei ihren Kindern begraben. Dem Witwer und seinem Sohn Paul Friedrich, der am 25. Aug. 1662 getauft wurde und als einziges der Kinder Gerhardts den Vater überlebte, führte nun seine Schwägerin Sabina Fromm, die Witwe des vormaligen Archidiakons Joachim Fromm, den Haushalt. In jenen Monaten des Jahres 1668 wurde auch ein Nachfolger für Gerhardt gefunden, mit dessen Berufung der Diakon seine endgültige Entlassung erhielt. Es war eine glückliche Fügung, daß zu eben jener Zeit in dem zu Sachsen-Merseburg gehörenden Lübben ein Konsistorium und eine Generalsuperintendentur für die Niederlausitz errichtet wurde. Für das dadurch freiwerdende Archidiakonat schlug man den inzwischen 62jährigen Gerhardt vor, der am 14. Okt. eine Probepredigt hielt und im Mai 1669 sein neues Amt antrat, zu welchem ihn Herzog Christian ernannt hatte. Allerdings waren auch die letzten Lebensjahre in Lübben von zahlreichen Mißhelligkeiten begleitet (DAENICKE, 1934, S. 244–271). Der Gemeinde waren seine Forderungen nach Erneuerung und Erweiterung der abgewohnten Archidiakonatswohnung zu hoch, auch andere von ihm beanspruchten Rechte mißfielen ihr. Gerhardt selbst war wohl durch den Tod seiner Frau und den kleinlichen Geist, der ihm – im Gegensatz zu der besonderen Fürsorge seiner Wohltäter in Berlin – hier begegnete, immer schwermütiger geworden. In den Jahren seiner Lübbener Amtszeit ist nicht ein neues geistliches Lied entstanden. Auch so bieten die Quellen kaum Mitteilsames. Überliefert ist lediglich Gerhardts schriftliches Vermächtnis an seinen Sohn, abgefaßt im März 1676, wenige Wochen vor seinem Tode. In ihm zog der Siebzigjährige die Summe seiner Lebenserfahrungen und seines Glaubens, sozusagen sein »theologisches Bekenntnis« (zuerst veröffentlicht in FEUSTKINGS Ausgabe der Lieder Paul Gerhardts von 1707, mitgeteilt bei KAWERAU, 1907, S. 63–65).

Paul Gerhardt starb am 27. Mai 1676 als Archidiakon zu Lübben und wurde am 7. Juni auf dem Friedhof der Hauptkirche begraben. Erst später ehrte die Gemeinde ihren Seelsorger durch ein Ölgemälde, das der Wittenberger Professor Gottlieb Wernsdorf mit einem lateinischen Nachruf versah (LANGBECKER, 1841, S. 230). Gerhardt dichtete insgesamt 135 deutsche und 14 lateinische Lieder, die bereits zu seinen Lebzeiten gedruckt und gesungen, später ins Holländische, Französische, Englische, Spanische, sogar in afrikanische, asiatische und andere Sprachen übersetzt wurden. 1707 gab Johann Heinrich Feustking (1672–1713), seit 1706 Hofprediger, Superintendent und Konsistorialrat in Zerbst, Gerhardts »Geistreiche Hauß- und Kirchen-Lieder« heraus, eine Ausgabe, die dadurch vor anderen den Vorzug verdient, »weil zum Grunde derselben das von GERHARDO selbst gebrauchte, und mit eigner Hand verbesserte Exemplar, welches der einzige Sohn des seel. Mannes PAVL FRIDERICH GERHARD zu diesem Buch mitgetheilet, geleget worden«. In seiner

Vorrede schrieb Feustking eines der schönsten Urteile über Gerhardts Lieder: »Jch sage es frey, kein vergebliches, kein unnützes Wort findet man in GERHARDS Liedern/ es fällt und fleußt ihm alles aufs lieblichste und artlichste/ voller Geistes/ Nachdrucks/ Glaubens und Lehre; da ist nichts gezwungenes/ nichts geflicktes/ nichts verbrochenes; die Reimen/ wie sie sonsten insgemein etwas himmlisches und geistliches mit sich führen/ also sind sie auch absonderlich im GERHARD recht auserwehlet/ leicht und auserlesen schön/ die Redens=Arten sind schrifftmäßig/ die Meynung klar und verständig/ die meisten Melodien nach unsers unvergleichlichen LVTHERI und anderer alten Meister=SängerTone/ lieblich und hertzlich/ in Summa/ alles ist herrlich und tröstlich/ daß es Safft und Krafft hat/ hertzet/ afficiret und tröstet etc. Jch muß selber gestehen/ daß dieses Mannes Lieder=Andacht mir schon manchen redlichen Dienst in meinem Amte gethan etc. Jch glaube auch sicherlich/ hätte Er unsers grossen Lutheri glückseelige Zeiten erreichet/ daß Er sein Beystand und Mit=Arbeiter in dem seeligen Reformations=Werck gewesen wäre/ es würde die Evangelische Lehre noch weiter ausgebreitet worden seyn etc.« Zwischen 1723 und 1816 erschien keine neue Ausgabe der Lieder Gerhardts, »die Aufklärungszeit verlor den Geschmack an ihnen, entfernte sie aus den Gesangbüchern oder dichtete sie erbarmungslos um« (KAWERAU, 1907, S. 69, mit entsprechenden Belegen aus schlesischen Gesangbüchern von 1801 und 1805, ebenda S. 77–81). Erst im 19. Jahrhundert erlangen Gerhardts Lieder wieder jene Anerkennung, die ihnen von den Zeitgenossen des Dichters entgegengebracht wurde.

[LN]

Werke

Prosphonemata in Lauream magistralem, qua in alma Leucorea d. 26. April. Anno 1642 ornabatur vir juvenis praestantissimus atque doctissimus Dn. Jacobus Wehrenbergius Hamburgensis, a professoribus, fautoribus et amicis exhibita. Wittebergae 1642. Wittenberg 1642 (Kemp, 1975, S. 23 u. 44).

BONA OMINA NUPTIIS AUSPICATISSIMIS Admodum Reverendi et Clarissimi VIRI Dn: M. JOACHIMI FROMMII, AD D. Nicolai Archidiaconi, ut meritissimi ita & vigilantissimi SPONSI, Nec non Lectissimæ, pientissimæque Virginum SABINÆ Bartholdin/ Viri Amplissimi, Consultissimique Dn. ANDREÆ Bartholds/ Cameræ Electoralis Brandenb. Advocati non è postremis, sed primi, & Senioris FILIÆ, SPONSÆ, Prolixissimo affectu, A Fautoribus, Collegis & Amicis NUNCUPATA. BEROLINI, Typis Rungianis, Anno 1643. Berlin 1643 (109: Slg. GK: Sch 1/22; Kemp, 1975, S. 15 u. 44; Dünnhaupt, 1991, V, S. 3644).

Epithalamia ... in honores nuptiales Johannis Michaelis Zierizii ... Berlin 1644 (Dünnhaupt, 1991, III, S. 1594)

Geistliche Lieder (1647). In: Crüger, Johann: Praxis Pietatis Melica. Das ist: Ubung der Gottseligkeit in Christlichen und Trostreichen Gesängen/ Herrn Dr. Martini Lutheri fürnehmlich/ und denn auch anderer vornehmer und gelehrter Leute. Ordentlich zusammen gebracht/ und Mit vielen schönen außerlesenen newen Gesängen gezieret: Auch zu Befoderung des KirchenGottesdienstes mit beygesetzten Melodien/ Nebst dem Basso Continuo verfertiget Von Johann Crügern ... In Verlegung des Auctoris und Christophori Runge/ Gedruckt zu Berlin Anno 1647. Berlin 1647 (Blankenburg, 1952, Sp. 1804; Kemp, 1975, S. 44–46; Dünnhaupt, 1991, III, S. 159).

Epicedia für Peter Fritz. In: Fromm, Joachim: Leichpredigt für Peter Fritz. Berlin 1648 (Kemp, 1975, S. 16f., 23 u. 46; Dünnhaupt, 1991, III, S. 1594f.).

DULCIA AMICORUM SOLATIA, in luctus abstersorium data (Epicedium für Constantin Andreas Berkow). An: Lilius, Georg: Leichpredigt für Constantin Andreas Berkow. Berlin 1650 (1: an 16 in: Ee 502; Kemp, 1975, S. 23 u. 46; Dünnhaupt, 1991, III, S. 1595).

Trawerklagen/ Vber Den Frühezeitigen und jämmerlichen Hintritt Des frommen Knabens Joachim Friederich Spenglers/ M. Adam Spenglers/ Rect. Hertzgeliebten Sohnes/ Welcher Den 30. Octobr. 1649. plötzlichen kranck worden/ und nach allerley langwierigen außgestandenen Schmertzen/ endlich den 28. Decemb. als er 8. Wochen und 4. Tage gelegen/ durch den zeitlichen Todt angefodert/ und der Seelen nach/ in die ewige Frewde versetzet worden. Bona quæ Deus dare potuit, aufferre potest. Gedruckt zu Berlin/ bey Christoff Runge. 1650. Den 4. Januarii. Berlin 1650 (109: Slg. GK: Sch 1/27; 109: Slg. GK: Cg 199; Kemp, 1975, S. 46; Dünnhaupt, 1991, III, S. 1595).

Lobgedicht auf Michael Schirmer. In: Schirmer, Michael: M. Michael Schirmers/ P. Biblische Lieder und Lehrsprüche in allerhand gebräuchliche Reim=Arten verfasset Vnd Zuförderst der zarten Jugend/ zu seliger Erbawung in Erkenntniß Gottes und liebhabung der H. Schrifft. Jn öffentlichen Druck herfürgegeben Zu Berlin/ Bey Christoff Runge 1650. Berlin 1650 (Bachmann, 1859, S. 198, S. 81–91; Kemp, 1975, S. 17 u. 46; Dünnhaupt, 1991, V, S. 3647).

Ita novos Honores VIRO Perquàm Reverendo, Amplissimo, Præ-Clarissimo DOMINO M. PETRO VHER, ECCLESIARUM BEROLINENSIUM Præposito- & Inspectori Vicinarum meritissimo, S. Ministerii ibid. quoque Seniori honoratissimo. Quum Hagio-Synedrii Electoralis Brandenburgici ADSESSOR declararetur, Dn. Fautori, Fratri ac Patrono suo devotê colendo gratulantur. Mens. Septembris, Anno M DC LI. BEROLINI, Prælo Rungiano. Berlin 1651 (109: Slg. GK: Sch 1/35; Kemp, 1975, S. 23 u. 46).

Epicedium für Johann Berkow. An: Vehr, Peter: Leichrede für Johann Berkow, Archidiakon zu S. Marien. Berlin 1651 (LP StA Braunschweig, Nr. 386; Kemp, 1975, S. 17f. u. 46; Dünnhaupt, 1991, III, S. 1595).

MISSUS POETICUS in Nuptiis auspicatissimis VIRI Excellentissimi Clarissimi atque Experientissimi DOMINI THOMÆ PANCOVII, DOCTORIS MEDICI, ET PRACTICI BERLINENSIS, cum VIRGINE Lectissimâ, virtutibusque Virgineis perquam conspicuâ CATHARINA, VIRI Amplissimi, Excellentissimi et Consultissimi, DN. JOHANNIS BERCHELMANNI, J. U. L. & Statuum provincialium in Electoratu Brandenb. cis Viadrum Syndici & Quæstoris fidelissimi, dilectissimâ FILIA, BEROLINI pridie Martini celebratis, Mensæ secundæ surrogatus à PATRONIS, PROPINQUIS, FAUTORIBUS, AMICIS. Literis RUNGIANIS. Berlin s. a. [1651] (109: Slg. GK: Cg 144; Kemp, 1975, S. 23f. u. 46).

Geistliche Lieder (1653). In: Crüger, Johann: Praxis Pietatis Melica. Das ist: Ubung der Gottseligkeit in Christlichen und trostreichen Gesängen, Herrn D. Martini Lutheri fürnemlich ... mit gar vielen schönen/ neuen Gesängen (derer insgesamt 500) vermehret ... verfertiget Von Johann Crügern ... Editio V. Gedruckt zu Berlin/ und verlegt von Christoff Runge/ Anno 1653. Berlin 1653 (Kemp, 1975, S. 48–51).

Geistliche Lieder (1653). In: Runge, Christoff (Hg.): D. M. Luthers Vnd anderer vornehmen geistreichen vnd gelehrten Männer Geistliche Lieder vnd Psalmen. Auff sonderbarem Jhrer Churfürstl. Durchlaucht. zu Brandenburg, Meiner gnädigsten Churfürstin vnd Frauen Gnädigstem Befehl, Zu Erweckung mehrer Andacht bey frommen Hertzen zusammen getragen. Darin die fremde vnd zum Theil annoch unbekannte Lieder, mit ihren nothwendigen Melodien versehen. Zu Berlin, Gedruckt vnd verleget von Christoff Runge, Jm 1653 Jahr. Berlin 1653 (Bibliothek der Kirchenkanzlei Berlin; Bachmann, 1856, S. 31; Kemp, 1975, S. 46–48).

Leich=Sermon/ dem weyland WolEhrenvesten VorAchtbaren und Wolvornehmen Herrn Joachim Schrödern/ des Churfürstl. Brandenb. Ampts Zossen gewesenen wolbestalten auch wolverdienten Amptschreibern/ Als derselbe den 17. Maij dieses 1655. Jahres in der Kirchen zu Zossen Christlich und ehrlich zur Erden bestattet wurde/ Aus dem von ihme selbst zum Leich=Text erwehlten 9. vers. des 71. Psalms: Verwirff mich nicht in meinem Alter/ verlaß mich nicht/ wenn ich schwach werde. Jn bemelter Kirchen zu Zossen gehalten von PAULO Gerharten/ Probsten zu Mittenwalde. Berlin/ Gedruckt bey Christoff Runge/ im Jahr 1655. (am Ende ein Epicedium). Berlin 1655 (1: 1 in: Ee 1550; Kemp, 1975, S. 51; Dünnhaupt, 1991, III, S. 1595).

Geistliche Lieder (1656). In: Crüger, Johann: Praxis Pietatis Melica. Das ist: Vbung der Gottseligkeit in Christlichen und trostreichen Gesängen, Herrn D. Martini Lutheri fürnemlich, wie auch anderer seiner getreuen Nachfolger, und reiner Evangelischer Lehre Bekennerer. Ordentlich zusammen gebracht, und über vorige Edition mit noch gar vielen schönen Gesängen de novo vermehret und verbessert. Auch zu Befoderung des sowohl Kirchen= als Privat=Gottesdienstes mit beygesetztem bißhero gebräuchlichen, und vielen schönen neuen Melodien, nebenst dazu gehörigen Fundament, verfertiget Von Johan Crügern, Gub. Lusato. Direct. Musico in Berlin. Jn Verlegung Balthasaris Mevii. Wittenb. Gedruckt zu Franckfurt, bey Casp. Röteln Anno 1656. Frankfurt 1656 (Bachmann, 1856, S. 47; Kemp, 1975, S. 51).

»Magne Vir, & nostrae Te debent flere Camoenae ...« [Epicedium]. In: Sera psot laborem praemia VIRTUTIS serius, à seriis debitoribus data, & typis excusa. BEROLINI, 1656. [Trauergedichte zum Tod von Andreas Kohl]. (Kemp, 1975, S. 24 u. 51; Dünnhaupt, 1991, III, S. 1595f.).

LACRYMÆ POSTHUMÆ HONORI SUPREMO Viri Reverendi. Plurimum et Ampliſsimi DOMINI M. JOACHIMI FROMMI, Archidiaconi Nicolaitani & Senioris Ministerii Berlino-Coloniensis, Emeriti THEOLOGI JUSTI, SANCTI, INCUL-pati, Recti, jam benè beateque habentis in Patriâ, Inde â IV. Kal. Maij MDCLVII. fatali, Viæ, et Gratiæ regni. AFFUSÆ AB AMICIS QUIBUSDAM, COLLEGIS, ET FAUTORIBUS. Berolini Typis Rungianis. Berlin 1657 (1: 17 in: Ee 510; Kemp, 1975, S. 24 u. 51).

Leich=Sermon/ Dem Weyland WolEhrenvesten/ Großachtbaren und Hochbenamten Herrn NICOLAO Wernicken/ Gewesenen Churfürstl. Brandenburg. wolbestellten Vice-Registratori, Als derselbe Am 16. Aprilis/ Anno 1659. selig im HErrn entschlaffen/ und sein Leichnam darauff am 24. Aprilis war der Sonntag Jubilate, in der Hauptkirchen S. Nicolai allhier zum Berlin beygesetzet und zur Ruhe gebracht wurde. Aus den 7. 8. 9. vers. des 7. Cap. des Propheten Micha/ in besagter Kirche gehalten/ und auff Begehren in den Druck gegeben von PAULO Gerhardten/ Predigern zu S. Nicolai hierselbst. Berlin/ Gedruckt bey Christoff Runge/ 1659. Berlin 1659 (1: 2 in: Ee 1550; Kemp, 1975, S. 52; Dünnhaupt, 1991, III, S. 1596).

Auff daß zwar frühzeitige aber dennoch selige Abscheiden Des Tugend und Gott liebenden Jungfräuleins Elisabeth Heintzelmann. An: Lilius, Georg: Leichpredigt für Elisabeth Heinzelmann. Berlin 1659 (1: 24 in: Ee 514; LB Coburg: Sche 282, Nr. 2; Kemp, 1975, S. 18f. u. 52).

Vota Nuptialia in Thalamum viri Plurimum Reverendi, Clarissimi et Praecellentis DN Jacobi Helwigii SS Theol. Doctorandi et Gymnasii Berolinensis Rectoris et Virginis … Catharinae viri spectatissimi DN Joachimi Tonnenbinderi … filiae a. d. 7. Id. Febr. A. O. R. 1659 oblata a Fautoribus et Amicis. Berolini. Impressa per Christoph Runge. Berlin 1659 (Kemp, 1975, S. 24 u. 51).

Trauer-und Ehrenzeichen … Epicedium für Christian Lindholtz (Wittenberg 1660). An: Nicolai, Christian: Leichpredigt für Christian Lindholtz. Wittenberg 1659 (1: an 21 in: Ee 520; 14: H. Germ. Biogr. 60, 85; Kemp, 1975, S. 19 u. 52; Dünnhaupt, 1991, III, S. 1596).

An Herrn G. W. Sacer/ J. U. Cand. Seinen lieben werthen Freunde/ als derselbe von der Lästerung redete (Widmungsgedicht für Gottfried Wilhelm Sacer, datiert vom 2. Jan. 1659). In: Sacer, Gottfried Wilhelm: Die letzten Worte Des Sterbenden SENECÆ/ Zuvor von Herr Mascaronen Frantzösisch herfür gegeben … Wozu noch kommen die zierlich geführte Rede des J. Lipsius von der Lästerung/ verdeutscht von Gottfried-Wilhelm Sacer. Jur. C. Leipzig 1666 (Hillenbrand, 1995, S. 116f.).

Leich=Sermon Dem in der Zucht und Vermahnung zum HErren wohl auffgezogenen und nunmehr Seeligen Knaben/ Friederich Ludowig Zarlangen/ Herrn Michael Zarlanges/ Wohlverdienten BürgerMeisters dieser löblichen Residentz=Stadt Berlin/ Eintzigen Hertzlieben Sohne/ Als derselbe Am 13. Augusti dieses 1660ten Jahres frühe zwischen 4. und 5. Uhr aus dieser bösen Welt in das bessere Leben abgeschieden/ und sein Leichnam den folgenden 19. Augusti, wahr der 9. Sontag nach Trinitatis, in der Haupt=Kirchen zu S. Nicolai allhier beygesetzet und zur Ruhe gebracht wurde/ Aus dem 27. v. des 89. Ps. in besagter Kirche gehalten/ und auff begehren in Druck gegeben Von PAULO Gerhardten/ Predigern zu S. Nicolai hierselbsten. Wittenberg/ Gedruckt bei Johann Haken/ Anno 1660. Wittenberg 1660 (1: 3 in: Ee 1550; Kemp, 1975, S. 52; Dünnhaupt, 1991, III, S. 1596).

In Præmaturum Obitum Maximæ exspectationis Pueri, Puellæque Lectissimæ, FRIDERICI LUDOVICI, et CATHARINÆ ELISABETHÆ, Amplissimi ac Consultissimi Viri, DN. MICHAELIS ZARLANGII, Juris Consulti, & Reipubl. Berlinensis meritissimi Consulis &c, Unici, ac ob id desideratissimi, Filii, Dulcissimæque Filiæ, EPICEDIA AMICORUM. WITTEBERGÆ, Typis Johannis Haken. Wittenberg 1660 (1: an 4 in: Ee 1550; Kemp, 1975, S. 19f. u. 52).

Epicedium für Christoph Ludwig Rittmeister von Thümen. An: Alborn, Christian: Leichpredigt für Christoph Ludwig Rittmeister von Thümen. Berlin 1660 (1: an 3 in: Ee 538; Kemp, 1975, S. 52; Dünnhaupt, 1991, III, S. 1596).

Geistliche Lieder (1661). In: Crüger, Johann: Praxis Pietatis Melica. Das ist: Vbung der Gottseligkeit in Christlichen und trostreichen Gesängen, Herrn D. Martini Lutheri fürnemlich, wie auch anderer vornehmer und gelehrter Leute: Ordentlich zusammen gebracht, Und, über vorige Edition, mit gar vielen schönen neuen Gesängen (derer ingesammt 550) vermehrt. Auch zu Befoderung des sowohl Kirchen= als Privat=Gottesdienstes mit beygesetztem bißhero gebräuchlichen, und vielen schönen neuen Melodien, nebenst dazu gehörigen Fundament, verfertiget Von Johan Crügern, Gub. Lusato. Direct. Musico in Berlin. Editio X. Gedruckt zu Berlin, und verleget von Christoph Runge, Anno 1661. Werden verkaufft durch Martin Reischeln. Berlin 1661 (Bachmann, 1856, S. 87; Kemp, 1975, S. 52).

Christliche Trauer=Gebühr/ Auff Der gottseligen Matron/ Der VielEhr= und Tugendreichen/ Fr. Ursulen Moysin/ Des WolEhrenvesten/ GroßAchtbarn und Hochbenambten Herrn Christian von der Linde/ Der Löblichen Churfürstl. Brandenb. Landschafft wolverordneten Rentmeister Ehegeliebten Haus=Frau/ Seliges Absterben/ Vnd Leichbegängnüß. Bezeiget Von Etlichen guten Freunden. Berlin 1661 (1: an 15 in: Ee 523; Kemp, 1975, S. 53; Dünnhaupt, 1991, III, S. 1597).

Epicedia, In Obitum ... Catharinae Tonnebinderiae, Viri ... Dn. Jacobi Helwigii ... Rectoris Gymnasii Berlinensis, Uxoris ... d. 16. Junii honorificè sepultae, facta atque oblata à Cognatis, Amicis & Collegis. Berolini, Ex officina Rungiana, Anno 1661. Berlin 1661 (1: an 11 in: Ee 514; Kemp, 1975, S. 24 u. 53; Dünnhaupt, 1991, III, S. 1597).

Leich=Sermon/ Der weilandt WohlEhrbarn/ Ehren und Viel=Tugendreichen Frawen Fr. Anna Flörings/ Des Wohl=Ehrenvesten/ Groß=Achtbahren/ Wohlgelahrten und Hochweisen Herrn M. GEORGII Webers/ Wohlverdienten Burger=Meisters dieser löblichen Residentz=Stadt Berlin/ gewesenen hertzgeliebten Hauß=Ehre/ Als dieselbe am 31. Januarij dieses 1661. Jahres Selig im HErrn entschlaffen/ und folgends am 10. Februarij, war der Sontag Septuagesimæ, in der Hauptkirchen zu S. Nicolai beerdiget wurde/ Auß dem 11. Vers des 86. Psalms Davids/ Jn bemeldter Kirche gehalten von PAULO Gerhardten/ Predigern zu S. Nicolai hierselbsten. Wittenberg Gedruckt bey Johann Röhnern/ der Univ. Buchdr. Jm Jahr 1661. Wittenberg 1661 (1: 5 in: Ee 1550; 1: 20 in: Ee 540; Kemp, 1975, S. 52; Dünnhaupt, 1991, III, S. 1596f.).

CIPPUS Immortalitati ac Memoriæ Posthumæ Matronæ Pietate aliisque Sexus sui Virtutibus instructissimæ ANNÆ FLORINGIÆ, Viri Amplissimi, Consultissimi ac Cl. Dn. M. GEORGII VVEBERI, Reipubl. Berlinensis Consulis Gravissimi, omnique bono Meriti, Conjugis desideratissimæ, Cum illa, Deposita Feliciter Prid. Kl. Febr. Mortalitatis Sarcina, Mentem Divinam Deo reddidisset, Mœstissimusque Viduus Relictas Exuvias Solemni Ceremonia componeret, IV. Eid. Feb. A. O. R. M DC LXI. Erectus à Fautoribus Magnis ac Amicis desideratissimis. An: Gerhardt, Paul: Leichrede für Anna Weber geborene Flöring. Wittenberg 1661 (1: an 5 in: Ee 1550; Kemp, 1975, S. 24 u. 52).

Epicedium für Johann Rösner. An: Lubath, Martin: Leichpredigt für Johann Rösner. Wittenberg 1661 (1: an 2 in: Ee 531; Kemp, 1975, S. 24f. u. 53; Dünnhaupt, 1991, III, S. 1597).

Epicedium für Melchior Hoffmann von Greiffenpfeil. An: Heinsius, Martin: Leichpredigt auf Melchior Hoffmann von Greiffenpfeil. Berlin 1661 (Kemp, 1975, S. 25 u. 53; Dünnhaupt, 1991, III, S. 1597).

ΕΥΦΗΜΙΑΙ Solemnitati Nuptiali Viri Maxime Reverendi, Excellentissimi et Clarissimi DN Jacobi Helwigii SS. Theol. Doctorandi et ad D. Mariae Berolini Ecclesiastae Meritissimi et Virginis ... Elisabethae Viri Amplissimi et Spectatissimi DN. Christiani Hertzbergii, Consulis apud Mittenwaldenses Gravissimi Filiae unice dilectae collatae a Fautoribus, Collegis et Amicis. Berol. Typ. Rung. Berlin 1663 (Kemp, 1975, S. 25 u. 53).

Widmungsgedicht für Joachim Paulis Lieder (1664). An: Pauli, Joachim: A&Ω Vorschmack Der Traurigen und frölichen Ewigkeit/ Darinn die Gottlosen nach den Donnerwort der Traurigen/ den ewigen Tod/ im höllischen Feuer: Die Frommen nach der frölichen: Das Ewige Leben im Himmel/ itzt schon zu schmecken haben ... fürgestellet von Joachimo Pauli ... Berlin/ Gedruckt bey Christoff Runge ... Im Jahr 1664. Berlin 1664 (Kemp, 1975, S. 20 u. 53).

Epicedium für Regina Leyser geborene Calovius. An: Meisner, Johann: Leichpredigt für Regina Leyser geborene Calovius. Wittenberg 1664 (1: an Ee 700–1971; Kemp, 1975, S. 53; Dünnhaupt, 1991, III, S. 1597).

Epicedium für Adam Spengler. An: Gromann, Christoph: Leichrede für Adam Spengler. Frankfurt/O. 1665 (Kemp, 1975, S. 25 u. 54; Dünnhaupt, 1991, III, S. 1597).

Leichpredigt für Andreas Christian Gerhardt. Berlin 1665 (nach Dünnhaupt, 1991, III, S. 1598, soll Gerhardt die Leichpredigt für seinen eigenen Sohn Andreas Christian Gerhardt gehalten haben; Ex. entgegen Dünnhaupt nicht in der Staatsbibliothek Berlin).

DE LAUREA PHILOSOPHICA, Qua RECTORE Magnifico (TIT.) Dn. JOHANNE PLACENTINO, Phil. M. Mathemat. Prof. Publ. &c. celeberrimo, et DECANO SPECTABILI (TIT.) Dn. JOHANNE SIMONIS, S. S. Theol. Licent. Logicæ Profess. Publ. Ordinario, In Illustri Viadrina Anni Currentis M.DC.LXV. d. Xii. Octob. coronatus est (TIT.) DN. SAMUEL ROSA, Gymn. Berlinens. SubConRector, bene merentiss. gratulantur Patroni, Fautores, Amici, & Collegæ. COLONIÆ BRANDENBURGICÆ, Ex Officina GEORGII SCHULZII, Electoralis Typographi. Cölln 1665 (109: Slg. GK: Sch 1/59. 2; Kemp, 1975, S. 25 u. 54).

Widmungsgedicht für Joachim Paulis Lieder (um 1665). An: Pauli, Joachim: Vier Geistliche Lieder/ Dem Lobwürdigen Gott Zu Ehren/ und dessen Liebhabern Zum besten abgefasset/ von Joachimo Pauli. Berlin s. a. [um 1665] (Kemp, 1975, S. 20f. u. 53).

PAULI GERHARDI Geistliche Andachten Bestehend in hundert und zwantzig Liedern/ Auff Hoher und vornehmer Herren Anfoderung in ein Buch gebracht/ Der göttlichen Majestät zu foderst Zu Ehren/ denn auch der werthen und bedrängten Christenheit zu Trost/ und einer jedweden gläubigen Seelen Zu Vermehrung ihres Christenthums Also Dutzendweise mit neuen sechsstimmigen Melodeyen gezieret. Hervor gegeben und verlegt Von JOHAN GEORG EBELING/ Der Berlinischen Haupt=Kirchen Music: Director. BERLIN/ Gedruckt bey Christoff Rungen/ ANNO M DC LXVII. Berlin 1667 [Neudruck 1975] (Kemp, 1975, S. 41; Dünnhaupt, 1991, III, S. 1591f.).

Castae Castissimorum Manium Inferiae ... Cum digna Feralia Virgunculae delicatissimae Margerethae, Filiolae ... Dn. Michael Zarlangius, Reipub. Berl. Consul ... Die XXIV. Februarii pararet ... Amicorum corona. Berolini Typis Rungianis. 1667. Berlin 1667 (Kemp, 1975, S. 21 u. 55; Dünnhaupt, 1991, III, S. 1598).

Epicedium für Benedikt Reichardt. An: Müller, Andreas: Leichpredigt für Benedikt Reichardt und Margaretha Reichardt geborene Moritz. Cölln 1668 (Kemp, 1975, S. 21f. u. 55).

Thalassio! Thalassio! Facibus praelatis BERNHARDI-HOFFMANNIANIS ad V Id. IXbr. A. Æ. C. M.DC.LXIIX acclamant peregrè & propè faventes AMICI. COLONIÆ BRANDENBURGICÆ, Ex Officina GEORGII SCHULTZII, Typogr. Elector. Cölln 1668 (109: Slg. GK: Cg 13. 1).

Epicedium für Johann Adam Preunel. An: Lorentz, Samuel: Leichpredigt für Johann Adam Preunel. Guben 1668 (1: an 1 in: Ee 528; Kemp, 1975, S. 22 u. 55; Dünnhaupt, 1991, III, S. 1598).

Neuvermehrete Geistliche Wasserquelle: darinnen sich ein jedes frommes Hertz/ beydes auf der Reise und daheim/ bey guten kühlen Tagen/ und in mancherley Hitze der Anfechtung/ leiblich und geistlich erquicken und erfrischen kan. Aus dem heylsamen Haupt-Brunnen der Heiligen Schrifft/ und andern Christlichen Büchern zugerichtet: Sampt etlicher Königlichen/ Fürstlichen und Gräflichen Personen Symbolis und Gedenksprüche: Mit beygefügten schönen neubekandten/ fürnemlich Herrn Pauli Gerhardi 120. Geist- und Trostreichen Liedern vermehret/ Itzo aufs neue mit Fleiß übersehen und an vielen Orten gebessert. Zu Berlin/ Gedruckt und verlegt von Christoff Runge. Anno M DC LXX. Berlin 1670 (Kemp, 1975, S. 42; Dünnhaupt, 1991, III, S. 1592).

Auff H. M. Johannis Heintzelmanni, Meines Hochgeliebten Herrn Collegen, Deutschen Psalter. (Widmungsgedicht für Heinzelmann, Johannes: Psalmen Davids In reime und Melodeyen gesetzt) Abschriftlich vor 1669 (Kawerau, 1911, S. 6).

Pauli Gerhardi Geistliche Andachten Bestehend in hundert und zwantzig Liedern. Auf alle Sontage/ und gewisse Zeiten im Jahr gerichtet/ vor diesem mit sechs Stimmen in folio heraußgegeben und zu Berlin gedrucket; Umb besserer Beqvemlichkeit aber bey sich zu haben in sothanes format gebracht/ mit zwey Stimmen zum andern mahl/ nebst einem Anhang etlicher außerlesenen Gebehte/ hervor gegeben und verleget Von Johan. Georg. Ebeling/ des Gymn. Carolini Profess. Music. Alten Stettin/ gedruckt bey Daniel Starcken des Königl. Gymn. Carolini Buchdrucker. s. a. Stettin 1670/71 [Nachauflagen 1671 und 1674] (Kemp, 1975, S. 41f.; Dünnhaupt, 1991, III, S. 1592).

Evangelischer Lust-Garten Hn. Pauli Gerhards/ gewesenen wolverdienten Predigers in Berlin. Mit leichten Sangweisen gezieret und abermahls eröfnet von Johanne Georgio Ebeling/ des Königl. Gymnasii zu Alten Stettin Profess. und Musico. Alten Stettin/ gedruckt bey Daniel Starcken/ den Königl. Gymn. Carolini Buchdrucker. Anno 1671. Stettin 1671 [Nachauflage 1672] (Kemp, 1975, S. 42; Dünnhaupt, 1991, III, S. 1592).

Ehrengedicht für Samuel Sturm. In: Sturm, Samuel: Fünfzehen-ästiger Nieder-Lausitzer Palm-Baum vermittelst Christ-Schuldigen Lob- und Trauer-Reden ... gepflantzet von Samuele Sturmio. Leipzig 1675 (Kemp, 1975, S. 22 u. 55).

Pauli Gerhardi Geistreiche Andachten Bestehend in CXX. Liedern. Auf alle Sonntage/ und gewisse Zeiten im Jahr gerichtet/ Samt einer nutzlichen Vorrede Conrad Feuerleins/ Predigers zu unser Lieben Frauen in Nürnberg. Vor diesem mit sechs Stimmen in folio gedruckt/ Um besserer Bequemlichkeit aber bey sich zu haben in sothanes format gebracht/ und mit zwey Stimmen/ zum drittenmal/ nebst einem Anhang etlicher außerlesenen Gebete/ herfür gegeben Von Johann Georg Ebeling/ des Gymn. Carolini Profess. Music. Nürnberg/ In Verlegung Christoff Riegels. Gedruckt bey Joh. Michael Spörlin. Anno M DC LXXXII. Nürnberg 1682 [Nachauflage 1683] (Kemp, 1975, S. 42; Dünnhaupt, 1991, III, S. 1593).

Paul Gerhards Geistliche und Geistreiche Andachten Bestehend in 120 Liedern. Auff alle Sonn- und Fest-Tage im Jahr/ nach des sel. Lutheri Gesangbuch unter gewisse Titul gebracht/ Nach den Christl. Glaubens-Articuln eingerichtet/ und mit einem Anhange zum Druck befördert/ Von Einem Liebhaber geistreicher Lieder. Eisleben/ druckts Andreas Clajus/ 1700. Eisleben 1700 (Kemp, 1975, S. 42; Dünnhaupt, 1991, III, S. 1593).

Pauli Gerhardi Geistreiche Hauß- und Kirchen-Lieder. Zur Ubung und Gebrauch Des singenden Gottesdienstes vormahls zum Druck befördert; Jetzo aber Nach des sel. Autoris eigenhändigen revidirten Exemplar mit Fleiß übersehen/ Auch samt einem kurtzen/ doch Nöthigen Vorbericht bey dieser ersten und gantz neuen Verbesserten und vermehrten Aufflage/ Ausgefertiget von Joh. Heinrich Feustking/ D. Hoch-Fürstl. Consistorial-Rath/ Hof-Predigern und Beicht-Vater/ auch Superintendenten des Fürstenthums Anhalt-Zerbst. Zerbst/ Zu finden bey Carl Anthon Davidis. Druckts Samuel Tietze/ 1707. Zerbst 1707 [Nachauflagen Wittenberg 1717 und 1723] (Kemp, 1975, S. 42; Dünnhaupt, 1991, III, S. 1593f.; Küster/ Müller, I, 1737, S. 339–342).

Paul Gerhards Geistreiche schöne Lieder/ Auf allerhand Zeiten und Fälle gerichtet. Samt einem Anhang Verschiedener Gebethe/ Für allerhand Fälle. Nebst einer Von Johann Philipp Treuner/ der Heil. Schrifft Doctore, Pastore an der Evangel. Baarfüsser Gemeine und des Ministerii Seniore gestellten Vorrede. Augspurg, Druckts der verlegts Joh. Jacob Lotter/ auf dem Obern Graben. 1708. Augsburg 1708 (Kemp, 1975, S. 43; Dünnhaupt, 1991, III, S. 1594).

Paul Gerhardt's geistliche Lieder in einem neuen vollständigen Abdruck. Wittenberg, in der Zimmermannischen Buchhandlung 1821. Wittenberg 1821 [Nachauflagen 1827 und 1838] (Kemp, 1975, S. 43).

Leben und Lieder von Paulus Gerhardt. Hg. von Emanuel Christian Gottlob Langbecker. Mit P. Gerhardt's Bildniß, einem Facsimile seiner Handschrift und neun Musikbeilagen. Berlin, 1841. Verlag der Sanderschen Buchhandlung. Berlin 1841 (Kemp, 1975, S. 43).

Paul Gerhardts Geistliche Andachten in hundert und zwanzig Liedern. Nach der ersten durch Johann Georg Ebeling besorgten Ausgabe mit Anmerkungen, einer geschichtlichen Einleitung und Urkunden hg. von Otto Schulz. Mit dem Bildniß Paul Gerhardts und einen Facsimile seiner Handschrift. Berlin 1842 (Kemp, 1975, S. 43).

Paulus Gerhardts geistliche Lieder getreu nach der bei seinen Lebzeiten erschienenen Ausgabe wiederabgedruckt. Stuttgart. Verlag von Samuel Gottlieb Liebsching. Stuttgart 1843 [Nachauflagen 1849, 1855, 1861, Gütersloh 1874] (Kemp, 1975, S. 43).

Paul Gerhardt's geistliche Lieder. Hg. von C. F. Becker. Mit den Singweisen. Leipzig, Georg Wigand's Verlag. 1851 Leipzig 1851 [Nachauflage 1856] (Kemp, 1975, S. 43).

Paulus Gerhardts geistliche Lieder. Historisch-kritische Ausgabe von D. Johann Friedrich Bachmann, Consistorialrath und Pfarrer zu St. Jacobi in Berlin. Mit P. Gerhardts Bildniß. Zum Besten der St. Simeonskirche. Berlin, 1866. L. Oehmigke's Verlag. Berlin 1866 [Nachauflage 1877] (Kemp, 1975, S. 43).

Gedichte von Paulus Gerhardt. Hg. von Karl Goedeke. In: Deutsche Dichter des 17. Jahrhunderts. Mit Einleitung und Anmerkungen. Hg. von Karl Goedeke und Julius Tittmann. Bd. 12. Leipzig: F. A. Brockhaus. 1877 (Kemp, 1975, S. 44).

Paul Gerhardt's Geistliche Lieder. Mit Einleitung und Lebensabriß von Karl Gerok. Stuttgart. Meyer & Zeller's Verlag 1878 [Nachauflagen Leipzig 1879 und 1890] (Kemp, 1975, S. 44).

Paul Gerhardt's geistliche Lieder getreu nach den besten Ausgaben abgedruckt. Hg. von Fr. v. Schmidt, Leipzig, Druck und Verlag von Philipp Reclam jun. 1882 (Kemp, 1975, S. 44).

Die Gedichte von Paulus Gerhardt. Hg. von August Ebeling, D. Dr. Mit dem Bildniß Paul Gerhardts. Hannover und Leipzig. Hahnsche Buchhandlung. 1898. (Kemp, 1975, S. 44).

Geistliche Andachten. In: Das deutsche evangelische Kirchenlied des 17. Jahrhunderts. Von D. Albert Fischer … Nach dessen Tode vollendet und hg. von W. Tümpel … Bd. III, Gütersloh. Druck und Verlag von C. Bertelsmann 1906. (Kemp, 1975, S. 44).

Paul Gerhardts sämtliche Lieder. Bearb. und hg. von D. Paul Kaiser, Pfarrer an St. Matthäi in Leipzig. Mit dem Bildnis des Dichters. Leipzig. Max Hesses Verlag. 1907 (Kemp, 1975, S. 44).

Wach auf, mein Herz. Die Lieder des Paul Gerhardt. Vollständige Ausgabe, hg. von Eberhard von Cranach-Sichart. Verlag Paul Müller, München 1949. (Kemp, 1975, S. 44).

Paul Gerhardt Dichtungen und Schriften hg. und textkritisch durchgesehen von Eberhard von Cranach-Sichart, Verlag Paul Müller, München 1957. (Kemp, 1975, S. 44).

Geistliche Andachten. [1667]. Samt den übrigen Liedern und den lateinischen Gedichten herausgegeben von Friedhelm Kemp. Mit einem Beitrag von Walter Blankenburg. Bern und München 1975. (188: 19920(2)–1).

Paul Gerhardt: Ich bin ein Gast auf Erden. Mit einem Nachwort hg. von Heimo Reinitzer. Berlin 1986.

Briefe

Lateinischer Briefwechsel mit Johannes Heinzelmann aus den Jahren 1664 und 1665, als Abschrift in: Heinrich Sebald »De Reformatione Marchica« (Ms.) (1: Ms. Boruss. fol. 3, f. 771v–778v).
Schreiben betreffs der theologischen Konferenz 1662/63 (Nachlaß Oelrichs, 1990, Nr. 474,3).

Nachlaß

In homine sacrosanctae et individuae trinitatis Amen. Doctrinam in Aug. Confessione prima illa ... Paulus Gerhartus, Vocatus Praepositus Ecclesia Mittenwaldensis Ipso Ordinationi meae die 18. Nov. Ao 1651 (Verpflichtung anläßlich seiner Amtseinsetzung als Propst zu Mittenwalde am 18. Nov. 1651). (Biblioteka Jagiellonska Krakow [Sammlung Varnhagen]; Langbecker, 1841, Anhang).

Literatur

MISANDER (d. i. J. Samuel Adami): Deliciae biblicae. Dresden-Leipzig 1693, S. 664f.; NEUMEISTER, 1695, S. 38; CRENIUS, Thomas (d. i. CRUSIUS, Thomas Theodor): THOMÆ CRENII ANIMADVERSIONUM PHILOLOGICARUM ET HISTORICARUM PARS I (–VII). Novas librorum editiones, præfationes, indices nonnullasqve summorum aliqvot vivorum labeculas notatas excutiens ... LVGDVNI BATAVORVM, Apud FREDERICUM HAARING, & DAVIDEM SEVERINUM. 1698 (–1700). Leiden 1698–1700, hier PARS III (1698), S. 179; WIMMER, Gabriel: Paul Gerhards Leben. Altenburg 1723; KÜSTER/ MÜLLER, I, 1737, S. 339–342; JÖCHER, 1750, 2, Sp. 952f.; ROTH, Ernst Gottlob: Paul Gerhardt. Nach seinem Leben und Wirken aus zum Theil ungedruckten Nachrichten dargestellt. Leipzig 1829; TREPTE, E. W. H.: Paul Gerhardt. 2. Aufl. Delitzsch 1829; SCHULZ, Otto: Paul Gerhardt und der Große Churfürst. Vorlesung. Berlin 1840; LANGBECKER, Emanuel Christian Gottlob: Leben und Lieder von Paulus Gerhardt. Berlin 1841; WILDENHAHN, C. A.: Paul Gerhardt. Kirchengeschichtliches Lebensbild aus der Zeit des Großen Kurfürsten. Leipzig 1845; KRAFT: Paul Gerhardt. In: Ersch/ Gruber, 1855, T. 61, S. 3–23; WACKERNAGEL, Philipp: Bibliographie zur Geschichte des deutschen Kirchenliedes im XVI. Jahrhundert. Frankfurt a. M. 1855; BACHMANN, Johann Friedrich: Zur Geschichte der Berliner Gesangbücher. Ein hymnologischer Beitrag. Berlin 1856 (Neudruck Hildesheim/ New York 1970); BACHMANN, Johann Friedrich: Paul Gerhardt. Ein Vortrag. Nebst einem Anhange über die ersten Ausgaben der Praxis Pietatis Melica von Johann Crüger. Berlin 1863; BERTHEAU, E.: Paulus Gerhardt. In: ADB, 1878, 8, S. 774–783; FONTANE, Theodor: Wanderungen durch die Mark Brandenburg. T. 4: Spreeland. Berlin 1881. Nachdruck hg. von Edgar Gross. München 1994, S. 244–254; SCHLEUSNER, G.: Paulus Gerhardt. Wittenberg 1883 (2. Aufl. 1907); WANGEMANN, H. Th.: Johann Sigismund und Paulus Gerhardt. Ein kirchengeschichtliches Lebensbild. Berlin 1884 (enthält ebenso wie Langbecker und Schulz die Akten zum Berliner Kirchenstreit); NELLE, Wilhelm: Die Versmaße in Paul Gerhardts Liedern. In: Siona 20 (1895), S. 153–162; BERNOULLI, Carl Albrecht: Gerhardt-Studie. In: Monatsschrift für Gottesdienst und kirchliche Kunst 1 (1896/97), S. 139–145; STEIN, A.: Paul Gerhardt. Leipzig 1897; EBELING, August: Wo ist der Originaltext der Paul Gerhardtschen Lieder zu finden? In: ZDU 11 (1897), S. 745–783; BAUER, Carl: Paul Gerhardts Sprache. Eine philologische Betrachtung. Programm Hildesheim 1900; NOHL, 1903, S. 81; FISCHER, Albert: Das deutsche evangelische Kirchenlied des 17. Jahrhunderts. Vollendet und hg. von W. Tümpel. 6 Bde. Gütersloh 1904–1916 (Nachdruck Hildesheim 1964); KNIPFER, Julius: Paul Gerhardt: Gesammelte Aufsätze. Leipzig 1906; KNIPFER, K.: Paul Gerhardt als Prediger. Zwickau 1906; KAYSER, P.: Paul Gerhardt. Leipzig 1906; ECKARDT, Rudolf (Hg.): Paul Gerhardt. Urkunden und Aktenstücke zu seinem Leben und Kämpfen. Hg. von Rudolf Eckardt. Glückstadt 1907; GEYER, P.: Paulus Gerhardts geistliche Lieder. In: Neue Kirchliche Zeitschrift 18 (1907), S. 177–199; KAWERAU, Gustav: Paul Gerhardt. Ein Erinnerungsblatt. Halle/Sa. 1907; KOCHS, E.: Paul Gerhardt. Sein Leben und seine Lieder. Leipzig 1907 (enthält Gerhardts Briefwechsel mit dem Rat der Stadt Lübben); PETRICH, Hermann: Paul Gerhardt, seine Lieder und seine Zeit. 2. Aufl. Gütersloh 1907; WERNLE, Paul: Paulus Gerhardt. Tübingen 1907; HAHNE, F.: Paul Gerhardt und August Buchner. In: Euphorion 15 (1908), S. 19–34; KIRCHNER, J.: Paul Gerhardt. Leipzig 1908; ECKART, Rudolf: Paul-Gerhardt-Bibliographie. Stimmen und Schriften über Paul Gerhardt. Ein Nachklang zum Jubeljahr 1907. Pritzwalk s. a.

[1909]; AELLEN, Eugen: Quellen und Stil der Lieder Paul Gerhardts. Ein Beitrag zur Geschichte der religiösen Lyrik des XVII. Jahrhunderts. Diss. Basel 1910, Bern 1912; KAWERAU, Gustav: Der Berliner Kirchenliedichter Johann Heinzelmann und ein unbekanntes Gedicht Paul Gerhardts. In: JBKG 7/8 (1911), S. 1–13; PETRICH, Hermann: Paul Gerhardt. Ein Beitrag zur Geschichte deutschen Geistes. Auf Grund neuer Forschungen und Funde. Gütersloh 1914; GROHMANN: Der Subjektivismus in Paul Gerhardts und Luthers Liedern. In: Neue Kirchliche Zeitschrift 28 (1917), S. 557–603; HEWITT, Theodore Brown: Paul Gerhardt as a Hymn Writer and his Influence on English Hymnody. New Haven 1918; HEYDT, Johann Daniel von der: Paul Gerhardts Bedeutung für die evangelische Kirchenmusik. In: Festschrift zum deutschen Pfarrertag in Berlin. Eberswalde 1928; BUDDE, E.: Paul Gerhardts letzte Tage. Leipzig 1929; FISCHER-KRÜCKEBERG, Elisabeth: Johann Crügers Praxis pietatis melica. In: JBKG 26 (1931), S. 27–52; DAENICKE, Robert: Paul Gerhardts Berufung nach Lübben und seine dortige Amtszeit. In: Niederlausitzer Mitteilungen 22 (1934), S. 244–271; MEISSINGER, Karl August: Paul Gerhardt. In: Die Großen Deutschen. Neue Deutsche Biographie. Hg. von Willy Andreas und Wilhelm von Scholz. Bd. 1. Berlin 1935, S. 616–626; NELLE, Wilhelm: Paul Gerhardt. Der Dichter und seine Dichtungen. Leipzig 1935; HESSELBACH, Karl: Paul Gerhardt. Sein Leben, seine Lieder. Leipzig 1936 (HESSELBACH, Karl: Paul Gerhardt. Sein Leben, seine Lieder. Karl Hesselbachers: Paul Gerhardt, der Sänger fröhlichen Glaubens, neu hg. von Siegfried Heinzelmann. 2. Aufl. Neuffen 1969; 10. Aufl. Konstanz 1991); FISCHER, 1937, S. 12; GÜNTHER, Henriette: Paul Gerhardts Kirchenliedstil. Diss. Wien 1940 (masch.); NELLE, Wilhelm: Paul Gerhardt. Der Dichter und seine Dichtung. Durchgesehen von Karl Nelle. Leipzig u. Hamburg s. a. [1940]; TÜRCK, Susanne: Paul Gerhardt entwicklungsgeschichtlich. In: Neophilologus 28 (1943), S. 22–42, 120–141; KELLER, G.: Paul Gerhardt. Basel 1948; MICHAELIS, Otto: Johann Crüger. Paul Gerhardts Wegbereiter. Zur Erinnerung an Crügers 1647 erschienenes Werk »Praxis pietatis melica«. Berlin 1948; SEEBASS, F.: Paul Gerhardt. Gießen 1951; HULTSCH, G.: Paul Gerhardt. Stuttgart 1951; BLANKENBURG, Walter: Johannes Crüger. In: Die Musik in Geschichte und Gegenwart, 1952, II, Sp. 1799–1814; ZIMMERMANN, Jutta: Lutherischer Vorsehungsglaube in Paul Gerhardts geistlicher Dichtung. Diss. Halle-Wittenberg 1955 (masch.); BLANKENBURG, Walter: Paul Gerhardt. In: Die Musik in Geschichte und Gegenwart, 1955, IV, Sp. 1790–1797; IHLENFELD, Kurt: Huldigung für Paul Gerhardt. Berlin 1956; TRILLHAAS, Wolfgang: Paul Gerhardt. 1607–1676. In: Die Großen Deutschen. Bd. 1. 1956, S. 533–546; IHLENFELD, Kurt: Ein Botschafter der Freude. Dokumente und Gedichte aus Paul Gerhardts Berliner Jahren. Berlin 1957; HAUSCHILD, Karl: Die Botschaft der Reformation in den Liedern Paul Gerhardts. In: Luther. Mitteilungen der Luthergesellschaft 28 (1957), S. 63–74; RÖBBELEN, Ingeborg: Theologie und Frömmigkeit im deutschen evangelisch-lutherischen Gesangbuch des 17. und 18. Jahrhunderts. Göttingen/ Berlin 1957, bes. S. 404–425; ZELLER, Winfried: Paul Gerhardt. Zum 350. Geburtstag des evangelischen Kirchenliedichters. In: Musik und Kirche 27 (1957), S. 161 bis 169 (AUCH: Zeller, Winfried: Paul Gerhardt. In: Theologie und Frömmigkeit. Gesammelte Aufsätze. Hg. von Bernd Jaspert. Marburg 1971, S. 154–164); BARNIKOL, Ernst: Paul Gerhardt. Seine geschichtliche, kirchliche und ökumenische Bedeutung. In: WZ der MLU Halle-Wittenberg, Gesellsch. u. Sprachwiss. Reihe, VII, 2 (1957/58), S. 429–450; STUTZ, Elfriede: Das Fortleben der mittelhochdeutschen Zwillingsformel im Kirchenlied, besonders bei Paul Gerhardt. In: Medium Aevum Vivum. FS Walther Bulst. Hg. von Hans Robert Jauss und Dieter Schaller. Heidelberg 1960, S. 238–252; HEINZELMANN, Siegfried: Johann Crüger. Paul Gerhardts Organist. In: Menschen vor Gott. Hg. von Alfred Ringwald. Bd. III. 1963, S. 116f.; SAUER-GEPPERT, Waltraut-Ingeborg: Paul Gerhardt. In: NDB, 1964, 6, S. 286–288; HOFFMEISTER, Joachim: Der Kantor zu St. Nikolai. Beschreibung des Lebens von Johann Crügern, Direct. Musices zu Berlin, wo und wann er in diese Welt kommen, was er darinnen gelernet, erfahren, ausgestanden und gewirket. Berlin 1964; MOORE JR., John Virgil: Historical and Stylistic Aspects of Paul Gerhardts German Songs. Diss. Princeton 1964; HOFFMEISTER, Joachim: Gott aber stehet. Berlin 1966; PALMER, Chr. (BERTHEAU, Carl): Paul Gerhardt. In: Realencyklopädie für protestantische Theologie und Kirche, Bd. 6, 3. Aufl., Graz 1970, S. 561–565; BRODDE,·Otto: Zur Typologie der Paul-Gerhardt-Lieder. In: Kerygma und Melos. FS Christhard Mahrenholz. Kassel u. a. 1970, S. 333–341; SAUER-GEPPERT, Waltraut-Ingeborg: Eine Vorlage zu Paul Gerhardts ›O Welt, sieh hier dein Leben‹. In: Jb für Liturgik und Hymnologie 15 (1970), S. 153–159; BENNEDIK, Brigitte Eva: Paul Gerhardts Morgenlieder in englischen und amerikanischen Übertragungen. Diss. Univ. of Southern California 1974 (masch.); ERB, Jörg: Paul Gerhardt und seine Lieder. Neuhausen-Stuttgart 1974 (5. Aufl. Lahr-Dinglingen 1988); ZELLER, Winfried: Zur Textüberlieferung der Lieder Gerhardts. In: Jb für Liturgik und Hymnologie 19 (1975), S. 225–228; KEMP, Friedhelm (Hg.): Paul Gerhardt. Geistliche Andachten. [1667]. Samt den übrigen Liedern und den lateinischen Gedichten herausgegeben von Friedhelm Kemp. Mit einem Beitrag von Walter Blankenburg. Bern und München 1975; JENNY, Markus/

NIEVERGELT, Edwin (Hg.): Paul Gerhardt. Weg und Wirkung. Hg. von Markus Jenny und Edwin Nievergelt. Zürich 1976; GOES, A.: Ein Winter mit Paul Gerhardt. Neukirchen 1976; ANDEL, Cornelis Pieter van: Paul Gerhardt. Ein Mystiker zur Zeit des Barocks. In: Traditio-Krisis-Renovatio aus theologischer Sicht. FS Winfried Zeller. Marburg 1976, S. 172–184; BELFRAGE, Esbjörn: Morgen- und Abendlieder. Das Kunstgerechte und die Tradition. In: Jb für Liturgik und Hymnologie 20 (1976), S. 91–134; SCHLICHTING, G.: Paul Gerhardt im Berliner Kirchenkampf. In: Theologische Beiträge 7 (1976), S. 253–264; FECHNER, Jörg-Ulrich: Paul Gerhardts Lied. Tradition und Innovation. In: Literaturwissenschaftliches Jb, NF 17 (1976), S. 1–21; KRUMMACHER, Hans-Henrik: Der junge Gryphius und die Tradition. Studien zu den Perikopensonetten und Passionsliedern. München 1976, bes. S. 393–457; SCHÖNBORN, Hans-Bernhard: Paul Gerhardt und seine Lieder in der Tradition des ›Locus amoenus‹. In: Jb für Liturgik und Hymnologie 21 (1977), S. 155–161; ZELLER, Winfried: Paul Gerhardt. Der Dichter und seine Frömmigkeit. In: derselbe: Theologie und Frömmigkeit. Gesammelte Aufsätze. Bd. 2. Marburg 1978, S. 122–149; HOFFMANN, Heinz (Hg.): Paul Gerhardt. Dichter-Theologe-Seelsorger 1607–1676. Beiträge der Wittenberger Paul-Gerhardt-Tage. Hg. von Heinz Hoffmann. Berlin 1978; ALBERTSEN, Leif Ludwig: Die Krise in der Pflege des barocken Kirchenliedes. Zum Schicksal der Lieder Paul Gerhardts in den deutschen und dänischen Gesangbüchern des 18. Jahrhunderts. In: Daphnis 8 (1979), S. 145–167; SCHÖNBORN, Hans-Bernhard: Lieder Paul Gerhardts in den heute gebräuchlichen Gesangbüchern. In: Jb für Liturgik und Hymnologie 24 (1980), S. 113–123; RÖDDING, Gerhard: Paul Gerhardt. Gütersloh 1981; MAGER, Inge: Die Rezeption der Lieder Paul Gerhardts in niedersächsischen Gesangbüchern. In: Jb der Gesellschaft für niedersächsische Kirchengeschichte 80 (1982), S. 121–146; FECHNER, Jörg-Ulrich: Paul Gerhardt. In: Gestalten der Kirchengeschichte. Hg. von Martin Greschat. Bd. 7: Orthodoxie und Pietismus. Stuttgart 1982, S. 177–190; SCHMIDT, Lothar: Hertz und Garten-Zier. Paul Gerhardts ›Sommergesang‹. In: Gedichte und Interpretationen. Bd. 1: Renaissance und Barock. Hg. von Volker Meid. Stuttgart 1982, S. 285–302; BRUNNERS, Christian: Paul Gerhardts Lieder in der Ordnung des Kirchenjahres. In: Jb für Liturgik und Hymnologie 27 (1983), S. 156–163; EMRICH, Wilhelm: Paul Gerhardt – der ›andere Luther‹. In: Protestantische Profile. Hg. von Klaus Scholder und Dieter Kleinmann. Königstein 1983, S. 130–144; LEHNERTZ, Marlies: Vom hochmittelalterlichen katholischen Hymnus zum barocken evangelischen Kirchenlied. Paul Gerhardts ›O Haupt voll Blut und Wunden‹. In: Liturgie und Dichtung 1 (1983), S. 755–773; RADDATZ, Alfred: Paul Gerhardt – der Lutheraner im Streit mit dem reformierten Herrscherhaus. In: Kirche in Preußen. Gestalten und Geschichte. Hg. von Manfred Richter. Stuttgart 1983; PÄLTZ, Eberhard H.: Paul Gerhardt. In: Theologische Realenzyklopädie, Bd. 12, Berlin/ New York 1984, S. 453–457; KRUMMACHER, Hans-Henrik: Paul Gerhardt. In: Deutsche Dichter des 17. Jahrhunderts. Hg. von Harald Steinhagen und Benno von Wiese. Berlin 1984, S. 270–288; MENNE-HARITZ, Angelika/ NIEMANN, Arnold: Paul Gerhardt und die lutherische Opposition in Berlin. Edition einiger Eintragungen im Protokollbuch des Rates der Stadt Berlin. In: Jb für brandenburgische Landesgeschichte 35 (1984), S. 63–91; BEESKOW, Hans-Joachim: Brandenburgische Kirchenpolitik und -geschichte des 17. Jahrhunderts – ein Beitrag zur Paul-Gerhardt-Forschung. Diss. Berlin 1985 (masch.); REINITZER, Heimo: Paul Gerhardts biblische Bildersprache. In: Akten des 7. Internationalen Germanisten-Kongresses, Bd. 7. Hg. von Albrecht Schöne. Göttingen 1985, S. 196–206; BRÄNDLE, Werner: Schau an der schönen Gärten Zier. Paul Gerhardts Sommergesang. In: Evangelische Theologie 46 (1986), S. 256–277; REINITZER, Heimo (Hg.): Paul Gerhardt: Ich bin ein Gast auf Erden. Mit einem Nachwort hg. von Heimo Reinitzer. Berlin 1986; ARNDAL, Steffen: Familiarisierung des Glaubens. Zur Verwendung patriarchalischer Motive in den Liedern Martin Luthers und Paul Gerhardts. In: Orbis litterarum 42 (1987), S. 291–304; REINITZER, Heimo: Die Interpretation vor der Textkritik. Vorüberlegungen zu einer neuen historisch-kritischen Paul-Gerhardt-Ausgabe. In: Textkritik und Interpretation. Fs Karl Konrad Polheim zum 60. Geburtstag. Hg. von Heimo Reinitzer. Frankfurt a. M. 1987, S. 143–160; ALBRECHT, Michael von: Spuren der Rhetorik in antiker und neuzeitlicher Dichtung. In: derselbe: Rom. Spiegel Europas. Texte und Themen. Heidelberg 1988, S. 281–318; RÖDDING, Gerhard: Paul Gerhardt. In: Deutsche Dichter. Leben und Werk deutschsprachiger Autoren. Hg. von Gunter E. Grimm und Frank Rainer Max. Bd. 2: Reformation, Renaissance und Barock. Stuttgart 1988, S. 184–194; SCHWARZ, Wolfgang: Paul Gerhardt. In: Kulturelles Erbe 3 (1988), S. 5–7; AXMACHER, Elke: Paul Gerhardt als lutherischer Theologe. In: 450 Jahre Evangelische Theologie in Berlin. Hg. von Gerhard Besier und Christof Gestrich. Göttingen 1989, S. 79–104; BUNNERS, Christian: ›Kann uns doch kein Tod nicht töten ...‹ Paul Gerhardts letzte Worte. In: Musik und Kirche 59 (1989), S. 1–11; BEESKOW, Hans-Joachim: Paul Gerhardt. In: Berlinische Lebensbilder. Theologen. Hg. von Gerd Heinrich. Berlin 1990, S. 61–76; DÜNNHAUPT, 1991, III, S. 1589–1598; AXMACHER, Elke: Paul Gerhardt: Ich bin ein Gast auf Erden. In: Musik und Kirche 62 (1992), S. 310–320; HILLENBRAND, Rainer: Paul Gerhardts deutsche Gedichte. Rhetorische und poetische Gestaltungsmittel zwischen traditioneller Gattungsbindung und barocker Modernität. Frankfurt a. M. 1992; FORSTER, Leonard: Three evening hymns. Gerhardt, Claudius and Bridges. In: Lutheran quarterly 8 (1994), S. 373–383; BUNNERS, Christian: Paul Gerhardt. Weg, Werk, Wirkung. Berlin 1993 (2. Aufl. 1994); HILLENBRAND, Rainer: »O wie wohl ist hier zu lesen«. Ein unbekanntes Gedicht von Paul Gerhardt. In: Wolfenbütteler Barock-Nachrichten 22 (1995), S. 116f.; GStA Rep. 47, Nr. 19; GStA Rep. 47 B 4.

Grabow, Georg

* 20. Okt. 1637 Wilsnack
† 8. Juni 1707 Berlin
Pädagoge, piet.
V N. N.
M N. N.
⚭ –
K –

1653	Universität Frankfurt/O.
	Konrektor in Brandenburg-Neustadt
1666–1675	Subrektor am Cöllnische Gymnasium
1675–1684	Konrektor
1684–1691	Rektor in Frankfurt a. M.
ab 1691	nach kurzem Aufenthalt in Leipzig wieder in Berlin

Georg Grabow wurde am 20. Okt. 1637 in Wilsnack geboren, einem kleinen Ort in der Priegnitzer Mark, nordwestlich von Havelberg. Die biographischen Informationen über ihn sind äußerst dürftig. So wissen wir nichts über seine Eltern, und auch seine Schulbildung liegt im dunkeln. Biographisch faßbar wird er erst mit dem Jahr 1653, als er im Sommersemester unter dem Rektor und Medizinprofessor Christoph Ursinus an der Universität Frankfurt/O. immatrikuliert wurde (FRIEDLÄNDER, 1888, S. 35b, 45). Nach Abschluß seiner Universitätsstudien übernahm Grabow zunächst das Konrektorat an der Schule in der Neustadt von Brandenburg. Einer seiner Vorgänger in diesem Schulamt war der berühmte märkische Chronist Andreas Engel (1561–1598), der in den Jahren 1586/87 hier als Konrektor wirkte. 1666 erhielt Grabow eine Berufung zum Subrektor ans Cöllnische Gymnasium. Als nach dem Tode von Rektor Samuel Müller (1610–1674) der bisherige Konrektor Johannes → Bödiker 1675 die Leitung der Anstalt übernahm, stieg Grabow zum Konrektor auf. Aus seinem Cöllnischen Schulamt sind auch mehrere im Druck erschienene Abdankungen überliefert, die Grabow für einige angesehene Persönlichkeiten der kurbrandenburgischen Residenz beziehungsweise für deren Familienangehörige verfaßte, so zum Beispiel für den am 10. Aug. 1667 verstorbenen kfl.-brandenburgischen Hofrentschreiber Johann Jacob Römann, bei dessen Beerdigung am 20. Aug. der Cöllnische Propst und Konsistorialrat Johann → Buntebart die Leichpredigt hielt.

Seit Mitte der siebziger Jahre des 17. Jahrhunderts widmete sich Grabow im besonderen Maße der Aufdeckung innerkirchlicher Mißstände. Die einst von Luther zur Durchsetzung des Reformationswerkes zu Hilfe gerufene weltliche Obrigkeit erfüllte einhundert Jahre später ihre kirchenrechtlichen Pflichten immer nachlässiger und willkürlicher. Steigender Luxus an den großen und kleinen Höfen, Mangel an geistlichem und sittlichem Pflichtbewußtsein führten dazu, daß die Regierenden in der überwiegenden Mehrzahl statt ihrer Aufgaben, der Hebung kirchlicher Sitte, Zucht und Ordnung, nur ihren Vorteil und ihre Standesinteressen im Auge hatten. Was die Geistlichen betrifft, so hatte das einseitige Hervorheben der kirchlichen Lehre und das leidenschaftliche Sich-Ereifern um Lehrstreitigkeiten, ihr fast ins Krankhafte gesteigerter dogmatischer und polemischer Eifer mehr und mehr zu einer Vernachlässigung der Aufgaben und Bedürfnisse des praktischen, kirchlichen, religiösen und sittlichen Lebens geführt. Doch nicht nur die oft unzureichende Ausführung von Predigttätigkeit und Seelsorge erregten das Mißfallen der einfachen Gläubigen; immer lauter wurden die Klagen über das Fehlverhalten eines großen Teiles der Prediger, über ihre Trägheit und Bequemlichkeit, ihren Geiz und ihre Habsucht, ihre Trunk- und Genußsucht. Aber auch an der Laienschaft machte sich zunehmend Kritik fest. Der Predigtgottesdienst an den Sonn- und Feiertagen wurde zwar besucht, doch klagten die Pfarrer immer wieder über Plaudern und störendes Kommen und Gehen während des Gottesdienstes, vor allem aber über den Kirchenschlaf bei den – zugegebenermaßen oft langen – Predigten. Religiösität und Sittlichkeit boten insbesondere seit der Mitte des 17. Jahrhunderts – gemessen am Bibelwort – in vielerlei Hinsicht Anlaß zur Kritik.
Die Reaktion auf die gesellschaftlichen und kirchlichen Mißstände setzte früh ein und reichte von der Mystik über ganz praktische Forderungen für Kirche und Schule, für das staatliche, soziale und sittliche Leben bis hin zu Formen persönlicher Frömmigkeit. Im Hinblick auf Grabow interessiert hier neben den theologischen Postulaten von Johann Arndt (1555 bis 1621) insbesondere die weitverzweigte praktische Reaktion, die die öffentlichen und offenkundigen Mißstände als unvereinbar mit der Idee und den Aufgaben evangelischen Christentums empfand und die Verwirklichung des christlichen Ideals nicht nur durch neue religiöse und theologische Gedanken,

sondern vor allem durch praktische Anregungen, Maßnahmen und Reformen anstrebte. Grabows Schriften wie auch seine praktische Amtstätigkeit ordnen sich ein in jene Bemühungen um eine Reform der evangelischen Kirche, die mit dem Wirken von Philipp Jakob Spener (1635–1705), dem Wegbereiter des deutschen Pietismus, verbunden sind.

1675, im selben Jahr also, in dem Speners folgenreiche Schrift »Pia desideria« erschien, ließ Grabow in Berlin sein Werk »Speculum Veræ & Salvificæ Fidei« drucken, mit dem Untertitel »Ein Geistlicher Glaubens=Spiegel/ in welchem Alle und jede Christen sich innerlich beschauen können/ Ob sie im wahren/ lebendigen und seligmachenden Glauben sind/ oder nicht; Allen Scheingläubigen zur Entdeckung ihres gefärbten Unglaubens, denen Rechtgläubigen aber zur Stärckung und mehrern Versicherung ihres ungefärbten Glaubens abgefasset/ Und zu ihrer aller zeitlichen und ewigen Seligkeit heraus gegäben«. Das mehr als 250 Seiten lange Werk enthält zwei Zuschriften. In der ersten, die an den Gottessohn Jesus Christus gerichtet ist, bezeichnete Grabow seine Ausführungen in dem Buch als »Erstlinge«, die er der Gnade des Herrn unterwerfe. Tatsächlich ist sein »Geistlicher Glaubens=Spiegel« die erste der von ihm verfaßten umfangreicheren theologischen Schriften; bis dahin sind nur Abdankungsreden und ein Hochzeitsgedicht überliefert. Bei der zweiten Zuschrift, dem »Christlichen Leser« gewidmet, handelt es sich um ein Gutachten der Theologischen Fakultät Leipzig, datiert vom 25. Juni 1675, welches auf Grabows Verlangen angefertigt und seiner Schrift vorangesetzt wurde.

In seiner Schrift erörtert Grabow in zwölf Kapiteln den »wahren/ lebendigen und seligmachenden Glauben«, wobei er seine Argumente in erster Linie durch Belegstellen aus der Bibel, vor allem aus dem Neuen Testament, stützt und auf Zitate Luthers sowie auf Schriftstellen bekannter lutherischer Theologen wie Johann Arndt, Johann Gerhard (1582–1637), Johann Musaeus (1613–1681), Balthasar Meisner (1587 bis 1626) und Johann Andreas Quenstedt (1617–1688) zurückgreift. Im 3. Kapitel etwa, überschrieben mit »Vom Glauben/ was er ist«, heißt es, daß der »wahre Glaube« kein Werk des freien menschlichen Willens, sondern eine Gabe Gottes sei, doch nach den Zeiten Luthers wäre der »wahre Glaube« und mit ihm die Erkenntnis des »wahren Glaubens« in den Herzen vieler Menschen verloschen. Zu wenige Christen lebten dem Evangelium würdig. Zwar bekennten sie sich zu Christus, würden aber nicht ihm zu gefallen leben. Deshalb sollte sich – so Grabow am Ende seiner Schrift – ein jeder nach den genannten Kapiteln prüfen, ob er den »wahren Glauben« habe.

Die Abhandlung über den »wahren/ lebendigen und seligmachenden Glauben« ist eine Programmschrift, die das Fundament für die nachfolgenden Schriften liefert, in denen sich Grabow mit ganz praktischen Fragen des reliösen Lebens beziehungsweise mit bestimmten kirchlichen Zeremonien beschäftigt und Mißstände im innerkirchlichen Leben aufdeckt. 1679 veröffentlichte er seine »PARÆNESES, super Vera docendi Ratione in Scholis Christianis«, eine knapp 500 Seiten lange lateinische, mit mehreren deutschsprachigen Zitaten durchzogene Abhandlung, in der es im besonderen um die Mißstände bei der christlichen Erziehung der Schuljugend geht. Hier konnte Grabow auf seine eigenen Erfahrungen und Beobachtungen als Konrektor des Cöllnischen Gymnasiums zurückgreifen, etwa wenn er im Einvernehmen mit dem bekannten »Strafprediger«, Superintendenten und Gymnasialprofessor zu Halle, Arnold Mengering (1596–1647), oder dem Pastor zu Wedel, Johann Rist (1607–1667), beklagt, daß die Schüler in den Schulen zu viel die alten »heidenische(n) Hurenjäger und Schandlappen/ Ovidius, Terentius, Virgilius &« und zu wenig das Evangelium lesen würden. Es ist also nur folgerichtig, wenn der einzige von Grabow überlieferte Schulactus ein religiöses Thema zum Gegenstand hat, nämlich »De CHRISTIANORUM EXCELLENTIA atque PRÆSTANTIA«, worüber er seine Schüler am 29. Jan. 1683 sprechen ließ. Die Mehrzahl der überlieferten, in den Jahrzehnten zuvor an den beiden lutherischen Gymnasien zu Berlin und Cölln gehaltenen Actus scholastici gingen auf antike Autoren zurück, sollten die Schüler in den öffentlichen Aufführungen ja vor allem ihre Eloquenz in den alten Sprachen demonstrieren. 1663 verfaßte der Subkonrektor am Berlinischen Gymnasium, Samuel → Rosa, nach Quintus Curtius Rufus einen Actus über Alexander den Großen und den Untergang der persischen Monarchie unter Dareios III. (Codomannus). Zehn Jahre vorher hatte Konrektor Michael → Schirmer ein Drama scenicum zu Vergils »Aeneis« von seinen Schülern auf dem Berliner Ratshaus feierlich aufführen und eine Tragikömodie in ungebundener Rede, ebenfalls zur »Aeneis«, sogar vor dem Kurfürsten Friedrich Wil-

helm halten lassen. Widerspruch einiger Geistlicher gegen die Aufführung heidnischer Stoffe gab es auch in Berlin-Cölln freilich immer; schon 1638 mußte sich Schirmer damit rechtfertigen, daß auch heidnische Stoffe für die Kenntnis einer christlichen Jugend nicht ohne Nutzen und ihrer nicht unwürdig seien.
1679 erschien Grabows »Entdeckung/ der schädlichen und schändlichen Finsterniß/ Welche in der Lutherischen Kirche unter den so genannten heiligen Christ enthalten ist«; die Schrift hat der Cöllnische Konrektor seinen Schülern gewidmet. Es handelt sich hierbei um eine 48 Seiten lange polemische Abhandlung gegen die Schulkomödien, namentlich gegen jene zur Weihnachtszeit aufgeführte »närrische Christ=Comoedie« als eines Werkes der »geistliche(n) Finsterniß«. Überall würden sich Menschen für Christus ausgeben, die eines Christen unwürdig seien; sie ließen sich anbeten und dergleichen. Dahinter steht die auch von den Calvinisten vertretene Auffassung, Christus als sichtbare Gestalt darzustellen, sei sündhaft und eines Christen unwürdig. Grabow verwies zur Bekräftigung seiner Auffassung auf eine Anordnung des Konsistoriums und Kammergerichts aus dem Jahre 1670, die derartige Komödien untersagt habe. Weiter zitierte er unter anderem den Straßburger Professor und Prediger, den Streittheologen und Lehrer Speners, Johann Konrad Dannhauer (1603–1666), der solche Mißbräuche im IV. Teil seiner »Katechismus-Milch«, einer zehnbändigen Sammlung von Katechismuspredigten (1642–73), attackiert hatte.
Ein Jahr später griff Grabow das Problem der leiblichen Darstellung Christi erneut auf, und zwar in seiner Schrift »Danck=Opffer«. (Das 60 Seiten lange Werk erschien zwar ohne Angabe einer Jahreszahl, doch zu Beginn schrieb Grabow, daß er seine Abhandlung über das Weihnachtsspiel vor einem Jahr für die Cöllnischen Schüler geschrieben habe). Auch dieses Werk hat polemischen Charakter, wollte Grabow mit ihm doch auf einen »Bericht vom heiligen Christspiel« mit einem »gründlichen Gegenbericht vom unheiligen Christspiel« antworten und beweisen, »daß es weder ein gut Werck/ noch ein Mittelding sey/ dergleichen Spiele entweder unter dem Namen des himmlischen Vaters/ oder in der Person Christi/ unsers einigen Heylandes/ anstellen«. Wiederum stützt sich seine Argumentation auf die Bibel, so habe Gott in der Heiligen Schrift es selbst verboten, daß sich die Menschen von ihm ein Bildnis machen, das dem Menschen gleiche. Außerdem verweist er auf einen hallischen Gymnasialprofessor, der in seinem »Bericht von den schändlichen Weihnacht= Larven« die Weihnachtsaufzüge und Larven-Spiele als heidnisch, papistisch, abgöttisch und unrecht verurteilt hatte; ein ähnliches Werk der Finsternis sei auch die unter dem Namen Christus veranstaltete Christ-Komödie. Abschließend verlangte Grabow Maßnahmen, um die Jugend von derart gottlosem Wesen abzuhalten, und forderte, daß die Obrigkeit dieses unchristliche Wesen verbiete und hart bestrafe. Die Schrift erschien 1683 in 2. Auflage in Leipzig mit dem ausführlichen Titel »Danck=Opffer/ in welchem zugleich erwiesen/ Das das so genannte heil. Christ=Spiel Kein gut Werck/ oder Mittelding; sondern ein sündliches wesen/ und schändlicher Greuel sey« und dem Approbationsvermerk der Theologischen Fakultät Leipzig im Titel.
In einer umfangreichen Schrift mit dem Titel »Aller Communicanten Schuldige Pflicht/ So wol vor/ als nach dem heilsamen Gebrauch des Hochwürdigen Abendmahls unsers HERRN und Heylandes JESU CHristi« (Berlin 1680) beklagte Grabow schließlich die bei Erteilung des Abendmahls eingezogenen Mißbräuche (viele Kommunikanten seien nicht würdig dafür; sie würden zwar ihre Sünden bekennen, aber sie nicht wirklich ablegen usw.). In der Vorrede erwähnt er auch, daß er seine Schrift vom wahren Glauben (gemeint sein »Speculum Veræ & Salvificæ Fidei«) von der Theologischen Fakultät Leipzig habe zensieren lassen. »Mit Consens und Approbation Der hochlöbl. Theol. Facult. zu Leipzig« erschien 1683 in Leipzig auch die Abhandlung »Aller Gevattern Schuldige Pflicht/ so wol bey/ als nach der Tauffe/ beschrieben«, die auf ähnliche Mißbräuche beim Taufzeremoniell aufmerksam machte.
Diese, meist in mehreren Auflagen erschienenen Schriften, die zum Reformgut des Pietismus im 17. Jahrhundert gehören, machten Grabow weit über die Mark Brandenburg hinaus bekannt. Auch Spener, der seit 1666 Senior des geistlichen Ministeriums zu Frankfurt a. M. war, wurde auf den Gleichgesinnten in der kurbrandenburgischen Residenz aufmerksam, dessen »PARÆNESES, super Vera docendi Ratione in Scholis Christianis« er hoch einschätzte, wie sein Brief an Grabow vom 8. Nov. 1679 belegt (SPENER, Philipp Jakob: Consilia et Iudicia Theologica Latina. Opus posthumum. Ex eiusdem Litteris 1709. Pars 3. Eingel. von Dietrich Blaufuß. Hildesheim u. a. 1989, S. 301–303). In einem weiteren Brief vom 5. Febr.

1681, dessen Adressat unbekannt ist, rühmt Spener Grabows Programmschrift »Speculum Veræ & Salvificæ Fidei«: »Von dem lebendigen Glauben/ dessen unerkäntnüß oder vielmehr falsche einbildungen von demselben ich vor eine der grösten ursachen des allgemeinen verderbens schätze/ zu handlen/ achte wol die würdigste materie zu seyn ... Wie dann schon vor etzlichen jahren diese materie von dem wahren seligmachenden glauben/ durch den gottseligen und wolverdienten Berlinischen Correctorem Grabovium, dessen so vortreflische loca von der innerlichen geistlichen erkantnüs/ und andern dergleichen wichtigen dingen/ ich mit ziemlicher zahl in meinem tractatu von der allgemeinen Gottesgelährtheit angeführet habe/ in einem besondern büchlein ausgeführet ist/ und viel gutes darinnen bemercket hat. Daher ich verlangte/ daß solches tractätlein/ so etwa von Berlin unschwer zu haben seyn wird/ von einigen Gottesverständigen möchte gelesen/ und erwogen werden/ ob sie etwas weiteres zu verlangen ursach hätten ...« (SPENER, Philipp Jakob: Letzte Theologische Bedencken und andere Briefliche Antworten 1711. Nebst einer Vorrede von Carl Hildebrand von Canstein. Teil 3. Eingel. von Dietrich Blaufuß u. Peter Schicketanz. Hildesheim u. a. 1987, S. 97).

1675 hatte Spener seine »Pia desideria oder herzliches Verlangen nach gottgefälliger Besserung der wahren evangelischen Kirchen samt einigen dahin abzweckenden christlichen Vorschlägen« veröffentlicht. Durch seine Programmschrift und die Umsetzung der in ihr enthaltenen Lehren in der Praxis wurde er zum eigentlichen Begründer des Pietismus in Deutschland. Besondere Bedeutung erlangte seine Forderung nach Privaterbauungsversammlungen. Hier traf man sich im privaten Kreis zur gemeinsamen Lektüre erbaulicher Schriften, diskutierte aber auch über kirchliche Mißstände und sann über deren Abstellung nach. Doch diese »collegia pietatis« bargen durch den engen Zusammenschluß von »Kernchristen« innerhalb der einzelnen Gemeinden die Gefahr, daß diese sich dem christlichen Leben in den Gemeinden entzogen und in Gegensatz zum organisierten und berufsmäßigen Priestertum traten. So ließ schon 1677 der Frankfurter Senat als Inhaber der Kirchengewalt durch seine Polizei Erhebungen über die pietistischen Privatzusammenkünfte anstellen, und Anfang 1678 erließ das Darmstädter Konsistorium an die ihm unterstellten Pfarrer ein Ausschreiben, in dem vor ihnen gewarnt wurde.

Als 1684 der verdiente Rektor an der Schule zu Frankfurt a. M., Andreas Böckler, im 83. Lebensjahr starb, erhielt Grabow, »weil er ein guter Freund von Spenern war« (JÖCHER, 1750, 2, Sp. 1111), durch dessen Vermittlung die Vokation auf das vakante Rektorat. Als Senior des geistlichen Ministeriums oblag Spener auch die Inspektion des Schulwesens, und sicher ist Grabow im Sinne Speners in seinem neuen Amt tätig geworden. Unter seinen Schüler befand sich auch Speners Sohn Wilhelm Ludwig, der 1675 in Frankfurt a. M. geboren wurde, doch nach einer glänzenden Ausbildung zum Candidatus theologiæ schon 1696 auf einer Reise nach Livland verstarb. Das im ehemaligen Barfüßerkloster gegründete städtische Gymnasium zeigte im Lehrplan und Unterricht Einflüsse des berühmten Straßburger Gymnasiums unter seinem Rektor Johannes Sturm (1507–1589), auch wenn es sich mit diesem nicht an Größe und geistiger Bedeutung messen konnte. Da es in Frankfurt während der Reformation nicht gelungen war, Kirchengüter in größerem Umfang heranzuziehen, um die Schule zu dotieren, fehlte es an einer finanziellen Basis, die es ermöglichte, renommierte Gelehrte für die Schule zu gewinnen. Aus Grabows Frankfurter Schulamt ist nur eine Schrift bekannt, nämlich seine »CHRISTIANA ETHICA«, die 1689 bei Johann David Zunner erschien. Auch diese Schrift trägt den Approbationsvermerk der Theologischen Fakultät Leipzig in Person ihres Dekans Johannes Olearius (1639–1713). Grabow widmete sein über 300 Seiten langes Werk im Mai 1689 den Ratsherren und Mitgliedern des Frankfurter Schulenamtes. Der Vorrede angeschlossen sind zahlreiche Widmungsgedichte, die die Leipziger Professoren für Grabow und seine Schrift verfaßten. Sie stammen vom Dekan der Theologischen Fakultät Georg Möbius (1616–1697), vom Superintendenten Georg Lehmann (1619–1699), vom Theologieprofessor und Pastor zu S. Thomas, Johann Benedikt Carpzov (1639–1699), vom Kanonikus Johann Olearius (1639–1713), vom Konsistorialmitglied Valentin Alberti (1635–1697), vom Prediger und Professor der hebräischen Sprache, August Pfeiffer, sowie von einem nicht genannten Verfasser mit den Initialen J. P. D. Außer dieser Schrift veröffentlichte Grabow in Frankfurt noch die 2. Auflage seines Traktates über das Abendmahl (1685).

Wie vor ihm schon Spener, geriet jedoch auch Grabow in Konflikt mit den Frankfurter Oberen, die ihm vorwarfen, die in ihn gesetzten Hoffnungen, er solle das einheimische Schulwesen zu neuen Höhen führen, nicht zu erfüllen und seinen Aufgaben als Rektor nicht gerecht zu werden. So gab Grabow 1691 das Rektorat wieder auf; sein Nachfolger wurde Johann Gerhard Arnold von Friedberg aus der Wetterau, vormals Konsistorialrat sowie Professor für Geschichte und Eloquenz und Rektor des Fürstlichen Gymnasiums zu Durlach, der schon zu Beginn des Jahres 1690 als Prorektor nach Frankfurt gekommen war (KÜSTER, 1731, S. 38f.). Gegen die Beschuldigungen verteidigte sich Grabow in einem »Sendschreiben« (Lüneburg 1691), das der Frankfurter Prediger Martin Difenbach 1692 mit Zustimmung des geistlichen Ministeriums erneut herausgab. Die von Difenbach zu Grabows Apologie verfaßte Vorrede macht an mehreren Stellen die Unverträglichkeit beider Seiten deutlich und wirft dem vormaligen Rektor »Ungeschicklichkeit, Eigensinn, Heucheley, und vermeinte Infallibilität« vor (KÜSTER/ MÜLLER, 1752, II, S. 978). Hier finden sich die gleichen Vorwürfe, die seit der 1691 veröffentlichten und gegen Spener gerichteten anonymen Schrift »Imago pietismi« in den antipietistischen Streitschriften der neunziger Jahre des 17. Jahrhunderts regelmäßig wiederkehren: Die »collegia pietatis« seien ein den geistlichen Hochmut nährender Mißbrauch, der Pietismus lehre irrtümlich über den Glauben, rede von trügerischer Vollkommenheit und sei auf den Abweg neuer Offenbarungen und chiliastischer Spekulationen geraten, so daß das Einschreiten der Obrigkeit notwendig sei. Streitpunkt war vor allem die Zugehörigkeit der Pietisten zur lutherischen Kirche; schon früh wurde ihnen Sektierertum und die Aufrichtung einer neuen Religion vorgeworfen.

Grabow ging zunächst nach Leipzig und kehrte später in die kurbrandenburgische Residenz zurück, wo er ohne öffentliches Amt lebte. Auch wenn es keine direkten Belege dafür gibt, daß sich Spener, der ab 1686 als Hofprediger in Dresden wirkte und 1691 zum Propst zu S. Nicolai nach Berlin berufen worden war, in irgendeiner Weise für Grabow verwendet habe, so wurde doch durch die Tätigkeit Speners in der kurbrandenburgischen Residenz der Kontakt zwischen beiden aufrechterhalten. Zudem hatten sich auch in Berlin-Cölln Gleichgesinnte zusammengefunden, in deren Kreisen – etwa um Carl Hildebrand von Canstein (1667–1719), dem Sohn des Geheimen Rates, Oberhofmarschalls und Kammerpräsidenten Raban von Canstein (1617–1680) – sich wohl auch Grabow bewegte und die ihm mit Wohlwollen begegneten, so daß er auch ohne öffentliches Amt sein Auskommen hatte.

Sein Frankfurter Aufenthalt brachte Grabow noch nachträgliche Kritik ein. Der Perleberger Superintendent und Inspektor Gottfried Arnold (1666–1714), der in seiner bekannten »Unparteiischen Kirchen- und Ketzer-Historie« dem vormaligen Frankfurter Rektor zugestimmt hatte (KÜSTER/ MÜLLER, 1752, II, S. 978), sah sich in seinen Nachträgen zu dem Buch zu einer Korrektur seiner vormaligen Meinung verpflichtet: »Bey der Relation, welche im IV. Theil Sect. 3. n. 18. von 2. Berlinischen Lehrern gesetzet ist, als wären sie um der Wahrheit willen degradiret worden, haben einige Freunde, denen die Sache gemeiner bekandt ist, folgende Erinnerung gethan: daß diese 2. Leute um Verfolgung der Warheit willen ihre Dienste sollen resigniret haben, oder auch erlassen worden seyn, ist ohne Grund. ... Anlangend den andern (GRABOVIVM) war derselbe ein Mensch, der die Gottseeligkeit æstimirte, und sie treiben wolte, aber eines theils mangelte es ihm an derjenigen Erkänntniß in der Lateinischen Sprache, die zu seiner Stelle erfodert wurde, andern theils konte Er aller freundl. Erinnerungen ohngeachtet nicht dahingebracht werden gehörigen Fleiß an seine Lectiones, und die dazu nöthige Vorbereitungen zu wenden, daher Er bereits bey den Discipeln alle Auctorität verlohren hatte, und durch Kummer und Verdruß zu allen untüchtig ward. Also ward Jhm an Hand gegeben selbst zu resigniren, und ob er wohl um der Gottseeligkeit willen bey vielen auch verachtet ward, so würde er doch deswegen nicht an seinem Ammte gefährdet worden seyn, wo sonst seine Erudition und übrige Bezeugungen anders gewesen wären ...« (KÜSTER, 1731, S. 189).

1696 ließ Grabow seine »Rechtmässige Verantwortung/ wider Die falsche Beschuldigung Der Theologischen Facultet zu Wittenberg« ausgehen. In ihr wehrte er sich gegen den Vorwurf, er habe in seiner vor mehr als 15 Jahren veröffentlichten »PARÆNESES, super Vera docendi Ratione in Scholis Christianis« geschrieben, daß die Bibel ein toter Buchstabe sei. Diesen Vorwurf hatte die Theologische Fakultät Wittenberg im 4. Präliminar-Artikel ihrer »Christ=Lutherischen Vorstellung wider Herrn D. Spenern« erhoben. Grabow sandte daraufhin zunächst am 16. Okt. 1695 einen Brief nach Wittenberg, in welchem er darauf verwies, daß seine »PARÆNESES« von der Theologischen Fakultät Leipzig approbiert wurde und in allen ihren Aussagen der Glaubenslehre gemäß sei, was auch Aussagen in seiner anderen Schriften beweisen würden. Außerdem könnten alle seine Schüler und sonstigen Bekannten Zeugnis davon ablegen, daß ihm kein Buch mehr bedeute als die Bibel, wegen des darin enthaltenen »kräfftigen Worts GOttes«. Nach seiner eigenen Aussage habe er sich schon 1694 vorgenommen, unter anderem ein »Tractätlein von dem Wort GOttes und dessen fürnehmsten Eigenschafften/ sonderlich aber von derselben Krafft zu schreiben« (eine Schrift Grabows unter diesem Titel ist jedoch nicht überliefert). Mit aller Schärfe dementierte Grabow die ihm von den Wittenbergern unterstellte Übereinstimmung mit entsprechenden Auffassungen von Valentin Weigel (1533–1588) und Hermann Rathmann (1585–1628). Letzterer hatte 1621 als Diakon in Danzig zur Verteidigung Johann Arndts die Schrift »Jesu Christi Gnadenreich« veröffentlicht und darin erklärt, die Bibel sei gleichsam nur die (tote) Axt, der im Wort wirkende Geist jedoch allein die lebendige Hand. Der sich daraus entwickelnde sogenannte Rathmannsche Streit flammte sechs Jahrzehnte später wieder auf, als ein anonymer Autor 1697 den »Rathmannus redivivus« herausgab, in dem Speners Lehre von der Heiligen Schrift und Rathmanns Aussagen zusammengestellt waren.

Weil die Theologische Fakultät Wittenberg auf sein Schreiben vom 16. Okt. 1695 jedoch nicht antwortete, ließ Grabow bald darauf seine »Rechtmässige Verantwortung« ausgehen: Da sein Stillschweigen in der Angelegenheit von anderen mißverstanden werden könne, wolle er nunmehr öffentlich die gegen ihn erhobene Beschuldigung widerlegen. Mit zahlreichen schriftgemäßen Beweisen (unterlegt durch Aussagen aus seinen Schriften, die er alle von der Theologischen Fakultät Leipzig approbieren ließ) belegte Grabow seine Auffassung, daß Gottes Wort (die Bibel also) kein toter Buchstabe, sondern ein Wort des Lebens sei, denn so habe er gelebt und geschrieben. Die von den Wittenberger Theologen angezogene Stelle beziehe sich allein auf die Wissenschaft des Buchstabens oder »buchstäbliche Wissenschaft«, die tot sei und den Menschen aufgeblasen und hochmütig mache. Auch jetzt, wo er als »Privatus« lebe und dadurch vieler gegenwärtiger Verderbnisse enthoben sei, habe er die Auffassung, daß die Bibel kein toter Buchstabe sei.

1701 erschien das Werk erneut unter dem Titel »PARÆNESES, quibus RENATA ÆTAS in Scholis Christianis renovatur ad IMAGINEM CHRISTI, denuo longe ordinatiores, emendatiores & auctiores editæ, cum JUDICIO de COMOEDIIS«. Vorangestellt ist eine lateinische Einleitung, die der Theologieprofessor und Dekan der Theologischen Fakultät Leipzig, Johannes Olearius, unter dem Datum des 6. Okt. 1696 verfaßt hat. Angeschlossen ist das 53 Seiten lange »JUDICIUM DE COMOEDIIS Aliisqe Theatricis Spectaculis« (das auf der Titelrückseite den Approbationsvermerk von Johannes Olearius enthält). Wieder ist es die Unsitte der Schulkomödien, die die lateinisch abgefaßte Polemik herausforderte, die ebenfalls mit längeren deutschsprachigen Zitaten durchsetzt ist, unter anderem aus einer Stellungnahme der Theologischen Fakultät Jena sowie aus Hartmanns »Spiel=Teufel« (1678). Johann Ludwig Hartmann (1640–1684), Pfarrer und Superintendent in Rotenburg, veröffentlichte mehrere Schriften zur praktischen Theologie, neben dem bereits genannten auch einen »Alamode=Teufel« (1675), einen »Sauf=Teufel« (1679) und andere Werke, in denen er verschiedene Unsitten seiner Zeit geißelte.

Georg Grabow starb am 8. Juni 1707 in Berlin (sein Epitaph, das sich ehemals in der Kirche S. Sebastian vor dem Köpenicker Tor befand, ist mitgeteilt bei KÜSTER, 1731, S. 40). Für seine Schriften, von denen einige mehrmals aufgelegt wurden und die 1698 als »Theologische Schriften« zusammengedruckt erschienen, gibt es einen bemerkenswerten Beleg ihrer Verbreitung nach Grabows Tod. So hat das dänische pietistische Missionskollegium Grabows Abendmahlsschrift »Aller Communicanten Schuldige Pflicht« (die in einer späteren Auflage unter dem Titel »Würdiger Tisch=Genoß des HErrn aller Herren« in Frankfurt erneut aufgelegt und 1744 in Hamburg zum vierten Mal herausgegeben wurde) von dem Pietisten Eiler Hagerup, Pastor in Kallundborg, ins Dänische übersetzen lassen; die der Königin Sophie Magdalene gewidmete Schrift »En Værdig Giæst Ved Alle Herrers Bord« erschien 1725 in Kopenhagen. [LN]

Werke

Kirchenlieder »Sey zufrieden meine Seele« und »Nun geh ich hin zu meiner Ruh, leg ab die schwachen Glieder« (Küster, 1731, S. 158; Küster/ Müller, 1752, II, S. 979).

Abdankungs=Rede Bey Ansehnlicher Leich=Beerdigung Des Tit. Herrn Johann=Jacob Römanns/ Churfürstlichen Brandenburgischen gewesenen Hoff=Rentey=Schreibers/ Den 20. Augusti im Jahr 1667. gehalten Von GEORGIO GRABOW, Gymnasii Coloniensis p. t. Sub-Rectore. Berlin/ Gedruckt bey Christoff Runge. Berlin 1667 (1: an 18 in: Ee 530; Verzeichnis der Leichenpredigten Franckesche Stiftungen Halle, S. 189).

Abdanckungs=Rede/ gehalten von GEORGIUS Grabow/ Gymn. Col. SubR. An: Buntebart, Johann: Leichpredigt für Elisabeth Happe geborene Schatte. Berlin 1669 (1: an 17 in: Ee 513; Verzeichnis der Leichenpredigten Franckesche Stiftungen Halle, S. 189).

Abdankung für Catharina Supe geborene Papenbruch. 1669 (Verzeichnis der Leichenpredigten Franckesche Stiftungen Halle, S. 189).

Abdankung für Gottfried Müller. 1669 (Verzeichnis der Leichenpredigten Franckesche Stiftungen Halle, S. 189).

Abdankung für Ursula Maria Gericke geborene Burckhardt, Ehefrau von Bartholomaeus Gericke, kfl.-brand. Kammergerichtsadvokat. Cölln 1672 (LP StA Braunschweig, Nr. 829; Verzeichnis der Leichenpredigten Franckesche Stiftungen Halle, S. 189).

Wunsch= und Ehren=Gedichte/ Herrn Joachimo Pauli/ S. S. Theol. Cand. und in der hochlöbl. Fruchtbringenden Teutschgesinneten Genossenschafft genannt Der Treffliche/ Als Er Jm Namen Gottes Mit Jungfer Maria Fahrenholtzen/ Des weyland Edlen/ WolEhrenvesten und GroßAchtbaren Herrn Hans Fahrenholtzen/ auff Summetholtz ErbHerrn/ nachgelassenen Jungfer Tochter Den 25. Febr. 1674. Ehelichen vertrawet ward/ Zu Ehren auffgesetzet und überreicht Von Seinen guten Freunden. Kölln an der Spree/ Drukkts Georg Schultze/ Churfürstl. Brandenb. Buchdr. Cölln 1674 (109: Slg. GK: Sch 1/79).

Abdankung für Dietrich Butt, kfl.-brand. Geh. und Kriegssekretär. An: Herrnbaur, Johann Georg: Leichpredigt für Dierich Butt. Berlin 1675 (LP StA Braunschweig, Nr. 851).

Speculum Veræ & Salvificæ Fidei. (Bl. 2:) Ein Geistlicher Glaubens=Spiegel/ in welchem Alle und jede Christen sich innerlich beschauen können/ Ob sie im wahren/ lebendigen und seligmachenden Glauben sind/ oder nicht; Allen Scheingläubigen zur Entdeckung ihres gefärbten Unglaubens, denen Rechtgläubigen aber zur Stärckung und mehrern Versicherung ihres ungefärbten Glaubens abgefasset/ Und zu ihrer aller zeitlichen und ewigen Seligkeit heraus gegäben Von Georgius Grabow/ Gymn. Colon. ad Spream ConRector. Cum Gratia & Privil. Sereniss. Elect. Brandenb. Berlin/ Gedruckt und verlegt Von Christoff Runge/ A. 1675. Berlin 1675 (1a: 2 in: Ne 528ª; Dinse, 1877, S. 527); Speculum Veræ & Salvificæ Fidei, oder Geistlicher Glaubens=Spiegel, Jn welchem sich ein jeder Christ beschauen und eigentlich prüfen kan/ Ob er in wahren/ lebendigen und seligmachenden Glauben sey; Aus Liebe zu seines Nechsten Seligkeit/ bey diesen glaublosen Zeiten fürgestellet zum andernmal von Georgius Grabow/ Gymn. Colon. Con-R. Leipzig und Franckfurt/ Bey Johann Georg Lippern/ 1683. Frankfurt a. M., Leipzig und [Lüneburg] 1683 (23: Te 460; Deutsche Drucke des Barock HAB, 1986, B 3737; nach Küster, 1731, S. 39, 2. Aufl. Berlin 1683); Georgii Grabows, Speculum salvificae fidei, Oder Glaubens-Spiegel, Jn welchem sich ein jeder Christ beschauen u. eigentlich prüfen kan, Ob er im wahren, lebendigen u. seligmachenden Glauben sey: An vielen Orten verbessert, u. ... fürgestellet zum drittenmal. Lüneburg 1691 (1: Es 16920 ehem.; nach Küster, 1731, S. 158, weitere Auflage: Speculum fidei denuo edidit Halæ 1713. præfationemque addidit ERN. CHR. PHILIPPI.).

Letzte Schuldigkeit/ Welche Dem Edlen/ Wol=Ehrenvesten/ Groß=Achtbarn und Wolweisen Hn. Andreas Idelern/ Rahtsverwandten allhier in Cöln/ auff Grevendorff und Gussow etc. Erbherrn. Nach dem Er im Zwey und siebentzigsten Jahre seines Alters/ den 15. Maji/ dieses 1675. Jahres/ frühe zwischen 8. und 9. Uhr/ durch einen sanfften Tod/ aus dieser mühseligen Welt abgefodert/ Am Tage seiner Beerdigung/ war der andere Tag in den H. Pfingsten/ Erwiesen Von Denen sämptlichen Herren Collegen des Cölnischen Gymnasii. (Vignette) Berlin/ Gedruckt bey Christoff Runge. Berlin 1675 (109: Slg. GK: Sch 1/82. 1).

Schriften 1675–1680. Berlin und Cölln 1675–1680 (1a: Ne 528ª; die Schriften sind einzeln aufgeführt).

Georgii Grabows/ Gymn. Col. ad Spr. Con-R. Entdeckung/ der schädlichen und schändlichen Finsterniß/ Welche in der Lutherischen Kirche unter den so genannten heiligen Christ enthalten ist; Aus dringender Liebe Zu Ehren dem/ der da sitzet zur Rechten auff dem Thron der Majestät im Himmel/ Christo Jesu; und seinem Nechsten zur freundlichen Nachricht; insonderheit aber der ihm anvertraueten Jugend zur ernstlichen Warnung geschehen. Apoc. III. v. 17. Du sprichst: Jch bin reich und habe gar satt/ und darff nichts/ und weissest nicht/ daß du bist elend und jämmerlich/ arm/ blind und bloß. Berlin/ Gedruckt bey Christoff Runge/ 1679. Berlin 1679 (1a: 4 in: Ne 528ª; Küster, 1731, S. 39, jedoch Leipzig s. a.).

PARÆNESES, super Vera docendi Ratione in Scholis Christianis, Quibus Renata Juventus, Spiritu S. bene juvante, ad IMAGINEM JESU CHRISTI quotidie magis magisque renovari potest, ac magnopere debet; nisi Disciplinæ vitio plus deformetur, quam conformetur: in Solius Dei gloriam, et ægræ Ecclesiæ salutem à GEORGIO GRABOW, Gymn. Col. March. Con-R. editæ. Berlini, Literis RUNGIANIS, 1679. Berlin 1679 (Spandau, S. Nic. 4/2527; Küster, 1731, S. 39); PARÆNESES, super Vera docendi Ratione in Scholis Christianis, Quibus Renata Juventus, Spiritu S. bene juvante, ad IMAGINEM JESU CHRISTI quotidie magis magisque renovari potest, ac magnopere debet; nisi Disciplinæ vitio plus deformetur, quam conformetur: in Solius Dei gloriam, nec non ægræ Ecclesiæ salutem à GEORGIO GRABOW, Gymn. Col. March. Con-R. editæ. Berlini, Literis RUNGIANIS, 1680. Berlin 1680 (1a: 1 in: Ne 528; 1a: 1 in: Ne 528ª; Jöcher, 1750, 2, Sp. 1111).

Aller Communicanten Schuldige Pflicht/ So wol vor/ als nach dem heilsamen Gebrauch des Hochwürdigen Abendmahls unsers HERRN und Heylandes JESU CHristi. Aus schuldiger Liebe heraußgegäben Von GEORGIUS GRABOW, Gymn. Colon. ad Spr. ConR. 1. Cor. XI. v. 29. Welcher unwürdig isset und trinket/ der isset und trinket ihm selber das Gerichte. BERLJN/ Gedruckt bey Christoff Runge. 1680. Berlin 1680 (1a: 3 in: Ne 528ª; Jöcher, 1750, 2, Sp. 1111); Aller Communicanten Schuldige Pflicht/ Sowol vor als nach dem heylsamen Gebrauch deß Hochwürdigen Abendmahls/ Auß Christlicher Liebe abgefasst/ und/ nachdem es von der hochlöbl. Theologischen Facultät zu Leipzig approbiret/ Zum andernmal herausgegeben Von GEORGIUS GRABOW, Gymn. Francof. Rect. Franckfurt am Mayn/ Drucks und Verlags Balthas. Christoph. Wusts deß ältern. 1685. (23: Te 458; Deutsche Drucke des Barock HAB, 1986, B 3736; nach Küster, 1731, S. 39, u. d. T. »Würdiger Tisch=Genoß des HErrn aller Herren« in Frankfurt erneut aufgelegt; nach Küster/ Müller, 1752, II, S. 979, mit einer Vorrede von T. H. Schubart 1744 in Hamburg zum vierten Mal herausgegeben).

GEORGII Grabows/ Gymn. Colon. Con-R. Danck=Opffer. Cölln an der Spree/ Druckts Georg Schultze/ Churf. Brand. Buchdr. (s. a.) Cölln 1680 (1a: 5 in: Ne 528ª); GEORGII GRABOWS, Gymn. Colon. Con-R. Danck=Opffer/ in welchem zugleich erwiesen/ Das das so genannte heil. Christ=Spiel Kein gut Werck/ oder Mittelding; sondern ein sündliches wesen/ und schändicher Greuel sey; mit Consens und Approbation Der Hochlöbl. Theol. Facultät zu Leipzig herausgegeben Zum Andern mahl. LEJPZJG/ Gedruckt bey Joh. Wilhelm Krügern. 1683. (1a: an Dt 310; Küster, 1731, S. 39).

Aller Gevattern Schuldige Pflicht/ so wol bey/ als nach der Tauffe/ beschrieben/ und Mit Consens und Approbation Der hochlöbl. Theol. Facult. zu Leipzig herausgegeben von GEORGIUS GRABOW Gymn. Col. March. ConR. LEJPZJG Bey Johann Wilhelm Krügern Anno 1683. Leipzig 1683 (1a: Dt 310; Küster, 1731, S. 39).

Ad Actum Oratorium De CHRISTIANORUM EXCELLENTIA atque PRÆSTANTIA, In GYMNASIO COLONIENSI, Rectore Viro plurimum Reverendo atque Præclarißimo, DN. JOHANNE BÖDIKERO, die 29. Jan. horis à prima pomeridianis, habendum Omnes Literarum Patronos, Fautores atque Studiosus submisse, officiose et amice invitat GEORGIUS Grabow/ Con-Rector. Coloniæ Brandenburgicæ, Typis expressit GEORGIUS Schultze/ Elect. Typogr. Anno Christi 1683. Cölln 1683 (1a: 23 in: Ag 923 R).

Von der Pflicht aller Christlichen Eltern. s. l. 1688 (Küster, 1731, S. 39).

CHRISTIANA ETHICA, Quam ASPIRANTE DIVINA GRATIA CONSCRIPSIT, ET IN SOLIUS DEI GLORIAM NEC NON CHRISTIANÆ EJUSQUE Studiosæ Juventutis salutem cum publica Venerandæ Theol. Facultatis in Illustri Acad. Lipsiensi approbatione edidit GEORGIUS GRABOW, Gymn. Francof. ad Moenum Rector. FRANCOFURTI, Sumptibus JOHAN. DAVIDIS ZUNNERI. Typis JOHANNIS BAUERI. 1689. Frankfurt a. M. 1689 (1a: 2 in: Np 3027; Jöcher, 1750, 2, Sp. 1111; Küster, 1731, S. 39; Küster/ Müller, 1752, II, S. 979); Ethica Christiana. Edit. II., cui accessit judicium de ethica Aristotelica. Berlin 1698 (Dinse, 1877, S. 14).

Sendschreiben. Lüneburg 1691 (Küster, 1731, S. 39; Küster/ Müller, 1752, II, S. 978).

GEORGII Grabows/ Rechtmässige Verantwortung/ wider Die falsche Beschuldigung Der Theologischen Facultet zu Wittenberg. Cölln an der Spree/ Druckts Ulrich Liebpert/ Churf. Brandenb. Hof=Buchdr. 1696. Cölln 1696 (1: 6 in: Dm 8008; Jöcher, 1750, 2, Sp. 1111).

Theologische Schriften. Berlin 1697 (Küster/ Müller, 1752, II, S. 978).

GEORGII Grabows/ Wilsenac. Marchici, PARÆNESES, quibus RENATA ÆTAS in Scholis Christianis renovatur ad IMAGINEM CHRISTI, denuo longe ordinatiores, emendatiores & auctiores editæ, cum JUDICIO de COMOEDIIS. BEROLINI, Sumtibus JOH. MICH. RÜDIGERI, M.DCC.I. Berlin 1701 (1a: Ne 530; Küster, 1731, S. 39: Iudicium de hodiernis comoediis. Frankfurt s. a.); Iudicium de comoediis vernacula donatum cum Cl. GVMPRECHTI additamentis & paralipomenis prodiit Lipsiæ 1715. Leipzig 1715 (Küster, 1731, S. 158).

Georgii Grabows ... Handleitung zu dem lebendigen Erkänntniß, welches gemein ist allen wahren Gläubigen ... Berlin und Ruppin 1704 (1: Es 16923 ehem.).

En Værdig Giæst Ved Alle Herrers Bord. (Übersetzung ins Dänische von Eiler Hagerup.) Kopenhagen 1725 (Brecht/ Deppermann, 1995, S. 449 u. 468).

Diss. de linguæ hebrææ ejusdemque consonantium antiquitate & uniformitate. s. l. e. a. (Jöcher, 1750, 2, Sp. 1111).

De simplici & absoluta prioris partis principiorum linguarum notione. s. l. e. a. (Jöcher, 1750, 2, Sp. 1111).

Literatur

ARNOLD, Gottfried: Unparteiischen Kirchen- und Ketzer-Historie. 1699–1715. T. 4, S. 773; KÜSTER, 1731, S. 39f. u. 158; JÖCHER, 1750, 2, Sp. 1111; KÜSTER/ MÜLLER, 1752, II, S. 978f.; GRÜNBERG, Paul: Philipp Jakob Spener. 1. Band. Die Zeit Speners. Das Leben Speners. Die Theologie Speners. Göttingen 1893; NOHL, 1903, S. 82; BRECHT, Martin/ DEPPERMANN, Klaus (Hg.): Geschichte des Pietismus. Bd. 2: Der Pietismus im 18. Jahrhundert. Göttingen 1995, S. 449 u. 468.

Heimburger, Daniel David

* 29. Juli 1647 Quedlinburg
† 8. Aug. 1691 Berlin
Theologe, luth.
V Christoph H., Prediger
M Margaretha geb. Hartwig
⚭ 1674 Dorothea Elisabeth geb. Buntebart
K Johann Christoph, Daniel Friedrich, Dorothea Elisabeth (starben alle im Kindesalter)

Fürstl. Gymnasium in Quedlinburg
1668–1672 Universität Helmstedt
1672–1676 Hofmeister beim kfl.-brand. Regierungsrat und Kriegskommissar von Pein
1676–1681 Dritter Diakon S. Nicolai in Berlin
1681–1685 Zweiter Diakon
1685–1691 Archidiakon

Daniel David Heimburger wurde am 29. Juli 1647 in Quedlinburg geboren. Sein Vater Christoph Heimburger bekleidete hier die Predigerstelle an der Kirche zu S. Benedict; seine Mutter Margaretha war eine Tochter des Hunseburger Amtmanns Jonathan Hartwig. Als Daniel David im 10. Lebensjahr stand, starb der Vater. Die Mutter ließ den einzigen Sohn hervorragend ausbilden; Heimburger besuchte das Fürstliche Gymnasium seiner Vaterstadt unter dem damals berühmten Rektor Samuel Schmid (1632–1705). Schmid hatte in Leipzig sowie in Wittenberg studiert und 1657 zunächst das Konrektorat, 1665 dann das Rektorat übernommen. Vor allem unter seiner Leitung gelangte das Gymnasium zu großem Ansehen. Der Rektor soll dem begabten Jüngling ein väterlicher Freund gewesen sein. Er erteilte ihm auch privat Unterricht, so daß Heimburger nicht nur in kurzer Zeit Latein, Griechisch und Hebräisch beherrschte, sondern mit Genehmigung des Rektors seinen Mitschülern private Collegia in Poetik, Logik, Geographie und Ethik hielt.
Nachdem sich Heimburger am 12. Aug. 1664 an der Universität Helmstedt dem »ritus depositionis«, der Deposition als Voraussetzung für die Immatrikulation, unterworfen hatte, schrieb er sich am 16. Nov. 1668 in die Matrikel ein (HILLEBRAND, 1981, S. 169 u. 182). Da das Rektorat immer in den Händen des Herzogs von Braunschweig-Lüneburg lag, in jener Zeit war dies Herzog Rudolf August, nahm die Immatrikulation der Prorektor beziehungsweise Vizerektor vor, bei Heimburger der Professor für Hebräisch, Johann Saubert (1638–1688). An der Universität Helmstedt hörte Heimburger die Professoren Schrader in Geographie, Geschichte und Rhetorik, Saubert in Hebräisch, Eisenhardt in Ethik und Politik, Heigel in Mathematik sowie an der theologischen Fakultät die Professoren Meier, Cellarius und Titius.
Christoph Schrader (gest. 1680) hatte zunächst in Helmstedt, 1625 dann im holländischen Leiden bei den berühmten Gelehrten Daniel Heinsius (1580 bis 1655) und Gerhard Johann Vossius (1577–1649) studiert; 1635 kam er als Professor nach Helmstedt zurück. Mehrmals veröffentlichte er die Rhetorik des Aristoteles, seine 1673 erschienenen »Tabulae chronologicae« wurden wiederholt aufgelegt. Johann Saubert, seit 1661 Professor für hebräische Literatur, übernahm 1665 auch die theologische Professur für das Alte Testament. Seinen Ruhm verdankte er besonders seiner Schrift »Variae lectiones textus graeci evangelii S. Matthaei« (1672), die zu den bedeutenden Werken der Bibelkritik in Deutschland gehörte. 1673 verließ Saubert Helmstedt und vozierte auf die erste theologische Professur und Superintendentur zu Altdorf. Johann Eisenhardt (1643–1707) hatte zunächst die Professur für Geschichte, Poesie und Sittenlehre übernommen. 1674 promovierte er in Helmstedt zum Licentiatus, danach zum Doctor juris und übernahm eine Professur an der juristischen Fakultät. Mit dem berühmten Juristen und Polyhistor Hermann Conring (1606–1681) befreundet und von diesem beeinflußt, wurde Eisenhardt später ein bekannter Rechtsgelehrter, nicht zuletzt wegen seines 1680 veröffentlichten und gegen Christian Thomasius (1655–1728) gerichteten Kommentars »De Fide Historica«. Paul Heigel (1640–1690) schließlich hatte in Jena und Helmstedt studiert und danach die erste mathematische Professur übernommen.
An der theologischen Fakultät hörte Heimburger bei Gebhard Theodor Meier (1633–1693), der seit 1654 in Helmstedt lehrte, zuerst als Magister philosophiae, ab 1660 als Professor theologiae und durch seine Vorlesungen sowie seine Schriften besonders auf dem Gebiet der Moraltheologie wirkte. Balthasar Cellarius (1614–1689), der schon 1642 in Helmstedt Collegia gelesen hatte, war 1644 als Prediger nach Braunschweig berufen worden. Zwei Jahre später kam er als Generalsuperintendent und Professor

theologiae nach Helmstedt zurück, wo er Neues Testament und die Perikopen las. Gerhard Titius (1620–1681) hatte zunächst die Professur für Hebräisch erhalten, bevor er 1650 auf eine theologische Professur wechselte. Er und Cellarius waren Schüler des von den Wittenberger Theologen stark angefeindeten Georg Calixt (1586–1656), dessen Auffassungen sie vertraten; vor allem Titius stritt mit seinen polemischen Schriften für einen Ausgleich der Konfessionen. Überliefert ist, daß Heimburger den ihn examinierenden Theologen durch seine Kenntnisse so für sich eingenommen haben soll, daß Titius ihn wie den eigenen Sohn behandelte und nach allen Kräften förderte.

Leider sind keine Disputationen oder ähnliche Schriften von Heimburger aus seiner immerhin vierjährigen Studienzeit in Helmstedt überliefert. Ungefähr zur selben Zeit, nämlich von 1666 bis 1669, studierte Lucas Heinrich Thering (1648–1722) in Helmstedt, der – wie Heimburger – 1676 in die kurbrandenburgische Residenz berufen wurde und das Diakonat, später das Archidiakonat an S. Petri in Cölln übernahm. Nach Abschluß seines Studiums wurde Heimburger 1672 durch den kfl.-brandenburgischen Rat und Kriegskommissar von Pein zum Hofmeister seiner Söhne berufen. In seinem Hofmeisteramt lernte er zahlreiche angesehene Persönlichkeiten kennen und tat sich durch einige Predigten hervor, so daß ihn seine Gönner 1676 ohne sein Wissen für die durch die Berufung von Gottfried Lange (1640–1687) zum Propst zu S. Petri in Cölln freigewordene Stelle des Dritten Diakons an der Kirche zu S. Nicolai in Berlin vorschlugen. Nach abgelegter Probepredigt erhielt Heimburger die Vokation durch den Rat und wurde am 1. Advent in sein neues Amt eingeführt. 1681 stieg er zum Zweiten Diakon auf, 1685 wurde er schließlich Archidiakon und verwaltete zeitweise auch das durch den Tod von Johann Ernst Schrader (1638–1689) und Christian Teuber (1638–1690) vakante Propstamt zu S. Nicolai.

Heimburgers überliefertes Werkverzeichnis weist ausschließlich Leichpredigten und Gelegenheitsgedichte auf, vorwiegend für seine Amtskollegen in Kirche und Schule. Bereits kurz nach seiner Vokation auf das Diakonat zu S. Nicolai hatte er am 6. Febr. 1677 Dorothea Elisabeth, die älteste Tochter des 1674 verstorbenen Konsistorialrates und Cöllnischen Propstes Johann → Buntebart geehelicht. Zu diesem Anlaß verfaßte Johannes → Bödiker, der Rektor am Cöllnischen Gymnasium, zwei Epithalamia in griechischer und deutscher Sprache. Heimburgers Frau brachte zwei Söhne zur Welt: Johann Christoph und Daniel Friedrich sowie die Tochter Dorothea Elisabeth, die jedoch alle drei bereits im Kindesalter verstarben.

Heimburger selbst starb am 8. Aug. 1691, kurz nach Vollendung seines 44. Lebensjahres, in Berlin. Die Leichpredigt hielt Philipp Jakob Spener (1635 bis 1705); es war seine erste in seinem neuen Amt als Propst von Berlin. Erhalten geblieben sind auch die Epicedia, die die Kollegen des Cöllnischen Gymnasiums, u. a. Johannes Bödiker und der Konrektor Christian Rotaridis (gest. 1723), auf Heimburgers Tod verfaßten. Sein Bildnis in Lebensgröße befand sich ehemals in der Kirche zu S. Nicolai im inneren Chor; die lateinische Inschrift enthielt außer den Lebensdaten eine Würdigung des Verstorbenen (mitgeteilt bei KÜSTER/ MÜLLER, I, 1737, S. 365). [LN]

Werke

ROGAVIT, & adepta est CORONAM ÆTERNATURÆ GLORIÆ Fæmina quondam Nobilissima, sexumque ipsius decentissimis virtutibus instructissima ANNA SIBYLLA KRAUSIA, Viri Nobilissimi atque Consultissimi DOMINI DN. JOH. CHRISTOPHORI OTTONIS, J. U. Licentiati, & Cameræ Electoralis Advocati celeberrimi Usque ad extremam Lachesin Cara Castaque Costa, Cujus obitum præmaturum, cum justa ei solverentur, Dominica Rogate, A. P. V. M.DC.LXXVII. lugebant FAUTORES & AMICI. BEROLINI, Ex Officinâ RUNGIANA. Berlin 1677 (109: Slg. GK: Sch 1/87. 1).

MALAGMA Vulneratis cordibus ex Obitu præmaturo Honestissimæ, omnigenisque sexum suum decentibus virtutibus Ornatissimæ Foeminæ, URSULÆ MARIÆ, genere HOFFMANNIÆ, VIRI Nobilissimi, Amplissimi et Excellentissimi DN. GREGORII BERNHARDI, Medicinæ Doctoris Celeberrimi, & Practici apud Berlinenses Felicissimi, Conjugis hactenus exoptatissimæ, Nunc verò post pertinacissimos superatos dolores a. d.

XXIII. Novemb. ad æternam qvietem receptæ, DIE EXEQVIALI, qvi erat Dom. II. Advent. A. Æ. C. M DC LXXIIX. levando luctui miserê dolentium EXEQVIATORUM exhibitum à FAUTORIBUS ET AMICIS. Coloniæ Brandenburgicæ, Typis GEORGI SCHULTZI, Elect. Typogr. Cölln 1678 (109: Slg. GK: Sch 1/89).

Rechtschaffener Bether Schuldigkeit und Freudigkeit aus Michæ c. VII. 7–9. bey Beerdigung Fr. Emerentiæ Lehmannin seel. Probst Lilii Wittbe gezeiget. Berlin 1687 (Küster/ Müller, I, 1737, S. 365).

Triumph=Lied über den letzten Feind den Todt aus 1. Cor. XV. 54–57. bey der Leich=Bestattung Herrn Joh. Christ. Otten, I. V. L. Cammer=Gerichts=Advocati, wie auch Burgermeisters und Syndici in Berlin. Cölln 1688 (Küster/ Müller, I, 1737, S. 365).

Die selige Hoffnung der Gläubigen/ Welche Aus denen heiligen Worten Davids/ welche in den XXXI Psalm. v. 15. 16. enthalten: Jn Christlicher und Volckreicher Versamlung Bey der Beerdigung des entseelten Cörpers Der weiland Edlen und Tugendreichen Fr. Annae Catharinae Stuckin/ Tit: Hn. Friederich Zorns/ Vornehmen Kauff= und Handelsmanns/ wie auch Apotheckers allhie/ Hertzlich geliebten Ehegenossin/ Als nemlich derselbe den 8. Decemb. 1689. war der andere Advents=Sonntag in der Kirchen zu St. Nicolai in den Schooß der Erden des Abends beygesetzet wurde. Jn einen Trauer=Sermon vorgestellet/ und auf Begehren in Druck ausgefertiget von Daniel David Heimburgern/ Archidiac. ad D. Nicol. Berlin/ Gedruckt bey Salfeldischer Wittwe. Berlin 1689 (1: 14 in: Ee 543; Küster/ Müller, I, 1737, S. 365).

Die Auferstehung Christi und der Glaubigen, als der seel. Trost treuer Lehrer und Prediger, aus Rom. VIII. 11. bey der Leich=Bestattung Herrn Joh. Ernst Schraders, Probsten in Berlin vorgestellet. Berlin 1689 (LP StA Braunschweig, Nr. 5992: Küster/ Müller, I, 1737, S. 365, jedoch Cölln 1689).

Das seel. Andencken der Glaubigen an den auferstandenen JEsum aus 2. Tim. I. 8. bey der Leich=Bestattung Fr. Marien Ehrentraut Nicolain vereh. Schindlerin vorgestellet. Cölln 1689 (1: 29 in: Ee 532; Küster/ Müller, I, 1737, S. 365).

Verlangen der Glaubigen aus Ps. LXXIII. 1. bey der Leichbeg. Fr. Maria Sibylla Wernickin, verehl. Gerickin betrachtet. Cölln 1689 (1: 29 in: Ee 532; Küster/ Müller, I, 1737, S. 365).

Das Veste Siegel GOttes/ Der HERR kennet die Seinigen/ Aus denen heiligen Worten Pauli/ 2. Tim. II,19. Als der entseelte Cörper Des Wol=Ehrenvesten/ Großachtbaren und Wolgelahrten Herrn PETRI BREDOVII, Gewesenen wolverdienten Sub-Rectoris, und in die 35. Jahr insgesamt treufleissigen Collegæ bey hiesigen berühmten Berlinischen Gymnasio, Bey Volckreicher Versamlung allhier in der Haupt=Kirchen zu St Nicolai den 14. Tag des Monats Julii Anno 1689. in den Schooß der Erden niedergesetzet wurde/ Jn einer Leich= Predigt vorgestellet/ und auff Begehren in Druck gegeben von Daniel David Heimburgern/ Archid. Berol. ad D. Nicol. Berlin/ Gedruckt bey Salfeldischer Wittwen. Berlin 1689 (1: 11 in: Ee 504; Küster/ Müller, I, 1737, S. 365).

Epicedium für Johann Ernst Schrader, Propst in Berlin. An: Heimburger, Daniel David: Leichpredigt für Johann Ernst Schrader. Berlin 1689 (LP StA Braunschweig, Nr. 5992).

GOttes heilige Regierung aus Ps. LXXIII. 24. bey der Sepultur Herr Christian Teubers Probsts in Berlin a. 1690. vorgestellet. Cölln 1690 (1: 14 in: Ee 537; LP StA Braunschweig, Nr. 6715; Küster/ Müller, I, 1737, S. 365).

Literatur

SPENER, Philipp Jacob: Christlicher Leich=Predigten Dritte Abtheilung/ ... Franckfurt am Mayn/ Jn Verlegung Johann David Zunners/ Jm Jahr Christi M DC XCJJJ. Frankfurt a. M. 1693. Darin: Die vierdte Leichpredigt. Die sieben worte oder reden deß an dem Creutz hangenden und leidenden JESU/ Betrachtet Bey der Leichbegängnüß Herrn Daniel David Heimburgers/ Archi-Diac. zu S. Nicolai in Berlin/ Jn solcher Kirchen den 16. Augusti 1691 (1: 32 in: Ee 710–195); SYMPATHIAN in Funere lacrimabili Plurimùm Reverendi et Clarissimi Dn. Danielis Davidis Heimburgeri, Ecclesiæ Berlinensis ad S. Nicolai Archidiaconi meritissimi d. 16. Aug. 1691. Consolandæ familiæ Buntbartianæ collugentes exponunt GYMNASII COLONIENSIS COLLEGÆ. COLONIÆ BRANDENBURGICÆ, Imprimebat ULRICUS LIEPERTUS, Electoral. Typogr. Cölln 1691 (1a: 5 in: Ag 923 R); KÜSTER/ MÜLLER, I, 1737, S. 364f.; FISCHER, 1937, S. 8.

Heinzelmann, Johannes

* 29. Jan. 1626 Breslau
† 27. Febr. 1687 Salzwedel
Pädagoge, Theologe, luth.
V Bartholomaeus H., Braueigen
M Maria geb. Schöneichel
∞ I. 1652 Sophia geb. Zieritz (gest. 1674);
II. Agnes Sophia geb. Zobel
K Elisabeth H. (1653–1659); Christian Justus H., Superintendent in Gardelegen

Unterricht durch Privatlehrer
Schule in Breslau (Elisabethgymnasium)
1644–1651 Universität Wittenberg (1645 Mag., WS 1646/47 Mag. legens, dann Adjunkt)
1651–1658 Rektor am Berlinischen Gymnasium
1658–1660 Dritter Diakon zu S. Nicolai in Berlin
1660–1687 Superintendent in Salzwedel/ Altmark

Johannes Heinzelmann wurde am 29. Jan. 1626 in Breslau als Sohn des Braueigen Bartholomaeus Heinzelmann und dessen Ehefrau Maria, einer Tochter des Breslauer Mathematikers, Buchführers und Kupferstechers Schöneichel, geboren. Nach erster Unterweisung durch Privatlehrer besuchte er das angesehene Breslauer Elisabethgymnasium, das aus einer Ende des 13. Jahrhunderts gegründeten Trivialschule bei der Kirche zu St. Elisabeth hervorgegangen war, seit der Reformation 1523 einen ständigen Aufschwung genommen hatte und 1562 in einem neuerbauten Gebäude als Gymnasium eingerichtet worden war. Da es in Schlesien keine Universität gab, war der Lehrplan in den oberen Klassen erheblich erweitert worden, so daß die Schüler des Gymnasiums meist drei, aber auch vier Jahre und länger den ordo primus besuchten. Hauptstücke des Unterrichts waren hier – wie an allen protestantischen Gelehrtenschulen – die Glaubenslehre und die klassischen Sprachen. Hinzu kamen Dialektik, Rhetorik und Poetik, Musik und Geschichte, außerdem Arithmetik, Geometrie, Geodäsie, Astronomie, Logik und »Physica«; letztere umfaßte sowohl Somatologie und Anthropologie des Menschen als auch Kenntnisse über Elemente, Pflanzen und Tiere. Schließlich wurden die Gymnasiasten in Ethik, Ökonomie und Politikwissenschaft unterrichtet. In öffentlichen Schulactus konnten sie ihre im Unterricht erworbene Eloquenz in den alten Sprachen unter Beweis stellen. Neben den »publicae lectiones« hielten die Professoren am Elisabethgymnasium auch Privatlektionen, die das im obligatorischen Unterricht nur kurz Behandelte ergänzten und vertieften, jedoch darüber hinaus den Gymnasiasten auch neue Lehrinhalte anboten. Seit 1631 bekleidete der bekannte Schulmann Elias Major (1588–1669), der in Wittenberg und Jena studiert hatte und Poeta laureatus Caesareus war, das Rektorat, das er fast 40 Jahre ausübte. Neben ihm wirkte seit 1634 Christoph Köler (1602–1658), ein Freund und Nacheiferer von Martin Opitz (1597 bis 1639). Major und Köler waren die wichtigsten Förderer Heinzelmanns, auf dessen Begabung auch die seit 1638 in Breslau wieder Fuß fassenden Jesuiten aufmerksam geworden sein sollen und ihn für ihre 1641 in dem protestantischen Breslau eröffnete katholische Schule zu gewinnen suchten, allerdings vergeblich, im Unterschied etwa zu ihren Bemühungen um den später bekannten Dichter Andreas Scultetus, der 1644 zum Katholizismus konvertierte und in die Jesuitenschule eintrat.

Am 27. März 1644 trug sich Heinzelmann unter dem Rektor und Mediziner Marcus Banzer (1592 bis 1664) eigenhändig in die Matrikel der Universität Wittenberg ein (WEISSENBORN, 1934, 44,18). Seit

1638 lehrte an der philosophischen Fakultät Andreas Sennert (1606–1689) orientalische Sprachen, 1640 übernahm er die Professur für Hebräisch, die er fast 50 Jahre bekleidete. Die Professur für Griechisch hatte nach dem hervorragenden Gräcisten Erasmus Schmidt, der 1637 verstorben war, Johann Erich Ostermann (1604–1668) erhalten. Zu den herausragenden Persönlichkeiten der Wittenberger philosophischen Fakultät gehörte zweifellos August Buchner (1591–1661), der 1616 als Professor für Dichtkunst berufen worden war, 1632 auch die Professur für Rhetorik übernahm und mehrfach das Rektorat bekleidete. Seine Vorlesungen zur deutschen Poetik trugen entscheidend zur Durchsetzung der Opitzschen Dichtungsreform bei und beeinflußten nachhaltig zahlreiche später berühmte Dichter. Vielleicht durch Buchner angeregt verfaßte Heinzelmann, der schon in Breslau durch Christoph Köler mit der neuen deutschen Kunstdichtung bekannt wurde, seine 1646 veröffentlichte »Gnaden Archa Noæ«, ein Bußgedicht in 270 Alexandrinern mit zahlreichen Anmerkungen »zu fernerer erklärung des Getichtes«.

Neben Buchner war es wohl vor allem Reinhold Frankenberger (1585–1664), ab 1616 Professor für Geschichte, der einen stärkeren Einfluß auf Heinzelmann ausübte. Frankenberger zeichnete sich durch mehrere Schriften zur Chronologie aus, in den von ihm geleiteten Disputationen spielten chronologische Fragen die Hauptrolle. Wichtig für Heinzelmann wurde auch der Professor für Logik, Johann Scharff (1595–1660), der Anleitungen zum Disputieren herausgab und Metaphysik lehrte. Die von ihm hierzu verfaßten Lehrbücher waren lutherisch-orthodox geprägt und fanden nicht nur in Kursachsen weite Verbreitung. Verwickelt in einen literarischen Streit mit Joachim Jungius (1587–1657) in Hamburg, wurde Scharff in Wittenberg als Kämpfer für die Orthodoxie gefeiert und erhielt 1640 eine außerordentliche Professur für Theologie; er bekleidete jedoch den Lehrstuhl für Logik weiter, bis er sich 1649 ganz der Theologie widmete. Überhaupt dürfte der Einfluß der Wittenberger Theologen auf Heinzelmann, der 1660 in Berlin wegen anticalvinistischer Ausfälle amtsentsetzt wurde, beträchtlich gewesen sein. Johannes Hülsemann (1602–1661) hatte 1629 eine Theologieprofessur übernommen und war nach dem Tode Johann Gerhards (1582–1637) der maßgeblichste lutherische Theologe. 1645 nahm er am Thorner Religionsgespräch teil und bekämpfte neben Abraham Calov (1612–1686), der 1650 als Theologieprofessor nach Wittenberg kam, am entschiedensten die synkretistischen Bestrebungen des Helmstedters Georg Calixt (1586–1656). Jakob Martini (1570–1649), seit 1623 Inhaber einer theologischen Professur, und Paul Röber (1587–1651), seit 1627 Theologieprofessor, gehörten zu jenen lutherisch-orthodoxen Theologen, die vor allem den im benachbarten Anhalt und in Kurbrandenburg sich ausbreitenden Calvinismus vehement bekämpften. Wilhelm Leyser (1592–1649) schließlich, ein Schüler Johann Gerhards, war seit 1627 Professor der Theologie und hatte neben systematischen Vorlesungen die Lektüre des Alten Testaments übernommen.

Insgesamt sieben Jahre blieb Heinzelmann in Wittenberg und konnte sich während dieser Zeit in mehreren Disputationen auszeichnen. Nachdem er am 16. Okt. 1645 zum Magister philosophiae promoviert hatte, erlangte er für das Wintersemester 1646/47 die Lehrberechtigung (Magister legens) und wurde schließlich als Adjunkt in die philosophische Fakultät aufgenommen (WEISSENBORN, 1934, 44, 18). In Wittenberg traf er auch mit mehreren Studenten zusammen, die er später in der kurbrandenburgischen Residenz in öffentlichen Ämtern wiedersah, nämlich Andreas → Fromm, den Propst zu Cölln, Elias Sigismund → Reinhardt, den Archidiakon zu S. Nicolai, sowie Martin → Lubath, unter Heinzelmann Konrektor am Berlinischen Gymnasium und später Archidiakon zu S. Marien.

1651 erhielt Heinzelmann eine Berufung als Rektor des Berlinischen Gymnasiums zum Grauen Kloster. Als bei seiner Vorstellung auf dem Rathaus einer der Ratsherren fragte, ob der erst Fünfundzwanzigjährige auch Talent zum Dichten habe, »das sonderbahre Ornament eines Schulmannes«, bat Heinzelmann um ein Buch in Prosa. Man reichte ihm die »Politicorum libri« des schlesischen Juristen Georg Schönborner von Schönborn, und der neue Rektor trug das erste Kapitel dieses Werkes aus dem Stegreif in Versen vor (DITERICH, 1732, S. 172f. Der Protestant Schönborner war aus politischen Gründen zum Katholizismus übergetreten und dadurch 1627 Fiskal von Niederschlesien, später auch der Niederlausitz geworden; sein Buch über Staatswissenschaft war bei den Zeitgenossen sehr geschätzt und wurde mehrmals aufgelegt.)

Heinzelmann begann sein neues Amt mit der Aufstellung eines neuen Lehr- und Lektionsplans, der 1653 in Kraft trat (HEIDEMANN, 1874, S. 157f.): Neben die philosophischen Disziplinen, vor allem die Dialektik, die vorrangig unterrichtet wurden, traten als neue Lehrgegenstände der Prima Geschichte und Geometrie. Die Schüler disputierten öffentlich und mit besonderer Vorliebe für Rhetorik und Metaphysik. Unter dem neuen Rektor gewann am Berlinischen Gymnasium der Privatunterricht, der ansatzweise schon in den letzten Kriegsjahren von einzelnen Lehrern zur Verbesserung ihrer Einkommen gehalten wurde, an Bedeutung. Allerdings mehrten sich auch kritische Stimmen, da die Privatlektionen dem öffentlichen Unterricht Stunden entzogen und der eine oder andere Lehrer die lectiones publicae zugunsten seiner Privatstunden vernachlässigte. Schon 1657 überreichte Konrektor Michael → Schirmer dem Rat »ein Memorial wegen gewisser Schulmängel«, das auch die Nachteile des Privatunterrichts behandelte. Heinzelmann galt seinen Zeitgenossen als ungemein gelehrsam; noch 100 Jahre später lobte der bekannte brandenburgische Historiograph Georg Gottfried Küster (1695–1776): »Seine disputationes Pneumaticas und historicas derer er über 100 gehalten, welche nach damaliger Art geschrieben sind, nenne ich billig Beweißthümer seines grossen Fleisses.« (KÜSTER/ MÜLLER, 1752, II, S. 1024.) Seine herausragende Gelehrsamkeit konnte der Rektor auch in zahlreichen Reden unter Beweis stellen, die vor allem zu den jährlich gefeierten Stiftungsfesten gehalten wurden, wie etwa jene aus dem Jahre 1656 (mit einem Rückblick auf die früheren Rektoren) oder die »Oratio de colenda Musica« anläßlich der Amtseinführung von Kantor Martin → Klingenberg, der 1657 ans Berlinische Gymnasium berufen wurde; die Rede enthielt beachtenswerte Angaben über den damaligen Gesangsunterricht und die Stellung der Kantore an dieser Anstalt. 1657 hielt unter Rektor Heinzelmann der spätere Königliche Rat und Bürgermeister in Berlin, Andreas Libertus Müller (1639–1709), eine »oratio de forti milite Marchico«; im Druck war der Rede ein »Catalogus Heroum Marchicorum«, der die berühmten Märker seit 1620 aufzählte, in deutscher Sprache beigefügt (DITERICH, 1732, S. 173f.). Nach dem Vorbild des Straßburger Pädagogen Johannes Sturm (1507–1589) ließ Heinzelmann die am Gymnasium üblichen Redeactus der Schüler, die unter anderem auf Reden Ciceros fußten, szenisch aufführen. In einem Schulprogramm von 1654 deklamierten die Schüler zum Beispiel den Prozeß des Roscius in der Form, daß nicht nur der ganze Gerichtshof auftrat und das Prozeßverfahren durchlaufen, sondern auch die Vorgeschichte sowie die Ermordung des Roscius auf der Bühne gezeigt wurden. 1657 veranschaulichten die Gymnasiasten unter Heinzelmanns Leitung in einem deutschsprachigen Actus falsche Methoden der Erziehung vornehmer Kinder samt ihren Folgen. Besonders erwähnenswert ist an dieser Stelle der im selben Jahr aufgeführte Actus »De generosae institutionis eventu infeliciore«, wo am Schluß acht Schüler den ganzen Verlauf des Stückes in einem pantomimischen Tanz den Zuschauern noch einmal vorführten (GUDOPP, 1900, S. 21). Überliefert ist auch ein Gelegenheitsdruck mit Glückwunschgedichten, die die Schüler der oberen Klassen ihrem Rektor zu seinem Namenstag am 24. Juni 1656 verehrten (109: Slg. Gk: Sch 1/46).

Als Heinzelmann am 3. Okt. 1652 Sophia, die Tochter des Brandenburger Bürgermeisters und Seniors des Schöppenstuhls, Bernhard Zieritz, heiratete, verfaßte auch der Kantor am Joachimsthalschen Gymnasium, Johann Havemann (gest. 1697), ein umfangreiches Hochzeitsgedicht. Nach dem Tod seiner ersten Frau ehelichte Heinzelmann Agnes Sophia Zobel, eine Tochter von Ulrich Zobel, dem Pastor und Inspektor zu Calbe in der Altmark. Einer seiner Söhne, Christian Justus Heinzelmann, wurde später Superintendent zu Gardelegen. Auf den frühen Tod seiner Tochter Elisabeth (sie wurde am 21. Aug. 1653 geboren und starb bereits am 7. März 1659) schrieben Georg von → Lilien und Paul → Gerhardt Trauercarmina, ebenso der kfl.-brandenburgische Hofkammergerichts- und Konsistorialrat Martin Friedrich → Seidel, war doch die Verstorbene sein Patenkind. Darüber hinaus gibt es weitere Belege für Heinzelmanns wohl recht enge Beziehungen zur angesehenen Familie Seidel: Als 1655 der kfl.-brandenburgische Geheime Rat Erasmus Seidel starb, gehörte zu den vielen Beiträgern der Epicediasammlung auf den Verstorbenen auch Heinzelmann, der eine »Trost=Rede« in 72 Versen an die hinterbliebene Witwe und die anderen Angehörigen verfaßte. Zwei Jahre später schrieb der Rektor einen »Panegyricus Seidelianus«, den er von seinen Schülern öffentlich vortragen ließ. Das Werk erschien 1658 in Frankfurt/O. im Druck; Küster hielt es für eines der besten des Autors (KÜSTER/ MÜLLER, 1752, II, S. 1024). Dem prächtig ausgestatteten Band, der den Familien Seidel und Pasche gewidmet ist – Seidels Witwe war eine Tochter des Berliner Bürgermeisters Martin Pasche (1565–1625) –, stellte Martin Friedrich Seidel als ältester Sohn des Verstorbenen ein lateinisches Enkomion für den Autor voran. Der Band enthält am Ende einige epigrammatische Verse Heinzelmanns, zu denen Johann → Crüger, der Kantor zu S. Nicolai, die Melodie komponierte.

Nach sechsjähriger Amtszeit gab Heinzelmann sein Rektorat auf und vozierte zum Dritten Diakon an der Kirche zu S. Nicolai in Berlin, in welches Amt er am 28. Febr. 1658 eingeführt wurde. Abschiedsgedichte für den scheidenden Rektor verfaßten Erasmus Seidel, ein weiterer Sohn des verstorbenen Geheimen Rates, sowie Gottfried Weise, der als Schüler des Berlinischen Gymnasiums im Jahr zuvor unter ihm »De majestate« disputiert hatte.

In den religiösen Auseinandersetzungen jener Jahre zeigte sich Heinzelmann lutherisch-orthodox und wetterte Anfang 1660 von der Kanzel: »So verdammen wir nun die Papisten, Calvinisten und auch die Helmstedter; mit einem Worte, wer nicht lutherisch ist, der ist verflucht. Ich weiß wohl, daß ich dieses mit Gefahr des Leibes und Lebens rede, aber ich bin Christi Diener.« (HERING, 1787, II, S. 104.) Seine Gönner am kurbrandenburgischen Hof verfolgten das Auftreten des Predigers mit Besorgnis; der Geheime Rat Johann Friedrich Freiherr von Löben (gest. 1667) hatte Heinzelmann ohne dessen Wissen schon zu Beginn des Jahres 1660 auf das vakante Pastorat an der Marienkirche zu Salzwedel in der Altmark vorgeschlagen (vgl. den Brief des Archidiakons Erasmus Ulrich aus Salzwedel vom 21. Jan. 1660, in: NACHLASS OELRICHS, Nr. 473, f. 25v–26r). Sein Vorgänger Samuel Pomarius (1624–1683), seit 1653 Diakon zu S. Petri in Cölln, war im Dez. 1658 auf die Superintendentur berufen worden. Bald nach seiner Amtseinführung beschwerte sich Kurfürst Friedrich Wilhelm beim Rat von Salzwedel darüber, daß dieser das Patronatsrecht mißbraucht habe, denn die Pfarrei zu S. Marien sei eine kfl.-brandenburgische Prälatur, die nur vom Landesherrn verliehen werden dürfe. Pomarius, der 1658 in Wittenberg seine Licentatio theologiae mit der Widerlegung reformierter Glaubenssätze des kurbrandenburgischen Hofpredigers Johann → Bergius erlangt hatte und dem deshalb von Friedrich Wilhelm in seinem Cöllner Diakonat für acht Wochen das Predigen untersagt worden war, mußte sein Amt in Salzwedel aufgeben und vozierte noch im selben Jahr als Pastor zu S. Jacob in Magdeburg.

Von Kurfürst Friedrich Wilhelm, der sein Patronatsrecht gegenüber dem Rat zu Salzwedel behauptete, zum Superintendenten ernannt, verließ Heinzelmann Berlin (anläßlich seines Weggangs erschien wiederum eine – allerdings nicht erhaltene – Sammlung mit Abschiedsgedichten) und wurde Ostern 1660 in sein Amt eingeführt. Die Prediger der Neustadt jedoch blieben der Amtseinführung des neuen Superintendenten fern, später konnten sie sich ganz aus der Alt-Salzwedelschen Inspektion lösen (POHLMANN, 1811, S. 171). Zu Heinzelmanns Aufgaben als Pastor zu S. Marien gehörte außer der Ausübung des Predigtamtes und der seelsorgerischen Tätigkeit für seine Gemeindemitglieder die Inspektion der Kirchen seiner Superintendentur. Beleg seiner gewissenhaften Amtsausübung waren auch die von ihm wieder eingeführten jährlichen Synoden, auf denen sich die Prediger seiner Diözese im Predigen und Disputieren übten. Als Inspektor der altstädtischen Schule hielt Heinzelmann wöchentlich eine theologische Lektion und gab auch Unterricht in Mathematik. Eine engere Verbindung bestand schon von Amts wegen zum Rektor des altstädtischen Gymnasiums, insbesondere zu Samuel → Rosa, der 1662 als Subkonrektor ans Berlinische Gymnasium gekommen war, dort zum Subrektor aufstieg und 1669 das Rektorat in Salzwedel übernommen hatte. Zur Beerdigung von Sophia Heinzelmann geborener Zieritz, der ersten Frau des Superintendenten, hielt Rosa 1674 die Abdankung. 1685 berichtete Heinzelmann dem Rat über den Vorschlag des Helmstedter Professors und Assessors des Kollegiums, Matthaeus Stierius, in Salzwedel ein Akademisches Gymnasium einzurichten, ein Vorschlag, der jedoch nicht realisiert wurde (vgl. zu dieser Angelegenheit einen Brief des altstädtischen Rates vom 7. April und einen Brief Heinzelmanns vom 7. Sept., in: NACHLASS OELRICHS, Nr. 533). Aus Heinzelmanns Amtszeit in Salzwedel sind mehrere Gelegenheitsgedichte erhalten geblieben; so zum Beispiel verfaßte er auf die Eheschließung des kfl.-brandenburgischen Landschafts-Rentmeisters Christian von der Linde (1603–1673) mit Margaretha geborene Miser 1662 eine zehnstrophige Ode. Als in den sechziger Jahren Kurfürstin Magdalene Sibylle, die Gemahlin Kurfürst Johann Georgs II. von Sachsen und Tochter des Markgrafen Christian von Bayreuth, auf einer Reise die Stadt Salzwedel berührte, überreichte ihr Heinzelmann beim wiederholten Einzug der Kurfürstin auf der Rückreise seine »Psalmen Davids In reime und Melodeyen gesetzet« (KAWERAU, 1911, S. 2). Hierbei handelte es sich um eine Umdichtung der 150 Psalmen ins Opitzsche Versmaß, die Heinzelmann ursprünglich nur für den Gebrauch in seiner Salzwedeler Kirche verfaßt hatte. Da er jedoch von verschiedenen Seiten, unter anderem auch von Paul Gerhardt (der für die Psalmenumdichtung ein Widmungsgedicht schrieb) Zustimmung bekam, ließ er eiligst seine Lieder in ein Buch schreiben, das er der Kurfürstin schenkte. Die Psalmenumdichtung zeigt den Einfluß des Wittenberger Professors August Buchner, der sich ja in besonderem Maße für die Verbreitung der Opitzschen Dichtungsregeln eingesetzt und bei dem Heinzelmann seinerzeit auch Vorlesungen gehört hatte. Der Salzwedeler Musikdirektor Christoph Lieffeld fügte den Psalmenliedern Melodien bei (soweit es sich nicht um allbekannte evangelische Choralmelodien handelte). Unter den neuen Weisen befinden sich neben anderen vor allem Melodien aus Gesangbüchern, die Johann Crüger herausgegeben hatte. So ist das Werk zugleich ein Dokument für die Anregungen durch Crügers Melodien sowie für das Bemühen des Salzwedeler Superintendenten, Crügers Melodien über die Grenzen seiner Wirkungsstätte Berlin-Cölln hinaus bekannt zu machen.

Am 27. Febr. 1687 starb Heinzelmann, der mehr als 26 Jahre das Amt des Superintendenten ausgeübt hatte, in Salzwedel an Schlagfluß. Nach seinem Tode wurde sein Bildnis in der dortigen Marienkirche angebracht (KÜSTER/ MÜLLER, 1752, II, S. 342f.; hier auch die Inschrift mitgeteilt). Heinzelmanns außerordentliche dichterische Begabung sowohl in der lateinischen als auch in der deutschen Sprache hat Küster der Nachwelt überliefert und dabei auf nicht mehr zum Druck gelangte Dichtungen verwiesen: »Daß er in der lateinischen Poesie eine sonderliche Gabe besessen, wird erzehlet, und bemerket, daß er Arnds Paradießgärtlein und andere geistliche Bücher Vers=weise in Manusc. hinterlassen habe.« (KÜSTER/ MÜLLER, 1752, II, S. 1024.) [LN]

Werke

Epithalamium für Peter Vehr und Anna geborene Vogt. Berlin 1643 (109: Slg. GK: Sch 1/23).

Die Gnaden Archa Noæ und aller Creaturen/ Benebens der erbärmlichen Sünden= vnd Straff=Fluth. Beschrieben von M. JOHANNE HEINZELMANNO, Jm 1646. Jahr Christi. Zu Wittemberg druckts Johann Hake. Wittenberg 1646 (1a: Yi 3306 R).

De deo. In quantum ex lumine cognosci potest. (Resp. David Grotkius) Wittenberg 1649 (Spandau, S. Nic.: 2 an: 4/2990).

Epicedium für Elisabeth Ziegenbein geborene Röhner, Ehefrau von Sigismund Ziegenbein, kfl.-sächs. Papiermacher. An: Robert, Paul: Leichpredigt für Elisabeth Ziegenbein geborene Röhner. s. l. 1649 (LP StA Braunschweig, Nr. 5394).

Epicedium für Wilhelm Leyser, Theologieprofessor in Wittenberg. An: Hülsemann, Johannes: Leichpredigt für Wilhelm Leyser. Wittenberg 1649 (LP StA Braunschweig, Nr. 3672).

Epicedium für Jakob Martini, Theologieprofessor in Wittenberg. An: Scharf, Johann: Leichpredigt für Jakob Martini. Wittenberg 1650 (LP StA Braunschweig, Nr. 4012).

Epicedium für Paul Röber, Theologieprofessor in Wittenberg und Generalsuperintendent des Kurkreises. An: Scharf, Johann: Leichpredigt für Paul Röber. Wittenberg 1651 (LP StA Braunschweig, Nr. 5387).

»Piis Manibus, Domini Sprevvicii Pastoris Ecclesiae Die Meritissimi …« [Epicedium]. In: Quistorp, Tobias: JESUS. Der seligsterbenden Erbschafft. Oder Was sich die Gläubigen in Todesnöthen/ und nach dem Tode freudig geströsten zu überkommen/ Bey Leichbestattung/ Des WolEhrwürdigen/ Vorachtbarn und Wolgelahrten Herrn/ Michaelis Sprewitzen/ Gewesen treufleißigen Pfarrherrn zu Storckow/ und der Benachtbarten Kirchen Inspectorio. Welcher im Jahr Christi 1605. am Fronleichnamstag zu Lübben in der NiederLausitz geboren/ und Anno 1652. den 4. Novembris in Christo selig verschieden: Vnd folgends den 12. ejusdem in Volckreicher Versammlung zu Storckow/ in der Kirchen begraben/[…]. BERLIN/ Gedruckt bey Christoff Runge s. a. [1652]. (1: Ee 536, 7).

Die Pomeranze, so nicht geschaffen, sondern aus Einpropffung entsprossen. In deutsche Reime verfasset. Berlin 1654 (Dinse, 1877, S. 180); Die Pomerantze des Magisters Johannes Heinzelmann aus dem Jahre 1654. Nach d. Orig. in d. Bibliothek d. Berlinischen Gymnasiums zum Grauen Kloster, Berlin. Für d. Nachkommen neu hrsg. v. Paul Heinzelmann. B.-Steglitz: Familienarchiv Heinzelmann 1933. Berlin 1654 (1933) (1: 2 an: Yi 3307 ehem.).

Tugendsahmer Weiber ABC aus den weisen Sprüchen Salomos. Aus d. Jahre 1654. Nach d. Orig. in d. Bibl. d. G-L Stiftung (Stadtbibl. Berlin). Für d. Nachkommen neu hrsg. v. Paul Heinzelmann. B.-Steglitz: Familienarchiv Heinzelmann 1933. Berlin 1654 (1933) (1: 1 an: Yi 3307 ehem.).

De principiis humanarum actionum. Sive de moralibus actionibus quatenus ex iis fiunt virtutes. (Resp. Johan-Caspar Charias) Berlin 1654 (Spandau, S. Nic.: 32 an: 4/2968).

De mansuetudine et virtutibus homileticis. (Resp. David Rönefahrtus) Berlin 1655 (Spandau, S. Nic.: 31 an: 4/2968).

EPICEDIA in Obitum NOBILISS. ET CONSULTISSIMI VIRI DOMINI ERASMI SEIDELII, JCTI. Et in Secretissimo Electoris Brandenburgici Consilio Senatoris haut postremi scripta â DOMINIS AMICIS ac FAUTORIBUS SINGULARIBUS. M.DC.LV. BEROLINI, Exprimebat Christophorus Runge. (Heinzelmanns Beitrag in der Beiträgergruppe u. d. T. »Grab=Lieder/ So Dem Edlen/ Hochgelahrten und Hochbenamten Hrn. Erasmo Seideln/ weyland Churfürstl. Brandenb. Geheimbten Rath/ Sel. von Vornehmen Herren und Freunden nachgeschrieben worden.«) Berlin 1655 (1a: Av 14162; 1a: Av 14161).

CARMINA AD CLARISSIMUM VIRUM DN. M. CHRISTIANUM ROSAM, RECTOREM SCHOLÆ NEO-RUPPINITANÆ MERITISSIMUM etc. DE GLORIA TRIVIALIUM SCHOLARUM DISSERENTEM, ET EANDEM CONTRA NOVATORES AC TURBATORES VINDICANTEM, SERIUS TRANSMISSA. HAMBURGI, Excudebat Jacobus Rebenlinus, Anno 1655. Hamburg 1655 (109: Slg. GK: Sch 1/41).

Epicedium für Johannes Berchelmann. In: CARMINA FAUTORUM ET AMICORUM in obitum eundem, ejusdem Piè defuncti. An: Vehr, Peter: Leichpredigt für Johannes Berchelmann. Berlin 1655 (1: an: 11 in: Ee 502).

FOEDUS AMORUM SOLEMNI NUPTIARUM DN. GABRIELIS LUTHERI ET VIRG. ANNÆ ROSINÆ VVEISIÆ Sacrum Auspicatum vovent atque diuturnum Fautores & Amici. BEROLINI Typis RUNGIANIS, Anno 1655. Berlin 1655 (109: Slg. GK: Cg 121. 6).

Introductio in philosophiam practicam. s. l. 1655 (Heidemann, 1874, S. 159).

Cursus ethicae ... Berlin 1655 (Dinse, 1877, S. 14).

»Flebile Iustitium Vir Consultissimus aequi ...« [Epicedium]. In: Lilius, Georg: Chur Brandenburg: Vice Cancellärn H. Andr. Khols I. C. Seel. ged. Andenck=Seule 1656 [Bl. 1]. GAUDIUM IN DOMINO, de Animae vestimento Die Herrn=Freudt/ übern Seelen=Kleidt Aus Esaias Propheten=buch/ im LXI Cap. Bey Christlich=Edler Leichnbegängknüß/ Deß Weyland WolEdlen/ Großacht=bahren/ Hochgelarten/ Herrn Andreas Kohl: ICTI, Churfürstl. Durchläucht: zu Brandenburgk: Hoff= vnd Cammer=gerichts=Raths/ auch Vice=Cancellärn: Seelged. [...]. Helmstadt/ Gedruckt bey Henning Müllern/ Anno 1656. (1: Ee 519, 8).

Epicedium für Joachim Schultze, kfl.-brand. Amtskammerrat. An: Fromm, Andreas: Leichpredigt für Joachim Schultze. Berlin 1655 (LP StA Braunschweig, Nr. 6099).

Thesis rhetorica sive genus didascalium cum actu oratorio ... repraesentatum declamationibus discipulorum ingenuorum Gymnasii Berlinensis sub moderamine M. Johannis Heinzelmani Rectoris ... Berlin 1656 (1: 3 an: St 3743 ehem.).

Sciagraphia hypotheseam rhetoricarum, sive generum demonstrativi, deliberativi, et judicialis ... quam moderaturo M. Johan. Heinzelmano, Gymn. Berl. Rectore, audientur XXII. Nov. natali Gymnasii XXII ... Berlin 1656 (1: 4 an: St 3743 ehem.).

Perge, Lector erudite & benevole, & lege sis Funebres hosce modos Musarum Patronorum, Favitorum et Cultorum Prosequentium & Cohonestantium Obitum properum, sed prosperum VIRI Clarißima et Spectabili Dignitate, integra fide et Officio, DN. ERNESTI Pfuel/ J. U. D. Dicasterij Brennopyrgici Advocati, Comitis recèns Palatij Cæsarei, nunc DEI in fulgentissima Beatorum sede cum omnium sanctorum Angelorum splendidissimô Comitatu & applausu facti Placeat hoc monumentum, qvod in animis optimè sentientium atque ex sese virtutem verumque laborem æstimantium erigitur. Berlin 1656 (1: an: 21 in: Ee 526).

Rede am Stiftungsfest des Jahres 1656. (Heidemann, 1874, S. 159).

Epicedium für Margarete Hoffmann geborene Bernhard, Ehefrau von Jacob Hoffmann, kfl.-brand. Ziesemeister. An: Lubath, Martin: Leichpredigt für Margarete Hoffmann geborene Bernhard. Berlin 1656 (LP StA Braunschweig, Nr. 419).

Epicedium für Sidonia Rösner geborene Waldner, Ehefrau von Johann Rösner, Archdiakon zu S. Marien. An: Lubath, Martin: Leichpredigt für Sidonia Rösner geborene Waldner. Berlin 1656 (LP StA Braunschweig, Nr. 6966).

AD DNN. EXEQUIATORES SERMO. Per-Illustris et Gerosissimi DOMINI PROPRINCIPIS Deputate, Vir Nobilissime Et Strenue, Reverendissime Et Generosissime Dn. Baro, Viri Magnifici, Nobilissimi, Amplissimi, Consultissimi, Perquam Reverendi, Excellentissimi, Experientissimi, Prudentissimi, Clarissimique Domini Exequiatores omnium Ordinum Honoratissimi. (Abdankung für Peter Vehr, geh. Berlin 1656). An: Fromm, Joachim: Leichpredigt für Peter Vehr. Frankfurt/O. 1657 (1: an: 9 in: Ee 539).

EPICEDIA MUSARUM LUGENTIUM. piis & beatis Manibus Viri Reverenda et Clarissima Dignitate, Eruditionis laude vitæque sanctimonia commendatissimi, DN. M. PETRI VHERII, Hagiosynedrii Elector. Brandenburg. Assessoris & Præpositi Berolinensis Meritissimi, Ministerii Senioris. Desecrat. Non debet mors eorum, quorum vita laudatur, silentio præteriri. Cicero. s. l. e. a. (ohne Impressum) Berlin 1656 (109: Slg. GK: Sch 1/42). (auch:) PRODROMUS MUSARUM LUGENTIUM piis & beatis Manibus Viri Reverenda et Clarissimâ Dignitate, Eruditionis laude vitæque sanctimonia commendatissimi, DN. M. PETRI VHERII, Hagiosynedrii Elect. Brandenb. Assessoris & præpositi Berolinensis Meritissimi, Ministerii Senioris. Desecratus Non debet mors eorum, quorum vita laudatur, silentio præteriri. Cicero. BEROLINI, Typis Rungianis, 1656. Berlin 1656 (109: Slg. GK: Sch 1/44).

Oratio Panegyrica für Konsistorial-Rat Peter Vehr anläßlich der Jahrfeier am 10. Okt. 1657 (Diterich, 1732, S. 151).

Physica divina. 1657 (Heidemann, 1874, S. 159).

Celsissimus bimulus ... (Glückwunschgedicht für Kurprinz Karl Emil von Brandenburg) Berlin 1657 (1: 5 an: St 3743 ehem.).

De generosae institutionis eventu infeliciore. Schulactus Berlin 1657 (Gudopp, 1900, S. 21).

Oratio de forti milite Marchico. Et Catalogus Heroum Marchicorum. Berlin 1657 (Diterich, 1732, S. 173f.).

ORATIO INTRODUCTORIA DE MUSICA COLENDA. RECITATA à M. JOH. HEINZELMANO, GYMN. BERL. RECT. Sub Inaugurationem Clarißimi in suâ hâc aliisque artibus, Doctissimique DN. MARTINI KLINGENBERGII, Mûnchenbergensis Marchici, hactenus Strausbergæ Cantoris & Informatoris munere functi, & nobi. liter meriti, jam vocati legitimè Cantoris Mariani Berlinensis, Anno M. DC. LVII. Illustr. Gratiæ. Feriâ II. Passionalis hebdomadæ. [Vignette] LITERIS RUNGIANIS. Berlin 1657 (1: 9 in: B. Diez 4°. 2899; Küster/ Müller, 1752, II, S. 967; Heidemann, 1874, S. 159).

Prudentiae politicae compendium. Berlin 1657 (Heidemann, 1874, S. 159; Dinse, 1877, S. 556).

De republica. (Resp. Joh. Georgius à Marwitz). Berlin 1657 (Spandau, S. Nic.: 26 an: 4/2968).

De secunda monarchia Persarum et Medorum. (Resp. Casparus Fritze). Berlin 1657 (Spandau, S. Nic.: 11 an: 4/2969).

De majestate. (Resp. Godofredus Weisius). Berlin 1657 (Spandau, S. Nic.: 19 an: 4/2968).

De legibus et magistratu. (Resp. Godofredus Lüttke). Berlin 1657 (Spandau, S. Nic.: 20 an: 4/2968).

De jure publico romano. (Resp. Nicolaus Elerdus). Berlin 1657 (Spandau, S. Nic.: 21 an: 4/2968).

De ethnicis imperatoribus reliquis monarchiae IV. seculo secundo et tertio aerae christianae. Ab Adriano ad Constantinum M. (Resp. Johannes Caspar Scheucker). Berlin 1657 (Spandau, S. Nic.: 10 an: 4/2969).

Cursus oeconomicae cum sylloge controversiarum. (Resp. Georg Wilhelm Gericke). Berlin 1657 (Spandau, S. Nic.: 24 an: 4/2968).

De bello. (Resp. Johann Albert à Barfus). Berlin 1657 (Spandau, S. Nic.: 22 an: 4/2968).

Epicedia für Daniel Krause, 1657 (Diterich, 1732, S. 179; Bachmann, 1859, S. 29f.).

LACRYMÆ POSTHUMÆ HONORI SUPREMO Viri Reverendi. Plurimum et Ampliβimi DOMINI M. JOACHIMI FROMMI, Archidiaconi Nicolaitani & Senioris Ministerii Berlino-Coloniensis, Emeriti THEOLOGI JUSTI, SANCTI, INCUL-pati, Recti, jam benè beateque habentis in Patriâ, Inde â IV. Kal. Maij MDCLVII. fatali, Viæ, et Gratiæ regni. AFFUSÆ AB AMICIS QUIBUSDAM, COLLEGIS, ET FAUTORIBUS. Berolini Typis Rungianis. Berlin 1657 (1: 17 in: Ee 510).

LUNA SPLENDOREM A SOLE BRANDENBVRGICO MVTVATA, REDDITVM EIDEM; HOC EST CONSILIARIUS OPTIMUS, REDIVIVUS PANEGYRICO EXPLICATUS, PRÆMISSA SEIDELIORUM ORIGINE, STUDIIS ET VIRTVTIBVS; DICTO ET INSCRIPTO, HONORIBUS SUPREMIS, MEMORIÆ PERENNI ET FAMÆ NUNQVAM INTERMORITURÆ, VIRI MAGNIFICI, NOBILISSIMI, AMPLISSIMI, DN. ERASMI SEIDELII ICTI, IN SERENNISSIMO ELECTORIS BRANDENBVRGICI CON-

SILIO ET SENATORIS ET CONSILIARII INTIMI, OPTIME CLARISSIMEQVE DE PATRIA UNDIQVAQVE MERITISSIMI, HEREDITARII IN BLANCKENFELDE &c. BEATISSIME ELUCTATI XXX. MARTI ANNO ILLUSTRISSIMÆ GRATIÆ M DC LV. IN GYMNASIO BERLINENSI à M. JOHANNE HEINZELMANO, Rectore, EO TEMPORE; JAM AD D. NICOLAI ECCLESIASTE BERLINENSI; BIENNIO POST, IPSO DIE EMORTUALI JUXTA COMPUTUM ECCLESIASTICUM FERIA V. à DOMIN. LÆTARE, M DC LVII. Francofurti ad Oderam Typis ERASMI RÖSNERI 1658. Frankfurt/O. 1658 (1a: Av 14163; 1: Ms. Boruss. fol. 198, f. 200r–252r; Dinse, 1877, S. 419).

Himmlisches Freudengespräch zweier, durch einen seligen Tod aus diesem Jammerthal an die himmlische Tafel gesetzten Jungfräulein und gewesenen Gespielinnen. Zu Ehren Jungfr. Dorothea Catharina Schirmers etc. Berlin 1659 (109: Slg. GK: Sch 1/51; Bachmann, 1859, S. 189–191).

EPIGRAMMA M. JOHANNIS HEINZELMANI, IN STEMMA ERASMO-SEIDELIANUM, Melodicè expressum AUTHORE JOHANNE CRÜGERO. BEROLINI, Literis Rungianis. Berlin s. a. (1a: an Av 14163).

Sciagraphia cursus metaphysicae verae (1660). (Heidemann, 1874, S. 159).

De temperantia. (Resp. Joachimus Hessus). Berlin 1660 (Spandau, S. Nic.: 30 an: 4/2968).

Denen Verlobten Zweyen/ Tit. Tit. Herrn Christian von der Linde/ Wolverordneten Landschafft. Rentmeistern/ Bräutigam/ und seiner hertzliebsten Jungfer Braut/ Jungfer Margarethen Miserin/ So am Montage nach Misericordias Domini, des 1662. Jahres/ Ehlich sollen zusammen gegäben und copuliret werden in Berlin/ Wündschen alle gedeyliche Wolfahrt/ Bruder/ Verwandte/ gute Freunde und Gönner. Gedruckt bey Christoff Runge/ M. DC. LXII. (109: Slg. GK: Cg 103).

Leichpredigt für Andreas Schreiber, Ratskämmerer in Salzwedel. Glückstadt 1666 (LP StA Braunschweig, Nr. 5998).

Epicedium für David Grosse, Pfarrer und Inspektor in Salzwedel. An: Holmannus, Thomas: Leichpredigt für David Grosse. Stendal 1668 (LP StA Braunschweig, Nr. 2026).

NUPTIÆ JURIDICÆ in honorem Amplissimi, Consultissimi prudentissimique VIRI DN. LAURENTII GLEIMII, Not. Publ. Cæs., Juris Practici, Republicæ Seehusanæ Consulis meritissimi, nec non Nobilis à Canstein Justitiarii in Schönberg & Neukirchen gravissimi, cum Lectissimâ, Honoratissimâ, omniumque Virtutum decore cultissimâ Virgine CATHARINA ELISABETHA, Viri quondam Amplissimi, Consultissimi prudentissimique DN. ANDREÆ SCHREIBERI, Republicæ Electoralis Palæo-Soltquellensis Camerarii & Secretarii dignissimi, desideratissimi, relictâ Filiâ, secundas matrimonii habenas accipientis, Anni libertatis Christianæ 1669. XVIII. Calendas Maji Seehusii celebratæ, Cum applausu & voto perennis felicitatis, â Cognatis & Amicis. STENDALIÆ, Typis ANDREÆ GÜSSOVII, Anno 1669. Stendal 1669 (109: Slg. GK: Cg 62. 3).

Psalmen Davids In reime und Melodeyen gesetzet Mit so viel möglich behaltenen worten Herrn Lutherj nach allen Versiculen … Mag. Johann Heinzelmann, Pfarrer in Alt-Salzwedel und Superintendent. (Kawerau, 1911, S. 2, noch vor 1669 abschriftlich verfaßt).

»Suavis haud quicquam variis florentibus herbis …«. (Widmungsgedicht für Thomas Pankow). Berlin 1673. In: Pancov, Thomas/ Zorn, Bartholomaeus, HERBARIUM, 1673 (11: Jo 73150).

Disputationes Pnevmaticae. s. l. e. a. (Diterich, 1732, S. 180; Küster/ Müller, 1752, II, S. 1024).

Repetitio Dietericana sive disputationes ad ductum Catecheticarum Institutionum Dieterici. s. l. e. a. (Diterich, 1732, S. 180).

De biga Syllogismorum D. Joh. Scheffleri, Wratislaviensis Medici antehac et orthodoxi, nunc apostatae et eremitate. s. l. e. a. (Diterich, 1732, S. 180).

Leichpredigt für Bernhardus Gysaeus, Diakon an S. Marien in Salzwedel. Jena 1670 (LP StA Braunschweig, Nr. 1848).

Epicedium für Bernhardus Gysaeus, Diakon an S. Marien in Salzwedel. An: Heinzelmann, Johannes: Leichpredigt für Bernhardus Gysaeus. Jena 1670 (LP StA Braunschweig, Nr. 1848).

Briefe

Lateinischer Briefwechsel mit Paul Gerhardt aus den Jahren 1664 und 1665, als Abschrift in: Heinrich Sebald »De Reformatione Marchica« (Ms.) (1: Ms. Boruss. fol. 3, f. 771v–778v).
Briefwechsel aus dem Jahre 1685 mit Bürgermeister und Rat der Stadt Salzwedel betreffs Errichtung eines Akademischen Gymnasiums (Nachlaß Oelrichs, Nr. 533).
Brief an Balthasar Bebel, Prof. theologiae in Straßburg, vom 31. 08. 1669. Abgedruckt in: Philocalia epistolica sive centum epistolae, varia notatu digna, … auxit Io. Henr. a Seelen. Rostock 1727, S. 323–335 (45: Theol. I D 75; Küster/ Müller, 1752, II, S. 1024; Estermann, 1992/1993, S. 659; Bebels Antwort vom 18. 12. 1669 in: Hamburgische vermischte Bibliothek, worin zur Aufnahme der Wissenschaften … allerhand neue Entdeckungen u. Gedanken … nebst nützlichen ungedruckten Briefen, mitgeteilet werden. T. 1–3. Hamburg, gedruckt bei Piscators Schriften. 1743–1745, hier T. 1, S. 631–636).

Nachlaß

Versifizierte Bearbeitung von Johann Arndts »Paradiesgärtlein aller christlichen Tugenden« (Ms.) (Küster/ Müller, 1752, II, S. 1024; Heidemann, 1874, S. 159).
Fortlaufender Kommentar über biblische Schriftsteller (Ms.) (Pohlmann, 1811, S. 172).

Literatur

CARMINA GRATULATORIA für Johannes Heinzelmann zum Namenstag am 24. Juni 1656 von seinen Schülern. Berlin 1656 (109: Slg. Gk: Sch 1/46); ABSCHIEDSGEDICHTE: Gehöriger Nachklang, Dem Wol Ehrwürdigen/ Groß Achtbaren und Hochgelahrten Herrn M. Johann Heinzelmannen/ nunmehro Sechsjährigen wolverdienten gewesenen RECTORI, des alten Gymnasii in Berlin. Als Derselbe solchem seinem Ampt entnommen/ der gantzen Gemeine in der Kirchen zu St. Nicolai mit gebührender Solennität den 28. Februarii des 1658ten Jahres/ fürgestellet/ und zu einem Prediger doselbst angenommen und eingewiesen worden. Von etlichen Jhm schuldigst verbundenen zur mehrern Bezeigung ihres danckbaren Gemühtes auffgesetzet. Scal. Exerc. 340. Illi viro maximo multa debemus, plura debituri, si per ingenii nostri licuisset imbecillitatem. Gedruckt zu Berlin bey Christoff Runge 1658. Berlin 1658 (1a: Yi 3308; wiederabgedruckt in: ABSCHIEDSGEDICHTE für M. Johann Heinzelmann aus dem Jahre 1658. Nach dem Original in der Bibliothek des Berlinischen Gymnasiums zum Grauen Kloster, Berlin. Für die Familie herausgegeben von Paul Heinzelmann, Berlin. 1933. FAMILIENARCHIV HEINZELMANN. BERLIN-STEGLITZ); ABSCHIEDSGEDICHTE für Johannes Heinzelmann anläßlich seines Weggangs aus Berlin 1660 (1: Au 8768 ehem.); LEICHPREDIGT für Johannes Heinzelmann. Salzwedel 1687 (NOHL, 1903, S. 28); NEUMEISTER, 1695, S. 48; DITERICH, 1732, S. 172–181; ZEDLER, 1735, 12, S. 1199; JÖCHER, 1750, 2, Sp. 1459; KÜSTER/ MÜLLER, 1752, II, S. 342f. u. 1024; HERING, 1787, II, S. 104; POHLMANN, August Wilhelm: Geschichte der Stadt Salzwedel seit ihrer Gründung bis zum Schlusse des Jahres 1810, aus Urkunden und glaubwürdigen Nachrichten. Halle 1811, S. 171f.; HEIDEMANN, 1874, S. 156–159; GUDOPP, 1900, S. 21; MAUERMANN, 1909, S. 43; KAWERAU, Gustav: Der Berliner Kirchenlieddichter Johann Heinzelmann und ein unbekanntes Gedicht Paul Gerhardts. In: Jahrbuch für Brandenburgische Kirchengeschichte 7/8 (1911), S. 1–13; MERBACH, 1916, S. 271; FISCHER, 1937, S. 16f.; FISCHER, 1941, II, S. 312f.; GStA Rep. 47, Nr. 19.

Hellwig (der Ältere), Jakob

* 11. Dez. 1600 Bernau
† 3. Febr. 1651 Cölln
Pädagoge, Theologe, luth.
V   Tobias H., Tuchmacher
M   Anna geb. Berlin
⚭   Sabina geb. Tieffenbach
K   6 Söhne (u. a. Jakob Hellwig d. J., Rektor am Berlinischen Gymnasium, Diakon zu S. Marien, Oberpfarrer in Stockholm, Bischof und Oberkonsistorialpräsident in Estland), 4 Töchter

Stadtschule in Bernau
Saldrische Schule in Alt-Brandenburg
1620–1624   Universität Wittenberg (1624 Mag. phil.)
1624–1627   Rektor in Bernau
1627–1628   Rektor zu Neuruppin
1628–1631   Archidiakon in Pritzwalk
1631   Archidiakon in Bernau
1632–1639   Diakon zu S. Petri in Cölln
1639   Archidiakon
1640–1651   Propst, 1649 Konsistorialrat

Jakob Hellwig (der Ältere) wurde am 11. Dez. 1600 in Bernau, einem kleinen Städtchen unweit der kurbrandenburgischen Residenz, geboren. Sein Vater, der Bürger und Tuchhändler Tobias Hellwig, war verheiratet mit Anna, einer Tochter des Bernauer Stadtrichters Urbanus Berlin; die Mutter sollte ihren Sohn noch überleben. Der Großvater Jakob Hellwig gehörte als Mitglied dem städtischen Rat an (die biographischen Informationen nach der Leichpredigt von Albert GÜNZEL). Die Eltern ließen den Knaben sowohl von Hauslehrern als auch an der Stadtschule unterrichten, wo er unter dem Rektor Johann Götzkius und dem Konrektor Matthaeus Reimann eine gründliche Ausbildung erfuhr, so daß er anschließend an die Saldrische Schule in der Altstadt Brandenburg wechseln konnte, wo Rektor Jacob Grossen, später Pastor zu S. Katharinen in Hamburg, sich seiner annahm.

Die altstädtische Schule in Brandenburg hatte nach Einführung der Reformation in der Kurmark eine kontinuierliche Aufwärtsentwicklung genommen. Einer ihrer berühmtesten Schüler war im 16. Jahrhundert der neulateinische Dichter und Neubegründer der Königsberger Universität, Georg Sabinus (1508–1560). Von 1575 bis 1576 leitete der bekannte märkische Chronist Zacharias Garcaeus (1544 bis 1586) die Einrichtung, die an der Wende vom 16. zum 17. Jahrhundert ihre erste Blütezeit erreichte. Auf Initiative des Bürgermeisters Simon Rother, der einst in Wittenberg Hausgenosse bei Melanchthon, dem »Praeceptor Germaniae«, gewesen war, stiftete die Witwe des kfl.-brandenburgischen Oberkämmerers Matthias von Saldern, Gertrud geborene von Hake, 1589 den alten Bischofshof in der Altstadt als neues Schulgebäude. In den folgenden Jahrzehnten nahm die Saldrische Schule einen solchen Aufschwung, daß sie zu den meistbesuchten lateinischen Gelehrtenschulen der Mark gehörte. Vor dem Dreißigjährigen Krieg wurden an ihr 400 Schüler unterrichtet, davon 60 in der obersten Klasse.

Nachdem Hellwig zwei Jahre die Saldrische Schule besucht hatte, schrieb er sich am 12. Juni 1620 unter dem Rektorat des Professors für Geschichte, Reinhold Frankenberger (1585–1664), eigenhändig in die Matrikel der Universität Wittenberg ein (WEISSENBORN, 1934, 20,277). An der philosophischen Fakultät hörte er Vorlesungen bei Jakob Martini (1570 bis 1649), seit 1603 Professor für Logik (noch während Hellwigs Universitätsstudien übernahm er 1623 eine Professur für Theologie), bei Erasmus Schmidt (1570–1637), seit 1597 Professor für Griechisch, sowie bei Abraham Heineccius. An der philosophischen Fakultät soll Hellwig mit Erfolg zu metaphysischen Themen disputiert haben (so GÜNZEL in seiner Leichpredigt; leider sind keine Disputationen im Druck überliefert). Daneben widmete er sich insbesondere den alten Sprachen. An der theologischen Fakultät wurden Balduin, Franz, Meisner und Nikolaus Hunnius seine wichtigsten Lehrer (bei diesen Professoren hatte vor ihm auch Joachim → Fromm studiert, mit dem Hellwig später in der kurbrandenburgischen Residenz wieder zusammentraf). Friedrich Balduin (1575–1627), ein exzellenter Prediger und Begründer der evangelischen Kasuistik, hatte 1604 die Theologieprofessur übernommen und erklärte in seinen Vorlesungen die Paulus-Briefe. Balthasar Meisner (1587–1626), 1611 als Professor für Ethik berufen, erhielt 1613 eine theologische Professur und las über die Propheten des Alten Testaments. Schwerpunkt seiner konfessionellen Polemik waren sozinianischen Bestrebungen, die er in seinen Disputationen wiederholt bekämpfte, obgleich er nicht als lutherisch-orthodoxer Eiferer galt. Wolfgang Franz (1564 bis

1628), der 1598 zum Professor für Geschichte vozierte und später als Propst nach Kemberg ging, erhielt 1605 die Vokation als Theologieprofessor. Nach Wittenberg zurückgekehrt, wurde er jedoch calvinistischer Neigungen verdächtigt, da er 1587 an der Universität den Magistergrad erlangt hatte, als hier noch der Kryptocalvinismus herrschte. In seinen Vorlesungen beschäftigte sich Franz vor allem mit den Büchern Mosis, doch beendete bereits 1620 ein Schlagfluß seine akademische Tätigkeit, so daß Hellwig ihn nur wenige Wochen hören konnte. Nikolaus Hunnius (1585–1643), ein Sohn des bekannten Marburger Theologen und späteren Wittenberger Theologieprofessors Ägidius Hunnius (1550–1603), hatte seit 1617 die unterste theologische Professur inne, wo er sich im besonderen der Auseinandersetzung mit Katholiken und Calvinisten, mit Weigelianern und Sozinianern widmete. Sein hauptsächliches Wirkungsfeld wurde jedoch Lübeck, wohin er 1623 als Hauptpastor berufen wurde.

Hellwig, der sich auch bei theologischen Disputationen und Übungen auszeichnen konnte und gelegentlich predigen durfte, erhielt schon bald erste Berufungen nach Werben und Salzwedel, die er jedoch ablehnte, da seine Eltern auf Fortführung der Wittenberger Studien bestanden. Erst nachdem er am 16. März 1624 unter Rektor Daniel Sennert (1572–1637) und Dekan August Buchner (1591 bis 1661) »mit grossem ruhm« den Grad eines Magisters der Philosophie erlangt hatte (WEISSENBORN, 1934, 20,277), kehrte er in seine märkische Heimatstadt zurück, wo man ihn bereits erwartete. Zunächst erhielt Hellwig das Rektorat in Bernau, an jener Schule, die er als Schüler einst selbst besucht hatte. Drei Jahre hatte er die Leitung der Stadtschule inne, als er am 18. Juni 1627 nach Neuruppin berufen wurde, um an der dortigen Lateinschule das Rektorat zu übernehmen.

1579 war das alte Schulhaus durch ein neues Gebäude ersetzt worden. Der Rat von Neuruppin legte Wert auf eine gediegene Ausbildung der zu berufenen Pädagogen, die alle an einer Universität studiert haben mußten. Drei Jahre vor Hellwigs Amtsantritt wurde neben dem Rektor, dem Konrektor, dem Kantor und dem Baccalaureus ein fünfter Lehrer angestellt. Auch in Neuruppin hing der Ruf der Schule maßgeblich von der Person des Rektors ab. Von 1611 bis 1613 hatte Peter → Vehr (der Ältere) das Rektorat inne, dem der Rat sogar die Besoldung erhöhte, um ihn an der Schule zu halten. Einer der bekanntesten Rektoren der Neuruppiner Schule war später Christian Rosa (1609–1667), der 1633 die Leitung der Anstalt übernahm, mit zahlreichen Gelehrten in Verbindung stand und als bedeutender Poet galt. Dagegen wird über Hellwigs Rektorat in den Quellen nichts berichtet. Der Grund dafür liegt in der kurzen Amtszeit, in der er das Rektorat bekleidete: Schon nach einem Jahr, am 20. Juli 1628, erhielt er nach einer Probepredigt die Vokation zum Archidiakon in Pritzwalk, die er auch annahm und am 21. Dez. seiner Gemeinde vorgestellt wurde. Zuvor hatte Hellwig am 6. Okt. 1628 Sabina geborene Tieffenbach, eine Tochter des Neuruppiner Bürgermeisters Johann Tieffenbach, geheiratet. Aus dieser Ehe gingen sechs Söhne und vier Töchter hervor; von den zehn Kindern überlebten jedoch nur sechs ihren Vater. Am bekanntesten wurde Jakob → Hellwig (der Jüngere), zunächst Rektor am Berlinischen Gymnasium, danach Diakon zu S. Marien in Berlin, Oberpfarrer in Stockholm und schließlich Bischof und Oberkonsistorialpräsident in Estland.

1631 wechselte Hellwig erneut seinen Amtsbereich: Der Rat seiner Heimatstadt Bernau wollte den begabten Prediger zurückbekommen und bot ihm 1631 ebenfalls das nunmehr vakante Archidiakonat an. Da die Pritzwalker Oberen Hellwig jedoch nicht ziehen ließen, wandten sich die Bernauer Ratsherren, die ältere Rechte an dem Prediger zu haben meinten, nach mehreren Schreiben und Bitten schließlich an den Kurfürsten Georg Wilhelm, der Hellwig nach Bernau beorderte. Doch die Freude der Bernauer an ihrem neuen Archidiakon sollte nicht lange währen: Als noch 1631 wegen der in der Residenz grassierenden Pest das kurfürstliche Kammergericht nach Bernau verlegt wurde und auch das kurfürstliche Konsistorium hier tagte, wurde man auf Hellwig aufmerksam, lud ihn zu einer Probepredigt an der Cöllnischen S. Petrikirche ein und überreichte ihm bald darauf die Vokation zum Diakon, die Hellwig allerdings meinte, ohne Zustimmung seiner Bernauer Patrone nicht annehmen zu können. Da der Cöllnische Rat jedoch von seinem Vorschlag nicht abgehen wollte, ließ er wegen des zu erwartenden Widerstandes in Bernau die Vokation nicht – wie sonst üblich – durch einen Boten überbringen, sondern sandte seine beiden Kämmerer, Christoph Peutzer (gest. 1640) und Johann Sigismund Rosenecker, nach Bernau, um Hellwig zur Amtsannahme zu bewegen und seine Dimission aus seinem bisherigen Amt beim dortigen Rat durchzusetzen.

Am 16. Febr. 1632 wurde Hellwig als Diakon zu S. Petri in Cölln eingewiesen. Nach dem Tode seiner über ihm stehenden Amtskollegen (zu deren Beerdigung er die Leichpredigt hielt) stieg er bis in die Spitze der geistlichen Hierarchie Cöllns auf: 1639 wurde er nach Johann Wenschendorff (1586–1639) Archidiakon, ein Jahr später Propst anstelle des bisherigen Amtsinhabers, des Konsistorialrats Johann Koch (1582–1640). In welcher Form am 14. Sept. 1640 seine Inthronisierung zum neuen Propst und Inspektor von Cölln erfolgte, hat Hellwig selbst schriftlich festgehalten und damit ein bemerkenswertes Dokument über den Ablauf solcher kirchlichen Feierlichkeiten für die Nachwelt überliefert: »Jch M. Jacobus Helwig bin hinwieder zum Pfarr=Herrn und Inspectorn der St. Peters Kirchen vociret, und Dominica 18. post Trinitatis von Herrn M. Samuele Hoffman, Probst zu Berlin, solenniter introduciret worden, und zwar auf folgende weise. 1) Ward ich von Herrn D. Joachimo Chemniz und Herrn Andreæ Werniken, beeden Churfürstl. Brandenb. Hoff= und Cammergerichts=Räthen, wie auch vom Herrn Probst zu Berlin, meinem Herrn Collega M. Krautheim, und 3. Pfarrherrn aus der Inspection, aus meinem Hause in die Kirche begleitet: E. E. Rath hätte billig auch ganz dabey sollen gewesen seyn, weil es aber nicht recht bestalt, war Herr Trumpach an dessen stat allein dabey. 2) Jn der Kirche ward ich alsofort für den grossen Altar geführt, woselbst ich mit dem Herrn Probst zu Berlin und meinem Herrn Collega nieder knieten, und das Veni Sancte Spiritus intonirten, und nebst dem Cantore und Chor choraliter hinaus sungen; darauf sie mich wieder zurück und in den gewöhnlichen Prediger=Stuel begleiteten. 3) Ward musiciret, und hielt der Herr Probst etc. die Predigt. 4) Nach geendigter Predigt ging ich abermahl, und zwar im Chorrok zum Altar, kniete nieder, und ward also, wie bräuchlich, investiret: Und als mein Herr Collega, die 3. Prediger aus der Inspection , der Rector und Collegæ Scholæ, wie auch der Küster mir gratuliret, und reverentiam & obedientiam promittiret, und also der gantze Actus vollendet, ward ich wieder von obgedachten Herren, und dem gantzen Rath, wie auch den Schul=Collegen, in Herrn Trumpachs Behausung comitiret, woselbst an statt des Opfers, der aussen blieb, E. E. Rath Morgens und Abends die Ausrichtung that und ein Convivium hielte.« (Zit. nach KÜSTER/ MÜLLER, 1752, II, S. 1019f.)

Zu Hellwigs Aufgaben als Propst von Cölln gehörte neben seiner Predigttätigkeit und Seelsorge für seine Gemeindemitglieder auch die Inspektion des Cöllnischen Gymnasiums, das seit 1640 von Samuel Müller (1610–1674) geleitet wurde. 1649 wurde Hellwig für den verstorbenen Berliner Propst Samuel Hoffmann (1608–1649) ins Konsistorium berufen. Die Überlieferung sagte Hellwig nach, daß er »wegen seines Theologischen Wandels, guten Gaben und Wissenschaft bey hohen und niedrigen sich beliebt gemacht hatte« (KÜSTER/ MÜLLER, 1752, II, S. 532). Durch besondere kurfürstliche Gnade durfte er gelegentlich sogar im Kabinett der verwitweten Königin von Schweden predigen. Markgräfin Maria Eleonore, die zweite Tochter des Kurfürsten Johann Sigismund und seiner Frau Anna geborene Prinzessin von Preußen, war 1620 mit König Gustav Adolf von Schweden verheiratet worden. Durch den frühen Tod ihres Gemahls auf dem Schlachtfeld bei Lützen 1633 fiel sie jedoch in eine tiefe Melancholie. Unheilbar krank lebte sie zunächst in Wolgast, später in der kurfürstlichen Residenz, bis sie 1655 starb. Auch Markgraf Ernst bestellte den Prediger zu sich. Der Markgraf, ein Sohn des vom Kaiser geächteten Herzogs Johann Georg von Jägerndorf, hatte sich längere Zeit im Ausland, vorwiegend in Italien, aufgehalten und war 1641 vom jungen Kurfürsten Friedrich Wilhelm als Statthalter der Mark eingesetzt worden. Nach dem Waffenstillstand mit Schweden am 24. Juli 1641 zeichnete er für die von den märkischen Ständen geforderte Truppenreduzierung verantwortlich. Als der schwedische General Torstenson 1642 die Mark erneut besetzte, auch kaiserliche Truppen einfielen, konnte Markgraf Ernst mit den verringerten brandenburgischen Truppen das Land nicht schützen. Schließlich verfiel er in Verfolgungswahn, mußte sogar in Gewahrsam genommen werden und starb am 24. Sept. 1642. Die Leichpredigt zum fürstlichen Begräbnis am 7. März 1643 hielt der Hofprediger Johann → Bergius; Hellwig feierte den Verstorbenen in einem »Fürstlichen Ehren=Preiß« am 10. April 1643 in der Kirche zu S. Petri in Cölln.

Hellwigs überliefertes Werkverzeichnis weist bis auf wenige Ausnahmen nur Leichpredigten und Epicedia für seine Amtskollegen beziehungsweise für angesehene Personen seines Cöllnischen Amtsbereiches auf. Die Leichpredigt für Markgraf Ernst ist jedoch nicht erhalten geblieben, ebensowenig eine zu Mariä Verkündigung 1642 gehaltene und im Auftrag des Markgrafen zum Druck gegebene Predigt mit dem Titel »Englische Post und Botschaft von der Empfängniß des Sohnes GOttes, und daher des Allerhöchsten Gütigkeit, wie auch der Menschen Trost und Seligkeit«. Auch eine Gratulation für Kurfürst Friedrich Wilhelm anläßlich seiner Rückkehr in die kurbrandenburgische Residenz am 4. März 1643 ist nur im Titel überliefert.

Seit Herbst 1650 litt Hellwig an einer zunehmenden Heiserkeit, die ihm die Amtsausübung immer mehr erschwerte und ihn zu Beginn des neuen Jahres schließlich zur Aufgabe seiner Amtspflichten zwang. Er starb am 3. Febr. 1651. Die Leichpredigt hielt der Archidiakon der S. Petri-Kirche Albert Günzel (1614 bis 1672), die Abdankung der Rektor des Cöllnischen Gymnasiums, Samuel Müller. Die Witwe Sabina Hellwig geborene Tieffenbach sowie die Kinder Jakob Hellwig (der Jüngere), Johann, Anna Sabina, Joachim Ernst, Friedrich und Sabina Catharina setzten dem Verstorbenen in der S. Petri-Kirche ein Ehren-Gedächtnis (mitgeteilt bei KÜSTER, 1731, S. 119).

[LN]

Werke

Der Christen Kampff und Ehren Cron aus 2. Tim. IV. 7. 8. erkläret, bey der Leiche Jgfr. Annæ Catharinæ, Hrn. Hanß Unwirths auf Wiessa Erb=Herrn Tochter, welche Anno 1631. den 8ten October gestorben. s. l. 1631 (Küster, 1731, S. 119f.).

Geistlicher Pilgram vnd Wandersman/ Auß den Worten des ewigen Sohns Gottes/ Lucæ am 9. cap. v. 23. Wer mir folgen wil/ der verleugne sich selbst/ vnd nehme sein Creutz auff sich täglich/ vnd folge mir nach: Alß der weyland Wolgeborne Herr/ Herr Paul/ Freyherr von Eibeswald/ Herr auf Peggau/ Newhauß vnd Coppereinnigg/ etc. (Welcher am Tage der Himmelfahrt Christi/ war der 30. Maij dieses 1633. Jahres/ morgens frühe vmb 7. Vhr sanfft vnnd selig im HErrn entschlaffen) den 9. Junij folgends/ Sontags Trinitatis, allhie in der S. Peters Kirchen zu Cölln an der Spree in sein Ruhebettlein beygesatzt worden/ Jn ansehnlicher Volckreichen versamlung abgemahlet vnd fürgestellet Durch M. JACOBUM Hellwigen/ Dienern am Worte Gottes daselbst. Gedruckt zum Berlin/ durch George Rungen/ Ao: 1633. Berlin 1633 (1: 5 in: Ee 508; Küster/ Müller, 1752, II, S. 532).

Epicedium für Paul Freiherr von Eibeswald. An: Hellwig d. Ä., Jakob: Leichpredigt für Paul Freiherr von Eibeswald. Berlin 1633 (1: an 5 in: Ee 508).

Epicedium auf Gustav Adolf König von Schweden. Berlin 1633 (Leichenpredigten Liegnitz, 1938, S. 481).

Christl. Hoffmann, desselben Hoff=Glück und Gefährlichkeit, Hoffleben und Gottseeligkeit, bey ansehnlichen Leich=Begängnüß Hrn. Anthonii Freytags, Churfürstl. Brandenb. Ammts=Cammer=Raths und Ober=Försters, der Anno 1634. den 19ten Jan. in S. Peter begraben, aus Ps. LXXXVI. 14–17. in Chur= und Fürstl. Versammlung aufgeführet. s. l. 1634 (1: 16 in: Ee 635; Küster, 1731, S. 120).

Der Braut Christi einer glaubigen Seele höchster Trost und beständige Gegen=Liebe, aus Rom. VIII. 32. seqq. bey dem Leich=Begängnüß Jgfr. Benigna Reezin, welche Anno 1637. den 11ten Nov. gestorben, vorgestellet. Berlin 1637 (1: 14 in: Ee 529; Küster, 1731, S. 120).

Epicedium für Nikolaus Elerd. Propst in Berlin. An: Berkow, Johann: Leichpredigt für Nikolaus Elerd, Propst in Berlin. Berlin 1637 (LP StA Braunschweig, Nr. 1133).

Treuer Prediger Ammt und Lohn, bey dem Ehren=Gedächtnüß Hrn. Joh. Wenschendorffen, Archidiaconi zu Cöln, aus 2. Tim. VI. 7. 8. gezeiget, welcher den 24ten Julii 1639. verstorben, und Tages drauf aus erheblichen Ursachen in der stille beygesetzet worden. s. l. 1639 (1: 3 in: Ee 541; Küster, 1731, S. 120).

Speculum & antidotum mortis, das ist, heller Todes=Spiegel, und kräfftiger Todes Trost, aus Ps. CXVI. 1–9. bey der Leiche Frau Ursula Reezin, Witbe Belmannin, so den 29ten April 1639. gestorben. s. l. 1639 (Küster, 1731, S. 120).

Seeliger Tod, oder der Todten Seeligkeit, aus Apoc. XIV. 13. bey Christ=Adel. Leich=Begängnüß Hrn. Wolff Albrecht Goldackers, Churfürstl. Brandenburg. Rittmeisters auf Wäberstadt und Altstadt Erb=Herrn, welcher Anno 1640. den 3ten Aug. verschieden, gezeiget. s. l. 1640 (Küster, 1731, S. 120).

Collyrium, d. i. geistliche Augen=Salbe sterbender Christen, aus Ps. 25,15–18. bey dem Leichbegängniß, Herrn Reichard Wernickens, Churfürstl. Brandenb. Amts=Cammer=Schreibers, den 14. Aug. 1640. zugerichtet. s. l. 1640 (Küster/ Müller, 1752, II, S. 532).

Prediger=Spiegel, daraus Evangelischer Prediger nothwendige Amtsbeständigkeit erscheinet, bey der Leich=-Begängniß, Herrn Johann Kochs, Churfürstl. Brandenb. Consistorial-Raths, und Probsten in Cöln, den 3. Sept. 1640. vorgehalten. s. l. 1640 (Küster/ Müller, 1752, II, S. 532).

Abriß Menschliches Lebens/ Nach entwerffung Mosis/ des Mannes Gottes/ Jm 90. Psalm/ v. 11. Bey Christlichem Leichbegängnüß Des Ehrnvesten/ Achtbaren/ Wolweisen vnd Kunstreichen Herrn Christoff Peucers/ Wolverdienten Eltisten RathsCämmerers/ vnd vornehmen Apotheckers zu Cölln an der Spree/ Welcher am 28. Augusti, dieses 1640. Jahrs/ Frühe zwischen 3. und 4. Vhr/ sanfft vnd selig im Herrn entschlaffen/ vnd am folgenden Buß=Tag/ war der 2. Septembris, in sein Ruhebettlein gesetzet worden/ Jn Volckreicher Versamlung fürgestellet Von M. JACOBO Helwigen/ der St. Peters Kirchen/ domahln Archi-Diacono, jetzo aber Pfarrherrn vnd Inspectore. Gedruckt zu Berlin/ bey Georg Rungens S. Witwe/ Aó: 1640. Berlin 1640 (1: 12 in: Ee 526; Küster, 1731, S. 120).

Todes=Furcht Vertreiber, das ist, kräfftige Trost=Gründe sterbender Christen wieder alle Furcht des Todes, bey der Leiche Hrn. Wilhelm von Gerresheim, Rath=Cämmerers in Cöln, welcher Anno 1640. den 27. Julii gestorben, aus 2. Tim. IV. 7. 8. gezeiget. Berlin 1640 (1: 8 in: Ee 511; Küster, 1731, S. 120).

Kindbetterinnen Trost= und Tugend=Spiegel aus 1. Tim. II. 15. bey dem Leich=Begängnüß Frau Eva Maria Frizin, Hrn. Andreas Idelers, Bürgers und Handelsmanns Hauß=Frauen, welche den 10ten Martii 1641. gestorben. s. l. 1641 (Küster, 1731, S. 120).

In Obitum præmaturum Viri-Juvenis Præstantissimi et Eruditissimi DN. JOACHIMI BERCHELMANNI, LL. Candidati &c. Filiæ viduæ Berchelmannianæ unicilongeque desideratissimi. s. l. 1641 (1: an 10 in: Ee 502).

Englische Post und Botschaft von der Empfängniß des Sohnes GOttes, und daher des Allerhöchsten Gütigkeit, wie auch der Menschen Trost und Seligkeit am Fest der Verkündigung Mariä, anno 1642. erkläret, und auf Begehren J. F. G. Herrn Marggraf Ernst Churf. Brandenb. Stadthalters zum Druck überlassen. s. l. 1642 (Küster/ Müller, 1752, II, S. 532).

Fürstl. Ehren=Preiß, zu sonderbaren unsterbl. Nachruhm des weyland Durchlauchtigsten und Hochgebohrnen Fürsten und Herrn, Hrn. Ernsts, Marggrafen zu Brandenburg, der Chur= und Brandenb. hochansehnlichen Stadthalters Christ=mildesten Andenckens, Montags nach dem Fürstlichen Begräbnüß (war der 10te April 1643. auf gnädiges Begehren Jhro Fürstl. Gnaden der hochbetrübten Frau Mutter in S. Petri=Kirchen in Cöln, aus 1. Joh. I. 7. nachgepredigt. Berlin 1643 (1: 1 in: St 5596 ehem.; Küster, 1731, S. 120f.).

Herzlicher Glückwunsch am Sonntag Oculi 1643. als Churfürst Friedr. Wilhelm den Tag zuvor (war der 4te Mart.) aus Preussen glücklich angekommen. Berlin 1643 (1: 1 in: St 5885 ehem.; Küster/ Müller, 1752, II, S. 532).

Davids Hertz und Desselben starke Grundfeste Bey Hoch-Adelicher Leichprocession Der Hoch-Edlen und viel-Ehren-Tugendreichen Frawen Eva/ Gebohrnen von Belowen/ Des auch Hoch-Edlen/ Gestrengen Unnd Vesten Herrn Johann von Wilmerstorff/ Churfl. Brandenb. Ambts-Cammer-Raths und Hauptmanns der Aemter Müllenhof und Müllenbeck/ auff Schmargendorff/ etc. Sel. Nachgelassenen Wittib/ Welche am 23. Septemb. dieses 1644. Jahres zwischen 5. und 6. Uhr nach Mittag allhier zu Cölln an der Spree/ sanfft und selig entschlaffen/ Am 31. Oktob: als des Tages vor Ihrer Beerdigung/ da Ihr Ehrengedächtniß in der St. Peters Kirchen gehalten worden/ In Hochansehnlicher/ Fürst-und Hoch-Adelicher Versamblung fürgestellet von M. Jacobo Helwigio, Probsten daselbst/ und der Benachbarten Inspectore. s. l. 1644 (Küster/ Müller, 1752, II, S. 532).

Scio cui credidi, Apostolisches Glaubens=Bekäntnuß, aus 2. Tim. I. 12. bey Christl. Sepultur Frau Cathar. Paschin, Hrn. Pauli Brunnemanns, Burgemeisters der Residentz Cöln an der Spree, und Cammer Gerichts=Advocati Hauß=Frau, welche Anno 1646. den 10ten May beygesetzt worden. s. l. 1646 (Küster, 1731, S. 121).

Eines gläubigen Christritters Krieg und Sieg, Lohn und Kron, aus Ps. 73,25. 26. bey Adelicher Leichbegängniß Herrn Ludwig von Greiffenberg, Rittmeisters, den 29. Dec. 1647. vorgestellet. s. l. 1647 (Küster/ Müller, 1752, II, S. 532).

Epicedium für Eva Maria Hoffmann geborene Fritz. An: Fromm, Joachim: Leichpredigt für Eva Maria Hofmann geborene Fritz. Berlin 1648 (1: an 7 in: Ee 518).

FLEIUS AMICORUM, In luctuosissimum Obitum FOEMINÆ singulis sui sexus Virtutibus ac Dotibus Celeberrimæ MARTHÆ SOPHIÆ, ANDREÆ KOHLII, ICti & ViceCancellarii Marchici Filiæ, MARTINI FRI-

DRICI SEIDELII, Consiliarii Brandenburgici Uxoris singulariter dilectæ & eheu / primo Matrimonii anni unico filiolo relicto defunctæ. MORIENDUM. s. l. e. a. [Berlin 1650] (1: Ms. Boruss. fol. 200, f. 108r–112r, Druckimpressum abgeschnitten; nach Dünnhaupt, 1991, V, S. 3648, angeschlossen an: Fromm, Joachim: Leichpredigt für Martha Sophia Seidel geborene Kohl. Berlin 1650).

Literatur

GÜNZEL, Albert: Himlische Erbschafft der Kinder GOttes/ Aus den wunderschönen Worten des Apostels Pauli Rom. 8. v. 17. Sind wir Kinder/ so sind wir auch Erben etc. Bey der Leich=bestattung Des Wohl=Ehrwürdigen/ Groß=Achtbahren vnd Hochgelahrten Herrn M. JACOBI HELWIGII, Churfürstl. Brandenb. Consistorial= Raths/ der Kirchen zu St. Peter in Cölln an der Sprew wohlbestalten Præpositi, der benachbarten/ wie auch des Gymnasij daselbsten trewfleißigen Inspectoris, So den 3. Febr. im HErren Selig verschieden/ vnd den 9. darauff in obgedachter Kirchen Christlich vnd Ehrlich in hochansehnlicher/ Fürstlicher/ Adelicher vnd Volckreicher frequentz beygesetzet worden/ dargestellet vnd erwiesen Von M. ALBERTO GÜNZELIO, Eltestenn Prediger und Diener Göttlichen Worts in der Kirchen zu St. Peter in Cölln an der Sprew. Wittenberg/ Gedruckt bey Johann Haken/ ANNO M. DC. LI. Wittenberg 1651 (1: Ee 700–1399); MÜLLER, Samuel: Oratio ad Dnn. Exequiatores ante funerationem habita à M. Samuele Müllero, Gymnasii Coloniensis Rectore (Abdankung für Jakob Hellwig) Wittenberg 1651 (1: an Ee 700–1399); KÜSTER, 1731, S. 119; KÜSTER/ MÜLLER, 1752, II, S. 531f. u. S. 1019f.; NOHL, 1903, S. 29 u. 83; GStA Rep. 47, B4, Fasc. 7; GStA Rep. 47, C4.

Hellwig (der Jüngere), Jakob

* 1631 Pritzwalk
† 19. Jan. 1684 Reval
Pädagoge, Theologe, luth.
V Jakob H. d. Ä., Propst zu S. Petri in Cölln
M Sabina geb. Tieffenbach
G Joachim Ernst H.
∞ I. 1659 Catharina geb. Tonnenbinder;
    II. 1663 Elisabeth geb. Hertzberg
K zwölf Kinder

Cöllnisches Gymnasium
1643   Studium in Frankfurt/O. (1649 iur.) und Rostock (Licentiat)
1658–1662 Rektor am Berlinischen Gymnasium
1662–1673 Zweiter Diakon zu S. Marien in Berlin
1673–1677 Oberpfarrer der deutschen Gemeinde in Stockholm
1677–1684 Bischof u. Oberkonsistorialpräsident in Estland

Jakob Hellwig (der Jüngere) wurde 1631 als ältester Sohn des späteren Propstes und Konsistorialrats zu Cölln, Jakob → Hellwig (der Ältere), in Pritzwalk geboren. Seine Mutter Sabina war eine Tochter des Neuruppiner Bürgermeisters Johann Tieffenbach. Ein Jahr nach seiner Geburt kam Hellwig mit seinen Eltern nach Cölln, wo er später auch das Gymnasium besuchte. Die Schule zu S. Petri war eine der ältesten Bildungseinrichtungen in der kurbrandenburgischen Residenz. Um dem wachsenden Bildungsbedarf nach Einführung der Reformation gerecht zu werden, ließ der Rat ein neues Schulgebäude neben der Kirche bauen, in welches die Schüler – die bisher in den Räumen der Kirche unterrichtet wurden – 1569 umzogen. Seit 1640 hatte Samuel Müller (1610–1674) das Rektorat inne, der es bis zu seinem Tode bekleidete. Als Konrektoren wirkten hier Sebastian Krieger und nach ihm Stephan Gresse (gest. 1656), Subrektor war Sebastian Welle (gest. 1672). Kurz nach Hellwig besuchte auch Johann → Buntebart, der spätere Propst von Cölln, als Schüler das Cöllnische Gymnasium; beide trafen in den sechziger Jahren in der kurbrandenburgischen Residenz als Inhaber geistlicher Ämter zusammen.

Im Sommersemester 1643 immatrikulierte sich Hellwig, gemeinsam mit seinem Bruder Joachim Ernst Hellwig, an der Universität Frankfurt/O. unter dem Rektor und Professor für Medizin, Christoph Ursinus (1607–1676). Als Minderjähriger durfte er noch keinen Eid auf die Universitätsgesetze ablegen, konnte aber durch seine Einschreibung in die Matrikel an den Privilegien der Universität teilhaben. Am 7. Sept. 1649 wurde er dann durch den Rektor Georg Mellemann auf die Universitätsgesetze vereidigt (FRIEDLÄNDER, 1887, S. 757b, 5). Wie Hellwig später selbst mitteilte, erhielt er ein dreijähriges kfl.-brandenburgisches Stipendium zugesprochen (DITERICH, 1732, S. 182). Sein Vater, der Cöllnische Propst Jakob Hellwig (der Ältere), war am 3. Febr. 1651 gestorben, und das zuerkannte Stipendium erlaubte dem Sohn die Fortsetzung seiner Studien. Hier in Frankfurt muß Hellwig auch den Magistergrad erlangt haben (die Matrikel weist allerdings keinen entsprechenden Vermerk auf); denn als am 3. Dez. 1653 Wilhelm Friedrich von Kalchum, genannt Leuchtmar, unter Hellwigs Präsidium disputierte, hatte dieser bereits den Magistergrad erworben. Die gedruckte Disputation enthält neben einem Glückwunschgedicht Hellwigs für Kalchum auch Carmina gratulatoria einiger Frankfurter Professoren, unter anderem vom Rektor und späteren kfl.-brandenburgischen Hofprediger Georg Conrad → Bergius.

Im Okt. 1654 immatrikulierte sich Hellwig zur Fortsetzung seiner Studien an der Universität Rostock. Die Einschreibung nahm Rektor Heinrich Schuckmann (1581–1656) vor, der seit 1633 eine Professur für Jurisprudenz bekleidete (HOFMEISTER, 1895, S. 182b). Bald nach seiner Immatrikulation wurde Hellwig auch in die philosophische Fakultät aufgenommen, wo er als Magister selbst dozieren durfte (HOFMEISTER, 1895, S. 186). Hier in Rostock veröffentlichte er 1658 zu verschiedenen naturwissenschaftlichen Gegenständen seine »Exercitationes academicae in scientiae naturalis« und wahrscheinlich im selben Jahr auch seine »Exercitationes physicae« zu Themen aus der Physik, die damals als Naturlehre doziert wurde. Als während seines Rostocker Studienaufenthaltes 1655 und 1657 die brandenburgischen Prinzen Karl Emil und Friedrich, der spätere Kurfürst und König von Preußen, geboren wurden, hielt Hellwig – der ja einige Jahre zuvor ein kfl.-brandenburgisches Stipendium bekommen hatte – an beiden Tauftagen öffentliche lateinische Reden, die er später auch drucken ließ.

Anfang 1658 verteidigte Hellwig unter dem Praeses Hermann Schuckmann seine theologische Inauguraldissertation »De mysterio Paulino«. Zu diesem Zeitpunkt war der kenntnisreiche und vielseitig gebildete Gelehrte bereits als Nachfolger von Johannes → Heinzelmann auf das Rektorat am Berlinischen Gymnasium zum Grauen Kloster designiert, das er bald darauf übernahm. Während seiner vierjährigen Amtszeit gab es kaum Änderungen im traditionellen Unterrichtsablauf. Dagegen setzte sich Hellwig für eine Hebung der Schulzucht ein und verfügte bald nach seinem Amtsantritt eine Revision der »Leges docentium et discentium«. Diese sah unter anderem nun vor, daß eingezahlte Strafgelder, die wegen der mangelhaften Disziplin der Gymnasiasten wohl reichlich flossen, zu einem Teil unter die besseren Schüler verteilt, zu einem anderen Teil zur Bestreitung der Druckkosten für die Kataloge der Disputationsthemen verwendet werden sollten. Nach dem Katalog von 1662 zum Beispiel disputierten die Gymnasiasten in zwölf öffentlichen Veranstaltungen unter dem Rektor als Praeses zu Themen aus den Bereichen Dialektik und Rhetorik sowie in 34 Veranstaltungen ohne Publikumsbeteiligung zu religiösen Fragen aus den vielfach aufgelegten »Institutiones catecheticae« des lutherischen Theologen Conrad Dieterich (1575–1639) und zu Themen aus dem ebenfalls in mehreren Auflagen erschienenen Lehrbuch der Physik »Synopsis physica« von Johannes Sperling (1603–1658), dem Professor physicae in Wittenberg (HEIDEMANN, 1874, S. 161f.). Der Katalog enthält außerdem Themen von Stilübungen zur Ausbildung der Eloquenz in den klassischen Sprachen.

Unter Hellwigs Rektorat besserten sich auch äußere Lage und finanzielle Verhältnisse am Berlinischen Gymnasium, nicht zuletzt durch ein von ihm verfaßtes Zirkularschreiben, in dem er um einmalige oder fortlaufende Beiträge bat. Kurfürst Friedrich Wilhelm spendete 200 Thaler, die kurmärkischen Landschaftsverordneten gaben 100 Thaler, reichliche Spenden kamen auch von einzelnen wohlhabenden Bürgern, »um soviel mehr da er (gemeint Hellwig) als ein gebohrner Berliner und vornehmen Mannes Sohn unterschiedliche gute Freunde und Anverwandte in der Stadt hatte« (DITERICH, 1732, S. 183).

Hellwig galt als lutherisch-orthodox. Für die auctores-Lektüre in der dritten Klasse des Berlinischen Gymnasiums ließ er den »heidnischen« Terenz durch den »Terentianus christianus« von Cornelius Schonaeus ersetzen, weil die Werke des römischen Komödiendichters die Schüler verderben würden (vgl. DITERICH, 1732, S. 183–185, mit umfangreicher Polemik gegen diese Maßnahme). Unter Hellwigs Rektorat ließ im Mai 1661, zu einer Zeit, als die religiösen Differenzen zwischen Reformierten und Lutherischen in der kurbrandenburgischen Residenz Berlin-Cölln erneut in heftigen Streitereien zwischen beiden konfessionellen Richtungen eskalierten, der Subkonrektor Gottfried Rösner (geb. 1631) durch seine Schüler einen dramatischen Actus über die Kreuzigung Christi in lateinischer und deutscher Sprache aufführen. Mit dieser Aufführung erregte der Sohn von Johann → Rösner, dem Archidiakon zu S. Marien und Vorgänger in Hellwigs späterem geistlichen Amt, jedoch den Unwillen der Reformierten, so daß Kurfürst Friedrich Wilhelm eine Untersuchung der Angelegenheit durch das Konsistorium anordnete. Dieses befand Rösner für schuldig, die reformierte Gemeinde »anstechen« zu wollen, suspendierte den Subkonrektor von seinem Amt und nahm ihn in Gewahrsam. Ein Bittgesuch des verdienten Archidiakons Johann Rösners für seinen Sohn stimmte den Kurfürsten gnädig, Rösner wurde aus der Haft entlassen und folgte später einer Berufung als Prediger der deutschen Gemeinde in Stockholm.

Knapp ein Jahr nach seiner Berufung zum Rektor des Berlinischen Gymnasiums ehelichte Hellwig am 7. Febr. 1659 Catharina, die Tochter des Berliner Apothekers und Kaufmanns Joachim Tonnenbinder (1598–1673). Als das Konsistorium die Angelegenheit Rösners untersuchte, und den Rektor zum Verhör lud, ließ sich dieser wegen der bevorstehenden Niederkunft seiner Frau entschuldigen und übergab eine schriftliche Stellungnahme zu dem Vorfall. Wenige Tage später starb Hellwigs Frau im Kindbett. Die Leichpredigt für die Verstorbene »samt ihrer uns allen unbekannten gleichfalls seligen Leibesfrucht« hielt Archidiakon Elias Sigismund → Reinhardt am 16. Juni 1661, die lateinische Abdankung verfaßte Subrektor Gottfried → Weber. Unter den angehängten Epicedia war auch ein an den Gatten gerichtetes lateinisches Trostgedicht von Paul → Gerhardt, der schon 1659 dem Brautpaar ein lateinisches Epithalamium gewidmet hatte. Am 10. Aug. 1663 heiratete Hellwig erneut, und zwar Elisabeth, eine Tochter des Mittenwalder Bürgermeisters Christian Hertzberg. In beiden Ehen wurden insgesamt 12 Kinder geboren. Auf Hellwigs zweite Eheschließung ließ der bekannte Literaturtheoretiker Daniel Georg Morhof (1639–1691) eine Inscriptio drucken; ein lateinisches Epithalamium steuerte wiederum Paul Gerhardt bei. Hellwig seinerseits ließ ebenfalls mehrere Gelegenheitsgedichte ausgehen, so unter anderem zur Eheschließung des Perleberger Pastors Joachim Grabow 1662, zur Magisterpromotion von Samuel → Rosa, dem Subkonrektor des Berlinischen Gymnasiums 1665, und im gleichen Jahr ein Epicedium auf den Tod von Gerhardts Sohn Andreas Christian.

1662 wurde Hellwig zum Zweiten Diakon zu S. Marien in Berlin berufen. Eine seiner ersten Amtshandlungen war die Teilnahme am Religionsgespräch 1662/63 zwischen reformierten und lutherischen Theologen, das Kurfürst Friedrich Wilhelm in seine Residenz einberufen hatte, um die theologischen Streitigkeiten zwischen beiden Glaubensrichtungen beizulegen. Der Kurfürst ließ die »freund- und brüderliche Conferentz« auf seinem Schloß zu Cölln und damit in unmittelbarer Nähe zu Berlin, dem Haupthort des lutherischen Widerstandes gegen die landesherrliche Politik des Kirchenfriedens, durchführen. Eingeladen waren neben einigen kurfürstlichen Räten beider Konfessionen die reformierten Hofprediger und der Rektor des reformierten Joachimsthalschen Gymnasiums, Johann → Vorstius, sowie die Mitglieder der geistlichen Ministerien von Berlin und Cölln. Im Vorfeld des Religionsgespräches zeichnete sich bereits ab, daß beide lutherischen Ministerien durchaus unterschiedliche Positionen in den zu erörternden Fragen vertraten. Im Unterschied zu den Berlinern waren die Geistlichen des Cöllnischen Ministeriums durchaus bereit, religiöse Toleranz gegenüber den Reformierten zu üben. Da auch eine Privatzusammenkunft lutherischer Geistlicher beider Ministerien am 5. Sept. 1662, an der von Berliner Seite der Zweite Diakon zu S. Nicolai, Paul Gerhardt, sowie Hellwig teilnahmen, keine Klärung in den differierenden Meinungen brachte, kam ein gemeinsames Auftreten im Religionsgespräch nicht zustande, so daß jedes Ministerium für sich sprach (vgl. LANGBECKER, 1841, S. 29–34).

Zu den insgesamt 17 Treffen, die unter der Leitung des Oberpräsidenten Otto Freiherrn von Schwerin (1616–1679) in der Zeit vom 8. Sept. 1662 bis zum 29. Mai 1663 stattfanden, verfaßte Hellwig wie die anderen Geistlichen Gutachten zu bestimmten theologischen Streitpunkten, die dann der Wortführer des Berlinischen Ministeriums, Elias Sigismund Reinhardt, in der Diskussion vortrug. Für die gesamte Zeit der Konferenz wurden die Geistlichen noch extra verpflichtet, die Vertreter der konfessionellen Gegenseite nicht zu verketzern. Da sich Hellwig jedoch nicht daran hielt, mußte er am 4. April 1663 zur Einhaltung der Vorschriften ermahnt werden (LANGBECKER, 1841, S. 81). Weil die Gegensätze zwischen den Berlinischen Geistlichen und ihren reformierten Gegnern mit dem Hofprediger Bartholomaeus → Stosch an der Spitze nicht beseitigt werden konnten (das auf Verständigung zwischen beiden Konfessionen setzende Cöllnische Ministerium unter Propst Andreas → Fromm geriet zwischen die streitenden Parteien, wurde des Synkretismus bezichtigt und spielte in den Verhandlungen schon bald keine Rolle mehr), mußte das Religionsgespräch am 29. Mai 1663 ohne die vom Kurfürsten erhoffte Einigung abgebrochen werden.

Friedrich Wilhelm, der bereits am 2. Juni 1662 ein »Mandatum, wie sowohl zwischen Reformirten und Lutherischen Predigern als Unterthanen die Einträchtigkeit zu halten« verabschiedet hatte, erließ am 16. Sept. 1664 ein zweites Edikt, in welchem er Lutherischen und Reformirten befahl, die gegenseitigen Beschimpfungen zu unterlassen und den konfessionellen Frieden einzuhalten. Bald darauf wurden alle Prediger der Mark Brandenburg zur Unterzeichnung eines Reverses verpflichtet, der die Einhaltung der kurfürstlichen Toleranzedikte bei Strafe der Amtsenthebung vorsah. Die Geistlichen des Berlinischen Ministeriums wandten sich an die theologischen Fakultäten von Helmstedt, Jena und Wittenberg sowie an die Ministerien zu Hamburg und Nürnberg und fragten an, ob man die Edikte guten Gewissens unterschreiben oder wenigstens mit Stillschweigen annehmen könne. Die Wittenberger Theologen antworteten auf das ihnen von Martin → Lubath, der nach Rösners Tod Archidiakon zu S. Marien geworden war, und Hellwig unter dem Datum des 19. Nov. 1664 zugestellte Schreiben mit einem »Bedencken«, in dem sie die Auffassung vertraten, es wäre besser, Amt, Dienst und Gemeinde zu verlassen, als in der Unterzeichnung der Edikte dem Befehl der Obrigkeit nachzukommen und Folge zu leisten.

Der Kurfürst reagierte sehr verstimmt auf die Schreiben der Berlinischen Geistlichen an auswärtige Universitäten und Ministerien. Schon 1662 hatte er, als die Wittenberger Theologen ein ähnliches Religionsgespräch vom Sommer 1661 im hessischen Kassel (das mit einer Übereinkunft zwischen Reformierten und Lutherischen geendet war) einer scharfen Kritik unterzogen und von den lutherischen Predigern der Mark Brandenburg gutachterliche Stellungnahmen verlangten, dies als einen Eingriff in seine Hoheitsrechte betrachtet und seinen brandenburgischen Landeskindern das Studium der Theologie und auch der Philosophie an der Universität Wittenberg verboten. Nun beorderte er für den 28. April 1665 die Mitglieder des Berlinischen Ministeriums zur Reversunterzeichnung vor das kurfürstliche Konsistorium. Als erste befragt, verweigerten Propst Georg von → Lilien und Reinhardt aus Gewissensgründen ihre Unterschrift unter den Revers, der den lutherischen Geistlichen die Berufung auf die Konkordienformel untersagte, und wurden umgehend aus ihren Ämtern entlassen. Die anderen Prediger, unter ihnen auch Hellwig, schickte man zunächst nach Hause. Der Rat von Berlin setzte sich für seine amtsenthobenen und von Remotion bedrohten Prediger ein, auch die Stände machten ihren Einfluß geltend.

Über Hellwigs Rolle in den theologischen Streitigkeiten schrieb Georg Gottfried Küster: »Jztgedachter Helwig hat ein Colloquium mit dem Rectore des Joachimsthalischen Gymnasii Joh. Vorstio gehalten, und meldet der in Märkischen Sachen höchstkundige Martin Fridr. Seidel/ daß ein anderer, der nicht so geschikt als Helwig gewesen, leichtlich in grosse Gefahr hätte gerathen können« (KÜSTER/MÜLLER, 1752, II, S. 489). Der kfl.-brandenburgische Rat Martin Friedrich → Seidel, der auf Anraten Hellwigs den Religionsrevers nicht unterschrieben hatte, wurde 1668 amtsentsetzt und wanderte nach Pommern aus. Hellwig, der am 12. Nov. 1663 an der theologischen Fakultät der Universität Rostock unter Johann Quistorp (1624–1669) zum Licentiatus theologiae promoviert hatte (HOFMEISTER, 1895, S. 223), konnte sein Predigtamt zu S. Marien insgesamt elf Jahre ausüben (s. seine »Schlußpredigt beydes der Erklährung der Epistel Pauli an die Römer, und des bey der Pfarrkirchen zu S. Marien in der Churf. Brandenburgischen Residenz Berlin, eilf Jahr lang geführten Lutherischen Predigtamts, abgeleget am 9ten Sonntage nach Trinit. war der 27ste Julii 1673. Stockholm«). Für eine 1666 unter dem Pseudonym eines märkischen Bürgers (»Civis Marchicus«) ausgegangene und ihm zugesprochene Streitschrift mit Angriffen unter anderem gegen den Hofprediger Stosch (HERING, 1787, II, S. 237 u. 258) kommt wohl eher der vormalige Propst von Cölln, Andreas Fromm, als Autor in Betracht.

Anfang 1673 erhielt Hellwig ohne sein Zutun eine Berufung als Oberpfarrer der deutschen evangelischen Gemeinde in Stockholm und Assessor des dortigen königlich-schwedischen Konsistoriums, 1675 wurde ihm durch den schwedischen König anläßlich des Krönungsfestes der Grad eines Doctors theologiae übertragen. Diese königliche Gunst war für Hellwig besonders wichtig, sollen doch gerade zu jener Zeit auswärtige Neider das Gerücht gestreut haben, er wäre wegen »einiger Gesetz=Predigten in die höchste Königl. Ungnade, und schwereste Straffe gerathen« (so Hellwig selbst in seiner Predigt »Stockholmischer Asel«, zitiert nach KÜSTER, 1731, S. 123). Für Hellwigs Amtszeit in Stockholm sind mehrere Leichpredigten belegt, unter anderem für den Ältesten der deutsch-evangelischen Gemeinde in Stockholm, Conrad Fuld (gest. 1673), für den kgl.-schwedischen Kriegskommissar Joachim Stropp (gest. 1677) und für den kgl.-schwedischen Feldsekretär Jacob Vult (gest. 1677).

Bereits Anfang 1676 erhielt Hellwig eine Berufung ins Herzogtum Estland, das 1561 an die schwedische Krone gekommen war. Er zögerte lange, die Vokation anzunehmen, wiederum an einen »so gar fremden

und unbekannten Ort ... zumahl da von desselben Bewandtniß mir nicht geringe Schwierigkeit fürgestellet worden«, wie er selbst in seiner Predigt »Stockholmischer Asel« (Reval 1678) überlieferte (KÜSTER, 1731, S. 121f.). Gedrängt, sich endlich zu entscheiden, nahm er die Berufung dann doch an und wurde in sein Amt als Bischof von Estland und Präsident des estländischen Oberkonsistoriums eingesetzt.
Bald nach Hellwigs Ankunft in Reval 1677 starb seine zweite Frau im Kindbett. Neben anderen Beiträgern verfaßte auch das estländische Provinzial-Ministerium zu diesem Anlaß ein lateinisches Epicedium. Hellwig selbst starb am 19. Jan. 1684 in seinem Amt in Reval. Aus der Tätigkeit an seiner letzten Wirkungsstätte sind nur wenige Schriften belegt, unter anderem eine Leichpredigt für den schwedischen Kriegsrat und Feldmarschall Fabian von Fersen, Freiherrn zu Chronendahl (gest. 1678). Fersen war Generalgouverneur von Schonen gewesen, der südlichsten Landschaft im heutigen Schweden, die lange zwischen Dänemark und Schweden umstritten war und 1658 an Schweden fiel. 1681 ließ Hellwig ein Schreiben an die Stettiner Prediger Cunradus Tiburtius → Rango, der von 1662 bis 1668 als sein Nachfolger das Rektorat am Berlinischen Gymnasium bekleidete, Friedrich Cramer (1623–1691) und Friedrich Fabricius (1642–1703) ausgehen. Die Geistlichen hatten im sogenannten Gebetsstreit um den »Elenchus nominalis«, unter dem man die namentliche Aufzählung der Feinde des Luthertums verstand, das in einer abgeschwächten Form neu formulierte und ihrer Meinung nach nun »synkretistische« Kirchengebet abgelehnt. Als Kurfürst Friedrich Wilhelm von Brandenburg bei der Durchsetzung alter Ansprüche auf Vorpommern Ende 1677 Stettin eroberte und den »Elenchus« untersagte, protestierten Rango und seine Amtsbrüder gegen den Einzug der Reformierten in Stadt und Kirche und wurden ihrer Ämter enthoben. Erst nach dem Abzug der Brandenburger aus Stettin konnten sie ihre früheren Ämter wieder einnehmen. Der Streit um den »Elenchus« flammte später wieder auf und wurde vor der schwedisch-pommerischen Regierung und dem Tribunal in Wismar verhandelt, das den Stettiner Geistlichen Landesverweisung androhte. Welchen Inhalt Hellwigs Schreiben an die Stettiner Prediger hatte, muß hier offen bleiben, da das Schreiben nicht erhalten geblieben ist.
Aus Hellwigs Amtszeit ist abschließend noch seine Neujahrspredigt für 1681 hervorzuheben, die gemeinsam mit zwei Kometenpredigten gedruckt wurde und im Anhang astronomische Beobachtungen über den Kometen von 1680/81 enthält, die der Poesieprofessor am Revaler Gymnasium, Jacob Gnospel, beisteuerte. Einige für den Druck bereits fertiggestellte Sachen sollen bei einer Feuersbrunst in Reval verlorengegangen sein (KÜSTER/ MÜLLER, 1752, II, S. 489).
[LN]

Werke

De norma controversiarum fidei et morum. Wittenberg 1651 (Dinse, 1877, S. 537).
Q. B. V. VIRTUTUM MORALIUM PRIMAM, FORTITUDINEM DEO FORTI ADSISTENTE, PERMITTENTE AMPLISS. PHILOSOPHORUM ORDINE IN ELECTORALI ACADEMIA VIADRINA, PRAESIDE M. JACOBO HELVVIGIO, COLONIENSI MARCHICO, VENTILATIONI PUBLICAE ATQUE AMICAE EXHIBET GUILIELMUS FRIDERICUS à KALCHUM, COGNOMINE LEUCHTMAR, IN AUDITORIO MAJORI AD D. III. DECEMB. A. C. M DC LIII. HORIS AB OCTAVA MATUTINIS. Typis ERASMI RÖSNERI. s. l. e. a. [Frankfurt/O. 1653] (1a: 5 in: Np 10251).
Glückwunschgedicht für Wilhelm Friedrich von Kalchum, genannt Leuchtmar. An: VIRTUTUM MORALIUM PRIMAM, FORTITUDINEM DEO FORTI ADSISTENTE. Fankfurt/O. 1653 (1a: an 5 in: Np 10251).
Oratio in natalem Caroli Aemilii Rostochii habita. 1655. Rostock 1655 (Küster/ Müller, 1752, II, S. 488).
Triumphus Davidis in Israelis fontibus incorrupti secundus, ostendens turbidum Tridentinorum authenticum. Rostock 1656 (Dinse, 1877, S. 537).
Oratio in natalem Friderici I. Rostochii habita. Rostock 1657 (Küster, 1731, S. 123).
Exercitationes academicae in scientiae naturalis partem primam quam generalem vocant. Rostock 1658 (Diterich, 1732, S. 182; Dinse, 1877, S. 456).

Exercitationes physicae. Rostock 1668 (Küster, 1731, S. 123, und Küster/ Müller, 1752, II, S. 488, mit wohl falscher Jahreszahl, wahrscheinlich schon 1658 veröffentlicht).

De mysterio Paulino Rom. XI, 25. 26, Dissertatio Theologica inauguralis, quam praeside Herm. Schuckmanno in Acad. Rostochiensi a. d. V. Cal. Febr. Anno MDCLVIII. examini publico submisit M. Iac. Helwigius, Gymn. Berolinensis designatus Rector. Rostock 1658 (Küster, 1731, S. 123; Küster/ Müller, 1752, II, S. 488).

Epicedium für Elisabeth Heinzelmann. In: Lilius, Georg: Leichpredigt für Elisabeth Heinzelmann. Berlin 1659 (LB Coburg: Sche 282, Nr. 2).

Abdankung für Friedrich Ludwig Zarlang. An: Gerhardt, Paul: Leichpredigt für Friedrich Ludwig Zarlang. Wittenberg 1660 (1: an 3 in: Ee 1550).

MEMORIÆ. SACRUM. HEUS. VIATOR. REFLECTE. OCULOS. ET. MENTEM. IN. HANC. TUMBAM. HIC. JACET. PUERULUS. NOVENNIS. VENUSTI. ORIS. ET. MORIS. FRIDERICUS. ZARLANG. CONSULARIS. FILIOLUS. IN. IPSO. VERE. ÆTATIS. INSTAR. ELORIS. AMOENISSIMI. SUCCISI. DYSENTERIA EXTINCTUS. PARENTUM. LAUDATISSIMORUM. MODO. SPES. AT. NUNC. DESIDERIUM. (HEU!) INANE. DIFFICILE. EST. HUIC. MAGNO. PARENTUM. DOLORI. PARIA. VERBA. REPERIRE. AMICI. TAMEN. ET. CONSULARIS. NOMINIS. CULTORES. VERBORUM. FOMENTA. RITE. ADHIBUERUNT. NUNCABI. ET. MEMORI. MENTE. HOC. LEMMA. VERSA. INFANTUM. ET. PUERORUM. EXTINCTIO. EST. VIRORUM. ET. SENUM. AD. DEBITUM. NATURÆ. SOLVENDUM. CITATIO. BEROLINI. TYPIS. RUNGIANIS. ANNO. 1660. Berlin 1660 (1: 3 in: Ee 543).

De monarchia. (Resp. Fridericus Müller). Berlin 1661 (Spandau, S. Nic.: 25 an: 4/2968).

Epicedium für Johann Rösner. An: Lubath, Martin: Leichpredigt für Johann Rösner. Wittenberg 1661 (1: an 2 in: Ee 531).

Abdanckungs=Rede für Anna Weber geborene Flöring. An: Gerhardt, Paul: Leichpredigt für Anna Weber geborene Flöring. Wittenberg 1661 (1: an 5 in: Ee 1550).

CIPPUS Immortalitati ac Memoriæ Posthumæ Matronæ Pietate aliisque Sexus sui Virtutibus instructissimæ ANNÆ FLORINGIÆ, Viri Amplissimi, Consultissimi ac Cl. Dn. M. GEORGII VVEBERI, Reipubl. Berlinensis Consulis Gravissimi, omnique bono Meriti, Conjugis desideratissimæ, Cum illa, Deposita Feliciter Prid. Kl. Febr. Mortalitatis Sarcina, Mentem Divinam Deo reddidisset, Mœstissimusque Viduus Relictas Exuvias Solemni Ceremonia componeret, IV. Eid. Feb. A. O. R. M DC LXI. Erectus à Fautoribus Magnis ac Amicis desideratissimis. An: Gerhardt, Paul: Leichrede für Anna Weber geborene Flöring. Wittenberg 1661 (1: an 5 in: Ee 1550).

PLAUSUS VOTIVUS Solemnitati secundarum Nuptiarum VIRI Pl. Reverendi, Amplißimi, Clariβimi DN. JOACHIMI GRABOVII, Ecclesiæ Perlebergensis Pastoris fidissimi, & Scholæ indidem, ut & vicinarum Ecclesiarum Inspectoris vigilantissimi ac benè merentis SPONSI, Nec non Ornatiβimæ, Pudiciβimæque Foeminæ ILSABE Manarts/ Viri Spectatiβimi, Integerrimime DN. FRANCISCI Hahnsteins/ Brunswigæ Coenobii ad D. Ottil. quondam Præfecti & Curatoris solertissimi …, relictæ Viduæ SPONSÆ, Perlebergæ XIV. Calendarum Decembris An. M. DC. LXII. celebratarum Datus A Fautoribus & Amicis quibus dam Berlinensibus per Amicum ibi viventem conciliatis. Berl. Typis Rungianis. Berlin 1662 (109: Slg. GK: Sch 1/54).

De qualitatibus occultis, magneti praecipue vendicatis (Resp. Henricus Gröffenius). Berlin 1662 (Spandau, S. Nic.: 1 an: 4/2969).

Dictata ex J. G. Vossii Rhetorica â Jac. Hellwigio, Gymn. Berol. rectore, excepit B. Reich. Tieffenbach A. 1664. Manuscript in 8°. An: Chr. Rosae Periculum rhetoricum. Stettin 1657 (Dinse, 1877, S. 230).

DE LAUREA PHILOSOPHICA, Qua RECTORE Magnifico (TIT.) Dn. JOHANNE PLACENTINO, Phil. M. Mathemat. Prof. Publ. &c. celeberrimo, et DECANO SPECTABILI (TIT.) Dn. JOHANNE SIMONIS, S. S. Theol. Licent. Logicæ Profess. Publ. Ordinario, In Illustri Viadrina Anni Currentis M. DC. LXV. d. Xii. Octob. coronatus est (TIT.) DN. SAMUEL ROSA, Gymn. Berlinens. SubConRector, bene merentiss. gratulantur Patroni, Fautores, Amici, & Collegæ. COLONIÆ BRANDENBURGICÆ, Ex Officina GEORGII SCHULZII, Electoralis Typographi. Cölln 1665 (19: Slg. GK: Sch 1/59. 2).

DOLORI super funere Exhausti et exanimati corpusculi. Dulcis et amantiβimi Pupi, ANDREÆ CHRISTIANI, VIRI Pl. Reverendi, Clariβimi, DN. PAULI GERHARDI, Ecclesiastæ apud Berlinenses ad D. Nicolai fidelissimi et maximè sinceri, ET Præstantißimæ foeminæ ANNÆ MARIÆ BERTHOLDIÆ, desideratiss. Filioli, NATI Ipsis Non. Febr. circa IIX. vespertin. DENATI A. d. XII. Cal. Octobr. HUMATI verò, & ad majorum latera, in dictâ Æde, compositi a. d. 8. Cal. ejusd. mens. Ipsâ de mandato magno, Pharisæo nobisque omnibus dato, ceterum Mortem involventi, Dominicâ ANNO M.DC.LXV. allevando sunt AMICI CONDOLENTES. BEROLINI, Literis Rungianis. Berlin 1665 (109: Slg. GK: Sch 1/58).

Epicedium auf Johann Friedrich Freiherr von Löben (1667). 1667 (14: H. Sax D 191).

Thalassio! Thalassio! Facibus prælatis BERNHARDI – HOFFMANNIANIS ad V Id. IXbr. A. Æ. C.M.DC. LXIIX acclamant peregrè & propè faventes AMICI. COLONIÆ BRANDENBURGICÆ, Ex Officina GEORGII SCHULTZII, Typogr. Elector. Cölln 1668 (109: Slg. GK: Cg 13. 1).

FAUSTITATEM NUPTIIS TIEFFENBACHIO-BERCHELMANNIANIS GRATULABUNDI PRECANTUR AVUNCULUS & AMICI. COLONIÆ BRANDENBURGICÆ, Ex Officina GEORGII SCHULTZII, Typogr. Elector. Mens. Nov. M.DC.LXIIX. Cölln 1668 (109: Slg. GK: Cg 12. 1).

FRONDES CUPRESSINÆ, AD TUMULUM Beatissimæ VIRGINIS, DOROTHEÆ ELISABETHÆ VEHRIÆ, Condolentibus manibus SPARSÆ à FAUTORIBUS ET GYMNASII BERLINENSIS COLLEGIS. BEROLINI, Charactere RUNGIANO. s. a. [hs. 1669] Berlin 1669 (109: Slg. GK: Sch 1/66).

Epicedium für Luise Hedwig von Löben geborene von Burgsdorff. 1669 (1: 1 an 17 in: Ee 619).

Seqvuntur EPICEDIA â PATRONIS FAUTORIBUS ET AMICIS è variis locis hactenùs in honorem piè Defuncti transmissa. Literis WITTIGAVIANIS. (Epicedium auf Elias Sigismund Reinhardt). An: Mayer, Johann Ulrich: Leichpredigt für Elias Sigismund Reinhardt. Wittenberg 1670 (1: an Ee 700–2695).

Epicedium für Klaus Ernst von Platen. An: Müller, Andreas: Leichpredigt für Klaus Ernst von Platen. Berlin 1670 (1: an 9 in: Ee 527).

Trostschreiben für Johannes Philipp Ludecus, Advokat im kfl.-brand.-stargard. Hofgericht. An: Kupfer, Balthasar: Leichpredigt für Johannes Philipp Ludecus. Frankfurt/O. 1670 (LP StA Braunschweig, Nr. 3869).

THRENODIAE Ad EXEQUIAS Viri Nobilis ac Excellentissimi DN. MARTINI WEISII, FILII, Med:Doctoris, nec non Sereniss. Electoris Brandenb. MEDICI ORDINARII. Cum ejusdem Funus d. 29. Jan. 1671. Splendida. Comitum Pompa decoratum suo Requietorio mandaretur, Decantatae à Fautoribus ac Amicis. Sophocl. in Oedipo ... BEROLINI, Ex Officinâ RUNGIANA. Berlin 1671 (1: 22 in: Ee 540).

Epicedium für Ursula Maria Gericke, geborene Burckhardt, Ehefrau von Batholomaeus Gericke, kfl.-brand. Kammergerichtsadvokat. An: Buntebart, Johann: Leichpredigt für Ursula Maria Gericke, geborene Burckhardt. Cölln 1672 (LP StA Braunschweig, Nr. 829).

Jesum propitium, Thalamum florentem, Empyream concordiam, NUPTIIS GNOSPELIO - STARCKMANNIANIS, Fato divino auspicatis, Ejusque benigno nutu D. IX. Junii. M.DC.LXXIII. absolvendis, Uberiori Symbolo votivo, Pro eo, quo in noviter jugandos sunt animo propensiori, Advovent, COGNATI. AMICI. COLLEGÆ. BEROLINI, Ex Officinâ RUNGIANA. Berlin 1673 (109: Slg. GK: Sch 1/74. 1).

Schlußpredigt beydes der Erklährung der Epistel Pauli an die Römer, und des bey der Pfarrkirchen zu S. Marien in der Churf. Brandenburgischen Residenz Berlin, eilf Jahr lang geführten Lutherischen Predigtamts, abgeleget am 9ten Sonntage nach Trinit. war der 27ste Julii 1673. Stockholm 1673 (Küster, 1731, S. 123; Küster/ Müller, 1752, II, S. 488).

Lutherisches Glaubens=Bekäntniß vom H. Abendmahl, in einer Predigt der deutschen Gemeine in Stockholm am Grünen Donnerstage 1674. fürgetragen. Stockholm 1674 (Küster, 1731, S. 123; Küster/Müller, 1752, II, S. 488).

Gläubiger Creuzkämpfer gewisse Versicherung, ungewisse Hofnung, und selige Vergnügung, aus Job. 29,18. bey der Leichbestattung Herrn Conr. Fulds/ Bürgers und Peltirers, auch wohlverdienten Eltesten der Löbl. Deutschen Gemeine in Stockholm, welcher 1673. den 22. Octob. gestorben. Stockholm 1674 (Küster, 1731, S. 123; Küster/ Müller, 1752, II, S. 488).

Selige Gelassenheit gläubiger Kinder GOttes, insonderheit der darinnen dem Erz=Vater David und seinem Sohn JEsu mit gottseligen Eyfer nachgearteten Frau Margar. von Beyern/ gebohrnen Weilerin/ und derselben Tochter Frau Helenen Stirnhöcks/ gebohrnen von Beyern/ welche binnen 18. Tagen nacheinander gestorben, den 22. Jul. 1675. betrachtet. Stockholm 1675 (Küster, 1731, S. 123; Küster/ Müller, 1752, II, S. 488).

Jo. Georgii Dorschei/ Recht und Bedenken wegen der zu Parcheim im Mecklenburg. im Jahr Christi 1656. vom bösen Feinde leiblich besessenen und übel geplagten armen Kinder, bey izigen grausamen Wüten des Satans, den Einfältigen zu einiger Nachricht, wie sie sich gegen GOtt und wider den Satan zu verhalten haben, im Druck gegeben durch D. Jacob Helwigen. Stockholm 1676 (Küster, 1731, S. 123; Küster/ Müller, 1752, II, S. 488).

Verleugnung sein selbst bey der gnädigen Einladung GOttes zum grossen Abendmahl, in einer Predigt am 2. Sonntage nach Trinit. 1676. bey Erklärung des Sonntags Evangelii der Deutschen Gemeine zu Stockholm zur gottseligen Uebung getreulich anbefohlen. Stockholm 1676 (Küster, 1731, S. 123; Küster/ Müller, 1752, II, S. 488).

Rechtschaffener Christen geistl. Kriegs=Commißion, wie dieselbe nach dem Beyspiel Davids, Ps. 86. glücklich abgeleget Herr Joach. Stropp/ Jhro Königl. Majest. bey dero Hochlöbl. Kriegs=Collegio treuverdienter Commissarius, auch folgends, da er in der S. Jacobskirche in Stockholm den 6. May 1677. begraben, öffentlich zur heil. Nachfolge vorgetragen. Stockholm 1677 (Küster, 1731, S. 123; Küster/ Müller, 1752, II, S. 488).

Dieses Lebens durchgängige Kürze, grosse Unruhe, und schnelle Hinfälligkeit, bey der Leichbegängniß Herrn Jacob Vults/ Jhr. Königl. Maj. Feld=Secretarii, wie auch Jhro Hochgräfl. Excell. des Herrn Reichs=Canzlers treu=verdienten Secretarii, so anno 1677. den 19. Jan. zu Linköping entschlafen, aus Job. 14,1. 2. betrachtet. Stockholm 1677 (Küster, 1731, S. 123; Küster/ Müller, 1752, II, S. 488).

Stockholmischer Asel, das ist, wohlgemeintes Denkmahl seines nach GOttes Willen von der Löbl. Deutschen Gemeine in der Königl. Schwedischen Residenz Stockholm genommenen Abschiedes am Fest der H. Dreyeinigkeit den 10. Jan. 1677. aus Joh. 14,25–27. durch D. Jacob Helwig, damahls Ober=Pastorn bey der Deutschen Kirche, und Assessorn des Königl. Consistorii daselbst Praesidem. Reval 1678 (Küster, 1731, S. 123; Küster/ Müller, 1752, II, S. 488).

Ritterliche Vertheidigung der himmlischen Lebens=Feste, in welcher nebst andern unverwelklichen Heldenthaten, Zeit seines Wandels auf Erden durch ungefärbten Glauben, sonderlich begriffen gewesen, Herr Fabian von Fersen/ Freyherr zu Chronendahl/ Jhro Königl. Majest. und Dero Reichs=Schweden hochbetrauter Rath, Kriegs=Rath, Feldmarschall, und General=Gouverneur in Schonen, als derselbe in der durch seine von GOtt gesegnete Tapferkeit rühmlich erhaltenen Schonischen Feste Malmöe, auch den letzten Feind den Tod durch die Kraft seines Heylandes siegreich überwunden, und zu Reval im Dohm begraben, aus Apoc. 14,13. in einer Gedächtnißpredigt vorgestellet. Reval 1678 (Küster, 1731, S. 123; Küster/ Müller, 1752, II, S. 488f.).

De officio Christi theses theologicæ, quas per vires diuinæ gratiæ Iac. Helwigius SS. Theol. D. Episcopus per Esthoniam et Reualiensis Consistorii Regii Præses publice proponit, vt de illis se Directore, præside Reu. Dn. Antonio Heidereich, Past. Kegelensi, Harriæque Occidentalis Præposito, Consitorii Regii Adsessore, Respondentibus Venerabilibus Dno. Ioh. Henr. Herrwagen, P. ad D. Martini in Wakia, Dn. Ioach. Balichio, P. Hallialensi in Wiria, in Synodo Venerandi Cleri Esthonici mense Febr. anni 1680 disquiratur. Reval 1680 (Küster, 1731, S. 123; Küster/ Müller, 1752, II, S. 489).

Hochbedenklicher Antritt des 1681. Jahres in einer Neujahrs= und zwo Cometenpredigten, zuerst der christl. Gemeine in der Dohmkirche mündlich, und folgends dem ganzen Herzogthum Ehstland zur treuen Warnung schriftlich hiemit vorgestellet. Reval 1681 (Küster/ Müller, 1752, II, S. 489).

Schreiben an die wegen eines neuen Kirchengebeths abgesezten Prediger (vom 17. März 1681). Reval ? 1681 (Küster/ Müller, 1752, II, S. 489).

Diss. de atomis. s. l. e. a. (Diterich, 1734, S. 188).

Diss. de stellis. s. l. e. a. (Diterich, 1734, S. 188).

Diss. de Immanuele ex Es. VII. 14. 15. s. l. e. a. (Diterich, 1734, S. 188).

Diss. de Passione Christi. s. l. e. a. (Diterich, 1734, S. 188).

Briefe

Schreiben betreffs der theologischen Konferenz 1662/63 (Nachlaß Oelrichs, 1990, Nr. 474,3).

Brief an Martin Friedrich Seidel vom 11. 02. 1670, betreffs den Markgrafen Johann Baptist de Serra (14: Mscr. H. 85, Bl. 11).

Literatur

DITERICH, 1732, S. 181–188; JÖCHER, 1750, 2, Sp. 1480; KÜSTER/ MÜLLER, 1752, II, S. 487–489; BÜSCHING, 1774, S. 40; LANGBECKER, Emanuel Christian Gottlob: Leben und Lieder von Paulus Gerhardt. Berlin 1841 (mit einer Auswertung der Akten zum Kirchenstreit in Brandenburg); HEIDEMANN, 1874, S. 160–162; MAUERMANN, 1909, S. 44; FISCHER, O., 1941, II, S. 315; GStA Rep. 47, Nr. 19.

Klingenberg, Martin

* Buckow bei Müncheberg/ Mark
† 1688 (?) Berlin
Kantor, luth.
V N. N.
M N. N.
⚭ Sophia geb. Schwanhäuser
K Friedrich Gottlieb, Organist zu S. Nicolai, später in Stettin; Dorothea (1662–1668)

1649	Universität Frankfurt/O.
1654	Universität Wittenberg
	Kantor in Strausberg
1657–1688	Kantor zu S. Marien und am Berlinischen Gymnasium

Martin Klingenberg stammte aus Buckow bei Müncheberg in der Mark. Geburtsdatum und Elternhaus sind unbekannt, desgleichen auch die Orte seiner schulischen Ausbildung. Für die Überlieferung wird er erst mit dem Jahr 1649 faßbar, in welchem er sich unter dem Rektor und Professor für griechische Sprache, Georg Mellemann (gest. 1661), an der Universität Frankfurt/O. immatrikulierte (FRIEDLÄNDER, 1888, II, 5b,20). Fünf Jahre später, am 10. Juli 1654, schrieb sich Klingenberg unter dem Rektorat des Professors für Poetik und Rhetorik, August Buchner (1591–1661), an der Universität Wittenberg ein (WEISSENBORN, 1934, 54,302). Die Namen seiner Professoren sind nicht überliefert. An der theologischen Fakultät lehrten zu jener Zeit die bekannten Professoren Abraham Calov (1612–1686), Johann Scharff (1595–1660), Johann Meisner (1615–1681) und Andreas Cunadus (1602–1662). An der philosophischen Fakultät hörte Klingenberg außer Vorlesungen bei Buchner, der zu den herausragendsten Gelehrten gehörte, sicherlich auch Christian Trentsch (gest. 1677), der nach Johann Scharff 1649 Professor für Logik geworden war. Vielleicht besuchte Klingenberg auch Lehrveranstaltungen der berühmten und die Studenten besonders nach Wittenberg ziehenden Professoren Andreas Sennert (1606–1689), der seit 1638 orientalische Sprachen lehrte und 1640 die Professur für Hebräisch übernommen hatte, und Johannes Sperling (1603–1658), der seit 1634 die Professio Physicae bekleidete; Physik wurde damals als Naturlehre vermittelt. Etwa zur selben Zeit studierten in Wittenberg auch Gottfried → Weber, Peter → Bredow und Samuel → Rosa, die später Klingenbergs Amtskollegen am Berlinischen Gymnasium zum Grauen Kloster wurden.

Seine erste Vokation erhielt Klingenberg in das Kantorat in Strausberg, wo er die Schüler in Musik sowie in den »grammatischen Künsten« unterrichtete (so Rektor HEINZELMANN in seiner Rede anläßlich der Einführung Klingenbergs auf das Kantorat am Berlinischen Gymnasium 1657). Sein erstes Schulamt bekleidete er jedoch nicht sehr lange; denn schon 1657 erhielt er als Nachfolger von Georg Gnospel die Vokation zum Kantor zu S. Marien in Berlin, damit zugleich zum Lehrer am Berlinischen Gymnasium zum Grauen Kloster. Zu seiner Amtseinführung hielt Rektor Johannes → Heinzelmann eine »ORATIO INTRODUCTORIA DE MUSICA COLENDA«, in der er über die Rolle von Musik und Gesang sprach und seinen Amtskollegen, den Kantor zu S. Nicolai, Johann → Crüger, besonders würdigte. In seiner lateinischen Einführungsrede für Klingenberg ermahnte der Rektor die Schüler der unteren Klassen in deutscher Sprache zum Gehorsam gegenüber dem neuen Praeceptor: »Euch kleinern aber/ die ihr itzo für euch stehen sehet den newen Herrn Cantorem, welcher an statt Herrn Gnospelij sol wiederumb ewer Praeceptor Classicus werden/ in Quintâ, Sextâ und Septimâ, vermahne ich/ an GOTTES statt/ daß ihr ihn gebürend ehret/ ihm gehorchet/ ihn lieb und wehrt haltet/ fleißig unter ihm lernet/ wo nicht so werdet ihr harte von ihm gestraffet werden.« (HEINZELMANN, 1657, fol. C4.)

Wann Klingenberg die Ehe schloß, ist nicht bekannt; seine Frau Sophia war eine geborene Schwanhäuser. Ihre älteste Tochter Dorothea wurde am 12. Aug. 1662 geboren und starb noch als Kind bereits am 25. März 1668. Epicedia auf ihren Tod verfaßten Klingenbergs Schulkollegen Michael → Schirmer, Gottfried Weber, Samuel Rosa, Peter Bredow und Georg Gnospel (der Jüngere), ein Sohn jenes gleichnamigen Kantors, dem Klingenberg in das Schulamt gefolgt war. Von Klingenbergs Kindern ist darüber hinaus lediglich sein Sohn Friedrich Gottlieb bekannt, der später als Organist zu S. Nicolai in Berlin wirkte, bevor er 1699 nach Stettin übersiedelte.

Klingenberg hatte das Kantorat bis 1688 inne, in welchem Jahr er wohl auch gestorben ist. Eine Leichpredigt auf den verdienstvollen Kantor ist ebenso wenig überliefert wie Epicedia seiner Amtskollegen und Freunde. Klingenbergs Werkverzeichnis weist ausschließlich Gelegenheitsgedichte auf, von denen zahlreiche seinen Amtskollegen und deren Familienangehörigen galten. Neben den bereits Genannten verfaßte er unter anderem 1671 ein Hochzeitsgedicht für den Kantor zu S. Nicolai, Hermann → Koch, sowie 1677 ein Epicedium für die Ehefrau des Collega infimus am Berlinischen Gymnasium, Erdmann → Schmitstorff. [LN]

Werke

PLAUSUS VOTIVUS Solemnitati secundarum Nuptiarum VIRI Pl. Reverendi, Amplißimi, Clarißimi DN. JOACHIMI GRABOVII, Ecclesiæ Perlebergensis Pastoris fidissimi, & Scholæ indidem, ut & vicinarum Ecclesiarum Inspectoris vigilantissimi ac benè merentis SPONSI, Nec non Ornatißimæ, Pudicißimæque Foeminæ ILSABE Manarts/ Viri Spectatißimi, Integerrimique DN. FRANCISCI Hahnsteins/ Brunswigæ Coenobii ad D. Ottil. quondam Præfecti & Cuatoris solertissimi …, relictæ Viduæ SPONSÆ, Perlebergæ XIV. Calendarum Decembris An. M.DC.LXII. celebratarum Datus A Fautoribus & Amicis quibusdam Berlinensibus per Amicum ibi viventem conciliatis. Berl. Typis Rungianis. Berlin 1662 (109: Slg. GK: Sch 1/54).

Epicedium für Eva Preunel. Berlin 1664 (Roth, 1959, I, R 877).

DE LAUREA PHILOSOPHICA, Qua RECTORE Magnifico (TIT.) Dn. JOHANNE PLACENTINO, Phil. M. Mathemat. Prof. Publ. &c. celeberrimo, et DECANO SPECTABILI (TIT.) Dn. JOHANNE SIMONIS, S. S. Theol. Licent. Logicæ Profess. Publ. Ordinario, In Illustri Viadrina Anni Currentis M.DC.LXV. d. Xii. Octob. coronatus est (TIT.) DN. SAMUEL ROSA, Gymn. Berlinens. SubConRector, bene merentiss. gratulantur Patroni, Fautores, Amici, & Collegæ. COLONIÆ BRANDENBURGICÆ, Ex Officina GEORGII SCHULZII, Electoralis Typographi. Cölln 1665 (109: Slg. GK: Sch 1/59. 2).

Epicedium für Marie Luise Bredow. Berlin 1667 (109: Slg. GK: Sch 1/63).

Epithalamium für Dietrich Butt und Anna Maria Zarlang. s. l. 1668 (109: Slg. GK: Cg 23).

Epicedium für Luise Hedwig von Löben geborene von Burgsdorff. 1669 (1: 1 an 17 in: Ee 619).

Die keuschen Liebes=Flammen/ Welche GOtt selbst angezündet in den Hertzen/ Des Wol=Ehrenvesten/ Vorachtbarn und Wolgelahrten Herrn Herman Kochs/ Wolbestallten DIRECTORIS der Music bey St. Nicol. Kirche in Berlin/ und des Gymnasii daselbst Collegens/ Als Bräutigams: Und dann auch der Wol=Erbarn/ Viel Ehr= und Tugendreichen Jungfer Louysen Söllens/ Des Wol=Ehrenvesten/ Vorachtbarn und Wolbenahmten Herrn Simon Söllen/ Churf. Brandenb. Hoff=Sattlers/ Eheleiblichen Tochter/ Als Braut: Wolten am Tage ihrer Freuden/ welcher war der 7. Maii/ des 1671sten Jahres/ mit wolgemeynten Wündschen vermehren Die sämptliche Collegen des Berlinischen Gymnasiens. Zu Berlin/ Gedruckt bey Christoff Runge. Berlin 1671 (23: J. 105. 4° Helmst.; Deutsche Drucke des Barock HAB, 1988, C 1880).

Das preißwürdige Alter/ Des Weiland Hoch=Ehrenvesten/ Groß=Achtbaren und Hoch=Weisen Herrn David Reezen/ Hochverdienten Rahts=Cämmerers bey der Churfürstlichen Brandenburgischen Residentz und Veste Berlin/ wurde/ Als derselbige; Da Er im Jahr Christi 1590. den zwantzigsten Julii, frühe zwischen 8. und 9. Uhren/ diese Welt zuerst erblicket/ und in dem itzt lauffenden 1672. Jahre/ den 26. Januarii, Abends zwischen 5. und 6. Uhre/ im wahren Glauben an seinem Erlöser JEsu/ durch einen seligen Tod dieselbe wieder verlassen: Jm 82ten. Jahr seines Alters; Den darauff folgenden 4ten. Februarii, in St. Nicolai Kirche/ bey Hochansehnlicher und Volckreicher Versammlung in sein Ruhekämmerlein beygesetzet: Mit schuldigstem Nachruhm bezieret von Den sämptlichen Collegen des Gymnasii in Berlin. Berlin/ Gedruckt bey Christoff Runge. Berlin 1672 (109: Slg. GK: Sch 1/70).

Jesum propitium, Thalamum florentem, Empyream concordiam, NUPTIIS GNOSPELIO – STARCKMANNIANIS, Fato divino auspicatis, Ejusque benigno nutu D. IX. Junii. M.DC.LXXIII. absolvendis, Uberiori Symbolo votivo, Pro eo, quo noviter jugandos sunt animo propensiori, Advovent, COGNATI. AMICI. COLLEGÆ. BEROLINI, Ex Officinâ RUNGIANA. Berlin 1673 (109: Slg. GK: Sch 1/74. 1).

GENES. XXIV. v. 50. Das kömmt vom HErren! Daß (Titt:) Herr Joachim Pauli/ SS. Theologiæ Candidatus, in der Hochlöbl. Fruchtbringenden Teutschgesinneten Genossenschafft benamt der Treffliche/ und der Hrn. Hrn. von Platen Ephorus, Mit (Titt:) Jungf. Maria Fahrenholtzin/ Herrn Hans Fahrenholtzen/ Weiland auf Sumholtz Erbherren/ nachgelassenen Eheleiblichen Tochter/ Sich heute den 25. Februarii, M.DC.LXXIV. Göttlicher Ordnung Gemäß/ Ehelichen vertrauen läst. Darum können nicht anders/ Als Fried/ Glück/ Segen/ dazu wündschen/ Etliche des Bräutigams Bekandte Vertraute Freude. Berlin/ Gedruckt bey Christoff Runge. Berlin 1674 (109: Slg. GK: Sch 1/78).

IN GYMNASIO PATIENTIÆ multum subacta SCHOLASTICA LABORIOSISSIMA d. X. Febr. qui est Scholasticæ Sacer, BRABEUM LABORUM accipit Foemina Honestissima, et suum sexum decorantibus virtutibus ornatissima ANNA MARIA CUNZENBACHIA, VIRI Præclarissimi DN. PETRI BREDOVII, Gymnasii Berlinensis Sub Rectoris meritissimi per XI annos fidelissima Conjux, postquam Superatis constantissimo animo febris ... ignibus Quinto demum mense liberata, Nunc inter Celestris Academiæ cives æternum lætatur, Superstitibus vero Dn. Conjugi, Liberis, et Amicis non exiguum luctum peperit, Cui levando Die Humationis, Dominica Septuagesimæ Anno 1674. insurgunt AMICI COLLEGÆ. BEROLINI, Ex Officinâ RUNGIANA. Berlin 1674 (109: Slg. GK: Sch 1/76).

Carmen zur ersten Säkularfeier am GK in Berlin 1674. Berlin 1674 (Diterich, 1732, S. 202f.).

Wolverdienter Nach=Ruhm der beständigen Treue An der Edlen und Hoch=Ehr= und Tugendbegabten Fr. Eva Magdalena/ gebornen Stanginn/ Des Edlen/ GroßAchtbaren und Hochbenahmten Hn. Johann Metzners/ Sr. Churf. Durchl. zu Brandenburg und Dero Hochlöbl. Landschafft wolbestallten Ober=Ziesemeisters der Mittel= und Ucker=Marck/ Nunmehr Hochbekümmerten Herrn Wittibers/ Wolseligen Eheliebsten/ Welche Zu Regenspurg den 23. Decembr. frühe zwischen 6. und 7. Uhr Anno 1633. geboren/ und allhie in Berlin den 14. Julii Nachmittag umb 3. Uhr ihre Seele dem getreuen Seligmacher wieder anbefohlen/ nachdem Sie in dieser Sterblichkeit zugebracht 42. Jahr/ 6. Monat/ 3. Wochen und 8. Stunden/ Am Tage Jhrer Beerdigung bey volckreicher und ansehnlicher Versammlung/ war der 20. Julii, Zum Trost denen Hinterbliebenen abgefasset/ von Einigen guten Freunden. Berlin/ Gedruckt bey Christoff Runge/ 1676. Berlin 1676 (109: Slg. GK: Sch 1/84. 1).

Das ewige JUBILATE feyret im Himmel Die numehr Selige Frau Rebecca Kunzenbachs/ Des Wol=Ehrenvesten und Wolgelahrten Herrn Erdmann Schmidsdorffs/ Des Berlinischen Gymnasii wolverdienten Collegæ, bis in den Tod getreu gewesene Ehegenossin/ Welche Nachdem Sie in dieser Welt gelebet bis ins 44. und in ihrem Ehestande bis ins 24. Jahr/ und 12. Kinder erzeuget hatte/ Am 2. Maji des 1677. Jahres/ Abends zwischen 9. und 10. Vhr in ihrem Erlöser sanfft und selig entschlaffen. Da Sie aber Den drauff folgenden 6. Maji/ war der Sonntag JUBILATE Auff St. Marien Kirchhoff in Berlin/ Bey Volckreicher Versammlung beygesetzet wurde/ Beehrten ihren Seligen Abschied Mit folgenden Trauergedichten Des Herrn Wittbers Sämptliche Amptsgenossen. Berlin/ Gedruckt bey Christoff Runge. Berlin 1677 (109: Slg. GK: Sch 1/86).

Als Die Seelge Himmels=Braut/ Die Edle und Tugendglänzende Jungfer Dorothea Margaretha/ Des Wol= Edlen/ Vesten und Hochgelahrten Herrn Dieterich Butten/ weiland Sr. Churf. Durchl. zu Brandenburg hochbestallten Geheimten Krieges=Secretarii, Hinterlassene Jungfer Tochter/ Von Jhrem Hertzgeliebten Seelen=Bräutigam JESU CHRISTO/ Zu der himmlischen Hochzeit=Freude/ Von dieser schnöden Welt am 18. Febr. abgefodert/ und der Seelen nach heimgeholet worden/ setzten folgendes Am Tage des Christlichen Volckreichen Leichbegängniß/ War der Sonntag Esto Mihi, als der 2. Martii 1679. da der entseelete Cörper in der Kirchen zu St. Nicolai beygesetzet ward/ Der höchstbetrübten Groß=Frau=Mutter und andern hinterbleibenden Leidtragenden zu Trost Die Collegen am Gymnasio zu Berlin. Berlin/ Gedruckt bey Christoff Runge. Berlin 1679 (1a: 33 in: Bd 8557).

Epicedium für Anna Maria Zarlang. 1679 (1a: 33 in: Bd 8557).

LÆTARE, Freuet Euch/ Jhr Frommen; Daß euere Namen im Himmel angeschrieben seyn! Womit sich gleichesfalls getröstet Der Wol=Ehrnveste/ Groß Achtbare/ und Wolvorrnehme Herr TOBIAS Scharnow/ Der Löbl. Ritterschafft des Haveländischen Creyses wolbestalter Einnehmer/auch Bürger und Handelsmann in Berlin/ Nunmehr Seliger Welcher Anno 1624. im Monat Junio zu Jüterbock an diese Welt geboren/ Anno 1679. den 22. Martii zu Berlin im Herren Selig entschlaffen/ Und am Sonntage Lætare, war der 30. Martii, Christl. Gebrauch nach bey Volckreicher Versammlung öffentlich in St. Marien Kirchen daselbst beygesetzet ward/ Uber welchen unverhofften tödtlichen Hintritt die hochbetrübte Frau Wittibe/ die überbleibende Vater= und Mütter=lose Weysen/ auch andere traurige Anverwandten zu trösten sich bemüheten Die Collegen an dem Gymnasio zu Berlin. Berlin/ Gedruckt bey Christoff Runge. Berlin 1679 (109: Slg. GK: Sch 1/91. 2).

APPLAUSUS VOTIVI, Qvibus Ab Amplissimi Philosophici Collegii DECANO Spectabili, Viro Plurimùm Reverendo, atque Excellentissimo DN. JOH. CHRISTOPHORO BECMANNO, S. S. Theol. & Phil. D., Historiarum Professore Publico, nec non ad hunc Magisterialem Actum delegato PRO-CANCELLARIO &c. LAURUM PHILOSOPHICAM Et cum ea MAGISTERII TITULUM & INSIGNIA In Illustrissima ad Viadrum Academia ad d. IX. Octobr. A. O. R. 1679. solemni ritu, In augustissima corona publica impertita, Viro Clarissimo et Humanissimo DN. MARTINO Bussen/ Gymnasii Berlinensis Sub-Con-Rectori dexterrimo, Gratulantur COLLEGÆ. Francofurti ad Viadrum, Literis CHRISTOPHORI ZEITLERI. Frankfurt/O. 1679 (109: Slg. GK: Sch 1/94. 1).

Literatur

Heinzelmann, Johannes: ORATIO INTRODUCTORIA DE MUSICA COLENDA. RECITATA à M. JOH. HEINZELMANO, GYMN. BERL. RECT. Sub Inaugurationem Clarißimi in suâ hâc aliisque artibus, Doctissimique DN. MARTINI KLINGENBERGII, Mûnchenbergensis Marchici, hactenus Strausbergæ Cantoris & Informatoris munere functi, & nobi. liter meriti, jam vocati legitimè Cantoris Mariani Berlinensis, Anno M. DC. LVII. Illustr. Gratiæ. Feriâ II. Passionalis hebdomadæ. LITERIS RUNGIANIS. Berlin 1657 (1: 9 in: B. Diez 4°. 2899); Diterich, 1732, S. 353f.; Küster/ Müller, 1752, II, S. 967; Heidemann, 1874, S. 159; Sachs, 1908, S. 220.

Knesebeck (de Cnesebec) (der Jüngere), Thomas von dem

* 27. März 1594 Tylsen/Altmark
† 1. Febr. 1658 Berlin
Geh. Rat, Direktor des Kammergerichts, reform.
V Thomas von dem K. (1559–1625), kurbrandenburgischer Geh. Rat, Landeshauptmann Altmark
M Emerentia von Alvensleben (1563/64–1620)

Gymnasium Salzwedel	
1607	Universität Helmstedt
1608–1611	Universität Frankfurt/O.
1612	Universität Wittenberg
1612–1615	Universität Marburg
1615–1616	Universität Heidelberg
seit 1626	Landeshauptmann Altmark
seit 1645	Mitglied des Geh. Rates
1651	amt. Direktor des Kammergerichts

Thomas von dem Knesebeck d. J. wurde am 27. März 1594 auf Schloß Tylsen geboren. Sein Vater Thomas d. Ä. (1559–1625), verheiratet mit Emerentia (1563/64–1620) aus dem altadeligen Geschlecht der von Alvensleben, war ein gebildeter Jurist, der in Helmstedt (1575) und an der brandenburgischen Landesuniversität in Frankfurt/O. (1578) studiert hatte. Er war 1602 als Nachfolger von Dietrich von der Schulenburg zum Landeshauptmann der Altmark bestellt worden und zählte zum engen Kreis der Vertrauten des Kurfürsten Johann Sigismund. Das zeigt auch die Einladung des Kurfürsten an Knesebeck d. Ä., gemeinsam am 25. Dez. 1613 das Abendmahl nach der Weise der Reformierten zu feiern. Den Angriffen, die auf den Konfessionswechsel des brandenburgischen Kurfürsten folgten, setzte Knesebeck d. Ä. 1614 zwei kleine Schriften entgegen, in denen er sich öffentlich zum reformierten Glauben, den er unter dem Kurfürsten Joachim Friedrich noch verheimlicht hatte, bekannte. Aus seinen Erfahrungen im Staatsdienst verfügte er für seine Söhne, daß sie auf der Universität umfassende Studien betrieben, die sie zu brauchbaren Beamten für Staat und Gesellschaft machen könnten.

Dementsprechend bezog sein Sohn Thomas, nachdem er im Salzwedeler Gymnasium seine erste Ausbildung erfahren hatte, mit seinen jüngeren Brüdern Hempo und Levin die Universitäten Frankfurt/O. (1608–1611), Wittenberg (1612), Marburg (1612 bis 1615) und Heidelberg (imm. 22. Sept. 1615; bis Herbst 1616). Thomas von dem Knesebeck d. J., der ebenso wie seine Brüder später zu jener Gruppe von Beamten zählte, die auf eine außergewöhnlich umfassende und profunde Bildung verweisen konnten, verdankte seine Kenntnisse einer Reihe herausragender späthumanistischer Lehrer. So hörte er in Frankfurt/O. Samuel Dresemius (1578–1638) und die Vorlesungen zur Ethik von Christoph Neander (1566–1641). In Henning Arnisaeus (um 1575 bis 1636), unter dem Knesebeck zum Abschluß seiner Frankfurter Studienjahre disputierte, fand er einen Lehrer, der sich einerseits mit der Systematisierung der aristotelischen Metaphysik befaßte und sie dabei auch stärker von der Theologie abzugrenzen suchte als das beispielsweise im Standardwerk des Protestantismus dieser Zeit, in Christoph Scheiblers (1589 bis 1653) »Opus metaphysicum« (1617), dann der Fall war. Andererseits setzte sich Arnisaeus in den Jahren 1610 bis 1613 in einer Reihe von Schriften und Disputationen, zu denen auch Knesebecks d. J. zählt, mit der politischen Lehre Machiavellis (1476–1527) und Althusius' (1557–1638) Lehre von der Volkssouveränität auseinander. Sein Staatsverständnis, das er zwischen diesen beiden Theoretikern des modernen Staatswesens ansiedelte, ruhte auf den Säulen der Friedenssicherung und Rechtsprechung, für die die Staatslenker, Fürsten und Beamte, eine besondere Verantwortung trugen. Für diese forderte und entwickelte er ein ›Berufsprofil‹ sowie eine Ethik, die die Erfüllung der Staatsaufgaben bis hin zur Selbstaufgabe – der Politiker als Sklave im Dienst des Staates – verlangte. Die Staatsdiener hatten dabei die Staatsaufgaben so zu realisieren, daß die staatlichen Hoheitsrechte gewahrt bzw. ausgebaut wurden, was letztlich auf eine möglichst breite Begrenzung feudaler Privilegien hinauslief. Unter seinem Lehrer Arnisaeus lernte Knesebeck hier Fragen und Probleme des modernen Staatswesens in der Theorie kennen, die ihn später in der Praxis beschäftigen sollten: Stärkung der Zentralgewalt auf dem Wege der Rechtsprechung, das Verhältnis von Kirche und Staat sowie die besondere Aufgabe des Staates zur Erziehung der Kinder.

In Wittenberg disputierte Knesebeck d. J. zu einem juristischen Thema unter Valentin Wilhelm Forster (1574–1620) und hörte die Vorlesungen von Lucas

Beckmann (1570–1624) und des berühmten Poetik-Lehrers Friedrich Taubmann (1565–1613), der seine Studenten durch die Werke Julius Caesar Scaligers (1484–1558) in die Gedankenwelt und wissenschaftliche Methodik des Humanismus einführte. Unklar ist, ob Thomas wie sein Bruder Levin auch die Vorlesungen von Balthasar Meisner (1587–1626), Friedrich Balduin (1575–1627) und insbesondere die von Leonhard Hutter (1563–1616), der als ausgesprochen orthodoxer Lutheraner galt und sich in seinen Vorlesungen vehement mit der calvinistischen Prädestinationslehre auseinandersetzte, besuchte. Daß die Knesebeckschen Brüder nur kurz in Wittenberg blieben und sich bald an die reformierte Marburger Hochschule begaben, ist wohl auch als eine Ablehnung der orthodoxen Streitigkeiten zu verstehen.

In Marburg, wo Thomas mit seinen Brüdern in der Bibliothek des Juristen Hermann Vulteius (1555 bis 1634) arbeitete, bildete er sich unter Johann Göddaeus, Christoph Weichmann und Hermann Kirchner (1562–1620). Kirchner zählte zu den Lehrern, die bemüht waren, die humanistische Bildung den neuen Notwendigkeiten, wie sie sich durch die Wahrnehmung neuer Funktionen im Zuge des Ausbaus des Staatswesens ergaben, durch eine praxisnahe Ausbildung anzupassen. Kirchners Lehre kann insofern als Anschluß an die Studien unter Arnisaeus gesehen werden, als er über die Staatslehre und politische Ethik hinaus weitere Qualifikationsmerkmale in der Ausbildung von Machtträgern für den staatlichen Verwaltungsapparat geltend machte (Sprachen, Geschichte, Umgangsformen etc.). Den Studenten adeliger Herkunft waren damit auch Wege gewiesen, wie sie den Rückstand zur bürgerlichen Elite, die seit Ende des 16. Jahrhunderts aufgrund ihrer Qualifikation in Staatsämter aufgerückt war, aufzuholen vermochten. Zum Abschluß kamen Knesebecks d. J. Studien in Heidelberg unter den bekannten Lehrern der reformierten Glaubensartikel Abraham Scultetus, Daniel Nebel (gest. 1626) und David Pareus (1548–1622). Den langen Jahren des Studierens folgte 1616 standesgemäß die sogenannte Kavalierstour, die ihn mit den Brüdern in den Elsaß, nach Genf, Italien, Frankreich, England und in die Niederlande führte. Nach der Rückkehr im Jan. 1618 wurde Knesebeck d. J. Kammergerichtsrat. Diese Stellung bedeutete für ihn eine Art Warteschleife, da schon seine Ausbildung auf die Übernahme des beinahe erblichen Amtes des Landeshauptmanns ausgerichtet war. Nicht zuletzt die Besetzung dieses Amtes dokumentierte sinnfällig, daß die von dem Knesebeck zu den führenden Adelsfamilien Kurbrandenburgs zählten. Nach dem Tod des Vaters wurde Thomas von dem Knesebeck d. J. am 14. Jan. 1626 zum Landeshauptmann der Altmark bestellt. Die nahezu zwanzig Jahre, in denen er dieses Amt mit der Unterstützung seines zum Landes-Kriegs-Kommissar bestallten Bruders Hempo und Christoph von Bismarck ausübte, sind vor allem durch sein Bemühen charakterisiert, die Folgen des 30jährigen Krieges in der Altmark zu mildern. Schon zu seinem Amtsantritt wurde die Altmark von Kriegstruppen durchzogen (in diesem Zusammenhang u. a. Brief an Tilly aus Salzwedel vom 16. März 1630, vgl. KNESEBECK, A. v. d., 1875, S. 92); 1631 wurden die Tylsner Güter durch den kaiserlichen Obristen Lutter von Bonnighausen geplündert und seit 1639 hinterließen vor allem die durchziehenden schwedischen Heere verödete Höfe und Dörfer.

Im Herbst 1645 erreichte Knesebeck d. J. die Berufung in den Geheimen Rat, die er aber zunächst ablehnte. Nachdem der Kurfürst Friedrich Wilhelm in einem Schreiben vom 21. Nov. 1645 nochmals auf die Annahme dieser Funktion drängte, stimmte er zu und wurde am 8. Juni 1646 in sein neues Amt eingeführt. 1651 wurde Knesebeck d. J. außerdem als amtsführender Direktor des Kammergerichts eingesetzt, um die längst überfällige Verwaltungsreform dieser Institution durchzuführen. (HOLTZE, F. 1890, Bd. II, S. 220ff.). In seiner Funktion als Kammergerichtsdirektor führte Knesebeck d. J. zusammen mit Johann Tornow (gest. 1662) auch die Aufsicht über das Archiv.

Die »Neue Verordnung und Disposition ... Geheimbte Räthe allhier und zu Cöln an der Spree unsere Landesgeschäfte künftig zu expedieren und zu verrichten haben sollen« vom 4. Dez. 1651 (vgl. MEINARDUS, Otto, Bd. 66, S. 394) regelte die Aufgabenteilung der Geheimen Räte, wobei sich Knesebeck der »Reichs- und Speierischen Kammergerichtssachen« sowie denen der Altmark zu widmen hatte. In einer ›Erinnerung‹ vom 19. Dez. 1651 kritisierte der Geheime Rat Erasmus Seidel (1594–1655) allerdings, das Knesebeck für die in Speyer anhängigen Rechtssachen zuständig gemacht worden war, obwohl er seiner Meinung nach dafür nicht qualifiziert genug sei (vgl. MEINARDUS, Otto, Bd. 66, S. 400).

Das herausragende Ereignis in Knesebecks d. J. Amtszeit als Mitglied des Geheimen Rates war die Einberufung des sogenannten langen Landtages von 1652/53. Anlaß dieser Einberufung waren die finanziellen Forderungen des Kurfürsten an Stände und Landschaft, die diese unter den Lasten und der Not, die der Krieg verursacht hatte, nicht glaubten aufbringen zu können.

Knesebecks Bruder Hempo rief deshalb 1651 in der Altmark die Versammlung der Stände aus, um die Gravamina, die ›Beschwernisse‹ der Stände, zu formulieren. Damit hatte Hempo von dem Knesebeck aber seine Befugnisse überschritten und das Hoheitsrecht des Kurfürsten zur Einberufung des Landtages verletzt, so daß eine kurfürstliche Kommission zur Klärung der Vorgänge gebildet wurde, die der Kurfürst unter die Leitung von Thomas von dem Knesebeck d. J. stellte. Dieser hatte sich durch seine bisherige Tätigkeit im Geheimen Rat das Vertrauen der Stände erworben, die sich nicht zuletzt deshalb auch für seine Wahl als Kammergerichtsdirektor ausgesprochen hatten und ihn als Verhandlungspartner akzeptierten. Knesebeck d. J. oblag es nun in langen und schwierigen Verhandlungen, die 62 Beschwerdepunkte der Stände mit den Zielen und Wünschen des Kurfürsten zu vermitteln.

Daß er dabei auch in bestimmten Fragen den ständischen Anliegen entgegenkam, hat ihn seitens der späteren Geschichtsschreibung wenig differenziert zum »Führer einer altständischen, antiabsolutistischen Partei« (u. a. SARING, 1943, S. 73) abgestempelt. Richtig daran ist, daß Knesebeck d. J. den Typus eines hohen Amtsträgers verkörperte, der durch seinen ausgedehnten Grundbesitz noch über Bindungen an seine Landschaft verfügte und seinen Rückhalt nicht ausschließlich beim Kurfürsten suchen mußte, wie es etwa bei Amtsträgern vom Typus eines Otto von Schwerin (1616–1679) der Fall war. Dies ermöglichte ihm auch, in bestimmten Fragen dem Kurfürsten zu widersprechen; wie etwa bei der Verwendung von Legaten, die der Kurfürst ausschließlich für die reformierten Schulen einsetzen wollte. Auch bei Knesebecks d. J. Ablehnung der kurfürstlichen Pläne zur Errichtung eines stehenden Heeres sind grundsätzliche Einwände, die eine antiabsolutistische Tendenz kennzeichnen könnten, schwer erkennbar. Vielmehr lehnte er ein stehendes Heer aus finanziellen Gründen ab; zur Genüge hatte er in der Altmark die finanziellen Lasten, die sowohl die fremden als auch die eigenen Truppen dem Land abforderten, spüren müssen. Sein Vertragsentwurf zum Abschluß des Landtages 1653 enthält außerdem eine Reihe von Rechtsbestimmungen, in denen feudale Herkommens-Rechte in geschriebenes Recht zugunsten des Kurfürsten verwandelt wurden und damit letztlich auch dessen Machtfülle ausdehnten.

Sein privater Briefwechsel zeigt ein bis ins Alter fortdauerndes wissenschaftliches Interesse, das er mittels der großen Knesebeckschen Bibliothek in Salzwedel gut befriedigen konnte. (CONERMANN, 1985, S. 674). Wie vor und nach ihm zahlreiche in brandenburgischen Diensten stehende herausragende Beamte und Offiziere – u. a. Georg Ehrenreich (1603–1656, seit 1648) und Conrad von Burgsdorff (1595–1652, seit 1643), Joachim Sigismund von Loeben (1604 bis 1654, seit 1648), Otto Christoph von Rochow (1607–1659, seit 1648), Siegmund von Götzen (1578–1650, seit 1648), Hans Georg von Ribbeck (1601–1666, seit 1648), Freiherr Otto von Schwerin (1616–1679, seit 1648), Bernhard von Arnim (1595–1661, seit 1648) und nicht zuletzt der Große Kurfürst selbst (seit 1643) sowie seine Brüder Levin (1597–1638, seit 1626) und Hempo (1595–1656, seit 1624) – wurde Knesebeck d. J. 1649 in die Fruchtbringende Gesellschaft aufgenommen und führte fortan den Gesellschaftsnamen ›Der Emsige‹, dessen Reimgesetz lautete:

> Das gelbe *Sandelholtz* ist Emsig in der trift
> Treibt faule feuchtigkeit: Der Leber samt dem hertzen
> Hilfts wol: *Der Emsig'* ist auch meines nahmens schrift
> Mein reden, schreiben, thun sol sein, den Landesschmertzen
> Die faule feuchtigkeit der lust, den Lastergift
> Vertreiben, hier ist dan mit nachsehn nicht Zu schertzen.
> Man muß recht emsig sein in seinem thun, so wird
> Des Algemeinen thuns gewünschtes heil gespürt.
> T. V. D. K. 1649

(CONERMANN, 1985, S. 674)

Thomas von dem Knesebeck d. J. starb am 1. Febr. 1658 in Berlin; durch seine Brüder war er verschwägert mit den Familien von der Groeben und von Jagow; er selbst blieb unverheiratet. Die Überführung des Toten nach Schloß Tylsen ist ausführlich beschrieben und gedruckt worden (KÜSTER/MÜLLER, III, 449).

[JS]

Werke

Disp. de proportione arithmetica in poenis irrogandis ... observanda. [Präs.: Henning Arnisaeus]. Frankfurt/O. 1611.

Disp. de jurisdictione. s. l. e. a. [Präs.: Val. Wilh. Forster; 1612].

»Decuri stadium, conjux nataeq. ...«. [Epicedium auf den Tod von Sophie von Reyger]. In: Joachim Nisaeus, Christliche Leich- und Trost-Predigt auf Sophia, geb. v. Wintzingeroda, des Arnold de Reyger Haussfrawen ... Berlin: Runge 1618. (1: Ee 529, 26).

Epicedium. In: Joachim Weseus, Leichpredigt auf Jürgen von dem Knesebeck (gest. 1636). Hamburg 1636. (Katalog Stolberg-Stolberg'sche Leichenpredigten).

»Qvod rutilus Sol est coelestibus orbibus ...« [Epicedium]. In: Das Ende Danielis/ Bey dem Leichbegängniß Des weyland Wolwürdigen/ Hoch=Edlen/ Gestrengen/ Wol=Ehrenvesten vnd Hoch=benambten Herrn Samueln von Winterfelden/ seligen/ weyland Churfl. Brandenb. vornehmen Geheimbten Raths/ Decani des Stiffts zu Havelbergk/ vnd der Löblichen Märckischen Landschafft Verordnetens/ etc. auff Kerberg etc. Erbherrens/ In der Thumbkirchen zu Cölln an der Spree/ bey Volckreicher versamlung/ am 18. /25. Octobris dieses 1643. Jahres Erkläret/ vnd auff begehren zum Druck vbergeben Durch Johannem Bergium, der H. Schrifft Doctorem, Churfürstl. Brandenb: Hoffpredigern vnd Consistorial-Rath. Gedruckt zum Berlin/ bey George Rungens sel. Witwe/ 1643. (1: Ee 1485, 5).

»Magnum est magnatum scutari arcana, potentem ...«. [Epicedium]. In: Das Heyl Jacobs/ Bey Adelicher Leichbegängniß/ Des weyland HochEdlen/ Gestrengen/ Vesten vnd Hochbenambten/ Herrn Gerhard=Romilian von Kalchum/ Genand Leuchtmar von dem Hause Leuchtmar/ Churfürstl. Brandenburg. gewesenen Vornehmen Geheimbten/ auch Kriegs= Hoff= vnd Cammergerichts Rathes/ vnd Hauptmanns der Graffschafft Ruppin/ etc. Seligster Gedächtniß/ In der ThumbKirchen zu Cölln an der Spree/ am 16. /26. Jan.: dieses 1645. Jahres/ bey volckreicher Versamblung erkläret Durch JOHANNEM BERGIUM, Der H. Schrifft Doctorem, Churfürstl. Brandenb. Consistorial-Rath vnd Hoffpredigern. Berlin/ Gedruckt durch Christoph Runge/ Anno M DC XLV. (1: Ee 1485, 6).

»Siccine praedonum demessam ...«. [Epicedium]. In: THRENODIA DAVIDICA; Das ist: Klägliches Leid oder Grablied/ Welches der Königliche Prophet David dem entleibeten Israelitischen Feldhauptmann Abner im 2. Buch Sam. am 3. Cap. gemacht hat. Bey Hochansehnlicher Christlicher Leichbegängniß Deß Weyland Hoch-Edlen/ Gestrengen und Vesten Herrn George von Biszmarck/ Welcher am 2. Sontage Trinitat. durch einen tödlichen Schuß/ im 26. Jahr seines Alters um sein jung=Adeliches Leben kommen/ und den 17./27. Junii Anno Christi 1648. Christlöblichem Adelichen Gebrauch nach zur Erden bestattet worden. In der Pfarrkirchen zu Biberach/ kürtzlich und einfältig erkläret und außgelegt/ auch auf sonderbar Begehren schrifftlich mitgetheilet Durch M. Matthaeum Brigelium Bibracensem, Ecclesiast. Parochialen daselbst. Zu Berlin gedruckt im Grawen Kloster bey Christoff Runge. ANNO MDCIIL. (1: Ee 503, 3).

Epicedion in Obitum Friderici Benedicti. In: SYMPATHIA SOLABILIS Moestissimis Parentibus à Fautoribus & Amicis scripta; an: Johann Bercov: [...] Trost=Freude wider bitteres Trauer=Leid über geliebter Kinder Abscheid, bey Sepultur eines Knäbleins von seiner Seele und grosser Hoffnung Frid. Benedicti, des Frid. Blechschmied, churfürstl. Brandenb. Hoff. Raths Söhnlein ... † 16 Sept. 1649 ... am 22. Sept. 1649 angewiesen. Berlin 1649. (1: Ee 503, 8).

»Iudicii adsessor, quod connubialia iura ...«. [Epithalamium für Martin Friedrich Seidel und Martha Sophia geborene Kohl]. In: DEO OPTIMO MAX. AUSPICE ! Fautorum Amicorumque votivi applausus Conscripti, dum DNS. MARTINUS=FRIDERICUS SEIDEL, J. U. L. Serenissimi Electoris Brandenburgici Consiliarius & Consistorii Marchici Assessor Cum Virgine Nobili Cunctisque Sui Sexus Virtutibus Condecoratissima MARTHA SOPHIA, VIRI emeriti Domini ANDRÆÆ KHOLI, ICti Clarissimi & ProCancellarii Marchionatus Brandenburgensis Natâ perdilectâ, Hilaria gamica celebraret, ANNO Post Christi Nativitatem 1649. 3. Non. Decemb. BEROLINI, CHARACTERE RUNGIANO. (1: Ms. Boruss. fol. 200, f. 91r).

»Semper erit pauper, quem lurida vexat egestas, ...«. [Epithalamium für Thomas Pankow und Catharina Berchelmann]. In: MISSUS POETICUS in Nuptiis auspicatissimis VIRI Excellentissimi Clarissimi atque Experientissimi DOMINI THOMÆ PANCOVII, DOCTORIS MEDICI, ET PRACTICI BERLINENSIS, cum VIRGINE Lectissimâ, virtutibusque Virgineis perquam conspicuâ CATHARINA, VIRI Amplissimi, Excellentissimi et Consultissimi, DN. JOHANNIS BERCHELMANNI, J. U. L. & Statuum provincialium in

Electoratu Brandenb. cis Viadrum Syndici & Quæstoris fidelissimi, dilectissimâ FILIA, BEROLINI pridie Martini celebratis, Mensæ secundæ surrogatus à PATRONIS, PROPINQUIS, FAUTORIBUS, AMICIS. Literis RUNGIANIS. s. a. [1651]. (109: Slg. GK: Cg 144).

»Nobile quae lumen boreali subtrahit ...«. [Epicedium]. In: Ungleiches Glück Der gerechten und gottlosen/ Bey Adelichem Leichbegängniß Des HochEdelgebornen/ Gestrengen/ Vesten und Hochbenambten Herren Wolff Dieterichen von Rochow/ zu Lunaw/ und Rottsee Erbherren/ weiland Churfürstl. Brandenb. wolbestalten ältisten Hoff= und Cammergerichts=Rathes und des Kirchen=Rathes Praesidenten. In der Thumbkirchen zu Cölln and der Spree am 23. Junii Anno 1653. Da desselben verblichener Cörper zu seinem Ruhe=Cämmerlein eingesetzet worden/ Bey Volckreicher Versamlung/ erkläret Durch D. JOHANNEM BERGIUM, Churf. Brandenb. Hoffprediger. BERLIN/ Gedruckt bey Christoff Runge. (1: Ee 1485, 13).

Epicedium zum Tod von Ernst Julius Grote. (1654). In: Thomas Kopke, Leichpredigt auf Ernst Julius Grote. (Katalog Stolberg-Stolberg'sche Leichenpredigten).

»Aurea diffugiunt dum secula ferreaque aetas ...«. [Epicedium zum Tod von Ludwig von Canitz]. In: Klage= und Trost=Schrifften Bey den Hoch=Adelichen Sarg des Herren von Kanitz niedergelegt Von Denen Die Jhn Lieben/ Von Denen Die Jhn Ehren/ (nach Jhren Vermögen) auch in Seinem Seligen Tode. s. l. e. a. [1654]. (1: Ee 517, 7).

»Pondere pressa gravi semper rapiuntur ad ima, ...«. [Epicedium zum Tod von Erasmus Seidel]. In: EPICEDIA in Obitum NOBILISS. ET CONSULTISSIMI VIRI DOMINI ERASMI SEIDELII, JCTI. Et in Secretissimo Electoris Brandenburgici Consilio Senatoris haut postremi scripta â DOMINIS AMICIS ac FAUTORIBUS SINGULARIBUS. M.DC.LV. BEROLINI, Exprimebat Christophorus Runge. (1a: Av 14162).

»Pallida Luna pluit, rubicunda flat, alba serenat, ...«. [Epithalamium für Gabriel Luther und Anna Rosina Weise]. In: FOEDUS AMORUM SOLEMNI NUPTIARUM DN. GABRIELIS LUTHERI ET VIRG. ANNÆ ROSINÆ VVEISIÆ Sacrum Auspicatum vovent atque diuturnum Fautores & Amici. BEROLINI Typis RUNGIANIS, Anno 1655. (109: Slg. GK: Cg 121. 6).

In placidum & beatum obitum, VIRI Reverendi & Clarissimi DN. GEORGI KRUKENBERGS Ecclesiae Primislaviensis Archi-Diaconi vigilantissimi. In: Sterbe=Lust/ Des frommen und gottfürchtigen Simeonis/ aus seinem Sterbeliede/ Luc. 2: 29/30/31/ & 32. Bey ansehnlichen Leichbegängnüß Des weyland WolEhrwürdigen/ Vorachtbarn und Wolgelarten Hn. M. GEORGII Kruckenbergen/ in die 24. Jahr wolverordneten und trewfleißigen Archi-Diaconi der Haupt=Kirchen zu S. Marien in Prentzlow/ Welcher am 1. Septemb. des 1655. Jahres in Gott seligts verschieden und folgends am 9. Septembr. in itzt bemeldeter Hauptkirchen/ nicht sonder grosses Leidwesen und Betrübnüß vieler seiner frommen und danckbaren Zuhörer/ mit Christlichen Ceremonien beygesetzt und beerdiget worden. Erkläret von M. DAVIDE MALICHIO, P. und Superintendenten daselbsten. Berlin/ Gedruckt bey Christoff Runge. s. a. [1655]. (1: Ee 519, 24).

»Est aliquid fungi officio quæstoris, & ære ...«. [Epicedium]. In: CARMINA FAUTORUM ET AMICORUM in obitum eundem, ejusdem Piè defuncti; an: Peter Vehr, Der Klag in Reigen Verwandelung/ aus dem 30. Psalm Davids/ v. 11/12/13. Bey Hochansehnlicher Volckreicher Leichbestattung/ Des weyland WollEhrvesten/ GroßAchtbarn und Hochgelahrten Herrn JOHANNIS Berchelmans/ Beyder Rechten Licentiati, und der Löblichen Landschafft wolbestalten Syndici und Rentmeisters/ welcher den 15. Junij Anno 1655. frühe ümb drey Vhr sanfft und selig im HErren entschlaffen/ und folgends darauf den 22. Junij in der Pfarr=Kirchen St. Marien begraben worden/ erkläret von M. PETRO Vher/ Probsten in Berlin. Daselbst Gedruckt bey Christoff Runge. s. a. [1655]. (1: an 11 in: Ee 502).

Epicedium. In: Fromm, Andreas: Leichpredigt auf Joachim Schultze, kfl.-brdbg. Amtskammerrat. Berlin: Christoff Runge 1655. (LP StA Braunschweig Nr. 6099).

Epicedium. In: Crüger, Joachim: Leichpredigt auf Achatz von Quitzow, Obrist. Berlin: Christoff Runge 1655. (LP StA Braunschweig Nr. 5068).

»Sacra PaLatI grande decus tibi ...« [Epicedium]. In: Perge, Lector erudite & benevole, & lege sis Funebres hosce modos Musarum Patronorum, Favitorum et Cultorum Prosequentium & Cohonestantium Obitum properum, sed prosperum VIRI Clarißima et Spectabili Dignitate, integra fide et Officio, DN. ERNESTI Pfuel/ J. U. D. Dicasterij Brennopyrgici Advocati, Comitis recèns Palatij Cæsarei, nunc DEI in fulgentissima Beatorum sede cum omnium sanctorum Angelorum splendidissimô Comitatu & applausu facti Placeat hoc monumentum, qvod in animis optimè sentientium atque ex sese virtutem verumque laborem æstimantium erigitur. [1656]. (1: Ee 526, 21 angeb.).

Epicedium zum Tod von Friedrich Blechschmied. (1656). (Katalog Stolberg-Stolberg'sche Leichenpredigten, Nr. 4690).
Epicedium. In: Roloff, Michael: Leichpredigt für Hempo von dem Knesebeck, Kriegskomm. Altmark. Helmstedt: Henning Müller 1656. (LP StA Braunschweig Nr. 3162).
»Nectareum quid opus multum laudare liquorem ...« [Epicedium]. In: Lilien, Georg: Chur Brandenburg: Vice Cancellärn H. Andr. Khols I. C. Seel. ged. Andenck=Seule 1656 [Bl. 1]. GAUDIUM IN DOMINO, de Animae vestimento Die Herrn=Freudt/ übern Seeln=Kleidt Aus Esaias Propheten=buch/ im LXI Cap. Bey Christlich= Edler Leichnbegängknüß/ Deß Weyland WolEdlen/ Großacht=bahren/ Hochgelarten/ Herrn Andreas Kohl: ICTI, Churfürstl. Durchläucht: zu Brandenburgk: Hoff= vnd Cammer=gerichts=Raths/ auch Vice=Cancellärn: Seelged. [...]. Helmstadt/ Gedruckt bey Henning Müllern/ Anno 1656. (1: Ee 519, 8).
Epicedium. In: EPICEDIA MUSARUM LUGENTIUM. piis & beatis Manibus Viri Reverenda et Clarissima Dignitate, Eruditionis laude vitæque sanctimonia commendatissimi, DN. M. PETRI VHERII, Hagiosynedrii Elector. Brandenburgic. Assessoris & Præpositi Berolinensis Meritissimi, Ministerii Senioris. Desecrat. Non debet mors eorum, quorum vita laudatur, silentio præteriri. Cicero. s. l. e. a. [ohne Impressum; Berlin 1656]. (109: Slg. GK: Sch 1/42).
»Siccine praeclarè meritos de Principis aulà ...«. [Epicedium]. In: EPICEDIA In beatum Obitum. Nobilis, Amplißimi et Doctißimi DN. REICHARDI DIETERI: DUORUM LAUDATISSIMORUM ELECTORUM Brandenburgicorum Consilarij meritissimi, A Fautoribus & Amicis Defuncti Scripta. Prov. 10 v. 7. Memoria Justi erit in Benedictionem. Typis RUNGIANIS. s. l. e. a. [Berlin 1656]. (1: 5 in: Ee 507).
»Sulpicii, Thrasae, famâ super aethera noti ...«. [Epicedium]. In: MONIMENTA, Quae VIRO Clarißimo & Amplißimo DN. JOHANNI CRAUSIO, 1657. (1: Ee 519, 17, angeb.).

Briefe

Briefe an den Bruder Hempo von dem Knesebeck aus den Jahren 1647 bis 1651. In: KNESEBECK, A. v. d., 1875, S. 105ff.; Teilabdruck von 10 Briefen.
Briefe aus den Jahren 1634 (3 Briefe), 1635 (1) und 1639 (1). (1: Ms. Boruss. fol. 1205, f. 109, 111, 112, 122, 128).

Literatur

Leichpredigt von Matth. ROLOFF, Berlin 1659 (vgl. Gebhardt, Peter von, 1920, S. 79); ZEDLER, 15. Bd., 1737, Sp. 1096ff; MÜLLER/KÜSTER, 1737, I, S. 69 (Epitaph); III, S. 252, 253, 376, 412, 449; KNESEBECK, A. von dem: Aus dem Leben der Vorfahren vom Schlosse zu Tylsen in der Altmark. Berlin 1875; ISAACSOHN, Siegfried (Hg.): Urkunden und Actenstücke zur Geschichte des Kurfürsten Friedrich Wilhelm von Brandenburg. Ständische Verhandlungen. Zweiter Band. Mark-Brandenburg. Berlin 1880, S. 169ff.; MEINARDUS, Otto (Hg.): Protokolle und Relationen des Brandenburgischen Geheimen Rates aus der Zeit des Kurfürsten Friedrich Wilhelm. Bd. 1–5. Leipzig 1889–1907. (Publikationen aus den K. Preußischen Staatsarchiven); HOLTZE, Friedrich: Geschichte des Kammergerichts in Brandenburg-Preußen. T. I–IV. Berlin 1890–1894. (Beiträge zur Brandenburg=Preussischen Rechtsgeschichte, I–IV); SARING, Hans: Die Mitglieder des Kammergerichts zu Berlin unter dem Großen Kurfürsten. In: FBPG 54 (1943), S. 73; CONERMANN, Klaus: Die Mitglieder der Fruchtbringenden Gesellschaft 1617 bis 1650. Weinheim 1985.

Koch, Hermann

* 3. Okt. 1638 Jever/ Ostfriesland
† 5. Febr. 1697 Berlin
Kantor, luth.
V Gerhard K., Kaufmann und Weißbäcker
M Wemme geb. Silckenstädt
∞ I. 1669 Maria Dahnies geb. Schadebrodt (gest. 1670)
II. 1671 Louisa geb. Sölle (gest. 1678)
K Simon Hermann (Stud. Med.), Louisa Margaretha; Gerhard und Gertrud Louisa (beide früh verstorben)

Schulbesuch in Jever
5 Jahre Gymnasium in Wismar
1658–1659   Universität Rostock
1659–1661   Schulwanderschaft (Hildesheim, Köln, Koblenz)
1662–1666   Berlin, auch am Gymnasium, zugleich 3 Jahre Hauslehrer
1667   Universität Leipzig, Hauslehrer
1668–1697   Kantor zu S. Nicolai und am Berlinischen Gymnasium

Hermann Koch stammte aus Jever in Ostfriesland, wo er am 3. Okt. 1638 geboren wurde. Sein Vater Gerhard Koch war ein begüterter Kaufmann und Weißbäcker; der Großvater Gerhard Koch erwarb sich als Chirurg einen guten Ruf in der Stadt. Weitere Ahnen der Familie hatten wichtige Ämter bei den Oldenburgischen Grafen inne gehabt. Die Mutter Wemme war eine geborene Silckenstädt; über ihre Herkunft ist jedoch nichts bekannt. Koch besuchte zunächst die Schule in Jever und erhielt darüber hinaus Unterricht durch Hauslehrer (die biographischen Informationen entstammen der Leichpredigt, die Philipp Jakob SPENER 1697 auf Hermann Koch hielt). Als er ins 17. Lebensjahr gekommen war, wollte er in Hamburg seine Ausbildung fortsetzen, wurde jedoch nicht aufgenommen, so daß er nach Wismar weiterreiste und dort fünf Jahre das Gymnasium besuchte.
Im Juni 1658 immatrikulierte sich Koch unter dem Rektor und späteren kfl.-brandenburgischen Leibarzt Caspar March (1629–1677) an der Universität Rostock (HOFMEISTER, 1895, S. 201a). Nach einem Jahr brach er jedoch sein Studium bereits ab (in der Leichpredigt SPENERS fehlt sogar jeglicher Hinweis auf einen Aufenthalt in Rostock) und begann 1659 eine ausgedehnte Schulwanderschaft. Bemerkenswert ist dabei, daß er Institutionen unterschiedlicher Konfession aufsuchte. So wurde er zunächst ein halbes Jahr auf dem evangelischen Gymnasium in Hildesheim unterrichtet, bevor er ans dortige Jesuitenkollegium wechselte und hier ein Jahr blieb. Nächste Stationen sollten Bremen und Minden sein, wo er allerdings wiederum keine Aufnahme fand und durch Westfalen und Sauerland nach Köln am Rhein weiterreiste. Auch hier ließ er sich von den Padres der Societas Jesu ausbilden, diesmal ein viertel Jahr. Nach einem kurzen Abstecher nach Koblenz kehrte er nach Köln zurück, um seine Ausbildung fortzusetzen. Doch nun verlangte sein Vater die Abkehr von den Jesuiten, so daß Koch die Stadt verließ und nach Berlin kam, wo sich der inzwischen Vierundzwanzigjährige etwa von 1662 bis 1666 aufhielt und hier auch das Gymnasium zum Grauen Kloster besucht haben soll.
Rektor der Anstalt war seit 1658 Jakob → Hellwig (der Jüngere), das Konrektorat bekleidete der bekannte Dichter Michael → Schirmer, Subrektor war Gottfried → Weber. Als Hellwig 1662 die Vokation auf ein geistliches Amt annahm, erhielt Cunradus Tiburtius → Rango das Rektorat übertragen. Über die Beweggründe, die Koch (der sich durch sein Alter beträchtlich von den anderen Gymnasiasten unterschied), nach Berlin führten, ist nichts überliefert. Vielleicht hatten er oder sein Vater Kontakt zum kfl.-brand. Geheimen Rat, Oberhofmarschall und Kammerpräsidenten Raban von Canstein (1617–1680); denn dieser bestellte Koch, der musikalisches Talent hatte und über eine ausgezeichnete Stimme verfügte, zum Hauslehrer für seine Tochter. In den drei Jahren, die er im Hause des einflußreichen und angesehenen hohen Beamten verbrachte, kam er in Kontakt mit dem einen oder anderen Vertreter der brandenburgischen Führungsschicht und konnte auf dessen Fürsprache bei der angestrebten Vokation auf ein öffentliches Amt rechnen.
1667 reiste Koch nach Leipzig, um an der Universität seine Ausbildung fortzusetzen, was einer möglichen Berufung nur förderlich sein konnte. Die Matrikel belegt seine Einschreibung (ohne die üblichen Immatrikulationsgebühren) für das Sommersemester, und zwar unter dem Rektorat von Elias Sigismund → Reinhardt, dem vormaligen Archidiakon zu S. Nicolai in Berlin, der 1665 amtsentsetzt und aus der Stadt

ausgewiesen worden war, weil er seine Unterschrift unter den kurfürstlichen Revers zur Tolerierung der reformierten Religion verweigert hatte, und der in Leipzig zum Pastor an der Nikolaikirche sowie zum Professor theologiae an der Universität berufen wurde. Dekan der philosophischen Fakultät war zu jener Zeit Johannes Olearius (1639–1713), der später eine theologische Professur erhielt. Die Namen der Professoren, bei denen Koch Vorlesungen hörte, sind nicht überliefert, ebenso wenig die genaue Dauer seines Aufenthaltes. Denn Koch soll seine Studien unterbrochen haben, um als Hauslehrer die Tochter der Gräfin von Mansfeld in Musik zu unterweisen. Wie lange er diesmal das private Lehramt ausübte, ist aus den Quellen ebenfalls nicht ersichtlich, auch nicht, ob er sein begonnenes Studium an der Universität tatsächlich fortsetzte.

1668 wurde Koch nach dem Weggang von Johann Georg Ebeling (1637–1676) als Kantor zu S. Nicolai nach Berlin berufen. Vielleicht war am Zustandekommen der Vokation auch Reinhardt beteiligt, der ja die Verbindung zu seinen Berliner Freunden aufrechthielt und seinen Schüler für das Amt an jener Einrichtung empfahl, an der er selbst viele Jahre gewirkt hatte. Durch seine Berufung auf das Kantorat zu S. Nicolai war Koch zugleich Lehrer am Berlinischen Gymnasium, das er einige Jahre zuvor ja schon besucht hatte. Als Kantor mußte er den Gesangsunterricht erteilen und den aus Schülern gebildeten sogenannten »chorus symphoniacus« leiten, der bei Gottesdiensten, Begräbnissen und bei sonstigen feierlichen Gelegenheiten zu singen hatte. Für mehrere in seiner Amtszeit aufgeführte Schulactus seiner Kollegen dichtete und komponierte Koch musikalische Einlagen, etwa für Subrektor Samuel → Rosa. In dem 1669 veranstalteten Schulactus »Iudicium capitis in Thebanorum illustrissimum Epaminondam«, dessen Stoff Rosa der Epaminondas-Vita des Nepos Cornelius entnommen hatte, spielten drei Schüler auf der Violine, einer auf der Viola di Gamba und drei weitere auf der Flöte; zwei Gymnasiasten sangen Lieder in Alt und Diskant (zum sogenannten Interscenium, das auf eine Abhandlung des Rostocker Professors Petrus Lauremberg zurückging, vgl. GUDOPP, 1902, S. 5–8).

Wie seine Amtskollegen schrieb auch Koch in seinem fast 30jährigen Kantorat zahlreiche Gelegenheitsgedichte. Überliefert sind Hochzeits- und Trauercarmina unter anderem für die Berliner Ratsherren David Reetz (1672) und Martin Engel (1693) sowie für angesehene Beamte des kurfürstlichen Hofes wie den kurfürstlichen Leibarzt Martin → Weise (1693). Die meisten seiner Casualcarmina waren jedoch für seine Amtskollegen und deren Familienangehörige bestimmt. Als 1674 am Berlinischen Gymnasium das erste Säkulum der Anstalt gefeiert wurde, verfaßte auch Koch ein Glückwunschgedicht.

Koch galt als kollegial, friedfertig und freundlich, redlich und aufrichtig; so habe er nicht nur den Gottesdienst fleißig besucht, sondern auch zu Hause eifrig die Bibel gelesen, darinnen geforscht und daraus manch schönen geistlichen Diskurs gehalten; vor allem aber habe er auch »ein heilig Leben geführt« (so der Pietist SPENER in seiner Leichpredigt auf den Verstorbenen).

Am 1. März 1669 ehelichte Koch Maria Dahnies geborene Schadebrodt, die Witwe des kfl.-brandenburgischen Mühlen-Schmiedes Jacob Dahnies. Zu diesem Anlaß verfaßte der Cöllnische Ratsherr und Dichter Nikolaus → Peucker für den »Sangmeister bey der Kapellen zu Sanct Nicolaus« ein Epithalamium. Kochs Frau starb jedoch bereits nach nicht einmal einem Jahr, so daß sich der Kantor erneut verheiratete, und zwar am 7. Mai 1671 mit Louisa, einer Tochter des kfl.-brand. Hof-Sattlers Simon Sölle. Überliefert ist eine Epithalamia-Sammlung mit Beiträgen aller Kollegen des Berlinischen Gymnasiums. Als Kochs zweite Frau 1678 starb, hat sich der verwitwete Kantor nicht mehr verehelicht. In dieser Ehe wurden vier Kinder geboren, von denen der Sohn Gerhard und die Tochter Gertrud Louisa bereits früh verstarben. Der zweite Sohn Simon Hermann Koch studierte Medizin; auch die Tochter Louisa Margaretha überlebte ihren Vater.

Ende Jan. 1697 erkrankte Koch an einer schweren Erkältung so stark, daß er am 5. Febr. im Alter von 58 Jahren verstarb. Zu seiner Beerdigung am 14. Febr. hielt Philipp Jakob Spener (1635–1705) die Leichpredigt, an deren Beginn er den »rechten« Gebrauch und den Mißbrauch der Musik und Singekunst erörterte, letzteres etwa beim Anbeten falscher Götter oder die Verwendung von Musik bei »Wollust, Fressen und Saufen«. Hingegen sei der »rechte« Gebrauch der Musik und des Singens ein doppelter, nämlich ein natürlicher, um Freude zu erwecken und das Gemüt zu erquicken, und ein geistlicher als der »vornehmste« Zweck der Musik, wenn Musik und Singen unmittelbar zu geistlichen Zwekken und im Gottesdienst angewandt würden (wobei jedoch auch hier nicht wenig Mißbrauch getrieben werde). Im Anschluß daran erläuterte Spener dann ausführlich, »was es mit der Christlichen Music und singe=kunst vor eine bewandtnuß habe«. Rektor Samuel → Rodigast hielt die Abdankungsrede und stellte dabei das menschliche Leben als einen Gesang vor. Nachfolger Kochs im Kantorat zu S. Nicolai wurde sein späterer Schwiegersohn Jakob Ditmar (1665 bis 1728). [LN]

Werke

Das preißwürdige Alter/ Des Weiland Hoch=Ehrenvesten/ Groß=Achtbaren und Hoch=Weisen Herrn David Reezen/ Hochverdienten Rahts=Cämmerers bey der Churfürstlichen Brandenburgischen Residentz und Veste Berlin/ wurde/ Als derselbige; Da Er im Jahr Christi 1590. den zwantzigsten Julii, frühe zwischen 8. und 9. Uhren/ diese Welt zuerst erblicket/ und in dem itzt lauffenden 1672. Jahre/ den 26. Januarii, Abends zwischen 5. und 6. Uhre/ im wahren Glauben an seinem Erlöser JEsu/ durch einen seligen Tod dieselbe wieder verlassen: Jm 82ten. Jahr seines Alters; Den darauff folgenden 4ten. Februarii, in St. Nicolai Kirche/ bey Hochansehnlicher und Volckreicher Versammlung in sein Ruhekämmerlein beygesetzet: Mit schuldigstem Nachruhm bezieret von Den sämptlichen Collegen des Gymnasii in Berlin. Berlin/ Gedruckt bey Christoff Runge. Berlin 1672 (109: Slg. GK: Sch 1/70).

Jesum propitium, Thalamum florentem, Empyream concordiam, NUPTIIS GNOSPELIO–STARCKMANNIANIS, Fato divino auspicatis, Ejusque benigno nutu D. IX. Junii. M.DC.LXXIII. absolvendis, Uberiori Symbolo votivo, Pro eo, quo in noviter jugandos sunt animo propensiori, Advovent, COGNATI. AMICI. COLLEGÆ. BEROLINI, Ex Officinâ RUNGIANA. Berlin 1673 (109: Slg. GK: Sch 1/74. 1).

IN GYMNASIO PATIENTIÆ multum subacta SCHOLASTICA LABORIOSISSIMA d. X. Febr. qui est Scholasticæ Sacer, BRABEUM LABORUM accipit Foemina Honestissima, et suum sexum decorantibus virtutibus ornatissima ANNA MARIA CUNZENBACHIA, VIRI Præclarissimi DN. PETRI BREDOVII, Gymnasii Berlinensis Sub Rectoris meritissimi per XI annos fidelissima Conjux, postquam Superatis constantissimo animo febris ... ignibus Quinto demum mense liberata, Nunc inter Celestris Academiæ cives æternum lætatur, Superstitibus vero Dn. Conjugi, Liberis, et Amicis non exiguum luctum peperit, Cui levando Die Humationis, Dominica Septuagesimæ Anno 1674. insurgunt AMICI COLLEGÆ. BEROLINI, Ex Officinâ RUNGIANA. Berlin 1674 (109: Slg. GK: Sch 1/76).

Festgedicht zur ersten Säkularfeier am GK in Berlin 1674. Berlin 1674 (Diterich, 1732, S. 202f.).

Das ewige JUBILATE feyret im Himmel Die numehr Selige Frau Rebecca Kunzenbachs/ Des Wol=Ehrenvesten und Wolgelahrten Herrn Erdmann Schmidsdorffs/ Des Berlinischen Gymnasii wolverdienten Collegæ, bis in den Tod getreu gewesene Ehegenossin/ Welche Nachdem Sie in dieser Welt gelebet bis ins 44. und in ihrem Ehestande bis ins 24. Jahr/ und 12. Kinder erzeuget hatte/ Am 2. Maji des 1677. Jahres/ Abends zwischen 9. und 10. Vhr in ihrem Erlöser sanfft und selig entschlaffen. Da Sie aber Den drauff folgenden 6. Maji/ war der Sonntag JUBILATE Auff St. Marien Kirchhoff in Berlin/ Bey Volckreicher Versammlung beygesetzet wurde/ Beehrten ihren Seligen Abschied Mit folgenden Trauergedichten Des Herrn Wittbers Sämptliche Amptsgenossen. Berlin/ Gedruckt bey Christoff Runge. Berlin 1677 (109: Slg. GK: Sch 1/86).

Als Die Seelge Himmels=Braut/ Die Edle und Tugendglänzende Jungfer Dorothea Margaretha/ Des Wol=Edlen/ Vesten und Hochgelahrten Herrn Dieterich Butten/ weiland Sr. Churf. Durchl. zu Brandenburg hochbestallten Geheimten Krieges=Secretarii, Hinterlassene Jungfer Tochter/ Von Jhrem Hertzgeliebten Seelen=Bräutigam JESU CHRISTO/ Zu der himmlischen Hochzeit=Freude/ Von dieser schnöden Welt am 18. Febr. abgefodert/ und der Seelen nach heimgeholet worden/ setzten folgendes Am Tage des Christlichen Volckreichen Leichbegängniß/ War der Sonntag Esto Mihi, als der 2. Martii 1679. da der entseelete Cörper in der Kirchen zu St. Nicolai beygesetzet ward/ Der höchstbetrübten Groß=Frau=Mutter und andern hinterbliebenden Leidtragenden zu Trost Die Collegen am Gymnasio zu Berlin. Berlin/ Gedruckt bey Christoff Runge. Berlin 1679 (1a: 33 in: Bd 8557).

Epicedium für Anna Maria Zarlang. 1679 (1a: 33 in: Bd 8557).

Felicitatem Omnigenam NUPTIIS VIRI Perqvam Reverendi atque Doctissimi DNI. JOHANNIS CHRISTOPHORI LINDEMANNI, Ecclesiæ Segenfeldensis & Falkenhagensis Pastoris benè merentis & Lectissimæ

Virginis MARIÆ MAGDALENÆ Meerkatzin/ VIRI Qvondam perqvam Reverendi atque Doctissimi DNI CHRISTOPHORI Meerkatzens/ Natæ Relictæ d: XVIII. Jan. A. M.DC.LXXXI. celebratis comprecantu Amici nonnulli Berolinenses. Berlin 1681 (109: Slg. GK: Sch 1/95).

Der Herbst/ so Früchte trägt/ Auch trübe Wolcken hegt. Welches Bey ansehnlicher und volckreicher Leichbestattung Der weiland Edlen/ Viel=Ehren= und Tugendbelobten Fr. Maria Ehrentraut/ gebohrner Nicolain. Des Wohl=Ehrwürdigen/ Großachtbarn und wohlgelahrten Herrn Johann Schindlers/ Wohlverordneten und treufleissigen Diaconi bey der St. Nic. Kirchen in Berlin/ Hertzwerthesten Eheliebsten/ Als dieselbe am 26ster Herbstmonatstage des 1689sten Jahrs/ in vierdten Jahre ihres liebreichen Ehestandes/ wenig Tage nach erfreulicher Geburth eines jungen Söhnleins/ in ihrem Erlöser sanfft und selig von dieser Welt abgeschieden, und der verblichene Leichnam am darauffolgenden 2ten Wein=Monatstage seiner Ruhestäte einverleibet wurde/ Aus schuldigen Mitleiden betrachtet/ und in folgenden Blättern beschrieben Nachbenahmte Collegen de Berlinischen Gymnasii. Berlin/ Gedruckt bey Salfeldischen Wittwen. Berlin 1689 (109: Slg. GK: Sch 1/102)

Epicedium für Johann Ernst Schrader, Propst in Berlin. An: Heimburger, Daniel David: Leichpredigt für Johann Ernst Schrader, Berlin 1689 (LP StA Braunschweig Nr. 5992).

Epicedium für Christian Teuber, Propst in Berlin. An: Heimburger, Daniel David: Leichpredigt für Christian Teuber, Cölln 1690 (LP StA Braunschweig Nr. 6715).

Zum Frölich angetrettenem Englischen Leben Jm Himmel/ Wolten dem Edlen/ Wolweisen und Wolgelahrter Herrn Martin Engel/ Wolverdienten aeltesten Raths=Herren und 36jährigen Stadtschreiber in der Churfl Brandenbl. Residentz und Veste Berlin/ Als derselbe am verwichenem 22. des Mertz=Monats in dem 65sten Jahr seines Alters diese Eitelkeit verlassen/ und darauff sein erblaster Leichnam den 2 April zu S. Marien der Erden anvertrauet ward/ Mit nachfolgenden Gedichten Glückwünschen/ Und zugleich die hinterbliebene hochbetrübte Freundschafft trösten Die samptliche Collegen des Berlinischen Gymnasii. Berlin/ Gedruckt bey sel. David Salfelds Witwe. Berlin 1693 (109: Slg. GK: Sch 1/85).

THRENODIÆ Super Obitum beatissimum VIRI MAGNIFICI, NOBILISSIMI, EXCELLENTISSIMI ET EXPERIENTISSIMI, DOMINI MARTINI WEISII, Medici Doctoris Celeberrimi, Trium Serenissimorum Electorum Brandenburgicorum, CONSILIARII Et ARCHIATRI SENIORIS DN. MOECENATIS, PATRONI ET EVERGETÆ. Summe etiam post mortem Colendi, Qui cum a. d. XVI. Mart. A. O. R. MDCXCIII Animam beatam Deo reddidisset, Exuviæ illius In Splendida Exequiatorum frequentia in Conditorium ad Ædem B. Mariæ Berlini a. d. XXV. Ejusdem compositæ sunt, lugenti animo fusæ à Collegis Gymnasii Berlinensis. Berolini, Typis Viduæ Salfeldianæ. Berlin 1693 (1: 1 an 12a in: Ee 633; 1: Ee 6012–7).

Letztes Denck= und Liebesmahl bey dem Grabe Des Weyland Wohl=Edlen und Hoch=Wohlbenahmten Hn. Joh Liebmanns/ Churfürstl. Brandenb. gewesenen Müntz=Meisters und Müntz=Guardins, Als derselbe in 72ster Jahre seines Alters sanfft und selig verschieden und am 14. Jenners=Tage des angetretenen 1694sten Jahres in der S. Nicolai Kirchen zu Berlin Christ=gebräuchlich beerdiget wurde/ Mitleidigst auffgerichtet Von Nachbenahmten. Berlin/ Gedruckt bey sel. David Salfelds Witwe. Berlin 1694 (109: Slg. GK: Sch 1/106).

ÆTERNUM post multos longævæ vitæ labores & æstus REFRIGERIUM, VIRO quondam Nobilissimo, Amplissimo et Consultissimo DOMINO ANDREÆ MAURITIO, Aulæ ac Dicasterii Electoralis Brandenburgici supremi Advocato Seniori, longeque meritissimo, Postquam sub ipsum anni M DC XCV. ingressum, die nempe IX. Januarii placidum beatumque vitæ egressum habuerat, Anno gloriosæ ætatis octogesimo, Ejusque funus solennibus exequiis subsequenti die XX. ejusdem mensis efferebatur, sepulturæ Berolini ad D. Mariæ tradentum, Observanter gratulari, simulque splendidissimæ Familiæ lugenti jucunda divini Solatii refrigeria apprecari voluerunt SEQUENTES GYMNASII BEROLINENSIS COLLEGÆ. Berolini, Literis VIDUÆ SALFELDIANÆ. Berlin 1695 (109: Slg. GK: Sch 1/107).

Musikalische Einlagen für verschiedene Schulactus. Berlin s. a. (Gudopp, 1900, S. 21; Heidemann, 1874, S. 167).

Literatur

SPENER, Philipp Jakob: Christlicher Leich=Predigten Achte Abtheilung/ ... Franckfurt am Mayn/ Jn Verlegung Johann David Zunners/ Buchhändlers. Jm Jahr Christi M DC LXXXXVIII. Frankfurt a. M. 1698. Darin: Die zwölffte Predigt/ Von der Christlichen Music= und Singe=Kunst. Auß Psal. XIII. vers. 6. 7. Bey Beerdigung sel. Hn. Hermann Kochens/ gewesten Cantoris zu St. Nicolai in Berlin/ Den 14. Febr. (als auff den Sonntag Quinquag.) 1697. in solcher Kirche gehalten. (1: 62 in: Ee 710–207); Rodigast, Samuel: Das menschl. Leben, als ein Gesang bei Beerdigung Herrn Herrman Kochs Cant. bey der Nicolai=Kirche am 14 Febr. 1697 in einer Abdankungs=Rede vorgestellet. Berlin 1697 (Küster/ Müller, 1752, II, S. 949); Diterich, 1732, S. 354; Küster/ Müller, 1752, II, S. 967; Büsching, 1774, S. 41; Heidemann, 1874, S. 173 u. 177; Hofmeister, 1895, S. 201a; Gudopp, 1900, S. 20f., 1902, S. 5–8; Nohl, 1903, S. 34; Sachs, 1908, S. 219.

Kunckel von Löwenstern (Kunckelius), Johann

* zwischen 1637–1642 Plön/Schleswig-Holstein
† 20. März 1703 nahe Pernau (Litauen)
Alchemist, Glasmacher
V Johann K., Glasmacher
M N. N.
⚭ I. seit 22. Okt. 1622 mit Susanna Maria Hilcken
   II. seit 27. Sept. 1680 mit Anna de Neve, geb. Keith
K Christian Albrecht, Verwalter der kfl. Kunst- und Raritätenkammer (seit 25. April 1685)

1660 Hofapotheker Schloß Neuhaus/Elbe
1670 Chymikus am sächs. Hof in Dresden
1678 Chymikus und Kammerdiener in Berlin
1693 in schwedischen Diensten, Erhebung in den erblichen Adelsstand mit Beinamen von Löwenstern
1693 Mitglied der Academia Naturae Curiosorum; Cognomen Hermes III.

Der geheime Kammerdiener und kurfürstlich-brandenburgische Chemikus Johann Kunckel wurde zwischen 1637 und 1642 in der Stadt oder im Kirchspiel Plön (STEIN, G., 1992, S. VII; andere Angaben 1630) geboren und erlernte vom Vater das Glasmacherhandwerk. In Rendsburg ging er anschließend in die Apothekerlehre und übernahm 1660 im Dienste der Herzöge von Sachsen-Lauenburg die Hofapotheke auf Schloß Neuhaus/Elbe. Anfang der sechziger Jahre begab er sich auf eine mehrjährige Wanderschaft, die u. a. in die Niederlande führte, bis er 1670 dem Ruf des Kurfürsten Johann Georg II. von Sachsen folgte, um das Geheime Chymische Hoflaboratorium in Dresden zu übernehmen. Im Rahmen seiner chemischen und pharmazeutischen Aufgaben entwickelte er hier eine Methode zur Phosphordarstellung, die ihn schnell über die Grenzen des Landes hinaus bekannt machte. Durch Hofintrigen vertrieben, wandte sich Kunckel 1677 nach Wittenberg und hielt an der Universität private Vorlesungen, wobei er bei seinen Experimenten besonders von Georg Caspar Kirchmaier (1635–1700) unterstützt wurde, der dies offenbar auch schon während Kunckels Dresdener Zeit getan hatte (vgl. die Widmung zu »Chymische Anmerckungen«, 1677). 1678 wurde Kunckel durch die Vermittlung von Christian → Mentzel an den Hof des brandenburgischen Kurfürsten berufen. Mentzel, der sich selbst mit Untersuchungen zum Phosphor beschäftigte, hatte sich brieflich an Kunckel wegen dessen Forschungen gewandt und ihn dann dem Kurfürsten empfohlen. In der Nähe Potsdams wurde Kunckel die 1674 errichtete Glashütte zur Verfügung gestellt, und seine dort gefertigten Produkte ermöglichten nicht nur einen schwunghaften Handel auf den Berliner Märkten, sondern wurden bald auch ein gefragter Exportartikel, da das Potsdamer Glas einen Spitzenplatz in Europa einnahm (vgl. dazu Brief von Elsholtz an Leibniz, 29. Jan. 1679). Durch sein für die Glasherstellung bedeutendes und lange Zeit führendes Werk »ARS VITRARIA EXPERIMENTALIS, Oder Vollkommene Glasmacher=Kunst« (1679), die die erste Monographie zur Glasherstellung von Antonio Neri, »Arte vetraria« (1612), mit den Anmerkungen von Christopher Merret in einer Übersetzung kommentierend wiedergab und in einem anschließenden Teil die eigenen Erfahrungen mitteilte, schuf Kunckel praktisch eine Synthese internationalen Glaswissens (vgl. STEIN, G., 1992, S. VI).

Aufgrund der florierenden Glasproduktion stieg Kunckel weiter im Ansehen des Kurfürsten, so daß dieser ihm die Pfaueninsel schenkte (27. Aug. 1685).

Hier errichtete er in den Jahren 1686–1688 eine neue große Hütte. Der zum Ende der Bauzeit erfolgte Tod des Großen Kurfürsten bedeutete für ihn den herbsten Schlag seines Lebens, denn Friedrich III., der Nachfolger, hatte viel weniger Verständnis für die Experimente Kunckels und lehnte die Bestätigung aller Donationen und Privilegien ab. Das Laboratorium auf der Pfaueninsel ging in Flammen auf und für den Neubau verweigerte der Kurfürst den Kredit; im Gegenteil, er verlangte Anfang 1689 Rechenschaft über insgesamt 27.084 Taler (KÖNIG, 1793, S. 193), die Kunckel in brandenburgischen Diensten erhalten hatte. Als Kunckel nur etwas mehr als die Hälfte der Ausgaben belegen konnte, verlangte der Kurfürst den Rest zurück.

Später arbeitete er weiter in Berlin und Umgebung, bis er schließlich die am 14. Aug. 1693 erfolgte Berufung zum schwedischer Bergrat annehmen durfte. Mehrmals reiste er nach Schweden, um seinen Aufgaben nachzukommen und wurde dort auch in den erblichen Adelsstand mit dem Beinamen Löwenstern erhoben. 1703 ist Kunckel auf einer Reise, vermutlich in der Nähe von Pernau, gestorben.

Seine »Ars vitraria experimentalis« wurde zum Standardwerk der Glasmacherkunst des 18. Jahrhunderts, vor allem für die Herstellung von farbigen Gläsern. Die entscheidende Entdeckung wird darin allerdings nicht beschrieben, die Herstellung des Goldrubinglases. Die Geheimhaltung dieser Rezeptur war Kunckel vom Großen Kurfürsten auferlegt worden. Kunckel war wohl der bedeutendste Chemiker seiner Zeit, dem die Gunst des Großen Kurfürsten sein umfangreiches und ungestörtes Experimentieren ermöglicht hatte. [JS]

Werke

Johann Kunckels/ Churfürstl. Sächs. geheimen Kammerdieners und Chimici Nützliche Observationes Oder Anmerckungen/ Von den Fixen und flüchtigen Saltzen/ Auro und Argento potabili, Spiritu Mundi und dergleichen/ wie auch von den Farben und Geruch der Metallen/ Mineralien und andern Erdgewächsen: Durch viel=Jährige eigne Erfahrung/ Mühe und Arbeit mit Fleiß untersuchet/ angemercket/ und auff vieler der Edlen Chimie Beflissenen und unverdrossener Naturforscher inständiges Begehren zu dero Nutz und Gefallen an den Tag gegeben. Hamburg/ Auff Gottfried Schultzens Kosten/ im Jahr 1676. (11: 2592 d Rara; Übers. ins Lat.: Utiles Observationes sive animadversiones De Salibus fixis & volatilibus, auro & argento potabili, Spiritu mundi, & similibus. Item de colore & odore metallorum, mineralium aliarumque rerum quae à terra producundur … Primum ab Authore Germanice conscripta nunc vero Latinitate donata à Carolo Aloisio Ramsaio. Londini & Roterodami, Apud Henricum Wilsonium & Consortes. Anno M DC LXXVIII. (1a: Mu 4150).

Johann Kunckels/ Chur=Fürstl. Sächs. Geheimbten Cammerdieners und Chymici, Chymische Anmerckungen: darinn gehandelt wird Von denen Principiis Chymicis, Salibus Acidis und Alkalibus, Fixis und Volatilibus, in denen dreyen Regnis, Minerali, Vegetabli und Animali; wie auch vom Geruch und Farben/ &c. Mit Anhang einer Chymischen Brille contra Non-Entia Chym. Nach eigener Experientz beschrieben/ mit unterschiedenen Experimentis bewähret/ und denen Warheit= und Kunst=Liebenden zu Nutz und Dienstlichen Gefallen in den Druck befördert. WITTENBERG/ In Verlegung Job Wilhelm Fincelij seel. Erben/ Druckts Christian Schrödter/ Anno 1677. (11: 2592 d, 2 Rara, 1a: Mu 4161; Übers. ins Lat.: JOHANNIS KUNCKELII, Elect. Sax. Cubicularii intimi & Chymici OBSERVATIONES CHYMICAE, In quibus agitur De principiis Chymicis, Salibus acidis & alcalibus, fixis & volatilibus, in tribus illis Regnis, Minerali, Vegetabili, & Animali, itemque de odore & colore & c. Una cum appendice PERSPICILLI CHYMICI Contra non-entia Chymica. Propriâ experientiâ conscripta, diversis experimentis probata, & veritatis artisque Studiosorum utilitati in lucem edita. Primum ab Authore Germanicè conscripta, nunc verò latinitate donata à CAROLO ALOISIO RAMSAIO. LONDONI & ROTERODAMI, Apud Henricum Wilsonium & Consortes. Anno M DC LXXVIII. (188: 48/79/10378 (x) Rara); Ausgabe m. verändert. Titel: JOHANNES KUNCKELII … PHILOSOPHIA CHEMICA EXPERIMENTIS CONFIRMATA In qua agitur De principiis Chymicis, Salibus acidi & alcalibus, fixis & volatilibus … &c. ACCEDIT Perspicilium Chymicum contra Non-entia Chymica. AMSTELAEDAMI, Apud JOANNEM WOLTERS, 1694. 12°. (Dünnhaupt Nr. 3. II. 2; CBN, vol. LXXXIII, p. 1166).

Kunckel von Löwenstern, Johann

Johann Kunckels/ Chur=Fürstl. Sächs. geheimten Kammer=Dieners und Chymici Oeffentliche Zuschrifft Von dem PHOSPHORO MIRABILI und Dessen leuchtenden Wunder = Pilulen Sammt angehängten DISCURS Von dem weyland recht benahmten NITRO, Jetzt aber unschuldig genandten Blut der Natur/ An die Gesammten Hocherfahrnen Chur=Fürstl. Sächs. Herren Leib=Hoff= und Stadt=Medicos in Dreßden. Herauß gegeben in Wittenberg An. 1678. Leipzig/ bei Michael Rußwurm. Druckts Joh. Wilh. Krüger. (11: 2592 d, 3 Rara; 1a: Mu 4151).

JOHANNIS KUNCKELII ... ARS VITRARIA EXPERIMENTALIS, Oder Vollkommene Glasmacher-Kunst/ ... in einem ... COMMENTARIO, über die ... Sieben Bücher P. ANTHONII NERI ... und ... CHRISTOPHORO MERETTI ... so aus den Jtal. und Latein. beyde mit Fleiß ins Hochteutsche übersetzt ... Samt einem II. Haupt-Theil/ So in drey unterschiedenen Büchern/ und mehr als 200 Experimenten bestehet ... Amsterdam und Dantzig/ Auff Kosten des Autoris/ Bey Henr. Betkio und Consorten/ Gedruckt bey Christoph Günthern [in Leipzig]/ 1679. (188: 48/74/112320; Dünnhaupt Nr. 5. 2; vermehrte Neuausgabe: JOHANNIS KUNCKELII Churfürstl. Brandenb. würcklich bestallt=geheimden Cammer=Dieners/ ARS VITRARIA EXPERIMENTALIS, Oder vollkommene Glasmacher=Kunst/ Lehrende/ Als in einem/ aus unbetrüglicher Erfahrung/ herfliessendem Commentario, über die von dergleichen Arbeit beschriebene sieben Bücher P. Anthonii Neri, von Florenz/ und denen darüber gethanen gelehrten Anmerckungen Christophori Merretti, M. D. & Societ. Reg. Britann. Socii, (so aus dem Italien= und Lateinischen beyde mit Fleiß ins Hochteutsche übersetzt) Die Allerkurtz=bündigste Manieren/ das reinste Chrystal=Glas; alle gefärbte oder tingirte Gläser, künstliche Edelstein oder Flüsse; Anausen/ oder Schmeltze-Doubleten; Spiegeln/ das Tropff= Glas; die schönste Ultramarin, Lacc- und andere nützliche Mahler=Farben; ingleichen wie die Saltze zu dem allerreinesten Chrystallinen Gut/ nach der besten Weise an allen Orten Teutschlands mit geringer Mühe und Unkosten copieus und compendieus zu machen/ auch wie das Glas zu mehrer Perfection und Härte zu bringen. Nebst ausführlicher Erklärung aller zur Glaskunst gehörigen Materialien und Ingredentien; sonderlich der Zaffera und Magnesia &c. Anzeigung der nöthigsten Kunst= und Handgriffe; dienlichsten Instrumenta; bequemsten Gefässe/ auch nebst andern des Autoris souderbaren [sic!] Ofen/ und dergleichen mehr/ nützlichen in Kupffer gestochenen Figuren. Samt einem II. Haupt=Theil. So in drey unterschiedenen Büchern und mehr als 200. Experimenten bestehet/ darinnen vom Glasmahlen/ vergulden und Brennen; vom Holländischen Kunst= und Barcellan=Töpfferwerck; Vom kleinen Glasblasen mit der Lampen; Von einer Glas= Flaschen=Forme/ die viel 1000. mal verändern lässet; Wie Kräuter und Blumen in Silber abzugiessen; Gypß zu tractiren; Rare Spice= und Lacc=Fürnisse; Türckisch Pappier &c. Item der vortreffliche Nürnb. Gold= Sträu=Glantz; und viele andere/ ungemeine Sachen zu machen/ gelehrt werden/ Mit einem Anhange von denen Perlen und fast allen natürlichen Edelsteinen; Wobey auch in gewissen Tabellen eigentlich zu sehen/ wie sich die köstlichsten derselben nach dem Gewicht an ihren Preiß verhöhen/ und einem vollständigen Register. Alles hin und wieder in dieser andern Edition um ein merckliches vermehret. Franckfurt und Leipzig/ in Verlegung Christoph Riegels. 1689. Faks. Druck, mit e. Vorwort v. Günter Stein, Hildesheim 1992; weitere Aufl. Nürnberg 1743, 1756 und 1785; Art de ... Neri, Merret et Kunckel, auquel on a ajouté le sol sine veste, d'Orschall, L'Helioscopium videndi sine veste solem chymicum, le sol non sine veste, ... traduit de l'allemand, par M. D. *** [le B. d'Holbach]. Paris: Durand 1752. (CNB, vol. LXXXIII, p. 1166).

Johann Kunckels Churfürstl. Brandenb. Geheimten Cammerdieners Epistola contra Spiritum Vini sine Acido, An Den Wol=Edlen/ Vesten und Hochgelahrten Herrn/ Hn. D. Johannes Voigten/ Fürnehmen und berühmten Medicin. Pract. in Berlin. [10. Aug. 1681]. (11: 1949 b Rara angeh.).

Johann Kunckels/ Churfürstl. Brandenburgischen Geheimten Cammer-Dieners. Chymischer Probier-Stein/ De Acido & Urinoso, Sale Calide. & Frigid. Contra Herrn Doct. Voigts, Spirit. Vini Vindicatum, An die Weltberühmte Königl. Societät in Engeland, als hierüber erbätene hohe Richter. Worbey angefüget die Epistola contra Spir. Vini sine Acido, so an Herrn D. Voigten abgelassen. Berlin/ Jn Verlegung Rupert Völckers/ Buchhändlern/ M.DC.XXCIV. [1684]. (Dünnhaupt, S. 2475, Nr. 7,1); Johann Kunckels/ Churfürstl. Brandenburgischen Geheimten Cammer=Dieners/ Chymischer Probier=Stein/ de Acido & Urinoso, Sale Calid: & Frigid. Contra Doct: Voigts Spirit Vini Vindicatum, An Die Weltberühmte Königl. Societät in Engeland/ als hierüber erbätene hohe Richter. Berlin/ Den 6. Julii. 1684. Zu finden bey Daniel Reicheln/ Buch=Händler. (11: 1949 b Rara; 1a: Mu 4169).

[Anonym] Der Curieusen Kunst- und Werck-Schul Erster [-Anderer] Theil. (...). Nürnberg: Johann Zieger, 1696. (Dünnhaupt, S. 2476, Nr. 9,1); erw. Aufl.: Wider Neu-aufgerichtete und vergrössertte/ Jn Zwey Theilen angewiesene Curieuse Kunst- und Werck-Schul Deren ersten Theil meistens allerley Erdenckliche/ nützlich- und bewehrte Feuer-Künste vorstellet Als I. die wahre Erkäntnis der Ertzen und Metallen/ Wie solche zu erkennen … II. Die schöne Form-Kunst/ Bereitung guter Feuer-beständiger Haffner-Geschirr … III. Allerhand schöne Glas-Künste/ wie man schönes Crystallen/ Rubin … ausfertigen soll. IV. Von denen natürlichen Edelgesteinen … V. Allerley schöne ungemeine Chymische Secrete und Medicinalia … und am Tage gegeben durch J. K. (…) Nürnberg: Johann Zieger, 1705. [T. II, 1707]. (Dünnhaupt, S. 2476, Nr. 9,2); Der curieusen Kunst- und Werck-Schul Erster [Zweyter] Theil … Nürnberg: Johann Friedrich Rüdiger, 1732. (Dünnhaupt, S. 2477, Nr. 9,3); Der curieusen Kunst- und Werck-Schul Erster [Zweyter] Theil … Nürnberg: Gabriel Nicolaus Raspe, 1759. (Dünnhaupt, S. 2477, Nr. 9,4).

JOHANN KUNCKEL von LÖWENSTERNS, Königl. Schwedischen Berg=Raths/ und der Käyserl. LEOPOLD. Societät Mit=Gliede d. Hermes III. COLLEGIUM PHYSICO-CHYMICUM EXPERIMENTALE, Oder Laboratorium Chymicum, In welchem Deutlich und gründlich Von den wahren Principiis in der Natur und denen gewürckten Dingen so wohl über als in der Erden/ Als Vegetabilien, Animalien, Mineralien, Metallen, wie auch deren wahrhafften Generation Eigenschaften und Scheidung/ Nebst der TRANSMUTATION und Verbesserung der METALLEN gehandelt wird/ Denen Liebhabern natürlicher Wissenschafften zum ungemeinen Nutzen nunmehro endlich Mit einem vollständigen Register und Vorrede herausgegeben von JOHANN CASPAR ENGELLEDER, Med. Doct. und Pract. in Hamburg. Mit Königl. Pohl. auch Chur=Sächs. Privilegio. Hamburg und Leipzig/ in Verlegung Samuel Heyls/ 1716. (188: 76/4875; Nachdruck Hildesheim 1975; JOHANN KUNCKEL von LÖWENSTERNS, … COLLEGIUM PHYSICO-CHYMICUM EXPERIMENTALE, Oder Laboratorium chymicum, … II. Edition. Hamburg und Leipzig/ in Verlegung Samuel Heyls/ 1722 (Dünnhaupt, S. 2477, Nr. 10,2); 3. Aufl. Hamburg: Gottfried Richter 1738; zur Rezeption: Königliche Hermetische SPECIAL-CONCORDANZ, Worinnen sie, samt dero gantzem Fundament, bestehe, Nach der Abtheilung, wie der Conspectus Capitum & Contentorum so stracks auf dem andern Blate ausweiset und anzeiget, Samt derselben Ehren=Rettung Oder Einem gnugsam fundirten Sentiment, Daß die Concordanz aus den Büchern der Philosophorum nicht nur möglich und richtig zu machen sey, sondern auch die unrechten von den wahren Philosophis gantz wohl und leichte zu unterscheiden. Alles auf Anleitung Herrn Johann Kunckel von Löwensterns sel. Seines A. 1716. durch Hrn. D. Joh. Caspar Engelleder, Medic. Practicum in Hamburg, heraus gegebenen LABORATORII CHYMICI, und zwar in specie desselben 42. Capitels, allwo er mit gantz nichtigen und abgeschmackten Fundamenten oder Beweißthümern das Contrarium behaupten wollen, daß nemlich von beyden keines möglich seyn könne; Allen Liebhabern der hochedlen und von GOtt selbst unumstößlich in die Natur gelegten und fest gegründeten Hermetischen Philosophie zu dienlicher Nachricht und grosser Erbauung, ausser welcher sonst (wie ich ungescheut schreibe und dreist sage) durch gedachtes Laboratorium Chymicum, sie in der That und Wahrheit gäntzlich, oder gantz und gar vor derselbigen alleinigen eintzigen Materie, und ihrer richtigen Vor= und Nach=Arbeit wahren Bereitung, abgeführet werden; Von einem Liebhaber der reinen Wahrheit, welcher durch die Gnade Gottes darinnen, Vermittelst der Experienz, fest gegründet, Sonst aber Seiner Röm. Käyserlichen wie auch Catholischen Majestäten N. O. T. P. durch öffentlichen Druck an den Tag gegeben. Breßlau und Leipzig, bey Michael Hubert, 1723 (188: 38/79/66127); Johann Kunkels von Löwenstern Vollständiges LABORATORIUM CHYMICUM, worinnen von denen wahren Principiis in der Natur, der Erzeugung, den Eigenschaften und der Scheidung der Vegetabilien, Mineralien und Metalle, wie auch von Verbesserung der Metalle gehandelt wird. 4. verbess. Aufl. Leipzig 1789. In der Hartungschen Buchhandlung. (188: 38/71/7976, 7; 1a: Mu 4187: Aufl. Berlin: Rüdiger 1767).

Johann Kunckel von Löwensterns/ Königl. Schwedischen Berg-Raths/ und der Kayserl. Leopold. Societät Mit-Glieds, d. Hermes III. V. Curiose Chymische Tractätlein; als I. Chymische Anmerckungen, darinn gehandelt wird von denen Princip. Chym. Sal. Acid. & Alcalibus; Fixis & Volatilib. in denen 3. Regnis; wie auch vom geruch und farben &c. mit Anhang einer Cymischen Brille, contra Non-Entia Chym. II. Nützliche Observationes von den Fixen und flüchtigen Saltzen, Auro & Argento Potabili; Spiritu Mundi u. d. g. wie auch von den Farben und Geruch der Metallen. Mineral. &c. III. Epistola, contra Spiritum Vini sine Acido. IV. De Phosphoro Mirabili; dessen leuchtenden Wunder-Pilulen; sampt einem Discurs vom Nitro. V. Probier-Stein, de Acido & Urinoso, Sale Calido & Frigido; contra Herrn D. Voigts Spir. Vini Vindicatum. Wobei zugleich angehänget wird: Christoph Brummets Tractätlein vom Blut der Natur. Nebst einer Vorrede: De doctis & nobilibus Empiricis: D. JOHANNIS PHILIPPI BURGGRAVII, Med. Francof. ad Moenum. Franckfurth und Leipzig 1721. (Fuchs, G. F. Chr., 1806, S. 240; Dünnhaupt, Nr. 1).

Pyrotechnical discourses, being I. An experimental confirmation of chemical philosophy ... with a perspective against chymical non – entities, written by John Kunkel ... London: B. Bragg 1705. 8°. (CNB, vol. LXXXIII, p. 1166).

Aufsätze

Observatio de Aqva forti in Laboratorio compendiose destillanda et spiritibus gradationis accurate servandis. In: Miscellanea Academiae Naturae Curiosum Germanice II. 1. Nürnberg 1694, S. 292–294.

Literatur

STOLLE, 1731, S. 847; ZEDLER, 1737, XV, col. 2125; KESTNER, 1740, P. 451; BÜCHNER, 1755, p. 480, Nr. 198; GMELIN, 1798, S. 32, 116, 117, 140, 153–170, 270; HOEFER, Histoire de la Chimie, 1843, II, 199–213; POGGENDORFF, 1863, col. 1330; ADB, XVII, 376; KOPP, Beitr. z. Gesch. der Chemie, 1875, III, 193–201; MOLLER, Cimbria, 1744, i, 319–322; JÖCHER, 1750, II, col. 2185, ROTERMUND, 1810, III, col. 979; Cognomen ›Hermes III‹ vgl. Academiae Caesareo-Leopoldinae Naturae Curiosorum Ephemerides sive ... Centuria I et II 1712: CATALOGUS NOBILISSIMORUM DOMINORUM in Academiae Caesareo-Leopoldinam Naturae Curiosorum ab Anno MDCXCIII hucusque receptorum. o. p.; KÖNIG, 1793, S. 193; FERGUSON, J., 1906, vol. I, S. 485; MAURACH, H.: Johann Kunkel. Berlin 1933; RAU, H. G.: Das Glaslaboratorium J. K's auf der Pfaueninsel. In: Ausgrabungen in Berlin 3 (1972), S. 148–171; SCHULZE, Gerhard: Kunckels Glaslaboratorium. In: Med.-hist. Journal 11 (1976), S. 129–148; ENGEL, Michael: Chemie im achtzehnten Jahrhundert. Auf dem Weg zu einer internationalen Wissenschaft. Georg Ernst Stahl (1659–1734) zum 250. Todestag. Ausstellung 29. Mai bis 7. Juli 1984. (Staatsbibliothek Preussischer Kulturbesitz, Ausstellungskataloge 23); WINAU, 1987, S. 25; STEIN, Günther: Vorwort zum Ndr. der Ars vitraria experimentalis. Hildesheim 1992, S. V–VIII.

Kunsch von Breitenwald, Johann

* 8. Mai 1620 in Troppau/Schlesien
† 9. Nov. 1681 in Berlin
Theologe, reform.
V Jeremias K. v. B. (gest. 1623), Leibmedikus des Markgrafen zu Brandenburg und Herzogs zu Jägerndorf
M Barbara, Tochter des Troppauer Patriziers Ezechiel Gillers von Lilienfeld
⚭ Susanna Maria, Tochter von Johann Adam, Pastor S. Ansgar Bremen
K Johann (1649–1695), Geh. Hof- und Kammergerichtsrat

bis 1635	Gymnasium Brieg
1641	Universität Groningen
1643	Gymnasium Bremen
1646	Prediger Xanten
1652	Prediger Rees
1655–1681	Hofprediger Cölln

Johann Kunsch, dessen Großvater Thomas von Kaiser Rudolf II. geadelt wurde und seither den Zusatz von Breitenwald im Namen tragen durfte, wurde am 8. Mai 1620 im schlesischen Troppau geboren. Sein Vater, Jeremias Kunsch von Breitenwald, war Leibarzt des Markgrafen von Brandenburg und Herzogs von Jägerndorf, Johann Georg, die Mutter hieß Barbara Giller von Lilienfeld. Im Zuge der Rekatholisierung seiner Heimat verließ Kunsch seine Geburtsstadt (1628) und setzte seinen Schulbesuch in Brieg fort, wo er im Hause des fürstl.-briegischen Kanzlers, Andreas Lange von Langenau, dem Schwager seiner Mutter, lebte. Als 1635 die Pest in Brieg wütete, floh die Familie mit ihrer beweglichen Habe aus der Stadt, in die sie erst 1639 zurückkehrte und Aufnahme im Haus des fürstl.-briegischen Rats und Sekretärs Bernhard Wilhelm Nüßler, dem Jugendfreund von Martin Opitz (1597–1639), fand. Hier in Nüßlers Haus wurde Kunsch Informator des Sohnes des bekannten Gelehrten Caspar Dornau (1577–1632), Opitzens ehemaligem Lehrer. 1641 vermittelte Nüßler Kunsch zum Studium an den Groninger Professor Johann Steinberg (1592–1653) (MATRIKEL GRONINGEN, 1915: 10. Sept. 1641: Johannes Kuntschius, Oppavia-Silesia; Rektor Henrico Alting), wobei dieser ihn aber gleich wieder zu Nicolaus Vedelius (gest. 1642), Prof. theol. in Franeker, weiterlenkte, um dessen Söhne zu unterrichten. Nachdem Steinberg Kunsch nach Groningen zurückgerufen hatte, konnte er unter Heinrich Alting und Martin Schoock (1614–1669) Theologie und Philosophie studieren. Einen besonderen Eindruck hinterließ dabei Schoock, den Kunsch in den sechziger Jahren dem Kurfürsten empfahl, so daß dieser ihn zum Hofhistoriographen und Professor der Landesuniversität in Frankfurt/O. berief (1665). Im Jahr 1643 folgte Kunsch der Aufforderung des Hamburger Gouverneurs Freiherrn von Kniphausen und bezog mit dessen Sohn das Bremer Gymnasium illustre (ACHELIS, TH. O., 1968, S. 75: Joh[anne]s Kuntschius Oppavia Siles[ius], 1643). Unter Ludwig Crocius konnte er seine theologischen Kenntnisse weiter vertiefen und sich auf das Predigtamt vorbereiten. 1646 erhielt Kunsch die Berufung zum Prediger in Xanten. Hier heiratete er Susanna Maria, die Tochter von Johann Adam, damaligem Inspektor in Heppenheim/ Bergstraße und späterem Pastor zu S. Ansgar Bremen. Am 15. Aug. 1649 konnte Kunsch dann seine erste Predigt in der neuerbauten Kirche zu Xanten halten. Bereits 1648 hatte ihm der Graf von Bentheim eine Hofpredigerstelle angeboten, die Kunsch jedoch nicht annahm, wobei dafür möglicherweise die ablehnende Haltung des Kurfürsten als Landesherr ausschlaggebend war. Als Nachfolger von Dr. Philipp Konstantin von Eizen wurde Kunsch 1652 Prediger in Rees/Niederrhein, bevor er 1653 nach Cölln/Spree als Dom-Prediger (Bestallung am 21. Febr. 1653) gerufen wurde. Der Wechsel zwischen Reisen, Teilnahme an den Feldzügen im Elsaß und in Pommern sowie die Unterrichtung der Kinder des Kurfürsten waren der Rhythmus, der Kunschs Leben fortan bis zu seinem Tode bestimmte. Bereits 1655 versah er für den gealterten Johann → Bergius die Aufgabe des Reisehofpredigers und begleitete den Kurfürsten nach Preußen. Es folgte 1656 die Berufung zum Prof. theol. am reformierten Joachimsthalschen Gymnasium (FRITZE, Lehrerverzeichnis Joachimsth. Gymn., S. 3). Nachdem Kunsch 1658 zum Hofprediger ernannt wurde, ging er mit dem Kurfürsten wieder auf Reisen: so 1658 nach Jütland und 1660 nach Cleve. Gleichzeitig versah er die Aufgaben des Religionslehrers des Kurprinzen bis 1662. Als Kunsch 1662 von einer Preussen-Reise nach Berlin zurückkehrte, beorderte ihn der Kurfürst neben Bartholomaeus → Stosch und Johann → Vorstius in die Verhandlungskommission der Reformierten, die unter Leitung von Otto von Schwerin (1616–1679) im sogenannten Berliner Religionsgespräch die Streitigkeiten mit der lutherischen Geistlichkeit beilegen sollte. 1664 wurde Kunsch wieder als Informator gebraucht; diesmal um die Kurprinzen Karl Emil sowie Friedrich auf das Abendmahl vorzubereiten.

Nach der Rückkehr von einer Reise nach Cleve wurde Kunsch an die damalige Erbprinzessin und spätere Königin von Dänemark (bis 1666/67) als Hofprediger ausgeliehen; ebenso half er in der reformierten Gemeinde zu Danzig aus, indem er für ein Jahr als Nachfolger des verstorbenen Predigers Kiesewetter fungierte (Bitte der reform. Gemeinde Danzigs Kunsch als Prediger ausleihen zu können: »Demühtiges Supplicat ... Der Reformirten Gemeine in Danzig«; ohne Datum, um 1673/1674; weitere Briefe aus Danzig vom 28. März 1673; 25. April 1673; 19. Juli 1673 vgl. GStA Rep. 2, Nr. 45a). Kunsch starb am 9. Nov. 1681 in Berlin; die Trauerrede hielt der Hofprediger Heinrich → Schmettau. [JS]

Werke

Christliche Leichpredigt/ aus Dem trostreichen Spruche/ Ioh. III:16. Also hatt GOtt die Welt geliebet/ etc. gehalten Bey volckreicher Begräbnüß Der Weyland WolEhrbarn/ VielEhr und Tugendsamen Frawen Catharinen Margarethen KRAUSIN/ des WolEhrenvesten und Vornehmen Herrn Daniel Inckeforts/ Sr. Churfürstl. Durchl. zu Brandenburg zu dero Chur= und Marck Brandenburg wolbestalten Ober=Saltz=Factors eheliche Hauß=Frawen/ So den 3. Februarij dieses lauffenden 1656. Jahres in der Churfürstl. Thumb Kirchen zur erden bestattet worden: durch Johannem Kunschium, von Breitenwald/ dienern am worte Gottes/ bey der nach Gottes wort Reformirten Gemeine zu Berlin und Cölln an der Spree. BERLIN/ Gedruckt bey Christoff Runge. s. a. [1656]. (1: Ee 516, 6).

Tägliche Gewissens Reinigung Der Kinder GOttes Mit dem Blute und Geiste Christi zur Bereitung eines seligen Abscheidens aus dieser Welt. Aus dem 51. Psalm. Bey Christlichem Leichbegängnüß Der weyland Wol=Ehrbaren/ VielEhr= und Tugendsamen Frauen Saren Boots/ Des Wol=Ehrnvesten und Groß=Achtbaren Herrn Matthiae Neuhausens/ Vornehmen Handelsmannes in Berlin liebsten Haußfrawen. Nach dem dieselbige am 30. Januarii dieses 1658sten Jahres seliglich im Herrn entschlaffen/ und ihr erblichener Cörper am folgenden 7. Februarii/ bey der Kirchen zur Heiligen Dreyfaltigkeit zu Cöln an der Spree beerdiget worden. In Gegenwart der Churfürstlichen Gnädigsten Herrschafft/ und Volckreicher Versamlung Fürgetragen/ durch JOHANNEM KUNSCHIUM von Breitenwald/ Dienern am Worte Gottes bey der nach GOttes Wort Reformirten Kirchen und Schulen zu Cöln an der Spree. Berlin/ Gedruckt bey Christoff Runge/ im obermeldeten Jahre. 4°. (1: Ee 524, 8).

Christliche Leichpredigt/ Aus den trostreichen Worten des 73. Psalms: v. 25/26. HErr/ wann ich nur dich habe/ etc. Bey Hochansehnlichen Leichbegängnüß Der WolEdlen/VielEhr= und Tugendsamen Frauen Catharinen Fischerin/ gebornen Matthiaszinn/ Nach dem dieselbige den 30. Novembris des 1656. Jahres/ seliglich in dem HErrn entschlaffen/ und ihr verblichener Cörper am 7. December in der Thum=Kirchen zu Cöln an der Spree zur Erde bestattet worden. In Volckreicher Versamlung gehalten Durch Johannem Kunschium, von Breitenwald/ Dienern am Worte Gottes bey der Churfürstl. Thumkirchen und Schulen zu Cöln an der Spree. s. a. In: Zwo christliche Leichpredigten zweyer gewesener Eheleute Als Des weyland Edlen WolEhrenvesten GroßAchtbarn und Hochgelahrten Herrn Johann Fischers Churfürstl. Brandenb. Raths und Geheimen Cammer-Secretarii Welcher am 10. Septembr. Anno 1659 zu Nacht umb 11 Uhr im Herrn selig entschlaffen; und der Wol=Edlen und Ehren Viel Tugendreichen Frauen Catharinen Matthiaßin vorbenennten H. Fischers Sel. Eheliebsten Welche zwar vor ihrem Eheherrn eine geraume zeit als am 30. Novembr. 1656 diese Welt gesegnet itzo aber beyde Leichpredigten zugleich zum Druck gegäben. Durch BARTHOLOMAEUM STOSCHIUM, und JOHANNEM KUNSCHIUM, Predigern bey der Thumkirchen in Cölln an der Spree. Berlin/ Gedruckt bey Christoff Runge. s. a. [1659]. 4°. (1: Ee 509, 11, 12).

Praeservativ: Wider einen bösen schnellen/ und Tägliche Vorbereitung Zu einem seeligen Tode/ Aus dem neuntzigsten Psalm Bey hochansehnlichem und volckreichem Leichbegängnüß Des Wolwürdigen/ HochEdelgebornen Herren/ Herrn Otto Christoff von Rochow/ Des löblichen St. Johanniter Ordens Rittern/ und Commendatoris zu Werben/ Dero Königl. Maytt. zu Schweden wolverdienten Obristen/ und Churfürstl.

Brandenb. wolbestalten Hoff=Marschalls/ auf Schultzendorff und Rociß Erb=Herrn: Welcher den 17. Januarij dieses 1659sten Jahres in Ripen eines plötzlichen Todes verblichen/ dessen Cörper den 25. Februarij zu Wyburg in Jütland beygesetzet worden/ vorgestellet Und auff freywillige Vergönstigung eines Wohl Ehrwürdigen und friedliebenden Ministerii zu Wyburg in der Thumkirchen daselbsten gehalten durch JOHANNEM KUNSCHIUM, von Breitenwald/ Churfürstl. Brandenb. Hoff=Predigern. Berlin/ Gedruckt bey Christoff Runge. s. a. [1659]. 4°. (1: Ee 530, 14 u. 15).

Christliche Leichpredigt/ Aus dem 77. Psalm Bey Christlichem Leichbegängniß Der Edlen/VielEhr=und Tugendreichen Fr. Marien Sibyllen Fahrenholtzin/ Des Edlen/Vesten/ und GroßAchtbarn Herrn Gottlieb Henrich Ölvens/ Churf. Brandenb. wolbestalten geheimten Secretarii Ehelichen Hausfrauen. Welche den 17. Septembr. des 1660ten Jahres in dem HErrn selig entschlaffen/ und den 23. Septembr. darauf zu Cölln an der Spree/ bey der Kirchen zur Heil. Dreyfaltigkeit Christlichen Gebrauche nach/ beerdigt worden. In volckreicher Versamlung gehalten Durch Johannem Kunschium, von Breitenwald/ Churf. Brandenb. Hoffprediger. Berlin/ Gedruckt bey Christoff Runge. s. a. [1660]. 4°. (1: Ee 525, 3; Ee 700–2434).

Leichpredigt auf Elisabeth Quaak, Witwe des Pastors Paul Schultz. Berlin 1660. (1: Ee 532, 26).

Freudigkeit der Kinder Gottes in dem Tode/ Aus der andern Epistel Pauli an Timotheum vierdten Capitels v. 7/8. Bey Hochansehnlicher Leichbegängnüß Des Hoch=und Wolgebornen Herren/ Hrn. CARL, ICO, IGNATII, Des Heil. Röm. Reichs Freyherrn und BannerHerrens von Inhausen und Kniphausen/ Auch Eltern und Vogelsang/ Erb=Meyers der Stadt Bastenach etc. Welcher am 29. October des vergangenen 1659. Jahres in der Belägerung der Stadt Stetin tödlich verwundet worden/ und etliche Stunden darauf seliglich … [durchgestrichener Text] verschieden/ dessen verblichener Cörper den 14. Junii in der Churfürstl. Thumkirchen zu Cölln an der Spree/ Christlichem Brauch nach/ beygesetzet worden. Vorgetragen durch Johannem Kunschium, von Breitenwald/ Churfürstl. Brandenb. Hoffprediger. Berlin/ Gedruckt bei Christoff Runge. 1660. 4°. (1: Ee 516, 5; Ee 636, 1).

Christl. Leich-Predigt aus Joh. XVII. 24. bey dem Leichbeg. Herrn Joh. Magirii JCti und Ch. Br. Cammerger. Advocati 1665 gehalten. Cöln [Schultze, Georg] 1665. 4°. (Küster/Müller, 1737, I, S. 167; Dünnhaupt 1991, V, S. 3655; Stolberg III, 6, 15838).

Christl. Leich-Predigt aus Apoc. VII. 9. sq. bey Beerdigung Fr. Eleon. Margar. von Jena geb. Müllerin gehalten. Berlin 1665. 4°. (Küster/ Müller, 1737, I, S. 167).

Der Christen Trost und Hoffnung/ Zum Ehrengedächtniß Des Wol=Edlen/ Groß=Achtbarn und Wolweisen Herrn Hoyer Friedrich Striepens/ Churfürstl. Brandenburg. Wolverdienten Ampts=Cammer=Rahts/ Vice=Cammermeisters und Bürgermeisters der Residentz auch Veste Berlin/ etc. Nachdem derselbige am 26sten Augusti dieses 1670sten Jahres selig in CHristo entschlaffen/ und dessen verblichener Cörper den 8. Septembris in seinem Ruhekämmerlein beygesetzet worden. Bey Volckreicher Versammlung erkläret Aus dem Propheten Esa 38. v. 17. Und auff Begehren in Druck gegäben durch JOHANNEM KUNSCHIUM, von Breitenwalde/ Churfl. Brandenb. Hoffprediger. Berlin/ Gedruckt bey Christoff Runge/ 1670. (1: Ee 537,2; LB Coburg).

Christl. Leich-Predigt aus Ps. IV. v. ult. bey der Leichbeg. Herrn Friedr. Hamraths Churf. Br. Cammerdieners, und Raths-Verwandten in Berlin, d. 14. Apr. 1672. gehalten. Cöln s. a. [1672]. 4°. (Küster/ Müller, 1737, I, S. 167).

Frommer Christen frühzeitiger doch seeliger Tod aus Jes. XXXVIII. 12–17. bey der Leich-Begängniß Fr. Marien von de Water Herrn Joh. Martitz Churf. Br. Raths Eheliebsten a. 1673. gehalten. [1673]. 4°. (Küster/ Müller, 1737, I, S. 168).

Was einen Christen freudig mache zu sterben/ Aus den Worten CHristi/ Apoc. 2. 10. Sey getrew biß an den Todt/ so wil ich dir die Crohn des Lebens geben. Bey Hoch=Ansehnlicher Leichbegängnüß/ Des Weyland Hoch=Edelgebohrnen und Gestrengen Herrn EMMANUELIS FROBENII, In seinem Leben wolmeritirten Churfl. Brandenb. gewesenen Stallmeisters und Kammer=Junckers/ Welcher den 18. Junii im Treffen bey Lünum mit einer Stück=Kugel Tödtlich verwundet worden/ und anderthalb Stunde darauff seelig in dem HERRN CHristo verschieden/ Dessen verblichener Cörper den 11. Augusti dieses 1675. jahres in sein Ruhe= Kämmerlein versetzet worden ist. In der Churfürstl. Thumb=Kirchen zu Cölln an der Spree/ bey volckreicher Versammlung Erkläret und vorgetragen Durch JOHANNEM KUNSCHIUM, von Breitenwalde/ Churfürstl. Brandenb. Hoff=Prediger. Franckfurt an der Oder/ Bey Johann Ernsten/ der Universität Buchdr. Anno 1675. 4°. (1: Ee 710–126, 2).

Der Mohrenländische Cämmerer aus Act. VIII. 25. sqq. bey Austheilung des hochheiligen Abendmahls am Churf. Hof Ch. Friedrich Wilhelms am Sonnt. Sexages. 1675 zu Schweinfurt, gestellet. Nürnberg s. a. 4°. [1675]. (Küster/ Müller, 1737, I, S. 168).

Grund/ Eines Gottseligen Lebens/ und darauff folgenden Seligen Sterbens. Auß dem 18. Psalm v. 2. 3. Erklähret/ Bey Volckreicher HochAnsehnlicher LeichBegängnüß Der weyland Wol Edlen/ Frommen/ VielEhr= und Tugendsamen Matronen/ F. Annen von der Willigen/ (Tit.) Herrn Antonii Feust/ Vornehmen Kauf= und Handels=Mannes in Hamburg/ hinterlassenen Wittiben/ Welche Den 6. Decembris des 1675. Jahres Selig in dem Herrn verschieden/ und darauff den 12. Decembris selbigen Jahres in dero Ruhe=Kämmerlein bey der Churfürstl. Thumb=Kirchen allhier beerdiget worden/ Durch JOHANNEM KUNSCHIUM von Breitenwalde/ Churfürstl. Brandenb. Hoffprediger. Cölln an der Spree/ Druckts Georg Schultze/ Churfürstl. Brandenb. Buchdr. s. a. 4°. [1675]. (1: Ee 700–875).

Christliche Leich=Predigt/ Aus den Worten Christi/ Apocalyps. 3. v. II. Siehe/ ich komme bald: Halt was du hast/ daß niemand deine Krone nehme. Bey Hochansehnlicher und Volckreicher Leich=Begängniß Des weiland WolEdlen/ Vesten/Hochgelahrten und Hochbenamten Herrn Johann Görlings/ In seinem Leben gewesenen Churfürstlichen Brandenburgischen wolmeritirten Rahtes und Archivarii, Welcher den 26. Februarii dieses 1677 sten Jahres selig in dem Herrn verschieden/ und drauff den 7. Martii bey der Kirchen zur Heiligen Dreyfaltigkeit zu Cölln an der Spree ist beerdiget worden; Gehalten Von JOHANNE KUNSCHIO von Breitenwalde/ Churf. Brand. Hoff=Prediger. Cölln an der Spree/ Druckts Georg Schultze/ Churf. Brand. Buchdr. 1677. (1a: Bd 8557, 29).

Christl. Leich-Predigt aus Ps. 72. 23–26. bey dem Leich-Begängniß Fr. Elisabeth von Götzen gebohrnen von Saldern Churf. Br. Ober-Hofmeisterin, als dieselbe d. 11. Dec. 1679. im Dohm beygesetzet worden. [1679]. 4°. (Küster/ Müller, 1737, I, S. 168).

Christl. Leich-Predigt aus 2. Tim. IV. 6–8. bey der Leich-Begängniß Fr. Dorotheen Köppin geb. Gutjahren, und Fr. Doroth. Elis. Cramerin geb. Köppin Herrn Joh. Köppen Churf. Br. Geh. Etats-Raths höchstgeliebten Frauen und Tochter a. 1679. gehalten. [1679]. 4°. (Küster/ Müller, 1737, I, S. 168).

Christliche Leichpredigt/ Aus des Sechs und achtzigsten Psalms II. Vers gehalten Bey volckreicher Leichbegängniß Des Wol Edlen/ Vesten/ Hochweisen und Hoch=Achtbaren Herrn/ Hn. Meinhardt Neuhaus/ Weiland in seinem Leben wolmeritirten ältisten Burgermeisters in der Churfürstlichen Residentz=Stadt Cöln an der Spree: Welcher den 22. Junii dieses lauffenden 1680sten Jahres in dem Herrn Christo selig entschlaffen/ dessen verblichener Cörper darauff den 27. Junii/ bey der Kirchen zur heiligen Dreyfaltigkeit allhier/ in sein Ruhekämmerlein/ ist beygesetzet worden/ Durch Johannem Kunschium von Breitenwalde/ Churfürstlichen Brandenburgischen Hoff=Prediger. zu Berlin/ gedruckt bey Christoff Runge/ Anno 1680. 4°. (1: Ee 524, 7).

Christl. Leich-Predigt aus Ps. LXXIII. 23. 24. bey der Leiche Herrn Matth. Neuhauß Burgermeisters in Berlin, welcher den 13. Febr. 1681 zu Cöln beygesetzet worden. [1681]. 4°. (Küster/ Müller, 1737, I, S. 168).

Literatur

SCHMETTAU, Heinrich: Treuer Lehrer und Prediger/ irrdisches Loß/ und himmlisches Erbtheil/ Bey sehr Volckreicher Versamblung/ Von Hohen und Niedrigen/ und Christlicher Leichbestattung/ der Entseelten Gebeine/ Des Weiland Hoch= WohlEhrwürdigen und Hochgelahrten Herren/ Johannis Kunschii von Breitenwald/ Churfl. Brandenb. wohlmeritirten und Treu=fleißig=gewesenen Hof=Predigers/ als derselbige in der Mitwochs Nacht zuvor/ zwischen 4. und 5. Uhr/ sanfft und selig diese Welt gesegnet/ Am 24. Sonntage Trinitatis, war der 13. Novemb. A. 1681. Aus den Worten Psal. XVI. 6. In der Churfürstl. Schloß=Thum=Kirchen zu Cölln an der Spree/ betrachtet und vorgestellet Von Heinrich Schmettawen/ Churfl. Brandenb. Hof=Prediger. Druckts Georg Schultze/ Churfl. Brandenb. Hof=Buchdr. s. a. [1681]. 4°. (1: Ee 519, 28); FECHNER, Gersom: Der letzte Gesegnungs=Wunsch/ Auf dem Begräbnüß Tit. Herrn Johannis Kunschii von Breitenwalde/ Churfürstl. Brandenburgischen gewesenen Hoff=Predigers/ In einer Abdanckung wiederholet/ Von Gersom Vechner. Cölln an der Spree/ Drukts Georg Schultze/ Churfürstl. Brandenb. Buchdrucker. s. a. [1681]. (1: Ee 519, 28 angeh.); KÜSTER/ MÜLLER, 1752, I, S. 69, 73, 166ff.; THADDEN, 1959, S. 184; FRITZE, Lehrerverzeichnis Joachimsth. Gymn., S. 3; GStA Rep. 2, Nr. 45a; GStA Rep 2, Nr. 31, fol. 11.

Lilien (Lilius), Georg von

* 14. April 1597 Dresden
† 27. Juli 1666 Berlin
Theologe, Kirchenlieddichter, luth.
V Matthäus von L., kaiserlicher Leutnant
M Margaretha geb. Lachner
⚭ I. 1621 Anna Maria geb. Kalbesberg (gest. 1626);
II. 1627 Emerentia geb. Lehmann
K I. 2 Söhne (starben vor dem Vater); Tochter Susanne Mönchmeyer
II. Martin, Kammergerichtsadvokat (1628–1659); Caspar, Generalsuperintendet zu Bayreuth und Oberhofprediger; Anna Ursula verh. Wolff; Johannes Conrad (1638–1664), Sekretär des Barons von Pöllnitz; Joachim Friedrich, Hofmeister der Blancken von Stettin; Christian Matthaeus, Fürstlich-Altenburgischer Legations-Cancellist auf dem Reichstag zu Regensburg; Martha Ehrentraud; Maria Emerentia und Georg (der Jüngere), kgl.-preuß. General und Gouverneur in Geldern; als Kinder starben Ehrentraut, Maria Emerentia, Georg Sigismund sowie ein weiteres nicht genanntes Kind

1607–1613	Schule in Schlackenwerth/ Böhmen
1613–1616	Joachimsthalsches Gymnasium
1616	Universität Königsberg
1617	Universität Frankfurt/O.
1618–1621	Universität Wittenberg (1620 Mag.)
1621–1628	Pfarrer in Zinndorf (Amt Rüdersdorf)
1628–1631	Prediger zu Walsleben bei Caspar von Klitzing
1632	Dritter Diakon zu S. Nicolai in Berlin
1634–1657	Zweiter Diakon (1634–1635 zugleich Bibliothekar zu S. Nicolai)
1657–1666	Propst

Georg von Lilien (Lilius), am 14. April 1597 in der kursächsischen Residenzstadt Dresden geboren, entstammte einem alten adeligen Geschlecht. Sein Vater, der kaiserliche Leutnant Matthäus von Lilien, hatte sich 1592 bei der Verteidigung der ungarischen Festung Comorra gegen die türkischen Belagerer so hervorgetan, daß ihm Kaiser Rudolph II. den Adel erneuerte. Später bestellte ihn der Kurfürst von Sachsen zum Trabanten-Hauptmann, in welchem Amt er 1604 verstarb. Seine Witwe Margaretha geborene Lachner kam aus einer vornehmen österreichischen Familie; ihr Vater Michael Lachner besaß in Kärntern ansehnliche Güter. Sie selbst wurde von ihrem Vetter Johann Braune, Kommandant der Festung Comorra, erzogen und zur Ehe ausgestattet. Nach dem Tode ihres Mannes trat sie in den Hofdienst der brandenburgischen Kurfürstin Anna (1576–1625), der sie 13 Jahre diente (die biographisch-genealogischen Informationen stammen aus dem »Ehren-Gedächtnis«, angeschlossen der Leichpredigt, die der Dritte Diakon zu S. Nicolai in Berlin, David GIGAS, 1666 auf den Verstorbenen hielt).

Nach dem Tode seines Vaters kam Lilien zu seiner Großmutter ins böhmische Schlackenwerth, nahe der sächsischen Grenze, wo Caspar Lilien, ein Bruder des bereits verstorbenen Großvaters Andreas Lilien, sich des Kindes annahm und es adoptierte. Caspar Lilien stand mehr als 40 Jahre in kaiserlichen Diensten, war Bürgermeister und Stadtältester in Schlackenwerth, wo Georg zunächst sechs Jahre die Schule besuchte und in Religion, freien Künsten und Sprachen unterrichtet wurde. Rektor der Schule war Magister Michael Kunius. Weitläufige verwandtschaftliche Beziehungen bestanden zum Inspektor Wolfgang Preunel, dem Vater des späteren kfl.-brandenburgischen Rates und Ober-Lizent-Einnehmers Johann Adam Preunel (gest. 1668).

1613 kam Lilien über Leipzig nach Berlin und setzte seine Ausbildung am Joachimsthalschen Gymnasium fort, wo er drei Jahre im Alumnat verbrachte. Rektor der 1607 im abgelegenen Joachimsthal in der Uckermark als brandenburgische Fürstenschule gegründeten Anstalt war seit 1610 Samuel Dresemius (1578 bis 1638), ein herausragender Gelehrter späthumanistischer Prägung. Er hatte in Frankfurt/O. den Magistergrad erlangt und war in Heidelberg vom bekannten Dichter Paul Schede-Melissus (1539–1602) zum Poeta laureatus Caesareus gekrönt worden. Danach dozierte er in Greifswald und Rostock, war Konrektor an der städtischen Schule in Salzwedel, bevor er 1610 als Rektor nach Joachimsthal kam. Als Lilien 1616 das Joachimsthalsche Gymnasium verließ, soll ihm Rektor Dresemius ein ausgezeichnetes Testimonium überreicht haben (so GIGAS in seinem »Ehren-Gedächtnis«). Noch im selben Jahr reiste Lilien im kurfürstlichen Gefolge nach Königsberg, wo er auch die Universität besuchte, an der er sich am 31. Okt. unter dem Rektor und Medizinprofessor Georg Loth (dem Älteren) immatrikulierte (ERLER, 1910, I, S. 226). Auf Anraten der Kurfürstin Anna wollte seine Mutter ihn zum Theologen ausbilden lassen. Eine besondere Begabung zum Predigen schien der Neunzehnjährige durchaus zu besitzen. Denn als preußische Regierungsräte einer von ihm gehaltenen Predigt in Ortelsburg nahe Allenstein beiwohnten, waren sie davon so angetan, daß sie sich bereit erklärten, die weitere Ausbildung zu finanzieren.

Zur selben Zeit wurde jedoch auch Kurfürst Johann Sigismund auf den begabten Jüngling aufmerksam. Er ließ ihn zu sich kommen und versprach dem ehemaligen Joachimsthalschen Alumnus ein kurfürstliches Stipendium unter der Bedingung, daß dieser in Frankfurt/O. seine Studien fortführe. Der kurfürstlichen Order gemäß immatrikulierte sich Lilien im Sommersemester 1617 unter dem Rektor und Mediziner Lorenz Heiland (gest. 1632) an der Viadrina (FRIEDLÄNDER, 1887, S. 613,10). Hier blieb er jedoch nur ein Vierteljahr, weil der brandenburgische Generalsuperintendent Christoph Pelargus (1565 bis 1633) »ohn einer Subscription und gewisser Condition dasselbe [nämlich das kurfürstliche Stipendium] ihm nicht conferiren können« (so GIGAS in seinem »Ehren-Gedächtnis«). Gemeint ist hier das Bekenntnis zur reformierten Religion, das Lilien verweigerte. Kurfürst Johann Sigismund war 1613 zum Calvinismus übergetreten, ohne jedoch von seinen Angehörigen dasselbe zu verlangen, auch nicht von seinen Untertanen. Gleichwohl wurden in der Folgezeit in der brandenburgischen Landespolitik die Reformierten begünstigt, zum Beispiel bei der Ämterbesetzung bevorzugt. Andererseits konnte ein fehlendes Bekenntnis zum Calvinismus bei einer Bewerbung um ein höfisches Amt oder bei der Verleihung eines kurfürstlichen Stipendiums durchaus von Nachteil sein.

Kurfürstin Anna, die älteste Tochter des Herzogs Albrecht Friedrich von Preußen, hielt trotz des Bekenntniswechsels ihres Mannes an der lutherischen Konfession fest. Auf ihre Anordnung hin durfte Lilien einige Male in der Schloßkapelle predigen. Seine Predigten gefielen der Kurfürstin, die sich des begabten Jünglings auch weiterhin annahm und ihn auf Empfehlung der preußischen Regierungsräte zur Ausbildung nach Sachsen schickte. Durch ihr entsprechendes Schreiben an die sächsische Kurfürstin erhielt Lilien ein kfl.-sächsisches Stipendium zuerkannt. Der Dresdner Oberhofprediger Matthias Höe von Hohenegg (1580–1645) ließ ihm hierbei die freie Wahl zwischen den Universitäten Wittenberg und Leipzig. Lilien entschied sich für Wittenberg, wo er sich am 24. April 1618 unter dem Rektorat des Mediziners Daniel Sennert (1572–1637) immatrikulierte (WEISSENBORN, 1934, 18,144). Die Namen der Professoren hat sein Trauerredner David Gigas (gest. 1705) überliefert; es waren die Theologen Meisner, Balduin, Franz und Hunnius und an der philosophischen Fakultät die Professoren Martini und Schmidt. Balthasar Meisner (1587–1626) hatte 1611 zunächst die Professur für Ethik erhalten und war zwei Jahre später auf einen der vier theologischen Lehrstühle gewechselt, wo er über die Propheten des Alten Testaments las und in seinen Disputationen vornehmlich sozinianische Auffassungen bekämpfte. Der Begründer der evangelischen Kasuistik, Friedrich Balduin (1575–1627), Kaiserlich gekrönter Poet und ein vorzüglicher Prediger, vozierte schon 1604 zum Theologieprofessor und erklärte in seinen Vorlesungen die Paulus-Briefe. Wolfgang Franz (1564–1628), vormals Professor für Geschichte und danach Propst zu Kemberg, war 1605 als Professor theologiae nach Wittenberg zurückgekehrt. Seine Vorlesungen galten den Büchern Mosis, bis 1620 ein Schlagfluß seiner akademischen Tätigkeit ein Ende setzte. Nikolaus Hunnius (1585–1643), der Sohn des bekannten Marburger Theologen und späteren Wittenberger

Theologieprofessors Ägidius Hunnius (1550–1603), seit 1612 Superintendent zu Eilenburg, war erst 1617 auf die unterste theologische Professur gekommen, wo er sich durch seine Polemik gegen Katholiken und Calvinisten, gegen Weigelianer und Sozinianer auszeichnete. Seine eigentliche Wirkungsstätte wurde jedoch Lübeck, wohin er 1623 als Hauptpastor berufen wurde.

An der philosophischen Fakultät hörte Lilien Jakob Martini (1570–1649), damals noch Professor für Logik, der 1623 eine theologische Professur übernahm und vehement den Calvinismus im benachbarten Anhalt und in Kurbrandenburg bekämpfte. Einen besonderen Einfluß auf den begabten Studenten übte jedoch Erasmus Schmidt (1570–1637) aus, seit 1597 Professor für Griechisch, der Lilien wie einen Sohn aufgenommen haben soll und ihm auch ermöglichte, jüngere Studenten zu unterrichten. In Wittenberg hielt Lilien privat einige theologische Disputationscollegia und respondierte dreimal öffentlich unter Jakob Martini und Abraham Heineccius in Philosophie und Theologie. Auf Schmidts Anraten hin erlangte er am 20. Sept. 1620 den Magistergrad. Die adlige Witwe Catharina von Klitzing geborene Lüderitz, die Lilien schon vorher finanziell unterstützt hatte, übernahm nun auch die mit der Magisterwürde verbundenen Kosten. Daß diese recht beträchtlich waren, lag vor allem an dem in den Bestimmungen über die Erwerbung des Magistergrades ebenfalls vorgeschriebenen »Prandium magisteriale«, an dem sogenannten Magisterschmaus, auf dessen ordentliche Ausstattung die Professorenschaft großen Wert legte.

Als Lilien 1621 von Wittenberg nach Berlin kam, um seine Mutter zu besuchen, erhielt er gleich zwei vakante Pfarrstellen angetragen, die zu Köpenick und die zu Zinndorf (das dem Amt Rüdersdorf unterstand). Eigentlich wollte er seine Universitätsausbildung fortsetzen, doch wegen der Geldentwertung in den Kipper- und Wipperjahren, die auch sein Stipendium minimierten, entschloß er sich für eine feste Anstellung. Er nahm die Vokation auf das Pfarramt Zinndorf an und wurde daraufhin in Frankfurt von Christoph Pelargus für sein neues Amt ordiniert. Aus jener Zeit stammen auch die ersten überlieferten Werke, nämlich zwei Dank-Predigten anläßlich der Belehnung Kurfürst Georg Wilhelms mit dem Herzogtum Preußen am 23. Sept. 1621 und der Rückkehr des Kurfürsten nach Brandenburg nach der empfangenen Belehnung. Aus der Zinndorfer Amtszeit stammt auch die Schrift »Lilium Christianum, das Lilien=Bildnüß Christi und der Christlichen=Kirche«, wohl eine Erbauungspredigt, die ebenfalls im Druck erschien.

Schon unmittelbar nach seiner Amtsübernahme hatte Lilien am 24. Aug. 1621 Anna Maria, eine Tochter des Amthauptmanns zu Rüdersdorf, Caspar Kalbesberg, geehelicht. In dieser Ehe wurden zwei Söhne und die Tochter Susanne geboren, die allein den Vater überlebte; sie heiratete später den Pastor in Zinndorf, Johann Bartholomaeus Mönchmeyer. Während der ältere Sohn »in der Fremde geblieben sein soll« (so GIGAS in seinem »Ehren-Gedächtnis«), starben der jüngere Sohn und Liliens Frau im Aug. 1626 an der Pest. Auch Liliens Mutter fiel der die Mark heimsuchenden Seuche zum Opfer. Da in den Pestzeiten keine weiteren Geistlichen zur Verfügung standen, mußte Lilien selbst die Leichpredigten für seine Frau und für seine Mutter halten. Zwar erkrankte auch er an der Pest, konnte aber wieder genesen. Nach dem Tode seiner ersten Frau heiratete er am 23. April 1627 Emerentia, eine Tochter des Pfarrers zu Herzfelde, Martin Lehmann. In der 40jährigen Ehe wurden 13 Kinder geboren, von denen die meisten noch vor dem Vater starben, so auch Martin von Lilien (1628 bis 1659), Licentiat beider Rechte und Kammergerichtsadvokat in Berlin, und Johann Conrad von Lilien (1638–1664), Sekretär des Barons von Pöllnitz. Caspar von Lilien auf Waitzendorf, Kaiserlicher Pfalzgraf und ein später berühmter Theologe, dessen Adel der Kaiser auf dem Regensburger Reichstag erneuerte, war zunächst Hofmeister beim Markgrafen Christian Ernst von Bayreuth (1644–1712), den er als Prediger auf seinen Reisen durch Italien und Frankreich begleitete. Nach dessen Regierungsantritt wurde er Oberhofprediger, Beichtvater, Generalsuperintendent, Konsistorialpräsident und schließlich Vormundschaftsdirektor der jungen Markgrafen von Kulmbach. Zunehmend wurde er zu geheimen Beratungen und Staatsgeschäften herangezogen, schließlich auch zum Wirklichen Geheimen Rat ernannt und galt am Hofe als der eigentliche Leiter der Regierung. Ende 1678 berief ihn der Markgraf in das Geheime Ratskollegium und vertraute ihm zahlreiche diplomatische Missionen an. Caspar von Lilien starb jedoch wenige Jahre später im Alter von erst 55 Jahren. Seine umfangreiche Bibliothek wurde 1697 in Berlin versteigert (Bibliotheca magnifica ... à Casparo à Lilien ... relicta, nunc solito auctionis more venalis exposita ... 1697 ... Berolini). Er galt als herausragender Gelehrter und Mäzen; auf seine Veranlassung hin wurde 1664 das Gymnasium illustre in Bayreuth gestiftet, über das er bis zu seinem Lebensende das Direktorat inne hatte. Joachim Friedrich von Lilien war Candidatus theologiae und zum Zeitpunkt des Ablebens seines Vaters 1666 Hofmeister bei Blancken von Stettin. Christian Matthaeus von Lilien befand sich als fürstlich-altenburgischer Legations-Cancellist auf dem Reichstag zu Regensburg. Georg von Lilien (der Jüngere) brachte es in militärischen Diensten bis zum königlich-preußischen General der Infantrie, wurde schließlich Gouverneur in Geldern und starb im Alter von 74 Jahren in Berlin. Liliens Tochter Anna Ursula wurde die Ehefrau des kfl.-brandenburgischen Stall-, Rüst- und Zeug-Schreibers Johann Paul Wolff.

Lilien hatte sein Pfarramt in Zinndorf sieben Jahre ausgeübt, dabei eine 1626 erfolgte höher dotierte Berufung zum Inspektor in Fürstenwalde ausgeschlagen, als ihn 1628 Caspar von Klitzing vom brandenburgischen Kurfürsten als Prediger für sein Gut Walsleben im Ruppinischen erbat. Lilien folgte der neuen Berufung, war er doch der Klitzingschen Familie verpflichtet, die seinerzeit sein Studium in Wittenberg in besonderer Weise gefördert hatte. Hier in Walsleben kümmerte er sich neben seiner aufwendigen Tätigkeit als Prediger (so soll er fast immer wöchentlich drei Predigten gehalten haben) und Seelsorger besonders um den Schulunterricht, war er doch durch sein geistliches Amt zugleich Inspektor der in seiner Amtszeit wohlausgestatteten Klitzingschen Schule. Aus seiner Walslebener Amtszeit stammen die anläßlich der 100-Jahr-Feier der Confessio Augustana gehaltene Jubelpredigt »Kern und Stern der Evangelisch=Augspurgischen Glaubens=Confession« (Stettin 1630) sowie ein Erbauungsbüchlein mit dem Titel »Beth=Paradieß«. Der adligen Familie von Klitzing blieb Lilien auch nach seinem Weggang aus Walsleben weiterhin verbunden: 1639 ehelichte Bastian von Waldow Caspar von Klitzings Tochter Elisabeth Sophia. Aus diesem Anlaß verfaßten Lilien und der Subrektor des Berlinischen Gymnasiums, Michael → Schirmer, Epithalamia, die sie gemeinsam drukken und ausgehen ließen. Als Klitzings Witwe Ehrentraut geborene von Wolff starb, hielt Lilien 1660 die Leichrede bei ihrer Beerdigung in der Kirche zu S. Marien in Berlin. Die Leichpredigt, die der Schwester der Verstorbenen und Ehefrau des Kammergerichtsrates Claus Ernst von Platen (1612 bis 1669), Anna Ehrentraut geborene von Klitzing, gewidmet war, erschien zusammen mit einem Leichsermon von Joachim Crusius, dem Prediger zu Dömerthien, in einem Druck unter dem Titel »Klitzingische HochEdele EhrnSeulen«.

Am 28. Juni 1632 erging an Lilien die Vokation zum Dritten Diakon von S. Nicolai in Berlin, die er auch annahm, am 24. Aug. in Berlin ankam und zwei Tage später vom Propst Nikolaus Elerd (1586–1637) in sein neues Amt eingeführt wurde. Seine Abschiedspredigt »Walslebischer Valet=Sermon am XII. Sonntage nach Trinitatis a. 1632«, die 1633 in Berlin im Druck erschien, schildert die Mühen bei der Ausübung seines Amtes in Walsleben, auch, daß er in den verwirrenden Kriegszeiten von umherstreifenden Söldnertruppen mehrmals ausgeraubt wurde, persönlich großes Leid erfuhr und auch fast umgebracht worden wäre. Liliens erste Jahre im neuen Berliner Kirchenamt – schon 1634 stieg er zum Zweiten Diakon auf, 1634/35 betreute er außerdem die Bibliothek zu S. Nicolai (LAMINSKI, 1990, S. 28) – fielen in jene Zeit, in der im Dreißigjährigen Krieg nach den ersten militärischen Niederlagen der Schweden auf deutschem Boden die Mark fast unvermeidlich noch mehr zwischen die großen Mächte geriet und zum Hauptkriegsschauplatz wurde. Gegenüber dem platten Land bot die brandenburgische Residenz ihren Bürgern noch eine relative Sicherheit, wenngleich hohe Kontributionslasten drückten und die wieder und wieder ausbrechenden Seuchen die Bevölkerung dezimierten. Lilien, der ja die kriegerischen Bedrückungen in Walsleben am eigenen Leibe erfahren hatte, fühlte sich in Berlin geborgener als außerhalb der schützenden Stadt, so daß er eine an ihn am 29. Juli 1633 ergangene Berufung zum Inspektor von Müncheberg ausschlug. Ende 1633 wurde auch Berlin von kaiserlichen Truppen belagert, konnte jedoch nicht eingenommen werden. Lilien hielt in jener Zeit mehrere Predigten, die er 1634 als sogenannte »Kriegs-Zeit=Sermones« unter dem Titel »Danck= vnd Denck-Stein Berlinischer Rettung Auß Kriegs=Angst« veröffentlichte. Darin findet sich auch jene Begebenheit, die Liliens Ansehen unter seinen Gemeindemitgliedern ungemein erhöhte und später zur Legende wurde, daß nämlich Gott den Prediger erhört und die kaiserlichen Belagerer mit Blindheit gestraft haben soll, so daß diese die Bäume für schwedische Reiter hielten und aus Furcht flüchteten. Den Predigten beigefügt ist eine von Emanuel Vulpinus, dem damaligen Subrektor der Cöllnischen Petrischule und späteren Spandauer Rektor und Bürgermeister, verfaßte »Taffel/ Darauff kürtzlich der Verlauff der grossen Krieges=gefahr/ so ohnlängst beyde Residentzien Berlin vnd Cölln/ betreten/ vnd der wunderbahren recht=Göttlichen Rettung auß derselbigen gezeichnet/ Vnd An die Gedechtniß=Seulen/ welche Herr M. George Lilie darüber auffgerichtet hat/ Angehenget«.

1639 wurde in der Mark Brandenburg das einhundertjährige Jubiläum der Einführung der Reformation durch Kurfürst Joachim II. (1505–1571) feierlich begangen. Überall in den märkischen Kirchen fanden Festgottesdienste statt. Unter den Predigten und anderen Würdigungen, die im »Iubilaeum Evangelico« (1640) veröffentlicht wurden, befand sich auch Liliens »Präparir-Predigt zur danckbarlichen Secular-Recordation der Leuchtung des heiligen Evangelions in Berlin, worinn Apostolischer Jubel-Rath, daß diese Kirchen=Sache recht und wohlgethan sey, entdecket«. Aus den vierziger Jahren sind von ihm auch einige Druckschriften für das Haus Brandenburg wenigstens dem Titel nach überliefert. So schrieb Lilien 1641 ein Onomastikon zum Namenstag des Kurfürsten Friedrich Wilhelm und 1648 – gemeinsam mit dem Diakon zu S. Marien, Johann → Berkow – ein Gesprächsspiel mit dem Titel »Uber des Durchlauchtigsten neu Hochgebohrnen Brandenburgischen Chur=Printzen Geburts= und Tauff=Freude geistliches Gespräch=Spiel unferne Berlin von Lilien und Bercken gehalten«. Der Kurprinz Wilhelm Heinrich, der erste Sohn des Kurfürsten Friedrich Wilhelm aus seiner ersten Ehe mit Luise Henriette von Nassau-Oranien (1627–1667), wurde am 21. Mai 1648 geboren, starb jedoch schon am 24. Okt. 1649. Leider ist der Druck nicht erhalten geblieben. In der Tradition, bedeutende Ereignisse fürstlicher Familien, insbesondere Geburt und Taufe, in »Gesprächen« zu feiern, stand später auch der Rektor des Cöllnischen Gymnasiums, Johannes → Bödiker, der 1685 seine »Nymphe Mycale«, ein »Poëtisches und Historisches Gespräche von dem Miggelberge«, zur Geburt des Prinzen Friedrich August ausgehen ließ.

Lilien und der drei Jahre jüngere Berkow kannten sich schon aus ihrer Schulzeit am Joachimsthalschen Gymnasium, das Berkow 1615 bis 1618 besucht hatte. Später waren sie erneut in Wittenberg zusammengetroffen, wo Berkow zur gleichen Zeit, nämlich 1618–1621, studierte und sich wie Lilien wohl besonders Erasmus Schmidt, dem Professor für griechische Sprache, zuwandte. 1636 hatten Lilien und Berkow, der damals noch Diakon zu S. Nicolai gewesen war, unter dem Titel »Himmel=Schatz« gemeinsam gehaltene Predigten, sogenannte »Wechsel-Predigten«, in Gesprächsform im Druck ausgehen lassen. Belegt ist auch eine Wechselpredigt anläßlich der Pockenepidemie im Jahre 1643. Inwieweit man daraus ein besonders enges, aus den gemeinsamen Amtspflichten entstandenes Verhältnis beider zueinander ableiten kann (wie ältere Darstellungen glauben machen – GIGAS spricht in seinem »Ehren-Gedächtnis« sogar von »Bruderliebe«), muß offen bleiben. Auch die von Lilien verfaßten Personal- und Casualschriften tragen wenig zur Erhellung bei. Überliefert sind lediglich die (schon von Dienst wegen) gehaltenen Leichpredigten auf Berkows Tochter Margaretha 1638 und auf dessen 1650 verstorbenen Sohn Constantin Andreas; für letzteren verfaßte Lilien noch ein Epicedium. Von Berkow sind keine Casualia an Lilien überliefert.

Am 26. Febr. 1657 wurde Lilien, der neben seinem städtischen Kirchenamt sechs Jahre als Prediger für die 1659 verstorbene Prinzessin Anna Sophia von Brandenburg, verwitwete Herzogin zu Braunschweig-Lüneburg, wirkte, nach dem Tode des bisherigen Propstes Peter → Vehr (dem Älteren) als dessen Nachfolger vorgeschlagen. Wohl angesichts seines fortgeschrittenen Alters von inzwischen 60 Jahren lehnte er die neue Würde zunächst ab, nahm sie dann nach einigem Zureden schließlich doch an, mehr widerwillig, wohl wissend, daß das mühselige und beschwerliche Propstamt seine Kräfte übersteige. Als Propst von Berlin, der höchsten geistlichen Würde der Stadt, war Lilien auch Inspektor des Berlinischen Gymnasiums und hatte regelmäßig vor dem Rat über das Schulgeschehen zu berichten. Als Propst stand er dann auch in den religionspolitischen Auseinandersetzungen zwischen Lutherischen und Reformierten, die mit der Ernennung des reformierten Hofpredigers Bartholomaeus → Stosch zum Konsistorialrat zu Beginn des Jahres 1659 eine neue Schärfe erreicht hatten, ganz unmittelbar im Blickpunkt der Öffentlichkeit. Wie die anderen Berlinischen Geistlichen vertrat auch er streng lutherische Auffassungen, was sich besonders deutlich im Religionsgespräch 1662/63 manifestierte.

Im Aug. 1662 ordnete der Kurfürst Aussprachen zwischen reformierten und lutherischen Theologen an, um die mit dem Übertritt seines Großvaters Johann Sigismund zum Calvinismus im Jahre 1613 ausgebrochenen und immer wieder aufflammenden Auseinandersetzungen zwischen beiden konfessionellen Lagern in einer »freund- und brüderlichen Conferentz« zu beenden und zugleich den lutherisch-orthodoxen Widerstand gegen die landesherrliche Politik des Kirchenfriedens zu brechen. Friedrich Wilhelm bestimmte sein Schloß in Cölln zum Ort der Verhandlungen, die somit in unmittelbarer Nähe zu Berlin, dem Hauptort des lutherischen Protestes gegen die kurfürstliche Kirchenpolitik, gehalten wurden. Erst am 2. Juni 1662 hatte der Kurfürst ein erstes Toleranzedikt verabschiedet, das aber kaum Wirkung erzielte. Als das Religionsgespräch vom Oberpräsidenten Otto Freiherrn von Schwerin (1616–1679) eröffnet wurde, war Lilien als Propst zwar der ranghöchste Geistliche Berlins, doch da er inzwischen bereits im 65. Lebensjahr stand, wählten die Prediger den Archidiakon Elias Sigismund → Reinhardt zum Wortführer ihres Ministeriums während der Verhandlungen. Wie die anderen Teilnehmer verfaßte auch Lilien Gutachten zu den theologischen Streitpunkten zwischen den Konfessionen, die dann von Reinhardt zu den insgesamt 17 Begegnungen summarisch vorgetragen wurden.

Schon bald stellte sich jedoch heraus, daß die Gegensätze zwischen den konfessionellen Lagern nicht zu überwinden waren, sondern sich im Laufe des Gespräches mehr und mehr verfestigten. Als Wortführer lieferten sich Stosch und Reinhardt erbitterte Dispute. Für die Geistlichen des Berlinischen Ministeriums schloß ihre Bindung an die Konkordienformel kirchlich-theologische Toleranz aus. Ihnen ging die Anerkennung der reformierten Lehre gegen das Gewissen; sie befürchteten einen Synkretismus, das heißt, eine Vermischung beider Bekenntnisse und damit das Ende der »unverfälschten« lutherischen Lehre. Im Unterschied dazu konnten sich die Cöllnischen Geistlichen unter ihrem Propst Andreas → Fromm durchaus zu religiöser Toleranz verstehen, doch mit ihrer auf Verständigung zwischen beiden Konfessionen angelegten Verhandlungsführung gerieten sie zwischen die verhärteten Fronten, wurden von den Berlinischen Geistlichen als Synkretisten beschimpft und spielten in den weiteren Verhandlungen keine bestimmende Rolle mehr.

Am 29. Mai 1663 wurde das Religionsgespräch ohne die vom Kurfürsten erhoffte Einigung abgebrochen und dem Berlinischen Ministerium die Hauptschuld am Scheitern der Verhandlungen zugesprochen, hatte doch dessen Wortführer Reinhardt den Anlaß für den Abbruch der Beratungen geliefert, weil er einen von reformierter Seite nachträglich bestimmten Teilnehmer, nämlich den Lehrer am Joachimsthalschen Gymnasium, Adam Gerck, nicht anerkannte. Friedrich Wilhelm erließ am 16. Sept. 1664 das zweite Toleranzedikt, in dem er Lutherischen und Reformierten befahl, die gegenseitigen Beschimpfungen zu unterlassen und den konfessionellen Frieden einzuhalten. Im April 1665 folgte ein kurfürstlicher Revers, der zur Einhaltung der Toleranzedikte verpflichtete und – das war das Entscheidende – faktisch auch die Berufung auf die Konkordienformel unterband. Die Berlinischen Geistlichen wurden am 28. April zur Reversunterzeichnung vor das Konsistorium bestellt. Lilien und Reinhardt, als erste befragt, verweigerten ihre Unterschrift, denn diese hätte in der Konsequenz das Abrücken von der Konkordienformel bedeutet. Daraufhin erfolgte umgehend ihre Amtsentsetzung. Die anderen Prediger, unter ihnen den Zweiten Diakon zu S. Nicolai und Kirchenlieddichter Paul → Gerhardt, schickte man zunächst nach Hause – offenbar glaubte der Kurfürst, durch die als Exempel statuierte Entlassung Liliens und Reinhardts die anderen Geistlichen zur Unterzeichnung bewegen zu können. Der Rat von Berlin setzte sich für seine amtsenthobenen und von Remotion bedrohten Prediger ein, auch die Stände machten ihren Einfluß geltend. Während Reinhardt als Wortführer der lutherisch-orthodoxen Partei die Stadt verlassen mußte, riet Liliens Sohn Caspar von Lilien als Hofprediger beim Markgrafen Christian Ernst von Bayreuth in einem öffentlichen Brief »Filiale consilium ad Sanctissimum parentem G. Lilien« (Bayreuth 1665) dem Vater zur Reversunterzeichnung: »Ehe es die höheste Noht wäre/ möchte er doch nicht sich selbst in Ungelegenheit setzen/ Vnd wenn ihm alle Gefahr von seiner anvertrauten Heerde abzukehren unmüglich/ wolle er doch sich wol fürsehen/ daß er nicht mit unbedachtsamer Flucht einigem Wolffe zur Einbrechung und Zerstreuung Anlaß gebe … Es sey bey ihnen fast allen eine einmühtige Meynung/ daß was Jhr. Churfürstl. Durchl. zu Brandenburg in Religions=wesen begehre/ wol schwerlich für ein unbilliges und übels könne geschätzet werden; man auch nicht wissen könne/ ob hierunter etwas trügliches stecke/ …« (so Friedrich GESENIUS, Inspektor zu Calbe, der 1675 bis 1678 mit dem Hofprediger Stosch eine Konferenz über Kirchenfragen abhielt, in seiner gegen Fromm und Reinhardt sowie gegen den Leipziger Theologen Johann Adam Scherzer gerichteten Schrift »Widerlegung/ Der unchristlichen und unbilligen Verleumbdungen … Cölln 1667, S. 1f.). Doch Lilien, auf dessen Reaktion als Propst die Öffentlichkeit besonders gespannt war, versuchte beim Kurfürsten die Restitution in sein Amt zu erreichen, ohne den Revers unterzeichnen zu müssen. Aber seine mündliche Zusicherung, sich den kurfürstlichen Edikten gemäß zu verhalten, wurde von Friedrich Wilhelm abgelehnt, der in einem Rescript vom 28. Nov. 1665 verlangte, daß der Propst auch schriftlich bestätigen könne, was er mündlich zugesichert habe. Daraufhin wandte sich dieser am 10. Jan. 1666 in einem persönlichen Schreiben an einige lutherische Inspektoren in der Mark und formulierte sieben Vorbehalte sowie die Frage, ob man bei Anerkennung dieser Vorbehalte den Revers ohne Gewissensangst unterschreiben könne.

Doch die private Anfrage wurde gegen Liliens Willen öffentlich und brachte ihm in der Folgezeit von lutherischer Seite vielfache Schmähungen wegen seines Wankelmutes ein. Ein Anonymus ließ unter Liliens Namen das Pamphlet »M. GEORG. LILII, ETC. ETC. zu Berlin/ An= und Umbfrage/ An etliche der Herren Inspectorn und Prediger aufn Lande/ Mit Bitt und Anwartung ihrer zurückkommenden Aussage. Sampt dererselben gebetenen und erwarteten zurückkommenden Aussage/ Ob man den Revers mit guten Gewissen schreiben und unterschreiben könne? ANNO 1666.« ausgehen. Im ersten Teil werden Liliens Vorbehalte aufgezählt, zum Beispiel, daß man bei Reversunterzeichnung ausdrücklich das lutherische Glaubensbekenntnis beibehalte, daß man nicht der Heuchelei beziehungsweise des Synkretismus beschuldigt werden dürfe, daß man mit der Reversunterzeichnung dem Willen der Obrigkeit folge und daß die Angehörigen, Amtskollegen beziehungsweise Glaubensgenossen deswegen nicht vorverurteilt werden dürfen. Im zweiten Teil, der »Aussage Etlicher Inspectorn und Prediger in der Marck Brandenburg«, wird Liliens »An= und Umbfrage« zusammengefaßt in der Fragestellung: »Ob ein Lutherischer Prediger einen sothanen Revers/ in welchen Er seine vorige Eydliche Zusage wiederruffen/ das Gegentheil angeloben/ sein Ampt in Wiederlegung der Wiedersacher verschweren/ ehrliche Leute wieder sein besser wissen mit falschen Beschüldigungen belegen soll/ mit gewissen Conditionen und Bedingungen unterschreiben/ und mit seiner Eydlichen Zusage approbiren könne? Darzu sagen wir lauter Nein.« (fol. Bv) Der prinzipiellen Ablehnung des Lilienschen Vorgehens folgen die Bestreitung aller sieben Vorbehalte und polemische Attacken gegen die Person des Propstes.

Die anonym erschienene Schrift ist der Gruppe der konfessionellen Streitschriften zuzurechnen, die das »Einschwenken« des Propstes schmähten. Um die Wirkung zu erhöhen, das heißt, möglichst viele lutherische Glaubensanhänger gegen den »Abtrünnigen« aufzubringen, wurden Liliens ehemals wohl nur in Latein formulierte Vorbehalte in die deutsche Sprache übersetzt. Unklar ist, ob die Schrift tatsächlich von einem brandenburgischen Prediger verfaßt wurde. Man hat in Elias Sigismund Reinhardt einen möglichen Verfasser der anonymen Schrift gesehen (so LANDWEHR, 1893, S. 91). Das Pamphlet erschien ohne Angabe von Druckort und Drucker; es wurde – nach einer Druckervignette am Ende der Schrift – in Leipzig bei Christian Kirchner gedruckt. Neben persönlichen Angriffen gegen Lilius übt die Schrift aber auch Kritik an den Wittenberger Theologen wegen ihrer Verschärfung der polemischen Auseinandersetzungen und wegen ihres Aufhetzens der brandenburgischen Prediger gegen deren Obrigkeit. Hintergrund der Vorwürfe ist das Streben der theologischen Fakultät Wittenberg, sich als Sachwalter des Reformators Martin Luther mehr und mehr die alleinige Autorität in Glaubensfragen anzumaßen.

Aus den konfessionellen Streitschriften zu den kurbrandenburgischen Toleranzedikten und Religionsreversen, die hauptsächlich um die Frage kreisen: »Ob man bey solchem Befehl und Ernst lieber sich seines Ampts entsetzen/ die anvertrawte Heerde Christi JEsu Hirten=loß lassen und weichen; Oder aber ob man lieber an solcher Vnterschrifft der Verordnung weltlicher Obrigkeit die Gewalt über uns hat/ gehorsamen/ und dadurch sich selbst der Gemeine Gottes und denen anvertrauten Kirchen ohne traublen und besorglichen Vngelegenheiten beybehalten solte?« (GESENIUS, Widerlegung/ Der unchristlichen und unbilligen Verleumbdungen … Cölln 1667, S. 1), sind hier noch drei Schriften aus dem Jahre 1666 herauszuheben, die für beziehungsweise gegen Lilien Partei ergriffen. Zunächst erschien eine »Christliche

Ehren=Rettung Des alten und umb die Kirche Christi wolverdienten Mannes/ Herrn George Lilien/ Der Lutherischen Kirchen zu Berlin Probsts und der benachbarten Inspectoris, Wider Die Boßhaffte Verleumbdungen der erlogenen Umbfrage und Verleumbderischen Aussage«. Der ebenfalls anonyme Verfasser mit den Initialen »E. U. R. H.«, der seinen »alten Akademischen und hochwerthen Freund« verteidigte, bestätigte darin, daß Lilien sich tatsächlich an sechs märkische Inspektoren gewandt und ihnen seine Vorbehalte unterbreitet habe. Von diesen hätten einige geantwortet, allerdings ganz unterschiedlich, andere wieder nicht – einer jedoch habe sich erdreistet und aus dem privaten Schreiben einen Auszug abgefaßt und drucken lassen. Die ganze »An= und Umbfrage« sei nur ein von Lügen durchsetztes Schmähpamphlet, das den Propst verunglimpfe, denn Lilien hätte sein Privatschreiben niemals drucken lassen. Sollte diese »Christliche Ehren=Rettung« auch das Ziel verfolgt haben, den anonymen Verfasser der Schähschrift gegen Lilien namhaft zu machen (der sich ja gegen den Vorwurf der Lüge verteidigen mußte), dann ist ihr dies vielleicht sogar gelungen. Es war der Leipziger Theologe Caspar Löscher, der sich zu Wort meldete und in seiner Schrift »Auffrichtiger Gegensatz wider E. U. R. H. Schändlichen Abtritt von der Warheit/ so Er in seiner VnChristlichen und verleumbderischen Ehren=rührung und Beschmützung an einem Theil begangen« nun seinerseits den Lilienschen »Ehrenretter« der Unwahrheit bezichtigte. Die Schrift, erschienen bei Christian Michael in Leipzig, erhärtet die Vermutung, daß Löscher auch die »An= und Umbfrage« verfaßte, zumindest aber, daß er den eigentlichen Autor kannte und für diesen die Polemik aufnahm.

Die dritte der hier angeführten Streitschriften stammte von Gottfried Rösner (geb. 1631), dem Sohn des Archidiakons zu S. Marien, Johann → Rösner, und ehemaligen Subkonrektor des Berlinischen Gymnasiums zum Grauen Kloster. Rösner war 1661 seines Schulamtes enthoben worden, weil er von seinen Schülern den dramatischen Actus »Das ungerechte Urteil des Pilatus« aufführen ließ und durch die szenische Darstellung der Passion Christi, insbesondere durch die Darstellung der Marterszenen und des Abendmahls, den Unwillen der Reformierten erregt hatte. An der neuerlichen polemischen Auseinandersetzung beteiligte er sich mit der »Copie Eines Schreibens aus Stockholm Von Eines Ehrlichen und Seeligen Diaconi Sohne aus Berlin/ Welches zugleich etlicher maßen könte eine Antwort seyn auff den Punct Von den Caplänen/ den Jn des Herren M. Georg Lilii Ebentheuerlichen Unschulds Rettung Herfürgesucht E. U. R. H.«. Die am 16. Okt. 1666 von Stockholm abgesandte und in Stettin gedruckte Schrift geht der Frage nach, wer sich hinter den Initialen E. U. R. H. verberge und in welcher Beziehung dieser Anonymus, »Ein Ungenannter Religions Heuchler« (so die von Rösner in Anspielung auf die Auseinandersetzungen in Anschlag gebrachte Auflösung der Initialen), zu Lilien stehe. Auf dem Titelblatt des Druckes fehlt zwar der Name Rösners, doch ergibt sich seine Verfasserschaft aus den Initialen am Ende der Schrift: »M. C. M. G. R. B. M. = Ministerii Candidatus (resp. Collega) Magister Gottfried Rosnerus Berolinensis Marchicus.« Außerdem ist der polemischen Erörterung ein deutsches Gedicht in 60 Alexandrinerversen (davon einige mit Auslassungen) angehängt, das Rösner 1654 verfaßt hatte und das nun unter seinem Namen (wieder?) abgedruckt wurde.

Abschließend ist noch auf eine Kontroverse zu verweisen, die deutlich macht, daß der konfessionelle Schlagabtausch in den seltensten Fällen nur auf eine Person zielte, sondern daß derartige Schriften immer auch Hiebe nach mehreren Seiten austeilten. Bald nach der unter Liliens Namen ausgegangenen anonymen »An= und Umbfrage« veröffentlichte der Magdeburger Pastor Johannes Böttiger eine »Gebührliche Ablehnung Der Vnchristlichen und unbilligen Verleumbdung/ womit ihn und sein an einen Ständalischen Freundt in privato außgefertigtes Bedencken Ein Tockmäuser in einer Chartec, so tituliret wird/ M. GEORG LILII An und Vmb=Frage &c. &c. bey Verhehlung seines Nahmens/ des Drückers/ und des Orts/ zu beschweren sich gelüsten lassen« (Helmstedt 1666). Darin verwahrte er sich gegen den Vorwurf des Synkretismus, den der anonyme Autor in seiner Antwort auf den dritten Vorbehalt der »An= und Umbfrage« erhoben hatte. Böttiger erhielt die ihn verunglimpfende Schmähschrift am 19. März 1666 vom Wittenberger Theologen Johann Meisner (1615 bis 1681) zugeschickt, mit dem Hinweis, der Wittenberger Buchhändler habe Exemplare dieses Pamphlets aus Leipzig und Jena bekommen. Vorausgegangen waren Böttigers Schriften »Vnvorgreiffliches Bedencken über diese Frage: Ob die Herren Prediger zu Ständel in der alten Marck dem Churfürstl. Brandenburgischen Edicto de dat. 16 Septemb. an.

1664. mit gutem Gewissen unterschreiben/ oder sich removiren lassen können?« und »CONSILIUM D. JOHANN. BÖTTICHERI, Magdeb. De Subscriptione Edictorum Electoral. ad MINISTERIUM STENDAL«. In der »An= und Umbfrage« nun wurde der Magdeburger Pastor wegen seiner Bemühungen um eine Übereinkunft zwischen Lutherischen und Reformierten scharf angegriffen, da er »doch in seinem Consilio anders nicht thut/ als daß er der Reformirten Begehren in allen Stücken billiget/ lobet/ mit Rationibus bestätiget/ und also selber mit seinem gantzen Consilio voller Heuchlerischen Syncretisterey stecket« (fol. C 2).

Was nun Lilien selbst betrifft, nahm Kurfürst Friedrich Wilhelm, der zunächst auf der Unterschrift bestanden hatte, später einen von Lilien selbst verfaßten Revers an und setzte den Propst zum 7. Febr. 1666 wieder in sein Amt ein (so WENDLAND, 1930, S. 92; nach BACHMANN, 1859, S. 217, soll Lilien auf Zureden seines Sohnes den Revers am 3. Jan. 1666 tatsächlich unterschrieben haben, so daß er am 10. Febr. wieder in sein Amt eingesetzt wurde). Doch die mit der Kontroverse um seine Person verbundene Aufregung mag mit dazu beigetragen haben, daß der alte und kränkliche Propst schon am 27. Juli desselben Jahres verstarb. In seiner Leichpredigt mußte der Dritte Diakon zu S. Nicolai, David Gigas, den Verstorbenen gegen den Vorwurf der Abtrünnigkeit verteidigen: »Und ob man Jhm wol hat wollen Schuld geben/ als wäre er von seinem Bekäntniß abgetreten/ in dem Er die Restauration der euserlichen Kirchen-Tolerantz/ und Bescheidenheit gegen die Reformirte Kirche/ vor seine Person/ bewilliget; so hat Er doch nach der Zeit öffentlich und privatim protestiret/ daß Er weder im Glauben noch in der Lehre/ eines Haares breit von unser Lehre abzutreten gesonnen/ sondern als ein reiner und beständiger Lutheraner leben und sterben wolle.« (fol. C iij) Auch im »Ehren-Gedächtnis« finden sich Anspielungen auf Liliens Verhalten im Zusammenhang mit der Reversunterzeichnung: »Was unsers Seligverstorbenen Lehr und Leben anbelanget/ hat er dasselbe beydes dergestalt geführet/ daß verhoffendlichen jedweder/ welcher ohne affecten reden will/ ihm nicht anders Zeugnüß geben kan/ als daß er sey gewesen ein getreuer Diener seines HErrn/ und ein Gewissenhaftiger und recht Christlicher Theologus.« (fol. J) Auf den Tod des Propstes, für den Gigas ein dreizehnzeiliges Trauercarmen als Figurengedicht in Form eines aufrechtstehenden Dreiecks verfaßt und seiner Leichpredigt angeschlossen hatte, sind mehrere Epicedia-Sammlungen sowie Einzeldrucke von Trauergedichten überliefert, unter anderem auch ein Epicedium des kfl.-brandenburgischen Kammergerichtsrates und bekannten Historikers Martin Friedrich → Seidel. Liliens Söhne Joachim Friedrich und Georg (der Jüngere) sowie seine Enkel Georg Friedrich und Georg Conrad, ein Sohn von Liliens Tochter Anna Ursula Wolff, ließen ebenso Epicedia im Druck ausgehen wie Liliens Schwiegersohn Johann Bartholomaeus Mönchmeyer, der als Pfarrer in Zinndorf, Liliens ehemaliger Wirkungsstätte, tätig war. Eine Sammlung mit Epicedia der Kollegen des Berlinischen Gymnasiums, über welches der Propst zugleich das Inspektorat inne hatte, enthält unter anderem Trauergedichte vom Rektor und späteren vorpommerschen Generalsuperintendenten Cunradus Tiburtius → Rango, dem Subrektor Gottfried → Weber und dem Subkonrektor Samuel → Rosa. Liliens Epitaph befindet sich in der Kirche zu S. Nicolai (die Inschrift ist mitgeteilt bei KÜSTER/ MÜLLER, I, 1737, S. 339). Die Witwe Emerentia Lilien geborene Lehmann überlebte ihren Gatten um 20 Jahre und starb am 21. April 1687 im Alter von 77 Jahren.; bei ihrer Beerdigung hielt Archidiakon Daniel David → Heimburger die Leichpredigt.

Liliens Werkverzeichnis weist etwa 60 (überlieferte) Positionen aus, von denen einige auch im »Ehren-Gedächtnis« auf den Verstorbenen aufgeführt werden (nach GIGAS habe der Propst seine Schriften stets auf Begehren anderer Personen drucken lassen). Die meisten sind Leichpredigten beziehungsweise haben Predigtcharakter, wie zum Beispiel seine in drei Bänden veröffentlichte »Praxis evangelico-catechetica oder Evangelische Catechismus=Predigten auf alle Sonn= und Fest=Tags Evangelia« (Jena 1658). Da Lilien während seiner verschiedenen geistlichen Ämter zumeist dem »gemeinen Manne« predigte, soll er sich beflissen haben, nicht mit hohen Worten oder mit hoher Weisheit, sondern mit einfachen, leicht verständlichen Worten zu predigen: »Wie Er denn deßwegen seine Predigten auff das allereinfältigste eingerichtet/ den Text in besondere kürtze erkläret/ auff den Text die Lehre gezogen/ und aus der Lehre den Nutzen. Er predigte die lautere Catechismus Milch einfältig und deutlich aus denen Evangelischen Texten/ welche er auch nicht zur Ostentation (denn sonst hätte er auch wol/ wenn er nur die verhandene Concepten beybehalten/ dem Wercke ein weit ander ansehen geben können) publiciret.« (So Gigas, 1666, fol. J ij, der hier auf den Straßburger Theologieprofessor und Pfarrer Johann Konrad Dannhauer [1603–1663] anspielt, der mit den zehn Bänden seiner »Katechismus-Milch« die Gemeinde mit der Kirchenlehre in ihrer ganzen Ausbreitung bekanntmachen und in ihrem Glauben bestärken wollte.) Darüber hinaus habe Lilien den häuslichen Betstunden einen hohen Stellenwert eingeräumt, sie selbst morgens, mittags und abends mit seinen Kindern gehalten; durch den Druck seines Gebetbuches habe er auch andere zur häuslichen Betstunde ermuntern wollen. Schließlich sind hier noch drei geistliche Lieder zu nennen, mit denen sich der Propst in die Reihe der Berliner Kirchenliederdichter einreihte, deren bekanntester sein Amtskollege Paul Gerhardt war. [LN]

Werke

Zwo Danck=Predigten, die eine vor empfangene Belehnung über das Hertzogthum Preussen, die andere vor glückliche Wiederkunfft in die Chur= und Marck=Brandenburg des Durchlauchtigsten Fürsten, Herrn George Wilhelms anno 1621. gehalten. Berlin 1621 (Küster/ Müller, I, 1737, S. 337).

Kern und Stern der Evangelisch=Augspurgischen Glaubens=Confession mit samt dero Bekennern aus Luc. I. zum Nachklang des Jubel=Posaunen=Schalles über der wohlgemeldten Confession hundertjährige Erfüllung am Tage der Heimsuchung Mariä a. 1630. gewiesen. Stettin 1630 (Gigas, 1666, fol. Jij; Küster/ Müller, I, 1737, S. 337).

Exequiæ Hondorpianæ Begängniß=Sermon zum Ehren=Gedächtniß Jungfr. Gertraut von Hondorf. Leipzig 1631 (Küster/ Müller, 1752, II, S. 1014).

Walslebischer Valet=Sermon am XII. Sonntage nach Trinitatis a. 1632. Jn dem Sermon ist enthalten, was von der Prediger Translocation zu halten, wie daß der HEerr JEsus auch in diesem Paß alles habe wohlgemacht. Berlin 1633 (Gigas, 1666, fol. Jij; Küster/ Müller, I, 1737, S. 337).

Danck= vnd Denck=Stein Berlinischer Rettung Auß Kriegs=Angst. Das ist: Lehr= vnd Trost=reiche Kriegs=Zeit=Sermonen: I. Land=Klag vber Kriegs=plag: II. Krieg vnd streit des Geistes vnd Fleisches: III. Trost=Labsaal wieder Schreckniß vor Feindes=Einfall: IV. Unterricht von Kriegs=Schaden/ mit zugehöriger Christen=gebühr: V. Beth=Andacht in der Kriegs=Angst; Vnd Danck=opffer nach der Rettung. Alß in der Chur Brandenburgk die New= vnd Mittel=Marck feindlich vberfallen: vnd zimmlichen Schaden erlitten: Die Residentz=Stad aber Berlin in zwar grosser gefahr/ durch Gottes schutz vnbeschädigt geblieben. Bey ablauffung des 1633. Jahres/ in der Ober=Pfarr=Kirch doselbst geprediget/ Vnd zu danckbarlichem gedächtniß/ auff begehren/ gesatzt Von M. Georg Lilien/ Mit=Predigern. Berlin/ in Verlegung Johann Kallen Buchh. Ao: 1634. Berlin 1634 (Gigas, 1666, fol. Jijv; Jöcher, 1750, 2, Sp. 2435; Küster/ Müller, I, 1737, S. 337; Deutsche Drucke des Barock HAB, 1986, B 4, B 4637–4642: Der Erste Kriegs=Zeit=Sermon: Landt=Klag/ Vber Kriegs=Plag. Auß Jeremiæ Klagliedern am 3. Capitel. Jm 1633. Jahr. Der Andere Kriegs=Zeit=Sermon. Krieg vnd Streit des Geistes vnd Fleisches. Zun Galatern im 5. Capitel. Jm 1634. Jahr. III. Kriegs=Zeit=Sermon. Trost=Labsaal: Wessen sich/ wegen Feindlichen Einfall ins Landt: vnd befahrlicher Stadt=Rujn/ erschrockene Christen zugetrösten haben. Außm Büchlein Judith im 8. Cap. Jm 1633. Jahr. IV. Kriegs=Zeit=Sermon. Vnterricht: Wie bey zugefügten Kriegs=Schaden/ beyde Schad=haffte Vnd Vnbeschädigte sich zuverhalten haben. Auß Hiobs Historien=Büchlein im 1. Capitel. Jm 1633. Jahr. [Anhang:] Taffel/ Darauff kürtzlich der Verlauff der grossen Krieges=gefahr/ so ohnlängst beyde Residentzien Berlin vnd Cölln/ betreten/ vnd der wunderbahren recht=Göttlichen Rettung auß derselbigen gezeichnet/ Vnd An die Gedechtniß=Seulen/ welche Herr M. George Lilie darüber auffgerichtet hat/ Angehenget Von EMANUELE VULPINO Berlin, Sch. Petriæ Sub-Rect.).

Exequiæ Blumenthalianæ, Himmel=Braut=Kron aus 2. Tim. IV. 7. 8. bey der Leich=Begängniß Jungfer Ursul Hedwigs von Blumenthal am 9ten Apr. 1635. gepriesen. Berlin 1635 (1: 8 in: Ee 540; Küster/ Müller, I, 1737, S. 337).

Trost=Clemenz Iesu Christi aus Matth. XI. 28. bey der Leich=Begängnüß Herrn Clemens Köselers Churf. Amt=Schreibers zu Saarmund gepriesen. Berlin 1635 (Küster/ Müller, I, 1737, S. 337).

Epicedium für Georg Gutke, Rektor am Berlinischen Gymnasium zum Grauen Kloster. An: Elerd, Nikolaus: Leichpredigt für Georg Gutke. Berlin 1635 (LP StA Braunschweig Nr. 2096).

Himmel=Schatz: (Luc. 18,21.) Jm Newen Jerusalem/ (Apoc. XXI.) Das Droben ist/ (Gal. 4,24.) Bey jrrdischen Landes=verderb/ vnd Haabe=verlust/ bekümmerten Himmel=sehnenden Hertz=Christen: zu Berlin/ Jn Ampts= brüderlichen wechsel=Predigten vertröstet/ vnd Himmel=Gesprechs=weise verfasset/ | durch Georg Lilien/ Johann Berkoen/ | beyden Ev. Mitpredigern in S. Niclas Pfarrkirch. Gedruckt mit Verlag der Autorum, durch George Rungen in Berlin/ Jm Jahr 1636. Mit Kupffer=stücken zufinden bey Johann Kallen/ Buchhändl. daselbst. Berlin 1636 (Gigas, 1666, fol. Jijv; 1: 1 in: Tc 7032 ehem.; Küster/ Müller, 1737, I, S. 327 u. 337; Deutsche Drucke des Barock HAB, 1986, B 4, B 4643).

Memoriale Davidicum zum Panaceen=Muster bey der Leichbeg. Herrn Martin Gericken Raths=Cämmerers in Berlin. Berlin 1636 (Küster/ Müller, 1752, II, S. 1014).

Epicedium für Anna Maria Miser geb. Heyde, Ehefrau von Caspar Miser, Bürgermeister in Berlin. An: Elerd, Nikolaus: Leichpredigt für Anna Maria Miser geb. Heyde. Berlin 1637 (LP StA Braunschweig Nr. 2295).

Epicedium für Nikolaus Elerd, Propst in Berlin. An: Berkow, Johann: Leichpredigt für Nikolaus Elerd. Berlin 1637 (LP StA Braunschweig Nr. 1133).

Stereoma, Glaubens=Grund, und Trost=Fund zur freudigen Gewissens=Ruh und seeligen Abscheidens=Lust bey der Leich=Begängnüß Ursula Fürstenwerderin gebohrnen Böhmerin aus Rom. VIII. 31–39. geprediget. Berlin 1638 (Küster/ Müller, I, 1737, S. 337).

Consilium adversus cordolium, rathsame Trost=Sehnsucht angefochtener Christen=Hertzen, so voll Trauren und Schmertzen aus Ps. XXV. 1. 3. bey Leich=Bestattung Frau Amelia Weißbrodten, Herrn Reich. Beyers, Dohm= Herrn zu Havelberg, Churf. Brandenb. geheimen Raths und Cammer=Secretarii nachgebliebener Witbe d. 12. Maj. 1638. angegeben. Berlin 1639 (1: 7 in: Ee 635; LP StA Braunschweig Nr. 7094; Küster/ Müller, I, 1737, S. 338, jedoch Berlin 1638).

Acht Gewissens=Fragen zu Krieges= und Pest=Zeiten zu üben nöthig. Berlin 1638 (Küster/ Müller, I, 1737, S. 338).

Gewissens=Pflege bey schweren Leibes=Unfall und schnellen Todes=Fall aus Ps. 38. 7. 17. bey dem Leich=Begängnüß Herrn Heinrich Ladebour, welcher den 29. Jan. 1638. zehn Tage vor seiner Hochzeit plötzlich gestorben, und in S. Nicolai Kirche begraben worden. Berlin 1638 (Küster/ Müller, I, 1737, S. 338).

Thränen Wisch=Tuch aus Christi Trost=Zuspruch Marci X. für hochbetrübte weinende Eltern über Hertz= schmertzenden Kinder=Todt zum Denckmahl Jungfr. Margaretha Bercoin a. 1638. geprediget. Berlin 1638 (Küster/ Müller, I, 1737, S. 337f.).

Hertz=lieb Christi und der Christen aus Ps. XVIII. bey der Leich=Begängnüß Frau Catharinen Schrötters verehlichten Kallen, und Jungfer Elisabeth Tugendreich Pfuels, als Mutter und Tochter gepriesen. Berlin 1639 (Küster/ Müller, I, 1737, S. 338).

Epicedium für Peter Kassel, Handelsmann in Berlin. An: Fromm, Joachim: Leichpredigt für Peter Kassel. Berlin 1639 (LP StA Braunschweig Nr. 2943).

SACRUM NUPTIALE, VIRO Clariß. Excellentiß. et Consultiß. DN: BALTHASARI FÜNSTERO, J. U. D. REVERENDISS: ET ILLUSTRISS: DN: DN. ADAMI, COMITIS à Schwartzenberg/ S. Johannis per Marchiam, Saxoniam, Pomeraniam atque Vandaliam MAGISTRI, Domini in HohenLandsberg & Chimborn/ &c. &c. Consiliario conspicuo, secundùm SPONSO; Nec non Virgini Nobili, Castissimæ, Pudicissimæque ANNÆ-SABINÆ, Viri Nobil: Magnifici, Ampliß: et Excellentiß: Dn. PETRI Fritzen/ J. U. D. celeberr: Comit: Palat: Cæsar: Sereniss: Elect: Brandenb. Consiliarij, & S. Consistorij Præsidis Spectatissimi Filiæ, SPONSÆ. Destinatum & peractum â Fautoribus, Amicis & Clientibus, Die 28. Octob. An: 1639. BEROLINI, TYPIS RUNGIANIS. Berlin 1639 (109: Slg. GK: Cg 51. 2/1).

Adell=Hochzeitliche Glück=wünschung. (Blatt 2:) Denen Hochgehrten Hochzeiteren: Deme Wolwürdigen/ WolEdlen/ Gestrengen vnd Vesten/ Bastian von Waldowen/ Des Ritterlichen S. Johanniter Ordens/ Rittern/ designirten Commendatori zur Lietzen: Gräfflichen Schwartzbergischen wolbestalten Stallmeistern vnd Cammer=Junckern; Auff Königswalde Erbherrn: Bräutigamb. Mit sampt dero WolEdelgebornen/ Hoch= Ehren= Tugendreichen Jungfern/ Elisabeth Sophien von Klitzingk: Des auch WolEdlen/ Gestrengen vnd Vesten/ Herrn Caspar von Klitzing: auff Walßleben/ Dömerthin/ Radensleben/ Rosenwinckel/ &c. Erbsassen/ hertzvielgeliebten Tochter/ Braut. Zu besondern Ehren/ Auß Christlichem wolmeinen/ Tichteten vnd vberreichten Vnterdienstlich/ (Georg Lilien und Michael Schirmer). Berlin [ca. 1639] (23: 68. 17 Poet. [47]; Deutsche Drucke des Barock HAB, 1977, A 843–844; Dünnhaupt, 1991, V, S. 3642).

Christenthums=Ubung, zum willigen, seeligen Abscheiden, an der Thränen=Saat und Freuden=Erndte der Kinder GOttes aus Ps. CXVI. bey Sepultur Frau Anna Wiegers verehlichten Cramerin, 1640. dargestellet. Berlin 1640 (Küster/ Müller, I, 1737, S. 338).

Viel Müh und Leyd voll Barmhertzigkeit an dem See= und Meer=Bilde aus dem 126. Psalm bey der Leiche Herrn Caspar Misers Burgermeisters in Berlin erkläret. Berlin 1640 (Küster/ Müller, I, 1737, S. 338).

Präparir-Predigt zur danckbarlichen Secular-Recordation der Leuchtung des heiligen Evangelions in Berlin, worinn Apostolischer Jubel-Rath, daß diese Kirchen=Sache recht und wohlgethan sey, entdecket, aus Eph. V. 15. 21. s. l. e. a. In: Iubilaeum Evangelico-Marchicum Berlinense, Berlinische Jubel-Predigten über des allerhöchsten Gottes haupt-grosse Gnaden-Werck der heilsamen Kirchen-Reformation von Päbstlichen Greueln durchs Heil. Evangelii Lauterkeit und der Chur-und Marck Brandenburg, besonders den beyden Residentzien, Berlin und Cölln an der Spree, auf damahls gnädigste Anordnung Herrn Joachimi II. an. 1539. gleich vor 100 Jahren den 31. Oct. 1539 herrlich angefangen, und bißher bey vielfältiger Gefahr wunder-gnädiglich erhalten, in selbiger heil. Wunder-Woche 1639. gehalten durch die damahls ordentlich beruffne Prediger derer beyden Pfarr-Kirchen in Berlin. Berlin 1640 (1: Tc 4400 ehem.; 1: Tc 4401 ehem.; 1: Tc 4401ᵃ ehem.; Küster/ Müller, I, 1737, S. 338; Jöcher/ Adelung, 1810, 3, Sp. 1824).

Onomasteria Brandenburgica per votum Salomonæo-Marchicum das ist, Churf. Brandenb. Nahmens=Begängnüß durch Märckischen Salomons=Wunsch aus 1. Reg. III. 5–15. zu unterthänigsten Ehren Herrn Fridrich Wilhelmen, Marggrafen und Churfürsten zu Brandenburg auf Se. Churf. Durchl. ersten Friderich=Nahmens= Tag der neu angetretenen Regierung am 5. Mart. 1641. gehalten. Berlin 1641 (Küster/ Müller, I, 1737, S. 338).

Onomasteria Jesuli, Nahmens=Begängniß unsers neugebohrnen JEsuleins durch geistl. Bind= und Löse=Cränze. A. 1641. zu Berlin gehalten. Berlin 1641 (Küster/ Müller, 1752, II, S. 1014).

Cordiale Hertzstärckende Perl=Milch abgematteter Christen aus Michæ VII. 7–9. bey der Leich=Begängnüß Fr. Ursula Krappin, Herrn Joach. Tonnenbinders Apotheckers ehelichen Hauß=Frau, welche nach erlittener schwerer Kranckheit, und Genesung dreyer lebendiger Töchterlein am 14. Febr. 1641 entschlaffen. Berlin 1641 (LP StA Braunschweig Nr. 3379; Küster/ Müller, I, 1737, S. 338).

Hochzeit= vnd Lobgedichte der edlen Mahler=Kunst/ Vnd darauff Christlicher Ehren=Wunsch/ Auff Des Ehrenvesten vnd Kunstreichen Herrn Andreas Hans/ Mahlers/ Vnd Der Erbarn vnd Tugendsahmen Jungfrawen MARIA/ Deß Wolgeachten vnd Kunstreichen Herrn George Krumnaws/ Kunstpfeiffers in Berlin Sel: nachgebliebener Tochter Hochzeit/ Auff den 15. MonatsTag Februarij, in Berlin/ des 1641. Jahres/ Von etlichen guten Freunden zu Ehren gestellet. Gedruckt zum Berlin/ bey George Rungens Sel. Witwe. Berlin 1641 (109: Slg. GK: Cg 52).

Hochzeitliche Glückwünsche/ Zu Ehren wolgefallen/ Dem Ehrenvesten/ Achtbarn/ Vornehmen Herrn Georg Carll/ Handelsverwandten/ Bräutigamb: Vnd Der Erbarn/ VielEhren=tugendreichen Jungfer Annen/ Des Ehrnvesten/ Achtbarn vnd Wolbenambten Herrn Johann Hentzen/ Bürgers vnd Handelsmans/ gemeiner Stadt Verordneten/ Eheleibliche Tochter/ Braut: Auß Christlichem Wolmeinen gethan/ Vnd abgefast Von Guten Gönnern vnd Freunden. Gedruckt zu Berlin/ bey Georg Rungen S. Witwe/ 1641. Berlin 1641 (109: Slg. GK: Cg 36).

VOTA VIRO Amplissimo Prudentiiß: et literariß: M. GEORGIO WEBERO, Hactenus Camerario &c. CONSULATUS BERLINENSIS AXIOMATE Ornato nec minùs onerato, Nuncupata & scripta. BEROLINI, Charactere Rungiano expressa. ANNO 1642. Berlin 1642 (109: Slg. GK: Sch 1/20).

Variolarum meletema: Andächtiges Bedencken von der Kinder=Bocken=Kranckheit aus Rom. VI. 23. bey eingerissener Kinder=Seuche im 1643. Jahr zu Berlin in S. Nicolas Pfarr-Kirch einfältig und gründl. kürtzlich gepredigt, cum affixa oratiuncula funebri abs Rev. & Cl. Viro Dn. Jo. Bercovio ante exequias variolis extincti filioli autoris habita. (Wechselpredigt von Georg Lilius und Johann Berkow) Berlin 1643 (Küster/ Müller, I, 1737, S. 338).

Hofnungs=Grund, Tröstungs=Fund bey gegenwärtiger Leydens=Zeit an zukünfftiger Herrlichkeit aus Rom. VIII. 16. bey der Leich=Bestattung Fr. Eva Hoffmannin geb. Beckerin gepredigt. Berlin 1643 (Küster/ Müller, I, 1737, S. 338).

COROLLÆ GAMICÆ, Viro Clarissimo & Literatissimo DN. EMANUELI VULPINO, SCHOLÆ Spandoviensis Rectori digniss: SPONSO, et Virgini pientissimæ, pudicissimæ & lectissimæ GERTRUDI, VIRI Reverendi Clariß: et Doctiß: Dn: MATTHÆI Rosenthals/ Palæo-Landsbergæ Pastoris vigilantiss: dilectiss: Filiæ, SPONSÆ, Prono affectu in debitum honorem plexa' et nexa'. A Fautoribus & Amicis. BEROLINI, TYPIS RUNGIANIS, Anno 1643. Berlin 1643 (109: Slg. GK: Cg 216. 1).

BONA OMINA NUPTIIS AUSPICATISSIMIS Admodum Reverendi et Clarissimi VIRI Dn: M. JOACHIMI FROMMII, AD D. Nicolai Archidiaconi, ut meritissimi ita & vigilantissimi SPONSI, Nec non Lectissimæ, pientissimæque Virginum SABINÆ Bartholdin/ Viri Amplissimi, Consultissimique Dn. ANDREÆ Bartholds/ Cameræ Electoralis Brandenb. Advocati non è postremis, sed primi, & Senioris FILIÆ, SPONSÆ, Prolixissimo affectu, A Fautoribus, Collegis & Amicis NUNCUPATA. BEROLINI, Typis Rungianis, Anno 1643. Berlin 1643 (109: Slg. GK: Sch 1/22).

SALOMONÆA Oeconomico-Politica. K. Salomons Hoch=Fürstliche Tisch=Reden von Hoff= vnd Hauß=Lehren/ zur Wol Regier Kunst: Aus dem Prediger=Buche/ vnd D. Martin Luthers Latin: Anmerckungen/ Bey jetzigen bösen Welt=Läufften/ Deutsch Für Hohe vnd Niedrige/ Geist=Welt= vnnd Häußliche Ambts vnd Standes Personen. 1645. CONSENSU SUPERIORUM. Jn Verlag Joh. vnd Albr. Christian Kallen. Gedruckt zum Berlin/ bey Christoph Runge. Berlin 1645 (Küster/ Müller, I, 1737, S. 338; Deutsche Drucke des Barock HAB, 1980, A 4, A 3432).

Cimelium Salvationis, edel=theures Kleinod der Seeligmachung in 1. Tim. I. 17. enthalten und ausgeleget bey der Leich=Begängnüß Herrn Veit Heidkampfs, Churf. Brandenb. ältesten geheimen Cammer=Dieners am 15. Nov. 1646. Berlin 1646 (1: 3 in: Ee 514; Küster/ Müller, I, 1737, S. 338).

Fontes salubres. Christlicher Bericht von Wunder=Heil=Brunnen, wie daß unser HErr Christus der beste Wunder=Heyl=Brunnen sey, und was von leibl. Wunder=Heyl=Brunnen, oder den gesegneten Wassern, so itzo, besonder zu Hernhausen, entsprungen, Christlich zu halten, auch wie dem Allerhöchsten für beyderley Heyl=Brunnen gebürl. massen Danck zu sagen aus Jes. XII. in Berlin geprediget, und in Frag und Antwort gestellet. Berlin 1646 (Küster/ Müller, I, 1737, S. 338).

Brandenburgica, Friderico-Ludovicæ-Wilhelmiana, munera Maritalia. Chur=Brandenburgische Heyrath=Geschencke aus des Heil. Geistes Lust=Garten dem 128. Psalm geliefert. Berlin 1647 (1: St 7916 ehem.; Küster/ Müller, I, 1737, S. 338).

Uber des Durchlauchtigsten neu Hochgebohrnen Brandenburgischen Chur=Printzen Geburts= und Tauff=Freude geistliches Gespräch=Spiel unferne Berlin von Lilien und Bercken gehalten 1648. Berlin 1648 (1: 3 in: Tc 84 ehem.; Küster/ Müller, I, 1737, S. 338).

Conserva Rosarum, geistlicher Rosen=Zucker, und Krafft=Balsam für verschmachtende krancke Christen aus Ps. 73. bey Leich=Bestattung Fr. Annen Wedigen, Herrn Joach. Tonnenbinders Haußfrau, am 11ten Jan. 1648. zugerichtet. Berlin 1648 (1: 7 in: Ee 538; Küster/ Müller, I, 1737, S. 338).

Epicedium für Balthasar Fünster. An: Fromm, Joachim: Leichpredigt für Balthasar Fünster. Berlin 1648 (1: an 20 in: Ee 510).

Epicedium für Samuel Hoffmann. Berlin 1649 (1: an 7 in: Ee 528).

DEO OPTIMO MAX. AUSPICE ! Fautorum Amicorumque votivi applausus Conscripti, dum DNS. MARTINUS=FRIDERICUS SEIDEL, J. U. L. Serenissimi Electoris Brandenburgici Consiliarius & Consistorii Marchici Assessor Cum Virgine Nobili Cunctisque Sui Sexus Virtutibus Condecoratissima MARTHA SOPHIA, VIRI emeriti Domini ANDREÆ KHOLI, ICti Clarissimi & ProCancellarii Marchionatus Brandenburgensis Natâ perdilectâ, Hilaria gamica celebraret, ANNO Post Christi Nativitatem 1649. 3. Non. Decemb. BEROLINI, CHARACTERE RUNGIANO. Berlin 1649 (1: Ms. Boruss. fol. 200, f. 91r–98r).

Nomen Domini benedictum aus Hiob I. bey dem Leich=Begängniß Fräulein Benignen Lucretien von Löben anno 1649. erkläret. Berlin 1650 (1: 5 in: Ee 521; Küster/ Müller, I, 1737, S. 338f.).

Coelestis gloria pacis, Himmels=Frieden=Genieß, so da ist die künfftige Himmels=Herrlichkeit nach itziger unwerthen Leidens=Zeit bey der Leich=Bestattung Fr. Cathar. Erdmuth von Stranzen, gebohrnen von Brösicken am 22. Maj. 1649. aus Rom. VIII. 18. geprediget. Frankfurt/O. 1649 (1: 24 in: Ee 536; Küster/ Müller, I, 1737, S. 338. jedoch Berlin 1649).

SYMPATHIA SOLABILIS Moestissimis Parentibus à Fautoribus & Amicis scripta. (Epicedium für Friedrich Benedikt Blechschmid). An: Berkow, Johann: Leichpredigt für Friedrich Benedikt Blechschmid. Berlin 1649 (1: an 8 in: Ee 503).

Trost=Frewd/ Bey Creutz=Leid/ über Kinder=Abscheid. Aus St. Pauls XIIten Cap. in der II. an die Corinthier Zum Ehr= und Trost=Denckmal Des Ehrwürdigen/ VorAchtbaren/ Hochgelarten/ Herrn Johannis Bercovii/ Wohlverdieneten Vornehmen Predigers/ bey St. Marien Pfarrkirch in Berlin hertzliebsten Jüngern Söhnleins: Constantin Andr. Berkous/ Sel. gd. Am Sontag Sexag. war der XVII. Febr. des 1650. Jahres/ in folgender Stund/ nach desselben Volckreichgehaltener Leichbegängnüß Auff begehr/ Gepredigt daselbst/ und abgefaßt/

von M. Georg Lilien/ Mittelsten Prediger in St. Niclas=Pfarrkirch zu Berlin/ Gedruckt bey Christoff Runge/ 1650. Berlin 1650 (1: 16 in: Ee 502; Küster/ Müller, I, 1737, S. 339).

Epicedium für Constantin Andreas Berkow. An: Lilius, Georg: Leichpredigt für Constantin Andreas Berkow. Berlin 1650 (1: an 16 in: Ee 502).

Epicedium für Martin Stromann, Propst in Bernau. An: Vehr, Peter: Leichpredigt für Martin Stromann s. l. 1650 (LP StA Braunschweig Nr. 6604).

Magnalium pacis restitutæ præconium. Christ=gebürlicher Danck=AussRuef derer grossen Fridens=Thaten GOttes: Aus dem kleinen Fridens=Magnificat im CXXVI. Psalm: Der HErr hat grosses an uns gethan/ das sind wir frölich! Bey allgemeinem, in der Chur= und Marck Brandenburgk angestelltem H. Danck= und Bet=Fest=Tag für den im Heil. Röm. Reiche auffgerichteten, und mit GOtt erlebeten Land=Friede, war der VI. Novembr. dieses 1650. Jahrs/ in der Ober=Pfarrkirch der Churf. Residentz=Stadt Berlin/ bei Volckreicher Versamblung nach Mittage gehalten und abgefasset von M. Georg Lilien/ Mittelsten Predigern daselbst. Allda gedruckt bey Christoff Runge/ im grauen Kloster. Berlin 1650 (1: Ry 12448; Küster/ Müller, I, 1737, S. 339).

HONOR SUPREMUS Poeticus, quo OBITUM Multis acerbum ac luctuosum, Placidum tamen & beatum, VIRI Nobiliss. Amplissimi juxta & Consultissimi, DN. CONRAD HELDIJ, Sereniss. Electori Brandenb. in Dicasterio superiori Neo-Marchico, quod CÜSTRIN est, Consilijs, & Secretis Feudalibus, qui A. O. R. M.DC.L. diè XVIII. Aprilis ibidem in Christo ac spe vita aterna, & magno sui desiderio relicto, decessit; Calamo lamentabili & pectore candide prosequuntur Dn. Collegae, Affines & Amici dignè [griech]. An: Fessel, Daniel: Leichpredigt auf Conrad Held. Berlin 1651 (Ex. in LB Coburg).

Epicedium für Johann Berkow, Archidiakon zu S. Marien. An: Vehr, Peter: Leichpredigt für Johann Berkow. Berlin 1651 (LP StA Braunschweig, Nr. 386).

Ita novos Honores VIRO Perquàm Reverendo, Amplissimo, Præ-Clarissimo DOMINO M. PETRO VHER, ECCLESIARUM BEROLINENSIUM Præposito-& Inspectori Vicinarum meritissimo, S. Ministerii ibid. quoque Seniori honoratissimo. Quum Hagio-Synedrii Electoralis Brandenburgici ADSESSOR declararetur, Dn. Fautori, Fratri ac Patrono suo devotê colendo gratulantur. Mens. Septembris, Anno M DC LI. BEROLINI, Prælo Rungiano. Berlin 1651 (109: Slg. GK: Sch 1/35).

VOTA NUPTIIS M. JOHANNIS HEINZELMANI, GYMNASII BEROLINENSIS RECTORIS ET SOPHIÆ ZIRIZIÆ OBLATA A FAUTORIBUS QVIBUSDAM ET AMICIS. Berlin 1652 (109: Slg. GK: Cg 76. 4).

Güldene Send=Schrifft S. Johannis erkläret. Berlin 1653 (Küster/ Müller, I, 1737, S. 339).

Leichpredigt für Michael Ranfft. Frankfurt/O. 1654 (1: 4 in: Ee 529).

Epicedium für Joachim Schultze, kfl.-brand. Amtskammerrat. An: Fromm, Andreas: Leichpredigt für Joachim Schultze. Berlin 1655 (LP StA Braunschweig, Nr. 6099).

FOEDUS AMORUM SOLEMNI NUPTIARUM DN. GABRIELIS LUTHERI ET VIRG. ANNÆ ROSINÆ VVEISIÆ Sacrum Auspicatum vovent atque diuturnum Fautores & Amici. BEROLINI Typis RUNGIANIS, Anno 1655. Berlin 1655 (109: Slg. GK: Cg 121. 6).

EPICEDIA in Obitum NOBILISS. ET CONSULTISSIMI VIRI DOMINI ERASMI SEIDELII, JCTI. Et in Secretissimo Electoris Brandenburgici Consilio Senatoris haut postremi scripta â DOMINIS AMICIS ac FAUTORIBUS SINGULARIBUS. M.DC.LV. BEROLINI, Exprimebat Christophorus Runge. Berlin 1655 (1a: Av 14162).

Perge, Lector erudite & benevole, & lege sis Funebres hosce modos Musarum Patronorum, Favitorum et Cultorum Prosequentium & Cohonestantium Obitum properum, sed prosperum VIRI Clarißima et Spectabili Dignitate, integra fide et Officio, DN. ERNESTI Pfuel/ J. U. D. Dicasterij Brennopyrgici Advocati, Comitis recèns Palatij Cæsarei, nunc DEI in fulgentissima Beatorum sede cum omnium sanctorum Angelorum splendidissimô Comitatu & applausu facti Placeat hoc monumentum, qvod in animis optimè sentientium atque ex sese virtutem verumque laborem æstimantium erigitur. Berlin 1656 (1: an: 21 in: Ee 526).

Chur Brandenburg: Vice Cancellärn H. Andr. Khols I. C. Seel. ged. Andenck=Seule 1656 [Bl. 1]. GAUDIUM IN DOMINO, de Animae vestimento Die Herrn=Freudt/ übern Seeln=Kleid Aus Esaias Propheten=buch/ im LXI Cap. Bey Christlich=Edler Leichbegängknüß/ Deß Weyland WolEdlen/ Großacht=bahren/ Hochgelarten/ Herrn Andreas Kohl: ICTI, Churfürstl. Durchläucht: zu Brandenburgk: Hoff= vnd Cammer=gerichts=Raths/ auch Vice=Cancellärn: Seelged. In der Ober=Pfarr-Kirch zu Berlin/ Bey Chur= vnd Fürstlicher Abgesandten Anwesenheit/ auch in Hochadelicher/ hoch=benambter/ Volckreicher Versammlung Am 24. MonatsTag Junius, deß 1655 Jahrs/ Erkläret/ vnd auff begehr/ abgefasset: Durch M. Georg Lilien/ Mittelsten Predigern daselbst. Helmstadt/ Gedruckt bey Henning Müllern/ Anno 1656. (1: Ee 519,8).

»COHLIUS excellens Iuris-Consultans, in annos ...« [Epicedium]. In: Derselbe: Chur Brandenburg: Vice Cancellärn H. Andr. Khols I. C. Seel. ged. Andenck=Seule 1656 [Bl. 1]. GAUDIUM IN DOMINO, de Animae vestimento Die Herrn=Freudt/ übern Seeln=Kleidt Aus Esaias Propheten=buch/ im LXI Cap. Bey Christlich= Edler Leichnbegängknüß/ Deß Weyland WolEdlen/ Großacht=bahren/ Hochgelarten/ Herrn Andreas Kohl: ICTI, Churfürstl. Durchläucht: zu Brandenburgk: Hoff= vnd Cammer=gerichts=Raths/ auch Vice= Cancellärn: Seelged. [...]. Helmstadt/ Gedruckt bey Henning Müllern/ Anno 1656. (1: Ee 519, 8).

EPICEDIA MUSARUM LUGENTIUM. piis & beatis Manibus Viri Reverenda et Clarissima Dignitate, Eruditionis laude vitæque sanctimonia commendatissimi, DN. M. PETRI VHERII, Hagiosynedrii Elector. Brandenburg. Assessoris & Præpositi Berolinensis Meritissimi, Ministerii Senioris. Desecrat. Non debet mors eorum, quorum vita laudatur, silentio præteriri. Cicero. s. l. e. a. [ohne Impressum; Berlin 1656]. (109: Slg. GK: Sch 1/42).

Christliches Urtheil von gäligen, seeligen Todes=Fall aus Apoc. XVI. 15. bey Begräbnüß Fr. Margaretha Willigcke verehlichten Wagnerin d. 13. Sept. anno 1656. erinnert. Berlin 1656 (1: 7 in: Ee 540; Küster/ Müller, I, 1737, S. 339).

Epicedium für Sidonia Rösner geb. Waldner, Ehefrau von Johann Rösner, Archidiakon zu S. Marien. An: Lubath, Martin: Leichpredigt für Sidonia Rösner geb. Waldner. Berlin 1656 (LP StA Braunschweig, Nr. 6966).

Oraculum resurrectionis paschale, Oster=Zeugniß von Christi und der Christen Auferstehung aus Joh. XIX. 25. bey der Leich=Begängniß Fr. Doroth. Puhlemanns geb. Eingrüberin anno 1657. am Oster=Montage abgelegt und erkläret. Frankfurt 1657 (Küster/ Müller, I, 1737, S. 339).

LACRYMÆ POSTHUMÆ HONORI SUPREMO Viri Reverendi. Plurimum et Amplißimi DOMINI M. JOACHIMI FROMMI, Archidiaconi Nicolaitani & Senioris Ministerii Berlino-Coloniensis, Emeriti THEOLOGI JUSTI, SANCTI, INCUL-pati, Recti, jam benè beateque habentis in Patriâ, Inde â IV. Kal. Maij MDCLVII. fatali, Viæ, et Gratiæ regni. AFFUSÆ AB AMICIS QUIBUSDAM, COLLEGIS, ET FAUTORIBUS. Berolini Typis Rungianis. Berlin 1657 (1: 17 in: Ee 510).

Praxis evangelico-catechetica oder Evangelische Catechismus=Predigten auf alle Sonn= und Fest=Tags Evangelia 3. Theile. Jena 1658 (Küster/ Müller, I, 1737, S. 339).

Kinder-Leich-Sermon. Aus des H. CHristi Trost=Zuspruch: Matth. XVIII. Es sey dann/ daß Ihr etc. – werdet wie die Kinder etc. Bey Christlicher Leich-begängnüß/ Des weyland/ Gott-Ehrn=Sitten=Tugendliebenden Jungferleins Elisabeth Heinzelmans Welche Nach dem Sie/ am 21. August des 1653. Jahrs/ zur Welt geboren: 5. Jahr/ 28. Wochen/ 2. Tage in der Welt gelebet: am 7. Martij dieses 1659. Jahrs/ aus der Welt/ sanfftselig abegeschieden: Am folgenden 10. Martij/ zu Berlin/ der Churfürstl. Residentz/ in der Ober=Pfarrkirch/ S. Niclas genannt: bey Volckreicher Versammlung/ beerdigt worden. Auf begehr gehalten/ und abgefaßt/ von M. Georg Lilien: Probsten. Berlin/ Gedruckt bey Christoff Runge. Berlin 1659 (1: 24 in: Ee 514; LB Coburg: Sche 282, Nr. 2; Küster/ Müller, I, 1737, S. 339).

LESSUS HEROUM, Helden=Ehrn=Trauer=Klage/ Aus Davids Bogen=Liede/ 2. B. Samuelis in I. Capitel/ Bey Christ=Adelicher Leich=Fahrt und Begängniß des weiland Hoch=Edel=gebornen/ Gestreng=Vesten/ und Hoch=benambten Herrens: Hn. Dietloff Friderich von Baarfuß: Sr. Churfürstl. Durchl. zu Brandenburg etc. hoch=wol=bestalten Obristen zu Fuß: und auf Mögelin/ Reichno/ Wrietzen und Bließdorff etc. ErbHerrns: S. gd. Welcher am 24. Septembr. des 1659. Jahres mit Mußqueten=Kugeln zweymal getroffen/ und im Hauptquartier in Pommern/ seelig in HERRN entschlaffen: Seines Alters XL. Jahr/ und 3. Wochen/ Jn der Ober=Pfarr=Kirch zu Berlin: bey Heldenmäßigen/ und ritterlichen Ceremonien/ in grosser Versamlung; Gehalten/ und auf Begehr abgefasset Durch M. Georg Lilien/ Probst daselbst. Berlin/ Gedruckt bey Christoff Runge. Berlin 1659 (1: 5 in: Ee 501; Küster/ Müller, I, 1737, S. 339).

Allerheiligster Rüst= und hoch=Fest=Tag. Derer Außerwählten Himmel=Fürsten. in der hie streitenden/ und dort triumphierenden Kirche. Auß dem IIIten Theil des VII. Cap. der Offenb. St. Johann. Bey hoch=ansehnlicher Leich=Fahrt Der Weyland Hoch=Edel=gebohrnen viel=Ehrn=Sittn=Tugendreichen Frauen Fr. Ehrentraut von Klitzing/ geborner von Wulffen: Des Weyland/ Hoch=Edlen/ Gestrengen und Vesten Herrn. Caspar von Klitzing/ S. Gedachten auff Wallsleben/ Dämerthin/ Rosenwinckel etc. Erb=Herrns: Nachgebliebener Wittib: auch selige Gedachte Welche am 29. Septemb. gegen St. Michaelis=Tag im HErrn entschlaffen/ und am 15. Febr. in St. Marien=Kirch der Churfürstl. Brandenb. Residentz Berlin/ Christ=Adelich bestattet worden. Erkläret/ und auff Begehr abgefasst Durch M. Georg Lilien/ Probst daselbst. Zu Franckfurt an der Oder Gedruckt bey Erasmus Rösnern. 1660. In: Klitzingische HochEdele EhrnSeulen. Mit Zwey Leich=Ehr= vnd TrostSermones gewünden vnd Zum Stetwehrenden Lieb= v. Huldreichn Ehrn=gedächtnüs aufgerichtet. 1. 6. 6. 0. Frankfurt/O. 1660 (1: 21 in: Ee 517).

In Præmaturum Obitum Maximæ exspectationis Pueri, Puellæque Lectissimæ, FRIDERICI LUDOVICI, et CATHARINÆ ELISABETHÆ, Amplissimi ac Consultissimi Viri, DN. MICHAELIS ZARLANGII, JurisConsulti, & Reipubl. Berlinensis meritissimi Consulis &c. Unici, ac ob id desideratissimi, Filii, Dulcissimæque Filiæ, EPICEDIA AMICORUM. WITTEBERGÆ, Typis Johannis Haken. Wittenberg 1660 (1: an 4 in: Ee 1550).

Epicedium für Johann Rösner. An: Lubath, Martin: Leichpredigt für Johann Rösner. Wittenberg 1661 (1: an 2 in: Ee 531).

CIPPUS Immortalitati ac Memoriæ Posthumæ Matronæ Pietate aliisque Sexus sui Virtutibus instructissimæ ANNÆ FLORINGIÆ, Viri Amplissimi, Consultissimi ac Cl. Dn. M. GEORGII VVEBERI, Reipubl. Berlinensis Consulis Gravissimi, omnique bono Meriti, Conjugis desideratissimæ, Cum illa, Deposita Feliciter Prid. Kl. Febr. Mortalitatis Sarcina, Mentem Divinam Deo reddidisset, Mœstissimusque Viduus Relictas Exuvias Solemni Ceremonia componeret, IV. Eid. Feb. A. O. R. M DC LXI. Erectus à Fautoribus Magnis ac Amicis desideratissimis. An: Gerhardt, Paul: Leichrede für Anna Weber geborene Flöring. Wittenberg 1661 (1: an 5 in: Ee 1550).

SEIDELIANA DOMIDUCTIO SPIRITUALIS. Geistliche Seelen Heim=Fahrt. Ausm Hohen=Liede/ am VI. cap. in 8. vers./ Uber frühzeitigen/ seligen Abeschied: Des weiland Wol=Edel=Tugendliebenden Jungfräuleins/ Hendrinen Magdalenen/ Seidelinen: S. Gd. Des WolEdeln und Hochgelahrten Herrn Martin Friederich Seidels/ Churfl. Brandenb. Hoff=Cammergerichts/ und Consistorial Rahts/ &c. Mit Der auch WolEdlen/ Ehrn=Viel=Tugend=reichen Fr. Annen Walpurg Seidelin/ Geborner Chemnitzen/ Hertzlieben älteren Töchterleins/ Jn der Churfl. Brandenb. Residentz= und Haupt=Veste Berlin/ Am XIX. Sonntage nach Trinit. ware der 5. Octobris dieses 1662. Jahres/ Jn ansehnlicher Graff= und Freyherrl. auch HochAdelicher/ und sonsten Vornehmer Volckreicher Versamlung Auff Begehr/ erklärt: und abgefasset Von M. Georg Lilien/ Probsten. Zu Berlin/ Gedruckt bey Christoff Runge/ 1663. (1: Ms. Boruss. fol. 200, f. 153r; nach Küster/ Müller, 1752, II, S. 1014, schon 1662 gedruckt).

NECYSIA. Emortuali Honori Tam Pietate singulari quam proprio et avito Virtutum decoro, commendabili puellæ, HENDRINÆ MAGDALENÆ, DOMINI MARTINI FRIEDERICI SEIDELII, Consiliarii Brandenburgici, & ANNÆ VVALPURGIS CHEMNITIÆ, Filiæ Protogonæ, Die 25. Martii Ao. 1657. natæ In CHRISTO JESU Vitæ Arbitro, Animæ Sponso placidè 27. Septembris Anno 1662. mortalitatis vinculis exutæ, Ab honoratissimis Dominis Fautoribus & Benevolis facta. Berlin ? 1663 ? (1: Ms. Boruss. fol. 200, f. 138r–143r; Druckimpressum abgeschnitten).

DE LAUREA PHILOSOPHICA, Qua RECTORE Magnifico (TIT.) Dn. JOHANNE PLACENTINO, Phil. M. Mathemat. Prof. Publ. &c. celeberrimo, et DECANO SPECTABILI (TIT.) Dn. JOHANNE SIMONIS, S. S. Theol. Licent. Logicæ Profess. Publ. Ordinario, In Illustri Viadrina Anni Currentis M.DC.LXV. d. Xii. Octob. coronatus est (TIT.) DN. SAMUEL ROSA, Gymn. Berlinens. SubConRector, bene merentiss. gratulantur Patroni, Fautores, Amici, & Collegæ. COLONIÆ BRANDENBURGICÆ, Ex Officina GEORGII SCHULZII, Electoralis Typographi. Cölln 1665 (109: Slg. GK: Sch 1/59. 2).

Die Tisch=Reden Salomons aus dem Prediger=Buch, und Anmerckungen Lutheri. s. l. e. a. (Gigas, 1666, fol. Jijv/ Küster/ Müller, I, 1737, S. 339).

Lilium Christianum, das Lilien=Bildnüß Christi und der Christlichen=Kirche. s. l. e. a. (Gigas, 1666, fol. Jij; Küster/ Müller, I, 1737, S. 339; Jöcher, 1750, 2, Sp. 2435).

Beth=Paradieß. s. l. e. a. (Gigas, 1666, fol. Jij; Küster/ Müller, I, 1737, S. 339).

Paradisum precationum. s. l. e. a. (Jöcher, 1750, 2, Sp. 2435).

Augustanæ confessionis nucleum. s. l. e. a. (Jöcher, 1750, 2, Sp. 2435).

Postillam evangelico-catecheticam, oder evangelische Catechismus=Uebungen, in drey Theilen. s. l. e. a. (Gigas, 1666, fol. Jijv; Jöcher, 1750, 2, Sp. 2435).

Canonica Johannæa, Schrifft= und Lehrmäßige Erklärung der ersten Epistel St. Johannis. s. l. e. a. (Gigas, 1666, fol. Jijv; Jöcher, 1750, 2, Sp. 2435).

Drei geistliche Lieder (Bachmann, 1859, S. 217f.).

Nachlaß

Sternen=Himmel über die Psalmen des Königs und Propheten Davids (Ms.) (Gigas, 1666, fol. Jijv; Küster/ Müller, I, 1737, S. 339).
Portenta funerum, etliche besondere Leich=Predigten bey vorgefallenen schweren und nicht leicht vorkommenden Trauerfällen (Ms.) (Gigas, 1666, fol. Jijv; Küster/ Müller, I, 1737, S. 339).
Schreiben betreffs der theologischen Konferenz 1662/63 (Nachlaß Oelrichs, 1990, Nr. 474,3).

Literatur

LILIEN, Caspar von: Filiale consilium ad Sanctissimum parentem G. Lilien. Bayreuth 1665 (Jöcher/ Adelung, 1810, 3, Sp. 1823f.); ANONYM: M. GEORG. LILII, ETC. ETC. zu Berlin/ An= und Umbfrage/ An etliche der Herren Inspectorn und Prediger aufn Lande/ Mit Bitt und Anwartung ihrer zurückkommenden Aussage. Sampt dererselben gebetenen und erwarteten zurückkommenden Aussage/ Ob man den Revers mit guten Gewissen schreiben und unterschreiben könne? ANNO 1666. s. l. [Leipzig] 1666 (1a: 3 in: Ag 522); E. U. R. H. Christliche Ehren=Rettung Des alten und umb die Kirche Christi wolverdienten Mannes/ Herrn George Lilien/ Der Lutherischen Kirchen zu Berlin Probsts und der benachbarten Inspectoris, Wider Die Boßhaffte Verleumbdungen der erlogenen Umbfrage und Verleumbderischen Aussage. ... ANNO M.DC.LXVI. s. l. 1666 (1a: 17 in: Dk 13103); LÖSCHER, Caspar: Auffrichtiger Gegensatz wider E. U. R. H. Schändlichen Abtritt von der Warheit/ so Er in seiner VnChristlichen und verleumbderischen Ehren=rührung und Beschmützung an einem Theil begangen/ zu seiner Besserung entworffen von M. Caspar Löschern/ der H. Schrifft Baccalaureo. Leipzig/ Gedruckt bei Christian Michaeln. Anno 1666. Leipzig 1666 (1a: 16 in: Dk 13103); RÖSNER, Gottfried: Copie Eines Schreibens aus Stockholm Von Eines Ehrlichen und Seeligen Diaconi Sohne aus Berlin/ Welches zugleich etlicher maßen könte eine Antwort seyn auff den Punct Von den Caplänen/ den Jn des Herren M. Georg Lilii Ebenthewerlichen Unschulds Rettung Herfürgesucht E. U. R. H. Ein Ungenandter Religions Heuchler. Alten Stettin bey Jeremias Mamphrasens Erben. 1666. Stettin 1666 (1a: 19 in: Dk 13103); BÖTTIGER, Johannes: Vnvorgreiffliches Bedencken über diese Frage: Ob die Herren Prediger zu Ständel in der alten Marck dem Churfürstl. Brandenburgischen Edicto de dat. 16 Septemb. an. 1664. mit gutem Gewissen unterschreiben/ oder sich removiren lassen können? An Herren M. CHRISTIANVM SCRIVERIVM Predigern zu S. Jacob in Ständel auff instendiges bitten Den 22 Maij anno 1665 außgefertiget und auß hochdringenden ursachen durch den Druck herauß gegeben von Johanne Böttigern D. Pastor und Seniore zu Magdeburg. Helmstadt/ Gedruckt bey Henning Müllern Jm Jahr 1666. Helmstedt 1666 (1a: 2 in: Ag 522; angehängt: DISCVRSVS WITTEBERGENSIS CONTRA JVDICIVM, VT VOCATVM EST, MAGDEBVRGENSE. Wittebergâ Anno 1665. d. 13. (hs. korrigiert: 30.) Octobris Magdeburgum transmissus. HELMÆSTADII, Typis HENNINGI MVLLERI Acad. Typogr. ANNO MDCLXVI. Angehängt: IOHANNIS BÖTTIGERI D. Pastoris & Senioris Magdeburgensis ANIMADVERSIONES APOLOGETICÆ In Discursum VVittebergensem CONTRA JUDICIUM, UT VOCATUM FUIT, MAGDEBURGENSE. HELMESTADI, Typis HENNINGI MÜLLERI Acad. Typ. Anno MDCLXVI.); BÖTTIGER, Johannes: IOHANNIS Böttigers SS. Theol. Doctoris, Pastoris und Ven. Minister. Magdeb. Senioris Gebührliche Ablehnung Der Vnchristlichen und unbilligen Verleumbdung/ womit ihn und sein an einen Ständalischen Freundt in privato außgefertigtes Bedencken Ein Tockmäuser in einer Chartec, so tituliret wird/ M. GEORG LILII An und Vmb=Frage &c. &c. bey Verhehlung seines Nahmens/ des Drückers/ und des Orts/ zu beschweren sich gelüsten lassen. Helmstadt/ Gedruckt bey Johann Heitmüllern Jm Jahr 1666. Helmstedt 1666 (1a: 4 in: Ag 522); BÖTTIGER, Johannes: CONSILIUM D. JOHANN. BÖTTICHERI, Magdeb. De Subscriptione Edictorum Electoral. ad MINISTERIUM STENDAL: M. DC. LXVI. s. l. 1666 (1a: 9 in: Dk 13103); STOSCH, Bartolomaeus: Summarischer Bericht Von der Märckischen Reformirten Kirchen Einträchtigkeit/ mit andern in und ausser Deutschland Reformirten Gemeinen. Mit Sr. Churfl. Durchl. Wissen und Genehmhabung auffs kürtzeste abgefaßt/ und in Druck gegeben. Durch B. S. Marc. 9: 40. Wer nicht wider uns ist/ der ist für uns. Cölln an der Spree/ Druckts Georg Schultze/ Churfürstl. Brandenb. Buchdrucker auff dem Schlosse daselbst/ 1666. Cölln 1666 (1a: 11 in: Dk 13103); SCHERZER, Johann Adam: Außführlicher Gegen=Bericht/ einem Summarischen Bericht/ B. S. Von der Märckischen Reformirten Kirchen Einträchtigkeit mit andern in und ausser Deutschland Reformirten Gemeinen/ Zu diesem mal in dem einigen Articul von dem Leiden und Sterben unsers HERRN JEsu Christi entgegen gesetzt von P. S. ... Leipzig/ Bey Christian Kirchnern zu finden. 1666. Leipzig 1666 (1a: 12 in: Dk 13103); Löscher, Caspar: Alte abgenützte und verlegene Lumpen Welche Ein Religions=Trödtler zu Cölln an der Spree P. S. in seinem Summarischen Bericht Wiederumb auffs neue zu Marckt gebracht, unserseits Theologen aber Vorlängst gründlich widerleget, Jedermann vor Augen, B. S. Aber zur Vindicierung gestellet. Leipzig, zu finden bey Joh. Wittigauen 1666. Leipzig 1666 (Landwehr, 1893, S. 121); Gesenius, Friedrich: Probier=Stein/ Da Nach der Regul des Wortes Gottes Das Vrtheil Der Theologischen Facultät zu Wittenberg/ Wegen der von Sn: Churfl. Durchl. zu Brandenburg denen Märckischen Geistlichen vorgelegten Reverses Unterschreibung/ Vernünftiglich untersuchet und geprüfet wird/ Durch einen Pastorem und Inspectorem in der Alten Marck/ F. G. M. Anitzo auß den Lateinischen ins Deutsche versetzet. Mit Churfl. Brandenb. Freyheit. Verlegts Rupert Völcker Buchhändl. in Berlin und Cölln. im Jahr 1666. Cölln 1666 (1a: 13 in: Dk 13103); Gigas, David: Fidelium CORONA LÆTITIÆ. Das ist: Schöne Freuden=Krone treuer Liebhaber JEsu/ Aus dem letzten Vers des LXXIII. Psalms/ Bey Christlicher und sehr Volckreicher Bestattung Des Weiland Wol=Ehrwürdigen/ Edlen und Hochgelahrten Hn. Georg Lilien Der Berlinischen Lutherischen Kirchen treufleißigen Probstes/ wie auch der Benachbarten und des Gymnasii Inspectoris, Welcher den 27. Julii dieses 1666sten Jahres Freytags nach 10. Uhr vor Mittage/ bey guter Vernunfft und Verstande/ unter dem Gebethe der Umbstehenden/ im Glauben und Bekändnüß seines Erlösers/ sanfft und seelig abgeschieden/ und den 5. Augusti/ war der 8. Sontag nach Trinitatis/ in der Haupt=Kirchen zu St. Nicolai in sein Ruhe=Kämmerlein gesetzet worden/ Gehalten/ und auff Begehren ausgefertiget Von DAVIDE GIGANTE, Sub=Diac. bey der Kirchen zu St. Niclas daselbst. Jn Franckfurt an der Oder/ Gedruckt bey Christoph Zeitlern/ Anno 1666. Frankfurt/O. 1666 (1a: Au 17991); Epicedia-Sammlung: Spontaneus Honor Post Fata DN. M. GEORGII LILII, Præpositi & GYMNASY INSPECTORIS Exhibitus. à quibusdam in illo Docentibus & Cognato. Ipso Tumulationis die 5. Aug. DNC. A. IIX. post. F. Trinitatis 1666. Typis GEORGI SCHULTZI, Elect. Typogr. Colon. cis Spream. Cölln 1666 (109: Slg. GK: Sch 1/62; 1: Ee 6200); Epicedia-Sammlung: ULTIMUM VALE Quod Perquam Reverendo, Excellentissimo et Amplissimo VIR p Dn. GEORGIO LILIO, Ecclesiarum Berolinensium Præposito emerito Ministerij Seniori, vicinarum ac Gymnasij Inspectori vigilantissimo, Die 27. julij 1666. inter coelites recepto, & die 5. Augusti solenni ritu in æde Nicol. sepulto dixere GENER & AFFINES. COLONIÆ BRANDENBURGICÆ, Ex Officina GEORGI SCHULTZI, Typogr. Elect. Cölln 1666 (1: an Ee 6200); Epicedia-Sammlung: Letzte Ehre Statten höchstbetrübet ab Herrn. M. Georg Lilien/ Probsten und Jnspectorn Jhren hertzgeliebtesten Herren Vater und Großvater ein par Kinder und Kindes Kinder. 5. Aug. 1666. Cölln an der Spree/ Druckts Georg Schultze/ Churfürstl. Brandenb. Buchdrucker auff dem Schlosse daselbst. Cölln 1666 (1: Ee 6201); Epicedia-Sammlung: Letzte Ehrenbedienung Dem Woll= Ehrwürdigen Großachtbaren und Hochgelahrten Hn. M. Georg Lilien/ Churfürstl. Brandenb. Probst in Berlin und der Benachtbarten/ wie auch des Gymnasiumbs hieselbst höchstverdienten Inspectoris erwiesen Am Tage seiner Beerdigung war Der 5. Aug. 1666. von Zweyen treumeynenden Freunden. Cölln an der Spree/ Druckts Georg Schultze/ Churfürstl. Brandenb. Buchdrucker auff dem Schlosse daselbst. Cölln 1666 (1: Ee 6202); Seidel, Martin Friedrich: ODE LUGUBRIS GERMANICA IN OBITUM TIT. Dni. Magistri GEORGII LILII, Præpositi Berlinensis, Amici & compatris sui dësideratissimi, Anno 1666. defuncti. COLONIÆ BRANDENBURGICÆ, Ex Officina GEORGI SCHULTZI, Typogr. Elect. Cölln 1666 (1a: Yi 5225 R); Drechsler, Christoph Carl: Trauer=Reim und Klag=Gedichte/ über den wohlseligen Hintritt und allzufrühzeitigen Verlust. Des Woll=Ehrwürdigen/ Großachtbaren und Hochgelahrten Hn. M. Georg Lilien Churfürstl. Brandenb Probst in Berlin und der Benachbarten Kirchen/ wie auch des Gymnasij hieselbst höchstverdienten Inspectoris. Welcher am 27. des Monats Julij 1666. war der Tag Marthæ 1. Viertel nach zehen Uhr sanfft und seligst verschieden/ und den 5. Augusti in höchst und hochansehnlicher Begleitung Christl. Gebrauch nach allhier in der St. Nicolai=Kirchen zur Erden bestattet worden/ Zu Bezeugung seiner hertzinniglichen Condolentz und schuldigsten Observantz mit höchstbetrübten Gemühte in Eil entworffen Von Christoff Carl Drechßlern/ des Berlinischen Gymn. Alumno. Cölln an der Spree/ Druckts Georg Schultze/ Churfürstl. Brandenb. Buchdrucker auff dem Schlosse daselbst. Cölln 1666 (1a: Yi 6408 R); Gesenius, Friedrich: M. Friderici Gesenii, Pastoris und Inspectoris zu Calbe in der Alten=Marck Widerlegung/ Der unchristlichen und unbilligen Verleumbdungen/ Womit Ihn beschmitzen wollen einestheils unter eigenen Namen L. ANDREAS Fromme/ gewesener Churfürstl. Brandenb. Consistorial=Raht und Probst zu Cölln an der Spree/ dann auch JOHANN ADAM Schertzer/ SS. Theol. D. und Prof. P. und ELIAS SIGISMUND REINHARD, SS. Theol. D. und Pastor in Leipzig/ und zwar durch ihren hiezu substituirten Lästerzeug zweyer Famulorum David Ulmanns/ und Gottfried Riedels/ darinnen zugleich von der Beschaffenheit des so übel beschrienen Revers-Wesens in der Chur=Marck Brandenburg von dem Gehorsam der Unterthanen gegen die Obrigkeit in Religions Sachen etc. gehandelt wird. Hats verlegt Rupertus Völcker/ Buchhändler in Berlin und Cölln an der Spree. M. DC. LXVII. Berlin 1667; Eigentlichen und wahrhaften Bericht, wie die Universität Leipzig, und ihr damaliger Herr Rector, auf Fridr. Gesenii Klage wider Gottfr. Riedeln verfahren. s. l. e. a. [1667]; ULMANN, David: Deß Lydischen Steins Numehro offenbarten Meisters M. FRIDERICI GESENII, CALBENSIS INSPECTORIS, Amica Συζητησις, Cum Sympatriota Cive Marchico &c. Welche zwar erst in 14. Tagen soll ans Liecht kommen/ Zum Vorauß aber (Wegen fol. 75, 76, 77. enthaltener und unverschuldeter Anzäpffung des Hn. P. S. oder Professoris Scherzeri Gegen=Berichts auff Hn. B. S. oder Bartholomæi Stoschii Summarischen Bericht von der Märckischen Reformierten Kirchen Einträchtigkeit/ etc.) Eingeholet/ der Gebühr nach benevenetiret, und noch vor ihrer Ankunfft wieder zurück gewiesen worden durch David Ulmannen von Eißleben/ Philos. Stud. auff der Universität Leipzig. Leipzig/ Bey Christian Kirchner zu finden/ 1667. Leipzig 1667 (1a: 10 in: Dk 13103); PORST, Johann: THEOLOGIA HOMILETICA IN EXEMPLIS, Oder Besondere Predigten, Bey verschiedenen Gelegenheiten/ an unterschiedenen Orten und Zeiten gehalten/ welche vormals einzeln ans Licht gegeben, nunmehr aber zusammen gedruckt Und Mit nöthigen Registern versehen. HALLE, in Verlegung des Waysenhauses, M DCC XXVII. Halle 1727, S. 526 u. 533; UNSCHULDIGE NACHRICHTEN, 1727, S. 1081 u. 1086ff.; KÜSTER/ MÜLLER, I, 1737, S. 335–339, S. 1014; JÖCHER, 1750, 2, Sp. 2435f.; HERING, 1787, II, S. 218, 225 u. 229; JÖCHER/ ADELUNG, 1810, 3, Sp. 1823f.; LANGBECKER, Emanuel Christian Gottlob: Leben und Lieder von Paulus Gerhardt. Berlin 1841 (mit einer Auswertung der Akten zum Kirchenstreit in Brandenburg); BACHMANN, 1859, S. 213–218; NOHL, 1903, S. 87; WENDLAND, Walter: 700 Jahre Kirchengeschichte Berlins. Berlin 1930, S. 92; FISCHER, 1937, S. 3; GStA Rep. 47, Nr.19; GStA Rep. 47 B4.

Lubath, Martin

* 6. Juni 1621 Elsholz bei Beelitz
† 22. Dez. 1690 Berlin
Pädagoge, Theologe, luth.
V Martin L., Prediger
M N. N.
⚭ 1652 Dorothea geb. Thiele (gest. 1716)
K Martin L., Prorektor am Friedrichswerderschen Gymn., später Pastor zu Fehrbellin (gest. 1714); Martin (1654–1656), Dorothea (1656–1657), Sophia (1660–1661); Louisa (1662–1667), N. N., Ludwig (1671–1672)

bis 1642	Berlinisches Gymnasium
1642–1647/48	Universität Wittenberg (Mag. 1646)
1647/48–1651	Konrektor am Berlinischen Gymnasium
1651	Prorektor
1651–1661	Diakon zu S. Marien
1661–1690	Archidiakon, später Senior des Geistlichen Ministeriums

Martin Lubath wurde am 6. Juni 1621 in Elsholz bei Beelitz geboren. Sein Vater Martin Lubath hatte zunächst das Rektorat in Freienwalde bekleidet, bevor er 1616 zum Prediger in diesen kleinen märkischen Ort berufen wurde. Die Eltern starben bereits 1630 an der Pest. Lubath besuchte das Berlinische Gymnasium zum Grauen Kloster, dessen Leitung seit 1618 Georg Gutke (1589–1634) inne hatte. Unter Gutkes Rektorat wurden Logik und Dialektik zu Hauptgegenständen des Unterrichts. Die Schüler der oberen Klassen disputierten öffentlich zu verschiedenen philosophischen Gegenständen. Allerdings mußte der Rektor, der selbst mehrere Schriften insbesondere zur Logik verfaßte, die als Neuerung angesehenen häufigen Disputationsübungen seiner Schüler wiederholt rechtfertigen, da sie zur Abweichung vom überlieferten Gange des Gymnasialunterrichts führten und die Behandlung philosophischer Probleme durch Schüler ohne Universitätsbildung wohl doch eher einem toten Nachsprechen der Lehrmeinungen des dozierenden Lehrers glich. Da Gutke bereits 1634 starb, zu einem Zeitpunkt, als Lubath noch nicht die oberen Klassen erreicht hatte, übten andere Lehrer einen größeren Einfluß auf den begabten Schüler aus, etwa Bernhard Kohlreiff (1605–1646), der 1634 das Konrektorat übernommen hatte und mehrmals interimistisch zum Rektor bestimmt wurde, bevor er 1640 als Prediger zu S. Petri in Cölln vozierte, oder der 1636 als Subrektor berufene bekannte Dichter Michael → Schirmer, nicht zuletzt auch der bekannte Kantor Johann → Crüger, besonders aber Rektor Adam → Spengler, unter dem sich Lubath 1642 mit einer »Oratio de vero et falso« vom Berlinischen Gymnasium verabschiedete (HEIDEMANN, 1874, S. 155).

Kurze Zeit später, am 24. Mai 1642, immatrikulierte sich Lubath unter dem Rektor und Professor für Mathematik, Christoph Notnagel (1607–1666), an der Universität Wittenberg (WEISSENBORN, 1934, 42,78). Leider sind die Namen seiner wichtigsten Professoren, bei denen er Vorlesungen besuchte, nicht überliefert. An der theologischen Fakultät dozierte seit 1629 Johannes Hülsemann (1602–1661), nach Johann Gerhard (1582–1637) damals der führende Theologe des Luthertums. Außer Hülsemann, der bereits Anfang 1646 eine Berufung nach Leipzig annahm, wurden theologische Disziplinen von Jakob Martini (1570–1649) und Paul Röber (1587–1651) gelehrt. Beide galten als lutherisch-orthodoxe Theologen, die nicht nur den Katholizismus, sondern vor allem den im benachbarten Anhalt und in Kurbrandenburg sich ausbreitenden Calvinismus bekämpften. Zu erwähnen ist auch Wilhelm Leyser (1592 bis

1649), seit 1627 Professor der Theologie. An der philosophischen Fakultät wirkte Johann Scharff (1595 bis 1660), der nacheinander Ethik und Logik lehrte und 1640 eine außerordentliche Professur für Theologie erhielt; er bekleidete jedoch den Lehrstuhl für Logik weiter, bis er sich 1649 ganz der Theologie widmete. Nach Scharff war Michael Wendler (gest. 1671) Professor für Ethik geworden. Seit 1634 bekleidete Johannes Sperling (1603–1658) die Professio physicae; als erster in Deutschland fügte er atomistische Auffassungen in die Lehrbücher der Physik ein. Vielleicht besuchte Lubath auch Vorlesungen für Mathematik, die Nikolaus Pompejus (geb. 1592) und Christoph Notnagel, der 1633 berufen und vor allem durch sein Handbuch der Festungsbaukunst berühmt wurde, lasen. Seit 1638 lehrte an der philosophischen Fakultät Andreas Sennert (1606–1689) orientalische Sprachen, 1640 übernahm er die Professur für Hebräisch, die er fast 50 Jahre bekleidete. Die Professur für Griechisch hatte seit 1637 Johann Erich Ostermann (1604–1668) inne. Bereits 1616 war August Buchner (1591–1661) als Professor für Dichtkunst berufen worden; ab 1632 hielt er auch Vorlesungen zur Rhetorik. Die Professur für Geschichte hatte 1616 Reinhold Frankenberger (1585–1664) übernommen, der mehrere Schriften zur Chronologie verfaßte.

Etwa zur selben Zeit wie Lubath studierten in Wittenberg auch Johannes → Heinzelmann und Elias Sigismund → Reinhardt, mit denen er später in der kurbrandenburgischen Residenz wieder zusammentraf. Ob Lubath nach Erlangung des Magistergrades am 16. Okt. 1646 zunächst weiter in Wittenberg blieb und an der Universität Collegia hielt, ist aus den Quellen nicht ersichtlich. Es scheint jedoch der Fall gewesen zu sein, denn erst am 10. Sept. 1647 erhielt er eine Vokation angetragen, und zwar auf das Konrektorat am Berlinischen Gymnasium, das er bereits als Schüler besucht hatte. Lubath kam zu einer Zeit an die Anstalt, als diese unter dem Rektor Adam → Spengler einen neuerlichen Aufschwung nahm. Spengler hatte von 1632 bis 1641 die Universität Wittenberg besucht, zuletzt als Adjunkt an der philosophischen Fakultät gelehrt und den Unterricht am Berlinischen Gymnasium nach den in Wittenberg erhaltenen Anregungen umgestaltet. Die philosophischen Disziplinen Logik, Ethik und Metaphysik erhielten gegenüber der bisher dominierenden rein philologischen Ausbildung in den klassischen Sprachen mehr Gewicht. Die Zahl der veranstalteten Disputationen nahm zu, ebenso die Zahl der öffentlichen Schulactus, in denen die Gymnasiasten ihre deklamatorischen Fertigkeiten unter Beweis stellten. Von Konrektor Lubath sind zwei Schulactus belegt, nämlich »Ad herbarium salutare« (1649) und »De eloquentia« (1651).

Als Rektor Spengler 1651 das Berlinische Gymnasium verließ und das Pfarramt zu Wriezen übernahm, mußte Lubath das längere Zeit vakante Rektorat mitverwalten; in jener Zeit nannte er sich in den Quellen wiederholt »Pro Rector« (also Stellvertreter des Rektors im Unterschied zum Konrektor), ohne jedoch den Anspruch auf den Rektorentitel zu erheben. Wahrscheinlich hätte er das Rektorat auch erhalten, wenn er nicht am 5. Aug. 1651 zum Diakon an S. Marien in Berlin berufen worden wäre. Natürlich zog er das besser dotierte Kirchenamt (zu welchem er am 10. Okt. ordiniert wurde) dem Rektorat vor, leitete aber interimistisch das Gymnasium noch bis Ende 1651, bevor Anfang 1652 das Rektorat durch Heinzelmann besetzt wurde.

Schon bald nach seinem Wechsel in das geistliche Amt, am 1. Nov. 1652, hatte Lubath in Berlin die Ehe mit Dorothea, einer Tochter des Pastors Johann Thiele in Gröben, geschlossen. Von Lubaths sieben Kindern überlebte nur sein Sohn Martin Lubath (gest. 1714) den Vater. Wie dieser studierte auch er in Wittenberg (wo er 1687 im Auditorium der Universität eine beachtenswerte »Oratio panegyrica« auf den verstorbenen Markgrafen Ludwig von Brandenburg hielt), später noch in Frankfurt und wurde 1700 zunächst als Prorektor ans Friedrichswerdersche Gymnasium berufen. 1707 übernahm er das Predigtamt zu Fehrbellin, welches er bis zu seinem Tode bekleidete. Die anderen sechs Kinder starben alle frühzeitig (KÜSTER/ MÜLLER, 1752, II, S. 480, mit den entsprechenden Geburts- und Sterbedaten).

Insgesamt 40 Jahre hatte Lubath das Predigtamt zu S. Marien inne, zunächst als Diakon, nach dem Tode Johann → Rösners 1661 als Archidiakon, endlich auch als Senior des Berlinischen Ministeriums. Überliefert sind einige im Druck erschienene Leichpredigten sowie zahlreiche Gelegenheitsgedichte. Adressaten seiner Casualia waren zumeist hochgestellte Persönlichkeiten der kurbrandenburgischen Residenz Berlin-Cölln, wobei jedoch kaum auf ein besonders enges Verhältnis zu den derart Bedachten geschlossen werden kann, da Lubath fast alle seine Gedichte ohne jeden Zusatz lediglich mit »M. Martinus Lubath/ Eccles. Berol. Mar.« unterzeichnete. Zu den ganz wenigen Ausnahmen gehört ein zwölfstrophiges deutsches Trauergedicht, das Lubath 1661 dem kfl.-brandenburgischen Landschafts-Rentmeister Christian von der Linde (1603–1673) zum Tode seiner Ehefrau Ursula von der Linde geborene Moyse widmete und das er »Zum Trost dem hochbetrübten Witwer/ als seinem hochgeehrten H. Gefatter/ und nachbarlichen Freunde schickets M. Martin Lubath/ Prediger.« unterschrieb.

1662/63 nahm Lubath als Vertreter der lutherisch-orthodoxen Partei am Religionsgespräch zwischen Reformierten und Lutherischen teil, das Kurfürst Friedrich Wilhelm einberufen hatte, einmal, um die theologischen Differenzen zwischen beiden Konfessionen beizulegen, zum anderen aber auch, um den immer wieder aufflackernden Widerstand der lutherischen Geistlichen gegen seine Politik des Kirchenfriedens zu brechen. So sollten die Gespräche auf dem kurfürstlichen Schloß zu Cölln stattfinden, das heißt, in unmittelbarer Nähe zu Berlin, dem Haupthort der lutherischen Auflehnung gegen die landesherrliche Toleranzpolitik. Eingeladen hatte der Kurfürst außer einigen Räten beider Konfessionen seine reformierten Hofprediger und den Rektor des reformierten Joachimsthalschen Gymnasiums, Johann → Vorstius, sowie die Mitglieder der beiden lutherischen geistlichen Ministerien zu Berlin und Cölln, also die Prediger an den Berliner Stadtkirchen zu S. Nicolai und zu S. Marien und an der Cöllnischen S. Petrikirche. (Lubath hat die theologische Konferenz ausführlich dokumentiert; sein Nachlaß, der sich in den Sondersammlungen der Berliner Stadtbibliothek befindet, wurde ausgewertet von BEESKOW, Hans-Joachim: Brandenburgische Kirchenpolitik und -geschichte des 17. Jahrhunderts – ein Beitrag zur Paul-Gerhardt-Forschung. Berlin 1985.)

Die Gespräche begannen im Sept. 1662 unter der Leitung des Oberpräsidenten Otto Freiherrn von Schwerin (1616–1679). Wie die anderen Geistlichen verfaßte auch Lubath Gutachten zu den einzelnen Streitpunkten, die dann von den Wortführern vorgetragen wurden. Wortführer der reformierten Partei war der Hofprediger Bartholomaeus → Stosch, unter dessen Federführung Kurfürst Friedrich Wilhelm am 2. Juni 1662 das erste Toleranzedikt verabschiedet hatte, in welchem er insbesondere die lutherischen Geistlichen aufforderte, jegliches Verketzern der reformierten Religion zu unterlassen. Das geistliche Ministerium von Berlin hatte Elias Sigismund Reinhardt, den redegewandten Archidiakon zu S. Nicolai, zu seinem Wortführer gewählt, da Propst Georg von → Lilien, der ranghöchste Geistliche in der Stadt, bereits im 66. Lebensjahr stand. Weil sich die lutherischen Ministerien von Berlin und Cölln im Vorfeld des Religionsgespräches nicht auf eine einheitliche Verhandlungsführung einigen konnten (die Cöllnischen Geistlichen unter ihrem Propst Andreas → Fromm waren durchaus bereit, religiöse Toleranz gegenüber den Reformierten zu üben), sprach jedes Ministerium für sich (vgl. die entsprechenden Schreiben beider Ministerien bei LANGBECKER, 1841, S. 29 bis 34).

Schon bald zeigte sich jedoch, daß die unterschiedlichen Positionen der beiden Lager nicht zu überbrücken waren, sondern sich im Verlauf der theologischen Konferenz mehr und mehr verhärteten. Insbesondere den Berliner Predigern ging auch das kleinste Zugeständnis an die reformierte Konfession gegen ihr Gewissen, fürchteten sie ein Aufweichen der »reinen« lutherischen Lehre. Die Cöllnischen Geistlichen, die auf Verständigung zwischen den zerstrittenen Lagern setzten, gerieten schon bald zwischen die Fronten, wurden als »Synkretisten« beschimpft und verloren zunehmend ihren Einfluß auf das Geschehen.

Nach insgesamt 17 Treffen mußte Oberpräsident Schwerin am 29. Mai 1663 die theologische Konferenz ohne das vom Kurfürsten gewünschte Ergebnis abbrechen. Die Berlinischen Geistlichen bekamen die Schuld am Scheitern der Verhandlungen angelastet, vor allem, weil Reinhardt in der letzten Sitzung einen Eklat verursacht hatte, indem er sich weigerte, einen von Schwerin zusätzlich zum Gespräch bestimmten reformierten Teilnehmer anzuerkennen, da dieser nur ein Kollege am Joachimsthalschen Gymnasium sei und über solch wichtige Gegenstände nicht verhandeln dürfe. Da auch in der Folgezeit die religiösen Differenzen über die Kanzeln ausgetragen wurden, erließ Friedrich Wilhelm am 16. Sept. 1664 ein zweites Edikt, in dem beide Seiten zur Mäßigung angehalten und die lutherischen Geistlichen zur Tolerierung der reformierten Religion des Landesherrn aufgefordert wurden. Wenige Wochen später verlangte der Kurfürst dann von alle Predigern der Mark Brandenburg die Unterzeichnung eines Reverses, der zur Einhaltung der kurfürstlichen Toleranzedikte bei Strafe der Amtsenthebung verpflichtete. Mit den an-

deren Mitgliedern des geistlichen Ministeriums von Berlin erhob auch Lubath am 29. Okt. Einspruch gegen das Edikt, der jedoch von Friedrich Wilhelm abgewiesen wurde.
Daraufhin baten die Berliner Geistlichen die theologischen Fakultäten einiger Universitäten sowie die geistlichen Ministerien einiger Städte um Stellungnahmen zu den Edikten und Empfehlungen für ihr Verhalten. Der Zweite Diakon zu S. Marien, Jakob → Hellwig (der Jüngere), und Lubath sandten am 19. Nov. ein entsprechendes Schreiben an die theologische Fakultät Wittenberg, die in einem »Bedenken« den Predigern riet, sich aus Gewissengründen lieber ihres Amtes entheben zu lassen als dem Befehl der Obrigkeit zu folgen. Friedrich Wilhelm mißbilligte diese Schreiben der Geistlichen aufs äußerste; noch mehr verärgerten ihn die eingegangenen Ratschläge insbesondere der Wittenberger Theologen, die sich als Sachwalter des Reformators Martin Luther mehr und mehr die alleinige Autorität in Glaubensfragen anmaßten und deren Empfehlung er als Eingriff in seine Hoheitsrechte verstand. So beorderte er die Geistlichen des Berlinischen Ministeriums für den 28. April 1665 zur Reversunterzeichnung vor das Konsistorium.
Propst Lilien und Archidiakon Reinhardt wurden als erste befragt und – da sie aus Gewissensgründen ihre Unterschrift unter einen Revers, der ihnen die Berufung auf die Konkordienformel untersagte, verweigerten – umgehend aus ihren Ämtern entlassen. Die Reversunterzeichnung der anderen Geistlichen wurde zunächst ausgesetzt, indem man ihnen Bedenkzeit einräumte. Der Rat von Berlin setzte sich für seine Prediger ein, auch die Stände machten ihren Einfluß geltend, doch Friedrich Wilhelm war zu diesem Zeitpunkt nicht bereit einzulenken. Reinhardt, den der Kurfürst als Führer der lutherisch-orthodoxen Opposition sah, mußte Berlin verlassen und fand im sächsischen Leipzig, wo er als Kämpfer für das »reine« Luthertum gefeiert wurde, eine neue Wirkungsstätte. Propst Lilien unterzeichnete 1666 einen selbstverfaßten Revers, was ihm jedoch von lutherischer Seite üble Schmähungen und viel Ungemach einbrachte. Erst später gab Kurfürst Friedrich Wilhelm auf Drängen der Stände und einzelner seiner Minister im Streit um die Edikte nach und hob am 6. Juni 1667 schließlich die Reverse ganz auf. Ob Lubath zu den mehr als 200 märkischen Geistlichen gehörte, die den Revers unterzeichnet haben sollen, ist aus den vorliegenden Quellen nicht ersichtlich (Lubath selbst hielt sich in seinen Aufzeichnungen mit Äußerungen zu seiner Person sehr zurück). Man muß es wohl annehmen, denn von einer Amtsentsetzung, wie sie auch dem Zweiten Diakon zu S. Nicolai und bekannten Kirchenlieddichter Paul → Gerhardt widerfuhr, ist in seinem Falle nicht die Rede.

Lubath starb am 22. Dez. 1690 in Berlin. Zu seinem Nachfolger wurde der Archidiakon von Landsberg an der Warte, Daniel Bandeco (1651–1715), berufen. Die Leichpredigt für den Verstorbenen ist nicht überliefert. Seine Bibliothek wurde nach dem Tode der Witwe im Jahre 1716 versteigert (vgl. Auctio bibliothecae Lubathianae i. e. librorum a Mart Lubatho relictorum, habebitur d. 8. Juni 1716 im Berlinischen Wittwen-Hause in Novo Foro sito. Berlin 1716; zitiert nach DITERICH, 1732, S. 285f.; der Auktionskatalog ist allerdings nicht erhalten geblieben). Auf Lubaths Bildnis im Chor der Marienkirche ist zu lesen: »M. Martinus Lubath, Belicia March. Archi-Diaconus Berolinensis Marianus et Ministerii Senior, qui natus est VI. Juni A. MDCXXI. obiit d. XXII. Dec. A. MDCXC. noctu circa I. aetatis LXX. Minist. XL. Symbolum: Maximum Mihi Lucrum Beata Mors.« (DITERICH, 1732, S. 286.)

Noch zu Lebzeiten hatte Lubath den folgenden kurzen Lebenslauf verfaßt:

»Elsholz me genuit, pagus prope Beelizen 1621. d. 6. Iun.
Patre & matre orbus / peste misellus abit 1630. d. 13. Oct.
Pastoris gnatus / Pupillum Berolina capit, cultum Viteberg. 1634. d. 15. Oct.
Transmittit, studiis inuigilare bonis 1642. d. 24. Mai.
Hæc in quinto anno doctum creat ipsa Magistrum, 1646, d. 16. Oct.
Quem Conrectorem mox Berolina vocat 1647, d. 10. Sept.
Tandem e Prorectoratu Templum Marianum Præconem vocitat, rite capitque suum 1651. d. 5. Aug.
Exin coniugium tentans cum virgine Tilin 1652. d. 5. Aug.
Contrahit, & sobolem suscipit vndecimam d. 7. Nov.
Pignora quinq. Deo præmisi, nunc sequar ipsus, Vita mihi Christus, mors mihi dulce lucrum.«
(KÜSTER/MÜLLER, 1752, II, S. 486.) [LN]

Werke

Oratio de vero et falso (Abschiedsrede als Schüler des Berlinischen Gymnasiums). 1642 (Heidemann, 1874, S. 155).

Epithalamium für Peter Vehr und Anna geborene Vogt. Berlin 1643 (109: Slg. GK: Sch 1/23).

Ringelgedicht in welchem die Selig=verstorbene auff ihres hinterbliebenen Herrn Klagende/ tröstlich antwortet. In: CASTRUM DOLORES, Super funere luctuosissimo EVAE MARIAE FRITZIN, Foeminae virtutibus, hunc sexum ornantibus, instructissimae, in Solatium Viri perquam Reverendi, Amplissimi atq. Excellentissimi DN. D. SAMUELIS HOFFMANNI &c. &c. erectum à Fautoribus & Amicis. s. l. e. a. [Berlin 1648]. (1: Ee 519, 7).

Programma ad herbarium salutare, quod alumni d. 4. Jan. distributuri erant (1649). Berlin 1649 (Diterich, 1732, S. 285f.).

Epicedium für Samuel Hoffmann. Berlin 1649 (Leichenpredigten Liegnitz, 1938, S. 213).

DULCIA AMICORUM SOLATIA, in luctus abstersorium data (Epicedium für Constantin Andreas Berkow). An: Lilien, Georg von: Leichpredigt für Constantin Andreas Berkow. Berlin 1650 (1: an 16 in: Ee 502).

Ita novos Honores VIRO Perquàm Reverendo, Amplissimo, Præ-Clarissimo DOMINO M. PETRO VHER, ECCLESIARUM BEROLINENSIUM Præposito- & Inspectori Vicinarum meritissimo, S. Ministerii ibid. quoque Seniori honoratissimo. Quum Hagio-Synedrii Electoralis Brandenburgici ADSESSOR declararetur, Dn. Fautori, Fratri ac Patrono suo devotê colendo gratulantur. Mens. Septembris, Anno M DC LI. BEROLINI, Prælo Rungiano. Berlin 1651 (109: Slg. GK: Sch 1/35).

Gratiarum actio parentalis ad exequiatores in funere Io. Bercouii habita. Berlin 1651 (Küster/ Müller, 1752, II, S. 486).

Actus oratorius de eloquentia (1651). Berlin 1651 (Diterich, 1732, S. 285f.).

MISSUS POETICUS in Nuptiis auspicatissimis VIRI Excellentissimi Clarissimi atque Experientissimi DOMINI THOMÆ PANCOVII, DOCTORIS MEDICI, ET PRACTICI BERLINENSIS, cum VIRGINE Lectissimâ, virtutibusque Virgineis perquam conspicuâ CATHARINA, VIRI Amplissimi, Excellentissimi et Consultissimi, DN. JOHANNIS BERCHELMANNI, J. U. L. & Statuum provincialium in Electoratu Brandenb. cis Viadrum Syndici & Quæstoris fidelissimi, dilectissimâ FILIA, BEROLINI pridie Martini celebratis, Mensæ secundæ surrogatus à PATRONIS, PROPINQUIS, FAUTORIBUS, AMICIS. Literis RUNGIANIS. Berlin s. a. [1651] (109: Slg. GK: Cg 144).

VOTA NUPTIIS M. JOHANNIS HEINZELMANI, GYMNASII BEROLINENSIS RECTORIS ET SOPHIÆ ZIRIZIÆ OBLATA A FAUTORIBUS QVIBUSDAM ET AMICIS. Berlin 1652 (109: Slg. GK: Cg 76,4).

CUM DEO! ΔΟΞΟΛΟΓΙΑ ISRAELITICA, Jsraels Danck=Gebät/ Bey Wendniß oder Endniß/ Der betrübten Zion Gefängniß. Das ist/ der CXXVI. Psalm/ Welchen Bey Vornehmer Volckreicher Leichbegängniß Der weyland WolErbarn und Viel=Ehren=Tugendreichen Frauen Anna Maria Reinhartin/ Des WolEhrenvesten/ Vorachtbarn/ und Vornehmen Herrn Johann Falckenhagen/ der löblichen Landschafft bestalten Secretarii und Einnehmern/ Hertzlieben Hauß=Ehr/ Welche in warer Anruffung JEsu Christi selig entschlaffen zu Berlin Anno 1653/ den 3. Julii/ Mittags ein Viertel nach 11. Vhren: Vnd folgend daselbst den 7. Julii in der Pfarrkirchen zu St. Marien/ in ihr Ruhebetlein ist versetzet worden/ ihres Alters 38. Jahr/und 5. Tage/ Auf begehren geprediget und aufgesetzet M. MARTINUS LUBATH, Ecclesiastes ibidem. Gedruckt bey Christoff Runge/ Anno 1653. Berlin 1653 (1: 8 in: Ee 509).

FOEDUS AMORUM SOLEMNI NUPTIARUM DN. GABRIELIS LUTHERI ET VIRG. ANNÆ ROSINÆ VVEISIÆ Sacrum Auspicatum vovent atque diuturnum Fautores & Amici. BEROLINI Typis RUNGIANIS, Anno 1655. Berlin 1655 (109: Slg. GK: Cg 121. 6).

CARMINA FAUTORUM ET AMICORUM in obitum eundem, ejusdem Piè defuncti [Epicedium für Johannes Berchelmann]. An: Vehr, Peter: Leichrede für Johann Berchelmann. Berlin 1655 (1: an 11 in: Ee 502).

EPICEDIA in Obitum NOBILISS. ET CONSULTISSIMI VIRI DOMINI ERASMI SEIDELII, JCTI. Et in Secretissimo Electoris Brandenburgici Consilio Senatoris haut postremi scripta â DOMINIS AMICIS ac FAUTORIBUS SINGULARIBUS. M.DC.LV. BEROLINI, Exprimebat Christophorus Runge. Berlin 1655 (1a: Av 14162).

Εὐθυμια Dauidica aus Ps. 72. bey dem Leichbegängniß Herrn Friderich Blechschmids/ Churfl. Brandenb. Hof- und Cammer=Gerichts=Raths anno 1656. geprediget. Berlin 1656 (Küster/ Müller, 1752, II, S. 486).

EPICEDIA MUSARUM LUGENTIUM. piis & beatis Manibus Viri Reverenda et Clarissima Dignitate, Eruditionis laude vitæque sanctimonia commendatissimi, DN. M. PETRI VHERII, Hagiosynedrii Elector. Brandenburg. Assessoris & Præpositi Berolinensis Meritissimi, Ministerii Senioris. Desecrat. Non debet mors eorum, quorum vita laudatur, silentio præteriri. Cicero. s. l. e. a. [ohne Impressum; Berlin 1656] (109: Slg. GK: Sch 1/42).

Der Rahel Tod, in Kindesnoth, aus Gen. 35,16–18. bey Leichbegängniß Frau Margaretha Bernhardts/ des Ziesemeisters Jacob Hofmanns/ des jüngern Haußehre. Berlin 1656 (LP StA Braunschweig, Nr. 419; Küster/ Müller, 1752, II, S. 486).

Epicedium für Sidonia Rösner geborene Waldner, Ehefrau von Johann Rösner, Archidiakon zu S. Marien. Berlin 1656 (LP StA Braunschweig, Nr. 6966; Dünnhaupt, 1991, V, S. 3651).

Leichpredigt für Sidonia Rösner geborene Waldner, Ehefrau von Johann Rösner, Archidiakon zu S. Marien. An: Lubath, Martin: Leichpredigt für Sidonia Rösner geborene Waldner. Berlin 1656 (LP StA Braunschweig, Nr. 6966).

»OCcubuit Princeps Iuris Legum que sacerdos ...« [Epicedium]. In: Lilius, Georg: Chur Brandenburg: Vice Cancellärn H. Andr. Khols I. C. Seel. ged. Andenck=Seule 1656 [Bl. 1]. GAUDIUM IN DOMINO, de Animae vestimento Die Herrn=Freudt/ übern Seelen=Kleidt Aus Esaias Propheten=buch/ im LXI Cap. Bey Christlich= Edler Leichnbegängknüß/ Deß Weyland WolEdlen/ Großacht=bahren/ Hochgelarten/ Herrn Andreas Kohl: ICTI, Churfürstl. Durchläucht: zu Brandenburgk: Hoff= vnd Cammer=gerichts=Raths/ auch Vice=Cancellärn: Seelged. [...]. Helmstadt/ Gedruckt bey Henning Müllern/ Anno 1656. (1: Ee 519, 8).

LACRYMÆ POSTHUMÆ HONORI SUPREMO Viri Reverendi. Plurimum et Amplißimi DOMINI M. JOACHIMI FROMMI, Archidiaconi Nicolaitani & Senioris Ministerii Berlino-Coloniensis, Emeriti THEOLOGI JUSTI, SANCTI, INCUL-pati, Recti, jam benè beateque habentis in Patriâ, Inde â IV. Kal. Maij MDCLVII. fatali, Viæ, et Gratiæ regni. AFFUSÆ AB AMICIS QUIBUSDAM, COLLEGIS, ET FAUTORIBUS. Berolini Typis Rungianis. Berlin 1657 (1: 17 in: Ee 510).

Epicedium für Elisabeth Heinzelmann. An: Lilien, Georg von: Leichpredigt für Elisabeth Heinzelmann. Berlin 1659 (LB Coburg: Sche 282, Nr. 2).

In Præmaturum Obitum Maximæ exspectationis Pueri, Puellæque Lectissimæ, FRIDERICI LUDOVICI, et CATHARINÆ ELISABETHÆ, Amplissimi ac Consultissimi Viri, DN. MICHAELIS ZARLANGII, Juris-Consulti, & Reipubl. Berlinensis meritissimi Consulis &c. Unici, ac ob id desideratissimi, Filii, Dulcissimæque Filiæ, EPICEDIA AMICORUM. WITTEBERGÆ, Typis Johannis Haken. Wittenberg 1660 (1: an 4 in: Ee 1550).

Christliche Trauer=Gebühr/ Auff Der gottseligen Matron/ Der VielEhr= und Tugendreichen/ Fr. Ursulen Moysin/ Des WolEhrenvesten/ GroßAchtbarn und Hochbenambten Herrn Christian von der Linde/ Der Löblichen Churfürstl. Brandenb. Landschafft wolverordneten Rentmeister Ehegeliebten Haus=Frau/ Seliges Absterben/ Vnd Leichbegängnüß. Bezeiget Von Etlichen guten Freunden. Berlin 1661 (1: an 15 in: Ee 523).

ORTHODOXUS VERBI MINISTER, Oder Wie des Propheten Jeremiæ Wort verdeutscht lauten im XVII. Cap. v. 16. 17. Was ich gepredigt habe/ das ist recht für dir &c. Bey Christlicher/ Wolvornehmer und Volckreicher Leichbegängnüß Des weiland WolEhrwürdigen/ in GOtt Andächtigen/ Großachtbarn und Wolgelahrten Herrn JOHANNIS ROSNERI, Treufleißigen Lehrers und Predigers von Anno 1616, bis Anno 1661, und also insgesampt 45. bey diesen sämptlichen Berlinischen Kirchen aber 31. Jährigen wolverdienten Predigers/ und bey St. Marien Kirch Archi-Diaconi, Meines insonders Hochgeehrten Herrn Gevattern und liebwerthen/ vertrauten Collegens, Welcher sanfft und selig im HErren entschlaffen den 7. Oct. als den Montag nach dem XVII. Trinit. umb 12. Vhr zu Mittag/ Anno 1661. Vnd darauff folgenden Sontag/ als den XVIII. Trinit. in der PfarrKirchen zu St. Marien der Churfürstlichen Residentz Berlin/ wol beerdiget worden/ seines Alters 72. Jahr/ 10. Wochen/ 3. Tage. Auff Begehren geprediget und auffgesetzt von M. MARTIN LUBATH. Jn Wittenberg/ gedruckt bey Johann Borckarden. Wittenberg 1661 (1: 2 in: Ee 531; Küster/ Müller, 1752, II, S. 486f.).

Epicedium für Johann Rösner. An: Lubath, Martin: Leichpredigt für Johann Rösner. Wittenberg 1661 (1: an 2 in: Ee 531).

CIPPUS Immortalitati ac Memoriæ Posthumæ Matronæ Pietate aliisque Sexus sui Virtutibus instructissimæ ANNÆ FLORINGIÆ, Viri Amplissimi, Consultissimi ac Cl. Dn. M. GEORGII VVEBERI, Reipubl. Berlinensis Consulis Gravissimi, omnique bono Meriti, Conjugis desideratissimæ, Cum illa, Deposita Feliciter Prid. Kl. Febr. Mortalitatis Sarcina, Mentem Divinam Deo reddidisset, Mœstissimusque Viduus Relictas Exuvias

Solemni Ceremonia componeret, IV. Eid. Feb. A. O. R. M DC LXI. Erectus à Fautoribus Magnis ac Amicis desideratissimis. An: Gerhardt, Paul: Leichrede für Anna Weber geborene Flöring. Wittenberg 1661 (1: an 5 in: Ee 1550).

DE LAUREA PHILOSOPHICA, Qua RECTORE Magnifico (TIT.) Dn. JOHANNE PLACENTINO, Phil. M. Mathemat. Prof. Publ. &c. celeberrimo, et DECANO SPECTABILI (TIT.) Dn. JOHANNE SIMONIS, S. S. Theol. Licent. Logicæ Profess. Publ. Ordinario, In Illustri Viadrina Anni Currentis M.DC.LXV. d. Xii. Octob. coronatus est (TIT.) DN. SAMUEL ROSA, Gymn. Berlinens. SubConRector, bene merentiss. gratulantur Patroni, Fautores, Amici, & Collegæ. COLONIÆ BRANDENBURGICÆ, Ex Officina GEORGII SCHULZII, Electoralis Typographi. Cölln 1665 (109: Slg. GK: Sch 1/59. 2).

Epicedium auf Johann Friedrich Freiherr von Löben. 1667 (14: H. Sax D 191).

Thalassio! Thalassio! Facibus prælatis BERNHARDI-HOFFMANNIANIS ad V Id. IXbr. A. Æ. C.M.DC. LXIIX acclamant peregrè & propè faventes AMICI. COLONIÆ BRANDENBURGICÆ, Ex Officina GEORGII SCHULTZII, Typogr. Elector. Cölln 1668 (109: Slg. GK: Cg 13. 1).

FRONDES CUPRESSINÆ, AD TUMULUM Beatissimæ VIRGINIS, DOROTHEÆ ELISABETHÆ VEHRIÆ, Condolentibus manibus SPARSÆ à FAUTORIBUS ET GYMNASII BERLINENSIS COLLEGIS. BEROLINI, Charactere RUNGIANO. s. a. [hs. 1669] Berlin 1669 (109: Slg. GK: Sch 1/66).

Epicedium für Luise Hedwig von Löben geborene von Burgsdorff. 1669 (1: 1 an 17 in: Ee 619).

Epicedium für Klaus Ernst von Platen. An: Müller, Andreas: Leichpredigt für Klaus Ernst von Platen. Berlin 1670 (1: an 9 in: Ee 527).

Seqvuntur EPICEDIA à PATRONIS FAUTORIBUS ET AMICIS è variis locis hactenùs in honorem piè Defuncti transmissa. Literis WITTIGAVIANIS. (Epicedium auf Elias Sigismund Reinhardt). An: Mayer, Johann Ulrich: Leichpredigt für Elias Sigismund Reinhardt. Wittenberg 1670 (1: an Ee 700–2695).

THRENODIAE Ad EXEQUIAS Viri Nobilis ac Excellentissimi DN. MARTINI WEISII, FILII, Med:Doctoris, nec non Sereniss. Electoris Brandenb. MEDICI ORDINARII. Cum ejusdem Funus d. 29. Jan. 1671. Splendida. Comitum Pompa decoratum suo Requietorio mandaretur, Decantatae à Fautoribus ac Amicis. Sophocl. in Oedipo. [...]. BEROLINI, Ex Officinâ RUNGIANA. Berlin 1671 (1: an 22 in: Ee 540).

Jesum propitium, Thalamum florentem, Empyream concordiam, NUPTIIS GNOSPELIO-STARCKMANNIANIS, Fato divino auspicatis, Ejusque benigno nutu D. IX. Junii. M.DC.LXXIII. absolvendis, Uberiori Symbolo votivo, Pro eo, quo in noviter jugandos sunt animo propensiori, Advovent, COGNATI. AMICI. COLLEGÆ. BEROLINI, Ex Officinâ RUNGIANA. Berlin 1673 (109: Slg. GK: Sch 1/74. 1).

GENES. XXIV. v. 50. Das kömmt vom HErren! Daß (Titt:) Herr Joachim Pauli/ SS. Theologiæ Candidatus, in der Hochlöbl. Fruchtbringenden Teutschgesinneten Genossenschafft benamt der Treffliche/ und der Hrn. Hrn. von Platen Ephorus, Mit (Titt:) Jungf. Maria Fahrenholtzin/ Herrn Hans Fahrenholtzen/ Weiland auf Sumholtz Erbherren/ nachgelassenen Eheleiblichen Tochter/ Sich heute den 25. Februarii, M.DC.LXXIV. Göttlicher Ordnung Gemäß/ Ehelichen vertrauen läst. Darum können nicht anders/ Als Fried/ Glück/ Segen/ dazu wündschen/ Etliche des Bräutigams Bekandte Vertraute Freude. Berlin/ Gedruckt bey Christoff Runge. Berlin 1674 (109: Slg. GK: Sch 1/78).

Nachlaß

Schreiben Lubaths betreffs theologische Konferenz 1662/63 (109: Sondersammlungen, A 1260 [1–3]; Nachlaß Oelrichs, 1990, Nr. 474,3; Beeskow, 1985).

Literatur

DITERICH, 1732, S. 285f.; KÜSTER/ MÜLLER, 1752, II, S. 480 u. 486f.; BÜSCHING, 1774, S. 41; JÖCHER/ ADELUNG, 1810, 3, Sp. 2204; LANGBECKER, Emanuel Christian Gottlob: Leben und Lieder von Paulus Gerhardt. Berlin 1841 (enthält die Akten zum Berliner Kirchenstreit); HEIDEMANN, 1874, S. 155f.; NOHL, 1903, S. 87; FISCHER, 1937, S. 22; FISCHER, 1941, II, S. 517; BEESKOW, Hans-Joachim: Brandenburgische Kirchenpolitik und -geschichte des 17. Jahrhunderts – ein Beitrag zur Paul-Gerhardt-Forschung. Berlin 1985 [masch.].

Madeweis (Mateweiß), Friedrich

* 10. Nov. 1648 Sammentin b. Arnswalde/ Neumark
† 7. Aug. 1705 Halle a. S.
Pädagoge, Hofbeamter
V Johann M., Pastor
M Sophia Elisabeth geb. Weber
⚭ I. 1678 Anna Eva geb. Nehmitz (gest. 1689)
II. 1691 Christina Elisabeth geb. Schubart
K I. Christoph Friedrich, Gottfried August, Dorothea Sophia, Eleonora Christina, Charlotte Sophia – starben sämtlich vor dem Vater; Dorothea Sophia Feetz geb. Madeweis
II. Charlotte Christina (starb vor dem Vater), Johann Christoph, Friedrich Wilhelm, Christiane Elisabeth

ab 1652   Unterricht durch Hauslehrer
1657–1659   Schule in Arnswalde
1659–1664   Collegium Groeningianum in Stargard
1664–1672   Universität Jena (Mag.)
1672–1681   Konrektor am Berlinischen Gymnasium; zugleich Hauslehrer, u.a. 1677–81 bei Georg Freiherr von Derfflinger
1681–1705   kfl. Sekretär und erster Postmeister zu Halle

Friedrich Madeweis (Mateweiß) wurde am 10. Nov. 1648 in Sammentin, einem kleinen Ort unweit Arnswalde in der Neumark, geboren. Sein Vater Johann Madeweis war Pastor der Kirche zu Sammentin, Alt- und Neu-Klücken und Senior der Arnswaldischen Kirchenvertretung. Er hatte Sophia Elisabeth, eine Tochter des Woldenberger Bürgermeisters Johann Weber, geehelicht. Dessen Frau, die Großmutter des Knaben, war Catharina Maria geborene von Wedel und stammte aus dem adeligen Hause derer von Uchtenhagen, die seinerzeit mit Otto von Wedel auf Uchtenhagen einen Legationsrat des brandenburgischen Kurfürsten Georg Wilhelm stellten (biographische Informationen nach Wolfgang Melchior STISSER, der 1705 seinem Abdankungs-Sermon auf Madeweis einen Lebenslauf des Verstorbenen beigegeben hat).
Bereits mit vier Jahren wurde Madeweis von einem Hauslehrer, dem Theologiestudenten Johann Zitelmann, unterrichtet. Nachdem er ins 9. Lebensjahr gekommen war, schickte ihn der Vater auf die Schule nach Arnswalde, deren Leitung Rektor Johann Reiche inne hatte. Hier wurde der begabte Knabe, der aufgrund seiner sorgfältigen Ausbildung durch seinen Praeceptor gleich in die oberste Klasse eingestuft worden war, zwei Jahre unterrichtet. Als Rektor Reiche starb, wechselte Madeweis ans Gymnasium zu Stargard in Pommern.
Das Collegium Groeningianum war 1633 als protestantische Gelehrtenschule eröffnet worden, nachdem sein Namenspatron, der Stargarder Bürgermeister Peter Groening, zwei Jahre zuvor eine entsprechende Stiftung ausgesetzt hatte. Schon bald erlangte die Anstalt einen über die Grenzen Pommerns hinausreichenden anerkannten Ruf, was vor allem das Verdienst ihres berühmten Rektors Christoph Praetorius war. Er verfaßte mehrere Schriften zur Stargarder Geschichte, darunter auch das Schauspiel »Stargarim, oder der Stadt Stargard Glück- und Unglücksfälle«. Solch ein Unglücksfall war erst im Jahre 1657 passiert, als Stargard im polnisch-schwedischen Krieg schwer zerstört wurde. Als Madeweis zwei Jahre später in die Stadt kam, war von den einstigen Schäden nicht mehr viel zu sehen. Aufgrund seiner hervorragenden Kenntnisse soll der erst Elfjährige gleich auf einen der vorderen Plätze in der Prima gesetzt worden sein, noch vor vielen älteren beziehungsweise

schon erwachsenen Schülern. Schon 1660 disputierte er unter Praetorius »de prædicamento substantiæ«. Bereits 1664 soll sich Madeweis an der Universität Jena immatrikuliert haben (so STISSER in seinem Abdankungs-Sermon; nach JAUERNIG/ STEIGER, 1977, S. 495b, schrieb sich Madeweis jedoch erst am 6. Mai 1667 unter dem Rektor und Professor für praktische Philosophie, Georg Götze [1633–1699], in die Matrikel ein; allerdings konnte er dann den Theologen Christian Chemnitz [1615–1666], der bei STISSER als Lehrer des jungen Studenten genannt wird, nicht mehr gehört haben, da dieser bereits verstorben war). In Jena hatte seit der Jahrhundertmitte der mathematisch-naturwissenschaftlich geprägte Lehrbetrieb zunehmend an Bedeutung gegenüber der theologischen Ausrichtung gewonnen. Bestimmend für das deutsche Geistesleben wurde die Universität vor allem durch ihren bedeutendsten Vertreter der modernen Wissenschaft, Erhard Weigel (1625–1699), seit 1653 Professor für Mathematik, mehrmals Dekan der Philosophischen Fakultät und dreimal Rektor der Universität. Auch Madeweis, der wegen seiner äußerst vielseitigen Neigungen an allen Fakultäten Vorlesungen besucht haben soll, saß unter Weigels Zuhörern. Mit mehreren Jenaer Studenten, die etwa zur selben Zeit an der Universität studierten, traf er später in der kurbrandenburgischen Residenz wieder zusammen, so mit dem Cöllner Rektor Johannes → Bödiker und mit Peter Vehr (dem Jüngeren) (1644–1701), dem Sohn des 1656 verstorbenen Berliner Propstes Peter → Vehr, der 1667 den Magistergrad erlangte und in der Folgezeit Collegia an der philosophischen Fakultät las; ihm folgte Madeweis später als Konrektor am Berlinischen Gymnasium nach. Mit dem Berliner Rektor Samuel → Rodigast studierte er seinerzeit sogar einige Jahre zusammen.

Außer von Weigel sind noch die Namen von einigen anderen Professoren überliefert, bei denen Madeweis Vorlesungen hörte, und zwar die der Theologieprofessoren Chemnitz, Musaeus, Gerhard und Niemann, der Juristen Strauch, Richter und Struve, des Mediziners Rolfinck sowie an der philosophischen Fakultät der Professoren Bechmann, Zeisold und Hundeshagen. Christian Chemnitz, der vormalige Subrektor zu Jena und Diakon zu Weimar, war 1652 als Adjunkt in die theologische Fakultät gekommen, später Professor theologiae, Pastor und schließlich Superintendent geworden. Er galt als Repräsentant einer zwar milden, gleichwohl bekenntnistreuen Orthodoxie, wie sie Johann Gerhard (1582–1637) vertrat (dessen Tochter er ehelichte). Zu erwähnen ist in diesem Zusammenhang seine Verteidigung der lutherischen Kirche gegenüber dem schlesischen Dichter Johannes Scheffler (d. i. Angelus Silesius, 1624 bis 1677), der 1653 zur katholischen Kirche konvertierte und in der Folgezeit in ein jahrelanges Hin und Her von Streit- und Schmähschriften geriet. Johann Musaeus (1613–1681) war 1643 zunächst als Professor für Geschichte und Poesie berufen worden, wechselte aber schon drei Jahre später auf eine theologische Professur. Er galt als gemäßigter Theologe, der die Trennung von kirchlichem Bekenntnis und theologisch-wissenschaftlicher Freiheit forderte und so zur Aufnahme rationalistischer Elemente in die lutherische Orthodoxie beitrug. Namentlich durch ihn erfuhr die Theologie in Jena seit der Mitte des 17. Jahrhunderts eine metaphysische Unterbauung, die zur Entwicklung der Lehre von der »theologia naturalis« führte und die Verbindung zur Frühaufklärung herstellte. Zwar lehnte Musaeus die synkretistischen Bestrebungen von Georg Calixt (1586–1656) ab, gleichwohl hielt er sich von den Wittenberger Theologen und ihrer haßerfüllten Bekämpfung des Helmstedters fern, was wiederum den lutherisch-orthodoxen Abraham Calov (1612–1686) gegen ihn aufbrachte. In den Auseinandersetzungen zwischen Orthodoxie und Scholastik einerseits und Frühaufklärung, Synkretismus und Pietismus andererseits gelang es Musaeus schließlich, in der theologischen Fakultät seinen gemäßigten Standpunkt durchzusetzen. Johann Ernst Gerhard (1621–1668), der Begründer der Slawistik und Orientalistik in Jena, galt als ein Calixt nahestehender Theologe und Kirchenhistoriker von großer Aufgeschlossenheit. Von ihm und von Chemnitz, einem gleichfalls ausgezeichneten Orientalisten, hat Madeweis in besonderem Maße profitiert, da er sich später nicht nur in den klassischen Sprachen auszeichnete, sondern auch im Hebräischen, Syrischen und Arabischen bewandert war und überdies alle wichtigen europäischen Sprachen beherrscht haben soll. Leider sind keine Belege für Beziehungen zu dem hervorragenden Sprachkenner, Orientalisten und Sinologen Andreas → Müller überliefert, der von 1667 bis 1685 als Propst zu S. Nicolai in Berlin wirkte und ganz sicher mit ihm in der kurfürstlichen Residenz zusammentraf. Von den Jenaer Theologen ist schließlich noch Sebastian Niemann (1625–1684) zu nennen, der 1654 Licentiat wurde und zunächst eine au-

ßerordentliche Theologieprofessur erhielt, bevor er 1657 als ordentlicher Professor berufen wurde. Er war der erste Professor an der theologischen Fakultät, der Vorlesungen über Kirchengeschichte hielt, und zwar ab 1656. 1674 ging er als Generalsuperintendent und Oberhofprediger nach Gottorf.
An der juristischen Fakultät lehrte Johannes Strauch (1612–1680), der 1638 in Leipzig Magister philosophiae geworden war, dort Vorlesungen hielt und 1647 seine »Dissertationes undetriginta theoretico-practicae ad universum jus Justinianeum« veröffentlichte, die das gesamte Gebiet des römischen Privatrechts umfaßten, ihrer lebhaften Zustimmung wegen wiederholt herausgegeben wurden und ihren Autor weithin bekannt machten. 1682 veröffentlichte der bedeutende deutsche Frühaufklärer Christian Thomasius (1655–1728) seine »Annotationes theoreticae-practicae in Joh. Strauchii dissertationes XXIX« und lobte in seiner Vorrede dessen Methode. Strauch hatte bereits von 1652 bis 1660 eine Professio Juris in Jena inne, ging aber dann als Syndikus nach Braunschweig, von wo er 1668 zurückberufen wurde. Sein hohes Ansehen unter den Gelehrten erwarb er sich durch seine hervorragende philologische Bildung und durch seine umfassenden Geschichtskenntnisse, die ihm eine quellenmäßigere Behandlung des Rechts als bisher üblich ermöglichte. Christoph Philipp Richter (1602–1673) hatte ab 1631 als Hofgerichtsadvokat in Jena gewirkt und war 1637 zum Professor Juris berufen worden. Seine Schriften richteten sich vor allem auf praktische Fragen des Rechts. Seine Tochter ehelichte 1648 Georg Adam Struve (1619–1692), der in Helmstedt von Hermann Conring (1606–1681) in die Politikwissenschaft und in die deutschen Rechtsaltertümer eingeführt worden war und 1646 seine Doktorpromotion abgelegt hatte. Noch im selben Jahr kam er als außerordentlicher Professor nach Jena. 1653 verfaßte er ein Handbuch zum Lehnsrecht unter dem Titel »Syntagma Juris Feudalis«, das mehrere Auflagen erlebte. Seine Jenaer Vorlesungen flossen ein in das wiederholt aufgelegte Kompendium »Jurisprudentia Romano-Germanica forensis« (1670), das als »Kleiner Struve« ein Jahrhundert lang das beliebteste Institutiones-Lehrbuch war. 1674 erhielt Struve die Stelle eines Präsidenten und Ordinarius am Jenenser Juristenkollegium und den Vorsitz am Landgericht. Als bedeutender Staatsmann und Lehrer für Jurisprudenz genoß er weithin hohes Ansehen; seine Schriften waren die ersten theoretischen Werke, in denen die empirische Methode in der Rechtswissenschaft zur Geltung kam.

Werner Rolfinck (1599–1673) hatte in Wittenberg, Leiden, Oxford, Paris und Padua studiert und bereits 1629 die Professur für Anatomie, Chirurgie und Botanik erhalten. Als Madeweis nach Jena kam, stand der berühmte Mediziner und Naturforscher bereits in seinem 68. Lebensjahr. Vor allem mit seinem Namen verband sich der erste große Aufschwung von Medizin und naturwissenschaftlichem Denken, Beobachten und Experimentieren an der Universität Jena. 1641 wurde Rolfinck zum ersten Professor für Iatrochemie in Jena berufen. Rolfinck zeichnete mitverantwortlich für die spätere Hinwendung Madeweis' zu naturwissenschaftlichen Studien, wie bereits zuvor schon bei Cunradus Tiburtius → Rango, dem späteren Berliner Rektor und nachmaligen Generalsuperintendenten von Vorpommern und Rügen, wenngleich die von dem berühmten Jenaer Naturforscher ausgehenden Impulse bei Rango noch stärker als bei Madeweis in eigenen Studien sichtbar wurden. Seit 1656 lehrte an der philosophischen Fakultät Friedemann Bechmann (1628–1703), ein hervorragender Kenner der äthiopischen Sprache. Nach dem Tode von Johann Ernst Gerhard wechselte er 1668 in die theologische Fakultät und entwickelte eine vielseitige akademische und literarische Tätigkeit. 1690 erschienen seine »Adnotationes ad Hutteri Compendium«. Bechmann, der auch ein Lehrbuch der Logik verfaßte und mehrere Schriften zur menschlichen Erkenntnis ausgehen ließ, zählte zu den bekanntesten lutherischen Kasuisten. Die Liste der Professoren, bei denen Madeweis Vorlesungen hörte, vervollständigen Johannes Zeisold (1599–1667), der 1633 zum Professor für Physik vozierte, und Christoph Hundesgagen (1635–1681), der in den Jahren 1668 bis 1678 die Professur für Logik und Metaphysik bekleidete.

An der Universität Jena konnte sich Madeweis in mehreren philosophischen und theologischen Disputationen sowohl als Respondent als auch als Opponent auszeichnen und schon bald nach seiner Ankunft den Magistergrad erwerben. Danach hielt er selbst philosophische und theologische Collegia (wovon nach seinem Parentator STISSER die in Madeweis' Bibliothek hinterlassenen »collegia manuscripta« zeugen würden – leider sind weder Auktionskatalog noch Nachlaß überliefert). Nicht zuletzt durch diese Collegia und Disputationen konnte Madeweis auch seinen Lebensunterhalt in Jena finanzieren, da sein Vater wegen der durch den Dreißigjährigen Krieg und durch den schwedisch-polnischen Krieg erlittenen Unbilden nur wenig zum Aufenthalt seines Sohnes in der Universitätsstadt hatte beitragen können.

Im April 1672 wurde Madeweis zum Konrektor ans Berlinische Gymnasium berufen, wo er die Nachfolge von Peter Vehr (dem Jüngeren) antrat, der mit einem Disputationskolleg zur Augsburgischen Konfession das Mißfallen des kfl.-brandenburgischen Konsistoriums erregt hatte und amtsenthoben worden war (später vozierte er zum Konrektor und Pastor in Stralsund). Rektor der Anstalt war seit 1668 Gottfried → Weber. Er hatte zu Beginn der fünfziger Jahre des 17. Jahrhunderts selbst in Jena studiert und verstärkte nach seiner Rektoratsübernahme am Berlinischen Gymnasium die philologische Ausbildung der Gymnasiasten (DITERICH, 1732, S. 197–201, mit einer Auswahl aus den Lektionskatalogen von 1673 und 1682; HEIDEMANN, 1874, S. 169–173). Nach Webers Lektionsplan von 1673 oblag Madeweis unter anderem die Lektüre der klassischen Autoren, wobei die Schüler in stilistischen Übungen ihre Eloquenz in den klassischen Sprachen durch eigene Verse unter Beweis stellen mußten. Weber hatte in seinem »Catalogus lectionum« aber auch der Mathematik und den Realien einen größeren Stellenwert im Unterricht eingeräumt, so unter anderem Weigelianische Schriften zur Naturlehre in den Lehrplan aufgenommen, eine der wenigen Veränderungen im Unterricht des Berlinischen Gymnasiums, die dem progressiven Geist des 17. Jahrhunderts Rechnung trugen. Als unmittelbarer Ertrag der Universitätsausbildung in Jena kann die Behandlung von Erhard Weigels »Pancosmus« in der Prima gelten, die Madeweis ebenfalls zu leiten hatte (DITERICH, 1732, S. 198). Weigel lehrte als Professor für Mathematik in Jena seine Disziplin mit universalem Anspruch und forderte die Anwendung ihrer Prinzipien in den anderen Wissenschaften. Seinen neuartigen Denkansatz vermittelte er in den Lehrveranstaltungen durch Experimente, mechanisch-technisches Praktizieren, durch seine Entwürfe für wissenschaftliche Geräte und Instrumente sowie durch den Bau und die Vorführung von Himmelsgloben, die seine Vorlesungen anschaulich und faszinierend zugleich machten. 1670 veröffentlichte Weigel seine Schrift »Pancosmus æthereus & sublunaris, hoc est, nova Globi Coelestis & Terrestris adornatio, qua non tantum omnia mundi phoenomena, tum æthe-rea, motus primi vel secundi, juxta utramque hypothesin; tum sublunaria, ignis, æris, aquæ, terrarum, clarissimis ac jucundissimis ideis exprimuntur, sed & subsidia quamplurima pro facillimo utriusque scientiæ capta traduntur«; 1671 folgte »Pancosmus seu machina totius mundi superioris & inferioris phoenomena«. An Weigels »Pancosmus« lösten die Primaner des Berlinischen Gymnasiums unter der Anleitung ihres Konrektors Madeweis Aufgaben, indem sie theoretische Sätze der Mathematik zum Beispiel auf Metaphysik und Ethik anwandten.

Während seines Konrektorats verfaßte Madeweis mehrere Abhandlungen, darunter auch einige (heute leider nicht mehr erhaltene) Kometenschriften. Eine gewisse Bedeutung erlangte dabei seine 1681 erschienene Schrift »Redux apparitio novi cometae 1680 et 1681« durch den Tübinger Professor Johann Kies (1713–1781). Kies, 1742 als Professor für Mathematik und Physik sowie als Astronom der Sternwarte nach Berlin berufen, lehrte ab 1754 als Mathematikprofessor am Collegium illustre zu Tübingen, wo er auch Universitätsbibliothekar war. Hier veröffentlichte er fünf Jahre später seine »Disputatio de cometis et arcenda exinde electricitate ad explicandum systema mundanum a nonnullis advocata«, in der er behauptete, daß Madeweis die Bahn der Kometen bereits vor Dörffel als parabolisch wahrgenommen habe. Georg Samuel Dörffel (gest. 1688), zunächst Diakon in Plauen, ab 1684 Pastor und Superintendent in Weida, ging mit seiner 1680 verfaßten »Dissertatio de Cometa« in die Geschichte der Astronomie ein, weil er erstmals ein richtiges Bild von den Kometenbahnen entwarf, das die bis dahin recht wunderlichen Vorstellungen verdrängte. Seine Beobachtungen des Kometen von 1680 führten ihn zu der Gewißheit, daß die Kometen sich in sehr exzentrischen, parabolischen Bahnen um die Sonne bewegen. Ein Jahr später gelangte der Engländer Isaac Newton (1643–1727) zur selben Erkenntnis und stellte zugleich die Gesetze dieser Bewegungen auf. Durch Newtons Ruhm – in Deutschland setzte sich insbesondere Kies in zahlreichen Schriften zur Astronomie für dessen Ideen ein, zu einer Zeit, als man den englischen Physiker und Mathematiker noch viel zu wenig würdigte – wurde Dörffel lange vergessen; erst in der zweiten Hälfte des 19. Jahrhunderts ehrte man ihn wieder, zumal er auch mit seinen Beobachtungen des Mondes einen wichtigen Beitrag für die Astronomie geleistet hatte. Was nun Madeweis betrifft, so wurde später nachgewiesen, daß Kies mit seiner Behauptung Unrecht hatte, weil Madeweis sich lediglich über die scheinbare Bewegung des Kometen geäußert, die Frage nach dessen wirklicher Bahn im Weltraum dagegen unberührt gelassen habe.

Im Zusammenhang mit seinen Kometenschriften erschien 1681 das nur vier Blätter umfassende »OVUM MIRABILE, Romae Gallinâ (ceu ferunt) natum. Oder Bericht Von dem wundersamen Ey/ Welches zu ROM eine Henne sol geleget haben«. Einleitend bezog sich Madeweis auf seine erst kürzlich publizierten »Observationes« von dem Kometen, auf deren Erscheinen hin ein guter Freund ihm »den Abriß von dem wundersamen Ey/ welches eine Henne in Rom sol geleget haben/ worauff der neuliche Comet/ nebst etlichen Sternen/ fast eigentlich abgebildet/ unverhofft zugeschicket«. In dem kleinen Schriftchen versuchte er nun eine Erklärung des Phänomens durch natürliche Ursachen und verwies auf seine zu diesem Zweck angestellten mikroskopischen Untersuchungen. Resümierend hieß es dann, »daß die phaenomena des obgedachten Eyes (posito daß es die Henne dergestalt warhafftig geleget) ex causis naturalibus können her deriviret werden/ und dahero das Ey nicht absolutè ein miraculum zu nennen. Wiewohl ich gar nicht läugne/ daß der grosse Gott/ nach seinem Gefallen/ denen Menschenkindern dadurch etwas andeuten könne/ ob es gleich aus natürlichen Ursachen entsprungen«. Nicht unwichtig ist in diesem Zusammenhang auch der Verweis auf seinen Traktat »De grege punctato et maculoso Iacobi«, den Madeweis »Anno 1669. auff der berühmten Universität Jena in publicâ cathedrâ praesidendo defendiret« habe und der 1670 in Jena im Druck erschien. Darin handelte er am Beispiel der biblischen Episode von Jakob und den gefleckten Lämmern (Genesis 30, 37 bis 43) ausführlich über die »Vis imaginativa« oder Einbildungskraft. In eine ähnliche Richtung, nämlich als Erklärung bestimmter Phänomene durch natürliche Ursachen, ging auch sein 1675 veröffentlichter »DISCURSUS HISTORICO-PHYSIOLOGICO-CURIOSUS De PLUVIA SANGUINEA«, eine 35 Seiten lange lateinische Abhandlung über den »Blutregen und den Purpurhagel, der kürzlich im brandenburgischen Territorium beobachtet wurde«. Madeweis hatte diesen Diskurs hohen kfl.-brandenburgischen Beamten gewidmet, so dem Ersten Kammer-Assessor Otto von Grote (1620–1687), dem Geheimen Etats- und Justizienrat Johann Köppen (geb. 1612) sowie den kfl.-brandenburgischen Räten Georg Wilhelm Scharde und Adolph Vielthuedt, seinen »PATRONIS LITERARUM atque LITERATORUM MAXIMIS«. Das war nicht ungewöhnlich, erhofften sich doch die Autoren von den derart Geehrten kleine Geschenke oder andere Zuwendungen, vor allem aber deren Protektion für die eigene gesellschaftliche Reputation. Um seinen Aufstieg zu befördern, schrieb Madeweis außerdem zahlreiche Casualia, vorzugsweise für angesehene Hofbeamte, und machte sich auch als Parentator einen Namen. Neben seinem öffentlichen Schulamt unterrichtete er privat die Söhne einiger hoher kfl.-brandenburgischer Beamten, so von 1677 bis 1681 auch die beiden Söhne des Generalfeldmarschalls Georg Freiherr von Derfflinger (1606–1695). Derfflinger, der 1620 seine Militärlaufbahn in der Armee der böhmischen Aufständischen gegen Habsburg begann und 1632 in schwedische Dienste übergetreten war, wo er sich wiederholt auszeichnen konnte, hatte sich nach dem Westfälischen Frieden auf seine im Krieg erworbenen kurbrandenburgischen Güter zurückgezogen. 1655 von Kurfürst Friedrich Wilhelm zum Generalwachtmeister ernannt, erwies er sich in den Kriegen gegen Polen, Schweden und Frankreich als herausragender Heerführer, stieg 1670 zum Generalfeldmarschall auf und wurde 1674 in den Reichsfreiherrenstand erhoben. Im schwedisch-brandenburgischen Krieg bereitete er durch die Erstürmung Rathenows den Sieg bei Fehrbellin 1675 vor und leitete die Eroberung von Stettin, Rügen und Stralsund. Die Siege Kurbrandenburgs feierte Madeweis in mehreren Lobgedichten, die er dem Kurfürsten widmete, um die Gunst des Landesherrn zu erlangen. Leider sind diese Casualia nicht erhalten geblieben, im Unterschied zu jenen Drucken, in denen der Cöllner Rektor Johannes Bödiker den Kurfürsten als Sieger von Stettin und anderer Kriegsschauplätze verherrlichte.

Madeweis' Anstrengungen waren schließlich von Erfolg gekrönt: Am 8. Juni 1681 wurde er dank der Protektion hoher brandenburgischer Beamter und insbesondere wohl auch Derfflingers von Friedrich Wilhelm in kurfürstlichen Dienst genommen. Nach dem Tode des Administrators zu Magdeburg, August von Sachsen-Weißenfels (1614–1680), war mit dem vormaligen Erzbistum Magdeburg, das 1648 säkularisiert worden war und auf das Kurfürst Friedrich Wilhelm die Anwartschaft erhalten hatte, auch das dortige Postwesen an Kurbrandenburg gekommen.

Friedrich Wilhelm, der einen fähigen Beamten suchte, wurde auf den Konrektor des Berlinischen Gymnasiums, der ja vorzügliche Kontakte zu hochrangigen Ministern hatte, aufmerksam gemacht, enthob diesen seines Schulamtes und bestellte ihn als kfl.-brandenburgischen Sekretär und ersten Postmeister zu Halle.

Seit 1500 gab es in Brandenburg sogenannte Boten-Anstalten zur Beförderung der Korrespondenz des Hofes und der Behörden. 1614 hatte Kurfürst Johann Sigismund eine Botenordnung erlassen, um den Postverkehr zwischen der Mark Brandenburg, Preußen und Kleve zu regeln. Die im Westfälischen Frieden erfolgten brandenburgischen Gebietserweiterungen machten jedoch den Ausbau geordneter Postanlagen und ihre Konzentration in der Hand des Landesherrn notwendig. Kurfürst Friedrich Wilhelm beauftragte damit den damaligen Kammerregistrator Michael Matthias. Matthias, der so zum Begründer des brandenburg-preußischen Postwesens wurde, baute in den kurbrandenburgischen Besitzungen eine effektive Post auf, die der vom Kaiser mit der Reichspost belehnte Reichs-Generalpostmeister, Graf Lamoral von Taxis, 1651 in seine Gewalt zu bringen suchte. Doch Kurfürst Friedrich Wilhelm behauptete die Selbständigkeit der kurbrandenburgischen Post gegenüber der Reichspost und sträubte sich auch später gegen die kaiserliche Forderung, seine Landespost aufzuheben und in Kurbrandenburg die Reichspost zuzulassen. Nachdem ihm das Herzogtum Magdeburg zugefallen war, beauftragte er seinen brandenburgischen Post-Direktor Matthias, einen Postweg von Leipzig über Halle und Magdeburg nach Hamburg einzurichten. Zwischen beiden Handelsstädten existierte bereits ein alter, von Sachsen und Brandenburg gemeinsam eingerichteter Botenweg über Düben und Wittenberg, auch gab es seit 1659 ein brandenburgisches Postamt in Leipzig. Nun verlangte Friedrich Wilhelm, zwischen Leipzig und Hamburg eine »churbrandenburgische Geschwind-Post zu besserer Beförderung der Commercien« aufzustellen (STEPHAN, 1859, S. 35). Der neue Postweg, den Madeweis einzurichten hatte, wurde über Halle, Magdeburg, Tangermünde, Perleberg und Lenzen gelegt und mit Postwagen wöchentlich zweimal in je drei Tagen absolviert (die vormaligen Boten hatten für die Strecke von Leipzig nach Hamburg noch vier bis fünf Tage gebraucht). Doch Sachsen befürchtete nicht zu Unrecht, daß der Kurfürst zum Nachteil Dresdens und Leipzigs »alle Handlung« nach Halle ziehen werde. So kam es in der Folgezeit immer wieder zu gegenseitigen Behinderungen, auch Konfiskationen von Pferd und Wagen samt Ladung waren nichts ungewöhnliches. Insbesondere der Leipziger Ober-Postmeister Eggers, der die Verbindung mit der Reichspost des Grafen von Taxis suchte, sorgte dafür, »daß denen Hällischen Landkutschen und andern Leuten, deren sich der damalige Postmeister Madeweis in Halle zu heimlicher Ein- und Ausschleppung der Briefe, auch divulgirung allerhand geschrieben, sehr süß klingende Anmahnungs=Zetteln an die Kaufmannschaft zu Leipzig, daß sie sich doch der Brandenburgischen Posten über Halle bedienen möchten, gebrauchet, das so höchst nachtheilige Handwerk gäntzlich geleget worden ... bis endlich dem Übel gesteuert und denen Brandenburgischen das letzte Nachsehen übrig blieben« (STEPHAN, 1859, S. 36). Zwar kam nach dem Tode Eggers im Jahre 1684 ein Vergleich zustande, doch die Streitigkeiten wiederholten sich, insbesondere als 1694 die Universität Halle gegründet wurde und Leipzig um die Ausstrahlung seiner Hohen Schule fürchtete.

Es traf schon zu, daß Madeweis als Postmeister zu Halle – wie sein Parentator bemerkte – »die Posten von hieraus und durch die benachbahrten Oerter und Lande zu erst/ nicht ohne geringer Mühe und Schwürigkeit/ angeleget/ eingerichtet/ und in jetzigen vollkommenen guten Stand zum besten des Königl. Preuß. hohen Post=Regalis und Interesse, wie auch derer Commercien und Correspondentien gebracht« (STISSER, 1705, S. 15). Daß gerade ihm dieses Amt übertragen worden war, hat er – wohl unwissentlich – selbst befördert, indem er im Febr. 1678 Anna Eva, die einzige Tochter des kfl.-brandenburgischen Hof-Post-Sekretärs Christoph Nehmitz, ehelichte. Aus dieser Ehe gingen fünf Kinder hervor: Christoph Friedrich, Gottfried August, Dorothea Sophia, Eleonora Christina und Charlotte Sophia. Von diesen überlebte nur die Tochter Dorothea Sophia den Vater; sie heiratete am 20. Okt. 1704 den kgl.-preußischen Kammergerichtsadvokaten Johann Heinrich Feetz.

Nach den Tode Friedrich Wilhelms 1688 konnte sich Madeweis einen angesehenen Platz unter den kurfürstlichen Beamten erobern. Er wurde weiterhin protegiert und mit fürstlichen Gunstbezeugungen überhäuft, neben den brandenburgischen Kurfürsten auch durch die Herzöge Christian II. von Sachsen-

Merseburg (1653–1694) und Christian zu Sachsen-Eisenberg (1653–1707). Madeweis erwies sich der an ihn ergangenen Gunstbeweise würdig und hat keine »des Churfürstl. Brandenb. und hiernach des Königl. Preuß. Hauses Geburths= Nahmens= Victorien= Cröhnungs= und andere solenne festivität vorbey gelassen/ an welcher er nicht seine allerunthänigste devotion mit einem sinnreichen scripto, phrenoschemate oder anderer gelehrten invention temoigniret« (STISSER, 1705, S. 16).

Madeweis galt als genialer Erfinder und hatte – Folge seiner Jenaer Universitätsausbildung unter Weigel – verschiedene mathematische Instrumente und anderes konstruiert, was ihm höchstes Lob einbrachte, »davon insonderheit zu gedencken der von ihm ad architecturam civilem erfundenen columnæ Brandenburgicæ oder Brandenburgischen Seule/ so den von vielen gesuchten sextum ordinem ultra Tuscanicum, Doricum, Jonicum, Romanum et Corinthium, giebet« (STISSER, 1705, S. 17). Säulenordnungen bezeichnen in der Architektur ein bestimmtes System der Gliederung, Proportionierung und Ausschmükkung eines Bauwerkes entsprechend den Formen, Charakter und Verhältnissen der dabei verwandten Säulen. Ihnen sind bestimmte Ausdruckswerte beigelegt; jede Ordnung besitzt ihre gesetzmäßige Form und einen ihr eigentümlichen Sinngehalt, der von der Architekturtheorie der Renaissance aufgegriffen wurde und erst im Klassizismus um 1800 die traditionelle Charakteristik verlor. Allgemein anerkannt ist eine Abfolge der Säulenordnungen von der dorischen mit ihrer kraftvollen Derbheit, Strenge und Tüchtigkeit über die ionische voller Anmut und Gefälligkeit hin zur korinthischen mit ihrer Pracht und ihrem Reichtum und weiter die aus römischer Zeit stammende lateinische und toskanische Säulenordnung. War Madeweis also auch der Erfinder einer sechsten Säulenordnung, nach der schweren dorischen, der leichteren ionischen und der reichen korinthischen sowie der römischen (lateinischen) und toskanischen (etruskischen) nun eine neue brandenburgische Säulenordnung?

Aufklärung gibt eine Schrift, die Madeweis anläßlich der Gründung der Universität Halle 1694 ausgehen ließ. Seine »INAUGURATIO ACADEMIÆ FRIDERICIANÆ« enthielt einige Phrenoschemata oder »Dank-Bilder«, die Madeweis nach »Anleitung der Bibel und der mechanischen beziehungsweise physikalisch-mathematischen Wissenschaften« in Kupfer stechen ließ (1a: 3 in: 4° Ay 28140b; die Kupferstiche sind nicht überliefert, sondern nur deren Beschreibung und Erklärung). Eines dieser Sinnbilder enthielt die »Brandenburgische Säule«, die der korinthischen nachgebildet war. Doch statt des korinthischen Laubwerkes zeigte sie im Kapitell zwei einander proportionale Adler, deren Hälse und Schnäbel verschnörkelten Voluten glichen und deren Federn wie Lorbeerblätter moduliert waren. In ihren Fängen hielten sie Palmenzweige und zwischen sich ein Zepter, an dessen Spitze sich – statt der korinthischen Blume – eine sogenannte Feuer-Lilie befand. Nach Madeweis solle durch diesen »aus zwenen Adlern neu=ornirt-erfundenen Brandenburgischen Säulen Capital« sowohl den Nachkommen als auch den Zeitgenossen gleichsam in einem »kurtzen Heraldico Historico speculo« die »groß=unsterbliche Helden= Thaten des Chur=Hauses Brandenburg für Augen gestellet werden/ wobey dann einen ingenieusen Anschauer hunderterley schöne Gedancken ê monumentis historiarum physicalium pariter ac politicarum mit Lust befallen werden«.

Wohl bald nach seiner Ernennung zum kfl.-brandenburgischen Sekretär hatte Madeweis seinen Wohnsitz nach Halle verlegt, wo er sich mehr und mehr zu einem Mäzen entwickelte, der Kunst und Wissenschaft förderte und auch in der Öffentlichkeit sich durch Stiftungen hervortat. So zum Beispiel spendete er 1693 für den Altar der S. Ulrichs-Kirche, zu deren Gemeindemitgliedern er gehörte, einen mit kostbarem Schmuck ausgestatteten Fest-Ornat für hohe kirchliche Fest- und Feiertage. In Halle ließ er sich ein Haus bauen, das 41000 Thaler gekostet und durch seine Architektur großes Aufsehen erregt haben soll, weil an ihm »der Erbauer seine Kunst in allen Wissenschaften angebracht hat« (KÜSTER/ MÜLLER, 1752, II, S. 958). Der Syndikus der Stadt Halle, Christian Biek (gest. 1706), vormals Professor eloquentiae in Stettin und in Weißenfels, verfaßte 1698 aus diesem Anlaß ein umfangreiches »Elogium Domus MATEWEISIANÆ intra Halam ad Salam«, das zugleich eine Würdigung seines Erbauers ist (mitgeteilt bei KÜSTER/ MÜLLER, 1752, II, S. 958).

Als 1701 Kurfürst Friedrich III. zum preußischen König Friedrich I. gekrönt wurde, veröffentlichte Madeweis einen umfangreichen mehrsprachigen Glückwunsch. Der in blauem Seidenstoff mit Seidenstickereien versehene Prachtband befindet sich in der Staatsbibliothek zu Berlin, Preußischer Kulturbesitz.

Er besteht aus einer lateinischen Inscriptio, der sich ein lateinisches Carmen »Archi-Rex Regnum nunc erigit, ecce! Borussis,« und ein deutschsprachiges Carmen »Wol dir Land deß König ist« anschließen. Diesen folgen der illustrierte Einblattdruck »LIBRA JURISPRUDENTIÆ Mathematico-staticæ.« sowie eine französischsprachige Oratio. Der Glückwunsch endet mit einem neunsprachigen Halleluja auf König Friedrich I. von Preußen.

Madeweis starb am 7. Aug. 1705 im Alter von 56 Jahren in Halle. Überliefert ist der Abdankungs-Sermon, den der Inspektor und Pastor der Marienkirche, Wolfgang Melchior Stisser (1632–1709), hielt. Dieser erschien mit einem Lebenslauf des Verstorbenen in einem separaten Quartband im Druck; vorangestellt war ein ganzseitiger Kupferstich mit einem Porträt des großen Gelehrten. Bereits 1704 hatte sich Madeweis sein Epitaph aufrichten lassen, und zwar auf jener Grabstätte, die er 16 Jahre zuvor für seine erste Ehefrau gekauft hatte. Diese war am 21. Mai 1689 gestorben. Am 28. April 1691 hatte Madeweis ein zweites Mal geheiratet, und zwar Christina Elisabeth, die einzige Tochter des Theologen Andreas Christoph Schubart (1629–1689), kfl.-brandenburgischer Konsistorialrat im Herzogtum Magdeburg, Kirchen- und Schulinspektor des Saale-Kreises, Pastor zu S. Ulrich und Scholarch in Halle. Aus diesem Anlaß gab Madeweis' Tochter aus erster Ehe, Dorothea Sophia, die Französisch und Italienisch sprach und als gute Dichterin galt, ein Gedicht in Druck (JÖCHER/ ADELUNG, 1813, 4, Sp. 335). Der zweiten Ehe entstammten die Kinder Charlotte Christina (die noch vor dem Vater starb), Johann Christoph, Friedrich Wilhelm und Christiane Elisabeth. [LN]

Werke

Philosophema physicum de longæuitate patriarcharum resp. Laur. Ulrici Zehdenens. Neo. March. Jena 1669 (Haller, BIBLIOTHECA ANATOMICA, Vol. I., 1774, S. 568; Küster/ Müller, 1752, II, S. 957).

THRENODIA IN LUCTUOSUM ac SPE MATURIUS INSTITUTUM EX HAC VITA COELESTEM IN PATRIAM EXITUM VIRI JUVENIS Præeximii, Humanissimi juxtim ac peritissimi DN. IACOBI ANNISII, J. U. CULTORIS STRENUI atque FELICISSIMI. Fautoris ac Amici olim sui non vulgari amoris et honoris cultu prosequendi, CUM EI Ad D. Jan. Anni 1669. consuetis exequiarum ceremoniis ultimum pietatis officium exhiberetur, effusa à M. FRIDERICO MADEWISIO, Arnswald. March. JENÆ, Literis VVERTHERIANIS. Jena 1669 (1: 7 in: Ee 500).

De cognitione et locutione angelorum. Jena 1669 (Diterich, 1732, S. 291; Jöcher/ Adelung, 1813, 4, Sp. 335).

De senatu civitatis et in specie de consulibus et senatoribus. Jena 1669 (Diterich, 1732, S. 291; Jöcher/ Adelung, 1813, 4, Sp. 335).

De grege punctato et maculoso Iacobi adminiculo bacillorum variegatorum producto diss. Ien. 1670. Jena 1670 (Küster/ Müller, 1752, II, S. 957).

Dissertatio de Stella regis Judaeorum. Kiel 1670 (Jöcher/ Adelung, 1813, 4, Sp. 335).

Dissertatio de Filamentis D. Virginis, quae vulgo dicuntur der Sommer oder Marien Garn. Jena 1671 (Jöcher/ Adelung, 1813, 4, Sp. 335).

Disputatio de Basilisco ex ovo galli decrepiti oriundo. Jena 1671 (Jöcher/ Adelung, 1813, 4, Sp. 335).

EXERCITATIO PHYSICA De ARMORUM MILITUMQUE SIMULACRIS, in ære comparentibus, Quam auxiliante SS. Triade In florentissimis Athenis Jenensibus SUB PRÆSIDIO VIRI Præclarissimi DN. M. FRIDERICI MADEWISII, Arnswald. March. Curiosorum naturae speculatorum oculis acutis exponit in acroaterio Philosophicô H H. consvet. JOHANNES ERNESTUS TEUBNERUS, Cizens. Misnicus A. & R. Ad diem Martii. ANNO M.DC.LXXI. JENÆ, Ex Bibliographia JOHANNIS NISI. Jena 1671 (1a: 6 in: Mz 4; Diterich, 1732, S. 291).

Jesum propitium, Thalamum florentem, Empyream concordiam, NUPTIIS GNOSPELIO-STARCKMANNIANIS, Fato divino auspicatis, Ejusque benigno nutu D. IX. Junii. M.DC.LXXIII. absolvendis, Uberiori Symbolo votivo, Pro eo, quo in noviter jugandos sunt animo propensiori, Advovent, COGNATI. AMICI. COLLEGÆ. BEROLINI, Ex Officinâ RUNGIANA. Berlin 1673 (109: Slg. GK: Sch 1/74. 3).

Lust am Lustigen BACH. Welche An dem Hochzeitlichen Freuden=Tage Des Edlen/ Wol=Ehrenvesten und Wolgelahrten/ Herrn Herrn Wolff Christian Otten/ Wolbestallten Churf. Cammer=Gerichts=Secretarius mit der Edlen und Hoch=Tugend=begabten Jungfer Maria Elisabeth Tieffenbachin/ Deß Wol=Edlen/ Groß=Achtbaren und Hoch=Weisen Herrn/ Herrn Johann Tieffenbachs/ Churfürstl. verordneten Cammer=Gerichts=Advocati, vornehmen Bürgermeisters bey der Residentz und Veste Berlin/ Eheleiblichen Tochter/ Nebst Anerwündschung aller annehmlichen Freuden=Beseligung/ Auff zwar in Eyl gestimmete Seiten/ aber doch aus wolmeynendem Gemüthe spielend preisete M. Friederich Madeweiß/ Gynas. Con-Rect. s. l. 1673 (109: Slg. GK: Sch 1/75. 2).

IN GYMNASIO PATIENTIÆ multum subacta SCHOLASTICA LABORIOSISSIMA d. X. Febr. qui est Scholasticæ Sacer, BRABEUM LABORUM accipit Foemina Honestissima, et suum sexum decorantibus virtutibus ornatissima ANNA MARIA CUNZENBACHIA, VIRI Præclarissimi DN. PETRI BREDOVII, Gymnasii Berlinensis Sub Rectoris meritissimi per XI annos fidelissima Conjux, postquam Superatis constantissimo animo febris ... ignibus Quinto demum mense liberata, Nunc inter Celestris Academiæ cives æternum lætatur, Superstitibus vero Dn. Conjugi, Liberis, et Amicis non exiguum luctum peperit, Cui levando Die Humationis, Dominica Septuagesimæ Anno 1674. insurgunt AMICI COLLEGÆ. BEROLINI, Ex Officinâ RUNGIANA. Berlin 1674 (109: Slg. GK: Sch 1/76).

GENES. XXIV. v. 50. Das kömmt vom HErren! Daß (Titt:) Herr Joachim Pauli/ SS. Theologiæ Candidatus, in der Hochlöbl. Fruchtbringenden Teutschgesinneten Genossenschafft benamt der Treffliche/ und der Hrn. Hrn. von Platen Ephorus, Mit (Titt:) Jungf. Maria Fahrenholtzin/ Herrn Hans Fahrenholtzen/ Weiland auf Sumholtz Erbherren/ nachgelassenen Eheleiblichen Tochter/ Sich heute den 25. Februarii, M.DC.LXXIV. Göttlicher Ordnung Gemäß/ Ehelichen vertrauen läst. Darum können nicht anders/ Als Fried/ Glück/ Segen/ dazu wündschen/ Etliche des Bräutigams Bekandte Vertraute Freude. Berlin/ Gedruckt bey Christoff Runge. Berlin 1674 (109: Slg. GK: Sch 1/78).

Carmen zur ersten Säkularfeier am Berlinischen Gymnasium zum Grauen Kloster 1674. Berlin 1674 (Diterich, 1732, S. 202).

DISCURSUS HISTORICO-PHYSIOLOGICO-CURIOSUS De PLUVIA SANGUINEA, (Cui sub Colophonem fermè succinctum apponitur judicium De GRANDINE PURPUREA Nuper in territorio Brandenburgico observata,) institutus â M. FRIDERICO MADEVVISIO. Arnswald. Neo-March. COLONIÆ BRANDENBURGICÆ, Ex Officina GeorgI SchultzI, Typogr. Electoral. ANNO M.DC.LXXV. Cölln 1675 (1a: Mz 31400; Jöcher/ Adelung, 1813, 4, Sp. 335).

GOTT/ Der die gantze Welt geliebet/ Hat Umb seines eingebornen Sohnes willen auch im Tode nicht verlassen Den weiland Edlen/ GroßAchtbarn/ Wolweisen und Wolbenamten HERRN Andreas Ideler/ Rathsverwandten in Cölln an der Spree/ Auff Gravendorff und Güssow Erbsassen/ Dessen Christliches Leich=Begängniß Am Andern Pfingst=Feyertage/ war der 24. Maji/ des 1675sten Jahres Mit nachgesetzten Zeilen mitleidend beehreten Etliche Collegen des Berlinischen Gymnasii. Berlin/ Gedruckt bey Christoff Runge. Berlin 1675 (109: Slg. GK: Sch 1/82. 3).

Epicedium für Dietrich Butt, kfl.-brand. Geh.- und Kriegssekretär. An: Herrnbaur, Johann Georg: Leichpredigt für Dietrich Butt. Berlin 1675 (LP StA Braunschweig Nr. 851).

Gegläubet Hat An Jhren Erlöser JEsum bis ans Ende/ Und daher empfangen Das Ewige Leben/ Die (Tit.) FRAU Anna Maria Seltrechtin/ Des (Tit.) Herrn Wolff Ottens/ Längst Verdienten Churfürstl. Cammer=Gerichts= Secretarii 36. Jahre lang liebgewesene Ehe=Frau/ Welche den 9. Maji dieses 1676. Jahres nach lange außgestandener Leibes=Schwachheit von den Jhrigen durch einen sannften Tod Abschied genommen/ Und den darauf folgenden 15. selbigen Monats/ war der Pfingst=Montag/ in ihre Ruhe=Kammer in Berlin bey St. Nicolai Kirchen beygesetzet worden. Dieser zur letzten Ehre/ und Trost denen hinterbliebenen haben folgende Zeilen auffsetzen wollen Einige Gönner und Freunde. Berlin 1676 (1: an 6 in: Ee 1593,II).

MAGNETICUS AMORIS TRACTATUS, i. e. Der magnetische Liebes=Zug/ Dadurch in reiner und keuscher Liebe entbrannte Hertzen nicht nur in/ sondern auch aus der Welt gezogen werden. Wie solches erweiset Das Beyspiel Der weiland Wol=Edlen und Hoch=Tugendbegabeten Frauen/ Frauen Annæ Mariæ Zarlanginn/ Des weiland Wol=Edlen/ Vesten/ und Hochgelahrten Herrn Dieterich Butten/ Churfürstlichen Brandenburgischen Geheimen Krieges=Secretarii, Nachgelassenen Frauen Wittiben: Als welche ihrem Seligen liebwerthen Ehe=Herrn bald gefolget. Entworffen von M. F. Madeweiß. Berlin/ gedruckt bey Christoff Runge/ Anno 1676. Berlin 1676 (1a: 33 in: Bd 8557).

EPICEDIA Quibus Præmaturum quidem at beatum è vita excessum Pueri singularibus animi ac corporis dotibus ornatissimi GEORGII CHRISTOPHORI, Pl. Reverendi et Clarissimi VIRI, DOMINI M. JOH. ERNESTI SCHRADERI, Ecclesiæ Berolinensis ad D. Nicolai ArchiDiaconi, Filii primogeniti: VII. Martii Anno M DC LXXVI. magno Parentum desiderio exstincti LUGENT Collegæ et Amici. BERLINI, è chalcographéo RUNGIANO. Berlin 1676 (109: Slg. GK: Sch 1/83. 1).

Wolverdienter Nach=Ruhm der beständigen Treue An der Edlen und Hoch=Ehr= und Tugendbegabten Fr. Eva Magdalena/ gebornen Stanginn/ Des Edlen/ GroßAchtbaren und Hochbenahmten Hn. Johann Metzners/ Sr. Churf. Durchl. zu Brandenburg und Dero Hochlöbl. Landschafft wolbestalleten Ober=Ziesemeisters der Mittel= und Ucker=Marck/ Nunmehr Hochbekümmerten Herrn Wittibers/ Wolseligen Eheliebsten/ Welche Zu Regenspurg den 23. Decembr. frühe zwischen 6. und 7. Uhr Anno 1633. geboren/ und allhie in Berlin den 14. Julii Nachmittag umb 3. Uhr ihre Seele dem getreuen Seligmacher wieder anbefohlen/ nachdem Sie in dieser Sterblichkeit zugebracht 42. Jahr/ 6. Monat/ 3. Wochen und 8. Stunden/ Am Tage Jhrer Beerdigung bey volckreicher und ansehnlicher Versammlung/ war der 20. Julii, Zum Trost denen Hinterbliebenden abgefasset/ von Einigen guten Freunden. Berlin/ Gedruckt bey Christoff Runge/ 1676. Berlin 1676 (109: Slg. GK: Sch 1/84. 1).

Tormentum Apollineo-epicum Frid. W. oblatum 1677. s. l. 1677 (Küster/ Müller, 1752, II, S. 957).

Davids=Hertz/ Womit Er sich in allen Seinen Anliegen und Bekümmernissen getröstet/ Wündschen getreulich Bey dem frühzeitigen und unverhofften Ableben Des weiland Edlen/ Wol=Ehrenvesten und Wolgelahrten Herrn David Reetzen/ Patritii Berlinensis, Und Juris Utriusque Candidati, Welcher im Jahr 1641. den 20. Julii geboren/ und den 11. Martii, war der Sonntag Reminiscere, im Jahr 1677. wiederumb diese Welt gesegnet/ Am Tage seiner Beerdigung/ den 18. Martii, ist der Sonntag Oculi, obgedachten Jahres/ Bey volckreicher Versammlung/ Denen hochbetrübten hinterbleibenden Die sämptliche Collegen des Gymnasii, und guten Freunden zu Berlin. Berlin/ Gedruckt bey Christoff Runge. Berlin 1677 (109: Slg. GK: Sch 1/88).

Das ewige JUBILATE feyret im Himmel Die numehr Selige Frau Rebecca Kunzenbachs/ Des Wol=Ehrenvesten und Wolgelahrten Herrn Erdmann Schmidsdorffs/ Des Berlinischen Gymnasii wolverdienten Collegæ, bis in den Tod getreu gewesene Ehegenossin/ Welche Nachdem Sie in dieser Welt gelebet bis ins 44. und in ihrem Ehestande bis ins 24. Jahr/ und 12. Kinder erzeuget hatte/ Am 2. Maji des 1677. Jahres/ Abends zwischen 9. und 10. Vhr in ihrem Erlöser sanfft und selig entschlaffen. Da Sie aber Den drauff folgenden 6. Maji/ war der Sonntag JUBILATE Auff St. Marien Kirchhoff in Berlin/ Bey Volckreicher Versammlung beygesetzet wurde/ Beehrten ihren Seligen Abschied Mit folgenden Trauergedichten Des Herrn Wittbers Sämptliche Amptsgenossen. Berlin/ Gedruckt bey Christoff Runge. Berlin 1677 (109: Slg. GK: Sch 1/86).

Die in dem Blüht=reichen Majo Verwelkte Tugend=Bluhm/ über das zwar frühzeitige/ aber doch wolselige Ableben Der weiland Wol=Edlen/ viel Ehr= und Tugendbegabten Fr. Annen Sibyllen Krausn/ Des Wol=Edlen/ Großachtbarn/ und Hochgelahrten Herrn/ Hn. Johan Christoph Otten/ J. U. Licentiati, und Churfürstlichen Brandenburgischen Cammergerichts=Advocati Treugewesenen Eheliebsten/ Dero entgeisterter Leichnam Den 20. Maji dieses 1677sten Jahres/ allhie in Berlin zu St. Marien/ bey ansehnlicher Versamlung/ beerdiget ward: Abgebildet von M. F. Madeweiß. s. l. 1677 (109: Slg. GK: Sch 1/87. 2).

Epicedium für Charlotte Louysa von Görne geb. von Platen, Ehefrau des Christoph von Görne, Domherrn zu Magdeburg. An: Leyser, Friedrich Wilhelm: Leichpredigt für Charlotte Louysa von Görne geb. von Platen. s. l. 1677 (LP StA Braunschweig Nr. 4099).

Triumph=Geschütz, aus welchem auff Feindes=Wällen Freuden=Salven gegeben wurden, als ... Friedrich Wilhelm, Marggr. zu Brandenb. die Stadt Stettin eroberte (Mit einer Kupfertafel). Cölln 1677 (1: St 8436 ehem.); wiederabgedruckt in: Schöne Poetische gedichte und Lieder/ Auff Sr. Churfürstlichen Durchlauchtigkeit zu Brandenburg Friederich Wilhelm/ Den Grossen und Glückseligen genandt Krieges= Sieges= Und Helden= Thaten. gemacht Von Unterschiedlichen vornehmen Gelahrten und Poeten. Cum Gratia & Privilegio. Gesammlet und verläget Von Rupert Völckern/ Buchhändler in Berlin. s. a. (14: Hist. Boruss. 258, 16).

MALAGMA Vulneratis cordibus ex Obitu præmaturo Honestissimæ, omnienisque sexum suum decentibus virtutibus Ornatissimæ Foeminæ, URSULÆ MARIÆ, genere HOFFMANNIÆ, VIRI Nobilissimi, Amplissimi et Excellentissimi DN. GREGORII BERNHARDI, Medicinæ Doctoris Celeberrimi, & Practici apud Berlinenses Felicissimi, Conjugis hactenus exoptatissimæ, Nunc verò post pertinacissimos superatos dolores a. d. XXIII. Novemb. ad æternam qvietem receptæ, DIE EXEQVIALI, qvi erat Dom. II. Advent. A. Æ. C. M DC LXXIIX. levando luctui miserê dolentium EXEQVIATORUM exhibitum à FAUTORIBUS ET AMICIS. Coloniæ Brandenburgicæ, Typis GEORGI SCHULTZI, Elect. Typogr. Cölln 1678 (109: Slg. GK: Sch 1/89).

Das Muster einer Geistlichklugen Sibyllen/ über das Zwar frühzeitige/ aber doch wolselige Ableiben/ Der weiland/ Wol=Edlen/ Viel=Ehr= und Tugendbegabten Fr. Annen Sibyllen Krausin/ Deß Wol=Edlen/ Groß=Achtbaren/ und Hochgelahrten Herrn/ Hn. Johann Christoph Otto/ J. U. Licentiati, und Churfürstl. Brandenb. Cammergerichts=Advocati, Bis in den Tod treugewesenen Eheliebsten/ Dero entseelter Cörper am Sonntag Rogate, war der 20. Maji dieses 1677. Jahres/ Zu seiner Ruhstätte begleitet wurde/ bey hochansehnlicher Versammlung in einer Abdanckungs=Rede fürgestellet von Friederich Madeweiß. Gymn. Berl. C-R. Berlin/ Gedruckt bey Christoff Runge. 1678. Berlin 1678 (1a: 10ª in: Bd 8557).

Schulprogramm: Stirps Brandenburgica electoralis principalis chronologice delineata. Coloniae Brandenb. 1678 (typis Georgi Schultzi) Cölln 1678 (1: St 5890 no 11 ehem.; 4 in: St 3703 ehem.; Küster, 1743, S. 330).

Carmen anläßlich der Eroberung Anklams durch Kf. Friedrich Wilhelm von Brandenburg 1678. s. l. 1678 (Heidemann, 1874, S. 171).

Die Süsse Herbst=Traube versüsset Die bittere Thränen=Erndte/ Wie solches Bey der liebreichen Hochzeit= Feyer Des Edlen/ WolEhrnvesten und Wolbenamten Herrn Caspar Königs/ Churfürstl. Brandenb. wolbestallten Amptmanns zu Zehdenick/ etc. Mit der Viel Ehr= und Tugendbegabten Jungf. Maria Catharina Rühlen/ (Tit.) Herrn Heinrich Rühlen/ HochFürstl. Meklenburg=Schwerinischen gewesenen Küch=Meisters im Ampt Meklenburg: War den 10. Novembris 1679. fürgestellet Von F. Madeweiß. Berlin/ Gedruckt bey Christoff Runge. Berlin 1679 (109: Slg. GK: Sch 1/92. 1).

Iupiter una cum sideribus Brandenburgicis, d. i. der hellstralende Planet Jupiter, samt den Brandenburgischen Sternen, oder neuen Planeten, welche in dem IX. Jahr dieses Seculi zuerst in Deutschland um den Jupiter sind observiret worden. 1679 (Küster/ Müller, 1752, II, S. 957; Dinse, 1877, S. 443).

Palma quadruplex ex quadrifolio heroum fortunato. Berlin s. a. (Jöcher/ Adelung, 1813, 4, Sp. 335).

APPLAUSUS VOTIVI, Qvibus Ab Amplissimi Philosophici Collegii DECANO Spectabili, Viro Plurimùm Reverendo, atque Excellentissimo DN. JOH. CHRISTOPHORO BECMANNO, S. S. Theol. & Phil. D., Historiarum Professore Publico, nec non ad hunc Magisterialem Actum delegato PRO-CANCELLARIO &c. LAURUM PHILOSOPHICAM Et cum ea MAGISTERII TITULUM & INSIGNIA In Illustrissima ad Viadrum Academia ad d. IX. Octobr. A. O. R. 1679. solemni ritu, In augustissima corona publica impertita, Viro Clarissimo et Humanissimo DN. MARTINO Bussen/ Gymnasii Berlinensis Sub-Con-Rectori dexterrimo, Gratulantur COLLEGÆ. Francofurti ad Viadrum, Literis CHRISTOPHORI ZEITLERI. Frankfurt/O. 1679 (109: Slg. GK: Sch 1/94. 1).

LÆTARE, Freuet Euch/ Jhr Frommen; Daß euere Namen im Himmel angeschrieben seyn! Womit sich gleichesfalls getröstet Der Wol=Ehrnveste/ Groß Achtbare/ und Wolvornehme Herr TOBIAS Scharnow/ Der Löbl. Ritterschafft des Haveländischen Creyses wolbestalter Einnehmer/auch Bürger und Handelsmann in Berlin/ Nunmehr Seliger Welcher Anno 1624. im Monat Junio zu Jüterbock an diese Welt geboren/ Anno 1679. den 22. Martii zu Berlin im Herren Selig entschlaffen/ Und am Sonntage Lætare, war der 30. Martii, Christl. Gebrauch nach bey Volckreicher Versammlung öffentlich in St. Marien Kirchen daselbst beygesetzet ward/ Uber welchen unverhofften tödtlichen Hintritt die hochbetrübte Frau Wittibe/ die überbleibende Vater= und Mütter=lose Weysen/ auch andere traurige Anverwandten zu trösten sich bemüheten Die Collegen an dem Gymnasio zu Berlin. Berlin/ Gedruckt bey Christoff Runge. Berlin 1679 (109: Slg. GK: Sch 1/91. 2).

Cornu hostile dejectum, Jesu cornu salutis erecto! (Glückwunschgedicht auf Kf. Friedrich Wilhelm.) s. l. 1679 (1: 9 in: St 129 ehem.).

Als Die Seelge Himmels=Braut/ Die Edle und Tugendgläntzende Jungfer Dorothea Margaretha/ Des Wol=Edlen/ Vesten und Hochgelahrten Herrn Dieterich Butten/ weiland Sr. Churf. Durchl. zu Brandenburg hochbestallten Geheimten Krieges=Secretarii, Hinterlassene Jungfer Tochter/ Von Jhrem Hertzgeliebten Seelen=Bräutigam JESU CHRISTO/ Zu der himmlischen Hochzeit=Freude/ Von dieser schnöden Welt am 18. Febr. abgefodert/ und der Seelen nach heimgeholet worden/ setzten folgendes Am Tage des Christlichen Volckreichen Leichbegängniß/ War der Sonntag Esto Mihi, als der 2. Martii 1679. da der entseelete Cörper in der Kirchen zu St. Nicolai beygesetzet ward/ Der höchstbetrübten Groß=Frau=Mutter und andern hinterbleibenden Leidtragenden zu Trost Die Collegen am Gymnasio zu Berlin. Berlin/ Gedruckt bey Christoff Runge. Berlin 1679 (1a: 33 in: Bd 8557).

Das Gestrandete Kauffmann=Schiff. (Bl. 1v:) Das gestrandete Kauffmann=Schiff Nebst der salvirten Waare/ Uber Der zwar unverhofften/ aber doch seligen Hinfahrt Von diesem Jammer=vollen Welt=Meer zu dem Himmlischen Vaterlande Des weiland Wol Ehrenvesten/ Vorachtbaren/ und Wolbenamten Herrn Melchior Breunigs/

Vornehmen Bürgern und Handelsmanns in Berlin/ Am Tage/ da dessen entgeisterter Cörper ins Grab gesencket wurde/ War der 5. Januar. 1679. Fürgestellet von M. Friderich Madeweiß. Berlin/ Gedruckt bey Christoff Runge/ Anno 1679. Berlin 1679 (109: Slg. GK: Sch 1/90).

Epicedium für Anna Maria Butt geborene Zarlang. 1679 (1a: 33 in: Bd 8557).

Sigellae Cadmi Filiae de Sydere Crinito, A. 1680 m. Nov. et seq. observato ad amicum Astrophilum ablegatae. Hiebey die Wieder=Erscheinung desselben Cometen im Monat December nebst etlichen wunderbahren Zeichen in der Luft. Berolini 1681. Berlin 1681 (1: On 6655 ehem.; On 3308 no 7 ehem.; Küster/ Müller, 1752, II, S. 957).

OVUM MIRABILE, Romae Gallinâ (ceu ferunt) natum. Oder Bericht Von dem wundersamen Ey/ Welches zu ROM eine Henne sol geleget haben/ Jn Eyl entworffen von F. Madeweis. Berlin/ Bey Rupert Völckern/ Buchhändlern. M.DC.LXXXI. Berlin 1681 (1a: Ll 9353).

Redux apparitio novi cometae 1680 et 1681. Berlin 1681 (Günther, 1884, S. 85).

Die Wieder=Erscheinung der ungewöhnlich=grossen Stern=Ruthe, verstehe des Neuen Cometen ... 1680. u. 1681. Nebst denen Seltenheiten. Berlin 1681 (1: On 3308 no 6 ehem.; in: On 6695 ehem.).

Monumento Monimenta Brandenburgicæ fortitudinis in oppugnatione Budæ ardentissima sanguine heroico redemta. 1686 (Küster/ Müller, 1752, II, S. 957).

Quaestiones forenses de magnis Brennicis conatibus. 1686 (Küster/ Müller, 1752, II, S. 957).

Speculum astrologico-historico-physico-geographico-ethnico-politico-oeconomico-Brandenburgico, heroicum, quo virtutis ac gloriae Brennicae mnemosyna, in admirando Friderico Wilhelmo, electore Brandenburgico ... stupenda ... deponit. (alia.) (M. Tit. Kpf.) De la poste d'Ofen ... 1686 (1: St 9308 ehem.; St 5894 no 29 ehem.).

Generalissimus de motu mechanicus, præses vbiuis demonstratiuus in omni foro demonstrandi stathmice principio vnico principiorum cognoscendi uniuersalissimo stathmico in lumine Scripturæ sacræ diuinitus reuelato. Halle 1693 (Küster/ Müller, 1752, II, S. 957).

Lucis Iohannæ æternum radiantis testimonium exempláre in tumba IO. MADEWEISII Theologi senioris & supra semiseculum in ecclesia christiana Sammentinensi Neo-Marchico-Brandenburgica fidelissimi Pastoris epitumbii loco consignatum. Halle 1693 (Küster/ Müller, 1752, II, S. 957).

An den Durchlauchtigst=Großmächtigsten Fundatoren deß neuen Musen=Tempels/ Oder ACADEMIE zu Halle an der Saale: Du Mächtger Friderich/ wie Friderich der Ander/ Jm Fried ein Salomon/ im Krieg ein Alexander/ Schau was die Musa hier zu deinen Füssen lägt/ Wodurch dein grosser Nahm sich Himmel=an bewägt! INAUGURATIO ACADEMIÆ FRIDERICIANÆ, h. e. SALA-SALOMONEÆ, FUNDATORE PRINCIPE AC DOMINO DN. FRIDERICO III. Marchione Brandeb. S. R. I. Archi-Camerario & Electore, &c. &c. &c. Principe Ter feliciter Patrissante. Halæ in Ducatu Magdeburgico, D. I. Julii, Ao. ... M DC XCIV. adumbrante cursoriè, velut per Postam FRIDERICO MATEWEIS. Sammentin. Neo-March. Brandeb. [...] Halæ Magdeburgicæ, Literis SALFELDIANIS. Halle 1694 (1a: 3 in: 4° Ay 28140b).

ARCUS GLORIÆ REGALI-VOCALIS Perennis, in Via Regiâ erectus, Ge-Uranometricus! videlicet! (mit Symbolen verzierte Majuskel:) A E I O V sive Quinque, in cOronA PrVssIaE concurrentes Vocales Staticè Coronatæ in Quintâ, per Tertiam ceu perfectâ consonantiâ, Igni Technico Urendo-rutulandoque pyrometricè resonantes! h. e. Archi-Rex,-quilâ Elector Illustrat Orbem Vrens, -rani us, -ivat FRIDERICUS REX I. BORUSSIÆ, MARCH. BRANDENB. S. R. I. ARCHI-CAMER. ET ELECT. Sole in Signum ascendens Uranii Signiferi Vernum conscendente, post Resur Rectionis diem SOLIS Justitiæ ÆTERNI, paschale plenilunium inter & Pentecostale, Regiomonte regressus Berolinum ingrederetur, ritè Coronatus, Magná stipanté Calervâ! velut Novellæ solidæ, die Solis solitæ, BONA NOVA, in sempiternam rei tam statico-momentosæ memoriam, unà cum votô omnigenæ Felicitatis Regiæ, publici juris facta, interprete devotissimo s. FRIDERICO MATEWEIS, Neo-Marchita Brandeburg. Philo-Mathem. Halæ Magdeburg. in Foro Neo-Berlinensi, quod vocant, tempore Salomonis Regis, Ædificiô ad Coronam erectô, staticé stante. annô quo: ACCLangVnt. En. ILLVCent. Orant. Vrentes. VoCaLes: VIVat. ReX Vt. IbI. Is. (SaLoMon! SapIens. Halle 1701 (1: Su 3694; Einbandsammlung 133–20 B).

Literatur

STISSER, Wolfgang Melchior: Der außerwehlte Wahl=Spruch/ Des Weiland Hoch=Edlen/ Vesten und Hochgelahrten HERRN/ Herrn Friederich Mateweissen/ Seiner Königl. Majestät in Preussen hochbestelleten Secretarii und Hoff=Post=Meisters/ wie auch vornehmen Pfänners allhier/ Als Derselbe am VII. Augusti 1705. unvermutheten Todes verbliechen und An folgenden XIV. Ejusd. Bey hochansehnlicher Begleitung/ Jn der Schul=Kirchen beerdigt ward Durch gewöhnlichen Abdanckungs=SERMON Betrachtet Und nebst Vorstellung seines Lebens=Lauffs/ Auf begehren zum Druck übergeben/ Von D. Wolffg. Melchior Stissern/ Königl. Preuß. Jnspectore des Stadt=Ministerii zu Halle und im Saal=Creise/ wie auch Ober=Pfarrern und Pastore bey U. L. Frauen Kirche. HALLE/ Druckts Johann Montag/ Universitäts Buchdrucker. Halle a. S. 1705 (1: Ee 700–2123); BIEK, Christian: Elogium Domus MATEWEISIANÆ intra Halam ad Salam extructæ Anno M DCXCVIII. (in: KÜSTER/ MÜLLER, 1752, II, S. 958); DITERICH, 1732, S. 290–293; JÖCHER, 1751, 3, Sp. 21; KÜSTER/ MÜLLER, 1752, II, S. 957f.; DREYHAUPT, Johann Christoph von: PAGVS NELETICI ET NVDZICI, Oder Ausführliche diplomatisch=historische Beschreibung der zum ehemaligen Primat und Ertz=Stifft, nunmehr aber durch den westphälischen Friedens=Schluß secularisirten Hertzogthum Magdeburg gehörigen Saal=Creÿses ... 2 Tle. Halle 1749 bis 1755, hier T. 2, S. 666; KIES, Johann: Disputatio de cometis et arcenda exinde electricitate ad explicandum systema mundanum a nonnullis advocata. Tübingen 1759; JÖCHER/ ADELUNG, 1813, 4, Sp. 335; STEPHAN, Heinrich: Geschichte der Preußischen Post von ihrem Ursprunge bis auf die Gegenwart. Nach amtlichen Quellen. Berlin 1859, S. 35f.; MAEDLER, Johann Heinrich von: Geschichte der Himmelskunde von der ältesten bis auf die neueste Zeit. Bd. 1. Braunschweig 1872, S. 327; HEIDEMANN, 1874, S. 178; GÜNTHER: Madeweis. In: ADB, 1884, 20, S. 85; NOHL, 1903, S. 40 u. 88.

Mentzel, Christian

* 15. Juni 1622 Fürstenwalde
† 17. Jan. 1701 Berlin
kfl. Leibmedikus und Rat
V Christoph M. (gest. 1639)
M Maria, Tochter des Fürstenwalder Ratsherrn Johann Felbinger
⚭ 1658 Anna Eva, Tochter des Landschaftseinnehmers Johann Falkenhagen
K Johann Christian (1661–1718; seit 1704 kgl. Leibarzt); Christoph Friedrich und Karl

1644–1647	Studium der Medizin in Frankfurt/O. und Königsberg
1648–1650	Lehrer für Botanik am Gymnasium in Danzig
1654	Dr. med. (Padua)
seit 1658	als Arzt im Dienst des Kurfürsten
1660–1688	kfl. Leibmedikus
seit 1675	Mitglied der Academia Naturae Curiosum (später Leopoldina); Cognomen Apollo

Am 15. Juni 1622 wurde Christian Mentzel als Sohn des dortigen Bürgermeisters in Fürstenwalde geboren. Seine Mutter war eine Tochter des Fürstenwalder Ratsherrn Johann Felbinger.
Um 1630 kam er an das reformierte Gymnasium in Joachimsthal, das er nach seiner Zerstörung (1636) verlassen mußte und deshalb seine Schulbildung am Grauen Kloster in Berlin, unterbrochen durch die Pest von 1637, beendete. 1644 bezog er die Universität in Frankfurt an der Oder (imm. 1639; »non iuvarunt per aetatem«) und wechselte 1646 an die Königsberger Alma Mater (imm. im Wintersemester 1646, Rektor Johann Behm). 1648 erreichte ihn der Ruf von Johann Raue an das Akademische Gymnasium nach Danzig, wo er im Rahmen schulischer Reformen den botanischen und anatomischen Unterricht übernehmen sollte. Aus den Beobachtungen der Pflanzenwelt, die er mit seinen Schülern anstellte, entstand als seine erste Publikation »Centuria plantarum circa nobile Gedanum sponte nascentium« [Katalog Hundert rings um das edle Danzig freiwachsender Pflanzen], die als Ergänzung zur Darstellung der Danziger Flora des Nikolaus Oelhafe gedacht war. 1650 begab sich Mentzel auf eine ausgedehnte Bildungsreise, die ihn durch Holland (Amsterdam, Leiden), Frankreich, Spanien und Portugal über das Mittelmeer nach Italien führte (Venedig, Pisa, Siena, Florenz, Rom und Neapel mit Vesuvbesteigung). Mentzel immatrikulierte sich am 1. Febr. 1652 in Padua, wo er am 17. Sept. 1654 zum Dr. med. promovierte.
Über Verona, Vicenza, Trient, Innsbruck, Augsburg, Nürnberg, Jena und Leipzig reiste er nach Berlin zurück, wo er sich 1654 als praktischer Arzt niederließ. Die 1658 erfolgte Ernennung zum kfl. Hof- und Lagerarzt verschaffte ihm ein sicheres Auskommen, so daß er sich im gleichen Jahr mit Anna Eva, der Tochter des Landschaftseinnehmers Johann Falkenhagen, vermählen konnte.
1660 wurde Mentzel in Königsberg zum kfl. Rat und Leibarzt ernannt, so daß er sich von nun an in unmittelbarer Nähe des Kurfürsten aufhalten mußte und diesen auf seinen zahlreichen Reisen begleitete. Mit dem Hof reiste er 1665 nach Cleve; anschließend begleitete er den späteren Kurfürsten Friedrich III. auf einer Bäderreise nach Aachen und Spa. Kaum nach Berlin zurückgekehrt erreichte ihn der Ruf nach den Niederlanden, um die an Phthise (Schwindsucht) erkrankte Kurfürstin Luise Henriette zu behandeln und nach Berlin bringen zu lassen, die dann im Juni 1667 starb. 1672 begleitete Mentzel den Kurfürsten auf dem Feldzug gegen Frankreich ins Rheinland und in den Elsaß; Ende 1674 weilte er am Krankenlager des sterbenden Kurprinzen Karl Emil (gest. 27. Nov. 1674) in Straßburg und im Juli 1675 finden wir ihn

in Sparenberg bei Bielefeld zur ärztlichen Betreuung der Kurfürstin Dorothea, die einige Wochen vorher eine Tochter geboren hatte. (Vgl. dazu »Miscellanea cur. med.-phys. Acad. Nat. Cur. sive Ephem. Dec. I., Annus IV et V.«, Appendix, S. 183.) Nach dem Tod des Großen Kurfürsten (1688) nahm Mentzel seinen Abschied, der ihm mit einer lebenslangen Rente gewährt wurde und beendete damit die langen Jahre des Reisens, die ihm wenig Zeit für seine wissenschaftliche Arbeiten gelassen hatten. 1688 befiel ihn eine Schüttellähmung, in deren Folge er nicht mehr selbst schreiben konnte und vor allem seinem Sohn Johann Christian (1661–1718), der in seiner Berufswahl in die Fußstapfen seines Vaters getreten war, diktieren mußte. Mentzel starb am 17. Jan. 1701 in Berlin.

1661 hatte Mentzel zusammen mit den anderen Leibärzten Otto → Bötticher, Martin → Weise, Thomas → Pankow und Johann Sigismund → Elsholtz dem Kurfürsten einen Entwurf zur Errichtung einer medizinischen Verwaltungsbehörde vorgelegt. Dieses »Collegium medicum« sollte die Berufsaufsicht über die märkischen Ärzte (Niederlassung, Verhalten etc.), Bader, Steinschneider, Apotheker (Visitation der Apotheken), Wundärzte und Hebammen ausüben und damit die Verhältnisse im Gesundheitsbereich verbessern und insbesondere auch den Kurpfuschern und Wunderärzten das Handwerk legen. Der später erheblich erweiterte Entwurf wurde 1685 als kurbrandenburgisches Medizinaledikt veröffentlicht, und Mentzel wurde in seiner Stellung als Leibarzt automatisch Mitglied dieser obersten Medizinalbehörde.

Mentzels erste wissenschaftliche Arbeit in Berlin bestand darin, das Konvolut von Darstellungen zur Tier- und Pflanzenwelt sowie von Gegenständen, die Johann Moritz von Nassau während seiner Brasilienexpedition (1636–1644) anfertigen bzw. sammeln ließ und das der Kurfürst 1652 erwarb, systematisch zu ordnen. 1685 wurde ihm als Nachfolger von Andreas →Müller die Aufgabe übertragen, die chinesischen Bücher der kurfürstlichen Bibliothek zu verwalten. Im Zusammenhang mit diesem Amt, das er aus gesundheitlichen Gründen 1692 an seinen Sohn weitergab, stehen eine Reihe von Schriften Mentzels zur Sinologie. Wichtiger als seine Anfangsschritte auf diesem Gebiet – so begann er erst im Alter von 60 Jahren mit der Erlernung der chinesischen Sprache! – sind aber seine wissenschaftlichen Kontakte nach Südostasien, durch die es ihm gelang, wichtige Kenntnisse der asiatischen Medizin und Botanik in Europa bekannt zu machen.

Vermittelt wurden ihm diese Kenntnisse seit 1676 durch den aus Hessen stammenden Andreas Cleyer (1634–1697/98), der im Auftrag der Niederländischen Ostindischen Kompagnie in Batavia (Djakarta) eine Apotheke betrieb und sich auch eine Zeit in Japan aufhielt, sowie seit 1681 durch Georg Eberhard Rumph (1627/28–1702) von der Insel Amboina (vor der Küste von Neuguinea), dessen »Herbarium Ambonense« zu den herausragenden Werken in der Beschreibung der südostasiatischen Pflanzenwelt zählte. Vor allem Dank der Darstellungen und Gegenstände, die beide an Mentzel sandten, entwickelte sich Berlin zu einer wichtigen Adresse der europäischen Sinologie. Mentzel seinerseits überarbeitete zahlreiche wissenschaftliche Beobachtungen von Cleyer und Rumph und publizierte sie in der Zeitschrift der Gesellschaft der Naturforscher (Academia Naturae Curiosum), der er seit 1675 angehörte. An der Entwicklung dieser Gesellschaft zu einem nationalen und internationalen Forum der Wissenschaftsentwicklung – in einer Zeit, die nach seiner Auffassung der Wissenschaft nicht sonderlich förderlich war – war ihm in besonderer Weise gelegen, wie sein Briefwechsel mit Johann Georg Volckamer zeigt, in dem er viele Vorschläge zur Reform der Gesellschaft unterbreitete. Durch zahlreiche Aufsätze zu medizinischen und botanischen Themen wirkte Mentzel auch ganz praktisch an der Intensivierung der wissenschaftlichen Diskussionen seiner Zeit mit.

Als Summe seiner Belesenheit in der internationalen botanischen Forschungsliteratur legte er als letztes großes Werk seinen »INDEX NOMINUM PLANTARUM MULTILINGUIS« vor, in dem die jeweiligen Pflanzenbezeichnungen in nahezu allen erdenklichen Sprachen aufgeführt wurden. Für die Herstellung des Prachtbandes, der heute zur Einbandsammlung der Staatsbibliothek zu Berlin – Preußischer Kulturbesitz gehört, investierte er 1000 Tlr. aus der eigenen Tasche; ein marginales, aber unübersehbares Zeichen dafür, daß die wissenschaftlichen Bemühungen am Ende des 17. Jahrhunderts auch immer das Werk persönlicher Initiative und des eigenen materiellen Einsatzes waren. So ist es andererseits kaum verwunderlich, wenn nach Mentzels Tod der ausgezeichnete Ruf, den die Berliner Sinologie in Europa durch Andreas → Müller und ihn erworben hatte, schnell verflog. [JS]

Werke

Centuria plantarum circa nobile Gedanum sponte nascentium. Dantisci: Typis Andreae Hüenfeldij 1650. (Wiederabgedruckt in: Gottfried Reyger: Tentamen Florae Gedanensis ..., Bd. 2, Danzig 1766; Artelt, 1940, S. 6).

LAPIS Bononiensis in obscuro lucens Christiani Mentzely. D. Bilefeldiae. A. 1675. [Vorsatzblatt mit Kupfer]. LAPIS BONONIENSIS In obscuro lucens, collatus Cum PHOSPHORO HERMETICO Clariss. CHRISTIANI ADOLPHI BALDVINI, cognomine Hermetis &c. nuper editio, Et cunctis Naturae Indagatoribus Vlterioris scrutinii ergò exhibitus à CHRISTIANO MENTZELIO, D. SERENISS. ELECT. BRANDENB. Consil. & Archiatro S. R. Imp. Acad. Naturae Curiosor. Collega. BILEFELDIAE, Sumtibus Auctoris. Typis Iusti Trenckenari. M DC LXXV. 8°. [1a: Mx 8777]; auch erschienen in: Misc. Cur. Med.-phys., Annus IV et V, App. S. 180–247. [1676].

INDEX NOMINUM PLANTARUM MULTILINGUIS. [Vorsatzblatt]. Πιναξ βοτανωνυμος πολυγλωττος, INDEX NOMINUM PLANTARUM MULTI LINGUIS, Latinorum, Graecorum & Germanorum Literis, per Europam usitatis conscriptus, & sic constructus, ut Plantarum genera, species, colorum & aliarum partium differentiae, quotquot hactenus innotuêre, ordine sub se collocarentur, citatis, classicorum Auctorum locis genuinis, ab ipso Hippocrate ad novissimos usque seculi nostri Botanicos desumptis. Adjectus in calce est Pugillus plantarum rariorum cum figuris aliquot aeneis, quibus intertextus Indiculus plantarum nonnullarum Brasiliae, nondum editarum, cum quibusdam Clar: Jacobi Breynii rarioribus, in Prodomo suo fasciculi rariorum plant: & aliis, in Indice non contentis. Operâ CHRISTIANI MENTZELII, D. Serenissimi Electoris Brandenburgici Consiliarii & Archiatri. [Neues Titelblatt]. PB, INDEX NOMINUM PLANTARUM UNIVERSALIS, Diversis Terrarum, Gentiumque linguis, quotquot ex Auctoribus ad singula Plantarum Nomina excerpi & juxta seriem A. B. C. collocari potuerunt, ad Unum redactus, videlicet: EUROPÆORUM latinâ sive vetere Romanâ, Graecâ antiquâ, Italicâ cum suis, Hetruviae, Istriae, Venetorum, Forojuliensium, nec non Insularum adjacentium Malthae, Cretae vel Candiae, Lesbi &c. Dialectis. Hispanicâ, Lusitanicâ & in ea Regnorum Cataloniae, Valentiae, &c. Gallicâ vetere & neotericâ cum suis, Burgundiae, Narbonae, Parisensium &c. Idiomatibus. Anglicâ, Scoticâ & Irlandicâ. it: Danicâ, Germanicâ cum suis Silesiorum, Marchicorum, Pomeranorum, Borussorum &c. sermonum proprietatibus. Belgicâ cum sua Brabanticâ. Bohemicâ, Polonicâ, Lituanicâ, Vinidicâ, Rutenicâ, Wallachicâ olim Dacicâ, Hungaricâ, Sclavonicâ, Croaticâ. &c. ASIATICORUM, Hebraeâ, Chaldaicâ, Syriacâ, Arabicâ, Turcicâ cum sua Tripolitana. &c. Tartaricâ, Persicâ, Malabaricâ, Bramanicâ olim Brachmanicâ, Prophetarum, Magorumq veterum, Zeilanicâ sive Cingalicâ, Javanicâ, Bengalicâ, Sinicâ, Japonicâ, Malaicâ, Coreicâ. &c. AFRICANORUM AEgypticâ, AEthiopicâ, Mauritanicâ sive Barbaricâ & Tunensium, cum Poenorum antiqua, Canaricâ & Madagascaricâ. AMERICANORUM, Brasilianâ, Virginianâ, Mexicanâ & adjacentium populorum aliorumq. in Insulis, & continente solo, hinc inde habitantium, quorum Sermonum nomina non omnibus, sed quibusdam tantum Plantis, quotquot apud Auctores reperta fuerunt, sparsim adposita sunt. Characteribus Latinorum, Graecorum & Germanorum maximè per Europam usitatis conscriptus, & ita concinnatus, ut Plantarum Genera, Species, colorum & quarumvis partium differentiae, quotquot Eruditi ad nunc usque diem adnotarunt, ordine legitimo inter se collocarentur: citatis (quod improbum laborem requisivit) classicorum Auctorum & eorum, qui in plerisque supra laudatis linguis scripserunt, locis genuinis & correctis, ab ipso Hippocrate ad nostri seculi usq. Botanicos vel novissimè exortos, desumptis, ut cuilibet in sua lingua evolvendi libros herbarios daretur ansa, si quid circa quamlibet herbam ultra scire desideret, adeè ut Index hic minoris lexici, nunquam non amplificandi vicem praebeat, siculi pluribus ex breviloquio ad lectorem constat. In gratim Botanophilorum non tantum eruditorum, sed etiam Hortulanorum illiteratorum, ut nomina Plantarum recte scribere, pronunciare, suis usibus applicare, eo que instar perpetui Catalogi frui possent. Accessit in calce Indicis PUGILLUS Plantarum variorum cum figuris aliquot aeneis, & brevibus nonnullis descriptionibus, quarum mentio in Indice facta. His, ut Indicam multitudo evitaretur, intertextus est nonnullarum Brasilae Plantarum Indiculus, quarum nomina apud Clar: Jac: Breynii rarioribus, quae Prodomus ejus Fasciculi rariorum Plantarum habet, & aliis, partim Indice contentis, partim Indice absolutô, demum Appendicis locô adjectis. Adornavit & perfecit opus CHRISTIANUS MENTZELIUS, Fürstenwald. March. Philosoph. & Medicin D. Serenissimi Electoris Brandenburgici Consiliarius & Archiater. BEROLINI, Cum Gratiis & Privilegiis decennalibus S. Caes. Maj. & Sereniss. Elect. Brandenb. Sumptibus Auctoris. Prostat apud Danielen Reichelium. Ex Officina RUNGIANA, M.DC.LXXXII. 4°. (1: Ma 6100–R); Nachdruck u. d. T.: C. MENTZELII, LEXICON PLANTARUM POLYGLOTTON UNIVER-

SALE ANNO MDCCXV. [Vorsatzblatt]. LEXICON PLANTARUM POLYGLOTTON UNIVERSALE, Ex diversis, EUROPÆORUM, ASIATICORUM, AFRICANORUM & AMERICANORUM, Antiquis & modernis linguis, earumque dialectis variis, quotquot exprobatis Autoribus excerpi potuerunt, juxta Alphabeti seriem operose concinnatum; In quo PLANTARUM GENERA, SPECIES, COLORUM & QUARUMVIS PARTIUM differentiae, ab eruditis hactenus adnotatae, legitimo ordine collocantur, adductis cujus que linguae autoribus antiquis & recentioribus: In gratiam BOTANOPHILORUM, non tantem Eruditorum, sed etiam HORTULANORUM, ut nomina plantarum vite cognoscere, suisque usibus applicare possint, Adornatum. Accessit Pugillus PLANTARUM RARIORUM cum FIGURIS aliquot aeneis & brevibus descriptionibus: Item Corollarium quarundam fatis RARIORUM PLANTARUM AFRICÆ & ORIENTALIS INDIÆ cum Figuris itidem permultis: Operâ CHRISTIANI MENTZELII, PHIL. & M. D: Serenissimi Electoris Brandenb. Consiliar. quondam & Archiat. BEROLINI. Apud CHRISTOPH GOTTLIEB NICOLAI. ANNO MDCCXV. (1a: 4° Ma 6260).

C. M. D. Ad INDICEM UNIVERSALEM NOMINUM PLANTARUM, Ejusque PUGILLUM COROLLARIUM. In: Mentzel, Chr., LEXICON PLANTARUM POLYGLOTTON UNIVERSALE ... 1715 (1a: 4° Ma 6260).

PUGILLUS RARIORIUM PLANTARUM. [1664]. In: Mentzel, Chr., LEXICON PLANTARUM POLYGLOTTON UNIVERSALE ... 1715 (1a: 4° Ma 6260).

Sylloge Minutiarum LEXICI LATINO-SINICO-CHARACTERISTICI, Observatione sedulâ ex Auctoribus & Lexicis Chinensium Characteristicis eruta, inque Specimen Primi laboris ulterius exantlandi Eruditio & Curioso Orbi exposita à CHRISTIANO MENTZELIO D: Seren. Elect. Brandenb. Consil. & Archiatro. NORIMBERGAE, ANNO M DC LXXXV. (1: 42 MA 14114 RAR; 1a: 5 in: Un 1761; auch erschienen in: Misc. Cur. Med.-phys., Dec. II. annus III, App. s. p., 1685).

Kurtze Chinesische Chronologia oder Zeit=Register/ Aller Chinesischen Kaeyser/ Von ihrem also vermeinten Anfang der Welt bis hieher zu unsern Zeiten/ des nach Christi unsers Seligmachers Gebuhrt 1696. sten Jahres/ In einer richtigen Ordnung von Jahren zu Jahren/ mit ihren rechten Characteren/ Nahmen und Beschreibungen/ auch mit zween Chinesischen erklährten Tafeln der vornehmsten Geschichten von ihrem Anbeginn der Welt/ Gezogen aus der Chineser Kinder=Lehre SIAO UL HIO oder LUN genandt. Nebst einem kurtzen Anhang einer Moscowitischen Reise=Beschreibung zu Lande nach China, in den 1693/94 und 95sten Jahren/ von dem Moscowitischen Abgesandten Hn. Isbrand gehalten. Vorgestellet von CHRISTIANO MENTZELIO, P. & Med. D. Churf. Brandenb. Raht und Leib=Medico Sen. Berlin/ Verlegts Johann Michael Rüdiger/ Buchh. Daselbst gedruckt bei Salfeldischer Witwen/ Anno 1696. (11: Gesch 16179; 1a: Un 2004 R).

Aufsätze

De sudore luteo ab assumto rharbarbaro. In: Misc. Cur. Med.-phys., Annus VI et VII, S. 113–114. [1677].
De duobus hermaphroditis. In: Misc. Cur. Med.-phys., Annus VIII, S. 8–10. [1678].
De dauci sativi radice manuformi. In: Misc. Cur. Med.-phys., Annus IX et X, S. 218f. [1680].
De tribus in uno ansere cordibus. In: Misc. Cur. Med.-phys., Annus IX et X, S. 267–269. [1680].
De ingenti calculorum in fellea cystide copia. In: Misc. Cur. Med.-phys., Annus IX et X, S. 421f. [1680].
De obstructione alvi lethali a caseo. In: Misc. Cur. Med.-phys., Annus IX et X, S. 423f. [1680].
De musicis quibusdam culiciformibus, pediculosis, grylliformibus et aliis. In: Misc. Cur. Med.-phys., Dec. II. annus I, S. 71–74. [1683]. [Zusammen mit Johann Abraham Ihle verfaßt].
Secundina in utero retenta. In: Misc. Cur. Med.-phys., Dec. II. annus I, S. 74f. [1683].
Calculus in cerebro damae. In: Misc. Cur. Med.-phys., Dec. II. annus I, S. 76f. [1683].
De bufone permagno. In: Misc. Cur. Med.-phys., Dec. II. annus II, S. 15–18. [1684].
De vermibus ex aure rustici extractis, ubi praemittitur aliquid de natura vermium e naribus emunctorum. In: Misc. Cur. Med.-phys., Dec. II. annus II, S. 93–96. [1684].
De musca vini vel cerevisiae acescentis. In: Misc. Cur. Med.-phys., Dec. II. annus II, S. 96–98. [1684].
Musca pulex vel cimex. In: Misc. Cur. Med.-phys., Dec. II. annus II, S. 295–297. [1684].
Papilio-Blatta alis plumosis. In: Misc. Cur. Med.-phys., Dec. II. annus II, S. 297f. [1684].
De iride solari alba. In: Misc. Cur. Med.-phys., Dec. II. annus III, S. 20–22. [1685].

De iride aureo-lutea solari, et alba lunari insequente. In: Misc. Cur. Med.-phys., Dec. II. annus III, S. 23f. [1685].

De iride coelesti rubra solari, item de aurora matutina et vespertina, halone, nube respendente pauca. In: Misc. Cur. Med.-phys., Dec. II. annus III, S. 24–27. [1685].

De colorum iridis coelestis comparatione cum coloribus hypostaticis sive pigmentis, horum ordine et natura. In: Misc. Cur. Med.-phys., Dec. II. annus III, S. 27–33. [1685].

Judicium eruditi cujusdam et curiosi medici de patinis parvis aureis iridium vulgo coelestium, in harum cruribus inveniri et cum iis decidere creditis. In: Misc. Cur. Med.-phys., Dec. II. annus III, S. 33–36. [1685].

De muliere sinistro pede instar christianorum S. Thomae strumoso ad fontem salutiferum Freienwaldensem accedente: ubi de fonte illo quaedam observatu digna praemittuntur et inseruntur. In: Misc. Cur. Med.-phys., Dec. II. annus III, S. 53–56. [1685].

De sene 120 annorum cui dentitio integra in sua senectute obtigit. In: Misc. Cur. Med.-phys., Dec. II. annus III, S. 57f. [1685].

De coralliis in genere, androsace, fucis marinis, unguibus odoratis, lignis olentibus, pyritibus, silicum generibus. In: Misc. Cur. Med.-phys., Dec. II. annus III, S. 70–74. [1685].

De perlis praestantissimo muscarum genere. In: Misc. Cur. Med.-phys., Dec. II. annus III, S. 117–123. [1685].

De luna apparenter caudata instar cometae. In: Misc. Cur. Med.-phys., Dec. II. annus III, S. 123f. [1685].

De phthisicis curatis. In: Misc. Cur. Med.-phys., Dec. II. annus IV, S. 47–49. [1686].

De tussi suffocativa. In: Misc. Cur. Med.-phys., Dec. II. annus IV, S. 135–137. [1686].

De urina suppressa cum haemorrhagia narium et sanguine misso effluente. In: Misc. Cur. Med.-phys., Dec. II. annus IV, S. 137–139. [1686].

De vespa rosea. In: Misc. Cur. Med.-phys., Dec. II. annus IV, S. 347. [1686].

De vulnere ventriculi ultra undecim annos aperto, superstite viro. In: Misc. Cur. Med.-phys., Dec. II. annus V, S. 2f. [1687].

De stagno admirando Borussiae, alternis trienniis sponte piscoso et frugifero. In: Misc. Cur. Med.-phys., Dec. II. annus V, S. 4f. [1687].

De alces monstroso partu et gratitudine in homines. In: Misc. Cur. Med.-phys., Dec. II. annus V, S. 6–8. [1687].

De coloribus iridis etiam in flamma ignis culinaris et candelae spectabilibus. In: Misc. Cur. Med.-phys., Dec. II. annus V, S. 53f. [1687].

De radice Chinensium Gîn-Sen. In: Misc. Cur. Med.-phys., Dec. II. annus V, S. 73–79. [1687].

Ex dysenteria intempestive sedata sphacelus pedis. In: Misc. Cur. Med.-phys., Dec. II. annus V, S. 83f. [1687].

De iride solari in planitie terrae et arachnio meteoro. In: Misc. Cur. Med.-phys., Dec. II. annus V, S. 273–277. [1687].

De iride prope solem visa. In: Misc. Cur. Med.-phys., Dec. II. annus V, S. 426–428. [1687].

De lapidibus admirandis et raris a serenissimo et potentissimo electore Brandenburgico Friderico Wilhelmo magno, partim repertis, et primo, de aetite siliceo, raro. In: Misc. Cur. Med.-phys., Dec. II. annus VI, S. 1–3. [1688].

De chelonitide, ab eodem sereniss. ac potentiss. electore Brandenburgico Friderico Wilhelmo magno reperto. In: Misc. Cur. Med.-phys., Dec. II. annus VI, S. 3f. [1688].

De conchite aetitoide. In: Misc. Cur. Med.-phys., Dec. II. annus VI, S. 5f. [1688].

De aetitis aliquot varietatibus. In: Misc. Cur. Med.-phys., Dec. II. annus VI, S. 116f. [1688].

De cicadis et aliis insectis canoris et primo de cicada Bononiensi. In: Misc. Cur. Med.-phys., Dec. II. annus VI, S. 119–123. [1688].

De blatta glocitante et noctuis quibusdam insectis. In: Misc. Cur. Med.-phys., Dec. II. annus VI, S. 125–127. [1688].

De muscis formici-formibus, et aliis insectis, catervatim volantibus. In: Misc. Cur. Med.-phys., Dec. II. annus VI, S. 128f. [1688].

De lapidibus rarioribus ex serenissimi et potentissimi electoris Brandenburgici p. m. Friderici Wilhelmi magni, rariorum repositoriis depromptis, scilicet de nuce juglande ferrea. Ostrea ferrea. Pruno exsiccato lapideo. Rotula sclopetaria natura sic formata. In: Misc. Cur. Med.-phys., Dec. II. annus VII, S. 1–3. [1689].

De jaspide antinephritico. In: Misc. Cur. Med.-phys., Dec. II. annus VII, S. 4f. [1689].

Scholium zu Lorenz Blumentrost, De radicis Chin Sen usu. In: Misc. Cur. Med.-phys., Dec. II. annus VIII, S. 488f. [1690].

De generatione lapidum vulgo bufonum in echinometris. In: Misc. Cur. Med.-phys., Dec. II. annus IX, S. 118 bis 120. [1691].

De stella cadente meteoro. In: Misc. Cur. Med.-phys., Dec. II. annus IX, S. 120–122. [1691].

Gelegenheitsschriften

»Scripsisti naevos sine naevis, optime Amice ...« [Widmungsgedicht für J. S. Elsholtz]. In: Elsholtz, J. S., ANTHROPOMETRIA, 1663. (1: La 51 b).

»Quos amor illæsus longinquis junxerat oris, ... « [Epicedium zum Tod von Johann Sigismund Elsholtz]. In: Bödiker, J., Abdankung für J. S. Elsholtz. 1688. (1a: an 1 in At 1941).

»Der Mensch ist Eitelkeit:* ...« [Trauergedicht]. In: Klag= und Ehren=Schrifften/ Auff das unverhoffete/ doch selige Absterben Des Hoch=Edlen/ Hochgelahrt= und Hocherfahrnen Herrn Herrn Cornelius Bontekoh/ Sr. Churfürstl. Durchl. zu Brandenburg gewesenen Raths/ und Leib=Medici, Professoris zu Franckfurt an der Oder ... 1685. (1a: an: Aw 20361a).

Briefe

179 Briefe von Mentzel insgesamt, davon 171 an den Nürnberger Arzt und späteren Präsidenten (1683) der Leopoldina Johann Georg Volckamer (1675–1690); (Briefe Christian Mentzels in der Sammlung Trew, Universitätsbibliothek Erlangen-Nürnberg).

3 Briefe an Johann Michael Fehr (1610–1688); Präsident der Leopoldina; Schwager von Chr. Mentzel. (Briefe Christian Mentzel in der Sammlung Trew, Universitätsbibliothek Erlangen – Nürnberg).

1 Brief vom 11./21. Mart. 1688 an Emanuel Schelstrate. Abgedruckt in Johann Hieronymus Kniphof: De manuscriptis praecipue medicis nonnulla commentatus. Erfordiae [12. Juni 1745], S. 11f.; Oelrichs, J. C. C., 1752, S. 124; Wiesinger, L., 1975, S. 180.

2 Briefe von Schelstrate (Ceyssens, 1949).

Briefe etc. aus dem Nachlaß von Christian Mentzel: u. a. 7 Briefe von Philippe Couplet an Mentzel aus den Jahren 1687 bis 1689. (1a: Ms. Germ. Fol. 1479).

Brief an Andreas Müller (1677). (Kraft, 1976, S. 109).

CHR. MENZELII ad IO. SIGISM. ELSHOLZIVM. [Brief ohne Datum]. (Küster, G. G., 1768, I, S. 26).

Nachlaß

Brief an Hennert (ohne Datumsangabe). (KBJ, Autographensammlung)

Autograph. (KBJ, Autographensammlung: Notiz, vermutlich Beizettel zu einer Buchsendung, an Moritz Hoffmann »Med. Dr. Seren. Elect. Brandenb. Medico, Prof. publ. Altdorf« s. l. e. a.).

Autograph. (KBJ, Autographensammlung: »Auctor Christianus Mentzelius Archiater Elect. Brandenb.«).

Ms. Abschrift aus den chinesischen ›Vier Büchern‹: des Ta-hsüeh zweimal nach verschiedenen Ausgaben des Teiles des Lun-yü, sowie von Titelblättern verschenkter Exemplare; das Ganze datiert v. 17. Juni 1688 (Thüring. Landesbibl. Weimar: Ms Q 675a.; Kraft, 1975, S. 107, Anm. 55).

Ms. Confuciis primus tetrabilii liber Ta Hio interpretatus. (Abschrift des Ta-hsüeh mit Transkription und der von Ph. Couplet hrsg. Übersetzung; Geschenk an Kaiser Leopold I. vom 30. X. 1688). (Österr. Nationalbibl. Wien: Sin 290; Kraft, 1975, S. 107, Anm. 55).

Transkription des ersten Buchs aus dem Kungfuzianischen Tetrabiblion mit lat. Widmung. (Im Zusammenhang mit dem Buchgeschenk an Kaiser Leopold I.; Österreichische Nationalbibliothek Wien: Sin 219; Wiesinger, L., 1975, S. 182, Anm. 10: Abdruck der lat. Widmung mit dt. Übers. S. 180–182).

Clavis Sinica ad Chinensium scripturam et pronuntiationem mandarinicam ... ca 1698. (Drei Exemplare bekannt [von Kraft]. Originalkonzept ohne Titelblatt, Widmung und Vorwort; 1: Libri Sin. 19 Hs; je eine druckfertig ausgelegte Reinschrift in der Bibliothèque Publique et Universitaire de Genève Ms. lat. 83 und der Staatsbibl. Berlin [Ms. Diez A Fol. 27], beide mit Titelblatt, Widmung und Vorwort, beim Genfer Exemplar handschriftlich, beim anderen in buchstabengleicher Auslegung im Druck.; vgl. Kraft, 1975, S. 107, Anm. 55).

Chinensium lexici characteristici, inscripti ... cu goei ... (Ein seit 1945 verschollener Torso in 9 Foliobänden aus dem Besitz der Preuß. Staatsbibliothek. Abb. v. Titelbl. u. S. 1 vgl. Artelt, 1940, Abb. XXI, XXII; vgl. Kraft, 1975, S. 107, Anm. 55).

Vorwort zu A. Cleyer: Specimen medicinae Sinicae, sive Opuscula medica ad mentem Sinesium. (1682). (Kraft, 1975, S. 121).
Entwurf eines Titelblatts mit chines. Schriftzeichen. (Kraft, 1975, S. 125; Berlin Museum).
De lapide Grünewaldensi. (Küster, G. G., 1768, I, S. 26).
MENZELIUS 33 libros Sinicos. (Küster, G. G., 1768, II, S. 375: conf. catalogum bibliothecae b. Frid. Roloffii p. 370 n. 32. Conf. etiam Nova litteraria Germaniae 1703, p. 404 & Misc. Berol. Part I, p. 25; Historie Critique de la Republique des Lettres tom III, p. 275).
Clavis Sinica, ad Chinensium scripturam & pronunciationem Mandaricam, centrum & viginti quator Tabulis accurate scriptis praesentata, qua aperitur modus evolvendi eorum Lexica vasta mere characteristica. s. l. e. a. (Küster, G. G., 1768, II, S. 374).

Ungedruckte, nicht mehr nachweisbare bzw. nicht nachgewiesene (nur erwähnte) Titel

Theatrum rerum naturalium Brasileae continens imagines quadrupedum ... et in quator voluminibus chartae regalis in ornamentum Bibliothecae anno MDCLXIIII digessi, illas aeri incisas aliquando editurus. [1664]. (1: Libr. pict. A. 32–35).
Flora Japanica sive Flores herbarum & arborum praecipui totius fere vasti Insularum Imperii Asiatici Japan dicti, ab ipsis barbaris incolis Japanensibus ad viva florum exemplaria coloribus suis nativis pencillo depicti ..., a ... Cleyero ... meo Christiani Mentzelii instinctu, in Japan coempti, & ad me per literarum commercium huc transmissi. Adjetae sunt ... icones quaedam avium ... Opus raritate sua incomparabile ... Illustr. Bibliothecae Electoris insertum fuit anno Christi MDCXCV. a me Christiano Mentzelio D. Seniore, consiliario et archiatro elect. Brand. aetatis meae LXXIII. 2 Bde. [1695]. (1a: Libri pict. A 41/42; Materialsammlung von A. Cleyer als ›Flora Japanica‹ in 1: Libr. pict. A 43; Ms. Sin. 10; Libr. pict. A. 38 ; teilw. abgedruckt in Mich. Bernh. Valentini: Ost-Indische Send-Schrieben, 2. Aufl. Frankf. 1714).
Kleiner Catalogus oder kurzer Bericht aller Chinesischen Bücher, welche in S. Churf. Durchl. zu Brandenb. Bibliothec a. 1685 d. 20/10. Febr. sind befunden, und auf Churf. mündl. Befehl untersucht worden. (Küster, G. G., 1768, II, S. 375).

Literatur

MEMORIA MENTZELIANA. Norimbergae, Literis Christiani Sigism. Frobergii. ANNO 1702; zuerst in: Miscellanea Curiosa sive Ephemeridum medico physicarum Germanicarum Academiae Caesareo-Leopoldinae Naturae Curiosum, Dec. III, Ann. VII et VIII (1699/1700), App. S. 191–208; RAY, J.: Icones arborum fruticum et herbarum exoticarum quarundam a Raja, Mentzelio aliisque ... descriptarum. 1720. (BLC, vol. 218, p. 337); MAGNETIUS, Johannes Jacobus: Bibliotheca scriptorum medicorum veterum et recentiorum, Bd. 2 Tl. 1, Genf 1731, S. 300–305. GOHL, Johann Daniel: Succincta vita Christiani Mentzelii, Archiatri Brandenburgici. In: Acta Medicorum Berolinensium, Dec. II, Vol. IV (1724), S. 3–5; ZEDLER, Zwanzigster Band, Mb–Mn, 1739, Sp. 854ff.; KÜSTER, III, S. 470ff.; KÖNIG, Anton Balthasar: Versuch einer historischen Schilderung ... der Residenz-Stadt Berlin. Berlin 1793; MICHAUD, J. Fr., Bd. XXVII, p. 663–664; GStA Rep. 9 Tit. L 1, Bd. 7: Allgemeine Verwaltung: Acta betr. Dr. Christian Mentzel 1658–1679; ARTELT, Walter: Christian Mentzel. Leibarzt des Grossen Kurfürsten, Botaniker und Sinologe. Leipzig 1940. (= Illustrierte Monographien zur Geschichte der Medizin, Bd. 1); WINAU, Rolf: Christian Mentzels wissenschaftliche Interessen im Spiegel seiner Beiträge in den Miscellanea Curiosa. In: Fachliteratur des Mittelalters. Festschr. f. Gerhard Eis, hrsg. von Gundolf Keil u. a. Stuttgart 1968, S. 110–113; Ders.: Christian Mentzel und die Academia Naturae Curiosum. Diss. Mainz 1970; Ders.: Christian Mentzel, die Leopoldina und der ferne Osten. In: Christian Mentzel und der Hof des Großen Kurfürsten als Mittelpunkt weltweiter Forschung. Vorträge eines Symposiums in der Mainzer Akademie der Wissenschaften und Literatur am 24. und 25. Juni 1975. In: Medizinhistorisches Journal 11 (1976), S. 72–89; KRAFT, Eva S.: Frühe chinesische Studien in Berlin. In: Christian Mentzel und der Hof des Großen Kurfürsten als Mittelpunkt weltweiter Forschung. Vorträge eines Symposiums in der Mainzer Akademie der Wissenschaften und Literatur am 24. und 25. Juni 1975. In: Medizinhistorisches Journal 11 (1976), S. 92–128; KRAFT, Eva S.: Christian Mentzel, Philippe Couplet, Andreas Cleyer und die chinesische Medizin. Notizen aus Handschriften des 17. Jahrhunderts. In: Fernöstliche Kultur, Wolf Haenisch zugeeignet. Marburg 1975, S. 158–196. [Kraft, E., 1975a]; KRAFT, Eva: Christian Mentzels chinesische Geschenke für Kaiser Leopold I. In: Schloß Charlottenburg, Berlin, Preußen, Festschr. f. Margarethe Kühn. München, Berlin 1975, S. 191–202. [Kraft, E., 1975b]; WINAU, Rolf: Sylloge Minutarum Lexici Latino-Sinico-Characteristici. Christian Mentzels kleines lateinisch-chinesisches Lexikon. In: Acta Historica Leopoldina 9 (1975), Beitr. z. Gesch. d. Naturw. u. d. Medizin, Festschr. f. Georg Uschmann, S. 463–472; WIESINGER, Lieselotte: Ein Dankgeschenk des Berliner Hofarztes Christian Mentzel an Kaiser Leopold I. in Wien, aus dem Jahre 1688. In: Schloß Charlottenburg, Berlin, Preußen, Festschr. f. Margarethe Kühn. München, Berlin 1975, S. 179–190; CEYSSENS, Lucien: La correspondance d'Emmanuel Schelstrate préfet de la Bibliothèque Vaticane (1683–1692). (Bibliothèque de L'Institut Histor. Belge de Rome. 1). Bruxelles, Rome 1949, S. 182f.; SCHMIDT-HERRLING, Eleonore: Die Briefsammlung des Nürnberger Arztes Christoph Jacob Trew (1695–1769) in der Universitätsbibliothek Erlangen. Katalog der Handschriften der Univ. Bibliothek Erlangen 5. Erlangen 1940.

Müller, Andreas

* 1630 Greifenhagen/ Pommern
† 26. Okt. 1694 Stettin
Theologe, Orientalist, Sinologe, luth.
V   Joachim M., Kaufmann
M   Catharina geb. Gericke
⚭   1661 Emerentia geb. Gerber
K   Margaretha Calovius (1664–1695); Bonaventura (1665–1732), Stadtphysikus in Stettin; Quodvultdeus Abraham (mit 4 J. gest.); Sara Kieners; Quodvultdeus Abraham, Pastor in Marienfließ und Büche

bis 1649	Paedagogicum in Stettin
ab 1649	Universität Rostock (dazw. Universität Wittenberg?)
1653	Rektor zu Königsberg/ Neumark
1654	Universität Rostock (Mag.)
1655	Praepositus zu Treptow an der Tollensee
1657	Universität Greifswald
1658	Reise nach Leiden
1659	Universität Rostock
1660	Reise nach England
1664–1667	Propst von Bernau
1667–1685	Propst zu S. Nicolai in Berlin, 1675 Konsistorialrat,
ab 1680	Betreuung der Churfürstl. Bibliothek zu Cölln
1685	Dimission u. Übersiedelung nach Stettin

Andreas Müller wurde 1630 in Greifenhagen in Pommern als Sohn des Kaufmanns Joachim Müller und seiner Frau Catharina Gericke geboren (in den überlieferten Quellen nannte er sich wiederholt »Andrea Mueller Greifenhagii«). Der über Ländereien bei Greifenhagen verfügende Vater (später wird der Sohn in seinem Testament erwähnen, daß er einige Felder und Wiesen von seinen Eltern geerbt habe; MÜLLER, 1881, S. VI) ließ den Sohn hervorragend ausbilden; Müller besuchte unter anderem das angesehene Paedagogicum in Stettin unter Rektor Johann Micraelius und schrieb bereits mit 16 Jahren Gedichte nicht nur in lateinischer und griechischer, sondern auch in hebräischer Sprache. Im Juli 1649 inskribierte sich Müller an der Universität Rostock, wo zu jener Zeit der auch als Dichter bekannte Professor für Poesie, Andreas Tscherning (1611–1659), das Rektorat inne hatte (HOFMEISTER, 1895, S. 157b). Hier widmete er sich insbesondere der Theologie und den orientalischen Sprachen. An der theologischen Fakultät herrschte noch der tolerante Geist des erst im Jahr zuvor verstorbenen Johann Quistorp d. Ä. (1584 bis 1648), der sich für die Aufnahme von aus Holstein geflüchteten Wiedertäufern eingesetzt und dem totkranken Calvinisten Hugo Grotius (1583–1645) Hilfe und geistlichen Zuspruch gewährt hatte. Sein Sohn Johann Quistorp d. J. (1624–1669), 1649 zunächst außerordentlicher Professor, ab 1651 ordentlicher Professor für Theologie, hatte im Auftrage seines Vaters am Thorner Religionsgespräch 1645 teilgenommen. 1657 gab er die »Epistola ad sacros antistites ecclesiarum ducatus Mecklenburgici« heraus, die als wichtige Quelle für die Vorgeschichte des deutschen Pietismus gilt. Vor allem durch beide Quistorps wurde die theologische Fakultät Rostock führend in der frühpietistischen Reformbewegung, bevor mit dem Wirken von Johann Friedrich König (1619–1664) die starre lutherische Orthodoxie die Oberhand gewann.

Nachdem Müller zwischenzeitlich auch Wittenberg besucht und bei Andreas Sennert (1606–1689) seine Kenntnisse in den orientalischen Sprachen vervollkommnet hatte (da die Universitätsmatrikel keinen entsprechenden Eintrag aufweist, hat Müller den berühmten Orientalisten nur privat getroffen), disputierte er am 9. März 1653 in Rostock unter dem späteren Rektor des Joachimsthalschen Gymnasiums und kfl.-brandenburgischen Bibliothekar, Johann → Vorstius, über »Exercitationes variae de quibusdam ad philologiam orientalem spectantibus«. Wenige Wochen später, am 30. April 1653, wurde er als Rektor der Schule in Königsberg in der Neumark eingeführt (KEHRBERG, 1724, S. 211). Schon früher besaß die Stadt nahe der Marienkirche eine katholische Schule, über die mit der Einführung der Reformation der Rat das Patronat übernahm. Das alte Schulgebäude der nunmehrigen Stadtschule wurde 1597 bis auf das Fundament abgerissen, anschließend neu gebaut und erweitert und vom damaligen Inspektor Johann Pontanus (1550–1613), einem bekannten märkischen Historiographen, am 25. Okt. 1597 eingeweiht. Noch bis 1580 erteilten lediglich drei Kollegen Unterricht, und zwar der Rektor, der Konrektor (mit Anwartschaft auf das Rektorat) sowie der Kantor. Ab 1580 mußte zusätzlich der Pfarrer zu S. Marien wöchentlich zwei theologische Lektionen an der Schule halten. Mit dem erneuten Ausbau der Stadtschule im Jahre 1604 wurde dann ein vierter Praeceptor angestellt, um Wachstum und Ansehen des städtischen Schulwesens weiter zu fördern. In den sechziger Jahren des 17. Jahrhunderts entstand sogar der Plan, in der Stadt ein Gymnasium einzurichten; ein Entwurf wurde hierzu erarbeitet, doch verlief sich die ganze Angelegenheit schließlich im Sande.

Zu diesem Zeitpunkt hatte Müller sein Rektorat jedoch bereits wieder aufgegeben. Zunächst erlangte er am 19. Aug. 1654 an der Universität Rostock unter dem Dekan August Varenius die Magisterwürde (HOFMEISTER, 1895, S. 182). Im Jahr darauf kam er als Propst nach Treptow an der Tollensee (KEHRBERG, 1724, S. 211; nach SEYLER, 1: Ms. Boruss. Fol. 713, fol. 154v, und VANSELOW, 1728, S. 77, jedoch Treptow an der Rega gemeint; eine vom ehemaligen Rektor zu Prenzlau, Levin Leopold PROCOPIUS, handschriftlich verfaßte ausführliche Lebensbeschreibung Müllers, die darüber hätte genaueren Aufschluß geben können, ist verschollen). Aus Müllers ersten Treptower Jahren datiert seine Schrift »Horologium linguarum orientalium« (Stettin 1655). Die gesicherte materielle Lage seines Vaters erlaubte ihm in den nächsten Jahren nicht nur den Besuch mehrerer Universitäten, sondern auch eine Reise nach Holland und nach England. Am 25. Mai 1657 immatrikulierte sich Müller als Magister an der Universität Greifswald (FRIEDLÄNDER, 1894, S. 70b,45). Ein Jahr später war er im holländischen Leiden, wo er sich am 13. April in die Matrikel einschrieb. Am 17. Dez. 1659 disputierte Müller erneut in Rostock, diesmal über »Rhapsodia sententiarum de errore animarum etc.«, und wurde 1660 in die philosophische Fakultät aufgenommen (HOFMEISTER, 1895, S. 209; vermerkt ist hier, daß er die mit der Aufnahme fällige Gebühr jedoch nicht bezahlt habe).

Schon in jener Zeit galt Müller als Gelehrter, der sich vor allem in verschiedenen orientalischen Sprachen auszeichnete. Die Wissenschaft von den orientalischen Ländern basierte damals vor allem auf der Kenntnis der Sprachen des Orients, besonders des Arabischen, Persischen und Türkischen; über Geschichte und Kultur dieser Länder wußte man noch zu wenig. Doch auf rein sprachlichem Gebiet wurde Beachtliches geleistet, und gerade hier erlangte Müller eine für seine Zeit herausragende Berühmtheit. Seinen späteren Schriften nach zu urteilen konnte er Türkisch, Persisch und Syrisch gut lesen, beherrschte das Arabische ausreichend, zitierte in seinen Arbeiten Aramäisch, Armenisch und Koptisch und besaß Dokumente in Altindisch, Japanisch und Malaiisch sowie in verschiedenen türkischen und mongolischen Dialekten. Von den damals selteneren europäischen Sprachen schien er Russisch, Ungarisch und Neugriechisch verstanden zu haben. Über Jahre hinweg sammelte er Alphabete und Übersetzungen des Vaterunsers. Als 1677 der bekannte Orientalist und Begründer des Studiums der äthiopischen Sprache und Literatur, Hiob Ludolf (1624–1704), der als Hofrat von Sachsen-Gotha zum Kreis der Bildungsreformer um Herzog Ernst dem Frommen und seinem Geheimen Rat Veit Ludwig von Seckendorff (1626–1692) gehörte, ein ihm unverständliches Schriftstück an Müller sandte und dieser es richtig als koptisches Vaterunser mit äthiopischen Buchstaben identifizierte (TENTZEL, 1689, S. 288), steigerte dies den Ruf seiner Gelehrsamkeit noch mehr. 1680 veröffentlichte Müller unter dem Pseudonym Barnimus Hagius eine Sammlung von Übersetzungen des Vaterunsers in 100 Sprachen; der Schrift angehängt ist ein mit 1660 datierter privater Druck einiger Vaterunser-Versionen, ebenfalls von Hagius (vgl. ORATIO ORATIONUM. SS. ORATIONIS DOMI-

NICÆ VERSIONES præter Authenticam ferè Centum). Nach Müllers Tod gab der Konrektor des Berlinischen Gymnasiums zum Grauen Kloster, Sebastian Gottfried Starck (1668–1710), 1703 dessen Vaterunser-Übersetzungen sowie eine Sammlung von 70 Alphabeten verschiedener Sprachen heraus (vgl. ALPHABETA ac NOTÆ Diversarum Linguarum pene septuaginta tum & VERSIONES Orationis Dominicæ prope centum collecta olim & illustrata ab ANDREA MULLERO, GREIFFENHAGIO, Consiliario Electorali Brandenburgico & Præposito Berolinensi Cum Præfatione De vita ejus & præsentium Opusculorum historia; der in Starcks Einleitung mitgeteilte Lebenslauf Müllers ist jedoch in manchen Passagen zu korrigieren).

Als die englischen Orientalisten Brian Walton und Edmund Castello, Professor in Cambrigde, Müller zur Mitarbeit an den von ihnen veranstalteten Ausgaben der »Biblia Polyglotta« und des »Lexicon Polyglottum« einluden, sagte dieser zu und reiste 1660 nach England, wo er dann auch bei Castello logierte (darauf verwies Müller selbst in der Einleitung zu seiner 1671 erschienenen »DISQUISITIO GEOGRAPHICA & HISTORICA, De CHATAJA«). In London konnte Müller seine Kenntnis der orientalischen Sprachen noch mehr erweitern. Gerühmt wurden die Ausdauer und Intensität, mit der er sich an eine Arbeit setzte und ohne Ablenkung sein Vorhaben vollendete. Seit Starck 1703 den Lebenslauf Müllers mitteilte, wurde als Beleg dafür immer wieder das folgende Beispiel bemüht: Nach dem Tode des Lordprotektors Oliver Cromwell (1599–1658) kehrte Karl II. 1660 als König von England aus dem Exil zurück, die Monarchie der Stuarts wurde restauriert. Obwohl der prächtige Einzug des Königs in die Hauptstadt ganz in der Nähe vorbeiführte, soll Müller – im Gegensatz zu den schaulustigen Londonern – seine Arbeit unverdrossen fortgesetzt haben (ALPHABETA ac NOTÆ Diversarum Linguarum pene septuaginta tum, Vorrede von STARCK, 1703, S. 4).

Nach seiner Rückkehr aus England ehelichte Müller 1661 Emerentia, die Tochter des Stettiner Kaufmanns und Altermanns des Seglerhauses, Paul Gerber; am 17. März 1664 wurde seine älteste Tochter Margaretha in Treptow geboren. Während seines England-Aufenthaltes hatte er zu zahlreichen Gelehrten Beziehungen geknüpft, die er in einer umfangreichen Korrespondenz ausdehnte, und eine Fülle von Material für seine sprachlichen Studien gesammelt, das er nun auswertete und sich dadurch einer von Jahr zu Jahr wachsenden Berühmtheit erfreute. Auch Kurfürst Friedrich Wilhelm wurde auf den begabten Gelehrten aufmerksam und schlug ihn »wegen seiner Wissenschaft in den orientalischen Sprachen« 1664 als neuen Propst von Bernau vor. Zwar protestierte der Bernauer Rat zunächst gegen den Eingriff in sein Vokationsrecht, bot Müller dann aber eine Probepredigt an, die dieser zur Zufriedenheit ablegte, so daß er am Sonntag vor Michaelis vom Berliner Propst Georg von → Lilien in sein neues Amt eingeführt werden konnte (SEYLER, Chronik von Bernau, Bl. 154v f.).

Die Berufung in das nahe der kurbrandenburgischen Residenz gelegene Bernau bot Müller die Möglichkeit, sich intensiv mit den orientalischen Handschriften der erst drei Jahre vorher gegründeten Churfürstlichen Bibliothek in Cölln zu beschäftigen. Ergebnis seiner dortigen Studien waren seine 1665 zu Cölln erschienenen »Excerpta manuscripti cuiusdam Turcici, quod de cognitione dei et hominis ipsius a quodam Azizo Nesephaeo scriptum est«. In seiner Widmung bedankte sich Müller ausdrücklich für die ihm seit einem Jahr gestattete Benutzung der Bibliothek und für den Druck des Werkes durch den Cöllnischen Hofbuchdrucker Georg Schultze (gest. 1685). 1667 vozierte Müller zum Propst an S. Nicolai in Berlin; am 7. Juli wurde er in sein neues Amt eingeführt. Allerdings brachte dem Zugereisten und vom Kurfürsten Begünstigten die Berufung in das höchste geistliche Amt in Berlin allerlei Ungemach, kam Müller doch gerade zu jener Zeit in die kurbrandenburgische Residenz, als die in den sechziger Jahren erneut aufflammenden konfessionspolitischen Auseinandersetzungen zwischen den Lutherischen und Reformierten in ihre Schlußphase traten. Müllers Vorgänger, Propst Georg von Lilien, sowie Archidiakon Elias Sigismund → Reinhardt, der Wortführer der lutherischen Opposition bei dem Religionsgespräch 1662/63, waren 1665 amtsentsetzt worden, weil sie ihre Unterschrift unter einen kurfürstlichen Revers verweigert hatten, der die Anerkennung der reformierten Religion neben der lutherischen forderte. (Reinhardt mußte damals Berlin verlassen, Lilien wurde später in einem Sonderrevers rehabilitiert, starb jedoch bald). Der Zweite Diakon Paul → Gerhardt war ebenfalls amtsentsetzt worden; für den beliebten Prediger setzte sich nicht nur der Berliner Rat vehement ein, auch einzelne kurfürstliche Räte rieten

dem Herrscher zum Einlenken. Vor dem Hintergrund der Paul Gerhardt-Sache sah das Berlinische Ministerium in Müllers Vokation eine von Friedrich Wilhelm beabsichtigte Schwächung des lutherischen Einflusses in der Residenz. Geistliche und auch Laien beschimpften den in der Gunst des Kurfürsten stehenden neuen Propst als Synkretisten (daran erinnerte Müller in der Widmung zu seiner 1683 verfaßten und gegen den Frankfurter Theologieprofessor Elias Grebnitz gerichteten Schrift »Unschuld wieder Hn. Dr. Elias Grebnitzen Beschuldigungen«).
So wurde Müllers eigentliche Kirchenarbeit immer wieder durch Querelen seiner Widersacher gestört; auf seine Beschwerden hin mußte wiederholt der Kurfürst einschreiten – schon 1671 bat Müller erstmals um Entlassung aus seinem Kirchenamt (vgl. hierzu die entsprechenden Belege in: ZENTRALES STAATSARCHIV [ehemals Merseburg, jetzt Geheimes Preußisches Staatsarchiv Berlin – im folgenden: GStA], Rep. 47 Tit. B 4. Bd. 9. Geistliche Angelegenheiten von Berlin 1670–1673, Bl. 26–42). Dabei war das Kirchenamt auch ohne die erwähnten Mißhelligkeiten anstrengend und zeitaufwendig. Dem Propst zu S. Nicolai oblag nämlich auch die Inspektion über das Berlinische Schul- und Armenwesen, wozu er regelmäßig vor dem Rat berichten mußte. Müllers Ernennung zum Konsistorialrat 1675 vermehrte seine Amtsverpflichtungen erneut. Aus seiner kirchlichen Tätigkeit sind seine Leichpredigten überliefert, die in insgesamt drei Sammelbänden in der Staatsbibliothek zu Berlin aufbewahrt werden. Diese Leichreden, die Müller den Hinterbliebenen als seinen oft »sonderlichen Freunden« und Förderern widmete, sind durch ihre fast aphoristische Darstellung von hoher Eigenwilligkeit. Seyler, ein späterer Amtsbruder in Bernau, nannte Müllers Predigten in seiner Chronik sogar »fast inimitabel (...) weil sie in einem kurzen Stil verfasset und fast als lauter Inscriptiones anzusehen sind, auch so viele sonderbare Dinge vortragen, als Reihen darin zu finden sind« (SEYLER, Chronik von Bernau, f. 156v).
Es ist erstaunlich, wie Müller neben seinen umfangreichen kirchlichen Amtsverpflichtungen noch Zeit für seine breit gefächerten wissenschaftlichen Studien aufbringen konnte (später kommen noch die ihm vom Kurfürsten übertragenen Sonderaufgaben hinzu). Sein ganz besonderes Interesse galt dabei der chinesischen Sprache. Erst seit Beginn des 17. Jahrhunderts hatte man sich in Europa intensiver mit dem fernöstlichen China befaßt. Informationen lieferten Briefe und Berichte jesuitischer Missionare, die auch druckfertige Manuskripte nach Europa vermittelten; eine umfangreiche Reiseliteratur ergänzte das immer schärfere Konturen annehmende europäische China-Bild. (Müller selbst veröffentlichte 1671 nach einem ihm von Johann Vorstius zur Verfügung gestellten Manuskript aus der Churfürstlichen Bibliothek eine lateinische Neuausgabe des Berichts, den Marco Polo über seine Reise nach China im 13. Jahrhundert angefertigt hatte.) Was jedoch fehlte, waren Wörterbücher beziehungsweise Sprachlehren als unentbehrliche Hilfsmittel für jeden Gelehrten, der tiefer in die chinesische Schrift und Sprache eindringen wollte. Gerade auf diesem Gebiet gaben Müller sowie der kfl.-brandenburgische Leibarzt Christian → Mentzel ganz entscheidende Impulse.
Schon während seines Aufenthaltes in Leiden soll Müller mit Gelehrten zusammengetroffen sein, die sich der Erforschung des Sinesischen widmeten, wie zum Beispiel Jacob Golius (1595–1667) und J. Morin aus Amsterdam; von letzterem soll er auch einige chinesische Stücke erhalten haben (KRAFT, 1976, S. 97). Seit seiner Übersiedelung nach Berlin gab sich Müller mit großem Eifer dieser Sprache hin; es war vor allem seine Kenntnis des Chinesischen, die ihn in fast ganz Europa berühmt machte. Er führte einen umfangreichen Briefwechsel mit zahlreichen Gelehrten wie zum Beispiel mit dem berühmten Jesuiten Athanasius Kircher (1602–1680), dessen Schrift »China illustrata« (Rom 1667) ihn zu weiteren Studien in der chinesischen Sprache angeregt hatte. Über das Chinesische korrespondierte Müller auch mit Melchisedech Thévenot (1620–1692), seit 1684 Bibliothekar König Ludwigs XIV., der in seinem Haus die Pariser Gelehrten um sich versammelte. Briefe wechselte Müller außerdem mit dem kaiserlichen Dolmetscher Mininski und dem bekannten Mediziner Hieronymus Welschius. Daß der französische Jesuit Philippe Couplet von seiner Indienreise 1684/85 nach Berlin gekommen sein soll, um Müllers Meinung über aus Indien mitgebrachte chinesischen Schriften einzuholen, ist allerdings eine Legende, die Starck 1703 verbreitet hatte und die in der Folgezeit immer wieder aufs neue zu Müllers Ruhm herangezogen wurde (vgl. KRAFT, 1976, S. 113–115).
Von 1670 an ließ Müller als Ergebnis seiner langjährigen sprachlichen und historisch-geographischen Studien über China verschiedene sinologische Ab-

handlungen ausgehen, zuerst seine »DISQUISITIO GEOGRAPHICA & HISTORICA, De CHATAJA«, die er Edmund Castello zueignete. 1671 folgte die schon erwähnte, dem Oberpräsidenten des Geheimen Rates, Otto Freiherrn von Schwerin (1616 bis 1679), gewidmete Neuausgabe des Marco Polo-Berichts (»MARCI PAULI VENETI De REGIONIBUS ORIENTALIBUS«), die Müller als sachkundigen Editor auswies; sein Vorwort belegt zudem seine umfassenden Kenntnisse, die der Berliner Propst über die früheren Herausgeber des Reiseberichts hatte. (1813 lieh sich Goethe, der sich vor der Völkerschlacht bei Leipzig geistig in den fernen Osten flüchtete, Müllers Marco-Polo-Ausgabe zusammen mit anderen Büchern über China aus der Landesbibliothek Weimar aus, vgl. CHINA-BUCHAUSSTELLUNG, Frankfurt 1928, S. 56f., S. 95.) Den drei Büchern des Marco-Polo-Berichts beigebunden waren eine erneute Auflage der »DISQUISITIO GEOGRAPHICA & HISTORICA, De CHATAJA« sowie Müllers Schrift »HAITHONI ARMENI HISTORIA ORIENTALIS«, die lateinische Übersetzung einer Darstellung der orientalischen Geschichte, die ein aus Armenien vertriebener Prinz im frühen 14. Jahrhundert anfertigen ließ.

1672 veröffentlichte Müller seine »MONUMENTI SINICI«, eine Schrift zur sogenannten Nestorianerstele von Sianfu aus dem Jahre 781, die 1625 in China wiederentdeckt worden war. Da die Stele Inschriften in syrischer und chinesischer Sprache aufwies, erregte sie großes Aufsehen, weil man durch sie eine frühe Tätigkeit christlicher Missionare im Fernen Osten belegen konnte. In Europa galt der Stein von Sianfu, den Athanasius Kircher in Text, Transkription und Übersetzung veröffentlichte, jedoch schon bald und dann für lange Zeit als »jesuitische Fälschung« (vgl. hier und zum folgenden TENTZEL, 1691, S. 292–299; 1692, S. 830–832, mit Bezug auf ein Handschreiben Müllers in dieser Sache). Müller hielt die Stele für echt; in seinem »MONUMENTI SINICI«, einer mit neun Kommentaren versehenen Neubearbeitung des Steines, kritisierte er Kirchers Interpretation und versuchte den Text den chinesischen Tönen entsprechend in Noten zu setzen und gleichzeitig zu korrigieren (s. auch LACH, 1940, S. 566f.; später warf ihm der Petersburger Professor für Altertumskunde und orientalische Sprachen Gottlieb (Theophil) Siegfried Bayer vor, sein »MONUMENTI SINICI« enthalte noch mehr Fehler als Kirchers Schrift, die er ja eigentlich hatte revidieren wollen). 1674 gab Müller unter dem Titel »HEBDOMAS OBSERVATIONUM De REBUS SINICIS« eine Sammlung von sieben Abhandlungen über geschichtliche, geographische und astronomische Gegenstände Chinas heraus. Die meisten dieser und der noch später verfaßten Abhandlungen sind von geringerem Umfang und manchmal auch nur bloße Zusammenfassungen eines Themas. In späteren Jahren mußte Müller auch dem Kurfürsten immer wieder über seine Studien berichten und war von diesem zur laufenden Drucklegung seiner Ergebnisse, und zwar auf eigene Kosten, angehalten. So sammelte er seine Manuskripte für eine spätere Überarbeitung – am Ende waren es 150 Bände sowie eine nicht genannte Zahl von Einzelstücken (TENTZEL, 1697, S. 192).

1674 wurde Müller wegen seiner gerühmten Kenntnis des Chinesischen vom Kurfürsten in dessen Verhandlungen mit dem Holländer Artus Gijzel van Lier über den Ankauf von Büchern in chinesischer Sprache hinzugezogen. Der Ex-Admiral der »Niederländischen Ostindischen Kompagnie« und Ex-Rat von Indien hatte Friedrich Wilhelm für eine in Berlin geplante brandenburgische Ostindien-Handelsgesellschaft begeistern können und von diesem für seine diesbezügliche Denkschrift die Burg Lenzen in der Prignitz sowie die Pachteinnahmen des Amtes Lenzen als Geschenk erhalten. Durch den Ankauf chinesischer Bücher wollte der Kurfürst die geplante Gründung der Handelskompagnie befördern. Er schickte Müller nach Lenzen, damit dieser die Bücher in Empfang nehme, doch der damals kranke van Lier wollte selbst dem Kurfürsten die Bücher überreichen. Wie Müller berichtete, besaß der Ex-Admiral fast nur Bücher in chinesischer Sprache, die von jesuitischen Missionaren verfaßt worden waren; auch seien mehrere dieser Bücher defekt gewesen (GStA, Rep. 47 Tit. B 4 Bd. 15. Müllers Eingabe vom 9. Jan. 1686; WILKEN, 1828, S. 29; ein Teil der in der heutigen Staatsbibliothek zu Berlin vorhandenen Sinica stammt aus diesem Ankauf).

Müller besorgte in den Jahren 1677 und 1679 auch den Ankauf der vom Königsberger Orientalisten Theodor Petraeus hinterlassenen Handschriften und Bücher in verschiedenen orientalischen Sprachen, die dessen Witwe in Hamburg versteigern ließ. Der Kurfürst beauftragte ihn, den Nachlaß aufzulisten und zu taxieren; für einen Teil des Nachlasses streckte Müller zunächst sogar 400 Thaler aus der eigenen Tasche vor, um ihn nach Berlin bringen zu können. Später erhielt er für seine Bemühungen dann ein Honorar aus den gewöhnlichen Einkünften der Bibliothek (WILKEN, 1828, S. 21f.; über Müllers Einsatz zur Erwerbung der Nachlässe von Petraeus und des Orientalisten Christian Raue [gest. 1677] s. die Handschriften-Acta III B 2 und III C 2 in der Staatsbibliothek zu Berlin). Nach dem Tode des Bibliothekars Johann Raue (1610–1679) wurde Müller am 10. März 1680 vom Kurfürsten beauftragt, einen Katalog und ein Gutachten über den Wert der in der Churfürstlichen Bibliothek angesammelten orientalischen Handschriften anzufertigen (TAUTZ, 1925, S. 18; der Katalog der orientalischen Schriften wurde dann dem Hofbibliothekar Christoph Hendreich [1630–1702] zugeschrieben). Der Kurfürst übertrug ihm später auch die Aufsicht über die chinesische Sammlung, um deren Erschließung und Vergrößerung sich Müller – obgleich nicht als Bibliothekar angestellt – verdient machte.

Auch wenn Müller das eine oder andere Manuskript für seine Studien aus der Bibliothek ausleihen durfte – den größten Teil seiner Materialien erwarb er jedoch privat und steckte auf diese Weise ein nicht unbeträchtliches Vermögen in seine Forschungen. Vom Amsterdamer Bürgermeister Nicolas Witsen zum Beispiel erhielt er eine geographische Karte Chinas, die dieser 1666 von seiner Reise nach Rußland mitgebracht hatte (die Karte wurde erst 1692 in Witsens »Noord en Oost Tartarye« veröffentlicht). Müller legte diese Karte seiner 1680 erschienenen Schrift »IMPERII SINENSIS NOMENCLATOR GEOGRAPHICUS« zugrunde; das Werk enthält eine Liste von 1783 chinesischen Ortsnamen mit Angaben ihrer geographischen Längen und Breiten. Witsen war einer der Hauptvermittler chinesischer und fernöstlicher Informationen für Müller (so BAYER, 1730, S. 46). Ein weiterer, bisher nicht bekannter Informant und Mittelsmann dürfte auch einer der Söhne des aus Hamburg stammenden und 1673 verstorbenen Berliner Apothekers Joachim Tonnenbinder gewesen sein. Müller widmete seine Leichpredigt auf den Verstorbenen neben anderen auch Christian Friedrich Tonnenbinder, der zum damaligen Zeitpunkt bereits seit sechs Jahren »Provisionel Assistent« der Generalstaaten in Ost-Indien auf der Insel Amboina war. Darüber hinaus besorgte sich Müller chinesische Typen für den Druck seiner Schriften; seine »Typographia Sinica« enthielt 3287 aus Holz angefertigte chinesische Schriftzeichen und war damit der erste größere Satz derartiger Drucktypen nicht nur in Deutschland, sondern in Europa.

Die zweifellos höchste Ehre, die der Berliner Propst wegen seiner chinesischen Studien erreichte, war ein persönliches Schreiben Kaiser Leopolds I., der ihn 1682 nach Wien beorderte, damit Müller dort einige Schriften in chinesischer Sprache übersetzte (das kaiserliche Schreiben an Müller vom 19. Mai 1682 und ein aus demselben Anlaß verfaßtes Schreiben des Kaisers an Kurfürst Friedrich Wilhelm mitgeteilt bei KÜSTER/ MÜLLER, II, 1752, S. 1015f.). Über eine Reise Müllers nach Wien im Jahre 1682 schweigen sich die Quellen allerdings aus; wahrscheinlich hat sie auch nicht stattgefunden, da Müller zu eben jener Zeit am kfl.-brandenburgischen Hof in Ungnade gefallen war (s. dazu weiter hinten; belegt ist dagegen eine Reise nach Wien erst für 1686, als Müller in Berlin bereits seinen Abschied genommen hatte; vgl. WEHR, 1966, S. 22, und KRAFT, 1976, S. 107, hier mit dem Hinweis, daß Müller seine Reise in Prag jedoch abgebrochen habe).

Zweifellos war Müller ein ungemein fleißiger und begabter Gelehrter, dessen wissenschaftliche Studien auf so weit gestreuten Gebieten uns noch heute Respekt abnötigen. Daß er aber gerade durch seine Beschäftigung mit dem Chinesischen, die ihn weit über die Grenzen Pommerns und Brandenburgs bekannt machte, bei manchen seiner Zeitgenossen ins Zwielicht geriet, lag an dem von ihm entwickelten sogenannten »Chinesischen Schlüssel«, einer Methode zur Erlernung der chinesischen Schrift. Durch sie sollte es innerhalb eines Jahres oder in noch kürzerer Zeit selbst Frauen möglich sein, chinesische Bücher zu lesen und – sofern sie die Regeln der Übersetzung kennen würden – diese auch zu erklären. Wie Müller später selbst schrieb, fiel ihm am 18. Nov. 1668, als er »(…) in einem Arabischen Scriptore von einer gantz andern Schrifft etwas lase/ ein Handgrif ein/ wie die Sinesische Schrift möchte leichte gemacht werden« (Unschuld wieder Hn. Dr. Elias Grebnitzen Beschuldigungen, S. 2; im ersten Kapitel dieser Schrift hat Müller die ganze Historie seiner »Clavis Sinica« vorgestellt; selbige ist auch überliefert bei TENTZEL, 1689, S. 287–290; 1697, S. 171–181 u. S. 981–986). Sechs Jahre prüfte er seine Idee, entwickelte sie zu einer Methode und trug sie am 14. Febr. 1674 dem Kurfürsten vor. Friedrich Wilhelm verlangte, daß Müller seine Methode im Druck bekannt macht und einen fürstlichen Geldgeber oder eine wissenschaftliche Institution findet, für die er den Schlüssel gegen ein »Praemium« anfertige. Der Kurfürst dekretierte Müllers Erfindung unter dem Datum des 30. April 1674 als »Inventum Brandenburgicum«, und wenige Tage später verließ ein vierseitiges Pamphlet u. d. T. »INVENTUM BRANDENBURGICUM Sive ANDREÆ MULLERI GREIFFENHAGII, Præpositi Berlinensis, PROPOSITIO super CLAVE suâ SINICA«, in dem Müller einen »Chinesischen Schlüssel« ankündigte, die Druckerpresse.

Das Echo auf Müllers »PROPOSITIO« in der Gelehrtenwelt war ungemein groß; man versuchte, dem Propst weitere Informationen abzuringen und ihn zur sofortigen Veröffentlichung des ganzen Schlüssels zu veranlassen. Gottfried Wilhelm Leibniz (1646 bis 1716) zum Beispiel schickte ihm später über den Hofarzt Johann Sigismund → Elsholtz »Vierzehn Fragen an den ›Schlüssel‹« (vgl. LEIBNIZ, Gottfried Wilhelm: Allgemeiner politischer und historischer Briefwechsel, hg. von der Preußischen Akademie der Wissenschaften. Bd. 2. Darmstadt 1927, S. 491f.; Brief vom 24. Juni 1679; Müllers Antwort datiert vom 7. Juli, vgl.: Der Briefwechsel des Gottlieb Wilhelm Leibniz. 1889. Neudruck Hildesheim 1966, Br. 666, Bl. 8). Doch alle Anstrengungen waren vergeblich, Müller ließ sich keine Details seiner Methode entlocken. Aus der Korrespondenz, die er mit dem Jesuiten Athanasius Kircher über seine Erfindung führte, geht hervor, daß er nur die chinesischen Schriftzeichen (von denen jedes ein bestimmtes Wort ausdrückt) lehren wollte, nicht jedoch die Sprache selbst. Die chinesische Schrift sollte demnach ohne besondere Belastung des Gedächtnisses erschlossen werden. Kircher reagierte ungehalten, nachdem er erfahren hatte, daß Müller – der ja nie in China gewesen war – seine Erfindung damit anpries, daß sie auch für Missionare und die Chinesen selbst von Nutzen wäre. Müller ließ Teile dieses Briefwechsels u. d. T. »De invento Sinico Epistolae nonnullae amoebaeae inventoris & quorundam Soc. Jesu Patrum, aliorumque Literatorum« später veröffentlichen. Seine Korrespondenz mit Kircher brachte ihm noch im Nachhinein viel Verdruß und den Vorwurf des gelehrten Schwindels ein, standen doch nicht wenige seiner mit dem Chinesischen vertrauten gelehrten Zeitgenossen seiner Ankündigung skeptisch gegenüber und glaub-

ten wohl zu Recht, daß Müller – auch wenn der Schlüssel nur die chinesische Schrift lehren sollte – schon allein wegen der großen Anzahl der chinesischen Zeichen sein Versprechen niemals hätte erfüllen können. Zieht man Müllers spätere Hinweise hinzu (etwa die bei TENTZEL überlieferte Geschichte der »Clavis Sinica«), wollte er offensichtlich ein Lexikon chinesischer Schriftzeichen erstellen, ohne Ausspracheangaben in Transkription, jedoch mit den Bedeutungen in lateinischer Sprache; die Schriftzeichen sollten in einer leicht faßbaren Weise zusammengestellt und mit einer Benutzungsanleitung und einem Musterbeispiel auch ohne große Mühe auffindbar sein (vgl. die entsprechende These bei KRAFT, 1976, S. 105, mit dem Hinweis auf Müllers Bemerkung in der »PROPOSITIO«, der chinesischen Schrift fehle die Ordnung).

Doch die Zweifel an der Realisierung des chinesischen Schlüssels nahmen mehr und mehr zu (auch genährt durch Müllers geheimnisvolles Auftreten in dieser Angelegenheit). Als der Propst schließlich in einigen nach auswärts versandten Traktaten anbot, den Schlüssel gegen ein »Praemium« anzufertigen und »nicht wenige außwertige Häupter« denselben verlangten (so Müller in seinem 1680 privat gedruckten »Besser Unterricht Von der Sineser Schrifft und Druck«, S. 30), entschied der Kurfürst, daß der Propst »bloß auspiciis Electoralibus diesen Clavem verfertigen solte« (Unschuld wieder Hn. Dr. Elias Grebnitzen Beschuldigungen, S. 4). Friedrich Wilhelm gab nun selbst den Auftrag, die »Clavis Sinica« zu erstellen; Müller sollte dafür aus den Bibliothekseinkünften 1000 Thaler erhalten, zahlbar in fünf jährlichen Raten. Um den kurfürstlichen Auftrag ausführen zu können, erbat sich Müller Anfang 1681 zwölf Wochen Urlaub und begann in Stettin mit der Ausarbeitung des Werkes. Zunächst schritt das Werk recht zügig voran, doch trotz der in Aussicht gestellten 1000 Thaler legte Müller den »Chinesischen Schlüssel« weder jetzt noch später vor. Die Schuld dafür gab er dem reformierten Frankfurter Theologieprofessor Elias Grebnitz, der am kurfürstlichen Hof gegen ihn intrigiert und sogar ein Druckverbot für seine Bücher erwirkt haben soll (vgl. Müllers Sicht über die Vorgänge in seiner »Unschuld wieder Hn. Dr. Elias Grebnitzen Beschuldigungen«, S. 4; TENTZEL, 1698, S. 984). Tatsächlich hatte dieser bereits 1678 in seiner Schrift »Unterricht von der Reformirten und Lutherischen Kirchen« in dogmatischer Engstirnigkeit gegen den Gebrauch der chinesischen Schrift geeifert, da sie als Bilderschrift bei der Nennung des Namens Gottes gegen ein reformiertes Gebot verstoße und deshalb Teufelswerk sei. Am 18. März 1680 verfaßte Müller zu seiner Verteidigung die Schrift »Besser Unterricht Von der Sineser Schrifft und Druck/ Als etwa in Hrn. D. ELIÆ Grebenitzen Unterricht Von der Reformirten Und Lutherischen Kirchen enthalten ist«, die er 1680 zunächst nur für sich drucken ließ, sie also nicht öffentlich publizierte (der Druck trägt kein Druckersignum). Eines der wenigen Exemplare gelangte jedoch in die Hände von Grebnitz; noch bevor Müller seine Schrift veröffentlichte, hatte der Frankfurter Theologe seine Verteidigung fertig und ließ sie in Frankfurt und besonders in Berlin in Müllers Gemeinde verteilen. In seinem Pamphlet u. d. T. »Verthädigung Gegen den Anzüglichen Tractat/ Worinnen M. Andreas Müller Præpositus Berlinensis seine ungelährte Anstechung des Unterrichts von der Reformirten und Lutherischen Kirchen unter der Decken Eines Unterrichts von der Chinäsischen Schrifft und Druck verbergen wollen« bezichtigte er den Propst in besonders ausfallenden Worten nicht nur der Ungelehrtheit und falschen Schrifterklärung, sondern auch des Bilderdienstes und der Heuchelei und warf ihm endlich Majestätsbeleidigung und Gotteslästerung vor. Als Müller daraufhin seine bereits privat gedruckte Verteidigungsschrift (die Grebnitz in seinem Pamphlet bereits Absatz für Absatz durchgegangen war) nun in einer weitläufigeren Replik auch im öffentlichen Druck ausgehen lassen wollte, sah er sich nach eigenen Worten mit einem kurfürstlichen Druckverbot seiner Schriften konfrontiert, das auch für seinen »Chinesischen Schlüssel« das vorläufige Aus bedeuten mußte.

Seit 1676 durfte Müller in Berlin seine wissenschaftlichen Abhandlungen drucken lassen, ohne diese zur Zensur vorlegen zu müssen; zudem waren die Buchdrucker angehalten, seine Schriften sofort zu drucken (GStA, Rep. 47 Tit. B 4 Bd. 11. Geistliche Angelegenheiten von Berlin 1674–1678, Bl. 26; die betreffende Order an die Buchdrucker ebenda, Rep. 9 Tit. F 3 Bd. 2. Allgemeine Verwaltung. Buchdrucker 1650–1686). Ob nun tatsächlich ein Druckverbot für Müllers Schriften zustande gekommen war oder der Propst ein solches nur vorschob, darüber gingen die Meinungen bis in die neuere Zeit auseinander. Wer letzteres annahm, verwies in der Regel auf den Kurfürsten, der ja selbst die Ausfertigung des »Chinesischen Schlüssels« befohlen habe und ein Druckverbot in seinem Namen kaum geduldet hätte (so WEHR, 1966, S. 27). Außerdem habe sich Müllers Aussage, ein von ihm aus Stettin übersandtes Muster, das er zur Anfertigung seiner »Clavis Sinica« benötigte, sei auf Verlangen seiner Gegner unter Berufung auf den Kurfürsten vom Drucker unerledigt zurückgeschickt worden, selbst als Schutzbehauptung entlarvt, da Müller ja jederzeit in Stettin etwas hätte drucken lassen können. Wie jedoch richtig angemerkt wurde, fehlten ihm in Stettin seine »Typographia Sinica«, jene chinesischen Drucktypen, ohne die er nichts hätte publizieren können (KRAFT, 1976, S. 103f.).

Sei es wie es sei – offensichtlich war Müller am kurfürstlichen Hof wohl tatsächlich in Ungnade gefallen. Erst zu Beginn des Jahres 1683 wurde ihm die Gunst des Kurfürsten wieder zuteil, als im Januar eine größere Sendung chinesischer Bücher in Berlin eintraf, die der deutsche Arzt in Batavia, Andreas Cleyer (1634–1696), abgeschickt hatte. Sie enthielt 276 chinesische Jahrbücher, sogenannte »Annales«, und zwei umfangreiche chinesische Wörterbücher. Der Kurfürst ließ den Propst holen, damit dieser Büchertitel und Inhalt der Schriften erkläre, und beauftragte ihn mit der Aufstellung eines Katalogs. Müller fertigte daraufhin eine Verzeichnis dieser Büchersendung an, das 1683 als »Anderer Theil des Catalogi der Sinesischen Bücher bei der Churfürstl. Brandenburgischen Bibliothec zu Cölln an der Spree« im Druck erschien, und fügte diesem eine chronologische Liste der Kaiser Chinas von 425 v. Chr. bis ins 14. Jahrhundert bei, die er auf der Basis der durchgesehenen chinesischen Jahrbücher ermittelt hatte. Die »Annales« gaben ihm auch das Material für eine auf kurfürstliche Veranlassung hin verfaßte Geschichte der während der Kreuzigung Christi auch in China beobachteten Sonnenfinsternis, die er unter dem Titel »De eclipsi passionali« veröffentlichte; die Schrift enthält am Ende als Einblattdruck das von ihm angefertigte Verzeichnis der 24 älteren Sinica der Churfürstlichen Bibliothek. (1683 übersetzte er dann seine lateinische Schrift über die Sonnenfinsternis für die Kurfürstin Dorothea auch ins Deutsche.) Wahrscheinlich erhielt Müller nun auch die Gelegenheit, seine Erwiderungsschrift gegen Elias Grebnitz im Druck ausgehen zu lassen. Doch der ihn einst geschmähte Frankfurter Theologieprofessor war inzwischen gestorben, und die Polemik des Lebenden gegen den Toten brachte dem Propst erneuten Ärger.

In jener Zeit beschäftigte sich auch der kurfürstliche Leibarzt Christian Mentzel intensiv mit dem Chinesischen. Was zunächst als freundliche Ermunterung für Müller und seinen »Chinesischen Schlüssel« gedacht war, wuchs sich mehr und mehr zur Konkurrenz aus, belegbar an Mentzels 1685 in Nürnberg erschienenem kleinem Lexikon »Sylloge minutiarum Lexici Latino-Sinico-Caracteristici«, das der Leibarzt unbedingt vor Müllers »Clavis Sinica« auf den Markt bringen wollte (vgl. hierzu ausführlich KRAFT, 1976, S. 107–111). Besonders prekär wurde die Situation für ihn, als die Nürnberger Verleger Mentzels Manuskript dem bekannten Orientalisten Hiob Ludolf, zu dem Müller enge Beziehungen unterhielt, zum Gutachten vorlegten. Offensichtlich hatte Ludolf wirklich versucht, Mentzels Publikation zugunsten Müllers zu verhindern. Daß der kurfürstliche Leibarzt sich dann doch durchsetzen konnte, zeigt, wie sehr er mit dem Erscheinen des »Chinesischen Schlüssels« rechnete und seine eigene Publikation trotz einiger von Ludolf aufgeführter Mängel forcierte, um die Arbeit nicht umsonst gemacht zu haben.

Tatsächlich soll Müller (der nach dem Erscheinen der Mentzelschen Publikation Korrekturen zu dieser anfertigte, selbige aber nicht mehr zum Druck bringen konnte) bereits 1684 eine kleine Probe der »Clavis Sinica« gedruckt und 2000 Thaler für den gesamten Schlüssels verlangt haben (KÜSTER/ MÜLLER, I, 1737, S. 348, mit Bezug auf ein Gespräch, das Müller mit Ludolf führte). Wieder fand sich niemand, der die geforderte Summe aufbringen wollte. Nicht zuletzt war es gerade dieses Festhalten an einem »Praemium«, das Müllers wissenschaftlichem Ansehen in der Gelehrtenwelt deutlich Abbruch tat, ihm den Vorwurf der Habgier einbrachte und wiederholt die Frage aufwarf, ob er die »Clavis Sinica« nicht herausgeben wollte oder nicht konnte. Dabei muß man allerdings auch bedenken, daß Müllers chinesische Studien mit nicht unwesentlichen Kosten verbunden waren. Schon die Anschaffung der »Typographia Sinica« hätte die von Müller geforderten 1000 oder 2000 Thaler für seinen »Chinesischen Schlüssel« gerechtfertigt (darauf machte zuletzt KRAFT, 1976, S. 105f., aufmerksam, mit dem Hinweis auf die Investitionen, die Mentzel in seine Studien gesteckt habe, und auf Ludolf, der seine äthiopische Grammatik ungedruckt ließ, weil kein Verleger die Druckkosten übernehmen wollte). Müller selbst erklärte mehrmals vor dem Hintergrund der Mißhelligkeiten, denen er immer wieder ausgesetzt war, wenn er seine Ämter niederlegen und als Privatperson leben könne, würde er sich an den Kaiser oder an die Höfe zu Paris beziehungsweise London um Unterstützung wenden. Schließlich bat er um seine Entlassung, die ihm Friedrich Wilhelm zunächst verwehrte; erst auf sein dringliches Bitten hin erhielt Müller Anfang 1685 vom Kurfürsten die Dimission von seinen kirchlichen Ämtern (das kfl. Dimissionsschreiben, datiert: Potsdam, 29. Jan. 1685, ist mitgeteilt bei KÜSTER/ MÜLLER, I, 1737, S. 344; s. auch: GStA, Rep. 47 Tit. B 4 Bd. 15. Geistliche Angelegenheiten von Berlin: Verhandlungen um die Entlassung des Propstes Müller aus seinen Ämtern 1684–1690.) Sein Angebot, von Stettin aus weiter für den Kurfürsten zu arbeiten und insbesondere den »Chinesischen Schlüssel« zu vollenden, wurde abgelehnt; er bekam eine kleine Rente zugesprochen und sollte sich für seine »Clavis Sinica« einen neuen Geldgeber suchen (ebenda, Müllers Eingabe vom 10. Febr. 1685 und die Antwort des Kurfürsten vom 14. Febr.).

Abgelehnt wurde auch Müllers Bitte an den Kurfürsten, gegen Kaution Bücher aus der Churfürstlichen Bibliothek ausleihen zu dürfen. Die Ablehnung ging offenbar auf den Hofbibliothekar Christoph Hendreich zurück, der Müller aufgefordert hatte, einige schon lange entliehene chinesische Bücher zurückzugeben. Da dieser behauptete, die betreffenden Bücher bereits abgeliefert zu haben, entwickelte sich ein mit persönlichen Beleidigungen geführter Streit zwischen beiden. Um diesen Streit beizulegen, vor allem, um den Kurfürsten wieder für sich zu gewinnen, überließ Müller – wie er selbst formulierte – »als untertänigstes Zeichen meiner Ergebenheit« der Churfürstlichen Bibliothek seine »Typographia Sinica«, seinen bis heute erhalten gebliebenen Chinesischen Typenschrank. Nach Müllers Weggang oblag die Betreuung der chinesischen Sammlung dem Leibarzt Christian Mentzel, ab 1692 seinem Sohn, dem Leibarzt Johann Christian Mentzel.

Nach Müller und Mentzel verebbten für lange Zeit auch die chinesischen Studien in Berlin; vergeblich versuchte zum Beispiel Gottfried Wilhelm Leibniz, der selbst ein sinologisches Buch verfaßt hatte, den Franzosen und späteren Bibliothekar Maturin Veyssiere de La Croze (1661–1739) zur Weiterführung zu gewinnen.

Nach seiner Dimission siedelte Müller nach Stettin über, wo er im März 1685 für 510 Thaler ein stattliches Haus erwarb, in dem er bis zu seinem Tode wohnte. (Das Haus gehörte ursprünglich dem S. Marien-Stift, war dann in verschiedenen Händen und kam durch Müllers Vermächtnis ans Stift zurück; es ist noch heute erhalten; vgl. Wehr, 1966, S. 33f.) Allerdings konnte er die für seine Studien erforderliche Muße nicht mehr finden, zudem war kein Verleger bereit, die Druckkosten für seine Werke zu übernehmen. Offenbar zog sich Müller nun mehr und mehr zurück; auch plagte ihn die Gicht, und mit zunehmendem Alter wurde seine Sehkraft immer schwächer. Über Müllers letzte Lebensjahre erfahren wir vorzugsweise durch seinen engen Vertrauten Wilhelm Ernst Tentzel, der in seine »Monatlichen Unterredungen einiger guten Freunde« (1689–1698) Verschiedenes aus den von Müller erhaltenen Briefen eingearbeitet und dadurch der Nachwelt manch kaum bekannten Umstand aus dem Leben und Schaffen des vormaligen Berliner Propstes mitgeteilt hat (Müller soll Tentzel sogar aufgefordert haben, öffentlich über ihn zu schreiben, vgl. Tentzel, 1697, S. 170f., mit Bezug auf einen Brief Müllers vom 14. Nov. 1693).

Noch lange glaubte Müller, einen Geldgeber für die Fertigstellung des »Chinesischen Schlüssels« zu finden. Er brachte sogar seine Bibliothek mit allen Manuskripten in die Verhandlungen ein, allerdings wiederum vergeblich. 1690 erneuerte er in einer sogenannten »epistola apologetica« sein Angebot mit dem Zusatz, »daß sein jüngster Sohn sothane Bibliothec der Universität, Kirche, oder Hofe, dahin Er würde beruffen werden, ohne Entgeld schencken, dem Schutz des Landes=Fürsten unter der Aufsicht eines gelehrten Mannes auf ewig widmen, und als Bibliothecarius darauf Acht haben, nach seinem (des Vaters) Rath vermehren, erhalten, und zieren, die Fremden und Gäste wöchentlich zweymahl darauf lassen, ihnen das verlangte vorzeigen, und sonsten andere bey Besuchung der Bibliothequen nöthige Gesetze beobachten solte« (Küster/ Müller, I, 1737, S. 346; vgl. zu dieser und den folgenden Bemühungen Müllers Tentzel, 1697, S. 170–181). Da auch diesen Vorschlag niemand annehmen wollte, bot Müller in einem (ungedruckten) Brief vom 28. Nov. 1691 an den Pommerischen Generalsuperintendenten Heiler dem Pommerischen Konsistorium zu Stargard seine Bibliothek schließlich als Schenkung an (vgl. hierzu und zum folgenden ausführlich Oelrichs, 1790, II, S. 63–70). Das Konsistorium sandte unter dem 13. April 1692 ein verbindliches Dankschreiben an Müller. Dieser stellte bereits am 15. April die Schenkungsliste von 1000 Büchern zusammen, von denen er 50 Bücher, vor allem mehrere fremdsprachige Ausgaben der Bibel, des Neuen Testaments und des Psalters sofort überreichte. Auch wollte er aus seinem Landbesitz Acker zur Unterhaltung der Bibliothek beisteuern. Dann bestellte er die Konsistorialherren in sein Stettiner Haus, um die Schenkung zu vollziehen. Da diese sich jedoch zum angegebenen Zeitpunkt verspäteten, ließ er sie mit der Bemerkung abweisen, er habe nun gesehen, daß sie seine Bibliothek nicht achten würden.

Noch 1692 ließ Müller einen erneuten Traktat wegen seiner Bibliothek drucken, den er unter anderem an Kurfürst Friedrich III. von Brandenburg, den Herzog von Sachsen-Gotha, an die Universitäten von Rostock, Greifswald, Kopenhagen und Jena sowie an zahlreiche ausländische Gelehrte versandte. Neben seiner Bibliotheksofferte ließ er darin auch anfragen, ob es gebilligt werde, wenn er seine Handschriften vernichte, da er sie an keinem sicheren Ort deponieren könne. Am 27. Mai 1693 schrieb er den dänischen Hofprediger Masius an und hoffte, daß dieser den dänischen König für sein Angebot interessieren könne. Zunächst schien es auch so, als ob aus Kopenhagen Zustimmung käme, und Müller hatte bereits alle seine Manuskripte und Bücher eingepackt, um sie selbst nach Dänemark zu bringen. Da erhielt er die Nachricht, daß der dänische König ihm seiner Verdienste wegen zwar den Titel eines Königlichen Rates zuerkennen würde, jedoch die mit der Bibliothek verbundenen Bedingungen ablehne.

Da sich nun wohl endgültig alle seine Bemühungen zerschlagen hatten, wollte Müller kurz vor seinem Tode seine Bibliothek samt allen orientalischen Handschriften und auch seine eigenen Manuskripte nun dem S. Marien-Stift in Stettin schenken; im Sept. 1694 verfaßte er ein Konzept über die zu errichtende Schenkung (vgl. hierzu und zum folgenden ausführlich Oelrichs, 1790, II, S. 63–70; Müllers Legat auch erwähnt bei Hering, 1725, S. 54). Allerdings wurde die Schenkung nicht so vollzogen, wie Müller sie in seinem Konzept niedergeschrieben hatte. Da es ihm nicht gelungen war, seine Erfindung zu realisieren, die Kritik an seiner Methode zudem seine Kenntnis des Chinesischen generell in Frage stellte, machte er schließlich das wahr, was er mehrmals angedroht hatte (unter anderem in einem Brief an Tentzel vom 14. Okt. 1693): Kurz vor seinem Tode am 26. Okt. 1694 verbrannte er viele Handschriften, insbesondere seine eigenen, beziehungsweise ließ sie von seinem Schreiber verbrennen (der jedoch manches heimlich beiseite schaffte und so vor dem Untergang rettete). Unter den im Feuer sich auflösenden Manuskripten waren auch seine Ausarbeitungen zum »Chinesischen Schlüssel«. In den Flammen versanken ebenfalls drei umfangreiche Bände mit Briefen aus Müllers Korrespondenz mit den berühmten Gelehrten, was besonders sein ältester Sohn Bonaventura später mehrfach beklagte. Den größten Teil der Bücher sowie zahlreiche arabische und chinesische Manuskripte (die Müller nicht verbrannt hatte), erhielt das S. Marien-Stift zu Stettin. Das Pommerische Konsistorium zu Stargard unternahm noch einen Versuch, die ihm vormals zugedachte Bibliothek für sich zu reklamieren (unter anderem durch eine Bittschrift an den brandenburgischen Kurfürsten vom 22. März 1695), doch die schwedisch-pommerische Regierung zu Stettin beließ das Streitobjekt im Besitz des S. Marien-Stifts.

In seinen letzten Lebensjahren schien Müller immer verbitterter geworden zu sein, im Umgang mit ihm nahestehenden Personen eigensinnig und aufbrausend. Unter seiner zunehmenden Unverträglichkeit hatte besonders seine Frau zu leiden, der er in einer Eingabe vom März 1693 vorwarf, daß sie ihn »nun 32 Jahre her [also seit seiner Eheschließung 1661!] unchristlich martere« (zit. nach WEHR, 1966, S. 32; als er dem Pommerischen Konsistorium seine Bibliothek anbot, soll er sich sogar zu der Behauptung verstiegen haben, daß die Bosheit seines Weibes der eigentliche Grund für diese Schenkung sei). Von den fünf Kindern, die seine Frau zur Welt brachte, wurde die älteste Tochter Margaretha am 17. März 1664 noch in Treptow geboren; sie heiratete am 26. Jan. 1681 den Archidiakon zu Königsberg in der Neumark, Georg Calovius, und starb am 2. April 1695 (vgl. zur Genealogie WEHR, 1966, S. 34). Der älteste Sohn Bonaventura kam am 4. Okt. 1665 in Bernau zur Welt, er studierte in Leipzig und Jena Medizin, wurde 1698 Stadtphysikus in Stettin, ehelichte am 9. Febr. 1701 Dorothea Elisabeth, eine Tochter des Kaufmanns und Ratsherrn Siegmund Sandreuther in Frankfurt/O., und starb im Febr. 1732. Müllers Tochter Sara wurde ebenfalls in Bernau geboren, sie heiratete den Pastor Daniel Kieners in Schillersdorf. Der jüngste Sohn, dem Müllers besondere Fürsorge galt, kam erst in Berlin zur Welt und erhielt den Namen Quodvultdeus Abraham; nach dem Tode seines Vaters wurde er Pastor in Marienfließ und Büche. Quodvultdeus Abraham hieß bereits ein älterer Sohn Müllers, der jedoch mit vier Jahren in Bernau starb und dort begraben wurde. (Einige Informationen über seine Familie soll Müller 1670 selbst aufgezeichnet und in den Turmknopf der Kirche zu S. Nicolai, an der er 18 Jahre als Propst tätig war, hinterlegt haben lassen.)

Die Anerkennung, die sich Müller betreffs des Chinesischen vielerorts erworben hatte, wurde noch zu seinen Lebzeiten und auch später immer wieder von den mit dem Gegenstand vertrauten Gelehrten in Frage gestellt. Die Kritik zielte vorrangig auf den »Chinesischen Schlüssel«, die von Müller nie bewiesene, von ihm aber als unfehlbar gehaltene Methode der Erlernung der chinesischen Schrift in einer relativ kurzen Zeit. Wer so etwas behaupte, könne in Wirklichkeit das Chinesische gar nicht verstanden haben – so der Tenor der Beschuldigungen. Der Petersburger Professor Gottlieb (Theophil) Siegfried Bayer, der um 1717 in der nunmehr Königlichen Bibliothek zu Cölln ausgiebige chinesische Studien getrieben hatte und in seinem »Museum Sinicum« (1730), der ersten umfassenden Darstellung der Entwicklung der Chinakunde, auch Müllers »PROPOSITIO« mit abdruckte, warf diesem vor, er habe nur etwas erdichtet, um seine Kunst zu verstecken. Auch Leibniz äußerte sich wenig schmeichelhaft über Müller, wenn er – nachdem er die Nachricht von der Vernichtung der Müllerschen Manuskripte erhalten hatte – meinte, man wisse nicht, ob Müller damit seine Wissenschaft oder seine Unwissenheit den Gelehrten habe entziehen wollen (LEIBNIZ, Gottfried Wilhelm: NOVISSIMA SINICA ... Secunda Editio. 1694, [Einleitung] fol. 20f. nach eig. Pag.; die entsprechende lateinische Passage auch bei TENTZEL, 1697, S. 134f.). Auch andere Gelehrte, wie zum Beispiel Hiob Ludolf, mit dem Müller ehemals engen Umgang gepflegt hatte, waren der Auffassung, daß Müllers Kenntnis des Chinesischen doch nicht so groß gewesen sei, wie er vorgegeben habe (vgl. KÜSTER/ MÜLLER, II, 1752, S. 1015, mit weiteren Urteilen). Tatsache ist jedoch, daß Müller – trotz aller Kritik seiner Zeitgenossen – das Chinesische so gut verstand, wie es der damalige Stand der zur Verfügung stehenden Quellen und Hilfsmittel überhaupt erlaubte. Seine sinologischen Arbeiten sind der bis heute erhalten gebliebene sichtbare Beweis für seine intensive Auseinandersetzung mit der chinesischen Schrift und Sprache.

Unter den von Müller verfaßten Schriften ist schließlich sein »Opus Synchronismorum«, bestehend aus drei umfangreichen Folianten, von besonderem Interesse. Es handelt sich hierbei um eine auf astronomisch-mathematischen Berechnungen gegründete Untersuchung der Universalgeschichte. Müller ließ das Werk zum privaten Gebrauch für seinen Sohn 1670 zu Stettin drucken und 1685 erneut auflegen. Sein Schwiegersohn, der Königsberger Archidiakon Georg Calovius, überreichte 1699 den 2. Band dem Kurfürsten Friedrich III. mit einer Supplicatio. Darin schrieb er, daß das Werk in besonderer Weise geeignet sei, die Differenz zwischen dem alten und neuen Kalender mit ihrer negativen Auswirkung für Handel und Verkehr zu beheben, habe doch Müller »vom ersten Tag der Schöpfung bis auf wenig fehlende Jahre gegenwärtiger itziger Zeit … mit unbeschreiblichem Fleiß« in drei Bänden alles aufgezeichnet und dabei die »rechte eigentliche Zeit« gefunden. Da er jedoch durch seinen Tod das Opus nicht habe vollenden können, möge sich der Kurfürst des Werkes annehmen und einige Gelehrte bestimmen, die selbiges zum vollständigen Abschluß bringen (die mit Datum des 15. Aug. 1699 verfaßte Supplicatio im Wortlaut mitgeteilt bei KÜSTER/ MÜLLER, I, 1737, S. 352f.).

Friedrich III. beauftragte daraufhin den Frankfurter Mathematikprofessor Christian Grüneberg mit der Anfertigung eines Gutachtens, das dieser unter dem Datum des 13. Nov. 1699 vorlegte. Die Kritik war vernichtend: So sei der Band alles in allem nichts anderes als eine »tabula rasa«, eine »charta blanca« und »zu der vermeinten Harmonia und Reconciliation des Juliani und Gregoriani Calendarii aber das allergeringste zu contribuiren gantz ungeschickt« (der vollständige Wortlaut des detailliert abgefaßten Gutachtens mitgeteilt bei KÜSTER/ MÜLLER, I, 1737, S. 353 bis 363). Grüneberg bemängelte vor allem die vielen frei gebliebenen Spalten, aber auch sich widersprechende Eintragungen einzelner Geburts- und Sterbedaten biblischer und historischer Personen. Viele Eintragungen seien ohne realen Bezug und der Phantasie des Verfassers entsprungen. Das ganze Werk stecke »voller grober und incorrigibilen Absurditäten und Contradictionen« und sei ein »Labyrinthus Confusionum zu nennen«. Dem Band wäre am besten gedient, wenn man ihn verbrennen würde (nach der Supplicatio von Calovius habe Müller dies auch vorgehabt, wegen der vielen darin investierten Zeit und Arbeit schließlich doch davon Abstand genommen). Allerdings – und dies sei abschließend noch anzumerken – stellte Grüneberg in seinem Gutachten ganz richtig heraus, daß Müller »die Intention nimmermehr gehabt, mit diesem Werck sich in die Reichs=Calender-Sache einzumengen«. Müller hätte – wenn er noch lebte – dem Vorhaben seines Schwiegersohnes auch kaum seine Zustimmung gegeben. Er war sich der Mängel seines Werkes durchaus bewußt und hatte sein »Opus Synchronismorum« auch nur für den privaten Gebrauch drucken lassen. Daß er sich damit auf ein von seinen üblichen Studien recht weit entfernt liegendes Gebiet wagte, spricht aber für seine vielgestaltigen Interessen und verlangt auch in der heutigen Zeit noch ein gewisses Maß an Respekt.

[LN]

Werke

Exercitationes variae de quibusdam ad philologiam orientalem spectantibus. Rostock 1653 (Wehr, 1966, S. 35).
Horologia Linguarum Orientalium. Stettin 1655 (Küster/ Müller, 1737, I, S. 351; Müller, 1881, S. XVI; Wehr, 1966, S. 23).
Rhapsodia sententiarum de errore animarum. Rostock 1659 (Wehr, 1966, S. 35).
Scrutinium Fatorum Gogi. Stettin 1662 (Küster/ Müller, 1737, I, S. 351; Müller, 1881, S. XVI).
Excerpta Manuscripti cujusdam Turcici, quod de Cognitione Dei & Hominis ipsius à quodam Azizo Nesephaeo, Tataro, scriptum est, & in bibliotheca electorali Brandenburgica asservatur: quae cum Versione Latinâ & Notis nonnullis subitaneis in publicum emittit M. Andreas Müllerus, Praepositus Bernaviensis. Coloniae Brandenburgicae, ex officina Georgii Schulzii Electoralis Typographi, Anno M.DC.LXV. Cölln 1665 (Küster/ Müller, 1737, I, S. 351; Müller, 1881, S. XIII; Wehr, 1966, S. 23).

Christl. Leich=Predigt über Ps. LXVIII. 20. 21. bey dem Leich=Begägnüß Herrn Georgii Mausen, 34. jährigen Burgermeisters in Bernau d. 7. Octobr. 1666. in Bernau gehalten. Cölln 1666 (Küster/ Müller, 1737, I, S. 349).

Analyticæ Literariæ Specimen, ad V. Cl. Jobum LVDOLPHVM. Berlin 1667 (Küster/ Müller, 1737, I, S. 351; Müller, 1881, S. XVI).

Vierfacher Abrahams=Trost, welcher Genes. XV. 15. aufgezeichnet stehet, und an Herrn Johann Friedr. von Löben, Churfürstl. Brandenburgischen ältesten Geheimen Etats- und Legations-Rath, wie auch Cammer=Herrn, des Hertzogthums Crossen und Züllichow Verwesern, und Commendatore zu Lagow in allen Stücken erfüllet worden, bey dem Leich=Begängnüsse d. 8. Dec. 1667. erkläret. Cölln 1667 (1668) (1: 2 in: St 7412 ehem.; Küster/ Müller, 1737, I, S. 349).

MOSAICUS ÆTATIS HUMANÆ COMPUTUS Das ist/ Mosaische Rechnung unsers Lebens/ Wie dieselbe aus dem 11. Versikel des XC. Palms: Unser Leben wehret siebentzig Jahr/ etc. genommen werden konte. Und ist davon Bey Volckreicher Leichbegängnüsse Der weyland Edlen/ Viel Ehr= und Tugendreichen Frauen Margarethen Mauritzinnen/ Des auch weyland Edlen/ Groß=Achtbaren und Hochweisen Herrn BENEDICTI REICHARTS/ Vieljährigen und wollverdienten Advocati, Bürgermeisters/ und der hochlöblichen Landschafft Verordneten/ auch Erb=Herren zu Blanckenburg/ Hinterlassenen Fraw Wittwen/ Welche/ nachdem Jhr seel. Ehe=Herr am 26. Decembris des 1667. Jahres/ Jm 82. Jahr seines Alters; Sie aber am 26. Septembr. des 1668. Jahrs; im 72. Jahr ihres Alters diese Welt gesegnet hatte/ Am XX. Sontag nach Trinitatis war der 4. Octobris, in der Berlinischen Haupt=Kirchen zu S. Nicolai in dero Ruhebettlein vermittelst Christlicher Ceremonien dem enteseelten Leibe nach beygesetzet worden/ Durch einen gewöhnlichen Leich=Sermon mit mehren gehandelt; Der Sermon aber auf beschehenes Begehren durch öffentlichen Druck dergestalt außgefertiget worden Von M. ANDREA Müllern/ Probsten und Inspectore in Berlin. Cölln an der Spree/ Druckts Georg Schultze/ Churf. Brand. Buchdrucker auff dem Schlosse daselbst. Cölln 1668 (1: (2) in: Ee 1593,I; Küster/ Müller, 1737, I, S. 349).

Christliche Leichpredigt/ über die Worte des Heiligen Apostels Pauli/ Phil. I,21. 22. 23. Christus ist mein Leben/ etc. Und ist dieselbe Bey Volckreicher Leich=Begängniß Der weiland Edlen/ Viel Ehr= und Tugendreichen Frauen Fr. Euphrosynen Margarethen Reichardtinn/ Herrn Johann Tieffenbachs/ Bey dieser Churfürstl. Residentz und Veste Berlin Wolbestalten Bürgermeisters/ Churfürstl. Brandenb. Cammergerichts=Advocatens/ und der Löbl. Landschafft Verordnetens/ Gewesenen Eheliebsten/ Welcher enteseeleter Cörper am 29. Junii/ war der Dienstag nach III. Trinitatis, 1669. in der Kirchen zu St. Marien allhier/ bis auf den Tag der allgemeinen Aufferstehung/ der allgemeinen Mutter/ der Erden/ anvertrauet ward/ Gehalten/ Und folgends zum Druck heraus gegäben von M. ANDREA Müllern/ Probsten und Inspectore in Berlin. Berlin/ Gedruckt bey Christoff Runge/ Jm Jahre Christi 1669. Berlin 1669 (1: 6 in: Ee 1593,I; 1: Ee 1594,I, S. 1–48; Küster/ Müller, 1737, I, S. 349).

Christliche Leichpredigt/ Uber Jonae Kürbis/ Aus dem 6. 7. 8. und 9. Versikel des IV. Capitels im Buch Jonas. Zu letzten Ehren und Betraurung/ Des Ehrenvesten und Achtbaren Hrn. Jonas Seiffarten/ Bürgern/ Schneiders und Vorstehers der Armen bey St. Nicolai Kirchen in Berlin/ nunmehr Seligen/ Am Tage der Beerdigung/ Am IV. Trinitatis, war der 8. Augusti 1669. in der Berlinischen Haupt=Kirchen zu St. Nicolai ohngefehr also gehalten Und folgends zum Abdruck herausgegäben worden Von ANDREA Müllern/ Probsten und Inspectore in Berlin. Auf Begehren und Unkosten (Tit.) H. Simon Söllen/ Churf. Brandenb. Hoff=Sattler und Riemer. Cölln an der Spree/ Druckts Georg Schultze/ Churf. Brandenb. Buchdrucker. Cölln 1669 (1: 7 in: Ee 1593,I; 1: Ee 1594,I, S. 157–204; Küster/ Müller, 1737, I, S. 349).

24 Leichreden 1669–1678. Bd. 1. 2. Berlin und Cölln 1669–1678 (1: Ee 1593).

Künfftige Herrlichkeit der baufälligen Hütten dieses Leibes/ Davon aus den Apostolischen Worten: Wir wissen/ so unser irdisch Haus/ etc. 2. Cor. V. v. 1. 2. 3. 4. Bey den hochansehnlichen Exequien Des weiland Hoch= Edelgebornen/ Gestrengen/ Vesten und Hochbenamten Herrn/ Herrn Claus Ernst von Platen/ Sr. Churfürstl. Durchl. zu Brandenburg hochwolverdienten Geheimten Etats=Raths/ General=Kriegs=Commissarii, und Hauptmanns zu Lehnin/ als auch Directoris des Priegnitzirischen Creysses/ Erbherrn zu Dämmertin/ Gantkow/ Mechow und Falckenberg: Am 23. Augusti/ 1669. war des Montags nach XI. Trinitatis, in der Kirchen zu St. Marien/ allhier in der Churfürstl. Haupt= und Residentz=Stadt Berlin/ durch eine gebräuchliche Leich= und Trost=Predigt mit mehren gehandelt worden von M. ANDREA Müllern/ Probsten und Inspectore in Berlin. BERLIN/ Gedruckt bey Christoff Runge/ Jm Jahr Christi 1670. Berlin 1670 (1: 9 in: Ee 527; 1: 1 in: Ee 1593,I; 1: Ee 1594,I, S. 49–104; Küster/ Müller, 1737, I, S. 349).

Opus Synchronismorum. Stettin: Friedrich Ludwig Rhetius 1670 (Küster/ Müller, 1737, I, S. 351f.).
Lange Freuden=Erndte nach Kurtzer Thränen=Saat. Aus den beyden letzten Versickeln des CXXVI. Psalms. Wovon Bey ansehnlicher und Volckreicher Leichbegängnüß Der weyland Edlen und Tugendreichen Frauen Annen Beÿerin/ Des vorhin Seel. Herrn Veit Heidekampffs/ gewesenen Churfürstl. Brandenb. geheimbten Cammerdieners hinterlassenen Fr. Wittwen/ Am Sontage Quasimodogeniti dieses 1670ten Jahres in der Kirchen zu St. Nicolai in Berlin/ Jn einer gebräuchlichen Leich= und Trost=Predigt mit mehren/ Wie diese auff Begehren beschehene Außfertigung besaget/ aus Heil. Schrifft gehandelt worden von M. ANDREA Müllern/ Probsten und Inspectore in Berlin. Kölln an der Spree/ Drukkts George Schultze/ Churfürstl. Brandenb. Buchdrukker. Cölln 1670 (1: 8 in: Ee 1593,I; 1: Ee 1594,I, S. 105–156; Küster/ Müller, 1737, I, S. 349).

VIVIDA GRATIÆ GRANA, Das ist/ Lebhaffte Körner der Gnaden. Davon aus den heiligen Worten: Darumb preiset GOTT seine Liebe gegen uns/ etc. Rom. V,8 9. Jn einem Christlichen Leichsermon bey Volckreicher Beerdigung Des Wol=Ehrenvesten und Wol=Vornehmen Herrn Johann Korns/ Gewesenen Kauff= und Handelsmanns in Berlin/ Welcher Nachdem Er am 16. Junii Anno 1671. diese Welt gesegnet hatte/ Am 24. Junii war Johannis Baptistæ, desselben Jahres zu seiner Ruhekammer in der Kirchen zu St. Marien daselbst/ gebracht ward/ Mit mehrem gehandelt worden. Und ist besagter Leich Sermon auff Begehren zum öffentlichen Drucke vom Autore, Andreâ Müllern/ Probsten und Inspectorn in Berlin/ heraus gegäben. Berlin/ Gedruckt bey Christoff Runge. Berlin 1671 (1: 10 in: Ee 1593,I; 1: Ee 1594,I, S. 235–276; Küster/ Müller, 1737, I, S. 349).

Christliche Leich=Predigt/ über Die Geburt Ben Jamins/ und seiner Mutter eiligen Tod/ Aus dem XXXV. Capitel des Ersten Buch Mosis. Jst gehalten Bey Volckreichem Beerdigungs=Geleit Frauen Annen Margarethen Schönmannin/ Herrn Gottfried Bartschens/ Churfl. Brandenburgischen Hoff=Kupfferstechers/ gewesenen liebreichen und getreuen Ehewirthin/ Jn der Pfarr=Kirchen zu S. Nicolai am Dienstag nach Sexagesima 1671. Und numehr auch zum Druck außgefertiget von M. ANDREA Müllern/ Probsten und Inspectore in Berlin. Berlin/ Gedruckt bey Christoff Runge/ im Jahr Christi 1671. Berlin 1671 (1: 11 in: Ee 1593,I; 1: Ee 1594,I, S. 205–234; Küster/ Müller, 1737, I, S. 349).

HAITHONI ARMENI HISTORIA ORIENTALIS: Qvæ eadem & De TARTARIS inscribitur. ANNO M.DC.LXXI. s. l. 1671 (1a: in: Uk 2684 R; Wehr, 1966, S. 24).

ANDREÆ MÜLLERI, Greiffenh. DISQUISITIO GEOGRAPHICA & HISTORICA, De CHATAJA, In Quâ 1. Præcipuè Geographorum nobilis illa Controversia: Quænam CHATAJA sit, et an sit idem ille terrarum tractus, quem SINAS, et vulgò CHINAM vocant, aut pars ejus aliqua? latissimè tractatur; 2. Eâdem verò operâ pleraque rerum, quæ unquam de CHATAJA, déque SINIS memorabilia fuerunt, atque etiam nunc sunt, compendiosè enarrantur. BEROLINI, Typis RUNGIANIS. ANNO M.DC.LXXI. Berlin 1671 (1a: in Uk 2684 R; 11: Gesch. 3809; Müller, 1881, S. XIII; Küster/ Müller, 1737, I, S. 351).

PATIENTIA, SACRA PANACEA. Das ist/ Eine Christliche Leichpredigt Von Der Geduld/ als dem einigen wahren allgemeinen Heilkraut/ Wie dieselbe Aus den heiligen Worten Christi: Weil du das Wort meiner Gedult behalten hast/ etc. Apoc. III,10. Bey Volckreicher Leichversamlung über dem Sel. Abschied Des Wol=Edlen und Hochgelahrten Herrn MARTINI Weisen/ Medic. Doctoris, auch Churfürstl. Hoff= und Guarnison-Medici, Am Tage seiner Beerdigung/ als am IV. Sonntag nach Epiphanias Anno 1671. Zu St. Marien in Berlin/ Gehalten/ und folgends zum Druck außgefertiget worden von Andreâ Müllern/ Probsten in Berlin. Berlin/ Gedruckt bey Christoff Runge. Berlin 1671 (1: 9 in: Ee 1593,I; 1: Ee 1594,II, S. 97–144; Küster/ Müller, 1737, I, S. 349).

MARCI PAULI VENETI, Historici fidelissimi juxta ac præstantissimi, DE REGIONIBUS ORIENTALIBUS LIBRI III. Cum Codice Manuscripto Bibliothecæ ELECTORALIS Brandenburgicæ collati, exque eo adjectis NOTIS plurimùm tum suppleti tum illustrati. Accedit, propter cognationem materiæ, HAITHONI ARMENI HISTORIA ORIENTALIS: quæ & DE TARTARIS inscribitur; Itemque ANDREÆ MULLERI, Greiffenhagii, de CHATAJA, cujus prædictorum Auctorum uterque mentionem facit, DISQUISITIO; inque ipsum Marcum Paulum Venetum PRÆFATIO, & locupletissimi INDICES. COLONIÆ BRANDENBURGICÆ, Ex Officina GEORGII SCHULTZII, Typogr. Elect. ANNO M.DC.LXXI. Cölln 1671 (1a: Uk 2684 R; Müller, 1881, S. XIII; Wehr, 1966, S. 24; Küster/ Müller, 1737, I, S. 351).

Christliche Leichpredigt/ über Die Worte des XCII. Psalms: Die gepflantzet sind im Hause des HERRN/ werden grünen in den Vorhöfen unseres GOttes/ etc. Wie dieselbe Bey volckreicher Leich=Versamlung über dem seligen Abschied Herrn David Reetzen/ Des alten wolverdienten Raths=Cämmerern allhie zu Berlin/ Am Tage seiner Sepultur, war der Sontag Septuagesima 1671. (hs. korr.: 1672.) Jn der Pfarrkirchen zu S. Nicolai gehalten/ Und folgends durch den Druck außgefertiget ist von Andreâ Müllern/ Probsten in Berlin/ Cölln an der Spree/ Druckts Georg Schultze/ Churfürstl. Brandenb. Buchdrucker auffm Schlosse. Cölln 1672 (1: 12 in: Ee 1593,I; 1: Ee 1594,II, S. 145–192; Küster/ Müller, 1737, I, S. 349).

Bußtags=Predigt über Hebr. VI. 4–6. anno 1672. in der Nicolai-Kirche gehalten. Berlin 1672 (1: 8 in: Ee 1594,I; 1: Ea 8305 ehem.; 1: Ea 8306 ehem.; Küster/ Müller, 1737, I, S. 349).

MONUMENTI SINICI, Quod Anno Domini M DC XXV. terris in ipsâ Chinâ erutum; Seculo verò Octavo Sinice, ac partim Syriacè, in Saxo perscriptum esse, adeóque dogmatum & rituum Romanæ Ecclesiæ (ante annos quippe mille in extremo Oriente receptorum) antiquitatem magnoperè confirmare perhibetur, LECTIO seu PHRASIS, VERSIO seu METAPHRASIS, TRANSLATIO seu PARAPHRASIS. Planè uti Celeberrimus Polyhistor, P. ATHANASIUS KIRCHERUS, Soc. JESU Presbyter ROMANUS, in CHINA sua ILLUSTRATA Anno M DC LXVII. Singula singulariter editit. Ceterùm Tonos vocibus addidit, inque nonnullis novæ hujus Editionis Exempli Kircherianæ Defectus supplevit, Errata sustulit, Omnia verò, Minio indicavit ANDREAS MÜLLERUS, GREIFFENHAGIUS. BEROLINI, Ex Officina RUNGIANA, Anno M D CLXXII. Berlin 1672 (1a: in 1: in Un 1761; Müller, 1881, S. XIII; Wehr, 1966, S. 23).

Christlicher Leich=Sermon Aus den Klagworten: Die Edlen Kinder zu Zion/ dem Golde gleich geachtet/ wie sind sie nun den Erden=Töpffen vergleicht? Als Der Hoch=Edelgebohrne H. Friderich Wilhelm von Canstein/ Des Hoch=Edelgebohrnen/ Vesten und Hochbenamten Herrn Hn. Raban von Canstein Churfl. Brandenb. Geheimen Rahts/ Ober=Hoff=Marschallen/ und Cammer=Præsidenten etc. etc. Erstgebohrner Sohn/ So gar frühzeitig/ jedoch selig/ am 28. Julii frühe nach 6. dieses 1673sten Jahrs aus dieser Sterbligkeit gegangen war/ und sein entseelter Leib am 30. darauff in sein herzliches Ruhe=Kämmerlein in der Pfarr=Kirchen zu St. Mariæ hie in der Churfl. Residentz=Stadt Berlin unter den Thränen und Condolentz des hochansehnlichen Comitats und der Volckreichen Versammlung seiner Leichbegängnüsse/ beygesetzet ward. Gehalten von ANDREA Müllern/ Probsten und Inspectore daselbst. Cölln an der Spree/ Druckts Georg Schultze/ Churfl. Brandenb. Buchdr. Cölln 1673 (1: 1 in: Ee 1593,II; 1: Ee 1594,II, S. 1–44; Küster/ Müller, 1737, I, S. 349f.).

MIXTURA de TRIBUS, Oder Christliche Getrostheit/ Des Glaubens/ der Liebe und der Hoffnung/ Aus den Apostolischen Worten: Wir sind getrost/ und haben vielmehr Lust ausser dem Leibe zu wallen etc. 2. Cor. V. 8. 9. 10. Wie dasselbe in einer Christlichen Leichpredigt über die selige Hinfahrt/ Des Wol=Ehrenvesten/ Groß=Achtbaren und Fürnehmen Herrn Joachim Tonnenbindern/ Bürgern und Apothekern in Berlin/ etc. Am Tage seiner Beerdigung/ am XXIV. Trinitatis Anno 1673. in der Pfarrkirchen zu S. Nicolai, Mit mehren vorgetragen und folgends durch den Druck außgefertiget ist/ Von Andrea Müllern/ Probsten in Berlin. Cölln an der Spree/ Druckts Georg Schultze/ Churfl. Brandenb. Buchdr. Cölln 1673 (1: 3 in: Ee 1593,II; 1: Ee 1594,II, S. 193–240; Küster/ Müller, 1737, I, S. 349).

Die Rente der Gerechten Das ist/ Eine Christliche Leichpredigt/ Uber die Worte: Die Gerechten werden ewiglich leben/ etc. Wie dieselbe Bey Volckreicher Trauerversamlung über dem Sel. Tod Des wolverdienten Land=Rentmeisters Hn. Christian von der Linde/ Am Tage seiner Sepultur, war der X. Sonntag nach Trinitatis, im Jahr Christi 1673. Jn der Pfarrkirchen zu St. Marien in Berlin/ Durch GOttes Gnade gehalten ist/ und folgends durch den Druck außgefertiget wird von Andreâ Müllern/ Probsten in Berlin. Berlin/ Gedruckt bey Christoff Runge. Berlin 1673 (1: 2 in: Ee 1593,II; 1: Ee 1594,III, S. 1–48; Küster/ Müller, 1737, I, S. 350).

Trost=Schrifft/ über Frühzeitigem und fast auffeinander folgenden tödtlichen Hintritt Dreyer nacheinander einigen Söhne/ Des Hoch=Edelgebornen/ Gestrengen/ Vesten und Hochbenahmten Herrn/ Hn. Stephan Bernhard von Arnimb/ Hochwolverordneten Directoris des löblichen Uckermärckischen und Stolpischen Creyses/ und Erbherrn auff Golm/ Ziechow/ etc. Aus welchen Der Erstgeborne/ Jh. Frantz Ehrentreich/ nur fünff Tage/ der Andere/ Jh. Mauritius Augustus, fünff Viertheil Jahr/ Der Dritte/ Jh. Bernhard Ludolff/ fünff Jahr Alt worden ist. Nach Anleitung einiger Prophetischen Worte/ aus den Klageliedern Jeremiæ, auff Art einer Leichpredigt begehrter massen auffgesetzet/ und den Hoch=Adelichen Eltern zu gewündschten und verhoffentlichen Trost zum Druck heraus gegäben von Andreâ Müllern. Berlin/ Gedruckt bey Christoff Runge/ 1673. Berlin 1673 (1: 13 in: Ee 1593,I; 1: Ee 1594,I, S. 277–344; Küster/ Müller, 1737, I, S. 350).

ANDREÆ MÜLLERI GREIFFENHAGII, DISSERTATIONES DUÆ. de Mose Mardeno, una; de Syriacis librorum sacrorum Versionibus deque Viennensi Antiochen (sic) Textus Novi Testamenti Editione, altera. COLONIÆ BRANDENBURGICÆ, Ex Officina GeorgI SchultzI, Elect. Typogr. Anno 1673. Cölln 1673 (1a: in: Zt 9031; 11: in Zt 5045; Müller, 1881, S. XIII).

Spes, Galea salutis, Das ist/ Die Hoffnung/ ein Helm des Heyls. Davon Aus den Apostolischen Worten: GOtt hat uns nicht gesetzt zum Zorn/ etc. 1. Thess. V. 9. 10. Jn einem Leich=Sermon Bey Christlicher Leichversammlung Uber den Abscheid Des Edlen/ Groß=Achtbaren/ Hochgelahrten und Hochweisen Herrn Michaël Zarlangen/ Aeltisten Bürgermeistern bey dem Stadt=Regiment in der Churfürstl. Brandenb. Residentz= und Haupt=Stadt Berlin/ wie auch der Löbl. Mittel=Uckermärck= und Ruppinischen Städte Directoris und Verordneten/ etc. Am Tage der Sepultur seines hinterstelligen Cörpers/ War der Sonntag Rogate des 1673. Jahres/ Jn der Pfarrkirchen zu St. Nicolai GOtt zu Ehren/ dem Verstorbenen zum Nachruhm/ den Leidtragenden zu Trost/ der gantzen Gemeine zur Besserung in der Gottseligkeit Mit mehrem gehandelt worden; der Einhalt aber numehr durch den Druck außgefertiget wird von Andreâ Müllern/ Probsten in Berlin. Berlin/ Gedruckt bey Christoff Runge/ 1675. Berlin 1673 (1: 15 in: Ee 1593,I; 1: Ee 1594,II, S. 289–351; Küster/ Müller, 1737, I, S. 350).

SYMBOLÆ SYRIACÆ Sive I. Epistolæ duæ Syriacæ amoebææ. Una Mosis Mardeni, Sacerdotis Syri; Altera Andreæ Masii, JCti & Consil. olim Cliviaci. Cum Versione & Notis. Ut & II. Dissertationes duæ de rebus itidem Syriacis, & è reliquis Mardeni Epistolis maximè. Estque De Mose Mardeno, una; De Syriacis librorum sacrorum Versionibus, deque Viennensi Antiocheni textus Novi Testamenti Editione, altera. Autor ANDREAS MÜLLERUS, GREIFFENHAGIUS. BEROLINI, Ex Officinâ RUNGIANA. Berlin 1673 (1a: Zt 9031; Müller, 1881, S. XIII; Wehr, 1966, S. 23; Küster/ Müller, 1737, I, S. 351).

Disposition und Extract einer Sonntags=Predigt, welche ... 1673 über ... Matthaei XX,1–16 von dem Probst zu Berlin ist gehalten worden ... s. l. e. a. [1673] (1: Ea 10690 ehem.).

SPES OPTIMA, Die allerbeste Hoffnung/ Wovon nach Anleitung der Worte Hiobs: Jch harre täglich/ dieweil ich streite/ etc. Cap. XIV. 14. 15. 16. Jn einer Leich=Predigt Uber dem seligen Abschied Frauen Catharinen Zornin/ Herrn Johann Heinrich Tonnenbinders/ vornehmen Apothekers in dieser Churfürstl. Brandenb. Residentz=Stadt Berlin/ Gewesenen treugeliebten Ehewirthin; Am Tage Jhrer Beerdigung war der Sonntag Sexagesima, im Jahr Christi 1674. Jn der Pfarrkirch zu St. Nicolai, nach dem Vermögen das GOtt darreichet/ gehandelt ist. So wie die Predigt selbst hiemit durch den Druck außgefertiget wird Von Andrea Müllern/ Probsten in Berlin. Cölln an der Spree/ Druckts Georg Schultze/ Churfl. Brandenb. Buchdr. Cölln 1674 (1: 4 in: Ee 1593,II; 1: Ee 1594,II, S. 241–288).

Festpredigt anläßlich der ersten Säkularfeier des Berlinischen Gymnasiums zum Grauen Kloster 1674. Berlin 1674 (Heidemann, 1874, S. 173).

Vol. miscell. (inscriptum:) Andr. Müller Opuscula de Rebus Sinicis. s. l. e. a. (1a: Un 1761; die Schriften sind einzeln aufgeführt).

HEBDOMAS OBSERVATIONUM De REBUS SINICIS. I. EPITOME Historiae SINICÆ, antiquissimæ juxtà ac recentissimæ. II. De Notitia Evangelii in Sinis per secula N. T. III. ELENCHUS REGUM SINICORUM. IV. ICONISMUS Plantæ laudatissimæ, GINSENG dictæ. V. Memorabilis Planetarum Synodus. VI. SPECIMEN Commentarii GEOGRAPHICI. VII. Hebdomadicam dierum Distributionem, eorumque Denominationem à Planetis desumtam, etiam Sinis ab olim usitatam fuisse. Quibus adjunguntur tria Capita EXAMINIS MONUMENTI SINICI. AUTOR ANDREAS MÜLLERUS, GREIFFENHAGIUS. COLONIÆ BRANDENBURGICÆ, Ex Officinâ GeorgI SchultzI, Elect. Typogr. 1674. Cölln 1674 (1a: 1 in: Un 1761; BIBLIOTHECA Carol Conr. ACHENBACH, 1728, Appendix I, S. 5; Müller, 1881, S. XIV; Wehr, 1966, S. 24; Küster/ Müller, 1737, I, S. 351).

I H C! INVENTUM BRANDENBURGICUM Sive ANDREÆ MULLERI GREIFFENHAGII, Præpositi Berlinensis, PROPOSITIO super CLAVE suâ SINICA. Berlin 1674 (1a: 3 in: Un 1761; Müller, 1881, S. XVI; Wehr, 1966, S. 25; Küster/ Müller, I, 1737, S. 351); Propositionis Inventi Sinici editio quarta cum notis. s. l. e. a. (Müller, 1881, S. XVI).

Ein Apostolisches Exempel Wol zu leben/ und selig zu sterben/ Aus St. Pauli Worten: Leben wir/ so leben wir dem HErrn/ etc. Rom. XIV,7. 8. Jn öffentlicher Gemeine zu St. Marien allhie in Berlin/ Bey Volckreicher Leich= und Trauerversamlung über den Sel. Abschied Fr. Catharinen Elisabethen Weisin/ Hn. Joachim Ernst Seidels/ Churfürstl. Brandenb. Ravensteinischen Appellation-Gerichts=Rahts/ Gewesenen treugeliebten Eheliebsten/ Als dieselbe am Sonntage Cantate Anno 1673. in dero Ruhekammer in gemeldter Pfarrkirchen beygesetzet wurde/ Jn einem Leich=Sermon fürgestellet/ Und folgends durch diesen Druck außgefertiget durch Andream Müllern/ Probsten in Berlin. Berlin/ Gedruckt bey Christoff Runge/ 1674. Berlin 1674 (1: 14 in: Ee 1593,I; 1: Ee 1594,II, S. 45–96; Küster/ Müller, 1737, I, S. 350).

Propositio Historiæ Sinicæ Abdallæ. Berlin 1674 ? (Küster/ Müller, 1737, I, S. 351).
CONCIONUM FUNEBRIUM HEBDOMAS PRIMA. Die Erste Sieben Leichpredigten/ Aus denen/ die Bey vornehmen und vornehmern Leichversamlungen in der Churfürstl. Haupt= und Residentz=Stadt Berlin/ Theils zu St. Nicolai, theils zu St. Mariæ Daselbst Gehalten/ und aber auch vorhin Durch den Druck heraus gegäben sind/ von ANDREÂ Müllern/ Probsten in Berlin. Hiebey Zum Anhang/ eine Bußtagspredigt. Berlin/ Gedruckt bey Christoff Runge/ 1675. CONCIONUM FUNEBRIUM HEBDOMAS SECUNDA & TERTIA. Die Andere und Dritte Sieben Leichpredigten/ Aus denen/ die Bey Vornehmen und Vornehmern Leichversammlungen in der Churfürstl. Haupt= und Residentz=Stadt Berlin/ Theils zu St. Nicolai, theils zu St. Mariæ Daselbst Gehalten/ und aber auch vorhin Durch den Druck heraus gegeben sind/ Von ANDREÂ Müllern/ Probsten in Berlin. Hiebey/ Zum Anhang eine Bußtags=Predigt. (Hebdom. IV. ohne besonderes Titelblatt an vorhergehende angehängt). Berlin 1675 (1: Ee 1594,I–IV).
Biblischer Pfingst=Trost Den Sterblichen zur Linderung Der Viererley Noth/ Welcher Hiskias gedencket in den Worten: Meine Zeit ist dahin/ und von mir auffgeräumet/ etc. Esaiæ XXXVIII, 12. 13. 14. Wie derselbe Jn einer Christlichen Leichpredigt über dem Seligen Abschied Fr. Elisabeth Blockin/ Des Churfl. Brandenburgischen Ampts=Cammer=Raths und Cammermeisters Herrn Johann Warnecken/ getreuen Eheliebsten/ Am Tage ihrer Beerdigung/ war der Pfingst=Montag dieses 1675. Jahres nach der Geburt JEsu Christi/ Jn der Kirchen zu St. Nicolai in Berlin/ Der Gemeine GOttes bey Volckreicher Trauerversammlung von Hohen und Niedrigen Nach dem Vermögen/ daß GOtt darreichete/ fürgestellet ward/ Und nunmehr auch durch den Druck denselben und andern fürgestellet wird von Andreâ Müllern/ Probsten in Berlin. Berlin/ Gedruckt bey Christoff Runge/ 1675. Berlin 1675 (1: 5 in: Ee 1593,II; 1: Ee 1594,III, S. 49–122; Küster/ Müller, 1737, I, S. 350).
Futuræ Electorum Gloriæ SPECULUM ÆNIGMATICUM. Teutsch: Rätzelgleicher Spiegel Der künfftigen Herrlichkeit der Außerwählten Gottes. Oder: Eine Christliche Leichpredigt Aus dem VII. Capitel der Offenbarung Johannis von der Schaar in weissen Kleidern/ Welche Bey Volckreicher Leichversammlung/ von Hohen und Andern/ über dem Seligen Tode Der Hoch=Edlen/ Ehr= und Tugendreichen Frauen/ Frauen Magdalenen Paschin/ Des Hoch=Edlen/ Hochbenamten Herrn/ Herrn ERASMI Seidels/ Churfürstl. Brandenburgischen geheimen Estats=Raths/ etc. Hinterbliebenen Frau Wittwen/ Als derselben Cörper am XV. Trinitatis, das ist/ 12. Septemb. 1675. in dero Erbbegräbniß in der Hauptkirchen zu St. Nicolai in Berlin beygesetzet ward/ gehalten ist/ und itzt durch den Druck außgefertiget wird von Andreâ Müllern/ Probsten in Berlin. Berlin/ Gedruckt bey Christoff Runge. 1676. Berlin 1676 (1: 7 in: Ee 1593,II; 1: Ee 1594,III, S. 123–198; Küster/ Müller, 1737, I, S. 350).
ORATIO DOMINICA SINICE (et BIBLIOTHECÆ SINICÆ Oeconomia) Berlin 1676 (1a: 2 in: Un 1761; Müller, 1881, S. XIV; Küster/ Müller, 1737, I, S. 351).
De invento Sinico Epistolae nonnullae amoebaeae inventoris & quorundam Soc. Jesu Patrum, aliorumque Literatorum (1676). s. l. 1676 (Müller, 1881, S. XVI; Küster/ Müller, 1737, I, S. 351).
Studiosorum THEOLOGIÆ CONDITIO. Das ist/ Die Gelegenheit der Studenten in der Theologie. Oder Eine Christliche Leichpredigt über der Historie von den Prophetenkindern des Elisæ. 2. Reg. IV,40. 41. Wie dieselbe Bey volckreicher Leich= und Traurversamlung/ als der leblose Cörper Des Ehrenvesten und Wolgelahrten Hn. Johann Peiskers/ Berlinensis, S. Theologiæ Studiosi, Zu S. Nicolai in Berlin/ Am Sonntage Judica 1676. Der Erden anvertrauet ward/ Gehalten/ und zum Druck herausgelassen ist von Andreæ Müllern/ Probsten in Berlin/ Berlin/ Gedruckt bey Christoff Runge. Berlin 1676 (1: 8 in: Ee 1593,II; 1: Ee 1594,III, S 199 bis 332 falsche Seitenzählung; Küster/ Müller, 1737, I, S. 350).
Creutzwage Das ist/ Eine Christliche Leichpredigt/ Uber Hiobs Worte: Wenn man meinen Jammer wöge/ etc. Bey Volckreicher Leich= und Trauerversamlung/ Da Des Wol=Ehrenvesten/ Groß=Achtbaren und Wolfürnehmen Herrn Wolff Ottens/ Churfürstl. Brandenb. Cammer=Gerichts Secretarii, gewesene treue Hauß= Ehre/ Frau Anna Maria Seltrechtin/ Dem Leibe nach/ Jn dero Ruhebettlein in der Kirchen zu St. Nicolai in Berlin Am Pfingst=Montage des 1676. Jahres beygesetzet ward/ gehalten Und folgends durch den Druck herausgegäben von Andreâ Müllern/ Probsten in Berlin. Berlin/ Gedruckt bey Christoff Runge. Berlin 1676 (1: 6 in: Ee 1593,II; 1: Ee 1594,III, S. 329–368; Küster/ Müller, 1737, I, S. 350).
Eine Christliche Leich=Predigt Aus den heiligen Worten JEsu Christi: Sey getreu bis in den Todt/ so wil ich dir die Crone des Lebens geben. (Apoc. II. 10.) Bey Volckreicher Trauer=Versammlung über der Sepultur des hinterstelligen Cörpers/ des numehr gewesenen Churfürstl. Brandenb. Cammer=Gerichts=Advocati, und

Hoff=Fiscals, Des Wol=Edlen/ Groß=achtbaren und Hochgelahrten Hn. PASCHASII Trüstedts/ Seligen/ Jn der Haupt=Kirchen zu St. Nicolai in Berlin/ am Sonntage vor Ostern/ Palmarum genannt/ im Jahr 1678. gehalten/ Und hernach durch den Druck herauß gegeben Von A. M. G. Cölln an der Spree/ Druckts Georg Schultze/ Churfürstl. Brand. Buchdr. Cölln 1678 (1:11 in: Ee 1593,II; 1: Ee 1594,IV, S. 1–52; Küster/ Müller, 1737, I, S. 350).

Himmlische Artzney/ Wann die Jrrdische Artzney nicht mehr zureicht. Wovon aus den Prophetischen Worten: Siehe/ umb Trost war mir sehr bange/ etc. (Esa. XXXVIII. 17.) Bey Christlicher und Volckreicher Leich=Versammlung/ über der frühzeitigen/ doch seligen Hinfahrt/ Der WolEdlen/ VielEhr und Tugendreichen/ Fr. URSULA MARIA HOFFMANNIN, Des WolEdlen/ GroßAchtbarn und Hochgelahrten/ Hn. GREGORII BERNHARDI, wolberühmten Doct. Medic. und vielbeliebten Practici, Nunmehr leider! gewesenen/ doch gewesenen treuen und liebwerthen Haus=Ehre/ Am Tage der Beerdigung Jhres sterblichen und verweslichen Leibes/ war der II. Advents-Sonntag des 1678sten Jahrs/ Jn der Kirchen zu St. Nicolai, vermittelst einer gewöhnlichen Leich=Predigt mit mehren gehandelt worden; Die Predigt auch selbst auf Begehren hiemit zum Druck herauß gegeben wird Von A. M. G. Cölln an der Spree/ Druckts Georg Schultze/ Churfürstl. Brandenb. Buchdr. Cölln 1678 (1: 12 in: Ee 1593,II; 1: Ee 1594,III, S. 419–472; Küster/ Müller, 1737, I, S. 350).

Epicedium für Ursula Maria Bernhard geborene Hoffmann. An: Müller, Andreas: Leichpredigt für Ursula Maria Bernhard geborene Hoffmann. Cölln 1678 (1: an 12 in: Ee 1593,II; 1: Ee 1594,III, nach S. 472).

Das allersicherste Erb=Recht/ Aus den Heiligen Schrifft=Worten: Der HErr ist mein Gut und mein Theil. Du erhältest mein Erbtheil. Das Loß ist mir gefallen auffs liebliche. Mir ist ein schön Erbtheil worden. Psal. XVI, 5. 6. An stat und in Gestalt Einer Christlichen Leich=Predigt. über Den frühzeitigen und schmertzlichen/ aber doch bald vollkommenen und seligen Tödtlichen Hintritt/ Der weiland Edlen/ Viel Ehr= und Tugendreichen Frauen/ Fr. Annen Sibyllen Krausin/ Des Edlen/ Groß=Achtbaren und Hochgelahrten Herrn Johann=Christoph Otten/ J. U. L. und Churfürstl. Cammergerichts=Advocati, &c. Nunmehr leider! gewesenen treuen und werthen Eheliebsten; Der Selig=Verstorbenen zum billigen Nachruhm und Zeugniß ihrer wolbekandten sonderlichen Gottseligkeit/ Dem Herrn Wittwer und andern Leidtragenden zum tröstlichen Andencken/ aufgesetzet von Andreâ Müllern/ Probsten in Berlin. Berlin/ Gedruckt bey Christoff Runge. 1678. Berlin 1678 (1: 10 in: Bd 8557; 1: 10 in: Ee 1593,II; Küster/ Müller, 1737, I, S. 350).

Die unsterbliche Hoffnung Der Sterblichen. Wovon Aus den heiligen Worten: Und ob mich der HErr gleich tödten wird/ so wil ich doch auff ihn hoffen. Job. XIII,15. Bey Volckreicher Leich=Versammlung über dem tödtlichen Hintritt Der Tugend=Edlen und in Gott Ehrenreichen Frauen/ Frauen Catharinen Sibyllen Segerinn/ Des Edlen und Groß=Achtbaren Herrn PETRI FRANCISCI CAUTII, Churfürstlichen Brandenburgischen Geheimen Cammer=Schreibers/ Bis in den Tod liebreichen und werthgehaltenen Ehewirthin/ Am Tage der Beerdigung ihres hinterstelligen Leibes/ war der 9. Novembr. Und der XXIV. Sonntag nach TRINITATIS Jm Jahr 1677. Jn der Kirchen zu St. Marien aus Gottes Wort mit mehren gehandelt; Die Predigt auch selbst zum Druck heraußgegäben von A. M. G. Berlin/ Gedruckt bey Christoff Runge. 1679. Berlin 1679 (1: 2 in: Ee 506; 1: 9 in: Ee 1593,II; 1: Ee 1594,III, S. 369–418; Küster/ Müller, 1737, I, S. 350).

Zwo Christliche Leich=Predigten/ Eine/ Auß den heiligen Worten: Jch wil mich mit dir verloben etc. Hos. II. 19. 20. Die andere/ Auß dem Buche der Weißheit/ und zwar auß den Worten: Aber der Gerechte/ ob er gleich zu zeitlich stirbt etc. Sapient. IV. 4–17. Wie dieselbe in Berlin bey Volckreichen Leichversamlungen zu S. Nicolai Die Erste/ Anno 1676. am XXIII. Sontage nach Trinitatis/ alß am Tage der Beerdigung/ Der weyland Edlen/ VielEhr= und Tugendreichen Frauen/ Fr. Anna Maria Zarlangin/ verwitweten Buttin/ Die Andere Anno 1679. am Sontage Esto mihi, alß am Tage der Sepultur Der weyland Edlen/ und zu aller Gottesfurcht und Tugenden sich frühe wolanlassenden Jungfer/ Jungf. Dorothea Margaretha Buttin/ Alß Mutter und Tochter/ gehalten/ und folgends zum Druck außgefertiget von ANDREA MÜLLERO, Greiffenhagio. Alten Stettin/ Druckts Daniel Starcke/ des Königl. Gymn. Carol. Buchdr. Alt-Stettin 1679 (1a: 33 in: Bd 8557; Küster/ Müller, 1737, I, S. 350; Leichpredigt für Anna Maria Butt geborene Zarlang (ohne Titelblatt) auch in: 1: 24 in: Ee 1594,IV).

Abdallae, cognom. Abu Said, Beidavaei, Historia Sinensis, quam Chataicam vocat, Persicè ab ipso scripta, & jam Persicè è M. S. gemino edita, Latinè item reddita, notisque illustrata ab A. M. G. Berlini, typis Rungianis, M D CLXXIX. Berlin 1679 (Müller, 1881, S. XIV; Wehr, 1966, S. 24; Küster/ Müller, 1737, I, S. 351).

BASILICON SINENSE, Seu PRIMORUM HOMINUM, REGNUM & IMPERATORUM SINENSIUM SERIES, NOMINA, COGNOMINA, AETAS, RES quaedam GESTAE, ALIAQUE, Ab exordio ad nostra usque tempora. s. l. e. a. [Berlin 1679] (1: 4 in: Bibl. Diez 4° 280; Müller, 1881, S. XVI; Küster/ Müller, 1737, I, S. 351).

ANDR. MÜLLERI Greiffenhagii Besser Unterricht Von der Sineser Schrifft und Druck/ Als etwa in Hrn. D. ELIÆ Grebenitzen Unterricht Von der Reformirten Und Lutherischen Kirchen enthalten ist. Psalm. LXIX. 21. Jch wartete/ obs jemand jammerte/ aber da ist niemand. Berlin 1680 (1a: an Dk 13610; Müller, 1881, S. XIV; Wehr, 1966, S. 29; Küster/ Müller, 1737, I, S. 351).

ORATIONIS DOMINICÆ VERSIONES fermè CENTUM. (Bl. 2:) ORATIO ORATIONUM. S S. ORATIONIS DOMINICÆ VERSIONES præter Authenticam ferè Centum eæque longé emendatiùs quàm antehàc et è probatissimis Auctoribus potius quàm prioribus Collectionibus, Jamque singulæ genuinis Linguæ suæ characteribus adeòque magnam partem ex ære ad editionem à Barnimô Hagiô traditæ, editæque à THOMA LUDEKENIO, Solqv. March. BEROLINI, Ex OFFICINA RUNGIANA, Anno 1680. Berlin 1680 (1a: in: V 8246 R; Müller, 1881, S. XIV; Wehr, 1966, S. 24f.; Küster/ Müller, 1752, II, S. 1016).

IMPERII SINENSIS NOMENCLATOR GEOGRAPHICUS, ut & ejusdem Imperii MAPPA GEOGRAPHICA/ planè nova, eaque è Multò ampliore Tabulâ, quam scil. ipsi Sinae editerunt, in arctiorem formam redacta, plurimisque Locorum Partim Nominibus Partim Numeris nomina indicantibus, in Romano literarum habitu vestita, unà cum PRAEFATIONE de Re Geographicâ Sinensium deque Mappâ WITSENIANA. Auct: Andreâ Müllero Greiffenhagio. s. l. e. a. [Berlin 1680] (7; 1: 5 in: Bibl. Diez 4° 280; 11: in Zt 5045; Müller, 1881, S. XVI; Küster/ Müller, 1737, I, S. 351).

Trau=Predigt seiner Tochter gehalten, als sie dem Archidiacono zu Königsberg in der Neumark Georgio Calovio zugeführet wurde. s. l. e. a. [Königsberg/ Neumark 1681, auch gedruckt?] (Küster/ Müller, 1752, II, S. 1016).

ANDREÆ MÜLLERI GREIFFENHAGII/ Unschuld wieder Hn. Dr. Elias Grebnitzen Beschuldigungen. (Bl. 2:) ANDREÆ MULLERI Greiffenhagii Unschuld/ gegen die hefftige Beschuldigungen/ die in Herrn D. Elias Grebnitzen/ Professoris, und der Theologischen Facultät Senioris, auff der Churfl. Brandenb. Universitet zu Francfurt an der Oder/ so genandten Verthädigung/ enthalten seyn/ numehro mit gnädigster Genehmhaltung Sr. Chufl. Durchl. zu Brandenburg/ etc. etc. etc. An des Tages Licht gebracht. 1. Pet. III. 9. Vergeltet nicht Schelt=Wort mit Schelt=Wort. Phil. IV. 5. Eure Lindigkeit lasset kund seyn allen Menschen. Matth. V. 44. Segnet/ die euch fluchen. Stettin/ Jn Verlegung des Autoris, Gedruckt bey Seel. Michael Höpfners/ Königl. und Rahts=Buchdruckers/ nachgelassener Wittwen/ im Jahr 1683. Stettin 1683 (1a: 4 in: Un 1761; Küster/ Müller, 1737, I, S. 351).

Anderer Theil des Catalogi der Sinesischen Bücher bei der Churfürstl. Brandenburgischen Bibliothec zu Cölln an der Spree Anno 1683 Auff Churfürstlichen gnädigsten Special-Befehl in unterthänigem Gehorsam von ANDREA MUELLERO GREIFFENHAGIO auffgesetzt. Cölln an der Spree druckts Georg Schultze, Churfürstl. Brandenb. Hoff-Buchdrucker. Cölln 1683 (1a: Ao 5216 OLS; 1a: 4° Ao 5216a; Müller, 1881, S. XIV; Küster/ Müller, 1737, I, S. 351).

Leich=Predigt Frau Benigna Cathar. Schleichin, Herrn Andreas Meyers, Bürgers und Handelsmanns Ehefrau aus 1. Tim. II. 15. anno 1683. vorgestellet. Stettin 1683 (Küster/ Müller, 1737, I, S. 350).

Deutsche Ubersetzung und Erklärung des zur Probe seines Sinesischen Schlüssels gnädigst fürgelegten Textes und Thematis aus den Sinesischen Jahr=Büchern von der Sonnen=Finsterniß, die zur Zeit der Creutzigung und des Todes Christi, auch im Reiche Sina, gesehen worden; noch zur Zeit ohne verfertigten, und so lange mächtig gehinderten Schlüssel, bey anhaltender Leibes=Schwachheit, zwischen seiner Fest=Andacht beyher zum Theil auffgesetzet, und dem gantzen Wercke von dieser Schrifft, Probe und Materie vorangeschickt, auch Anno M DC LXXXIII am Tage der jährigen Gedächtniß des Todes Jesu Christi bey den Churfürstl. Durchläuchtigkeiten zu allererst unterthänigst offeriret. s. l. 1683 (Müller, 1881, S. XIV; Wehr, 1966, S. 24; Küster/ Müller, 1737, I, S. 351, u. d. T.: Sinesische Probe. Cölln 1683).

Specimen Lexici Mandarinici. Ubi Sinarum voces & phrases Mandarinicae, quibus in loqvendo aula & literati utuntur, secundum differentiam notarum seu characterum, quibus universi ut & exteri, ceu communi scripturae genere, (quaquà linguà alioqui loquantur,) voces quasque exprimunt, methodice disponuntur & explicantur. Uno exemplo syllabae XIM commonstratum. Auctore Andrea Müllero Greiffenhagio. Speciminis Sinici Additamentum I. a. Berlini, typis B. Rungii. M D CLXXXIV. Berlin 1684 (Müller, 1881, S. XV).

Alphabetum Iapanicum. Berlin 1684 (Müller, 1881, S. XVI; Küster/ Müller, 1737, I, S. 351).

Leich=Predigt über der Leiche Frau Dorotheen Marien Gebels, Herrn Henrich Brandesen, Armen=Kasten=Vorstehers in Berlin Haußwirthin aus Ps. CXXXIX. 7–10. anno 1684. vorgestellet. Stettin 1684 (Küster/ Müller, 1737, I, S. 350).

Viduarum vere probarum raritas & caritas, das ist, frommer Wittben theure Zeit aus Lucæ IV. 25. 26. am Tage der Beerdigung Frau Margarethen Rungin, seel. Herrn Joh. Bercovii Diaconi Mariani hinterlassenen Wittben anno 1684. gehalten. Stettin 1684 (Küster/ Müller, 1737, I, S. 350).

Speciminum Sinicorum Andreae Mülleri Greiffenhagii Decimae de Decimis. unà cum Mantissis M D CLXXXV. Berlin 1685 (Möllendorff, 1876, Nr. 777; Müller, 1881, S. XV).

De rebus Sinensium epistola. Jena 1689 (Möllendorff, 1876, Nr. 400 u. 2008).

A. M. G. GEOGRAPHIA. MOSAICA Generalis ex GENESIOS capite Decimo. cum Novissima Orbis Terraquei Facie, & Commentariolis. (Bl. 2:) GEOGRAPHIA MOSAICA Generalis ex GENESIOS capite Decimo. H. E. TYPUS ORBIS TERRARUM, Quatenus is 1. Divini Vatis, MOSIS, aevo habitatus in tantum fuit; Hic ipse etiam Scriptor 2. GENEALOGIÆ NOACHICÆ LINEAMENTIS a. Singularum sui temporis GENTIUM Primas sedes b. (unde scil. COLONIÆ reliquae posteà, ut & inde subinde aliæ, deductæ sunt;) itemque c. Primævarum LINGUARUM Cognationem & Differentiam insinuavit. Accedent ALIA NONNULLA, quæ Lucem affundere rei Geographicæ & Jucunditatem aliquam Lectoribus cupidis conciliare poterunt. Sumptibus GODOFREDI BARTSCHII, Calcographi. Typis exprimebat Vidua SALFELDIANA. BEROLINI M.DC.LXXXIX. Berlin 1689 (1a: in: V 8246 R; Müller, 1881, S. XV; Wehr, 1966, S. 23).

A. M. G. Glossarium sacrum hoc est Vocum et Phrasium peregrinarum quae in Hebraico Veteris Testamenti codice occurrunt et interpretibus multum negotii hactenus facessunt. Penitior ex originaria uniuscujusque lingua expositio. Cujus tamen primo prima solummodo Pars ut a viginti et amplius annis expressa erat nunc demum editur ab Autoris Filio Quodvultdeo Abraham A. G. F. Müllero Francofurti Ao. 1690. Frankfurt/O. 1690 (Müller, 1881, S. XV; Wehr, 1966, S. 23; Küster/ Müller, 1737, I, S. 351).

ANDREAE MÜLLERI, GREIFFENHAGII, OPUSCULA Nonnulla ORIENTALIA, Uno Volumine comprehensa, Qvorum Seqventi paginâ prolixius monstrabit (sic). Francofurti ad Oderam, Apud JOHANNEM VÖLCKER. M.DC.XCV. Frankfurt/O. 1695 (1: Zt 289 ehem.; 11: Zt 5045; Müller, 1881, S. XV).

ALPHABETA ac NOTÆ Diversarum Linguarum pene septuaginta tum & VERSIONES Orationis Dominicæ prope centum collecta olim & illustrata ab ANDREA MULLERO, GREIFFENHAGIO, Consiliario Electorali Brandenburgico & Præposito Berolinensi Cum Præfatione De vita ejus & præsentium Opusculorum historia. Prostant Berolini apud JOHANNEM LIEBERMANN, Mercatorem in via Mühlen=Damm. Berlin 1703 (1a: V 8246 R; Wehr, 1966, S. 25; Müller, 1881, S. XV; Küster/ Müller, 1737, I, S. 344).

Historicae Societatis propositio. s. l. e. a. (Müller, 1881, S. XVI).

Praefationes. s. l. e. a. (Müller, 1881, S. XVI).

Mappa universalis Orbis antiqui, ejusdem generis. s. l. e. a. (Müller, 1881, S. XVI; Küster/ Müller, 1737, I, S. 351).

Mappa eadem trigesies variata, ad facilem Historiarum intellectum. s. l. e. a. (Küster/ Müller, 1737, I, S. 351).

Mappa Imperii Sinarum e Sinico translata. s. l. e. a. (Müller, 1881, S. XVI; Küster/ Müller, 1737, I, S. 351).

Historiola de Sinis ex Armenico Latine versa. s. l. e. a. (Müller, 1881, S. XVI).

Excerpta de Sinis e Gregorio Malatiensi. s. l. e. a. (Müller, 1881, S. XVI).

Elenchus Librorum variorum tam mss. quam typis editorum pro Emtoribus. s. l. e. a. (Müller, 1881, S. XVI).

Andreae Mülleri Greiffenhagii de Sinensium rebus aliaque nonnulla opuscula. s. l. e. a. (1: Bibl. Diez 4° 674).

Commentatio de perantiquo Pentateuchi Hebr. Manuscripto, quod anno Christi CCC. XXXIV in Insula Rhodi scriptum, (ut in fine libri a librario notatum est) jam in Bibliotheca Regia extat. s. l. e. a. (Müller, 1881, S. XVI).

SELECTIORUM NUMISMATUM INSCRIPTIONES nonnullæ, Historicè, Grammaticè, & Criticè Consideratæ. PERA I. et II. s. l. e. a. (1a: in: V 8246 R).

Cantzel=Predigt, welche Er Zeit seines Probsten=Amts auf der neu erbauten Cantzel in der Kirchen zu S. Nicolai in Berlin zu allererst und zur Einweihung derselbigen anno 1680. am Sonntage Cantate gehalten, und dazumahl grösten Theils in Berlin, nun aber völlig zu Ende im alten Stettin drucken lassen, und samt einigen Nachrichten herausgegeben. Stettin s. a. (1: Td 2166 ehem.; Küster/ Müller, 1737, I, S. 350).

(COROLLAE MARGARITARIAE) HISTORICAE ABDULLAE, cognom ABY SAID, BEIDAVIAEI) Pars Octava, HISTORIA CHATAICA, (etc.) s. l. e. a. (Lust, 1987, Nr. 282).

Glossarii Profani initia. (nur als Ms. ?) s. l. e. a. (Müller, 1881, S. XVI; Küster/ Müller, 1737, I, S. 351).

Extensio Geographiae Mosaicae. s. l. e. a. (Müller, 1881, S. XVI).

Epistola Apologetica II. s. l. e. a. (Müller, 1881, S. XVI).

ANTIQVÆ INSCRIPTIONES nonnullæ, quarum LITERÆ dudum in usu esse desierunt & ignorari coeperunt. IIs denuò PROPOSITÆ, qui Ingenii Vires explorare & Jnventricis Facultatis Casus obvios minimè negligere volent. s. l. e. a. (1a: in: V 8246 R).

ANDREAE MÜLLERI GREIFFENHAGII De SINARUM Magnaeque TARTARIAE Rebus COMMENTARIO ALPHABETICA, Ex Auctoris COMMENTARIIS Super Marci Polo Veneti HISTORIA ORIENTALI Aliisque MAGNO NUMERO MANUSCRIPTIS Excerpta ac saltim delibata. s. l. e. a. (Müller, 1881, S. XVI; Wehr, 1966, S. 24).

Commentatio Alphabetica, pertinens ad Abdallæ Hist. Sin. rectius intelligendam. s. l. e. a. (Küster/ Müller, 1737, I, S. 351).

Catalogus opusculorum auctoris usque ad Annum 1680 editorum et ineditorum. s. l. e. a. (Müller, 1881, S. XVI; Küster/ Müller, 1737, I, S. 351).

Catalogus librorum Sinicorum Bibliothecae Electoralis Brandenburgicae. s. l. e. a. (Wilken, 1828, S. 169; Deutsche Staatsbibliothek 1661–1961, Leipzig 1961, S. 317).

Anhang zwoer Reisen. Die erste, eines Moscovitischen Gesandten nach China. Die andere, Herrn Zachariae Wagners, ... durch ein groß Theil der Welt, und unter andern auch nach China. Berlin, gedruckt bei Christoff Runge. Berlin s. a. (Müller, 1881, S. XVI; Wehr, 1966, S. 24; Küster/ Müller, 1737, I, S. 351).

Actio Plagii Literarii Sinensis circa primaevam mundi Historiam. s. l. e. a. (Müller, 1881, S. XVI).

Charfreytags=Predigt. s. l. e. a. (Küster/ Müller, 1737, I, S. 350).

Stricturæ Kalendarii Decupli Tom. II. (Ms. ?) s. l. e. a. (Müller, 1881, S. XVI; Küster/ Müller, 1737, I, S. 351).

Mantissa Addendorum. s. l. e. a. (Müller, 1881, S. XVI).

Briefe

Briefe an Leibniz »de litteratura Sinica« aus den Jahren 1678 und 1679 (China und Europa, 1973, G 8; Küster/ Müller, 1752, II, S. 1015; Der Briefwechsel des Gottfried Wilhelm Leibniz. 1889. Neudruck Hildesheim 1966, Br. 666, Bl. 8).

Brief an Johannes Hevelius von 1679 (Küster/ Müller, 1737, I, S. 351).

Brief an Generalsuperintendent Heiler (28. 11. 1691) (Oelrichs, 1790, S. 64f.).

Nachlaß

Index generalis Auctorum, rerumque & verborum, quae in omnibus ipsius opusculis continentur (Ms.) (Müller, 1881, S. XVI).

Synchronismi annuarii (Ms.) (Müller, 1881, S. XVI).

Nachgelassene Schriften (Tentzel, 1697, S. 192ff.; Wehr, 1966, S. 35).

Literatur

PROCOPIUS, Levin Leopold: Ausführliche Lebensbeschreibung Andreas Müllers (Ms., ehemals in der Liebeherrischen Bibliothek – die jetzt in der Stadtbibliothek Stettin aufbewahrt wird –, verschollen, so WEHR, 1966, S. 35); SEYLER, Tobias: Chronik von Bernau bis 1736. In: 1: Ms. Boruss. Fol. 713, fol. 154r–158r: »9. M. Andreas Müller Von Anno 1664. ad Febr. 1668.«; (TENTZEL, Wilhelm Ernst T.): Monatliche Unterredungen Einiger guten Freunde Von Allerhand Büchern und andern annehmlichen Geschichten; Allen Liebhabern Der Curiositäten/ Zur Ergetzligkeit und Nachsinnen heraus gegeben Von A. B. JANVARIVS 1689. sine censura et approbatione Auctoris. LEJPZJG/ bey Thomas Fritschen. (1689–1698); hier 1689, S. 287–290 u. ö.; 1697, S. 182–192 ein Schriftenverzeichnis; [LEIBNIZ, Gottfried Wilhelm:] NOVISSIMA SINICA HISTORIAM NOSTRI TEMPORIS ILLUSTRATURA In quibus DE CHRISTIANISMO Publica nunc primum autoritate propagato missa in Europam relatio exhibetur deqve favore scientiarum Europæarum ac moribus gentis & ipsius præsertim Monarchæ, tum & de bello Sinensium cum Moscis ac pace constituta, multa hactenus ignota explicantur. Edente G. G.

L. Indicem dabit pagina versa. Secunda Editio. Accessione partis posterioris aucta. ANNO M DC XCIX. s. l. 1699 [Vorrede]; STARCK, Sebastian Gottfried: Vorrede zu Müller, Andreas: ALPHABETA ac NOTÆ Diversarum Linguarum pene septuaginta tum & VERSIONES Orationis Dominicæ prope centum collecta olim & illustrata ab ANDREA MULLERO, GREIFFENHAGIO, Consiliario Electorali Brandenburgico & Præposito Berolinensi Cum Præfatione De vita ejus & præsentium Opusculorum historia. Berlin 1703; RICHTER, Georg Gottfried: Dissertatio de eruditorum invidia. Leipzig 1703, § 36; KEHRBERG, Augustin: Erleuterter Historisch-Chronologischer Abriß, Der Stadt Königsberg in der Neu=Mark/ Jn 2. Abtheilungen dieselbe also vorstellende … Die andere Auflage, Mit vielen Diplomatibus und andern Historischen Accessionen, wie auch Register der vornehmsten Sachen vermehret. Berlin 1724, S. 204–207 u. 211; VANSELOW, Amandus Carolus: Gelehrtes Pommern, oder Alphabetische Verzeichnis einiger in Pommern gebohrnen Gelehrten, männlichen und weiblichen Geschlechtes, nach ihren merkwürdigsten Umständen und verfertigten Schrifften. Stargard 1728, S. 77–79; BAYER, Gottlieb Siegfried: Museum Sinicium. 2 Bde. Petersburg 1730; KÜSTER/ MÜLLER, 1737, I, S. 343–363; 1752, II, S. 416 u. 1015f.; ZEDLER 1739, 22, Sp. 194–197; JÖCHER, 1751, 3, S. 724f.; JÖCHER/ADELUNG, 1816, 5, S. 23; OELRICHS, Joh. Carl Conrad: Entwurf einer Geschichte der Königl. Bibliothek zu Berlin. Berlin 1752, S. 124–132; DÄHNERT, Johann Carl: Pommersche Bibliothek. Bde. 1–5. Greifswald 1752–1756, hier Bd. 2 (1753), S. 3–36; OELRICHS, Joh. Carl Conrad: Historisch-Diplomatische Beyträge zur Geschichte der Gelahrtheit, besonders im Hertzogthum Pommern. Tle. 1. 2. Berlin 1767/1790 (hier T. 2, S. 63–74: »Von des Kayserl. Raths, Churfürstl. Brand. Consistorial=Raths, und ehemahl. Berlinisch. Probsts, Andreas Müller, Verschenckungen seiner sehr ansehnlichen Bibliotheck, nebst denen zwey Schenckungs=Briefen selbst; durch deren einen nur ein sehr geringes Theil an das damahls zu Stargard gewesene Pomm. Consistorium, alles übrige aber an der St. Marien=Stifts=Kirche und königl. und akadem. Gymnasii Bibliothek zu Alten=Stettin gekommen ist. Vom 1692 und 1694sten J.«); HERING, Johann Samuel: Historische Nachricht Von Der Stifftung der zwey Collegiat=Kirchen in der berühmten Stadt Alten Stettin/ Nahmentlich der St. Marien Kirchen und St. Ottens Oder Schloß=Kirchen wie auch des Königl. Gymnasii Carolini Seit Anno MCCLXIII. bis MDCCXXV. … Alten Stettin/ Verlegts Johann Gottfried Conradi, 1725, S. 54; WILKEN, Friedrich: Geschichte der Königlichen Bibliothek zu Berlin. Berlin 1828, S. 21–23, 29 u. 169; MÖLLENDORFF, P(aul) G(eorg) & O(tto) F(ranz) von: Manual of Chinese Bibliography. Shanghai 1876; MÜLLER, August: Eröffnungsrede zur XXXV. Philologenversammlung (orientalische Sektion). In: Zeitschrift der Deutschen Morgenländischen Gesellschaft 35 (1881), S. III–XVI, mit einem nahezu vollständigen Verzeichnis von Müllers Schriften); BÜLOW, G. v.: Andreas Müller. In: ADB, 1885, 22, S. 512–514; STICHLER, Carl: Zwei altberlinische Chinakundige und Orientalisten zur Zeit des Großen Kurfürsten. In: Der Bär 22 (1896), S. 150–154, 163–165, 173–175; NOHL, 1903, S. 89; CORDIER, Henri: Bibliotheca Sinica. Dictionnaire Bibliographique des ouvrages relatifs a l'Empire Chinois. Vol. I–III. New York 1904–1906 (Reprint 1968); FREDRICH, Carl: Die ehemalige Marienkirche zu Stettin und ihr Besitz. Stettin 1920, S. 46; TAUTZ, Kurt: Die Bibliothekare der Churfürstlichen Bibliothek zu Cölln an der Spree. Ein Beitrag zur Geschichte der Preussischen Staatsbibliothek im siebzehnten Jahrhundert. Leipzig 1925, S. 206–211; FISCHER, Otto: Die Pfarrer an der St. Nikolaikirche in Berlin seit der Reformation. Leipzig 1937; LACH, Donald F.: The Chinese Studies of Andreas Müller. In: Journal of the American Oriental Society 60 (1940), S. 564–575; AUSTER, Guido: Die Orientalische Abteilung. In: Deutsche Staatsbibliothek 1661–1961. Bd. 1. Leipzig 1961, S. 275–318, hier S. 292f.; WEHR, Hans: Andreas Müller 1630 bis1694. In: Pommersche Lebensbilder. Bd. IV, bearb. von Walter Menn. Köln/ Graz 1966, S. 21–35; KRAFT, Eva: Die chinesische Büchersammlung des Großen Kurfürsten und seines Nachfolgers. In: China und Europa. Chinaverständnis und Chinamode im 17. und 18. Jh. Ausstellung 1973 im Schloß Charlottenburg, Berlin. Katalog. Hg. von der Verwaltung der Staatlichen Schlösser und Gärten. Berlin 1973, S. 18–25; KRAFT, Eva S.: Frühe chinesische Studien in Berlin. In: Medizinhistorisches Journal 11 (1976), S. 92–128, bes. S. 97–107, mit Auswertung der entsprechenden Akten im Geheimen Preußischen Staatsarchiv Berlin; LUST, John: Western Books of China published up to 1850. A descriptive Catalogue. London 1987; KYTZLER, Bernhard (Hg.): Marchia Resurge. Erhebe Dich Du Mark. Nachrichten aus der Humanistenzeit Berlins und der Mark Brandenburg. Ausstellung aus den Beständen der Staatsbibliothek zu Berlin – Preußischer Kulturbesitz 9. April–31. März 1992. (Katalog). Wiesbaden 1992, S. 38–40; GStA Rep. 47, Nr. 5,5a; GStA Rep. 47 B4.

Pankow (Pancovius), Thomas

* 27. Jan. 1622 Linum/Mark
† 9. Dez. 1665 Berlin
Arzt
V Joachim P., Prediger Linum
M Gratia Margarethe Wagner
∞ seit 1651 mit Catharina, (1631–1683), Tochter des Syndikus Johann Berchelmann
K Johann (1652–1702), Dr. med., seit 1682 kfl. Hofmedikus

1643–1647	Universität Rostock
1649	Universität Leiden (1649 Dr. med.)
seit 1650	Arzt in Berlin
1654	kfl. Hofarzt

Thomas Pankow wurde am 27. Jan. 1622 in Linum geboren. Nach dem erstem Unterricht durch den Pfarrer Johann Lange kam er an die Ruppiner Schule zum Magister Roßner und anschließend für drei Jahre an die Lüneburger Michaelis – Schule zu M. Zimmermann (Angaben aus dem »Curriculum vitae«). 1643 bezog er die Universität Rostock (HOFMEISTER, Matrikel Rostock, Bd. III, 1895, S. 130: Pancov, Thomas, Rupinensis March.; imm. April 1643 unter Rektor Joachim Schnobelius, Dr. et Prof. iur), deren medizinische Fakultät durch den Anatom und späteren dänischen Leibarzt Simon Pauli (1608–1680), der hier von 1634 bis 1639 lehrte, einen guten Ruf erworben hatte. Unter Paulis Nachfolger Joachim Stockmann (1592–1653) beendete Pankow sein Studium und wandte sich nach Berlin, um hier zunächst die Stellung eines Hofmeisters im Hause des Generals von Zabeltitz anzunehmen.

Als sich Pankow Ende 1648 in Leiden einschrieb (DU RIEU, Matrikel Leiden, 1875: Thomas Panchovius, Marchicus, 26, M.; imm. 5. Dez. 1648), war der Lehrbetrieb der medizinischen Fakultät unter Johann Walaeus (1604–1649) u. a. darauf gerichtet, sich kritisch mit den Folgen, die sich aus William Harveys (1578–1657) Lehre vom Blutkreislauf für das Gebäude der traditionellen galenischen Medizin ergaben, auseinanderzusetzen. War auf dem Gebiet der Physiologie der Weg zu einer naturwissenschaftlich orientierten Medizin hier erst begonnen worden, so war doch das empirische und experimentelle Arbeiten in anderen Bereichen der medizinischen Ausbildung bereits fest verankert. Neben der klinischen Ausbildung am Krankenbett verband das Studium in Leiden medizinische und botanische Lehre und bot mit dem Ärztegarten der Universität dafür auch besonders gute Voraussetzungen.

Am 25. Sept. 1649 promovierte Thomas Pankow zum Dr. med., bereiste dann noch die holländischen Provinzen und ließ sich 1650 als praktischer Arzt in Berlin nieder.

1654 wurde Pankow dann als kurfürstlicher Hofarzt bestallt. In diesem Jahr erschien auch sein »Herbarium« mit 1363 Pflanzenbildern und einem kurzen erläuternden Text, indem er auch die empirische Beobachtung als Programm seines wissenschaftlichen Arbeitens formulierte. Die Anregung zu diesem Werk ging auf Martin Friedrich → Seidel zurück, in dessen Besitz sich noch die Druckstöcke von Leonhard Thurneiser zum Thurn (1531–1595/96) befanden, dessen Werk aber nicht über den Druck von 37 Bildern hinausgekommen war (WINAU, 1987, S. 14). 1673 besorgte der Berliner Apotheker Bartholomaeus Zorn (1639–1717) eine erweiterte Neuausgabe des Werkes, in der er die eigenen Zusätze kennzeichnete. Pankow starb am 9. Dez. 1665; sein Epitaph befindet sich in der Berliner Marienkirche. [JS]

Werke

Disp. De Stellis. Rostock 1645. (Vgl. Curriculum vitae).
Disp. De Sympathia. Präs.: Joachim Stockmann. Rostock 1646. (Vgl. Curriculum vitae).
Diss. inaug. De Haemorrhagia. Leiden 1649. (Vgl. Curriculum vitae).
»Soll ich denn nicht billich klagen?« [Trauergedicht auf den Tod von Conrad Held, 1651]. In: HONOR SUPREMUS Poeticus, 1651. (LB Coburg).
»Hic eheu! nostri exuvias HELDI tegit urna: ...« [Epitaph für Conrad Held, 1651]. In: HONOR SUPREMUS Poeticus, 1651. (LB Coburg).
»Cur tu, magna virum, dilectae conjugis ...«. [Epicedium]. In: Gedult und Trost Der Kinder GOttes in jhren Trübsalen/ Aus dem Propheten Micha/ am 7. Cap. Bey der Leichbegängniß Der weyland Erbarn und Ehren= Tugendreichen Frawen/ Barbara Grünicken/ Des Wol=Ehrenvesten/ Groß=Achtbarn/ und Hochgelahrten Herrn Otto Böttichers/ MED. DOCTORIS, Ihrer Churfürstl. Durchl. zu Brandenburg Eltisten Leib= Medici, gewesenen Hauß=Ehre/ Nach dem sie am 2. Januarii dieses Jahres sanft und selig verschieden/ und am folgenden 9. ten/ bey der Thumbkirchen zu Cölln an der Spree beerdiget worden/ In volckreicher Versamblung erkläret/ Durch D. JOHANNEM BERGIUM, Churfürstl. Brandenb. Eltisten Hoffprediger und Kirchen Rath. Zu Berlin gedruckt bey Christoff Runge/ im 1653. Jahre. (1: Ee 1485, 12).
TH. PANCOVII herbarium portatile, oder behendes Kraeuter-vnd Gewaechs-Buch, darinn nicht allein 1363 sowohl einheimische, als auslaendische Kraeuter, zierlich vnd eigentlich abgebildet, sondern auch die meisten, so in der Medicin gebraeuchlich, kürzlich erklaeret werden. Berlin [1654]. (Küster, G. G., 1743, S. 61f.; Winau, 1987, S. 14); weitere Aufl.: Leipzig 1679. 4°. (BLC, vol. 246, p. 164).
THOMAE PANCOVII, D. SERENISSIMI ET POTENTISSIMI ELECTOR. BRANDENBURG. AULAE MEDICI, HERBARIUM, Oder Kräuter= und Gewächs=Buch/ Darinn so wol Einheimische als Außländische Kräuter zierlich und eigentlich abgebildet zufinden. Auff vielfältiges Begehren mit Fleiß übersehen/ und mit unterschiedlichen Kräutern nebst beygefügten Synonymis der berühmten Botanicorum vermehret/ auch die/ so in der Medicin gebräuchlich/ außführlicher erkläret und mit sonderlichen experimentis und observationibus der bewehrtesten Scribenten verbessert/ Durch BARTHOLOMAEUM ZORNN, D. Cölln an der Spree/ Druckts Georg Schultze/ Churfürstl. Brandenb. Buchdrucker auff dem Schlosse daselbst/ 1673. (11: Jo 73150; 14: Botan 478).
»SPONSE ter & supra felix, LUTHERE, favorem ...«. [Epithalamium für Gabriel Luther und Anna Rosina Luther geb. Weise]. In: FOEDUS AMORUM SOLEMNI NUPTIARUM DN. GABRIELIS LUTHERI ET VIRG. ANNÆ ROSINÆ VVEISIÆ Sacrum Auspicatum vovent atque diuturnum Fautores & Amici. BEROLINI Typis RUNGIANIS, Anno 1655. (109: Slg. GK: Cg 121. 6).
»Cura, labor, livor, consumunt corpora: multos ...«; »Sorg/ Arbeit/ Neid/ ...«. [Epicedia auf den Tod von Johann Berchelmann]. In: CARMINA FAUTORUM ET AMICORUM in obitum eundem, ejusdem Piè defuncti, an: Der Klag in Reigen Verwandelung/ aus dem 30. Psalm Davids/ v. 11/12/13. Bey Hochansehnlicher Volckreicher Leichbestattung/ Des weyland WollEhrenvesten/ GroßAchtbarn und Hochgelahrten Herrn JOHANNIS Berchelmans/ Beyder Rechten Licentiati, und der Löblichen Landschafft wolbestalten Syndici und Rentmeisters/ welcher den 15. Junij Anno 1655. frühe ümb drey Vhr sanfft und selig im HErren entschlaffen/ und folgends darauf den 22. Junij in der Pfarr=Kirchen St. Marien begraben worden/ erkläret von M. PETRO Vher/ Probsten in Berlin. Daselbst Gedruckt bey Christoff Runge. (1: Ee 502, 11 angeb.)
Epicedium. In: Fromm, Andreas: Leichpredigt auf Joachim Schultze, kfl.-brandenburgischer Amtskammerrat. Berlin: Christoff Runge 1655. (LP StA Braunschweig Nr. 6099).
Epicedium. In: Lubath, Martin: Leichpredigt auf Margaretha Hoffmann, geb. Bernhard. Berlin: Christoph Runge 1656. (LP StA Braunschweig Nr. 419).
»Qui vixit multis & vitae munera obivit ...« [Epicedium]. In: LACRYMÆ POSTHUMÆ HONORI SUPREMO Viri Reverendi. Plurimum et Amplißimi DOMINI M. JOACHIMI FROMMI, Archidiaconi Nicolaitani & Senioris Ministerii Berlino-Coloniensis, Emeriti THEOLOGI JUSTI, SANCTI, INCUL-pati, Recti, jam benè beateque habentis in Patriâ, Inde à IV. Kal. Maij MDCLVII. fatali, Viæ, et Gratiæ regni. AFFUSÆ AB AMICIS QUIBUSDAM, COLLEGIS, ET FAUTORIBUS. Berolini Typis Rungianis. [1657]. (1: Ee 510, 17).
»ZARLANGI de stirpe rapit mors hunc inimica, ...«. [Epicedium]. In: MEMORIÆ. SACRUM. HEUS. VIATOR. REFLECTE. OCULOS. ET. MENTEM. IN. HANC. TUMBAM. HIC. JACET. PUERULUS. NO-

VENNIS. VENUSTI. ORIS. ET. MORIS. FRIDERICUS. ZARLANG. CONSULARIS. FILIOLUS. IN. IPSO. VERE. ÆTATIS. INSTAR. ELORIS. AMOENISSIMI. SUCCISI. DYSENTERIA EXTINCTUS. PARENTUM. LAUDATISSIMORUM. MODO. SPES. AT. NUNC. DESIDERIUM. (HEU!) INANE. DIFFICILE. EST. HUIC. MAGNO. PARENTUM. DOLORI. PARIA. VERBA. REPERIRE. AMICI. TAMEN. ET. CONSULARIS. NOMINIS. CULTORES. VERBORUM. FOMENTA. RITE. ADHIBUERUNT. NUNCABI. ET. MEMORI. MENTE. HOC. LEMMA. VERSA. INFANTUM. ET. PUERORUM. EXTINCTIO. EST. VIRORUM. ET. SENUM. AD. DEBITUM. NATURÆ. SOLVENDUM. CITATIO. BEROLINI. TYPIS. RUNGIANIS. ANNO. 1660. (1: Ee 543, 3).

BOTTCHERUS JACET HIC, SED NON MODO BOTTICHER IPSE …«. [Epitaph für Otto Bötticher]. In: Lessus Lugubres In Obitum Amplißimi, Nobilißimi, Experientißimi, atq. Excellentißimi, DOMINI OTTONIS BOTTICHERI, Medicinarum Doctoris …, Serenissimi Electoris Brandenburgici Consiliarii & Archiatri Senioris, nec non Ecclesiastici & in Gymnasio Joachimico Scholastici Antistis, Viri incomparabilis &, dum viveret, rarae Eminentiae, deq. Aulâ & totâ Patriâ meritißimi, … Amicis & Fautoribus. Berolini, Typis Rungianis. M.DC.LXIII. (1: Ee 503, 14).

»Prosit honos, Pindus quem defert Marchicus. Ecce …«. [Carmen gratulatorium für Samuel Rosa zur Magisterpromotion 1665]. In: PRISCUM FELICITER! Viro Clarissimo DN. SAMUELI ROSÆ, Gymnasij Berlinensis Sub-Con-Rectori, fidelissimo, Cum in Illustri Viadrinâ Anno M DC LXV. d. XII. Octob. Laureâ ornaretur PHILOSOPHICA, acclamant Fautores & Amici. COLONIÆ BRANDENBURGICÆ, Ex Officina GEORGII SCHULZII, Electoralis Typographi. (109: Slg. GK: Sch 1/59. 1).

Literatur

Curriculum vitae Dn. D. Thomae Pancovij, Archiatri Brandenb. (1: Ms. Boruss. fol. 1205, f. 293v–295r); Acta Medicor. Berolinens. Dec. II, Vol. V, p. 2–3. [1725]; Kestner, Medicinisches Gelehrten-Lexicon, 1740, S. 613; Seidel/Küster, 1751; Artelt, Walter: Medizinische Wissenschaft und ärztliche Praxis im alten Berlin in Selbstzeugnissen. Berlin 1948; Winau, 1987, S. 14.

Pawlowsky, Andreas von

* 30. Nov. 1631 Parlin/ Preußen
† 25. Nov. 1691 Cölln
Theologe, luth.
V Christoph von Pawlowo Pawlowsky, kgl.-polnischer Obrist
M Sophia geb. von Jastrzembski
⚭ I. 1654 Anna Catharina geb. Bruchmann;
   II. 1677 Rosina Sabina geb. Naftzer
K Franz Rudolph von P.; Andreas Friedrich von P.; Anna Catharina (gest. 1676)

Schulbesuch in Lublin, Kunitz, Elbing, Thorn und Danzig
Universitäten Braunsberg/ Ostpreußen, später in Posen und Samost
Universität Krakow (Bacc. phil.)
Hauslehrer beim Wojewoden zu Culm
Reisen nach Kiew/ Ukraine, Prag (Mag.) und Wien (Bacc. theol.)
Rückbeorderung durch den Vater an die Universität Krakow
Abweichung vom katholischen Glauben und Flucht nach Pommern
Reisen nach Prag, Leipzig, Wittenberg und Frankfurt/O., um sein Theologiestudium abzuschließen
Hauslehrer beim Amtmann zu Schwedt, danach beim Amtmann zu Düringshofen

1654	Prediger zu Stendalchen und Felchow in der Uckermark
1655	Prediger zu Kriewen, Flemersdorf und Zieten, später in Küstrin
1660	Prediger zu Drenzig
1665–1667	Inspektor zu Soldin in der Neumark
1667–1674	Erster Diakon zu S. Petri in Cölln
1674–1691	Archidiakon

Andreas von Pawlowsky wurde am 30. Nov. 1631 auf dem Gut Parlin in Preußen geboren. Sein Vater war der kgl.-polnische Obrist und Kommandant des Schlosses Tauchel, Christoph von Pawlowo Pawlowsky, Erbherr zu Parlin, Jehmmeln und Birchoffko; seine Mutter Sophia geborene von Jastrzembski entstammte einer adligen Familie, die ihren Stammsitz in Sienno nahe der Stadt Bromberg hatte. Der Großvater, Lucas von Pawlowsky, war Landrichter und ältester Direktor der Ritterschaft des Culmer Kreises (zur Biographie ausführlich Franz Julius LÜTKENS in seiner Leichpredigt auf Andreas von Pawlowsky). Das in Preußen bekannte Adelsgeschlecht derer von Pawlowsky geht auf einen Zweig der in Schlesien hochangesehenen Familie von Haugwitz zurück, der sich besonders um die polnische Krone verdient gemacht und das polnische Indigenat erhalten hatte, vom König schließlich mit dem Gut Pawlowo bedacht worden war, nach dem die Familie sich nannte.

Pawlowsky besuchte zunächst die Schulen in Lublin und Kunitz, später die Gymnasien zu Elbing, Thorn und Danzig, wo er nach dem Willen des Vaters nur die deutsche Sprache erlernen sollte. Doch auf den evangelischen Gymnasien wurde er auch in der lutherischen Lehre unterwiesen, so in Thorn, wo Magister Zimmermann das Rektorat inne hatte. Im Ober-Auditorium des Gymnasiums wurden täglich Philosophie und Theologie gelehrt, auch oratorische Übungen gehalten und monatlich Disputationen durchgeführt. Am Akademischen Gymnasium in Danzig, das eine Mittelstellung zwischen einer lateinischen Gelehrtenschule und einer Universität einnahm, herrschte hochschulähnlicher Lehrbetrieb, wurden Theologie und Philosophie und sogar Jurisprudenz und Medizin als akademische Disziplinen betrieben. Die Gymnasiasten der beiden oberen ordines konnten die Lektionen selbständig auswählen, doch mußten die theologischen Lektionen natürlich von allen besucht werden, wie auch der Rektor immer ein Theologe sein mußte. 1631 wurde der lutherisch-orthodoxe Theologe Johann Botsack (1600 bis 1672) zum Rektor der Anstalt berufen, an der bis dahin der Kalvinismus dominiert hatte. Als Botsack 1643 zum Pastor der Kirche zu S. Marien vozierte, übernahm der gleichfalls unbeugsame lutherische Theologe Abraham Calov (1612–1686) die Leitung der Anstalt. Beide waren 1645 Teilnehmer an dem vom polnischen König einberufenen Thorner Religionsgespräch, das wohl nicht zuletzt an ihrer starren lutherisch-orthodoxen Haltung scheiterte.

Durch den Besuch der evangelischen Gymnasien sollen Pawlowsky bereits Zweifel an der katholischen Lehre gekommen sein. Tatsächlich beorderte der Vater, der vom Rektor des 1613 gegründeten Danziger Jesuitenkollegiums, Andreas von Pawlowsky, seinem Bruder, entsprechende Hinweise erhalten haben soll, den Sohn zurück und schickte ihn zur weiteren Ausbildung auf katholische Universitäten, zunächst auf die Jesuitenuniversität Braunsberg, später nach

Posen und Samost, schließlich auf die berühmte Universität Krakow. Hier in Krakow belegte Pawlowsky den an einer katholischen Universität üblichen dreijährigen ganzen Cursus philosophicus und erlangte nach erfolgreichem Abschluß das Baccalaureat. Anschließend schickte ihn der Vater zum Wojewoden zu Culm, einem nahen Verwandten mit Namen Konarsky, der Pawlowsky zum Erzieher seiner drei Söhne bestellte. Diese begleitete er zunächst auf die »griechische Universität« der Basilianern in Kiew in der Ukraine. Die Mönche aus dem Orden des Hl. Basilius (ihr bekanntestes orthodoxes Kloster ist jenes auf dem Berge Athos in Griechenland) erlangten besondere kirchengeschichtliche Bedeutung in Rußland, wo sie 1062 in Kiew ein Basilianerkloster gründeten, das zum russischen Kulturzentrum und Mutterkloster zahlreicher weiterer Klöster wurde. Anschließend reiste Pawlowski mit den Konarsky-Söhnen nach Prag, wo er die philosophische Fakultät besuchte und zum Magister promovierte. Nächste Reisestation war Wien; hier widmete sich Pawlowsky der Theologie und erwarb nach mehreren erfolgreichen Disputationen auch das theologische Baccalaureat. Zurückgekehrt schickte ihn der Vater erneut nach Krakow, wo der Sohn weiter Theologie studieren sollte, um endlich ein geistliches Amt zu erlangen.

Der neuerliche Aufenthalt in Krakow wurde zur entscheidenden Zäsur in Pawlowskys geistig-religiöser Entwicklung. Offenbar hatte er sich in seinen Glaubensauffassungen bereits so weit vom Boden der Papstkirche entfernt, daß er die katholischen Lehren nicht mehr uneingeschränkt vertreten konnte. In einer theologischen Disputation über die Anrufung der Heiligen, an der er als Opponent teilnahm, stellte er katholische Dogmen in Frage, wobei er seine Argumente aus Lehrsätzen des lutherischen Theologen Conrad Dieterich (1575–1639) gewann (so der Cöllnische Rektor Johannes BÖDIKER in seiner Leichabdankung auf Andreas von Pawlowsky). Daraufhin beschuldigte ihn der Praeses, der Theologieprofessor Rozycki, der Ketzerei; der Vater entzog dem Sohn seine Fürsorge, enterbte ihn und soll ihm sogar nach seinem Leben getrachtet haben. Von seiner Mutter gewarnt, floh Pawlowsky zu nahen Verwandten nach Pommern, auf deren Rat er an der Universität Prag sein Theologiestudium fortsetzen sollte. Da ihm der dortige Aufenthalt jedoch nicht mehr sicher genug schien, reiste er nach Leipzig, wo er zwar die Theologen Johannes Hülsemann (1602–1661) und Riemer aufsuchte, sich aber offensichtlich nicht an der Universität immatrikulieren konnte, da die Matrikel keinen entsprechenden Eintrag aufweist.

Natürlich wollte Pawlowsky, der inzwischen etwa 20 Jahre alt war, seine theologische Ausbildung abschließen und ein geistliches Amt übernehmen. Doch die Quellen verweisen wiederholt auf die fehlenden finanziellen Mittel für einen erfolgreichen Universitätsbesuch. Wohl schon nach kurzer Zeit verließ Pawlowsky Leipzig und reiste nach Wittenberg, doch auch hier konnte er nicht Fuß fassen (die Matrikel weist keinen Eintrag über seine Einschreibung an der Universität auf). So war er schließlich gezwungen, zu seinen mütterlichen Verwandten nach Pommern zurückzukehren. Auf dem Rückweg ließ er sich 1652 von den Frankfurter Pastoren Johann Christoph Ludecus (gest. 1683) und Martin Heinsius (1611 bis 1667) examinieren und durfte durch ihre Fürsprache an der Universität predigen und lesen und so seine spärlichen Mittel etwas aufbessern.

Vom Vater enterbt und mittellos, mußte Pawlowsky sein Theologiestudium zunächst hintenanstellen und sich anderweitig seinen Lebensunterhalt sichern. So nahm er eine Stelle als Hauslehrer beim Amtmann zu Schwedt, später beim Amtmann von Düringshofen an. 1654 erhielt er sein erstes öffentliches Amt angetragen und wurde zum Prediger zu Stendalchen und Felchow in der Uckermark (so BÖDIKER in seiner Abdankung für Andreas von Pawlowsky) berufen. Die feste Anstellung erlaubte nun auch die Gründung einer Familie: Am 25. Aug. 1654 heiratete Pawlowsky Anna Catharina, eine Tochter des Pfarrers zu Göritz im Amt Lebus, Georg Bruchmann; sie starb 1676. Aus dieser Ehe stammen ein Sohn und drei Töchter. Andreas stand später als Leutnant in kaiserlichen Diensten und fiel am 28. Jan. 1685 bei der Verteidigung des Schlosses Donawitz vor türkischen und ungarischen Angreifern. Anna Sophia ehelichte den kfl.-neumärkischen Konsistorialrat, Pastor und Inspektor zu Küstrin, Johann Georg Hoffmann; Anna Catharina starb 1676 kurz vor ihrer Mutter und Anna Rosina ehelichte den kfl.-brandenburgischen Kommissariats-Sekretär Johann Benedikt Schartow.

Eineinhalb Jahre bekleidete Pawlowsky das ihm übertragene Predigtamt, dann wechselte er auf das Predigtamt im preußischen Kriewen in der Nähe Posens und war hier auch für Predigt und Seelsorge in den Nachbarorten Flemersdorf und Zieten zuständig. Auf dem platten Land war der Pastor beziehungsweise der

Prediger in der Regel der gebildetste Mann im Dorf. Er hatte den Gottesdienst mit seinen zahlreichen Aufgaben auszuüben und die Sakramente auszuteilen, außerdem die Kinder im Glauben zu lehren und neben der Seelsorge vor allem die Kirchenzucht zu handhaben. Doch die Zeiten waren unruhig, im 1655 ausgebrochenen schwedisch-polnischen Krieg machten marodierende Söldnertruppen auch das Herzogtum Preußen unsicher, die Einwohner in den ungeschützten Dörfern suchten ihr Heil in der Flucht, Pawlowsky selbst wurde von umherstreifenden Kroaten um Hab und Gut gebracht und kam nach Küstrin, wo sein Schwager Martin Muthreich (1606–1662) das Diakonat bekleidete, zu jener Zeit jedoch erkrankt war, so daß Pawlowsky dessen Predigten und Seelsorge verrichtete. Offenbar war die kfl.-neumärkischen Regierung von der Amtshilfe des Zugereisten recht angetan; denn als Muthreich seinen Dienst wieder aufnehmen konnte, berief sie Pawlowsky 1660 auf das Pfarramt zu Drenzig im Sternberger Gebiet, einer Landschaft zwischen Oder und unterer Warthe, die Mitte des 13. Jahrhunderts an Brandenburg gekommen war und seit 1535 zur Neumark gehörte. Doch diesem machte die Ausübung seiner Amtspflichten mehr Mühe als ihm lieb gewesen sein mochte, da zur Pfarrei mehrere Orte gehörten und der Pfarrer sonntags drei bis viermal predigen mußte.

1665 erhielt Pawlowsky einen Ruf als Inspektor nach Soldin in der Neumark. Sein Vorgänger, Jeremias Gröffenius, der seit 1638 Pfarrei und Inspektorat inne hatte, war am 9. April 1665 gestorben, so daß Pawlowsky wohl im Herbst sein neues Amt antrat. Als 1652 das neumärkische Städte-Direktorium gegründet und hierher verlegt wurde, stieg Soldin zur Hauptstadt der Neumark auf. Drei Jahre später zerstörte eine Feuersbrunst 90 Häuser sowie die Pfarrkirche mit Turm und Glocken; erst 1676, nach mehr als 20 Jahren, wurde mit ihrer Wiederherstellung begonnen. Bis dahin blieb sie ohne Dach und Gewölbe, so daß der Inspektor als Inhaber der Pfarrstelle seinen Gottesdienst in einem Provisorium verrichten mußte. Um den hohen Erwartungen entsprechen zu können, die an das Amt eines Inspektors in der neumärkischen Hauptstadt gestellt wurden, immatrikulierte sich Pawlowsky am 19. März 1666 unter dem Rektorat von Gottfried Pelargus an der Universität Frankfurt/O. Dies geht aus einer weiteren Inskription hervor, die der Rektor Elias Grebnitz am 8. Okt. 1679 vornahm (FRIEDLÄNDER, 1888, S. 164b, 40: »8. Octobris. Andres. de Pawlo Pawlowski, nobilis Borusso-Polonus, inscriptus rect. dom. d. Pelargo 1666, 19. Martii.«). Obwohl keiner der beiden Einträge auf die Erlangung der Magisterwürde verweist, muß Pawlowsky diese an der Universität erhalten haben, und zwar bereits 1666, da er in dem frühesten nachweisbaren Druck, einem Epicedium auf den am 1. Febr. 1674 verstorbenen Archidiakon zu S. Petri in Cölln, Christian Nicolai (1627–1674), als Magister unterzeichnet.

Anfang 1667 kam Pawlowsky als Erster Diakon an die Petrikirche zu Cölln und stieg nach dem Tode Nicolais 1674 zum Archidiakon auf, welches Amt er bis zu seinem Tode 1691 ausübte. Sein Werkverzeichnis umfaßt beinahe ausnahmslos nur von ihm in Druck gegebene Leichpredigten. Die heute noch erhaltenen sind durch gelungene Gleichnisse und Allegorien gekennzeichnet, auch wenn Pawlowsky in der kurbrandenburgischen Residenz als nicht besonders redebegabt galt. Überliefert ist, daß er während seiner Amtszeit immer wieder gegen Anhänger sektiererischer Richtungen wie Sozinianer und Photinianer predigte, die die Dreieinigkeit Gottes leugneten. Die Antitrinitarier wurden von ihren Gegnern zumeist als Photinianer bezeichnet, nach dem griechischen Theologen Photios (um 820–897/98), um damit auf die Verbindung mit oppositionellen Bewegungen gegen die Lehren der Kirche schon in der Frühzeit des Christentums hinzuweisen. Die Betonung dieser konfessionspolemischen Richtung in der Leichpredigt auf Pawlowsky wirft ein bezeichnendes Licht auf die religiösen Zustände in der Mark Brandenburg in den letzten Jahrzehnten des 17. Jahrhunderts, als infolge der von Kurfürst Friedrich Wilhelm praktizierten toleranten Einwanderungspolitik vor allem gegenüber den aus Frankreich vertriebenen Hugenotten auch zahlreiche, den lutherischen Geistlichen suspekt erscheinende Immigranten in die Mark und ihre Residenz kamen. Gleichwohl soll sich Pawlowsky, der selbst Verfolgung und Flucht erfahren hatte, in seinem geistlichen Amt in besonderer Weise um Fremde, die wegen ihres Glaubens aus ihrer Heimat vertriebenen worden waren, gekümmert haben.

Das Jahr 1676 begann für Pawlowsky mit viel persönlichem Leid, starben doch im Januar seine Tochter Anna Catharina (zu deren Beerdigung der Rektor des Cöllnischen Gymnasiums, Johannes → Bödiker, die

Abdankung hielt) und einen Monat später, am 17. Febr., seine Frau Anna Catharina geborene Bruchmann. Die wohl ebenfalls von Bödiker gehaltene Abdankung ist nicht überliefert, dafür jedoch ein Gelegenheitsdruck mit Epicedia der Cöllnischen Schulkollegen Johannes Bödiker, Johann Georg Zeitz (1647–1695), Philipp → Westphal (der Kantor versah außerdem Bödikers Trauerlied mit einer Melodie), Daniel Coldebatz und David Schultze. Nach dem Tod seiner ersten Frau heiratete Pawlowsky am 12. Febr. 1677 Rosina Sabina, eine Tochter des Cöllnischen Ratsherrn Rudolph Naffzer. Die neue eheliche Verbindung trug erheblich zur Reputation des Cöllnischen Archidiakons bei, der nun durch verwandtschaftliche Beziehungen dem Cöllnischen Patriziat angehörte. Die von den Cöllnischen Schulkollegen zu diesem Ereignis verfaßten Epithalamia sind ebenfalls erhalten geblieben. Aus Pawlowskys zweiter Ehe stammen die Söhne Franz Rudolph, der sich 1699 an der Universität Leipzig immatrikulierte, und Andreas Friedrich, der sich 1705 in die Matrikel der Universität Rostock einschrieb und es bis zum kgl.-preußischen Geheimen Rat brachte.

1691 brach Pawlowsky, erst 60 Jahre alt, während eines Frühgottesdienstes auf der Kanzel zusammen. Nachdem ihn am 1. Okt. desselben Jahres ein Schlaganfall vollends niedergeworfen hatte, verstarb der Archidiakon am 25. Nov. 1691.

Die Leichpredigt hielt am 6. Dez. Franz Julius Lütkens (1650–1712), der Propst zu S. Petri. Am Anfang finden sich mehrere Passagen mit einer äußerst scharfen Polemik gegen die römisch-katholische Kirche. So habe sich Pawlowsky, der ja einem adeligen katholischen Geschlecht entstammte, zur lutherischen Lehre bekannt,»wiewol mit grosser Gefahr seines Lebens/ und mit Hinterlassung aller Zeitlichen ihm sonst von Rechtswegen zukommenden Güter und Haabseligkeiten/ so gar/ daß Er auch von den Seinigen wie ein Fluch und Feg=Opfer ist geachtet worden«. Die Abdankung auf den Verstorbenen stammte wiederum von Rektor Bödiker; Epicedia auf Pawlowskys Tod verfaßten seine Cöllnischen Amtskollegen und die Lehrer des Cöllnischen Gymnasiums, außerdem seine noch jungen Söhne Franz Rudolph und Andreas Friedrich sowie die Schwiegersöhne Johann Georg Hoffmann und Johann Benedikt Schartow. Pawlowskys Witwe ließ ein Epitaph mit dem Bildnis des Verstorbenen in der Kirche zu S. Petri errichten (vgl. KÜSTER, 1731, S. 187, wo die Inschrift mitgeteilt ist).
[LN]

Werke

Honor ultimus Singulari Pietatis, Fidei, Constantiæ et Patientiæ mere et verè Christianæ Exemplo, Reverendo admodum et Clarissimo Viro DOMINO CHRISTIANO NICOLAI, Archi-Diacono Templi Coloniensis Petrini optimè merito, dolenter exhibitus ab Ecclesiæ ejusdem, Diacono et Gymnasii Collegis. COLONIÆ BRANDENBURGICÆ, Ex Officinâ GeorgI SchultzI, Typogr. Elect. Anno M.DC. LXXIV. Cölln 1674 (109: Slg. GK: Sch 1/77).

Christliche Leich=Predigt, darinnen vorgestellet wird die Krafft GOttes, so in der Unvollkommenheit der schwachen Menschen sich mächtig erzeiget bey der Leiche Herrn M Joh. Buntebarts, Probsten in Cöln Anno 1674. den 26. Jul. aus 1. Cor. XIII. 9. 10. Cölln 1674 (Küster, 1731, S. 187).

Schatz über alle Schätze, das ist Christl. Leich=Predigt aus Psalm LXXIII.25.26. bey Leichbestattung Herrn M. Samuel Mulleri 34.jährigen Rectoris in Cöln Anno 1674. den 20. Sept. vorgestellet. Cölln 1674. (LP StA Braunschweig, Nr. 4389; Küster, 1731, S. 187).

Himmlisches Erbe, d. i. Christliche Leichpredigt bey der Leichbegängniß Herrn Gabriel Wedigen, Churfürstl. Brandenb. Cammer=Gerichts=Aduocati und Stadt=Richters in Cöln, aus 1. Petri I,4–9. anno 1675. gehalten. Cölln 1675 (Küster/ Müller, 1752, II, S. 567).

Leichpredigt für Adam Simon Böhme, Vize-Rentmeister und Zoll-Einnehmer. Frankfurt/O. 1675 (1: 12 in: Ee 503).

Geistlicher Lust=Garten in einer aus dem Propheten Micha gehaltenen Leich=Predigt, als Herr Michael Hanff Churfürstl. Brandenb. alter und wohlverdienter Lust=Gärtner am 2. Sonntage des Advents, war der 8. Dec. 1678. Christl. Gebrauch nach beerdiget wurde, entworffen. Cölln 1678 (Küster, 1731, S. 187).

Breue vitæ curriculum, die kurtze Lebens=Zeit aus Jes. XXXVIII. 12. bey dem Grabe Fr. Armgard Margar. Dehnin, Herrn Christoph Strickers Churfürstl. Brandenb. Müntz=Guardins Eheliebste, so Anno 1687. den 8. Aug. gestorben, betrachtet. Cölln 1687 (Küster, 1731, S. 187).

Triplex verbi diuini ministerium, bey Beerdigung Herrn M. Gottfried Langen, Churfürstl. Brand. Consistorial-Raths und Probsten in Cöln, aus Röm. 5,1. 2. anno 1687. vorgestellet. Cölln 1687 (Küster/ Müller, 1752, II, S. 567).

Die Brandenburgische Sonne scheinet noch helle. Denn gleich wie Der Weyland Durchlauchtigste/ Großmächtigste/ Fürst und Herr/ Herr Friderich Wilhelm/ Des Heil. Röm. Reichs Ertz-Cammerer und Churfürst etc. Unser gnädigster Herr/ In dem Heil Röm. Reich und dero sambtlichen Landen/ durch Gottesfurcht und Tapfferkeit/ als eine Sonne beständig geleuchtet/ bis Ihro Durchl. in diesen Tagen/ und zwar am 29. gegenwärtigen Monats/ zu grossem Leidwesen dero gantzen hochlöblichen Chur-Hauses und anderer Königlichen und Fürstlichen hohen Anverwandten/ selig im HERRN entschlaffen Also Beginnet nun hinwiederumb/ (wiewol unter hertzlicher Bekümmernüß/ wegen eines so unschätzbaren Verlusts) eines so glorwürdigen tapffern und grossen Fürsten/ Ruhm würdiger ältester Printz/ Der Durchlauchtigste/ Großmächtige/ Fürst und Herr/ Hr. Friderich der Dritte/ Marggraff zu Brandenburg/ und des Heil. Röm. Reichs Ertz-Cammerer und Churfürst etc. Unser gnädigster Herr/ Das Regiment anzutreten und wieder auffzurichten. Dadurch Alle seine Churfürstl. Durchl. Lande und Städte/ bey ihrem unbeschreiblichen Leyd/ von dem grossen Gott wieder erfreuet/ getröstet und zugleich erinnert werden/ daß durch dessen Güte und Gnade/ die Brandenburgische Sonne noch in vollem Glantz stehe. Wie solches aus schuldigster Unterthänigkeit und devotion, in nachfolgendem Vier Umbständen aus (respective) Leyd- und Freuden-vollen Gemüthe hat entwerffen sollen. M. Andreas Pawlowsky, Prediger der St. Peters Kirchen zu Cölln an der Spree. Cölln an der Spree/ Druckts Ulrich Liebpert/ Churf. Brand. Hof-Buchdr. Den 30. April Anno 1688. Cölln 1688 (14: H. Boruss. 28,27a).

Literatur

LÜTKENS, Franz Julius: I. N. J. Jacobs Danckbahre Erkenntniß der Göttl. Wohlthaten/ Uber das Selige Ableben Des Weiland Wohl=Ehrwürdigen/ Hoch=Edelgebornen und Hochgelahrten Herrn M. ANDREÆ von Pawlowski/ Gewesenen fünfundzwantzig=jährigen Predigers bey der Peters=Kirchen allhier in Cölln an der Spree/ Aus 1. B. Mosis c. XXXII. v. 10. betrachtet/ Und am Tage seiner Beerdigung öffentlich vorgetragen von Frantz Julius Lütkens. Cölln an der Spree/ Druckts Ulrich Liebpert/ Churf. Brand. Hof=B. Cölln 1691 (1: 3 in: Ee 526); BÖDIKER, Johannes: Kirchen=Stern/ Mit Seinem Aufgang/ Lauff und Niedergang/ Beym Adelich= Christlichen Begräbniß Des Wol=Ehrwürdigen/ Hoch=Edelgebohrnen und Hochgelahrten Hn. M. ANDREÆ von Pawlowski/ Weiland Hoch=verdienten 25. jährigen Archi-Diaconi bey der St. Peters Kirchen zu Cöln an der Spree/ Jn wehmühtigster Mitleidigkeit beschrieben von JOHANNE BÖDIKERO, P. Gymn. Svevo-Colon. Rectore. Cölln an der Spree/ Gedruckt bey Ulrich Liebpert/ Churf. Brandenb. Hof=Buchdr. Cölln 1691 (1: an 3 in: Ee 526); Letztes Andencken/ Welches Dem Wol=Edlen/ Wol=Ehrwürdigen/ Groß=Achtbaren und Wolgelahrten Herrn/ Herrn M. Andreas von Pawlowsky/ Hiesiger Kirchen bey St. Peter/ treugewesenem Archi= Diacono, Am Tage seiner Beerdigung/ Als den 6. Decembr. des 1691. Jahres/ war der andere Advents=Sonntag/ Aufgerichtet Etliche Verwandte und Freunde. Cölln an der Spree/ Druckts Ulrich Liebpert/ Churfürstl. Brandenb. Hof=Buchdr. Cölln 1691 (1: an 3 in: Ee 526); MINYRISMATA MUSARUM in funere Nobilissimi, Plurimum Reverendi atque Amplissimi Viri DN. M. ANDREÆ de PAWLOWSKY, Archi-Diaconi meritissimi ad D. Petri Coloniæ, d. 6. Decembr. Anno 1691. Grata benevolentiæ recordatione expromta à Præceptoribus Gymnasii Colon. COLONIÆ BRANDENBURGICÆ, Typis Ulrici Liebperti, Electoral. Brandenb. Typogr. Cölln 1691 (1: an 3 in: Ee 526); KÜSTER, 1731, S. 184–187; KÜSTER/ MÜLLER, 1752, II, S. 566–568; JÖCHER/ ADELUNG., 1816, 5, Sp. 1756; REINHOLD, Werner: Chronik der Stadt Soldin. Soldin 1846, S. 246; NOHL, 1903, S. 48 u. 90.

Peucker (Peuccer, Peukert, Peucer, Peukker), Nikolaus

* 1620 (?) Kolbnitz b. Jauer/Schlesien
† 1674 Berlin
Notar, Ratsherr, Dichter, luth.

Magdalenen-Gymnasium Breslau
1642 Universität Frankfurt/O.
1650 Gerichtsaktuar
1656 Stadtrichter und Ratskämmerer
1662 Notar und Ratsherr

Im städtischen literarischen Leben der Doppelresidenz Berlin-Cölln war in den fünfziger und sechziger Jahren des 17. Jahrhunderts der als ›märkischer Dichter‹ in die Literaturgeschichte eingegangene Nikolaus Peucker – neben Michael → Schirmer – die herausragende Gestalt. Der Schlesier hatte zunächst das Breslauer Magdalenengymnasium besucht (um 1640, keine genauen Daten, da die Akten des Gymnasiums nicht so weit zurückreichen, vgl. ELLINGER, 1888, S. Vff.) und im Wintersemester 1642 die Frankfurter Universität bezogen. Zusammen mit seinen Studiengenossen Martin Friedrich → Seidel, Johann Franck (1618–1677) und Heinrich Held (um 1620 – nach 1660) dürfte hier aus der ersten gymnasialen Beschäftigung mit Poesie eine Zeit des intensiveren Studiums der zeitgenössischen Dichtung eingesetzt haben. Nach dem Studium (1644/45) wandte sich Peucker nach Berlin-Cölln, wo er neben dem späteren Berliner Kammergerichtsadvokaten Christian Buchholtz als Hauslehrer von Cuno von Wilmersdorf tätig war (vgl. Jeckels »Teltowgraphie«, HUCH, G., 1991, S. 310). Er durchlief damit den damals üblichen Berufsweg, indem er bis zu seiner Anstellung als Gerichtsaktuar in Cölln (um 1650) sich als Hofmeister verdingte.

Im Jahr 1656 wurde er zum Stadtrichter und Ratskämmerer berufen, wodurch auch eine gewisse finanzielle Sicherheit gegeben war. Wiederum liegt es nahe zu vermuten, daß er sich in diesem Jahr mit einer Tochter des Berliner Kammergerichtsrates Johann Brunnemann verheirate; denn in seinem Trostgedicht auf den 1656 verstorbenen Reichard Dieter erinnert er sich dankbar dessen hilfreicher Dienste bei der eigenen Eheschließung, die dieser anstelle des kurz zuvor gestorbenen Brautvaters versah. Seit 1662 konnte sich Peucker »Käyserl. geschworner Notarius und Gerichts=Actuarius zu Kölln an der Spree« nennen.

Peuckers Dichtungen, die ihm auch einen kleinen Nebenverdienst ermöglichten, sind durchaus originär zu nennen, auch wenn er das gesamte Arsenal der gängigen stilistischen Möglichkeiten der Hochzeits-, Namens-, Trauer- und Trostgedichte seiner Zeit nutzte und sich darin nicht von anderen Gelegenheitsdichtern unterscheidet. Einen direkten Einfluß von Johann Rist (1607–1667), den er besonders schätzte, kann man nicht feststellen. Vielmehr gelang ihm eine gewisse Eigenständigkeit dadurch, daß er einfache Bilder der Natur zum poetischen Rahmen machte, in die er seine Botschaften, Grüße und Wünsche setzte.

Seine zuweilen etwas drastisch-derbe Art brachte ihm auch einmal den Vorwurf des Pasquillantentums ein. Die darauf verhängte Strafe von 10 Talern erließ der Kurfürst jedoch auf dem Gnadenweg. Seine Dichtungen signierte Peucker nicht nur mit seinem Namen, sondern auch mit dem Anagramm *Ukeper* und den Kryptonymen *EiN Poet, GäNse Peter, HirteN Pfeiffe, KuNst-Pfeiffer, NymPhe, SchNaP, SchNiP.*

Als Peucker 1674 starb, hielt sein Kollege Balthasar Neumann, zu dessen Hochzeit am 13. Okt. 1673 er noch ein Glückwunschgedicht verfaßt hatte, die Abdankungsrede.

Die erste Bibliographie seiner gedruckten Veröffentlichungen erarbeitete Gerhard Dünnhaupt; sie wird durch das folgende Schriftenverzeichnis um weitere Titel ergänzt. [JS]

Werke

An den Gubnischen Poeten Herrn Johann Francken/ Als er die Keuschheit der Susanna beschrieben. In: Johann Franckens Geistliches Sion. Irdischer Helicon. Neue Geist= und Weltliche Lieder und Gedichte. Johann Franckens Irrdischen Helicons Andere Abtheilung/ Bestehende in der Susanna und Leid= oder Trauer=Getichten. Guben bey Christoff Grubern. [1674]. (1a: Yi 3591 R).

Nahmens Gedichte/ Dem Edlen, Ehrenvesten Herren Simon Lewusch/ Bürgern und Vornehmen Handelßmanne in Breßlaw/ Alß/ Er den 28. October dieses lauffenden 1640 Jahres seines Nahmens-Tag frisch und gesund begangen ... Breslau 1640. (Ellinger, 1888, S. Vff.).

Dt. Trauergedicht. In: Johann Hancke: LP auf Christian Stoltzer. Liegnitz [Zacharias Schneider 1641]. (Dünnhaupt, IV, Nr. 2).

Lat. Epicedium. In: August Riegel: LP auf Maria Tschirtner geb. Jungenitsch. Liegnitz: Zacharias Schneider. 1640. 4°. (Dünnhaupt, IV, Nr. 3).

»Slesia te genuit, te culta Borussia vidit ...« [Widmungsgedicht]. In: Heinrich Held, Deutscher Gedichte Vortrab. [1643]. (1a: Yi 6851 R, angeb.).

»Du führst jetzt auff den Plan den Vortrab deiner Lieder ...« [Widmungsgedicht]. In: Heinrich Held, Deutscher Gedichte Vortrab. [1643]. (1a: Yi 6851 R, angeb.).

Kurtzweil/ Bey der Hochzeit Herrn Hans Witkops/ ... Den 18. Hornung 1646. Berlin 1646. 4°. (Dünnhaupt, IV, Nr. 4 = ›Lustige Paucke‹ Nr. 31).

Mitleiden mit ... Herrn Paul Brunnemann/ Als Er durch Seel. absterben seiner Liebsten Haußfrawen in den mühsamen Witwerstand versetzet ward. In: Jacob Helwig, LP auf Catharina Brunnemann geb. Paschen. Berlin 1646. 4°. (Dünnhaupt, IV, Nr. 5).

Keusche Liebes-Beschreibung/ ... als Hn. George Adam von Pfuels/ ... Bey der Hochadl. Hochzeit ... den andern Ostertag 1647. Berlin 1647. 4°. (Dünnhaupt, IV, Nr. 6).

Gott sey Darbey! .... In: Anonym: Comitatus poeticus .... Johanni Breitingio ... Berolini moram ... s. l. [Berlin] 1648. 4°. (Dünnhaupt, IV, Nr. 7).

Fürstliche Beylager/ HERRN/ Herrn Wilhelmen/Landgraffen zu Hessen ... Im Heumonat 1649. Berlin 1649. 4°. (Dünnhaupt, IV, Nr. 8 = ›Lustige Paucke‹ Nr. 2).

»[...] Seydel/ O du Kern der Freunde ...«. [Valet-Gedicht für Martin Friedrich Seidel, 1644]. (1: Ms. Boruss. Fol. 200, f. 32)

Gedancken Bey dem Grabe des Sittsamen und fromen Knabens Friedrich Benedictus Blechschmieds/ Nach anleitung des Namens an den Tag gegeben und billich vorgewiesen in einem Sonnet. In: SYMPATHIA SOLABILIS Moestissimis Parentibus à Fautoribus & Amicis scripta; an: Johann Berkow: ΠΑΙΔΑΦΑΙΡΕΣΕΩΣ ΠΙΚΡΟΓΛΥΚΙΜΟΣ süsse Trost=Freude wider bitteres Trauer=Leid über geliebter Kinder Abscheid, bey Sepultur eines Knäbleins von seiner Seele und grosser Hoffnung Frid. Benedicti, des Frid. Blechschmied, churfürstl. Brandenb. Hoff. Raths Söhnlein ... †16 Sept. 1649 ... am 22. Sept. 1649 angewiesen. Berlin 1649. (1: Ee 503, 8).

Andreas Stellet sich wieder ein und bindet Herrn Andrea Cosseln/ ... An seinem Namens-Tage/ den 30. des Winter-Monats 1649. Berlin 1649. 4°. (Dünnhaupt, IV, Nr. 9 = ›Lustige Paucke‹ Nr. 58).

»Ich sol dir/ weyland guter Freund/ Mecenas numehr/ Verse schreiben ...«. [Gedicht für Martin Friedrich Seidel]. (1: Ms. Boruss. Fol. 200, f. 103).

Epicedium. In: Anon.: LP auf Susanna Majus geb. Goldeisen. Berlin 1650. (Dünnhaupt, IV, Nr. 10).

Nicolaus Peuckers/ Paucke. Zu Berlin Bey Christoff Rungen gedruckt im Jahr 1650. Paucke/ Mit welcher/ Nach vierdhalb jährigem Abseyn in das Churfl./ Schloß zu Cölln an der Spree etliche Tage vor Ostern/ im Jahr 1650. unterthänigst eingeholet wird/ Der Durchläuchtigste/ Hochgeborne Fürst und Herr/ Herr Friedrich

Wilhelm/ Marggraff zu Brandenburg/ deß Heyl. Römischen Reiches Ertzkämmerer und Churfürst Mit dero Hochliebsten Gemahlin Der auch Durchläuchtigsten/ Hochgebornen Fürstin und Frawen/ Frawen Loysa Geborner Princeßin von Oranien etc. Herzog und Herzogin zu Magdeburg/ Preussen/ zu Gülich/ Cleve und Berge: Stettin/ Pommern/ der Cassuben und Wenden/ auch in Schlesien zu Crossen und Jägerndorff: Burg= graff und Burggräfin zu Nürnberg: Fürst und Fürstin zu Halberstadt und Minden: Graffe und Gräfin zu der Marck und Ravensberg: Herr und Fraw zu Ravenstein etc. Mein Gnädigster und Gnädigste Churfürst und Churfürstin/ Herr und Fraw. [Berlin: Christoph Runge 1650]. 4°. (1: YI 4246 R; jetzt KBJ; 14: Hist. Boruss. 251,40; Dünnhaupt, IV, Nr. 11 = ›Lustige Paucke‹ Nr. 1).

»Ode und Sonnet/ Etlicher Massen zu Trost auffgesetzet/ Dem WolEhrwürdigen/ in GOtt Andächtigen und Wolgelahrten Herrn Johann Berkowen/ Christlicher Gemeine bey Marien zu Berlin Wolverordneten Prediger/ Als ihm abermal ein liebes Söhnlein Todes verblichen. Ode.« [I]; »Johannes Bercko/ Durch Buchstabenwechsel: So hab eine Kron. Der Vater redet dem gestorbenen Söhnlein zu/ in einem Sonnet.« [II]. In: Trostgesänge/ Bey Begräbnuß Eines lieben Söhnleins von drey Viertheil Jahren/ Des WolEhrwürdigen/ Andächtigen unnd Wolgelahrten Herrn Johannis Berckowen/ Christlicher Gemeine bey St. Marien zu Berlin Wolverordneten Predigers/ Namens Constantinus Andreas/ Als solches Nach gnädigem Willen GOttes/ durch zeitlichen Tod/ zur ewigen Seligkeit befordert. 1650; an: Georg Lilien, [Griech.] Trost=Frewd/ Bey Creutz=Leid/ über Kinder=Abscheid. Aus St. Pauls XIIten Cap. in der II. an die Corinthier Zum Ehr= und Trost=Denckmal Des Ehrwürdigen/ VorAchtbaren/ Hochgelarten/ Herrn Johannis Bercovii/ Wohlverdienten Vornehmen Predigers/ bey St. Marien Pfarrkirch in Berlin hertzliebsten Jüngern Söhnleins: Constantin Andr. Berkous/ Sel. gd. Am Sontag Sexag. war der XVII. Febr. des 1650. Jahres/ in folgender Stund/ nach desselben Volckreichgehaltener Leichbegängnuß Auff begehr/ Gepredigt daselbst/ und abgefaßt/ von M. Georg Lilien/ Mittelsten Prediger in St. Niclas-Pfarrkirch zu Berlin/ Gedruckt bey Christoff Runge/ 1650. (1: Ee 502, an 16).

An Der Fruchtbringenden Gesellschaft hochlöbliches Mitglied Den Rüstigen. Sonnet. In: Johann Risten Neuer teutscher Parnass. (...). Lüneburg/ Gedruckt und verlegt durch Johann und Heinrich, denen Sternen Gebrüdern. M DCLII; S. 902f. (1a: Yi 1206 R). [datiert 14. März 1650].

»Berühmtes Paar der Eltern/ wo Berlin Mit Cölln hat Nachbarschafft ...«. [Trostgedicht für die Eltern von Joachim Andreas Chemnitz]. In: Peter Vehr, Seelen=Trost für die, so wegen zeitiges Absterben der liebsten Jhrigen sehr hoch betrübet sind, aus Sap. IV. bey Bestattung Joach. Andreae, des Joachimi Chemnitii, Churf. Brandenb. Cammergerichts ... Raths ... Söhnlein († 19 Nov. 1650) am 22. Nov. 1650. angewiesen. Berlin 1650. (1: Ee 506, 6).

Glückwunsch/ Als Herr Joach. Ernst Wernicke/ Aus der geheimten Cantzeley genommen und zum Andern Camer-Meister in der Churfl. Amts-Cammer beruffen und erkläret ward/ im Jahr 1650. Berlin 1650. 4°. (Dünnhaupt, IV, Nr. 12 = ›Lustige Paucke‹ Nr. 50).

Dt. Trauergedicht. In: Joachim Fromm, Trost wahrer Christen, sonderlich aber Christlicher Kreisterinnen und Kindbetterinnen, so etwa in, oder nach der Geburth ihr Leben endigen und beschliessen müssen, und wie man solche Todes=Fälle recht ansehen solle, über der Leich=Bestattung Fr. Martha Sophia gebohrner Kohlin verehlichter Seidelin aus Sapientiæ XVIII. 20. Berlin: Runge, Christoff 1650. (Dünnhaupt, IV, Nr. 13).

Der Fincken-Heerd Ward angelegt und besungen Auf der Hochadelichen Hochzeit Hrn. Joach. Sigismund von Löben/ ... Am 17. des Weinmonats 1650. Berlin 1650. (Dünnhaupt, IV, Nr. 14 = ›Lustige Paucke‹, Nr. 93).

Braut-Kranz/ Mit welchem ... prangen konte Jungfer Elisabeth Schröder/ ... Als sie an den ... Hn. Elias Sigismund Reinharden/ ... verehligt ward/ am 2. Tage des Christ-Monats 1650. Berlin 1650. 4°. (Dünnhaupt, Nr. 15 = ›Lustige Paucke‹, Nr. 21).

Liebreiche Heyrath/ HERRN Herrn Joachim von Grewnitz/ ... Am 2. Christ-Monats 1650. Berlin 1650. 4°. (Dünnhaupt, IV, Nr. 16 = ›Lustige Paucke‹, Nr. 7).

Epicedium. In: Peter Vehr, [Griech.] Iacobi, Jacobs des Patriarchen sanffter und seliger Abschied, aus Gen. XLIX. ult. bey Leich=Bestattung Herrn M. Martin Stromanni, 32. jährigen Præpositi der Kirchen zu Bernaw, den 29. Dec. 1650. erkläret. s. l. [Berlin] 1650. (Dünnhaupt, IV, Nr. 17).

Epicedium. In: Peter Vehr, ΠΑΝΟΦΟΡΙΑ Christiana. Beständiger Christen-Trost/ Geschöpffet auß den Worten des 8. Cap. an die Röm. v. 32. & seqq. Ist Gott für uns/ etc. und Erkläret bey dem schnellen Tode ... Des WolEhrwürdigen/ in Gott Andächtigen ... Herrn Johannis Bercovii, Wolverdienten beyder Pfarrkirchen zu Berlin Predigers/ und in S. Marien Kirche Archidiaconi; Welcher den 26. Februarij dieses 1651. Jahres/ da Er in seinem Amte eine Leiche vorm Thor hinaus begleitet, im Rückweg vorm Thor niedergesuncken, und gehlinges Todtes gestorben, und darauf den Sonntag Laetare in S. Marien=Kirche begraben ... durch M. Petrum Vher/ Probsten in Berlin. Außgedruckt bey Christoff Runge/ im vorgesetztem Jahre. Berlin 1651. (109: Slg. GK: Personalschriften Bd. 18, 603 ehem.; Dünnhaupt, IV, Nr. 17 A).

Schäfer/ Hält vor seiner Hütung eine einfältige Schäfer-Rede Auf der Hochzeit Hn. Johann Samuel Fehren ... Am 14. des Ostermonats 1651. (Dünnhaupt, IV, Nr. 18; ›Lustige Paucke‹ Nr. 61).

Widmungsgedicht. In: Johann Rist: Sabbathische Seelenlust ... von Johann Rist. Lüneburg, gedruckt und verlegt durch die Sternen. 1651. (Dünnhaupt, IV, Nr. 19).

Widmungsgedicht für Johann Rist. In: Neuer himlischer Lieder sonderbahres Buch (...) Außgefertiget und hervorgegeben von Johann Rist. Lüneburg, bei Johann und Heinrich, die Sterne. Ao. 1651. (Dünnhaupt, IV, Nr. 20).

Das Weib/ Ward etlichermassen beschrieben/ ... Bey der Hochzeit Hn. Thomä Panckows/ ... am 10. des Winter-Monats 1651. Berlin 1651. 4°. (Dünnhaupt, IV, Nr. 21 = ›Lustige Paucke‹ Nr. 40).

Der Mann/ Wird ohne Verachtung seines Geschlechts/ nach der Weiber Klage und Meinung beschrieben und vorgestellet Bey der Adlichen Vertrauung Hn. Albrecht Christoph von Qvast ... am 9. des Christ-Monats 1651. Berlin 1651. 4°. (Dünnhaupt, IV, Nr. 22 = ›Lustige Paucke‹ Nr. 39).

»Das Alter an jhm selbst sol eine Kranckheit seyn/ ...«. [Carmen für Peter Vehr anläßlich seiner Berufung ins Konsistorium 1651]. In: Ita novos Honores VIRO Perquàm Reverendo, Amplissimo, Præ-Clarissimo DOMINO M. PETRO VHER, ECCLESIARUM BEROLINENSIUM Præposito-& Inspectori Vicinarum meritissimo, S. Ministerii ibid. quoque Seniori honoratissimo. Quum Hagio-Synedrii Electoralis Brandenburgici ADSESSOR declararetur, Dn. Fautori, Fratri ac Patrono suo devotê colendo gratulantur. Mens. Septembris, Anno M DC LI. BEROLINI, Prælo Rungiano. (109: Slg. GK: Sch 1/35).

Die Wollschar/ Ward beschrieben auf der Hochzeit Herrn Johann Adolph von Gerresheim/ ... Am 2. des Mäy-Monats 1652. 4°. (Dünnhaupt, IV, Nr. 23; ›Lustige Paucke‹ Nr. 66).

Der Meister-Knecht Pfeiffet nach der Schäfer Gewohnheit auf seiner Heller-Pfeiffe Zur Hochzeit Hn. Johann Ferbitzens/ ... Am 8. des Brachmonats 1652. 4°. (Dünnhaupt, IV, Nr. 24 = ›Lustige Paucke‹ Nr. 62).

Klinggedichte Auf des Rüstigen Nahmenstag. In: Johann Risten Neuer teutscher Parnass. [Kupfertitel]. Neuer Teutscher Parnass/ Auf welchen befindlich Ehr' und Lehr/ Schertz und Schmertz Leid= und Freuden=Gewächse/ Welche zu unterschiedlichen Zeiten gepflanzet/ nunmehr aber Allen/ der Teutschen Helden=Sprache und dero=selben edlen Dichtkunst vernünfftigen Liebhaberen/ zu sonderbarem Gefallen zu hauffe gesamelt und in die offenbahre Welt ausgestreuet/ Von Johann Risten. Lüneburg/ Gedruckt und verlegt durch Johann und Heinrich, denen Sternen Gebrüdern. M DCLII; S. 877. (1a: Yi 1206 R).

Herrn Johann Rist Entbeut seinen unbekanten Gruß. In: Johann Risten Neuer teutscher Parnass. (...). Lüneburg/ Gedruckt und verlegt durch Johann und Heinrich, denen Sternen Gebrüdern. M DCLII; S. 899–902. (1a: Yi 1206 R; Dünnhaupt, IV, Nr. 25).

Auff Deß Edlen und weitberühmten Poetens H. Johann Ristens Garten=Lust. Sonnet. In: Johann Risten Neuer teutscher Parnass. (...). Lüneburg/ Gedruckt und verlegt durch Johann und Heinrich, denen Sternen Gebrüdern. M DCLII; S. 902. (1a: Yi 1206 R).

Der Hammel-Knecht/ Nachdem er einen Biblischen Text abgesungen/ Beschreibet in aller Einfalt Den Introductions-Actum des Seelen-Hirten Hn. M. Mattiä Bugaei ... am 11. des Heu-Monats 1652. 4°. (Dünnhaupt, IV, Nr. 26 = ›Lustige Paucke‹ Nr. 63).

Die Erndte/ Auf der Hochzeit Hr. Johann Havemanns/ Am 29. des Augustmonats 1652. Berlin 1652. (Dünnhaupt, IV, Nr. 27 = ›Lustige Paucke‹ Nr. 79).

Nikolaus Peukkers Lämmerknecht. [Neuer Titel] Der Lämmerknecht/ Weil er des Hütens bey den unfruchtbringenden Lämmern überdrüßig/ gibt seinem Meister gute Nacht/ bedankt sich alles guten/ und wündscht darauff Glükk und alle selige Wolfahrt. Dem Hochgelahrten Herrn M. Johann Heinzelmann/ Oberstem Lehrer der weitberühmten Schule zu Berlin: Als Er Ihm Die Hoch=Ehren= und Tugendreiche Jungfer Sophien/ Des weyland Wol=Ehrnvesten/ Groß Achtbarn/ Hochgelahrten und Wolweisen Herrn BERNHARDI Zieritzens/ Der Churfürstlichen Brandenb. Hochlöblichen Landschaft Verordnetens/ Beysitzers des Schöppenstuels/ und Burgermeisters in der Neustadt Brandenburg/ etc. hinterlassene Eheleibliche J. Tochter/ Am Dritten des Weinmonats Im Jahr 1652. Zu Berlin/ Ehr= und Ehelich zuführen und beylegen ließ. [Am Ende] Köln an der Sree/ zu Ende des Herbstmonats// 1652. In Berlin/ außgedruckt bey Christoff Runge. 4°. (1: Yi 4251 R; jetzt KBJ); (Dünnhaupt, IV, Nr. 28 = ›Lustige Paucke‹ Nr. 64).

Der Herbst Wird beschrieben nach seiner Fruchtbarkeit auf der Hochzeit Herrn Andreä Cossels/ ... Am 11. des Weinmonats 1652. Berlin 1652. 4°. (Dünnhaupt, IV, Nr. 29 = ›Lustige Paucke‹ Nr. 73).

Die Winter-Saat/ Und alles/ was dabey vorzugehen pfleget/ wird wolmeynend vorgestellet Bey der Hochzeit Hn. Andr. Monikens/ ... Am 24. des Weinmonats 1652. Berlin 1652. 4°. (Dünnhaupt, IV, Nr. 30 = ›Lustige Paukke‹ Nr. 74).

»Gleich wie die Spree gar leicht vom Winde wird getrieben ...« [Trostgedicht]. In: Quistorp, Tobias: JESUS. Der seligsterbenden Erbschafft. Oder Was sich die Gläubigen in Todesnöthen/ und nach dem Tode freudig getrösten zu überkommen/ Bey Leichbestattung/ Des WolEhrwürdigen/ Vorachtbarn und Wolgelahrten Herrn/ Michaelis Sprewitzen/ Gewesen treufleißigen Pfarrherrn zu Storckow/ und der Benachtzten Kirchen Inspectorio. Welcher im Jahr Christi 1605. am Fronleichnamstag zu Lübben in der NiederLausitz geboren/ und Anno 1652. den 4. Novembris in Christo selig verschieden: Vnd folgends den 12. ejusdem in Volckreicher Versammlung zu Storckow/ in der Kirchen begraben/ [...]. BERLIN/ Gedruckt bey Christoff Runge s. a. [1652]. (1: Ee 536, 7).

Der Sommer wird beschrieben nach seiner Lieblichkeit/ die er mitbringet/ als Herr M. Samuel Pomarius, Aus Schlesien/ bißher der berühmten Philosophischen Facultät zu Wittenberg Berühmter Adjunctus, Bey der Peters-Kirche zu Cölln an der Spree zum Evangelischen Prediger beruffen und ordentlichem Kirchen-Gebrauch nach eingewiesen ward. Am 5. des Heu-Monats 1653. Berlin 1653. 4°. (Dünnhaupt, IV, Nr. 32 = ›Lustige Paucke‹ Nr. 72).

Witwe/ Ward ... beschrieben Auf der Hochzeit Herrn Johann Jacob Römanns/ ... am 29. August-Monats 1653. Berlin 1653. 4°. (Dünnhaupt, IV, Nr. 33 = ›Lustige Paucke‹ Nr. 42).

Alten sind gut zu behalten/ ... auf der Hochzeit Herrn Paul Kleistens/ ... Am 12. Octobris Anno 1653. Berlin 1653. 4°. (Dünnhaupt, IV, Nr. 34 = ›Lustige Paucke‹ Nr. 13).

Auf Herrn Johann Franckens weitberühmten Gubnischen Poëtens Drei=Chörige Vater=unsers=Harffe. Sonnet. In: Johann Franckens Geistliches Sion. Irdischer Helicon. Neue Geist= und Weltliche Lieder und Gedichte. Guben bey Christoff Grubern [Kupfertitel]. Johann Franckens Teutsche Gedichte Bestehend Im Geistlichen Zion Oder Neuen geistl. Liedern/ und Psalmen/ nebst beygefügten/ theils bekandten/ theils lieblichen neuen Melodeyen/ sampt der Vater=unsers=Harffe/ Wie auch Irrdischen Helicon/ Oder Lob=Lieb= und Leid=Gedichte und dessen verneuerte Susanna/ Sampt hinzugethanen/ denen Liebhabern der deutschen Poësie dienlichen Erklärungen der Redens=Arten/ und Historien/ auch hierzu nöthigen Registern. Mit Churfürstl. Sächs. gnäd. Privilegio. GUBEN/ Druckts und verlegts Christoph Gruber/ Und in Wittenberg Zufinden bey JOB WILHELM FINCELII Sel. Erben. s. a. [1674]. (1a: Yi 3591 R). [datiert März 1654].

Der Frühling Wünschet im Namen einer lieblichen Nachtigal einen glückseligen Ehestand Hn. Martin Preusen/ Churfl. Brand. Amt-Schreiber zu Stainsdorf/ und Jungfer Annen ... Königs/ ... Am 17. des Mäy-Monats 1654. Berlin 1654. 4°. (Dünnhaupt, IV, Nr. 35 = ›Lustige Paucke‹ Nr. 71).

Der Korb/ Welchen gemeiniglich das Frauenzimmer und sonderlich die Jungfern ihrem GegenGeschlechte/ dem Mannes-Volcke zu geben pflegen/ wird schertzweise vorgestellet Bey der Hochzeit Hn. Gabr. Coulombels/ Churfl. Brand. Hof-Mahlers/ Und Jungfer Petronellen Marien/ ... Mochs/ ... am 2. Tage des Brachmonats 1654. Berlin 1654. 4°. (Dünnhaupt, IV, Nr. 36 = ›Lustige Paucke‹ Nr. 14).

Der Baum-Garten/ Wie solcher zu Kriegs-und Friedens-Zeit verwüstet und wieder angebauet wird/ präsentiret sich anmuthig auf der Hochzeit Hn. Samuel Pomarii, Der heil. Schrift Licentiati, und Diaconi bey der Peters-Kirchen zu Cölln an der Spree/ Und Jungfern Dorotheen ... Reusneri, ... auf der Universität Wittenberg am 20. Brachmonats 1654. Berlin 1654. 4°. (Dünnhaupt, IV, Nr. 37 = ›Lustige Paucke‹ Nr. 57).

Der KuNst-Pfeiffer [Ps.] Wartet auf bey der Hochzeit des Kunst-Pfeiffers in Cölln/ Hn. Joh. Paul Glücks/ Und Fr. Annen Schmidts Sel. Hn. Joachim Kertzendorfs/ auch gewesenen Kunst-Pfeiffers daselbst nachgelassener Witwen/ am 10. Tage des Wein-Monats 1654. Berlin 1654. 4°. (Dünnhaupt, IV, Nr. 38 = ›Lustige Paucke‹ Nr. 28).

Fürstl. Wiegen-Lied/ Bey der Chur-Printzlichen Wiege Caroli Aemilii, Welchen die Barmhertzigkeit GOttes dem Hause Brandenburg geschencket/ den 6. des HornungsMonats 1655. zwischen 9. und 10. Uhr Vormittags. Berlin 1655. 2°. (Dünnhaupt, IV, Nr. 39 = ›Lustige Paucke‹ Nr. 3).

Weiber-Regiment/ Welches etliche einzuführen/ sich mit Händen und Füssen bemühen/ ... Bey der Hochadelichen Hochzeit Herrn Friderich Otto von Gröben/ ... den 3. des Mäy-Monats 1655. Berlin 1655. 4°. (Dünnhaupt, IV, Nr. 40 = ›Lustige Paucke‹ Nr. 41).

Die Sommer-Saat/ wird mit einem Schäfer- Bauer- und Nachtigalen-Gesange gefeyret und besungen auf der Hochzeit HERRN Philipp Schreiners/ ... Am 28. des Mäymonats 1655. Berlin 1655. 4°. (Dünnhaupt, IV, Nr. 41 = ›Lustige Paucke‹ Nr. 76).

Der gramhafftige Reusaukonkiel ein Schäfer/ Beklaget sein Unglück ... Auf ... Hn. Johannes Mannholtzes/ ... Hochzeit/ Am 18. des Brachmonats 1655. o. O. 4°. (Dünnhaupt, IV, Nr. 42 = ›Lustige Paucke‹ Nr. 60).

Widmungsgedicht. In: Johann Rist, Neue Musikalische Fest-Andachten ... Lüneburg: Johann und Heinrich Stern 1655. (Dünnhaupt, IV, Nr. 43).

»Mein Vater starb/ als schon die Mutter war voran ...«. [Epicedium]. In: EPICEDIA In beatum Obitum. Nobilis, Amplißimi et Doctißimi DN. REICHARDI DIETERI: DUORUM LAUDATISSIMORUM ELECTORUM Brandenburgicorum Consiliarij meritissimi, A Fautoribus & Amicis Defuncti Scripta. Prov. 10 v. 7. Memoria Justi erit in Benedictionem. Typis RUNGIANIS. s. l. e. a. [Berlin 1656]. (1: Ee 507, 5; Dünnhaupt, IV, Nr. 44).

Ein kutz-außgesprochener aber lang-gemeinter Wundsch/ auf Des Churfürstl. Brandenb. geheimen Secretarij, Hn. Gottlieb Hinrich Oelvens/ und Jungfer Marien Sibillen geborner Fahrenholtzinn/ &c. Am 8. Tage Christmanats [!]/ des zu Ende lauffenden 1656. Jahres/ auff dem Churfürstl. Schlosse über der Ambts-Kammer/ welchen Ort die gnädigste Herrschaft aus sonderbaren Gnaden concediret/ gehaltene Hoochzeit [!]. Berlin/ Gedruckt bey Christoff Runge. [1656]. (Dünnhaupt, IV, Nr. 45 = ›Lustige Paucke‹ Nr. 25).

»Inscriptio lapidis Sepulcralis. Hic recubat Tumulo caussarum KRAUSE Patronus, ...«. [Epicedium]. In: MONIMENTA, Quae VIRO Clarißimo & Amplißimo DN. JOHANNI CRAUSIO, JURISCONSULTO & Camerae Elector. Brandenburg. Svevo-Colon. Advocato per XIX. annos celeberrimo, integerrimo IN SUPREMUM HONOREM [griech.] contestandae ergo EREXERUNT Amici & Fautores. ANNO M.DC. LVII. BEROLINI, Typis Rungianis; an: Martin Haenich, ADVOCATUS PERENNIVIVENS Oder Der ewige und unsterbliche Advocat: Aus dem 2. Cap. der ersten Epistel St. Johannis. Bey dem Begräbniß Des weyland WolEhrenvesten/ GroßAchtbaren und Hochgelahrten Hn. Johann Krausens/ Churfürstl. Brandenburg. vornehmen Cammergerichts=Advocati, als er am 19. Monatstag Martii selig entschlaffen/ und darauff den 30. hujus (war der ander Osterfeyertag) dieses 1657. Jahres in der St. Peters Kirchen zu Cölln an der Spree/ bey vornehmer Christlichen Versamlung beerdiget worden. Auff Begehren fürgestellet/ und gezeiget von MARTINO HÄNNISCHIO, Archidiac. bey der St. Peters Kirchen daselbst. Berlin/ Gedruckt bey Christoff Runge/ Im Jahr 1657. 4°. (1: Ee 519, 17, angeb.; Dünnhaupt, IV, Nr. 46).

Aeren-Lust/ Auf der Hochzeit Hn. Gabriel Wedigens/ ... Am 23. Augustmonats 1658. Berlin 1658. 4°. (Dünnhaupt, IV, Nr. 47 = ›Lustige Paucke‹ Nr. 78).

Dt. Trauergedicht. In: Samuel Pomarius, LP auf Johann Schmeiß von Ehrenpreißberg. Oels: Johann Seyffert 1659. 4°. (Dünnhaupt, IV, Nr. 48).

Dt. Trauergedicht. In: Christian Nicolai, LP für Christian Lindholtz. Wittenberg: Johann Hake 1659. (Dünnhaupt, IV, Nr. 49).

Endlicher Zweck und Außgang aller Menschen/ Das Grab. [Epicedium]. An: Davidische Verzeihung Himmels und der Erden/ Leibes und der Seelen: Aus dem 25. und 26. Versickel seines LXXIII. Psalms: HErr/ wann ich nur dich habe/ so frage etc. Bey der Leichbestattung Des weiland Edlen/ Wol=Mannvesten und Hochbenamten Herrn Eliae Franckens/ Churfürstlichen Brandenb. wolbedienten Ober=Zeugmeisters dieses 1660 Jahres im HErrn selig verschieden/ und den 2. Julii darauf in der Kirchen zu St. Peter in Cölln an der Spree Christ=Ehrlich in hochansehnlicher/ Chur=und Fürstlicher/ Adelicher/ und volckreicher frequentz beygesetzet worden: Erkläret/ und folgends auf inständiges Begehren zum Druck übergeben Durch Christianum Nicolai, Predigern und Dienern göttliches Worts in der Kirchen zu St. Peter in Cöln an der Spree. Berlin/ Gedruckt bey Christoff Runge. s. a. [1660]. 4°. (1: Ee 510,1 angeb.; Dünnhaupt, IV, Nr. 50).

Fried ernehrt/ Krieg verzehrt. Dieses wird bestetiget durch die am 11. Tage des Heu-Monats 1660. zu Cölln an der Spree persönlichen und alles gute propheceyenden Churfürstl. Zusammenkunft/ ... Herrn Johann Georg des Andern/ Hertzogs zu Sachsen ... und Churfürsten &c. &c. &c. Und Herrn Fridrich Wilhelms/ Marggrafens zu Brandenburg ... und Churfürstens/ &c. &c. &c. ... Berlin 1660. 2°. (Dünnhaupt, IV, Nr. 51 = ›Lustige Paucke‹ Nr. 48).

Das Braut-Bette/ Worinn zu liegen Komt Hr. Johan Martitzius/ ... am 16. des Herbstmonats 1660. Berlin 1660. 4°. (Dünnhaupt, IV, Nr. 52 = ›Lustige Paucke‹ Nr. 24).

Dreyerley Krieg: Unter welchen zweene/ als dem Bücher-und Waffen-Krieg schon versucht/ den dritten aber als den Liebes-Krieg/ heute versuchen und erfahren wil/ Herr Martin Zytzow/ ... Am 8. des Wein-Monats 1660. Berlin 1660. 4°. (Dünnhaupt, IV, Nr. 53 = ›Lustige Paucke‹ Nr. 46).

Todten=Baar. (Bl. 1v:) Todten=Baar. Die Todtenbaar stehet Am 19. des August=Monats 1660. Auffm Flur (Tit.) Hn. Michael Zarlangs/ Bürgermeisters der Churfürstl. Brandenb. Haupt= und Residentz=Stadt Berlin/ wie auch Verordnetens der Löbl. Mittel=Ukkermärkk= und Ruppinischen Städte Kasten/ etc. Darauff wird gesetzt ein Sargk/ dorinnen liget der entseelte und nunmehr zur Erden gehörige Körper/ Seines schon wolgerahtenen/ und sich je mehr und mehr wolangelassenen einiges Sohnes/ Friderich Ludewig Zarlangs. Dem Gott im Himmel wolle geben/ Mit Jhm in Ewigkeit ein Leben! In: MEMORIÆ. SACRUM. HEUS. VIATOR. REFLECTE. OCULOS. ET. MENTEM. IN. HANC. TUMBAM. HIC. JACET. PUERULUS. NOVENNIS. VENUSTI. ORIS. ET. MORIS. FRIDERICUS. ZARLANG. CONSULARIS. FILIOLUS. IN. IPSO. VERE. ÆTATIS. INSTAR. ELORIS. AMOENISSIMI. SUCCISI. DYSENTERIA EXTINCTUS. PARENTUM. LAUDATISSIMORUM. MODO. SPES. AT. NUNC. DESIDERIUM. (HEU!) INANE. DIFFICILE. EST. HUIC. MAGNO. PARENTUM. DOLORI. PARIA. VERBA. REPERIRE. AMICI. TAMEN. ET. CONSULARIS. NOMINIS. CULTORES. VERBORUM. FOMENTA. RITE. ADHIBUERUNT. NUNCABI. ET. MEMORI. MENTE. HOC. LEMMA. VERSA. INFANTUM. ET. PUERORUM. EXTINCTIO. EST. VIRORUM. ET. SENUM. AD. DEBITUM. NATURÆ. SOLVENDUM. CITATIO. BEROLINI. TYPIS. RUNGIANIS. ANNO. 1660. (1: Ee 543, an 3).

Friede/ Als eine Gebährerin der Menschen/ Leibguardie alle Dinge ... dienet auch zur Heyrath Herrn Adolph Marsin/ ... am 21. des Wein-Monaths 1660. Berlin 1660. 4°. (Dünnhaupt, IV, Nr. 54 = ›Lustige Paucke‹ Nr. 47).

Dt. Trauergedicht. In: Andreas Fromm, Christlicher Ehe=Frauen vornehmster Beruff und bester Schmuck aus 1. Tim. II. 15. bey Beerdigung Frau Amalia Heidkampffin, Herrn Joach. Ernst Wernicken, Churfürstl. Brandenb. Ammts=Raths und Cammer=Meisters Hauß=Frauen, Anno 1661. am 4ten Epiphan. vorgestellet. [Berlin: Christoph Runge 1661]. 4°. (1: 11 in: Ee 541; 11: 86 A 1777 Rara; Dünnhaupt, IV, Nr. 55).

An Tit. Herrn Andreas Moritzen/ Churfürstl. Brandenb. vornehmen Kammergerichts Advocaten/ Als ihm sein Herr Vater auch Andreas Moritz genant/ zu Brandenburg/ selig verstorben. Sonnet. In: Animae tranquillitas, Oder Seelen=Beruhigung In Creutzesnoth und Anfechtung! Aus dem 116. Psalm v. 7. 8. &9. des Königes Davids/ von Worte zu Worte folgender massen elaboriret und auffgeschrieben Von dem weiland WolEhrenvesten/ VorAchtbarn/ Wolweisen und Wolgelahrten H. M. ANDREA Mauritzen/ gewesenen wolbedienten 45. Jährigen Rahtsverwandten und Bürgermeistern der Neustadt Brandenburg/ auch Seniorn des löblichen Churfürstl. Dicasterii daselbst/ Welcher Alt und Lebens satt/ endlich am 7. Februarii dieses 1661. Jahres/ Abends gegen 6. Uhr im HERRN sanfft und selig eingeschlaffen/ und darauf den 14. ejusdem in der Neustadt Brandenburg in der Kirchen zu St: Paul/ in seinem vorlängst ihm selbst darzu bestalten und bereiteten Begräbniß/ ehrlich und Christlich bey volckreicher Versamlung beygesetzet/ Fürgetragen Durch H. M. Valentinum Frommen/ Pfarrherrn und Superintendenten daselbst. Berlin/ Gedruckt bey Christoff Runge. s. a. [1661]. 4°. (1: Ee 522, 16; Dünnhaupt, IV, Nr. 56).

Wunsch/ Auf Hn. Christian Gottlieb Rhewalds/ ... Hochzeit/ Am 3. Nov. 1661. Berlin 1661. (Dünnhaupt, IV, Nr. 57 = ›Lustige Paucke‹ Nr. 20).

Der Krammets-Vogel Wird gewürzt/ gepfliesset/ gespiesset und gebraten auf Gottlieb Henrich Oelvens/ ... Hochzeit/ Am 23. Septembris 1662. Berlin 1662. 4°. (Dünnhaupt, IV, Nr. 58 = ›Lustige Paucke‹, Nr. 94).

Andreas/ Meldet sich abermal bey Hn. Andreas Moritzen/ ... Am 30. des Wintermonats 1662. Berlin 1662. 4°. (Dünnhaupt, IV, Nr. 59 = ›Lustige Paucke‹ Nr. 57).

»Landßmann LIGNITZ/ Klagest du ?/ Daß Herr KESELER sein Leben ...« [Trauergedicht]. In: Arae Exseqviales CASPARIS KESELERI Schoenov. in aede Mar. ap. Lignic. Pastoris, Illustris Consistorii Adsessoris Primarii, & Rever. Ministerii ejusdem Ducatûs Superintendentis fidelissimi Benevolentium in Ducatu Lignicensi lachrymis honoratae. Typ. Lign. Zach. Sartorii. s. a. [1662]. (Dünnhaupt, IV, Nr. 60).

Gleich und gleich gesellet sich: Wann Hr. Johan Fridrich Hofmeister/ ... am 1. des Wolfsmonats 1663. ... zu Bette gehet ... Berlin 1663. 4°. (Dünnhaupt, IV, Nr. 61 = ›Lustige Paucke‹ Nr. 8).

Die Mäyen-Lust Wird kürtzlich vorgestellet bey der Hochzeit Hn. Christian Moses/ Amt-Schreibers zu Zechlin/ Und Jgfr. Marien-Elisabeth Müllers/ Am 10. des Mäy-Monats 1663. Berlin 1663. 4°. (Dünnhaupt, IV, Nr. 62 = ›Lustige Paucke‹ Nr. 67).

Von der gantzen Dorf- und Bauerschaft präsentiert sich erstlich Heu-Hans/ ... und wird gefeyret von Hn. Johann Grünkäsen/ .... in Cölln am 24. des Brach-Monats 1663. Berlin 1663. 4°. (Dünnhaupt, IV, Nr. 63 = ›Lustige Paucke‹ Nr. 51).

Korn-Jäckel/ Der ander Dorf-und Bauerschaft Heiliger ... giebet sich an bey Herrn Johann Jacob Römannen/ ... Am 25. des Heu-Monats 1663. Berlin 1663. 4°. (Dünnhaupt, IV, Nr. 64 = ›Lustige Paucke‹ Nr. 52).

Haber-Barthel/ Der dritte Dorf-und Bauerschaft Heiliger .... fraget nach Herrn Bartholomäus Grünentheln/ ... Am 24. des August-Monats 1663. Berlin 1663. 4°. (Dünnhaupt, IV, Nr. 65 = ›Lustige Paucke‹ Nr. 53).

Tugendhafter Braut-Schmuck/ Welchen Jungfer Rosina ... Rigers/ Hn. Caspar Bachen/ zubringet am 26. Januarii 1664. Berlin 1664. 4°. (Dünnhaupt, IV, Nr. 66 = ›Lustige Paucke‹ Nr. 22).

Braut-Lade/ Von des Bräutigams Zunamen Ladovius hergenommen/ Auf der Hochzeit Hn. Christ. Ladovius/ ... am 2. Februarii 1664. Berlin 1664. 4°. (Dünnhaupt, IV, Nr. 67 = ›Lustige Paucke‹ Nr. 23).

Die Birke/ ... veranlasset folgendes Schertz-Gedichte Auf der Hochzeit des Hn. Christian Seilers/ ... Am 18. April 1664. Berlin 1664. 4°. (Dünnhaupt, IV, Nr. 68 = ›Lustige Paucke‹ Nr. 83).

»Wann ein Mensch thut/ was Er sol/ ...«. [Epicedium]. In: Fromm, Andreas: Freud auff Leyd. Am 6. Trin. Anno 1663. aus dem 30. Psalm in einer Leichpredigt zu St. Peter in Cöln der Gemeine Gottes gezeiget/ Bey Beerdigung der am 20. Julii im HERRN selig=verstorbenen Frawen/ Der weiland Woledlen/ Hochehr= und Tugendreichen Fr. Annen Gutwillin/ Des WolEdlen/ Vest=und Hochgelährten Herrn JOHAN SIGISMUND Eltzholtzens/ Med. D. Sr. Churfürstl. Durchl. zu Brandenb. Wolbestalten Hof=Medici Gewesenen Ehelichen Haußfrawen: Welchen mit Wündschung kräfftigen Trosts diese Predigt auff begehren zu Druck übergiebet/ und dienst=freundlich zuschreibet/ Andreas Fromm/ Lic. Probst zu St. Peter und Consistorial-Rath. Zu Berlin/ Gedruckt bey Christoff Runge/ Anno 1663. (1: Ee 508, 11).

Most-Michel/ Der vierdte Dorf- und Bauerschaft Heiliger ... erinnert zwar Schertzweise ... Hn. Michael Witten/ Und Hn. Michael Krahmern/ Gegen einander zu rechnen ... Ihres Nahmens-Tages/ Am 29. des Herbstmonats 1663. Berlin 1663. 4°. (Dünnhaupt, IV, Nr. 69 = ›Lustige Paucke‹ Nr. 54).

Braut-Gesang/ Gesungen auf der Hochzeit Hn. Andreas Idelers/ ... Am 8. Novembr. 1663. Berlin 1663. 4°. (Dünnhaupt, IV, Nr. 70 = ›Lustige Paucke‹ Nr. 26).

Gänse-Märten/ Als der fünfte Dorf- und Bauerschaft Heiliger/ sonst Martinus genannt/ erscheint mit seiner Märtens-Gans Auf der Hochzeit Hn. Greg. Bernhards/ ... am 9. Nov. ... 1668 [recte 1663]. Berlin 1663. 4°. (Dünnhaupt, IV, Nr. 71 = ›Lustige Paucke‹ Nr. 55).

Ochsen-Drews/ Der sechste Dorf- und Bauerschaft Heiliger ... Andreas genannt/ ... stellet sich ein ... Wo der ... Herr Andreas Moritz wohnet/ am 30. des Schlacht-Monats 1663. Berlin 1663. 4°. (Dünnhaupt, IV, Nr. 72 = ›Lustige Paucke‹ Nr. 56).

Arm und Reich. [Neuer Titel]. Arm und Reich von Menschen Wird der allgemeinen Sterblichkeit erinnert/ Wann der verblichene Cörper Der weiland Hoch=Edelgebornen und Wol=Tugendsamen Frauen Hedwigs Marien geborner von Schlabberndorff/ Des weiland Hoch=Edelgebornen/ Gestrengen und Vesten Herrn Hanssen Georgens von Haaken/ Auff Machenow/ bis ins 27. Jahr nachgebliebener numehr sel. Frauen Wittibe/ am Osterdienstage war der 12. Monats=tag Aprilis Anno 1664. In das Adeliche Begräbniß zu Machenow auffm Sande/ mit Wol=Adelichen Ceremonien, Christlichem Brauche nach/ beygesetzet worden. Guben/ Drukts Georg Schultze. s. a. [1664]. 4°. (1: Yi 4251 R; jetzt KBJ; Dünnhaupt, IV, Nr. 73).

Johannes-Beeren sind reif/ werden abgepflückt/ und zu Tische gebracht/ Als Hr. Johann Grünkäse/ ... Seinen Namens-Tag beging/ Am 24. des Brachmonats 1664. Berlin 1664. 4°. (Dünnhaupt, IV, Nr. 74 = ›Lustige Paucke‹ Nr. 88).

Kirschen/ Und sonderlich die also genannte saure Kirschen/ werden reif und schmecken am besten/ wann HERR Joh. Jacob Römann/ Nach schon zurückgelegtem Johannes-Tage/ seinen andern Namens-Tag/ Jacobus/ Feyerte am 25. Tag des Heu-Monats 1664. Berlin 1664. 4°. (Dünnhaupt, IV, Nr. 75 = ›Lustige Paucke‹ Nr. 89).

Nüsse An Bäumen und Sträuchen ... werden reif ... wann HERR Barthol. Grünenthal ... seinen Namens-Tag beging Am 24. Aug. 1664. Berlin 1664. 4°. (Dünnhaupt, IV, Nr. 76 = ›Lustige Paucke‹ Nr. 90).

Der Drache/ In gesundem Verstande genommen/ hält seine Ablage bey Hn. Joachim Bernhard Didden/ J. U. Lic. und Churfl. Brand. Cammer-Gerichts-Advocaten/ als er zur Ehe nimmt Jfr. Marien Dorotheen/ ... Drachstet[s] ... Am 8. Nov. 1664. Berlin 1664. 4°. (Dünnhaupt, IV, Nr. 77 = ›Lustige Paucke‹ Nr. 98).

MitSchmertzen. Mitt Schmertzen Ward vor ietzo Sechstehalb Jahren zur Welt geboren; Mit Schmertzen vollführte seinen Lebenslauf; Mitt Schmertzen nahm am 9 Septembr. 1666 des morgens gegen 6 Uhr wieder seyn Ende; Das sich wol anlassende und Hoffnung von sich machende Knäblein/ Johannes Nikolai/ Zweyer Christ=liebenden Eltern/ Als/ titt. Herrn Christian Nikolai/ Predigers bey der Peters Kirchen hiesiger Churfürstl. Brandenbr. Residentz und Haubtstadt Kölln an der Spree/ Und Frawen Dorotheen Borkens/ Hertzallerliebstes Söhnlein. Mitt Schmertzen Wird solchem/ von jetzt gedachten beyden Eltern Adel= und Bürgerlichen Nachtbarschafft/ am 18. oberwehnten Monatstages und jahres zu Graabe nachgefolget. Kölln an der Sree/ Drukkts Georg Schultze Churfürstl. Brandenb. Buchdrukker auff dem Schlosse daselbst. s. a. [1666]. (14: Lit. Germ. rec. B. 203,25).

Gott denkt an Dich (1666). (14: Lit. germ. rec. B 209m ehem.).

Wiegen-Lied/ ... Als am 16. Julii 1663. DOROTHEA ... begraben ward/ Wird nun zu Ende gesungen Bey der Wiege Des vier Wochen Kinds CATHARJNA/ ... Nicolai/ ... Am 8. Julii 1666. Berlin 1666. 4°. (Dünnhaupt, IV, Nr. 78 = ›Lustige Paucke‹ Nr. 5).

Die Schmide [!] Mit ihrem Pinke Panke Pinke Panke Pink wird/ durch Anleitung des Worts und Zunahmens Schmid/ Vorgestellet Bey der/ zwischen Tit. Hn. Friderich Schmiden/ Der Rechten Erfahrenen &c. Und Jungf. Marien Sibyllen Schillings/ ... am 23./13. Novembr. des 1666sten Jahres daselbst in Lukkow angestellten Hochzeit. Kölln an der Spree/ Drukkts Georg Schultze/ Churfürstl. Brandenb. Buchdrucker auf dem Schlosse daselbst. [1666]. 4°. (Dünnhaupt, IV, Nr. 79).

Die Heyrath Wird ohne Zweiffel durch ein fleißiges Gebet von Gott ersucht/ erlangt/ und vollenzogen; Wann Tit. Herr Johann Freytag/ Churfürstl. Brandenb. Ambst-Verwalter zu Neuhoff in Preussen/ Mit Jungfer Rebekken Trumbachs/ ... heute am 3ten Septemb. ist Dienstag nach Egidii, des 1667. Jahres/ sich durch des Priesters Hand trauen und verehelichen läßt. Welche Heyrath GOtt der himmlische Segens-Mann reichlich segnen/ und den beyden verheiratheten Personen Glückk zu Jhrer Reise nacher Preussen/ und allen Jhren Verrichtungen daselbst/ geben und verleihen wolle. Kölln an der Spree/ Drukkts Georg Schultze/ Churfürstl. Brandenb. Buchdrukker auf dem Schlosse daselbst. [1667]. 4°. (Dünnhaupt, IV, Nr. 80).

Das Leben wird durch einen natürlichen Tod in dieser Welt entzogen Und In jener Welt bey den Gläubigen und Außerwehlten Gottes wieder gegeben Dem weyland Hoch=Würdigen und Hoch=Gebornem Herrn/ Herrn/ Johann Friderich/ Frey=Herrn von Löben/ Sr. Churfürstl. Durchl. zu Brandenburg ältisten geheimten Stats=Raht/ Kammer=Herrn und Verwesern des Hertzogthums Krossen und Züllichow/ wie auch Hauptmann der Graffschafft Ruppin und des Landes Bellin/ des St. Johanniter=Ordens Rittern und residirenden Compteur zu Lagow/ auff Schönfeld/ Schidlow/ Schmachtenhagen/ Mertz=Peters=Schenckendorff/ Krummenseehe/ Groß=und Klein=Bestien etc. etc. ErbHerrns. Wann derselbe Dem Leibe nach/ am 8. Decembr. war der ander Advents=Sonntag 1667. bey S. Nikolai Kirchen der Churfürstl. Brandenb. Residentz/Haubt= Stadt und Veste Berlin Christlicher und Stands=gebührlicher Weise in die Frey=Herrliche Grufft beygesetzet ward. Aus der Presse. George Schultzens/ Churfürstl. Brandenb. Buchdrukkers uff dem Schlosse zu Kölln an der Spree. s. a. [1668]. (14: H. Sax D 191; Dünnhaupt, IV, Nr. 81).

Antwort Auff Herrn Johann Eisenmengers/ Pfarrers zu Weese/ Wilmerßdorff und Börnicke/ am 2. Febr. 1668. an mich Endesbenanten abgeschicktes Hochzeits-Schreiben/ Zu der mit Jungfer Marien Winzerlingks/ ... auff den II. Februarij, ist Dinstag nach Invocavit lauffenden 1668. Jahres zu Straußberg angestellten Hochzeit-Feyer. Kölln an der Spree/ Drukts George Schultze/ Churfürstl. Brandenb. Buchdrukker auff dem Schlosse. [1668]. 4° (Dünnhaupt, IV, Nr. 82).

Die Strasse Jn der Churfürstl. Brandenb. Residentz und Haupt-Stadt Kölln an der Spree gelegen/ wird beschrieben/ Aus welcher ... Herr Lic. Friderich Müller/ Der Jünger/ Churfürstl. Brandenb. Kammergerichts-Advocat/ eine Burg gesucht/ auch gefunden/ Wann Er mit Des Edlen/ Vesten und Hochgelahrten HERRN Burgm. Christian Straßburgs/ Churfürstl. Brandenb. wollberühmten Kammergerichts-Advocatens und Syndikussen der hochlöblichen Landschafft/ wie auch der Stad Kölln/ Tochter Jf. Annen Elisabethen/ Sich in ein Ehe-Verlöbnüß/ zu dessen Christlicher Vollziehung der 6. des Aprill Monats 1668. betaget/ eingelassen/ Daß GOtt segne! Kölln an der Spree/ Drukkts George Schultze/ Churfl. Brand. Buchdrukker auff dem Schlosse. [1668]. 4°. (Dünnhaupt, IV, Nr. 83 = ›Lustige Paucke‹ Nr. 69).

Die Butte Wird getragen wann Jfr. Anna Maria Zarlangin/ ... sich an Hn. Dieterich Butten/ ... den 21. Aprilis 1668. verheyrathet. Berlin 1668. 4°. (Dünnhaupt, IV, Nr. 84 = ›Lustige Paucke‹ Nr. 16).

Der Ort/ Wrietzen an der Oder/ und der daselbst wohnende Bürgermeister Orth/ gibt Gelegenheit zu einem Hochzeit-Schertz/ wann Herr Ernst Orth/ ... Hochzeit hiel Am 4. des Mäy-Monats 1668. Berlin 1668. 4°. (Dünnhaupt, IV, Nr. 85 = ›Lustige Paucke‹ Nr. 68).

GOttes Vorsorge/ So Witwen und Wäysen nicht verläst/ weiset sich aus Bey der Hochzeit Jgf. Annen Elisabeth/ ... Elert[s]/ ... Und Herrn Ernst Orth[en]/ ... am 04. des Mäy-Monats 1668. Berlin 1668. 4°. (Dünnhaupt, IV, Nr. 86 = ›Lustige Paucke‹ Nr. 44).

Tauben-Hauß/ Worin sich der Täuber verlustiret/ Auf der Hochzeit Hn. M. Christ. Teubers/ ... Am 29. Septembris 1668. Berlin 1668. 4°. (Dünnhaupt, IV, Nr. 87 = ›Lustige Paucke‹ Nr. 95).

Das Kornmesser Wann es so viel heißt als eine Sense und Sichel/ so der Land- und Akkerßmann den Frühling und Sommer über/ zum Graaß und Kornabschneiden braucht/ gibt Gedanken: Wann Tit: Herr Martin Neimer/ Wollbestelter bey des Herrn Obristen Vergels Regiment zu Fusse im Halberstädtischen Feld-Balbirer/ als Bräutigam; sich mit Jungfer Katharinen Kornmessers/ ... als Braut Mit Genehmhaltung Jhrer Fraw Mutter/ Herren Brüder/ und nahen Anverwandten verheyrathete/ Und am 11. Tage des Weinmonats 1668. doselbst zu Bette ging. Aus der Presse George Schultzens/ Churfl. Brand. Buchdrukkers. s. l. e. a. [Berlin 1668]. 4°. (Dünnhaupt, IV, Nr. 88 = ›Lustige Paucke‹ Nr. 80).

Die Märtens Gans Wird von ihrer Geburth an/ bis zum Ende ihres Lebens/ in einfältiger Kürtze beschrieben/ und Auff die Hoochzeit/ welche Titt. Herr Gregorius Bernhard/ Der Artzney Kunst Gekrönter/ und fleißiger Krankken-Besucher in denen beyden Churfürstl. Brandenburgischen Residentz und Haubt-Städten Berlin und Kölln an der Spree/ Mit Jungfer Ursulen Marien Hoffmanss/ ... Am 9. Novembr. war der Tag vorm Gänse-Fest 1668. zum Berlin uf der Stralowischen Strassen hielt und beging/ Gebraten. Kölln an der Spree/ Drukkts Georg Schultze/ Churfl. Brandenb. Buchdrukker. [1668]. 4°. (Dünnhaupt, IV, Nr. 89 = ›Lustige Paucke‹ Nr. 55).

Der Pusch/ Gibt ein Schertz-Gedichte Auf der Hochzeit Herrn Peter Püschers/ ... Am 23. Novembris 1668. s. l. e. a. [Berlin 1668]. 4°. (Dünnhaupt, IV, Nr. 90 = ›Lustige Paucke‹ Nr. 81).

Die Krause/ Welche bey vorigen/ und mehrenteils Unserer Vorfahren Zeiten so wol von Frauens- als Manns Personen umb den Hals getragen worden/ Wird aus der Braut/ Jungfer Annen Sibyllen Krausin/ Zunahmen erinnert/ Wann Sie ... Herrn Johann Christoff Otten/ Beyder rechten Licentiaten und Churfürstl. Brandenb. Kammergerichts zu Kölln an der Spree/ Advocaten/ Am Andreas Abend war der 30ste Tage des Schlacht-Monats 1668. ... durch Priesterliche Hand/ zur Ehe gegäben ward. Berlin/ Aus der Presse Christoff Rungens. [1668]. 4°. (Dünnhaupt, IV, Nr. 91).

Der Pusch oder Busch/ (Wie dieses Wort einen Jeden zu lesen belibet). Er zeiget seiner Dienste Schuldigkeit und Auffwartung Wann Titt. Herr Michael Kibeler/ Schösser zu Ukrow, Paserin und Pickelsdorff in der Laußitz/ Seine Elteste Tochter/ Jungfer Elisabethen/ An Peter Püschern/ Bürgern und Fenster Meistern bey der Churfürstl. Brandenburgischen Geschwisteren Residentz/ Haubt Stadt und veste Berlin und Kölln an der Spree/ am 23. Novembr. Alten Kalenders des 1668. Jahres durch Priesterliche Zusammengebung verehelichte. Kölln an der Spree/ Drukts Georg Schultze/ Kurfl. Brand. Buchd. [1668]. 4°. (Dünnhaupt, IV, Nr. 92).

HAst du/ Schirmer/ noch nicht gnung ... [Lobgedicht]. In: Michael Schirmer, Eigentlicher Abriß Eines verständigen/ tapfferen und frommen Fürsten Von dem Fürtrefflichen Poeten Virgilius/ Jn zwölff Büchern der Trojanischen geschichten Entworffen Und An dem Æneas/ Der nach Außstehung vieler Mühseligkeit/ Gefahr und Zufälle des wandelbahren Glücks endlich alle Hindernüß und Feinde überwunden/ und seine von der Ewigen Vorsehung ihm verordnete Laviniam erlanget hat/ Gewiesen und in Heroische oder Alexandrinische Reime übergesetzet Von M. Michael Schirmer/ Käyserlichen ältisten Poeten/ und des Berlinischen Gymnasiums gewesenen dreyßigjährigen Con-Rectore. Gedruckt in dem zum Ende lauffenden Jahr 1668. zu Cölln an der Spree bey George Schultzen/ Churfl. Brandenb. Buchdrucker. Jn Verlegung Autoris. Cölln 1668. (1: Wd 1292; 1: Wd 1293; 2. Aufl.: Rupert Völkkern/ Buchhändl. Berlin 1672; Dünnhaupt, IV, Nr. 93).

Epicedium. In: Johann Buntzbart [Buntebart], Die seelige Kindbetterin aus 1. Tim. II. 15. bey dem Begräbnüß Frau Cathar. Papenbruchs, Hrn. Petri Supen, Churfürstl. Brandenburg. Zoll=Verwalters und Saltz=Factors Ehe=Frauen, welche a. 1669. den 13. Ian. gestorben. Cölln: Schultze, Georg 1669. 4°. (Dünnhaupt, IV, Nr. 94; Verzeichnis der Leichenpredigten Franckesche Stiftungen Halle, S. 177).

Die Eiche ... Wird besungen Auf der Hochzeit Hn. Andreas von Eichen/ ... Am 25. Januarii 1669. Berlin 1669. 4°. (Dünnhaupt, IV, Nr. 95 = ›Lustige Paucke‹ Nr. 82).

Epicedium. In: Johann Buntzbart [Buntebart], Seelen=Durst: Das ist: Heiliges Verlangen einer gläubigen Seelen nach GOTT. Aus dem 42. Psalm/ v. 2. 3. 4. 5. 6. Beym Christlichen Leich=Begängniß Frauen Elisabeth Schattinn/ Herrn Wilhelm Heinrich Happen/ Churfürstlichen Brandenburgischen Wolbestalten Ober=Licent-Einnehmers/ Hertzlich geliebeten Ehefrauen/ Welche am 5. Februarii dieses Jahres selig im HERRN entschlaffen/ und am 14. Februarii/ war der Sonntag Sexagesimæ, mit Christlichen Ceremonien in der St. Peters Kirchen allhier zu Cöln beygesetzet worden. Jn einer Leichpredigt betrachtet und fürgestellet/ Von M. Johanne Buntebart/ Probsten und Consistorial-Rahte. Zu Berlin/ gedruckt bey Christoff Runge/ Anno M.DC.LXIX. (1: 17 in: Ee 513, 17; Dünnhaupt, IV, Nr. 96).

Verenderung erfrewt: Wann Die Tugendsahme/ und wol Haußhaltende Frau Maria Schadebrohts [verw. Danissen]/ ... Sich mit (Titt.:) Herrn Hermann Kochen/ Sangmeister bey der Kapellen zu Sanct Nicolaus, in der Churfürstl. Brandenburgischen Residentz/ Haubt-Stadt und Veste Berlin/ am ersten Tage des Mertz-Monats 1669. liebreich Verehelichte. Berlin/ Gedrukk [!] bey Christoff Runge. s. a. [1669]. 4°. (Dünnhaupt, IV, Nr. 97 = ›Lustige Paucke‹ Nr. 32).

Oster-Eyer Sind schon acht Tage zuvor ... verzehret/ Wann Hr. Gottfried Apfelstadt/ ... Hochzeit hat/ den 19. April 1669. Berlin 1669. 4°. (Dünnhaupt, IV, Nr. 98 = ›Lustige Paucke‹ Nr. 97).

Das Vogel-Nest Gibt beym Antritt des anmuthigen und kühlen Mäy-Monats einen Poetischen Schertz Auf der Hochzeit Joach. Frid. Dörriens/ ... Am 4. des Mäy-Monats 1669. Berlin 1669. 4°. (Dünnhaupt, IV, Nr. 99).

Schäfer-Lied/ Gesungen auf der Hochzeit Hn. Christ. Storbecks/ ... Am 16. des Mäy-Monats 1669. s. l. 4°. (Dünnhaupt, IV, Nr. 100 = ›Lustige Paucke‹ Nr. 65).

Der Friedenwald Des immer grünenden Paradieß=Himmels nimbt auß dem Pommrischen und irrdischen Friedrichs=Walde zu sich/ die WolEdle und Tugendsame Frau Dorotheen Christians/ Des seel. (Tittul) Hn. Moritz Neubauers/ weiland Churfürstl. Brandenb. Hinter=Pommrischen und Kamminischen Kammer=Rahts/ Hauptmanns zu Friedrichs=Walde/ und geheimbten Kammer=Dieners Hinterlassene Frau Wittib. Nach dem dieselbe Am 20. Jan. 1607 zu Alten Stettin gebohren/ den 8. Febr. 1630 geheyrathet/ und mit 6 Kindern/ als drey Töchtern und dreyen Söhnen von Gott gesegnet: Am 6. Aug. 1669. aber dieser Zeitlichkeit entnommen und in den ewigen Friedenswald versetzet worden. Ihres Alters 62. Jahr sechs Monatt/ zwo Wochen und zween Tage. Kölln an der Spree/ Druckts Georg Schultze/ Churfürstl. Brandenb. Buchdrukker. s. a. [1669]. 4°. (1: Ee 524, 6 angeb.).

»Wittben=Trost.« [Epicedium]. In: Traur= Trost= und Ehren=Zeilen/ Als der weyland Edle und Kunstreiche Herr Martin Donicke/ Churfürstl. Brandenb. Wolbestalter Reise=Apotecker/ nach aus gestandener langwüriger Kranckheit/ den 27. Septembr. des 1669. Jahres/ in hertzlicher Anruffung seines Erlösers/ sanfft und selig im Herrn entschlaffen/ und den 3. Octobr. in S. Peters=Kirchen zu Cölln an der Spree/ bey Volckreicher ansehnlicher Versammlung beerdiget worden/ Aus Christl. und dienstl. Schuldigkeit auffgesetzet von Guten Freunden. Cölln: Schultze, Georg 1669; an: Johann Buntebart, Seelen=Fried/ Aus den Worten des CXVI. Psalms/ v. 7,8,9, Sey nun wieder zu frieden meine Seele/ etc. Beym Christlichen Leich=Begängnüß/ Herrn Martin Doniken/ Churfürstl. Brandenb. gewesenen wollbestallten Reise=Apotheckers/ Welcher am 25. Septemb. dieses 1669. Jahres früh zwischen 7. und 8. Uhr selig entschlaffen/ und am 3. Octobr. war der 17. Sontag nach Trinitatis in der St. Peters Kirchen beerdiget worden/ Jn einer Leichpredigt betrachtet und vorgestellet Von M. Johanne Buntebart/ Consistorial-Raht und Probsten daselbst. Cölln an der Spree/ Druckts George Schultze/ Churfl. Brandenb. Buchdrucker auff dem Schlosse. (1: Ee 507, an 12).

Kiepe/ Dieses Wort ward ... 35. mal im folgenden Gedicht angeführet ... Bey der Hochzeit Hn. Johann Kiepens/ ... am 22. Novemb. 1669. Berlin 1669. 4°. (Dünnhaupt, IV, Nr. 101 = ›Lustige Paucke‹ Nr. 15).

Der Vogel-Fang Wird ... vorgestellet/ Bey der Hochzeit HERRN Richart Damerows/ ... und Jgf. Elisabeth Sophien ... Vogelgesangs/ ... Am 26. Sept. 1670. Berlin 1670. 4°. (Dünnhaupt, IV, Nr. 102 = ›Lustige Paucke‹ Nr. 91).

Es muß so sein Spricht der unbarmhertzige Todt. Und nimmt zu grossem Betrübnis/ der lieben Seinigen/ gantz unverhofft/ aus diesem Leben/ (Tittul:) Herrn Hoyer Friedrich Striepen/ Churfürstl. Brandenb: Ampts= Kammer=Rath/ Vice=Kammer= und Burgermeistern der Stadt Berlin. Welcher Geboren/ am Donnerstage nach Cantate, war der 26te April 1627. In den Ehestand getreten/ am 3ten Novembr. 1656. worinnen Er Acht Kinder (wovon aber nur Fünff noch am Leben) Vater worden: Gestorben/ am 26. Augusti 1670. deß Abends zwischen 6. und 7. Uhr: Und bey der Duhm=Kirchen zu Kölln an der Spree begraben worden am 8ten Septembr. itztgedachten Jahres. Nach dem Er gelebet und alt worden: Viertzig drei Jahr und vier Monatt. [Epicedium]. In: Der Christen Trost und Hoffnung/ Zum Ehrengedächtniß Des Wol=Edlen/ Groß= Achtbarn und Wolweisen Herrn Hoyer Friedrich Striepens/ Churfürstl. Brandenburg. Wolverdienten Ampts= Cammer=Rahts/ Vice=Cammermeisters und Bürgermeisters der Residentz auch Veste Berlin/ etc. Nachdem derselbige am 26sten Augusti dieses 1670sten Jahres selig in CHristo entschlaffen/ und dessen verblichener Cörper den 8. Septembris in seinem Ruhekämmerlein beygesetzet worden. Bey Volckreicher Versammlung erkläret Aus dem Propheten Esa 38. v. 17. Und auff Begehren in Druck gegäben durch JOHANNEM KUNSCHIUM, von

Breitenwalde/ Churfl. Brandenb. Hoffprediger. Berlin/ Gedruckt bey Christoff Runge/ 1670. (1: Ee 537, 2; LB Coburg; Dünnhaupt, IV, Nr. 103).

Das Feld/ Wie solches der grünende Frühling ... vor Augen stellet Auf der Hochzeit Hn. Johann Tilenussen/ ... Am 14. Novembris 1670. Berlin 1670. 4°. (Dünnhaupt, IV, Nr. 104 = ›Lustige Paucke‹ Nr. 76).

Die lüsterne Jungfer/ ... wird gar artig vorgestellet an Jgf. Anna Spenglerin/ ... Als sie Hn. M. Samuel Rosen/ ... beygeleget ward am ... 15. Novembr. 1670. Berlin 1670. 4°. (Dünnhaupt, IV, Nr. 105 = ›Lustige Paucke‹ Nr. 18).

Gedult [Vorsatzblatt]. Gedult lindert und mindert zum wenigsten das Trawren/ Wann ein Sohn/ auf welchen der Vater viel gewendet/ Ihn auch so weit gebracht/ Daß Er in seine deß Vaters unzehlbare Fußstapffen getrethen, in seinem besten Flor und Alter/ dem Leben ab= dem Tode aber zugesaget. Dehm Wohl Edlen und Hochgelahrten Herrn Martin Weisen/ Der Artzney Kunst gekröntem/ Churfürstl. Brandenburgischen Rath und Leib-Medico, Erbherrn auf Panckow. Bey sel. Absterben seines wolgerathenen Sechs und dreißig Jährigen Sohnes/ (Titt.) Hn. D. Martin Weisens/ Deß Jüngern/ Churfürstl. Brandenb. Hof= und Leib=Regiments wol bestalten Medici, Auß schuldigster Dankbarkeit geschrieben und an 29sten Monatts Tage Jenners 1671. Zur Trawer=Procession überreichet. Gedruckt zum Berlin bey Christoff Runge. [1671]. (1: Ee 540, 22).

Alte Liebe rostet nicht/ ... bey der Hochzeit Herrn Samuel Schirmers/ ... Den 2. May 1671. Berlin 1671. 4°. (Dünnhaupt, IV, Nr. 106 = ›Lustige Paucke‹ Nr. 12).

Außrede/ warümb/ Dem Churfürstl. Brandenb. Kammergerichts Advocato, (Titt.) Herrn Johann Balthasar Wedigen/ Auff seine den 6ten Novembr. 1671. bey der Churfürstl. Brandenb. Residentz Hauptstadt und veste Berlin/ mit (Titt.) Jungfer Anna Margarethen Wernikkens/ ... angestellte Hochzeit/ nicht mit Versen/ nach Begehren/ auffgewartet werden kan. Kölln an der Spree. Drukkts Georg Schultze/ Churfürstl. Brandenb. Buchdrukker. [1671]. 4°. (Dünnhaupt, IV, Nr. 107).

Der Palm-Zweig/ Wird ob wohl zur Unzeit/ doch aber nicht ohne Nutzen gebraucht/ Wann Herr Greg. Wilh. Aemilius/ Jungfer Catharinen Elisabeth/ ... Palm[ens]/ ... heyrathet Am 25. des Winter-Monats 1671. Berlin 1671. 4°. (Dünnhaupt, IV, Nr. 108 = ›Lustige Paucke‹ Nr. 86).

Gutt Schroot und Korn. [Bl. 1v]. Von gutem Schroot und Korn war Wegen Seiner beständigen Keuschheit/ und andern lieb= und lobwürdigen Leibes=Beschaffenheiten (Titt:) Herr Johann Korn/ Anfangs Churfl. Brandenb. Hoof=Schneider/ hernach aber Bürger und funffzehn järiger Handelsmann bey der Churfl. Brandenb. Haupt= und Residentz=Stadt/ auch Veste Berlin. [...]. Zu Berlin/ Gedruckt bey Christoff Runge. s. a. [1671]. (1: Ee 519, 14,1).

Allerunterthänigste SUPPLICATION, An Sr. Churfürstl. Durchl. Um eine wilde Sau auf der Jagt beym Grünen Walde [d. i. Grunewald]. Den 12. Decembr. 1671. Berlin 1671. 4°. (Dünnhaupt, IV, Nr. 109 = ›Lustige Paucke‹ Nr. 99).

Fürstl. Wiegen-Lied/ Bey der Fürstlichen Wiege Des Churfürstlichen Printzen/ und Marggraffen Albrecht Friderichs/ Am 14. Jan. 1672. Berlin 1672. 2°. (Dünnhaupt, IV, Nr. 110 = ›Lustige Paucke‹ Nr. 4).

Tantz Auff (Titt:) Herrn Ludewig Mauritz Prukmans/ ... [mit] ... Jungfer ... Gratien Pankows/ Am 13. Februarij 1672. in der Churfürstl. Brandenb. Hauptstadt und Vestung Berlin angestellten Hochzeit. Kölln an der Spree/ Drukkts Georg Schultze/ Churfl. Brandenb. Buchdrukker. [1672]. 4°. (Dünnhaupt, IV, Nr. 111 = ›Lustige Paucke‹ Nr. 27).

Valet-Gesang/ Beym sel. Absterben ... Frauen Ursulen Marien Gerickens/ gebohrner Burckartin/ am 17. Martii 1672. In: Johann Buntebart, Himlischer Wandel, welchen Kinder Gottes auf Erden führen aus Phil. III. 20. 21. bey der Leiche Fr. Ursula Marien Burkhartin, Herr Lic. Bartholom. Gericken Haußfrau, welche Anno 1672 den 8. Mart. gestorben, betrachtet. Cölln 1672. 4°. (1: Ee 505, 9; 1: Ee 509, 9; Dünnhaupt, IV, Nr. 112 = ›Lustige Paucke‹ Nr. 36).

Krankke Verse Auff (Titt:) Herrn Herman Kosts/ Churfürstl. Brandenb. bestalten geheimen Kantzelistens/ Und Jf. Annen Elisabethen Essenbrüchers/ ... Bey der Churfürstl. Brandenb. Residentz und Haubtstadt Berlin am 22. April 1672. gehaltenen Hochzeits-Feyer. Kölln an der Spree/ Drukkts Georg Schultze/ Churfürstl. Brandenb. Buchdrukker. [1672]. 4°. (Dünnhaupt, IV, Nr. 113).

»FReund Luther/ hat dein Reisewerk ...«. [Epicedium]. In: Johann Matthias Stumpf, Tröstlich und lauterer LUTHERS Brunn ... [LP auf Gabriel Luther]. Bayreuth: Johann Gebhardt 1672. (LB Coburg: Sche 282 Nr. 5; Dünnhaupt, IV, Nr. 114).

Freude/ und auch keine Freude/ Bey angestelter Hochzeits-Freude/ Herrn Joh. George Fröhdens/ Churfl. Brand. Kriegs-Caßirers/ Und Jungfer Euphrosinen Catharinen Ruppens/ Am 13. Tage des Mäy-Monats 1672. Berlin 1672. 4°. (Dünnhaupt, IV, Nr. 115 = ›Lustige Paucke‹ Nr. 29).

Aller guten Dinge drey. Auff Hn. Johann Christian Honaks/ Notar: Publ: Caesarei und geschworen Gerichts-Advocaten zu Kölln an der Spree/ Als Bräutigams/ mit Jungfer Elisabethen Hoochstäts/ ... Als Braut/ Am Montage nach Jacobi war der 29. Tag des Heumonats 1673. gehaltener Hoochzeit. Gedrukt bey Christoff Runge. [1672]. 4°. (Dünnhaupt, IV, Nr. 116 = ›Lustige Paucke‹ Nr. 33).

Das Laager Wird bey der Churfürstlichen Brandenburgischen Haubt- und Residentz-Stad/ auch Veste Kölln an der Spree/ Auffgeschlagen/ Wann (Titt.) Herr Peter Supen/ Churfürstlicher Zoll-Verwalter und Saltz-Factor/ Mit Jfr. Vrsulen Dorotheen Müllers/ ... zu Felde ziehen/ und ehrlich vor der Faust fechten wird ... (17. Herbstmonats 1672.). Kölln an der Spree/ Drukts Georg Schultze/ Churfl. Brand. Buchdr. [1672]. 4°. (Dünnhaupt, IV, Nr. 117 = ›Lustige Paucke‹ Nr. 70).

Was fraagst du darnach? Wann Eine noch nicht veraltete sondern in der besten Blüthe ihrer Jahre begriffene Wittib Zur andern Ehe/ welches wol zu geschehen pfleget/ auch nicht verboten ist/ schreitet/ Vnd sich durch Pristerliche [!]/ Hand/ an einen noch jungen und hurtigen Gesellen/ Vertrauen und einsegnen läßt. An Meister klüglingen. Kölln an der Spree/ Drukkts Georg Schultze/ Churfl. Brand. Buchd. [1672]. 4°. (Dünnhaupt, IV, Nr. 118 = ›Lustige Paucke‹ Nr. 34).

Ich frage darnach/ Wann Titt. Herr Christoff Sukke/ Raths Kämmerer in Berlin/ seine Tochter Jgf. Annen Katharinen/ An Herrn Friedrich Zorn/ vornehmen Bürgern und Apothekern bey der Churfürstl. Brandenb. Haubt- und Residentz-Stadt auch Veste Berlin/ nach vorhergegangener Werbung/ und darauff erfolgte Zusage am 21. Tage des Weinmonats 1672. durch Priesterliche Hand vergiebet und zum Ehestande versetzet. s. l. e. a. [Cölln: Georg Schultze 1672]. 4°. (Dünnhaupt, IV, Nr. 119).

Ein Liebes-Paar Als (Titt.) Herr Wolf Christian Otto/ Churfürstl. Brandenb. Cammer-Gerichts Secretarius und Jungfer Maria Elisabeth Tieffenbachs/ ... Hält Jubeljahr Mit der am 14. Aprilis 1673. zu Berlin angestellten Hoochzeit-Feyer. Umb daß Nunmehr das Dorff Blankkenburg und Wohnhaus in Berlin/ welche beyde der Jungfer Braut Vater/ ... itzo bewohnet/ von 1573. und also von hundert Jahren her ... erkauffet/ conserviret/ und verpflanzet worden/ Das Gott segne! Berlin/ Gedruckt bey Christoff Runge. [1673]. 4°. (Dünnhaupt, IV, Nr. 120 = ›Lustige Paucke‹ Nr. 11).

Epicedium. In: Ein Apostolisches Exempel Wol zu leben/ und selig zu sterben/ Aus St. Pauli Worten: Leben wir/ so leben wir dem HErrn/ etc. Rom. XIV,7. 8. Jn öffentlicher Gemeine zu St. Marien allhie in Berlin/ Bey Volckreicher Leich= und Trauerversamlung über den Sel. Abschied Fr. Catharinen Elisabethen Weisin/ Hn. Joachim Ernst Seidels/ Churfürstl. Brandenb. Ravensteinischen Appellation-Gerichts=Rahts/ Gewesenen treugeliebten Eheliebsten/ Als dieselbe am Sonntage Cantate Anno 1673. in dero Ruhekammer in gemeldter Pfarrkirchen beygesetzet wurde/ Jn einem Leich=Sermon fürgestellet/ Und folgends durch diesen Druck außgefertiget durch Andream Müllern/ Probsten in Berlin. Berlin/ Gedruckt bey Christoff Runge/ 1674. (1: Ee 1593,I, 14; 1: Ee 1594,II, S. 45–96; 1: Ee 700–3377; Dünnhaupt, IV, Nr. 121).

Ihr werdet weinen und heulen. Ihr werdet weinen und heulen. Wann Der WolEdle/Veste und Hochgelahrte Herr Johann Martiz/ Seiner Churfürstlichen Durchläuchtigkeit zu Brandenb. Rath/ etc. etc. Seine Eheliebste Die von allen Fräwlichen Tugenden und Geschikkeiten WolEdle Fraw Marien von der Water/ Bey der Dohm= und Schloß-Kirche zu Kölln an der Spree in die daselbst zubereitet Grufft offentlich am 24. des April=Monats 1673. beysetzen ließ. s. l. e. a. [Kein Druckerimpressum]. (14: Hist. Germ. Biogr. 433, 48).

Aber Die Welt wird sich Frewen. Auff der Zwischen Dem Wol-Edlen und Wol-Mann-Vesten Herrn Christian Neubauern/ Sr. Churfürstlichen Durchläuchtigkeit zu Brandenburg wolbestellten Ingenieur, und Stükkhauptmann/ Und der Wol Edlen/ Hoch-Ehr und Tugendbegabten Jungf. Magdalenen Dorotheen Weitzkens/ ... Am 13. Tage des Mayen Monats Anno 1673. bey der Churfürstlichen Brandenburgischen Haupt- und Residentz-Stadt/ auch Veste Berlin Jm Väterlichen Hause angestellten Hochtzeyt [!]. Berlin/ Gedrukkt bey Christoff Runge. [1673]. 4°. (Dünnhaupt, IV, Nr. 122, I. = ›Lustige Paucke‹ Nr. 30).

Ein paar Jungfern/ Wolten sich ... lustig bezeigen Bey der Hochzeit Hn. Christ. Neubauers/ ... Am 13. Tage des Meymonats 1673. Berlin 1673. 4°. (Dünnhaupt, IV, Nr. 122, II. = ›Lustige Paucke‹ Nr. 17).

Kunst findet allenthalben Gunst. Wird wahr gemacht durch das Christl. Ehe-Verbündniß Herrn M. Petri Vehrn/ ... am 8. Jan. 1673. Berlin 1673. 4°. (Dünnhaupt, IV, Nr. 123 = ›Lustige Paucke‹ Nr. 49).

Neue Zeitung Aus Berlin/ von der Hochzeit Hn. Eberhard Spikers/ … am 29. Septembr. 1673. Berlin 1673. 4°. (Dünnhaupt, IV, Nr. 124 = ›Lustige Paucke‹ Nr. 45).

Demüthigste SUPPLICATION An Ihre Churfl. Durchl. Um Erlassung der im Hochpreißlichen Cammer-Gerichte zuerkannten Strafe. Berlin 1673. 4°. (Dünnhaupt, IV, Nr. 125).

Rummeley/ Als Titt. Hr. Balthasar Neumann/ Käyserlicher geschworner Notarius, und bey denen Stadt-Gerichten der Churfürstlichen Brandenburgischen Residentz und Veste Kölln an der Spree bestellter Gerichts-Actuarius, Mit Jfr. Vrsulen Rummels/ … Am 13. des Monats Octobris 1673. vor die Traue ging. Kölln an der Spree/ Drukkts Georg Schultz/ Churf. Brand. Buchdrukker. [1673]. 4°. (Dünnhaupt IV, Nr. 126).

Linden-Holtz Auff Titt: Herrn Christian Müllers/ Beyder Rechten Licentiaten und Churfürstl. Brandenb. Kammer-gerichts Advokatens/ Mit Titt: Jungf. Annen Vrsulen Lindholtzin/ … Hochzeit/ Angestellet in Berlin am 27. Octobr. des 1673. Jahres/ Die GOtt segnen und benedeien wolle ! Kölln an der Spree/ Drukkts Georg Schultze/ Churf. Brandenb. Buchdr. [1673]. 4°. (Dünnhaupt, IV, Nr. 127 = ›Lustige Paucke‹ Nr. 85).

Des Menschen Wille/ Sein Himmelreich/ Wird bestetiget Bey der Hochzeit Hn. Johann Friedrich Stifelius/ Und Jgf. Annen Schultzin/ Den 24. Nov. 1673. Berlin 1673. 4°. (Dünnhaupt, IV, Nr. 128 = ›Lustige Paucke‹ Nr. 19).

Der gute Stieffvater. Als Herr Heinrich Brandeß/ Vornehmer Bürger und Kleiderbereiter in Berlin/ Seine Stieff-Tochter J. Katharinen Marien … Wedings/ … An Hn. Joachim Grimmen/ Gold-Schmieden in Berlin vergab/ Und am 25. Tage des Wintermonats 1673. war Katharinen Tag Sie Beyde daselbst durch des Priesters Hand zusammen sprechen ließ. Kölln an der Spree/ Drukkts Georg Schultze/ Churfürstl. Brandenb. Buchdr. [1673]. 4°. (Dünnhaupt, IV, Nr. 129 = ›Lustige Paucke‹ Nr. 43).

Reiche Awen. Auff (Titt:) Herrn George Friderich Reichenaus/ Churfl. Brandenb. bestelten Reise-Apotekers/ Bräutigams/ Und Jgf. Annen Magdalenen Wedigens/ … als Braut Am I. des Christmonats 1673. bei der Churfürstl. Brandenb. Haupt-und Residentz-Stadt Kölln an der Spree/ in des Bräutigams Fr. Mutter angestellte Hochzeit. Drukkts George Schultze/ Churfl. Brandenb. Buchdr. auff dem Schlosse daselbst. [1673]. 4°. (Dünnhaupt, IV, Nr. 130).

»Wann Gott seyn Kräuterbuch das Feld mit Frost bedeckt …« [Widmungsgedicht für Thomas Pankow]. In: Pancov, Thomas/Zorn, Bartholomäus, HERBARIUM, 1673. (11: Jo 73150).

Abdankungsrede auf Georg Adam von Pfuel. Berlin 1673. (Gebhardt, Peter von, 1920, S. 115).

Der Fuchs kreucht zu Loche. [Neuer Titel] Der Fuchs kreucht zu Loche. Auff Titull: Herrn Paull Fuchsen/ Churfürstl. Brandenburgischen geheimen Sekretarii etc. Und J. Louisen Friedeborns/ Titull Auch Churfürstl. Brandenb. geheimen Se=kretarii/ Eheleiblichen Jungfer Tochter/ am 14. Jan. deß jüngst eingetrethenen 1674. Jahres in der Churfl. Brandenb. Haubt und Residentz Stadt Berlin angestelten Hoochzeit. [Zierleiste] Kölln an der Spree/ Drukkts Georg Schultze/ Churfl. Brandenb. Buchdr. 1674. (1: Yi 4251 R, jetzt KBJ; Dünnhaupt, IV, Nr. 131).

Braut-Lade/ Aus den Zunahmen Ladovius hergenommen/ Auff Hrn. Christian Ladovius/ Churfl. Brandenb. Speisemeisters Und Jungfer Anna Elisabeth Goltzens/ … Hochzeit. Angesetzt den 2. Februarij, sonst der Tag Mariae Lichtmesse genannt/ des 1674. Jahres. Cölln an der Spree/ Druckts Georg Schultze/ Churfl. Brandenb. Buchdr. [1674]. (Dünnhaupt, IV, Nr. 132).

NICOLAI Peuckers/ Des berühmten Cöllnischen Poeten/ Und weyland Churfl. Brand. Cammer=Gerichts= Advocati, wie auch Stadtrichters und Rahts=Cämmerers in Cölln an der Spree/ wolklingende/ lustige Paucke Von 100. Sinnreichen/ Schertz=Gedichten/ Theils der Hohen Herr=schaft in tiefster Unterthänig=keit/ theils vielen Hoch=Adelichen/ und andern vornehmen hiesigen Fa=milien zu besondern Ehren ge=Schrieben/ Nunmehr aber nach des sel. Autoris Tode in diese Ordnung verfasset/ mit Fleiß übersehen und zum Druck befodert von OTTO CHRISTIAN Pfeffern/ Buchhändlern in Berlin. Druckts Gotth. Schlechtiger/ 1702. (1a: Yi 4261 R; 1: Yi 4261a R, jetzt KBJ; Dünnhaupt, IV, Nr. 1).

Peuckerts Wohlklingende Pauke, hrsg. v. G. Ellinger. Berlin 1889. (= Berliner Neudrucke, Bd. III).

Literatur

NEUMANN, Balthasar: Traurige Liebes- und Thränen-Pflicht ... dem ... Nik. Peucker nach seinem seligen Ableiben. s. l. [Berlin] 1674; BÖDIKER, Johannes: »So legt ihr auch nun hin die hochberühmten Saiten/ Ihr Pindar, ihr Homer, ihr Flaccus uns'rer Zeiten ...« [Dt. Trauergedicht]; KÜSTER/MÜLLER, 1752, III, S. 398, 463; IV, 470, 483; KÖNIG, 1793, S. 433; ADELUNG V (1816), 2120; KNOPF, Julius: Ein märkischer Dichtersmann des 17. Jahrhunderts. In: Brandenburger Land 1 (1934), S. 175f.; DÜNNHAUPT, IV, 1991, S. 3104ff.

Rango, Cunradus (Conrad) Tiburtius

* 9. Aug. 1639 Kolberg/ Pommern
† 3. Dez. 1700 Greifswald
Pädagoge, Theologe, Naturforscher, luth.
V   Joachim R., Ratskämmerer
M Sophia geb. Heyse
G Martin R. (1634–1688), Ratsherr in Kolberg; Lorenz R. (1636–1710), Landsyndikus von Hinterpommern
∞ 1666 Dorothea Elisabeth geb. Lorentz
K 4 Söhne (Joachim Johann, Conrad Lorenz, Carl, Theodor Friedrich), 5 Töchter (u. a. Dorothea Elisabeth und Regina Catharina)

bis 1652	privat unterrichtet
1652–1654	Gymnasium in Halle a. S.
1654–1655	Universität Jena
1655–1657	Universität Gießen
1657	Reisen durch Süddt. u. Elsaß sowie nach Holland und Brabant
1658	Rückkehr nach Kolberg
1659–1661	Universität Wittenberg (1659 Mag.)
1661	Universität Frankfurt/O., dann Rückkehr nach Wittenberg, später in Magdeburg
1662–1668	Rektor am Berlinischen Gymnasium
1668	Konrektor u. Professor Phil. am Carolinum zu Stettin, amtsenthoben
1668–1680	Diakon zu S. Jakob in Stettin
1680–1689	Pfarrer zu S. Nicolai in Stettin (1682 Universität Wittenberg Lic. Theol., 1683 Dr. Theol.)
1689–1700	Superintendent von Pommern und Rügen, zugleich Pfarrer zu S. Nicolai in Greifswald, Prof. Theol. an Universität Greifswald, Praeses des Pommerschen Konsistoriums

Cunradus (Conrad) Tiburtius Rango wurde am 9. Aug. 1639 in Kolberg in Pommern geboren. Seit 1565 saßen die Rangos im Kolberger Rat und nahmen an der Verwaltung des örtlichen Salzbergwerks teil. Der Vater Joachim Rango bekleidete das angesehene Amt eines Ratskämmerers; die Mutter Sophia Rango war eine geborene Heyse aus Treptow a. R. Cunradus Tiburtius hatte zwei ältere Brüder, die beide Jurisprudenz studierten und später ebenfalls bekannt wurden: Martin Rango (1634–1688) wurde Anwalt und folgte seinem Vater in den Rat; als Lokalforscher edierte er Kolbergische Quellen und schrieb mehrere Bücher zur Geschichte der Stadt. Lorenz Rango (1636–1710) promovierte 1668 in Frankfurt/O. zum Doctor Juris und nahm als kfl.-brandenburgischer Legationssekretär am Reichstag zu Regensburg teil, später wurde er Direktor und Dekan des Schöppenstuhls sowie Landsyndikus von Hinterpommern und verfaßte mehrere juristische Schriften.

Die Zugehörigkeit der Familie zur patrizischen Oberschicht Kolbergs ermöglichte den Brüdern eine gediegene Ausbildung. Zunächst wurden die Knaben mehrere Jahre privat unterrichtet. Ab 1652 besuchten sie das Gymnasium in Halle unter dem Rektor und späteren Professor für Geschichte an der Universität Leipzig, Christian Friedrich Frankenstein (1621 bis 1679). Die Anstalt war 1565 im ehemaligen, im Zuge der Reformation säkularisierten Franziskanerkloster eingerichtet worden und hatte sich in der Folgezeit zu einer angesehenen lateinischen Gelehrtenschule mit zehn Klassen entwickelt. Die Gymnasiasten erhielten Unterricht in den alten Sprachen und in den Freien Künsten. Regelmäßig fanden Disputationen sowie öffentliche deklamatorische Übungen und Schulactus statt, in denen die Schüler ihr Können unter Beweis stellen konnten. Die Ausstrahlung des Gymnasiums ging weit über Halle hinaus und erreichte unter ihrem Rektor Christian Gueintz (1592–1650), einem der bedeutendsten Schullehrer des 17. Jahrhunderts, der die Leitung von 1628 bis zu seinem Tode 1650 inne hatte, ihr bis dahin höchstes Ausmaß. Als Frankenstein, der nach Gueintz Rektor geworden war, 1652 nach Leipzig vozierte, erhielt Friedrich Cahlen die Leitung der Anstalt übertragen. Cahlen war Kaiserlich gekrönter Poet und hatte auf den Westfälischen Friedensschluß den Panegyrus »Friedens=Herold« veröffentlicht. 1653 erschien seine »Poetische Fest- und Sonntags-Ruhe«, ein Band »Geist- und Lehr-reicher Gedichte in dreyen Sprachen«. Hier in Halle trieb Cunradus Tiburtius, der jüngste der drei Brüder, neben den obligatorischen lectiones auch schon medizinische und botanische Studien, zu denen ihn Friedrich Hoffmann (der Ältere) anleitete. Von den Lehrern am Hallischen Gymnasium schien Konrektor Cammerhof (Commerhof) einen nachhaltigen Eindruck auf Rango gemacht zu haben, suchte er diesen doch später in Magdeburg wieder auf, wo Cammerhof inzwischen Prediger geworden war. Vielleicht hat Rango hier noch Samuel → Rosa getroffen, der wohl 1654 ans Gymnasium gekommen war und später unter Rangos Rektorat als Subkonrektor am Berlinischen Gymnasium tätig war. Vor ihnen hatten schon Elias Sigismund → Reinhardt und Gottfried → Weber das Gymnasium besucht, mit denen Rango später ebenfalls in der kurbrandenburgischen Residenz zusammentreffen wird.

Am 2. Aug. 1654 immatrikulierte sich Rango an der Universität Jena (JAUERNIG/ STEIGER, 1977, S. 614), an der seit der Jahrhundertmitte der mathematisch-naturwissenschaftlich geprägte Lehrbetrieb gegenüber der rein theologischen, scholastisch-orthodoxen Ausrichtung zunehmend an Bedeutung gewann. Hier studierte er zunächst Medizin bei Werner Rolfinck (1599–1673) und Gottfried Möbius (1611–1664), dem späteren Leibarzt des Kurfürsten Friedrich Wilhelm von Brandenburg sowie des Herzogs Wilhelm von Sachsen-Weimar. Rolfinck, der in Wittenberg, Leiden, Oxford, Paris und Padua studiert hatte, übernahm 1629 die Professur für Anatomie, Chirurgie und Botanik. Vor allem durch ihn erreichten an der Universität Jena Medizin und naturwissenschaftliches Denken, Beobachten und Experimentieren ihren ersten großen Aufschwung. Als sensationell galten die von Rolfinck durchgeführten Autopsien (er konnte erstmals den Sitz des grauen Stars auch anatomisch in der Augenlinse einer Leiche nachweisen) sowie seine an hingerichteten Straftätern vorgeführten chirurgischen Eingriffe. Der Helmstedter Professor Hermann Conring (1606–1681) und er waren mit die ersten, die in Deutschland William Harveys (1578–1657) mit der Entdeckung des Blutkreislaufes einhergehende rational-physiologische Erkenntnisse vom menschlichen Organismus unterstützten. Schon 1631 begann Rolfinck, der sich für eine naturkundlich fundierte Medizin und Pharmazie einsetzte, im Botanischen Garten mit Übungen, damit die Studenten die Pflanzen, insbesondere Heilkräuter, nicht nur aus Büchern, sondern in der Natur kennenlernen sollten. 1641 wurde er zum ersten Professor für Iatrochemie in Jena berufen. Vor allem Rolfinck verdankte Rango, der auch Vorlesungen bei Caspar Posner (1626 bis 1700), 1654 außerordentlicher, ab 1656 ordentlicher Professor der Physik, besuchte und Mathematik bei dem berühmten Professor Erhard Weigel (1625 bis 1699) studierte, sein tieferes Eindringen in die Naturwissenschaften, als dessen Ergebnis später zahlreiche naturwissenschaftliche beziehungsweise die Naturwissenschaften berührende Traktate entstanden.

Auf Wunsch seines Vaters, der ihn zum Prediger ausbilden lassen wollte, wechselte Rango jedoch schon bald in die theologische Fakultät. Diese wurde maßgeblich durch Johann Musaeus (1613–1681) bestimmt, der 1646 als Professor theologiae berufen worden war. Er brachte rationalistische Auffassungen in die lutherische Orthodoxie ein, vor allem durch ihn setzte sich in den sechziger Jahren an der theologischen Fakultät der Universität ein gemäßigter Standpunkt insbesondere gegenüber den synkretistischen Auffassungen von Georg Calixt (1586–1656) durch. Zu Rangos theologischen Lehrern in Jena gehörten Christian Chemnitz (1615–1666), vormals Rektor der Jenaer Stadtschule und später Superintendent, sowie Johann Ernst Gerhard (1621–1668), ein Calixt nahestehender Theologe und Kirchenhistoriker von großer Aufgeschlossenheit, später Begründer der Slawistik und Orientalistik in Jena. Zu erwähnen ist schließlich noch Johann Frischmuth (1619–1687), seit 1652 Professor für Poesie, Griechisch und orientalische Sprachen, bei dem Rango seine Sprachkenntnisse vervollkommnete.

1655 setzte Rango in Gießen (wo er am 25. Okt. mit seinen Brüdern immatrikuliert wurde) seine Studien fort. An der Universität Gießen galt die theologische Fakultät in deutlicher Abgrenzung zum kalvinistischen Marburg insbesondere in der zweiten Hälfte des 17. Jahrhunderts als fester Hort der lutherischen Lehre. Rangos Gießener Theologieprofessoren waren Peter Haberkorn (1604–1676), der in zahlreichen apologetischen und polemischen Schriften insbesondere den Katholizismus und den Synkretismus bekämpfte, Johann Nikolaus Mißler und David Christiani (1610–1688), bei dem er auch Kost und Logis fand. In den philosophischen Wissenschaften hörte er Vorlesungen bei Johann Weiss, Kaspar Ebel und Johann Conrad Dietrich, der ihm seine umfangreiche Privatbibliothek für weitere Studien zur Verfügung stellte.

Im Frühjahr 1657 unternahm Rango – wieder gemeinsam mit seinen beiden Brüdern – seine erste Studienreise, die ihn durch Süddeutschland und das Elsaß führte und ihm die Begegnung mit bekannten Gelehrten, zumeist namhaften Theologen, ermöglichte. Er besuchte Altdorf, Regensburg, Tübingen, Straßburg, Heidelberg und Mainz. Nach Gießen zurückgekehrt, disputierte Rango wahrscheinlich im Juli 1657 unter dem Vorsitz von David Christiani »de Paradiso« (zur gleichen Zeit, nämlich am 12. Juli, disputierte sein Bruder Martin an der juristischen Fakultät »De acquirendo rerum domino ex jure gentium«). Eine zweite Studienreise führte die drei Brüder schon Ende Juli über Fankfurt a. M. nach Holland und Brabant, wo Rango die wichtigsten Städte aufsuchte und wiederum Verbindung mit bekannten Gelehrten aufnahm. Eigentlich hatte er vor, auch nach England zu reisen, doch kriegerische Unruhen nötigten die Brüder zur Umkehr. Auf dem Rückweg besuchte Rango Emden, Hamburg, Lübeck, Wismar, Rostock, Stralsund, Greifswald und Stettin und langte 1658 schließlich wieder in Kolberg an (DITERICH, 1732, S. 189f.; KÜSTER/ MÜLLER, 1752, II, S. 946; PYL, 1888, S. 230).

Hier predigte Rango ab und zu bei verschiedenen Gelegenheiten und legte auch andere Proben seiner inzwischen erworbenen Gelehrsamkeit ab. Da er aber noch nicht den Magistergrad erlangt hatte, der für ein gut dotiertes öffentliches Amt unumgänglich war, nahm er seine Universitätsstudien wieder auf und reiste nach Wittenberg, wo er sich am 16. Mai 1659 unter dem Rektorat des Juristen Augustin Strauch eigenhändig in die Matrikel der Universität eintrug (WEISSENBORN, 1934, 59,199). Hier widmete er sich vor allem bei Andreas Sennert (1606–1689) den orientalischen Sprachen und hörte Vorlesungen bei August Buchner (1591–1661), dem Professor für Poesie und Rhetorik. Am 13. Okt. 1659 promovierte er unter Sennert mit der historisch-philologischen Dissertation »[Nefilim] seu de gigantibus« zum Magister (die Schrift erschien 1660 im Druck und wurde 1663 erneut aufgelegt). Zunächst blieb Rango in Wittenberg und hielt einige Vorlesungen, bis er Anfang 1661 an die Universität Frankfurt/O. kam, wo er ebenfalls Lehrveranstaltungen durchführte, sich in einigen Disputationen auszeichnete und seine weitläufige Gelehrsamkeit durch mehrere Publikationen unter Beweis stellte. Seine Schriften sind in ihrer Thematik recht vielgestaltig. Neben Abhandlungen zur Exegese des Alten und Neuen Testaments und zum Hebräischen schrieb er profangeschichtliche Studien zu Romulus und Caesar und gab die Disputationsschrift »De vita Justiniani« heraus, die sein Bruder Lorenz unter ihm verteidigte. Außerdem dürften auch einige naturwissenschaftliche Traktate, deren Erscheinungsort und -jahr heute nicht mehr zu ermitteln sind, schon in Frankfurt verfaßt worden sein.

Aus dem Zeugnis, das ihm 1661 der damalige Rektor Johann Friedrich Rhetius (Retz, 1633–1707), Professor für Jurisprudenz und später brandenburgischer Justizminister, ausstellte, geht hervor, daß Rango an der Universität beträchtliches Ansehen genoß (KÜSTER/ MÜLLER, 1752, II, S. 946). Kurfürst Friedrich Wilhelm von Brandenburg bot dem fähigen Gelehrten durch seinen Kanzler Lorenz Christoph von Somnitz (1612–1678) sogar eine Professur und das Dekanat an der philosophischen Fakultät an. Doch Rango lehnte wohl aus konfessionellen Gründen eine Professur an der Viadrina, dem »zweiten Heidelberg«, ab. Er kehrte zunächst nach Wittenberg zurück, reiste aber dann weiter nach Magdeburg, um seinen früheren Lehrer und jetzigen Prediger Cammerhof zu treffen, angezogen wohl auch durch Otto von Guericke (1602–1686), der sich durch seine naturwissenschaftlichen Studien und seine Erfindungen einen anerkannten Ruf unter den Gelehrten erworben hatte. Es ist leicht möglich, daß Cammerhof, bei dem sich Rango nun längere Zeit aufhielt, ihm die Bekanntschaft mit dem Magdeburger Bürgermeister vermittelte, an dessen physikalischen Studien er auch teilgenommen haben soll (PYL, 1888, S. 231).

1662 erhielt Rango die Vokation für das Rektorat am Berlinischen Gymnasium zum Grauen Kloster angetragen. Fast zehn Jahre hatte er sich, frei von materiellen und finanziellen Sorgen, an mehreren Universitäten umsehen und auf ausgedehnten Reisen wichtige Kontakte schließen können. Durch zahlreiche wissenschaftliche Abhandlungen auf den unterschiedlichsten Gebieten hatte er sich den Ruf eines hervorragenden Gelehrten erworben, was für seine Vokation den Ausschlag gab. Zunächst zögerte Rango, die Berufung anzunehmen, und verwies auf sein noch junges Alter von erst 24 Jahren. Daß er schließlich doch zum Rektor voziierte, und zwar auf ausdrücklichen Rat des Wittenberger Theologen Abraham Calov (1612–1682) (KÜSTER/ MÜLLER, 1752, II, S. 946), läßt die Angelegenheit in einem ganz besonderen Licht erscheinen. In jenen Jahren nämlich erreichten die theologischen Streitigkeiten zwischen den Lutherischen und den Reformierten, die seit dem Übertritt des Kurfürsten Johann Sigismund zum Calvinismus 1613 immer wieder aufgeflammt waren, in der kurbrandenburgischen Residenz eine neue Schärfe, die Kurfürst Friedrich Wilhelm auch durch sein Toleranzedikt vom 2. Juni 1662 nicht eindämmen konnte, da das Edikt, in großen Abschnitten vom reformierten Hofprediger Bartholomaeus → Stosch verfaßt, sich vor allem gegen die Lutherischen richtete. Als Rango die Vokation des Berliner Rates erhielt, hatte der Kurfürst gerade das Religionsgespräch von 1662/63 einberufen, das die Gegensätze zwischen beiden Konfessionen beseitigen sollte. Zur gleichen Zeit untersagte ein kurfürstliches Edikt den brandenburgischen Landeskindern das Studium an der theologischen und auch an der philosophischen Fakultät der Universität Wittenberg. Durch diese und andere Maßnahmen (zum Beispiel die bevorzugte Vergabe von Hofämtern an Reformierte) wurde der lutherische Einfluß namentlich in der Residenz Berlin-Cölln trotz der von Kurfürst Friedrich Wilhelm verkündeten Toleranzpolitik immer weiter zurückgedrängt.

Rangos Verhalten bei der an ihn ergangenen Vokation für das Rektorat am Berlinischen Gymnasium zum Grauen Kloster macht zweierlei deutlich: Wahrscheinlich fühlte er sich für die ihn erwartenden theologischen Streitigkeiten (erst 1660 war der ehemalige Rektor des Berlinischen Gymnasiums und spätere Diakon zu S. Nicolai, Johannes → Heinzelmann, wegen öffentlicher Polemik gegen die Reformierten amtsentsetzt worden) noch zu wenig gerüstet. Dazu würde auch sein Argument passen, daß er für das Rektorat noch zu jung sei. Wenig erfolgversprechend ist hingegen die Vermutung, er wollte religiösen Streitigkeiten grundsätzlich aus dem Wege gehen; dagegen spricht vor allem seine in der Folgezeit immer stärker werdende Polemik gegen alle religiös Andersdenkenden. Daß er die Berufung schließlich doch annahm, und zwar ausdrücklich auf den Rat eines der entschiedensten lutherisch-orthodoxen Geistlichen hin, zeigt zugleich, daß er als Rektor in den konfessionspolitischen Auseinandersetzungen jener Jahre für eine Stärkung der Lutherischen in der kurbrandenburgischen Residenz eintreten sollte.

So wurde Rango noch 1662 als Nachfolger von Jakob → Hellwig (dem Jüngeren), der auf das Diakonat zu S. Marien gewechselt war, in sein neues Amt eingeführt. Ein lateinisches Hochzeitsgedicht zur Vermählung des Perleberger Pastors Joachim Grabow am 17. Nov. 1662 unterzeichnete er bereits mit »M. Cunradus Tiburtius Rango, Illustr. Gymnasii Berolinensis Rector«. 1666 schloß er selbst die Ehe und heiratete Dorothea Elisabeth, die Tochter des Frankfurter Predigers Johann Lorentz, mit der er vier Söhne und fünf Töchter zeugte. Von diesen promovierte der Sohn Johann Joachim Rango zum Doctor Juris, später praktizierte er als Advokat zu Lübeck und avancierte 1706 zum herzoglich-plönischen Rat (JÖCHER, 1751, 3, Sp. 1901).

Bei seinen Zeitgenossen galt Rango als Polyhistor mit großer Gedächtnistreue (nach DITERICH, 1732, S. 191, wußte er zum Beispiel die »Institutiones catecheticae Diterici« einschließlich der beigefügten Noten auswendig). Der neue Rektor legte großen Wert auf die akademischen Disputationen der Primaner. So disputierten zum Beispiel 1663 unter seiner Leitung der aus Stettin stammende Johann Christian Willich »De sensibus externis« und 1668 der spätere kurbrandenburgische Hof- und Legationsrat Andreas Erasmus von Seidel (1650–1707) über »NUCLEI Anthropologiæ Physicæ« des Wittenberger Professors Johannes Sperling (1603–1658), der in seinen Vorlesungen vor allem Pflanzen- und Tierkunde gelehrt und als wichtigster Schüler Daniel Sennerts (1572–1637) dessen Atomlehre in die Lehrbücher der Physik eingebracht hatte. Mit Blick auf die angesehene Familie Seidel kann hier auf Rangos Trauerrede für Joachim Ponat (gest. 1665), Hof- und Kammergerichtsadvokat zu Hinterpommern, verwiesen werden. Ein überliefertes Exemplar des Gelegenheitsdruckes enthält nämlich auf dem Titelblatt die handschriftliche Einladung Rangos – mit seinen ineinandergesetzten Initialen M(agister) R(ango) – an den kfl.-brandenburgischen Kammergerichtsrat Martin Friedrich → Seidel zur Trauerfeier am 12. Mai 1665 in »H. Grintanß Hauß«.

Daneben förderte Rango auch die Schüleraufführungen seiner Gymnasiasten (HEIDEMANN, 1874, S. 166). 1663 führten die Schüler zum Geburtstag des Kurprinzen Karl Emil am 6. Febr. einen Actus publicus musico-dramatico-oratorius für Kurfürst Friedrich Wilhelm und den Kurprinzen auf (GUDOPP, 1900, S. 12). Unter Rangos Rektorat waren es vor allem Subkonrektor Samuel Rosa und Subrektor Gottfried Weber (der Rango im Rektorat nachfolgte), die mit ihren Aufführungen das Berlinische Schultheater zu neuer Blüte führten. Während seiner Berliner Amtszeit verfaßte Rango mehrere Abhandlungen auf ganz unterschiedlichen Gebieten, unter anderem die Schrift »De patronis, advocatis et clientibus«, sowie als Ausdruck seines nach wie vor anhaltenden Interesses für naturwissenschaftliche Fragen ein 1665 er-

schienenes Büchlein über Kornwürmer (Curculiones), das 1746 erneut herausgegeben wurde.
Diese 80 Seiten lange Schrift ist ein bemerkenswertes Zeugnis vor dem Hintergrund der Erfindung des Mikroskops um 1620, die die Entwicklung der Wissenschaften in ganz nachhaltiger Weise beeinflußt hat. Besondere Bedeutung erlangte das Mikroskop für das Studium des Baus der Organismen. 1667 erkannte der Engländer Robert Hooke (1635–1703) als erster, daß die scheinbar einheitliche pflanzliche Substanz aus einer Vielzahl von Zellen zusammengesetzt ist, wenig später erfolgte die gleiche Entdeckung an tierischen Strukturen. Der Holländer Antony van Leeuwenhoek (1632–1723) fand mit seinem selbstgebauten Mikroskop in einem trüben Wassertropfen die Protozoen (Urtierchen, Einzeller). Sein Landsmann Jan Swammerdam (1637–1680) widmete sich den Insekten und entdeckte ihren komplizierten anatomischen Bau. Seine Beobachtungen legte er in seiner mit selbstgefertigten Zeichnungen versehenen »Biblia Naturae« nieder. Mit ihm fiel das alte Vorurteil, Insekten und niedere Tiere seien äußerlich geformt, aber im Inneren undifferenziert und ohne ausgebildete Organe. Die von den Kleinstlebewesen ausgehende Faszination führte dazu, daß zahlreiche Gelehrte bedeutende Insektensammlungen einrichteten, zum Beispiel jene berühmte im holländischen Enckhuysen, die Bernhard Paludanus (1551–1633) angelegt und Dierick von Steenbergen weitergeführt hatte. Während seiner Reisen durch Westeuropa war Rango auch nach Enckhuysen gekommen und hatte, wie er in der Vorrede seines Traktats schrieb, dort »eine unzählige Menge der Insectorum mit höchstem Vergnügen gesehen«.
Rangos Abhandlung ist als Versuch zu begreifen, naturwissenschaftliche Erkenntnisse mit den herrschenden Glaubensvorstellungen in Übereinstimmung zu bringen. So seien auch Kornwürmer als »Geschöpfe Gottes« einer Betrachtung wert, da ihr Organismus – unter einem Mikroskop betrachtet – sich genauso vollkommen zeige wie jener der großen Tiere. (Ähnlich argumentierte Swammerdam, für den Gott nur *ein* Tier geschaffen habe, das sich in eine unendliche Anzahl von Arten oder Gattungen unterteile.) Gerade im allerkleinsten würden sich die wundersamen Merkwürdigkeiten einer von Gott geschaffenen Natur offenbaren: »Je kleiner nun die Curculiones sind, je grösser ist GOttes Allmacht daraus zu spüren, der auch durch kleine Dinge ein grosses thun kan.« – heißt es in der Vorrede zum Traktat, in der Rango seine Beschäftigung mit den Kornwürmern erklärt. Auf die Darlegung der unterschiedlichen Namensbezeichnungen in den einzelnen Sprachen folgen dann Ausführungen zu den »geistlichen« und zu den »natürlichen« Ursachen für das Auftreten dieser Insekten. Die geistlichen Ursachen lägen im sündhaften Leben der Menschen begründet, etwa bei den Kornhändlern selbst, die das Korn mit zweierlei Maß messen oder es anhäufen würden, um es in Notzeiten desto teurer verkaufen zu können. Deshalb seien die Kornwürmer von Gott gesandte Plagen als Strafe für die menschlichen Sünden. Natürliche Ursachen für das Auftreten der Kornmotten wären hingegen zum Beispiel das Aufheizen des Korns, verbunden mit einsetzender Feuchtigkeit, die sich mit der Hitze vermenge und dadurch den Nährboden für die Ausbreitung der Kornwürmer liefere. Hier hing Rango noch der älteren Auffassung an, nach der solch kleine Organismen durch Fäulnis aus unbelebtem Stoff entständen, eine Auffassung, die schon Leeuwenhoek bekämpfte, die aber erst im 19. Jahrhundert erfolgreich widerlegt werden konnte.
Um der Kornmottenplage Herr zu werden, gebe es nun entsprechend »geistliche« Mittel (etwa die Abkehr vom sündhaften und gottlosen ungerechten Messen des Korns) und »natürliche« Mittel (zum Beispiel zu vermeiden, das Getreide feucht zu ernten). Diese vier Kapitel nehmen den weitaus meisten Raum ein. Am Ende des Büchleins finden sich noch einige Ratschläge, die aus den jahrhundertealten Erfahrungen der Bauern bei der Schädlingsbekämpfung resultieren, wie zum Beispiel die Herstellung eines Extrakts aus Nußlaub oder Knoblauch, um die Kornwürmer zu vertreiben.
In seinem Rektorat setzte sich Rango für eine Verbesserung der finanziell-materiellen Bedingungen am Berlinischen Gymnasium ein. Beleg dafür ist ein von ihm initiiertes und von allen Schulkollegen unterzeichnetes Promemoria, das er am 23. Mai 1663 den Berliner Ratsherren überreichte. Darin verlangte er die Abschaffung zahlreicher Mängel wie etwa des schlechten Zustandes der Unterrichtsräume oder der unbefriedigenden Wohnverhältnisse der Lehrer – allerdings zeigen die wiederholt auftretenden Klagen über manche unhaltbaren Zustände am Berlinischen Gymnasium, daß auch der neue Rektor den Mißständen kaum abhelfen konnte (HEIDEMANN, 1874, S. 165). Wie sehr sich Rango die finanziell-materiel-

le Ausstattung der Anstalt trotzdem angelegen sein ließ, zeigt sich auch daran, daß er ihr bei seinem Weggang von Berlin 100 Thaler vermachte (HEIDEMANN, 1874, S. 167; Rangos Schenkung steht in einer von Johann Jakob Wippel [1714–1765], einem späteren Rektor der Einrichtung, 1758 zusammengestellten Liste der Vermächtnisse an erster Stelle).

1668 erhielt Rango eine Vokation als Konrektor und Professor für Philosophie ans Carolinum zu Stettin. Erst im Jahr zuvor war das Fürstliche Paedagogicum von dem damals noch minderjährigen schwedischen König Carl XI. durch seinen Generalstatthalter in Pommern, Carl Gustav Wrangel (1613–1676), zu einem Gymnasium Academicum illustre erhoben und mit dem Namen »Carolinum« versehen worden. Die Inauguralrede hielt der damalige Kanzler der schwedischen Regierung und Kurator des Gymnasiums, Heinrich Coelestin von Sternbach (1613–1679; das Inaugurationsprogramm vom 24. Nov. 1667 ist mitgeteilt bei HERING, 1725, Anlage Nr. XIV). Coelestin von Sternbach, der aus Berlin stammte und 1642 als erster Professor für Jurisprudenz ans Paedagogicum gekommen war, vermittelte als nunmehriger Pommerscher Kanzler Rangos Berufung nach Stettin.

Im schwedischen Vorpommern herrschte uneingeschränkt das Luthertum, das durch verschiedene Regierungserklärungen in seiner Geltung bestätigt und verstärkt wurde. Die Erlasse bekräftigten wiederholt die »Alleinberechtigung der unverfälschten Confessio Augustana« und das Verbot aller fremden Religionsübung (HEYDEN, 1938, II, S. 162). Am Stettiner Carolinum galt Rango schon bald als entschiedener Vertreter der lutherischen Lehre. Seine nun immer schärfer werdende Polemik, von der er bis zu seinem Tode nicht mehr abließ, brachte ihm den Ruf ein, einer der unerbittlichsten Verfechter der lutherischen Orthodoxie in Pommern zu sein. Bereits kurz nach seiner Amtsübernahme geriet er mit seinem Rektor Andreas Gottfried Ammon über »einige synkretistische Sätze« in Streit (MODEROW, 1903, S. 472). Zu den strittigen Fragen ersuchte er die Theologen von Leipzig und Wittenberg öffentlich um ihre Gutachten. Vergeblich versuchten die Theologen der Universität Greifswald, vor allem Generalsuperintendent Abraham Battus (1606–1674), die Differenzen zwischen Rektor und Konrektor beizulegen. Da Rango seine polemischen Angriffe unvermindert fortsetzte, mußte er auf Verfügung der schwedisch-pommerschen Regierung, die die weiteren Zuspitzung der Kontroverse allmählich mit Besorgnis verfolgte, schon nach wenigen Monaten sein Amt am Gymnasium aufgeben. Er fand aber Unterstützung beim Rat von Stettin, der ihn zum Diakon von S. Jacob berief (die ganze Kontroverse mitgeteilt bei BALTHASAR, 1725, S. 794ff.; Ammon, der zuvor das Rektorat in Güstrow bekleidet hatte, ging später, nachdem er 1670 Licentiat der Theologie geworden war, als Superintendent nach Lüneburg).

Die überlieferten Nachrichten zu Rangos Tätigkeit in seinen Stettiner Kirchenämtern (1680 vozierte er zum Pastor von S. Nicolai) betreffen fast ausschließlich seine aus dem dogmatischen Festhalten an der »reinen« lutherischen Lehre erwachsenden Auseinandersetzungen mit Andersdenkenden. Als Beispiel kann auf den sogenannten Gebetsstreit um den »Elenchus nominalis« verwiesen werden, unter dem man die namentliche Aufzählung der Feinde des Luthertums verstand. Dieser »Elenchus«, bereits 1634 in das damals verfaßte Kirchengebet aufgenommen, war 1663 bei einer Neuausgabe aus politischen Erwägungen ausgelassen worden. 1671 wurde er verboten, ein Jahr später wegen der drohenden Türkengefahr vom Generalsuperintendenten Battus in ein neugefaßtes Kirchengebet wieder aufgenommen, allerdings in abgeschwächter Form. Insbesondere die lutherischen Geistlichen Stettins verwahrten sich gegen jede Art von Synkretismus und wachten feindselig über die Reinhaltung der Lehre gegenüber jeglicher Vermischung der lutherischen mit der reformierten Konfession. Wie seine Amtsbrüder erklärte auch Rango, daß er »nun und nimmermehr das neue Kirchengebet simpliciter beten könte(n), es wäre denn, daß das Wort Calvinisten wieder hineingerücket würde« (HEYDEN, 1938, II, S. 165). Neue Nahrung erhielt der Streit dann Ende 1677, als Kurfürst Friedrich Wilhelm von Brandenburg, der alte Ansprüche auf Vorpommern durchsetzen wollte, Stettin belagerte und die Stadt zu großen Teilen zerstört, auch die Kirche S. Jacob mit ihrer Bibliothek in Mitleidenschaft gezogen wurde. Die lutherischen Geistlichen erhoben den Kampf gegen den reformierten Kurfürsten zur »heiligen Glaubenssache«. Nachdem dieser Stettin erobert und den »Elenchus« untersagt hatte, protestierten Rango sowie Friedrich Cramer (1623–1691), Pastor zu S. Jacob, und Friedrich Fabricius (1642–1703), Diakon zu S. Nicolai, gegen den Einzug der Reformierten in Stadt und Kirche und wurden deshalb ihrer Ämtern enthoben

(WEHRMANN, 1911, S. 311; HEYDEN, 1938, II, S. 169).

Im Frieden zu St.-Germain-en-Laye vom 29. Juni 1679 mußte Friedrich Wilhelm die eroberten pommerschen Besitzungen an Schweden zurückgeben. Nach dem Abzug der Brandenburger aus der Stadt konnten Rango, Cramer und Fabricius ihre Ämter wieder einnehmen. Der Streit um den »Elenchus« flammte erneut auf, als der Generalsuperintendent Augustin Balthasar (1632–1688) im Auftrag der schwedischen Regierung ein Kirchengebet herausgab, das den »Elenchus« in abgeänderter Form enthielt. Rango – 1680 zum Pastor an S. Nicolai voziert – und die anderen Stettiner Prediger sahen in dem neuen Kirchengebet katholizierende, sozinianische und weigelianische Tendenzen und bezichtigten ihren Superintendenten der Irrlehren. Ähnlich scharfe Angriffe richteten sie gegen Johann Ernst Pfuel, den sie des Weigelianismus beschuldigten. Pfuel stammte aus Berlin und bekleidete seit 1668 zunächst in Greifswald die Professur für Eloquenz und Poesie. 1678 war er von Kurfürst Friedrich Wilhelm zum Rektor des Stettiner Carolinums bestellt und damit Nachfolger von Rangos vormaligem Gegner Ammon geworden. Die Kontroverse zwischen Pfuel und seinen theologischen Gegnern Rango, Cramer und Fabricius führte zu einem weitläufigen Schriftwechsel (vgl. BALTHASAR, 1725, S. 803f.); die Streitigkeiten wurden vor der schwedisch-pommerschen Regierung und dem Wismarer Tribunal verhandelt, das den Stettiner Geistlichen Landesverweisung androhte (HEYDEN, 1957, II, S. 110f.). Beigelegt werden konnten die Kontroversen allerdings erst, als Superintendent Balthasar 1688 gestorben war und Pfuel im Jahr darauf zum Hofprediger und Kirchen-Rat nach Güstrow berufen wurde. Später vozierte er zum Superintendenten des Neubrandenburgischen und Stargardischen Distrikts, in welchem Amt er 1705 starb.

Hatte Rango während seiner Amtszeit als Rektor des Berlinischen Gymnasiums zum Grauen Kloster noch mehrere wissenschaftliche Abhandlungen verfaßt, schrieb er seit seiner Übersiedlung nach Stettin fast nur noch theologische Schriften, und hier vor allem polemische Traktate, mit denen er an nahezu allen Fronten Gegner des Luthertums bekämpfte. 1669 gehörte er zu jenen Autoren, die in zahlreichen Pamphleten den Übertritt des vormaligen Propstes zu Cölln, Andreas → Fromm, zum Katholizismus verurteilten. Rango Streitschriften richteten sich gegen Häretiker und Synkretisten, gegen Katholiken, Calvinisten und Pietisten, gegen alle von der »reinen« lutherischen Lehre abweichende Auffassungen. Die Liste seiner Gegner ist lang und zumeist an den Titeln seiner Kampfschriften ablesbar – »Christliche wolgemeinte wolgegründete Warnung an das hochlöbliche Königreich Schweden … für Abr. Sculteti und Mart. Molleri Calvinischen Postillen und Statii Schazkammer« (Wittenberg 1683), »Svecia orthodoxa, d. i.: Das rechtgläubige Schweden … wieder Matth. Praetorii Lästerung« (Stettin 1688) und »Neue Qväckerey In der Qvietisterey/ Das ist/ Kurtze Beschreibung des Ursprungs/ Lehre/ und ietzigen Zustandes/ der alt=neuen Schwärmerey/ der auf den Berg der Vollkommenheit steigenden Qvietisten/ von D. MICHAEL MOLINOS erreget …« (Frankfurt und Leipzig 1688) sind da nur einige Beispiele, die ein bezeichnendes Licht auf die Vielfalt der konfessionellen Frontstellungen werfen.

Ausgesprochen polemischen Charakter besitzen auch manche Gelegenheitsgedichte, die Rango für ihm glaubens- und geistesverwandte Theologen verfaßte. Zu nennen wäre hier etwa sein Epicedium auf den lutherischen Kontroverstheologen Johannes Colberg (1623–1687), der wegen seiner kompromißlosen lutherischen Haltung immer wieder aus seinen geistlichen Ämtern, sowohl vom Pastorat seiner Heimatstadt Kolberg (aus der ja auch Rango stammte) wie auch von seinem Greifswalder Lehrstuhl, vertrieben worden war. Rangos Epicedium ist in der Epicediasammlung enthalten, welche die Stettiner Geistlichen (hier vor allem Cramer, Rango und Fabricius) sowie vertraute Freunde auf den Tod Colbergs verfaßten. Besonders die Epicedia von Fabricius und Rango atmen – sicher ganz im Sinne des Verstorbenen – den Geist streitbarer konfessioneller Polemik (die Trauergedichte der Stettiner Geistlichen an: SAALBACH, Christian: Leichpredigt für Johannes Colberg. Leichpredigtsammlung Stolberg, Nr. 7044; das Epicedium Rangos wiederabgedruckt bei: SEIDEL, 1994, S. 261f.).

Am 27. Sept. 1682 promovierte Rango in Wittenberg unter Abraham Calov zum Licentiaten der Theologie (WEISSENBORN, 1934, 59,199). Seine Inauguraldisputation »De descensu Christi … Programmatis Paschalis Regiomontani D. Christiani Dreieri, Syncretistæ versutissimi« (1690 und 1706 erneut publiziert) ist gegen den Königsberger Theologen Christian Dreier (1610–1688) gerichtet, den erfolgreichsten Vertreter Calixtischer Anschauungen in Ostpreußen. Dreier hatte 1645 als kfl.-brandenburgischer Abgesandter am Thorner Religionsgespräch teilgenommen und war dort auf Calov getroffen, der zu jener Zeit noch das Pfarramt in Danzig inne hatte, bevor er 1650 nach Wittenberg berufen worden war. In den synkretistischen Streitigkeiten, die nach dem Thorner Kolloquium durch den Anschluß des von den orthodoxen Lutheranern als Collocutor zurückgewiesenen Helmstedter Professors Georg Calixt an die Reformierten mit größter Heftigkeit ausbrachen, hatte Calov 1649 seine »Consideratio novae theologiae Helmstadio-Regiomontanorum Syncretistarum« gegen Dreier ausgehen lassen, der im selben Jahr von Kurfürst Friedrich Wilhelm zum ersten Hof- und Schloßprediger in Königsberg bestellt worden war. 1682 gab Calov seine »Historia syncretistica« heraus, eine Zusammenstellung der Akten seines jahrzehntelangen Kampfes gegen die synkretistischen Bestrebungen. Auch Rango ließ als hauptsächliches Ergebnis seiner intensiven Auseinandersetzung mit diesem Gegenstand eine Geschichte des Synkretismus drucken. Seine »Historia Syncretismi ab orbe condito«, 1674 und 1680 in zwei Bänden erschienen, hielt Philipp Jakob Spener (1635–1705) für eine der besten Schriften Rangos überhaupt. Wegen zahlreicher Ausfälle gegen die reformierte Konfession in diesem Werk erhob die brandenburgische Regierung am 6. Dez. 1683 Beschwerde beim schwedischen König sowie bei der schwedischen Regierung und verlangte die Beschlagnahmung des Buches sowie die Bestrafung seines Verfassers (Heyden, 1957, II, S. 101f.). Rango wurde zwar vernommen; da er in seiner Verteidigungsschrift, die er dem König von Schweden, den schwedischen Bischöfen sowie den Theologen und Professoren der Universität Uppsala zugehen ließ, jedoch nachweisen konnte, daß auch die brandenburgischen Theologen, namentlich jene in Frankfurt/O., in ihren Veröffentlichungen die lutherische Religion geschmäht hätten, ging die ganze Angelegenheit für ihn glimpflich aus. 1684 bedauerte der schwedische König in einem Schreiben an Kurfürst Friedrich Wilhelm Rangos Äußerungen und versprach Abhilfe, verlangte jedoch zugleich, der Kurfürst möge auch seine reformierten Theologen ermahnen (Balthasar, 1725, S. 802ff.). Am 11. Dez. 1683 promovierte Rango, wiederum unter Calov in Wittenberg, zum Doctor theologiae (Weissenborn, 1934, 59,199). Der Stettiner Pastor Friedrich Fabricius, der zwischen 1675 und 1689 insgesamt neun Gelegenheitsgedichte für Rango verfaßte, darunter auch zwei Epicedia auf den Tod von Rangos Kindern (der Sohn Theodor Friedrich war im Juni 1675 gestorben, die während der Belagerung Stettins geborene Tochter Regina Catharina verstarb im Okt. 1680 im Alter von erst drei Jahren), widmete auch zu diesem Anlaß seinem lutherischen Mitstreiter ein Gedicht (F. Fabricii Traur= und Freuden=Gedichte, T. II, S. 118–120). In ihm zählte er neben den Katholiken zahlreiche innerprotestantische Gegner auf, bestärkte Rango in seinem Vorgehen gegen jede Abweichung vom strengen Luthertum und führte auf diesem Wege die konfessionellen Kontroversen weiter. In ähnlicher Weise unterstützte er Rango mit dem Widmungsgedicht »Auff Hn. Lic. Rangonis Warnungs-Schrifft an das Königreich Schweden/ für verdächtige Bücher/ m. Nov. 1682« (F. Fabricii Traur= und Freuden=Gedichte, T. II, S. 101–103).

Nachdem Rango zunächst eine Vokation als Theologieprofessor und Prokanzler nach Dorpat in Livland abgelehnte hatte, berief ihn der schwedische König zum Superintendenten von Pommern und Rügen, in welches Amt er zu Beginn des Jahres 1689 als Nachfolger seines vormaligen Kontrahenten Augustin Balthasar in Greifswald eingeführt wurde. Gleichzeitig erhielt er mehrere mit der Superintendentur gekoppelte Ämter übertragen und wurde dadurch auch Pastor zu S. Nicolai, Professor theologiae an der Universität Greifswald und Praeses des Pommerschen Konsistoriums. Rangos Berufung zum Superintendenten wurde in zahlreichen Gelegenheitsgedichten überschwenglich gefeiert. Der Wittenberger Theologieprofessor und Schwiegersohn Abraham Calovs, Johannes Deutschmann (1625–1706), übersandte ihm ein Glückwunschgedicht, das einer lateinischen Epode von Horaz nachgebildet war; allein aus Wittenberg kamen vier deutsche und zwölf lateinische Carmina (Lange, 1894, S. 21f.). Auch Fabricius schrieb anläßlich der Vokation Rangos zum Superintendenten ein Gratulationsgedicht (F. Fabricii Traur= und Freuden=Gedichte, T. II, S. 164–166). Darin spielte er auf ihren gemeinsamen, jahrelangen Kampf für die Reinhaltung der lutherischen Lehre an und erinnerte auch an die Schwierigkeiten, die Rango mit seiner »Historia Syncretismi« bekommen hatte, sowie an das Aufsehen, das diese Schrift seinerzeit erzeugte:

»Was macht er/ Herr Colleg/ was wil er jetzoschreiben;
Sucht er das Hummel=Nest noch einmahl auffzutreiben/
Wie schon vordem geschehen? das geht ohn Stich nicht ab/
Dergleichen ihm zuvor sein Syncretismus gab.
Die Syncretisterey/ die damahls vorgestellet/
Hat unser drey bißher zum öfftern schon gefället.«

(Ebenda, S. 164; »unser drey« schließt neben Rango und Fabricius auch Cramer ein.)

Abschließend bat Fabricius seinen nach Greifswald übersiedelnden Freund und langjährigen Kampfgenossen um weitere Unterstützung.

Doch in Greifswald begegnete man dem neuberufenen lutherisch-orthodoxen Streiter mit Mißtrauen und offener Ablehnung, um so mehr, da König Carl XI. bei Rangos Vokation sowohl die Stände als auch die Stadt und die Universität übergangen hatte. Dessen ungeachtet setzte Rango in seinen akademischen Disputationen und in seinen Greifswalder Schriften die Angriffe gegen Andersdenkende unvermindert fort. Als Superintendent von Pommern und Rügen sorgte er dafür, daß nur streng-lutherische Geistliche in kirchliche Ämter berufen wurden. Er führte seine Inspektionen mit aller Strenge durch und rief die ihm unterstehenden Geistlichen wiederholt zu Synoden zusammen (BALTHASAR, 1725, S. 807f.). Mehrfach bekleidete Rango an der Universität Greifswald das Rektorat sowie das Dekanat der theologischen Fakultät und achtete besonders darauf, daß nur solche Studenten inskribiert wurden, die auch zur Konkordienformel standen. Sein Einsatz für das orthodoxe Luthertum ging weit über die Grenzen seines eigentlichen Amtsbereiches hinaus: 1695 reiste er durch Braunschweig-Lüneburg, um die dortigen Theologen vor den synkretistischen Lehren des bereits 1656 verstorbenen Helmstedter Professors Calixt zu warnen. Später fuhr er nach Stockholm, wo er in mehreren Audienzen bei Carl XI. und seiner Mutter, Hedwig Eleonore von Holstein-Gottorp, einige königliche Verfügungen erlangte, die seine Stellung an der Universität Greifswald und als Superintendent weiter festigten. Durch seinen unermüdlichen Einsatz erließ die schwedische Regierung gerade in den neunziger Jahren zahlreiche Edikte gegen »Rotten, Secten und Ketzereyen« und »wider die einschleichenden neuen Schwärmereyen der Enthusiasten, Chiliasten und dergleichen« (HEYDEN, 1938, II, S. 167). So waren Rango und vor allem sein Nachfolger Johann Friedrich Mayer (1650–1712) wesentlich dafür verantwortlich, daß der von Spener und August Hermann Francke (1663–1727) repräsentierte Pietismus in Vorpommern und namentlich auch an der theologischen Fakultät der Universität Greifswald keinen stärkeren Einfluß erreichte.

Nachdem Rango aus Schweden zurückgekehrt war, erkrankte er und konnte seinen Amtsaufgaben wohl nur noch mit Mühe nachkommen. Im Protokoll zur großen Visitation der Universität Greifswald im Jahre 1699 wurde vermerkt, daß er zwar als guter Theologe bekannt sei, aber selten disputiere und keine Vorlesungen halte, auch häufig im öffentlichen Auftrag verreist wäre (SETH, 1956, S. 76). Rango starb nach schwerer Krankheit am 3. Dez. 1700. Das offizielle Leichprogramm zur Beerdigung des verdienstvollen Superintendenten, das im Auftrag der Universität Greifswald deren Rektor, der Historiker Johann Philipp Palthen, herausgab, enthielt die Vita des Verstorbenen und einen »Catalogus Scriptorum RANGONIANORUM«. In der Biographie wird Rangos Abstammung, gestützt auf späte italienische Quellen, nach denen ein Theodor Rango als Begleiter Belisars (505–565) dessen Zug gegen die Ostgoten mitgemacht haben soll, auf ein altes Adelsgeschlecht in Griechenland zurückgeführt, das besonders im 6. Jahrhundert zu Konstantinopel blühte – eine in wissenschaftlicher Hinsicht unhaltbare Konstruktion, die sich aber zur Würdigung des Verstorbenen als äußerst brauchbar erwies. In der Staatsbibliothek Preußischer Kulturbesitz zu Berlin, befinden sich in einem Sammelband zahlreiche Epicedia-Sammlungen beziehungsweise Einzeldrucke auf Rango. Zu den insgesamt 63 Beiträgern gehören Professoren, Geistliche und Ratsherren aus Greifswald, der Rintelner Theologe Johannes Kahler und der Frankfurter Medizinprofessor Irenaeus Vehr, die lutherisch-orthodoxen Streiter Johann Fecht (1636–1716), Superintendent in Rostock, und Samuel Schelwig (1643–1715), Rektor zu Danzig, außerdem »nahe Anverwandte und vornehme Freunde« aus Stargard, Colberg, Treptow an der Rega und aus Belgard, dazu Rangos Tischgenossen und die Greifswalder Studenten, schließlich auch Rangos Söhne Conrad Lorentz und Carl. (Epicedia und andere Casualia für Rango in der Greifswalder Sammlung »Vitae Pomeranorum« wurden ausgewertet von LANGE, 1894, S. 8–24, allerdings in einer für das ausgehende 19. Jahrhundert bezeichnenden pejorativen Beurteilung von Casualdichtung.) Das große Epitaph zu S. Nicolai in Greifswald, auf welchem Rango, an einem Schreibtisch sitzend, in einem hohen gewölbten Saal dargestellt ist, soll sein Nachfolger im Amt des Superintendenten, der Hamburger Pastor zu S. Jacob, Johann Friedrich Mayer, für seinen Vorgänger errichtet haben lassen (PYL, 1888, S. 232).

Zeitlebens hatte sich Rango, der unermüdliche Streiter für die lutherische Orthodoxie in Pommern, jedoch sein Interesse für die Naturwissenschaften bewahrt. In den neunziger Jahren des 17. Jahrhunderts erschien seine Schrift »Der Rangonischen Naturalien=Kammer Schönbergischen Cabinet«, in der 336 verschiedene Minerale, Metalle und Steine, zumeist aus dem Meißnischen, beschrieben werden. Die Stükke stammten aus der Sammlung des kursächsischen Ober-Berg-Hauptmanns Abraham von Schönberg, die 1689 an Rango gekommen war. Die Beschreibung der einzelnen Stücke geht im wesentlichen auf Schönberg zurück; Rango erläuterte dessen Angaben und fügte außerdem kurze Anmerkungen aus den Schriften anderer Autoren hinzu (vgl. TENTZEL, 1698, S. 878f.). [LN]

Werke

Tractat de paradiso. Gießen 1657 (Cat. Script. RANGONIANORUM, 1701; Jöcher/ Adelung, 1819, 6, Sp. 1336; Küster/ Müller, 1752, II, S. 947).

[Nefilim] Seu De GIGANTIBUS DISSERTATIO HISTORICO PHILOGICA, Occasione variorum Scripturæ Locorum, Gen. VI. v. 4. Deut. XIII. v. 34. Josuæ XIV. v. 15. &c. Quam IN INCLUTA VVITTEBERGENSIUM ACADEMIA PRÆSIDE Amplissimo atque Excellentissimo, VIRO DN. ANDREA SENNERTO, Lingv. Oriental. P. P. celeberrimo, Dn. Patrono, Promotore, et Hospite colendissimo, ventilandam publicè proponit, M. CONRADUS TIBURTIUS RANGE, Colbergâ-Pomeranus. In Auditorio Majori, horis solitis. Literis MATTHÆI HENCKELII. ANNO M. DC. LXIII. (1. Aufl. Wittenberg 1660, in 1: Qb 6272 ehem.) Wittenberg 1663 (1a: 13 in: Bd 8603–40).

Commentarius ad Apographen Augusti, Luc. II. 1f. Frankfurt/O. 1661 (Cat. Script. RANGONIANORUM, 1701; Jöcher/ Adelung, 1819, 6, Sp. 1336; Küster/ Müller, 1752, II, S. 947).

Commentarius ad Ps. 133. Frankfurt/O. 1661 (Cat. Script. RANGONIANORUM, 1701; Jöcher/ Adelung, 1819, 6, Sp. 1336; Küster/ Müller, 1752 II, S. 947).

Illustrium urbis et imperii conditorum Romuli et C. J. Caesaris Vitae. Philologico-historice cum Monitis Historico-Ethico-Politicis descriptae. Cum Indice Autorum et Rerum. Autore M. Conrado Tiburtio Rangone, Colbergâ-Pomerano. Frankfurt/O. 1661 (Küster/ Müller, 1752, II, S. 947).

De vita Justiniani. Frankfurt/O 1661 (Cat. Script. RANGONIANORUM, 1701; Jöcher/ Adelung, 1819, 6, Sp. 1336; Küster/ Müller, 1752, II, S. 946; Dinse, 1877, S. 294: Vita Justiniani magni Imp. Frankfurt 1661, gemeinsam mit Laurentius Rango).

De accentuatione Ebraeorum. Frankfurt/O. 1661 (Cat. Script. RANGONIANORUM, 1701; Jöcher/ Adelung, 1819, 6, Sp. 1336; Küster/ Müller, II, 1752, S. 947).

De vita Romuli. Frankfurt/O. 1661 (Cat. Script. RANGONIANORUM, 1701; Jöcher/ Adelung, 1819, 6, Sp. 1336).

De vita Julii Caesaris. Frankfurt/O. 1661 (Cat. Script. RANGONIANORUM, 1701; Jöcher/ Adelung, 1819, 6, Sp. 1336).

De descriptione vniuersi orbis a Iulio Caesare facta. Frankfurt/O. 1661 (Cat. Script. RANGONIANORUM, 1701; Jöcher/ Adelung, 1819, 6, Sp. 1336; Küster/ Müller, 1752, II, S. 947).

PLAUSUS VOTIVUS Solemnitati secundarum Nuptiarum VIRI Pl. Reverendi, Amplißimi, Clarißimi DN. JOACHIMI GRABOVII, Ecclesiæ Perlebergensis Pastoris fidissimi, & Scholæ indidem, ut & vicinarum Ecclesiarum Inspectoris vigilantissimi ac benè merentis SPONSI, Nec non Ornatißimæ, Pudicißimæque Foeminæ ILSABE Manarts/ Viri Spectatißimi, Integerrimique DN. FRANCISCI Hahnsteins/ Brunswigæ Coenobii ad D. Ottil. quondam Præfecti & Curatoris solertissimi ..., relictæ Viduæ SPONSÆ, Perlebergæ XIV. Calendarum Decembris An. M.DC.LXII. celebratarum Datus A Fautoribus & Amicis quibusdam Berlinensibus per Amicum ibi viventem conciliatis. Berl. Typis Rungianis. Berlin 1662 (109: Slg. GK: Sch 1/54).

Actus publicus musico-dramatico-oratorius für Kurfürst Friedrich Wilhelm von Brandenburg und Kurprinz Karl Emil (anläßlich des Geburtstages des Kurprinzen am 6. Febr. 1663 aufgeführt). Berlin 1663 (Gudopp, 1900, S. 12; Heidemann, 1874, S. 166).

De Capillamentis seu vulgô Parucquen, Liber singularis. Magdeburgi 1663. (T. 2 als Ms.) Magdeburg 1663 (1: Op 930 ehem.; B. Diez 8° 8210 ehem.; Cat. Script. RANGONIANORUM, 1701; Jöcher/ Adelung, 1819, 6, Sp. 1337; Dinse, 1877, S. 288).

I. N. R. J. DISSERTATIO PHYSICA DE SENSIBUS EXTERNIS Quam SUB PRÆSIDIO VIRI CLARISSIMI DNI: CONRADI TIBURTII RANGONIS, Colbergensis Pomerani, Phil. M. Gymnasii Berlinensis Rectoris fidelissimi, Præceptoris sui æternùm devenerandi, Virenti Commilitonum flori, Anno M DC LXIII. die Disquisitioni placidæ exponit JOHANNES CHRISTIANUS VVILLICHIUS, Sedin. Pomer. Autor-Respondens. Berolini, Literis Rungianis. Berlin 1663 (1a: Ky 8520).

Trauer-Rede für Eva Preunel (mit einem Epicedium). Berlin s. a. (Roth, 1959, I, R 877).

Eilfertige Trost-Schrift (für Johann Adam Preunel zum Tode seiner Tochter Eva Preunel; mit einem Epicedium) Berlin 1663 (Roth, 1959, I, R 877).

An die beyderseits Leydtragenden Eltern (Epicedium, Adressaten unbekannt) s. l. e. a. [ca. 1663–1667] (109: Slg. GK: Sch 1/38).

Die Frembde war Der Weg zum rechten Vaterlande/ Dem Edlen/ Wol=Ehrenvesten/ Groß=Achtbaren und Wolgelahrten Herrn/ Hn. JOACHIMO PONATIO, Seiner Churfürstl. Durchl. zu Brandenburg zu den Hinter=Pommerischen Hoff= und Cammergerichten Wolbestallten Advocato, und der Stadt Trepto vornehmen des Rahts. Welchem in Berlin im Jahr 1665. den 12. Martii sein Leichbegängniß zuhalten/ und Dem seligen seine letzte Ehre zu erweisen Vornehme Gönner und Freunde/ auch Tugend=hochbegabte Freundinnen gebürender massen von M. Cunrado T. Rangone, Gymnasii Rectore ersuchet werden. Berlin/ Druckts Christoff Runge. M. DC. LXV. Berlin 1665 (1: 19 in: Ee 527).

DE LAUREA PHILOSOPHICA, Qua RECTORE Magnifico (TIT.) Dn. JOHANNE PLACENTINO, Phil. M. Mathemat. Prof. Publ. &c. celeberrimo, et DECANO SPECTABILI (TIT.) Dn. JOHANNE SIMONIS, S. S. Theol. Licent. Logicæ Profess. Publ. Ordinario, In Illustri Viadrina Anni Currentis M.DC.LXV. d. Xii. Octob. coronatus est (TIT.) DN. SAMUEL ROSA, Gymn. Berlinens. SubConRector, bene merentiss. gratulantur Patroni, Fautores, Amici, & Collegæ. COLONIÆ BRANDENBURGICÆ, Ex Officina GEORGII SCHULZII, Electoralis Typographi. Cölln 1665 (109: Slg. GK: Sch 1/59. 2).

DOLORI super funere Exhausti et exanimati corpusculi. Dulcis et amantißimi Pupi, ANDREÆ CHRISTIANI, VIRI Pl. Reverendi, Clarißimi, DN. PAULI GERHARDI, Ecclesiastæ apud Berlinenses ad D. Nicolai fidelissimi et maximè sinceri, ET Præstantißimæ foeminæ ANNÆ MARIÆ BERTHOLDIÆ, desideratiss. Filioli, NATI Ipsis Non. Febr. circa IIX. vespertin. DENATI A. d. XII. Cal. Octobr. HUMATI verò, & ad majorum latera, in dictâ Æde, composito a. d. 8. Cal. ejusd. mens. Ipsâ de mandato magno, Pharisæo nobisque omnibus dato, ceterum Mortem involventi, Dominicâ ANNO M.DC.LXV. allevando sunt AMICI CONDOLENTES. BEROLINI, Literis Rungianis. Berlin 1665 (109: Slg. GK: Sch 1/58).

De Curculionibus, von den Kornmotten oder Würmern. Berlin 1665 (Cat. Script. RANGONIANORUM, 1701; Jöcher/ Adelung, 1819, 6, Sp. 1337; Küster/ Müller, 1752, II, S. 947; Dinse, 1877, S. 459); Nachaufl.: M. CONRADI TIBURTII RANGONIS des Berlinischen Gymnasii ehemahligen RECTORIS Nützliches Tractätlein von denen CURCULIONIBUS Oder Korn=Würmern, und deren Ursprung und Vertreibung, dabey zugleich von der Art Korn aufzuschütten und zu bewahren, Nach Anleitung der Heil. Schrifft und der Natur den Land= und Handels=Leuten zur nöthigen Nachricht gehandelt wird, anjetzo wegen seines vielfachen Nutzens verbessert wieder mitgetheilet von ARTOPHAGO. Schneeberg, zu finden bey Carl Wilh. Fulden, 1746. Schneeberg 1746 (1a: 10 in: Ls 3805).

De patronis, advocatis et clientibus. s. l. 1665 (Cat. Script. RANGONIANORUM, 1701; Jöcher/ Adelung, 1819, 6, Sp. 1337; Küster/ Müller, 1752, II, S. 947).

Spontaneus Honor Post Fata DN. M. GEORGII LILII, Præpositi & GYMNASY INSPECTORIS Exhibitus. à quibusdam in illo Docentibus & Cognato. Ipso Tumulationis die 5. Aug. DNC.A. IIX. post. F. Trinitatis 1666. Typis GEORGI SCHULTZI, Elect. Typogr. Colon. cis Spream. Cölln 1666 (109: Slg. GK: Sch 1/62; 1: Ee 6200).

Nuptiale Donum. (Bl. 1v u. 2:) Raris ac tanto Auspicatioribus Nuptiarum tædis, Quas VIRO Consultissimo et Clarissimo, DN. THOMÆ BOTTICHERO, Cam. Electoralis Advocato longè meritissimo; et Virgini Patritiæ Lectissimæque EUPHROSYNÆ MARGARETÆ TIEFFENBACHIÆ, Parentes Socerique Amplissimi,

JOHANNES TIEFFENBACHIUS, Cameræ Elector. Advocatus & COS. Berlinensis ut et THOMAS BOTTICHERUS, COS. Primislaviensis, eodem ipso XXI. Octobris die parant, quo Major Socer, Sponsæ Avus, Vir Senio venerabilis, BENEDICTUS RICHARDUS, inter Principes sui temporis caussarum Patronos, ipse Nobilissimus, & Consul Berlinensis, nunc utrobique emeritus cum Nobilissima Patritiaque Conjuge, MARGARETA MAURITIA, ante hos Quinquaginta annos, Connubio stabili ac foecundo juncti, Per Dei gratiam vivi adhuc ac valentes, Neptis suæ Vota & sua simul ipsa repetentes, Auctori rerum DEO Dicant, Donant, Consecrant, ijsque applaudunt Omnes BONI. Coloniæ Brandenburgicæ, Typis Georgij Schultzij, Elect. Typogr. Anno 1666. Cölln 1666 (109: Slg. GK: Cg 17).

NUCLEI Anthropologiæ Physicæ VIRI Excell. JOHANN. Sperlings/ Phys. Prof. Publ. Disp. I. Quam Præside M. C. T. RANGONE, Placido Opponentium examini sistit Andreas Erasmus Seydel/ Berl. March. Ad diem 15. Januarij M DC LXIIX. COLONIÆ BRANDENBURGICÆ, Ex Officina GeorgI SchultzI, Typogr. Elector. (1: Ms. Boruss. fol. 200, f. 250r; Cat. Script. RANGONIANORUM, 1701; Küster/ Müller, 1752, II, S. 947; Jöcher/ Adelung, 1819, 6, Sp. 1337).

Tractat de usu Praeceptorum Logices. s. l. e. a. (Cat. Script. RANGONIANORUM, 1701; Jöcher/ Adelung, 1819, 6, Sp. 1337; Küster/ Müller, 1752, II, S. 947).

Der hochberühmten Theologischen Facultäten zu Leipzig und Wittenberg Auch anderer Hochverdienter Theologen klare und in GOttes Wort wie auch den Kirchen-Büchern gegründete Entscheidung der Fragen: Ob ein Mensch drey Seelen habe? Ob noch itzo der Menschen Seelen von Gott geschaffen werden? Ob die Erb-Sünde eine blosse Beraubung <mere privativum> sey? Ob der Mensch keine angebohrne Erkäntniss oder Principia connata habe? An causa per accidens sit vera causa? ... Zum Druck beford. durch Cunradum Tiburtium Rangonem. Stralsund: Ebeling 1668 [?] (1: Dm 7164; Cat. Script. RANGONIANORUM, 1701; Jöcher/ Adelung, 1819, 6, Sp. 1337; Küster/ Müller, 1752, II, S. 947).

Un=Catholisch Papstthumb/ Oder Gnugsamer Beweiß/ Daß die Römische Religion nicht die wahre sey. Wider ALBERICI von Burghofen/ Abts und Herren des Klosters Neuen=Zell/ genandten DIGITUM IN TRIVIO. und L. ANDR. FROMMII, jüngsten Apostatæ, Wiederkehrung zur Catholischen Kirche/ wie ers nennet/ verfertigt Von M. C. T. RANGONE Philosophiæ in Gymnasio Carolino Regio Professore Publ. Alten Stettin/ Druckts und verlegts Michael Höpfner. 1669. Stettin 1669 (1: Dh 6910; Cat. Script. RANGONIANORUM, 1701; Jöcher, 1751, 3, Sp. 1900; Jöcher/ Adelung, 1819, 6, Sp. 1337).

I. N. R. J. de Avibus Dissertatio historico-philologico-physica ... (Resp ...:) Paulus Lütkemannus. Stetini: Starck, um 1670. Stettin ca. 1670 (1: Lo 3635 ehem.).

Epitaph für Margaretha Lorentz geborene Gerstmann, Ehefrau von Samuel Lorentz, damals Pfarrer zu Altlandsberg. An: Canabaeus, Martin: Leichpredigt für Margaretha Lorentz geborene Gerstmann. Guben 1670 (LP StA Braunschweig, Nr. 1829).

Abdankung für Caspar Gottfried Mundinus, Adjunkt an der Stiftskirche S. Marien und Professor am Gymnasium Carolinum in Stettin. An: Jacobi, Ludwig: Leichpredigt für Caspar Gottfried Mundinus. Stettin 1671 (LP StA Braunschweig, Nr. 4426).

BREVIS, De Origini & Progressu SYNCRETISMI â Mundo condito HISTORIA. das ist/ Historische Beschreibung Der Religions=Mengerey/ von Anfang der Welt/ etc. Worinn die Griffe/ und Heimligkeiten der Syncretisten/ auß GOttes Wort/ der Kirchen=Historie A. und Neuen Testamentes/ Urkunden/ Originalien und MSC. &c. wahrhaftig entdecket sind. Auf begehren von M. C. T. RANGONE, Predigern zu S. Jacob in Stettin. Alten Stettin/ gedruckt bey Daniel Starcken/ des Königl. Gymn. Carolini Buchdrucker. Stettin 1674 (1: Dm 7420; 23: Tq 993 [1]; Jöcher/ Adelung, 1819, 6, Sp. 1337; Dinse, 1877, S. 512; Deutsche Drucke des Barock HAB, 1986, B 5489).

Epicedium für Sebastian von Rottenburg. 1674. An: Vogelhaupt, Nicolaus: Leichpredigt für Sebastian von Rottenburg. Frankfurt/O. 1675 (1: 4 in: Ee 531).

Abdankung für Ludwig Jacobi, Pfarrer an S. Jacobi in Stettin. An: Kanßdorf, Daniel: Leichpredigt für Ludwig Jacobi. Stettin 1677 (LP StA Braunschweig, Nr. 2757).

Historia Syncretismi ab orbe condito pars 1. 2. Stettin 1674 u. 1680. Stettin 1674/80 (Cat. Script. RANGONIANORUM, 1701; Küster/ Müller, 1752, II, S. 947).

Christliche Leich-Predigt ... Bey dem Ansehnlichen Christlichen Leich-Begängniß Des Weiland Edlen/ Groß-Achtbahren/ Wolgelahrten und Wolweisen Herrn Jodoci Andreae Hiltebrandts. Stettin 1679 (Aurnhammer, 1994, S. 205f.).

Der vollkommene Medicus, an dem ... Hn. Nicolao Schultzen, Utriusque Medicinae Doctore ... Erb-Herrn auf Mescherin alss derselbe ... 1679 den 14 Novemb. ... entschlaffen und ... zur Erden bestätiget ward. Jn einer kurtzen Abdanckungs=Rede ... gezeiget. Stettin 1680 (1: an: 24 in: Ee 534).

Das glückselige auch im Tode ungetrennte Paar, bey dem ... Leich-Begängniss der ... Frauen Dorotheen Fabricin des weyland Hn. Nicolai Schultzen U. Medic. Doctoris ... nachgelassenen ... Wittwen ... in einer kurtzen Abdanckungs=Rede beschrieben. Stettin 1680 (1: an: 24 in: Ee 534).

Porta coeli, oder Canzelweih=Predigt zu Stettin 1680. Stettin 1680 (Cat. Script. RANGONIANORUM, 1701; Jöcher/ Adelung, 1819, 6, Sp. 1337; Küster/ Müller, 1752, II, S. 947).

Doli et fraudes Pseudo Theologorum detecti, cum annot. hist. theolog. 1682 (Cat. Script. RANGONIANORUM, 1701; Jöcher/ Adelung, 1819, 6, Sp. 1337).

De malis artibus, praepostera praxi, et claudestinis machinationibus, adeoque de dolis ac fraudibus pseudo-theologorum oratio, lectionibus, ut vocant, cursoriis ... praemissa ... cum ampla exegesi ... edita à Cunrado Tiburtio Rangone. Wittenberg 1682 (1: Dk 13667).

I. N. J. DISPUTATIO INAUGURALIS, DE DESCENSU CHRISTI AD INFEROS: ... PROGRAMMATIS PASCHALIS REGIOMONTANI D. CHRISTIANI DREIERI, SYNCRETISTÆ VERSUTISSIMI, ET VERE ... PRO LICENTIA CONSEQVENDI SUPREMUM IN THEOLOGIA GRADUM, EX DECRETO FACULTATIS THEOLOGICÆ IN ELECTORALI SAXONICA, PROPOSITA, QVAM AD D. 26. SEPTEMBRIS, ANNO G. N. M DC XXII. HORIS ANTE- ET POMERIDIANIS, PRÆSIDE D. ABRAHAM CALOVIO, PROF. PRIMARIO, CONSIST. ECCLES. FACULT THEOL. SENIORE, ET NUNC DECANO, PASTORE AC SUPERINTENDENT. CIRCULI ELECT. SAXON. GENERAL. PUBLICE DEFENDET M. CONRADUS TIBURTIUS RANGO, ECCLES. STETINENS. AD S. NICOLAI PASTOR. WITTEBERGÆ, Typis CHRISTIANI SCHRÖDTERI, Acad. Typ. 1690. Wittenberg 1690 (1a: 2 in: Bd 8603–207); zuvor schon Wittenberg 1682 (1: 8ª in: Cw 11 ehem.; Cat. Script. RANGONIANORUM, 1701; Jöcher/ Adelung, 1819, 6, Sp. 1337); auch Wittenberg 1706 (1a: 22 in: Bd 8603–123).

HÆRETICORUM & SYNCRETISTARUM OBEX FORMULA CONCORDIÆ. D. i. Warhaffte Erzehlung des Ursprungs/ Fortgangs und Ansehens der Concordien=Formul; Nebst einer klaren Anzeige/ Wie derselbe aller Syncretisterey und einschleichenden falschen Lehre ein fest entgegen=geschobener Riegel sey: Worinn gewiesen wird/ wie mit denen Falsch=Friede=bietenden Betrügern/ auch unter der Verfolgung der Falsch=Lehrenden/ nach der Prudentia Ecclesiastica zu verfahren. Aus vornehmer Theologen/ JCtor. Büchern Actis und MSC. Jn zween Büchern vorgestellet von L. C. T. RANGONE. Past. zu S. Nic. in Stettin. Hamburg und Franckfurt/ bey Zacharias Hertel und Matthias Weyrauchs Erben/ 1683. Hamburg und Frankfurt/O. 1683 (23: Tq 1421; 1: Df 7320 ehem.; Cat. Script. RANGONIANORUM, 1701; Jöcher/ Adelung, 1819, 6, Sp. 1337; Küster/ Müller, 1752, II, S. 947; Deutsche Drucke des Barock HAB, 1986, B 5490).

Christliche wolgemeinte wolgegründete Warnung an das hochlöbliche Königreich Schweden und dazu behörige Provincien, sonderlich an die deutschen Gemeinen und alle auffrichtige Lutheraner für Abr. Sculteti und Mart. Molleri Calvinischen Postillen und Statii Schazkammer ... von Cunrado Tiburtio Rangone. Wittenberg 1683 (1: Dk 13696; Cat. Script. RANGONIANORUM, 1701; Jöcher/ Adelung, 1819, 6, Sp. 1337; Küster/ Müller, 1752, II, S. 947).

I. N. R. J. PAULUS APOSTOLUS, Rom. VII. 14. seqq. REGENITUS, Præjudicio, male objecto, LIBERATUS, Disputatione Ordinaria, PRÆSIDE C. T. RANGONE, SS. Th. D. Profess. Publ. Prim. Consistorii Regii Præside, Ducat. Pomeran. & Principat. Rugiæ Superintendente Generali, Facult. suæ DECANO, ACADEMIÆ h. t. RECTORE; RESPONDENTE M. JOHANNE SAMUELE LAURENTIO, in Auditorio Majori die April. 1684. GRYPHISWALDIÆ, Litteris DANIELIS BENJAMINIS STARKII, Reg. Acad. Typogr. Greifswald 1684 [?] (1a: 4 in: Bd 8603–103; Jahreszahl im Druck falsch, richtig bei Jöcher/ Adelung, 1819, 6, Sp. 1338: Greifswald 1694).

Augustana confessio editionis in corruptae cum ejusd. historia. 1684. s. l. 1684 (Cat. Script. RANGONIANORUM, 1701; Jöcher, 1751, 3, Sp. 1900; Jöcher/ Adelung, 1819, 6, Sp. 1337).

Letzter Ampts= und Ehren=Ruhm/ Dem weiland Hoch=Ehrwürdigen/ Groß=Achtbahren und Hochgelahrten Hn. JOHANNI Colberg/ Der Heil. Schrifft hochberühmten DOCTORI, und Professori Publico, des Königl. Geistl. Consistorii Assessori, auch wolverdientem Pastori der St. Marien Kirchen/ auff der Königl. Universität Greiffswald/ Alß derselbe/ den 19. Sept. des 1687. Jahrs/ bey reiner Lehr und Glauben selig entschlaffen/ und nachgehends dessen entseelter Cörper/ in St. Marien Stiffts=Kirchen zu Stettin/ in der Seinigen

Erb=Grufft eingesencket ward/ Schuldigster Pflicht nach abgestattet von Einigen Stettinischen Predigern/ und verertrauten [sic] Freunden. Alt. Stettin/ druckts Friedrich Ludwig Rhete/ Kön. Buchdr. Stettin 1687 (an: Saalbach, Christian: Leichpredigt für Johannes Colberg. Leichpredigtsammlung Stolberg, Nr. 7044; wiederabgedruckt in Seidel, 1994, S. 261f.).

Abdankung für Anna Maria Jacobi geborene Fabricius, Ehefrau von Ludwig Jacobi, Pfarrer an S. Jacobi in Stettin. An: Kanßdorf, Daniel: Leichpredigt für Anna Maria Jacobi geborene Fabricius. Stettin 1687 (LP StA Braunschweig, Nr. 1247).

Epicedium für Anna Maria Jacobi geborene Fabricius, Ehefrau von Ludwig Jacobi, Pfarrer an S. Jacobi in Stettin. An: Kanßdorf, Daniel: Leichpredigt für Anna Maria Jacobi geborene Fabricius. Stettin 1687 (LP StA Braunschweig, Nr. 1247).

Gründliche/ und dem Glauben ähnliche Erörterung/ dreyer/ von D. J. E. PFUHL/ der Stettinischen Gymnasii Rectore, übel vorgestelleter/ noch übeler vertheidigter/ Theologischen Fragen: I. Ob man die Worte des S. D. Luth. auß seinem 6. ten Jenischen Tomo, von durchgötterten Wasser der Tauffe/ ... wol anführen könne? II. Ob man wol sagen könne: Christus eigene ihm zu seiner Gläubigen Todt und Sterben? III. Ob recht geredet sey: Christus werde in dem Glauben seiner Gläubigen noch immer gleichsahm neu gebohren? Welche allein zu GOttes warhafftigen heil. Ehren ... zum Druck befodert M. Fridericus Cramerus, Pastor Jakobus ... Cunradus Tiburtius Rango, D. Pastor Nicolaitanus. Fridericus Fabricius, Diaconus Nicolaitanus ... Alt. Stettin/ druckts Frid. Ludw. Rhete ... 1687. Stettin 1687 (1: Dm 7900; Jöcher, 1751, 3, Sp. 1900, und Jöcher/ Adelung, 1819, 6, Sp. 1337, u. d. T.: Entdeckung und Widerlegung der Jrrthümer Joh. Pfuels. Stettin s. a.).

Svecia orthodoxa, d. i.: Das rechtgläubige Schweden, wie dasselbe, von Zeit der Reformation Gustavi Erici, der Lehre der ... Augspurgischen Confeßion ... zugethan geblieben sey, ... alß ein, der Schwedischen Kirchen=Historien, kurtzer Außgang, mit Anziehung der, ins Teutsche übersetzten Königl. Versicherungen ... mit Registern, wieder Matth. Praetorii Lästerung. Alt. Stettin 1688. (1: Ub 6280 ehem.; Cat. Script. RANGONIANORUM, 1701; Jöcher/ Adelung, 1819, 6, Sp. 1337; Jöcher, 1751, 3, Sp. 1900: Warnung wider die Jrrthümer Prætorii. s. l. e. a.).

Neue Qväckerey Jn der Qvietisterey/ Das ist/ Kurtze Beschreibung des Ursprungs/ Lehre/ und ietzigen Zustandes/ der alt=neuen Schwärmerey/ der auf den Berg der Vollkommenheit steigenden Qvietisten/ von D. MICHAEL MOLINOS erreget/ Deren Ungrund zeiget/ und dafür iedermänniglich warnet Nebst kurtzer angehengter Warnung vor Englischen Büchern/ als auch was von Hohbarii, Kempis, Molleri, Prætorii, Statii, Sonthoms und anderer Schrifften mehr zu halten sey! C. T. RANGO, der H. Schrifft D. und Pastor zu S. Nicolai in Stetin. Franckfurth und Leipzig/ 1688. Frankfurt/ Leipzig 1688 (11: Theol. 11639; 24: Theol. oct. 14464; Cat. Script. RANGONIANORUM, 1701; Jöcher/ Adelung, 1819, 6, Sp. 1337; Küster/ Müller, 1752, II, S. 947; Dinse, 1877, S. 532).

Blick in den Abgrund der Papistischen Greuel, occasione des Ungarischen Bekenntnisses an derer Wahrheit, ob sie der Jesuiten ware gezweifelt ward. 1689. s. l. 1689 (Cat. Script. RANGONIANORUM, 1701; Jöcher/ Adelung, 1819, 6, Sp. 1338; Küster/ Müller, 1752, II, S. 947).

Vorrede (1691) zu: Gigas, David: Übung Des Kleinen Catechismi, D. Martin Luthers, Welcher Auf Lobsame Verordnung der ... Regierung, im Hertzogthum Pommern ... zu gebrauchen, eingeführet. Alten Stettin. 1723 (1: Eo 7720 ehem.).

DISPUTATIO INAUGURALIS, VIGINTI ILLUSTRIUM QUVÆSTIONUM THEOLOGICARUM, DE VOCATIONE AD MINISTERIALE OFFICIUM ECCLESIASTICUM, exhibens Syllogen; ... (Praes.: C. T. Rango; Resp.: Christophorus Barfknecht) In Acroaterio Majori ad D. XXVI. Martii A. O. R. M.DC.XCI. GRYPHISWALDIÆ, Litteris DANIELIS BENJAMINIS STARCKII, Reg. Acad. Typogr. Greifswald 1691 (1a: 38 in: Bd 8603–151; Jöcher/ Adelung, 1819, 6, Sp. 1338).

CERTAMINUM IN PATRIA, DE VERBI MINISTRORUM ORDINATIONE SPICILEGIUM, qvo præmisso, AD SOLENNEM ACTUM, in qvo, habita prius DE XX. ILLUSTRIBUS CIRCA VOCATIONEM MINISTR. VERBI DIVINI QVÆSTIONIBUS, DISPUTATIONE INAUGURALI, VIR PL. REVERENDUS, PRÆCELLENS ET CLARISSIMUS, DN. CHRISTOPH. BARFKNECHT, Gryphisbergas Pomeranus, antehac Collegii Scholastici, qvod Treptoæ ad Regam est, Rector per Decennium, nunc Pastor Primarius Ecclesiæ, & Synodi CÖSLINENSIS Præpositus, nec non Lycei ibidem Inspector, SS. Theologiæ Licentiatus, In Auditorio Majori d. XXVI. Martii, renunciabitur, Magnificum Dn. Rectorem, Generosum Regii Dicasterii Collegium, Amplissimum Academiæ & Urbis Senatum, Admodum Reverendos V. Ministros, imò Doctos omnes, &

Studiosæ Juventutis cætum lectissimum, officiose & peramanter invitat, C. T. RANGO, Theol. D. & Prof. P. P. Consistorii Regii Præses, Pomeraniæ Rugiæque Superint. Gener. H. T. Facultatis suæ DECANUS. GRYPHISWALDIÆ, Litteris DANIELIS BENJAMINIS STARCKII, REGIÆ ACADEMIÆ TYPOGRAPHI. Greifswald 1691 (1a: 39 in: Bd 8603–151; Jöcher/ Adelung, 1819, 6, Sp. 1338).

Vindiciae graduum Academic. Gryph. 1691. Greifswald 1691 (Jöcher/ Adelung, 1819, 6, Sp. 1338).

Leonis X. Papae literae Indulgentiarum per Albertum Electorem Moguntinum, datae Monasterio Gerbestedt. Greifswald 1692 (Jöcher/ Adelung, 1819, 6, Sp. 1338).

De Perfectismi pari cum Protoplastis aetate. Greifswald 1693 (Jöcher/ Adelung, 1819, 6, Sp. 1338).

Religionum Indifferentismus non Indifferens, sive Dissertatio Conscientiae moderatrix, circa Quaestionem: Utrum ad salutem adipiscendam perinde sit, sive Pontificiorum, sive Calvinianorum, sive Lutheranorum parti se quispiam aggreget, et quacunque horum dissidentium doctrinam amplectatur? Quam inter Solennia Jubilaea Secularia Concilii Upsaliensis ... moderante ... Cunrad. Tiburt. Rango ... examinandam submittit Autor Georgius Lembke. Gryphiswaldiae: Litteris Dan. Benj. Starckii 1693. Greifswald 1693 (1: Ca 20520 ehem.; Jöcher/ Adelung, 1819, 6, Sp. 1338).

Kurtzen Bericht vom Concilio 1593 zu Upsal gehalten. Greifswald 1693 (Jöcher, 1751, 3, Sp. 1900; Jöcher/ Adelung, 1819, 6, Sp. 1338).

Prudentia ecclesiastico politica circa errores et haereses. s. l. 1694 (Cat. Script. RANGONIANORUM, 1701; Jöcher/ Adelung, 1819, 6, Sp. 1338; Küster/ Müller, 1752, II, S. 947).

I. N. R. J. Von der MUSICA, Alten und neuen LIEDERN/ Sende=Schreiben/ Nebst einer/ Anno 1675. vor Sehl. Johann Krügers Gesang=Buch/ Stettinischer Edition, publicirten Vor=Rede/ zum Unterricht und Rettung der Warheit ausgegeben von C. T. Rango, der Heil. Schrifft D. Prof. Publ. Prim. des Königl. Geistl. Consistorii Præsidenten/ des Hertzogthums Pommern und Fürstenthums Rügen General-Superintendenten/ seiner Facultät Decano, und jetzo der Universität RECTORE. Greiffswald/ Druckts und verlegts Daniel Benjamin Starcke/ Königl. Univer. Buchdrucker. Greifswald s. a. [1694] (1: 21 in: B. Diez 4°. 2899; 11: Nz 39212; Cat. Script. RANGONIANORUM, 1701; Jöcher/ Adelung, 1819, 6, Sp. 1338).

Himmel=aufsteigende Hertzens=Flammen/ oder Gebet und Gesangbuch. s. l. e. a. (erwähnt in: derselbe: Von der MUSICA, Alten und neuen LIEDERN/ Sende=Schreiben/ Nebst einer/ Anno 1675. vor Sehl. Johann Krügers Gesang=Buch/ Stettinischer Edition, publicirten Vor=Rede (Greifswald 1694, Widmung, S. 9).

Q. D. B. V. DISPUTATIO INAUGURALIS, DE ENTHUSIASMO, qvam pro obtinendis Theologi Doctoris honoribus atqve dignitatibus, in Academiâ Regiâ Gryphiswaldensi, PRÆSIDE Theologo Excellentissimo, Viro Summè Reverendo, atqve Magnifico h. t. RECTORE, DN. CONRADO TIBURTIO RANGONE, SS. Theol. Doctore & Prof. Primario, Generali per Pomeraniem & Rugiam Superintendente, Regiiqve Consistorii Præside, Facult. suæ DECANO, placido Theologorum Examini d. 29. Novembr. submittit M. HENNINGUS JOHANN GERDES, Ecclesiarum Wismariensium Superintendens, Consistorii Regii Præses atqve Pastor Cathedr. ibidem ad D. Mariæ. GRYPHISWALDIÆ, Literis DANIELIS BENJAMINIS STARCKII, Reg. Acad. Typ. 1694. Greifswald 1694 (1a: 30 in: Bd 8575; Jöcher/ Adelung, 1819, 6, Sp. 1338).

Apostasia, Syncretismi filia. Stettin 1696 (Jöcher/ Adelung, 1819, 6, Sp. 1338).

Haereticorum maledicta detecta. Stettin 1696 (Jöcher/ Adelung, 1819, 6, Sp. 1338).

Splendida Apostasiae ad Papatum stultitia et abominatio. Stettin 1696 (Jöcher/ Adelung, 1819, 6, Sp. 1338).

ECCLESIAM LUTHERANAM NON SCHISMATICAM, contra JOH. PHILIPPUM PFEIFFERUM, Apostatam, sub PRÆSIDIO VIRI Magnifici, Summe Reverendi, Excellentissimi, DOMINI, DN. CUNRADI TIBURTII RANGO, SS. Theol. Doct. ac Prof. Publ. Primarii Celeberrimi, Consistorii Regii Præsidis gravissimi, Ducatuumqve Pomeraniæ & Principatus Rugiæ Superintendentis Generalis merentissimi, Facult. suæ Pro-DECANI spectatissimi; Patroni, ac Promotoris sui opere summo colendi, PRO LICENTIA summos in Theologia conseqvendi honores, d. 30. Januarii Anno 1696. proponet M. HERMANNUS WITTE, Riga Livonus, vocatus SS. Theol. in Gymnasio Carolino Sedini Prof. Publ. Prim. Ecclesiæ ad B. Mariæ Templum Cathedrale Pastor, ac vicinæ Synodi Præpositus. GRYPHISWALDIÆ, Typis DANIELIS BENJAMINIS STARCKII, Reg. Acad. Typogr. Greifswald 1696 (1a: 26 in: Bd 8603–179; Jöcher/ Adelung, 1819, 6, Sp. 1338).

Improperium haereticae pravitatis Lutherano nomini ab haereticissimis Papaeis objectatum. Stettin 1696 (Jöcher/ Adelung, 1819, 6, Sp. 1338).

Legis jugo ferundo neminem parem esse. Stettin 1696 (Jöcher/ Adelung, 1819, 6, Sp. 1338).

Sendschreiben vom Nord=Pol. s. l. e. a. (Cat. Script. RANGONIANORUM, 1701; Jöcher/ Adelung, 1819, 6, Sp. 1337; Küster/ Müller, 1752, II, S. 947).

Der Rangonischen Naturalien=Cammer 1. 2. 3. und 4. Cabinet (Tentzel, 1698, S. 878f.: Der Rangonischen Naturalien=Kammer Schönbergischen Cabinet/ darin 336. Stück/ meist Meißnische/ auch einige andere Mineralien/ Metallen/ Flösse/ Erden/ Steine/ etc. zu sehen/ in diesem Catalogo erzehlet/ und einigen Theils in Anmerckungen erkläret seyn.) s. l. e. a. (Tentzel, 1698, S. 878f.; Cat. Script. RANGONIANORUM, 1701; Jöcher/ Adelung, 1819, 6, Sp. 1338; Küster/ Müller, 1752, II, S. 947).

Encyclopaedia facultatum omnium. s. l. e. a. (Cat. Script. RANGONIANORUM, 1701; Küster/ Müller, 1752, II, S. 947).

De vera beatitudine ad Matth. V,1–10. s. l. e. a. (Cat. Script. RANGONIANORUM, 1701; Küster/ Müller, 1752, II, S. 947).

NIC. HVNNII Kennzeichen eines Kezers übersezt. s. l. e. a. (Cat. Script. RANGONIANORUM, 1701; Jöcher/ Adelung, 1819, 6, Sp. 1337; Küster/ Müller, 1752, II, S. 947).

Mataeologia Papistica. s. l. e. a. (Cat. Script. RANGONIANORUM, 1701; Jöcher/ Adelung, 1819, 6, Sp. 1337; Küster/ Müller, 1752, II, S. 947).

De macarismo, s. de vera beatitudine libellus ad Matth. V. 1–10. Stettin s. a. (Cat. Script. RANGONIANORUM, 1701; Jöcher/ Adelung, 1819, 6, Sp. 1338).

Pietismo-perfectissimus non novus sed nov-antiquus. Greifswald s. a. (Jöcher/ Adelung, 1819, 6, Sp. 1338).

Programmata. s. l. e. a. (nach Jöcher/ Adelung, 1819, 6, Sp. 1338, 13 Stück).

Fasciculus concionum funebrium et sermonum parentalium. s. l. e. a. (Cat. Script. RANGONIANORUM, 1701; Jöcher/ Adelung, 1819, 6, Sp. 1337).

Fasciculus diss. philologico-philosophico-historico-theologicarum. s. l. e. a. (Cat. Script. RANGONIANORUM, 1701; Jöcher/ Adelung, 1819, 6, Sp. 1337; Küster/ Müller, 1752, II, S. 947).

Tractat de adamante. s. l. e. a. (Cat. Script. RANGONIANORUM, 1701; Jöcher/ Adelung, 1819, 6, Sp. 1337; Küster/ Müller, 1752, II, S. 947).

Tractat de Usu Præceptorum Logices. s. l. e. a. (Cat. Script. RANGONIANORUM, 1701).

Acta Rectoratus et Decanatus (Cat. Script. RANGONIANORUM, 1701).

Nachlaß

Judicia de mutatione & versione ordinationis ecclesiasticæ in nova impressione an. 1690 instituendis vel omittendis (Ms.) (Jöcher, 1751, 3, Sp. 1900).

Programmata. s. l. e. a. (nach Jöcher/ Adelung, 1819, 6, Sp. 1338, 5 Schriften im Ms. hinterlassen).

Literatur

F. FABRICII Traur= und Freuden=Gedichte/ Erster und ander Theil/ Bey vornehmen Begräbnißen/ Hochzeiten/ und andern Gelegenheiten abgefasset und Auff vielfältiges Begehren guter Freunde zum Druck befodert STETTJN/ Druckts und verlegts Samuel Höpfner/ E. Edlen Hochw. Rahts Buchdrucker 1691 [Teil I, S. 85f.: Auff Herrn M. C. T. Rangonis, Predigers zu St. Jacob/ Söhnleins/ Theodori Friderici Begräbniß/ mense Junio, 1675; S. 309f.: Auff Hn. M. Rangonis, Predigers zu St. Jacob/ Töchterleins/ Regina Catharina Begräbniß/ m. Octobr. 1680. Die zarte Creutz=Trägerin; Teil II, S. 92–94: Auff Hn. M. C. T. Rangonis Obicem Syncretismi, m. Mart. 1682. Obex Syncretismi; S. 97–99: Auff Hn. M. Conradi Tiburtii Rangonis, Past. Nicol. inaugural-Disputation zu Wittenberg/ m. Sept. 1682; S. 101–103: Auff Hn. Lic. Rangonis Warnungs=Schrifft, an das Königreich Schweden/ für verdächtige Bücher/ m. Novemb. 1682. Der falsche Epha; S. 103: Auff Hn. Lic. Rangonis inaugural-Oration, de dolis & fraudibus Pseudo-Theologorum, m. Nov. 1682; S. 118–120: Auff Hn. Lic. C. T. Rangonis, Past. Nicol. Doctorat-Promotion, m. Decembr. 1683. Mastigio-Mastix; S. 164–166: Auff Hn. D. C. T. Rango, vocirten Gen. Super. in Pommern/ Installation, m. Decemb. 1689. Das ungeschiedene Scheiden; S. 166f.: Noch auff dieselbe Institution]; STENGER, Johann Melchior: Ausfoderung Zum rechtmäßigen Kampff/ Wozu auch die beyden Schwedischen DOCTORES, J. F. MEYERUM, Und CONR. TIBURT. RANGONEM, anzuhalten Derselbe Hohe Oberkeit unterthänigst implorirt wird Von JOHANNE MELCHIORE Stengern/ Inspectoren zu Wittstock. 1694. s. l. 1694. (23: Ts 319 [61]; Deutsche Drucke des Barock HAB, 1986, B 6196); Pfennig, Johann Wilhelm: Disputatio Rangonianæ gentis illustris splendor, antiquus pariter ac novus (Rez. in: Nova litteraria maris Balthicis 1698, S. 86); Palthenius, Johann Philipp: RECTOR ACADEMIÆ GRYPHISWALDENSIS JO. PHILIPPUS PALTHENIUS, PHILOSOPHIÆ CIVILIS ET HISTORIARUM PROFESSOR PUBLICUS ORDINARIUS, TRISTE FUNUS QVO SUMME REVERENDUM, NOBILISSIMUM, ATQVE EXCELLENTISSIMUM VIRUM DOMINUM CUNRADUM TIBURTIUM RANGONEM, SS. THEOL. DOCTOREM ET IN HAC ACADEMIA PROFESS. PRIMAR. CELEBERRIMUM, CONSIST. REGII PRÆSIDEM, ET ECCLESIARUM PER POMERANIAM CITERIOREM UT ET RUGIAM SUPERINTENDENTEM-GENERALEM, &c. UNDIQVAQVE MERITISSIMUM VIDUA LIBERIQVE AFFLICTISSIMI HODIE HORA II. POMERID. EFFERENDUM CURABUNT, INDICIT ET AD SUPREMOS HONORES CUMULATE EIDEM EXHIBENDOS QVO FAS EST STUDIO ET AFFECTU CIVES ACADEMICOS INVITAT. GRYPHISWALDIÆ, LITTERIS DANIELIS BENJAMINIS STARCKII, REG. ACADEM. TYPOGR. (1: 80 in: Ee 710–6); Catalogus Scriptorum RANGONIANORUM. 1701 (1: an 80 in: Ee 710–6); Epicedia für Cunradus Tiburtius Rango. 1701 (1: 80–103 in: Ee 710–6); Balthasar, Jacob Heinrich: Andere Sammlung Einiger zur Pommerischen Kirchen-Historie gehörige Schriften. Welche zur Erläuterung und Vermehrung der gedruckten Pommerischen Chronicken/ mit möglichsten Fleiß und Treue ... zum Druck befordert. Greifswald 1725, S. 794ff.; Vanselow, 1728, S. 89ff.; Diterich, 1732, S. 189–192; Adeliches Pommern, 1742, S. 95ff.; Jöcher, 1751, 3, Sp. 1900; Küster/ Müller, 1752, II, S. 945–947; Büsching, 1774, S. 42; Jöcher/ Adelung, 1819, 6, Sp. 1336–1338; Heidemann, 1874, S. 163–167; Pyl, Theodor: Geschichte der Greifswalder Kirchen und Klöster, sowie ihrer Denkmäler nebst einer Einleitung vom Ursprung der Stadt Greifswald. Bd. I. Greifswald 1885, S. 457ff.; Pyl, Theodor: Rango, Cunradus Tiburtius. In: ADB, 1888, XXVII, S. 230–232; Lange, Edmund: Greifswalder Professoren in der Sammlung der Vitae Pomeranorum. In: Balthische Studien 44 (1894), S. 1–42, hier S. 8–24; Lange, Edmund: Die Greifswalder Sammlung Vitae Pomeranorum. Alphabetisch nach Geschlechtern verzeichnet. Greifswald 1898 (führt S. 263 für Cunradus Tiburtius Rango auf: Programm des Rektors zu Rangos Einführung in den Lehrkörper der Universität Frankfurt/O. 1661 [Bd. 32], vier lat. Votivtafeln, 10 Glückwunschgedichte bei Ernennung zum Generalsuperintendenten 1689 [Bd. 31], Glückwunschgedicht zur Rückkehr aus Stockholm und zum Geburtstag 1691, zwei Glückwunschgedichte zum Rektorat 1693 [Bd. 153], Leichprogramm für Rango nebst Vita und Catalogus scriptorum, hg. vom Rektor der Universität Greifswald [Bd. 31], Trauerschriften und Antwort darauf, zwei Epitaphe, 14 Trauergedichte [Bd. 60 und Bd. 120]); Moderow, Hans: Die Evangelischen Geistlichen Pommerns von der Reformation bis zur Gegenwart, bearb. auf Grundl. d. Steinbrück-Bergischen Manuskriptes, Teil I: Der Regierungsbezirk Stettin. Stettin 1903, S. 472; Lother, Helmut: Pietistische Streitigkeiten in Greifswald. Ein Beitrag zur Geschichte des Pietismus in der Provinz Pommern. Gütersloh 1925; Heyden, Hellmuth: Kirchengeschichte Pommerns. Bd. II: Von der Annahme der Reformation bis zur Gegenwart. 2., umgearb. Aufl. (1. Aufl. Stettin 1938) Köln 1957, S. 101ff.; Seth, Ivar: Die Universität Greifswald und ihre Stellung in der schwedischen Kulturpolitik 1637 bis 1815. Berlin 1956, S. 76; Aurnhammer, Achim: Andreas Hiltebrand – Ein pommerscher Dichterarzt zwischen Späthumanismus und Frühbarock. In: Pommern in der Frühen Neuzeit. Literatur und Kultur in Stadt und Region. Hg. von Wilhelm Kühlmann und Horst Langer. Tübingen 1994, S. 199–225, hier S. 205f.; Seidel, Robert: Epicedien in pommerschen Leichenpredigten aus der Sammlung Stolberg. In: Pommern in der Frühen Neuzeit, S. 239–265, hier S. 256–258 u. 261f.; Wollgast, Siegfried: Spuren der Häresie des 17. Jh. in Pommern. In: Pommern in der Frühen Neuzeit, S. 349–372, hier S. 366f.; Seeber, Dorothea: Gelegenheitsdichtung im Glaubenskampf. Theologen und Geistliche als Adressaten von Casualcarmina des Stettiner Pastors Friedrich Fabricius. In: Pommern in der Frühen Neuzeit, S. 373–387, bes. S. 382–385.

Reinhardt (Reinhart), Elias Sigismund

* 18. Mai 1625 Halle
† 10. Sept. 1669 Leipzig
Theologe, luth.
V Elias R., Wachtmeister, Stadtkapitän in Danzig, Amtmann zu Ketzin/ Mark
M Dorothea geb. Görlitz
⚭ I. Elisabeth geb. Schröder (gest. 1667)
　II. Elisabeth geb. am Ende
K I. Friedrich Sigismund, Wilhelm Sigismund, Ursula Dorothea, Johanna Elisabeth, Sophia Elisabeth (starb als Kind)

　　　　　　Gymnasium in Halle a. S.
1638–1640　Akademisches Gymnasium in Danzig
1641–1645　Universität Wittenberg
1645–1649　Universität Rostock
1649–1657　Diakon zu S. Nicolai in Berlin, seit 1652 auch Bibliothekar zu S. Nicolai
1650　　　　Universität Rostock (Lic. Theol.)
1657–1665　Archidiakon zu S. Nicolai, zugleich mehrere Jahre Hofprediger der verw. Hzn. Anna Sophia von Braunschweig-Lüneburg
1665　　　　amtsentsetzt und Ausreise nach Sachsen
1665–1667　Pfarrer zu S. Nicolai in Leipzig
1666　　　　Universität Leipzig (Doct. Theol.)
1667–1669　Superintendent in Leipzig, Prof. Theol. u. Mitglied d. Konsistoriums

Elias Sigismund Reinhardt (Reinhart) wurde am 18. Mai 1625 in Halle a. S. geboren. Sein Vater Elias Reinhardt stammte aus Freiberg im Meißnischen. Er hatte die militärische Laufbahn eingeschlagen, 1631 als Wachtmeister zu Pferde unter Hans Georg von Arnim (1581–1641) an der Schlacht bei Breitenfeld in der Nähe Leipzigs teilgenommen und ein Jahr später als Regimentsquartiermeister unter dem schwedischen Obristen und Freiherrn Khevenhüller bei Lützen gekämpft. Später wurde er zum Stadtkapitän in Danzig bestellt. Er starb am 23. Febr. 1652 als Amtmann zu Ketzin in der Mark Brandenburg, wohin ihn Prinzessin Dorothea, die Gemahlin des Markgrafen von Brandenburg und Administrators zu Magdeburg, Christian Wilhelm (1587–1665), berufen hatte. Reinhardts Großvater war Archidiakon zu Mülberg an der Elbe, wo er jedoch den Calvinisten weichen mußte und später eine Anstellung als Prediger im Dorf Krummen-Heinersdorf, nahe Freiberg, fand. Die Mutter Dorothea Reinhardt geborene Görlitz war die Tochter des Hallenser Pfänners Sigmund Görlitz. Die Vorfahren mütterlicherseits stellten sogar Mitglieder für den Rat der Stadt Halle (die biographischen Daten nach Johann Ulrich MAYER in seiner Leichpredigt).

Zunächst besuchte Reinhardt das angesehene Gymnasium in seiner Heimatstadt, das 1565 im ehemaligen und im Zuge der Reformation säkularisierten Franziskanerkloster eingerichtet worden war. An dieser lateinischen Gelehrtenschule wurden die Gymnasiasten in den Freien Künsten und in den alten Sprachen unterrichtet; in Disputationen sowie in öffentlichen deklamatorischen Übungen und regelmäßig stattfindenden Actus scholastici konnten sie ihr Können unter Beweis stellen. Die Anziehungskraft des Gymnasiums hatte besonders unter seinem Rektor Christian Gueintz (1592–1650) beachtlich zugenommen. Gueintz, einer der bedeutendsten Schullehrer des 17. Jahrhunderts, hatte sich als Adjunkt der philosophischen Fakultät Wittenberg ausgezeichnet und war von Fürst Ludwig von Anhalt an die Schule nach Köthen berufen worden, wo er von 1619 bis 1622 an der von Wolfgang Ratke (1571 bis 1635) initiierten Schul- und Bildungsreform mitwirkte. In den Jahren 1628 bis zu seinem Tode 1650 wurde er als Rektor des Hallischen Gymnasiums zum Erzieher einer Schülergeneration, aus der zahlreiche angesehene Gelehrte und Dichter hervorgingen; er selbst wurde 1641 in die »Fruchtbringende Gesellschaft« aufgenommen. Vor Reinhardt war hier schon Joachim → Fromm unterrichtet worden, nach ihm besuchten auch Gottfried → Weber, Cunradus Tiburtius → Rango und Samuel → Rosa die Anstalt; mit ihnen allen wird Reinhardt später an der kurbrandenburgischen Residenz zusammentreffen.

Nachdem sein Vater zum Stadtkapitän in Danzig bestellt worden war, besuchte Reinhardt ab 1638 das Akademische Gymnasium der Stadt. Hier herrschte hochschulähnlicher Lehrbetrieb; schon um die Jahrhundertwende wurden Theologie und Philosophie als akademische Disziplinen betrieben, zu denen im ersten Viertel des 17. Jahrhunderts dann Jurisprudenz und Medizin traten. Das Akademische Gymnasium nahm eine eigentümliche Mittelstellung zwischen einer lateinischen Gelehrtenschule und einer Universität ein. Hier hielten drei Professoren Vorlesungen über Theologie, Jurisprudenz und Medizin; vier weitere Professoren lasen vor allem über Philosophie, Philologie, Eloquenz und Mathematik. Daneben gab es noch mindestens fünf weitere Lehrer. Die Gymnasiasten der beiden oberen ordines konnten aus den angebotenen Lektionen das ihnen Zusagende selbständig auswählen, doch mußten die theologischen Lektionen natürlich von allen besucht werden. Auch der Rektor mußte immer ein Theologe sein. 1631 hatte Johann Botsack (1600–1672) das Rektorat an einer Anstalt übernommen, die bis dahin durch das Wirken ihrer vormaligen Rektoren Jacob Schmidt (gen. Fabricius) und Georg Pauli als »Pflanzschule des Calvinismus« galt. Der lutherisch-orthodoxe Theologe Botsack bekämpfte sofort nach seiner Ankunft in Danzig jede von der lutherischen abweichende Lehre. Auch seine theologischen Schriften bewegten sich meist auf dem Feld der Polemik gegen Katholiken, Reformierte und Sektenanhänger, wie die Traktate »Reformatus pseudo-Augustanus« und »Anabaptismus reprobatus«.

1641 inskribierte sich Reinhardt unter dem Rektorat des Juristen Christoph Taubmann (1597–1651) an der Universität Wittenberg (WEISSENBORN, 1934, 41,123). Seine Lehrer in den nächsten vier Jahren sind namentlich überliefert: An der philosophischen Fakultät hörte Reinhardt Sperling, Pompejus, Ostermann und Buchner, an der theologischen Fakultät Hülsemann, Martini, Leyser und Röber. 1634 hatte Johannes Sperling (1603–1658) die Professio Physicae erhalten, Physik wurde damals als Naturlehre doziert. In seinen Vorlesungen behandelte Sperling vor allem Pflanzen- und Tierkunde. In seinem Hauptwerk »Zoologica physica« unternahm er erstmals den Versuch, die Zoologie in ein System zu bringen. Als wichtigster Schüler Daniel Sennerts (1572–1637) hat Sperling dessen Atomlehre in die Lehrbücher der Physik eingebracht; seine »Institutiones physicae« (1638) erlebte mehrere Auflagen. Nikolaus Pompejus (1592–1659) bekleidete seit 1637 die untere mathematische Professur, wo er vorwiegend astronomische und astrologische Themen behandelte. Im selben Jahr hatte Johann Erich Ostermann (1604–1668), der bereits seit 1634 als Adjunkt an der philosophischen Fakultät lehrte, die Professur für Griechisch erhalten. Seine Disputationen hielt er bevorzugt zu griechischen Altertümern und zur Textgeschichte des Neuen Testaments. Einer der bekanntesten Gelehrten, den die philosophische Fakultät Wittenberg in jenen Jahren aufzuweisen hatte, war August Buchner (1591 bis 1661), seit 1616 Professor für Dichtkunst und seit 1632 auch Professor für Rhetorik. Bedeutsam für die deutsche Literaturgeschichte wurde Buchner, der mehrfach das Rektorat bekleidete, durch seine Vorlesungen zur deutschen Poetik, die entscheidend zur Durchsetzung der Opitzschen Dichtungsreform beitrugen und zahlreiche später berühmte Dichter nachhaltig beeinflußten.

Wenn man Reinhardts spätere Wirksamkeit als Archidiakon zu S. Nicolai in Berlin und insbesondere sein kompromißloses lutherisch-orthodoxes Auftreten beim Religionsgespräch 1662/63 in Betracht zieht, dann wurden die Weichen hierfür bereits während seiner Studienzeit von den Wittenberger Theologen gestellt, insbesondere von Johannes Hülsemann (1602–1661), bei dem Reinhardt bis zu dessen Wechsel nach Leipzig 1646 wohnte und zu dessen Tischgenossen er gehörte (so MAYER in seiner Leichpredigt). Hülsemann hatte 1629 eine Theologieprofessur übernommen und war nach dem Tode Johann Gerhards (1582–1637) der maßgeblichste lutherische Theologe. Im selben Jahr 1641, in welchem Reinhardt nach Wittenberg kam, erschien Hülsemanns wichtigste dogmatische Schrift, das später erweiterte »Breviarium theologiae exhibens praecipuas fidei controversias«. 1645 nahm er am Thorner Religionsgespräch teil und bekämpfte mit Abraham Calov (1612–1686) am entschiedensten die synkretistischen Bestrebungen des Helmstedters Georg Calixt (1586–1656). 1663 wird sein Schüler Reinhardt den Cöllnischen Amtskollegen Andreas → Fromm, der von 1644 bis 1647 in Wittenberg studierte, als »Synkretisten« beschimpfen. Der schon über siebzigjährige Jakob Martini (1570–1649), seit 1623 Inhaber einer theologischen Professur (nachdem er schon zwei Jahrzehnte Professor für Logik gewesen war) und Paul Röber (1587–1651), seit 1627 Theologieprofessor, gehörten ebenfalls zu jenen lutherisch-orthodoxen Theologen, die nicht nur den Katholizismus, sondern vor allem den im benachbarten Anhalt und in Kurbrandenburg sich ausbreitenden Calvinismus vehement bekämpften. Schließlich ist noch Wilhelm Leyser (1592–1649) zu nennen, ein Schüler Johann Gerhards, der seit 1627 Professor der Theologie war und neben systematischen Vorlesungen die Lektüre des Alten Testaments übernommen hatte.

In den vier Jahren, in denen sich Reinhardt in Wittenberg aufhielt, besuchten mehrere Studenten die Universität, mit denen er später in der kurbrandenburgischen Residenz wieder zusammentraf, außer dem bereits erwähnten Andreas Fromm noch Johann → Vorstius und Martin → Lubath, die ebenfalls am Religionsgespräch teilnahmen, sowie dem Rektor des Berlinischen Gymnasiums, Johannes → Heinzelmann. Vielleicht hat Reinhardt auch noch dessen Vorgänger im Rektorat, Adam → Spengler, angetroffen, der sich bereits 1633 immatrikuliert hatte, 1639 den Magistergrad erlangte und 1641 als Adjunkt an der philosophischen Fakultät lehrte.

Im Febr. 1645 immatrikulierte sich Reinhardt an der Universität Rostock (HOFMEISTER, 1895, S. 137b), wo ihn Johann Cothmann wie einen Sohn aufgenommen haben soll. Rektor war zu jener Zeit Johann Quistorp d. Ä. (1584–1648), durch den die theologische Fakultät in jenen Jahrzehnten ein toleranter Geist durchzog, bevor mit dem Wirken von Johann Friedrich König (1619–1664) die starre lutherische Orthodoxie die Oberhand gewann. In Rostock promovierte Reinhardt am 11. Juni 1646 unter Caspar Mauritius zum Magister philosophiae (HOFMEISTER, 1895, S. 145) und durfte nun selbst Lehrveranstaltungen abhalten. Er bestritt als Opponent beziehungsweise Respondent mehrere philosophische Disputationen, widmete sich darüber hinaus im besonderen auch der Theologie. So hielt er unter anderem eine Disputation, in der er die Dreieinigkeit Gottes gegen sozinianische Auffassungen verteidigte (»De mysterio Trinitatis contra Photinianos«; die Antitrinitarier wurden von ihren Gegnern nach dem griechischen Theologen Photios [um 820–897/98] zumeist als Photinianer bezeichnet, um damit auf die Verbindung mit oppositionellen Bewegungen gegen die Lehren der Kirche schon in der Frühzeit des Christentums hinzuweisen). Außerdem erhielt Reinhardt auch die Möglichkeit zu predigen, und schon hier habe er »wegen seiner Beredsamkeit/ schöner Sprache und erbaulicher Predigten grosses Lob erhalten« (so MAYER in seiner Leichpredigt). Die so betont herausgestellte Eloquenz ließ Reinhardt in den Jahren 1662 und 1663 dann auch zum Wortführer des geistlichen Ministeriums von Berlin beim Religionsgespräch werden.

Gegen Ende des Jahres 1649 wollte Reinhardt seine Studien in Leipzig fortsetzen, vor allem wegen seines vormaligen Lehrers Hülsemann, der ab 1646 in Leipzig tätig wurde. Dazu ist es jedoch nicht mehr gekommen: Am 6. Dez. 1649 erhielt Reinhardt die Vokation zum Diakon zu S. Nicolai in Berlin, die er annahm; wohl noch im selben Jahr wurde er in sein neues Amt eingeführt. Ein Jahr später, am 2. Dez. 1650, heiratete er Elisabeth Schröder, eine Tochter des kfl.-brandenburgischen Amtschössers in Zossen, Joachim Schröder (das Datum der Eheschließung ist mitgeteilt von Paul → Gerhardt in seiner Leichpredigt auf Reinhardts Schwiegervater 1655). In dieser Ehe wurden die Söhne Friedrich Sigismund und Wilhelm Sigismund sowie die Töchter Ursula Dorothea, Johanna Elisabeth und Sophia Elisabeth geboren; letztere starb jedoch bereits im Kindesalter.

Um für eine schnelle Beförderung in der Hierarchie der in der kurbrandenburgischen Residenz wirkenden Geistlichen gerüstet zu sein, promovierte Reinhardt am 14. Nov. 1650 an der Universität Rostock unter Hermann Schuckmann zum Licentiatus theologiae (HOFMEISTER, 1895, S. 165). Nur wenige Monate später, am 24. März 1651, erhielt er die Vokation zum Propst zu S. Petri, der höchsten geistlichen Würde in Cölln. Der Berliner Rat, der den fähigen Diakon aber an der Kirche zu S. Nicolai halten wollte, sicherte ihm einen schnellen Aufstieg zu, und nach dem Ableben des bisherigen Archidiakons Joachim →

Fromm wurde Reinhardt 1657 in das Archidiakonat berufen.

In seinem Kirchenamt erfreute sich Reinhardt hoher Wertschätzung. Er galt als redebegabter Prediger, der sich auch in seiner Seelsorge für die ihm anvertrauten Gläubigen auszeichnete, so daß ihn die verwitwete Herzogin von Braunschweig-Lüneburg, Anna Sophia (geborene Prinzessin von Brandenburg), zu ihrem Hofprediger und Beichtvater wählte, welche Ämter Reinhardt neben seinem städtischen Kirchenamt ausübte. Seit 1652 war er außerdem für die Betreuung der Bibliothek zu S. Nicolai zuständig (LAMINSKI, 1990, S. 28).

Eine besondere Rolle spielte Reinhardt dann als Führer der lutherisch-orthodoxen Opposition in den religionspolitischen Auseinandersetzungen der sechziger Jahre. Seine unversöhnliche Haltung zeigte sich besonders im Religionsgespräch 1662/63, zu dem Kurfürst Friedrich Wilhelm seine Hofprediger und den Rektor des reformierten Joachimsthalschen Gymnasiums sowie die Geistlichen des Berlinischen und des Cöllnischen Ministeriums eingeladen hatte, um die theologischen Streitigkeiten zwischen Reformierten und Lutherischen aufzuheben. Der Kurfürst hatte ganz bewußt sein Schloß in Cölln zum Ort der Verhandlungen bestimmt, damit diese in unmittelbarer Nähe zu Berlin, dem Haupthort des lutherischen Widerstandes gegen die landesherrliche Politik des Kirchenfriedens, stattfinden konnten. Da Propst Georg von → Lilien als ranghöchster Geistlicher Berlins bereits das 65. Lebensjahr erreicht hatte, wurde der redegewandte Reinhardt zum Wortführer des Berlinischen Ministeriums während der Verhandlungen gewählt (das Cöllnische Ministerium unter Propst Fromm konnte sich im Gegensatz zu den Berliner Geistlichen durchaus auf religiöse Toleranz mit den Reformierten verstehen, so daß beide lutherischen Ministerien getrennt auftraten). Reinhardt lieferte sich mit dem reformierten Hofprediger Bartholomaeus → Stosch, dem Wortführer der Gegenpartei, hitzige kontroverstheologische Debatten. Zugleich wandte er sich gegen das kompromißbereite Auftreten der Cöllnischen Geistlichen und beschimpfte den sich um einen Ausgleich zwischen den Konfessionen bemühenden Andreas Fromm als Synkretisten.

Nachdem immer offenbarer wurde, daß die Gegensätze zwischen den konfessionellen Lagern nicht zu überwinden waren, sondern sich im Laufe des Gespräches mehr und mehr verfestigten (war doch für die Berliner Theologen wegen ihrer Bindung an die Konkordienformel kirchlich-theologische Toleranz ausgeschlossen), bedurfte es nur noch eines Anlasses zur Beendigung der Konferenz. Diesen lieferte dann Reinhardt, als er am 29. Mai 1663 dagegen Einspruch erhob, daß vom Oberpräsidenten Otto von Schwerin (1616–1679), dem Leiter der Konferenz, als vierter Teilnehmer auf reformierter Seite Adam Gerck bestimmt wurde, der am Joachimsthalschen Gymnasium »nur« Praeceptor war und nach Reinhardts Auffassung deshalb nicht befugt sei, über solch wichtige Gegenstände zu verhandeln. Daraufhin brach Schwerin noch am selben Tag das Religionsgespräch ab. Dem Berlinischen Ministerium wurde, wohl nicht zuletzt wegen Reinhardts Einspruch, die Hauptschuld am Scheitern der Verhandlungen angelastet. Kurfürst Friedrich Wilhelm erließ am 16. Sept. 1664 sein zweites Toleranzedikt (das erste war bereits am 2. Juni 1662 ausgegangen), in dem beiden Lagern das Verketzern der Gegenseite untersagt wurde. Im April 1665 folgte dann ein kurfürstlicher Revers, der zur Einhaltung dieser Toleranzedikte verpflichtete und damit faktisch die Berufung der lutherischen Geistlichen auf die Konkordienformel unterband.

Am 28. April 1665 wurden die Prediger des Berlinischen Ministeriums zur Reversunterzeichnung vor das Konsistorium beordert. Die zuerst befragten Geistlichen, Propst Lilien und Reinhardt, verweigerten ihre Unterschrift und wurden umgehend entlassen. Trotz eines eingereichten Protestes und der besonderen Fürsprache des Berliner Rates zeigte sich Friedrich Wilhelm unnachgiebig. Während Propst Lilien später mit einem Sonderrevers doch noch kurfürstliche Gnade fand, mußte Reinhardt die Stadt verlassen. Unter dem Datum des 17. Mai 1665 erging an den Berliner Rat folgende kurfürstliche Order: »Was L. Reinharten betrifft, weil es klar und am Tage, daß derselbe von Anfang seiner Bedienung allhier den Kirchen=Friede gestöret, und nun eine Zeit her so vieler wiedrigen Dinge sich unterfangen, Verordnungen ausser Augen gesetzet, auch andere zu gleicher Nachfolge veranlasset, und von gutem abgehalten, daß im Fall Er noch allhier, Jhr denselben alsofort vor Euch fodert, Jhm seinen Abschied vollkommen gebet, und dabey andeutet, daß Er sich ehistes Tages ausser dieser Stadt hinweg, und aufs Land begeben, und so lieb ihm die Vermeidung ernster unausbleiblicher Bestraffung sey, aller Correspontentien sich enthalten soll. Da Er aber schon weg ist, habt Jhr Jhm zu schreiben, daß Er nicht wieder anhero kommen soll.« (KÜSTER/ MÜLLER, I, 1737, S. 333; bei MAYER in seiner Leichpredigt heißt es zu der ganzen Angelegenheit lediglich: »Was aber sonsten treuen Arbeitern am Worte GOttes für Widerwärtigkeit zubegegnen pfleget/ ist bey unsern Herrn Superintendenten [Reinhardt starb 1669 als Superintendent zu Leipzig] warlich auch nicht ausgeblieben. Massen denn zur genüge bekannt/ wie Er vielerley Ungemach ausgestanden/ so gar daß Er auch endlich seines Dienstes zu Berlin erlassen worden.«)

Reinhardt verließ am 27. Mai 1665 Berlin in Richtung Sachsen, wo er noch im selben Jahr am 14. Aug. in Leipzig auf das Pastorat zu S. Nicolai vozierte. (Ein Jahr nach seinem Weggang aus Berlin ließ er einen »Valet=Gruß an seine hinterlassene Hertzliebsten Freunde und Zuhörer in Berlin« im Druck ausgehen.) Auch in seinem Leipziger Kirchenamt tat sich Reinhardt durch seine vorzügliche Beredsamkeit hervor, die ihm in der Leichrede nachgerühmt wurde: »Männlich hat sich verwundern müssen über seine vortreffliche Gaben in predigen/ über seinem herrlichen judicio und Dexterität/ daß Er in schweren Sachen sich geschwinde/ und mit stattlicher Resolution finden konnen.« Der Anteil der überlieferten Leichpredigten aus dieser Zeit ist beträchtlich; der Adressatenkreis besteht zumeist aus Kaufleuten und Ratsherren, deren Angehörige den Druck der Predigten, Abdankungen und Epicedia in Auftrag gaben. Die Vokation als Pastor zu S. Nicolai (wie auch jene zu S. Thomas) bot auch gute Aussichten für eine spätere Aufnahme in die theologische Fakultät der Universität, denn bei Vakanz einer theologischen Professur griff man nur selten über den Kreis der in Leipzig ansässigen Theologen hinaus, zumal man diesen nur eine Zulage zu ihrem bisherigen Gehalt, das sie weiter bezogen, geben mußte. Allerdings konnte die traditionell gewordenen Anwartschaft auf Aufnahme in die Fakultät nur dann realisiert werden, wenn sich der Kandidat zum Doctor theologiae promoviert hatte. Und Reinhardt schien in besonderer Weise dafür geeignet, war er doch ein vormaliger Schüler Hülsemanns aus dessen Wittenberger Amtszeit (zudem sein Tischgenosse), jenes herausragenden Theologen, der seit seinem Wechsel nach Leipzig im Jahre 1646 den an der Fakultät herrschenden Geist bis zu seinem Tode 1661 maßgeblich bestimmt und eine polemisch gewandte Theologengeneration herangebildet hatte.

Außerdem – und das war für den schnellen Aufstieg weit wichtiger – galt Reinhardt als standhafter Verteidiger der »reinen« lutherischen Lehre gegen die Angriffe der reformierten Prediger im kurbrandenburgischen Nachbarland, was ihm von verschiedenen Seiten hohe Protektion einbrachte.

Am 24. April 1666 erlangte er auf Empfehlung des Leipziger Superintendenten Samuel Lange (1618 bis 1667) an der theologischen Fakultät Leipzig den Doktorgrad, und zwar wieder mit einer antisozinianischen Kontroversschrift. Sein Examinator war Hieronymus Kromayer (1610–1670), der zunächst an der Universität Geschichte und Beredsamkeit doziert hatte und seit 1657 eine ordentliche Theologieprofessur bekleidete. In seinen theologischen Auffassungen Johannes Hülsemann nahestehend, lehrte er Dogmatik nach der Stoffanordnung Johann Gerhards. Nach Vorarbeiten von Hülsemann stellten er und sein Kollege Daniel Heinrici (1615–1666) den gegen Georg Calixt gerichteten »Consensus repetitus fidei vere Lutheranae« (1655) zusammen. Kromayer besorgte auch die deutsche Übersetzung der die synkretistische Theologie verwerfenden neuen Bekenntnisschrift, die sich allerdings wegen des Widerstandes der Jenaer Theologen unter Johann Musaeus (1613–1681) nicht durchsetzen konnte.

Nicht lange nach seiner Doktorpromotion wurde Reinhardt zum Senior der sächsischen Nation an der Universität Leipzig bestimmt, und am 24. April 1667, auf den Tag genau ein Jahr nach Erlangung der theologischen Doktorwürde, wählte man ihn zum Rektor der Alma mater Lipsiensis. Ebenfalls 1667 bekam Reinhardt nach dem Tode Samuel Langes (auf dessen Beerdigung er die Leichrede hielt) die Superintendentur übertragen sowie die Inspektion über die Schulen Leipzigs und des Leipziger Kreises, in welches Amt er am 20. Mai 1668 vom kfl.-sächsischen Oberhofprediger Martin Geier (1614–1680) feierlich eingesetzt wurde. Es folgten die Berufung zum Assessor des geistlichen Konsistoriums und – nachdem Reinhardt an der theologischen Fakultät disputiert hatte – auch die Vokation auf die dritte Theologie-Professur. Als 1668 der vormalige Cöllnische Propst Andreas Fromm zum Katholizismus konvertierte, stand Reinhardt in der ersten Reihe der Verfasser von Kontroversschriften gegen Fromms »Wiederkehrung zur Catholischen Kirchen«.

Leider konnte Reinhardt nur wenige Jahre an seiner neuen Wirkungsstätte Leipzig wirken. Er starb bereits am 10. Sept. 1669, noch nicht einmal 45 Jahre alt, an den Folgen einer Blutvergiftung (KIRN, 1909, S. 71). Überliefert sind das Leichprogramm der Universität (WITTE, 1685, S. 1677f.), die Leichreden des Hofpredigers Martin Geier und des Pastor an der Thomaskirche, Johann Ulrich Mayer (diese mit einem Lebenslauf des Verstorbenen), die Abdankung von Valentin Alberti sowie eine Epicedia-Sammlung. Die Ehrenbezeugungen, die Reinhardt in Leipzig zuteil wurden, resultieren vor allem aus seinem standhaften Auftreten in Brandenburg. In der Leichrede des Thomas-Pastors heißt es dazu: »Gestalt Er denn bey der Evangelischen Kirchen seiner hohen Gaben und Helden Muths halber hoch æstimiret/ bey hohen Fürst= und Gräfflichen/ auch andern Standes=Personen wolgeachtet/ bey Churfl. Durchl. zu Sachsen und Jhren HochFürst. D. D. D. ingesampt/ Unserm Gnädigsten Herrn/ in Chur= und Fürstl Gnaden gewesen/ die ein hohes/ gnädigstes Contentament an Jhm und seinen Verrichtungen gehabt/ welche Chur= und Fürstl. Gnade Jhre Durchl. auch bey dieser Leich=Procession durch gnädigste Verordnung Jhrer hohen Gesandschafft öffentlich bezeugen wollen.« In Anspielung auf Reinhardts Rolle während der theologischen Streitigkeiten in Berlin sagte Mayer weiter: »Der treue Knecht ist eingegangen in seines HErrn Freude; Den Kampff hat Er gekämpffet/ den Lauff vollendet/ Nun ist Jhme die beygelegte Crone der Gerechtigkeit auffgesetzet.« Er rühmte den Verstorbenen als einen »weißlichen Lehrer«, einen »fleißigen Wächter«, einen »treulichen Pfleger«, einen »löblichen Führer« und einen »eiferigen Beter«. Auch Valentin Alberti (1635–1697), seit 1663 Professor für Logik und Metaphysik, stellte die Unbeugsamkeit des Verstorbenen in den Mittelpunkt seiner Abdankung: »Jst es nicht so/ daß Er mit Paulo wider die Feinde der Evangelischen Warheit einen guten Kampff gekämpffet? Jst es nicht so/ daß Er numehr den Lauff vollendet und Glauben gehalten?«

Die überlieferte Epicedia-Sammlung enthält 14 Gelegenheitsgedichte; zum Kreis der illustren Beiträger gehören hochrangige lutherische Theologen wie zum Beispiel der kfl.-sächsische Oberhofprediger Martin Geier, der Superintendent von Dresden, Christoph Buhle, die Wittenberger Theologieprofessoren Abraham Calov, Johann Meisner (1615–1681) und Johannes Deutschmann (1625 bis 1706), außerdem der Kanzler der Universität Tübingen Tobias Wagner sowie der Rostocker Theologe August Varenius. Aus Berlin kamen Trauergedichte vom Zweiten Diakon zu S. Marien und späteren Oberkonsistorialpräsidenten Estlands, Jakob → Hellwig (dem Jüngeren), der Reinhardts Polemik gegen den zum Katholizismus konvertierten Andreas Fromm hervorhob, und vom Senior des Berlinischen Ministeriums, Martin Lubath. Mit Epicedia vertreten waren auch der kursächsische Mediziner Konrad Victor Schneider sowie der Wittenberger Professor für Dichtkunst und spätere Dresdener Hofprediger, Samuel Benedikt Carpzov (1647–1707). Zu ergänzen ist eine (allerdings nicht überlieferte) »Oratio parentalis«, die Thomas Steger hielt und die 1671 im Druck veröffentlicht wurde.

Reinhardts Frau war bereits am 27. Juni 1667 gestorben. Am 14. Juli 1668 ging der ehemalige Superintendent und Theologieprofessor eine zweite Ehe ein, und zwar in Wittenberg mit Elisabeth, einer Tochter des Berliner Kaufmanns Jacob am Ende. In dieser kurzzeitigen Ehe sind keine Kinder geboren worden. [LN]

Werke

De mysterio Trinitatis contra Photinianos. Rostock s. a. (Mayer, 1670).
De orali manducatione & bibitione corporis & sangvinis Christi adversus Sacramentarios. Rostock s. a. (Mayer, 1670).
Epicedium für Samuel Hoffmann. Berlin 1649 (Leichenpredigten Liegnitz, 1938, S. 213).
DULCIA AMICORUM SOLATIA, in luctus abstersorium data (Epicedium für Constantin Anreas Berkow). An: Lilien, Georg von: Leichpredigt für Constantin Andreas Berkow. Berlin 1650 (1: an 16 in: Ee 502).
FLEIUS AMICORUM, In luctuosissimum Obitum FOEMINÆ singulis sui sexus Virtutibus ac Dotibus Celeberrimæ MARTHÆ SOPHIÆ, ANDREÆ KOHLII, ICti & ViceCancellarii Marchici Filiæ, MARTINI

FRIDRICI SEIDELII, Consiliarii Brandenburgici Uxoris singulariter dilectæ & eheu / primo Matrimonii anni unico filiolo relicto defunctæ. MORIENDUM. s. l. e. a. [Berlin 1650] (1: Ms. Boruss. fol. 200, f. 108r–112r, Druckimpressum abgeschnitten; nach Dünnhaupt, 1991, V, S. 3648, angeschlossen an: Fromm, Joachim: Leichpredigt für Martha Sophia Seidel geborene Kohl. Berlin 1650).

Ita novos Honores VIRO Perquàm Reverendo, Amplissimo, Præ-Clarissimo DOMINO M. PETRO VHER, ECCLESIARUM BEROLINENSIUM Præposito- & Inspectori Vicinarum meritissimo, S. Ministerii ibid. quoque Seniori honoratissimo. Quum Hagio-Synedrii Electoralis Brandenburgici ADSESSOR declararetur, Dn. Fautori, Fratri ac Patrono suo devotê colendo gratulantur. Mens. Septembris, Anno M DC LI. BEROLINI, Prælo Rungiano. Berlin 1651 (109: Slg. GK: Sch 1/35).

Epicedium für Jakob Hellwig, Propst an S. Petri und Inspektor in Cölln. An: Günzel, Albert: Leichpredigt für Jakob Hellwig. Wittenberg 1651 (LP StA Braunschweig, Nr. 2391).

MISSUS POETICUS in Nuptiis auspicatissimis VIRI Excellentissimi Clarissimi atque Experientissimi DOMINI THOMÆ PANCOVII, DOCTORIS MEDICI, ET PRACTICI BERLINENSIS, cum VIRGINE Lectissimâ, virtutibusque Virgineis perquam conspicuâ CATHARINA, VIRI Amplissimi, Excellentissimi et Consultissimi, DN. JOHANNIS BERCHELMANNI, J. U. L. & Statuum provincialium in Electoratu Brandenb. cis Viadrum Syndici & Quæstoris fidelissimi, dilectissimâ FILIA, BEROLINI pridie Martini celebratis, Mensæ secundæ surrogatus à PATRONIS, PROPINQUIS, FAUTORIBUS, AMICIS. Literis RUNGIANIS. Berlin s. a. [1651] (109: Slg. GK: Cg 144).

Epicedium für Johann Berkow, Archidiakon zu S. Marien. An: Vehr, Peter: Leichpredigt für Johann Berkow. Berlin 1651 (LP StA Braunschweig, Nr. 386).

Das wahre Licht der Frommen aus Ps. CXII. 4. bey vollzogener Ehegelübde Herrn Ludwig von Canitz, Churf. Cammer=Gerichts=Raths, und Jungfer Marg. Cath. von Burgstorff anno 1653. d. 19. Nov. erkläret. Berlin 1653 (Küster/ Müller, I, 1737, S. 334).

Des Seligen/ weyland Ehrenvesten/ VorAchtbarn und Wolweisen/ Herrn Jeremias Egers/ wolbeliebten Raths Verwandtens in Berlin Christliche Leichpredigt. Daselbst gehalten in der Kirchen genant Sanct Niclaus von Elias Sigismund Reinharten/ der Heil. Schrifft Licentiaten. am 1. Sontag nach Ostern/ 1654. Berlin/ druckt es Christoff Runge. Berlin 1654 (1: 4 in: Ee 508; Küster/ Müller, I, 1737, S. 334).

Die Eilige aber Gott wolgefällige Vollkommenheit Deß weyland Hoch=Edelgebornen Herrn/ Herrn Ludewigs von Kanitz/ Churfürstl. Brandenb. wolbestalten Märckischen Hoff= und Cammergerichts=Rahts/ auch Preußischen LandRahts und Hauptmanns zu Balge/ ErbHerrns auf Medenecken und Dommelkaim. Bey Dessen ChristAdelichen und HochAnsehnlichen Leichbegängnüß Zu Berlin in der Kirchen St. Niclaus genannt/ den XVIII. Herbstmonats 1654. Jn einer Predigt erkläret von Elias Sigismund Reinharten/ der Heil. Schrifft Licentiaten. Berlin Gedruckt bey Christoff Runge. Berlin 1654 (1: 9 in: Ee 517; Küster/ Müller, II, 1752, S. 1014).

Epicedium für Ludwig von Canitz. In: Klage= und Trost=Schrifften Bey den Hoch=Adelichen Sarg des Herren von Kanitz niedergelegt Von Denen Die Jhn Lieben/ Von Denen Die Jhn Ehren/ (nach Jhren Vermögen) auch in Seinem Seligen Tode. s. l. e. a. [1654] (1: 7 in: Ee 517).

Epicedium für Jakob Fabricius, Pfarrer an S. Marien in Stettin. An: Kanßdorf, Baltathasar: Leichpredigt für Jakob Fabricius. Stettin 1654 (LP StA Braunschweig, Nr. 1256).

Glaube, Liebe, und Hoffnung Herrn Rittmeisters Joachim Sigismund von Löben auf Blumberg anno 1654. d. 21. Sept. aus Ps. XXXIII. 18. vorgestellet. Berlin 1655 (1: 3 in: Ee 521; Küster/ Müller, I, 1737, S. 334, Berlin 1654).

Epicedium für Jachim Schultze, kfl.-brand. Amtskammerrat. An: Fromm, Andreas: Leichpredigt für Jachim Schultze. Berlin 1655 (LP StA Braunschweig, Nr. 6099).

EPICEDIA in Obitum NOBILISS. ET CONSULTISSIMI VIRI DOMINI ERASMI SEIDELII, JCTI. Et in Secretissimo Electoris Brandenburgici Consilio Senatoris haut postremi scripta â DOMINIS AMICIS ac FAUTORIBUS SINGULARIBUS. M.DC. LV. BEROLINI, Exprimebat Christophorus Runge. Berlin 1655 (1a: Av 14162).

Perge, Lector erudite & benevole, & lege sis Funebres hosce modos Musarum Patronorum, Favitorum et Cultorum Prosequentium & Cohonestantium Obitum properum, sed prosperum VIRI Clarißima et Spectabili Dignitate, integra fide et Officio, DN. ERNESTI Pfuel/ J. U. D. Dicasterij Brennopyrgici Advocati, Comitis recèns Palatij Cæsarei, nunc DEI in fulgentissima Beatorum sede cum omnium sanctorum Angelorum splendidissimô Comitatu & applausu facti Placeat hoc monumentum, qvod in animis optimè sentientium atque ex sese virtutem verumque laborem æstimantium erigitur. Berlin 1656 (1: an: 21 in: Ee 526).

EPICEDIA MUSARUM LUGENTIUM. piis & beatis Manibus Viri Reverenda et Clarissima Dignitate, Eruditionis laude vitæque sanctimonia commendatissimi, DN. M. PETRI VHERII, Hagiosynedrii Elector. Brandenburg. Assessoris & Præpositi Berolinensis Meritissimi, Ministerii Senioris. Desecrat. Non debet mors eorum, quorum vita laudatur, silentio præteriri. Cicero. s. l. e. a. [ohne Impressum; Berlin 1656]. (109: Slg. GK: Sch 1/42).

Epicedium. In: Lilius, Georg: Chur Brandenburg: Vice Cancellärn H. Andr. Khols I. C. Seel. ged. Andenck=Seule 1656 [Bl. 1]. GAUDIUM IN DOMINO, de Animae vestimento Die Herrn=Freudt/ übern Seeln=Kleidt Aus Esaias Propheten=buch/ im LXI Cap. Bey Christlich=Edler Leichnbegängknüß/ Deß Weyland WolEdlen/ Großacht=bahren/ Hochgelarten/ Herrn Andreas Kohl: ICTI, Churfürstl. Durchläucht: zu Brandenburgk: Hoff= vnd Cammer=gerichts=Raths/ auch Vice=Cancellärn: Seelged. [...]. Helmstadt/ Gedruckt bey Henning Müllern/ Anno 1656. (1: Ee 519, 8).

Epicedium für Sidonia Rösner geborene Waldner, Ehefrau von Johann Rösner, Archidiakon zu S. Marien. An: Lubath, Martin: Leichpredigt für Sidonia Rösner geborene Waldner. Berlin 1656 (LP StA Braunschweig, Nr. 6966).

Die Gnade Gottes des Vatters/ die Liebe seines Sohnes/ und die Gemeinschafft des Heiligen Geistes/ Darinnen/ zum Exempel aller seiner Christlichen Zuhörer/ seinen Wandel auff Erden seliglich in GOtt angefangen und vollenführet hat Der Weiland Woll=Ehrwürdige/ GroßAchtbare/ und Hochgelahrte Herr M. Joachimus Fromm/ in die 27. Jahr gewesener treuer Prediger und Archi-Diaconus zu S. Nicolai in Berlin/ auch des Ministerii daselbst wolverdienter Senior, auß seinem begehrten heiligen Leichtext geprediget und erkläret/ als dessen geheiligter Leichnam daselbst nechst der so offt von Jhm erbaulich bestiegenen Cantzel ehrlich beygesetzet worden/ Am Fest der Himmelfahrt unsers Hohen-Priesters JEsu/ von Elias Sigismund Reinharten/ der Heil. Schrifft Licentiaten. Wittenberg/ Gedruckt bey Johann Röhnern/ der Universität Buchdr. Anno M DC LVII. Berlin 1657 (1: 16 in: Ee 510; Küster/ Müller, I, 1737, S. 334).

LACRYMÆ POSTHUMÆ HONORI SUPREMO Viri Reverendi. Plurimum et Amplißimi DOMINI M. JOACHIMI FROMMI, Archidiaconi Nicolaitani & Senioris Ministerii Berlino-Coloniensis, Emeriti THEOLOGI JUSTI, SANCTI, INCUL-pati, Recti, jam benè beateque habentis in Patriâ, Inde â IV. Kal. Maij MDCLVII. fatali, Viæ, et Gratiæ regni. AFFUSÆ AB AMICIS QUIBUSDAM, COLLEGIS, ET FAUTORIBUS. Berolini Typis Rungianis. Berlin 1657 (1: 17 in: Ee 510).

Die Gnade GOttes des Vaters, die Liebe seines Sohnes und die Gemeinschafft des Heil. Geistes, in welcher sein Leben Christlich geführet, und vollenführet hat Fabian Seb. Apel Bürger und Handelsmann zur Leich=Predigt vorgetragen. Berlin 1657 (1: 8 in: Ee 500; Küster/ Müller, I, 1737, S. 334).

Esse, Nosse, Posse, das sündliche Wesen, das seelige Wissen, das heilige Vermögen eines jeden rechtgläubigen Christen bis in den Todt, insonderheit Herrn Mart. Lilii J. V. D. und Churf. Brand. Cammer=Gerichts=Advocati aus Rom. VIII. 26. anno 1659. betrachtet. Berlin 1659 (1: 16 in: Ee 520; Küster/ Müller, I, 1737, S. 334).

Epicedium für Friedrich Ludwig Zarlang. Berlin 1660 (1: 4 in: Ee 543).

Das neue Kirchen=Jahr und recht seeliger Advent der sich sehr wohl erkennenden, in Christi Blut und Todt geheiligten Seele Herrn Mich. Fürstenwerder Churf. Brand. Küch=Schreibers, und Handelsmanns in Berlin Dom. 1. Adv. anno 1660. aus Rom. VII. 18–20. gestellet. Leipzig 1660 (1: 22 in: Ee 510; Küster/ Müller, I, 1737, S. 334).

Eine seelige, der Stadt Berlin wohlbekannte Gebährerin, Frau Catharina Helwigs gebohrne Tonnenbinderin mit Jhrer uns allen unbekannten, gleichfals seeligen Leibes=Frucht in ihren vor GOtt werthgehaltenen Tode aus Ps. LXXIII. 28. geehret. Wittenberg 1661 (1: 11 in: Ee 514; Kemp, 1975, S. 53; Dünnhaupt, 1991, V, S. 3653; Dünnhaupt, 1991, III, S. 1597; Küster/ Müller, I, 1737, S. 334).

Epicedium für Johann Rösner. An: Lubath, Martin: Leichpredigt für Johann Rösner. Wittenberg 1661 (1: an 2 in: Ee 531).

CIPPUS Immortalitati ac Memoriæ Posthumæ Matronæ Pietate aliisque Sexus sui Virtutibus instructissimæ ANNÆ FLORINGIÆ, Viri Amplissimi, Consultissimi ac Cl. Dn. M. GEORGII VVEBERI, Reipubl. Berlinensis Consulis Gravissimi, omnique bono Meriti, Conjugis desideratissimæ, Cum illa, Deposita Feliciter Prid. Kl. Febr. Mortalitatis Sarcina, Mentem Divinam Deo reddidisset, Mœstissimusque Viduus Relictas Exuvias

Solemni Ceremonia componeret, IV. Eid. Feb. A. O. R. M DC LXI. Erectus à Fautoribus Magnis ac Amicis desideratissimis. An: Gerhardt, Paul: Leichrede für Anna Weber geborene Flöring. Wittenberg 1661 (1: an 5 in: Ee 1550).

THRENODIAE ALIORUM THEOLOGORUM. (Epicedium für Johannes Hülsemann). An: LESSUS IN EXEQUIAS VIRI ... DNI. D. JOHANN HÜLSEMANNI ... LIPSIAE, Typis JOHANNIS WITTIGAU. Leipzig 1661 (1: 2 in: Ee 515).

Das seelige Ende in der seeligmachenden Erkäntnüß des heil. Wesens, der heil. Wercke, des heil. Willens GOttes, welches genommen Herr Jacob am Ende Handelsmann in Berlin am Tage seiner Leich=Begängnüß d. 2. Oct. 1662. fürgestellet aus Joh. XI. 25. Leipzig 1662 (Stürzbecher, 1956, S. 62; Küster/ Müller, I, 1737, S. 334).

Die seeligmachende Erkenntniß des heil. Prophetischen, Königl. und Hohenpriesterlichen Amts JEsu Christi, in welcher der Todt Fr. Marg. von Löben gebohrner von Winterfeld seelig worden anno 1663. aus Ps. CXVI. 15. gezeiget. Leipzig 1663 (Küster/ Müller, I, 1737, S. 334).

Das geregte, geprüfte und geheilte Gewissen bey dem Leich=Begängnüß Jfr. Even Preunelin aus Hos. II. 19. anno 1663. gezeiget. Leipzig 1663 (1664) (Roth, 1959, I, R 877; Dünnhaupt, 1991, V, S. 3654f.; Küster/ Müller, I, 1737, S. 334).

Unsers Hertzens Fleiß aus Ps. LXXIII. 26. 27. bey der Leich=Bestattung Fr. Annen Barbaren Pfitzerin gebohrner Nitschin, des Johann Jacob Pfitzers, Handelsmann in Leipzig, Hausfrau, zu Leipzig anno 1665. vorgestellet. Leipzig 1665 (1: Ee 700–2530; Küster/ Müller, I, 1737, S. 334).

Leichpredigt für Laurentius Nihske d. Ä., Advocatus in Leipzig. Leipzig 1665 (1: 2 in: Ee 700–2402).

Leichpredigt für Philip Jacob Lindner, Stadt-Richter in Leipzig. Leipzig 1665 (1: 3 in: Ee 700–2001).

Busse und Besserung des Lebens gegen ein seeliges Sterben bey Freyherrlicher Leich=Begängnüß Fr. Marien Annen von Rechenberg, vermählten Freyin von Löben, als dieselbe in dero Erb=Begräbnüß in der S. Nicolai Kirche d. 26. Febr. 1665. in Berlin eingesetzt wurde, aus Ps. LXXXIV. 12. 13. gepredigt. Leipzig 1665 (1: Ee 700–2019; Küster/ Müller, I, 1737, S. 334, Leipzig 1666).

Epicedium für Christoph Bresler, Advokat am kfl.-sächs. Hofgericht und Syndikus der Stadt Wittenberg. An: Calov, Abraham: Leichpredigt für Christoph Bresler. Wittenberg 1665 (LP StA Braunschweig, Nr. 711).

Elias Sigismund Reinharts/ Der Heiligen Schrifft Doctors/ Bloß und Allein Aus Lauter Solcher Heiligen Göttlichen Schrifft umb der Einfältigen willen genommener Valet=Gruß An Seine Hinterlassene Hertzliebsten Freunde und Zuhörer Jn Berlin/ Zum Druck gegeben in Leipzig den XXVII. Maij 1666. Druckts und Verlegts Johann Wittigau. Leipzig 1666. (23: L 695. 4° Helmst. [5]; Deutsche Drucke des Barock HAB, 1988, C 3012; Küster/ Müller, I, 1737, S. 334).

Leichpredigt für Marie Elisabeth Meyer geborene Heintze, des Heinrich Meyers, in Leipzig Freytags-Predigers, Haußfrau. Leipzig 1666 (1: Ee 700–2206; Gebhardt, 1920, S. 61).

Das demüthige Leben itzt im Fleische, bey dem Leich=Begängnüß Herrn Eliæ Weidmans Apotheckers in Leipzig aus Gal. II. 20. anno 1666. vorgestellet. Leipzig 1666 (Küster/ Müller, I, 1737, S. 334).

Disputatio inauguralis opposita Socianianæ & Socinizanti scholæ, quod etiamsi Spiritus S. nunquam dictitasset locum hunc, eadem tamen concludendi vis contineatur Matth. XXVIII. 19. Lips. 1666. sæpius recusa. Leipzig 1666 (Küster/ Müller, I, 1737, S. 334).

Die auch über Witben Thränen in einem gnädigen GOtt getroffene Ruhe und Vergnügung der Seele bey dem Leich=Begängnüß Fr. Elisabeth gebohrner Albinußin, des Lucae Pollioni, Predigers zu Leipzig, Witwe, in einer Leich=Predigt aus Ps. CXVI. 5. 6. zu Leipzig d. 20. Dec. 1666. vorgestellet. Leipzig 1666 (1: Ee 700 bis 2586; Küster/ Müller, I, 1737, S. 334).

Leichpredigt für Rosina Schmidt geborene Junge, deß Paul Heinrich Schmidts, Barbierers und Wund-Artzts in Leipzig, Haus-Frau. Leipzig 1666 (1: Ee 700–3137).

Leichpredigt für Elisabeth geborene Zader, des Johann Andreas Hommel, Handelsmann in Leipzig, Haußfrau. Leipzig 1666 (1: Ee 700–1290).

Leichpredigt für Gottfried Schlüter, der H. Schrifft Lic., auf der Universität Leipzig Professor. Leipzig 1666 (1: Ee 700–3130; 1: 8 in: Ee 710–147).

Leichpredigt für Maria Salome Horn. Leipzig 1667 (1: Ee 700–1573).

Leichpredigt für Dorothea Reiter geborene Leyser, des Johann Jacob Reiters, Phil. et Med. D., Chirurg. Prof. in Leipzig, Witwe. Leipzig 1667 (1: Ee 700–2698; Gebhardt, 1920, S. 89).

Leichpredigt für Maria Preibisius geborene Lauche, des Johannis Preibisii, Stadt-Richters zu Leipzig, Wittib. Leipzig 1667 (1: 2in: Ee 700–2607; Gebhardt, 1920, S. 87).

Auch ein kleiner Berg zur wahren heiligen und ewigen Seelen=Ruhe in einem gnädigen GOtt bey dem Leich= Begängnüß Herrn D. Sam. Langen, Superintendenten zu Leipzig vorgetragen anno 1667. d. 20. Oct. aus Ps. XLII. 7. 9. Leipzig 1667 (1: Ee 700–1901; Küster/ Müller, I, 1737, S. 334).

Leichpredigt für Samuel Ziegler. Leipzig 1667 (Gebhardt, 1920, S. 86).

Leichpredigt für Anna Susanna geborene Lederin, des Johann Jacob Pfitzers, Handels-Manns in Leipzig, Haus-Ehre. Leipzig 1667 (1: Ee 700–2531; Gebhardt, 1920, S. 88).

Betrachtung des ewigen Lebens bey dem wahren Eintritts=Mittel zur Seeligkeit der heiligen Tauffe aus Rom. VI. 3. 4. zum Andencken Jfr. Annen Sabinen Schusterin anno 1667. gepredigt. Leipzig 1667 (Küster/ Müller, I, 1737, S. 334).

Leichpredigt für Michael Müller, Handelsmann in Leipzig. Leipzig 1667 (1: 2 in: Ee 700–2303; Gebhardt, 1920, S. 106).

Die seelige Unterweisung auf GOttes heiligen Wegen zur wahren und ewigen Seelen=Ruhe, bey der Leiche Herrn Zacharias Fruben, Bürgers und Cramers in Leipzig a. 1667. vorgetragen. Leipzig 1667 (Küster/ Müller, I, 1737, S. 334).

Des ... Herrn Johannis Michaels/ Der Philosophie und Medizin Hochbenahmten Doctors/ Therapeutices Professoris Publici ... Nachgehaltene Leichenpredigt Bey Dessen ... Begräbniß zu Leipzig ... den 4. Decembris 1667 ... Druckts Johann Wittigau. Leipzig 1667 (1: Ee 700–2213; 15: V. E. S. 496z).

Leichpredigt für Elisabeth geborene Heinel, des Mich. Mart. Haynens Hausfrau. Leipzig 1667 (1: 4 in: Ee 609).

Leichpredigt für Sopia geborene Barwasser, des Johann Hülsemanns, der H. Schrifft Prof. b. d. Universität Leipzig, Witwe. Leipzig 1667 (1: Ee 700–1587; Gebhardt, 1920, S. 18, Leipzig 1668).

Leichpredigt für Catharina geborene Hallerin, verwitwete Eckholtin. Leipzig 1667 (1: Ee 700–761).

Leichpredigt für Margaretha geborene Planer, deß Andreas Langen, Handelsmanns in Leipzig, Eheliebste. Leipzig 1667 (1: Ee 700–1900).

Leichpredigt für Quirin Schacher, Handelsmann und Rath zu Leipzig. Leipzig 1667 (1: Ee 700–2998).

Die wahre heilige und seelige Gemeinschafft aller rechtgläubigen und Auserwehlten Kinder GOttes in Glauben, Leben, seuffzen, und beten bey der Leiche Fr. Anna Christina Sigfridin gebohrner Seidelin, des Daniel Siegfried, J. U. cand. und Pract. in Leipzig, aus Hiob XVI. 19. 22. anno 1668. erkläret. Leipzig 1668 (1: Ee 700–3418; Küster/ Müller, I, 1737, S. 334).

Leichpredigt für Daniel Schöppe, von Newstadt in Ober Schlesien, in Leipzig Handels-Bedienter. Leipzig 1668 (1: Ee 700–3211).

Leichpredigt für Henning Ecklaff, von Schleßwig aus Holstein, Der freyen Künste Beflissener. Leipzig 1668 (1: Ee 700–764).

Leichpredigt für Augustus Richter, Gold-Arbeiter in Leipzig. Leipzig 1668 (1: Ee 700–2745).

Leichpredigt für Anna geborene Kirchhoff, des Rudolph Schlägers, Barbiers und Wundartzts zu Leipzig, Haußfrau. Leipzig 1668 (1: Ee 700–3087).

Leichpredigt für Michael Brummer, Cramer. Meister. Leipzig 1669 (1: Ee 700–473; Gebhardt, 1920, S. 29).

Leichpredigt für Heinrich Meyer, Vesper-Prediger in Leipzig. Leipzig 1669 (1: Ee 700–2207).

Wahre Gewissens Heylung im Leyden, in der Lehre, und in Sünden aus Ps. XVI. 5. bey dem Leich=Begängnüß Herrn Johann Rudolphs, Handelsmanns in Leipzig den 13. Aug. 1669. vorgestellet. Leipzig 1669 (1: Ee 700–2833; 1: Eë 705–1191; Küster/ Müller, I, 1737, S. 334f., Leipzig 1670).

Bericht an VINC. MACARIVM wegen einiger Unwahrheit/ so L. Fromm sich nicht gescheuet an einen Rector zu Brünn zu schreiben/ so nachgehends auch wohl wieder Frommens Willen im Druck in die Welt geflogen. Leipzig 1669 (Küster, 1731, S. 159).

Fernere Erklärung gehörig zum jüngst=ergangenen Bericht an MACARIVM, wie das Transsubstantiations-Argument, welches PP. TANNER und ZIMMERMANN in ihres neuen Scholaren-Buche Frommens Wiederkehrung genannt/ mit ihrer Censur genehm gehalten/ zum Behuff der Juden/ Türcken/ Arrianer und Socinianer dienen könne. Leipzig 1669 (Küster, 1731, S. 159).

Elias Sig. Reinharts Antwort auf der Post an Herrn Pater Matthias Tannern auf dessen unlängst übersendetes Schreiben bey der Post samt etlichen alsofort über dasselbe mit hinzugefügten Anmerkungen. Leipzig s. a. [1669] (Küster, 1731, S. 159; Küster/ Müller, 1752, II, S. 548).

Leich=Predigt dem Professori zu Leipzig Amadeo Eckolt über Jes. LIII. 5. gehalten. Leipzig 1670 (Küster/ Müller, I, 1737, S. 335).
Leichpredigt für Johanna Magdalena, des Heinrich Winckler Hausehre. Leipzig 1670 (1: 3 in: Ee 609; 1: 3 in: Ee 700–3968; 1: Eë 705–232).

Briefe

Briefe an den Rostocker Theologen August Varenius, in: Brem= und Verdischen freiwilligen Hebopfers, II. T., S. 419 (Küster/ Müller, II, 1752, S. 1013).
Briefe (ehem. in der Bibliothek des Dresdner Theologen Gleich) (Küster/ Müller, I, 1737, S. 333).

Nachlaß

EL. SIG. REINHARTI observata ecclesiastica temporibus administratæ bibliothecæ notata (Ms.) (Küster/ Müller, II, 1752, S. 1014).
Bericht von den Religions=Sachen in der Chur und Marck Brandenburg (so supprimirt worden und selten ist) (Ms.) (Jöcher, 1751, 3, Sp. 1991f.).
Schreiben betreffs der theologischen Konferenz 1662/63 (Nachlaß Oelrichs, 1990, Nr. 474,3).

Literatur

GESENIUS, Friedrich: M. Friderici Gesenii, Pastoris und Inspectoris zu Calbe in der Alten=Marck Widerlegung/ Der unchristlichen und unbilligen Verleumbdungen/ Womit Ihn beschmitzen wollen einestheils unter eigenen Namen L. ANDREAS Fromme/ gewesener Churfürstl. Brandenb. Consistorial=Raht und Probst zu Cölln an der Spree/ dann auch JOHANN ADAM Schertzer/ SS. Theol. D. und Prof. P. und ELIAS SIGISMUND REINHARD, SS. Theol. D. und Pastor in Leipzig/ und zwar durch ihren hiezu substituirten Lästerzeug zweyer Famulorum David Ulmanns/ und Gottfried Riedels/ darinnen zugleich von der Beschaffenheit des so übel beschrienen Revers-Wesens in der Chur=Marck Brandenburg von dem Gehorsam der Unterthanen gegen die Obrigkeit in Religions Sachen etc. gehandelt wird. Hats verlegt Rupertus Völcker/ Buchhändler in Berlin und Cölln an der Spree. M. DC. LXVII. Berlin 1667; FROMM, Andreas: Entdeckung der nichtigen Künste/ welche D. El. Sigm. Reinhart in seinem Bericht und ferneren Erklärung gebrauchet. Prag 1669; FROMM, Andreas: Böse Post wider deß Doctor Reinharts zu Leipzig Antwort auf der Post An Herrn P. MATTHIAM TANNERUM, SOC. JESV SS. Theol. Doctorn und Professorn bey der Universität Prag/ Daß er nemlich in solcher sonst an Worten/ allegatis, und ostentation zwar reicher/ an Gründen aber und nervis gantz armer Schrifft/ wider Lic: FROMMEN ein hauffen Lügen/ sonderlich daß er Calvinisch gewesen/ und vielfältig abgefallen sey/ außschütte; Dabey denn auch wegen ähnlichkeit der materien angezeiget wird/ was für ein hauffen Lügen Jacobus Ludovicus in seinem gedruckten Sendeschreiben vorbringe/ und wie er und Reinhart in den Lügen einander widersprechen. Von ihm LIC: ANDREA FROMMEN Der Warheit zu Steur/ und der Lügen zur Beschämung herauß gegeben. Eph. 4. v. 25. Leget die Lugen ab/ und redet die Warheit. Gedruckt zu Prag in der Universität Druckerey bey S. Clem: M. DC. LXIX. Prag 1669; GEIER, Martin: Leichpredigt auf Elias Sigismund Reinhardt. Leipzig 1669 (1: 21 in: Ee 710–128); MAYER, Johann Ulrich: Der Himmels=verlangende Elias/ Wie Er sich in dem I. Reg. 19. v. 4. enthaltenen sehnlichen Hertzens=Seufftzer: Es ist gnug/ so nimm nun HERR meine Seele/ etc. also angestellet/ Jhn aber Bey letzter Ehren Bezeigung/ und ansehnlicher Volckreicher Leichnams=Begleitung Deß HochEhrwürdigen/ Magnifici, GroßAchtbarn und Hochgelahrten Hn. D. ELIÆ Sigismund Reinharts/ Weitberühmten Theologi und Professoris Publici, des Chur= und Fürstl. Sächs. Hochlöbl. Consistorii, wie auch der Theologischen Facultät Adsessoris, der Sächs. Nation Senioris, Pastoris zu St. Nicolai, und der gantzen Leipzischen Dioeces wolverdienten Superintendentis numehr sel. Dessen Seele den 10. Septembris abgewichenen 1669sten Jahrs/ Abends gegen 5. Uhr eine fröliche und selige Himmels An= und Hinnehmung; Der Leib aber den 19. Ejusdem eine sanffte und ruhige Grabes=Einnehmung erhalten/ besagter massen ausführlicher dargestellet Johannes Vlrich Mayer/

der H. Sch.... [unleserlich durch Stempelaufdruck der Fürstlich-Stolbergischen Sammlung Wernigerode – es muß heißen: »der H. Schrifft D.«] und bey der Kirchen zu St. Thomæ Pastor. Leipzig/ druckts Johann Wittigau/ 1670. Leipzig 1670 (1: Ee 700–2695); ALBERTI, Valentin: Abdankung für Elias Sigismund Reinhardt. Leipzig 1670 (1: an Ee 700–2695); Seqvuntur EPICEDIA â PATRONIS FAUTORIBUS ET AMICIS è variis locis hactenùs in honorem piè Defuncti transmissa. Literis WITTIGAVIANIS. Wittenberg 1670 (1: an Ee 700–2695); STEGER, Thomas: Publicum justitium El. Sigism. Reinharti oratione parentali celebratum. Leipzig 1671 (Dinse, 1877, S. 418); WITTE, 1685, S. 1669–1678; KÜSTER/ MÜLLER, I, 1737, S. 333–335; II, 1752, S. 1013f.; MITTAG, Johann Gottfried: Hallische Schul-Historie. 3 Tle. Halle 1744–1748, hier T. I, S. 73–78; DREYHAUPT, Johann Christoph von: PAGVS NELETICI ET NVDZICI, Oder Ausführliche diplomatisch=historische Beschreibung der zum ehemaligen Primat und Ertz=Stifft, nunmehr aber durch den westphälischen Friedens=Schluß secularisirten Hertzogthum Magdeburg gehörigen Saal=Creÿses ... 2 Tle. Halle 1749–1755, hier T. II, S. 696; JÖCHER, 1751, 3, Sp. 1991f.; DUNKEL, 1755, II, S. 341f.; JÖCHER/ ADELUNG, 1819, 6, Sp. 1693f.; LANGBECKER, Emanuel Christian Gottlob: Leben und Lieder von Paulus Gerhardt. Berlin 1841 (mit einer Auswertung der Akten zum Kirchenstreit in Brandenburg); LANDWEHR, Hugo: Bartholomäus Stosch, kurbrandenburgischer Hofprediger. (1604–1686), in: Forschungen zur Brandenburgisch-Preußischen Geschichte 6 (1893) S. 91–140, hier S. 91; NOHL, 1903, S. 52 u. 92; KIRN, Otto: Die Leipziger Theologische Fakultät in fünf Jahrhunderten. In: Festschrift zur Feier des 500jährigen Bestehens der Universität Leipzig. Hg. von Rektor und Senat. Bd. 1. Leipzig 1909, S. 71; LAMINSKI, 1990, S. 28; GStA Rep. 47, Nr. 19.

Rodigast, Samuel

* 19. Okt. 1649 Gröben b. Jena
† 29. März 1708 Berlin
Pädagoge, luth.
V Johann R., Prediger
M Anna Maria geb. Heide
⚭ I. 1686 Dorothea Elisabeth geb. Thilo (gest. 1698);
II. 1699 Anna Elisabeth geb. König
K I. Johann Adam (Rektor zu Sonnenburg), Elisabeth Sophia, Eva Dorothea, Eleonora Sabina;
II. drei Kinder

1661–1668 Schule in Weimar
1668–1680 Universität Jena (1671 Mag., 1676 Adjunkt)
1680–1698 Konrektor am Berlinischen Gymnasium
1698–1708 Rektor

Samuel Rodigast wurde am 19. Okt. 1649 in Gröben nahe Jena im Sächsisch-Altenburgischen geboren. Sein Vater, der Prediger Johann Rodigast, war ein gelehrter und frommer, jedoch auch bedrückt wirkender Mann (KÜSTER/ MÜLLER, 1752, II, S. 949). Rodigast besuchte von 1661 bis 1668 die Schule in Weimar, die erst 1712 zu einem Gymnasium erhoben wurde; aus der Zeit vorher sind kaum Nachrichten vorhanden. Ein Epicedium auf den 1711 verstorbenen Rektor Philipp Großgebauer nennt aber wenigstens seine Vorgänger im Rektorat: Ab 1660 hatte Friedrich Müller die Leitung der Schule inne. Müller stammte aus Weimar, erlangte in Jena die Magisterwürde und kehrte als Rektor in seine Heimatstadt zurück, wo er 1667 eine lateinische Grammatik herausgab. Rodigast beendete seine Weimarer Schulzeit unter Müller, der später Adjunkt der Weimarischen Superintendentur wurde, mit der öffentlichen Vorstellung eines selbstverfaßten Carmens in griechischer Sprache. Für die mancherorts vermuteten Beziehungen zum Weimarer Bibliothekar Georg Neumark (1621–1681), 1653 als der »Sprossende« in die Fruchtbringende Gesellschaft aufgenommen und später deren Archivsekretär, fehlen die Belege.
Anschließend begab sich Rodigast zum Studium nach Jena, wo er nach verschiedenen Seiten hin mannigfache Impulse erhielt. An der Universität, die in der ersten Hälfte des 17. Jahrhunderts noch als Hochburg der lutherischen Orthodoxie und der protestantischen Scholastik galt, gewann seit der Jahrhundertmitte der mathematisch-naturwissenschaftlich geprägte Lehrbetrieb zunehmend an Bedeutung gegenüber der rein theologischen, scholastisch-orthodoxen Ausrichtung. Die Universität wurde für das deutsche Geistesleben bestimmend, besonders durch ihren bedeutendsten Vertreter der modernen Wissenschaft, Erhard Weigel (1625–1699), seit 1653 Professor für Mathematik, mehrmals Dekan der philosophischen Fakultät und dreimal zum Rektor der Universität berufen; er wirkte hier 46 Jahre, zog Gottfried Wilhelm Leibniz (1646–1716) und Samuel von Pufendorf (1632 bis 1694) an – bis ins erste Drittel des 18. Jahrhunderts hinein nahm Jena eine führende Rolle unter den deutschen Hochschulen ein.
Rodigast schrieb sich für das Wintersemester 1668 als »Samuel Rodigast, Grebena-Thuringus.« ein; seine Deposition erfolgte am 6. Aug. 1668 (JAUERNIG, 1977, II, S. 648). Überliefert ist, daß er zwei Jahre Tischgenosse im Hause des Theologen Johann Musaeus (1613–1681) war. Musaeus, der 1643 die Professur für Geschichte und Poesie übernommen hatte und drei Jahre später Professor theologiae wurde, befürwortete die freie theologische Untersuchung im Rahmen des eigenen Bekenntnisses. Mit seiner Forderung nach Trennung zwischen kirchlichem Bekenntnis und theologisch-wissenschaftlicher Freiheit trug er zur Aufnahme rationalistischer Elemente in die lutherische Orthodoxie bei. Namentlich durch ihn erfuhr die Theologie in Jena seit der Mitte des 17. Jahrhunderts eine metaphysische Unterbauung, die zur Entwicklung der Lehre von der »theologia naturalis« führte und die Verbindung zur Frühaufklärung herstellte. In einer Zeit erbitterter Auseinandersetzungen zwischen Orthodoxie und Scholastik einerseits und Frühaufklärung, Synkretismus und Pietismus andererseits konnte Musaeus in der theologischen Fakultät seinen gemäßigten Standpunkt durchsetzen. Obwohl er den Synkretismus von Georg Calixt (1586–1656) grundsätzlich ablehnte, ließ er sich von den Wittenberger Theologen nicht zur haßerfüllten Bekämpfung des Helmstedters hinreißen und geriet dadurch selbst in einen erbitterten Streit mit dem lutherisch-orthodoxen Abraham Calov (1612–1686).
An der philosophischen Fakultät der Universität Jena erlangte Rodigast 1671 unter dem Dekanat Georg Götzes (1633–1699) die Magisterwürde. Dieser hat-

te von 1665 bis 1672 die Professur für praktische Philosophie inne; seine Vorlesungen über Politik und Naturrecht stützten sich auf Justus Lipsius (1547 bis 1606) und Hugo Grotius (1583–1645). Nach seinem Weggang übernahm Valentin Veltheim (1645 bis 1700) zunächst diese Professur, bevor er von 1678 bis 1683 Professor für Logik und Metaphysik wurde. Neben ihm lehrte an der philosophischen Fakultät Christoph Hundeshagen (1635–1681), in den Jahren 1668 bis 1678 Professor für Logik und Metaphysik. Besonders Hundeshagen stand noch stark in der Tradition der protestantischen Scholastik, was auch seine eigenen Lehrbücher »Tabulae metaphysicae« (1672) und »Tabulae logicae« (1674) zeigten. Mit diesen genannten Professoren blieb Rodigast auch nach seinem Magisterexamen in enger Verbindung »(…) und hat nicht allein als Præses die tabulas logicas Hundenshagens auf 16. mahl öffentlich durchdisputiret, sondern auch unterschiedene Collegia Philosophica den Studiosis gehalten« (DITERICH, 1732, S. 217). In jener Zeit, so um das Jahr 1675, dichtete er für seinen schwer erkrankten Freund, den Kantor Severus Gastorius, das in den Kirchengesangsbüchern weit verbreitete Lied »Was Gott thut, das ist wohlgethan«, das jener nach seiner Genesung dann vertonte.

1676 wurde Rodigast, der in Jena zunächst ein »Stipendium philosophicum«, danach ein »Stipendium theologicum« erlangte, Adjunkt der philosophischen Fakultät und erhielt, gemäß der damaligen Sitte, den griechischen Namen »Vom Zeus geschenkte Krone« verliehen (BELLERMANN, 1825, S. 40). Außerdem wählte man ihn ins Predigerkollegium der Universitätskirche. Überliefert sind drei Abdankungsreden aus dem Jahr 1678, die er auf den verstorbenen Archidiakon Adrian Beier sowie auf Angehörige der angesehenen Ratsfamilie Neuberger hielt. In Jena wurde Rodigast auch Mitglied der »Societas Disquirentium« (DITERICH, 1732, S. 217). Diese wissenschaftliche Gesellschaft war 1672 von Johann Andreas Bose (1626–1674), seit 1656 Professor für Geschichte, gegründet worden, und zwar zeitgleich mit der von Weigel ins Leben gerufenen »Societas Pythagorae«. Bose, ein Schüler des Straßburger Historikers Johann Heinrich Boecler (1611–1672), hatte in Helmstedt bei Calixt und Hermann Conring (1606–1681) studiert und trug als Jenas erster Profanhistoriker zum Aufschwung von Staats- und Rechtswissenschaft bei, indem er in seinen Vorlesungen den engen Zusammenhang zwischen politischen, staatsrechtlichen und historischen Fragestellungen betonte und historische Staatskunde im Sinne eines polyhistorischen Wissenschafts- und Bildungsideals lehrte; auf ihn geht auch die Einteilung der Weltgeschichte in Altertum, Mittelalter und Neuzeit zurück. Die Mitglieder der Disquirenten-Gesellschaft trafen sich in regelmäßigen Abständen, um alte und neue Bücher zu besprechen und die Rezensionen für den Druck vorzubereiten. Nach Boses Tod 1674 führte zunächst sein Schüler Johann Schilter (1632–1705) die Societät, später der Philosophieprofessor Johann Andreas Schmidt (1652–1726), der eine »Historische Reichskommission« zur Herausgabe von Quellenwerken zur deutschen Geschichte anstrebte, ein Vorhaben, das – unter anderem auch von Leibniz unterstützt – damals jedoch nicht verwirklicht werden konnte. Zu den herausragenden Professoren der philosophischen Fakultät in jenen Jahren ist ohne Zweifel Caspar Sagittarius (1643–1694) zu zählen, der nach Boses Tod die Geschichtsprofessur bekleidete. Vor allem mit seinem Namen verband sich an der Universität Jena die politisch-verfassungsgeschichtlich ausgerichtete intensive Beschäftigung mit der deutschen Vergangenheit. Sagittarius wandte sich insbesondere den historischen Hilfswissenschaften zu und trug auf mehreren Reisen durch Dänemark und Deutschland zahlreiche Quellen zur deutschen Geschichte zusammen. 1675 erschien seine von Conring angeregte chronologische Gesamtdarstellung der deutschen Geschichte unter dem Titel »Nucleus historiae Germaniae«. Außerdem erwarb er sich besondere Verdienste bei der Begründung einer thüringisch-sächsischen Landes- und Stadtgeschichte.

Leider geben die vorhandenen Quellen über das bisher Mitgeteilte hinaus kaum Aufschluß über Rodigasts immerhin zwölfjähriges Wirken in Jena. Als Adjunkt der philosophischen Fakultät zeichnete er sich mehrfach durch herausragende Disputationen aus, so daß er eine ordentliche Professur erwarten konnte. Wohl ohne sein Wissen schlugen ihn seine Freunde jedoch dem damaligen Berliner Propst Andreas → Müller für das vakante Konrektorat am Berlinischen Gymnasium zum Grauen Kloster vor. Rodigast nahm die bald darauf erfolgte Vokation durch den Rat an und traf am 3. Sept. 1680 in Berlin ein (DITERICH, 1732, S. 217f.). Als Konrektor unterrichtete er Logik, Rhetorik sowie Religion und hatte die Lektüre des Horaz und des Vergil übernommen. 18 Jahre wirkte er in enger Gemeinschaft mit Rektor Gottfried → Weber (den er nach dessen Tode 1698 im Rektorat ablöste) und lehnte in dieser Zeit auch Berufungen zum Rektor nach Stade und Stralsund ab. Als 1683 der Jenaer Professor Valentin Veltheim auf einen theologischen Lehrstuhl wechselte, erging an Rodigast die (von ihm ehemals erhoffte) Vokation zum Professor für Logik und Metaphysik, die er nun jedoch ablehnte (Nachfolger Veltheims wurde Schmidt, der nach Schilter die Jenaer »Societas Disquirentium« fortführte). Gründe für die Ablehnung sind nicht bekannt. Da sich Rodigast aber später als Rektor des Berlinischen Gymnasiums bei den Zeitgenossen vor allem durch Klugheit, Geduld und Gelassenheit große Hochachtung erworben haben soll (JÖCHER, 1751, III, Sp. 2161), demnach eher ein verträglicher und auf Ausgleich bedachter Charakter war, kann vermutet werden, daß ihm das durch immer schärfere Auseinandersetzungen bestimmte geistige Klima an der Universität wohl wenig zugesagt haben dürfte.

Am 19. Jan. 1686 heiratete Rodigast Dorothea Elisabeth, die hinterlassene älteste Tochter von Adam Thilo (gest. 1681), dem vormaligen Diakon zu S. Nicolai in Berlin. Sie stammte aus Neugolm bei Potsdam, wo sie am 20. Mai 1653 geboren wurde. Ihr Vater war damals Pfarrer und Prediger zu Alt- und Neugolm und hatte Elisabeth, eine Tochter von David Würstler, Bäcker und Ratsherr in Beeskow, geheiratete. Sie starb jedoch, als ihre Tochter noch nicht einmal fünf Jahre alt war. Aus Rodigasts Ehe mit Dorothea Elisabeth gingen vier Kinder hervor: der Sohn Johann Adam sowie die Töchter Elisabeth Sophia, Eva Dorothea und Eleonora Sabina. Der Sohn wurde später Rektor zu Sonnenburg, einer Kleinstadt in der Neumark, die zugleich Residenz der Herrenmeister des Johanniterordens für die märkischen, sächsischen, pommerschen und wendischen Gebiete war. Nach dem Tode seiner ersten Frau am 29. Mai 1698 – die Leichpredigt hielt Propst Philipp Jakob Spener (1635–1705) –, ehelichte Rodigast 1699 Anna Elisabeth König, die Tochter des kfl.-brandenburgischen Holz-Schreibers Anton König, mit der er drei Kinder zeugte.

1698 erhielt Rodigast das Rektorat am Berlinischen Gymnasium übertragen (eine lateinische Glückwunschepistel übersandte ihm der Helmstedter Stadtphysicus Johann Schmidt). Der vom neuen Rektor herausgegebene Lektionsplan ist nicht überliefert; ein ungefähres Bild gewinnen wir aber aus den Stundentafeln, die sein Nachfolger Christoph Friedrich Bodenburg (1678–1726) 1708 aufstellte (BELLERMANN, 1825, S. 44f.) Wie in den Anfangszeiten des Berlinischen Gymnasiums vor über 100 Jahren herrschte der alte humanistische Schulbetrieb, nahmen Latein und Griechisch in der Prima mehr als die Hälfte der 26 Wochenstunden ein; für Hebräisch waren zwei Stunden vorgesehen. Glaubenslehre (Dogmatik) wurde nach Dieterichs »Institutiones« erteilt; hinzu kamen Logik (Dialektik), Rhetorik, Mathematik, Astronomie, Geschichte und Geographie. Rodigast, der am herkömmlichen Unterricht nur wenig änderte, widmete sich mit besonderer Sorgfalt der akademischen Ausbildung der Primaner. Unter seiner Anleitung mußten die begabteren Gymnasiasten Dissertationen abfassen und diese in öffentlichen Disputationen verteidigen. Erhalten geblieben ist die theologische Dissertation, die Johann Ernst Ribbach aus Strausberg 1703 verteidigte; Praeses und Respondens widmeten sie den kgl.-preußischen Räten Gottfried von Weise und Andreas Erasmus von Seidel (1650 bis 1707).

In Rodigasts Rektorenzeit fallen einzelne Bestrebungen, soziale Lage und öffentliches Ansehen der Schulkollegen zu heben. So wurde auf Anregung des Geheimen Kammer- und Konsistorialrats Johann Heinrich von Flemming (gest. 1704) Anfang 1704 für die Lehrer des Berlinischen Gymnasiums eine Witwen-Kasse eingerichtet, »(...) damit inskünftige desto eher rechtschaffene Männer ans Gymnasium könten gezogen und dabey erhalten werden, weil sie den hinterbliebenen einige Versorgung hinterliessen« (DITERICH, 1732, S. 219f.). Flemming selbst stellte 100 Thaler zur Verfügung, die Witwen-Kasse partizipierte in der Folgezeit unter anderem an Legaten, Jahrmarktsgeldern und neugedruckten Büchern, ein beträchtliches Kapital floß ihr dann 1716 aus dem Vermächtnis des Berliner Apothekers und Kaufmanns Friedrich Zorn (1643–1716) zu. Ebenfalls 1704 erließ König Friedrich I. auf Bitten der Rektoren der Gymnasien zu Berlin, Cölln und Friedrichswerder das »Königliche Rang-Reglement des Ordinis Scholastici in den Residentz-Städten Berlin« (DITERICH, 1732, S. 220–222). Es sollte die Rangordnung der Prediger und Schulkollegen dahingehend regeln, daß die Rektoren ranggleich mit den Zweiten Diakonen dem Archidiakon folgten, wobei derjenige vorangehen sollte, der eher in sein Amt berufen worden war (in derselben Weise wurden die Konrektoren den Predigern in den Vorstädten und die Subrektoren den Dorfpredigern gleichgestellt). Diese Gleichsetzung mit den Diakonen, etwa bei den abendlichen Leichzügen, sahen die Rektoren jedoch mit Unmut, und ein »damaliger berühmter Rectoris« – wahrscheinlich Rodigast – verfaßte einen, von der Hochschätzung des Schulamtes geprägten Kommentar über die Würde der Schullehrer. Demnach sei ein gutes Rektorat der Öffentlichkeit viel nützlicher als ein gutes Diakonat, da ein Rektor fast alle zwei Jahre neue Hörer vor sich habe und in 10 oder 20 Jahren fast so viele gute Prediger und andere nützliche Leute zu erziehen habe als ein Diakon, der zwar eine größere Gemeinde versorge, welche sich aber in ihrer Zusammensetzung nur wenig ändere. Besonderes Gewicht erhält in der Argumentation der religionspolitische Aspekt: So könne ein von der lutherischen Lehre abweichender Prediger der Kirche nicht so sehr schaden wie ein »verführerischer« Rektor, der jährlich neue »Verführer« ausschicke, deren jeder wieder eine ganze Gemeinde verderben könnten (aus eben dem Grunde würden besonders in Sachsen und in der Lausitz die Rektoren den Diakonen vorgezogen). Die Herabsetzung der Rektoren und anderen Schulkollegen schließlich schrecke geeignete Kandidaten vom Schulamt ab, auch leide die schulische Ausbildung und gehe vor allem der Respekt der Schüler verloren, wenn diese sähen, wie sie auch ohne gründliches Studium nach wenigen Jahren zum Pfarramt gelangten und ihren ehemaligen Lehrern vorgezogen würden (DITERICH, 1732, S. 222–228). Bemerkenswert ist auch der folgende Passus: Wenn es die gegenwärtige Kirchenordnung nicht erforderte, brauchte mancher Gymnasiast nicht erst an einer Universität studieren, sondern könne – oft mit größerem Nutzen als ein sogenannter Academicus – gleich zu einem öffentlichen Amt berufen werden.

Als literarische Hauptleistung Rodigasts gilt seine deutsche Übersetzung des von Pufendorf verfaßten Werkes »De rebus a Carolo Gustavo Sueciae rege gestis commentariorum libri VIII.«. Pufendorf hatte seine 1696 in Nürnberg gedruckten acht Bücher über König Carl X. Gustav von Schweden (1622–1660) bereits 1688 vollendet. Unmittelbar danach war er als Hofhistoriograph und Hofrat in die kurbrandenburgische Residenz gekommen, an welche ihn Kurfürst Friedrich Wilhelm schon 1686 berufen hatte. Hier verfaßte Pufendorf auch seine Bücher über Leben und Taten der Kurfürsten Friedrich Wilhelm und Friedrich III. Was die Schrift über den Großen Kurfürsten (»De rebus gestis Friderici Wilhelmi Magni, electoris brandenburgici, commentariorum libri novendecim«) betrifft, so wurde Rodigast – allerdings wohl fälschlich – eine deutsche Übersetzung auch dieses Werkes zugesprochen (KÜSTER/ MÜLLER, 1752, II, S. 950).

Während seiner Lehrtätigkeit am Berlinischen Gymnasium zum Grauen Kloster ließ Rodigast mehrere Schulactus von seinen Schülern aufführen, zu denen er mit besonderen Programmabhandlungen einlud. So erläuterte er in dem Programm für einen 1682 veranstalteten Actus zur »Aeneis« des Vergil seine Interpretation klassischer Autoren, die von der bisher dominierenden rhetorischen und poetischen Darstellung wegführte und den Inhalt des Stückes sowie grammatisch-syntaktische Formen stärker berücksichtigte. Am 5. Aug. 1692 deklamierten die Gymnasiasten in einem Actus über die Geschichte der antiken Garten-Kultur; der spätere Berliner Chronist Jacob Schmidt (1674–1732) sprach dabei über den Garten des Joseph von Arimathia. Weitere Schulactus, die Rodigast durch seine Schüler aufführen ließ, galten unter anderem den Kämpfen zwischen Germanen und Galliern sowie festlichen Anlässen des Hauses Hohenzollern. 1683 erörterte er in einem Schulactus unter dem Titel »Signa tria novissimi diei« die Hoffnungen der Christen, vor dem jüngsten Tag das türkische Reich vernichtet, die Juden zum Christentum bekehrt und die päpstliche Macht gestürzt zu sehen (HEIDEMANN, 1874, S. 182: »Gogi et Magogi eversionem, Judaeorum conversionem, Babylonis magnae destructionem.«). Zum gleichen Thema ließ er 1686 anläßlich des erneuten Vordringens der Türken gegen das Abendland die Schrift »Spes in Fundo« ausgehen. Der Traktat besitzt einen allgemeinen historischen Teil, mit Verweisen auf die von Rodigast benutzten und auch zitierten Quellen; anschließend erörterte der Autor seinen Gegenstand anhand von sieben Fragen, wobei er an seiner festen lutherischen Haltung keinen Zweifel ließ.

Darüber hinaus verfaßte auch Rodigast zahlreiche Epicedia, Epithalamia und andere Carmina gratulatoria sowie mehrere Leichabdankungen. Zu den Adressaten der Casualia zählten neben Kollegen des Berlinischen Gymnasiums auch angesehene Personen des kurfürstlichen Hofes beziehungsweise der städtischen Führungsschichten in der Doppelresidenz Berlin-Cölln. Genannt werden müssen in diesem Zusammenhang vor allem der kfl.-brandenburgische Leibarzt Martin → Weise, der kfl.-brandenburgische Münzmeister Johann Liebmann (gest. 1694) sowie die Berliner Ratsherren Philipp Andreas Schilling (gest. 1714) und Martin Engel (gest. 1693). Zur Eheschließung einer Tochter des kfl.-brandenburgischen Rates Adolph Vielthuedt schrieb Rodigast 1689 einen mit mehreren Fußnoten versehenen lateinischen Traktat über die Ehe. Als Beleg seiner exzellenten Rednerqualitäten sei auf die Leichabdankung für Peter → Bredow von 1689 verwiesen, in der Rodigast – an die Darstellung einer ägyptischen Gottheit anknüpfend – ein Bild vom Verstorbenen als eines Lehrers entwarf, der sich durch Klugheit, Wachsamkeit, Mut und Standhaftigkeit sowie Friedfertigkeit und Wohlverhalten auszeichne und dadurch über die Unbilden der Welt triumphiere.

Rodigast, der bei stabiler Gesundheit sein Schulamt ausüben konnte, starb am 29. März 1708 und wurde fünf Tage später in der Klosterkirche begraben. Die Abdankung hielt sein Nachfolger Bodenburg. Die Erben setzten dem verdienten Pädagogen in der Klosterkirche ein Denkmal (Inschrift ist mitgeteilt bei DITERICH, 1732, S. 235f.). Rodigasts Bibliothek wurde nach seinem Tode versteigert; der Auktionskatalog umfaßte ca. 2.400 Positionen (DÜNNHAUPT, 1990, I, S. 50, mit Verweis auf ein Exemplar in der Newberry Library in Chicago). Gleichwohl hatte Rodigast, der in Jena Mitglied der »Societas Disquirentium« war und dem in Berlin fälschlich die Mitarbeit an der »Haude & Spenerschen Zeitung« zugeschrieben wurde (THIEME, 1993, S. 334), zum wissenschaftlichen Leben in der kurfürstlichen Residenz wohl wenig beigetragen. Über die in seiner Rektorenzeit durch Gottfried Wilhelm Leibniz begründete Brandenburgische Societät der Wissenschaften (1700) zum Beispiel sind keine Äußerungen von ihm überliefert. Zwar legte Rodigast großen Wert auf die wissenschaftliche Ausbildung der Primaner, die sich unter seiner Leitung in öffentlichen Disputationen auszeichnen konnten; als Lehrer hielt er jedoch eher am Traditionellen fest. In kirchenpolitischen Fragen nahm er einen gemäßigten, gleichwohl jedoch uneingeschränkt lutherischen Standpunkt ein, was auch seine zahlreichen Leichabdankungen belegen. [LN]

Werke

Lied »Was Gott tut, das ist wolgetan«. Jena um 1675 (Diterich, 1732, S. 238).

Denk= Dank= und Trost=Rede bey der Leich=Bestattung M. Adriani Beiers Archidiaconi zu Jena. Jena 1678 (Küster/ Müller, 1752, II, S. 949).

Der traurige Herbst und Winter dieser Zeit/ Der fröliche Frühling der seeligen Ewigkeit/ Als Die weyland Wohl= Erbare/ Viel=Ehren= und Tugendreiche Frau Maria/ gebohrne Beyerin/ Des Wohl=Ehrenvesten/ Hochachtbarn und Wohl=Weisen Herrn Christoph Neubergers/ Wohlverdienten Bürgermeisters in der Fürstl. Sächs. Residenz=Stadt Jena/ Herzgeliebte Hauß=Ehre/ Jenen glüklich geendiget/ und Diesen seelig angefangen/ Jn einer am 17. Mertzens=Tage/ war der Sonntag Judica, des 1678sten Jahrs/ bey Volkreicher Trauer=Versamlung gehaltenen/ und auf Begehren überreichten Abdankungs=Rede vorgestellet von M. Samuel Rodigast/ der Philosophischen Facultät zu Jena Adjuncto. In: Neubergerisches Leidwesen in etlichen Denk=Dank= und Trost=Reden vorgestellet und beklaget. JENA/ Gedruckt bey Johann Jacob Bauhofern/ im Jahr 1678. Jena 1678 (1: 6 in: Ee 710–197).

Unverhoffter und sehr trauriger Nach=Winter in der Oster=Woche/ Bey ansehnlicher und sehr Volkreicher Leich=Begängniß Des Weiland WolEdlen/ Vesten und Hochgelahrten Herrn Martin Neubergers/ beider Rechte Hochbenahmten DOCTORIS und der Fürstl. Sächs. Residenz=Stadt JENA wohlansehnlichen SYNDICI, Dessen Seele am 30. Martii/ gleich am H. Oster=Sabbate Abends um 7. Uhr/ durch einen frühzeitigen doch seeligen Abschied diese Welt gesegnet/ und ihre Ostern im Himmel angefangen; der verblichene Körper aber den andern Aprilis drauf/ war der Oster=Dienstag/ in seine Grufft Christ=gebräuchlich gebracht wurde/ Jn einer dabey gehaltenen/ und auf Begehren überreichten Denk= und Dank=Rede vorgestellet von M. Samuel Rodigast/ der Philosophischen Facultät daselbst Adjuncto. In: Neubergerisches Leidwesen in etlichen Denk= Dank= und Trost=Reden vorgestellet und beklaget. JENA/ Gedruckt bey Johann Jacob Bauhofern/ im Jahr 1678. Jena 1678 (1: 7 in: Ee 710–197).

Dank=Rede an die Leich=Begleiter bey Theoph. Wernikens Beerdigung. s. l. 1681 (Küster/Müller, 1752, II, S. 949).

Felicitatem Omnigenam NUPTIIS VIRI Perqvam Reverendi atque Doctissimi DNI. JOHANNIS CHRISTOPHORI LINDEMANNI, Ecclesiæ Segenfeldensis & Falkenhagensis Pastoris benè merentis & Lectissimæ Virginis MARIÆ MAGDALENÆ Meerkatzin/ VIRI Qvondam perqvam Reverendi atque Doctissimi DNI. CHRISTOPHORI Meerkatzens/ Natæ Relictæ d: XVIII. Jan. A. M.DC.LXXXI. celebratis comprecantur Amici nonnulli Berolinenses. s. l. 1681 (109: Slg. GK: Sch 1/95).

Serenissimo ac potentissimo principi ac domino, domino Friderico Wilhelmo Magno Marchioni Brandenburgico S. R. J. Electori ... natalem auspicatissimum qui serenissimae conjugi simul onomasticus est, d. VI. Februarii A. O. R MDCLXXXI prima et sexagesima vice redeuntem laetis ominibus celebranti vitam gloriam victoriam humilime (!) precatus Gymnasium Berlinense. Berlini Ex officina Rungiana 1681. Berlin 1681 (1: 17 in: St 3703 ehem.).

Actus: De navigantis Aenea erroribus. Berlin 1682 (Heidemann, 1874, S. 189).

Actus: Signa tria novissimi diei. Berlin 1683 (Heidemann, 1874, S. 189).

Hoher Bedienten kostbarster Glücks=Ring bey Beerdigung Herrn Wernikens, Churfürstl. Brandenb. Amts=Cammer=Raths, und Cammermeisters. Berlin 1684 (1: Ee 700–3927 m; Küster/ Müller, 1752, II, S. 949).

M. SAMVELIS RODIGASTI MELETEMA HISTORICO-PHILOLOGICVM DE FATIS GRÆCÆ LINGVÆ. JENÆ, Apud JO. BIELKIVM, Bibliop. Typis Jo. DAVIDIS WERTHERI, Typographi Ducalis, A. O. R. M.DC.LXXXV. Jena 1685 (Spandau, S. Nic.: 10 an: 4/1566; Küster/ Müller, 1752, II, S. 949).

M. SAMUELIS RODIGASTI SPES IN FUNDO sive Trias ante novissimum diem sperandorum, cum hebdomade Quæstionum affinium excusa. JENÆ, Sumtu JO. BIELKII, Bibliop. A. O. R. M.DC.LXXXVI. Jena 1686 (1: Cz 1950).

M. SAMUEL Rodigastes/ der Philosoph. Facultät zu Jena ADJUNCTI, und ietzo des Berlinischen Gymnasii CONRECTORIS. METAMORPHOSES FERALES, Oder Beklagte Todes=Verwandlungen/ Auf guter Gönner und Freunde Ansuchen endlich zusammen verfasset und zum Druck ausgefärtiget. Jena/ Verlegt von Johan Bielcken/ Buchhändl. Gedruckt mit Nisischen Schrifften im Jahr 1686. (15: B. S. T. 8°. 595/1).

Die auf Erden offt betrübte Und Jm Himmel völlig-erfreuete Wittwe/ Bey ansehnlicher und Volckreicher Leichenbestattung Der weiland Wol=Edlen/ Hoch=Ehren und Tugendbegabten Frauen Margarethen gebohrner Damerowin/ Des weiland Wol=Edlen/ Vesten/ Hochgelahrten und Hochweisen Herrn Michael Zarlangs/ Höchstverdienten ältesten Bürgermeisters in der Chur=Fürstl. Brandenb. Haupt und Residentz=Stadt Berlin/ wie auch der löbl. Mittel=Uckermärck= und Ruppinischen Städte Directoris und Verordneten Nachgelassener Frau Wittwen/ Als selbige den 3ten Herbst=Monatstage des 1687sten Jahres/ im 68sten Jahre ihres rühmlichen Alters/ durch einen sanfften und seligen Abschied diese Zeitlichkeit verlassen/ und der Seelen nach/ in die selige Ewigkeit versetzet/ dem verblichenen Leibe nach aber am 11ten darauff/ war der XVI. Sonntag nach Trin: Von der betrübten und Wieder erfreueten Wittwe zu Nain/ in Jhr Begräbniß/ in der St. Nic. Kirchen zur Ruhe gebracht wurde/ Der Seligst=Verstorbenen Matron zur letzten Ehre/ und denen hinterbliebenen Leidtragenden zu schuldigster Dienstbezeugung und Auffrichtung in ihrem Leidwesen/ Beschrieben und gepriesen Von nachbenahmten Collegen deß Berlinischen Gymnasii. Berlin/ Gedruckt bey David Salfelds Wittwe. Berlin 1687 (109: Slg. GK: Cg 227,1).

Ein Auf Erden wohlverdienter Und Jm Himmel wohlbelohnter Schul=Lehrer/ Bey Ansehnlicher und Volckreicher Beerdigung Tit: Herrn PETRI BREDOVII, Berühmten und beliebten Sub-Rectoris, des Berlinischen Gymnasii, Am 14 Julii des 1689sten Jahres/ Jn Einer darbey gehaltenen/ und auff Begehren zum Druck ausgefertigten kurtzen Trauer= und Danck=Rede/ gepriesen von M. Samuel Rodigast/ ejusdem Gymnasii Con R. Berlin 1689 (1: an 11 in: Ee 504).

NÆNIÆ FUNEBRES ultimis honoribus VIRI quondam Clarissimi atque Doctissimi DOMINI PETRI BREDOVII, Gymnasii Berlinensis Sub-Rectoris longe meritissimi, Qui post exantlatos XXXV. annorum labores Scholasticos, semestresque languores domesticos III. Nonas Julii A. C. M.DC.LXXXIX. paulo ante horam tertiam pomeridianam hanc mortalitatem pie placideque deposuit, corpore postmodum pridie Idus ejusdem mensis ad D. Nicolai solenniter contumulato, ex communi dolore decantatæ à COLLEGIS, COGNATO, FILIISQVE relictis. BERLINI, Typis B. SALFELDII. Berlin 1689 (109: Slg. GK: Sch 1/101).

Der Herbst/ so Früchte trägt/ Auch trübe Wolcken hegt. Welches Bey ansehnlicher und volckreicher Leichbestattung Der weiland Edlen/ Viel=Ehren= und Tugendbelobten Fr. Maria Ehrentraut/ gebohrner Nicolain/

Des Wohl=Ehrwürdigen/ Großachtbarn und wohlgelahrten Herrn Johann Schindlers/ Wohlverordneten und treufleissigen Diaconi bey der St. Nic. Kirchen in Berlin/ Hertzwerthesten Eheliebsten/ Als dieselbe am 26sten Herbstmonatstage des 1689sten Jahrs/ in vierdten Jahre ihres liebreichen Ehestandes/ wenig Tage nach erfreulicher Geburth eines jungen Söhnleins/ in ihrem Erlöser sanfft und selig von dieser Welt abgeschieden/ und der verblichene Leichnam am darauffolgenden 2ten Wein=Monatstage seiner Ruhestäte einverleibet wurde/ Aus schuldigen Mitleiden betrachtet/ und in folgenden Blättern beschrieben Nachbenahmte Collegen des Berlinischen Gymnasii. Berlin/ Gedruckt bey Salfeldischen Wittwen. Berlin 1689 (109: Slg. GK: Sch 1/102).

VIRO Magnifico et Consultissimo DOMINO ADOLPHO Vielthuedt/ JCto celeberrimo, Serenissimi ac Potentissimi Electoris Brandenburgici Aulæ ac supremi Judicii-Palæo-Marchici Consiliario gravissimo, nec non Quæstori Ærarii Ord. March. Equestr. longe meritissimo, Filiam lectissimam, VIRGINEM Nobilissimam, omnibusque, sexus sui virtutibus Ornatissimam CHARLOTTAM MARIAM, SPONSAM, in Thalamum VIRI Nobilissimi, Amplissimi, ac Prudentissimi DN. FRIDERICI KATSCHII, Sereniss. ac Potentiss. Elector. Brandenb. in Civilibus duorum districtuum Ducatus Magdeburgensis Commissarii spectatissimi, & Consulis regentis Burgensium de Burg gravissimi, SPONSI, pridie Calendas Augusti A. C. M.DC.LXXXIX. auspicato & solenniter elocanti S. P. D. M. SAMUEL Rodigast. BERLINI, Typis B. SALFELDII. Berlin 1689 (109: Slg. GK: Cg 90).

Abdankung für Johann Ernst Schrader, Propst in Berlin. An: Heimburger, Daniel David: Leichpredigt für Johann Ernst Schrader. Berlin 1689. (LP StA Braunschweig, Nr. 5992).

Epicedium für Johann Ernst Schrader, Propst in Berlin. An: Heimburger, Daniel David: Leichpredigt für Johann Ernst Schrader. Berlin 1689. (LP StA Braunschweig, Nr. 5992).

Epicedium für Barbara Catharina Krauß geborene Frischmuth, Ehefrau von Johannes Krauß, Adjunkt an der Universität Jena. An: Lipach, David: Leichpredigt für Barbara Catharina Krauß geborene Frischmuth. Jena 1689. (LP StA Braunschweig, Nr. 1651).

Die im Leben gesuchte/ Jm Grabe gefundene Gesundheit/ Bey Ansehnlicher Beerdigung Der weiland Edlen/ Viel Ehren= und Tugendbelobten Fr. Anna Catharinen/ gebohrner Stuckin/ Des Edlen/ Großachtbaren/ Wohlbenamten und Wohlerfahrnen Hn. Friedrich Zorns/ Vornehmen Apotheckers und Handelsmanns in Berlin/ Treu= und wert=gewesenen Frau Ehe=Liebsten/ Am 8ten Christmonats=Tage/ des 1689sten Jahres/ Jn einer dabey gehaltenen/ und auf Begehren zum Druck ausgefertigten Abdanckungs=Rede Kürtzlich vorgestellet von M. Samuel Rodigast/ des Berl. Gymn. Con-R. Berlin 1690 (1: 14 in: Ee 543).

Epicedium für Christian Teuber, Propst in Berlin. An: Heimburger, Daniel David: Leichpredigt für Christian Teuber. Cölln 1690. (LP StA Braunschweig, Nr. 6715).

Nöthige und nützliche Vorbereitung zum sel. Tode bey Beerdigung Frau Anna Westarphin gebohrnen Cramerin A. 1692 den 10. Jan. in einer Lob= und Trauer=Rede vorgestellet. Berlin 1692 (Küster/ Müller, 1752, II, S. 949).

Examen ex Theologia mythica (Schulprogramm vom 25. Sep. 1690) (109: Slg. GK: Sch 33; Rohrlach, 1992, S. 25).

Actus: Über die Geschichte der antiken Garten-Kultur (geh. am 5. Aug. 1692) (109: Slg. GK: Sch 35; Heidemann, 1874, S. 182f.; Rohrlach, 1992, S. 25).

Die beliebte und belobte Mittelstrasse, welche in seinem Leben gegangen, und durch seinen seligen Hintritt geendet Herr Georg Dähne, Bürger und Handelsmann in Berlin. Berlin 1693 (Küster/ Müller, 1752, II, S. 949).

Zum Frölich angetrettenem Englischen Leben Jm Himmel/ Wolten dem Edlen/ Wolweisen und Wolgelahrten Herrn Martin Engel/ Wolverdienten aeltesten Raths=Herren und 36jährigen Stadtschreiber in der Churfl. Brandenb. Residentz und Veste Berlin/ Als derselbe am verwichenem 22. des Mertz=Monats in dem 65sten Jahr seines Alters diese Eitelkeit verlassen/ und darauff sein erblaster Leichnam den 2 April zu S. Marien der Erden anvertrauet ward/ Mit nachfolgenden Gedichten Glückwünschen/ Und zugleich die hinterbliebene hochbetrübte Freundschafft trösten Die samptliche Collegen des Berlinischen Gymnasii. Berlin/ Gedruckt bey sel. David Salfelds Witwe. Berlin 1693 (109: Slg. GK: Sch 1/85).

FIDUS MEDICINÆ MURUS ORATIONE FUNEBRI MEMORIÆ VIRI Illustris atque Experientissimi DOMINI MARTINI VVEISII Medicinæ Doctoris celeberrimi, trium Serenissimorum ac Potentissimorum Electorum Brandenburgicorum ultra sex annorum decades Consiliarii & Archiatri meritissimi, Collegii Medici Decani & Senioris Spectatissimi, Postridie Idus Martias, A. O. R. M DC.XCIII. In gloriosa senectute placida beataque morte tanquam leni ac dulci somno consopiti atque subseqvuto Annunciationis Mariæ Festo Berolini ad D. Mariæ, honorifice contumulati Postridie solennes Exequias in majori Berolinensis Gymnasii Acroaterio dicta & dicata, In debitum Honoratissimæ Familiæ lugentis solatium post tristissimam hanc ruinam, ex merito laudatus & deploratus à M. SAMUELE Rodigast/ Conrectore Gymnasii Berolinensis. Berolini, Typis Viduæ Salfeldianæ. Berlin 1693 (1: 13 in: Ee 633; Seidel, 1751, S. 195).

Beatis manibus Aesculpii Marchici sacrum (Inscriptio für Martin Weise) Berlin 1693 (Seidel, 1751, S. 195).

THRENODIÆ Super Obitum beatissimum VIRI MAGNIFICI, NOBILISSIMI, EXCELLENTISSIMI ET EXPERIENTISSIMI, DOMINI MARTINI WEISII, Medici Doctoris Celeberrimi, Trium Serenissimorum Electorum Brandenburgicorum, CONSILIARII Et ARCHIATRI SENIORIS DN. MOECENATIS, PATRONI ET EVERGETÆ. Summe etiam post mortem Colendi, Qui cum a. d. XVI. Mart. A. O. R. MDCXCIII. Animam beatam Deo reddidisset, Exuviæ illius In Splendida Exequiatorum frequentia in Conditorium ad Ædem B. Mariæ Berlini a. d. XXV. Ejusdem compositæ sunt, lugenti animo fusæ à Collegis Gymnasii Berlinensis. Berolini, Typis Viduæ Salfeldianæ. Berlin 1693 (1: 1 an 12a in: Ee 633; 1: Ee 6012–7).

Das allerbeste, welches durch einen schnellen und frühzeitigen, doch sanft und seligen Hintritt erlanget Herr Johann Weikgenandt, welcher den 2 Febr. frühe unter währendem Gottesdienst in der S. Marien-Kirche zu Berlin unvermuthet entschlaffen, und am 5ten darauff in S. Nicolai begraben worden, in einer Trauer= Trost= und Dank=Rede vorgestellet. Berlin 1693 (Küster/ Müller, 1752, II, S. 949).

Letztes Denck= und Liebesmahl bey dem Grabe Des Weyland Wohl=Edlen und Hoch=Wohlbenahmten Hn. Joh. Liebmanns/ Churfürstl. Brandenb. gewesenen Müntz=Meisters und Müntz=Guardins, Als derselbe in 72sten Jahre seines Alters sanfft und selig verschieden und am 14. Jenners=Tage des angetretenen 1694sten Jahres in der S. Nicolai Kirchen zu Berlin Christ=gebräuchlich beerdiget wurde/ Mitleidigst auffgerichtet Von Nachbenahmten. Berlin/ Gedruckt bey sel. David Salfelds Witwe. Berlin 1694 (109: Slg. GK: Sch 1/106).

Danck- und Trost-Rede (gehalten am 3. 7. 1695 in der Marienkirche zur Leichenbestattung für den getöteten Schüler Joachim Neyen aus Neu-Ruppin). Berlin 1695 (Diterich, 1732, S. 208).

Der abgeschiedene Kirchen=Engel bey Beerdigung Herrn Johann Georg Zeizes, Archidiacon. in einer Trauer= Rede 1695 den 10 Mart. s. l. 1695 (Küster/ Müller, 1752, II, S. 949).

ÆTERNUM post multos longævæ vitæ labores & æstus REFRIGERIUM, VIRO quondam Nobilissimo, Amplissimo et Consultissimo DOMINO ANDREÆ MAURITIO, Aulæ ac Dicasterii Electoralis Brandenburgici supremi Advocato Seniori, longeque meritissimo, Postquam sub ipsum anni M DC XCV. ingressum, die nempe IX. Januarii placidum beatumque vitæ egressum habuerat, Anno gloriosæ ætatis octogesimo, Ejusque funus solennibus exequiis subsequenti die XX. ejusdem mensis efferebatur, sepulturæ Berolini ad D. Mariæ tradentum, Observanter gratulari, simulque splendidissimæ Familiæ lugenti jucunda divini Solatii refrigeria apprecari voluerunt SEQUENTES GYMNASII BEROLINENSIS COLLEGÆ. Berolini, Literis VIDUÆ SALFELDIANÆ. Berlin 1695 (109: Slg. GK: Sch 1/107).

Actus über die Kämpfe zwischen Germanen und Galliern. Berlin 1696 (Heidemann, 1874, S. 171).

Abdankung für Maria Elisabeth Möller geborene Kolckwitz verwitwete Reinmann, Ehefrau von Gregor Möller, kfl.-brand. Hoffiskal und Kammergerichtsadvokat in Berlin. An: Spener, Philipp Jakob: Leichpredigt für Maria Elisabeth Möller geborene Kolckwitz verwitwete Reinmann. Crossen 1696. (LP StA Braunschweig, Nr. 3257).

Das menschl. Leben, als ein Gesang bei Beerdigung Herrn Herrman Kochs Cant. bey der Nicolai=Kirche am 14. Febr. 1697 in einer Abdankungs=Rede vorgestellet. Berlin 1697 (Küster/ Müller, 1752, II, S. 949).

Eine holdselige Rahel/ Als Das angenehmste Neujahrs=Geschencke/ Welches am Hochzeitlichen Ehren= und Freuden=Feste Des WohlEhrwürdigen/ Großachtbarn und Hochgelahrten Hn. M. Andreas Nesecken/ Wohlverordneten und treufleißigen Pastoris Primarii zu Buckow/ Und der WohlEdlen/ Viel=Ehren= und Tugendbelobten Jgfr. Dorothea Elisabeth Teuberin/ Des in GOtt ruhenden Herrn M. Christian Teubers/ Hochverordneten Propstes in Berlin/ und der benachbarten Kirchen Inspectoris, Nachgelassenen Jungfer Tochter/ War der 21ste Jennerstag des 1697sten Jahres/ Mit einem wohlgemeinten Glückwunsche beehren wolte M. Samuel Rodigast/ G. B. ConR. Berlin/ gedruckt mit Salfeldischer Wittwen Schrifften. Berlin 1697 (109: Slg. GK: Sch 1/108).

Uber Das in den himmlischen Hafen glücklich eingelauffene Lebens=Schiff/ Der Weiland WohlEdlen/ Viel=Ehr= und Tugendbegabten Frn. Anna Schillingin/ gebohrner Bergemannin/ Des WohlEdlen/ Großachtbarn und Wohlweisen HERRN Philipp Andreas Schillingen/ Vornehmen Rahts Verwandten/ wie auch wohlbenahmten Kauff= und Handels=Mannes in Berlin/ Treu und wehrtgewesenen Fr. Ehe=Liebsten/ Welche am 22sten

Jenners=Tage des 1698sten Jahres/ im 65sten Jhres Alters sanfft und seelig in Jhrem Erlöser entschlaffen/ Und am 30sten darauf unter ansehnlicher Begleitung in St. Marien Kirche in ihre Ruhe=Kammer gebracht wurde/ Wolten ihre Trauer= und Trost=Gedancken schuldigster massen eröffnen Die sämtl. Collegen des Berlinis. Gymnasii. Berlin/ Gedruckt mit Salfeldischer Wittwe Schrifften. Berlin 1698 (109: Slg. GK: Sch 1/109).

Ein nützliches aber doch endlich stille stehendes Uhrwerk bey Beerdigung Herr M. Gottfr. Webers Rect. Berol. in einer Trauer=Rede den 13 Mart 1698 vorgestellet. Berlin 1698 (Küster/ Müller, 1752, II, S. 949).

Epicedium für Rektor Gottfried Weber. Berlin 1698 (Diterich, 1732, S. 214).

SERENISSIMO POTENTISSIMOQVE PRINCIPI AC DOMINO, DOMINO FRIDERICO IN BORUSSIA REGI, S. R. I. ARCHICAMERARIO ET ELECTORI &c. &c. &c. FAVSTISSIMIS AVSPICIIS REGIAM SVAM INGRESSO PRIDIE NONAS MAJI ANNO QVO ReX FrIDerICVs oVans feLIXqVe IntraVIt In VrbeM. SACRVM. BEROLINI, Litteris Viduae Salfeldianae. Berlin 1701 (1a: 33 in: Ah 10931 R).

Die bald verwelkte Nelke, als Maria Sophia Papin den 15 Aug. 1701 in der S. Petri-Kirche begraben wurde, in einer Trauer= Trost= und Dank=Rede vorgestellet. Berlin 1701 (Küster/ Müller, 1752, II, S. 949).

Rege regum fortunante saeculi nuper elapsi pie recordatitur simulque pridie coronato ... Borussorum regi ... domino Friderico tertio, marchioni Brandenburgico ... auspicatissima saeculi ac regni primordia ... congratulabitur Gymnasium Berolinense d. XIX. Januarii anno (1701), ad quem actum omnes litterarum maecenates ... invitat M. Samuel Rodigast gymnasii rector. Berlin: Typis viduae Salfeldianae 1701. Berlin 1701 (1: 44ª in: St 3703 ehem.).

Leichrede für Daniel Männlich. 1701 (Leichenpredigten Franckesche Stiftungen Halle, 1975, S. 218).

Der zeitliche Tod als eine Pause bey Beerdigung Magnus Peter Heningsens Cantoris bey der Marien=Kirche am 21 May 1702 in einer Abdankungs=Rede vorgestellet. Berlin 1702 (Küster/ Müller, 1752, II, S. 949).

Epicedium für Johann Pankow. An: Bandeco, Daniel: Leichrede für Johann Pankow. Cölln 1702 (1a: an 19 in: Jb 664).

Disputatio de seculo seculique partibus, respondente Christiano Fregio, Ruppinensi (geh. am 7. Dez. 1702). Berlin 1702 (Diterich, 1732, S. 237f.).

Q. D. B. V. DIATRIBEN PHILOLOGICAM DE CRUCE & CRUCIFIXIONE CHRISTI, (hs.: Matth. XXVII. 32) PRÆSIDE, M. SAMUELE RODIGASTO, Gymnas. Berol. Rectore, In Acroaterio majori ejusdem Gymnasii, d. IV. Non. Aprilis. A. O. R. M DCCIII. publicæ eruditorum disquisitioni subjiciet, JOHANNES ERNESTUS RIBBACHIUS, Strausb. Marchicus. RESPONDENS. BEROLINI, Literis SCHLECHTIGERIANIS. Berlin 1703 (1: 48 in: Bs 902).

Ein Schiff als ein Bild einer tugendsamen Ehefrau im Leben, Leiden und Sterben, beym Leich=Begängniß Frauen Salome Cath. Horchin gebohrnen Menin, Herrn Christoph Horchs Med. Doct. K. P. Raths und würklichen Leib=Medici Eheliebsten, 1704 den 16 des Brachmonats in einer Abdankung gepriesen. Berlin 1704 (Küster/ Müller, 1752, II, S. 950).

Venantii Honorii Clementiani Fortunati Epinicion de resurrectione Christi expositum a S. Rodigast ... Berlin 1705. An: Dyas carminum lugubrium, Phil. Beroaldi & L. Coelii Lactantii ad recolendam memoriam Passionis Christi exposita a Sam. Rodigast. Berlin 1705 (Dinse, 1877, S. 560).

Das Wahre Kennzeichen Eines rechten Medici, Wurde/ als Der Hoch=Edle/ Hochgelahrte und Hocherfahrne Herr/ Herr Georg David Sultze/ Medicinae hochberühmter Doctor, und glücklicher Practicus in diesen Königl. Residentz=Städten/ Nach seiner seligen Auflösung/ Den 17. Octobr. des 1706. Jahres/ Jn der Nicolai Kirche zu seiner Ruhe/ dem Leibe nach/ mit Christlichen Ceremonien solte gebracht werden/ Jn'Einer kurtzen Abdanckungs=Rede gezeiget von M. Samuel Rodigast/ Gymnas. Berol. R. Cölln an der Spree/ Druckts Ulrich Liebpert/ Königl. Preuß. Hoff=Buchdr. Cölln 1706 (1a: 26 in: Jb 664).

Redeactus über den klagenden Rhein, die klagende Donau und die frohlockende Spree. Berlin 1706 (Gudopp, 1900, S. 13).

Florem Palladium/ Florentissimo Parnassi Ursiaci confinio enatum, / GENETHLIIS,/ Viri Amplissimi, Humanissimi Doctissimiq Domini/ M. Samuel Rodigast. / Gymnasii, Quod Berolini floret, Rectoris Gravissimi. pridie Calendarum Novembris Anno Reparatae Salutis M.DCC.VII. SACRUM. s. l. 1707 (14: H. Germ. biogr. 60,89).

Dissert. de calore nivis. s. l. e. a. (Jöcher, 1751, III, Sp. 2161).

Dissert. de jure vitæ ac necis in societatibus simplicibus. s. l. e. a. (Jöcher, 1751, III, Sp. 2161).

Dissert. de intutis evigilantis conscientiæ perfugiis etc. s. l. e. a. (Jöcher, 1751, III, Sp. 2161).

Übersetzung (dt.) von Pufendorf, Samuel von: De rebus a Carolo Gustavo Sueciae rege gestis commentariorum libri VIII. (Nürnberg 1696) s. l. e. a. (Diterich, 1732, S. 237; Heidemann, 1874, S. 189).

Literatur

Leichpredigt für Samuel Rodigast. Berlin 1708 (Nohl, 1903, S. 54); Bodenburg, Christoph Friedrich: Die verblühete Rose, als ein Bild des Weyland etc. Herrn M. Samuel Rodigast etc. Am Tage seiner ansehnlichen Beerdigung, war der 3. April 1708. In einer kurtzen Stand Rede schuldigst vorgestellet. Berlin 1708 (Küster/ Müller, 1752, II, S. 950); Catalogus bibliothecae libris theolog. philosoph. philolog. et historicis à B. Dno. M. Samuele Rodigasto … relictae et publica auctionis lege dividendae … Berolini 1708 (nach Dünnhaupt, 1990, I, S. 50, Ex. in der Newberry Library in Chicago; ca. 2400 Nummern); Diterich, 1732, S. 215–238; Zedler, 1742, XXXII, Sp. 226; Jöcher, 1751, III, Sp. 2161; Küster/ Müller, 1752, II, S. 949f.; Büsching, 1774, S. 42; Bellermann, 1825, S. 39–42; Heidemann, 1874, S. 180–189; ADB, 1889, XXIX, S. 25; Gudopp, 1900, S. 13; Nohl, 1903, S. 93; Mauermann, 1909, S. 47; Jauernig, 1977, II, S. 648; Rohrlach, Peter P.: Das erste Geschichtswerk Berlins. Jacob Schmidt und seine Berlinisch-Cöllnischen Merk- und Denkwürdigkeiten. In: Der Bär von Berlin. Jahrbuch 1992. Berlin/ Bonn 1992, S. 23–38, hier S. 25; Thieme, 1993, S. 334.

Rosa, Samuel

* Perleberg
† 1702 Salzwedel
Pädagoge, luth.
V N. N.
M N. N.
⚭ 1670 Anna geb. Spengler
K –

1650	Universität Rostock (non iuravit)
	2 Jahre Gymnasium in Halle a. S.
1656	Universität Wittenberg, Konrektor in Pritzwalk (bis Ende 1662)
1662–1668	Subkonrektor am Berlinischen Gymnasium
1665	Universität Frankfurt/O. (Mag.)
1668–1669	Subrektor
1669–1702	Rektor in Salzwedel

Samuel Rosa stammte aus Perleberg. Sein Geburtsjahr ist unbekannt, auch fehlen Angaben zu seinen Eltern. Ein erstes Datum bietet die Matrikel der Universität Rostock, in die er im Okt. 1650 unter dem Rektorat des Theologieprofessors Hermann Schuckmann als minderjährig eingeschrieben wurde (HOFMEISTER, 1895, S. 163b: »Samuel Rose Perlebergensis Marchiacus, non iuravit«). Die Eintragung ist allerdings wenig aussagekräftig. Zahlreiche Studenten sind bereits als Kinder immatrikuliert worden, zum Beispiel wenn sie in Begleitung von Verwandten in eine Universitätsstadt kamen und sich mit diesen inskribieren ließen, um die Privilegien der Universität genießen zu können. Seine Schulausbildung erhielt Rosa unter anderem am Gymnasium zu Halle, das er zwei Jahre, wohl von 1654 bis 1656 besuchte. Die Anstalt war 1565 im ehemaligen, durch die Reformation säkularisierten Franziskanerkloster eingerichtet worden. An ihr wurden die Gymnasiasten in den Freien Künsten und in den alten Sprachen unterrichtet; in Disputationen sowie in öffentlichen deklamatorischen Übungen und regelmäßig stattfindenden Actus scholastici konnten sie ihr Können unter Beweis stellten. Die Ausstrahlungskraft des Gymnasiums reichte weit über Halle hinaus; besonders unter ihrem Rektor Christian Gueintz (1592 bis 1650), einem der bedeutendsten Schullehrer des 17. Jahrhunderts, der die Leitung von 1628 bis zu seinem Tode 1650 inne hatte, erreichte sie ihre bis dahin höchste Blüte. Nach ihm hatte Christian Friedrich Frankenstein (1621–1679) das Rektorat übernommen, und als dieser 1652 einem Ruf als Professor für Geschichte an die Universität Leipzig folgte, erhielt Friedrich Cahlen die Leitung der Anstalt übertragen, unter dessen Rektorat auch Rosa unterrichtet wurde. Vor ihm hatten schon Elias Sigismund → Reinhardt, Gottfried → Weber und Cunradus Tiburtius → Rango das Gymnasium besucht, mit denen er später an der kurbrandenburgischen Residenz zusammentreffen wird.

Am 30. April 1656 immatrikulierte sich Rosa unter dem Rektorat des Mediziners Konrad Victor Schneider (1614–1680) an der Universität Wittenberg (WEISSENBORN, 1934, 56,148). Die Matrikel enthält hinter seinem Namen den Vermerk »gratis« – Rosa brauchte also keine Immatrikulationsgebühr bezahlen. Die Namen seiner Professoren sind nicht überliefert. Theologie lehrten in jener Zeit Abraham Calov (1612–1686), Johann Scharff (1595–1660), Johann Meisner (1615–1681) und Andreas Cunadus (1602 bis 1662); besonders Calov und Scharff standen für die von Wittenberg ausgehende lutherische Orthodoxie, die unerbittlich jede synkretistische Bestrebung bekämpfte und besonders gegen den Calvinismus zu Felde zog. Es waren wohl eher Professoren der philosophischen Fakultät, denen Rosa zahlreiche Impulse für sein späteres literarisches Schaffen in den alten Sprachen und insbesondere im Hinblick auf die von ihm veranstalteten dramatischen Schüleraufführungen am Berlinischen Gymnasium verdankte. Dem Lehrfach des Lateinischen waren zwei Professuren eingeräumt, und zwar Rhetorik und Poesie. Seit 1616 hatte August Buchner (1591–1661) die Professur für Dichtkunst inne, 1632 übernahm er auch die Professur für Rhetorik. Griechisch hörte Rosa bei Johann Erich Ostermann (1604–1668), dessen Disputationen bevorzugt griechischen Altertümern galten. Einflüsse anderer akademischer Lehrer auf Rosa, etwa von dem Atomisten Johannes Sperling (1603–1658), der die Professio Physicae bekleidete (Physik wurde damals als Naturlehre doziert) und in seinen Vorlesungen vor allem Pflanzen- und Tierkunde behandelte, oder von Andreas Sennert (1606–1689), der seit 1638 orientalische Sprachen lehrte und 1640 die Professur für Hebräisch übernommen hatte, fallen hingegen weniger deutlich ins Auge.

Wie lange Rosa in Wittenberg studierte, ist nicht bekannt, Disputationen sind nicht überliefert. Als erste öffentliche Anstellung erhielt er eine Berufung als Konrektor an die Schule zu Pritzwalk, einer kleinen Stadt im Nordwesten der Kurmark. Zum Jahresende 1662 kam Rosa als Subkonrektor ans Berlinische Gymnasium zum Grauen Kloster; ein zur Hochzeit des Perleberger Pastors Joachim Grabow am 16. Dez. 1662 verfaßtes Epithalamium unterzeichnete er bereits mit »Gymn. Berol. SubConR.« (die bei HEIDEMANN, 1874, S. 166, mitgeteilte Information, Rosa sei zunächst als Baccalaureus berufen worden und erst 1668 zum Subkonrektor voziert, ist falsch). Sein Vorgänger Gottfried Rösner (geb. 1631), ein Sohn des Archidiakons zu S. Marien, Johann → Rösner, war amtsentsetzt worden, weil er in einem Schulspiel die reformierte Religion verunglimpft haben soll. Auch Rosa engagierte sich in besonderer Weise für das Schuldrama, wobei er jedoch in den konfessionspolitischen Auseinandersetzungen, die in der kurbrandenburgischen Residenz Berlin-Cölln in den sechziger Jahren des 17. Jahrhunderts an Schärfe zugenommen hatten, religiöse Themen mied und seine Stoffe mit Vorliebe der alten Geschichte entnahm. Nach Quintus Curtius Rufus, der die einzige erhaltene lateinische Monographie über Alexander den Großen schrieb, verfaßte Rosa einen Actus über den Untergang der persischen Monarchie unter Dareios III. (Codomannus), der am 19. Mai 1663 aufgeführt wurde (GUDOPP, 1900, S. 11). Durch die dramatischen Darstellungen sollten das Gedächtnis der Schüler gestärkt, ihr freier Vortrag geübt und eine größere Sicherheit der Gymnasiasten im Gebrauch der lateinischen Sprache erzielt werden. Besonderen Schwerpunkt legte Rosa in seiner Aufführung auf das oratorische Element, doch dürften die von den Schülern nachgespielten, fast endlosen Beratungen der Feldherrn beider Parteien auf manche Zuhörer ziemlich ermüdend gewirkt haben. 1668 wurde Rosas Drama erneut aufgeführt, diesmal auf dem Rathaus; 1671 folgte, wiederum auf dem Rathaus, sogar eine Aufführung in deutscher Sprache unter dem Titel »Der tapffere und sieghaffte Alexander« (GUDOPP, 1900, S. 11; HEIDEMANN, 1874, S. 166; zu dieser Zeit hatte Rosa das Berlinische Gymnasium jedoch bereits wieder verlassen). 1665 ließ Rosa seine Schüler einen Actus in griechischer Sprache aufführen, zu welchem er eine in Latein und Griechisch verfaßte Einladungsschrift ausgehen ließ (KÜSTER/ MÜLLER, 1752, II, S. 962: »Vigilias GREGORII M. actu oratorio Graeco instituet«). 1669 verfaßte Rosa nach der Epameinondas-Vita des Nepos Cornelius eine dramatische Schulübung, die wiederum auf dem Berliner Rathaus zur Aufführung gelangte (GUDOPP, 1900, S. 11 u. 20f.). Bemerkenswert war dabei, daß das fünfaktige Drama mit musikalischen Einlagen aufgeführt wurde, glaubte Rosa doch, dem Publikum, das sich von der eintönigen Darstellung gelangweilt fühlen konnte, etwas Besonderes bieten zu müssen. Während das Stück selbst in lateinischer Sprache gespielt wurde, waren die musikalischen Einlagen, die Kantor Hermann → Koch vertont hatte, in deutscher Sprache gedichtet (zum Interscenium, das auf eine Abhandlung des Rostocker Professors Petrus Lauremberg zurückging, GUDOPP, 1902, S. 5–8). Für den des Lateinischen unkundigen Besucher veröffentlichte Rosa eine Exposition des Stückes in deutscher Sprache; auch erhob er für diese Schüleraufführung von den Zuschauern Eintrittsgeld »zur Abtragung der Kosten«.

Wie seine Kollegen am Berlinischen Gymnasium verfaßte auch Rosa zahlreiche Epithalamia und Epicedia. Als er am 12. Okt. 1665 an der Universität Frankfurt/O. durch den Rektor Johannes Placentinus und den Dekan Johannes Simon (1635–1698) zum Magister philosophiae ernannt wurde, feierten ihn Gönner und Freunde, Amtskollegen aus Kirche und Schule sowie Schüler ihrerseits überschwenglich mit lateinischen und deutschen Gedichten, in denen oft sein Familienname symbolisch ausgedeutet wurde. Unter den Beiträgern der beiden überlieferten Gelegenheitsdrucke sind auch der kfl.-brandenburgische Leibarzt Thomas → Pankow sowie der kfl.-brandenburgische Kammergerichts-Advokat und Hof-Fiskal Paschasius Trüstedt (1631–1678). Ein engerer Kontakt war wohl zu dem bekannten Kirchenlieddichter und Zweiten Diakon von S. Nicolai, Paul → Gerhardt, vorhanden; dafür sprechen mehrere gegenseitig adressierte Casulcarmina.

Ende 1668 vozierte Rosa auf das Subrektorat am Berlinischen Gymnasium; ein von ihm zur Hochzeit von Johann Tieffenbach und Anna Sibylla geborene Berchelmann im November 1668 überreichtes elfstrophiges Epithalamium im trochäischen Versmaß ist bereits mit »M. Samuel Rosen/ Gymn. Berl. SubR.« unterzeichnet. Überliefert ist außerdem eine Abdankungsrede auf den 1666 verstorbenen kfl.-brandenburgischen Hof-Richter Jodocus Varenholtz. Den Kontakt zu seinen Berliner Gönnern und Freunden hat Rosa auch nach seinem Weggang aus Berlin aufrechterhalten. Aus dem Epicedium für den Ratskämmerer und Provisor des Berlinischen Gymnasiums, David Reetz (1590–1672), geht hervor, daß Rosa »an desselben Tisch in seinem Berlinischen Ampte sein erstes Brodt gegessen« habe.

Nähere Beziehungen können auch zu zwei vormaligen Rektoren des Berlinischen Gymnasiums belegt werden: Am 15. Nov. 1670 ehelichte Rosa eine Tochter Adam → Spenglers, der 1651 zum Pfarrer und Inspektor nach Wriezen/O. berufen worden war, wo er 1665 starb. Auf Rosas Hochzeit mit Anna Spengler verfaßte Nikolaus → Peucker ein deutschsprachiges Epithalamium. Als Rosa 1669 das Rektorat in Salzwedel erhielt, entstand schon von Amts wegen eine enge Verbindung zu Johannes → Heinzelmann, der 1660 die dortige Superintendentur und damit auch das Inspektorat über die altstädtische Schule übernommen hatte, an der er wöchentlich eine theologische Lektion hielt. Hier in Salzwedel hatte sich Heinzelmann auch um die Verbreitung des musikalischen Schaffens von Johann → Crüger, dem Kantor an der Berliner Nikolaikirche, verdient gemacht. Zur Beerdigung seiner ersten Frau, Sophia Heinzelmann geborene Zieritz, hielt Rosa 1674 die Abdankung.

In der Altstadt Salzwedel gab es lange vor der Reformation eine lateinische Schule. 1541 verlegte man die Schule in das säkularisierte Franziskanerkloster. Zwar gab es bei der im selben Jahr angeordneten Kirchenvisitation auch den Vorschlag, die Schule mit jener in der Neustadt zu vereinen, doch blieb es bei der bisherigen Trennung. Mit der Erweiterung des Lehrplans wurde dann an beiden Schulen die Zahl der Lehrer auf fünf erhöht. Rosa bekleidete das Rektorat an der altstädtischen Schule bis zu seinem Tode im Jahre 1702. In seiner mehr als dreißigjährigen Amtszeit setzte er sich unter anderem für Veränderungen am Schulgebäude ein und erwarb sich besondere Verdienste um die Einrichtung einer Schulbibliothek, als deren eigentlicher Stifter er galt (POHLMANN, 1811, S. 188 u. 196). [LN]

Werke

PLAUSUS VOTIVUS Solemnitati secundarum Nuptiarum VIRI Pl. Reverendi, Amplißimi, Clarißimi DN. JOACHIMI GRABOVII, Ecclesiæ Perlebergensis Pastoris fidissimi, & Scholæ indidem, ut & vicinarum Ecclesiarum Inspectoris vigilantissimi ac benè merentis SPONSI, Nec non Ornatißimæ, Pudicißimæque Foeminæ ILSABE Manarts/ Viri Spectatißimi, Integerrimique DN. FRANCISCI Hahnsteins/ Brunswigæ Coenobii ad D. Ottil. quondam Præfecti & Curatoris solertissimi … , relictæ Viduæ SPONSÆ, Perlebergæ XIV. Calendarum Decembris An. M.DC.LXII. celebratarum Datus A Fautoribus & Amicis quibusdam Berlinensibus per Amicum ibi viventem conciliatis. Berl. Typis Rungianis. Berlin 1662 (109: Slg. GK: Sch 1/54).

Alexander Magnus eversione monarchiae Persicae in Dario Codomanno victo praestita maioribus suis a Persis toties atrocissimum in modum infestatis parentans. Schulactus Berlin 1663 (Gudopp, 1900, S. 11; Heidemann, 1874, S. 166; 1668 wiederaufgeführt; 1671 in deutscher Sprache unter dem Titel: »Der tapffere und sieghaffte Alexander« aufgeführt).

Epicedium für Eva Preunel. Berlin 1664 (Roth, 1959, I, R 877).

An die beyderseits Leydtragenden Eltern (Epicedium, Adressaten unbekannt) s. l. e. a. [ca. 1663–1667] (109: Slg. GK: Sch 1/38).

Vigilias GREGORII M. actu oratorio Graeco instituet. Schulactus Berlin 1665. Wittenberg 1665 (Küster/ Müller, 1752, II, S. 962).

DOLORI super funere Exhausti et exanimati corpusculi. Dulcis et amantißimi Pupi, ANDREÆ CHRISTIANI, VIRI Pl. Reverendi, Clarißimi, DN. PAULI GERHARDI, Ecclesiastæ apud Berlinenses ad D. Nicolai fidelissimi et maximè sinceri, ET Præstantißimæ foeminæ ANNÆ MARIÆ BERTHOLDIÆ, desideratiss. Filioli, NATI Ipsis Non. Febr. circa IIX. vespertin. DENATI A. d. XII. Cal. Octobr. HUMATI verò, & ad majorum latera, in dictâ Æde, compositi a. d. 8. Cal. ejusd. mens. Ipsâ de mandato magno, Pharisæo nobisque omnibus dato, ceterum Mortem involventi, Dominicâ ANNO M.DC.LXV. allevando sunt AMICI CONDOLENTES. BEROLINI, Literis Rungianis. Berlin 1665 (109: Slg. GK: Sch 1/58).

Nuptiale Donum. (Bl. 1v u. 2:) Raris ac tanto Auspicatioribus Nuptiarum tædis, Quas VIRO Consultissimo et Clarissimo, DN. THOMÆ BOTTICHERO, Cam. Electoralis Advocato longè meritissimo; et Virgini Patritiæ Lectissimæque EUPHROSYNÆ MARGARETÆ TIEFFENBACHIÆ, Parentes Socerique Amplissimi, JOHANNES TIEFFENBACHIUS, Cameræ Elector. Advocatus & COS. Berlinensis ut et THOMAS BOTTICHERUS, COS. Primislaviensis, eodem ipso XXI. Octobris die parant, quo Major Socer, Sponsæ Avus, Vir Senio venerabilis, BENEDICTUS RICHARDUS, inter Principes sui temporis caussarum Patronos, ipse Nobilissimus, & Consul Berlinensis, nunc utrobique emeritus cum Nobilissima Patritiaque Conjuge, MARGARETA MAURITIA, ante hos Quinquaginta annos, Connubio stabili ac foecundo juncti, Per Dei gratiam vivi adhuc ac valentes, Neptis suæ Vota & sua simul ipsa repetentes, Auctori rerum DEO Dicant, Donant, Consecrant, ijsque applaudunt Omnes BONI. Coloniæ Brandenburgicæ, Typis Georgij Schultzij, Elect. Typogr. Anno 1666. Cölln 1666 (109: Slg. GK: Cg 17).

Spontaneus Honor Post Fata DN. M. GEORGII LILII, Præpositi & GYMNASY INSPECTORIS Exhibitus. à quibusdam in illo Docentibus & Cognato. Ipso Tumulationis die 5. Aug. DNC.A. IIX. post. F. Trinitatis 1666. Typis GEORGI SCHULTZI, Elect. Typogr. Colon. cis Spream. Cölln 1666 (109: Slg. GK: Sch 1/62; 1: Ee 6200).

Abdanckungs=Rede/ Bey volckreicher und ansehnlicher Leichbestattung/ Des weiland WolEdlen/ WolEhrenvesten/ GroßAchtbaren/ Wolweisen und Wolbenambten Herrn Jodoci Varenholtzens/ Churfrl. Brandenb. wolbestalt=gewesenen Hof=Richters oder Haußvoigts und Teich=Inspectoris zu Cölln an der Spree etc. Am 9. Septembris des jetzlauffenden/ 1666. Jahres gehalten Von M. Samuel Rosen/ Gymn. Berl. Sub-Con-Rectore. An: Buntebart, Johann: Leichpredigt für Jodocus Varenholtz. Cölln 1666 (1: an 5 in: Ee 539).

Epicedium für Karl Zander. 1666 (109: Slg. GK: Sch 1/60).

Am Sontag Cantate, des 1667. Jahres/ War Kirchweihe der Marien=Kirchen in Berlin/ do in gewöhnlichen Sontäglichen Evangelio der Heyland von seinem Hingang aus dieser Welt zum Vater lehrete/ Bereitete sich durch ein Hochzeitliches Ehe=verbündnüß Mit ihren Herrn Bräutigamb/ Dem Woll=Ehrenvesten/ Vorachtbaren/ und Wollgelahrten Hn. Zacharia Fröscheln/ Stadt= und Gerichts=Notario in Templin/ Die Woll=Erbare/ Viel=Ehr= und Tugendreiche Braut J. Eva Maria Zanderin/ Herrn Carol Zanders/ Churfürstl. Brandenb. alten außgedienten Trabanten seel. Eheliche hinterbliebene Jungfer Tochter/ Aus Berlin nacher Templin zugehen: Zu welchen theils Hochzeitlichen Ehren=Feste/ theils glücklichen Hinzuge/ Jhren Wunsch hinzuthun Etliche nahe Anverwandten und gute Freunde. Cölln an der Spree/ Druckts Georg Schultze/ Churfürstl. Brandenb. Buchdrucker auf dem Schlosse daselbst 1667. Cölln 1667 (109: Slg. GK: Cg 50. 2).

FAUSTITATEM NUPTIIS TIEFFENBACHIO-BERCHELMANNIANIS GRATULABUNDI PRECANTUR AVUNCULUS & AMICI. COLONIÆ BRANDENBURGICÆ, Ex Officina GEORGII SCHULTZII, Typogr. Elector. Mens. Nov. M.DC.LXIIX. Cölln 1668 (109: Slg. GK: Cg 12,1).

Die Thränen Des Wol=Ehrenvesten/ Vor=Achtbarn/ und Wolgelahrten Herrn Martin Klingenbergs/ Und der Viel=Ehr= und Tugendreichen Frauen Sophia Schwanhäuserinn: Welche sie vergossen über den frühzeitigen Todt ihres ältesten Töchterleins Dorotheen/ Nachdem selbiges an diese Welt gebohren im Jahr Christi 1662. den 12. Augusti/ früh umb 6. Uhr/ und wieder von derselben abgefordert den 25. Martii/ Abends umb 9. Uhr/ dieses itztlauffenden 1668ten Jahres/ wurden Am Tage der Beerdigung desselben/ welcher war der 31. Martii/ gemeldten Jahres/ durch tröstlichen Zuspruch abgewischet von Des Herrn Cantoris sämptlichen Amptsgenossen. Berlin/ Gedruckt durch Christoff Runge. Berlin 1668 (109: Slg. GK: Sch 1/65).

Epithalamium für Johann Ernst Schrader, Archidiakon zu S. Nicolai in Berlin, und Maria Ehrentraut geborene Lilien. Berlin 1668 (109: Slg. GK: Cg 176,3).

Unio conjugalis ... Epithalamium für Dietrich Butt und Anna Maria geborene Zarlang. Berlin 1668 (109: Slg. GK: Cg 23).

Thalassio! Thalassio! Facibus prælatis BERNHARDI – HOFFMANNIANIS ad V Id. IXbr. A. Æ. C.M. DC. LXIIX acclamant peregrè & propè faventes AMICI. COLONIÆ BRANDENBURGICÆ, Ex Officina GEORGII SCHULTZII, Typogr. Elector. Cölln 1668 (109: Slg. GK: Cg 13. 1).

FRONDES CUPRESSINÆ, AD TUMULUM Beatissimæ VIRGINIS, DOROTHEÆ ELISABETHÆ VEHRIÆ, Condolentibus manibus SPARSÆ à FAUTORIBUS ET GYMNASII BERLINENSIS COLLEGIS. BEROLINI, Charactere RUNGIANO. s. a. [hs. 1669] Berlin 1669 (109: Slg. GK: Sch 1/66).

Iudicium capitis in Thebanorum illustrissimum Epaminondam. Schulactus Berlin 1669. (Gudopp, 1900, S. 11; Heidemann, 1874, S. 166f.).

Abdankungsrede für Bartholomaeus Zorn (d. Ä.). Guben 1669 (1: 13 in: Ee 543).

Guter Fürstlicher Räthe Preiß: Durch welches Fürstellung Die Edle Marck/ Als sein hochgeliebtes Vaterland/ zum hertzlichen Mitleiden Uber das wolselige/ doch schmertzliche Ableben Eines getreuen Patrioten, Als des weiland Hoch=Edel=Gebornen Herrn/ Hn. Claus=Ernst von Platen/ Churfürstl. Brandenb. Hoch=Fürneh-men Geheimten Estat=Raths/ General=Kriegs=Commissarii, und Hauptmanns zu Lehnin; Auf Dämmertin/ Gantkow/ Mechow und Falckenberg Erbherrns/ Seines gewesenen sonderbaren hohen PATRONI; Am Tage seiner Beerdigung/ war der 23. August. Jm Jahr CHristi 1669. Desselben nachgelassenem Hoch= Adelichem Hause zum Troste/ Zu erwecken und aufzufodern/ pflichtschuldigster massen sich bemühete M. Samuel Rose/ Gymn. Berl. SubR. An: Müller, Andreas: Leichpredigt für Klaus Ernst von Platen. Berlin 1670 (1: an 9 in: Ee 527).

FELIX PARENS, H. E. VOTA GAMICA, Cum VIR CONSULTISSIMUS ET INTEGERRIMUS DN. JO-HANNES LÜDERUS, N. P. C. & Reipubl. REGIOMONTANÆ in Neo-Marchia CONSUL Gravissimus, UNICE DESIDERATISSIMIS NATÆ & NATO, felici horoscopo, a. d. VII. Novembris, A. O. R. M.DC.LXX. Festivitates Nuptiales pararet, (Bl. 1v:) NEONYMPHIS VIRO NOBILISSIMO, EXPERIENTISSIMO ET CLARISSIMO DN. JOHANNI AVENIO, U. Medic. Licentiato, & Practico ap. Regiomont. in Neomarch. famigeratissimo, Ornatissimam et sexum suum condecor antibus virtutibus maximè conspicuam VIRGINEM URSULAM CATHARINAM LUDERIAM, pariter & VIRO NOBILI ET PER-EXIMIO DN. JOHANNI FRIDERICO LUDERO, J. U. CANDID. Lectissimam et fulgentissimis dotibus instructissimam VIRGINEM ROSINAM JULIANAM ROLLIAM, VIRI SPECTATISSIMI ET OPTIMI DN. JOHANNIS ROLLEN, Sereniss. ELECTORI Brandenb. à reditibus ex vectigalibus, moletrinis & salaria annona, ut & p. t. CONSULIS Gravissimi, FILIAM EXOPTATISSIMAM, Connubiali nexu complectentibus, dicata à PRÆSENTIBUS-ABSENTIBUS AMICIS. BEROLINI, ex Officina RUNGIANA. Berlin 1670 (109: Slg. GK: Sch 1/68).

»Ein Kauff= ein Lauff=Mann ist! da muß es seyn gelauffen ...« [Trauergedicht]. In: Am Tage Johannis/ Des Jahrs Christi M. DC. LXXI. wurde der Erden anvertrauet Der leichnam Des Wol=Ehrenvesten/ Groß=Achtbarn und Wolbenamten Hrn: Johann Korns/ Weiland vornehmen Kauff= und Handelsmannes/ wie auch Bürgers in Berlin. Nach dem die Seele/ jedermanns Wundsche nach/ allbereit im Himmel/ mit Johanne dem Täuffer und allen Heiligen/ der ewigen Freude zugesellet war. Die letzte Ehre bezeugeten mit nachfolgenden Gedichten wolmeynend Einige Gute Freunde. Zu Berlin/ Gedruckt bey Christoff Runge. s. a. [1671]. (1: Ee 519, 14).

Die keuschen Liebes=Flammen/ Welche GOtt selbst angezündet in den Hertzen/ Des Wol=Ehrenvesten/ Vorachtbarn und Wolgelahrten Herrn Herman Kochs/ Wolbestallten DIRECTORIS der Music bey St. Nicol. Kirche in Berlin/ und des Gymnasii daselbst Collegens/ Als Bräutigams: Und dann auch der Wol=Erbarn/ Viel Ehr= und Tugendreichen Jungfer Louysen Söllens/ Des Wol=Ehrenvesten/ Vorachtbarn und Wolbenahmten Herrn Simon Söllens/ Churf. Brandenb. Hoff=Sattlers/ Eheleiblichen Tochter/ Als Braut: Wolten am Tage ihrer Freuden/ welcher war der 7. Maii/ des 1671sten Jahres/ mit wolgemeynten Wündschen vermehren Die sämptliche Collegen des Berlinischen Gymnasiens. Zu Berlin/ Gedruckt bey Christoff Runge. Berlin 1671 (23: J. 105. 4° Helmst.; Deutsche Drucke des Barock HAB, 1988, C 1880).

Das preißwürdige Alter/ Des Weiland Hoch=Ehrenvesten/ Groß=Achtbaren und Hoch=Weisen Herrn David Reezen/ Hochverdienten Rahts=Cämmerers bey der Churfürstlichen Brandenburgischen Residentz und Veste Berlin/ wurde/ Als derselbige; Da Er im Jahr Christi 1590. den zwantzigsten Julii, frühe zwischen 8. und 9. Uhren/ diese Welt zuerst erblicket/ und in dem itzt lauffenden 1672. Jahre/ den 26. Januarii, Abends zwischen 5. und 6. Uhre/ im wahren Glauben an seinem Erlöser JEsu/ durch einen seligen Tod dieselbe wieder verlassen: Jm 82ten. Jahr seines Alters; Den darauff folgenden 4ten. Februarii, in St. Nicolai Kirche/ bey Hochansehnlicher und Volckreicher Versammlung in sein Ruhekämmerlein beygesetzet: Mit schuldigstem Nachruhm bezieret von Den sämptlichen Collegen des Gymnasii in Berlin. Berlin/ Gedruckt bey Christoff Runge. Berlin 1672 (109: Slg. GK: Sch 1/70).

Epicedium für Ursula Maria Gericke geborene Burckhardt, Ehefrau von Bartholomaeus Gericke, kfl.-brand. Kammergerichtsadvokat. An: Buntebart, Johann: Leichpredigt für Ursula Maria Gericke geborene Burckhardt. Cölln 1672. (LP StA Braunschweig, Nr. 829).

Parentatio auf Sophia Heinzelmann geb. Zieritz. An: Blumenthal, Johann: Leichpredigt auf Sophia Heinzelmann geborene Zieritz. Stendal 1674 (LB Coburg: Sche 282 Nr. 7).

Diss. physico politico-historicam de pusillae staturae hominum praeeminentia, in inaugurali quadam panegyri publice recitatam X. Cal. Ian. 1674. Berlin 1674 (Küster/ Müller, 1752, II, S. 962).

Epicedium für Johann Köppe, Bürgermeister und Handelsherr in Salzwedel. An: Beyer, Christoph Wilhelm: Leichpredigt für Johann Köppe. Halle 1698. (LP StA Braunschweig, Nr. 3226).

Literatur

PRISCUM FELICITER! Viro Clarissimo DN. SAMUELI ROSÆ, Gymnasij Berlinensis Sub-Con-Rectori, fidelissimo, Cum in Illustri Viadrinâ Anno M DC LXV. d. XII. Octob. Laureâ ornaretur PHILOSOPHICA, acclamant Fautores & Amici. COLONIÆ BRANDENBURGICÆ, Ex Officina GEORGII SCHULZII, Electoralis Typographi. (109: Slg. GK: Sch 1/59. 1); DE LAUREA PHILOSOPHICA, Qua RECTORE Magnifico (TIT.) Dn. JOHANNE PLACENTINO, Phil. M. Mathemat. Prof. Publ. &c. celeberrimo, et DECANO SPECTABILI (TIT.) Dn. JOHANNE SIMONIS, S. S. Theol. Licent. Logicæ Profess. Publ. Ordinario, In Illustri Viadrina Anni Currentis M.DC.LXV. d. Xii. Octob. coronatus est (TIT.) DN. SAMUEL ROSA, Gymn. Berlinens. Sub-ConRector, bene merentiss. gratulantur Patroni, Fautores, Amici, & Collegæ. COLONIÆ BRANDENBURGICÆ, Ex Officina GEORGII SCHULZII, Electoralis Typographi. (109: Slg. GK: Sch 1/59. 2); DITERICH, 1732, S. 233f.; KÜSTER/ MÜLLER, 1752, II, S. 962; POHLMANN, August Wilhelm: Geschichte der Stadt Salzwedel seit ihrer Gründung bis zum Schlusse des Jahres 1810, aus Urkunden und glaubwürdigen Nachrichten. Halle 1811, S. 188 u. 196; HEIDEMANN, 1874, S. 166f.; GUDOPP, 1900, S. 11 u. 20f., 1902, S. 5–8; NOHL, 1903, S. 93.

Rösner, Johann

* 1589 Lorch am Rhein
† 7. Okt. 1661 Berlin
Theologe, luth.
V Nikolaus R., Handelsmann und Bergwerker
M Barbara geb. Schönfeld
G 5 Brüder
⚭ 1617 Sidonia geb. Waldner
K 9 Kinder, 3 Söhne starben früh (Johannes Bartholomäus, Christian, Johann Christian); Gottfried R., Subkonrektor in Berlin, amtsentsetzt; Anna Sabina Weigel geb. R., Dorothea Wehling geb. R.; Maria, Sidonia und Catharina

Schulbesuch in Lorch und Amberg
1607–1610 Schulwanderschaft
1610–1613 Kantor zu Weitzenkirch o. d. Enns
1613–1616 Universität Wittenberg
1616 Pfarrer in Waltburg o. d. Enns
1616–1620 Pfarrer in Ratz (Österreich)
1620–1624 Pfarrer in Neumark (Ober-Österreich),
1624 vertrieben
1624–1630 Aufenthalt in Guben
1630–1639 Pfarrer an der Heilig-Geist-Kirche in Berlin
1639–1649 Dritter Diakon zu S. Nicolai in Berlin
1649–1651 Diakon zu S. Marien in Berlin
1651–1661 Archidiakon

Johann Rösner wurde 1589 als jüngster von sechs Brüdern in Lorch am Rhein geboren. Sein Vater Nikolaus Rösner, Handelsmann und Bergwerker daselbst, verunglückte bald nach der Geburt seines Sohnes so schwer, daß er sieben Jahre bettlägerig zubrachte und 1596 starb, als der Knabe gerade sein achtes Lebensjahr erreicht hatte. Die Mutter Barbara geborene Schönfeld mußte sich allein um die Söhne kümmern und schickte sie so bald wie möglich aus dem Haus, damit sie allein für ihren Lebensunterhalt sorgten. Johann Rösner besuchte wohl zunächst die Schule in Lorch, bis er mit 16 Jahren an das Gymnasium zu Amberg wechselte, wo er als Alumnus auf Kosten des Amberger Rates mehrere Jahre unterrichtet wurde (die biographischen Informationen nach der Leichpredigt von Martin LUBATH auf Johann Rösner 1661). 1607 begab sich Rösner auf eine dreijährige Schulwanderschaft, während der er sich »im gantzen Römischen Reich umgesehen, und das Merckwürdige aufgezeichnet« haben soll (KÜSTER/ MÜLLER, 1737, I, S. 332; leider sind Rösners Reiseaufzeichnungen – so es sie wirklich gegeben hat – nicht überliefert, in seiner Leichpredigt auf den Verstorbenen erwähnte LUBATH lediglich, daß Rösner »keinen Ort/ der von einiger wichtigkeit gewesen unbesucht gelassen«). 1610 in seine Heimat zurückgekehrt, wurde er noch im selben Jahr vom kaiserlichen Landrat Ludwig Hohenfelder aufs Kantorat nach Weitzenkirch ob der Enns berufen, welches Amt er drei Jahre inne hatte.

Am 23. Sept. 1613 immatrikulierte sich Rösner unter dem Rektorat des Juristen Erasmus Unruh (1576–1628) an der Universität Wittenberg (WEISSENBORN, 1934, 13,455). Als Professoren während seines dreijährigen Wittenberger Aufenthaltes sind namentlich die Theologen Leyser, Hutter und Meisner überliefert. Polycarp Leyser (1586–1633) hatte seit 1610 eine außerordentliche theologische Professur inne und wurde bald darauf Licentiat. Wie sein Vater, der berühmte Dresdener Hofprediger Polycarp Leyser d. Ä. (1552–1610), wirkte er mit Eifer gegen die reformierte Lehre, insbesondere seit im benachbarten Brandenburg Kurfürst Johann Sigismund 1613 zum Calvinismus übergetreten war. Nachdem Leyser 1611 zum Doctor theologiae promoviert war, übernahm er eine ordentliche theologische Professur, von der er Ende 1613 auf eine eben solche an der Universität Leipzig wechselte, so daß ihn Rösner nur wenige Wochen hören konnte. Leonhard Hutter (1563–1616) hatte 1596 zunächst eine der unteren theologischen Professuren erhalten und war 1605 auf die zweite Stelle aufgestiegen. In seinen Vorlesungen sowie in seinen publizierten Schriften dominierten kontroverstheologische Themen (man nannte ihn sogar »Professor Controversiarum«); seine 1614 verfaßte »Concordia concors« war ein Hauptwerk der damaligen theologischen Streitigkeiten. Balthasar Meisner (1587–1626) war schon 1611 als noch sehr junger Professor für Ethik nach Wittenberg berufen worden und hatte 1613 eine theologische Professur erhalten. Er las über das Altes Testament, vor allem über die Propheten, führte aber auch polemische Auseinandersetzungen mit sozinianischen Bestrebungen, die er in seinen Disputationen bekämpfte. Gleichwohl galt gerade Meisner bei aller Entschiedenheit seiner theologischen Stellungnahmen nicht als lutherisch-orthodoxer Eiferer; wiederholt benannte er Mängel in Kirche und Staat, die er in ei-

nem ganz praktisch angelegten Kollegium diskutieren wollte, was er jedoch wegen seines frühen Todes nicht mehr durchführen konnte.
Andere nicht namentlich überlieferte Wittenberger Professoren, die Rösner mit großer Wahrscheinlichkeit an der philosophischen Fakultät gehört hatte, waren Laurentius Fabricius (gest. 1629), der seit 1593 die Professur für Hebräisch bekleidete, und Erasmus Schmidt (1570–1637), seit 1597 Professor für Griechisch und Neubearbeiter der lateinischen Grammatik Melanchthons, die 1621 in den sächsischen Schulen eingeführt wurde, wo sie für eineinhalb Jahrhunderte dem Lateinunterricht zugrunde lag. 1614 bekam Schmidt auch die untere Mathematikprofessur als ordentliches Lehramt übertragen. Die Professur für Rhetorik lag seit 1597 in den Händen von Adam Theodor Siber (1563–1616), dem Sohn des berühmten Humanisten und ersten Rektors der Fürstenschule zu Grimma, Adam Siber (1515–1583); Poetik lehrte nach dem frühen Tod des überragenden Gelehrten und berühmten neulateinischen Dichters Friedrich Taubmann (1565–1613) einer seiner Schüler, nämlich Johann Rodenberg (1572–1617), der 1595 in Wittenberg die Magisterwürde erlangt hatte. 1615 erwarb er den Grad eines Licentiatus Theologiae und ging daraufhin als Prorektor ans Akademische Gymnasium nach Danzig, wo er jedoch bereits zwei Jahre später verstarb. Seine Wittenberger Professur erhielt August Buchner (1591–1661), der unter Taubmann und Rodenberg studiert hatte und sich später vor allem durch die Verbreitung der Opitzschen Dichtungsreform einen Namen machte; 1631 bekam er auch die Professur für Rhetorik übertragen. Zu erwähnen sind weiter die Professoren Johann Wanckel (gest. 1616), der seit 1606 Vorlesungen in Geschichte hielt, sowie Jakob Martini (1570–1647), seit 1601 Professor für Logik, ab 1613 zugleich auch Professor für Ethik, der für seine häufig abgehaltenen Disputationen, oft zehn hintereinander an den dafür zugelassenen Tagen, bekannt war. Die Aufzählung der Wittenberger Professoren, deren Vorlesungen Rösner vielleicht auch besucht hatte, beschließen Johann Wecker (1566–1633), seit 1593 Professor für Physik, und Ambrosius Rhodius (1577 bis 1633), der 1611 auf die erste Mathematikprofessur berufen worden war.

Da die knappen Mittel einen längeren Studienaufenthalt nicht erlaubten, mußte sich Rösner nach drei Jahren um eine feste Anstellung bemühen. Diese erhielt er 1616 als Substitutus beim alten Prediger zu Waltpurg und Reichenthal o. d. Enns im Österreichischen angetragen, zu welchem Amt er sich noch in Wittenberg ordinieren ließ. Allerdings blieb er nur ein halbes Jahr in seinem neuen Amt, denn noch im Jahre 1616 berief ihn Bartholomaeus von Dietrichstein, Freiherr zu Hohlenburg, Finckenstein und Talberg und seines Amtes Erbschenk von Kärnten, zu seinem Hofprediger in der Herrschaft Roitz (Ratz) in Österreich. Die neue Anstellung ermöglichte Rösner Eheschließung und Gründung einer Familie. Am 14. April 1617 heiratete er in Riedau Sidonia, die hinterbliebene Tochter des Zöllners zu Hohlenburg in Kärnten, Matthias Waldner, die als Waise im Hofdienst der Frau von Ecksi, einer geborenen Freifrau von Dietrichstein, stand. Der Ehe entstammten neun Kinder. Drei Söhne starben früh, so Johannes Bartholomäus im 6. Lebensjahr, Christian im 2. und Johann Christian im 5. Lebensjahr; lediglich der Sohn Gottfried überlebte seinen Vater. Von den Töchtern heiratete die älteste Anna Sabina später den Pfarrer zu Schönerlinde und Mühlenbeck, Michael Weigel; die Tochter Dorothea ehelichte den Diakon zu Potsdam, Joachim Wehling; die anderen Töchter Maria, Sidonia und Catharina waren beim Tode ihres Vaters 1661 noch unverheiratet.

Vier Jahre wirkte Rösner, der auch seine alte Mutter zu sich genommen hatte, als Hofprediger in Ratz, bis ihn 1620 Erasmus Freiherr von Starhemberg zum Prediger am S. Thomas-Stift im oberösterreichischen Neumark bestellte. Auch hier blieb Rösner vier Jahre, bis er 1624 im Zuge der Rekatholisierung der österreichischen Erblande durch Kaiser Ferdinand II. (1578–1637), zugleich Erzherzog von Österreich, aus seinem Kirchenamt vertrieben wurde. Er kam nach Guben in die Niederlausitz, wo er sechs Jahre blieb. Hier im Exil wurde auch sein Sohn Johann Christian geboren, der noch in Guben starb und in der hiesigen Kirche begraben wurde. Welche Gründe Rösner gerade nach Guben ins Exil führten, ist aus den Quellen nicht ersichtlich. Lange blieb seine Suche nach einer festen Anstellung erfolglos, so daß er mit seiner Familie von dem Ersparten leben mußte und auf die Großzügigkeit des Gubener Rates und einiger Bürger angewiesen war. Vielleicht gab es Beziehungen zu Johann → Crüger, der aus einem begüterten Elternhaus in Guben stammte und 1622 als Organist zu S. Nicolai in Berlin berufen worden war. Und vielleicht durch seine Fürsprache erhielt Rösner im Juli 1630 eine Vokation zum Pfarrer an der Heilig-Geist-Kirche in Berlin.

Bereits im 13. Jahrhundert war ein Hospital zum Heiligen Geist gegründet worden, 1319 wurde durch einen Schenkungsbrief die Kirche eingerichtet. Hatten nach der Reformation zunächst Geistliche von S. Nicolai und S. Marien die Predigten in der Heilig-Geist-Kirche verrichtet, wurde zu Beginn des 17. Jahrhunderts ein eigener Prediger angestellt. Aus Rösners Amtstätigkeit als Pfarrer an der Heilig-Geist-Kirche sind mehrere Casualia überliefert, so unter anderem zwei Epicedia für den 1635 verstorbenen kfl.-brandenburgischen Kriegsrat und Geheimen Sekretär Justus Weyler und ein separater Gelegenheitsdruck zur zweiten Eheschließung Johann Crügers 1637. Vor allem in den schweren Kriegsjahren und den Pestepidemien, die die kurbrandenburgische Residenz in jenen Jahren allein fünfmal heimsuchten, machte sich Rösner als Prediger und Seelsorger so verdient, daß er 1639 die Vokation als Dritter Diakon an die Berliner Hauptkirche zu S. Nicolai erhielt, in welches Amt er am 8. Nov. eingeführt wurde. Als 1649 der bisherige Archidiakon von S. Marien, Peter → Vehr (der Ältere), zum Propst von Berlin gewählt wurde und Diakon Johann → Berkow bald darauf zum Archidiakon vozierte, wechselte Rösner am 22. Okt. auf das nun freigewordene Diakonat an der Berliner Marienkirche. Nach dem Tode Berkows zu Beginn des Jahres 1651 stieg er schließlich zum Archidiakon auf (die bei KÜSTER/ MÜLLER, 1737, I, S. 332, mitgeteilte Nachricht, Rösner habe schon 1649 das Archidiakonat erhalten, ist falsch).

Rösners Werkverzeichnis umfaßt beinahe ausschließlich Leichpredigten und Gelegenheitsgedichte auf Amtskollegen und deren Familienmitglieder beziehungsweise auf angesehene Persönlichkeiten seines kirchlichen Amtsbezirkes. Als 1639 das erste Säkulum der Einführung der Reformation in der Mark Brandenburg feierlich begangen wurde, hielt auch Rösner eine Festpredigt. Seine Predigt »Lutherus Sincerus, der lautere Luther, d. i. Christliches Ehr= und Freuden=Gedächtniß des hohen und großen hundert=jährigen Gnaden=Werckes GOttes, Evangelischer Lutherischer Reformation in der Marck Brandenburg anno 1639, aus Joh. IV. 47–54.« wurde – mit anderen aus diesem Anlaß gehaltenen Predigten und Ehrenbezeugungen – in dem (leider nicht überlieferten) Band »Iubilaeum Evangelico-Marchicum Berlinense« (Berlin 1640) veröffentlicht.

Rösner starb am 7. Okt. 1661 in Berlin, nachdem er die beiden letzten Lebensjahre so schwer an der Gicht erkrankt war, daß er sich tragen lassen mußte. Die Leichpredigt hielt Martin → Lubath, die lateinische Abdankung Johann Ernst Pfuel (gest. 1705). Unter den Epicedia, die Rösners Amtskollegen, Gönner und Freunde verfaßten, befindet sich auch ein lateinisches Trauergedicht in acht Distichen des bekannten Kirchenliederdichters und Zweiten Diakons zu S. Nicolai, Paul → Gerhardt. Rösners Bildnis befand sich ehemals in der Kirche zu S. Marien. Unter den persönlichen Lebensdaten des vormaligen Archidiakons konnte man folgende Alexandrinerverse lesen:

»Sieh Leser dieses Bild, es wird mit Stilleschweigen
Herr ROESNERS edlen Sinn, und theure Gaben zeigen,
Hier siehst du wohl gepaart, was sonsten ist zerstreut,
Hier siehst du GOttes=Furcht, Kunst, Ehr, und Redlichkeit
Jn eines Christen Geist, hier siehst du reine Lehre
Auch unter tausend Creutz, hier hörst du GOtt zur Ehre
Den Donner seines Worts der Welt durchs Hertze gehn,
Und auch der müden Geist in vollem Troste stehn.«
(KÜSTER/ MÜLLER, 1737, I, S. 332)

Rösner Ehefrau Sidonia geborene Waldner war bereits am 6. Juli 1656 gestorben. Die Leichpredigt zu ihrer Beerdigung am 10. Juli hatte ebenfalls Martin Lubath gehalten; er und der Konrektor des Berlinischen Gymnasiums, Michael → Schirmer, verfaßten auf die Verstorbene je ein deutschsprachiges Trauergedicht. Von Rösners Kindern ist hier besonders sein am 21. Sept. 1631 geborener Sohn Gottfried zu erwähnen, der sich 1652 an der Universität Wittenberg immatrikulierte (WEISSENBORN, 1934, 52,109), dort ein Jahr später den Magistergrad erlangte und 1660 als Subkonrektor ans Berlinische Gymnasium berufen wurde. Im Mai 1661, also in einer Zeit heftigsten Streites zwischen Lutherischen und Reformierten in der kurfürstlichen Residenz, ließ er durch seine Schüler den dramatischen Actus »Das ungerechte Urteil des Pilatus« in lateinischer und deutscher Sprache aufführen. Die Passion Christi war zwar wie an anderen Gymnasien auch am Berlinischen Gymnasium in der Fastenzeit den rein rhetorischen Schulactus zugrunde gelegt worden, aber von den evangelischen Dichtern wagte sich kaum einer an eine dramatische Behandlung dieses Gegenstandes, vor der schon Luther abgeraten hatte. Namentlich die Darstellungen der Marterszenen und des Abendmahls (bei dem weder Brot noch Wein wirklich gereicht werden durften) erforderten bei so jungen Schauspielern eine äußerst sorgfältige und geschickte Inszenierung, wenn sie nicht bei frommen Zuschauern Anstoß erregen sollten.

Rösner diktierte nach dem von ihm verfaßten deutschen Text den einzelnen Schülern ihre Rollen, die diese ins Latein übersetzen mußten (die ganze Angelegenheit ausführlich bei GUDOPP, 1902, S. 16–22; hier auch der lateinische Titel: De capitis sententia ab iniquissimo praeside Pontio Pilato aequissimo orbis terrarum iudici Christo Nazareo dicata.) Während der Vorbereitung erkrankte er jedoch infolge einer Überbürdung mit Amtsgeschäften; außerdem fand er bei Rektor Jakob → Hellwig (dem Jüngeren) und den älteren Schulkollegen kaum Unterstützung, obwohl diese verpflichtet waren, ihm beratend zur Seite zu stehen. Der in Aussicht genommene Termin für eine Aufführung des Stückes in der Passionszeit konnte nicht gehalten werden; erst im Mai fand die Vorstellung im Auditorium des Berlinischen Gymnasiums statt, zunächst in Latein, am folgenden Tag in deutscher Sprache.

Schon wenige Tage nach den Aufführungen liefen Beschwerden beim Kurfürsten ein: Die Gymnasiasten, welche die Apostel Petrus und Judas spielten, sollen in schändlicher Weise geflucht haben, das Abendmahl sei enteiligt worden, die Schüler hätten für ihr Auftreten als Mägde sogar Frauenkleider getragen. Dabei wurden die Beschwerden so an den Kurfürsten herangetragen, als handelte es sich wieder um eine freche Verspottung der reformierten Kirche durch einen fanatischen Lutheraner, so daß Friedrich Wilhelm am 5. Juni eine Untersuchung durch das Konsistorium anordnete. (In derselben Verordnung wurde auch der Buchdrucker Christoph → Runge gerügt, weil er das Einladungsschreiben gedruckt und damit gegen eine Verfügung vom Jahre 1654, wonach keine theologische Schrift ohne Zensur des Konsistoriums gedruckt werden dürfe, verstoßen habe.) Das Konsistorium verhörte den Verfasser und einige mitwirkende Schüler; der ebenfalls geladene Rektor Hellwig ließ sich wegen der bevorstehenden Niederkunft seiner Frau entschuldigen und legte seine Stellungnahme zu dem Vorfall schriftlich dar. Rösner übernahm die ganze Verantwortung für den Actus, berief sich auf die Schulgesetze, die den Schulkollegen bei der Wahl des Stoffes und der Einrichtung des Spiels freie Disposition ließen, und leugnete mit Entschiedenheit, daß er »das hochheilige Gedächtnis des Leidens Christi mit liederlicher Kurzweil profaniert habe«. Trotzdem befand das Konsistorium Rösner für schuldig, er habe das Abendmahl in »unziemlicher Weise« halten lassen, um die reformierte Gemeinde »anstechen« zu wollen; auch seien »ärgerliche und abscheuliche Flüche« vorgekommen, »so ein Praeceptor der ihm anvertrauten Jugend nicht ins Maul legen, noch dem gemeinen Volke damit zu vernehmen geben sollte, wie fein er den Knaben fluchen lehrte«.

Am 18. Juli wurde Klage beim Konsistorium gegen Rösner erhoben, dieser sofort von seinem Amt suspendiert und ins Schloßgefängnis gebracht. Das Konsistorium bestrafte ihn am 27. Aug. mit »dreifacher Animadversion (harter Verweisung, Entsetzung vom Amt und gefänglichem Arrest)«. Aus der Haft schickte Rösner an den Kurfürsten ein Bittgesuch, in dem er sich als gläubiger Christ erneut rechtfertigte und den Kurfürsten bat, es bei der bisher erfolgten Bestrafung zu belassen und dem Magistrat zu gestatten, ihn wieder in sein Amt einzusetzen. Sein hochbetagter Vater richtete ebenfalls an den in Kleve weilenden Kurfürsten ein Bittgesuch, in dem er auf sein hohes Alter und die der Stadt geleisteten treuen Dienste selbst in Pestzeiten verwies.

Letzteres verfehlte nicht seine Wirkung: In einem Schreiben an den Geheimen Rat vom 13. Sept. (dem das Bittgesuch des Vaters beigefügt war) verlangte der Kurfürst, daß ihm das Urteil des Konsistoriums vor seiner Publizierung vorgelegt werde, damit er auf Grund desselben weitere Verordnungen treffen könne. Gleichzeitig ordnete er die vorläufige Entlassung des Deliquenten aus der Haft gegen eine gebührende Kaution an.

Die endgültige Entscheidung in der Sache erfolgte durch ein Schreiben vom 4. Okt., in dem der Kurfürst erklärte, »dass er den Magister Rösner in Respect seines alten Vaters nicht allein gnädigst pardonniren, sondern auch geschehen lassen wolle, dass er seine Function bei der Schulen, wann ihn der Rat wieder begehret, eingesetzt werden möge«. Doch solle Rösner den begangenen Fehler vor dem Geheimen Rat erkennen und um Vergebung bitten, auch öffentlich vor den Schülern sein Unrecht eingestehen.

Wenige Tage später, am 7. Okt. 1661, starb Rösners Vater. Der Rat von Berlin, der den Subkonrektor schon am 25. Juni vom Dienst suspendiert hatte, legte diesem nahe, trotz des kurfürstlichen Pardons auf sein Amt zu verzichten. Rösner willigte ein und wurde am 20. Nov. endgültig dimittiert (vgl. die entsprechenden Eintragungen im Protokollbuch des Rates der Stadt Berlin bei MENNE-HARITZ/ NIEMANN, 1984, S. 70f.); als sein Nachfolger wurde 1663 Samuel → Rosa eingesetzt.

Über Rösners weiteres Leben und spätere Wirksamkeit gibt es lediglich einen Beleg, und zwar eine konfessionelle Streitschrift in der Kontroverse um den Berliner Propst Georg von → Lilien, der 1665 als Lutheraner seine Unterschrift unter einen kurfürstlichen Revers, der die Tolerierung der reformierten Religion verlangte, verweigerte und amtsentsetzt wurde. Aus dieser »Copie Eines Schreibens aus Stockholm Von Eines Ehrlichen und Seeligen Diaconi Sohne aus Berlin« (Stettin 1666) geht hervor, daß Rösner eine Berufung als Prediger der deutschen Gemeinde in Stockholm erhalten hatte. [LN]

Werke

EPICEDIA Pijs manibus & Beatæ memoriæ Præstantissimi Integerrimique Viri DN. GEORGII HAHNI, Sereniss. Elect. Brandenburg. Secretarij piè defuncti. An: Vehr, Peter: Leichpredigt für Georg Hahn. Berlin 1632 (1: an 8 in: Ee 513).

Rosæ pænitentiæ, oder Buß=Rosen des Heiligen Geistes. Lüneburg 1634 (Küster/ Müller, 1737, I, S. 332).

Epicedia für Justus Weyler. An: Vehr, Peter: Leichpredigt für Justus Weyler. Berlin 1635 (Roth, 1959, I, R 443).

IN HONOREM VIRI Præstantissimi, atque Doctissimi DN. JOHANNIS CRUGERI, CANTORIS TEMPLI NICOLAITANI Berolini, SPONSI, Cum Castissima Pudicissimaque Virgine ELISABETHA Schmiedin/ etc. Ad secunda vota ... fæliciter accedentis. Faustæ gratulationis ergà F. JOHANNES ROSNERUS, V. D. M. I. Æ. Sp' St. Berl. BEROLINI, TYPIS GEORGI RUNGI, Anno M.DC.XXXVII. Berlin 1637 (109: Slg. Gk: Sch 1/191).

Epicedium für Nikolaus Elerd, Propst in Berlin. An: Berkow, Johann: Leichpredigt für Nikolaus Elerd. Berlin 1637. (LP StA Braunschweig, Nr. 1133).

SACRUM NUPTIALE, VIRO Clariß. Excellentiß. et Consultiß. DN: BALTHASARI FÜNSTERO, J. U. D. REVERENDISS: ET ILLUSTRISS: DN: DN. ADAMI, COMITIS à Schwartzenberg/ S. Johannis per Marchiam, Saxoniam, Pomeraniam atque Vandaliam MAGISTRI, Domini in HohenLandsberg & Chimborn/ &c. &c. Consiliario conspicuo, secundùm SPONSO; Nec non Virgini Nobili, Castissimæ, Pudicissimæque ANNÆ-SABINÆ, Viri Nobil: Magnifici, Ampliß: et Excellentiß: Dn. PETRI Fritzen/ J. U. D. celeberr: Comit: Palat: Cæsar: Sereniss: Elect: Brandenb. Consiliarij, & S. Consistorij Præsidis Spectatissimi Filiæ, SPONSÆ. Destinatum & peractum à Fautoribus, Amicis & Clientibus, Die 28. Octob. An: 1639. BEROLINI, TYPIS RUNGIANIS. Berlin 1639 (109: Slg. GK: Cg 51. 2/1).

Io. Rosneri Lutherus Sincerus, der lautere Luther, d. i. Christliches Ehr= und Freuden=Gedächtniß des hohen und großen hundert=jährigen Gnaden=Werckes GOttes, Evangelischer Lutherischer Reformation in der Marck Brandenburg anno 1639, aus Joh. IV. 47–54. In: Iubilaeum Evangelico-Marchicum Berlinense, 1640. Berlin 1640 (1: Tc 4400 ehem.; 1: Tc 4401 ehem.; 1: Tc 4401ª ehem.; Küster/ Müller, 1737, I, S. 332f.).

Epicedium für Ursula Tonnenbinder geborene Krappe verwitwete Merten, Ehefrau von Joachim Tonnenbinder, Apotheker und Handelsherr in Berlin. An: Lilien, Georg von: Leichpredigt für Ursula Tonnenbinder geborene Krappe verwitwete Merten. Berlin 1641 (LP StA Braunschweig, Nr. 3379).

COROLLÆ GAMICÆ, Viro Clarissimo & Literatissimo DN. EMANUELI VULPINO, SCHOLÆ Spandoviensis Rectori digniss: SPONSO, et Virgini pientissimæ, pudicissimæ & lectissimæ GERTRUDI, VIRI Reverendi Clariß: et Doctiß: Dn: MATTHÆI Rosenthals/ Palæo-Landsbergæ Pastoris vigilantiss: dilectiss: Filiæ, SPONSÆ, Prono affectu in debitum honorem plexa' et nexa'. A Fautoribus & Amicis. BEROLINI, TYPIS RUNGIANIS, Anno 1643. Berlin 1643 (109: Slg. GK: Cg 216. 1).

BONA OMINA NUPTIIS AUSPICATISSIMIS Admodum Reverendi et Clarissimi VIRI Dn: M. JOACHIMI FROMMII, AD D. Nicolai Archidiaconi, ut meritissimi ita & vigilantissimi SPONSI, Nec non Lectissimæ, pientissimæque Virginum SABINÆ Bartholdin/ Viri Amplissimi, Consultissimique Dn. ANDREÆ Bartholds/ Cameræ Electoralis Brandenb. Advocati non è postremis, sed primi, & Senioris FILIÆ, SPONSÆ, Prolixissimo affectu, A Fautoribus, Collegis & Amicis NUNCUPATA. BEROLINI, Typis Rungianis, Anno 1643. Berlin 1643 (109: Slg. GK: Sch 1/22).

Epicedium für Balthasar Fünster. An: Fromm, Joachim: Leichpredigt für Balthasar Fünster. Berlin 1648 (1: an 20 in: Ee 510).

Epicedium für Eva Maria Hoffmann geborene Fritz. An: Fromm, Joachim: Leichpredigt für Eva Maria Hoffmann geborene Fritz. Berlin 1648 (1: an 7 in: Ee 518).

Epicedium für Samuel Hoffmann. Berlin 1649 (Leichenpredigten Liegnitz, 1938, S. 213).

Epicedium für Martin Stromann, Propst in Bernau. An: Vehr, Peter: Leichpredigt für Martin Stromann. s. l. 1650. (LP StA Braunschweig, Nr. 6604).

Ita novos Honores VIRO Perquàm Reverendo, Amplissimo, Præ-Clarissimo DOMINO M. PETRO VHER, ECCLESIARUM BEROLINENSIUM Præposito-& Inspectori Vicinarum meritissimo, S. Ministerii ibid. quoque Seniori honoratissimo. Quum Hagio-Synedrii Electoralis Brandenburgici ADSESSOR declararetur, Dn. Fautori, Fratri ac Patrono suo devotê colendo gratulantur. Mens. Septembris, Anno M DC LI. BEROLINI, Prælo Rungiano. Berlin 1651 (109: Slg. GK: Sch 1/35).

MISSUS POETICUS in Nuptiis auspicatissimis VIRI Excellentissimi Clarissimi atque Experientissimi DOMINI THOMÆ PANCOVII, DOCTORIS MEDICI, ET PRACTICI BERLINENSIS, cum VIRGINE Lectissimâ, virtutibusque Virgineis perquam conspicuâ CATHARINA, VIRI Amplissimi, Excellentissimi et Consultissimi, DN. JOHANNIS BERCHELMANNI, J. U. L. & Statuum provincialium in Electoratu Brandenb. cis Viadrum Syndici & Quæstoris fidelissimi, dilectissimâ FILIA, BEROLINI pridie Martini celebratis, Mensæ secundæ surrogatus à PATRONIS, PROPINQUIS, FAUTORIBUS, AMICIS. Literis RUNGIANIS. Berlin s. a. [1651] (109: Slg. GK: Cg 144).

Epicedium für Johann Berkow, Archidiakon zu S. Marien. An: Vehr, Peter: Leichpredigt für Johann Berkow. Berlin 1651. (LP StA Braunschweig, Nr. 386).

VOTA NUPTIIS M. JOHANNIS HEINZELMANI, GYMNASII BEROLINENSIS RECTORIS ET SOPHIÆ ZIRIZIÆ OBLATA A FAUTORIBUS QVIBUSDAM ET AMICIS. Berlin 1652 (109: Slg. GK: Cg 76. 4).

FOEDUS AMORUM SOLEMNI NUPTIARUM DN. GABRIELIS LUTHERI ET VIRG. ANNÆ ROSINÆ VVEISIÆ Sacrum Auspicatum vovent atque diuturnum Fautores & Amici. BEROLINI Typis RUNGIANIS, Anno 1655. Berlin 1655 (109: Slg. GK: Cg 121. 6).

EPICEDIA in Obitum NOBILISS. ET CONSULTISSIMI VIRI DOMINI ERASMI SEIDELII, JCTI. Et in Secretissimo Electoris Brandenburgici Consilio Senatoris haut postremi scripta â DOMINIS AMICIS ac FAUTORIBUS SINGULARIBUS. M.DC.LV. BEROLINI, Exprimebat Christophorus Runge. Berlin 1655 (1a: Av 14162).

Epicedium für Hans Dietrich von Röbel. An: Weigel, Michael: Leichpredigt für Hans Dietrich von Röbel. Berlin 1655 (1: an: 16 in: Ee 530).

Perge, Lector erudite & benevole, & lege sis Funebres hosce modos Musarum Patronorum, Favitorum et Cultorum Prosequentium & Cohonestantium Obitum properum, sed prosperum VIRI Clarißima et Spectabili Dignitate, integra fide et Officio, DN. ERNESTI Pfuel/ J. U. D. Dicasterij Brennopyrgici Advocati, Comitis recèns Palatij Cæsarei, nunc DEI in fulgentissima Beatorum sede cum omnium sanctorum Angelorum splendidissimô Comitatu & applausu facti Placeat hoc monumentum, qvod in animis optimê sentientium atque ex sese virtutem verumque laborem æstimantium erigitur. Berlin 1656 (1: an: 21 in: Ee 526).

EPICEDIA MUSARUM LUGENTIUM. piis & beatis Manibus Viri Reverenda et Clarissima Dignitate, Eruditionis laude vitæque sanctimonia commendatissimi, DN. M. PETRI VHERII, Hagiosynedrii Elector. Brandenburg. Assessoris & Præpositi Berolinensis Meritissimi, Ministerii Senioris. Desecrat. Non debet mors eorum, quorum vita laudatur, silentio præteriri. Cicero. s. l. e. a. [ohne Impressum; Berlin 1656] (109: Slg. GK: Sch 1/42).

»Res est grata Deo, simul & res grata senectus ...« [Epicedium]. In: Lilius, Georg: Chur Brandenburg: Vice Cancellärn H. Andr. Kohls I. C. Seel. ged. Andenck=Seule 1656 [Bl. 1]. GAUDIUM IN DOMINO, de Animae vestimento Die Herrn=Freudt/ übern Seeln=Kleidt Aus Esaias Propheten=buch/ im LXI Cap. Bey Christlich= Edler Leichbegängknüß/ Deß Weyland WolEdlen/ Großacht=bahren/ Hochgelarten/ Herrn Andreas Kohl: ICTI, Churfürstl. Durchläucht: zu Brandenburgk: Hoff= vnd Cammer=gerichts=Raths/ auch Vice=Cancellärn: Seelged. [...]. Helmstadt/ Gedruckt bey Henning Müllern/ Anno 1656. (1: Ee 519, 8).

LACRYMÆ POSTHUMÆ HONORI SUPREMO Viri Reverendi. Plurimum et Ampliſsimi DOMINI M. JOACHIMI FROMMI, Archidiaconi Nicolaitani & Senioris Ministerii Berlino-Coloniensis, Emeriti THEOLOGI JUSTI, SANCTI, INCUL-pati, Recti, jam benè beateque habentis in Patriâ, Inde â IV. Kal. Maij MDCLVII. fatali, Viæ, et Gratiæ regni. AFFUSÆ AB AMICIS QUIBUSDAM, COLLEGIS, ET FAUTORIBUS. Berolini Typis Rungianis. Berlin 1657 (1: 17 in: Ee 510).

Querulus Davidis gemitus, Davids hertzliche Klage über schmertzliche Plage, das ist Christliche Leich=Predigt aus Ps. CII. 1–9. bey Beerdigung Jacob Hoffmanns des Aeltern, Churf. Brandenb. und der löblichen Landschafft Ziesemeisters in Berlin. Berlin 1658 (1: 4 in: Ee 543; Küster/ Müller, 1737, I, S. 333).

Epicedium für Friedrich Ludwig Zarlang. An: Pfuel, Johann Ernst: Epicedium für Catharina Elisabeth Zarlang. Berlin 1660 (1: an 4 in: Ee 543).

CIPPUS Immortalitati ac Memoriæ Posthumæ Matronæ Pietate aliisque Sexus sui Virtutibus instructissimæ ANNÆ FLORINGIÆ, Viri Amplissimi, Consultissimi ac Cl. Dn. M. GEORGII VVEBERI, Reipubl. Berlinensis Consulis Gravissimi, omnique bono Meriti, Conjugis desideratissimæ, Cum illa, Deposita Feliciter Prid. Kl. Febr. Mortalitatis Sarcina, Mentem Divinam Deo reddidisset, Mœstissimusque Viduus Relictas Exuvias Solemni Ceremonia componeret, IV. Eid. Feb. A. O. R. M DC LXI. Erectus à Fautoribus Magnis ac Amicis desideratissimis. An: Gerhardt, Paul: Leichrede für Anna Weber geborene Flöring. Wittenberg 1661 (1: an 5 in: Ee 1550).

AMARITIES REGIS HISKIÆ AMARISSIMA, Das ist: Bittere Klag/ über Seelen Plag/ am Todes Tag. Aus den schönen Trost= und geistreichen Worten des Propheten Esaiæ am 38. Cap. v. 17. Sihe/ umb Trost war mir sehr bange/ du aber hast dich meiner Seelen hertzlich angenommen/ daß sie nicht verdürbe/ denn du wirffest alle meine Sünde hinder dich zurücke. Bey Christlicher und ansehnlicher Leichbegängniß Der WolErbarn/ Ehr- und Viel=Tugendsamen Fr. Ursulae Moysinn/ Des WolEhrenvesten/ VorAchtbaren und Wolvornehmen Hn. Christian von der Linden/ der löbl. Landschafft wolbestalten Rentmeisters liebgewesenen Haus=Ehr. Welche den 23. Tag Martii gegen 11. Vhr in der Nacht selig im HErrn verschieden/ und darauf Donnerstags nach LÆTARE, war der 28. Martii in volckreicher Versamlung/ ehrlich in der St. Marien Kirchen in Berlin zur Erden bestättiget. Einfältig erkläret und außgeleget/ Durch JOHANNEM ROSNERUM, der Zeit selbiger Pfarrkirchen Archidiaconum. Berlin/ Gedruckt bey Christoff Runge. Berlin 1661 (1: 15 in: Ee 523; Küster/ Müller, 1737, I, S. 333).

Christliche Trauer=Gebühr/ Auff Der gottseligen Matron/ Der VielEhr= und Tugendreichen/ Fr. Ursulen Moysin/ Des WolEhrenvesten/ GroßAchtbarn und Hochbenambten Herrn Christian von der Linde/ Der Löblichen Churfürstl. Brandenb. Landschafft wolverordneten Rentmeister Ehegeliebten Haus=Frau/ Seliges Absterben/ Vnd Leichbegängnüß. Bezeiget Von Etlichen guten Freunden. Berlin 1661 (1: an 15 in: Ee 523).

Literatur

LUBATH, Martin: ORTHODOXUS VERBI MINISTER, Oder Wie des Propheten Jeremiæ Wort verdeutscht lauten im XVII. Cap. v. 16. 17. Was ich geprediget habe/ das ist recht für dir &c. Bey Christlicher/ Wolvornehmer und Volckreicher Leichbegängnüß Des weiland WolEhrwürdigen/ in GOtt Andächtigen/ Großachtbarn und Wolgelahrten Herrn JOHANNIS ROSNERI, Treufleißigen Lehrers und Predigers von Anno 1616, bis Anno 1661, und also insgesampt 45. bey diesen sämptlichen Berlinischen Kirchen aber 31. Jährigen wolverdienten Predigers/ und bey St. Marien Kirch Archi-Diaconi, Meines insonders Hochgeehrten Herrn Gevattern und liebwerthen/ vertrauten Collegens, Welcher sanfft und selig im HErren entschlaffen den 7. Oct. als den Montag nach dem XVII. Trinit. umb 12. Vhr zu Mittag/ Anno 1661. Vnd darauff folgenden Sontag/ als den XVIII. Trinit. in der PfarrKirchen zu St. Marien der Churfürstlichen Residentz Berlin/ wol beerdiget worden/ seines Alters 72. Jahr/ 10. Wochen/ 3. Tage. Auff Begehren geprediget und auffgesetzt von M. MARTIN LUBATH. Jn Wittenberg/ gedruckt bey Johann Borckarden. Wittenberg 1661 (1: 2 in: Ee 531); PFUEL, Johann Ernst: Verba novissima quibus Pl. Reverendum et Clarissimum VIRUM, DN. JOHANNEM ROSNERUM nostras has sedes cum cælestibus commutantem In Panegyri prosequebatur Joh. Ern. Phuel. Wittenberg 1661 (1: an 2 in: Ee 531); EPICEDIA-SAMMLUNG (1: an 2 in: Ee 531); SCHMIDT, 1731a, S. 33 u. 51f.; KÜSTER/ MÜLLER, 1737, I, S. 332f.; 1752, II, S. 953; HEIDEMANN, 1874, S. 162; GUDOPP, 1902, S. 16–22; FISCHER, 1937, S. 16; MENNE-HARITZ, Angelika/ NIEMANN, Arnold: Paul Gerhard und die lutherische Opposition in Berlin. In: Jahrbuch für brandenburgische Landesgeschichte 35 (1984), S. 63–91, hier S. 70f.

Runge, Christoph

* 1619 Berlin
† 11. Dez. 1681 Berlin
Buchdrucker, Kirchenlieddichter, luth.
V Georg R. (gest. 1638), Buchdrucker
∞ I. Tochter des Rats- und Handelsherrn Christian Sigmund Fischer;
II. Sidonie (gest. 1671), Tochter des Johann Rösner, Archidiakon S. Marien;
III. seit 14. Mai 1674 mit Marie Catharina, Tochter des Pfarrers der Prenzlauer S. Nikolai-Kirche Peter Thesendorff

1639 Universität Frankfurt/O.
1644 Buchdrucker in Berlin

Christoph Runge entstammte einer alten Buchdruckerfamilie, die 1606 auf den Ruf des Kurfürsten Joachim Friedrich aus der Neumark in die brandenburgische Residenz gekommen war. Sein Vater Georg hatte am 19. Dez. 1621 das kurfürstliche Privileg des Großvaters bestätigt bekommen, das ihm allein den Buchdruck in Berlin gestattete; als er 1638, kurze Zeit bevor sein Sohn die brandenburgische Landesuniversität in Frankfurt an der Oder bezog, starb, übernahm seine Frau Verlag und Druckerei und führte sie bis 1644 weiter. Für die folgenden 37 Jahre lenkte Christoph die Geschicke des Unternehmens und druckte Edikte, Mandate, Hof-, Steuer- und Gerichtsordnungen, Predigten, Kirchen- und Schulschriften sowie wissenschaftliche Werke und eine große Anzahl von Gelegenheitsschriften. Allerdings reichten die Druckaufträge bis zum Ende der fünfziger Jahre nicht aus, um die Druckerei aus den roten Zahlen zu führen, so daß Runge 1654 ein dreijähriges Moratorium für seine Schulden bewilligt wurde. Zur wirtschaftlichen Konsolidierung der Offizin trugen dann der Druck der Berliner Zeitung und des Berliner Gesangbuchs, das bis zum Tode Runges 22 Auflagen erreichte, maßgeblich bei.

Seit 1617 erschien in Berlin ein titelloses Wochenblatt, eine der frühesten deutschen Zeitungen überhaupt. Vertrieben wurde sie durch den kurfürstlichen Botenmeisters Christoph Frischmann (gest. 1662), und sie wurde vermutlich durch den einzigen Berliner Drucker jener Jahre, Georg Runge, hergestellt. Als Frischmann 1655 die Redaktion der Zeitung aus Altersgründen niederlegte, übernahm Runge auch die Herausgeberschaft, die ihm durch ein Privileg zum Avisen-Druck vom 1. Okt. 1668 nochmals bestätigt wurde. Seitdem vermittelte der Botenmeister nur noch die Versendung der Blätter und erhielt dafür eine Vergütung. Die Zeitung aus Runges Druckerei erschien unter den wechselnden Namen »B. Einkommende Ordinar- und Postzeitungen« (1655), »Berlinische Extraordinari Zeitungen« (1659), »B. Einkommende Ordinari (-) und (-) Postzeitungen« (1665), »Mittwochischer MERCURIUS, zur … Woche 16 … gehörig« (1661–1671), »Sonntagischer MERCURIUS, zur … Woche 16 … gehörig« (1666 bis 1671), »Eingekommener Zeitungen Mittwochische FAMA« (1677), »Ankommener Donnerstagischer RELATIONS-MERCURIUS« (1677), »Eingekommener Zeitungen Sonntagische(r) bzw. Dienstagische(r) POSTILLON« (1677), »Dienstags- und Mittwochs-Appendices« (1680), »Eingekommener Zeitungen Sonntagische FAMA« (1681) und wechselndem Umfang von zwei bis zehn Blättern. Die Nachrichten, die Runge in diesen Zeitungen abdruckte und die in den ersten Jahrzehnten relativ wenige »Berlinische Neuigkeiten« enthielten, flossen ihm dabei vorwiegend auf den kurfürstlichen Postwegen zu. Seit 1646/47 hatte man in Brandenburg damit begonnen, das Postwegenetz wesentlich auszubauen, und davon profitierte auch der Herausgeber der Berliner Zeitungen, der die für ihre Zeit schnellen Verbindungen, die von Tilsit über Königsberg, Danzig, Berlin bis nach Cleve an den Niederrhein und von Hamburg bis Regensburg und Prag führten, nutzen konnte, um seinen Lesern möglichst aktuelle Informationen aus vielen Gegenden des Reichs zu bieten. Der Zeitungsdruck wurde von Zensoren überwacht, und gemäß einer Anordnung des Kurfürsten an den Sekretär Fischer hatten sie darauf zu achten, »ehe vnd wan solche Zeitung aufgelegt werden, dieselben vorweisen zu lassen, sie fleißig durchzusehen und acht zu haben, damit nicht etwas praejudizirliches darin exprimiret werden möge«.

Trotz dieser Aufsicht kam es mehrfach zum Abdruck »praejudizirlicher« Nachrichten, die dann jeweils ein kurzfristiges Verbot der Zeitung nach sich zogen. Auseinandersetzungen mit der Zensurbehörde hatte Runge aber auch mit anderen Publikationen aus seiner Presse, so u. a. mit dem Druck von Gottfried Rösners Schulkomödie »Das ungerechte Urteil des Pilatus« (1661), worauf er wegen Umgehung der Zensur zu einer Strafe von 200 Talern verurteilt wurde.

Anfang der sechziger Jahre erwuchs der Druckerei Runges Konkurrenz durch Georg Schultze (gest. 1685), der einst bei Runge seine Lehre absolviert hatte und nun eine zweite Druckerei in Berlin eröffnete. Er wurde am 17. Juni 1664 privilegiert und erlangte durch die Fürsprache des kurfürstlichen Bibliotekars Johann Raue (1610–1679) seine Ernennung zum Drucker der damals neu eröffneten Hofbibliothek. Er bekam, weil er billiger als Runge war, die amtlichen Aufträge und hatte der besseren Überwachung wegen seine Pressen im kurfürstlichen Schlosse, bei der Bibliothek im sogenannten Apothekerflügel aufzustellen. Trotz jahrelangen Widerspruchs des älteren Konkurrenten legte er sich unter Duldung der Behörden den Titel eines kurfürstlichen Hofbuchdruckers, um den sich Runge seit 1653 immer wieder vergeblich beworben hatte, selbst bei. Runge war eng befreundet mit dem Kantor an S. Nikolai Johann → Crüger, der viele seiner geistlichen Lieder vertonte. Mit seinen Kirchenliedern, die als Kunstgattung nicht nur durch Paul → Gerhardt ein hohes Ansehen erworben hatten, wirkte er viele Jahrzehnte. In manches dieser Lieder ist auch seine sehr persönliche Erfahrung des Leidens eingeflossen, wie er sie schon in früher Jugend erfahren hatte und die er auch durch das Schreiben zu bewältigen hoffte: »Der Haß des Glückes/ so meine schwache Jugend verfolget: Der Neid/ die Hinderung guter Wissenschafft: Ja die Dürfftigkeit/ eine geharnischte Bestreiterin der Tugend/ haben mir endlich noch dieses wenige gelassen.« (Vgl. Sieben New auffgeführte Ehren=Thore ..., 1650, Vorrede.) [JS]

Werke

PRAXIS PIETATIS MELICA. Das ist: Übung der Gott=Seligkeit In Christlichen und Trostreichen Gesängen: Zusammen getragen Von Johanne Crügero, Direct. Musicus. Cum Gratia et Privilegio Ser. Electoris Brandenburgici. Zu Berlin/ Gedruckt und verlegt von David Salfelds Sel. Witwe/ 1690. 4°. [24. Aufl.; 1. Aufl. 1647]. (1: Eh 7220; zitiert: P. P. M., 1690).

»Ach daß doch mein Heiland käme ...« (P. P. M., 1690, S. 1104; 1672 u. ö.).
»Ach Herr Jesu, wie viel wir sind ...« (P. P. M., 1690, S. 1220; 1664 u. ö.).
»Dein Wort gieb rein in unser ...« (P. P. M., 1690, S. 1580; 1666 u. ö.).
»Der Glaube macht allein gerecht ...« (P. P. M., 1690, S. 444; 1672 u. ö.).
»Der Herr hat alles wohlgemacht ...« (P. P. M., 1690, S. 862; 1664 u. ö.).
»Des Höchsten Kind trug wahrlich ...« (P. P. M., 1690, S. 443; 1664 u. ö.).
»Du betrübte, müde Seele ...« (P. P. M., 1690, S. 363; 1664 u. ö.).
»Du hast auf unsern Wegen ...« (P. P. M., 1690, S. 45; 1672 u. ö.).
»Du hast mich abermahl erhört ...« (P. P. M., 1690, S. 845).
»Du, welchen meine Seele liebt ...« (P. P. M., 1664 u. ö.).
»Ermuntre nun dich abermal ...« (P. P. M., 1690, S. 14; 1664 u. ö.).
»Errette mich, mein Leben ...« (P. P. M., 1690, S. 1233; 1672 u. ö.).
»Es denkt die sichre rohe Welt ...« (P. P. M., 1690, S. 437).
»Es sagt das Heil der Sünder ...« (P. P. M., 1690, S. 1236; zuerst 1672 u. ö.).
»Es sei uns gnädig Gott, der Herr ...« (P. P. M.,1690, S. 519).
»Gerechter Gott, wenn wird einmal ...« (P. P. M., 1690, S. 289; 1661 u. ö.).
»Groß ist die Qual, o Herr ...« (P. P. M., 1690, S. 332; 1656 u. ö.).
»Hast du Angst im Herzen ...« (P. P. M., 1690, S. 345; 1666 u. ö.).
»Herr Christ der jüngste Tag ...« (P. P. M., 1690, S. 1426; 1672 u. ö.).
»Herr Christ, die Sonne scheint nicht mehr ...« (P. P. M., 1690, S. 133; 1666 u. ö.).
»Herr Jesu, weil ich jetzo soll ...« (P. P. M., 1690, S. 1397; 1664 u. ö.).
»Herr, in meinem Herzen ...« (P. P. M., 1690, S. 405; 1672 u. ö.).
»Herr, mein Gott, erhör mein Flehen ...« (P. P. M., 1690, S. 214).
»Herzliebster Jesu, du hast uns bewahret ...« (P. P. M., 1690, S. 96; 1672 u. ö.).
»Hier liegt, den meine Seele liebt ...« (P. P. M., 1690, S. 530; 1666 u. ö.).
»Ich bisher elende Seele ...« (P. P. M., 1690, S. 535; 1664 u. ö.).

»Ich, der Heiland aller Sünder …« (P. P. M., 1690, S. 408; 1672 u. ö.).
»Ich elender Mensch und Knecht …« (P. P. M., 1690, S. 410; 1664 u. ö.).
»Ich schreie Tag und Nacht zu dir …« (P. P. M., 1690, S. 208).
»Ich will gar gerne sterben …« (P. P. M., 1690, S. 1324; 1672 u. ö.).
»Ich will zu Gott erheben meine Stimm …« (P. P. M., 1661 u. ö.)
»Jesu meine Liebe …« (P. P. M., 1690, S. 858, 1661 u. ö.).
»Jetzt bricht der Sonnen Glanz herfür …« (P. P. M., 1690, S. 44).
»Laß uns inbrünstig treten …« (P. P. M., 1690, S. 589; 1664 u. ö.).
»Laßt Furcht und Pein weit von …« (P. P. M., 1656 u. ö.).
»Kaum bin ich aufgewacht …« (P. P. M., 1690, S. 55; 1672 u. ö.).
»Mein Herz, du bist jetzt aufgewacht …« (P. P. M., 1690, S. 46, 1666 u. ö.).
»Mein Herz, du willst zur Ruhe gehen …« (P. P. M., 1690, S. 136; 1664 u. ö.).
»Mein Trost, auf den ich allzeit richte …« (P. P. M., 1690, S. 56; 1672 u. ö.).
»Nun will ich auch abscheiden …« (P. P. M., 1690, S. 1379; 1664 u. ö.).
»O daß ich nichts wäre …« (P. P. M., 1690, S. 349; 1666 u. ö.).
»O Geduld, du Zier der Gaben …« (P. P. M., 1690, S. 1103).
»O Herr Jesu, der du wachtest …« (P. P. M., 1690, S. 145; 1666 u. ö.).
»Schaffet daß ihr seelig werdet …« (P. P. M., 1690, S. 1097; zuerst 1664 u. ö.).
»Sei nicht stolz, o liebe Seele …« (P. P. M., 1690, S. 1100; 1664 u. ö.).
»Ursprung wahrer Freuden …« (P. P. M., 1690, S. 767; 1664 u. ö.).
»Vater, liebstes Vaterherze …« (P. P. M., 1690, S. 353; 1664 u. ö.).
»Was ist der Mensch auf dieser Welt …« (P. P. M., 1690, S. 1364; 1661 u. ö.).
»Was willst du, mein Herz, anfangen …« (P. P. M., 1690, S. 53; 1672 u. ö.).
»Waschet euch, ihr Volk der Sünden …« (P. P. M., 1690, S. 342; 1664 u. ö.).
»Weil daß, Herr Jesu, nun der Schlaf …« (P. P. M., 1690, S. 105; 1678 u. ö.).
»Wer will, was Gott auserwählet …« (P. P. M., 1690, S. 439; 1664 u. ö.).
»Wie oft muß zu mir sprechen …« (P. P. M., 1690, S. 1226; 1672 u. ö.).
»Wir legen uns nun schlafen hin …« (P. P. M., 1690, S. 149; 1666 u. ö.).
»Zu dir ruf ich in Nöthen …« (P. P. M., 1690, S. 1237; 1672 u. ö.).
»Hei mihi ! feralem cogor deducere versum …«. [Epicedium auf den Tod seiner Schwester Catharina]. In: Himlischer Brautschatz/ Welchen alle fromme Tugendreiche Jungfern/ Vnd ins gemein alle liebhaber JEsu Christi/ im ewigen Leben zuerwarten/ Vnd wie sich ein jedweder darzu bereit vnd gefast halten sol. In einer christlichen Leichpredigt/ zu seligen nachgedechtniß vnd Ehren/ Dem Erbarn vnd Tugendsamen Jungferlein/ Catharinae Rungen/ Deß Ehrnvesten/ Achtbarn vnd kunstreichen Herrn GEORGII Rungen/ Churf. Brand. bestalten Buchdruckers/ hertzgeliebten Tochter/ in St. Marien Kirche den 10. Novembris Anno 1631. gehalten/ Auß dem Evangelio Matth. 25. v. I. & seqq. Offenbahret Durch NICOLAVM Elerdt/ Archidiaconum ernandter Kirche in Berlin. Gedruckt zu Berlin/ durch Georg Rungen. s. a. [1631]. (1: Ee 531, 12).

Sieben New auffgeführte Ehren=Thore/ Voller Trewen Entwerffungen: Unterthänigst Bey Churfürstlichem Eynzuge 1650. Entgegen gestellet/ Dem Duchläuchtigsten/ Hochgebornen Fürsten und Herrn/ Herrn Friedrich Wilhelmen/ Marggraffen zu Brandenburg/ des Heil. Römischen Reichs ErtzCämmerern und Churfürsten: Zusampt Dero Hochliebsten Gemahlin/ Der auch Durchläuchtigsten/ Hochgebornen Fürstin und Frawen/ Frawen Louysen/ Geborner Princeßin von Uranien: Hertzogen und Hertzoginnen zu Magdeburg/ in Preussen/ zu Gülich/ Cleve und Berge/ Stetin Pommern/ der Cassuben und Wenden/ auch in Schlesien/ zu Crossen und Jägerndorff: Fürsten und Fürstinnen zu Halberstadt und Minden: Burggraffen und Burggräffinnen zu Nürnberg: Graffen und Gräffinnen zu der Marck und Ravensberg: Herrn und Frawen zu Ravenstein/ etc. Meinem Gnädigsten Churfürsten und Herrn: Meiner Gnädigsten Churfürstinnen und Frawen. s. a. [1650]. (1: YI 4246 R; jetzt KBJ).

(Hg.): D. M. Luthers Vnd anderer vornehmen geistreichen vnd gelehrten Männer Geistliche Lieder vnd Psalmen. Auff sonderbarem Jhrer Churfürstl. Durchlaucht. zu Brandenburg, Meiner gnädigsten Churfürstin vnd Frauen Gnädigstem Befehl, Zu Erweckung mehrer Andacht bey frommen Hertzen zusammen getragen. Darin die fremde vnd zum Theil annoch vnbekannte Lieder, mit ihren nothwendigen Melodien versehen. Zu Berlin, Gedruckt vnd verlegt von Christoff Runge, Jm 1653 Jahr. (Vgl. Bachmann, 1856, S. 31; MGG, 1952, II,

Sp. 1804; Kemp, 1975, S. 46f.; neu bearbeitet, mit einem biographischen Vorwort von C. Irenäus, erschien 1880 (Verlag L. Schleiermacher, Berlin) u. d. T.: Andachtsbuch Luise Henrietten's von Brandenburg ... Auf ihren Befehl zusammengetragen und herausgegeben von Christoph Runge im Jahre 1653).

Krone der Gerechtigkeit aufgesetzet ... der Fürstin Louisen ... Markgräfin zu Brandenburg ... als selbige ... ihren Abschied von dieser ... Welt genommen. Cölln an der Spree 1667. 2°. (1: St 5892 ehem.).

Christoff Rungens Fünf und zwanzig Geistliche Parodien Ueber Martini Opitii Fünf und zwanzig Weltliche Oden, Nebst Einigen andern mehr Gesängen. Berlin, Gedruckt im Jahre M DCLXII. In: Praxis Pietatis Melica. ... Nunmehro bis in 710 Gesängen vermehret ... Editio XIII. Zu Berlin gedruckt und verlegt von Christoff Runge, Anno 1667. (Bachmann, 1856, S. 99).

Literatur

Aus dem Parnasso Poetische Gesandschafft An den Bräutigam Hrn. Christoff Rungen/ Und Jungf. Sidonien Rösnerin/ Auff deren beyderseits den 26. Novembr. 1662. zu Berlin angestellten Hochzeitsfest abgefaßt und übereignet Von M. Michael Schirmern/ Käys. Poeten. (1a: Yi 1611 R); MATTHIAS, Wilhelm Heinrich: Darstellung des Postwesens in den königl. Preußischen Staaten. Bd. 1–3. 2. Aufl. Berlin 1816; BACHMANN, 1856; CONSENTIUS, Ernst: Die Berliner Zeitungen bis zur Regierung Friedr. d. Großen. Berlin 1904; FISCHER, Albert: Das deutsche evangelische Kirchenlied des 17. Jahrhunderts. Vollendet und hg. von W. Tümpel. Gütersloh 1904–1916 (Nachdruck Hildesheim 1964), Bd. III, S. 463ff.; POTTHAST, August: Geschichte der Buchdruckerkunst zu Berlin im Umriß. Für den Verein Berliner Buchdruckerei – Besitzer herausgegeben von Ernst Crous. Berlin 1926, S. 21f.; CROUS, Ernst.: Der Werdegang des Berliner Buchdrucks. Berlin 1929; DEININGER, Friedrich: Die erste Berliner Zeitung und ihre Nachrichtenbeschaffung (1617–1626). Phil. Diss. Berlin 1939; Die deutschen Zeitungen des 17. Jahrhunderts. Ein Bestandsverzeichnis mit historischen und bibliographischen Angaben. Zusammengestellt von Else BOGEL und Elger BLÜHM. Bremen 1971, Bd. I, S. 16ff., Bd. III, S. 29ff.; BENZING, 1982, S. 51; LAMINSKI, Adolf: Die älteste Berliner Zeitung in der Nikolaibibliothek zu Berlin. In: Zentralblatt für Bibliothekswesen, Heft 103, Berlin 1989, S. 114–117; DERS.: Weitere Entdeckungen zum Zeitungswesen des 17. Jahrhunderts in der Berliner Nikolai- und Marienbibliothek. In: Zentralblatt für Bibliothekswesen, Heft 104, Berlin 1990, S. 320–322.

Schirmer, Michael

* 18. Juli 1606 (T) Leipzig
† 4. Mai 1673
Pädagoge, luth.
V Michael S., Visierer
M Dorothea S.
G Johannes (geb. 1608), Dorothea (geb. 1611), Margarita (1613–1617)
⚭ 6. Okt. 1639 Catharina geb. Thiele (gest. 1667)
K u. a. Michael (1641–1666); Dorothea Catharina (1650–1659)

Thomasschule in Leipzig (bis ca. 1623)
1619–1636 Universität Leipzig (1628 B. a., 1630 Mag.)
1636–1641 Subrektor am Berlinischen Gymnasium
1641–1643 Konrektor (ab 1644 wegen Krankheit suspendiert)
1651–1668 Konrektor (1668 emer.)

Michael Schirmer wurde 1606 in Leipzig geboren, wo er am 18. Juli die Taufe in der Kirche zu S. Thomas erhielt. Sein Vater, der Bürger Michael Schirmer, bekleidete das Amt eines Visierers, hatte also das richtige Maß der Weinfässer und dergleichen zu überwachen; er starb bereits 1618. Die Mutter Dorothea Schirmer brachte noch drei weitere Kinder zur Welt: Johannes wurde 1608 geboren, Dorothea 1611 und Margarita 1613; letztere starb jedoch schon 1617 (zur Biographie Schirmers vgl. auch BACHMANN, 1859, S. 1–48).
Schirmer erhielt zunächst Unterricht an der im 13. Jahrhundert eingerichteten und 1543 vom Leipziger Rat übernommenen Thomasschule, die seiner Taufkirche angeschlossen war. Das Rektorat der Schule bekleidete seit 1604 Ambrosius Bardenstein (gest. 1616), der 1594 als Lehrer an die Anstalt gekommen war. Konrektor wurde 1608 der seit sechs Jahren an der Schule tätige Johann Rhenius (1574–1639). Neben seinem Schulamt lehrte er ab 1609 als Adjunkt an der philosophischen Fakultät und wurde 1612 Professor Organi Aristotelici, erklärte also in seinen Vorlesungen die logischen Schriften des Aristoteles. Das Konrektorat an der Thomasschule behielt er weiter, bis er 1618 als Rektor nach Eisleben berufen wurde. Rhenius, der als einer der bedeutendsten Lateinmethodiker vor Comenius gilt, setzte sich im Anschluß an die Schulreformbestrebungen von Wolfgang Ratke (1571–1635) für die Verbesserung des Unterrichts in den klassischen Sprachen ein. Mit seinen Lehrbüchern des Lateinischen und Griechischen, die das Erlernen der Sprache erleichtern sollten, geriet er jedoch in Streit mit den Wittenberger Professoren, insbesondere mit Erasmus Schmidt (1570 bis 1637), der die traditionell gebrauchte lateinische Grammatik von Melanchthon überarbeitet hatte. Auch Bardenstein weigerte sich, die lateinische Grammatik von Rhenius in den Unterricht einzuführen. Zwar konnte Rhenius nach dem Tode des Rektors sein Vorhaben verwirklichen, mußte aber auf Verfügung des Leipziger Rates seine Grammatik nach einigen Wochen wieder zurückziehen.
Nach Bardenstein übernahm Sebastian Crell (1579 bis 1633) im Februar 1617 die Leitung der Anstalt, die er bis 1622 inne hatte und dann einer Vokation nach Halle folgte. Die einen Monat nach seiner Amtsübernahme durchgeführte Schulvisitation brachte erschreckende Mängel ans Licht, etwa die wenig ausreichenden Kenntnisse und Fertigkeiten der Schüler in manchen Disziplinen beziehungsweise den Unterricht durch sogenannte Lokatoren, Schüler der Prima, die wegen des Lehrermangels unterrichten mußten. Auch die Schulzucht ließ zu wünschen übrig. Im Ergebnis der Visitation wurden dann anstelle der Lokatoren ordentliche Lehrer berufen. Von den unteren Lehrern, die Schirmer unterrichteten, wie etwa der Dritte Lehrer Melchior Weinreich, sind besonders die Musikdirektoren Calvisius und Schein zu erwähnen. Seth Calvisius (1556–1615) hatte 1594 das Kantorat übernommen und bekleidete es bis zu seinem Tode. Dann ging dieses Amt an Johann Hermann Schein (1586–1630). Beide Gelehrten waren als geistliche Liederdichter bekannt; später verfaßte auch Schirmer einige noch heute gesungene Kirchenlieder.
Schirmer immatrikulierte sich für das Sommersemester 1619 an der Universität Leipzig (ERLER, 1909, I, S. 325). Das Rektorat bekleidete Georg Ernst Herr von Schönburg, die Matrikel führte der »Adiunctus Prorector und Professor chirurgices«, Johannes Sieglitz. Schirmer zählte bei seiner Immatrikulation erst 13 Jahre und wurde deshalb als »non iuravit« aufgenommen, als Minderjähriger also, der noch keinen Universitätseid ablegen durfte, aber der Universitätsprivilegien teilhaftig wurde. Dies war für Schirmer wohl auch deshalb wichtig, weil im Jahr zuvor sein

Vater gestorben und am 11. Sept. 1618 beerdigt worden war. Der Rektor besaß das Recht, Knaben, die sich an der Universität meldeten, zu belehren und dann aufzunehmen; erst wenn sie das 13. Lebensjahr erreicht hatten, wurden sie zum Eid zugelassen. Bis dahin durften sie noch keine Vorlesungen besuchen, sondern gingen – wenn sie noch sehr jung waren – in eine Elementarschule beziehungsweise – die etwas älteren – in eine der lateinischen Gelehrtenschulen. Wieder andere wurden von einem Leipziger Magister, bei dem sie auch Kost und Logis erhielten, privat unterrichtet. Doch seit der Jahrhundertwende verstärkten sich die Zweifel, ob Dreizehnjährige tatsächlich in der Lage seien, dem akademischen Lehrbetrieb an der Universität zu folgen, so daß das Jahr der Eidabnahme immer weiter nach oben verschoben und in den Universitätsstatuten von 1620 schließlich auf das vollendete 17. Lebensjahr festgesetzt wurde.

So war es auch bei Schirmer, der zunächst noch weiter die Thomasschule besuchte, zumal er mit 13 Jahren auch den Kurs im ordus primus, in der obersten Klasse also, der im allgemeinen zwei bis drei Jahre dauerte, noch nicht absolviert hatte. Wie lange Schirmer tatsächlich an der Anstalt noch unterrichtet wurde, ist unbestimmt. Ganz sicher blieb er dort bis zum Sommer 1623, denn erst da hatte er das 17. Lebensjahr vollendet und durfte am akademischen Lehrbetrieb der Universität teilnehmen. Neuer Rektor an der Thomasschule war seit dem Sommer 1622 der bisherige Leiter der sächsischen Fürstenschule zu Grimma, Johann Merck, der für den nach Halle gewechselten Sebastian Crell berufen wurde, jedoch bereits 1627 an seinen alten Wirkungsort zurückkehrte. Vielleicht traf Schirmer an der Thomasschule auch mit dem später berühmten Dichter Paul Fleming (1609–1640) zusammen, der die Anstalt von 1622 bis 1625 als Alumnus besucht hatte. Allerdings ist in den Quellen bisher kein Hinweis auf ein tatsächliches Zusammentreffen beider aufgefunden worden (auch in der verdienstvollen, quellenkritischen Fleming-Biographie von Heinz ENTNER: Paul Fleming. Ein deutscher Dichter im Dreißigjährigen Krieg. Leipzig 1989, taucht weder im Kapitel »Fleming als Thomaner in Leipzig« [S. 32–64] noch im Kapitel »Fleming als Student der freien Künste und der Medizin« [S. 65–121] Schirmers Name auf, obwohl sich Schirmer bis 1636 in Leipzig aufhielt und später in ähnlicher Weise wie Fleming um die Durchsetzung der von Martin Opitz [1597–1639] begründeten Dichtungsreform bemüht war).

Obgleich Schirmer 1623 volljährig geworden war und demzufolge bereits damals den Eid auf die Universitätsgesetze hätte leisten können, ließ er sich erst im Sommersemester 1627 vom Rektor und Professor juris, Johannes Böhme, vereidigen und zahlte nun auch die übliche Immatrikulationsgebühr von einem halben Gulden (ERLER, 1909, I, S. 325; BACHMANN, 1859, S. 8, nennt fälschlich den doppelten Betrag und leitet daraus gesicherte finanzielle Verhältnisse der Familie ab). Nicht jeder Ankömmling zahlte nämlich bei seiner Immatrikulation an der Universität auch sofort die fällige Einschreibgebühr, insbesondere dann nicht, wenn er noch minderjährig war. Wollte er sich jedoch zum Baccalaureats-Examen anmelden, dann mußte die Immatrikulationsgebühr voll bezahlt werden. Ebenso mußte der Student volljährig sein und den Eid auf die Universitätsgesetze ablegen. Beides wurde dann in der Matrikel nachgetragen, gewöhnlich mit dem Vermerk »iur.(avit) et compl.(evit)«.

Am 22. März 1628 promovierte Schirmer zum Baccalaureus artium; etwa drei Jahre später, am 27. Jan. 1631, erlangte er die Magisterwürde an der philosophischen Fakultät. Was seine Studien an der Universität betraf, hat er selbst überliefert, daß er einmal respondiert, dreimal präsidiert und mehr als einhundertmal opponiert, auch einmal in der Paulinerkirche eine Predigt gehalten habe (so Schirmer 1657 in einem an den Berliner Rat gerichteten Memorial, s. DITERICH, 1732, S. 287). Leider sind die Disputationsthemen ebenso wenig überliefert wie der Titel seiner Magisterpromotion und die Namen der Professoren, bei denen Schirmer bevorzugt hörte.

Die Professoren der theologischen Fakultät wurden im allgemeinen aus dem Kreis der Pastoren und Prediger an den beiden städtischen Kirchen zu S. Nikolai und S. Thomas berufen; nur selten griff man bei der Neubesetzung einer vakanten theologischen Professur über den Kreis der in Leipzig ansässigen Theologen hinaus, zumal man ihnen nur eine Zulage zu ihrem bisherigen Gehalt, das sie weiter bezogen, geben mußte. Theologieprofessoren während der Studienjahre Schirmers in Leipzig waren zunächst Vincenz Schmuck (1565–1628), der 1604 als Pastor an die Kirche zu S. Nikolai kam und 1607 zum Professor theologiae berufen wurde; 1617 erhielt er auch die Superintendentur übertragen. Polycarp Leyser

(1586–1633) vozierte 1615 auf eine theologische Professur und übernahm zwei Jahre später auch das Pastorat an der Thomaskirche; bei ihm hörte Schirmer schon als Schüler der Thomasschule theologische Lektionen, zu denen der Pastor von S. Thomas verpflichtet war. 1628 wurde Leyser dann zum Superintendenten berufen. Heinrich Höpfner (1582 bis 1642) hatte 1612 zunächst die Professur für Logik erhalten und wechselte 1617 auf einen theologischen Lehrstuhl. 1628 übernahm er auch das Pfarramt an der Nikolaikirche. Besonders diese drei Professoren galten als eifrige Kämpfer für die reine lutherische Lehre, die sie vor allem gegen den Calvinismus verteidigten. Leyser verfaßte unter anderem eine »Erörterung, ob, wie und warum man lieber mit den Papisten Gemeinschaft haben und gleichsam mehr Vertrauen zu ihnen tragen sollte, denn mit und zu den Calvinisten?«; Schmuck gab ein »Bedenken und wiederholtes Bedenken über den Hessischen Catechismus« heraus. Es waren vor allem die genannten Professoren, die Schirmers gediegenes theologisches Wissen und seinen festen Glaubensgrund prägten, vor allem hinsichtlich seiner späteren Krankheit und familiären Bekümmernisse. Zu den Theologieprofessoren, deren Vorlesungen Schirmer wohl auch besuchte, gehörte Johann Höpner (1582–1645), der 1619 zunächst eine außerordentliche theologische Professur erhalten hatte. 1621 vozierte er zum Archidiakon zu S. Nikolai, 1628 erhielt er das Pfarramt und nun auch eine ordentliche Professur, 1633 wurde er Superintendent. Als außerordentlicher Professor theologiae wirkte seit 1624 auch Thomas Weinrich (gest. 1629), der 1628 als ordentlicher Professor berufen wurde, aber ein Jahr später noch vor seiner feierlichen Aufnahme in die Fakultät verstarb. Schließlich sind noch Christian Lange (1585–1657), 1629 berufen, und Moritz Burchard (gest. 1637), seit 1634 Professor theologiae, zu nennen.

Als Professoren der philosophischen Fakultät lehrten in jenen Jahren unter anderem Johann Friedrich, der von 1608 bis 1629 die Professur für griechische Sprache und Geschichte bekleidete. Gottfried Raspe (gest. 1632) las Dialektik; nach seinem Tode übernahm Johannes Hornschuch die Professur für Dialektik. Professor für Rhetorik war in den Jahren 1620 bis 1644 Andreas Corvinus; die Poetikprofessur bekleidete bis 1630 Conradus Bavarus, nach ihm 1630/31 Johann Stephan Verbetz, von 1631 an bis 1635 Christoph Buhle. Aus Schirmers Leipziger Studienzeit sind einige Gedichte überliefert. Als am 8. Dez. 1629 sein Lehrer Johann Friedrich starb, verfaßte auch Schirmer ein Trauergedicht, das zugleich die früheste nachweisbare Veröffentlichung ist (eine Bibliographie der Werke Schirmers bei BACHMANN, 1859, S. 192–207; um zahlreiche Positionen erweitert DÜNNHAUPT, 1991, V, S. 3639–3660; das unten angeschlossene Werkverzeichnis enthält mehrere, weder bei BACHMANN noch bei DÜNNHAUPT nachgewiesene Titel, insbesondere Casualia). Zu Beginn des Jahres 1632 schrieb er ein deutsches Trauergedicht von 13 sechszeiligen Strophen auf Catharina Rose, die Witwe des Gastwirtes Johann Rose und Mutter des Studenten Johann Rose. In der Epicediasammlung gibt es auch ein deutsches Trauersonett von Paul Fleming und Epicedia seiner Freunde für die Mutter des Mitstudenten. Dies ist der einzige Hinweis auf eine Verbindung Schirmers zu Fleming, der zu jener Zeit bereits ein anerkannter Dichter, sowohl in der neulateinischen als auch in der neuen, von Martin Opitz ins Leben gerufenen deutschsprachigen Kunstdichtung war. Selbst die Leipziger Poetikprofessoren Verbetz und nach ihm Buhle bemühten sich um seine Gunst. Als Fleming am 1. Febr. 1631 im philosophischen Hörsaal des Großen Kollegs vor den versammelten Professoren und Studenten sein lateinisches Ehrengedicht »Jesu Christo S. Natalitium« vortrug, saß sicher auch Schirmer unter den Zuhörern.

1636 wurde Schirmer als Subrektor ans Berlinische Gymnasium zum Grauen Kloster berufen. Sein Vorgänger Emanuel Vulpinus, der das Subrektorat 1634 übernommen hatte, folgte einem Ruf an die Saldrische Schule nach Alt-Brandenburg. Da zu eben jener Zeit das Rektorat vakant war – der junge Rektor Johann Bornemann (1604–1636) starb am 6. April –, wurde Schirmer am 21. April durch den Konrektor Bernhard Kohlreiff (1605–1646) in sein neues Amt eingeführt (DITERICH, 1732, S. 164). Unklar ist, durch wessen Vermittlung Schirmer nach Berlin kam. Bereits im Jahr zuvor hatte er auf einige Persönlichkeiten der Mark Brandenburg Trauergedichte verfaßt, unter anderem auf den kfl.-brandenburgischen Kriegsrat und Geheimen Sekretär Justus Weiler (1585 bis 1635). Die überlieferte Epicedia-Sammlung auf den letzteren enthält auf 25 Seiten Gedichte, vorwiegend von Geistlichen und Gymnasialgelehrten Berlins, aber auch von auswärtigen Personen, so unter anderem vom Wittenberger Theologieprofessor Johannes Hülsemann (1602–1661), vom Frankfurter Syndikus Corbinianus Brodtkorb und eben auch vom Leipziger Magister Michael Schirmer. Vielleicht hatte dieser auch im kfl.-brandenburgischen Kriegsobersten und Ältesten Kämmerer, Conrad von Burgsdorff (1595–1652), einen Gönner gefunden; denn fünf Wochen nach seiner Amtseinführung ließ der neue Subrektor zur Hochzeit Burgsdorffs mit Anna Elisabeth, der Tochter des kurbrandenburgischen Kanzlers und Geheimen Rates Johann von Löben (1561–1636), am 29. Mai 1636 einen umfangreichen Gelegenheitsdruck unter dem Titel »Poetisches LiebsFähnlein« ausgehen, den ersten nachweisbaren Casualdruck Schirmers in seinem Berliner Schulamt. In 116 paarweise reimenden Alexandrinerversen entfaltet Schirmer die für die damaligen Hochzeitsgedichte üblichen mythologischen Spielereien um den Kriegsgott Mars, die Liebesgöttin Venus und ihren Sohn Amor. Burgsdorff war seit dem Kriegseintritt Brandenburgs an der Seite Schwedens 1631 Mitglied des Kriegsrates und riet dem Kurfürsten Georg Wilhelm zu einer unabhängigen, an Hans Georg von Arnim (1581–1641) beziehungsweise an Albrecht von Wallenstein (1583–1634) angelehnten Politik. Unter Burgsdorff brach Brandenburg sein Bündnis mit Schweden. Nach dem Prager Frieden 1635 schloß sich Brandenburg unter Adam Graf zu Schwarzenberg (1583–1641) enger an den Kaiser an; Burgsdorff fiel mehr und mehr in Ungnade und wurde im Okt. 1638 als Kommandant nach Küstrin verbannt. Seine Gegnerschaft zu Schwarzenberg empfahl ihn dem neuen Kurfürsten Friedrich Wilhelm, der ihn im März 1642 zum Oberkammerherrn, damit zum höchsten kurbrandenburgischen Beamten ernannte. Als Vertrauter des Großen Kurfürsten wurde Burgsdorff ein Jahr später auch in die »Fruchtbringende Gesellschaft« aufgenommen.

Schirmer kam nach Berlin, als die Mark Brandenburg ganz besonders unter dem Leid und Elend des Dreißigjährigen Krieges litt. Plündernde Söldnerscharen durchzogen das Land, die Städte wurden durch hohe Kontributionslasten an den finanziellen Ruin gebracht, Pest und andere Seuchen dezimierten besonders in den Jahren 1637 bis 1639 die Bevölkerung. Als die große Pestepidemie von 1638 auch Berlin heimsuchte, mußte Konrektor Kohlreiff – der 1636 nach dem Tode Bornemanns zum neuen Rektor berufene Johannes Polz (gest. 1675) hatte wegen der Kriegswirren seine Stelle nach zwei Jahren aufgegeben und war als Konrektor nach Hamburg gewechselt – das Gymnasium schließen. Ein Teil der Lehrer siedelte nach Postdam über und kehrte erst im Nov. 1638 bei der Wiedereröffnung der Anstalt nach Berlin zurück. In einem dramatischen Schulactus unter dem Titel »Octavianus Augustus cum consiliariis de alterutro, bello vel pace, decernendo consultans«, den Schirmer ganz bewußt in Hinblick auf die furchtbaren Heimsuchungen durch den Krieg gewählt und 1638 unter Rektor Polz noch vor der Schließung des Gymnasiums durch seine Schüler aufführen ließ, schilderte er in dem Einladungsschreiben zur öffentlichen Aufführung des Stückes in düstern Farben die Kriegsnot und klagte über den Verfall des Reiches (GUDOPP, 1900, S. 6f.)

Solche öffentlichen Schulactus waren von besonderer Bedeutung für die Vervollkommnung der im Unterricht vermittelten Eloquenz in den alten Sprachen. Auch Schirmer trug durch die von ihm verfaßten Actus, zumal wenn er sie szenisch aufführen ließ, zur Entwicklung des Schultheaters in der kurbrandenburgischen Residenz bei. Ebenfalls 1638 deklamierten die Gymnasiasten »De motibus bellicis«; zwei Jahre später, am 17. März 1640, folgte eine Redeübung zur römische Geschichte, in der Schirmer die Hauptmomente aus den letzten Lebensjahren Cäsars darstellen ließ. Allerdings brachten ihm diese Aufführungen die Mißbilligung einiger Berliner Geistlicher ein, die an der Vorführung heidnischer Stoffe Anstoß nahmen. Deshalb erklärte er in seinem Einladungsschreiben zum Actus über Octavianus Augustus, daß auch heidnische Stoffe für die Kenntnis einer christlichen Jugend nicht ohne Nutzen und ihrer nicht unwürdig seien, wenngleich »eine naseweise Geschwätzigkeit gewisser kleiner Heiligen dagegen belfere« (GUDOPP, 1900, S. 16). 1653 verfaßte Schirmer aus dem 1. Buch der »Aeneis« des Vergil ein Drama scenicum, welches seine Schüler am 22. März auf dem Berliner Rathaus aufführten. Nach seinen eigenen Angaben in der Vorrede zu seiner Aeneis-Übertragung »Eigentlicher Abriß Eines verständigen/ tapfferen und frommen Fürsten« (Cölln 1668) habe er aus dem 7., 10. und 12. Buch des Vergil im selben Jahr auch eine Tragikomödie in ungebundener Rede angefertigt und vor dem Kurfürsten Friedrich Wilhelm halten lassen. Schließlich ist noch das nach dem biblischen 1. Buch Samuel verfaßte Trauerspiel »Der verfolgte David« (Berlin 1660) zu erwähnen. Es war das erste am Berlinischen Gymnasium in deutscher Sprache aufgeführte Drama; bis dahin wurden alle dramatischen Schulübungen in Latein abgefaßt. In der zweiten Hälfte des 17. Jahrhunderts wurde es dann Sitte, die Schauspiele am ersten Tag in lateinischer, am folgenden in deutscher Sprache zu geben.

1639 verfaßte Schirmer zum ersten Säkularfest der Reformation in der Mark Brandenburg das Gedicht »Ehrenpreiß der Märkischen Reformation«, das gemeinsam mit den Festpredigten der Berlinischen Geistlichen und anderen Gedichten im Sammelband »Iubilaeum Evangelico-Marchicum Berlinense« (Berlin 1640) veröffentlicht wurde (der Sammelband ist heute verschollen; Schirmers Gedicht ist abgedruckt bei BACHMANN, 1859, S. 107f.). Schirmer bezog sich darin auf die (in dem Sammelband vor seinem Gedicht abgedruckten) Predigten des Dritten Diakons zu S. Nicolai, Johann → Berkow, der in seinem »Märkischen Josaphat« die durch Kurfürst Joachim II. (1505–1571) eingeführte Reformation mit der »Kirch= und Policey Verfassung« des judäischen Königs Josaphat verglichen hatte. Gegenüber anderen aus diesem Anlaß veröffentlichten Gedichten, die mit besonderer Schärfe gegen die katholische Kirche polemisierten (BACHMANN, 1859, S. 20f.), zeichnet sich Schirmers »Ehrenpreiß« durch seinen mäßigenden Ton aus. Zwei Jahre später ließ Schirmer dann auf dasselbe Jubiläum eine lateinische »Rückerinnerung« unter dem Titel »Ara secularis« ausgehen (nach KÜSTER/ MÜLLER, 1752, II, S. 956, bereits 1639 veröffentlicht).

Unterzeichnet hat Schirmer sein kleines Werk als Konrektor, auch andere Gedichte aus den Jahren 1641 bis 1643 weisen ihn als Konrektor aus. Das muß verwundern, da in allen Abhandlungen über das Berlinische Gymnasium Schirmer erst 1651 zum Konrektor berufen worden sein soll, für die Jahre 1639 bis 1647 aber Peter Thesendorf (1603–1661) als solcher genannt wird. Thesendorf studierte zunächst in Frankfurt/O., danach in Jena, wo er 1644 auch sein Magisterexamen ablegte. 1647 ließ er sich zum Geistlichen ordinieren und ging dann als Pastor zu S. Nicolai nach Prenzlau, in welchem Amt er 1661 starb. Sein Nachfolger als Konrektor wurde Martin → Lubath. Man hat versucht, Schirmers frühes »Konrektorat« so zu erklären, daß in den unruhigen Verhältnisse des Dreißigjährigen Krieges Rektorat und Konrektorat wiederholt vakant waren, so daß beide Stellen von den darunter stehenden Lehrern interimistisch verwaltet wurden. Schon Kohlreiff hatte das Rektorat längere Zeit verwaltet und war erst 1639 auch offiziell Rektor geworden. Ist es an sich schon verwunderlich, daß Thesendorf – 1639 noch ohne Magisterexamen – Schirmer vorgezogen worden wäre, so ist es noch unerklärlicher, warum für die Jahre 1639 bis 1647/48 kein einziges Gelegenheitsgedicht von Thesendorf aufgefunden werden konnte, obwohl in diesem Zeitraum mehrere Epicediasammlungen der Berlinischen Schulkollegen erschienen. Es spricht vieles dafür, daß Schirmer 1641, als Rektor Kohlreiff das Predigtamt zu S. Petri in Cölln übernahm und der junge Adam → Spengler durch den Berliner Rat zum Rektor berufen wurde, tatsächlich die Vokation zum Konrektor erhalten hatte. 1644 erkrankte er jedoch schwer, wurde depressiv und schrieb fünf Jahre lang kein einziges Gedicht. Erst jetzt wurde Thesendorf, der nun auch sein Magisterexamen abgelegt hatte, für den wegen seiner Krankheit vom Amt suspendierten Schirmer zum Konrektor berufen, in welchem Amt ihm 1647 Lubath folgte. Als Rektor Spengler im Mai 1651 auf das Pfarramt zu Wriezen vozierte, Lubath interimistisch das Rektorat übernahm und sich »Prorektor« nannte, rückte der inzwischen genesene Schirmer auf dessen Stelle ins Konrektorat auf. Wahrscheinlich hätte Lubath das Rektorat auch erhalten, wenn er nicht im Aug. 1651 zum Diakon bei S. Marien in Berlin berufen worden wäre. Bis Ende 1651 leitete er noch interimistisch das Gymnasium, bevor Anfang 1652 das Rektorat durch Johannes → Heinzelmann neu besetzt wurde.

Bereits am 6. Okt. 1639 hatte Schirmer die Ehe geschlossen, und zwar mit Catharina, einer Tochter des Apothekers und Kirchenvorstehers zu Fürstenwalde, Georg Thiele, die ihm zwei Kinder gebar. Der Sohn Michael wurde am 12. Dez. 1641 zu S. Marien getauft, die Tochter Dorothea Catharina am 20. Febr. 1650. Ab 1644 wurde Schirmer wiederholt von einem schweren Leiden geplagt, das sich über mehrere Jahre erstreckte und bei ihm zu starken Depressionen führte. In dieser Zeit schrieb er kein einziges Gedicht. Alle medizinischen Mittel für eine Heilung blieben erfolglos, selbst eine Badekur, die ihm durch Kurfürst Friedrich Wilhelm ermöglicht wurde, schlug nicht an (nach BACHMANN, 1859, S. 22, soll Schirmer sogar im Gefolge des Kurfürsten die Badereise unternommen haben). Erst 1649 begann Schirmer allmählich zu genesen, er konnte wieder dichten, später auch sein

Lehramt am Berlinischen Gymnasium ausüben, doch so ganz gesund ist er nie wieder geworden, da sein Körper sehr anfällig blieb. Klagen über seinen Gesundheitszustand finden sich wiederholt in seinen Werken, so zum Beispiel 1652 schon im Titel seiner Dichtung »Biblische Trostsprüche … bei meinem kümmerlichen und sehr schwachen Leibs=Zustand in Druck gegeben«. Einige Veröffentlichungen aus den Jahren 1649 und 1650 erinnern an sein ausgestandenes, lebensbedrohliches Leiden, wenn sich Schirmer darin »am Creutze unsers einigen Heylandes Christi Mitstreiter« oder »B[eatæ] Æ [ternitatis] Candidato« nannte. Vor allem wegen dieser leidvollen Jahre bezeichnete sich Schirmer aus seinem Glaubensverständnis heraus später selbst als »deutscher Hiob«, um so mehr, da er sich während seiner Krankheit wie der biblische Hiob heftigen geistlichen Anfechtungen ausgesetzt sah. In der Vorrede zu seinen 1650 erschienenen »Biblischen Liedern« schrieb er: »Jch hiebevor Teutscher Hiob, demnach ich durch die allmächtige und barmherzige Hand Gottes aus dem fünfjährigen bittern Elende, Kreuz, Angst und Nothstand, ja aus der Hölle wiederumb bin geführet worden, erkenne mich schuldig, die Zeit meines Lebens solch hohes Gnadenwerk meines Gottes und Heilandes zu rühmen, in desselben Wort und herrlichen Wunderwerken mich zu üben und zu erfreuen, wie auch meinen Nächsten zu solchen heilwertigen Betrachtungen Anleitung zu geben.« (Zit. nach BACHMANN, 1859, S. 24f.) Auch solche Namen wie »Christi Wie Gnadenseligen/ also trewschuldigen Bekenner« oder einfach »Liebhaber Christi«, mit denen Schirmer 1649/50 seine Gedichte unterzeichnete, machen seine besonders verinnerlichte religiöse Haltung deutlich. Er führte die Besserung seines Zustandes auf die Erhörung seiner Gebete zurück und wollte sich nun im Sinne eines »christlichen Poeten« noch stärker Gott verpflichten.

Wenn man Schirmers Werke von 1649 und 1650 sowie die meisten seiner Schriften aus dem Jahr 1651 betrachtet, dann fällt auf, daß der Dichter weder seine einzelnen Drucke noch seine Casualcarmina als Konrektor unterzeichnete, ja (bis auf eine Ausnahme) sich überhaupt nicht Lehrer des Berlinischen Gymnasiums nannte. Der fehlende Hinweis auf das ausgeübte Schulamt macht deutlich, daß Schirmer zwar gesundete und sich wieder der Dichtkunst zuwenden konnte, für das Lehramt sein Zustand aber noch nicht ausreichte und er deshalb wohl auch noch nicht in sein Schulamt rückberufen wurde, zumindest nicht als Konrektor. Erst Ende 1651, nach Lubaths Weggang, wurde er wieder ins Konrektorat bestellt, und seit dieser Zeit unterzeichnete er bis auf wenige Ausnahmen, wo er lediglich mit »P.(oeta) L.(aureatus) C.(aesareus)« unterschrieb, wieder als Konrektor.

Schirmers Wiederaufnahme seiner poetischen Tätigkeit im Jahre 1649 rückt ein Ereignis ins Blickfeld, das wohl zu seiner Gesundung und zum Abbau der depressiven Stimmungen beigetragen haben wird, und zwar den Westfälischen Frieden und mit ihm das Ende des Dreißigjährigen Krieges. Die Vermutung, daß die Genesung nicht zuletzt durch die letzten Kriegsjahre verzögert worden war und daß der endlich zustandegekommene Frieden den Dichter gleichsam von neuem beflügelte, wird auch dadurch bestärkt, daß der Wiedergenesene den Westfälischen Friedensschluß gleich in mehreren Gedichten feierte. Der Panegyricus »Glückwündschender Gesang Allen auff den Ewigdenckwürdigen Hochpreyßlichen Oßnabrüggischen/ unnd mit Verleihung Göttlicher Gnade wolabgelauffener Friedenshandlung versamleten und wiederheimkehrenden Hochbenambten Herrn« (Berlin 1649) zum Beispiel ist ein Loblied auf die Gesandten, die die Friedensverhandlungen zu Osnabrück führten; einem der kfl.-brandenburgischen Vertreter, und zwar Johann Friedrich Freiherrn von Löben (gest. 1667), widmete Schirmer als seinem »Hochgeehrten Herrn Patron« dieses in Latein und Deutsch verfaßte Carmen gratulatorium. Sein »Dancksagendes/ Und Jauchtzendes Teuschlandt/ Ueber Langgewünschten/ endlich erbetenen und erseufftzeten Frieden« (Berlin 1650) besteht aus drei Gedichten. Im ersten schildert das personifizierte Deutschland zunächst das Elend, dem es während des langen Krieges ausgesetzt war, danach den Segen des Friedens, am Ende steht die Ermahnung, den allmächtigen und barmherzigen Gott zu preisen. Angeschlossen ist ein zweites Gedicht »Jn des Autoris Namen«; im dritten schließlich, mit dem Lemma »Die vom Himmel wieder herabkommende und glückwünschende Astraea«, kehrt das mythologische »Sternenmädchen«, die Zeustochter Astraea (auch Dike, Göttin der »Gerechtigkeit«, genannt), die im sogenannten Goldenen Zeitalter unter den Menschen gelebt hatte, als diese weder Krankheiten noch Kriege kannten, später aber die durch Kriege, Verbrechen und sittlichen Verfall immer mehr geschundene Erde verließ und als Sternbild der Jungfrau an den Himmel versetzt wurde, zu den Menschen zurück, um ihnen zum langersehnten Frieden zu gratulieren. Daß für Schirmer wie für die meisten seiner Zeitgenossen der Frieden letztlich auch eine Gabe Gottes war, zeigt vor allem seine »Kurtze Poetische Bußschrifft/ Vber unsere/ Der Deutschen/ bey Wiederkehrung des güldenen und mit göttlicher Gnade unnd Benedeyung/ durch kummerhaffte Sorgen und vielfältige Mühwaltung unserer lieben/ Höchst= und Hohen Reichs= und Landes Obrigkeit Wiedergebrachten Friedens/ Noch zimliche Vndanckbarkeit/ und gefährliche Sicherheit/ Mit beygefügeter tröstlichen Auffmunterung zu Christlicher Liebe/ Eintracht/ Barmhertzigkeit und Fröligkeit. Alles nach Anleitung heiliger göttlicher Schrifft verfasset Vnd Zu männiglicher Betrachtung/ Wolfahrt unnd frölicher Furcht GOttes in öffentlichen Druck aus wolgesinneter Meynung herfür gegeben/« (Berlin 1649).

Schirmers Dichtung ist überwiegend religiös-erbaulich, insbesondere seitdem der Dichter von seinem schweren Leiden genas. Mit Beginn der fünfziger Jahre des 17. Jahrhunderts veröffentlichte er mehrere Gedichtsammlungen, unter anderem »Biblische Lieder und Lehrsprüche in allerhand gebräuchliche Reim=Arten verfasset« (1650), »Hertzliche Weynachts Freude Jn Allerhand Reimgedichte Abgefasset« (1651) und »Biblische Trostsprüche in deutsche Reime übersetzet« (1652). Außerdem erschienen 1653 beziehungsweise 1655 versifizierte Bearbeitungen des biblischen Buches Jesus Sirach. Schirmers »Biblische Lieder und Lehrsprüche« von 1650 enthalten ein Widmungsgedicht von Wolfgang Andreas Vieritz, dem Pfarrer zu Arensfelde. Als dieser 1653 starb, schrieb Schirmer ein Epicedium, aus dem hervorgeht, daß Vieritz den kranken Schirmer während der ersten Zeit seiner Krankheit 1644/45 gepflegt habe. Im Epicedium wird auch ein Förderer von Vieritz genannt, der sich als Gönner in besonderer Weise um die Gelehrten verdient gemacht hatte. Die Rede ist von Caspar Miser (1589–1640), der von 1623 bis 1632 als Stadtschreiber tätig war, 1628 zum Vorsteher des Hospitals zum H. Geist und zu S. Georgen gewählt wurde, 1632 in den Rat aufstieg und bis zu seinem Tode 1640 das Bürgermeisteramt bekleidete. Miser hatte wohl auch Schirmer gefördert, denn zu seiner Beerdigung schrieb dieser ein Epicedium. Außerdem verfaßte Schirmer 1662 ein lateinisches und ein deutsches Epithalamium zur Eheschließung von Misers Tochter Margaretha mit dem kfl.-brandenburgischen Landschafts-Rentmeister Christian von der Linde (1603–1673), letzteres unterzeichnet mit »Seinem alten und liebwehrten Freunde machets zu Ehren M. Michael Schirmer«. Die demnach engere Beziehung Schirmers zu dem Landschafts-Rentmeister wurde jedoch nicht nur durch die Familie Miser, sondern wohl auch durch Johann → Berkow geknüpft, der vor Schirmer am Berlinischen Gymnasium als Lehrer, zuletzt als Konrektor tätig war und von 1634 bis zu seinem Tode 1651 als Prediger an den Kirchen zu S. Nicolai und S. Marien wirkte. Christian von der Linde hatte sich nämlich 1633 in erster Ehe mit der Witwe Konstantin Berkows, des vormaligen Konrektors am Berlinischen Gymnasium, verbunden. Der Bruder von Johann Berkow war 1630 bei einem festlichen Einzug des Kurfürsten in Berlin auf der Straße von einem Geschoß getroffen worden und an seinen Verletzungen gestorben. Auch andere Gelegenheitsgedichte, die Schirmer für Angehörige der Familien Miser, Berkow und von der Linde verfaßte, stehen für recht enge Beziehungen des Dichters zu den derart Gewürdigten.

Ein Widmungsgedicht für Schirmers 1650 veröffentlichte »Biblische Lieder und Lehrsprüche« verfaßte auch der Zweite Diakon zu S. Nicolai, Paul → Gerhardt. In seiner Ode »Welt-Scribenten und Poeten« heißt es:

»Welt-Scribenten und Poeten
Haben jhren Glantz und Schein:
Mögen auch zu lesen seyn,
Wenn wir leben auser Nöthen,
In dem Unglück, Creutz und Vbel
Ist nichts bessers als die Bibel.

Darümb liebt jhr lieben Hertzen
Gottes Schrifften, die gewiß
In der Hertzens-Finsternüß
Besser sind als alle Kertzen.
Hier sind Strahlen, hier ist Liecht
Das durch alles Hertzleid bricht.

Vnser Schirmer wirds euch lehren,
Wenn jhr, was sein heylger Fleiß,
Ihm zum Trost und Gott zum Preiß
Hier gesetzet, werdet hören,
Lobt das Werck, und liebt den Mann
Der das gute Werck gethan.«
(Zit. nach KEMP, 1975, S. 46, Strophen 1, 6, 7)

Fällt der Name Paul Gerhardt, dann muß auch über Schirmers Beitrag für das deutschsprachige Kirchenlied gesprochen werden. Von allen seinen Dichtungen erfreuten sich in der Forschung nämlich seine Kirchenlieder besonderer Wertschätzung, vor allem im 19. und in der ersten Hälfte des 20. Jahrhunderts, wo die Gelegenheitsdichtung (die ja einen bedeutenden Anteil am Werk Schirmers ausmacht) als Verseschmiederei, als inhaltsleere Auftragspoesie abqualifiziert wurde. Vor diesem Hintergrund erschien manch einem Schirmers Bedeutung für die deutsche Dichtung überhaupt nur durch seine, dem geistlichen Liedgut des schlesischen Dichters Johann Heermann (1585–1647) nahestehenden Kirchenlieder gerechtfertigt (z. B. MERBACH, 1916, S. 269f.), von denen einige noch heute in den evangelischen Kirchengesangbüchern zu finden sind. Überliefert sind nur fünf Kirchenlieder, von denen vier zuerst in Johann → Crügers »Newes vollkömliches Gesangbuch, Augspurgischer Confession« (Berlin 1640) veröffentlicht wurden, unter ihnen das Pfingstlied »O heilger Geist, kehr bei uns ein«, das bekannteste seiner Lieder. Das fünfte Kirchenlied erschien erstmals in der 5. Auflage des Crügerschen Gesangbuches »Praxis Pietatis Melica« (1653), gemeinsam mit drei der bereits früher veröffentlichten Lieder Schirmers. Für Crügers Sammlung von 1640 verfaßte Schirmer ein deutsches Widmungsgedicht von 24 Alexandrinerversen. Crüger war 1622 als Kantor zu S. Nicolai und damit zugleich als Lehrer ans Berlinische Gymnasium berufen worden und seit Schirmers Herzug nach Berlin 1636 dessen Schulkollege. Als Crüger nach dem Tode seiner ersten Frau, die 1636 der Pest zum Opfer gefallen war, zu Beginn des Jahres 1637 Elisabeth Schmidt, die Tochter des Berliner Gastwirtes Gabriel Schmidt, ehelichte, dichtete Schirmer zu diesem Anlaß eine trochäische Ode in 14 sechszeiligen Strophen.

Mit mehr als 150 Werken, von denen die meisten Gelegenheitsgedichte zu den unterschiedlichsten Anlässen sind, ist Schirmer der literarisch ertragreichste Gelehrte am Berlinischen Gymnasium im 17. Jahrhundert. Bereits 1637 brachte ihm ein Panegyricus für Kaiser Ferdinand II. und seinen Sohn Ferdinand III. anläßlich der Wahl des letzteren zum Römisch-Deutschen Kaiser die Erhebung zum Poeta laureatus Caesareus ein. Den Lorbeer eines Kaiserlich gekrönten Poeten überreichte ihm der Jurist, kfl.-brandenburgische Rat und Konsistorialpräsident Peter Fritz (1584–1648), der sich der besonderen Gunst Kaiser Ferdinands II. erfreute und von diesem die Würde eines Kaiserlichen Pfalzgrafen erhalten hatte, mit dem Recht zur Verleihung des Dichterlorbeers. Schirmer widmete sein Carmen gratulatorium zur Kaiserwahl 1637 dem kurbrandenburgischen Staatsminister Adam Graf von Schwarzenberg, der als besonderer Vertrauter des Kurfürsten Georg Wilhelm die Politik Brandenburgs im Dreißigjährigen Krieg bestimmte, nachdem Burgsdorff in Ungnade gefallen war.

Durch seine zahlreichen Epicedia, Epithalamia und anderen Carmina gratulatoria hat Schirmer einen ganz entscheidenden Anteil daran, daß die Gelegenheitsdichtung am Berlinischen Gymnasium einen beträchtlichen Aufschwung nahm und daß sich in der Casualproduktion die deutsche Sprache gegenüber der lateinischen durchsetzte. Ganz ohne Zweifel gehörte Schirmer damit zu jenen Dichtern, die sich in besonderer Weise um die Durchsetzung der von Opitz begründeten neuen deutschen Kunstdichtung verdient machten (MERBACH, 1916, S. 270, spricht in diesem Zusammenhang von einem Anschluß Schirmers an die Bestrebungen der »Fruchtbringenden Gesellschaft«). Seine Gelegenheitsgedichte umfassen meistens 60 und mehr Verse; das bevorzugte Versmaß ist der im 17. Jahrhundert von den deutschen Dichtern meist verwendete Alexandriner.

Zu Beginn des Jahres 1652 hatte der junge Johannes Heinzelmann das Rektorat übernommen. Konrektor Schirmer war sicher wegen seines labilen Gesundheitszustandes übergangen worden, auch später wurde er übergangen und gelangte nie ins Rektorat. Als am 19. April 1659 Schirmers erst fünfjährige Tochter Dorothea Catharina begraben wurde, verfaßte Heinzelmann ein umfangreiches Trostgedicht. Er war zu diesem Zeitpunkt bereits Prediger zu S. Nicolai; sein Nachfolger im Rektorat des Berlinischen Gymnasiums wurde – wiederum bei Übergehung Schirmers – der erst 27 Jahre alte Jakob → Hellwig (der Jüngere), der Sohn des gleichnamigen Berliner Propstes. Als Hellwig 1662 zum Prediger an S. Marien berufen wurde, erhielt Cunradus Tiburtius → Rango, ein ebenfalls junger Mann von erst 24 Jahren, das Rektorat übertragen, obwohl er zuvor noch kein öffentliches Amt bekleidet hatte. Es war nicht nur ihre Jugend, durch welche die genannten Rektoren dem Berliner Rat, der die Lehrer ans Gymnasium zum Grauen Kloster berief, geeigneter erschienen als der ältere und kränkelnde Konrektor Schirmer. Sie hatten sich während ihrer Universitätsstudien durch Disputationen in den unterschiedlichsten Disziplinen ausgezeichnet und ihre Eignung für die Leitung des Berlinischen Gymnasiums durch mehrere wissenschaftliche Abhandlungen unter Beweis gestellt. Im Vergleich mit diesen vielseitigen Gelehrten war der religiös-erbauliche Dichter, zu dem sich Schirmer mehr und mehr entwickelt hatte, für das Rektorat einer wissenschaftlichen Einrichtung, die zum Besuch einer Hohen Schule vorbereiten sollte, natürlich weit weniger geeignet.

1668 stand ein erneuter Wechsel im Rektorat an, nachdem Rango eine Professur am Carolinum in Stettin angenommen hatte. Die vakante Leitung der Anstalt wurde am 27. Febr. dem bisherigen Subrektor Gottfried → Weber angetragen. Weber lehnte zunächst ab, »um dem in einige Blödigkeit des Gemühts gerathenen Conrectori, M. Schirmer nicht vortreten [zu] wollen« (DITERICH, 1732, S. 195), nahm aber schließlich die ihm am 26. Mai erneut übergebene Vokation an. Wieder war Schirmer übergangen worden, diesmal nicht nur wegen seiner fehlenden wissenschaftlichen Eignung, sondern vor allem deshalb, weil sein früheres Leiden durch zwei kurz hintereinander folgende schmerzliche Trauerfälle in seiner Familie wieder hervorgetreten war: Am 18. Nov. 1666 mußte er seinen einzigen Sohn Michael zu Grabe tragen lassen; am 17. Febr. 1667 wurde seine Frau beerdigt. Trotz des erneuten Ausbruchs seiner Krankheit übte er seine Lehrverpflichtungen weiter aus, die »Blödigkeit des Gemüths«, sein depressiver Zustand also, machte ihn zunächst noch keineswegs unfähig für sein Lehramt, ja er fungierte während des vakanten Rektorats sogar als »Prorektor« (wenigstens unterschreibt er seine in jener Zeit verfaßten Gedichte als solcher, wie zum Beispiel ein Epicedium für die Tochter seines Amtskollegen, des Kantors Martin → Klingenberg, zu deren Beerdigung am 31. März 1668). Doch noch im selben Jahr 1668 mußte Schirmer, inzwischen 62 Jahre alt, sein Konrektorat niederlegen, ein Schritt, der wohl mit durch das erneute Übergehen bei der Besetzung des vakanten Rektorats verursacht worden war. Als sein Nachfolger wurde der Sohn des vormaligen Berliner Propstes Peter → Vehr, Peter Vehr (der Jüngere, 1644 bis 1701) im Okt. ins Konrektorat eingeführt. Ein von Schirmer verfaßtes Epithalamium zur Hochzeit des Arztes Gregor Bernhard mit Ursula Maria, einer Tochter des Berliner Ratskämmerers David Hoffmann, am 9. Nov. 1668 unterzeichnete der Dichter bereits als emeritierter Konrektor.

In seinen letzten Lebensjahren widmete sich Schirmer, frei von den Pflichten seines vormaligen Schulamtes, nun ausschließlich der Dichtkunst. Schon seit längerem arbeitete er an einer Übertragung der »Aeneis« des Vergil in alexandrinischen Versen. Bereits 1653 hatte er Actus scholastici zu einzelnen Büchern dieses Werkes verfaßt und durch seine Schüler aufführen lassen. Vergil mußte er auch im Unterricht behandeln; denn nach dem Lektionsplan des Rektors Heinzelmann von 1653 sollte der Konrektor, der auch in der obersten Klasse unterrichtete, in der Prima sogenannte Exercitia poetica halten und die Lektüre des Vergil, Isokrates, Homer und Sallust leiten, in der Secunda Logik und Rhetorik unterrichten und ebenfalls Stilübungen durchführen. Schirmers »Aeneis«-Übertragung erschien Ende 1668 unter dem Titel »Eigentlicher Abriß Eines verständigen/ tapffern und frommen Fürsten Von dem Fürtrefflichen Poeten Virgilius« und stellte Vergils »Aeneis« in die Tradition des Fürstenspiegels. Dem Werk, das 1672 in zweiter Auflage erschien, war ein Widmungsgedicht des kfl.-brandenburgischen Kammergerichtsadvokaten, Cöllnischen Ratskämmerers und bekannten Dichters Nikolaus → Peucker beigefügt. Auch Schirmer hat solche Widmungsgedichte verfaßt, die Beleg für die gegenseitigen Beziehungen der Poeten untereinander und zugleich Ausdruck ihres Standesbewußtsein waren, neben dem bereits erwähnten Ehrengedicht für Johann Crügers Gesangbuch von 1640 auch eines für die »Sabbahtische Seelenlust«, eine 1651 vom Wedeler Pastor Johann Rist (1607–1667) herausgegebene Sammlung geistlicher Lieder, zu der neben Schirmer unter anderem auch die bekannten Dichter Georg Philipp Harsdörffer (1607–1658) und Johann Wilhelm von Stubenberg (1619–1663) Widmungsgedichte verfaßten.

1669 ließ Schirmer »nach Anleitung warhafftiger Geschichtschreibung« eine versifizierte Bearbeitung der Erstürmung Konstantinopels durch den türkischen Sultan Mehmet II. (Machomet II.) im Jahre 1453 ausgehen. Sein Gedicht hatte einen ganz aktuellen Hintergrund: Nach der Eroberung Konstantinopels, der »Vormauer der Christenheit«, und drei Jahre später Athens durch die Türken wurde noch im 15. Jahrhundert das gesamte griechische Festland besetzt, Zypern fiel 1571. Mit der Besetzung Kretas 1669 war die Eroberung ganz Griechenlands durch das Osmanische Reich abgeschlossen. Im selben Jahr veröffentlichte Schirmer sein umfangreiches Alexandrinergedicht »CONSTANTINOPEL, Die Von dem Ersten und letzten Griechischen Käyser So genannte grosse Kauff= und Handel=Stadt/ Die Vormauer der Christenheit/ Der Tempel Göttlicher und menschlicher Weißheit/ Freyen Künste und Sprachen/ Der herrliche Pallast Hochansehnlicher Hoffhaltung Jst Vom Türcken Machometh/ dem Andern dieses Namens/ Jm Jahr Christi 1453. den 28. Junii/ nach Zehen=wöchiger Belägerung/ mit stürmender Hand erobert/ geplündert und eingenommen worden. Wird/ Nach Anleitung warhafftiger Geschichtschreibung/ in Alexandrinischen Reimzeilen Poetisch/ und mit traurigen und gehörigen Gemüths= Bewegungen kurtz und klar beschrieben und fürgestellet Vom M. Michael Schirmer/ von Leipzig/ K. Gek. Poeten/ und des Berlinischen Gymnasiens Dreissigjährigen verdienten CONRECT. Berlin/ Gedruckt bey Christoff Runge/ Jn dem zu Ende lauffenden 1669. Jahre.« In dieser antitürkischen Schrift stellte Schirmer dem »edlen, christlichen Herrscher«, nämlich dem römischen Kaiser Konstantin (dem Großen), der das Christentum zur Staatsreligion erhoben und 330 die Kaiserresidenz von Rom nach Byzanz (das er Konstantinopel nannte) verlegt hatte, den »blutgierigen, ungläubigen« türkischen Sultan Mehmet II. entgegen. Die nach dem Sieg über die heldenhaften Verteidiger der Stadt beginnende Plünderung Konstantinopels durch die Eroberer wird sehr anschaulich geschildert, die Vergehen der »türkischen Rotten« vor allem an Frauen und Kindern drastisch ausgemalt. Die Schilderung endet mit einem Aufruf an alle Christen, ihre Streitigkeiten beizulegen und sich zu vereinen, um nicht von den Türken vernichtet zu werden. Schirmer knüpft hier an die leidvollen Jahre des Dreißigjährigen Krieges an, der für ihn – wie für die allermeisten seiner Zeitgenossen – ein Glaubenskrieg zwischen christlichen Völkern war. Sein Aufruf reiht sich ein in die zahlreichen, auch von politischer Seite unternommenen Bestrebungen, die Christenheit zu vereinen, angesichts der bis weit ins 17. Jahrhundert reichenden latenten Bedrohung des Abendlandes durch die Türken (erst nach der erfolglosen Belagerung Wiens im Jahre 1683 zogen sie sich allmählich aus Europa zurück). Nach allgemeiner Auffassung gläubiger Christen war ein Frieden mit dem Osmanischen Reich völlig ausgeschlossen; Ruhe würde erst dann einziehen, wenn die »Ungläubigen« vernichtet wären. Auch Schirmer richtete in seinem Gedicht an Gott die Bitte:

> »Vertilge dieses Volk mit allen ihren Rotten/ Die trotzig fahren her/ und deinen Namen spotten/
> Daß sie erkennen doch/ wie gegen eine Macht Gebrechlich sey ihr Arm/ und kothig ihre Pracht.«

Am Ende steht wiederum eine Bitte an Gott: Er möge Kaiser Leopold sowie Kurbrandenburg und Sachsen (die für die drei christlichen Religionen Katholizismus, Calvinismus und Luthertum stehen) beschützen und ein glückliches neues Jahr bringen. In einer Ende 1672 ebenfalls zum Jahresausklang veröffentlichten Gedichtsammlung Schirmers finden sich weitere sogenannte »Türken«-Gedichte, und zwar »Reim=Gebät für die Gemeine Wohlfahrt wider den Türcken und Feinde der Christenheit« und »Zweene Psalmen wider eben selbige Feinde/ aus Davids Psalter=Büchlein genommen und in Teutsche Reimen versetzet«.

Von den übrigen Schriften Schirmers sind an dieser Stelle wenigstens sein »Christlicher Harpocrates« (1665), gerichtet gegen ein anonymes chiliastisches Werk, das für das Jahr 1666 den Weltuntergang prophezeite, sowie seine 1667 erschienenen Schrift »Christliche und wohlgemeinte Erinnerungs=Regeln für einen jungen Kauf= und Handelsmann, darnach er sich zu richten, wenn er nicht verderben will«, zu nennen. Leider sind diese Schriften nicht erhalten geblieben, so daß über jenes aus dem Titel Erschließbare schwerlich etwas über den Inhalt gesagt werden kann.

Schirmers letztes (überliefertes) Casualcarmen, ein Epicedium für Johann Jost Berchelmann (1634 bis 1673), eines seiner letzten Gedichte überhaupt, stammt vom 13. März 1673. Sechs Wochen später, am 4. Mai 1673, starb Schirmer im 67. Lebensjahr. Begraben wurde er am 8. Mai auf dem Klosterkirchhof, und zwar »gratis« und »Nachts«, wie das Begräbnisbuch zu S. Nicolai verzeichnete (BACHMANN, 1859, S. 35). Seine Grabstätte befand sich gegenüber der Wohnung des Konrektors, die der Verstorbene lange bewohnt hatte. Schirmer wurde schon von den Zeitgenossen mit dem gleichnamigen Rektor in Freiberg verwechselt (NEUMEISTER, 1695, S. 93; auch WETZEL, 1724, III, S. 807, und ZEDLER, 1742, 34, Sp. 1619). Hierbei handelte es sich um einen Magister Michael

Schirmer, der am 26. März 1635 geboren wurde, 1660 zum Konrektor zu Freiberg vozierte und 1662 zum Rektor aufstieg. 1672 erhielt er die Vokation zum Archidiakon in Freiberg, starb jedoch bereits am 25. Okt. 1672. Obwohl der Irrtum bereits Mitte des 18. Jahrhunderts korrigiert worden war (KÜSTER/ MÜLLER, 1752, II, S. 956), wurden noch in neuester Zeit beide Personen miteinander vermengt (FILLIES-REUTER, Sigrid: Schirmer, Michael. In: BAUTZ, 1995, 9, Sp. 226f.). [LN]

Werke

Epicedium für Johann Friedrich. An: Höpner, Johann: Leichpredigt für Johann Friedrich. Leipzig 1629 (Dünnhaupt, 1991, V, S. 3639f.).
Epicedium für Nicolaus Leyser. An: Höpner, Johann: Leichpredigt für Nicolaus Leyser. Leipzig 1632 (Dünnhaupt, 1991, V, S. 3640).
Klag-Gedichte bey Leichbestattung der … Frawen Catharinen, des … Johann Rose(ns) … Witwen. Leipzig 1632 (Dünnhaupt, 1991, V, S. 3640).
Epicedium für Polycarp Leyser, Theologieprofessor, Superintendent und Pfarrer zu S. Thomas in Leipzig. An: Höpner, Johann: Leichpredigt für Polycarp Leyser. Leipzig 1633. (LP StA Braunschweig, Nr. 3792).
Epicedium für Erasmus Seidel. An: Elerd, Nikolaus: Leichpredigt für Erasmus Seidel. Berlin 1635 (Dünnhaupt, 1991, V, S. 3640).
Epicedium für Justus Weyler. An: Vehr, Peter: Leichpredigt für Justus Weyler. Berlin 1635 (Dünnhaupt, 1991, V, S. 3640).
Poetisches LiebsFähnlein. Dem HochEdlen/ vnd vnter des Großmächtigsten vnd Vnüberwindlichsten Kriegs Fürstens Amoris Panier vnd Regiment militirenden Paare: Alß Dem Wolwürdigen/ HochEdlen/ Gestrengen vnd Vesten/ Herrn Conraden von Burckstorff/ Churf. Brand. wolbestalten Kriegs=Obersten zu Roß vnd Fuß/ und Eltesten Cämmerern/ des S. Johannis Ordens Rittern/ vnd Commandatori zu Lagow/ Guverneur der Vestungen Spandow vnd Peitz/ auff Goldbeck vnd Mantschenaw Erbherrn/ etc. Vnd Der HochEdlen Viel Ehr= vnd Tugendreichen Jungfrawen Anna Elisabeth/ Des HochEdlen/ Gestrengen vnd Hochbenambten Herrn Johann von Löben/ Churfürstl: Durchl. zu Brandenburg. gewesenen wolverdienten Cantzlers vnd geheimbten Raths/ auff Blumberg/ Falckenberg vnd Dahlwitz/ etc. Erbsassen/ Eheleiblichen Tochter. Auff dero beyderseits Hochzeitliche Festivität, zu sonderbaren Ehren vnd Glückwünschung gestellet vnd praesentiret Von M. MICHAELE Schirmern/ Lipsiensi, Gymnas. Berol: Sub-Rect: Gedruckt zum Berlin/ durch George Rungen/ Jm Jahr:1636. Berlin 1636 (1a: 2 an: Yi 1591 R; Bachmann, 1859, S. 192, S. 155; Dünnhaupt, 1991, V, S. 3640).
Epicedium für Anna Maria Miser geborene Heyde, Ehefrau von Caspar Miser, Bürgermeister in Berlin. An: Elerd, Nikolaus: Leichpredigt für Anna Maria Miser geborene Heyde. Berlin 1637. (LP StA Braunschweig, Nr. 2295; Dünnhaupt, 1991, V, S. 3640).
Epicedium für Johann Wedigen. An: Koch, Johann: Leichpredigt für Johann Wedigen. Berlin 1637 (Dünnhaupt, 1991, V, S. 3641).
Epicedium für Nikolaus Elerd, Propst in Berlin. An: Berkow, Johann: Leichpredigt für Nikolaus Elerd. Berlin 1637. (LP StA Braunschweig, Nr. 1133; Dünnhaupt, 1991, V, S. 3641).
Epicedium für Anna Wirth geborene Funcke. An: Carpzov (der Ältere), Johann Burchard: Leichpredigt für Anna Wirth geborene Funcke. s. l. 1637 (Dünnhaupt, 1991, V, S. 3641).
MELISMATA GAMICA, Qvæ Post ferales Cantus, insvaves voces et interruptum conjugalis, si qva est felicitatis, Tenorem ORPHEO SUO VIRO ab ingenio, doctrinâ & solertiâ noto DN. JOHANNI CRUGERO, Ad Div. Nicolai Cantori, Musici Chori Directori industrio, Gymnasiique Senatorij Collegæ, secundùm SPONSO, Illiusque novellæ EURYDICE VIRGINI Pietatis, Pudicitiæ unicâ & optimâ dote præstabili, ELISABETHÆ, VIRI beatæ memoriæ Honesti et vitæ Integri Dn. GABRIELIS Schmids/ Civis Berolin. relictæ Filiæ, SPONSÆ, MUSÆ earundemque Pulli partim suâ Citharâ partim Corydonis et Mopsi fistulâ votivæ gratulationis ergo accinere voluerunt X. Cal. Febr. M.DC.XXXVII. BEROLINI, TYPIS RUNGIANIS. Berlin 1637 (109: Slg. GK: Sch 1/19. 2; Bachmann, 1859, S. 156–159).

PLAUSUS POETICUS DIVO FERDINANDO II. MAGNO ET INVICTISSIMO PRIN-cipi et Romanorum Imperatori semper Augusto, &c. Cum ipsius Majestas Filio ejusdem Nominis et Virtutis Serenissimo Ratisbonæ in Romanorum Regem ritè Electo, Coronato et Renunciato Imperiali suæ Sedi VIENNA redderetur. Inchoatus Sed (ô rerum humanarum lubricitatem!) inopinâ ipsius Morte Interruptus et in Neniam conversus, denuo tamen textus et pertextus In FERDINANDO III. VNGARIÆ ET Bohemiæ et nuper ritè Electo, Coronato et Renunciato Romanorum Rege, nunc Imperatore et rerum potiunte, Vt et Serenissima ipsius Conjuge Dominâ Dominâ MARIA Vngariæ et Bohemiæ et noviter solenni pompa Coronata Romanorum Regina, nunc Imperatrice Rom: Imp: Augustissimâ. â M. Michaële Schirmern Lips: Gymnas: Berol: Sub R: Cum â VIRO MAGNIFICO, NOBILISS: AMPLISS: et Consultiss: Dn. Petro Frietzen J.U.D. S. R. I. Exempto et Palatij Imp: Aulæque Cæsareæ Comite nec non Sereniss: Elect: Brandenb: Consiliar: et S. Consist: Præside Laureâ poëticâ coronaretur. (Am Ende:) BEROLINI, Excudebat Georgius Rungius, ANNO M DC XXXVII. Berlin 1637 (1: 2 in: Rz 494; Bachmann, 1859, S. 192f.; Dünnhaupt, 1991, V, S. 3641).

Epicedium für Albert Stöve. An: Vehr, Peter: Leichpredigt für Albert Stöve. Berlin 1638 (Dünnhaupt, 1991, V, S. 3642).

De motibus bellicis. Schulactus Berlin 1638 (Diterich, 1732, S. 286f.).

Octavianus Augustus cum consiliariis de alterutro, bello vel pace, decernendo consultans. Schulactus Berlin 1638 (Gudopp, 1900, S. 6f.).

Epicedium für Andreas Koch, kfl.-brand. Hofkammergerichtsrat. An: Fromm, Joachim: Leichpredigten für Andreas Koch und Catharina Koch geborene Wernicke. Berlin 1638. (LP StA Braunschweig, Nr. 3186).

Epicedium für Peter Engel. An: Vehr, Peter: Leichpredigt für Peter Engel. Berlin 1639 (Dünnhaupt, 1991, V, S. 3642).

Epithalamium für den Weinhändler Andreas Ideler. Berlin 1639 (Bachmann, 1859, S. 193, S. 159–162; Dünnhaupt, 1991, V, S. 3643).

SACRUM NUPTIALE, VIRO Clariß. Excellentiß. et Consultiß. DN: BALTHASARI FÜNSTERO, J. U. D. REVERENDISS: ET ILLUSTRISS: DN: DN. ADAMI, COMITIS à Schwartzenberg/ S. Johannis per Marchiam, Saxoniam, Pomeraniam atque Vandaliam MAGISTRI, Domini in HohenLandsberg & Chimborn/ &c. &c. Consiliario conspicuo, secundùm SPONSO; Nec non Virgini Nobili, Castissimæ, Pudicissimæque ANNÆ-SABINÆ, Viri Nobil: Magnifici, Ampliß: et Excellentiß: Dn. PETRI Fritzen/ J. U. D. celeberr: Comit: Palat: Cæsar: Sereniss: Elect: Brandenb. Consiliarij, & S. Consistorij Præsidis Spectatissimi Filiæ, SPONSÆ. Destinatum & peractum â Fautoribus, Amicis & Clientibus, Die 28. Octob. An: 1639. BEROLINI, TYPIS RUNGIANIS. Berlin 1639 (109: Slg. GK: Cg 51. 2/1).

Epicedia für Friedrich Fleck. An: Vehr, Peter: Leichpredigt für Friedrich Fleck. Berlin 1639 (1: 20 in: Ee 509; Dünnhaupt, 1991, V, S. 3642).

Epicedium für Peter Kassel, Handelsmann in Berlin. An: Fromm, Joachim: Leichpredigt für Peter Kassel. Berlin 1639. (LP StA Braunschweig, Nr. 2943).

Adell=Hochzeitliche Glück=wünschung. (Blatt 2:) Denen Hochgeehrten Hochzeiteren: Deme Wolwürdigen/ WolEdlen/ Gestrengen vnd Vesten/ Bastian von Waldowen/ Des Ritterlichen S. Johanniter Ordens/ Rittern/ designirten Commendatori zur Lietzen: Gräfflichen Schwartzbergischen wolbestalten Stallmeistern vnd Cammer=Junckern; Auff Königswalde Erbherrn: Bräutigamb. Mit sampt dero WolEdelgebornen/ Hoch=Ehren= Tugendreichen Jungfern/ Elisabeth Sophien von Klitzingk: Des auch WolEdlen/ Gestrengen vnd Vesten/ Herrn Caspar von Klitzing: auff Walßleben/ Dömerthin/ Radensleben/ Rosenwinckel/ &c. Erbsassens/ hertzvielgeliebten Tochter/ Braut. Zu besondern Ehren/ Auß Christlichem wolmeinen/ Tichteten vnd vberreichten Vnterdienstlich/ (Georg Lilien und Michael Schirmer). Berlin ca. 1639 (23: 68. 17 Poet. [47]; Deutsche Drukke des Barock HAB, 1977, A 843–844; Dünnhaupt, 1991, V, S. 3642).

Redeübung über römische Geschichte (17. März 1640). Berlin 1640 (Bachmann, 1859, S. 21f.).

Ehrenpreiß der Märkischen Reformation (1639). In: Iubilaeum Evangelico-Marchicum Berlinense. Berlin 1640 (1: Tc 4400 ehem.; Tc 4401 ehem.; Tc 4401ª ehem.; Bachmann, 1859, S. 107f.).

Widmungsgedicht. In: Crüger, Johann: Newes vollkömliches Gesangbuch, Augspurgischer Confession. Berlin 1640 (Bachmann, 1856, S. 21).

Kirchenlieder. In: Crüger, Johann: Newes vollkömliches Gesangbuch, Augsburgischer Confession. Berlin 1640 (Bachmann, 1859, S. 71–81; Fischer/ Tümpel, 1906, III, S. 457–462).

Epicedia für Tilman Essenbrücher. An: Koch, Johann: Leichpredigt für Tilman Essenbrücher. Berlin 1640 (Dünnhaupt, 1991, V, S. 3643).

Epicedium für Caspar Miser. An: Lilius, Georg: Leichpredigt für Caspar Miser. Berlin 1640 (Dünnhaupt, 1991, V, S. 3643).

Epicedium für Wilhelm von Gerresheim. An: Anonym: Leichpredigt für Wilhelm von Gerresheim. Berlin 1640 (Dünnhaupt, 1991, V, S. 3643).

Epicedium für Magdalena Montag geborene Merten. An: Fessel, Daniel: Leichpredigt für Magdalena Montag geborene Merten. Frankfurt/O. 1640 (Dünnhaupt, 1991, V, S. 3643).

Epicedia für Levin von dem Knesebeck. An: Bergius, Johann: Leichpredigt für Levin von dem Knesebeck. Berlin 1640 (Dünnhaupt, 1991, V, S. 3643).

Epithalamium für Christian Brehme und Anna Margarethe geborene Voigt. s. l. e. a. [um 1641] (Harper, 1994, S. 21*).

In Obitum præmaturum Viri-Juvenis Præstantissimi et Eruditissimi DN. JOACHIMI BERCHELMANNI, LL. Candidati &c. Filiæ viduæ Berchelmannianæ unicilongeque desideratissimi. 1641 (1: an 10 in: Ee 502).

Hochzeitliche Glückwünsche/ Zu Ehren wolgefallen/ Dem Ehrenvesten/ Achtbarn/ Vornehmen Herrn Georg Carll/ Handelsverwandten/ Bräutigamb: Vnd Der Erbarn/ VielEhren=tugendreichen Jungfer Annen/ Des Ehrnvesten/ Achtbarn vnd Wolbenambten Herrn Johann Hentzen/ Bürgers vnd Handelsmans/ gemeiner Stadt Verordneten/ Eheleibliche Tochter/ Braut: Auß Christlichem Wolmeinen gethan/ Vnd abgefast Von Guten Gönnern vnd Freunden. Gedruckt zu Berlin/ bey Georg Rungen S. Witwe/ 1641. Berlin 1641 (109: Slg. GK: Cg 36).

Hochzeit= vnd Lobgedichte der edlen Mahler=Kunst/ Vnd darauff Christlicher Ehren=Wunsch/ Auff Des Ehrenvesten vnd Kunstreichen Herrn Andreas Hans/ Mahlers/ Vnd Der Erbarn vnd Tugendsahmen Jungfrawen MARIA/ Deß Wolgeachten vnd Kunstreichen Herrn George Krumnaws/ Kunstpfeiffers in Berlin Sel: nachgebliebener Tochter Hochzeit/ Auff den 15. MonatsTag Februarij, in Berlin/ des 1641. Jahres/ Von etlichen guten Freunden zu Ehren gestellet. Gedruckt zum Berlin/ bey George Rungens Sel. Witwe. Berlin 1641 (109: Slg. GK: Cg 52).

Epicedium für Ursula Tonnenbinder geborene Krappe verwitwte Merten, Ehefrau von Joachim Tonnenbinder, Apotheker und Handelsherr in Berlin. An: Lilien, Georg von: Leichpredigt für Ursula Tonnenbinder geborene Krappe verwitwte Merten. Berlin 1641 (LP StA Braunschweig, Nr. 3379; Dünnhaupt, 1991, V, S. 3643).

Ara secularis. In debita recordatione Jubilaei Evangelici-Lutherani primique Marchici: Deo Opt: Max: in honorem, Viventibus in incitamentum gratulandi, Et Deo precum hostias offerendi; Posteritati denique, si qua futura, in similem solennem recordationem et exemplum. Calend: Novemb: Pio affectu erecta et consecrata à M. Michaele Schirmern/ Lipsiensi, Gymnas: Berol: ConRect: et P. L. C. Berol. 1641. Berlin 1641 (Bachmann, 1859, S. 193; Dünnhaupt, 1991, V, S. 3643f.; nach Küster/ Müller, 1752, II, S. 956, bereits Berlin 1639).

Epithalamium für David Hoffmann. Berlin 1642 (Bachmann, 1859, S. 194; Dünnhaupt, 1991, V, S. 3644).

Letzte Gebühr und Ehrenpflicht dem weiland Durchl. Hochgeborenen Fürsten und Herrn/ Herrn Georg Wilhelm, Christlöblichen Gedenckens/ Als desselben verblichener Leichnam den 11/1 Mart. zu Königsberg in Preussen erhoben und mit hochansehnlicher Versammlung und Begleitung abgeführet und im gantzen Lande der Chur= und Mark Brandenburg mit schuldiger Begängniß gezieret wurde. Berlin 1642 (Küster/ Müller, 1752, II, S. 956; Bachmann, 1859, S. 193f.; Dünnhaupt, 1991, V, S. 3644).

VOTA VIRO Amplissimo Prudentiß: et literariß: M. GEORGIO WEBERO, Hactenus Camerario &c. CONSULATUS BERLINENSIS AXIOMATE Ornato nec minùs onerato, Nuncupata & scripta. BEROLINI, Charactere Rungiano expressa. ANNO 1642. Berlin 1642 (109: Slg. GK: Sch 1/20; Bachmann, 1859, S. 194; Dünnhaupt, 1991, V, S. 3644).

BONA OMINA NUPTIIS AUSPICATISSIMIS Admodum Reverendi et Clarissimi VIRI Dn: M. JOACHIMI FROMMII, AD D. Nicolai Archidiaconi, ut meritissimi ita & vigilantissimi SPONSI, Nec non Lectissimæ, pientissimæque Virginum SABINÆ Bartholdin/ Viri Amplissimi, Consultissimique Dn. ANDREÆ Bartholds/ Cameræ Electoralis Brandenb. Advocati non è postremis, sed primi, & Senioris FILIÆ, SPONSÆ, Prolixissimo affectu, A Fautoribus, Collegis & Amicis NUNCUPATA. BEROLINI, Typis Rungianis, Anno 1643. Berlin 1643 (109: Slg. GK: Sch 1/22; Bachmann, 1859, S. 194; Dünnhaupt, 1991, V, S. 3644).

Landes-Freude und Segenswunsch/ Als die göttliche Majestät unsre gnädigste Landesobrigkeit/ Herrn Friedrich Wilhelm/ in guter Gesundheit in Dero Churfürstl. und ordentliche Residentz allergnädigst geführet/ begleitet und geholfen/ ausgedruckt/ Berlin 1643. Berlin 1643 (Küster/ Müller, 1752, II, S. 956; Bachmann, 1859, S. 194; Dünnhaupt, 1991, V, S. 3644).

COROLLÆ GAMICÆ, Viro Clarissimo & Literatissimo DN. EMANUELI VULPINO, SCHOLÆ Spandoviensis Rectori digniss: SPONSO, et Virgini pientissimæ, pudicissimæ & lectissimæ GERTRUDI, VIRI Reverendi Clariß: et Doctiß: Dn: MATTHÆI Rosenthals/ Palæo-Landsbergæ Pastoris vigilantiss: dilectiss: Filiæ, SPONSÆ, Prono affectu in debitum honorem plexa' et nexa'. A Fautoribus & Amicis. BEROLINI, TYPIS RUNGIANIS, Anno 1643. Berlin 1643 (109: Slg. GK: Cg 216. 1).

Epithalamium für Peter Vehr und Anna geborene Vogt. Berlin 1643 (109: Slg. GK: Sch 1/23).

Geistliches Oehlblat Deß ewig=Hertzquickenden Friedens Durch den Mund deß schön= und Weisen Pfingsttäubleins: Das ist durch Den Werthen heiligen Geist/ Tröster der gantzen Welt/ Vorgetragen. Gewiesen und gepriesen am heiligen Pfingstage/ Von M. MICHAEL Schirmer von Leiptzigk/ Keyserlichen gekrönten Poeten/ und Christi Wie Gnadenseligen/ also trewschuldigen Bekenner. Jm Jahr Der überschwenglichen Gnade GOttes 1649. Zu Berlin Druckts Christoff Runge/ Durch Buchstaben=Wechsel: O Schrifft grüne! Berlin 1649 (1a: Yi 1591 R; Bachmann, 1859, S. 195; Dünnhaupt, 1991, V, S. 3645).

Klag= und Trostschrifft Auff Deß WohlEhrwürdigen/ GroßAchtbahren und Hochgelahrten Herrn Samuel Hoffmanns/ Der heiligen Schrifft Lehrer/ Churfl. Brandenb. Geistlichen Gerichts Beysitzer/ Berlinischen Probst/ und der benachtbarten Kirchen Auffseher Seliges Absterben. Zu schuldigen Ehren/ wie auch Gedechtnüß für empfangene Wohlthaten auß Christlichem Trewhertzigen Wohlmeynen abgefasset und Auffgesetzet Von M. MICHAEL Schirmer/ Kayserlichen Gekrönten Poeten und am Creutze unsers einigen Heylandes Christi Mitstreiter. Gedruckt zu Berlin/ bey Christoff Runge/ Jm Jahr der überschwenglichen Gnade Gottes 1649. Berlin 1649 (109: Slg. GK: Sch 1/29; 1a: 1 an: Yi 1591 R; Bachmann, 1859, S. 195, S. 162–164; Dünnhaupt, 1991, V, S. 3645).

Trawerzeichen/ Johan=Georgen Spengler. Dem Vater zu Trost Vnd Dem lieben und seligen Kindlein Zum Gedächtnüß gesetzet Vom M. Michael Schirmer/ Lipsien: P. L. C. & B. Æ. Candidato. Gedruckt zu Berlin/ 1649. den 6ten Wintermonats. Bey Christoff Runge. Berlin 1649 (109: Slg. GK: Sch 1/26. 1; Bachmann, 1859, S. 197, S. 164–167; Dünnhaupt, 1991, V, S. 3647).

Christlich=Poetisches Roßmarien Kränzlein/ Das ist: Klage= und Trostgesang/ Auff Kläglich=behäglich= doch schmertzlichen Sterbens=Gang Des Wolartigen und dahero guter Hoffnung gewesenen Knäbleins Friederich Benedictus … Friedrich Blechschmids/ Churfürstl. Cammergerichtsraths einigen Sohnes. Gesprächsweise/ in Persohn Des hochbetrübten Vaters und Poetens M. Michael Schirmer/ Philo-Theologi. … Berlin bey Christoff Runge. 1649. den 19ten Herbstmonats. Berlin 1649 (1: an 8 in: Ee 503; Bachmann, 1859, S. 197; Dünnhaupt, 1991, V, S. 3646f.).

Kurtze Poetische Bußschrifft/ Vber unsere/ Der Deutschen/ bey Wiederkehrung des güldenen und mit göttlicher Gnade unnd Benedeyung/ durch kummerhaffte Sorgen und vielfältige Mühwaltung unserer lieben/ Höchst= und Hohen Reichs= und Landes Obrigkeit Wiedergebrachten Friedens/ Noch zimliche Vndanckbarkeit/ und gefährliche Sicherheit/ Mit beygefügter tröstlichen Auffmunterung zu Christlicher Liebe/ Eintracht/ Barmhertzigkeit und Fröligkeit. Alles nach Anleitung heiliger göttlicher Schrifft verfasset Vnd Zu männiglicher Betrachtung/ Wolfahrt unnd frölicher Furcht GOttes in öffentlichen Druck aus wolgesinneter Meynung herfür gegeben/ den andern Augusti nach vorgepredigten und angehörten Thränen Christi/ Luc. 10. Vom M. Michael Schirmer von Leipzig/ P. L. C. Gedruckt zu Berlin/ Anno novæ pacis Germanorum per Christi gratiam M DC IL. Berlin 1649 (109: Slg. GK: Sch 1/30; Küster/ Müller, 1752, II, S. 956; Bachmann, 1859, S. 196f., S. 129–140; Dünnhaupt, 1991, V, S. 3646).

Christlich=Poetischer Geleitsbrieff Herren Christian Niesen von Berlin/ der Zeit Rectorn der Schule zu Window im Churlande/ Seinem hiebevor gewesenen frommen und fleisigen Schüler/ itzo guten Freundt und Gönner auff den beschwerlichen weiten Weg und Wasser=Reyse wolmeynend zugeeignet und mit gegeben. Vom M. Michael Schirmer Lips: P. L. C. Gedruckt zu Berlin von Christoff Runge 1649. Berlin 1649 (109: Slg. GK: Sch 1/32; Bachmann, 1859, S. 197, S. 167; Dünnhaupt, 1991, V, S. 3646).

Glückwündschender Gesang Allen auff den Ewigdenckwürdigen Hochpreyßlichen Oßnabrüggischen/ unnd mit Verleihung Göttlicher Gnade wolabgelauffener Friedenshandlung versamleten und wiederheimkehrenden Hochbenambten Herrn und insonderheit dem Hochansehnlichen Churfürstl. Brandenb. Gesandten Dem Wolgebornen Herrn Herrn Johann Friedrichen/ Freyherrn von Löben/ auff Schönefeld … Meinem Hochgeehrten Herrn Patron Geschrieben übergeben von M. Michael Schirmer von Leipzig/ gekröntem Käys. Poeten/ und des Berlinischen Gymnasiums andern Lehrer. Berlin von Christ. Runge 1649. Berlin 1649 (Bachmann, 1859, S. 195f., S. 125–128; Dünnhaupt, 1991, V, S. 3645).

Epithalamia für Michael Zarlang, Bürgermeister in Berlin, und Margaretha geborene Damerow, verwitwete Miser. Berlin 1649 (Bachmann, 1859, S. 198; Dünnhaupt, 1991, V, S. 3645).

DEO OPTIMO MAX. AUSPICE ! Fautorum Amicorumque votivi applausus Conscripti, dum DNS. MARTINUS=FRIDERICUS SEIDEL, J. U. L. Serenissimi Electoris Brandenburgici Consiliarius & Consistorii Marchici Assessor Cum Virgine Nobili Cunctisque Sui Sexus Virtutibus Condecoratissima MARTHA SOPHIA, VIRI emeriti Domini ANDRÆÆ KHOLI, ICti Clarissimi & ProCancellarii Marchionatus Brandenburgensis Natâ perdilectâ, Hilaria gamica celebraret, ANNO Post Christi Nativitatem 1649. 3. Non. Decemb. BEROLINI, CHARACTERE RUNGIANO. Berlin 1649 (1: Ms. Boruss. fol. 200, f. 91r–98r).

I. N. J. Clarissimo atque Doctissimo DN. M. ADAMO SPENGLERO, Gymnasii Berolinensis Rectori Meritissimo, Natalem suum XXIV. Decembris Anno … 1649. CELEBRANTI, Devotè applaudunt Quidam Ejus Cupientissimi Discipuli. Berlin 1649 (109: Slg. GK: Sch 1/25 u. 28; Bachmann, 1859, S. 198; Dünnhaupt, 1991, V, S. 3646).

Epicedium für Andreas Wernicke. An: Fromm, Joachim: Leichpredigt für Andreas Wernicke. Berlin 1649 (Dünnhaupt, 1991, V, S. 3644).

Mit und zu Gottes Lieb und Lobe! Friedens Trompete. Dem Durchlauchtigsten/ Hochgebornen Fürsten und Herrn/ Herrn Friedrich Wilhelm/ … Marggraffen zu Brandenburg … meinem gnädigsten Churfürsten und Herrn. Geblasen und vorangeschickt vom M. Michael Schirmer von Leipzig Käys. gekrönten Poeten und Liebhaber Christi. Zu Berlin druckts Christoff Runge Durch Litterwechsel: O Schrifft grüne! M. M. S. s. l. e. a. [Berlin 1649 ?] (Bachmann, 1859, S. 196; Dünnhaupt, 1991, V, S. 3646).

Trawerklagen/ Vber Den Frühezeitigen und jämmerlichen Hintritt Des frommen Knabens Joachim Friederich Spenglers/ M. Adam Spenglers/ Rect. Hertzgeliebten Sohnes/ Welcher Den 30. Octobr. 1649. plötzlichen kranck worden/ und nach allerley langwierigen außgestandenen Schmertzen/ endlich den 28. Decemb. als er 8. Wochen und 4. Tage gelegen/ durch den zeitlichen Todt angefodert/ und der Seelen nach/ in die ewige Frewde versetzet worden. Bona quæ Deus dare potuit, aufferre potest. Gedruckt zu Berlin/ bey Christoff Runge. 1650. Den 4. Januarii. Berlin 1650 (109: Slg. GK: Sch 1/27; 109: Slg. GK: Cg 199; Bachmann, 1859, S. 199, S. 168–170; Dünnhaupt, 1991, V, S. 3647).

M. Michael Schirmers/ P. L. C. Reimgebet/ Vber Berlinische Kirchenfrewde Vnd Danckespflicht. Als Der WolEhrwürdige/ Andächtige und Hochgelarte Herr M. Petrus Vher/ gewesener und Wohlverdienter Prediger an reinem Wort Gottes zu St. Marien/ auch Eltisten/ mit Göttlichem Rath und Willen/ zum Berlinischen Probst=Ambte beruffen und ordentlich eyngewiesen wurde. Psalm 71. Verlaß mich nicht Gott im Alter/ wenn ich graw werde/ biß ich deinen Arm verkündige Kindeskindern/ und deine Krafft allen die noch kommen sollen. Gedruckt daselbst Bey Christoff Runge/ 1650. den 7ten Febr. Berlin 1650 (109: Slg. GK: Sch 1/33; Bachmann, 1859, S. 198, S. 170–173; Dünnhaupt, 1991, V, S. 3647).

M. Michael Schirmers/ P. Biblische Lieder und Lehrsprüche in allerhand gebräuchliche Reim=Arten verfasset Vnd Zuförderst der zarten Jugend/ zu seliger Erbawung in Erkenntniß Gottes und liebhabung der H. Schrifft, Jn öffentlichen Druck herfürgegeben Zu Berlin/ Bey Christoff Runge 1650. Berlin 1650 (Küster/ Müller, 1752, II, S. 956; Bachmann, 1859, S. 198, S. 81–91; Dünnhaupt, 1991, V, S. 3647).

Glückwündschende Thalia Vber Halberstädt= und Mindische Huldigung In teutsche Reime verfasset … Berlin 1650 (1: 9 in: Yf 6622 R ehem.).

Trostgesänge/ Bey Begräbnüß Eines lieben Söhnleins von drey Viertheil Jahren/ Des WolEhrwürdigen/ Andächtigen unnd Wolgelahrten Herrn Johannis Berckowen/ Christlicher Gemeine bey St. Marien zu Berlin Wolverordneten Predigers/ Namens Constantinus Andreas/ Als solches Nach gnädigem Willen GOttes/ durch zeitlichen Tod/ zur ewigen Seligkeit befordert. 1650. Berlin 1650 (1: an 16 in: Ee 502).

M. Michael Schirmers/ P. L. C. Dancksagendes/ Und Jauchtzendes Teuschlandt/ Ueber Langgewünschten/ endlich erbetenen und erseufftzeten Frieden. Gedruckt zu Berlin/ bey Christoff Runge. 1650. Berlin 1650 (109: Slg. GK: Sch 1/31; Küster/ Müller, 1752, II, S. 956; Bachmann, 1859, S. 198, S.141–144; Dünnhaupt, 1991,V, S. 3647).

FLEIUS AMICORUM, In luctuosissimum Obitum FOEMINÆ singulis sui sexus Virtutibus ac Dotibus Celeberrimæ MARTHÆ SOPHIÆ, ANDREÆ KOHLII, ICti & ViceCancellarii Marchici Filiæ, MARTINI FRIDRICI SEIDELII, Consiliarii Brandenburgici Uxoris singulariter dilectæ & eheu / primo Matrimonii anni unico filiolo relicto defunctæ. MORIENDUM. s. l. e. a. [Berlin 1650] (1: Ms. Boruss. fol. 200, f. 108r–112r, Druckimpressum abgeschnitten; nach Dünnhaupt, 1991, V, S. 3648, angeschlossen an: Fromm, Joachim: Leichpredigt für Martha Sophia Seidel geborene Kohl. Berlin 1650).

Redeactus zur Christfeier 1651. Berlin 1651 (Bachmann, 1859, S. 25).

M. Michael Schirmers Hertzliche Weynachts Freude Jn Allerhand Reimgedichte Abgefasset/ Vnd Jn Druck gebracht Zu Berlin/ Bey Christoff Runge. 1651. Berlin 1651 (109: Slg. GK: Sch 1/34. 3; Bachmann, 1859, S. 199, S. 108–120; Dünnhaupt, 1991, V, S. 3648).

Epicedium für Eva Catharina Brunnemann. An: Günzel, Albert: Leichpredigt für Eva Catharina Brunnemann. Berlin 1651 (Dünnhaupt, 1991, V, S. 3648).

Ita novos Honores VIRO Perquàm Reverendo, Amplissimo, Præ-Clarissimo DOMINO M. PETRO VHER, ECCLESIARUM BEROLINENSIUM Præposito-& Inspectori Vicinarum meritissimo, S. Ministerii ibid. quoque Seniori honoratissimo. Quum Hagio-Synedrii Electoralis Brandenburgici ADSESSOR declararetur, Dn. Fautori, Fratri ac Patrono suo devotê colendo gratulantur. Mens. Septembris, Anno M DC LI. BEROLINI, Prælo Rungiano. Berlin 1651 (109: Slg. GK: Sch 1/35; Bachmann, 1859, S. 199; Dünnhaupt 1991, V, S. 3648).

Widmungsgedicht in: Rist, Johann: Sabbahtische Seelenlust/ Das ist: Lehr-Trost-Vermahnung- und Warnungsreiche Lieder über alle Sontägliche Evangelien deß gantzen Jahres/ Welche/ so wol auf bekante/ und in reinen Evangelischen Kirchen gebräuchliche/ alß auch gantz Neue/ Vom Herren Thoma Sellio/ bei der hochlöblichen Statt Hamburg bestaltem Cantore/ wolgesetzete Melodeien können gesungen und gespielet werden/ Gott zu Ehren und Christlichen Hertzen zu nützlicher Erbauung abgefasset und herausgegeben von Johann Rist. Lüneburg/ Gedrukt und verlegt durch die Sternen. ANNO M DC LI. Lüneburg 1651 (Dünnhaupt, 1991, V, S. 3648).

Epicedium für Johann Berkow, Archidiakon zu S. Marien. An: Vehr, Peter: Leichpredigt für Johann Berkow. Berlin 1651. (LP StA Braunschweig, Nr. 386; Dünnhaupt, 1991, V, S. 3648).

MISSUS POETICUS in Nuptiis auspicatissimis VIRI Excellentissimi Clarissimi atque Experientissimi DOMINI THOMÆ PANCOVII, DOCTORIS MEDICI, ET PRACTICI BERLINENSIS, cum VIRGINE Lectissimâ, virtutibusque Virgineis perquam conspicuâ CATHARINA, VIRI Amplissimi, Excellentissimi et Consultissimi, DN. JOHANNIS BERCHELMANNI, J. U. L. & Statuum provincialium in Electoratu Brandenb. cis Viadrum Syndici & Quæstoris fidelissimi, dilectissimâ FILIA, BEROLINI pridie Martini celebratis, Mensæ secundæ surrogatus à PATRONIS, PROPINQUIS, FAUTORIBUS, AMICIS. Literis RUNGIANIS. Berlin s. a. [1651] (109: Slg. GK: Cg 144).

Biblische Trostsprüche in deutsche Reime übersetzt und bei meinem kümmerlichen und sehr schwachen Leibs=Zustand in Druck gegeben. Berlin 1652 (Küster/ Müller, 1752, II, S. 956; Bachmann, 1859, S. 199; Dünnhaupt, 1991, V, S. 3648).

Einladungsschrift für ein Drama Scenicum ex lib. I. Æneidos (Vergil), aufgeführt am 22. März 1653 auf dem Berliner Rathaus. Schulactus Berlin 1653 (Diterich, 1732, S. 287; Gudopp, 1900, S. 10).

Tragikomödie in ungebundener Rede nach dem 7., 10. und 12. Buch der »Aeneis« des Vergil, 1653 vor Kurfürst Friedrich Wilhelm von Brandenburg aufgeführt (Schirmer, Vorrede zu: »Eigentlicher Abriß Eines verständigen/ tapfferen und frommen Fürsten« [Cölln 1668]).

Das 38. Capitel Syrachs Jn Reime verfasset Von M. Michael Schirmer/ Berlinischer Schule Con Rect. Vnd Jn Druck gesetzet von Christoff Runge 1653. Berlin 1653 (109: Slg. GK: Sch 1/37; Bachmann, 1859, S. 199; Dünnhaupt, 1991, V, S. 3649).

An die beiderseits Leidtragenden Eltern (Bredow). [Der Titel fehlt.] 1653. Berlin 1653 (Bachmann, 1859, S. 200, S. 175f.; Dünnhaupt, 1991, V, S. 3649).

Grabmal dem Ehrwürdigen und Wolgelahrten H. Wolfgang Andr. Vieritz/ Wohlgewesenen Pfarherrn zu Arensfelde/ bei desselben Beerdigung am Tage Marie H. … [folgt ein Figurengedicht in Kreuzform:] … Gott mischt den Kelch/ wies heilsam ist/ Vnd seiner Hülffe nicht vergißt/ wer ihn gedultig nimmet an/ sich seines Heils erfrewen kann. Gedult erlanget doch zu Lohn/ Nach dieser Welt die Ehrenkron. Kein zärtlich Ding der Christen Stand/ Doch schützet ihn des Höchsten Hand. Man muß des Leidens haben viel/ GOtt aber setzet Maß und Ziel. Gedult erlanget doch zu Lohn/ Nach dieser Welt die Ehrenkron. Es will das liebe Creutz fast keiner gerne tragen/ ein jeder rümpffet sich/ es will ihm nicht behagen/ wers aber nimmet an in Glauben und Gedult/ derselb erwirbet ihm bey Gott Genad und Huld. Es ist der Sünden Sold/ daß man auf dieser Erden/ dem allgemeinen Todt muß unterworfen werden: Kein Scepter/ keine Kron/ kein Königlichen Schatz/ noch Hoheit in der Welt/ hillfft wider diesen Satz. … [am Seitenfuß:] … Gedruckt/ bey Christoff Runge/ 1653. Berlin 1653 (Bachmann, 1859, S. 199f., S. 173–175; Dünnhaupt, 1991, V, S. 3649).

Epicedium für Albert Güntzel. An: Anonym: Funeralien auf Albert Güntzel. Berlin 1653 (Dünnhaupt, 1991, V, S. 3648).

M. Schirmers Lobgedichte, von der schönen und weitberühmten Mahlerkunst, Herrn Michael Conred Hirten ... zugeeignet an seinem Namens Tage. Berlin 1653 (Bautz, 1995, 9, Sp. 226f.).

Pfingstfeyerlicher Lobschall/ Für Des Heilwertigen Geistes/ Trösters der gantzen Christenheit/ Gnadenreiche und Preiswürdige Jn den Freyen Künsten und Hauptsprachen verliehene Lehrgaben: Reimweise abgefasset vom M. Michael Schirmer/ P. L. C. und p. t. ConR. des Berlin. Gymnas. Die Liebe Gottes ist ausgegossen in unser Hertz/ durch den Heiligen Geist/ welcher uns gegäben ist. in der Epistel zun Römern am 5. Cap. Daselbst gedruckt bey Christoff Runge/ 1654. Berlin 1654 (109: Slg. GK: Sch 1/40; Bachmann, 1859, S. 200, S. 121–125; Dünnhaupt, 1991, V, S. 3649).

EPICEDIA in Obitum NOBILISS. ET CONSULTISSIMI VIRI DOMINI ERASMI SEIDELII, JCTI. Et in Secretissimo Electoris Brandenburgici Consilio Senatoris haut postremi scripta â DOMINIS AMICIS ac FAUTORIBUS SINGULARIBUS. M.DC.LV. BEROLINI, Exprimebat Christophorus Runge. Berlin 1655 (1a: Av 14162; Dünnhaupt, 1991, V, S. 3649).

Das Buch Jesus Sirach Jn allerhand Reim=Arten/ zu sonderbarem Nutz und Vnterweisung der Christlichen Jugend abgefasset Von M. Michael Schirmern. Berlin/ Gedruckt bey Christoff Runge. Anno 1655. Berlin 1655 (1a: Yi 1601 R; Küster/ Müller, 1752, II, S. 956; Bachmann, 1859, S. 200, S. 91–105; Dinse, 1877, S. 186; Dünnhaupt, 1991, V, S. 3650).

FOEDUS AMORUM SOLEMNI NUPTIARUM DN. GABRIELIS LUTHERI ET VIRG. ANNÆ ROSINÆ VVEISIÆ Sacrum Auspicatum vovent atque diuturnum Fautores & Amici. BEROLINI Typis RUNGIANIS, Anno 1655. Berlin 1655 (109: Slg. GK: Cg 121. 6).

Anacreon ad cunas Caroli Æmilii ... Berlin 1655 (Bachmann, 1859, S. 200; Dünnhaupt, 1991, V, S. 3650).

Epicedium. In: Lilius, Georg: Chur Brandenburg: Vice Cancellärn H. Andr. Khols I. C. Seel. ged. Andenck=Seule 1656 [Bl. 1]. GAUDIUM IN DOMINO, de Animae vestimento Die Herrn=Freudt/ übern Seeln=Kleidt Aus Esaias Propheten=buch/ im LXI Cap. Bey Christlich= Edler Leichnbegängknüß/ Deß Weyland WolEdlen/ Großacht=bahren/ Hochgelarten/ Herrn Andreas Kohl: ICTI, Churfürstl. Durchläucht: zu Brandenburgk: Hoff= vnd Cammer=gerichts=Raths/ auch Vice=Cancellärn: Seelged. [...]. Helmstadt/ Gedruckt bey Henning Müllern/ Anno 1656. (1: Ee 519, 8).

Epicedium für Sidonia Rösner geborene Waldner. An: Lubath, Martin: Leichpredigt für Sidonia Rösner geborene Waldner. Berlin 1656 (Dünnhaupt, 1991, V, S. 3651).

Perge, Lector erudite & benevole, & lege sis Funebres hosce modos Musarum Patronorum, Favitorum et Cultorum Prosequentium & Cohonestantium Obitum properum, sed prosperum VIRI Clarißima et Spectabili Dignitate, integra fide et Officio, DN. ERNESTI Pfuel/ J. U. D. Dicasterij Brennopyrgici Advocati, Comitis recèns Palatij Cæsarei, nunc DEI in fulgentissima Beatorum sede cum omnium sanctorum Angelorum splendidissimô Comitatu & applausu facti Placeat hoc monumentum, qvod in animis optimè sentientium atque ex sese virtutem verumque laborem æstimantium erigitur. Berlin 1656 (1: an: 21 in: Ee 526; Dünnhaupt, 1991, V, S. 3651).

EPICEDIA MUSARUM LUGENTIUM. piis & beatis Manibus Viri Reverenda et Clarissima Dignitate, Eruditionis laude vitæque sanctimonia commendatissimi, DN. M. PETRI VHERII, Hagiosynedrii Elector. Brandenburg. Assessoris & Præpositi Berolinensis Meritissimi, Ministerii Senioris. Desecrat. Non debet mors eorum, quorum vita laudatur, silentio præteriri. Cicero. s. l. e. a. [ohne Impressum; Berlin 1656] (109: Slg. GK: Sch 1/ 42; Bachmann, 1859, S. 200f., S. 176–179; Dünnhaupt, 1991, V, S. 3651). (auch:) PRODROMUS MUSARUM LUGENTIUM piis & beatis Manibus Viri Reverenda et Clarissimâ Dignitate, Eruditionis laude vitæque sanctimonia commendatissimi, DN. M. PETRI VHERII, Hagiosynedrii Elect. Brandenb. Assessoris & præpositi Berolinensis Meritissimi, Ministerii Senioris. Desecratus Non debet mors eorum, quorum vita laudatur, silentio præteriri. Cicero. BEROLINI, Typis Rungianis, 1656. Berlin 1656 (109: Slg. GK: Sch 1/44).

Trost= und Lehr=Sprüche/ genommen Aus göttlicher H. Schrifft und Nach Erklärung vornehmer und berühmter Gottesgelehrten Jn teutsche Reime verfasset vom M. Michael Schirmer. Der H. Lehrer Hieronymus: Lasset uns auff Erden das jenige lernen und betrachten/ dessen Wissenschaft mit uns im Himmel nicht auffhöret. Gedruckt zu Berlin bey Christoff Runge/ im Jahre 1656. Berlin 1656 (109: Slg. GK: Sch 1/43; Bachmann, 1859, S. 201, S. 106f.; Dünnhaupt, 1991, V, S. 3651).

ITER AD ASTRA VIRI Clarißimi et Literatißimi DN. M. STEPHANI GRESSII, Informatorii Coloniensis Con-Rectoris Meritissimi, Comitibus votis AMICORUM. BEROLINI, Typis Rungianis. 1656. Berlin 1656 (109: Slg. GK: Sch 1/49; Bachmann, 1859, S. 201, S. 180f.; Dünnhaupt, 1991, V, S. 3650).

D. O. M. S. ADESDUM. VIATOR. PAUCIS. TE. VOLO. LEGE. SIS. HIC. JACET. PUERULA. QUINQUEN-NIS. CUI. NOMEN. SOPHIÆ. ELISABETHÆ. PROAVIÆ. AVIÆ. MATRI. PRONEPTIS. NEPTIS. FI-LIOLA. TENERITER. ADAMATA. PATRE. GENITA. VIRO. AMPLISS. ET. CONSULTISS. SEBASTIA-NO. RHEWENDO. J. C. ET. CONSULE. COLON. AD. SUEVUM. PRUDENTISS. MATRE. NATA. PIENTISS. ET. CLARISS. FÆMINA. CATHARINA. NUNC. ILICET. VIATOR. MEMOR. HUJUS. EF-FATI. EURIP. LIBERI. PULCHRIUS. ORNAMENTUM. NON. HABENT. QUAM. SI. A. BONIS. ET. HONESTIS. PARENTIBUS. PROCREATI. SUNT. s. l. e. a. [Berlin 1656] (109: Slg. GK: Sch 1/48; Bachmann, 1859, S. 200f., S. 179f.; Dünnhaupt, 1991, V, S. 3650).

Sacra Johannitica carmine celebrata ... Berlin 1656 (Küster/ Müller, 1752, II, S. 956; Bachmann, 1859, S. 201; Dünnhaupt, 1991, V, S. 3650).

(Anonym:) Poetischer Glückstopff/ Auff Hn. George Thielens/ Apotheckers/ Vnd Jungfer Marien Kaulin Hochzeit/ Jn Fürstenwalde. (Horazzitat) Zu Berlin gedruckt bey Christoff Runge/ Anno 1656. Berlin 1656 (Dünnhaupt, 1991, V, S. 3650).

MONIMENTA, Quae VIRO Clarißimo & Amplißimo DN. JOHANNI CRAUSIO. 1657. An: Hanisch, Martin: Leichpredigt für Johann Krause. Berlin 1657 (1: an 17 in: Ee 519; Dünnhaupt, 1991, V, S. 3651).

Epicedium für Tobias Michael. An: Geier, Martin: Leichpredigt für Tobias Michael. Leipzig 1657 (Dünnhaupt, 1991, V, S. 3651).

LACRYMÆ POSTHUMÆ HONORI SUPREMO Viri Reverendi. Plurimum et Amplißimi DOMINI M. JOACHIMI FROMMI, Archidiaconi Nicolaitani & Senioris Ministerii Berlino-Coloniensis, Emeriti THEOLOGI JUSTI, SANCTI, INCUL-pati, Recti, jam benè beateque habentis in Patriâ, Inde â IV. Kal. Maij MDCLVII. fatali, Viæ, et Gratiæ regni. AFFUSÆ AB AMICIS QUIBUSDAM, COLLEGIS, ET FAUTORIBUS. Berolini Typis Rungianis. Berlin 1657 (1: 17 in: Ee 510).

Deutsche Lieder. In: Anonym (d. i. Dedekind, Constantin Christian): AELBJANJSCHE MuSEN-LuST/ in unterschiedlicher berühmter Poeten auserlesenen/ mit ahnmutigen Melodeien beseelten/ Lust-Ehren-Zucht und Tugend-Liedern/ bestehende. Dresden 1657 (Dünnhaupt, 1991, V, S. 3652).

Epicedium für Bartholomäus Burckhardt, Handelsmann in Cölln. An: Hanisch, Martin: Leichpredigt für Bartholomäus Burckhardt. Berlin 1657. (LP StA Braunschweig, Nr. 828).

Epicedium für Anna Augusta Sieber geborene Grempler. An: Hülsemann, Johannes: Leichpredigt für Anna Augusta Sieber geborene Grempler. Leipzig 1658 (Dünnhaupt, 1991, V, S. 3651f.).

Epicedium für Jacob Hoffmann (den Älteren). An: Rösner, Johann: Leichpredigt für Jacob Hoffmann (den Älteren). Berlin 1658 (1: 4 in: Ee 543; Dünnhaupt, 1991, V, S. 3652).

Festgedicht auf die Exercitatio theologica des Johann Avenius (1658). Berlin 1658 (Bachmann, 1859, S. 201; Dünnhaupt, 1991, V, S. 3652).

NÆNIÆ Quibus Justa fiunt HEROI PERILLUSTRI AC GENEROSISSIMO OTTONI CHRISTOPH. von ROCHOW, Domino de Rotzisch & Schultzendorff/ Ordinis Johannei Equiti aurato ac Commendatori Verbenensi Potentissimi Celsissimique PRINCIPIS ELECTORIS MARCH. BRANDENBURGENSIS Augustalis Præfecto dignissimo, Magistro equitum cum primis Strenuo, Cum XIV. Cal. Febr. Ripis denati exuviæ ad V. Cal. Martii anni M.DC.LIX. in Templo Cathedrali, quod Vibergæ Cimbrorum est, magnificô sepulturæ honore deponerentur. BEROLINI Typis Rungianis. Berlin 1659 (1: 15 in: Ee 530).

Epicedium für Johann Schmeiß von Ehrenpreißberg. An: Pomarius, Samuel: Leichpredigt für Johann Schmeiß von Ehrenpreißberg. Oels 1659 (Dünnhaupt, 1991, V, S. 3652).

Epicedium für Elisabeth Heidkampf geborene Moll. An: Hanisch, Martin: Leichpredigt für Elisabeth Heidkampf geborene Moll. Berlin 1659 (Dünnhaupt, 1991, V, S. 3652).

Carmen gratulatorium für Kf. Johann Georg II. von Sachsen. In: Brehme, Christian: Ein Auff den Churfürstlichen Sächsischen erfreulichen Geburts-Tag mit eingerichtetes Besonderes Gespräche. Dresden 1659 (Dünnhaupt, 1991, V, S. 3652).

Trauer- und Ehrenzeichen ... Epicedia für Christian Lindholtz. An: Nicolai, Christian: Leichpredigt für Christian Lindholtz. Wittenberg 1659 (Dünnhaupt, 1991, V, S. 3652; Dünnhaupt, 1991, III, S. 1596).

Epicedium für Rosina Grünewald geborene Bernoulli. An: Geier, Martin: Leichpredigt für Rosina Grünewald geborene Bernoulli. Leipzig 1659 (Dünnhaupt, 1991, V, S. 3652).

Trauer=Klage Und Helden=Lob/ Auf Des Hoch= und Wolgebornen Herrn/ Herrn CAROLI, ICO, IGNATII, zu Jnhausen und Kniphausen/ Herrn zu Eltern und Vogelsang/ auch Erbmeyern der Stadt Bastenach/ Herrliche und Hochansehnliche Leichbestattung Gewiesen und gepriesen Von M. Michael Schirmern/ Poeten und des Berlinischen Gymnasii Con=R. s. l. e. a. (1a: 3 an: Yi 1591 R; Dünnhaupt, 1991, V, S. 3653, belegt Ex. an: Kunsch von Breitenwald, Johann: Leichpredigt auf Carlo Ico Ignatius Frhr. von Inhausen und Kniphausen. Berlin 1660).

Anagrammata et symbola, quibus ex merito virtutis, fidei ac integritatis ornantur helicone Schwerinius, Platenius, Blumenthalius, Groteus, Rhadenius, Gröbenius, Wedelius aliique, praecone Schirmero. Berlin 1660 (Küster/ Müller, 1752, II, S. 956; Bachmann, 1859, S. 201f.; Dünnhaupt, 1991, V, S. 3653).

MEMORIÆ. SACRUM. HEUS. VIATOR. REFLECTE. OCULOS. ET. MENTEM. IN. HANC. TUMBAM. HIC. JACET. PUERULUS. NOVENNIS. VENUSTI. ORIS. ET. MORIS. FRIDERICUS. ZARLANG. CONSULARIS. FILIOLUS. IN. IPSO. VERE. ÆTATIS. INSTAR. ELORIS. AMOENISSIMI. SUCCISI. DYSENTERIA EXTINCTUS. PARENTUM. LAUDATISSIMORUM. MODO. SPES. AT. NUNC. DESIDERIUM. (HEU!) INANE. DIFFICILE. EST. HUIC. MAGNO. PARENTUM. DOLORI. PARIA. VERBA. REPERIRE. AMICI. TAMEN. ET. CONSULARIS. NOMINIS. CULTORES. VERBORUM. FOMENTA. RITE. ADHIBUERUNT. NUNCABI. ET. MEMORI. MENTE. HOC. LEMMA. VERSA. INFANTUM. ET. PUERORUM. EXTINCTIO. EST. VIRORUM. ET. SENUM. AD. DEBITUM. NATURÆ. SOLVENDUM. CITATIO. BEROLINI. TYPIS. RUNGIANIS. ANNO. 1660. Berlin 1660 (1: 3 in: Ee 543).

Der verfolgte David/ Das ist: Trauer=Spiel/ Aus dem Ersten Buch Samuelis genommen Vnd Schrifftlich vorgestellet/ Von M. Michael Schirmern/ Poeten. BERLJN/ Gedruckt bey Christoff Runge/ 1660. Berlin 1660 (109: Slg. GK: Sch 1/53; Küster/ Müller, 1752, II, S. 956; Bachmann, 1859, S. 201, S. 148–153; Dünnhaupt, 1991, V, S. 3653).

Epicedia für Melchior Hoffmann von Greiffenpfeil. An: Heinsius, Martin: Leichpredigt für Melchior Hoffmann von Greiffenpfeil. Berlin 1661 (Dünnhaupt, 1991, V, S. 3653; Dünnhaupt, 1991, III, S. 1597).

Epicedia, In Obitum ... Catharinae Tonnebinderiae, Viri ... Dn. Jacobi Helwigii ... Rectoris Gymnasii Berlinensis, Uxoris ... d. 16. Junii honorificè sepultae, facta atque oblata à Cognatis, Amicis & Collegis. Berolini, Ex officina Rungiana, Anno 1661. Berlin 1661 (Dünnhaupt, 1991, V, S. 3653; Dünnhaupt, 1991, III, S. 1597, jedoch: Wittenberg 1661).

Epicedium für Johann Rösner. An: Lubath, Martin: Leichpredigt für Johann Rösner. Wittenberg 1661 (1: an 2 in: Ee 531; Dünnhaupt, 1991, V, S. 3653f.).

CIPPUS Immortalitati ac Memoriæ Posthumæ Matronæ Pietate aliisque Sexus sui Virtutibus instructissimæ ANNÆ FLORINGIÆ, Viri Amplissimi, Consultissimi ac Cl. Dn. M. GEORGII VVEBERI, Reipubl. Berlinensis Consulis Gravissimi, omnique bono Meriti, Conjugis desideratissimæ, Cum illa, Deposita Feliciter Prid. Kl. Febr. Mortalitatis Sarcina, Mentem Divinam Deo reddidisset, Mœstissimusque Viduus Relictas Exuvias Solemni Ceremonia componeret, IV. Eid. Feb. A. O. R. M DC LXI. Erectus à Fautoribus Magnis ac Amicis desideratissimis. An: Gerhardt, Paul: Leichrede für Anna Weber geborene Flöring. Wittenberg 1661 (1: an 5 in: Ee 1550).

Christliche Trauer=Gebühr/ Auff Der gottseligen Matron/ Der VielEhr= und Tugendreichen/ Fr. Ursulen Moysin/ Des WolEhrenvesten/ GroßAchtbarn und Hochbenambten Herrn Christian von der Linde/ Der Löblichen Churfürstl. Brandenb. Landschafft wolverordneten Rentmeister Ehegeliebten Haus=Frau/ Seliges Absterben/ Vnd Leichbegängnüß. Bezeiget Von Etlichen guten Freunden. Berlin 1661 (1: an 15 in: Ee 523; Dünnhaupt, 1991, V, S. 3653).

Denen Verlobten Zweyen/ Tit. Tit. Herrn Christian von der Linde/ Wolverordneten Landschafft. Rentmeistern/ Bräutigam/ und seiner hertzliebsten Jungfer Braut/ Jungfer Margarethen Miserin/ So am Montage nach Misericordias Domini, des 1662. Jahres/ Ehlich sollen zusammen gegäben und copuliret werden in Berlin/ Wündschen alle gedeyliche Wolfahrt/ Bruder/ Verwandte/ gute Freunde und Gönner. Gedruckt bey Christoff Runge/ M.DC.LXII. Berlin 1662 (109: Slg. GK: Cg 103; Bachmann, 1859, S. 202, S. 181f.; Dünnhaupt, 1991, V, S. 3654).

PLAUSUS VOTIVUS Solemnitati secundarum Nuptiarum VIRI Pl. Reverendi, Ampliẞimi, Clariẞimi DN. JOACHIMI GRABOVII, Ecclesiæ Perlebergensis Pastoris fidissimi, & Scholæ indidem, ut & vicinarum Ecclesiarum Inspectoris vigilantissimi ac benè merentis SPONSI, Nec non Ornatiẞimæ, Pudiciẞimæque Fœminæ ILSABE Manarts/ Viri Spectatiẞimi, Integerrimique DN. FRANCISCI Hahnsteins/ Brunswigæ Coenobii ad D. Ottil. quondam Præfecti & Curatoris solertissimi ..., relictæ Viduæ SPONSÆ, Perlebergæ XIV. Calendarum Decembris An. M.DC.LXII. celebratarum Datus A Fautoribus & Amicis quibusdam Berlinensibus per Amicum ibi viventem conciliatis. Berl. Typis Rungianis. Berlin 1662 (109: Slg. GK: Sch 1/54; Bachmann, 1859, S. 202; Dünnhaupt, 1991, V, S. 3654).

Gegen bittere Todes=Scheu heylsame Seelen=Artzeney Auff Seliges Absterben Des Edlen/ Groß=Achtbaren und Hochgelahrten Herrn Johann Tornowens/ Beyder Rechten Doctoris, Sr. Churfürstl. Drl. zu Brand. Geheimen Rahts und Lehn=Secretarii, wie auch des Churfl. Archi-Gymnasii zum Joachimsthal Hochverordneten Inspectoris, &c. Gewiesen und gepriesen Vom M. Michael Schirmern. An: Stosch, Bartholomaeus: Leichpredigt für Johann Tornow. Berlin 1662 (LB Coburg; Dünnhaupt, 1991, V, S. 3654).

Aus dem Parnasso Poetische Gesandtschafft An den Bräutigam Hrn. Christoff Rungen Vnd Jungf. Sidonien Rösnerin/ Auff deren beyderseits den 26. November 1662 zu Berlin angestellten Hochzeitsfest abgefaßt und übereignet Von M. Michael Schirmern/ Kays. Poeten. s. l. e. a. [Berlin 1662] (1a: Yi 1611 R; Bachmann, 1859, S. 202; Dünnhaupt, 1991, V, S. 3654).

Epicedium für Anna Elsholtz geborene Guttwill. An: Fromm, Andreas: Leichpredigt für Anna Elsholtz geborene Guttwill. Berlin 1663 (Dünnhaupt, 1991, V, S. 3654).

Epicedium für Matthias Alber. An: Starck, Sebastian Gottfried (sic!): Leichpredigt für Matthias Alber. Freiburg 1663 (1675) (Dünnhaupt, 1991, V, S. 3654).

NECYSIA. Emortuali Honori Tam Pietate singulari quam proprio et avito Virtutum decoro, commendabili puellæ, HENDRINÆ MAGDALENÆ, DOMINI MARTINI FRIEDERICI SEIDELII, Consiliarii Brandenburgici, & ANNÆ VVALPURGIS CHEMNITIÆ, Filiæ Protogonæ, Die 25. Martii Ao. 1657. natæ In CHRISTO JESU Vitæ Arbitro, Animæ Sponso placidè 27. Septembris Anno 1662. mortalitatis vinculis exutæ, Ab honoratissimis Dominis Fautoribus & Benevolis facta. Berlin 1663 [?] (1: Ms. Boruss. fol. 200, f. 138r–143r; Druckimpressum abgeschnitten).

Epicedium für Eva Preunel. Berlin 1664 (Roth, 1959, I, R 877).

An die beyderseits Leydtragenden Eltern (Epicedium, Adressaten unbekannt) s. l. e. a. [ca. 1663–1667] (109: Slg. GK: Sch 1/38).

Epicedium für Jacob Weller von Molsdorff. An: Lucius, Johann Andreas: Leichpredigt für Jacob Weller von Molsdorff. Lüneburg 1664 (Dünnhaupt, 1991, V, S. 3655).

EMBLEMATA, Oder Sinn=Bilder/ Zum lieben Neuen Jahr mit vorangefügtem hertzlichen Wunsch herfürgegäben und außgefertiget Von M. Michael Schirmer/ P. L. C. und des Berlinischen Gymnasiums ConRector. Zu Berlin gedruckt bey Christoff Runge/ M.DC.LXIV. Berlin 1664 (109: Slg. GK: Sch 1/56; Bachmann, 1859, S. 202, S. 153f.; Dünnhaupt, 1991, V, S. 3655).

Christlicher Harpocrates D. i.: Andächtiges Stillschweigen Von Dem letzten Tage der Welt Wider Eines ungenandten Schrifftstellers ungegründete Propheceihung, Dass das instehende 1666ste Jahr der Welt werde das Letzte seyn. Auffgeführet, und mit unwidertreiblichen Gründen der Heil. Schrifft, wie auch Zeugnüssen Alter und vornehmer Kirchenlehrer entgegengesetzet Vom M. Michael Schirmer P. L. C. und des Berlin. Gymnasij ConRect. Cölln 1665 (1: Ok 6020 ehem.).

DOLORI super funere Exhausti et exanimati corpusculi. Dulcis et amantißimi Pupi, ANDREÆ CHRISTIANI, VIRI Pl. Reverendi, Clarißimi, DN. PAULI GERHARDI, Ecclesiastæ apud Berlinenses ad D. Nicolai fidelissimi et maximè sinceri, ET Præstantißimæ foeminæ ANNÆ MARIÆ BERTHOLDIÆ, desideratiss. Filioli, NATI Ipsis Non. Febr. circa IIX. vespertin. DENATI A. d. XII. Cal. Octobr. HUMATI verò, & ad majorum latera, in dictâ Æde, compositi a. d. 8. Cal. ejusd. mens. Ipsâ de mandato magno, Pharisæo nobisque omnibus dato, ceterum Mortem involventi, Dominicâ ANNO M.DC.LXV. allevando sunt AMICI CONDOLENTES. BEROLINI, Literis Rungianis. Berlin 1665 (109: Slg. GK: Sch 1/58; Bachmann, 1859, S. 202, S. 182–184; Dünnhaupt, 1991, V, S. 3655).

Christliche Poetische und kurtze Rede Von dem Ampt der Heiligen Engel/ Nach Anweisung Göttlicher Heiliger Schrifft verfasset und außgefertiget von M. Michael Schirmer/ P. L. C. und des Berlinischen Gymnasiums Con=Rect. Cölln an der Spree Druckts Georg Schultze/ Churfürstl. Buchdrucker 1665. Cölln 1665 (Bachmann, 1859, S. 202f.; Dünnhaupt, 1991, V, S. 3655; nach Küster/ Müller, 1752, II, S. 956, Berlin 1649).

Epicedium für Johannes Magirus. An: Kunsch von Breitenwald, Johann: Leichpredigt für Johannes Magirus. Cölln 1665 (Dünnhaupt, 1991, V, S. 3655).

Nuptiale Donum. (Bl. 1v u. 2:) Raris ac tanto Auspicatioribus Nuptiarum tædis, Quas VIRO Consultissimo et Clarissimo, DN. THOMÆ BOTTICHERO, Cam. Electoralis Advocato longè meritissimo; et Virgini Patriciæ Lectissimæque EUPHROSYNÆ MARGARETÆ TIEFFENBACHIÆ, Parentes Socerique Amplissimi,

JOHANNES TIEFFENBACHIUS, Cameræ Elector. Advocatus & COS. Berlinensis ut et THOMAS BOTTICHERUS, COS. Primislaviensis, eodem ipso XXI. Octobris die parant, quo Major Socer, Sponsæ Avus, Vir Senio venerabilis, BENEDICTUS RICHARDUS, inter Principes sui temporis caussarum Patronos, ipse Nobilissimus, & Consul Berlinensis, nunc utrobique emeritus cum Nobilissima Patritiaque Conjuge, MARGARETA MAURITIA, ante hos Quinquaginta annos, Connubio stabili ac foecundo juncti, Per Dei gratiam vivi adhuc ac valentes, Neptis suæ Vota & sua simul ipsa repetentes, Auctori rerum DEO Dicant, Donant, Consecrant, ijsque applaudunt Omnes BONI. Coloniæ Brandenburgicæ, Typis Georgij Schultzij, Elect. Typogr. Anno 1666. Cölln 1666 (109: Slg. GK: Cg 17; Bachmann, 1859, S. 203; Dünnhaupt, 1991, V, S. 3656).

Klage= und Trost=Schrifft/ Auff des Seligen Herrn Bürgermeisters Herrn Sebastian Rehwendes Absterben. Cöln an der Spree/ Druckts Georg Schultze/ Churfürstl. Brandenb. Buchdrucker auf dem Schlosse daselbst/ Anno 1666. Cölln 1666 (109: Slg. GK: Sch 1/61; Bachmann, 1859, S. 203; Dünnhaupt, 1991, V, S. 3656).

Corona Senectutis et vitae aeternae Ex floribus amaranthinis nexa/ Quam Athleta Christi et Triarius Nobilissimus Viri incorrupti moris et ex antiquo trahentis Amplissimus/ prudentia item et multiplici rerum usu insignis Dn. Johannes Lehr/ Praefecturarum Oeconomicarum Elect. Brandenb. Consiliarius bene meritissimus/ Senior venerabilis piè credendo/ fortiter patiendo/ beatè moriendo/ Conferente ipsi Christo Brabeuta prensavit/ Debito praeconio decantata â M. Michaele Schirmer/ P. L. C. et Gymnasii Berolinens. Con-Rect. Coloniae Brandenburgicae Ex officina Georgii Schultze/ Elect. Typographi Anno 1666. Cölln 1666 (Bachmann, 1859, S. 203; Dünnhaupt, 1991, V, S. 3655f.).

Christliche und wohlgemeinte Erinnerungs= Regeln für einen jungen Kauf= und Handelsmann/ darnach er sich zu richten/ wenn er nicht verderben will. Berlin 1667 (Küster/ Müller, 1752, II, S. 956; Bachmann, 1859, S. 203; Dünnhaupt, 1991, V, S. 3656).

Unio conjugalis ... Epithalamium für Dietrich Butt und Anna Maria geborene Zarlang. Berlin 1668 (109: Slg. GK: Cg 23; Bachmann, 1859, S. 205; Dünnhaupt, 1991, V, S. 3657).

TRIFOLIUM CUPRESSINUM IN LUCO MNEMOSYNES decerptum, et TUMBÆ VIRI Nobilissimi, Amplissimi atque Consultissimi DN. JOHANNIS ADAMI PREUNELII, Sereniss: Electoris Brandenb: Sup: Milit: Trib: Præfecti atque Consiliarii meritissimi, d. 22. Februarii beatè defuncti et placidè in DOMINO obdormiscentis. Insertum à M. MICHAELE Schirmer/ Lips. P. L. C. & p. t. Gymnasii Berolin: ProRectore. BEROLINI, Literis Rungianis. Anno M DC LXVIII. Berlin 1668 (109: Slg. GK: Sch 1/55; Bachmann, 1859, S. 204; Dünnhaupt, 1991, V, S. 3656; Dünnhaupt, 1991, III, S. 1598).

Eigentlicher Abriß Eines verständigen/ tapfferen und frommen Fürsten Von dem Fürtrefflichen Poeten Virgilius/ Jn zwölff Büchern der Trojanischen geschichten Entworffen Und An dem Æneas/ Der nach Außstehung vieler Mühseligkeit/ Gefahr und Zufälle des wandelbahren Glücks endlich alle Hindernüß und Feinde überwunden/ und seine von der Ewigen Vorsehung ihm verordnete Laviniam erlanget hat/ Gewiesen und in Heroische oder Alexandrinische Reime übergesetzet Von M. Michael Schirmer/ Käyserlichen ältisten Poeten/ und des Berlinischen Gymnasiums gewesenen dreyßigjährigen Con-Rectore. Gedruckt in dem zum Ende lauffenden Jahr 1668. zu Cölln an der Spree bey George Schultzen/ Churfürstl. Brandenb. Buchdrucker. Jn Verlegung Autoris. Cölln 1668 (1: Wd 1292; 1: Wd 1293; Küster/ Müller, 1752, II, S. 956; Bachmann, 1859, S. 204f.; Dinse, 1877, S. 560; Dünnhaupt 1991, V, S. 3657); 2. Aufl. u. d. T.: Eigentlicher Abriß/ Eines frommen ... Fürsten/ Von ...Virgilius/ Jn zwölff Büchern der Trojanischen geschichten Entworffen Und An dem Æneas/ Der nach Außstehung vieler Mühseligkeit/ Gefahr und Zufälle des wandelbahren Glücks endlich alle Hindernüß und Feinde überwunden/ und seine von der Ewigen Vorsehung ihm verordnete Laviniam erlanget hat: Gewiesen und gepriesen/ Verteutschet und in Heroische Reime übergesetzet/ auch in dieser Andern Außfertigung an etlichen Orthen verbessert von M. Michael Schirmer/ Leipziger/ Käyserlichen ältisten Poeten ... Berlin/ Jn Verlegung des Übersetzers/ Gedruckt bey Christoph Runge/ Jm Jahr 1672. Zu verkauffen bey Rupert Völkkern/ Buchhändl. Berlin 1672. Berlin 1672 (1: Wd 1296; Dünnhaupt, 1991, V, S. 3657f.).

Die Thränen Des Wol=Ehrenvesten/ Vor=Achtbarn/ und Wolgelahrten Herrn Martin Klingenbergs/ Und der Viel=Ehr= und Tugendreichen Frauen Sophia Schwanhäuserinn: Welche sie vergossen über den frühzeitigen Todt ihres ältesten Töchterleins Dorotheen/ Nachdem selbiges an diese Welt gebohren im Jahr Christi 1662. den 12. Augusti/ früh umb 6. Uhr/ und wieder von derselben abgefordert den 25. Martii/ Abends umb 9. Uhr/ dieses itztlauffenden 1668ten Jahres/ wurden Am Tage der Beerdigung desselben/ welcher war der 31. Martii/ gemeldten Jahres/ durch tröstlichen Zuspruch abgewischet von Des Herrn Cantoris sämptlichen Amptsgenossen. Berlin/ Gedruckt durch Christoff Runge. Berlin 1668 (109: Slg. GK: Sch 1/65; Bachmann, 1859, S. 205, S. 184; Dünnhaupt, 1991, V, S. 3656f.).

In Nuptias Domini D. Gregorii Bernhardi/ et Virginis Ursulae Mariae/ Dn. David Hoffmanns/ Senatoris et Provisoris Gymn. Berl. Filiae Gratulatio oblata à M. Michaele Schirmern/ P. L. C. et Gymn. Berl. Con-R. emerito. s. l. e. a. [Berlin 1668] (109: Slg. GK: Sch 1/64; Bachmann, 1859, S. 204; Dünnhaupt, 1991, V, S. 3657).

Epicedium für Johann Friedrich Freiherr von Löben. An: Müller, Andreas: Leichpredigt für Johann Friedrich Freiherr von Löben. Cölln 1668 (Dünnhaupt, 1991, V, S. 3656; 14: H. Sax D 191, aber 1667).

Epicedium für Maria Rhete geborene Neuhaus. An: Bergius, Georg Conrad: Leichpredigt für Maria Rhete geborene Neuhaus. Frankfurt/O. 1668 (Dünnhaupt, 1991, V, S. 3656).

CONSTANTINOPEL, Die Von dem Ersten und letzten Griechischen Käyser So genannte grosse Kauff= und Handel=Stadt/ Die Vormauer der Christenheit/ Der Tempel Göttlicher und menschlicher Weißheit/ Freyen Künste und Sprachen/ Der herrliche Pallast Hochansehnlicher Hoffhaltung Jst Vom Türcken Machometh/ dem Andern dieses Namens/ Jm Jahr Christi 1453. den 28. Junii/ nach Zehen=wöchiger Belägerung/ mit stürmender Hand erobert/ geplündert und eingenommen worden. Wird/ Nach Anleitung warhafftiger Geschichtschreibung/ in Alexandrinischen Reimzeilen Poetisch/ und mit traurigen und gehörigen Gemüths=Bewegungen kurtz und klar beschrieben und fürgestellet Vom M. Michael Schirmer/ von Leipzig/ K. Gek. Poeten/ und des Berlinischen Gymnasiens Dreissigjährigen verdienten CONRECT. Berlin/ Gedruckt bey Christoff Runge/ Jn dem zu Ende lauffenden 1669. Jahre. Berlin 1669 (1a: Yi 1615 R; 23: J 105. 4° Helmst. [31]; Diterich, 1732, S. 287; Küster/ Müller, 1752, II, S. 956; Bachmann, 1859, S. 205; Deutsche Drucke des Barock HAB, 1988, C 2361; Dünnhaupt, 1991, V, S. 3658).

EPOS FUNEBRE, NOMINI ET HONORI IMMORTALI VIRI Illustris, Generosi et maximè Strenui, DOMINI NICOLAI ERNESTI â PLATEN, Sereniss. ELECT. BRANDENB. Intimi Consiliarii, Generalis Belli Commissarii, & Circuli Prignitiani Directoris, Capitanei in Lehnin/ in Dämmertin/ Gantkow/ Mechaw & Falckenberg Toparchæ, &c. Anno 1669. d. 14. Jun. Morte in ipso Senectutis vegetioris limite abrepti, et d. 23. Augusti, publico cum luctu, et Nobilissimæ Familiæ lacrymis et plangoribus Terræ dati: Desecratum & scriptum à M. MICHAELE Schirmer/ P. L. C. & Gymnas. Berolinens. CONR. Emerito. Cicer. Non debet mors eorum, quorum vita laudatur, silentio præteriri. An: Müller, Andreas: Leichpredigt für Klaus Ernst von Platen. Berlin 1669/70 (1: an 9 in: Ee 527; Dünnhaupt, 1991, V, S. 3658).

Epicedium für Bartholomaeus Zorn (d. Ä.). An: Lorentz, Samuel: Leichpredigt für Bartholomaeus Zorn (d. Ä.). Guben 1669 (1: an 13 in: Ee 543).

Trostschrift/ Auf Herrn Christian von der Linde/ der Löbl. Chur=Br. Landschafft Rentmeisters Und Frau Margarethens Miserinn/ Erstgebornen und Einigen Söhnleins Frühzeitiges/ doch seliges Absterben/ Abgefasset und zugefertiget vom M. Michael Schirmer/ P. und des Berlinschen Gymnasiums verdienten Correctore. Berlin. Bei Christoph Runge. 1669. Berlin 1669 (109: Slg. GK: Sch 1/67. 2; Bachmann, 1859, S. 205; Dünnhaupt, 1991, V, S. 3658).

Der Frommen Und von ihrem Leibe abgesonderten Seele Freyheit und seliger Zustand/ Zugeeignet Dem Hoch=Edlen/ Groß=Achtbaren und Hochweisen Herrn Hoyer Friedrich Striepen/ Hochverdientem Churfürstlichen Brandenburgischen Amts=Cammer=Raht/ wie auch des Berlinischen Stadt=Regiments Burgermeistern/ Welcher den 26. Augusti an einem hitzigen Fieber gestorben/ und im HERRN seliglich entschlaffen. Zum Trost und Gedächtniß der hochbetrübeten hinterbliebenen Witwe und Kindern abgefasset und verfertiget Vom M. Michel Schirmer/ P. Des Berlinischen Gymnasiens Con.-Rect. Emerit. s. l. e. a. An: Kunsch von Breitenwald, Johann: Leichpredigt für Hoyer Friedrich Striepe. Berlin 1670 (LB Coburg; Dünnhaupt, 1991, V, S. 3659).

Ehrlicher Kauffmann=Handel Und Christlicher Lebens=Wandel/ Zugeeignet Dem Wol=Ehrenvesten/ und Fürnehmen Herrn Johann Korn/ [...]. Berlin/ Gedruckt bey Christoff Runge/ Im Jahr 1671. (1: Ee 519, 14,4).

Quinque Enneades Chriarum Dispositionum/ Tenerae Studiosae Juventutis Usui praescriptarum ac Editarum Operâ M. Michaelis Schirmer/ P. L. C. et Gymnas: Berol: Con-R. Emeriti. Berolini/ Charactere Rungiano/ Anno 1671. Berlin 1671 (1: 7 in: Nc 3001 ehem.; Bachmann, 1859, S. 205f.; Dünnhaupt, 1991, V, S. 3659).

THRENODIAE Ad EXEQUIAS Viri Nobilis ac Excellentissimi DN. MARTINI WEISII, FILII, Med:Doctoris, nec non Sereniss. Electoris Brandenb. MEDICI ORDINARII. Cum ejusdem Funus d. 29. Januar 1671. Splendida. Comitum Pompa decoratum suo Requietorio mandaretur, Decantatae à Fautoribus ac Amicis. Sophocl. in Oedipo. ... BEROLINI, Ex Officinâ RUNGIANA. Berlin 1671 (1: 22 in: Ee 540).

Epicedium für David Reetz. An: Müller, Andreas: Leichpredigt für David Reetz. Cölln 1672 (Dünnhaupt, 1991, V, S. 3659).

I. Reim=Gebät für die Gemeine Wohlfahrt wider den Türcken und Feinde der Christenheit. II. Zweene Psalmen wider eben selbige Feinde/ aus Davids Psalter=Büchlein genommen und in Teutsche Reimen versetzet. III. Sinn= und Lehrreiche/ wie auch anmuthige Apophthegmata oder Denck=Sprüche. IV. Ein Lob=Spruch der Hoch=Teutschen Sprache. Zum lieben Neuen=Jahr außgefertiget und herfür gegeben Vom M. Michael Schirmer/ P. L. C. und der Berlinischen Schule Verdienten ConRectore. Cölln an der Spree/ Druckts Georg Schultze/ Churfürstl. Brandenb. Buchdr. auf dem Schlosse. Am Ende des Jahres 1672. Cölln 1672 (109: Slg. GK: Sch 1/71; Bachmann, 1859, S. 206, S. 145–148; Dünnhaupt, 1991, V, S. 3659).

Epicedia für Gabriel Luther. An: Stumpf, Johann Matthäus: Leichpredigt für Gabriel Luther. Bayreuth 1672 (Dünnhaupt, 1991, V, S. 3659).

Christi Leiden und Verdienst [Bl. A1v:] Hat Jhm durch Gottes Gnade und wahren Glauben bis an sein Ende zugeeignet Herr Johannes Prippernau Bürger/ Stadtverordneter und Posementirer hier in Berlin/ Jst gebohren im Jahr 1628. den 10. Maji. Gestorben im Jahr 1673. den 2. Tag des Mertz=Monats. Seines Alters 45. Jahr weniger 10. Wochen. Und den 9. Martii zur Erden bestättiget worden. GOtt verleihe Jhm eine frölliche Aufferstehung zu dem ewigen Leben. Amen/ Und tröste die hochbetrübte Frau Wittbe und Anverwandten/ mit dem Trost des H. Geistes. Jnmassen wündschet M. Michael Schirmer/ P. und der Berlinischen Schule alten verdienten Con-Rect. Berlin/ Gedruckt bey Christoff Runge. Berlin 1673 (109: Slg. GK: Sch 1/73; Bachmann, 1859, S. 207; Dünnhaupt, 1991, V, S. 3659).

Mannes Leid/ [Bl. A1v:] Welches mit hochbetrübtem Hertzen empfindet Die Ehr= und Tugendreiche Frau Maria Heintzelmannin/ Dero frommer und lieber Ehe=Gatte Herr Johann Jost Berchelmann/ Welcher Anno 1634. den 27. Febr. gebohren/ Anno 1673. den 4. Martii seliglich gestorben. Seines Alters 39. Jahr und 5. Tage. Dessen Leichnam nach Christlichem Gebrauch den 13. Tag des Mertzens zur Erden mit volckreicher Versamlung und Geleite ist bestattet worden. Zu Ehren und Andencken auffgesetzet und übereignet vom M. Michael Schirmer/ P. und alten verdienten Con-Rect. des Berlinischen Gymnasiens. Berlin/ Gedruckt bey Christoff Runge. Berlin 1673 (109: Slg. GK: Sch 1/72; Bachmann, 1859, S. 206f.; Dünnhaupt, 1991, V, S. 3660).

Literatur

NEUMEISTER, 1695, S. 93f.; WETZEL, Johann Caspar: Historische Lebensbeschreibung der berühmtesten Liederdichter. Herrnstadt 1724, T. III, S. 807; DITERICH, 1732, S. 286–288; SCHAMELIUS, Johann Martin: Historie der Hymnopoeorum. Liederkommentar. Leipzig 1737, T. 1, S. 124; T. 2, S. 408; ZEDLER, 1742, 34, Sp. 1619; JÖCHER, 1751, IV, Sp. 274; KÜSTER/ MÜLLER, 1752, II, S. 956; BACHMANN, Johann Friedrich: M. Michael Schirmer, Conrector am grauen Kloster zu Berlin, nach seinem Leben und Dichten. Nebst einem Anhange über die gleichzeitigen Berliner geistlichen Sänger: Nicolaus Elerdus, Georg Lilius, Johann Crüger, Christoph Runge, Burchard Wiesenmeyer, Johann Bercow, Gotthilf Treuer, Petrus Vher und Joachim Pauli. Berlin 1859 (Schriftenverzeichnis S. 192–207); KOCH, 1873, 3, S. 333–341, 1876, 8, S. 42; HEIDEMANN, 1874, S. 150f.; GOEDEKE, 1887, 3, S. 180f., 221 u. 243; JONAS, F.: Schirmer, Michael. In: ADB, 1893, 31, S. 315; MERBACH, 1916, S. 269f.; GLAUE, P.: Schirmer, Michael. In: RGG, 1931, 5, Sp. 160; MAHRENHOLZ, Christhard/ SÖHNGEN, Oskar (Hg.): Handbuch zum Evangelischen Kirchengesangbuch. Bd. II, Tl. 1: Lebensbilder der Liederdichter und Melodisten. Bearb. von Wilhelm LUEKEN. Göttingen 1957, S. 194f., Sonderband Göttingen 1958, S. 21–23 u. 170f.; RAUDNITZKY, G.: Schirmer, Michael. In: RGG, 3. Aufl., 1961, 5, Sp. 1418; ERB, Jörg: Dichter und Sänger des Kirchenliedes. Bd. 4. Lahr-Dinglingen 1986, S. 31–34; DÜNNHAUPT, 1991, V, S. 3639–3660 (Schriftenverzeichnis); FILLIES-REUTER, Sigrid: Schirmer, Michael. In: BAUTZ, 1995, 9, Sp. 226f.

Schmettau (Schmettow, Schmettaw), Heinrich

* 29. Nov. 1628 Brieg / Schlesien
† 1. Nov. 1704 Berlin
Hofprediger, reform.
V Georg S. (21. Febr. 1585–2. Aug. 1636), fürstl. Forstmeister im Herzogtum Jägerndorf
M Christiane, Tochter des Weinschenken und Ratsherrn Matthias Bielitzer in Brieg
⚭ Maria Elisabeth, Tochter von Johann Martin Lucas, Rektor Brieg
K Schmettau, Friedrich Wilhelm (1670–21. Juli 1732), Archivar, Schulrat

Gymnasium Görlitz
1647–1650   Universität Frankfurt/O.
1651   Universität Groningen
1653   Universität Basel
1654   Hofprediger in Liegnitz
seit 1666   Hofprediger Cölln

Als Sohn des fürstlichen Forstmeisters im Herzogtum Jägerndorf, Georg Schmettau (1585–1636), wurde Heinrich Schmettau am 29. Nov. 1628 in Brieg geboren. Seine Mutter Christiane war die Tochter des Brieger Ratsherrn und Weinschenken Matthias Bielitzer. Wie sich die Anfänge seiner Schulausbildung gestalteten, ist nicht überliefert; ebensowenig der Zeitpunkt seines Eintritts in das Görlitzer Gymnasium. In Frankfurt an der Oder (imm. 1648) studierte er orientalische Sprachen und disputierte am 19. Sept. 1650 unter dem Theologen Friedrich Reichel (1608 bis 1653), indem er in 10 kurzen Thesen das Thema »Von der Person Christi« gegen die Auffassungen der Arianer und Sozianer verteidigte. Am 2. Mai 1651 immatrikulierte sich ›Henricum Schmettius, Bregae Siles.‹ an der Universität in Groningen, wo seit 1643 der anerkannte französische Theologe Samuel Maresius (1599–1673) die Professur für Theologie bekleidete. Nachdem Schmettau anschließend die Universitäten in Utrecht und Leiden besucht hatte, führten ihn kurze Studienaufenthalte an die Universitäten Heidelberg, Straßburg und Basel, wo er von Jacob Zwinger (seit 1656 Prof. theol.) und Grynaeus 1653 ordiniert wurde.
Schmettau zog danach der Tätigkeit als Prediger weitere Studien vor, die ihn nach Genf und nach Charenton (bei Paris), einem Zentrum der französischen Reformierten, und 1654 nach England (Oxford, Cambrigde) führten. Hier erreichte ihn die Berufung zum ersten Hofprediger des Herzogs Ludwig zu Liegnitz, die er im gleichen Jahr wahrnahm. Am 1. April 1655 heiratete Schmettau Maria Elisabeth, die Tochter des Brieger Rektors – Amtsvorgängers von Anton → Brunsenius – Martin Lucas, der später in seinen »Schlesischen Denkwürdigkeiten« die Vorgänge, die zu Schmettaus Vertreibung aus Schlesien führten, darstellte. Nachdem Schmettau 1658 ins Konsistorium aufgenommen worden war und seit 1663 auch Aufgaben der Superintendentur wahrnahm, sollte 1666 seine ordentliche Berufung zum Superintendenten des Fürstentums erfolgen. Dies allerdings rief den Protest der katholischen Stände hervor, so daß sich Ludwigs Nachfolger, Herzog Christian, gezwungen sah, Schmettau ehrenvoll mit einer Abfindung von 1000 Gulden aus der Landschaftskasse zu entlassen (Küster/ Müller, 1737, I, S. 1007).
Zur gleichen Zeit gelangte an den brandenburgischen Hof in Berlin-Cölln ein auf den 5. Mai 1666 datierter Brief, der ein »Testimonium des fürstl. Hofpredigers und Superintendenten Schmettau« enthielt (GStA Rep 2, Nr. 46 A, fol. 3). Der brandenburgische Kurfürst Friedrich Wilhelm bot Schmettau daraufhin eine Professur in Frankfurt sowie das städtische Predigeramt an, wandelte aber Ende des Jahres (1. Dez. 1666) dieses Angebot in die Berufung zum Hofprediger um. Neben seinen Pflichten als Hofprediger wurde Schmettau auch der Religionsunterricht für die Kurprinzessin und die Markgrafen Albrecht Friedrich und Carl Philipp übertragen. Daneben widmete sich Schmettau, der als einer der gelehrtesten Hofprediger und als lebendiges Archiv der Kirchengeschichte galt, der literarischen Arbeit.
Seine Übersetzungen der Schriften des englischen Erbauungsschriftstellers Joseph Hall (1574–1656) kamen einem breiten Bedürfnis nach christlicher Erbauung entgegen, und auch der Kurfürst belohnte Schmettaus übersetzerische Tätigkeit 1676 mit einem Geldgeschenk von 200 Talern (König, 1793, S. 175). Diese Erbauungsschriften verstanden sich als Anleitung zu einer Glauben und Leben verbindenden Frömmigkeit für den um sein Seelenheil besorgten Christen. Auf die sich Ende des Jahrhunderts differenzierende Rezeption christlich-moralischer Literatur reagierte Schmettau dadurch, daß er seine Übersetzung von M. Hales »Der Erste Anfang/ Oder

das Ursprüngliche Herkommen/ Des Menschlichen Geschlechts ... (1683)« mit einer apologetischen »Vorrede Von dem Atheismo« einleitete und damit seinen Beitrag zur Diskussion um ein zeitgemäßes Verständnis der biblischen Offenbarung leistete.

Im Jahr 1685 baten die Danziger Reformierten Schmettau, das Predigtamt in ihrer Gemeinde zu übernehmen, was dieser mit dem Hinweis auf sein Alter ablehnte (GStA Rep. 2, Nr. 46A, fol. 54). Obwohl Schmettau nach dem Tod von Georg Conrad → Bergius den Titel des ältesten Hofpredigers führte, nahm er keine diesem Titel entsprechende Stellung in der Hierarchie der Hofprediger ein; Kurfürst Friedrich III., der nachmalige König in Preußen, bevorzugte als Prediger Benjamin Ursinus von Bär (1646 bis 1720) und Daniel Ernst Jablonski (1654 bis 1731).

Mit Jablonski sowie mit Philipp Jacob Spener (1635 bis 1705) und dem Freiherrn von Fuchs (1640 bis 1704) war Schmettau an der Ausarbeitung der Denkschrift zur Unionsfrage vom 29. Nov. 1697 »Kurze Vorstellung der Einigkeit und des Unterschieds im Glauben bei den Protestirenden, nämlich Evangelischen und Reformirten« beteiligt. [JS]

Werke

De PERSONA ET OFFICIO CHRISTI, Expraelectionibus ordinariis ad III. Artic. Augustanae Confess. Disputatio Theologica, de qvâ, DEO Opt. Max, Adjuvante, Consensu Superiorum, Sub praesidio FRIDERICI REICHELII, SS: THEOLOG. D. & Prof. Publ. Ordin. ut & S. Ling. Extraordin. In Electorali Academia Francofurtana, pie placideq.; qvaerentibus publice respondebit, ad. d. XIX. Septembr. ANNO MDCL Horis locoq.; solitis, HENRICUS SCHMETTAVIUS Bregâ-Sil. Francofurti ad oderam Excudebat NICOLAUS KOCH, Academia Typographus. (1a: Bd 8112, 22).

Disputatio theologica, partim elenchtica, partim apologetica, de tribus symbolis apostolicis, scilicet Lutheranorum uti se vocant, Pontificiorum et Reformatorum, nuper a theologo quondam argentoratensi editis, quam ... Sub praesidio ... Dn Samuelis Maresii ... publice examinandam proponit Henricum Schmettavius, ad diem [ ] maii ... Groningae, ex officina E. Agricolae, 1652. 4°. (Catalogue Bibliothèque Nationale, T. CLXV, Sp. 1123).

Fürstliches Thränen= und Trawergedächtnüß/ Der Durchlauchten/ Hochgebohrnen Fürstin und Frawen/ Frawen ELEONORA MARIA, Verwittibten Hertzogin zu Mecklenburg/ gebohrnen Fürstin zu Anhalt Fürstin zu Wenden/ Schwerin und Ratzeburg/ auch Gräffin zu Schwerin/ der Lande Rostock und Stargart Frawen/ So den 26. Septemb. des 1657sten verlauffenen Jahres/ war der Tag/ als dero Fürstl: entseeleter Leichnam zu Güstrow in Mecklenburg/ mit Fürstl: Inferien und Solemnien dero Hochlöblichen Fürstl. Vorfahren beygesetzet worden; Auß den Worten des CXXVI. 5. Psalms/ wie im gantzen Fürstenthumb/ also fürnemlich auff der Fürstl: Residentz allhier unter unauffhörlich – und in grosser Menge vergossenen Fürstl: Thränen/ gehalten/ Und hernachmals auff gnädigsten Befehl und Begehren zum Druck übergeben Von Heinrich Schmettawen Fürstlichem Lign. Hofe=Prediger und Consistoriale. Gedruckt zu Lignitz/ bey Wigand Funcken. s. a. (14: 2 A 9291).

Gewinn der Kinder GOTtes/ im Leben/ Tode/ und nach dem Tode; Bey Christ-Adelicher Sepultur Des HochEdelGebohrnen/ Gestrengen/ Hochbenambten/ Herrn Christoph von Zedlitz und der Newkirch/ auff Binowitz und Grünenthal, Fürstl: Lign: gewesenen Rathes/ unnd dieses Fürstenthumes wolmeritirten Lands= Hauptmans; Welcher den 3. Augusti, dieses 1657. Jahres/ sannft unnd seelig verschieden/ Und darauff den 20. Septembr. in Fürstl: und sonst Hochansehnlicher freqventz seinen Adelichen Vorfahren in die Nieder= Kirchen allhier/ dem entseeleten Cörper nach/ mit gewöhnlichen Adelichen Ceremonien beygesetzet worden; Uber die Worte an die Philipp. I. 21. fürgestellet/ Unnd hernachmals auff sonderbares Begehren zum Druck überschicket/ von Heinrich Schmettawen/ Fürstl. Liegnizschen Hofe=Predigern. Gedruckt zu Lignitz bey Wigand Funcken. s. a. [1657]. 4°. (14: 2 A 9291, 12; 1: Ee 6069).

»Qui Numini, qvi Principibus viris ...« [Epicedium für Christoph von Zedlitz]. In: Seqvuntur LACRUMAE; Qvibus Beatissimum, Generosi ac Nobilissimi DN. CHRISTOPHORI de ZEDLITZ, & Newkirch, in Binowitz & Grünenthal, Illustriss. Ducis Ligio-Bregensis & Goldbergensis Consiliarii praecipui, & Ducatus Lignizensis CAPITANEI, longe meritissimi, obitum proseqvebantur: Collegae, Amici & Clientes. s. l. e. a. [Liegnitz 1657]. (14: 2 A 9291, 14).

Baalsam ausz Gilead/ Wie solcher von der Durchlauchten/ Hochgebornen Fürstin und Frawen ANNA-SOPHIA Hertzogin in Schlesien/ zu Liegnitz Brieg und Goldberg/ etc. Gebohrnen Hertzogin zu Meckelburg/ Fürstin zu Wenden/ Schwerin unnd Ratzenburg/ auch Gräffin zu Schwerin/ der Lande Rostock und Stargart Frawen/ Für Dehro tieffverwundetes Hertze/ über dem Hochseel:Hintritte Dehro höchstgeehrten Hertzliebsten Frawen Mutter Fürstl: Gn: auß unterschiedenen Texten Göttlicher Schrifft Selbst erwählet/ Unnd hernachmals/ unter der zeit/ biß zu der Fürstl: gehaltenen Funeration in IX. unterschiedenen Mittwochs= Predigten zugerichtet/ und in der Christlicher Versamlung applicirt worden von Heinrich Schmettawen/ Fürstl: Lign: Hofe=Prediger und Consistoriale. Gedruckt in der Fürstl: Residentz=Stadt Lignitz/ Bey Wigand Funcken. s. a. [1657]. 4°. (14: 2 A 9291).

Hertzliches Sehnen/ Der Seligsterbenden Kinder GOTTES/ So/ aus den Worten des XXII. Cap. 20. v. Apocal. Bey Hochansehnlicher Adelicher Sepultur, Der Weyland Hoch=Edelgebohrnen/ Hoch=Ehrenreichen/ und Groß=Tugendsamen Frauen URSULAE, Gebohrnen von Diebitschin/ Des Weyland Hoch=Edelgebohrnen/ Gestrengen/ Hochbenahmten Herren Christoph von Zedlitz und der Neukirch/ auff Binowitz und Grünthal/ Fürstl. Liegnitzschen Rahtes und dieses Fürstenthumbs Wohl meritirten Landes=Hauptmannes/ hinterlassenen Frauen Wittib. Als dero entlebter Cörper den 4. May dieses 1660. Jahres/ bey der Kirchen zur Lieben Frauen alhier/ dero Sel. Ehe=Herren und Adelichen Vorfahren in dehro Adeliche Grufft/ mit Christ= Adelichen und gewöhnlichen Ceremonien beygesetzet worden. In einer Leich=Sermon fürgestellet/ und hernach auff Begehren zum Druck übergeben worden/ von Heinrich Schmettauen/ Fürstl. Lieg. Hof=Predigern und Consist. Liegnitz/ Gedruckt bey Zachar. Schneider/ 1660. (14: 2 A 9291, 17).

Leichpredigt auf Georg Wittich, Ratsältester Liegnitz. Liegnitz: Zacharias Schneider 1661. (Leichenpredigten Liegnitz, S. 587).

Leichpredigt auf Anna Elisabeth von Winterfeld. Liegnitz: Zacharias Schneider 1662. (Leichenpredigten Liegnitz, S. 586).

JOSEPH HALLS/ Bischoffs zu Norvvich, Drey Tractätlein I. Soliloquia oder heimliche Gespräche der gläubigen Seelen mit jhrem Gott vnd Ihr selbsten. II. Der gläubigen Seelen Jrrdisches Valet vnd himmlischer Willkommen. III. Der Rechte Christ. So von dem Authore selbsten in Englischer Sprache beschrieben; Anjetzo aber in vnsere hochdeutsche [Sprache] übersetzet/ von Heinrich Schmettaw/ Fürstlichen Lignitzischen Hoffprediger etc. Gedruckt zu Basel/ bey Joh. Jacob Decker. In Verlegung Johann Buxtorffs. Im Jahr Christi 1663. (23: Th 1119 (1); ehem. 1: Es 10722).

Balsam auß Gilead Oder Tröster In Kranckheit/ Noth/ Tod und für dem Jüngsten=Gericht: Sehr bequeme/ Für Diese elende Zeiten/ Anfänglich in Englischer Sprache beschrieben/ Durch JOSEPH HALL, SS. Th. D. und Bischoff zu Norvvic, &c. Anietzo aber in unsere Hoch=Deutsche [Sprache] übergesetzet/ Durch H. S. [Heinrich Schmettau]. Breslau/ Bey Veit Jacob Dreschern/ Buchhändl. Im Jahre M DC LXIII. 12°. [1663]. (23: Th 1125 ; ehemals 1: Es 10720).

Christlicher Regenten-Balsam/ Auß den Worten 2. Chron. XXXV. 24. 25. Zugerichtet/ Damit Der Durchlauchte/ Hochgebohrne Fürst und Herr/ Herr Ludewig/ Hertzog in Schlesien/ zur Lignitz/ Brieg und Goldberg/ Glorwürdigsten Andencken/ Nach dehm des Abends zuvor I. F. Gn. entseeleter Fürstl. Leichnam/ in dehro Fürstl. Grufft in der Fürstl. Stiffts=Kirchen zu S. Johannis allhier mit Christ= Fürstl. Ceremonien beygesetzet worden/ Den 13. Monaths Martii daselbst in einer Christlichen Leichpredigt zu unsterblichem Ehren=Gedächtnüß/ In Hoch=Fürstl. Gräffl. Freyherrl. Adel und sonst von Landt und Städten Volckreicher Versammlung/ Balsamieret und eingesalbet worden/ von Heinrich Schmettawen Fürstl. Lign. Hofe=Prediger und deß Fürstenthumbs Liegnitz Superintendentz Administratore. Gedruckt in der Fürstl. Residentz Stadt Liegnitz durch Zacharias Schneidern. s. a. [1664]. (1: Ee 700–3112).

Andrer Theil JOSEPH HALLS Biblischer Gesichter/ oder Betrachtungen der Biblischen Historien/ Von dem AUTHORE in Englisch beschrieben/ Anitzo aber in unsere Hochdeutsche übergesetzet/ von H. S. [Heinrich Schmettau]. Verlegt von Veit Jacob Treschern/ Buchh. zu Breßlau. ANNO MDC LXV. (1: Bh 1680).

Leichpredigt auf Eleonora Sophie von Canitz und Dallwitz, geb. von Preen. Steinau a. d. O.: Johann Kuntze 1665. (Leichenpredigten Liegnitz, S. 383).

JOSEPH HALLS Biblische Gesichter Oder Betrachtungen der Biblischen Historien/ Aus dem Englischen ins Hochdeutsche übergesetzet von H. S. [Heinrich Schmettau]. Breßlau/ Bey Veit Jacob Treschern/ 1666. (23: Tc 166: 1–3).

[Hebr.] JOSEPH HALLS. Biblische Gesichter oder Betrachtungen der biblischen Historien auß dem Englischen ins Hochdeutsche übergesetzet. Von H. S. Breßlaw bey Veit Jacob Treschern 1665. [Kupfertitel]. JOSEPH

HALLS Biblische Gesichter/ Oder Betrachtungen der Biblischen Historien/ Aus dem Englischen ins Hochdeutsche übergesetzet von H. S. [Heinrich Schmettau] Breßlau/ bey Veit Jacob Treschern/ 1666 [!]. (LB Coburg: Cas. A 5710).

Andrer Theil JOSEPH HALLS Biblischer Gesichter/ Oder Betrachtungen der Biblischen Historien/ Von dem AUTHORE in Englisch beschrieben/ Anitzo aber in unsere Hochdeutsche übergesetzet/ von H. S. [Heinrich Schmettau]. Verlegt von Veit Jacob Treschern/ Buchh. zu Breßlau. ANNO MDC LXVI. 8°. [1666]. (LB Coburg: Cas. A 5710).

Endliche Veränderung aller Menschen und wie die Kinder Gottes sich darinn zu finden und zu schicken wissen aus Hiob XIV. 14–16. bey dem Ehren-Gedächtniß Herrn Gottfried Schardii Churf. Brandenb. Consistorial-Raths und Protonotarii, als dessen in dem Churesächß. Städtlein Elterle den 7. Jun. 1667 verblichener Cörper in der Kirchen zur Heil. Dreyfaltigkeit allhier versetzt worden, d. 23. ej. betrachtet. Cöln. s. a. 4°. (Küster/Müller, 1737, I, S. 170).

JOSEPH HALLS Biblische Gesichter Oder Betrachtung d. Biblischen Historien über Das Neue Testament. Franckfurt und Leipzig, in Verlegung Veit Jacob Treschers, Buchhändlers in Breßlau. [Kupfertitel]. Dritter Theil JOSEPH HALLS Biblischer Gesichter/ Oder Betrachtungen der Biblischen Historien über das Neue Testament. Von dem AUTHORE in Englisch beschrieben/ Anitzo aber in unsere Hochdeutsche übergesetzet von H. S. [Heinrich Schmettau]. Franckfurt und Leipzig/ Zu finden bey Veit Jacob Treschern/ Buchhändl. in Breßlau/ 1669. (LB Coburg: Cas. A 5710; 1: Eq 5, 7 3 ehem.).

Joseph Halls Biblische Geschichte/ Oder Betrachtungen der Biblischen Historien, Aus dem Englischen in das Hoch=Teutsche übersetzet/ an vielen dunckelen Orten verbessert/ und mit den Schrifft=Oertern vermehret/ Zum andernmahl herausgegeben von Heinrich Schmettauen/ Churfl. Brandenb. Hof= Prediger. Breßlau/ bey Veit Jacob Treschern/ 1672. (1: Bh 1681).

Joseph Halls I. Soliloquia, Gespräch der Seelen mit Gott und ihr selbst II. Irdisches Valet und Himlisches wilkom. III. Der Rechte Christ IENA. Drukts Samuel Ad. Müller. s. a. [Kupfertitel]. Joseph Halls/ Bischoffs zu Norwich/ Drey Tractätlein/ I. SOLILOQVIA Oder heimliche Gespräche Der Gläubigen Seelen mit Ihrem GOTT und Ihr selbsten. II. Der Gläubigen Seelen irdisches Valet und himmlischer Willkommen. III. Der Rechte Christ. So von Dem Authore selbsten in Englischer Sprache beschrieben. An ietzo aber in unsere Hoch=Teutsche übersetzet/ Von Heinrich Schmettau/ Fürstl. Lignitz. Hoff-Pr. JENA/ Drukts Samuel Adolph Müller. ANNO MDC LXXIV. [1674]. (LB Coburg: Cas. A 5592).

Andrer Theil JOSEPH HALLS Biblischen Geschichte/ Oder Betrachtungen der Biblischen Historien/ Aus dem Englischen in das Hochteutsche übergesetzet/ an vielen dunckelen Orten verbessert/ und mit den Schrifft=Örtern vermehret/ Zum andernmahl heraus// gegeben/ von Heinrich Schmettauen/ Churfürstl. Brandenburgischen Hofprediger. Verlegt von Veit Jacob Treschern/ Buchh. zu Breslau. ANNO MDCLXXIV.

Allgemeines und besonderes Land=Trawren/ Uber den frühzeitigen und hochseligsten Hintrit/ Des Durchlauchtigsten Fürsten und Herrn Herrn Caroli Aemilii, Marggraffen und Chur=Printzen zu Brandenburg/ in Preussen/ zu Magdeburg/ Jülich/ Cleve/ Berge/ Stettin/ Pommern/ der Cassuben und Wenden/ auch in Schlesien/ zu Crossen und Jägerndorff Hertzogen/ Burggraffen zu Nürnberg/ Fürsten zu Halberstadt/ Minden und Camin/ Graffen zu der Marck und Ravensberg/ Herren zu Ravenstein und der Lande Lawenburg und Bütow etc. Als dessen Heilige Gebeine von Straßburg/ alldar Er den 27. Novemb. An. 1674. in wahren Glauben an Christum/ nach dem Willen seines Gottes seeliglich von dieser Welt abgeschieden/ Den 4. Febr. A. 1675 anherobracht/ und unter viel tausent Thränen Hoher und Niedrigen/ in die Churfürstl. Grufft beygesetzet und zu seinen Vätern versamblet worden/ Gehalten/ Und aus den Worten Amos VIII. 9. 10. in einer Klage=Predigt/ vorgestellet/ Von Heinrich Schmettawen/ Churfürstl. Brandenb. Hoffprediger. Cölln an der Spree/ Druckts Georg Schultze/ Churfürstl. Brandenb. Buchdrucker. s. a. [1675]. (1: St 6824; 14: H. Boruss. 18,25; LB Coburg: Sche 282; 1: Ee 710–134, 4).

Christl. Jungfrauen. d. i. wahrer glaubigen Kinder Gottes unbetrügliche Glaubens-Versicherung und eintzige Seelen-Vergnügung aus Ps. 73. 23–26. bey der Leiche Jgfr. Eleon. Elisabeth Rothin, erkläret. s. l. e. a. [1675] 4°. (Küster/Müller, 1737, I, S. 170).

Allervollkommenste Seelen-Klugheit, Wie ein rechter Christ hie tröstlich leben/ und zu der von Gott bestimmten Zeit/ seelig sterben könne. Wie solche/ Bey hochansehnlicher Beysetzung des seligverblichenen Cörpers/ Des weiland Wolwürdigen/ Hoch=Edelgebornen Herrn/ Herrn Lorentz Christoph von Somnitz/ Churfürstl. Brandenburgischen geheimbten Etats=Raths/ Cantzlers/ und Ertz=Cämmerers des Herzogthums Pommern und Fürstenthum Cammin; Der Collegiat=Kirchen zu Colberg Thum=Probsten/ und der annoch währenden Tractaten zu Nimwegen hoch=verordnet gewesenen Principal-Gesandten/ Gouverneurs der Lande Lauenburg und Bütow/Erbherrn auff Drönow/ Brötz/ Muscherin/ Grumbsdorff/ Stepen/ Günne/ Sparren/ Wurchow/ Speck/ Gerbero und Massow/ etc. Über die Worte des LXXIII. Psal. v. 23. 24. 25. 26. und dessen eigene Gedanken darüber abgefasset/Und in der Churfürstl. Thum=Kirchen allhie Anno 1678. den 7. Maji in einer kurtzen Leichpredigt fürgestellet worden/ von Heinrich Schmettawen/ Churfürstl. Brandenburgischen Hoffprediger. Berlin/ Gedruckt bey Christoff Runge/ 1678. 4°. (1: Ee 535, 18).

Dritter Theil/ JOEPH HALLS Biblischer Geschichte/ Oder Betrachtungen der Biblischen Historien/ über das Neue Testament. Von dem AUTHORE in Englisch beschrieben/ Aniezo aber in unsere Hochdeutsche übergesetzet/ in vielen Orthen corrigiret/ mit den Schrifftörtern am Rande vermehret und zum andernmahl herausgegeben/ von Heinrich Schmettauen/ ChurF. Brandenb. Hofpredigern. Frankfurt und Leipzig/ zu finden/ bey Veit Jacob Treschern/ Buchh. in Breslau/ im Jahr 1679. (1: Bh 1680).

Trauer- und Freuden-Looß aller wahren Kinder Gottes aus Ps. LXXI. 20. 21. über den Hintritt Frau Elisabeth Schönhausin, Herrn D. Georgi Conr. Bergii Churf. Brand. Hof-Predigers gewesenen Ehe-Genoßin am Sonnt. Quasimodogeniti 1679. in der Thum-Kirche vorgestellet. Berlin s. a. 4°. (Küster/Müller, 1737, I, S. 170).

Treuer Lehrer und Prediger/ irrdisches Loß/ und himmlisches Erbtheil/ Bey sehr Volckreicher Versamblung/ Von Hohen und Niedrigen/ und Christlicher Leichbestattung/ der Entseelten Gebeine/ Des Weiland Hoch= Wohl-Ehrwürdigen und Hochgelahrten Herren/ Johannis Kunschii von Breitenwald/ Churfl. Brandenb. wohlmeritirten und Treu=fleißig=gewesenen Hof=Predigers/ als derselbige in der Mitwochs Nacht zuvor/ zwischen 4. und 5. Uhr/ sanfft und selig diese Welt gesegnet/ Am 24. Sonntage Trinitatis, war der 13. Novemb. A. 1681. Aus den Worten Psal. XVI. 6. In der Churfürstl. Schloß=Thum=Kirchen zu Cölln an der Spree/ betrachtet und vorgestellet Von Heinrich Schmettawen/ Churfl. Brandenb. Hof=Prediger. Druckts Georg Schultze/ Churfl. Brandenb. Hof=Buchdr. s. a. [1681]. 4°. (1: Ee 519, 28).

Das wahre Osterlamm des Neuen Testaments in einer Paßions-Predigt in dem Churf. Zimmer aus Luc. XXII. 19. 20. gehalten. Cöln 1683. 4°. (Küster/Müller, 1737, I, S. 170).

Der von Gott werthgeschätzte Tod seiner Heiligen/ Aus dem CXVI. Psalm v. 15. in einer Trauer= und Klage= Predigt/ Über den frühzeitigen und höchstseligsten Hintrit Der Durchlauchtigsten Fürstin und Frauen/ Frauen Elisabeth Henriette/ Gebornen Landgräffin zu Hessen/ vermählten Chur=Princessin zu Brandenburg/ Hertzogin in Preussen/ zu Magdeburg/ Jülich/ Cleve/ Berge/ Stettin/ Pommern/ der Cassuben und Wenden/ auch in Schlesien/ zu Crossen und Jägerndorff: Burggräffin zu Nürnberg/ Fürstin zu Halberstadt/ Minden und Camin/ Gräffin zu der Marck und Ravensberg/ Frauen zu Ravenstein/ und der Lande Lauenburg und Bütow/ etc. Des Tages nach ihrem seligen Tode/ war der 28. Junii, des Jahres 1683. und/ als/ zugleich die hochbetrübte Zeitung von gleichmäßigem hochseligsten Hintritte Dero Frau Mutter/ glorwürdigsten Andenckens/ so sich am 17. eben desselbigen Monats zu Schmalkalden begeben/ eingelauffen; An stat der Donnerstags=Predigt/ in der Churfürstl. Schloß= und Thum=Kirchen/ unter vielen Thränen der gantzen Gemeine vorgestellet Von Heinrich Schmettawen/ Churfürstl. Brandenb. Hoff=Prediger. Cölln an der Spree/ Druckts Georg Schultze/ Churfürstl. Brandenb. Hoff=Buchdr. s. a. fol. (1a: Su 508).

Der Erste Anfang/ Oder das Ursprüngliche Herkommen/ Des Menschlichen Geschlechts/ Wie dasselbige aus dem Lichte der Natur erforschet/ und Vernunfft gemäß betrachtet und außgeführet Von dem Edlen königlichen Ritter/ Herrn MATTHAEUS HALE, weyland obersten Richter über gantz Engeland/ und Ober=Praesidenten der Königlichen Banck/ Erstlich in Englischer Sprache beschrieben/ Anjetzo aber/ Auff Churfürstl. Brandenb. Befehl und Special Verordnung/ Sambt einer Vorrede Von dem Atheismo, In unserer Hoch-Teutschen Sprache herauß gegeben worden/ Von/ Heinrich Schmettawen/ Churfürstl. Brandenb. Hoff=Predigern. Cölln an der Spree/ Druckts Georg Schultze/ Churfürstl. Brandenb. Hoff=Buchdrucker. ANNO M.DC.LXXXIII. [1683]. 2°. (23: Te 2°4).

Des Herrn Christi kräfftige Vorbitte/ Vor seine Jünger und alle wahre Gläubigen/ umb den Heiligen Geist. Aus den Worten Joh. XIV. 16. Auff der Churfl. Residentz im Churfürstl. Gemach/ in Gegenwart der sämtl. Churfürstlichen gnädigsten Herrschafften/ und anderer hohen Fürstlichen und Stands Persohnen/ Am Sonntage Cantate, Anno M DC LXXVI. Einfältig erkläret/ Und hernach auf Ersuchen einiger Hohen Zuhörer Zum Druck übergeben/ von Heinrich Schmettauen/ Churfürstl. Brandenburgischen Hoff=Prediger. Cölln an der Spree/ Druckts Ulrich Liebpert/ Churfürstl. Brandenb. Hof=Buchdrucker. (1: Ee 619, 9).

Geistl. Seelen-Schmuck aller gläubigen Seelen und recht Christlicher Jungfrauen/ Aus den Worten Psal. LXXIII. 25. 26. In einer Pfingst=Meditation, an statt des gewöhnlichen Fest=Evangelii/ am Pfingst-Montage/ in der Churfürstl. Schloß= und Dohm=Kirchen allhier/ Durch Veranlassung des tödlichen Hintrits aus dieser Welt/ Der Wolgebohrnen Jungfrauen/ Anna Louysa von Grumkow/ Des Wolgebohrnen Herrn/ Herrn Joachim Ernst von Grumkow/ Churfürstl. Brandenb. hochverordneten würcklich geheimten Etats- und Kriegs=Rahts/ Ober=Hof=Marschals/ und General-Krieges=Commissarii und Schloß=Hauptmanns/ Aeltesten und eintzigen Jungfrau Tochter/ Als dero selig verblichener Cörper des Abends zuvor/ mit Standsmäßigen Ceremonien in dero Hoch=Adeliches Erb=Begräbnüß nach Blanckenfelde abgeführet worden/ Vorgestellet/ von Heinrich Schmettaw/ Churfürstl. Brandenburgischen Hoff=Prediger. Cölln an der Spree/ Druckts Ulrich Liebpert/ Churfürstl. Brandenb. Hoff=Buchdrucker. s. a. [1686]. (1: Ee 619,7).

Tröstliche Zufriedenheit Und Recht Christliche Gelassenheit / Aus den Worten Hiobs/ Cap. I. 21 Von Seiner Churfürstlichen Durchlauchtigkeit/ unserm gnädigsten Landes=Vater/ Bey dem Todes=Bette/ Als dero theurer Herr Sohn/ Der Weyland Durchlauchtigste Fürst und Herr/ Herr Ludewig, Marggraff zu Brandenburg/ in Preussen/ zu Magdeburg/ Jülich/ Cleve/ Berge/ Stettin/ Pommern/ der Cassuben und Wenden/ auch in Schlesien/ zu Crossen und Schwiebus Hertzog/ Burggraff zu Nürnberg/ Fürst zu Halberstadt/ Minden und Camin/ Graff zu Hohen=Zollern/ der Marck und Ravensberg/ Herr zu Ravenstein/ und der Lande Lauenburg und Bütow/ etc. Auff dem Churfl. Schlosse zu Potstamb/ den 28. Martii, war der Oster=Montag/ dieses itztlauffenden 1687ten Jahres/ in der ersten Blühte seines Lebens/ dero durch Christi Blut gewaschene und gereinigte Seele in festem und beständigem Glauben/ Seinen Erlöser in seine Hände wieder gegeben und diese Welt gesegnet/ In heroischer Gedult unter vielen Väterlichen Thränen bezeuget/ Und hernachmahls am Sonntage Misericordias Domini, in der Churfl. Residentz zu Berlin/ in Gegenwart der hohen und höchstbetrübten Chur= und Fürstlichen leidtragenden Personen zum seeligsten und gesegneten Andencken An statt des gewöhnlichen Evangelischen Textes wiederholet und einfältig erkläret/ auch hernachmahls auff gnädigstes Begehren zum Druck übergeben. Von Heinrich Schmettawen/ Churfürstlichen Brandenb. Hof- Prediger. Cölln an der Spree/ Druckts Ulrich Liebpert/ Churfürstl. Brandenb. Hof=Buchdrucker. s. a. fol. (1a: 2 in: St 7100 R).

Die GOTT wolgefällige Seelige Kindes=Betterin/ Abgebildet in den Worten Pauli 1. Tim. II. 15. Und in einer Trauer=Leich- und Trost-Predigt über den frühzeitigen/ doch seeligen Hintritt aus dieser Welt/ Der Wolgebohrnen Frauen/ Frauen Sophia Tugendreich von Wrechin/ Des Wolwürdigen und Wolgebohrnen Herrn/ Hn. Dubislaf Gneomar von Natzmer/ Ihro Churfürstl. Durchl. zu Brandenburg General Adjutant/ Obrist=Lieutnant von dero Grand Musquetaires und Canonici zu Collberg/ Erbherrn zu Gralow etc. Hertzliebstgewesenen Ehegenoßin/ An statt des Evangelischen Textes in der Churfürstl. Schloß= und Thum=Kirchen/ in Volckreicher Gemeine betrachtet/ und hernachmahls auff Begehren zum Druck übergeben Von Heinrich Schmettawen/ Churfürstl. Brandenburgischen Hof=Predigern. Cölln an der Spree/ Druckts Ulrich Liebpert/ Churf. Brandenb. Hof=Buchdr. ANNO 1688. fol. (14: H. Germ. Biog. 59,45).

Das heilige Oehle der Gesalbten des Herrn. Trauerpredigt für den Großen Kurfürsten sowie Antrittspredigt für Kurfürst Friedrich III. Cölln/ Spree 1688. (Küster/Müller, 1737, I, S. 171).

Die lebendige und erhaltene Trost Quelle des Wortes Gottes in allen unsern Trübsalen, wie dieselbige nach dem Churf. hohen Begräbniß Dom. XIV. p. Trin. allen bekümmerten Hertzen geöffnet, und in der Churf. Fr. Wittwe Trauer-Gemach aus Ps. CXIX. 92. expliciret worden. Cöln 1688. fol. (Küster/Müller, I, S. 171).

Wahrer Christen unbetrüglicher Trost aus Gottes väterlicher und gnädiger Versehung über sie aus Rom. VIII. 25. bey Beerdigung Herrn Peter Franz Cautii Churf. Br. Ober-Empfängers a. 1690. betrachtet. Berlin s. a. [1690]. fol. (Küster/Müller, 1737, I, S. 171).

Gott und Christo, der vollkommenste, so(wohl) himmlische und ewige als zeitliche und irdische Wohlmacher. Predigt im Berliner Dom. Cölln 1691. 4°. (1: Ea 10346 ehem.).

Der Brandenburgische Joseph, oder des wahren Christenthums rechter Zweck und Mittel-Punct, darauf ein wahrer Christ im Leben und Sterben zielet, aus Rom. XIV. 7. 8. abgebildet in einer Leich-Trauer- und Trost-Predigt über den Hintritt Herrn Joachim Ernst von Grumbkow, Churf. Br. Geh. Etats- und Kriegs-Raths, Ober-Hof-Marschalls, General-Kriegs Commissari, und Schloß-Hauptmanns zu Berlin Dom. 2. p. Epiph. 1691. betrachtet. Berlin s. a. [1691]. fol. (1: Su 1712 ehem.).

Eines gläubigen Christen Gewin im Leben und im Sterben./ Bey letztem Ehren=Gedächtniß Der Weiland Wohlgebohrnen Frauen Gertrud Sophien/ gebohrnen von Grot/ Vermählten Frauen von Meinders/ &c. Als Dieselbe den 11. Septemb. dieses 1693. Jahres/ Morgends gegen 8. Uhr/ durch einen schleunigen Tod/ aus dieser Vergänglichkeit von GOTT abgefodert/ und der Seelen nach/ in sein himmlisches und ewiges Reich versetzet/ Dero Cörper auch Freytags hernach/ des Abends/ in Dero Hoch=Adeliches Ruhe=Kämmerlein gebracht worden/ Am 14. Sonntage Trinitatis/ in der Morgen=Predigt/ in der Churf. Dohm= und Schloß= Kirchen/ bey sehr Volckreicher Gemeine/ In einer Leich= Traur= und Trost=Predigt/ aus der Epistel an die Philipp. I. v. 21. Betrachtet/ Und nachmahls Dero hinterlassenen/ Hochbetrübten/ Hoch=Adelichem Herrn Wittiber/ und sämtl. leidtragende Herren Söhnen/ auch Herren Gebrüdern und Frau Schwester zum Trost und Aufmunterung Christlicher Gelassenheit/ zum Druck übergeben von Heinrich Schmettauen/ Churf. Brandenb. ältesten Hof=Prediger und Consistorial-Raht. Cölln an der Spree/ Druckt Ulrich Liebpert/ Churf. Brandenb. Hoff=B. s. a. [1693]. (1: Ee 6156).

Des HErrn Christi und seiner gläubigen Nachfolger/ Allerheiligste und seeligste Sterbekunst/ Aus dem gewöhnlichen Sonntäglichen Evangelio Joh. XVI. 5. 6. Am Sonntage Cantate dieses 1695. Jahres/ In einer Trauer=Trost= und Leich=Sermon/ Über den seeligen Hintritt aus diesem Leben in die herrliche Ewigkeit/ Weyland Herrn Johann Kunschii/ von Breitenwalde/ Churfürstl. Brandenb. Clevisch= und Märckischen Geheimen=Regierungs=hiesigen Hoff= und Cammergerichts= Auch Hoch=Fürstl. Durchl. Marggraff Philipp Wilhelms/ Geheimten Hoff=Rahts/ In unserer hiesigen Schloß= und Dohm=Kirchen/ bey sehr Volckreicher Gemeine/ in der ordentlichen Morgen=Predigt vorgestellet/ Und hernach auf Begehren zum Druck übergeben/ Von Heinrich Schmettawen/ Churf. Brandenb. ältesten Hoff=Prediger und Consistorial-Raht. Cölln an der Spree/ Druckts Ulrich Liebpert/ Churfürstl. Brandenb. Hof=Buchdr. s. a. [1695]. (1: Ee 615, 11).

Die Brandenburgische Debora, oder das letzte Ehren-Gedächtniß Fr. Anna Maria von Schlegeln, verwittweten von Mandelsloh, über etliche 20. Jahr gewesenen Churf. Brand. Ober-Hofmeisterin aus Joh. XIX. 30. und Ps. XL. 5. 6. am Palm-Sonntage 1696. aufgerichtet. Cöln s. a. [1696]. fol. (Küster/Müller, 1737, I, S. 171).

JOSEPH HALLS Biblische Geschichte, Oder Betrachtung der Biblischen Historien des Alten und Neuen Testaments in drey Theilen/ Aus dem Englischen ins Hochdeutsche übersetzt/ an vielen dunckelen Orten verbessert und mit denen Schrifft=Örtern/ auch vollständigen Registern derer Nahmen und Realien/ ingleichen der angeführten und erklärten Sprüchen vermehret Nunmehro zum drittenmahl heraus gegeben Von Heinrich Schmettawen/ anitzo Churfürstl. Brandenb. Consistorial=Rath und ältesten Hoff=Prediger. LEIPZIG/ Verlegts Johann Herbord Kloß/ 1699. 4°. (1: Bh 1682).

Joseph Halls S. S. Theol. D. und Bischoffs zu Norwig außgesonderte und außerlesene Trost=und sinnreiche Schrifften/ Als I. Balsam aus Gilead oder Tröster/ II. Soliloquia oder himlisches Gespräche/ III. Der gläubigen Seelen irrdisches Valet und himmlisches Willkommen/ IV. Der rechte Christ. Von dem Authore in Englischer Sprache beschrieben/ ietzo aber nach fleißiger Ubersehung aller vorigen Editionum corrigiret/ wie auch mit besserer Einrichtung der Register zum drittenmahl in dieses Format gebracht Von Heinrich Schmettawen/ Chur-Fürstl. Brandenb. Consistorial-Rath und ältesten Hoff-Prediger. Frankfurt und Leipzig: Kloß 1700. (23: Th 1122).

JOSEPH HALLS Biblische Geschichte, Oder Betrachtung der Biblischen Historien des Alten und Neuen Testaments in drey Theilen/ ehemals Aus dem Englischen ins Hochteutsche Übersetzet Von Heinrich Schmettaen/ gewesenen Churf. Brandenb. Consistorial=Rath und ältisten Hoff=Prediger. Nunmehr an vielen Orten verbessert/ mit vollständigen Registern versehen/ Zum vierten mahl herausgegeben. Leipzig/ verlegts Johann Herbord Kloß/ Buchhändler/ 1710. 4°. (23: Tc 169).

Briefe

Brief von Schmettau an den Kurfürsten Friedrich Wilhelm (2. Juli 1666). (GStA Rep. 2, Nr. 46 A, fol. 1ff.).
Brief von Schmettau an den Kurfürsten Friedrich Wilhelm, undatiert [Juli 1685]. (GStA Rep 2, Nr. 25, Bl. 13).
Brief von Schmettau an den Kurfürsten Friedrich III., undatiert [Okt./Nov. 1691]. (GStA Rep 2, Nr. 25, Bl. 9f.).

Literatur

SELIG, Moritz: Die allgenugsame/ und zugleich kräfftig wirckende Gnade GOttes/ Bey Beerdigung Deß Weyland Wolwürdigen/ Hoch=Edlen und Hochgelahrten HERRN Heinrich Schmettauen/ Sr. Königl. Majest. in Preussen gewesenen ältesten Hoffpredigers und Consistorial-Raths/ Welchen GOtt am 1. Novemb. deß 1704ten Jahres/ Morgends frühe/ in dem 76ten Jahr seines Alters/ durch einen sanfften und seeligen Tod der Sterbligkeit entrissen/ In Volckreicher Versammlung Den XVI. Novemb. als am XXVI. Sontag nach Trinitatis In der hiesigen Königl. Schloß= und Dohm=Kirchen Aus Pauli Worten 2. Cor. XII. v. 9. vorgestellet/ Und hernach auf Begehren zum Druck befordert/ Von MAURITIO SELIG, Ihro Königl. Majest. in Preussen Hoffprediger. Berlin/ gedruckt Joh. Lorentz/ Königl. Preuß. privil. Buchdr. 1705. (1: Ee 615, 22); Der Vom Könige des Bergs Zions zurück=geforderte Kirchen=Engel/ Bey Absterben Des Weyland Wolwürdigen/ Hoch=Edlen und Hochgelahrten Herrn/ HERRN HEINRICH von SCHMETTAU/ Königl. Preuszis. ältesten Hoff=Predigers und Consistorial-Raths/ Wie dessen entseelter Cörper am 12. Novembr. 1704. Christlichem Gebrauch nach/ mit ansehnlichem Comitat beygesetzet wurde/ Vorgestellet von CHRISTOPHORO TÖPKEN. BERLIN/ Gedruckt bey Johann Lorentz/ Königl. Preuß. privil. Buchdr. Anno 1705. (1: Ee 615, 23); PEUKER, J. E.: Kurze biographische Nachrichten der vornehmsten schlesischen Gelehrten. 1788; JÖCHER, Bd. 4, 1751; KÜSTER/ MÜLLER, 1752, I, S. 71, 161, 183, 188f., 205, 1006; III, 41; KÖNIG, 1793, S. 175, 378; THADDEN, 1959, S. 186f.; STRÄTER, Udo: Sonthom, Bayly, Duke und Hall. Studien zur Rezeption der englischen Erbauungsliteratur in Deutschland im 17. Jahrhundert. Tübingen 1987. (Beiträge zur historischen Theologie, Bd. 71); GStA Rep 2, Nr. 25; GStA Rep. 2, Nr. 46 A.

Schmitstorff, Erdmann

* 22. Nov. 1626 Berlin
† 31. Okt. 1715 Berlin
Pädagoge, luth.
V N. N.
M N. N.
∞ 1653 Kunzenbach, Rebecca (gest. 1677)
K 12 Kinder

Praeceptor in Berlin, Spandau und Brandenburg 1660–1710 Collega infimus am Berlinischen Gymnasium (1710 emer.)

Erdmann Schmitstorff wurde am 22. Nov. 1626 in Berlin geboren. Wer seine Eltern waren, darüber verlautet in den Quellen nichts. Auch über seine Schulausbildung ist nichts bekannt. Zunächst unterrichtete er als Praeceptor Kinder in Berlin, Spandau und Brandenburg im Rechnen und Schreiben, »(…) wie er denn A. 1655. den 12. Jan. unter Churfürst Friderich Wilhelms eigenhändiger Unterschrift die Freyheit erhalten, keine Contribution und andere Unpflichten abzutragen, so lange er keine bürgerliche Nahrung treiben würde. Denn in den damaligen Zeiten war nicht einem jeden erlaubet, vor sich eine Schule anzustellen, sondern mußte sich vorher vom Probst examiniren lassen, und absonderliche Erlaubniß dazu erbitten« (DITERICH, 1732, S. 365).

1660 wurde Schmitstorff als Schulkollege ans Berlinische Gymnasium zum Grauen Kloster berufen. Da er keine Universitätsausbildung hatte, blieb er an der Anstalt immer letzter Lehrer (collega infimus). Dafür war ihm aber eine fünfzigjährige Dienstzeit in rüstiger Gesundheit beschieden. 1710 ging er in den Ruhestand; der Berliner Rat zahlte ihm seine bisherigen Bezüge in voller Höhe weiter und erlaubte ihm auch die künftige Nutzung der Dienstwohnung (HEIDEMANN, 1874, S. 163).

Schmitstorff ehelichte 1653 Rebecca geborene Kunzenbach, mit der er in 24 Jahren Ehe zwölf Kinder zeugte. Als seine Frau am 2. Mai 1677 verstarb und vier Tage später beerdigt wurde, verfaßten alle Kollegen des Berlinischen Gymnasiums Trauergedichte. Schmitstorff selbst starb am 31. Okt. 1715 in Berlin, wo er an der Klosterkirche begraben wurde. Literarisch trat er überhaupt nur durch Glückwunschgedichte, Epithalamia und Epicedia in Erscheinung. In den während seiner Amtszeit von den Kollegen des Berlinischen Gymnasiums veranstalteten Gelegenheitsdrucken für Persönlichkeiten Berlins und Cöllns ist fast immer auch ein Gedicht von ihm zu finden, das dann – entsprechend seiner Position in der Hierarchie der Lehrer – stets an letzter Stelle stand. [LN]

Werke

PLAUSUS VOTIVUS Solemnitati secundarum Nuptiarum VIRI Pl. Reverendi, Ampliẞimi, Clariẞimi DN. JOACHIMI GRABOVII, Ecclesiæ Perlebergensis Pastoris fidissimi, & Scholæ indidem, ut & vicinarum Ecclesiarum Inspectoris vigilantissimi ac benè merentis SPONSI, Nec non Ornatiẞimæ, Pudiciẞimæque Foeminæ ILSABE Manarts/ Viri Spectatiẞimi, Integerrimique DN. FRANCISCI Hahnsteins/ Brunswigæ Coenobii ad D. Ottil. quondam Præfecti & Curatoris solertissimi …, relictæ Viduæ SPONSÆ, Perlebergæ XIV. Calendarum Decembris An. M.DC.LXII. celebratarum Datus A Fautoribus & Amicis quibusdam Berlinensibus per Amicum ibi viventem conciliatis. Berl. Typis Rungianis. Berlin 1662 (109: Slg. GK: Sch 1/54).
Epicedium für Eva Preunel. Berlin 1664 (Roth, 1959, I, R 877).
DE LAUREA PHILOSOPHICA, Qua RECTORE Magnifico (TIT.) Dn. JOHANNE PLACENTINO, Phil. M. Mathemat. Prof. Publ. &c. celeberrimo, et DECANO SPECTABILI (TIT.) Dn. JOHANNE SIMONIS, S. S. Theol. Licent. Logicæ Profess. Publ. Ordinario, In Illustri Viadrina Anni Currentis M.DC.LXV. d. Xii. Octob. coronatus est (TIT.) DN. SAMUEL ROSA, Gymn. Berlinens. SubConRector, bene merentiss. gratulantur Patroni, Fautores, Amici, & Collegæ. COLONIÆ BRANDENBURGICÆ, Ex Officina GEORGII SCHULZII, Electoralis Typographi. Cölln 1665 (109: Slg. GK: Sch 1/59. 2).
Epicedium für Johann Gottfried Seydel. s. l. 1666 (109: Slg. GK: Cg 215. 1).
Epicedium für Marie Luise Bredow. Berlin 1667 (109: Slg. GK: Sch 1/63).
Epithalamium für Dietrich Butt und Anna Maria geborene Zarlang. 1668 (109: Slg. GK: Cg 23).

FRONDES CUPRESSINÆ, AD TUMULUM Beatissimæ VIRGINIS, DOROTHEÆ ELISABETHÆ VEHRIÆ, Condolentibus manibus SPARSÆ à FAUTORIBUS ET GYMNASII BERLINENSIS COLLEGIS. BEROLINI, Charactere RUNGIANO. s. a. [hs. 1669] [Berlin 1669] (109: Slg. GK: Sch 1/66).

Die keuschen Liebes=Flammen/ Welche GOtt selbst angezündet in den Hertzen/ Des Wol=Ehrenvesten/ Vorachtbarn und Wolgelahrten Herrn Herman Kochs/ Wolbestallten DIRECTORIS der Music bey St. Nicol. Kirche in Berlin/ und des Gymnasii daselbst Collegens/ Als Bräutigams: Und dann auch der Wol=Erbarn/ Viel Ehr= und Tugendreichen Jungfer Louysen Söllens/ Des Wol=Ehrenvesten/ Vorachtbarn und Wolbenahmten Herrn Simon Söllen/ Churf. Brandenb. Hoff=Sattlers/ Eheleiblichen Tochter/ Als Braut: Wolten am Tage ihrer Freuden/ welcher war der 7. Maii/ des 1671sten Jahres/ mit wolgemeynten Wündschen vermehren Die sämptliche Collegen des Berlinischen Gymnasiens. Zu Berlin/ Gedruckt bey Christoff Runge. Berlin 1671 (23: J. 105. 4° Helmst.; Deutsche Drucke des Barock HAB, 1988, C 1880).

Das preißwürdige Alter/ Des Weiland Hoch=Ehrenvesten/ Groß=Achtbaren und Hoch=Weisen Herrn David Reezen/ Hochverdienten Rahts=Cämmerers bey der Churfürstlichen Brandenburgischen Residentz und Veste Berlin/ wurde/ Als derselbige; Da Er im Jahr Christi 1590. den zwantzigsten Julii, frühe zwischen 8. und 9. Uhren/ diese Welt zuerst erblicket/ und in dem itzt lauffenden 1672. Jahre/ den 26. Januarii, Abends zwischen 5. und 6. Uhre/ im wahren Glauben an seinem Erlöser JEsu/ durch einen seligen Tod dieselbe wieder verlassen: Jm 82ten. Jahr seines Alters; Den darauff folgenden 4ten. Februarii, in St. Nicolai Kirche/ bey Hochansehnlicher und Volckreicher Versammlung in sein Ruhekämmerlein beygesetzet: Mit schuldigstem Nachruhm bezieret von Den sämptlichen Collegen des Gymnasii in Berlin. Berlin/ Gedruckt bey Christoff Runge. Berlin 1672 (109: Slg. GK: Sch 1/70).

Jesum propitium, Thalamum florentem, Empyream concordiam, NUPTIIS GNOSPELIO – STARCKMANNIANIS, Fato divino auspicatis, Ejusque benigno nutu D. IX. Junii. M.DC.LXXIII. absolvendis, Uberiori Symbolo votivo, Pro eo, quo in noviter jugandos sunt animo propensiori, Advovent, COGNATI. AMICI. COLLEGÆ. BEROLINI, Ex Officinâ RUNGIANA. Berlin 1673 (109: Slg. GK: Sch 1/74. 3).

Freudige Jn Poetische Schrancken verfassete Hochzeit=Wündsche/ So da/ als (Tit.) Herr Wolff Christian Otto/ Wolbestallter Cammergerichts=Secretarius, mit (Tit.) Jungfer Marien Elisabeth Tieffenbachin/ (Tit.) Herrn Johann Tieffenbachs/ Churfürstl. Brandenb. Cammergerichts=Advocati, der Löbl. Landschafft zum Engern Außschusse Verordneten/ und Burgermeister in Berlin/ Jüngsten Jungfer Tochter/ Den 14. Aprilis M.DC.LXXIII. Ehelich vertrauet worden. Zur Versicherung eines Hertzgemeynten Wolwollens/ überreichen liessen Derer Neu=Vertrauten Wolbekandte. s. l. 1673 (109: Slg. GK: Sch 1/75. 1).

GENES. XXIV. v. 50. Das kömmt vom HErren! Daß (Titt:) Herr Joachim Pauli/ SS. Theologiæ Candidatus, in der Hochlöbl. Fruchtbringenden Teutschgesinneten Genossenschafft benamt der Treffliche/ und der Hrn. Hrn. von Platen Ephorus, Mit (Titt:) Jungf. Maria Fahrenholtzin/ Herrn Hans Fahrenholtzen/ Weiland auf Sumholtz Erbherren/ nachgelassenen Eheleiblichen Tochter/ Sich heute den 25. Februarii, M.DC.LXXIV. Göttlicher Ordnung Gemäß/ Ehelichen vertrauen läst. Darum können nicht anders/ Als Fried/ Glück/ Segen/ dazu wündschen/ Etliche des Bräutigams Bekandte Vertraute Freude. Berlin/ Gedruckt bey Christoff Runge. Berlin 1674 (109: Slg. GK: Sch 1/78).

Carmen zur ersten Säkularfeier am Berlinischen Gymnasium zum Grauen Kloster. Berlin 1674 (Diterich, 1732, S. 203).

GOTT/ Der die gantze Welt geliebet/ Hat Umb seines eingebornen Sohnes willen auch im Tode nicht verlassen Den weiland Edlen/ GroßAchtbarn/ Wolweisen und Wolbenamten HERRN Andreas Ideler/ Rathsverwandten in Cölln an der Spree/ Auff Gravendorff und Güssow Erbsassen/ Dessen Christliches Leich=Begängniß Am Andern Pfingst=Feyertage/ war der 24. Maji/ des 1675sten Jahres Mit nachgesetzten Zeilen mitleidend beehreten Etliche Collegen des Berlinischen Gymnasii. Berlin/ Gedruckt bey Christoff Runge. Berlin 1675 (109: Slg. GK: Sch 1/82. 3).

Gegläubet Hat An Jhren Erlöser JEsum bis ans Ende/ Und daher empfangen Das Ewige Leben/ Die (Tit.) FRAU Anna Maria Seltrechtin/ Des (Tit.) Herrn Wolff Ottens/ Längst Verdienten Churfürstl. Cammer=Gerichts= Secretarii 36. Jahre lang liebgewesene Ehe=Frau/ Welche den 9. Maji dieses 1676. Jahres nach lange außgestandener Leibes=Schwachheit von den Jhrigen durch einen sanfften Tod Abschied genommen/ Und den darauf folgenden 15. selbigen Monats/ war der Pfingst=Montag/ in ihre Ruhe=Kammer in Berlin bey St. Nicolai Kirchen beygesetzet worden. Dieser zur letzten Ehre/ und Trost denen hinterbliebenen haben folgende Zeilen auffsetzen wollen Einige Gönner und Freunde. Berlin 1676 (1: an 6 in: Ee 1593,II).

Wolverdienter Nach=Ruhm der beständigen Treue An der Edlen und Hoch=Ehr= und Tugendbegabten Fr. Eva Magdalena/ gebornen Stanginn/ Des Edlen/ GroßAchtbaren und Hochbenahmten Hn. Johann Metzners/ Sr. Churf. Durchl. zu Brandenburg und Dero Hochlöbl. Landschafft wolbestalleten Ober=Ziesemeisters der Mittel= und Ucker=Marck/ Nunmehr Hochbekümmerten Herrn Wittibers/ Wolseligen Eheliebsten/ Welche Zu Regenspurg den 23. Decembr. frühe zwischen 6. und 7. Uhr Anno 1633. geboren/ und allhie in Berlin den 14. Julii Nachmittag umb 3. Uhr ihre Seele dem getreuen Seligmacher wieder anbefohlen/ nachdem Sie in dieser Sterblichkeit zugebracht 42. Jahr/ 6. Monat/ 3. Wochen und 8. Stunden/ Am Tage Jhrer Beerdigung bey volckreicher und ansehnlicher Versammlung/ war der 20. Julii, Zum Trost denen Hinterbliebenen abgefasset/ von Einigen guten Freunden. Berlin/ Gedruckt bey Christoff Runge/ 1676. Berlin 1676 (109: Slg. GK: Sch 1/84. 1).

EPICEDIA Quibus Præmaturum quidem at beatum è vita excessum Pueri singularibus animi ac corporis dotibus ornatissimi GEORGII CHRISTOPHORI, Pl. Reverendi et Clarissimi VIRI, DOMINI M. JOH. ERNESTI SCHRADERI, Ecclesiæ Berolinensis ad D. Nicolai ArchiDiaconi, Filii primogeniti: VII. Martii Anno M C XXVI. magno Parentum desiderio exstincti LUGENT Collegæ et Amici. BERLINI, è chalcographéo RUNGIANO. Berlin 1676 (109: Slg. GK: Sch 1/83. 1).

Davids= Hertz/ Womit Er sich in allen Seinen Anliegen und Bekümmernissen getröstet/ Wündschen getreulich Bey dem frühzeitigen und unverhofften Ableben Des weiland Edlen/ Wol=Ehrenvesten und Wolgelahrten Herrn David Reetzen/ Patritii Berlinensis, Und Juris Utriusque Candidati, Welcher im Jahr 1641. den 20. Julii geboren/ und den 11. Martii, war der Sonntag Reminiscere, im Jahr 1677. wiederumb diese Welt gesegnet/ Am Tage seiner Beerdigung/ den 18. Martii, ist der Sonntag Oculi, obgedachten Jahres/ Bey volckreicher Versammlung/ Denen hochbetrübten hinterbliebenden Die sämptliche Collegen des Gymnasii, und guten Freunden zu Berlin. Berlin/ Gedruckt bey Christoff Runge. Berlin 1677 (109: Slg. GK: Sch 1/88).

LÆTARE, Freuet Euch/ Jhr Frommen; Daß euere Namen im Himmel angeschrieben seyn! Womit sich gleichesfalls getröstet Der Wol=Ehrnveste/ Groß Achtbare/ und Wolvornehme Herr TOBIAS Scharnow/ Der Löbl. Ritterschafft des Haveländischen Creyses wolbestalter Einnehmer/ auch Bürger und Handelsmann in Berlin/ Nunmehr Seliger Welcher Anno 1624. im Monat Junio zu Jüterbock an diese Welt geboren/ Anno 1679. den 22. Martii zu Berlin im Herren Selig entschlaffen/ Und am Sonntage Lætare, war der 30. Martii, Christl. Gebrauch nach bey Volckreicher Versammlung öffentlich in St. Marien Kirchen daselbst beygesetzet ward/ Uber welchen unverhofften tödtlichen Hintritt die hochbetrübte Frau Wittibe/ die überbleibende Vater= und Mütter=lose Weysen/ auch andere traurige Anverwandten zu trösten sich bemüheten Die Collegen an dem Gymnasio zu Berlin. Berlin/ Gedruckt bey Christoff Runge. Berlin 1679 (109: Slg. GK: Sch 1/91. 2).

APPLAUSUS VOTIVI, Qvibus Ab Amplissimi Philosophici Collegii DECANO Spectabili, Viro Plurimùm Reverendo, atque Excellentissimo DN. JOH. CHRISTOPHORO BECMANNO, S. S. Theol. & Phil. D., Historiarum Professore Publico, nec non ad hunc Magisterialem Actum delegato PRO-CANCELLARIO &c. LAURUM PHILOSOPHICAM Et cum ea MAGISTERII TITULUM & INSIGNIA In Illustrissima ad Viadrum Academia ad d. IX. Octobr. A. O. R. 1679. solemni ritu, In augustissima corona publica impertita, Viro Clarissimo et Humanissimo DN. MARTINO Bussen/ Gymnasii Berlinensis Sub-Con-Rectori dexterrimo, Gratulantur COLLEGÆ. Francofurti ad Viadrum, Literis CHRISTOPHORI ZEITLERI. Frankfurt/O. 1679 (109: Slg. GK: Sch 1/94. 1).

Epicedium für Anna Maria Zarlang. 1679 (1a: 33 in: Bd 8557).

Als Die Seelge Himmels=Braut/ Die Edle und Tugendgläntzende Jungfer Dorothea Margaretha/ Des Wol=Edlen/ Vesten und Hochgelahrten Herrn Dieterich Butten/ weiland Sr. Churf. Durchl. zu Brandenburg hochbestallten Geheimten Krieges=Secretarii, Hinterlassene Jungfer Tochter/ Von Jhrem Hertzgeliebten Seelen=Bräutigam JESU CHRISTO/ Zu der himmlischen Hochzeit=Freude/ Von dieser schnöden Welt am 18. Febr. abgefodert/ und der Seelen nach heimgeholet worden/ setzten folgendes Am Tage des Christlichen Volckreichen Leichbegängniß/ War der Sonntag Esto Mihi, als der 2. Martii 1679. da der entseelete Cörper in der Kirchen zu St. Nicolai beygesetzet ward/ Der höchstbetrübten Groß=Frau=Mutter und andern hinterbliebenden Leidtragenden zu Trost Die Collegen am Gymnasio zu Berlin. Berlin/ Gedruckt bey Christoff Runge. Berlin 1679 (1a: 33 in: Bd 8557).

NÆNIÆ FUNEBRES ultimis honoribus VIRI quondam Clarissimi atque Doctissimi DOMINI PETRI BREDOVII, Gymnasii Berlinensis Sub-Rectoris longe meritissimi, Qui post exantlatos XXXV. annorum labores Scholasticos, semestresque languores domesticos III. Nonas Julii A. C. M.DC.LXXXIX. paulo ante horam tertiam pomeridianam hanc mortalitatem pie placideque deposuit, corpore postmodum pridie Idus ejusdem mensis ad D. Nicolai solenniter contumulato, ex communi dolore decantatæ à COLLEGIS, COGNATO, FILIISQVE relictis. BERLINI, Typis B. SALFELDII. Berlin 1689 (109: Slg. GK: Sch 1/101).

Der Herbst/ so Früchte trägt/ Auch trübe Wolcken hegt. Welches Bey ansehnlicher und volckreicher Leichbestattung Der weiland Edlen/ Viel=Ehren= und Tugendbelobten Fr. Maria Ehrentraut/ gebohrner Nicolain/ Des Wohl=Ehrwürdigen/ Großachtbarn und wohlgelahrten Herrn Johann Schindlers/ Wohlverordneten und treufleissigen Diaconi bey der St. Nic. Kirchen in Berlin/ Hertzwerthesten Eheliebsten/ Als dieselbe am 26sten Herbstmonatstage des 1689sten Jahrs/ in vierdten Jahre ihres liebreichen Ehestandes/ wenig Tage nach erfreulicher Geburth eines jungen Söhnleins/ in ihrem Erlöser sanfft und selig von dieser Welt abgeschieden/ und der verblichene Leichnam am darauffolgenden 2ten Wein=Monatstage seiner Ruhestäte einverleibet wurde/ Aus schuldigen Mitleiden betrachtet/ und in folgenden Blättern beschrieben Nachbenahmte Collegen des Berlinischen Gymnasii. Berlin/ Gedruckt bey Salfeldischen Wittwen. Berlin 1689 (109: Slg. GK: Sch 1/102).

Epicedium für Johann Ernst Schrader, Propst in Berlin. An: Heimburger, Daniel David: Leichpredigt für Johann Ernst Schrader. Berlin 1689. (LP StA Braunschweig, Nr. 5992).

Epicedium für Christian Teuber, Propst in Berlin. An: Heimburger, Daniel David: Leichpredigt für Christian Teuber, Propst in Berlin. Cölln 1690. (LP StA Braunschweig, Nr. 6715).

Zum Frölich angetrettenem Englischen Leben Jm Himmel/ Wolten dem Edlen/ Wolweisen und Wolgelahrten Herrn Martin Engel/ Wolverdienten aeltesten Raths=Herren und 36jährigen Stadtschreiber in der Churfl. Brandenbl. Residentz und Veste Berlin/ Als derselbe am verwichenem 22. des Mertz=Monats in dem 65sten Jahr seines Alters diese Eitelkeit verlassen/ und darauff sein erblaster Leichnam den 2 April zu S. Marien der Erden anvertrauet ward/ Mit nachfolgenden Gedichten Glückwünschen/ Und zugleich die hinterbliebene hochbetrübte Freundschafft trösten Die samptliche Collegen des Berlinischen Gymnasii. Berlin/ Gedruckt bey sel. David Salfelds Witwe. Berlin 1693 (109: Slg. GK: Sch 1/85).

THRENODIÆ Super Obitum beatissimum VIRI MAGNIFICI, NOBILISSIMI, EXCELLENTISSIMI ET EXPERIENTISSIMI, DOMINI MARTINI WEISII, Medici Doctoris Celeberrimi, Trium Serenissimorum Electorum Brandenburgicorum, CONSILIARII Et ARCHIATRI SENIORIS DN. MOECENATIS, PATRONI ET EVERGETÆ. Summe etiam post mortem Colendi, Qui cum a. d. XVI. Mart. A. O. R. MDCXCIII. Animam beatam Deo reddidisset, Exuviæ illius In Splendida Exequiatorum frequentia in Conditorium ad Ædem B. Mariæ Berlini a. d. XXV. Ejusdem compositæ sunt, lugenti animo fusæ à Collegis Gymnasii Berlinensis. Berolini, Typis Viduæ Salfeldianæ. Berlin 1693 (1: 1 an 12a in: Ee 633; 1: Ee 6012–7).

Letztes Denck= und Liebesmahl bey dem Grabe Des Weyland Wohl=Edlen und Hoch=Wohlbenahmten Hn. Joh. Liebmanns/ Churfürstl. Brandenb. gewesenen Müntz=Meisters und Müntz=Guardins, Als derselbe in 72sten Jahre seines Alters sanfft und selig verschieden und am 14. Jenners=Tage des angetretenen 1694sten Jahres in der S. Nicolai Kirchen zu Berlin Christ=gebräuchlich beerdiget wurde/ Mitleidigst auffgerichtet Von Nachbenahmten. Berlin/ Gedruckt bey sel. David Salfelds Witwe. Berlin 1694 (109: Slg. GK: Sch 1/106).

ÆTERNUM post multos longævæ vitæ labores & æstus REFRIGERIUM, VIRO quondam Nobilissimo, Amplissimo et Consultissimo DOMINO ANDREÆ MAURITIO, Aulæ ac Dicasterii Electoralis Brandenburgici supremi Advocato Seniori, longeque meritissimo, Postquam sub ipsum anni M DC XCV. ingressum, die nempe IX. Januarii placidum beatumque vitæ egressum habuerat, Anno gloriosæ ætatis octogesimo, Ejusque funus solennibus exequiis subsequenti die XX. ejusdem mensis efferebatur, sepulturæ Berolini ad D. Mariæ tradentum, Observanter gratulari, simulque splendidissimæ Familiæ lugenti jucunda divini Solatii refrigeria apprecari voluerunt SEQUENTES GYMNASII BEROLINENSIS COLLEGÆ. Berolini, Literis VIDUÆ SALFELDIANÆ. Berlin 1695 (109: Slg. GK: Sch 1/107).

Epicedium für Dorothea Elisabet Rodigast geb. Thilo. Berlin 1698 (109: Slg. GK: Sch 1/111).

Uber Das in den himmlischen Hafen glücklich eingelauffne Lebens=Schiff/ Der Weiland WohlEdlen/ Viel=Ehr= und Tugendbegabten Frn. Anna Schillingin/ gebohrner Bergemannin/ Des WohlEdlen/ Großachtbarn und Wohlweisen HERRN Philipp Andreas Schillingen/ Vornehmen Rahts Verwandten/ wie auch wohlbenahmten Kauff= und Handels=Mannes in Berlin/ Treu und wehrtgewesenen Fr. Ehe=Liebsten/ Welche am 22sten Jenners=Tage des 1698sten Jahres/ im 65sten Jhres Alters sanfft und seelig in Jhrem Erlöser entschlaffen/ Und am 30sten darauf unter ansehnlicher Begleitung in St. Marien Kirche in ihre Ruhe=Kammer gebracht wurde/ Wolten ihre Trauer= und Trost=Gedancken schuldigster massen eröffnen Die sämtl. Collegen des Berlinis. Gymnasii. Berlin/ Gedruckt mit Salfeldischer Wittwe Schrifften. Berlin 1698 (109: Slg. GK: Sch 1/109).

Epicedium für Gottfried Weber. Berlin 1698 (Diterich, 1732, S. 214).

Literatur

DITERICH, 1732, S. 365; KÜSTER/ MÜLLER, 1752, II, S. 969; HEIDEMANN, 1874, S. 162f.

Seidel, Martin Friedrich

* 18. Febr. 1621 in Berlin
† Mai 1693 in Berlin
Kammergerichtsrat, Historiograph und Sammler, luth.
V Erasmus S. (1594–1655), wirkl. Geh. Rat
M Magdalena (1600–1675). Tochter von Martin Pasche, kfl. Hof- und Kammergerichts-Advokat, Verordneter der Alt-Mittel- und Uckermärkischen Landschaft, Bürgermeister und Syndikus in Berlin
∞ I. seit 3. Dez. 1649 mit Martha Sophia (1624 bis 1650), Tochter des brdbg. Vizekanzlers Andreas Kohl;
II. seit 1654 mit Anna Walpurga (1615–7. Aug. 1674), Tochter des Obersten Heinrich von Kemnitz;
III. seit 13. Sept. 1676 mit Gertraud Cling, geb. Berg (13. Mai 1634–26. Febr. 1678);
IV. seit 14. Sept. 1679 mit Eva Catharina von Rochow, geb. von Ilow, die 1695 als Frau von Barfuß starb
K Andreas Erasmus (1650–1707); Hendrina Magdalena (1657–1662); Johanna Sophia (1660 bis 1713), seit 1678 verh. mit Nik. Michaelis

Gymnasium Joachimsthal und Graues Kloster in Berlin
1638   Universität Frankfurt/O.
1639   Universität Königsberg
1648   Kammergerichts- und Konsistorialrat
1667   altmärkischer Quartalsgerichtsrat
30. 5. 1671 Entlassung aus brdbg. Diensten
1671   kgl.-schwed. Hof- und Justizrat in Vorpommern
16. 4. 1679 Wiedereinstellung als kfl. Kammergerichtsrat

Martin Friedrich Seidel wurde am 18. Febr. 1621 als erstes Kind des wirklichen Geheimen Rates und Diplomaten des Kurfürsten Georg Wilhelm, Erasmus Seidel, geboren. Seine Mutter Magdalena entstammte dem Berliner Patriziergeschlecht Pasche, das seit Generationen im Rat saß und auch das Bürgermeisteramt inne hatte. Nach erster Unterrichtung durch Hauslehrer bezog Seidel 1632 das reformierte Gymnasium in Joachimsthal, das durch seinen Rektor, Samuel Dresemius (1578–1638), für eine solide Ausbildung garantierte. Dresemius selbst hatte in Heidelberg eine gute späthumanistische Ausbildung erfahren, die er mit der Krönung zum Poeta laureatus durch Paul Schede-Melissus (1600) abgeschlossen hatte; als Kollegen standen ihm zu dieser Zeit die Frankfurter Professoren Christoph Pelargus und Franz Omichus zur Seite. Durch die Kriegsereignisse wurde Seidels Schulbesuch allerdings mehrmals unterbrochen – erstmals schon 1633 –, so daß er zwischenzeitlich an das Gymnasium zum Grauen Kloster wechselte. Nach der Zerstörung des Joachimsthalschen Gymnasiums im Jan. 1636 durch kursächsische Truppen nahm er Privatunterricht bei seinem nach Berlin geflüchteten Lehrer Dresemius, dessen er sich später dankbar erinnerte und ihn in seine Bildersammlung der verdienstvollen Märker aufnahm, obwohl dieser ihm den Übertritt zum reformierten Glauben nahegelegt hatte.

Am 28. Juni 1638 bezog Seidel die Universität Frankfurt/O., in deren Matrikel er schon 1625 eingeschrieben worden war (FRIEDLÄNDER, 1, 686) und hörte u. a. Christoph Neanders Kolleg über Ethik. Im folgenden Jahr begleitete er seinen Vater nach Königsberg, um hier seine Studien fortzusetzen (ERLER, 1910: Martinus Fridericus Seidelius, Berolino-Marchicus, iur.; imm. 9. Aug. 1639). Die Stellung des Vaters eröffnete ihm schnell einen Zugang zu den Gelehrten der Stadt, unter denen Simon Dach einer der namhaftesten war. Wegen der Pest des Jahres 1640 folgte Seidel seinem Vater nach Kleve, erhielt hier zunächst Privatunterricht und immatrikulierte sich auf Empfehlung des Xantener Propstes an der Kölner Universität. Hier trat er in Kontakt mit dem berühmten Athanasius Kircher (1602–1680), dem späteren Bibliothekar der vatikanischen Bibliothek. 1641 kehrte Seidel an die Viadrina zurück, um vor allem juristische Studien zu betreiben, deren erstes Resultat eine Disputation unter Brunnemann über Joh. Justinians »Instit. 3, 26sq« (17. Sept. 1642) war. Daneben unternahm er poetische Versuche mit seinen Studiengenossen Nikolaus → Peucker und Leonhard Weiler sowie den Brüdern von Bismarck, seit 1644 auch mit den später als Dichter bekannt gewordenen Johann Franck (1618–1677) und Heinrich Held (um 1620 – nach 1660). In dieser Zeit begann Seidel auch nach dem Vorbild des Vaters, dessen Sammlung Clevischer Altertümer der Kurfürst später für seine Kunstkammer ankaufte, private historische Studien zu betreiben und Sammlungen historischer Schriftstücke und Gegenstände anzulegen. Den Anfang machten dabei ein Verzeichnis berühmter Buchdrucker und eine Porträtsammlung.

1645 verließ Seidel die Viadrina, um als Mentor der Freiherren Heinrich Johann und Gotthard von Strünkede weitere Universitäten zu besuchen; u. a. die Marburger Alma mater, wo er mit Johann Balthasar Schupp (1610–1661), dem Philosophen Kaspar Ebel und dem Theologen Justus Feuerborn (1587 bis 1656) zusammentraf. Im März 1646 immatrikulierte sich Seidel mit seinen Zöglingen in Leiden und suchte weiterhin den Kontakt zu herausragenden Gelehrten und Zeitgenossen, wie sein Besuch in Utrecht bei der berühmten Dichterin Anna Maria van Schurman (1607–1678) belegt. Durch seinen Vater war er auch bei allen das brandenburgische Haus betreffenden Anlässen in Holland präsent, so zur Vermählung des Kurfürsten Friedrich Wilhelm mit Luise Henriette im Haag (Jan. 1647) und zum Leichenbegängnis des Prinzen Friedrich Heinrich von Oranien (März 1647). Nach einer England-Reise besuchte Seidel Paris, wo ihm der Historiker François E. de Mezeray (1610–1683) Zutritt zu vielen Privatsammlungen verschaffte. Im Nov. 1647 bezog er die Universität Orléans und arbeitete seine später in Frankfurt gedruckte »Diss. de domaniorum iure« aus. Über Paris, Calais und Rotterdam kehrte er im Frühjahr 1648 zu seinem Vater nach Kleve zurück, wo die Aussicht auf eine Anstellung in Berlin weitere Bildungspläne (Italien-Reise, Aufenthalt am Kammergericht in Speyer) zerplatzen ließ.

Durch eine kurfürstliche Verordnung vom 30. Mai 1648 erhielt Seidel die Berufung an das Berliner Kammergericht, und nachdem er am 12. Okt. mit der in Orléans niedergeschriebenen Abhandlung in Frankfurt zum Doctor juris promoviert worden war, ernannte ihn am 14. Nov. der Kurfürst zum Kammergerichtsrat an Stelle seines freiwillig auf dieses Amt verzichtenden Vaters. Am 3. Dez.1649 heiratete er Martha Sophia, die Tochter des Vizekanzlers Andreas Kohl, die aber bereits 1650 starb. Seine zweite Ehe schloß Seidel am 15. Aug. 1654 in Leiden mit Anna Walburga Chemnitz, der Tochter eines aus Berlin stammenden Hauptmanns in holländischen Diensten. Zu diesem Anlaß steuerten Johann Balthasar Schupp und Philipp von Zesen (1619–1689) Hochzeitsgedichte bei; ein sichtbares Zeugnis für das Ansehen, das die Seidelsche Familie genoß.

Seidel selbst war unterdessen auch ins Konsistorium aufgenommen worden; das belegen seine Epicedien, die er wie folgt unterzeichnete:»Martin Friderich Seidell/ Churfürstl. Brandeb. Hoff=Cammergerichts= und Consistorial-Raht.« 1655 beendete er seine erste größere historische Arbeit zur »Geschichte des Geschlechts von Schwerin«, die aber trotz der Empfehlung des Hofarztes Otto → Böttiger, der selbst historische Studien betrieben hatte, vom Geheimen Rat Otto von Schwerin (1616–1679) nicht zum Druck befördert wurde. Drei Jahre später überreichte Seidel dem Kurfürsten seine Abhandlung über die »Verbrennung des Probstes von Bernau«, die auf der Darstellung des märkischen Geschichtsschreibers Andreas Engel (Angelus; 1561–1598) beruhte. Bedeutende Leistungen dieser Zeit waren ferner der Versuch einer Geschichte des Kammergerichts »Brevis historiola camerae electoralis Brandenburgicae« (1660) sowie seine »Icones et elogia virorum aliquot praestantium, qui multum studiis suis consillisque Marchiam olim nostram iuverunt ac illustrarunt«, erschienen 1670 (mit 75 Bildern) und 1671 (mit 100 Bildern; vgl. dazu BOLTE, 1896, S. 17ff.).

In allen diesen Jahren nutzte Seidel die Verbindungen seines Vaters und Schwiegervaters, des Vizekanzlers Kohl, um eine große Anzahl alter und neuer Urkunden, kurfürstlicher Erlasse, Landtagsabschiede, Gerichts- und Polizeiordnungen, Privatbriefe, theologischer Streitschriften, Stammbücher, Porträts und

Wappen im Original oder in Kopien zusammenzubringen. Er durchstöberte die alten Urkunden des Berliner Rathauses und entlieh zu eingehenden Studien das wertvolle, im 14. Jahrhundert aufgezeichnete Stadtbuch, das später versehentlich mit seiner Bibliothek versteigert wurde und erst 1836 nach mehrfachen Besitzerwechsel nach Berlin zurückgelangte. Er sammelte einheimische und antike Münzen und achtete sorgsam auf die gelegentlich im märkischen Boden ausgegrabenen Tonurnen und Bronzefunde aus vorchristlicher Zeit. Seidels historische Gegenstände waren dabei nicht die politischen Aktionen, sondern die Rechtsverhältnisse, die Kirchenreformation, die Literatur, Antiquitäten und Kuriositäten, kurz die Kulturgeschichte, vorwiegend in biographischer Form. Zu den bedeutenden Teilen seiner Sammlungen zählten insbesondere die Werke der märkischen Historiographen, die er umfassend in gedruckten Ausgaben – Wolfgang Jobst (1521–1575), Nikolaus Leutinger (1554–1612), Andreas Engel, Johannes Cernitius u. a. – sowie in ungedruckten Aufzeichnungen – Zacharias Garcaeus (1544–1586), Paul Creusing, Peter Hafftiz (um 1530 –1601) und Christian Schnee (1630–1655) – besaß. Anerere wichtige Teile der Sammlung waren Briefe bedeutender Gelehrter des 15. und 16. Jahrhunderts sowie eine Sammlung von Chroniken Pommerns. Seidels Sammlung brandenburgischer Urkunden übertraf lange Zeit diejenige, die der Hofhistoriograph Martin Schoock (1614–1668) und der Archivar Christoph Hendreich (1630–1702) im Auftrage des Kurfürsten anlegten (HUCH, G., 1994, S. 62f.). Die Leistung dieses Sammeleifers wurde dann auch bald gewürdigt, so daß Seidel in Berlin und anderwärts noch lange in dem wohlverdienten Rufe stand, »die größte Wissenschaft von diesen Landen gehabt zu haben« (GUNDLING, Brandenburgischer Atlas 1724, S. 71). »Seinem im ganzen stillen Beamtenleben aber wird ein höherer Inhalt gegeben durch seine unermüdliche Tätigkeit als Geschichtsforscher und Sammler. Unter den schwierigsten Umständen, in einer Zeit, da es keine öffentlichen Bibliotheken gab, brachte ein Privatmann mit rastlosem Eifer gedruckte und handschriftliche Chroniken märkischer Geschichtsschreiber, Staatsurkunden, Landtagsakten, Privatbriefe, Streitschriften, Porträts und Wappen, Münzen, Urnen und Bronzefunde zusammen zu einer Sammlung, die ihresgleichen nicht hatte. Diese reichen Schätze sind zwar später zerstreut worden, aber doch zum größten Teil noch heute [1897] in öffentlichen Sammlungen erhalten. Man denke sich alles handschriftliche Material, was von Seidel stammt, hinweg und erwäge, wie dürftig unser Wissen von der märkischen Vergangenheit ohne seine sammelnde und ordnende Tätigkeit sein würde.« (TSCHIRCH, O.: Forschungen zur Brandenburgischen und Preußischen Geschichte 9 (1897), S. 278f.)

Seidels Amtsgeschäfte im Konsistorium standen in den sechziger Jahren unter dem Zeichen der konfessionellen Auseinandersetzungen in den Residenzstädten Berlin und Cölln, die durch den kurfürstlichen Revers vom 8. Mai 1668, der die genaue Einhaltung der Religionsedikte von 1662 und 1664 forderte, den seitdem schwelenden Konflikt nochmals verschärfte. Seidel hatte sich lange um einen Ausgleich der Positionen im Konsistorium bemüht; sah nun aber angesichts der Tatsache, daß dieser Revers nun auch für die Beamten des Kammergerichts Anwendung fand, wohl keine Möglichkeiten der Annäherung mehr und meldete gegen den Revers Gewissensbedenken an. Daraufhin wurden er und andere, unter ihnen auch der Kammerpräsident Raban von Canstein (1617–1680), ihres Amtes enthoben.

Zur Stärkung des lutherischen Standpunktes befaßte sich Seidel auch mit dem Schicksal der Konvertiten. Im Streit der Konfessionen kam den Konvertiten insofern Bedeutung zu, als sie die Überlegenheit der einen oder anderen Konfession sinnfällig machen sollten. Seidel hatte sich selbst ein Verzeichnis (»Sechs Decades einiger Personen, welche die reformirte Religion verlassen und lutherisch geworden«) angelegt, in denen der Übertritt bekannter Personen zum lutherischen Bekenntnis festgehalten worden war. Anfang der sechziger Jahre nun war in Brandenburg und Sachsen wieder der Übertritt eines prominenten Katholiken zum lutherischen Glauben in aller Munde. Es handelte sich dabei um den italienischen Markgrafen de la Serre, Bürgermeister von Rom, der 1660 in Leipzig zum Luthertum übergetreten war und sich bis 1680 in Schlesien, Pommern, Brandenburg und Sachsen aufhielt. Durch die guten Verbindungen der Prediger Jakob → Hellwig (der Jüngere) und Elias Sigismund → Reinhardt nach Leipzig konnte Seidel Briefkontakt mit dem Markgrafen knüpfen, wobei es ihm allerdings nicht gelang, ihn nach Berlin zu holen.

Nach Seidels Amtsenthebung scheiterten zunächst seine anschließenden Bemühungen hinsichtlich einer

Anstellung am kursächsischen Hofe durch den Tod seines Freundes Freiherrn Ferdinand von Biberstein. Nachdem Seidel sich im Mai 1669 dem Grafen Carl Gustav Wrangel vorgestellt hatte, wurde er in das Amt des schwedischen Hofkammergerichtsrates in Wolgast berufen. Als 1675 die Schweden in Brandenburg einfielen, ließ Kurfürst Friedrich Wilhelm seine Untertanen in schwedischen Landen in die Mark zurückrufen. Seidel bat in einem Brief vom 1. März 1675 (GStA, Rep. 24. N. c. fasc.) um Aufschub zur regelrechten Verabschiedung und Wiederanstellung am Kammergericht. Die Bitte wiederholte er nochmals mündlich in Berlin, wo er zum Begräbnis seiner Mutter weilte, vor dem kurfürstlichen Statthalter, Fürst von Anhalt. Der Kurfürst ordnete aber Haft und Vermögensbeschlag an, wobei der Haftbefehl jedoch dadurch unwirksam wurde, weil Seidel inzwischen wieder in Stralsund weilte, wohin das Wolgaster Gericht umgezogen war. 1676 heiratete Seidel Gertrud Cling, die Tochter eines Rostocker Theologen. Der Kurfürst, der nach der Schlacht von Fehrbellin die Schweden bis an die Ostsee verfolgte, rückte am 18. Okt. auch in Stralsund ein, wo es Seidel oblag, den Kurfürsten im Namen der schwedischen Regierung zu begrüßen. Der Kurfürst bot ihm hier die Wiedereinsetzung in seine Ämter und Rückgabe seines Vermögens an, worauf Seidel 1679 nach Berlin an das Kammergericht (16. April) zurückkehrte, jedoch die Wiederaufnahme in das Konsistorium ablehnte (zu Seidels Bezügen vgl. KÖNIG, 1793, S. 290: Besoldung nach der Hofstaatliste von 1652 400 Talern; S. 377: Besoldung nach dem General-Etat von 1683 784 Talern).

Am 14. Sept. desselben Jahres heiratete Seidel die verwitwete Eva Catharina von Rochow, eine Nichte des Wallensteinischen Feldmarschalls von Ilow. Anfang Mai 1693 – der Tag ist nicht überliefert – starb Seidel in Berlin. [JS]

Werke

M. F. Seidels Allerhand Verse oder geist- und weltliche Gedichte, theils ungedruckt, theils gedruckt. 3 Bde. (Bolte, 1896: Ms. Seidel 1718 qu. 24).

EXERCITATIONUM JUSTINIANEARUM DECIMA NONA, continens Annotata ad libri III. Inst. tit. 26 cum seqq. Quam DEO adiuvante SUB PRAESIDIO JOHANNIS BRUNNEMANNI Phil. & J. U. D. atq; Instit. Prof. P. in Elect. Viadrinâ Defendere conabitur MARTIN-FRIDERICI SEIDELL BEROLINENSIS, ad diem XVII. Sept. Anni M DC XLII. FRANCOFURTI, Literis MICHAELIS KOCHII. 4°. (1: Ms. Boruss. fol. 200, f. 22).

Epicedium. In: Elerdt, Nikolaus: Leichpredigt für Anna Maria Miser geb. Heyde. Berlin 1637. (LP StA Braunschweig Nr. 2295).

ODE TEUTONICA AD AMICOS. [Frankfurt a. O. 1644]. 4°. (1: Ms. Boruss. fol. 200, f. 34).

IN ABITUM Tit: DN. GEORGI WILHELMI Scharde … [Frankfurt 1645]. 4°. (1: Ms. Brouss. fol. 200, f. 40).

Der getreue Palimedes, welcher zum besonderen Friedens-Zeichen gegen bevorstehendes lange gewünschte Beylager zum Wohlgefallen seines gnädigsten Herrn des Chur-Fürsten Friedrich Wilhelms auf der Reise heraus gegeben worden. Haag 1646. 4°. (Bolte, 1896: Anläßlich der Heirat des Kurfürsten Friedrich Wilhelm mit Luise Henriette von Oranien am 16. Jan. 1647; Druck selbst galt Bolte als verschollen).

De spectris recentissimum monimentum. Lugd. Bat. 1646. 4°. (Bolte, 1896).

ASSERTIONES INAUGURALES De SACRO DOMANIORUM JURE, … sub praesidio DN. HENNINGI GROSSER/ J. U. D. & P. P. Jur. Facul … MARTIN-FRIDERICH SEIDEL …1648 die 4. Id. Octobr. Francofurti, Typis NICOLAI KOCHII, Academ. Typog. 4°. (1: Ms. Boruss. fol. 200, f. 46–86).

»Sancta Themis mentem …« [Empfehlungsgedicht]. In: Johann Franckens/ Poëtischer Wercke Erster Theil. Gedruckt zu Franckfurt an der Oder/ bey Nicolaus Kochen/ Acad. Typog. Anno 1648. (1a: Yi 3576 R).

»Man stümpfelt viel und schilt die edlen Lieder …« [Empfehlungsgedicht]. In: Johann Franckens/ Poëtischer Wercke Erster Theil. Gedruckt zu Franckfurt an der Oder/ bey Nicolaus Kochen/ Acad. Typog. Anno 1648. (1a: Yi 3576 R).

»Domino Doctori Pancovio, Amico suo singulari nuptias paraturo S. D …« [Epithalamium für Thomas Pankow und Catharina Berchelmann]. In: MISSUS POETICUS in Nuptiis auspicatissimis VIRI Excellentissimi

Clarissimi atque Experientissimi DOMINI THOMÆ PANCOVII, DOCTORIS MEDICI, ET PRACTICI BERLINENSIS, cum VIRGINE Lectissimâ, virtutibusque Virgineis perquam conspicuâ CATHARINA, VIRI Amplissimi, Excellentissimi et Consultissimi, DN. JOHANNIS BERCHELMANNI, J. U. L. & Statuum provincialium in Electoratu Brandenb. cis Viadrum Syndici & Quæstoris fidelissimi, dilectissimâ FILIA, BEROLINI pridie Martini celebratis, Mensæ secundæ surrogatus à PATRONIS, PROPINQUIS, FAUTORIBUS, AMICIS. Literis RUNGIANIS. s. a. [1651] (109: Slg. GK: Cg 144).

Epicedium. In: Günzel, Albert: Leichpredigt auf Jacob Hellwig, Propst Cölln. Wittenberg: Johann Hake 1651. (LP StA Braunschweig Nr. 2391).

»Sprebitium summa jam prosperitate beavit …« [Epicedium]. In: Quistorp, Tobias: JESUS. Der seligsterbenden Erbschafft. Oder Was sich die Gläubigen in Todesnöthen/ und nach dem Tode freudig getrösten zu überkommen/ Bey Leichbestattung/ Des WolEhrwürdigen/ Vorachtbarn und Wolgelahrten Herrn/ Michaelis Sprewitzen/ Gewesen treufleißigen Pfarrherrn zu Storckow/ und der Benachtbarten Kirchen Inspectorio. Welcher im Jahr Christi 1605. am Fronleichnamstag zu Lübben in der NiederLausitz geboren/ und Anno 1652. den 4. Novembris in Christo selig verschieden: Vnd folgends den 12. ejusdem in Volckreicher Versammlung zu Storckow/ in der Kirchen begraben/ […]. BERLIN/ Gedruckt bey Christoff Runge s.a. [1652]. (1: Ee 536, 7).

»Weil ja auf dieser Welt …« [Trauergedicht]. In: Klage= und Trost=Schrifften Bey den Hoch=Adelichen Sarg des Herren [Ludwig] von Kanitz niedergelegt Von Denen Die Jhn Lieben/ Von Denen Die Jhn Ehren/ (nach Jhren Vermögen) auch in Seinem Seligen Tode. s. l. e. a. [1654]. (1: Ee 517, 7).

»Herr Luther sol ich ihm und seiner Liebsten singen …« [Hochzeitsgedicht für Gabriel Luther und Anna Rosina Weise]. In: FOEDUS AMORUM SOLEMNI NUPTIARUM DN. GABRIELIS LUTHERI ET VIRG. ANNÆ ROSINÆ VVEISIÆ Sacrum Auspicatum vovent atque diuturnum Fautores & Amici. BEROLINI Typis RUNGIANIS, Anno 1655. (109: Slg. GK: Cg 121. 6).

»Occidit, heu noster Dieterus summus Amicus …« [Epicedium]. In: EPICEDIA In beatum Obitum. Nobilis, Amplißimi et Doctißimi DN. REICHARDI DIETERI: DUORUM LAUDATISSIMORUM ELECTORUM Brandenburgicorum Consiliarij meritissimi, A Fautoribus & Amicis Defuncti Scripta. Prov. 10 v. 7. Memoria Justi erit in Benedictionem. Typis RUNGIANIS. s. l. e. a. [Berlin 1656]. (1: Ee 507, 5).

»Cum divina Patris moderetur Gratia mortem …« [Epicedium]. In: Perge, Lector erudite & benevole, & lege sis Funebres hosce modos Musarum Patronorum, Favitorum et Cultorum Prosequentium & Cohonestantium Obitum properum, sed prosperum VIRI Clarißima et Spectabili Dignitate, integra fide et Officio, DN. ERNESTI Pfuel/ J. U. D. Dicasterij Brennopyrgici Advocati, Comitis recèns Palatij Cæsarei, nunc DEI in fulgentissima Beatorum sede cum omnium sanctorum Angelorum splendidissimô Comitatu & applausu facti Placeat hoc monumentum, qvod in animis optimè sentientium atque ex sese virtutem verumque laborem æstimantium erigitur. [Berlin 1656]. 8°. (1: Ee 526, 21 angeb.).

Epicedium zum Tod von Peter Vehr. In: EPICEDIA MUSARUM LUGENTIUM. piis & beatis Manibus Viri Reverenda et Clarissima Dignitate, Eruditionis laude vitæque sanctimonia commendatissimi, DN. M. PETRI VHERII, Hagiosynedrii Elector. Brandenburg. Assessoris & Præpositi Berolinensis Meritissimi, Ministerii Senioris. Desecrat. Non debet mors eorum, quorum vita laudatur, silentio præteriri. Cicero. s. l. e. a. [ohne Impressum; Berlin 1656]; sowie: PRODROMUS MUSARUM LUGENTIUM piis & beatis Manibus Viri Reverenda et Clarissimâ Dignitate, Eruditionis laude vitæque sanctimonia commendatissimi, DN. M. PETRI VHERII, Hagiosynedrii Elect. Brandenb. Assessoris & præpositi Berolinensis Meritissimi, Ministerii Senioris. Desecratus Non debet mors eorum, quorum vita laudatur, silentio præteriri. Cicero. BEROLINI, Typis Rungianis, 1656. (109: Slg. GK: Sch 1/42 u. 44).

»Causarum Patronus eras Celeberrime Crusi …« [Epicedium]. In: MONIMENTA, Quae VIRO Clarißimo & Amplißimo DN. JOHANNI CRAUSIO, JURISCONSULTO & Cameræ Elector. Brandenburg. Svevo-Colon. Advocato per XIX. annos celeberrimo, integerrimo IN SUPREMUM HONOREM [Griech.] contestandae ergo. EREXERUNT Amici & Fautores. ANNO M.DC.LVII. BEROLINI, Typis Rungianis. (1: Ee 519, 17, angeb.).

Ad Plurimùm Reverendum et Excellentissimum Virum, DN. M. JOHANNEM HEINZELMANNUM, Theologum & Philosophum per Eximium Honorifici hujus Panegyrici Autorem Virgiliano Encomio dignum Compatrem meum dilectum. In: Johannes Heinzelmann: LUNA SPLENDOREM A SOLE BRANDENBVRGICO MVTVATA, REDDITVM EIDEM; HOC EST CONSILIARIUS OPTIMUS, REDIVIVUS

PANEGYRICO EXPLICATUS, PRÆMISSA SEIDELIORUM ORIGINE, STUDIIS ET VIRTVTIBVS; DICTO ET INSCRIPTO, HONORIBUS SUPREMIS, MEMORIÆ PERENNI ET FAMÆ NUNQVAM INTERMORITURÆ, VIRI MAGNIFICI, NOBILISSIMI, AMPLISSIMI, DN. ERASMI SEIDELII ICTI, IN SERENNISSIMO ELECTORIS BRANDENBVRGICI CONSILIO ET SENATORIS ET CONSILIARII INTIMI, OPTIME CLARISSIMEQVE DE PATRIA UNDIQVAQVE MERITISSIMI, HEREDITARII IN BLANCKENFELDE &c. BEATISSIME ELUCTATI XXX. MARTI ANNO ILLUSTRISSIMÆ GRATIÆ M DC LV. IN GYMNASIO BERLINENSI à M. JOHANNE HEINZELMANO, Rectore, EO TEMPORE; JAM AD D. NICOLAI ECCLESIASTE BERLINENSI; BIENNIO POST, IPSO DIE EMORTUALI JUXTA COMPUTUM ECCLESIASTICUM FERIA V. à DOMIN. LÆTARE, M DC LVII. Francofurti ad Oderam Typis ERASMI RÖSNERI 1658. (1a: Av 14163).

Auff das frühzeitige Absterben/ Jungfer Elisabethen Heinzelmannin/ Eines Kindes sehr guter Hoffnung/ Welches Alhier in der Churfürstl. Residentz=Stadt Berlin/ von (Tit.) Herrn Mag. Johann Heinzelmanen etc. Und (Tit.) Frawen Sophien Zieritzinn/ etc. Anno 1653 den 21. Augusti geboren den 23. Ejusdem getauffet den 7. Martii aber Anno 1659 sanfft und Christlich abgestorben. Berlin/ Gedruckt bey Christoff Runge. s. a. [1659]. 4°. (1a: Yi 5219 R).

Auff des Churfl. Brandenburgischen Hoff= und Cammergerichts Advocati (Tit.) Hn. Christian Gottlieb Rhewaldes/ Und (Tit.) Jungfer Annen Catherinen Nafftzerin/ Freudige Hochzeit/ welche den 3. Novembris des 1661. Jahres allhier zu Cöln an der Spree gehalten worden. Berlin/ Gedruckt bey Christoff Runge/ 1661. 4° (1a: Yi 5221 R).

Trauer=Lied/ bey dem Begräbnüß Der Weyland Wol=Ehrbahren/ Viel Ehr= und Tugendsamen Fr. Annen Flörings/ Des Wol-Ehrenvesten/ Groß-Achtbahren/ Wolgelahrten Hochweisen Hn. GEORGI WEBERI, Philosophiae Doctoris ac Magistri, und Wolverdienten Burgermeisters dieser Churfürstl. Brandenb. Resident=Stadt Berlin/ welche Am 23. Novembris 1595 zu Stendal in der Alten=Marck von vornehmen bekandten Eltern gebohren/ Am 31. Januarii des 1661. Jahres allhier in Berlin verstorben/ und darauff den 10. Februarii besagten Jahres in der St. Nicolai=Kirchen allhier Christlichen Brauch nach/ beerdiget worden. Quem non ambitio impotens, quem qucum non turpis habendi amor, non fallax Simulatio, à recti abripuit via, à Christo post mortem capit suae virtutis modò praemium. s. l. e. a. [Berlin 1661]. (1a: Yi 5222 R).

Trauer-Lied auf Melchior von Greiffenpfeil. Berolini 1662. (1: Yi 5223).

Beatis Manibus Viri admodum Reverendi Doctissimi & Excellentissimi Domini CASPARI KESELERI, Ecclesiae DIE in Ducatu Lignicensi SUPERINTENDENTIS fidelissimi. In: Arae Exseqviales CASPARIS KESELERI Schönov. in aede Mar. apud Lignic. Pastoris, Illustris Consistorii Adsessoris Primarii, & Rever. Ministerii ejusdem Ducatûs Superintendentis fidelissimi, Benevolentium extra Lignicensum Ducatum Lachrymis honoratae. Lign. in chalcographéo Zach. Sartorii. s. a. [1662]. (1: Ee 1570).

Christliches Trostgedächtnüsz An die allerhöchst=betrübte Frau Mutter/ Die Hoch=Wolgeborne Frau/ E. Helenen Dorotheen/ Freyfrauen von Schwerin/ gebohrne von Creutzen/ Frauen zu Alten Landsberg/ etc. Bey der am 30. Martii des 1665. Jahres zu Alten Landsberg gehaltenen/ Standesmäßigen Beerdigung/ Des weiland Wolwürdigen/ Wolgebornen Herrn/ Hn. Gebhardt/ Des Heil. Röm. Reichs Erb=Truchsessen und Freyherrn zu Waldburg/ auf Wilchenhoffen und Landsberg Erbherrn/ Seiner Chur=fürstl. Durchl. zu Brandenb. Cammerherrn und Oberst=Lieutnanten/ auch des Johanniter Ordens Rittern sel. Auffgesetzet von dem Churf. Brand. Hoff=Cammergerichts= und Consistorial-Raht Martin Friedrich Seideln. Berlin/ Gedruckt bey Christoff Runge/ Ao. 1665. 4°. (1a: 5224 R).

EPICEDION: Defens obitum quidem, in Christo tamen Salvatore praematurum suo placidissimum ex hac aerumnosa vita discessum Per Illustris DOMINAE. DOMINAE MARIAE ANNAE Baronissae de Rechenberg, DNI. JOHANNIS FRIDERICE, Liberi Baronis à Löben … Berolini, Typis Rungianis, MDCLXV. (1: Ms. Boruss. fol. 200, f. 147)

»Wer wird nicht mit Paulo sagen …« [Trauergedicht]. In: ODE LUGUBRIS GERMANICA IN OBITUM TIT. Dni. Magistri GEORGII LILII, Præpositi Berlinensis, Amici & compatris sui dësideratissimi, Anno 1666. defuncti. COLONIÆ BRANDENBURGICÆ, Ex Officina GEORGI SCHULTZI, Typogr. Elect. (1a: Yi 5225 R).

ARA EXEQUIALIS Memoriae felicissimae & Manibus beatissimis SERENISSIMAE atque AUGUSTISSIMAE PRINCIPIS ac DOMINAE LOUYSAE Ex Praecellentissima & imperatoria stirpe oriundae ELECTRICIS ac PRINCIPIS AURIACAE, SERENISSIMI ac POTENTISSIMI DOMINI DN. FRIDERICI GVILIHEL-

MI Marchionis Brandenburgici S. R. I. Archi Camerarii & VIII. Viri Conjugis Desideratissimae HEROINAE magnae & gloriae Foeminarum Principum è fluxa atque mortali vita in immortalem PATRIAM 11. Junii circa horam 6. & 7. Vespertinam. ANNO CHRISTI M.DC.LXVII. evocatae Subjectissimo studio & animo fideli posita à MARTINO FRIDERICO SEYDELN/ Camerae Electoralis Consiliario nec non Sacri Consistorii, ut & Judicii in Veteri Marchia summi Quadrimestris p. t. Adsessore. O jam felicem, fortunatamque LOYSAM, Quae prece perpetua Numina Diva colit. (14: H. Boruss. 18, 17; 14: H. Borusss. 130, 16,6; 1: St 5892, 13; St 6350).

Nachbarliche Trauer=Klage. Uber den unverhofften und geschwinden/ doch Christ=seligen Absterben/ des weiland Hoch=Wolgebornen Herren/ Herrn Johann Friedrichs Frey=Herrn von Löben/ Churfürstl. Durchl. zu Brandenb. ältesten Geheimten Staat=Rahts/ Cammer Herrn/ und Verweesers des Hertzogthumbs Crossen und Züllichow/ wie auch Hauptmanns der Graffschafft Ruppin und des Landes Bellin/ des St. Johanniter Ordens Rittern und Residirenden Comptors zu Lagow/ auf Schönefeld/ Schiedlow Schmachtenhagen/ Mert= Peters=Schenckendorff/ Crummensee/ Groß= und Klein=Bestien etc. etc. Erb=Herrns Welcher den 26. Maij dieses Jahres auf besagter Comptorej das Zeitliche verlassen/ und darauf den 8. Decembris zu Berlin bey der Ober=Kirchen zu St. Nicolai in sein Frey=Herrliches Begräbnüß/ Standesmäßig beygesetzet worden/ geführt von Martin Friedrich Seideln/ Churfürstl. Brandenb. Hoff=Cammergerichts=Consistorial- und Altmärckischen Quartaal=Gerichts Rahte. Cölln an der Spree/ Druckts Georg Schultze/ Churf. Brand. Buchdr. 1667. (1: Ms. Boruss. fol. 200, f. 148; 14: H. Sax D 191).

»Illustris patulam frontem spectato Löbeni …« [Inschrift auf Johann Friedrich Freiherr von Löben]. In: Herren Herren JOHANN FRIEDRICHS Freiherr von Löben Leichenpredigt. [1667]. (14: H. Sax. D. 191).

»RECHENBERGAEIACAE Gentis MARIANA Coruscat …« [Inschrift auf Maria Anna von Löben, geb. Rechenberg]. In: Herren Herren JOHANN FRIEDRICHS Freiherr von Löben Leichenpredigt. [1667]. (14: H. Sax. D. 191).

Auf den Tod von Paul Gerhardts Frau Anna Maria geb. Berthold; an Sam. Lorentz, Christiani veri et genuini, Guben 1668 (Bolte, 1896: ehem. in der Bibl. d. Grauen Kloster vorhanden).

Der Hoch-Adeliche Maercker, das ist: Eine Lob=und Gedaechtniss=Schrifft, darinn Claus Ernst von Platen, Brandenb. Geh. Estat= und Krieges=Rath fürgestellet worden. Berlin 1670. (1: Ee 6004 ehem.; 1: St 7440; Küster, G. G., 1743, S. 694: Vide Collectionem opusculorum historiam Marchicam illustr. p. I).

Unsterbliches Märcker-Lob. [Epicedium auf Hans Ludwig von der Gröben]. Berlin 1669. (1: St 110, 6; Bolte, 1896; abgedruckt bei Küster, Collectio opusc. hist. March. illustr. 1,30–64, 1731).

Schuldigste Bezeugung Christlichen Mitleidens/ Über den frühezeitigen/ sanfftseeligen Ableben/ Der weiland Wolgebohrnen Frauen/ Frauen/ Loysen Hedewich/ Gebornen von Burgstorff/ Vermähleten Freyin von Löben/ Frauen auff Schönefeld/ und Schenckendorff/ etc. Welche am 1. Augusti Anno 1641. geboren/ und am 13. Augusti Anno 1669. die kurtze Zeit Ihres Ruhmwürdigen Lebens beschlossen/ auch darauff am 26. Novembris nechstbesagten Jahres zu Schenckendorff in der neugewölbten Freyherrlichen Grufft/ Standesmäßig beygesetzet und beerdiget worden. A. J. PRAETER FEL ET ACETVM, QUID PROPINET SITIENTIBUS MUNDUS NON HABET. INGENS TAMEN FORTVNA HOMINVM, QUOD EXPERTOS ID JESUS EST. Cölln an der Spree/ Druckts Georg Schultze/ Churfl. Brand. Buchdrucker auf dem Schlosse. s. a. [1669]. (1: Ee 619, 20).

»Der edlen Tugend Crantz/ von so viel schönen Zieren …« [Erklärung des Kupfer-Titels zur Leichpredigt von Luise Hedwig von Löben, geb. von Burgsdorff]. (1: Ee 619, 16).

Epithalamium M. E. Wolffin. 1669. (14: Lit. Germ. rec. B 180, LXXII; Verlust).

Abschieds=Lied/ Welches Bey seligen Hintritt aus dieser Welt/ Der weiland WolEdlen/VielEhr= und Tugendsamen Frauen Annen Heidekampffin/ gebornen Beyerinn etc. Seiner Hochgeehrten Frau Schwägerinn und Gevatterin zu guter letzt (jedoch in Eil) nachgeschrieben worden. Weme die Welt allhier eine Stieff=Mutter gewesen/ der wird dort den Himmel des rechten Vaterland besizzen. s. l. e. a. [1670]. 4°. (1a: 5226 R).

Folgen Etzlicher Berühmten Leute Briefe und Gedichte an den Autor. [Widmungsgedicht]. In: JACOBI LOTICHII, Poetisches Kleeblatt/ oder Von eiligster Feder geschleunigste/ und in dreyen Musen abgetheilete Gedichte. Cum Gratia & Privilegio Elect. Brandeb. Berlin/ gedruckt und verleget von Christoff Runge/ im Jahr 1670. (1a: Yi 6851 R).

ICONES ET ELOGIA VIRORVM ALIQVOT PRAESTANTIVM QVI MVLTVM STVDIIS SVIS CONSILIIS Q. MARCHIAM OLIM NOSTRAM IUVERVNT AC ILLVSTRARVNT. NUNC VERO TANQVAM

PHOENICES EX CINERIBUS REDIVIVI SISTVNTVR EX COLLECTIONE MARTINI FRIDERICI SEIDEL. CONSILIARII BRANDENBVRGICI. s. l. e. a. [1671 ?] (1a: Tc 2334; 14: Biogr. er. B. 202; Dresdener Exemplar: mit hs.-Widmung an Martin Weise; Vorrede datiert Sept. 1671; teilweise hs.-Zusätze, z. B. Busso von Alvensleben, Bischof Havelberg; C. Wimpina; G. Sabinus; Joh. Agricola; Andr. Praetorius; Th. Matthias; G. Coelestinus; Ludolph Schrader; M. Chemnitz; L. Distelmeier u. a.; 1: Sg 10601, 3; 1: Tc 2332; 1: Libr. impr. rar Fol 149, mit dem Bild von M. Chemnitius).

Epicedium. In: Christliche Leich=Predigt/ über Die Geburt Ben Jamins/ und seiner Mutter eiligen Tod/ Aus dem XXXV. Capitel des Ersten Buch Mosis. Jst gehalten Bey Volckreichem Beerdigungs=Geleit Frauen Annen Margarethen Schönmannin/ Herrn Gottfried Bartschens/ Churfl. Brandenburgischen Hoff=Kupfferstechers/ gewesenen liebreichen und getreuen Ehewirthin/ Jn der Pfarr=Kirchen zu S. Nicolai am Dienstag nach Sexagesima 1671. Und numehr auch zum Druck außgefertiget von M. ANDREA Müllern/ Probsten und Inspectore in Berlin. Berlin/ Gedruckt bey Christoff Runge/ im Jahr Christi 1671. (1: 11 in: Ee 1593,I; 1: Ee 1594,I).

Mundi machinae novantiquae contra ecclesiam orthodoxam. Sedani 1672 (Bolte, 1896: erschien anonym).

»Qui suaves terrae, fructus conquivis amoenae ... « [Widmungsgedicht für Th. Pankow]. In: Pancov, Thomas/ Zorn, Bartholomäus: HERBARIUM, 1673. (11: Jo 7315).

Grab= und Denckmahl bey dem frühzeitigen Ableben/ Der weiland Hochgebohrnen Gräffin und Frauen/ Frauen Polidoren Christinen Wrangelin/ gebornen Gräffin zu Sylviszburg/ ... Des Hochgebohrnen Graff und Herrn/ Herrn Leonhard Johann Wittenberges von Debern/ Graffen zu Neuburg/ Freyherrn zu Loimyocky/ .../ Ihrer Königl: Maytt: zu Schweden wolbestelten General-Major und Obristen ... Gemahlin. Greiffswald/ Gedruckt von Mattheo Doischern/ der König: Universität Buchdr. 1675. (1: Ms. Brouss. fol. 200, f. 243).

VIRO Nobilissimo, Excellentissimo atq. Experientissimo DN. MARTINO WEISIO, M. D. Sereniss. Elector. Brandenb. à Consiliis Medicis, interque sui Ordinis Viros Primicerio, Cum D. FILIO NATU GRANDIORI Justa procuraet, M. F. S. Absentiam suam praesentißimo solamine pensaturus S. P. (Tacitus Annal: L. 4. c. 5) CEterum Tiberius per omnes valetudinis ejus (sc. Drusi, Filii unici) dies nullo meto, (an ut firmitudinem animi ostentaret,) etiam defuncto nec dum sepulto Curiam ingressus est. Consulesque sede vulgari per speciem moestifiae sedentes, honoris locique admonuit; Et effusum in lacrumas Senatum victo gemitu simul Oratione continuâ erexit. Non quidem sibi ignarum, posse argui, quod tam recenti dolore subierit oculos Senatûs: Vix propinquorum alloquia tolerari, vix diem adspici à plerisque lugentium. Neque illos imbecillitatis damnandos: Se tamen fortiora solatia è complexu Reipublicae petivisse. BEROLINI, Ex Officina RUNGIANA, 1675. [Trostschrift und lat. Epicedium]. (1: Ee 540 no. 22,1).

In cladem RUGIANAM ab Illust. & Generosissimo DOMINO DNO. OTTONE WILHELMO Comite de KONIGSMARCK, ... Danis eorumque sociis Germanis sub duce Rumorio inflictam die 18/8 Januarii anno 1678. (1: Ms. Boruss. fol. 200, f. 245; anonym erschienen).

Histor. Aufsatz wie es vor etlich hundert Jahren mit Verbrennung Nicolai des Probsten von Bernau zugegangen. 1658. Berlin 1736. (1: Tc 115, 20 ehem.).

Martin Friedrich Seidels Bilder=Sammlung, in welcher hundert größtentheils in der Mark Brandenburg gebohrne, allseits aber um dieselbe wohlverdiente Männer vorgestellet werden, mit beygefügter Erläuterung, in welcher Derselben merkwürdigste Lebens=Umstände und Schrifften erzehlet werden, von Georg Gottfried Küster, des Friedrichs-Gymnasii in Berlin Rectore, und der Königl. Preuß. Academie der Wissenschaften Mitglied. Berlin, Im Verlag des Buchladens bey der Real=Schule 1751. (1a: Tc 2337a , 2° RAR; 1: Tc 2335ff.; 11: Ri 915, 4° Rara).

Des churbrandenburgischen Hof- und Kammergerichtsraths MARTIN FRIEDRICH SEIDEL (1621–1693) THESAURUS ORCIVUS MARCHICUS. Aus den Anfängen der Vorgeschichtsforschung in der Mark Brandenburg von Horst Kirchner. Berlin 1972. (= Berliner Beiträge zur Vor- und Frühgeschichte, Bd. 14). (1a: Ser. 6 779–14).

Nachlaß

Von dem Churfürstlichen Schloßgarten zu Cölln an der Spree. Berlin 1657. (1: Ms. Boruss. 2° 1205).

MARTINI FRIDERICI SEIDELI BERLINATIS BIBLIOTHECA MARCHICO BRANDENBURGICA Sive Scriptorum Marchicorum et Brandenburgensium, INDEX. [Verzeichnis märkischer Schriftsteller und Gelehrter, um 1669]. (1: Ms. Boruss. fol. 190, f. 2r–193r).

ICONES ET ELOGIA VIRORUM ALIQUOT PRAESTANTIUM QUI MULTUM STUDIIS SUIS CONSILIISQ: MARCHIAM OLIM NOSTRAM IUVERUNT AC ILLUSTRARUNT EX COLLATIONE MARTINI FRIDERICI SEIDEL CONSIL. BRANDENBURGICI. (1: Ms. Boruss. fol. 197, f. 1v–405v; 1: Ms. Boruss. fol. 198, f. 1r–386r; 1: Ms. Boruss. fol. 199; Teilabschrift v. L. Schultze).

Historischer Aufsatz Wie es vor etliche Hundert Jahren [1325] mit Verbrennung Nicolai des Probsten von Bernow zu gegangen Verfertiget Durch Martin Friderich Seideln Churfürstl: Brandenb: Hoff Cammergerichts- und Consistorial Raht, Anno 1658. (1: Ms. Boruss. fol. 461, f. 183r–194v; 1: Ms. Boruss. quart 14, f. 91r bis 101r, auch abgedruckt in: Küster, Collectio opusc. hist. March. ill. 20, 54–77; 1736).

Der Stadt Crossen uralte Ankunfft, Gelegenheit, Erbauung, Nahmen und Uhrsprung auch andere Monumenta Aus berühmter Historicorum scriptis colligiret und revidiret. (1: Ms. Boruss. fol. 461, 171r–180v; 1: Ms. Boruss. quart 14, f. 82r–90r).

M. F. Seidel: »Was mitt dem anno 1624. Zu Stettin in 4. to gedrucktem Brandenb. Gebeth-Buch, bey der Eroberung der Stadt Stralsundt im Jahr Christi 1678: sich zugetragen; und wie es unter der Feüer-Stette wiedergefunden worden«. (1: Ms. Brouss. quart 14, f. 108r–113r; Bolte, 1896, Nr. 103).

Excerpta ex Mscto Seideliano, de Idolis Marchicis et idolatria Marchicorum, d. i. Von denen Abgöttern der Wenden und ehemahliger Abgötterey derer Einwohner in der Marck Brandenburg. (1: Ms. Boruss. quart 14, f. 339r–364r; Bolte, 1896, Nr. 1).

De urnis Marchicis von denen Gefäßen zu bewahren der Todten in der Chur M. Brand. Ausgegraben M. F. Seidel. Collectore. (1: Ms. Boruss. quart 14, f. 168r–192r; vgl. Bolte, 1896, Nr. 2; Kirchner, H.: Des churbrandenburgischen Hof- und Kammergerichtsraths MARTIN FRIEDRICH SEIDEL (1621–1693) THESAURUS ORCIVUS MARCHICUS ... 1972, S. 11, 120ff.).

Bericht von den Balleien oder Meisterthum des S. Johanniterordens zu Sonnenburg. Ex bibliotheca M. F. Seidelii. (Bolte, 1896, Nr. 4).

Verzeichniß derer Biere in der Chur- Mark und Neu Marck Brandenburg. (1: Ms. Boruss. quart, f. 113r–116r; Bolte, 1896, Nr. 6).

Excerpta ex Collectaneis mstis ad Historiam Marchiae Brandenb. pertinentibus. collectore Christiano Schnee Sacerdote Spandoviensi. (1: Ms. Boruss. quart 14, f. 412r–427r; Bolte, 1896, Nr. 8).

Creys-Buch oder Beschreibung aller Creyse der Chur-und Marck Brandenburg, sampt allen darinnen belegenen Städten und Dörffern. (Bolte, 1896, Nr. 10).

Alte abgeschriebene Diplomata. Teutsch vnd lateinisch, so meist die Marck Brandenburg angehen, auß denen wahren vntahdelhafften Originalen zusammen gebracht. Ex bibliotheca M. F. Seidell consiliarii Brandenburgici. Mpp den 14. April Anno 1691. [176 Bl.]. (Bolte, 1896, Nr. 11).

Der Chur und Marck Brandenburg Lands-Recesse oder Reverse, so den Ständen von Churfürsten zu Churfürsten ertheilet. Coll. M. F. Seidel 1650. (Bolte, 1896, Nr. 12).

Churfürstl. brandenburg. Landtages Abscheid. 1653. (Bolte, 1896, Nr. 13).

Allerhand märckische Verordnungen, Statuta und Edicta. (Bolte, 1896, 14: 40 Nummern, die im Auktions-Katalog Seidel von 1718 verzeichnet sind).

Johann Georgii Landes Constitution und Cammer-Gerichtsordnung. (Bolte, 1896, Nr. 15).

Johansen Georgens Visitation- und Consistorial Ordnunge. Berlin 1577. (Bolte, 1896, Nr. 16: 14: H9; 799 S.; umfangreiche handschriftl. Bemerkungen von Seidel; vgl. auch Schnoor v. Carolsfeld, Die Hss. der kgl. Bibliothek zu Dresden 1, 499).

Joh. Georgii und Joach. Friderici Policey-Ordnungen nebst einer Appellations-Gerichts-Ordnung. Ex coll. M. F. Seidels 1665. (Bolte, 1896, Nr. 17).

Märckische Sachen und Verordnungen. (Bolte, 1896, Nr. 18).

Collectanea Marchica M. F. Seidels. 1690. (Bolte, 1896, Nr. 19).

24 Traktate zur brandenburgischen und allgemeinen Geschichte. Coll. M. F. Seidelio. (Bolte, 1896, Nr. 20).

17 Schriftstücke zur brandenburgischen Geschichte. (Bolte, 1896, Nr. 21).
22 Schriftstücke zur brandenburgischen Geschichte. (Bolte, 1896, Nr. 22).
M. F. Seidels Rapsodia variorum manuscriptorum. 1687. (Bolte, 1896, Nr. 23).
Berichte der von der märckischen Landschaft ihres Schuldwesens halber eingesetzten Kommission. 1642. (Bolte, 1896, Nr. 25).
Consilium Facultatis iuridicae universitatis Francofurtensis in puncto distractorum bonorum dominicalium. (Bolte, 1896, Nr. 26).
Forma Processus, Wie derselbte vor 300 Jahren in der Marck Brandenburgk gehalten worden. Der Titell dieses Buchs ist Richtsteig vom landrecht, vnd ist geschrieben vmb Sanct Petri vnd Pauli tag Anno 1412. Ex Bibliotheca M. F. Seidelii, Consiliarii Brandenburgici 1663. (Bolte, 1896, Nr. 27: war im Besitz d. Joachimsthal. Gymn., Ms. qu. 72, später im Besitz von Oelrichs).
Brevis historiola Camerae Electoralis Brandenburgicae, ex collatione M. F. Seidell. Anno 1660. (Bolte, 1896, Nr. 28: abgedruckt in: Küster, Collectio opusc. hist. Marchicam ill. 21, S. 285–292 und Fr. Holtze, Geschichte des Kammergerichts. Bd. 2, 1891, S. 372ff.).
Gehaltene Seidelische Cammer-Gerichts-Protocolle 1635–1680. (Bolte, 1896, Nr. 29).
Juristisches Formular-Buch von Erasmus Seidel und M. F. Seidel; auch unterschiedene Praejudicia Camerae. (Bolte, 1896, Nr. 30).
Titular-Buch M. F. Seidels. (Bolte, 1896, Nr. 31).
M. F. Seidelii Definitiones variae, praesertim iuridicae, iuxta seriem alphabeti. (Bolte, 1896, Nr. 32).
M. F. Seidels Loci communes iuridici miscellanei. 1679. (Bolte, 1896, Nr. 33).
M. F. Seidels Allerhand Formularia, so er nach erlittenem Brande zu Stralsunde wieder colligiret und abschreiben lassen. (Bolte, 1896, Nr. 34).
M. F. Seidels Cameralia, oder allerhand das churf. brandenb. Cammer-Gericht zu Cöln a. S. betreffende Sachen. 1686. (Bolte, 1896, Nr. 35).
M. F. Seidels Stylus curiae, oder allerhand brandenb. Cammer-Gerichts-Abscheide. 1690. (Bolte, 1896, Nr. 36).
Ein Urtheils-Buch von allerhand Fällen. Collectore M. F. Seideln. 1684. (Bolte, 1896, Nr. 37).
Allerhand notable praejudicia Camerae. (Bolte, 1896, Nr. 38).
Formulae forenses in Dicasterio Wolgastano usitatae. Collectore M. F. Seidelio. 1672. (Bolte, 1896, Nr. 39).
Observationes sive Jura quesam marchiae Brandenburgicae specialia. Collecta ad proprios usus a M. F. Seidell, consiliario camerae electoralis eiusdemque collegii seniore. Anno 1690. [493 Bl.]. (Bolte, 1896, Nr. 40).
M. F. Seidels Libri Tristium s. Nimbi calamitatum humani generis lapsi, in quibus variae mortes, imagines, afficitiones atque supplicia summorum ... hominum ... collecti a M. F. Seidelio cum additis figuris aeneis. 1667. [4 Bde.]. (Bolte, 1896, Nr. 42).
De variis suppliciis, periculis casibusque horrendis. Collectore M. F. Seidelio. (Bolte, 1896, Nr. 43).
Excerpta Ex Mscto Seideliano, De monstris, ostentis et prodigiis a Deo o. M. in Marchia Brandenburgensi huiusque exhibitis. (1: Ms. Boruss. quart. 14, f. 346r–407r; Bolte, 1896, Nr. 44).
Berliner Stadtbuch. (Bolte, 1896, Nr. 46: Seidel hatte sich die Handschrift für seine Studien ausgeliehen; nach seinem Tode wurde sie mit seinen anderen Papieren verkauft).
Catalogus consulum Berolinensium 1311–1662. (Bolte, 1896, Nr. 47: aufgenommen in das Chronicon Berolinense des F. Posthius, vgl. Schr. d. Vereins. f. Gesch. Berlins 4, 41, 1870).
Abriss der Residentz-Stadt Berlin und des churfürstl. Schlosses und Gartens nebst einem Bericht einiger in dieser Stadt ehmals vorgelauffener Sachen, als auch einem Verzeichnüß aller Bürgermeister 1311–1662. (Bolte, 1896; Nr. 48).
Catalogus von vieler Buchdrucker Nahmen und ihren Merck-Zeichen nebst zweyen Registern von dero Nahmen und Ort. (Bolte, 1896, Nr. 51).
M. F. Seidelii Catalogus Typographorum Marchicorum. (1: Ms. Boruss. quart 14, f. 116v–119r; Bolte, 1896, Nr. 52, zur Datierung vgl. Döhn, 1988, S. 110, Nr. 8; von Küster benutzt für seine »Historia artis typographicae in Marchia«. Progr. 1746.).
Drei Komödien, lateinisch und deutsch, vermutlich um 1675 geschrieben. (Bolte, 1896, Nr. 53).
Vieler vornehmen Leute eigene Hand und Sprüche, so aus unterschiedenen Schrifften und Stammbüchern colligiret worden. 1652 (Bolte, 1896, Nr. 54).

Jahresgeschichte der Reichsgräfflichen Promnitzischen Residentz-Stadt Soraw, Welche daselbst seiner Bibliothec zum Besten abschreiben lassen Herr M. F. Seidel, Churf. Brandenb. Cammergerichts und Consistorial-Rath ao. 1659. (Bolte, 1896, Nr. 57: Leipziger Stadtbibl. Rep. V, 26; S. hatte die Chronik von Fabian Schirrmeister kopieren lassen, um sie für seinen Freund Ferdinand von Biberstein in Druck zu geben, dieser verstarb darüber 1667. Vorrede an den Leser datiert: Berlin 26. Mai 1659).

Kurtzes Verzeichnüß etlicher Jahrgeschichte, die Sächsische Stadt Guben in Niederlausnitz betreffendt. Welche der Churfürstliche Brandenburgische Rath, Herr M. F. Seidell zu vermehrunge seiner Bibliothec also ausfertigen vnd verfassen lassen. Colligite fragmenta, ne quid pereat. Anno 1660 (Bolte, 1896, Nr. 58: Leipzig, Stadtbibl. Rep. IV, 61c; geschrieben von Seidels Schreiber, dem Studenten Nicolaus Wubeck, ferner vom Rektor Thomas Barthius in Guben, von den Bürgermeistern Johann Kühne und Nicolaus Appel und von Bartholomäus Kümmel. Nachträge von Seidels Hand. Vorrede datiert: Berlin, 29. Juli 1660).

Pinacotheca M. F. Seidelii de anno 1645. (Bolte, 1896, Nr. 66).

Kunstbuch von allerhandt Meistern. Ex bibliotheca M. F. Seidelii, consiliarii Brandenburgici anno 1650. (Bolte, 1896, Nr. 67: Holzschnitte und Kupferstiche 16./17. Jh., zumeist Porträts mit hs. biographischen Notizen, u. a. Kf. Wilhelm Georg, Luther, Hans Sachs, Flaccius, Spener (1666), J. G. Noessler (1664), Wallenstein, Oxenstierna, Pufendorf; auch mythol. Szenen u. Heiligenbilder. Vermutl. einer der drei Bände der ›Icones imperatorum, regum, principum, belli ducum, nobilium aliorumque inclytorum heroum et virorum‹ v. 1653).

M. F. Seidels Stirps Marchico-Brandenburgica e Burggraviis Noribergensibus, oder: Churfürstliche und Marggräffliche Brandenburgische Contrafeyte, so viel ich derselben in Kupfer gestochen oder sonsten ausgefertiget, hin und her antreffen und zusammen bringen können. (Bolte, 1896, Nr. 68: 1:Libri pictur B 24, I).

Bildnisse einiger Churfürsten und Marggrafen zu Brandenburg, auch anderer ... Leute, so sich um die Marck verdient gemacht. (Bolte, 1896, Nr. 69).

Bildnisse hoher Potentaten, grosser Generalen, vornehmer Theologorum, Jurisconsultorum und anderer berühmten Personen. Collectore M. F. Seideln. (Bolte, 1896, Nr. 70).

Regum et imperatorum Romanorum aliarumque personarum illustrium imagines ex numismatibus collectae a M. F. Seidelio. (Bolte, 1896, Nr. 71).

M. F. Seidels zusammen gesammlete Bildnisse aller römischen Päbste und Cardinäle mit ihren Insignibus. (Bolte, 1896, Nr. 72).

Effigies pontificum Romanorum ab Urbano VI. usque ad Innocentium XII. (Bolte, 1896, Nr. 73).

M. F. Seidels Collectae effigies episcoporum, theologorum orthodoxorum, heterodoxorum haereticorumque. 1682. (Bolte, 1896, Nr. 74).

Allerley illuminirte und meist auf Pergamen gemahlte Bildnisse geistlicher Personen, sowol catholischer als auch lutherischer und reformirter Religion. (Bolte, 1896, 75).

M. F. Seidelii zusammen getragene oder gesammlete Bildnisse unterschiedlicher Theologen ... in Kupfer gestochen oder in Holtz geschnitten. 1685. (Bolte, 1896, Nr. 76).

M. F. Seidels Collectae imagines iurisconsultorum, politicorum, mathematicorum, musicorum, pictorum, statuariorum aliorumque excellentium virorum. 1656. (Bolte, 1896, Nr. 77).

Jurisconsultorum, politicorum, poetarum aliorumque clarorum virorum aeri incisae effigies. Collectore M. F. Seidelio. 1680 (Bolte, 1896, Nr. 78).

M. F. Seidelii Collectae imagines medicorum, philosophorum aliorumque aliquot praeclarorum hominum. 1660. (Bolte, 1896, Nr. 79).

M. F. Seidels Unterschiedliche Bildnisse chur- und fürstlicher Gemahlinnen, auch anderer vornehmen und ehrlichen ... Personen, welche in den churf. brandenb. märckischen Geschichten mit vorfallen. 1693. (Bolte, 1896, Nr. 81).

M. F. Seidels Gynaeceum Marchicum, oder zusammen gesammlete Bildnisse churfürstl. und marggräfl. Gemahlinnen und Töchter nebst einiger anderer vornehmen und frommen Frauens-Personen. Dabei die Gestalt der ›weißen Frau‹. (1: Ms. Boruss. quart 14, f. 29r–81v; Bolte, 1896, Nr. 82).

Allerhand Alamode-Bilder, wobey einige lehrreiche Reden, oder teutsche Verse wider die eitele Kleider-Pracht, Fontagen und Peruquen. Collectore M. F. Seidelio. 1692. (Bolte, 1896, Nr. 83).

Liber de Christo variis modis picto ... Collectore M. F. Seideln. 1682. (Bolte, 1896, Nr. 84).

Mariae deiparae et sanctissimae semper virginis iconologia ... Collectore M. F. Seidelio. 1682. (Bolte, 1896, Nr. 85).

M. F. Seidelii Collectae variae figurae sacrae et sanctorum effigies. (Bolte, 1896, Nr. 86).
Illustrium anachoretarum imagines, a Sadlerio aeri Cyprio inscripta cum notis mscr. (Bolte, 1896, Nr. 87).
Allerley zusammen getragene Gemählde, Bildnüsse, Figuren, Abrisse, Kupffer von Männern, Städten, Blumen, Thieren etc. 3 Bde. (Bolte, 1896, Nr. 88).
M. F. Seidels Blumen-Buch. 1650 (Bolte, 1896, Nr. 89).
Allerhand Tituli librorum typis excusorum, in Kupffern und Holzschnitten. Collectore M. F. Seideln. (Bolte, 1896, Nr. 90).
Allerhand alte und neue Buchstaben in mancherley Sprachen, Figuren, Leisten und Holzschnitte ... (Bolte, 1896, Nr. 91).
M. F. Seidels zusammen getragenes Wapen-Buch, darinnen unterschiedener Fürsten, Grafen, Herren und vornehmer Leute, auch des Seidelischen Geschlechts Wapen zu finden. 1656 (Bolte, 1896, Nr. 92).
M. F. Seidels Wapen-Buch, oder Wapen hoher Potentaten ... (Bolte, 1896, Nr. 93).
Churbrandenburgisches Wapen-Buch. (Bolte, 1896, Nr. 94).
M. F. Seidelii Lemmata ad rem antiquariam et monetalem veterum ac recentium pro memoria passim collecta. 1691. 2 Bde. (Bolte, 1896, Nr. 95).
M. F. Seidel Libellus de variis Marchionum Electorumque Brandenburgensium monetis, veteribus, recentibus, aureis argenteis aereisve ab archetypis desumptis. (Bolte, 1896, Nr. 96: UB Breslau).
Ein kurtzer Bericht über die 5 alten, mit Gold und Silber verstifftete lederne Müntzen, so von Herrn M. F. Seideln 1680 Churfürst Frid. Wilhelmen zu Brandenburg ... sind unterthänigst offeriret und gnädigst angenommen worden. (Bolte, 1896, Nr. 97).
Numismata aurea, argentea, aerea, quae in alveolis M. F. Seidelii asservantur. (Bolte, 1896, Nr. 98: vgl. L. Begers Verzeichnis ›Numismatum rariorum pars 1–2‹. Berlin 1717).
M. F. Seidels Observationum sacrarum, oder Biblischer Anmerkungen A. und N. Testaments volumina 3. 1669. (Bolte, 1896, Nr. 100: eine andere Bearbeitung ›Moralia biblica s. observationes sacrae, centur. VII‹ in zwei Foliobänden verbrannte bei der Belagerung von Stralsund).
M. F. Seidels Soliloquiorum biblicorum volumina 4 cum continuatione. (Bolte, 1896, Nr. 101: in seiner Bibliotheca Brdbg. p, 340 angeführt als ›Precationum Germanicarum vol. III in 4°‹).
Von allerley Ständen und Handwerckern heil. Schrifft; von einer Privat-Bet-Stunden; von unterschiedenen neuen Liedern ... (Bolte, 1896, Nr. 102).
M. F. Seidels Verzeichnüß derjenigen Theologen, so nach der Reformation Lutheri Kirchenlieder geschrieben. 2 Bde. 1685. (Bolte, 1896, Nr. 105).
M. F. Seidelii Catalogus doctiss. virorum, professione quidem non theologorum, attamen autorum scriptorum sacrorum et libellorum precatoriorum. 1687. (Bolte, 1896, Nr. 106).
M. F. Seidelii Oratorium sacrum ad usum privatum concinnatus. (Bolte, 1896, Nr. 107).
M. F. Seidels Kurtze Ordnung seiner Privat-Bet-Stunden. (Bolte, 1896, Nr. 108).
Sechs Decades einiger Personen, welche die reformirte Religion verlassen und lutherisch geworden. (1: Mbq 14; Bolte, 1896, Nr. 110).
Varia acta ecclesiastica ad historiam reformationis Germaniae idonea. (Bolte, 1896, Nr. 111).
Acta Stösseliana. [347 Bl.]. (Bolte, 1896, Nr. 115: 14: K65; vgl. Schnoor v. Carolsfeld 2, 204).
Collectanea über den Markgrafen [Joh. Baptist] von Serre. [34 Bl.]. (Bolte, 1896, Nr. 118: 14: Mscr. Dresd. H. 85; enthält u. a. drei Briefe Serres an Seidel sowie zwei Briefe Seidels an Serre; Brief des kurgrfl. Sekr. Sturm an Seidel; alle Briefe aus dem Jahr 1670).
Archivum literarium i. e. Autographa clarissimorum aliquot et toti orbi notissimorum virorum, quae aere suo comparavit suaeque bibliothecae inseruit M. F. Seidel anno 1666. [159 Nr]. (Bolte, 1896, Nr. 120).
Archivum epistolare, quod in usum suae bibliothecae et memoriam virorum optimorum, quorum manuscripta id continet, collegit M. F. Seidell, consiliarius Brandenburgicus anno 1686. Colligite fragmenta, ne quid pereat. (Bolte, 1896, Nr. 121: Kopenhagen, Kgl. Bibl. Thottske Samling 495 fol.; 385 Bl. Enthält deutsche Briefe, größtenteils an G. Coelestinus gerichtet, von L. Distelmeier, P. Eber, J. Garcaeus, Kf. Johann Georg, Graf Lynar, Th. Matthias, Sim. Ulr. Pistoris, Prukmann, H. Schurff, G. Spalatin, C. Strassen, Ad. und Liborius v. Schlieben, Joh. Weinlob).
Archivum epistolare ... manuscripta latina ... collegit adiuncto indice M. F. Seidell ... suaeque bibliothecae inseruit anno 1686. (Bolte, 1896, Nr. 122: Kopenhagen, Kgl. Bibl. Thottske Samling 196 fol.; 370 Bl. Enthält lat.

Originalbriefe von Joh. Agricola Spremb., A. Bresnicerus, Chr. Distelmeier, B. Elerd, J. Freder, J. Garcaeus, M. Haslob, B. Holtorpius, M. Ludecus, P. Musculus, Laur. Pascha, Joh. Praetorius, Vitus Winshem. Einen Hutten-Brief an Wilh. Nesen v. 27. Dez. 1520, den Bolte in der Deutschen Dichtung 1888, S. 66, mitgeteilt hat).

Epistolae 215 ad Lampertum et Christianum Distelmeyeros datae. (Bolte, 1896, Nr. 123: 14: C65: aus Hs.-Nachlaß v. M. F. Seidel. Vgl. Schnoor v. Carolsfeld 1, 190–194 und Stölzel, Brandenburg-Preußens Rechtsverwaltung 1, 240f. – Am Anfang steht: ›Diese Manuscripta habe ich mit großer mühe zuwege gebracht vndt zur nachricht in diß Buch zusammen binden laßen. 12. Junii 1656. M. F. Seidell.‹).

119 Briefe und Dokumente, gesammelt größtenteils von Erasmus Seidel. (Bolte, 1896, Nr. 125: 14: C 58; vgl. Schnoor v. Carolsfeld 1, 181–185).

Auff das angenehme Hahrband, welches mier meine liebste Jungfrau Anna Wallborgk Chemnitz d. 29. Maii 1654 aus Niederland gesand. (Bolte, 1896).

Collectanea ad vitam M. F. Seidelii. (1a: Ms. Boruss. fol. 200).

Epigramm auf den 1661 eingestürzten Turm der Marienkirche. (abgedr. in: Küster/Müller, 1752, II, S. 463).

M. F. Seidell, Collectanea miscella, d. i. Schmähschriften, Curiosa etc. ex saeculis XVI–XVII. (Geh. Staatsarchiv; Bolte, 1896: 63 Hefte m. Register).

Marchia respice! Breves descriptiones et ex archetypis ductae delineationes quator prodigiorum, qua in Marchia nuper Brandenburgensi a. 1661 et 1666 diversis in locis revera acciderunt. Francofurti 1661. (Bolte, 1896; Küster, G. G., 1743, S. 79).

Mart. Frid. Seidelii Vitae eruditorum, 6 Bde. 1664–90. (1: Ms. Boruss. fol. 191–196; Bolte, 1896: Bd. 1 wurde 1664 begonnen, Bd. 2 1678, nachdem zwei andere beim Stralsunder Brande vernichtet waren, Bd. 3 1679, Bd. 4 1690, Bd. 5 1682, Bd. 6 1686).

Martin Friedrich Seidels Kurtzer Bericht von dem Adel, uhralten Herkommen, Geschichten und Wapen Derer von Schwerin. Mit angefügten doppelten Register aller hirin vorfallenden Sachen, wie auch einen Anhang von der Stadt und Schloß Alten Landesberg. Hiob am 8. 8: Frage die vorigen Geschlechter, und nim dir vor zu forschen ihre Väter, dann wir sind von gestern hier. Cicero: Si alicuius familiae laus aliquando floruit, recte faciunt qui eandem prosequuntur. Anno Christi 1655. (Bolte, 1896: Exemplar im Staatsarchiv als Abschrift aus Riedels Nachlaß; vgl. Gollmert, W./ Schwerin, L. v.: Geschichte des Geschlechts von Schwerin 1, X, 1878).

Naenia Berlinensis. Auf den Tod der Frau Anna Dor. Reusner, des Wittenberger Prof. Godfr. Suevi Eheliebsten. (Bolte, 1896).

Phil. Melanchthonis, M. Lutheri et G. Spalatini epistolae CXXI, ex autographis descriptae 1544 a Mich. Chiliano Norimbergensi et a M. F. Seidelio. (14: C352; Bolte, 1896: Ex Bibliotheca M. F. Seidelii ‹Ms. Seid. qu. 15›; Hs.-Nachlaß v. M. F. Seidel. 103 Bl. Vgl. Schnoor v. Carolsfeld 1, 248; Abschrift in Petersburg).

Additiones MStae ad Icones illustrium Marchicorum. (14: Biogr. erud. B. 564, 8; Schreibheft A 5 mit bläul. Umschlag; ohne Besitzvermerk; 14 S. beidseitig beschrieben; überschrieben: Seidelii additiones MSt. ad Icones Illustr. Marchic.; beginnt mit Theod. Kagelwid (?), des weiteren Conradus Wimpina, Georg Bucholtzer, Johann Weinlöbius, Georg Sabinus, Paul Praetorius, Johann Agricola, Joachim Pascha, Abdidas Praetorius (1 1/2 Seiten), Christoph. Cornerus, Thomas Matthias v. Leuthinger, Georg Coelestinus, Ludolphus Schradenes, Mart. Chemnitius, Lampert Distelmeier, Johann Coppen, Nic. Leuthinger, Franz Hildesheim, Christj. Distelmeier, Urban Birnbaum, Simon Gediccus, Jacobus Colerus, Casp. Barth, Joh. de Löben).

Literatur

HONOR TESTIMONI [1645, von J. W. Rechenberg], in: 1: Ms. Boruss. fol. 200, f. 36f.; Personalschriften auf Martin Friedrich Seidel. (1: Ms. Boruss. fol. 200); KÜSTER/MÜLLER, 1737, I, S. 467; III, 68, 370, 379; KÜSTER, Georg Gottfried: Geschichte des altadeligen Geschlechts derer von Seidel. Berlin 1751; BOLTE, Johannes: Martin Friedrich Seidel, ein brandenburgischer Geschichtsforscher des 17. Jahrhunderts. Berlin 1896. (Wiss. Beilage zum Jahresbericht des Königsstädtischen Gymnasiums zu Berlin. Ostern 1896); SARING, 1943, S. 92–62; ADB 33, S. 623–25; DÖHN, Helga: Handschriften zur Geschichte Berlins und der Mark Brandenburg. Eine Auswahl aus den »Manuscripta Borussica« der Deutschen Staatsbibliothek. Berlin 1988.

Spengler, Adam

* 24. Dez. 1612 Siebenbrunn bei Markneukirchen im Vogtland
† 8. März 1665 Wriezen/O.
Pädagoge, Theologe, luth.
V   N. N., Bauer (gest. 1616)
M Margaretha geb. Bürger
⚭   1642 Anna geb. Moritz
K   Johann Georg (gest. 1649), Anna Rosa geb. Spengler

Schule in Kron-Weissenburg/ Elsaß
3 Jahre Gymnasium in Straßburg
1631–1633   Chorpräfekt in Worms
1632–1641   Universität Wittenberg; (1639 Mag., 1640 Mag. legens, 1641 Adjunkt)
1641–1651   Rektor am Berlinischen Gymnasium
1651–1665   Pfarrer u. Inspektor in Wriezen/O.

Adam Spengler wurde am 24. Dez. 1612 in Siebenbrunn bei Markneukirchen im Vogtland geboren (in den Quellen bezeichnete er sich wiederholt als »Neofano Variscus« beziehungsweise »Neukircho«, so auch WEISSENBORN, 1934, 32,130; HEIDEMANN, 1874, S. 151, vermutete dagegen wohl mit Blick auf Spenglers schulische Ausbildung im Elsaß als dessen Geburtsort Siebenbrunn, nahe des kleinen Fleckens Neukirchen im Elsaß). Bereits mit vier Jahren verlor Spengler seinen Vater, einen nicht sehr bemittelten Bauern. Die Mutter Margaretha geborene Bürger, eine Tochter des Neukirchener Bürgermeisters, wollte ihn deshalb, kaum daß er herangewachsen war, zu einem Schneider in die Lehre geben, doch Spengler bestand auf Fortführung seiner Schulausbildung und begab sich auf Schulwanderschaft. Da ihn die Mutter finanziell nicht ausreichend ausstatten konnte (überliefert ist, daß sie ihm bei seiner Abreise »ein vor allemahl 5 Thaler und ein Kleid« gab; KÜSTER/MÜLLER, 1752, II, S. 944), brachte Spengler, der über eine gute Stimme und ein ausgezeichnetes musikalisches Gehör verfügte, die nötigen Gelder für seinen Lebensunterhalt durch sein musikalisches Talent zusammen. Zuerst lernte er in der Schule in Kron-Weissenburg im Elsaß, dann drei Jahre in Speyer unter Rektor Tholdius. 1631 wollte sich Spengler an der Universität Straßburg inskribieren, doch fehlten ihm die Mittel zum Studieren, so daß er – um überhaupt leben zu können – die Stelle eines Chorpräfekten an der Schule zu Worms annehmen mußte, die ihm der dortige Rektor Palthenius angeboten hatte.

Durch die kriegerischen Unruhen aus der Freien Reichsstadt vertrieben, kam Spengler 1632 nach Wittenberg, wo er Privatunterricht gab und nun endlich auch die Universität besuchen konnte, an der er sich am 8. Mai unter dem Rektorat des Professors für Poetik und Rhetorik, August Buchner (1591–1661), eigenhändig in die Matrikel eintrug (WEISSENBORN, 1934, 32,130). Der beigefügte Vermerk »gratis« wirft ein bezeichnendes Licht auf die äußerst bescheidenen finanziellen Verhältnisse Spenglers, der während seines insgesamt neunjährigen Wittenberger Aufenthaltes die Grundlagen seiner später gerühmten Gelehrsamkeit legen konnte. Neben Theologie studierte er vor allem Logik und Metaphysik und widmete sich besonders der hebräischen Sprache. Theologie hörte er bei Johannes Hülsemann (1602–1661), der seit 1629 als Theologieprofessor in Wittenberg tätig war und nach dem Tode Johann Gerhards (1582–1637) zum maßgeblichsten lutherischen Theologen wurde, sowie bei Wilhelm Leyser (1592–1649), seit 1627 Professor der Theologie. Theologie lehrten auch Jakob Martini (1570–1649), der zunächst zwanzig Jahre die Professur für Logik inne hatte und 1623 eine Professur für Theologie übernahm, und Paul Röber (1587–1651), seit 1627 Theologieprofessor in Wittenberg, wo er ein Jahr später auch die Generalsuperintendentur erhielt. Röber und Martini gehörten zu jenen lutherisch-orthodoxen Theologen, die sich vor allem gegen den ausbreitenden Calvinismus im benachbarten Anhalt und in Kurbrandenburg wandten. Die Professur für Logik hatte nach Martini Johann Scharff (1595–1660) übernommen, der später auch die Professur für Ethik erhielt, seit 1640 zugleich eine außerordentliche theologische Professur inne hatte und 1649 dann endlich ordentlicher Professor für Theologie wurde. Als Logikprofessor lehrte Scharff auch Metaphysik, welche bisher vor allem von Adjunkten in Privatlektionen behandelt wurde. Die von Scharff verfaßten, dem lutherisch-orthodoxen Standpunkt angepaßten Lehrbücher fanden regen Zuspruch und weiteste Verbreitung. Auch Spengler benutzte später als Rektor des Berlinischen Gymnasiums Lehrbücher von Scharff in seinem Unterricht.

Das Hebräische, für das sich Spengler in besonderer Weise interessierte, lehrte in Wittenberg Martin Trost (1588–1636), der an den Universitäten Rostock,

Helmstedt und Soroe in Dänemark doziert hatte und 1628 zunächst als außerordentlicher Professor wirkte, bevor er im Jahr darauf zum ordentlichen Professor berufen wurde. Trost, der eine mehrfach aufgelegte hebräische Grammatik verfaßte, widmete sich besonders dem Syrischen, zog aber in seinen Lehrveranstaltungen auch das Chaldäische und Arabische heran und erweiterte so sein Lehrfach zu einer Professur für orientalische Sprachen. Berühmt wurde er vor allem durch eine auf seine Kosten besorgte Ausgabe des Syrischen Neuen Testaments, die 1621 in Köthen erschien.

Nach Trost übernahm 1636 Jacob Weller (1602 bis 1664) dessen Professur. Zu Weller, der die hebräische Grammatik seines Lehrers Trost in einer erweiterten Form sowie ein »Spicilegium quaestionum Ebraeo-Syrarum« herausgab, hatte Spengler besonders enge Beziehungen, die sich daraus ergaben, daß Weller aus dem vogtländischen Neukirchen stammte, also ein Landsmann Spenglers war. Auf Wellers Eheschließungen mit der Witwe Sibylla Graefenthal 1635 und mit Christina-Dorothea, einer Tochter Paul Röbers, im Jahre 1638 verfaßte Spengler je ein Hochzeitsgedicht. Ende 1639 erhielt Weller eine Berufung nach Braunschweig, 1646 wurde er als Nachfolger von Matthias Höe von Hohenegg (1580–1645) zum Hofprediger in Dresden berufen, wo er sich in besonderer Weise für die lutherische Orthodoxie einsetzte. Nach Wellers Weggang aus Wittenberg übernahm Andreas Sennert (1606–1689) die Professur für orientalische Sprachen.

Am 15. Sept. 1639 legte Spengler sein Magisterexamen ab (WEISSENBORN, 1934, 32,130) und wurde zwei Jahre später, am 16. Juni 1641, als Adjunkt in die philosophische Fakultät aufgenommen. Die philosophischen Fakultäten der Universitäten besaßen eine Doppelstellung: Zum einen waren sie die Vorstufe zu den höheren Fakultäten Theologie, Jurisprudenz und Medizin, zum anderen nahmen sie eine wichtige Funktion für den Abschluß des vorangehenden Bildungsganges ein. Sie erhielten insbesondere Zulauf, als während des Dreißigjährigen Krieges die Schulen, auch die Gymnasien, verfielen. Um dem wachsenden Ansturm Herr zu werden, wurden Adjunkte eingesetzt, die die Aufgabe hatten, die durch die geringe Zahl von Professoren beschränkten Lehrveranstaltungsangebote zu erweitern. Nach dem Visitationsabschied von 1624 mußte die philosophische Fakultät Wittenberg mindestens sechs Adjunkte haben, damit »das studium philosophicum desto besser floriere und man zu den Professionen, Rektoraten und andern vornehmen Schuldiensten qualifizierter Personen mächtig werde möge« (FRIEDENSBURG, 1917, S. 473.) Als Vorstufen für den höheren und mittleren Schuldienst war die Adjunktur sehr begehrt; wer als Adjunkt an einer Universität gelehrt hatte, konnte zum Beispiel gleich zum Rektor eines Gymnasiums berufen werden, mußte sich also nicht als Praeceptor »hochdienen«. Voraussetzung für eine Adjunktur war, daß der Bewerber nach Erlangung des Magistergrades sich später unter dem Präsidium eines Professors oder Adjunkten einer Prüfung unterzog, die ihn zum »Magister legens«, also zum Privatdozenten, befähigte; selbige hatte Spengler bereits am 22. Febr. 1640 mit Erfolg abgelegt (WEISSENBORN, 1934, 32,130). Der Promotion zum »Magister legens« folgte eine etwa zweijährige Bewährung (bei Spengler dauerte diese nicht einmal eineinhalb Jahre), in der der Privatdozent Vorlesungen halten und in Disputationen präsidieren durfte (sofern er vorher einige Male als Respondent teilgenommen hatte). Adjunkte und Privatdozenten hatten die öffentlichen Vorlesungen ihres Fachprofessors zu ergänzen, durften also keine abweichenden Themen behandeln und natürlich auch nicht in Konkurrenz zu den »lectiones publicae« treten.

1641, also noch im selben Jahr, in dem er Adjunkt geworden war, erhielt Spengler die Vokation als Rektor des Berlinischen Gymnasiums zum Grauen Kloster. Die Ordination nahm der Berliner Propst Peter → Vehr (der Ältere) in der Kirche zu S. Nicolai vor; die Investitur erfolgte durch den Inspektor Martin Heinsius (1611–1667) zu Frankfurt/O. (DITERICH, 1732, S. 170). Spengler übernahm die Anstalt auf einem durch Krieg und Pest verschuldeten recht niedrigen Niveau. Die Fluktuation an der Spitze des Gymnasiums (im allgemeinen betrachtete man ja das Rektorat als Sprungbrett für ein höher dotiertes geistliches Amt) war in jenen Jahren besonders hoch – seit 1636 bis zu Spenglers Amtsantritt hatten allein drei Rektoren die Geschicke der Anstalt gelenkt. Als 1638 die kurbrandenburgische Residenz von der Pest heimgesucht wurde, mußte der damalige interimistische Leiter Bernhard Kohlreiff (1605–1646) – er wurde erst ein Jahr später offiziell zum Rektor ernannt – das Gymnasium schließen lassen; ein Teil der Lehrer zog nach Potsdam und kehrte erst im Nov. 1638 bei der Wiedereröffnung der Anstalt nach Berlin zurück.

Spenglers Schulrede von 1644 gibt Aufschluß über seine Bestrebungen, den Unterricht am Berlinischen Gymnasium nach den in Wittenberg erhaltenen Impulsen zu reorganisieren (HEIDEMANN, 1874, S. 152 f., mit Angabe einiger Buchtitel). In der Prima lag das Hauptgewicht auf dem Studium der philosophischen Disziplinen. Die Gymnasiasten lernten in Logik nach dem »Manuale logicum« von Johann Scharff, in Metaphysik nach dem »Manuale physicum« von Johannes Sperling (1603–1658), bei dem Spengler ebenfalls schon in Wittenberg Vorlesungen hörte. Ethik unterrichtete der Rektor nach einem von ihm selbst zusammengestellten Vademecum, welches er den Schülern diktierte. Auch Spenglers eigene Bücher über Ethik, Metaphysik und Logik waren in erster Linie für den Unterrichtsgebrauch bestimmt. Der Rektor förderte besonders die hebräische Sprache, die nach seinen eigenen Worten vor seiner Amtsübernahme im Argen gelegen habe. In den theologischen Lektionen schließlich ließ er den Römerbrief und das Matthaeus-Evangelium lesen.

So erreichte das Berlinische Gymnasium unter Spenglers Leitung in wenigen Jahren einen beachtlichen Aufschwung, in großer Anzahl erschienen lateinische Schulschriften zu unterschiedlichsten Themen, die Zahl der veranstalteten philosophischen Disputationen nahm weiter zu. Überliefert sind je ein Band Disputationsübungen über Ethik beziehungsweise über Metaphysik, die die Gymnasiasten unter Spengler als Praeses veranstalteten und die wiederholt zusammen gedruckt wurden. Spengler widmete die »EXERCITATIONES ETHICÆ« aus den Jahren 1647/48 seinen Gönnern und Freunden, dem kfl.-brandenburgischen Rat und Geheimen Kammerdiener Christian Sigismund Heidkampf (1615 bis 1682) und dem Studenten der Rechte Johann Albert Heidkampf. Widmungsgedichte für den Band verfaßten die Rathenower Geistlichen Matthias Lussovius und Johann Fiedler (gest. 1673) sowie der Rektor der Frankfurter Stadtschule Johann Moller. Unter den 16 Disputanten finden sich die Namen von Gymnasiasten, die später hohe weltliche beziehungsweise geistliche Ämter einnahmen, wie etwa der kfl.-brandenburgische Kriegskommissar des Oberbarnimschen Kreises und Landschaftsverordneter Johann Georg von Röbel (gest. 1678), oder der Sohn des Berliner Propstes Georg von → Lilien, Caspar von Lilien, später Generalsuperintendent und Hofprediger zu Bayreuth.

Die neuen Akzente, die unter Rektor Spengler am Berlinischen Gymnasium sichtbar wurden, zeigten sich nicht zuletzt in den öffentlichen Schulactus (die Gymnasiasten deklamierten vornehmlich an den Feiertagen) sowie in den Theatervorstellungen, zu denen die Praeceptores der oberen Klassen die Texte verfaßten. Solche Schulspiele waren vor allem als Komödien schon früher hin und wieder aufgeführt, 1629 unter Kurfürst Georg Wilhelm jedoch wegen der Kriegsunruhen verboten worden. Nachdem Kurfürst Friedrich Wilhelm das Verbot aufgehoben hatte, begann für das Berliner Schultheater eine Zeit der Blüte (HEIDEMANN, 1874, S. 153–155, mit zahlreichen Beispielen). Während einer am 2. Jan. 1645 im Gymnasium veranstalteten Neujahrsfeier zum Beispiel deklamierten die Schüler über die allegorische Bedeutung von Edelsteinen, die sie den einzelnen Ständen und Bevölkerungsgruppen zugeteilt hatten. Vier Jahre später wurden bei einer ähnlichen Schüleraufführung am 4. Jan. 1649 den Betreffenden einzelne Pflanzen, insbesondere Blumen, zuerkannt und in ihrer allegorischen Deutung erklärt: der Kurfürst erhielt den Ölzweig, die Kurfürstin die Rose, die Praeceptores des Gymnasiums aber den Wermut. 1642 spielten die Schüler unter Spenglers Leitung das christliche Lehrstück »De nativitate Jesuli«, in dem in fünf Aufzügen die Verkündigung Mariä, eine Sitzung des kaiserlichen Rates unter dem Vorsitz von Kaiser Augustus, die Verkündigung der Geburt Christi an die Hirten, die Ankunft und Anbetung der Weisen und der Bethlehemitische Kindermord dargestellt wurden (GUDOPP, 1900, S. 8). Mit der Aufführung wollte der Rektor ketzerischen Meinungen über Jesus Christus entgegentreten und die Schüler zur Würdigung der Wohltaten Gottes anhalten. Inhalt einer anderen Aufführung war eine Sitzung des himmlischen Gerichtshofes, der unter dem Vorsitz Gottes über das Schicksal der gefallenen Menschen entscheiden sollte; der Stoff war seit dem Mittelalter immer wieder in geistlichen Dramen behandelt worden. Während jedoch sonst nur Misericordia, Veritas, Justitia und Pax den Streit über Schuld und Strafe der Menschen führten, ließ Spengler 18 allegorische Gestalten der göttlichen Tugenden auftreten; es war zudem der erste Schulactus, in dem auch gesungen wurde. Das Stück erschien 1646 u. d. T. »Lapsus Adamiticus et consilium Coelicolarum super eo consultantium a patre coelesti coactum« auch im Druck (GUDOPP, 1902, S. 4; HEIDEMANN, 1874, S. 154).

Der Zulauf zu den Schüleraufführungen seitens des kurfürstlichen Hofes und der bürgerlichen Oberschichten war beträchtlich, auch wenn einige der Schulspiele uns heute recht befremdlich anmuten. Das trifft auch und insbesondere auf die sogenannten »Exercitia scholastica« mit ihren oft ausufernden lateinischen Deklamationen zu. So ließ Spengler am 12. Nov. 1646 einen Gymnasiasten Ciceros Rede »Pro Archia poeta« auswendig vortragen. Im Anschluß daran analysierten mehrere Schüler die Rede nach bestimmten rhetorischen Regeln. Bei einer anderen öffentlichen Redeübung mußten vier Schüler die berühmten vier Catilinarischen Reden Ciceros aus dem Gedächtnis vortragen.

Natürlich trug auch Spengler als Rektor des Berlinischen Gymnasiums zur Gelegenheitsdichtung seiner Zeit bei und verfaßte zahlreiche Casualcarmina vor allem für Angehörige Berliner Ratsfamilien. Als am 28. Dez. 1649 sein Sohn Johann Georg starb, schrieben neben den Kollegen des Berlinischen Gymnasiums auch der spätere Cöllnische Stadtrichter und Ratskämmerer Nikolaus → Peucker und Paul → Gerhardt Epicedia auf den Verstorbenen. Spengler hatte 1642 Anna Moritz, eine Tochter des Spandauer Inspektors Joachim Moritz, geehelicht; der Grabstein seiner 1678 zu Berlin gestorbenen Witwe befand sich ehemals an der Südseite der Klosterkirche (DITERICH, 1732, S. 172, wo auch die Inschrift mitgeteilt ist). Von Spenglers Kindern ehelichte seine Tochter Anna 1670 den vormaligen Subrektor am Berlinischen Gymnasium und späteren Rektor in Alt-Salzwedel, Samuel → Rosa.

1651 übernahm Spengler das Pfarr- und Inspektorenamt zu Wriezen/O., auf das er am 15. Mai ordiniert wurde (FISCHER, 1941, II, S. 839; demnach war Spengler zugleich Superintendent). In seinem neuen Amt setzte er sich unter anderem für eine Verbesserung des Religionsunterrichts in den Schulen der Stadt Wriezen und im Geltungsbereich seines Inspektorats ein, indem er die sonst ungebräuchlichen Katechismus-Examina einführte. Seine von ihm in jener Zeit veröffentlichten Schriften sind neben einigen Leichpredigten vor allem theologisch-erbauliche Predigtsammlungen. Davon abgehoben ist seine (heute leider nicht mehr erhaltene) Streitschrift »Extract der vornehmsten Weigelianischen Jrrthümer« (Wittenberg 1653 oder 1658).

Spengler starb am 8. März 1665 in Wriezen an der Oder. Die Leichpredigt hielt sein Amtskollege, der Archidiakon Christoph Gromann, die Abdankung verfaßte der Diakon Johannes Halbichius. Unter den Epicedia auf Spenglers Tod ist auch ein lateinisches Trauergedicht von Paul Gerhardt (KEMP, 1975, S. 25).

[LN]

Werke

Epithalamium für Jacob Weller und Sibylla, Witwe von Christian Graefenthal, Protonotarius. 1635 (109: Slg. GK: Cg 184).

Epithalamium für Jacob Weller, Doct. theol., und Christina-Dorothea, Tochter von Paul Röber, Prof. theolog. in Wittenberg. 1638 (109: Slg. GK: Cg 182,1).

Epicedium für Paul Müller, kfl.-sächs. Amtsschreiber in Wittenberg. An: Röber, Paul: Leichpredigt für Paul Müller. Wittenberg 1640. (LP StA Braunschweig, Nr. 4374).

In Obitum præmaturum Viri-Juvenis Præstantissimi et Eruditissimi DN. JOACHIMI BERCHELMANNI, LL. Candidati &c. Filiæ viduæ Berchelmannianæ unicilongeque desideratissimi. 1641 (1: an 10 in: Ee 502).

De nativitate Jesuli. Schulactus Berlin 1642 (Gudopp, 1900, S. 8).

Explicatio grammatica capitis I. Geneseos. Berlin 1642 (Küster/ Müller, 1752, II, S. 945).

VOTA VIRO Amplissimo Prudentiß: et literariß: M. GEORGIO WEBERO, Hactenus Camerario &c. CONSULATUS BERLINENSIS AXIOMATE Ornato nec minùs onerato, Nuncupata & scripta. BEROLINI, Charactere Rungiano expressa. ANNO 1642. Berlin 1642 (109: Slg. GK: Sch 1/20).

COROLLÆ GAMICÆ, Viro Clarissimo & Literatissimo DN. EMANUELI VULPINO, SCHOLÆ Spandoviensis Rectori digniss: SPONSO, et Virgini pientissimæ, pudicissimæ & lectissimæ GERTRUDI, VIRI Reverendi Clariß: et Doctiß: Dn: MATTHÆI Rosenthals/ Palæo-Landsbergæ Pastoris vigilantiss: dilectiss: Filiæ, SPONSÆ, Prono affectu in debitum honorem plexa' et nexa'. A Fautoribus & Amicis. BEROLINI, TYPIS RUNGIANIS, Anno 1643. Berlin 1643 (109: Slg. GK: Cg 216. 1).

BONA OMINA NUPTIIS AUSPICATISSIMIS Admodum Reverendi et Clarissimi VIRI Dn: M. JOACHIMI FROMMII, AD D. Nicolai Archidiaconi, ut meritissimi ita & vigilantissimi SPONSI, Nec non Lectissimæ, pientissimæque Virginum SABINÆ Bartholdin/ Viri Amplissimi, Consultissimique Dn. ANDREÆ Bartholds/ Cameræ Electoralis Brandenb. Advocati non è postremis, sed primi, & Senioris FILIÆ, SPONSÆ, Prolixissimo affectu, A Fautoribus, Collegis & Amicis NUNCUPATA. BEROLINI, Typis Rungianis, Anno 1643. Berlin 1643 (109: Slg. GK: Sch 1/22).

Epithalamium für Peter Vehr und Anna geborene Vogt. Berlin 1643 (109: Slg. GK: Sch 1/23).

Schulrede über die Reorganisation des Unterrichtsplanes (1644 gehalten). Berlin 1644 (Heidemann, 1874, S. 152).

Epithalamium für Johann Tieffenbach und Euphrosyna Margaretha, Tochter des Berliner Ratsherrn Benedikt Reichardt. Berlin 1644 (109: Slg. GK: Cg 190).

Praesentissimum Jobi in calamitatibus solatium sive Spes ejus quam incommuni resurrectione afflictissimus ipse reposuit ... (Adamus Spenglerus praes., H. Henr. Kupkovius resp.) Berolini 1645. Berlin 1645 (1: 51 in: Bf 3 ehem.).

Lapsus Adamiticus et consilium Coelicolarum super eo consultantium a patre coelesti coactum. Schulspiel Berlin 1646 (Gudopp, 1902, S. 4; Heidemann, 1874, S. 154).

M. ADAMI SPENGLERI Gymnasii Berlinensis Rectoris EXERCITATIONES ETHICÆ Ventilatæ In eodem Gymnasio Anno M DC XLVIII. Berolini, literis Christoph. Rungij. Berlin 1648 (1a: Np 310; die Exercitationes sind einzeln aufgenommen); Exercitationes ethicae ... Leipzig 1663. Editio secunda. Berlin 1650. 2 Bde. (Dinse, 1877, S. 19); 4. Aufl. 1673 (Heidemann, 1874, S. 1559).

I. N. J. EXERCITATIONUM ETHICARUM PRIMA. DE DEFINITIONE AC DIVISIONE ETHICES, Quam PRÆSIDE M. ADAMO SPENGLERO NEUKIRCHO-VAR. Gymn. Berl. Rect. Pro viribus defendere conabitur GREGORIUS CRUSIUS LUBEN â LUSATUS. Ad d. 4. Martij horis ab VIII. matutinis. M DC XLVII. BEROLINI, LITERIS RUNGIANIS. Berlin 1647 (1a: 1 in: Np 310).

I. N. J. EXERCITATIONUM ETHICARUM SECUNDA. De SUMMO HOMINIS BONO PRACTICO, in essentia & attributis spectato Quam PRÆSIDE M. ADAMO SPENGLERO NEUKIRCHO-VAR. Gymn. Berl. Rect. Pro virili defendere conabitur JOHANNES-FRIDERICUS HOFF-meister Dresdensis Misnicus. Ad d. 16. Martii horis ab 8. matutinis. BEROLINI, LITERIS RUNGIANIS. ANNO M DC XLVII. Berlin 1647 (1a: 2 in: Np 310).

I. N. J. EXERCITATIONUM ETHICARUM TERTIA. De SUMMO HOMINIS BONO PRACTICO, in existentiâ h. e. instrumentis, effectis & præmiis considerato Quam PRÆSIDE M. ADAMO SPENGLERO NEUKIRCHO-VAR. Gymn. Berl. Rect. Defendere pro virili allaborabit CHRISTOPHORUS STEDERUS, Havelbergâ March. Ad d. 12. Aprilis horis ab 8. matutinis. BEROLINI, LITERIS RUNGIANIS. ANNO M DC XLVII. Berlin 1647 (1a: 3 in: Np 310).

I. N. J. EXERCITATIONUM ETHICARUM QUARTA. De VIRTUTE IN GENERE, & obiter de actionibus & affectibus humanis Quam PRÆSIDE M. ADAMO SPENGLERO NEUKIRCHO-VAR. Gymn. Berl. Rect. Pro virili defendere conabitur ERDMANNUS GRAPOVIUS, Soldinô-March. Ad d. 17. Maj horis ab 8. matutinis. BEROLINI, LITERIS RUNGIANIS. ANNO MDC. XLVII. Berlin 1647 (1a: 4 in: Np 310).

I. N. J. EXERCITATIONUM ETHICARUM QUINTA. De FORTITUDINE. Quam PRÆSIDE M. ADAMO SPENGLERO NEUKIRCHO-VAR. Gymn. Berl. Rect. JOHANN: FRIDERICUS Lindnerus Sonneburgô-March. Eidem Gymnasio valedicturus Pro virili tuebitur. Ad d. 17. Junii horis ab 8. matutinis BEROLINI, LITERIS RUNGIANIS. ANNO MDC. XLVII. Berlin 1647 (1a: 5 in: Np 310).

I. N. J. EXERCITATIONUM ETHICARUM SEXTA. De TEMPERANTIA. Quam PRÆSIDE M. ADAMO SPENGLERO NEUKIRCHO-VAR. Gymn. Berl. Rect. Subire pro virili allaborabit. LEONHARDUS ENGEL, Berol. March. Ad d. Aug. horis ab 8. matutinis. BEROLINI, LITERIS RUNGIANIS. ANNO MDC.XLVII. Berlin 1647 (1a: 6 in: Np 310).

I. N. J. EXERCITATIONUM ETHICARUM SEPTIMA. De LIBERALITATE. & MAGNIFICENTIA. Quam PRÆSIDE M. ADAMO SPENGLERO NEUKIRCHO-VAR. Gymn. Berl. Rect. Subire pro virili allaborabit. CASPAR LILIUS BEROL. MARCH. Ad d. Dec. horis ab 8. matutinis. BEROLINI, LITERIS RUNGIANIS. ANNO MDC. XLVII. Berlin 1647 (1a: 7 in: Np 310).

I. N. J. EXERCITATIONUM ETHICARUM OCTAVA, DE MAGNANIMITATE & MODESTIA Quam PRÆSIDE M. ADAMO SPENGLERO, NEUKIRCHO-VAR. Gymn: Berl: Rect: defendere pro viribus suscipiet DANIEL STOCKFISCH Gransoviens. March: Ad d. Jan. horis ab 8. matutinis. BEROLINI, literis Christophori Runge. ANNO M DC IIL. Berlin 1648 (1a: 8 in: Np 310).

I. N. J. EXERCITATIONUM ETHICARUM NONA, DE MANSVETUDINE, COMITATE & URBANITATE. Quam PRÆSIDE M. ADAMO SPENGLERO, NEUKIRCHO-VAR. Gymn: Berl: Rect: Pro virili defendendam suscipiet JOHANNES MOLLERUS Forstensis Lusatus. Ad d. Febr. horis ab 8. matutinis. BEROLINI, literis Christophori Runge. ANNO M DC IIL. Berlin 1648 (1a: 9 in: Np 310).

I. N. J. EXERCITATIONUM ETHICARUM DECIMA, DE VERACITATE, Quam PRÆSIDE M. ADAMO SPENGLERO, NEUKIRCHO-VAR. Gymn: Berl: Rect: Defendendam suscipiet JOHANNES JOACHIMUS KEMNITIUS Berol. March. Ad d. April. BEROLINI, literis Christophori Runge. ANNO M DC III. Berlin 1648 (1a: 10 in: Np 310).

I. N. J. EXERCITATIONUM ETHICARUM UNDECIMA, DE JUSTITIA Quam PRÆSIDE M. ADAMO SPENGLERO, NEUKIRCHO-VAR. Gymn: Berl: Rect: Pro viribus tueri allaborabit JOHANNES HALBICHIUS Junior, Wusterhusa-March. Ad d. Martij, horis ab 8. matutinis. BEROLINI, literis Christophori Runge. ANNO M DC IIL. Berlin 1648 (1a: 11 in: Np 310).

I. N. J. EXERCITATIONUM ETHICARUM DUODECIMA, DE VIRTUTE HEROICA, Quam PRÆSIDE M. ADAMO SPENGLERO, NEUKIRCHO-VAR. Gymn: Berl: Rect: Pro virili defendendam suscipiet JOHANN: GEORG: â Röbel. Nobilis Meso-March. Ad d. Febr. horis ab 8. matutinis. BEROLINI, literis Christophori Runge. ANNO M DC IIL. Berlin 1648 (1a: 12 in: Np 310).

I. N. J. EXERCITATIONUM ETHICARUM XIII. DE VIRTUTIBUS IMPERFECTIIS Quam PRÆSIDE M. ADAMO SPENGLERO, NEUKIRCHO-VAR. Gymn: Berl: Rect: Defendendam suscipiet GODEFRIED ROSNERUS, Berl. March. Ad d. April. BEROLINI, literis Christophori Runge. ANNO M DC IIL. Berlin 1648 (1a: 13 in: Np 310).

I. N. J. EXERCITATIONUM ETHICARUM XIV. & Ultima. DE VIRTUTIBUS INTELLECTUALIBUS. Quam PRÆSIDE M. ADAMO SPENGLERO, NEUKIRCHO-VAR. Gymn: Berl: Rect: Defendendam suscipiet FRANCISCUS Kemmerich/ Werbenâ-Marchicus. Ad d. 2. Maji. BEROLINI, literis Christophori Runge. ANNO M DC IIL. Berlin 1648 (1a: 14 in: Np 310).

J. N. J. CORONIS PRIOR DE TACITURNITATE Exercitationibus Ethicis adjecta, Quam PRÆSIDE M. ADAMO SPENGLERO, Neukirchô Var. Gymn. Berl. Rect. Pro viribus Defendendam suscipiet JOACHIMUS FRIDERICUS à Schlieben, Nobilis. Lusatus. Ad d. Junij. M. DC. XLVIII. Typis Christophori Runge. Berlin 1648 (1a: 15 in: Np 310).

I. N. J. CORONIS POSTERIOR DE GRATITUDINE, Quam PRÆSIDE M. ADAMO SPENGLERO, NEUKIRCHO-VAR. Gymn: Berl: Rect: Pro virili defendet ALBERTUS FRIDERICUS ab HÜNICKE, Nobilis Marchicus. Ad d. Julii Horis ab 8. matutinis. BEROLINI, literis Christophori Runge. Anno M DC IIL. Berlin 1648 (1a: 16 in: Np 310).

Exercitationum metaphysicarum 1–11. Berlin 1648/49 (1a: Nl 11847; die Exercitationes sind einzeln aufgenommen).

I. N. J. EXERCITATIONUM METAPHYSICARUM PRIMA De Philosophia in genere & constitutione Metaphysicæ in specie. Quam PRÆSIDE M. ADAMO SPENGLERO, Neukircho Var. Gymn. Berl. Rect. Pro virili defendet JOHANNES HALBICHIUS, Wusterhusâ-March. Ad d. Novembr. Horis ab 8. matutinis. BEROLINI, Literis Christophori Runge/ ANNO M. D. C. XLVIII. Berlin 1648 (1a: 1 in: Nl 11847).

I. N. J. EXERCITATIONUM METAPHYSICARUM SECUNDA De VARIETATE ESSENDI seu ENTE definitivè & distinctivè considerato Quam PRÆSIDE M. ADAMO SPENGLERO, Neukircho Var. Gymn. Berl. Rect. Pro virili Tuebitur CHRISTIANUS Kemmerich/ Werbenâ March. Ad d. Novembr. Horis ab 8. matutinis. BEROLINI, Literis Christophori Runge/ ANNO M. D. C. XLVIII. Berlin 1648 (1a: 2 in: Nl 11847).

I. N. J. EXERCITATIONUM METAPHYSICARUM TERTIA, De AFFECTIONIBUS ENTIS IN GENERE & UNITATE IN SPECIE. Quam Sub præsidio M. ADAMI SPENGLERI, Neukircho Var. Gymn. Berl. Rect. pro viribus defendere conabitur GEORGIUS GEWIN, Bornâ Misnicus. Ad d. Novembr. Horis ab 8. matutinis. BEROLINI, Literis Christophori Runge/ ANNO M. D. C. XLVIII. Berlin 1648 (1a: 3 in: Nl 11847).

I. N. J. EXERCITATIONUM METAPHYSICARUM QUARTA, De UNIONE ET COMMUNICATIONE. Quam Sub præsidio M. ADAMI SPENGLERI, Neukircho Var. Gymn. Berl. Rect. pro viribus defendere conabitur DANIEL Tiefftrunck/ Betterfeldâ Saxo. Ad d. Decembr. Horis ab 8. matutinis. BEROLINI, Literis Christophori Runge/ ANNO M. D. C. XLVIII. Berlin 1648 (1a: 4 in: Nl 11847).

I. N. J. EXERCITATIONUM METAPHYSICARUM QUINTA, De VERITATE & BONITATE TRANSCENDENTALI, Quam Sub præsidio M. ADAMI SPENGLERI, Neukircho-Var. Gymn. Berl. Rect. pro viribus defendere alloborabit JOHANNES HERTELIUS Zillingâ Halberstad. Saxo. Ad d. Decembr. Horis ab 8. matutinis. BEROLINI, Literis Christophori Runge/ ANNO M. D. C. XLVIII. Berlin 1648 (1a: 5 in: Nl 11847).

I. N. J. EXERCITATIONUM METAPHYSICARUM SEXTA, De ACTU ET POTENTIA, itemque PRINCIPIO ET PRINCIPIATO. Quam Sub præsidio M. ADAMI SPENGLERI, Neukircho-Var. Gymn. Berl. Rect. pro viribus defendere alloborabit JOHANNES BOTTIGER, Luccavia Lusatus. Ad d. Januarii. Horis ab 8. matutinis. BEROLINI, Literis Christophori Runge/ ANNO M. DC. XLIX. Berlin 1649 (1a: 6 in: Nl 11847).

I. N. J. EXERCITATIONUM METAPHYSICARUM SEPTIMA, De CAUSA & CAUSATO IN GENERE ET IN SPECIE DE CAUSA EFFICIENTE. Quam Sub præsidio M. ADAMI SPENGLERI, Neukircho-Var. Gymn. Berl. Rect. defendendum suscipiet JOHANNES GEORGIUS à RÖBEL Nob: Meso-Marchic. Gymnasio valedicturus. Ad d. Februarii. Horis ab 8. matutinis. BEROLINI, Literis Christophori Runge/ ANNO M. DC. XLIX. Berlin 1649 (1a: 7 in: Nl 11847).

I. N. J. EXERCITATIONUM METAPHYSICARUM OCTAVA, De CAUSA MATERIALI, FORMALI ET FINALI, Itemque Ente Dependente & Independente; A se & ab Alio; Creato & Increato; Corruptibili & Incorruptibili; Permanente & successivo. Quam Sub præsidio M. ADAMI SPENGLERI, Neukircho-Var. Gymn. Berl. Rect. defendendam suscipiet JOACHIMUS CRUGERUS, Havelbergâ Marchic. Ad d. Februarii. Horis ab 8. matutinis. BEROLINI, Literis Christophori Runge/ Anno M DC IL. Berlin 1649 (1a: 8 in: Nl 11847).

I. N. J. EXERCITATIONUM METAPHYSICARUM NONA, De Necessario & Contingenti, Finito & Infinito, Simplici & Composito, Toto & Partibus, Universali & Singulari, Completo & Incompleto. Quam Sub præsidio M. ADAMI SPENGLERI, Neukircho-Var. Gymn. Berl. Rect. defendendam suscipiet FRIDERICUS BERGMAN, Müncheb-Marchic. Ad d. Februarii. Horis ab 8. matutinis. BEROLINI, Literis Christophori Runge/ Anno M DC IL. Berlin 1649 (1a: 9 in: Nl 11847).

I. N. J. EXERCITATIONUM METAPHYSICARUM DECIMA, De Eodem & diverso. Communicabili & Incommunicabili. Absoluto & respectivo. Subjecto & Adjuncto. Naturali & Artificiali. Perfecto & Imperfecto. Signo & Signato. Mensurâ & Mensurato. Quam Sub præsidio M. ADAMI SPENGLERI, Neukircho-Var. Gymn. Berl. Rect. defendendam suscipiet CHRISTIANUS CRUGERUS, Cotbusiô-Lusatus. Ad d. 15. Martii. Horis ab 8. matutinis. Literis Christophori Runge/ Anno 1649. Berlin 1649 (1a: 10 in: Nl 11847).

I. N. J. EXERCITATIONUM METAPHYSICARUM UNDECIMA ET ULTIMA De SUBSTANTIA ET ACCIDENTE Quam PRÆSIDE M. ADAMO SPENGLERO, Neukircho-Var. Gymn. Berl. Rect. Provirili defendere conabitur. JOHANNES GEBLERUS, Cotbusiô Lusatus. Ad d. 19. Martii. Horis ab 8. matutinis. Literis Christophori Runge/ Anno 1649. Berlin 1649 (1a: 11 in: Nl 11847).

Oratiuncula ad Exequiatores habita, in fun. Sam. Hofmanni. Berlin 1649 (Küster/ Müller, 1752, II, S. 945).

DEO OPTIMO MAX. AUSPICE ! Fautorum Amicorumque votivi applausus Conscripti, dum DNS. MARTINUS=FRIDERICUS SEIDEL, J. U. L. Serenissimi Electoris Brandenburgici Consiliarius & Consistorii Marchici Assessor Cum Virgine Nobili Cunctisque Sui Sexus Virtutibus Condecoratissima MARTHA SOPHIA, VIRI emeriti Domini ANDRÆÆ KHOLI, ICti Clarissimi & ProCancellarii Marchionatus Brandenburgensis Natâ perdilectâ, Hilaria gamica celebraret, ANNO Post Christi Nativitatem 1649. 3. Non. Decemb. BEROLINI, CHARACTERE RUNGIANO. Berlin 1649 (1: Ms. Boruss. fol. 200, f. 91r–98r).

Epicedium für Johann Berkow, Archidiakon zu S. Marien. An: Vehr, Peter: Leichpredigt für Johann Berkow. Berlin 1651. (LP StA Braunschweig, Nr. 386).

FLEIUS AMICORUM, In luctuosissimum Obitum FOEMINÆ singulis sui sexus Virtutibus ac Dotibus Celeberrimæ MARTHÆ SOPHIÆ, ANDREÆ KOHLII, ICti & ViceCancellarii Marchici Filiæ, MARTINI FRIDRICI SEIDELII, Consiliarii Brandenburgici Uxoris singulariter dilectæ & eheu / primo Matrimonii anni unico filiolo relicto defunctæ. MORIENDUM. s. l. e. a. [Berlin 1650] (1: Ms. Boruss. fol. 200, f. 108r–112r, Druckimpressum abgeschnitten; nach Dünnhaupt, 1991, V, S. 3648, angeschlossen an: Fromm, Joachim: Leichpredigt für Martha Sophia Seidel geborene Kohl. Berlin 1650).

Epicedium für Anna Hedwig Heinsius geborene Seger, Ehefrau von Martin Heinsius, Pfarrer in Frankfurt/O. An: [Ludecus ?] Christoph, Johann: Leichpredigt für Anna Hedwig Heinsius geborene Seger. 1649. (LP StA Braunschweig, Nr. 6196).

SERMO Ad Exequiatores In funere Lepidissimi pariter ac Mellitissimi Pusionis, CONSTANTINI=ANDREÆ, Viri pl. Reverendi, Clarissimi, DN. JOHANNIS BERCOVII, Ad D. Mariæ Ecclesiastæ primarii Meritissimi, filioli desideratissimi habitus à M. Adamo Spenglero Gymn. Berol. p. t. Rectore. Berlin 1650 (1: an 16 in: Ee 502).

J. N. J. Verbum caro factum est: Das ist: Eine Predigt über die Wort Johannis des Evangelisten: Jm Anfang war das Wort/ ... Am dritten Weyhnachtfeyertage zu Berlin in der Kirchen zu St. Nicolai gehalten ... Von Adam Spenglern/ ... Pastore ... Wrietzen an der Oder. Berlin/ Gedr. bey Christoff Runge/ im Jahr 1651. Berlin 1651 (1: Ea 6126 ehem.).

Locus de Deo trinuno thesibus succinctis comprehensus, it quaestio de apparitionibus filii Dei in V. T. in Synodo pastorali ventilata respondente Christoph. Gromann, Wricensium Archid. Witt. 1651. Wittenberg 1651 (Küster/ Müller, 1752, II, S. 945).

Danck= und Bet=Kunst aus dem schönen Sprüchlein: Nun danket alle GOtt aus Sir. L. in 7 Predigten gezeiget, nebst noch anderen 3 Predigten. Wittenberg 1652 (Diterich, 1732, S. 170; Küster/ Müller, 1752, II, S. 945).

Schmerzlicher Hinzug, aber erfreuliche Wiedererstattung wahrer liebsten Kinderlein aus Bar. IV,19 sq. bey der Leiche Christian Dünklers. Berlin 1652 (Küster/ Müller, 1752, II, S. 945).

Extract der vornehmsten Weigelianischen Jrrthümer. Wittenberg 1653 (Küster/ Müller, 1752, II, S. 945; nach Diterich, 1732, S. 171, erst 1658 erschienen).

Heptalogus Christi, d. i. Kurze und einfältige Erklärung der 7 Worte Christi am Creutz, in 7 Predigten (dazu 1 Vorbereitung=Predigt aus Thren. 1 gekommen) abgehandelt. Leipzig 1653 (Diterich, 1732, S. 170; Küster/ Müller, 1752, II, S. 945).

Oesterliche Andachten. Leipzig 1654 (Küster/ Müller, 1752, II, S. 945).

I. N. J. Täglicher Buß=Spiegel/ Darinnen ein jeder rechtschaffener Christ sich und sein sündhafftiges Leben Abends und Morgens bespiegeln/ ... / kan und sol. Nach Anleitung des Ein und Funfftzigsten recht güldenen Buß= und Bet=Psalms Königes Davids in unterschiedenen Predigten/ Darzu noch Vier andere von den Fünff Wunden JESU Christi gekommen/ vorgestellet von M. ADAM Spenglern/ Pfarrern und Inspectorn zu Wriezen an der Oder. Matth. III. Thut Busse/ denn das Himmelreich ist nahe herbeykommen. Leipzig/ Gedruckt durch Qvirin Bauchen. Jn Verlegung Andreas Hartmans Buchhändl. in Wittenberg. Jm Jahr Christi M DC LV. Leipzig und Wittenberg 1655 (23: Te 1267; Diterich, 1732, S. 170; Küster/ Müller, 1752, II, S. 945; Deutsche Drucke des Barock HAB, 1986, B 6162).

»Tristia Theiologûm quam plurima fata videmus: ...« [Epicedium]. In: Sterbe=Lust/ Des frommen und gottfürchtigen Simeonis/ aus seinem Sterbeliede/ Luc. 2: 29/30/31/ & 32. Bey ansehnlichen Leichbegängnüß Des weyland WolEhrwürdigen/ Vorachtbarn und Wolgelarten Hn. M. GEORGII Kruckenbergen/ in die 24. Jahr wolverordneten und trewfleißigen Archi-Diaconi der Haupt=Kirchen zu S. Marien in Prentzlow/ Welcher am 1. Septemb. des 1655. Jahres in Gott seligst verschieden und folgends am 9. Septembr. in itzt bemeldeter Hauptkirchen/ nicht sonder grosses Leidwesen und Betrübnüß vieler seiner frommen und danckbaren Zuhörer/ mit Christlichen Ceremonien beygesetzet und beerdiget worden. Erkläret von M. DAVIDE MALICHIO, P. und Superintendenten daselbsten. Berlin/ Gedruckt bey Christoff Runge. s. a. [1655]. (1: Ee 519, 24).

Der seelige wie auch unselige Mensch abgebildet in dem ersten recht güldenen Psalm Davids in 2 Predigten (dazu eine Vorbereitungs=Predigt von der Hoheit und Würdigkeit des Psalterbuchs) abgehandelt von M. Adamo Spenglero. Berlin 1657 (zugleich Wittenberg 1657) (1: 19 an: E 138; Diterich, 1732, S. 170; Küster/ Müller, 1752, II, S. 945).

Epicedium für Dietloff Friedrich von Barfuß. An: Lilius, Georg: Leichpredigt für Dietloff Friedrich von Barfuß. 1659 (1: an 5 in: Ee 501).

Catechismus=Fragen. Berlin 1659 (Küster/ Müller, 1752, II, S. 945).

Jammerspiegel des lieben Hiobs aus Hiob 4,20 seq. Bey Beerdigung Sechs feiner Leute, welche den 8 Maj. 1657. zu Güstebiese elendiglich von der Leimgruben erschlagen worden, zu Wriezen vorgestellet. Küstrin 1659 (Küster/ Müller, 1752, II, S. 945; Dinse, 1877, S. 562).

Der Teutschen Bestes Buch und güldenes Schatzkästlein Das ist e. Predigt Von dem ... Nutzen d. Teutschen Bibel ... geh. zu Wriezen a. d. Oder Von M. Adam Spenglern. Berlin 1661 (zugleich Wittenberg 1661) (1: 2 an: Td 9917ᵃ ehem.).

J. N. J. Der Christen Bester Cammerad Das ist Eine dreyfache Predigt von der Menschwerdung Jesu Christi ... gehalten von M. Adam Spenglern/ Pfarrern u. Inspect. zu Wrizen an der Oder. In Verlegung Daniel Reichels/ Buchhändlers zu Berlin ... Wittenberg 1661 (1: Ea 6130 ehem.; 1: 3 an: Td 9917ᵃ ehem.; Diterich, 1732, S. 170).

Exercitationes logicae et metaphysicae. 3. Aufl. 1666. s. l. e. a. (Heidemann, 1874, S. 155).

Miscellanea nonnulla diuersis temporibus exhibita, et maximam partem in Gymnasio Berolinensi ventilata. (Küster/ Müller, 1752, II, S. 945).

Literatur

Gromann, Christoph: ô Jova Juva! Christlicher Leich-Sermon/ über die wunderschönen Worte Königes Davids/ Psalm 116. v. 7/8/9. Sey nu wieder zu frieden meine Seele/ etc. Bey der Leichbestattung Des ... Herrn M. Adami Spengleri, Treufleißigen Pastoris zu Wrietzen an der Oder/ Als er den 15. Martii in der Pfarr-Kirchen daselbst ... beygesetzet worden ... gehalten ... Durch Christophorum Gromann ... Franckfurt an der Oder/ Gedruckt bey Christoff Zeitlern, Anno 1665. Frankfurt/O. 1665 (Kemp, 1975, S. 54); Halbichius, Johannes: Abdankung für Adam Spengler (Diterich, 1732, S. 170); Diterich, 1732, S. 168–172; Küster/ Müller, 1752, II, S. 944f.; Heidemann, 1874, S. 151–156; Gudopp, 1900, S. 8 u. 15, 1902, S. 4; Nohl, 1903, S. 97; Fischer, 1941, II, S. 839.

Stosch, Bartholomaeus

* 12. Sept. 1604 Strehlen/Niederschlesien
† 5. März 1686 Berlin
Hofprediger, reform.
V Bartholomaeus S. (1566–1625, Rektor der Stadtschule Strehlen
M Justina geb. Lange
⚭ I. seit 14. März 1647 mit Catharina Elisabeth (1626–1651), Tochter des Johann Scharde, Hof- und Kammergerichts-Pronotars
   II. Catharina Elisabeth, Tochter des Konsistorialrats und Protonotars Heinrich Tybelius
   III. Christina Juliana, verw. von Rhode, Tochter des Georg Wezel, kfl. Obrist in Posen
K Johann Christoph, kfl.-brdbg. Hof- und Kammergerichts-Rat; Friedrich Wilhelm (25. Dez. 1648–20. Aug.1704), kfl.-brdbg. Geh. Kammer-Sekretär, kgl.-preuß. Hofrat; Wilhelm Heinrich (gest. 1714), Kammerdiener des Markgrafen Ludwig, Hofrat und Geh. Kämmerer; Amelia Louisa, verh. mit Joachim Scultetus von Unfried, Geh. Rat; Catharina Elisabeth, verh. mit Johann Sennig, kfl. Kammerdiener und Bürgermeister Friedrichswerder; Bartholomäus; Louise Hedwig, verh. mit David Schleemüller, kfl. Rat und Kommissar in Minden

1620–1625	Schönaichianum Beuthen a. d. Oder
1626–1629	Universität Frankfurt/O.
1632–1640	Studien in Holland (Leiden), Frankreich und England als Mentor des jungen Herrn von Gilgenburg
seit 1643	kfl. Hofprediger
1659	Konsistorialrat

Bartholomaeus Stosch wurde am 12. Sept. 1604 in Strehlen als Sohn eines Lehrers geboren, der in Wittenberg studiert und später den reformierten Glauben angenommen hatte. Den ersten Unterricht erhielt er in der Schule, der der Vater als Rektor vorstand. Anschließend begab er sich auf das Gymnasium nach Beuthen – nach seinem Stifter Georg von Schönaich Schönaichianum benannt –, das vor allem dadurch bekannt war, daß es den gemäßigten Standpunkt Melanchthons vertrat und in konfessioneller Hinsicht möglichst alles vermied, was Anlaß zu Religionsstreitigkeiten geben konnte. Seine Lehrer waren hier Jeremias Colerus, der zugleich Pfarrer in Beuthen war, Adam Liebig, Georg Vechner (1590–1647) und Johannes Scultetus sowie Martin Füssel, Sohn des gleichnamigen bekannten kurbrandenburgischen Hofpredigers, der die Fächer Ethik und Politik vertrat. Letzterer vermittelte dem jungen Stosch eine Begegnung mit seinem Vater, durch den Stosch zum Studium nach Frankfurt/O. empfohlen wurde und im Hause des Frankfurter Theologieprofessors und Bruders des Berliner Hofpredigers Johann → Bergius, Conrad Bergius, eine Unterkunft fand. Damit öffnete sich für Stosch das Patronage- und Klientelsystem der reformierten brandenburgischen Theologen (Conrad Bergius war wiederum mit einer Schwester des Beuthener Professors Füssel verheiratet), der seinen weiteren Lebensweg bestimmte. So empfahl ihn Johann Bergius nach Abschluß des Studiums an den in Preußen ansässigen Herrn von Wittmannsdorf als Hauslehrer. Stosch knüpfte hier freundschaftliche Beziehungen zu Achatius III. Burggraf von Dohna, mit dem er auch einen regen Briefwechsel unterhielt. 1632 wurde Stosch Hauslehrer beim Erbhauptmann von Gilgenburg, Albrecht Funck, dessen Vetter Jacob Funck er unterrichtete und mit dessen Sohn auf eine achtjährige Studienreise nach Holland (Leiden), Frankreich und England ging. 1640 nahm er eine Predigerstelle bei dem Grafen Dönhoff in Pilten/Kurland an und ließ sich vorher durch die Böhmischen Brüder in Lissa ordinieren. Graf Dönhoff empfahl den Hofpredigern Johann Bergius und Adam Christian → Agricola (1593–1645) seinen Pfarrer, so daß dieser Ostern 1643 vor der Mutter der Kurfürstin in Königsberg predigen durfte und daraufhin zum Hofprediger berufen wurde (Bestallungsurkunde vom 22. Febr. 1644). Bemerkenswert an dieser Bestallung war, daß Stosch »in Lehren und Gottesdienst allein an das Wort Gottes, welches in den Schriften der Propheten und Apostel verfaßt [war]« gebunden wurde. »Diesem allein gemäß sollte er sich verhalten. Es ist die freieste Form der Verpflichtung für einen Geistlichen, die man sich denken kann. Keine einzige Bekenntnisschrift, nicht einmal das Apostolicum oder die Augsburgische Konfession ist genannt.« (LANDWEHR, 1893, S. 101.) In den ersten Jahren seiner neuen Tätigkeit begleitete Stosch die kurfürstliche Familie auf ihren Reisen und wurde der vertrauteste Prediger der Kurfürstin Luise Henriette. Im Januar 1659 wurde Stosch als Nachfolger von Johann Bergius in das Konsistorium berufen (GStA Rep. 47, 4), womit seine eigentliche kirchenpolitische Wirksamkeit begann. Unter der Leitung des Oberpräsidenten Otto von Schwerin (1616–1679) trug er nun jene Maßnahmen mit, die die Lage der Reformierten im Lande verbessern sollten und den lutherischen Theologen ein Angriff auf ihre verbriefte Glaubensfreiheit war. Stoschs Berufung wurde auf Anordnung des Kurfürsten (Reskript vom 14. Juli 1659, vgl. MEINARDUS, 1889ff., Bd. 5) publizistisch begleitet durch die Neuauflage der »Predigt über die Evangelische Warnung Christi Wegen der Falschen Propheten Matth. VII. v. 15–24. (…) Berlin 1659«, die er bereits 1653 während des Landtags gehalten und darin seine Positionen hinsichtlich einer Annäherung der reformierten und lutherischen Standpunkte dargelegt hatte. Diese Darlegung blieb jedoch nicht ohne Widerspruch: sowohl der Kolberger Prediger L. J. Colberg (»Confession … Von den Falschen Propheten. Matth. 7 a vers. 13 ad 26. Wobey zwey Fragen erörtert. I. Ob die Papistische Lehrer oder die von Luthero Reformirte, oder die von Calvino Reformirte Lehrer falsche Propheten seyn. II. Ob die von Luthero Reformirte oder die von Calvino Reformirte Lehrer die meiste Lust zum Kirchenfrieden haben, selben wünschen, suchen und fodern … Colberg, gedruckt bey Jacob Kusen. Anno 1660, den 1. Octobr.«) als auch der Stolper Pfarrer J. Schwartz (»Abgesagte Tolerantz oder Verträglichkeit der Calvinischen Lehre, so lange die Calvinisten unter andern auch dieses nicht glauben, daß dem mit Gott vereinigten Menschen die Macht Wunder zu thun gegeben sey, Wieder des vielfältig Vertrag= und Friedgebieten, Anerbieten und zum Theil auch Annehmen: damit die Christl. Hinter=Pommerische Kirche von Calvinischer Seiten zu diesen Zeiten höchst gefähret wird, … mit einer Vorrede vermehrt und der Hochberühmten Greiffswaldischen Theologen Iudicio wolbewahrt In Druck gegeben. Alten=Stettin, gedruckt durch Michael Höpfnern 1662«) kritisierten, daß Stosch eine Annäherung der Lutheraner forderte, ohne sich in den eigenen Positionen kompromißbereit zu zeigen. Diese beiden Schriften ließen bereits erahnen, welche Probleme die sogenannten Berliner Religionsgespräche beherrschen würden. Stosch, als Verhandlungsführer der reformierten Seite, verfaßte die beiden kurfürstlichen Toleranzedikte (2. Juni 1662/ 16. Sept. 1664), die von der lutherischen Seite verlangten, sich jeglicher theologischer Angriffe zu enthalten. Daß die Edikte des weiteren die Rechte der lutherischen Orthodoxie bei der Vokation neuer Prediger beschnitt, war für viele Pfarrer Anlaß, sich der Unterzeichnung des Reverses zu widersetzen und damit die Amtsenthebung in Kauf zu nehmen (siehe Paul → Gerhardt, J. E. → Reinhardt, Andreas → Fromm). Eine Darstellung der reformierten Standpunkte gab Stosch nochmals in dem ›Summarischen Bericht‹, der das Glaubensbekenntnis der »Confessio Sigismundi« sowie die Bekenntnisschriften von Leipzig 1631 und Thorn 1645 zugrunde legt. Die Schrift rief wiederum zahlreiche Gegenschriften hervor: »Kurtze Anmerckungen auff den neulich zu Cölln an der Spree gedruckten Summarischen Bericht B. S. Von der Märckischen Reformierten Kirchen Einträchtigkeit mit andern in und ausser Deutschland Reformierten gemeinen. Dantzig im Jahr Christi 1666.« /»Außführlicher Gegen-Bericht einem Summarischen Bericht B. S. Von der Märckischen Reformierten Kirchen Einträchtigkeit mit anderen in und ausser Deutschland Reformierten Gemeinen Zu diesem mal in dem einigen Articul von dem Leiden und Sterben unsers Herrn Jesu Christi entgegengesetzt von P. S.« /»Löscher, Kaspar: Alte abgenützte und verlegene Lumpen Welche Ein Religions=Trödtler zu Cölln an der Spree P. S. in seinem Summarischen Bericht Wiederumb auffs neue zu Marckt gebracht, unserseits Theologen aber Vorlängst gründlich widerleget, Jedermann vor Augen, B. S. Aber zur Vindicierung gestellet. Leipzig, zu finden bey Joh. Wittigauen 1666«.

Neben Johann → Kunsch von Breitenwald und Heinrich → Schmettau war Stosch 1668 auch an den Religionsverhandlungen zur Herstellung einer brandenburgisch-anglikanischen Kirchenunion mit Johann Duraeus (1596–1680) beteiligt. Stosch lehnte aber die Pläne des Schotten ab, worin ihm der Kurfürst folgte. Auch den Unionsverhandlungen mit dem katholischen Bischof Christoph Rojas von Spinola (1682) erteilte Stosch eine Absage. Zu dieser Zeit war allerdings sein kirchenpolitischer Einfluß bereits sehr gemindert, da seit 1669 sein kirchenpolitischer Weggefährte, Otto von Schwerin, der ›geistlichen Angelegenheiten‹ enthoben war.

Stosch war bei den Zeitgenossen sehr umstritten. Den Reformierten galt er als streitbarer Wortführer; die Lutherischen sahen in ihm einen ihrer Hauptfeinde. Theologisch stand Stosch etwa auf demselben Standpunkt wie der andere große Berliner Hofprediger des 17. Jahrhunderts, Johann Bergius: »Er verfocht den Universalismus der göttlichen Gnadenwahl. (…) Die Konsequenz der strengen Prädestinationslehre, daß

Gott einem ruchlosen Menschen, welcher die Zeit seines Lebens übel zugebracht, dennoch ein gutes Ende verleihet, wenn er nur berufen ist, zog Stosch in Zweifel« (THADDEN, 1959, S. 182). [JS]

Werke

Taufpredigt bei der Taufe des Prinzen Wilhelm Heinrich (1648). (Landwehr, 1893, S. 135: Druck nicht bekannt).

Tauff=Predigt. Bey der Christlichen Tauff des durchlauchtigsten Fürsten und Herrn Herrn Friderici, Printzen zu Brandenburg etc. etc. etc. Welcher am 11. Julii 1657 zu Königsberg gebohren und am 29. getauft worden. Gehalten und auff Begehren in Druck gegeben. Zu Königsberg im Kneiphoff, druckts Churfürstl. Buchdrukker Paschen Mense. s. a. [1657]. 4°. (Landwehr, 1893, S. 135; Küster/Müller, 1737, I, S. 164).

Predigt auf Anna Sophie Herzogin zu Braunschweig und Lüneburg und Elisabeth Charlotte Churf. George Wilhelms Gemahlin. [1659]. (BIBLIOTHECA Carol Conr. ACHENBACH, 1728, Appendix I, S. 7; Verzeichnis der Leichenpredigten Franckesche Stiftungen).

Zwo Leich-Predigten/ Aus dem 71. Psalm v. 17. 18. 19. 20. 21. Die Erste; Dem weyland Wol Ehrwürdigen/ Großachtbarn und Hochgelahrten Herrn JOHANNI BERGIO S. S. Theol. D. und Churfürstl. Brandenb. Wolverdienten Hoff=Prediger und Consistorial-Raht/ Welcher am 27. Decembr. Anno 1658 selig in Christo entschlaffen und dessen verblichener Cörper am 6. Jan. Anno 1659 in der Thumkirchen zu Cölln an der Spree begraben worden. Die Andere; Der weyland Edlen/ Viel=Ehr= und Tugendreichen Frawen Ursula Matthiassin/ Seligen Herrn D. Bergii nachgelassenen Witwen/ Welche am 18. Januarii Ihrem EheHerrn durch einen Seligen Abschied gefolget und am 23. dieses in Sein Grab beygesetzet worden. Gehalten durch Bartholomaeum Stoschium, Silesium des Sel. Verstorbenen gewesenen Collegen. Berlin/ Gedruckt bey Christoff Runge. s. a. [1659]. 4°. (1: Ee 502, 13).

Leichpredigt/ Aus dem 2. Capitel Lucae Vers 29/30/31. Bey der Leichbegängnüß Des weyland Edlen/WolEhrenvesten/ Groß=Achtbarn und Hochgelahrten Herrn Johann Fischers/ Chur=Brandenburgischen gewesenen Raths und Geheimbten Cammer=Secretarii, Nachdem derselbige am 10. Septembris Anno 1659. zu Nachts umb II. Uhr im HERRN entschlaffen/ und der verblichene Cörper am 18. begraben worden/ Gehalten durch Bartholomaeum Stoschium, Churfürstl. Brandenb. Consistorial-Raht und Hoffpredigern. In: Zwo christliche Leichpredigten zweyer gewesener Eheleute Als Des weyland Edlen WolEhrenvesten GroßAchtbarn und Hochgelahrten Herrn Johann Fischers Churfürstl. Brandenb. Raths und Geheimen Cammer-Secretarii Welcher am 10. Septembr. Anno 1659 zu Nacht umb 11 Uhr im Herrn selig entschlaffen; und der Wol=Edlen und Ehren Viel Tugendreichen Frauen Catharinen Matthiaßin vorbenennten H. Fischers Sel. Eheliebsten Welche zwar vor ihrem Eheherrn eine geraume zeit als am 30. Novembr. 1656 diese Welt gesegnet itzo aber beyde Leichpredigten zugleich zum Druck gegäben. Durch BARTHOLOMAEUM STOSCHIUM, und JOHANNEM KUNSCHIUM, Predigern bey der Thumkirchen in Cölln an der Spree. Berlin/ Gedruckt bey Christoff Runge. s. a. [1659]. 4°. (1: Ee 509, 12).

Predigt/über die Evangelische Warnung Christi/ Wegen der Falschen Propheten/ Matth. 7. à v. 15. bis 24. Darbey diese zwey Fragen/ I. Wie sich die Evangelischen/ Reformirte und Lutherische insgesambt gegen die Römisch=Catholische: II. Wie sich die Evangelischen unter sich Selbst bey= und wegen der streitigen Religions=Puncte gegeneinander verhalten sollen: Schlecht und recht/ ohne subtile Terminos der falschberühmten Kunst erörtert und auf Begehren in Druck gegeben/ Durch Bartholomaeum Stoschium. Berlin/ Gedruckt bey Christoff Runge/ 1659. (14: Th. ev. asc. 203m misc. 3).

Leichpredigt auf Louise Margarethe Grote (1660). (Verzeichnis der Leichenpredigten Franckesche Stiftungen Halle, S. 232).

Kampff und Sieg der Kinder Gottes/ bey dem Leich=Begängniß Der weiland Durchleuchtigsten Frauen/ Frauen Anna Sophia/ Geborner aus Churfürstlichem Stamme der Marggraffen zu Brandenburg/ Hertzoginn zu Braunschweig und Lüneburg Witwen/ Hochseligen Andenckens/ Als Dieselbige im Jahr 1659. den 19. Decembr. in Christo seliglich entschlaffen/ Und hernachmals in der Thumbkirchen zu Cölln an der Spree am 6. Septembr. dieses 1660. Jahres Ihr verblichener Cörper in das Churfürstliche Erb=Begräbniß mit gewöhnlichen solennitäten beygesetzet worden. Erkläret aus dem 119. Psalm v. 92. Durch Bartholomaeum Stoschium,

Churf. Brandenb. Hoffprediger und Consistorial-Raht. Berlin/ Gedruckt bey Christoff Runge. s. a. [1660]. (1a: Sl 1971; 14: H. Boruss. 253, XVI).

Wahres Christenthumb Der weiland Durchleuchtigsten Fürstinn und Frauen Frauen Elisabeth Charlotte Marggräffinn und Churfürstinn zu Brandenburg geborener aus Churfürstl. Stamme der Pfaltzgraffen am Rhein Wittiben Hochsel. Andenckens Bey Dero Fürstl. Leich-Begängniß Da der Churfürstl. Cörper am 4. Sept. 1660 in der Thumbkirchen zu Cölln an der Spree in das Churfürstl. Erb-Begräbniß mit gewöhnlichen solennitäten beygesetzet worden. Aus dem Sendbrief Pauli an die Ephes. II. 8–10. erkläret. Berlin Gedruckt bey Christoff Runge. s. a. [1660]. 4°. (14: H. Boruss. 254, XIII).

Die gedultige Hoffnung der Krancken und sterbenden Christen bey dem Leich-Beg. Fr. Louyse Margaretha von Rochow, Herrn Otto Groten Dohm-Probsten zu Havelberg a. 1660 aus Micha VII. 9. Berlin s. a. [1660] 4°. (Küstler/ Müller, 1737, I, S. 165).

Betrachtung Der Sterblichkeit Bey dem Adelichen Leichbegängniß Des weiland Hoch=Edelgebornen Herrn Herrn Christian Sigismund von Wreich, Sr. Churfürstlichen Durchl. zu Brandenburg Wolbestalten Hoff= und Legation-Raths, Residentz-Schlosses und der Ämter Arendsee und Distorff Hauptmannes Erb=Herrn auff Ehrenberg Welcher Am 31. Martii Anno 1661 in Christo selig entschlaffen und dessen verblichener Cörper nachmals in der Thumkirchen zu Cölln an der Spree am 21. Julii mit gewöhnlichen Ceremonien zur Erden bestattet worden. Erklärt aus dem 39. Psalm v. 6. Berlin Gedruckt bey Christoff Runge. s. a. [1661]. 4°. (Landwehr, 1893, S. 137; Küster/Müller, 1737, I, S. 164; ehem. in der Bibl. des Grauen Kloster).

Frage: Ob, und wie weit die Evangelisch Reformirten und Lutherischen ohne Verletzung der Göttlichen erkannten Wahrheit, und der Christlichen Liebe in Christ=Brüderlicher Friedfertigkeit und Einträchtigkeit leben solten und könten? Erkläret in einer Predigt aus Rom. 15. vers 5. 6. und auff Begehren umb der einfältigen willen mit wenigem weiter außgeführt. Nebens angehängter Antwort auff eines Pommerischen Theologen Refutation Schrifft und einem Verzeichniß der vornehmsten Auctorum, so vom Evangelischen Kirchen=Friede geschrieben. Berlin gedruckt und verlegt von und bey Christoff Runge 1661. 4°. (Weiterer Druck ohne Ort und Jahr; vgl. Landwehr, 1893, S. 126 und 136; Küster/Müller, 1737, I, S. 164).

Was einer Staats=Person und Raths höchster Wunsch und Absehn seyn soll: Zum Ehrengedächtniß Des weiland Wol Edlen Vesten und Hochgelahrten Herrn Johannis Tornau J. U. D. Churfürstl. Brandenburgischen vornehmen Geheimbten Staats= auch Hof= und Cammergerichts=Raths und Lehen=Secretarii Nachdem Derselbe am 18. Aug. dieses 1662sten Jahres selig entschlaffen und am 28. der verblichene Cörper in sein Ruhekämmerlein beygesetzet worden. Erkläret und auff Begehren in Druck gegäben. Berlin gedruckt bey Christoff Runge Anno 1662. 4°. (1: Ee 538, 10; LB Coburg).

Frommer Witwen Trost Über den Verlust eines einzigen Sohnes Aus der Historia von der Wittwen zu Nain Luc. 7 Zum Ehrengedächtniß Des weiland Hoch=Edelgeborenen Herrn Herrn Bogislaw von Somnitz Sr. Churfl. Durchl. zu Brand. Wolbestalten Hoff= und Cammergerichst=Rath auff Grünne Erbsessen Nach Dem derselbige im Jahr 1659 in Cüstrin diese Welt gesegnet und selig verschieden hernach in der Pfarrkirch zu Neuen Stettin den 20. Juni Anno 1661 mit Adelichen Ceremonien Beygesetzet worden. Erkläret und auff Begehren in Druck gegäben. Berlin Gedruckt bey Christoff Runge 1662. (1: Ee 535, 20,1).

Der Reformirten Christen Glaube und Hoffnung/ Aus der 2. an Timotheum am I. v. 12. Zum Ehrengedächtniß Des weiland Hoch=Edelgebohrenen Herrn/ Herrn Ulrich Gottfried von Somnitz/ Churfürstl. Brandenb. vornehmen Raths, Burg=Richters und Hauptmannes auff Neuen=Stettin/ auff Steppen Erbsessen/ etc. Nachdem derselbige im Jahre 1660. den 10. Decemb. zu Neuen=Stettin selig verschieden/ hernach Sein Adelicher Cörper am 19. Junii 1661. daselbst mit Christ=Adelichen Ceremonien beygesetzet worden. Erkläret und auff begehren zum Druck übergeben Durch Bartholomaeum Stoschium. Berlin/ Gedruckt bey Christoff Runge/ Anno 1662. 4°. (1a: Ee 535, 19; 1: Ee 535, 20).

Der Christen Trost und Hoffnung/ Zum Ehren=Gedächtniß Des weiland Wol=Edlen/ Groß=Achtbarn und Hochgelahrten Herrn Otto Böttichers M. D. Churfürstl. Brandenb. Raths und Wol=verdienten Eltesten Leib=Medici Nachdem derselbige am 8. Martii dieses 1663. Jahres selig in Christo entschlaffen und dessen verblichener Cörper am 15. in seinem Ruhekämmerlein beygesetzet worden. Erkläret auß dem 91. Psalm v. 15. 16. und auff begehren in Druck gegäben Durch Bartholomaeum Stoschium. Berlin/ Gedruckt bey Christoff Rungen. s. a. [1663]. 4°. (1: Ee 503, 14).

Der Kinder Gottes Creutz= und Todeskampff Zum Ehrengedächtniß Des weiland Edlen Wol=Ehrenvesten Großachtbaren und Hochgelahrten Herrn Caspar Taschenbergs Seiner Churfürstlichen Durchleuchtigkeit zu Brandenburg Wolverdienten Geheimbten Secretarii und Protocolisten Nach dem Derselbige am 16. Martii dieses 1663 Jahres selig in Christo entschlaffen und dessen verblichener Cörper am 22. dieses in sein Ruhekämmerlein beygesetzet worden. Erkläret aus dem 2. Buche Mosis am 32. v. 24. seqq. Und auff Begehren in Druck gegäben. Zu Berlin Gedruckt bey Christoff Runge Anno MDCLXIII. 4°. (1: Ee 537, 10).

Summarischer Bericht Von der Märckischen Reformirten Kirchen Einträchtigkeit/ mit andern in und ausser Deutschland Reformirten Gemeinen, Mit Sr. Churf. Durchl. Wissen und Genehmhabung auffs kürtzeste abgefaßt/ und in Druck gegeben. Durch B. S. Marc. 9: 40 Wer nicht wider uns ist, der ist für uns. Cölln an der Spree/ Druckts Georg Schultze/ Churfürstl. Brandenb. Buchdrucker auff dem Schlosse daselbst. 1666. 4°. (1: 3 an De 35133; 1a: Dk 13103, 11 und 14; erschien nur unter dem Namenskürzel von Stosch; zu den Gegenschriften, die dieser Titel hervorrief, vgl. Landwehr, 1893; weitere Auflage Cölln/Spree 1685).

Succincta expositio consensus ecclesiae reformatae Marchicae cum aliis in Germania et extra Germaniam reformatis ecclesiis indulto et approbatione Serenissimi electoris Brandenburgici paucis expedita et in lingua Germanica prael. commissa A. 1666 a B. S. recusa A. 1685. Nunc primum ex Germanica in Latinam linguam translata Francofurti ad Viadrum. Excudebat Joh. Coepselius. Ac. typ. 16°. Frankfurt/O. 1685 (Landwehr, 1893, S. 138: Übers. ins Lat. von: Summarischer Bericht Von der Märckischen Reformirten Kirchen Einträchtigkeit mit andern in und ausser Teutschland ... 1666.).

Die Selige Hoffnung/ Der weyland Durchläuchtigsten Fürstinn und Frawen/ Frawen Louyse Marggräffinn und Churfürstinn zu Brandenburg/ Gebohrnen Princeßinn zu Oranien/ etc. in Preussen/ zu Magdeburg/ Jülich/ Cleve und Berge/ Stettin Pommern/ der Cassuben und Wenden/ auch in Schlesien/ zu Crossen und Jägerndorff/ Hertzogin/ Burggräffin zu Nürnberg/ Fürstin zu Halberstadt/ Minden und Cammin/ Gräffin zu der Marck und Ravensperg/ Frawen zu Ravenstein und der Lande Lawenburg und Bütow etc. Als Dieselbige im Jahr 1667. den 8. Junij umb 6. Uhr Abends in Christo selig entschlaffen/ und hernachmals in der Thumkirchen den 26. Novembr. desselben Jahres mit Chur= und Fürstlichen Solennitäten in das Churfürstl. Begräbnüß beygesetzet worden. Aus dem Hiob am 13. v. 15. erkläret Durch BARTHOLOMAEUM STOSCHIUM, Churfürstl. Brandenb. Consistorial-Raht und ältesten Hoff=Prediger. Cölln an der Spree/ Druckts Georg Schultze/ Churf. Brandenb. Buchdrucker auff dem Schlosse daselbst. (14: H. Boruss. 18, 3).

Christliche Leichpredigt/ Aus dem 118. Psalm/ Bey dem Hoch=Adelichen Leichbegängnüß Der weyland/ Hoch=Edelgebornen/ Viel=Ehr= und Tugend=reichen Frauen/ Fr. Agnes Dorotheen/ Gebornen von Götzen/ Des Hoch=Edelgebornen/ Gestrengen und Mann=vesten Herrn/ Isaac Du Plessis-Gouret, Der Churfl. Durchl. zu Brandenburg etc. etc. wollbestalten Obristen Lieutenants der Vesten und Garnison Spandow/ und der Chur=Printzl. Durchl. etc. etc. Cammer=Junckern/ uff La primaye, Espande und Malßdorff etc. Erbherrn / Hertzgeliebten Ehe=Frauen. Nachdem dieselbe im Jahre 1667 den 4. Septembr. zwischen 5. und 6. Uhr des Abends in Christo selig entschlaffen/ und Ihr verblichener Cörper den 4. Novembr. zu Cölln an der Spree in der Thum=Kirchen in Ihre Ruhekammer beygesetzet worden. In volckreicher Versammlung gehalten Durch Bartholomaeum Stoschium, Churfürstl. Brandcnb. ältesten Hoff=Prediger und Consitorial-Raths Cölln an der Spree/ Druckts Georg Schultze/ Churfl. Brandenb. Buchdr. auf dem Schlosse. s. a. [1667]. 4°. (1: Ee 705–491).

Die Worte Pauli 1. Tim. IV. 10. Gott ist der Heyland aller Menschen, sonderlich aber der Gläubigen. In einer kurtzen Sermon auff der Churfürstl. Residentz zu Cölln an der Spree am 2. Sontag nach Trinit. Erkläret Und Auff Sr. Churfl. Durchl. gnädigstes Begehren zum Druck übergeben. Kölln an der Spree Druckts Georg Schultze Churfl. Brandenb. Buchdrucker auff dem Schlosse. Im Jahr 1670. 4°. (Landwehr, 1893, S. 139; Küster/Müller, 1737, I, S. 165).

Taufpredigt bei der Taufe der Prinzessin Marie Amelie. Berlin 1670. (Landwehr, 1893, S. 140: Druck nicht bekannt).

Consideratio vocum quarundum, terminorum et phrasium, quae in doctrina Trinitatis a Theologis usurpantur, et qua ratione lis circa doctrinam de Trinitate mitigari quibusque cautionibus ipsa doctrina sobrie et ad aedificationem omnium proponi et doceri possit ac debeat. Conscripta a veritatis et pacis studioso, ut doctoribus occasio detur planiora et pleniora in eandem sententiam commentandi. Cosmopoli. s. a. (Landwehr, 1893, S. 140 und 132 geht von der Autorschaft Stoschs aus; der vorliegende Titel wurde von L. nicht ermittelt, dafür aber der folgende Nachdruck: Duae considerationes vocum, terminorum et phrasium, quae in doctrina trinitatis a theologis usurpantur, et qua ratione lis circa doctrinam de trinitate mitigari possit ac debeat. A veritatis et pacis studiosis conscriptae, quarum prior iam ante annos aliquot lucem aspexit. Dat me Solyma per Irenaeum Sedalethophilum Anno I. Christi MDCLXXXIV.

Die Worte Pauli 1. Tim. IV. 10. Gott ist der Heyland aller Menschen, sonderlich aber der Gläubigen. In einer kurtzen Sermon auff der Churfürstl. Residentz zu Cölln an der Spree am 2. Sontag nach Trinit. 1670 erkläret und Auff Seiner Churfürstl. Durchlaucht gnädigstes Begehren zum Druck übergeben durch Bartholomaeum Stoschium p. p. Zum neuen Jahre 1691 demüthigst offeriret von Andreas Otten Küster bey der Dohm Kirchen zu Cölln an der Spree. Cölln an der Spree Druckts Ulrich Liebpert Churf. Brandenb. Hofbuchdr. s. a. [1691]. (Nachdruck des Titels von 1670; Nachweis bei Landwehr, 1893, S. 140: Königl. Hausarchiv Berlin; GStA vgl. Thadden, 1959, S. 182).

Nachlaß

Relatio summaria de ecclesiarum reformatorum in Marchia harmonia cum aliis ecclesiis reformatis. Cölln an der Spree 1663. [9. April 1663]. (1: Ms. Boruss. 4° 562; Landwehr, 1893, S. 138: möglicher Druck nicht bekannt, obwohl bei Jöcher als bekannte Schrift zitiert: Relatio summaria de ecclesiarum reformatorum in Marchia harmonia cum aliis ecclesiis reformatis. Cölln an der Spree 1663; Zedler, Bd. 40, 1744, Sp. 453f.: Relationem summariam de Ecclesiarum Reformatorum in Marchia Harmonia cum aliis Ecclesiis Reformatis in & extra Germaniam. Cöln an der Spree 1666. 4°).
Bericht über die Konferenz mit Friedrich Gesenius. (1677). (Döhn, Nachlaß Oelrichs, Nr. 478, 6, 11 Bl.).
Protokoll der Auseinandersetzung zwischen F. Gesenius und B. Stosch, 19. Mai 1677, 22 Bl. (Döhn, Nachlaß Oelrichs, Nr. 478, 3, 22 Bl.).
Brief von Friedrich Gesenius (1676). (Döhn, Nachlaß Oelrichs, Nr. 478, 9).
Brief von Johann Duraeus (1669). (Döhn, Nachlaß Oelrichs, Nr. 478, 9).

Literatur

Carmina gratulatoria ... Bartholomaeo Stoschio Strelensi Silesio de honore summi in Philosophia gradus ... Wittenberg 1593. (14: Biogr. erud. D 1675, 100); STURM, Johann Friedrich: Rühmlicher Nachklang gottseliger und eifriger Lehrer, aus Joh. V. 35. in einer Abdanckungs=Rede bey der Leich=Begängniß Herrn Barthol. Stoschii, Churfürstl. Brandenb. ältesten Hof=Predigers, vorgestellet. 1686, 4°; KÜSTER, 1737, I, S. 102f.; III, 415; ZEDLER, Bd. 40, 1744, Sp. 453f.; WITTE, Dia. Biogr.; UNSCHULDIGE NACHRICHTEN, 1713, p. 671; 731; LUDOLF, Schau-Bühne T. V, p. 409; STOSCH von: Genealogia derer von Stosch. Breslau 1736; ADB 36, 1893, S. 460–462; LANDWEHR, Hugo: Bartholomäus Stosch, kurbrandenburgischer Hofprediger (1604–1686). In: FBPG 6 (1893), S. 91–140; THADDEN, 1959, S. 179ff.; BEESKOW, 1985; GStA Rep 2, Nr. 31, fol. 2ff.; GStA Rep 2, Nr. 45; GStA Rep. 2, Nr. 10.

Vechner, Gersom

* 16. Sept. 1629 Klastawa bei Beuthen
† 1708 Berlin
Pädagoge, reform.
V Georg V.
M N. N.
⚭ –
K –

Universität Frankfurt/O.
1653   Berlin
1654–1688   Konrektor am Joachimsthalschen Gymnasium
1688–1708   Rektor

Gersom Vechner wurde am 16. Sept. 1629 in Klastawa bei Beuthen an der Oder geboren. Sein Vater Georg Vechner war Professor am Schönaichschen Gymnasium zu Beuthen sowie Pastor und Superintendent in Brieg in Schlesien. Der Sohn immatrikulierte sich im Wintersemester 1648 unter dem Rektor und Professor philosophiae naturalis Tobias Magirus (1585 bis 1652), an der Universität Frankfurt/O. (FRIEDLÄNDER, 1887, I, S. 792b,25) wo er sich im besonderen dem Studium der Theologie widmete. Zur selben Zeit schrieb sich auch der aus dem schlesischen Brieg stammende Heinrich → Schmettau in die Matrikel ein, später Hofprediger Herzog Ludwigs zu Liegnitz, ab 1666 kfl.-brandenburgischer Hofprediger zu Cölln.
Im Jahre 1653 kam Vechner nach Berlin, zu Michaelis (29. Sept.) 1654 übernahm er das Konrektorat am Joachimsthalschen Gymnasium, das bis dahin Johann Baptista Martinius (1601–1654) bekleidete; Rektor der Anstalt war seit 1653 Ernst Wulstorp (1595– um 1662). Die brandenburgische Fürstenschule in Joachimsthal war 1607 von Kurfürst Joachim Friedrich nach dem Vorbild des Coburger Casimirianums in diesem abgelegenen Städtchen in der Uckermark gestiftet worden. Im Dreißigjährigen Krieg wurde es mehrmals von umherziehenden Söldnern geplündert und Anfang 1636 vollends zerstört; erst 1650 ließ es Kurfürst Friedrich Wilhelm wieder einrichten, diesmal innerhalb der schützenden Mauern der kurbrandenburgischen Residenz, wo die Fürstenschule mit der Domschule zu Cölln vereinigt wurde.
Im Mai 1657 wurde Rektor Wulstorp seines Amtes enthoben; seit längerem schon häuften sich Klagen über seine sehr nachlässige Amtsführung. Zwar ordnete Friedrich Wilhelm aufgrund einer Eingabe des von den Schulvorstehern beim Kurfürsten Beschuldigten eine genaue Untersuchung an, doch am 24. Febr. 1658 wurde Wulstorp »wegen Alters, Krankheit und Unvermögenheit« endgültig entlassen und Konrektor Vechner als sogenannter »rector vicarius« mit dessen Aufgaben zusätzlich betraut. Ihm sowie den anderen Praeceptores, dem Subrektor Johann Hubert Gobelius, dem Kantor Johann Havemann (gest. 1697), dem später in Cleve tätigen Schreib- und Rechenmeister Ludwig Lüders und den beiden von der Cöllnischen Domschule stammenden Kollegen Martin Quelmalz (gest. 1663), später Rektor zu Bernburg, und Caspar Böher, hatten die Schulvorsteher das Zeugnis ausgestellt, daß man mit ihrer Arbeit wohl zufrieden sein könne (WETZEL, 1907, S. 125). Vechner hatte die vakante Leitung des Joachimsthalschen Gymnasiums bis zur Vokation des neuen Rektors Johann → Vorstius 1660 kommissarisch inne. Unter Vorstius nahm die Anstalt einen neuerlichen Aufschwung, vor allem seit 1667 der Kurfürst ein neues Haus an der Langen Brücke gekauft hatte und es für das Gymnasium einrichten ließ. Nachdem Vorstius 1676 gestorben war, erhielt Vechner wiederum interimistisch die Leitung des Gymnasiums übertragen, bevor 1680 mit Johann Gerlach → Wilhelmi ein neuer Rektor berufen werden konnte. Fünf Jahre später gab Friedrich Wilhelm dann auch seinen lange gehegten Plan endgültig auf, das Joachimsthalsche Gymnasium an seinen uckermärkischen Gründungsort zurückzuverlegen, nicht zuletzt deshalb, weil die reformierte Gemeinde zu Cölln ihn überzeugt hatte, daß die kurfürstliche Schloßkirche ein ihr zugeordnetes reformiertes Gymnasium als Gegengewicht zu den beiden lutherischen Gymnasien in Berlin und Cölln benötigte.
Ende 1613 war Kurfürst Johann Sigismund zum Calvinismus übergetreten, was in der Folgezeit in der kurbrandenburgischen Residenz wiederholt zu Auseinandersetzungen zwischen Reformierten und Lutherischen geführt hatte. Um die theologischen Differenzen zwischen beiden Konfessionen beizulegen, ordnete Friedrich Wilhelm im Aug. 1662 Religionsgespräche zwischen reformierten und lutherischen Theologen an, die unter dem Vorsitz des Oberpräsidenten Otto Freiherrn von Schwerin (1616–1679) in der Zeit vom Sept. 1662 bis Mai 1663 auf dem Schloß zu Cölln stattfanden. Eingeladen hatte der

Kurfürst außer einigen Räten beider Konfessionen von reformierter Seite seine beiden Hofprediger Bartholomaeus → Stosch und Johann → Kunsch von Breitenwald sowie Johann → Vorstius als Rektor des reformierten Joachimsthalschen Gymnasiums; von lutherischer Seite nahmen die Prediger der beiden Ministerien von Berlin und Cölln teil. Da Vorstius während der insgesamt 17 Treffen einige Male verhindert war, nahm Vechner dessen Platz als sogenannter Colocutor am Verhandlungstisch ein und verfaßte – wie die anderen Teilnehmer auch – Gutachten zu bestimmten religiösen Streitpunkten. Als immer deutlicher wurde, daß die theologischen Differenzen zwischen den verfeindeten Lagern sich nicht beilegen ließen, sondern eher noch verschärften, brach Schwerin Ende Mai 1663 die theologische Konferenz ab; Kurfürst Friedrich Wilhelm, der schon am 2. Juni 1662 ein Edikt zum konfessionellen Frieden erlassen hatte, veröffentlichte am 16. Sept. 1664 ein zweites Edikt, dem im April 1665 ein kurfürstlicher Revers folgte, der – bei Strafe der Amtsenthebung – zur Einhaltung der Toleranzedikte verpflichtete.

Nach dem Tode von Wilhelmi wurde Vechner zu Michaelis 1688 zum Rektor des Joachimsthalschen Gymnasiums berufen, nachdem er bereits in der Vergangenheit mehrfach die vakante Leitung der Anstalt inne hatte. Schon 1682 hatte er für den verstorbenen Hofprediger Kunsch von Breitenwald, der auch am Gymnasium Theologie unterrichtete, dessen Religionsunterricht übernommen. Am 15. Sept. 1704 konnte Vechner sein 50jähriges Amtsjubiläum feiern, zu welchem ein lateinisches Carmen gratulatorium des kfl.-brandenburgischen Pagen-Hofmeisters Georg Reupke überliefert ist (KÜSTER/ MÜLLER, 1752, II, S. 923f.). Einen besonderen Höhepunkt in seiner langjährigen Amtszeit bildete vor allem die Einhundertjahrfeier am Joachimsthalschen Gymnasium vom 4. bis 7. Sept. 1707 (WETZEL, 1907, S. 27f.). Wohl am zweiten Tag der Feierlichkeiten hielt Vechner die »oratio saecularis«, die zugleich seine Abschiedsrede war. Denn am letzten Tag der Feierlichkeiten wurde der fast Achtundsiebzigjährige durch den Konsistorialpräsidenten Daniel Ludolf Danckelmann (1649 bis 1709) emeritiert; das Rektorat übernahm Prorektor Paul Volckmann (1669–1721), dem schon zu Vechners Amtszeiten ein Teil der Aufgaben des verdienstvollen Rektors übertragen worden war. Bereits am 4. Sept. hatte König Friedrich I. die Stiftung und die neuen Statuten der Anstalt als Königliches Gymnasium bestätigt, das von nun an den Namen »Gymnasium Regii Joachimici« führte.

Gersom Vechner starb hochbetagt im Jahre 1708, der genaue Sterbetag ist nicht überliefert. Sein Werkverzeichnis weist vor allem zahlreiche Abdankungsreden für verschiedene angesehene Persönlichkeiten der kurbrandenburgischen Residenz beziehungsweise deren Familienangehörige auf, unter anderem für den kfl.-brandenburgischen Amtskammerrat und Bürgermeister von Berlin, Hoyer Friedrich Striepe (1627–1670), für den kfl.-brandenburgischen wie auch fürstlich-magdeburgischen Geheimen Rat Johann Georg Reinhard (1606–1672) und für den Hofprediger Johann Kunsch von Breitenwald. Erhalten geblieben ist auch ein Epicedium für den 1663 verstorbenen kfl.-brandenburgischen Leibarzt Otto → Bötticher. Überliefert sind ferner einige (leider verlorengegangene) Gelegenheitsgedichte für die kurfürstliche Familie, unter anderem ein Glückwunsch für Kurfürst Friedrich Wilhelm und Kurprinz Karl Emil zu ihren Geburtstagen am 16. beziehungsweise am 6. Febr. 1656. Anläßlich des Geburtstages von König Friedrich I. am 11. Juli 1706 hielt Vechner einen Tag später im Auditorium des Joachimsthalschen Gymnasiums eine Festrede. [LN]

Werke

Gott erhöret das gebät der seinen, als Louyse Marggr. zu Brandenb. ... Berlin 1655 (1: 3 in: St 5892 ehem.).

Monstrorum domitor rediuiuus Hercules Elector FRIDERICI WILHELMI & CAROLI AEMILII natali geminato producendus in maiori arcis Electoralis atrio. Berlin 1656 (Küster/ Müller, 1752, II, S. 924).

Lessus Lugubres In Obitum Ampliß imi, Nobilißimi, Experientißimi, atq. Excellentißimi, DOMINI OTTONIS BOTTICHERI, Medicinarum Doctoris ..., Serenissimi Electoris Brandenburgici Consiliarii & Archiatri Senioris, nec non Ecclesiastici & in Gymnasio Joachimico Scholastici Antistis, Viri incomparabilis &,

dum viveret, rarae Eminentiae, deq. Aulâ & totâ Patriâ meritißimi, ... Amicis & Fautoribus. Berolini, Typis Rungianis. M. DC. LXIII. Berlin 1663 (1: 14 in: Ee 503).

Das bittere Scheiden herzliebender Eheleute bey dem Begräbniß Herrn Gottfried Schardii entworffen. Berlin 1668 (Küster/ Müller, 1752, II, S. 924).

Die unbeständige Vergänglichkeit des Lebens Aller Menschen=Kinder/ Auff dem Begräbniß Des weiland Wol= Edlen/ Vest und Hoch=benamten Hn. Hoyer Friedrich Striepens/ Churfürstl. Brandenb. Hochbestallten Ampts=Cammer=Rahts und Vice=Cammermeisters/ wie auch der Residentz und Veste Berlin wol=verordneten Bürgermeisters/ In einer Abdanckungs=Sermon betrachtet von GERSOM VECHNER. Berlin/ Gedruckt bey Christoff Runge/ 1670. Berlin 1670 (1: an 2 in: Ee 537; Küster/ Müller, 1752, II, S. 924).

Abdankungs-Sermon für Johann Georg Reinhard, kfl.-brandenb. und fürstlich-magdeb. Geheimer Rat, Erbherr auf Dachritz und Merckwitz. Cölln 1672. An: Buntebart, Johann: Leichpredigt für Johann Georg Reinhard. Cölln 1672. (LP StA Braunschweig, Nr. 5203; Roth, 1959, I, R 43).

Abdankungs=Sermon bey der Leiche des Gen. Auditeurs Herrn Eberh. Hoyers gehalten. Cölln 1674 (Küster/ Müller, 1752, II, S. 924).

Die mit doppeltem Trauren umgebene Freude aller Menschen=Kinder, bey dem Begräbniß Eberh. Hoyers betrachtet. Cölln s. a. [um 1675] (Küster/ Müller, 1752, II, S. 924).

Dreyfache Ehrenkrone, welche Gott Frauen Anna von der Willigen aufgesezt, entworffen. Berlin 1675 (Küster/ Müller, 1752, II, S. 924).

Schmerzlicher Abschied, welchen an. 1677. Frau Emilia Marg. von Bilderbecq, Herrn Benj. Ursini Ehegenoßin genommen hat. Cölln 1677 (Küster/ Müller, 1752, II, S. 924).

Der unvermuthete Todt, beym Begräbniß Frau Louisen Charlotten Sainson, geb. Schmiedin. Cölln 1678 (1: 4 in: Ee 532; Küster/ Müller, 1752, II, S. 924).

Die wahre Klugheit zu Erlernung der Sterbekunst auf dem Begräbniß Frau Elisabeth Bergius, geb. Schönhausin, 1679. Berlin 1679 (Küster/ Müller, 1752, II, S. 924).

Der sel. Anfang, Fortgang und Ausgang des menschlichen Lebens, auf dem Begräbniß Herrn Meinhard Neuhausens Burgermeisters in Berlin entworffen. Berlin 1680 (Küster/ Müller, 1752, II, S. 924).

Der Schatten des menschlichen Lebens, als Joh. Phil. Rese, Kauf= und Handelsmann in Berlin den 11 Sept. 1681. zur Erden bestattet ward, in einer Parentation vorgestellt. Cölln 1681 (Küster/ Müller, 1752, II, S. 924).

Der letzte Gesegnungs=Wunsch/ Auf dem Begräbnüß Tit. Herrn Johannis Kunschii von Breitenwalde/ Churfürstl. Brandenburgischen gewesenen Hoff=Predigers/ In einer Abdanckung wiederholet/ Von Gersom Vechner. Cölln an der Spree/ Drukts Georg Schultze/ Churfürstl. Brandenb. Buchdrucker. s. a. [1681]. Cölln 1681 (1: an 28 in: Ee 519; Küster/ Müller, 1752, II, S. 924; Roth, 1959, I, R 39).

Der schmertzhaffte Tod ... Abdankung für Joachim Bernhard Westarph, Chirurgus ... Berlin 1686 (1: 13 in: Ee 541).

Progr. ad audiendam orat. votivam pro auspicali gubernatorione FRID. III. Cölln 1688 (Küster, 1743, S. 528).

De natali Friderico III. March. Brandenb., etc. octavo et tricesimo, musae Electoral. Joachim. gratulabuntur etc. (Programm) Cölln 1694 (1: 34 in: Su 17 ehem.).

AD. JUSTAS. LAUDES. ET. GRATES. DEO. OPTIMO. MAXIMO. QUI. Reges Tegit Et Subjectum Regibus Orbem REDDENDAS. NATALI. DIE. SERENISSIMUS. ET. POTENTISSIMUS. PRINCEPS. ET. DOMINUS. DOMINUS. FRIDERICUS. DEI. GRATIA. BORUSSORUM. REX. MARCHIO. BRANDENBURGENSIS. SR. ROM. IMPERII. ARCHI-CAMERARIUS. ET. ELECTOR. DN. NOSTER. CLEMENTISSIMUS. QUINQUAGESIMUM. Duodecimo Julii, ANNO. M. DCC. VI. Ingreditur, ORATIONE. PANEGYRICA. DE. INCREMENTIS. REGNI. ET. REGIONUM. SUBJECTARUM. Inprimis URBIS. BEROLINI. GYMNASIUM. REGIUM. Ipso hoc Die, Qui Eucharistiæ & Eulogiæ sacer est. Ab hora Nona Antemeridiana, IN. AUDITORIO. GYMNASII. PRIMO. celebrabit, Et interprete utetur, FERDINANDO. STOSCHIO. Juvene, erecto ad percipiendas literas Animo, & de quo nos Spes tenet indubitabilis, fore, ut olim Parentis Proavorumque suorum Vestigia strenue sit secuturus. Ite ergo nobiscum, in pia Vota & Suspiria, devota Coelo pectora, precamini nobiscum, calido precatu, æternùm ut stet DOMUS hæc REGIA, stet inconcussa DOMUS BRANDENBURGICA, candida & beata, vigeat INCREMENTIS suis, & triumphet eximia. Adeste frequentes & precamini, ECCLESIÆ Halcyonia, REIPUB. prospera, GYMNASIO nostro Ubertatem, STUDIIS Florentem Successum, PACEM denique omnibus stabilem! Vos autem, VIRI. ILLUSTRES. EXCELLENTISSIMI. REVERENDISSIMI. NOBILISSIMI. CLARISSIMI. Ut conatus hos nostros, Præsentia vestra ornetis & approbetis, Animo submisso, obsequioso & officioso invitat & orat, GERSOM. VECHNERUS. Gymnasii Rector. Coloniæ Brandenburgicæ, Imprimebat ULRICUS LIEBPERTUS, Reg. Typogr. Cölln 1706. (14: H. Boruss. 37, 8).

JUBILÆUM Regii Gymnasii Joachimici SECULARE Primum, Serenissimo & Potentissimo Principe & Domino, DOMINO FRIDERICO, Rege Borussiae & Electore Brandenburgico, Rege & Domino nostro Clementissimo, Juvente & Auspicante, Publica solemnitate, quarto Septembris die, & seq. celebrandum Anno MDCCVII. indicit, & Viros omnium Ordinum Excellentissimos, Proceres, Primarios atque Faventes, Suo & reliquorum Professorum Nomine, invitat, GERSOM VECHNERUS, RECTOR. Coloniae Brandenburgicae, Imprimebat ULRICUS LIEBPERTUS, Reg. Typogr. [1707]. (14: H. Boruss. 37, 14; 1: Ah 15766, 3 ehem.; Fritze, 1907, S. 3; Küster/ Müller, 1752, II, S. 924).

Literatur

CARMINA GRATULATORIA: Hymenaeus, viro ... Dn. Gersom Vechnero Gymnasii Electoralis Joachimici Con-Rectori ... cantillatus a primi ordinis civibus. Berlin 1656 (1: 17 in: Yf 6622 ehem.); BECMAN, 1741, S. 458–460; KÜSTER/ MÜLLER, 1752, II, S. 923f.; NOHL, 1903, S. 99; FRITZE, 1907, S. 3; WETZEL, 1907, S. 6, 26–28, 129, 136, 189, 257, 264, 363 u. 377.

Vehr (der Ältere), Peter

* 21. Juli 1585 Altstadt Brandenburg
† 10. Okt. 1656 Berlin
Pädagoge, Theologe, luth.
V Peter V., Tuchmacher
M Catharina geb. Lorentz
∞ I. 1611 Catharina geb. Diepensee verw. Praetorius (gest. 1642);
II. 1643 Anna geb. Vogt
K 12 Kinder, u. a. Catharina Heinsius, Friedlieb (Irenaeus), Peter d. J.

Saldrische Schule in Alt-Brandenburg
1604–1607 Universität Wittenberg (1607 Mag.)
1608–1611 Konrektor an der Saldrischen Schule
1611–1613 Rektorat der Schule zu Neuruppin
1614–1618 Rektor am Berlinischen Gymnasium zum Grauen Kloster
1618–1631 Diakon zu S. Marien in Berlin, zugleich Bibliothekar der Kirchenbibliothek
1631–1649 Archidiakon
1649–1656 Propst, seit 1651 Konsistorialrat

Peter Vehr der Ältere (so genannt zur Unterscheidung von seinem auch in Berlin wirkenden Sohn Peter Vehr dem Jüngeren, der später als Prediger in Stralsund tätig war) wurde am 21. Juli 1585 in Alt-Brandenburg geboren. Sein Vater, der Tuchmacher und Vorsteher des allgemeinen Kirchenkastens, Peter Vehr, war zwölf Wochen vor der Geburt seines Sohnes gestorben, so daß die Mutter Catharina, eine Tochter des Tuchmachers Joachim Lorentz aus der Neustadt Brandenburg, das Kind allein aufziehen mußte (zur Biographie ausführlich Joachim FROMM in seiner Leichpredigt auf Peter Vehr). Gleichwohl erhielt Vehr, dessen Großvater Jakob Vehr dem Altstädtischen Brandenburger Rat angehörte, eine fundierte Ausbildung, und zwar an der damals gestifteten Saldrischen Schule in der Altstadt Brandenburg unter der Leitung des ersten Rektors Caspar Haveland.
Die ältesten Nachrichten über die altstädtische Schule in Brandenburg reichen bis ins 14. Jahrhundert zurück. Im Zuge der Einführung der Reformation in der Mark Brandenburg wurden im Visitationsbescheid unter anderem vier Lehrerstellen gefordert. Zahlreiche später berühmte Gelehrte besuchten als Schüler diese Bildungsanstalt, unter ihnen im 16. Jahrhundert auch der neulateinische Dichter und erste Rektor der neuen Königsberger Universität, Georg Sabinus (1508–1560). Einer der bekanntesten Rektoren war der märkische Chronist Zacharias Garcaeus (1544–1586), der in den Jahren 1575/76 die Leitung inne hatte. Ihre erste Blütezeit erreichte die altstädtische Schule an der Wende zum 17. Jahrhundert, nachdem die Witwe des kfl.-brandenburgischen Oberkämmerers Matthias von Saldern, Gertrud geborene von Hake, auf Initiative des Alt-Brandenburgischen Bürgermeisters Simon Rother 1589 den alten Bischofshof in der Altstadt als neues Schulgebäude gestiftet hatte. Die Saldrische Schule nahm in den folgenden Jahrzehnten einen erstaunlichen Aufschwung und hatte vor dem Dreißigjährigen Krieg 400 Schüler, davon 60 im ordo primus.
1604 kam Vehr nach Wittenberg, wo er beim Bürgermeister und Kaufmann Michael Blum d. Ä. Kost und Logis fand und dessen Kinder unterrichtete, um sein Studium an der Universität bestreiten zu können (so Martin HEINSIUS in seiner Gedächtnisrede auf Peter Vehr 1656; bei einem dieser Söhne, Michael Blum d. J., war Heinsius 1636 selbst Tischgenosse). In Wittenberg soll sich Vehr den Humaniora sowie der Philosophie, besonders aber der Theologie gewidmet und an der theologischen Fakultät Vorlesungen bei Mylius, Gesner, Runge, Hutter, Balduin, Franz und Förster besucht haben (so FROMM in seiner Leichpredigt; allerdings verzeichnet die Wittenberger Matrikel keinen entsprechenden Eintrag).
Die Universität Wittenberg war an der Wende vom 16. zum 17. Jahrhundert nach dem Sturz der Kryptocalvinisten in Sachsen und der Hinrichtung des calvinistischen kursächsischen Kanzlers Nikolaus Crell (um 1550–1601) zum strengen Luthertum zurückgekehrt. Georg Mylius (1541–1607), der Wittenberg verlassen hatte, als Kurfürst Christian I. von Sachsen die Annäherung der Protestanten betrieb, war 1592 von Jena nach Wittenberg zurückgekehrt, wo er im Auftrag Herzog Friedrich Wilhelms von Sachsen-Altenburg, der nach dem Tode Christian I. mit der Vormundschaft über den noch minderjährigen Kurfürsten Christian II. betraut worden war, anstelle der abgesetzten Wittenberger Theologen predigte und entscheidend zur endgültigen Zerschlagung des Kryptocalvinismus durch den Administrator beitrug. 1603 übernahm er die erste theologische Professur an der Universität mit dem Pfarramt, die

er bis zu seinem Tode 1607 inne hatte. Salomon Gesner (1559–1605) hatte schon 1593 eine theologische Professur erhalten und las in seinen Vorlesungen über das Alte Testament, zu dem er auch verschiedene Studien veröffentlichte. David Runge (1564 bis 1604), der Sohn des bekannten pommerschen Generalsuperintendenten Jakob Runge (1527–1595), promovierte 1594 in Wittenberg zum Doctor theologiae und blieb dann als Professor an der Universität, wo er sich den Ruf eines ausgezeichneten Theologen und Dozenten erwarb, so daß ihm Kurfürst Christian II. die Aufsicht über seinen jüngeren Bruder August während dessen Wittenberger Studienaufenthalt übertrug. Leider starb Runge, der mehrere ehrenvolle Berufungen nach Pommern ausschlug, kaum vierzigjährig bereits 1604. Leonhard Hutter (1563–1616) bekleidete seit 1596 zunächst eine der unteren theologischen Professuren, bevor er nach Gesners Tod 1605 auf die zweite Stelle aufrückte. Ihm oblagen die Erklärung der »Loci communes« Melanchthons sowie der Konkordienformel. Ab 1605 hielt er auf ausdrücklichen Wunsch des Kurfürsten Christian II. einen mehrjährigen Kursus über die theologischen Lehrstreitigkeiten zwischen den Konfessionen sowie über den Kampf des Luthertums gegen die Katholiken, Calvinisten und anderen Gegner. Durch seine Lehrtätigkeit und mehr noch durch seine vorwiegend gegen die Calvinisten gerichtete literarische Polemik wurde Hutter (dem man das Anagramm »Lutherus redonatus« gesetzt hatte) eine der Hauptstützen der lutherischen Orthodoxie in einer Zeit, als in mehreren deutschen Territorien Luthertum und Calvinismus um die geistige Herrschaft rangen. Sein wichtigstes Werk war das im Auftrag des sächsischen Kurfürsten verfaßte und zunächst von Gesner in Angriff genommene Lehrbuch der lutherischen Theologie »Compendium locorum theologicorum« (1610). Friedrich Balduin (1575–1627) hatte 1597 in Wittenberg den Magistergrad erlangt und war nach einem zwischenzeitlichen Aufenthalt in Jena zurückgekehrt, um als Adjunkt der philosophischen Fakultät beizutreten. Später wandte er sich der Theologie zu und schloß sich Hutter an. 1604 erhielt er eine theologische Professur und gelangte nach Mylius' Tod 1607 auf die erste Stelle. Er galt als hervorragender Prediger und durfte den Kurfürsten 1610 auf den Prager Fürstentag begleiten. Wolfgang Franz (1564 bis 1628) hatte 1598 an der Universität Wittenberg die Professur für Geschichte erhalten, wandte sich aber der Theologie zu und ging zunächst als Propst nach Kemberg. Nach Gesners Tod kam er als Theologieprofessor nach Wittenberg zurück, konnte aber zunächst wenig Anerkennung erringen, da er, allerdings wohl grundlos, calvinistischer Neigungen verdächtigt wurde, weil er 1587 noch unter calvinistischer Ägidie an der Universität den Magistergrad erlangt hatte. 1620 mußte er infolge eines Schlagflusses sein Lehramt niederlegen. Johann Förster (geb. 1576), der 1606 in Leipzig zum Doctor theologiae promoviert hatte, kam ein Jahr später nach Wittenberg, wo er eine durch Mylius' Tod und dem Aufrükken der anderen Professoren freigewordene untere theologische Professur erhielt. Er schied jedoch bereits 1612 aus dem Lehrkörper wieder aus, um die Generalsuperintendentur der Grafschaft Mansfeld in Eisleben zu übernehmen.

Von den Lehrern der philosophischen Fakultät, deren Vorlesungen Vehr besuchte, ist nur der als neulateinischer Dichter gerühmte Poesieprofessor Friedrich Taubmann (1565–1613) namentlich überliefert. Taubmann, der durch Protektion des Administrators Friedrich Wilhelm von Sachsen-Altenburg bereits 1595 den Lehrstuhl für Poetik erlangt hatte, stand in jenen Jahren auf der Höhe seines Wirkens und übte einen nachhaltigen Einfluß auf die Ausbildung fast der gesamten Generation von Lehrern und Geistlichen in diesen Gegenden aus. Als eine der schillerndsten Persönlichkeiten der Stadt zog der hochbegabte Dichter und Humanist zahlreiche Studenten an die philosophische Fakultät und wurde zum Lehrer später berühmt gewordener Poeten wie zum Beispiel des spätlateinischen Dichters Caspar von Barth (1587 bis 1658).

Nachdem Vehr sich in privaten Collegiis und öffentlichen Disputationen geübt hatte, erlangte er 1607 unter dem Dekanat Taubmanns den Magistergrad, wozu ihm seine Freunde und auch Taubmann mit lateinischen Gedichten beglückwünschten (der erhalten gebliebene Gelegenheitsdruck in 109: Slg. GK: Sch 1/5). Darüber hinaus soll Vehr während seines Wittenberger Aufenthaltes engeren Kontakt zu Nikolaus Hunnius (geb. 1585), dem gleichaltrigen Sohn des angesehenen Wittenberger Theologieprofessors Ägidius Hunnius (1550–1603), der später als Hauptpastor zu Lübeck wirkte, sowie zu dem schon erwähnten Caspar von Barth gehabt haben, der ab 1607 in Wittenberg studierte und ja einer der bedeutendsten Schüler Taubmanns war.

Bald nach Erlangung des Magistergrades erhielt Vehr die Vokation zum Konrektor der Saldrischen Schule, die er zunächst ablehnte, weil er in Wittenberg weiter Theologie studieren wollte. Da er dem Altstädtischen Rat zu Brandenburg jedoch »wegen des empfangenen Stipendii obligat war« (so FROMM in seiner Leichrede), mußte er die ihm 1608 erneut angetragene Berufung schließlich doch annehmen und kam als Konrektor an jene Schule zurück, an der er bereits seine schulische Ausbildung unter Caspar Haveland, der noch immer Rektor war, absolviert hatte. Sein erstes öffentliches Amt übte Vehr jedoch nur drei Jahre aus; als er Anfang 1611 einen Ruf auf das Rektorat der Schule zu Neuruppin annahm, verabschiedeten ihn seine Brandenburger Freunde und Kollegen mit lateinischen Abschiedsgrüßen (109: Slg. GK: Sch 1/6).

1579 war das alte Schulhaus in Neuruppin abgebrochen und an seiner Stelle zwei Bürgerhäuser zu einer neuen Schule umgebaut worden. Seit 1580 erteilten vier Lehrer Unterricht, außer dem Rektor der Konrektor, der Kantor und der Baccalaureus (1624 wurde sogar ein fünfter Lehrer eingestellt). Sie mußten an einer Universität studiert haben, um ihr Lehramt antreten zu können, und wurden durch den Rat und den Pfarrer als Inspektor gemeinsam voziert. Seit 1604 bekleidete Gabriel Woltersdorf (1564–1638), der in Rostock Theologie studiert hatte und 1592 als Diakon nach Neuruppin gekommen war, das Pfarramt und damit die Inspektion der Schule. Der Ruf der Schule hing – wie überall – ganz entscheidend von der Person des Rektors ab. Vehr bekleidete das Neuruppiner Rektorat fast vier Jahre und habe dabei – so die Überlieferung – »seinen Fleiß so gar nicht gesparet, daß vielmehr der Rath daselbst auf Vermehrung seiner Besoldung bedacht gewesen« (KÜSTER/MÜLLER, 1737, I, S. 329). Tatsächlich hatte der Rat, der den begabten Rektor an seiner Schule halten wollte, dessen Besoldung erhöht, als dieser eine neue Vokation angetragen bekam. Doch Vehr verließ Neuruppin und kam 1614 nach Berlin, um das ihm offerierte Rektorat am Gymnasium zum Grauen Kloster zu übernehmen. Wie sein späterer Schwiegersohn Martin Heinsius (1611–1667), Inspektor zu Frankfurt/O, in seiner Gedächtnisrede hervorhob, soll Vehr 1611 bei seiner Ankunft in Neuruppin außer einigen Büchern kaum etwas besessen haben; als er 1614 nach Berlin berufen wurde, habe er bei seinem Abschied »sieben Wagen« beladen können. Einer der bekanntesten Rektoren der Neuruppiner Schule in der Folgezeit war Christian Rosa (1609–1667), der die Leitung der Anstalt 1633 übernahm, in einer Zeit, als die Mark Brandenburg durch die Schrecken des Dreißigjährigen Krieges besonders heimgesucht wurde. Rosa, der das Rektorat bis zu seinem Tode bekleidete, galt als bedeutender Poet, der mit zahlreichen Gelehrten in Berlin, Rostock und Hamburg in Verbindung stand und 1632 auf den Tod des schwedischen Königs Gustav Adolf ein umfangreiches lateinisches Klagegedicht drucken ließ.

Noch in Neuruppin hatte Vehr 1611 Catharina geborene Diepensee (Tiefensee), die Witwe des vormaligen Rektors und jetzigen Stadtmedikus, Joachim Praetorius, geehelicht. Seine ein Jahr jüngere Frau, die oft kränkelte, gebar ihm sechs Kinder, die jedoch alle noch vor dem Vater starben: Benjamin, Johannes und Catharina bereits als Kinder, die Söhne Peter und Joachim beide im Alter von 23 Jahren. Der älteste Sohn Peter hatte in Wittenberg und Königsberg studiert und starb bald danach, auch Joachim starb, bevor er ein öffentliches Amt antreten konnte. Die Tochter Catharina heiratete Martin Heinsius, damals noch Stiftsprediger zu Brandenburg, doch auch sie starb noch im ersten Ehejahr im Alter von 20 Jahren.

Vehr übernahm 1614 das Rektorat am Berlinischen Gymnasium zum Grauen Kloster in einer Zeit religiöser Spannungen. Erst wenige Monate zuvor war der brandenburgische Kurfürst Johann Sigismund zum Calvinismus übergetreten. Sein Glaubensbekenntnis »Confessio Sigismundi« sollte zur Annäherung der beiden protestantischen Konfessionen beitragen. Doch in der kurbrandenburgischen Residenz schlug der Konfessionswechsel hohe Wellen, lutherische und reformierte Prediger beschimpften sich von den Kanzeln, konfessionelle Streitschriften auch von außerhalb machten die Runde, 1615 kam es zu Straßentumulten zwischen Anhängern der lutherischen und der reformierten Religion. Dem neuen Rektor am Berlinischen Gymnasium sollen jegliche konfessionelle Streitigkeiten zuwider gewesen sein (so HEIDEMANN, 1874, S. 139, für den Vehr in Charakter und religiöser Überzeugung ein geistesverwandter Vorgänger des Pietisten Philipp Jakob Spener [1635 bis 1705] war), so daß ein eher mäßigender Einfluß Vehrs während der religiösen Unruhen angenommen werden kann, wenngleich konkrete Belege dafür nicht überliefert sind. Auch über Vehrs eigentliche

Schultätigkeit ist nur weniges auf uns gekommen. So disputierte 1616 ein Schüler unter seiner Leitung »de natura Logicae«, und im selben Jahr gelang es dem Rektor, anläßlich einer Revision der Nebeneinnahmen, die die Geistlichen und Schulkollegen aus ihren Ämtern erhielten, eine Erhöhung des Anteils, der den Lehrern zustand, durchzusetzen (HEIDEMANN, 1874, S. 139).

Vehr bekleidete das Rektorat bis 1618, brachte also insgesamt elf Jahre »in der müheseligen Schul=Arbeit« zu, bevor er zum Diakon von S. Marien vozierte. Wie die meisten Rektoren und anderen Lehrer der Einrichtung trug auch er damit zur hohen Fluktuation der Lehrkräfte im ersten Säkulum seit Gründung der Anstalt bei, sahen sie doch im Schulamt lediglich eine Übergangsstufe für ein besser dotiertes Kirchenamt. Nachdem Vehr in Frankfurt/O. die Ordination als Geistlicher erlangt hatte, wurde er am 21. Juni vom Propst Andreas Moritz (1559–1631) in das Diakonat eingeführt und erhielt zu diesem Anlaß zahlreiche Glückwunschgedichte (109: Slg. GK: Sch 1/9). Mit dem Diakonat übernahm der neue Prediger zugleich die Leitung und Führung der Kirchenbibliothek zu S. Marien und machte sich über einen Zeitraum von 32 Jahren als einer der eifrigsten Bibliothekare um die Büchersammlung verdient (LAMINSKI, 1990, S. 48).

1631 stieg Vehr zum Archidiakon auf. Als Propst Nikolaus Elerd (1586–1637) gestorben war, sollte Vehr 1638 zum neuen Propst von Berlin gewählt werden. Er schlug jedoch das Amt zu Gunsten des 1637 aus dem schlesischen Fürstentum Sagan vertriebenen Superintendenten Samuel Hoffmann (1608–1649) aus. Nach Hoffmanns Tod nominierte ihn der Rat von Berlin 1649 erneut, und Vehr, der nun zusagte, erhielt die kurfürstliche Vokation und Konfirmation für das hohe Amt. Im Aug. 1651 wurde er nach dem Tod des Propstes zu Cölln, Jakob → Hellwig (dem Älteren), dann Konsistorialrat. Ein zu diesem Anlaß erschienener Gelegenheitsdruck (109: Slg. GK: Sch 1/35) vereinigte Carmina gratulatoria von 16 Beiträgern, überwiegend Amtsträgern des Kirchen- und Schulwesens in der kurbrandenburgischen Residenz. Aus Vehrs vormaliger Wirkungsstätte Brandenburg sandte der Pastor und Inspektor Thomas Crusius ein Glückwunschgedicht, aus Neuruppin gratulierte der Rektor Christian Rosa. Unter den Gratulanten befanden sich die bekannten Dichter Michael → Schirmer, Konrektor am Berlinischen Gymnasium, Nikolaus → Peucker, zu dieser Zeit Aktuar am kfl.-brandenburgischen Kammergericht zu Cölln, und Paul → Gerhardt, der seit 1643 in Berlin als Hauslehrer bei der Familie des Kammergerichtsadvokaten Andreas Barthold tätig war und nun die Vokation als Propst in Mittenwalde zugestellt bekam, in welches Amt er im Nov. 1651 eingeführt wurde.

Durch seine geistlichen Ämter, insbesondere durch die Verleihung der Propstwürde und die Berufung zum Konsistorialrat, gehörte Vehr zu den einflußreichsten Männern in der kurbrandenburgischen Residenz in der ersten Hälfte des 17. Jahrhunderts. Einer seiner Nachfolger im Rektorat am Berlinischen Gymnasium, Gottfried → Weber, urteilte später über seinen Vorgänger, er hätte so viele Verdienste, daß diese kaum jemand aufzählen könne (HEIDEMANN, 1874, S. 140: »Tot ejus merita prostant, ut nesciam an ullius.«). Vehrs Schriftenverzeichnis weist an überlieferten Werken fast ausschließlich Leichpredigten und Gelegenheitsgedichte auf. Nicht erhalten ist seine Festpredigt zum ersten Säkulum der Reformation 1639, die unter dem Titel »Anleitung zur Danckbahren Betrachtung des Christlichen Reformation=Wercks« mit anderen Festpredigten im »Iubilaeum Evangelico-Marchicum Berlinense« (Berlin 1640) gedruckt wurde.

Seit Herbst 1655 litt Vehr an zunehmender Schwerhörigkeit, die ihm die Ausübung seiner Amtspflichten ungemein erschwerte. Am 10. Okt. 1656 starb er nach kurzer Krankheit im Alter von 71 Jahren in Berlin. Epitaphien mit den wichtigsten Daten über den Verstorbenen befanden sich in den Kirchen zu S. Nicolai und zu S. Marien (mitgeteilt bei KÜSTER/MÜLLER, 1737, I, S. 330; Vehrs ehemaliges Wohnhaus ist abgebildet bei SCHMIDT, 1731, S. 64). Die Leichpredigt hielt Archidiakon Joachim → Fromm; der Rektor des Berlinischen Gymnasiums, Johannes → Heinzelmann, verfaßte eine lateinische Abdankung und ehrte den Verstorbenen zur Jahrfeier 1657 am 10. Okt. im Auditorium der Anstalt mit einer »Oratio panegyrica« (DITERICH, 1732, S. 151). Ein öffentliches Ehrengedächtnis für den verdienten Theologen veranstaltete am 24. Okt. 1656 in der Ober-Kirche zu Frankfurt/O. Vehrs Schwiegersohn Martin Heinsius. Er rühmte das sehr gute Gedächtnis seines Schwiegervaters: »… denn er war wie ein lebendig Protocol, und kunte anzeigen/ was für vielen Jahren vorgelauffen … Ein solcher war zu seiner

Zeit auch Herr Andreas Kohl/ berühmter Jurist/ unter den Churfürstlichen Räthen/ der bald anzeigen können/ wonach andere lange hätten suchen müssen«. Andreas Kohl (1568–1655) hatte in Leipzig und an verschiedenen italienischen Universitäten studiert, bevor er sich am Reichskammergericht zu Speyer eine gediegene Kenntnis des Reichsrechts aneignete. 1605 ernannte ihn Kurfürst Joachim Friedrich zum Kammergerichtsrat, 1630 übertrug ihm Kurfürst Georg Wilhelm das dortige Vizekanzleramt. Da Kohl nach einem Schlaganfall im Nov. 1650 sein Amt aufgeben mußte, gingen die Amtsgeschäfte im Jan. 1651 an Thomas von dem → Knesebeck über. Kohl starb nach langer Krankheit am 17. Juni 1655; eine seiner Töchter heiratete den Kammergerichtsrat und bekannten brandenburgischen Historiographen Martin Friedrich → Seidel.

Nach dem Tode seiner ersten Frau am 10. Aug. 1642 hatte Vehr am 27. Nov. 1643 in Berlin erneut geheiratet, diesmal Anna, eine hinterlassene Tochter des Mittenwalder Bürgermeisters Caspar Vogt. Wiederum erhielt er zahlreiche Glückwunschgedichte überreicht (109: Slg. GK: Sch 1/23). Seine zweite Frau brachte ebenfalls sechs Kinder zur Welt, von denen die älteste Tochter Anna Maria bereits nach sechs Wochen starb, die anderen Töchter Dorothea Elisabeth, Anna und Catharina den Tod des Vaters als kleine Kinder erlebten, Vehrs Söhne Peter und Friedlieb bereits das Berlinische Gymnasium besuchten. Friedlieb (Irenaeus) Vehr studierte Medizin und wurde später ein berühmter Professor an der Viadrina in Frankfurt/O., 1693 auch Dekan der Medizinischen Fakultät. Peter Vehr der Jüngere (1644–1701) besuchte zunächst das Berlinische Gymnasium unter den Rektoren Jakob → Hellwig (dem Jüngeren) und Cunradus Tiburtius → Rango, der ihn 1664 öffentlich verabschiedete (DITERICH, 1732, S. 288). Anschließend immatrikulierte er sich an der Universität Jena, wo ihm der Theologieprofessor Johann Musaeus (1613 bis 1681) Kost und Logis bot (nach Vehrs Weggang aus Jena wurde Samuel → Rodigast Tischgenosse im Hause des Theologen). 1667 erlangte Vehr den Magistergrad und las in der Folgezeit Collegia an der philosophischen Fakultät. Unter ihm disputierte unter anderem der spätere Breslauer Kircheninspektor und schlesische Dichter Caspar Neumann. 1668 wurde Vehr zum Konrektor ans Berlinische Gymnasium berufen. Als er 1670 von seinen Schülern in einem Disputationskollegium mehrere Thesen gegen die reformierte Konfession verteidigen ließ, geriet er in Widerspruch zu den kurfürstlichen Toleranzedikten (die öffentliches Disputieren über die Lehrdifferenzen zwischen den Lutherischen und den Reformierten untersagten) und wurde bald darauf amtsenthoben. 1671 vozierte Vehr zum Konrektor in Stralsund, erlangte später das Rektorat und wurde 1694 von seinem vormaligen Berlinischen Rektor und nunmehrigen pommerschen Generalsuperintendenten Rango als Pastor zu S. Jacob in Stralsund inauguriert (DITERICH, 1732, S. 289f.), in welchem Amt er 1701 verstarb. Überliefert ist von Vehr dem Jüngeren neben einigen Gelegenheitsgedichten das damals in Pommern sehr verbreitete Kirchenlied »Sieg, Sieg, mein Kampf ist aus«, das besonders bei Kinderbegräbnissen gebraucht wurde (BACHMANN, 1859, S. 231f.). [LN]

Werke

Epithalamium für Lorenz Simon, Kantor, und Maria, die Tochter von Johannes Wagner, 1616. (109: Slg. GK: Sch 1/8. 1).

Progymnasma logicum de natura Logicae, Resp. Samuel Walaeus. 1616 (Heidemann, 1874, S. 139).

Epicedium für Sophia de Reyger geborene von Wintzingeroda. An: Nise, Joachim: Leichpredigt für Sophia de Reyger geborene von Wintzingeroda. Berlin 1618 (1: an 26 in: Ee 529).

Epicedium für Balthasar Damse, kfl.-brand. Kammergerichtsadvokat. An: Elerd, Nikolaus: Leichpredigt für Balthasar Damse. Berlin 1619. (LP StA Braunschweig, Nr. 892).

Rahels harte Geburt aus Gen. XXXV. 16–21. bey dem Leich=Begängniß Frau Margar. Schönbeckin, verehlichten Weylerin, d. 20. Juli 1625. betrachtet. Berlin 1625 (1: 14 in: Ee 541; Küster/ Müller, 1737, I, S. 331).

Epicedium für Margarethe Weyler geborene Schönbeck, Ehefrau von Justus Weyler. An: Vehr, Peter: Leichpredigt für Margarethe Weyler geborene Schönbeck. Berlin 1625. (LP StA Braunschweig, Nr. 5922).

(F. u. Ant.) Christliche Leichpredigt/ Vber den seligen Abscheid ... Johannis Georgij Wernikens/ Churf. Brandenb. Cammer Cantzley Schreibers ... Den hinterbliebenen ... geh. v. M. Petro Vher, Pred. zu St. Marien in Berlin. Berlin: Gedr. durch G. Rungen 1626. Berlin 1626 (1: Ee 6102; ; Küster/ Müller, 1737, I, S. 331; Leichenpredigten Franckesche Stiftungen Halle, 1975, S. 236).

»Saxo, Misna, Witeberga fle, fle ...« [Epicedium]. In: EPICEDIA In luctuosißimum obitu Magni illus Theologi DN. FRIDERICI BALDUINI, SS. THEOLOGIAE Doctoris ac Professoris Academiae Wittebergensis primarii, Ecclesiae verò Superintendentis generalis ac Consistorii Electoralis Assessoris meritissimi: [...] ab Amicis, Collegis, Discipulis, Filiis lugentibus ac maerentibus scripta & composita. Cum gratia & Privilegio Elect. Saxon. WITTEBERGAE, Sumptibus ac Typis JOHANNIS GORMANNI, ANNO M. DC. XXVII. (1: Ee 501, 3).

Christliche Leichpredigt über 1. Joh. II. 2. bey der Leich=Bestattung Frau Annen von Crummenstein, Herrn Baltzer von Schlieben, Churfürstl. Brandenb. Schloß=Hauptmanns ehelichen Haußfrau d. 21. Aug. 1628. in S. Marien gehalten. Wittenberg 1628 (Küster/ Müller, 1737, I, S. 331).

Epicedium für Johann Wernicke, kfl.-brand. Rentmeister. An: Koch, Johann: Leichpredigt für Johann Wernicke. Berlin 1630. (LP StA Braunschweig, Nr. 7173).

Der Christen Leiden dieser zeit/ Vnd jhre künfftige Herrligkeit/ Bey wolansehnlicher Leichbestattung Des weyland Ehrenvesten/ Hochachtbarn vnd Führnehmen Herrn GEORGII Hahns/ Churfürstlichen Brandenburgischen wolbestalten/ auch wolverdienten geheimten Secretarij, Welcher den 21. Julij/ dieses 1632. Jahres nach Mittage zwischen 3. vnd 4. Vhr sanfft vnd selig diese Welt gesegnet/ Vnd folgends den 25. selbiges Monden in der Kirchen zu St. Marien allhier Christlich zur Erden bestetiget worden/ Kürtzlich gezeiget auß dem Sprüchlein/ Rom. 8. v. 18. Durch M. PETRUM VHER, Diener am Wort Gottes zu S. Marien in Berlin. Gedruckt zum Berlin/ durch Georg Rungen/ Anno 1632. Berlin 1632 (1: 8 in: Ee 513; Küster/ Müller, 1737, I, S. 331; Leichenpredigten Franckesche Stiftungen Halle, 1975, S. 235).

EPICEDIA Pijs manibus & Beatæ memoriæ Præstantissimi Integerrimique Viri DN. GEORGII HAHNI, Sereniss. Elect. Brandenburg. Secretarij piè defuncti. An: Vehr d. Ä, Peter: Leichpredigt für Georg Hahn. Berlin 1632 (1: an 8 in: Ee 513).

Freude der frommen Hertzen im Leben und Sterben, bey der Leich=Begängniß Herrn Justi Weylers, Churfürstl. Brandenb. Kriegs=Raths und geheimen Secretarii, aus Ps. 122, erwecket. Berlin 1635 (11: 86 A 1779 Rara; Küster/ Müller, 1737, I, S. 331).

Epicedium für Justus Weyler. An: Vehr d. Ä., Peter: Leichpredigt für Justus Weyler. Berlin 1635 (Roth, 1959, I, R 443).

Zwo Christliche Leich= und Ehren=Predigten zweyer in Tod und Leben ungeschiedener ehelicher Hertzen, Herrn Galli Krausen, der Mittel=Ukermärckischen und Ruppinischen Städte Einnehmers, und Frau Sabina Reulin, verwittbeten Krausin, aus Ps. XC. 11. und Rom. XIV. gehalten. Berlin 1637 (Küster/ Müller, 1737, I, S. 331).

Trauer= und Trost=Sermon, über den unverhofften Abgang Jfr. Annae Rosinae Berchelmannin, aus Ps. 73. Anno 1637, d. 22. Aug. gehalten. Berlin 1637 (Küster/ Müller, 1737, I, S. 331).

Epicedium für Nikolaus Elerd, Propst in Berlin. An: Berkow, Johann: Leichpredigt für Nikolaus Elerd. Berlin 1637. (LP StA Braunschweig, Nr. 1133).

Epicedium für Anna Maria Miser geborene Heyde, Ehefrau von Caspar Miser, Bürgermeister in Berlin. An: Elerd, Nikolaus: Leichpredigt für Anna Maria Miser geborene Heyde. Berlin 1637. (LP StA Braunschweig, Nr. 2295).

Leichpredigt für Albert Stöve. Berlin 1638 (Dünnhaupt 1991, V, S. 3642).

Verlöbniß Christi JEsu mit seiner Braut bey der Leiche Jfr. Marien Sabinen Berchelmannin, Anno 1638. d. 6. Juli betrachtet. Berlin 1638 (Küster/ Müller, 1737, I, S. 331).

Zustand der Kinder GOttes in diesem, und in dem zukünfftigen Leben, als Jungfrau Marg. Catharina, Herrn Arn. de Reyger, Churfürstl. Brandenb. Raths und Vice=Cantzlers, hinterlassene einige Tochter, d. 29. Apr. 1639. beygesetzet worden, aus Apoc. VII. 15. erkläret. Berlin 1639 (Küster/ Müller, 1737, I, S. 331).

Elend und Jammer menschlichen Lebens bey tödtlichen Abgang Herrn Peter Engels, Handelsmanns in Berlin, der an der Pest Anno 1638. gestorben, betrachtet. Berlin 1639 (Küster/ Müller, 1737, I, S. 331).

Der Gerechten wegraffung fürm Vnglück. Auß dem 57. Cap. Esaiæ, Erkläret/ bey Leichbestattung Des WolEhrenvesten/ Großachtbarn vnd Hochgelahrten Herrn FRIDERICI Flecken/ vornehmen vnd wolverdienten Alten Medici allhier/ Alß er den 31. Julij, frühe nach 3. Vhr Anno 1638. an der grassirenden Pestseuche gestorben/ Folgends den 2. Augusti, bey Volckreicher Begängniß in der Pfarrkirchen zu St. Marien allhier zur Erden bestattet/ Vnd darauff den 12. ejusdem jhm die Leichpredigt gehalten worden. Durch M. PETRUM Vher, Archidiaconum selbiger Kirchen/ vnd des Ministerij zu Berlin Seniorem. Gedruckt zum Berlin/ im Jahr Christi 1639. Berlin 1639 (1: 20 in: Ee 509; Küster/ Müller, 1737, I, S. 331).

Die Crone der Gerechtigkeit, bey Adelicher und Volkreicher Leich=Bestattung Herrn Baltzer von Schliebens, weyland Churf. Brand. wohlbestalten Schloß=Hauptmann, welcher Anno 1639. d. 16. Nov. in der Pfarr=Kirche zu S. Marien nach gehaltener Leichen=Predigt in sein Ruhe=Kämmerlein gesetzt worden, betrachtet. Berlin 1639 (1: 10 in: Ee 533; Küster/ Müller, 1737, I, S. 331).

(…) Oder Anleitung zur Danckbahren Betrachtung des Christlichen Reformation=Wercks, Gegeben … Von M. Petro Uher … zu Berlin. In: Iubilaeum Evangelico-Marchicum Berlinense, 1640. Berlin 1640 (1: Tc 4400 ehem.; 1: Tc 4401 ehem.; 1: Tc 4401ᵃ ehem.; Küster/ Müller, 1737, I, S. 331).

Leichpredigt/ Auß dem tröstlichen Kern=Sprüchlein 1. Johan. I. Das Blut JEsu Christi/ etc. Bey Adelichen vnd Volckreichen Begängniß/ Des Wol=Edlen/ Gestrengen vnd Vesten/ Alexander von Brietzken/ Churf. Durchl. zu Brandenb. wolbestalten Oberschencken/ auff Märe/ Seeburg vnd Marzan/ etc. Erbsassen; Als er den 6. Januarij dieses 1640. Jahres/ in der Pfarrkirchen S. Marien allhie in Berlin/ begraben worden/ Welche gehalten M. PETRUS VHER, selbiger Kirchen Prediger. Gedruckt zu Berlin/ bey Georg Rungens S. Witw. Berlin 1640 (1: 17 in: Ee 504; Küster/ Müller, 1737, I, S. 331).

Trostmittel, deren sich Christen bey Empfindung herzlicher Traurigkeit über der lieben Jhrigen tödtlichen Hintritt untereinander brauchen können beym Abschied Elis. Reg. Elardin geb. Fleckin. Berlin 1641 (Küster/ Müller, 1752, II, S. 1013).

Trost wieder Todesfurcht/ Beym Trawrigen Begräbniß Des Ehrenvesten/ Achtbarn vnd Wolgelahrten Herrn JOACHIMI Berchelmans/ Jurisprudentiæ Studiosi, Welcher/ nach außgestandener langwieriger Kranckheit/ den 2. Octob. Anno 1641. Abends zwischen 11. vnd 12. Vhren/ sanfft vnd selig im HErrn entschlaffen; Vnd folgends den 7. ten selbiges Monden allhie in der Pfarr=Kirchen S. Marien/ bey Volckreicher versamlungen zur Erden bestattet; Kürtzlich gezeiget in einer Predigt/ so auff begehren gehalten M. PETRUS Vher/ Diener am Wort Gottes bey selbiger Pfarrkirchen. Gedruckt zu Berlin/ bey Georg Rungen S. Witwe. Berlin 1641 (1: 10 in: Ee 502; Küster/ Müller, 1737, I, S. 331).

BONA OMINA NUPTIIS AUSPICATISSIMIS Admodum Reverendi et Clarissimi VIRI Dn: M. JOACHIMI FROMMII, AD D. Nicolai Archidiaconi, ut meritissimi ita & vigilantissimi SPONSI, Nec non Lectissimæ, pientissimæque Virginum SABINÆ Bartholdin/ Viri Amplissimi, Consultissimique Dn. ANDREÆ Bartholds/ Cameræ Electoralis Brandenb. Advocati non è postremis, sed primi, & Senioris FILIÆ, SPONSÆ, Prolixissimo affectu, A Fautoribus, Collegis & Amicis NUNCUPATA. BEROLINI, Typis Rungianis, Anno 1643. Berlin 1643 (109: Slg. GK: Sch 1/22).

Trost im Elend allen Betrübten und Elenden aus Ps. CXIX 92. bey der Leich=Bestattung Frau Lucretia von Götzin, Herrn Hansen von Waldau, gewesener ehelichen Haußfrau, welche am 10ten Juli 1645. mit Fürstl. und Adel. Comitat zur Pfarr=Kirchen S. Marien in Berlin begleitet, und nach gehaltener Leich=Procession und Predigt nacher Nieder=Schönhausen geführet worden. Berlin 1645 (Küster/ Müller, 1737, I, S. 331).

Epicedium für Eva Maria Hoffmann geborene Fritz. An: Fromm, Joachim: Leichpredigt für Eva Maria Hoffmann geborene Fritz. Berlin 1648 (1: an 7 in: Ee 518).

GOttes grosse Liebe gegen uns arme Menschen, aus Deut. XXXIII bey Bestattung Herrn Martini Göch, notarii publici Caesarei, welcher d. 21 Febr. 1649 auf dem Pfarr=Kirchhof S. Marien zur Erden bestattet worden. Berlin 1649 (1: 1 in: Ee 512; Küster/ Müller, 1737, I, S. 331).

SYMPATHIA SOLABILIS Moestissimis Parentibus à Fautoribus & Amicis scripta (Epicedium für Friedrich Benedikt Blechschmid). An: Berkow, Johann: Leichpredigt für Friedrich Benedikt Blechschmid. Berlin 1649 (1: an 8 in: Ee 503).

Epithalamium für Samuel Lorentz, Pastor zu Guben/Landsberg, und Catharina, Tochter von Matthaeus Rosenthal, Pastor von Alt-Landsberg. 1649 (109: Slg. GK: Cg 99. 2).

Epicedium für Samuel Hoffmann. Berlin 1649 (Leichenpredigten Liegnitz, 1938, S. 213).

Seelen=Trost für die, so wegen zeitiges Absterben der liebsten Jhrigen sehr hoch betrübet sind, aus Sap. IV. bey Bestattung Joach. Andreae, des Joachimi Chemnitii, Churf. Brandenb. Cammergerichts … Raths … Söhnlein, am 24. Nov. 1650. angewiesen. Berlin 1650 (1: 6 in: Ee 506; Küster/ Müller, 1737, I, S. 331).

(…) Iacobi, Jacobs des Patriarchen sanffter und seliger Abschied, aus Gen.XLIX.ult. bey Leich=Bestattung Herrn M. Martin Stromanni, 32. jährigen Præpositi der Kirchen zu Bernaw, den 29. Dec. 1650. erkläret. s. l. 1650 (1: 5 in: Ee 537; LP StA Braunschweig, Nr. 6604; Küster/ Müller, 1737, I, S. 331f.).

Epicedium für Martin Stromann, Propst in Bernau. An: Vehr, Peter: Leichpredigt für Martin Stromann. s. l. 1650. (LP StA Braunschweig, Nr. 6604).

ΠΛΗΡΟΦΟΡΙΑ Christiana. Beständiger Christen-Trost/ Geschöpffet auß den Worten des 8.Cap. an die Röm. v. 32. & seqq. Ist Gott für uns/ etc. und Erkläret bey dem schnellen Tode … Des WolEhrwürdigen/ in Gott Andächtigen … Herrn Johannis Bercovii, Wolverdienten beyder Pfarrkirchen zu Berlin Predigers/ und in S. Marien Kirche Archidiaconi; Welcher den 26. Februarij dieses 1651. Jahres/ da Er in seinem Amte eine Leiche vorm Thor hinaus begleitet, im Rückweg vorm Thor niedergesuncken, und gehlinges Todtes gestorben, und darauf den Sonntag Laetare in S. Marien=Kirche begraben … durch M. Petrum Vher/ Probsten in Berlin. Außgedruckt bey Christoff Runge/ im vorgesetztem Jahre. Berlin 1651. (LP StA Braunschweig, Nr. 386; Küster/ Müller, 1737, I, S. 332; Kemp, 1975, S. 46).

Epicedium für Johann Berkow, Archidiakon zu S. Marien. An: Vehr, Peter: Leichpredigt für Johann Berkow. Berlin 1651. (LP StA Braunschweig, Nr. 386).

MISSUS POETICUS in Nuptiis auspicatissimis VIRI Excellentissimi Clarissimi atque Experientissimi DOMINI THOMÆ PANCOVII, DOCTORIS MEDICI, ET PRACTICI BERLINENSIS, cum VIRGINE Lectissimâ, virtutibusque Virgineis perquam conspicuâ CATHARINA, VIRI Amplissimi, Excellentissimi et Consultissimi, DN. JOHANNIS BERCHELMANNI, J. U. L. & Statuum provincialium in Electoratu Brandenb. cis Viadrum Syndici & Quæstoris fidelissimi, dilectissimâ FILIA, BEROLINI pridie Martini celebratis, Mensæ secundæ surrogatus à PATRONIS, PROPINQUIS, FAUTORIBUS, AMICIS. Literis RUNGIANIS. Berlin s. a. [1651] (109: Slg. GK: Cg 144).

Trost=Predigt aus Ps. XLII. bey dem Leich=Process Frau Annen von Pfuel, gebohrner von Streumen, Anno 1652. gehalten. Berlin 1652 (Küster/ Müller, 1737, I, S. 332).

VOTA NUPTIIS M. JOHANNIS HEINZELMANI, GYMNASII BEROLINENSIS RECTORIS ET SOPHIÆ ZIRIZIÆ OBLATA A FAUTORIBUS QVIBUSDAM ET AMICIS. Berlin 1652 (109: Slg. GK: Cg 76,4).

Epicedium für Jacob Fabricius, Pfarrer an S. Marien in Stettin. An: Kanßdorf, Balthasar: Leichpredigt für Jacob Fabricius. Stettin 1654. (LP StA Braunschweig, Nr. 1256).

Der Klag in Reigen Verwandelung/ aus dem 30. Psalm Davids/ v. 11/12/13. Bey Hochansehnlicher Volckreicher Leichbestattung/ Des weyland WollEhrenvesten/ GroßAchtbarn und Hochgelahrten Herrn JOHANNIS Berchelmans/ Beyder Rechten Licentiati, und der Löblichen Landschafft wolbestalten Syndici und Rentmeisters/ welcher den 15. Junij Anno 1655. frühe ümb drey Vhr sanfft und selig im HErren entschlaffen/ und folgends darauf den 22. Junij in der Pfarr=Kirchen St. Marien begraben worden/ erkläret von M. PETRO Vher/ Probsten in Berlin. Daselbst Gedruckt bey Christoff Runge. Berlin 1655 (1: 11 in: Ee 502; Küster/ Müller, 1737, I, S. 332).

Epicedium für Sidonia Rösner geborene Waldner, Ehefrau von Johann Rösner, Archidiakon zu S. Marien. An: Lubath, Martin: Leichpredigt für Sidonia Rösner geborene Waldner. Berlin 1656. (LP StA Braunschweig, Nr. 6966).

»Ivs strictum & pietas rarò uno in corde morantur; …« [Epicedium]. In: Lilius, Georg: Chur Brandenburg: Vice Cancellärn H. Andr. Khols I. C. Seel. ged. Andenck=Seule 1656 [Bl. 1]. GAUDIUM IN DOMINO, de Animae vestimento Die Herrn=Freudt/ übern Seeln=Kleidt Aus Esaias Propheten=buch/ im LXI Cap. Bey Christlich= Edler Leichbegängknüß/ Deß Weyland WolEdlen/ Großacht=bahren/ Hochgelarten/ Herrn Andreas Kohl: ICTI, Churfürstl. Durchläucht: zu Brandenburgk: Hoff= vnd Cammer=gerichts=Raths/ auch Vice=Cancellärn: Seelged. […]. Helmstadt/ Gedruckt bey Henning Müllern/ Anno 1656. (1: Ee 519, 8).

Leichpredigt für den Berliner Hofprediger Johann Fleck. s. l. e. a. (Küster/ Müller, 1737, I, S. 133).

Literatur

FROMM, Joachim: ΚΕΙΜΗΛΙΟΝ, Das ist: Getreuer Lehrer und Prediger/ Bekenner und Kinder GOttes Bester Schatz/ So sie in dieser undanckbaren und letzten bösen Welt davon bringen/ Aus St. Stephani/ als des ersten heiligen Märtyrers Neues Testaments/ Suspirio, Act. 7. Cap. v. 59. HERR JESU/ nimb meinen Geist auff. über und bey Christlicher ansehnlicher und sehr Volckreichen Leichbestätigung/ Des weiland Wol Ehrwürdigen/ GroßAchtbarn/ Hoch und Wolgelarten Herrn M. PETRI VHERN, SENIORIS, Wolverdienten und ins 39te Jahr gewesenen treufleissigen Berlinischen Prediger/ ins 7te Jahr hieselbst Probsten/ auch der incorporirten Kirchen und dieses Gymnasii Inspectorn, So wol auch des Churfürstlichen Brandenburg. Geistlichen Consistorii gewesenen Assessorn und Kirchen=Rahts. Welcher den 10. Octobr. Anno 1656. frühe zwischen 4. und 5. Vhr im HERRN sanfft und selig entschlaffen/ und ist dessen H. abgelebter Cörper ipsa Domin. 20 post Trinit in der St. Nicol. Kirchen nahe beym hohen Altar [wie es genant wird] mit Christlichen Ceremonien beygesetzet/ und der Erden/ bis auf den numehr bald herannahenden Jüngsten Tage anvertrauet worden/ Zur Leich=Predigt gehalten/ auffgesetzet/ und auff der hinterlassenen hochbetrübten Christlichen Frauen Wittwen Begehren zum Druck befördert von M. JOACHIMO Frommen/ Archi-Diacono, der Kirchen zu St. Nicol. und des Berlinischen Ministerii Seniore. Franckfurt an der Oder/ Gedruckt bey Johann Ernsten/ 1657. Frankfurt/O. 1657 (1: 9 in: Ee 539; Küster/ Müller, 1737, I, S. 324, jedoch mit Berlin 1656); HEINZELMANN, Johannes: AD DNN. EXEQUIATORES SERMO. Per-Illustris et Gerosissimi DOMINI PROPRINCIPIS Deputate, Vir Nobilissime Et Strenue, Reverendissime Et Generosissime Dn. Baro, Viri Magnifici, Nobilissimi, Amplissimi, Consultissimi, Perquam Reverendi, Excellentissimi, Experientissimi, Prudentissimi, Clarissimique Domini Exequiatores omnium Ordinum Honoratissimi. s. l. e. a. (1: an 9 in: Ee 539); HEINSIUS, Martin: Ehren=Gedächtniß. über dem tödlichen Abgang Tit. Herrn M. PETRI Vheren/ &c. angestellet und begangen zu Franckfurt an der Oder in der Ober Kirchen den 24. Octobr. 1656. von M. HEINSIO, Pfarrern daselbst. Frankfurt/O. 1656 (1: an 9 in: Ee 539); EPICEDIA MUSARUM LUGENTIUM. piis & beatis Manibus Viri Reverenda et Clarissima Dignitate, Eruditionis laude vitæque sanctimonia commendatissimi, DN. M. PETRI VHERII, Hagiosynedrii Elector. Brandenburg. Assessoris & Præpositi Berolinensis Meritissimi, Ministerii Senioris. Desecrat. Non debet mors eorum, quorum vita laudatur, silentio præteriri. Cicero. s. l. e. a. [ohne Impressum; Berlin 1656] (109: Slg. GK: Sch 1/42; (auch:) PRODROMUS MUSARUM LUGENTIUM piis & beatis Manibus Viri Reverenda et Clarissimâ Dignitate, Eruditionis laude vitæque sanctimonia commendatissimi, DN. M. PETRI VHERII, Hagiosynedrii Elect. Brandenb. Assessoris & præpositi Berolinensis Meritissimi, Ministerii Senioris. Desecratus Non debet mors eorum, quorum vita laudatur, silentio præteriri. Cicero. BEROLINI, Typis Rungianis, 1656. Berlin 1656 (109: Slg. GK: Sch 1/44); SCHMIDT, J., 1731, S. 64; DITERICH, 1732, S. 148–153; KÜSTER/ MÜLLER, 1737, I, S. 329–332; 1752, II, S. 415, 943, 1013; BÜSCHING, 1774, S. 44; BACHMANN, 1859, S. 231f.; HEIDEMANN, 1874, S. 138–140; NOHL, 1903, S. 99; FISCHER, 1937, S. 2f.; FISCHER, 1941, II, S. 914.

Vorstius (Vorsten), Johann

* 22. Jan. 1623 Wesselburen/ Dithmarschen
† 4. Aug. 1676 Berlin
Philologe, Pädagoge, reform.
V Martin V., Superintendent
M N. N.
⚭ 1656 Sarah geb. Valepagius
K mehrere Kinder

Schule in Itzehoe
1643–1644 Gymnasium in Hamburg
1644–1646 Universität Wittenberg (1646 Mag.) Hauslehrer beim Hamburger Senator Georg Müller
1646–1648 Universität Helmstedt
1648–1649 Universität Jena
1649–1653 Universität Rostock (Ephorus der holst. Studenten)
1653 Reise nach Holland
1653–1659 Rektor der Stadtschule in Flensburg
1653 Universität Rostock (Lic. Theol.)
1660–1676 Rektor am Joachimsthalschen Gymnasium in Berlin,
ab 1662 auch Bibliothekar der Kfl. Bibliothek in Cölln

Johann Vorstius (Vorsten) wurde am 22. Jan. 1623 in Wesselburen in Dithmarschen geboren. Er entstammte einer Familie hochangesehener Geistlicher. Der Großvater Johann Vorstius, geboren in Antwerpen, wurde wegen seiner streng lutherischen Haltung aus Brabant vertrieben und fand in Holstein eine neue Wirkungsstätte. Zuletzt bekleidete er ab 1560 bis zu seinem Tode vierzig Jahre die Superintendentur in Itzehoe. In diesem Amt wurde er für kurze Zeit in seine Heimat zurückgerufen, um neben Johann Ligarius (1529–1596) und Matthias Flacius (1520 bis 1575) die kirchlichen Verhältnisse in Antwerpen nach der Augsburgischen Konfession einzurichten. Er stand mit zahlreichen bekannten Gelehrten in Verbindung und führte mit ihnen einen regen Briefwechsel, unter anderem mit dem berühmten Rostokker Theologen David Chyträus (1531–1600), der 1569 in Nieder-Österreich und in der Steiermark das evangelische Kirchenwesen ordnete. Johanns Vater, Martin Vorstius, war Superintendent zu Wesselburen; über die Mutter sind keine Nachrichten überliefert.

Vorstius besuchte zunächst die Schule in Itzehoe und setzte anschließend seine schulische Ausbildung am Akademischen Gymnasium in Hamburg fort, das 1613 als Übergangseinrichtung zwischen dem Johanneum, der lateinischen Gelehrtenschule, und der Universität gegründet worden war. Am achtklassigen Johanneum wurden die Schüler in den Sprachen und den freien Künsten ausgebildet und konnten, wenn sie die Examina bestanden hatten, ans Akademische Gymnasium wechseln, wo hochschulähnlicher Lehrbetrieb herrschte. Die Einrichtung entsprach der philosophischen Fakultät einer Universität, durfte aber keine Magisterpromotionen durchführen. Dafür konnten ihre Absolventen sich gleich an einer der drei höheren Fakultäten inskribieren. In den ersten Jahren besuchten vor allem viele Auswärtige, vorwiegend aus Holstein und Mecklenburg, Pommern und Brandenburg, das Akademische Gymnasium, dessen überwiegend auswärtiger Zustrom dadurch begünstigt wurde, daß Hamburg von den Greuel des Dreißigjährigen Krieges verschont blieb. 1629 hatte der berühmte Mathematiker und Naturforscher, Philosoph und Reformpädagoge Joachim Jungius (1587 bis 1657) das Rektorat übernommen, welches er bis zu seinem Tode bekleidete. Neben seinen Rektoratsverpflichtungen lehrte er als Professor für Physik, später auch als Professor für Logik – er vor allem war es, der die Studierenden anzog.

Am 29. April 1643 schrieb sich Vorstius, inzwischen bereits 20 Jahre alt, in die Matrikel des Akademischen Gymnasiums ein. Ein Jahr studierte er unter Jungius und wurde von seinem Lehrer, der noch vor René Descartes (1596–1650) die Bedeutung der Mathematik für die Philosophie erkannt hatte, in mathematisch-naturwissenschaftliche Disziplinen, insbesondere auch in die Physik, sowie in die Logik eingeführt. Vor allem als Logiker errang Jungius wissenschaftliche Bedeutung. 1638 gab er seine »Logica Hamburgensis« heraus, die ein Jahrhundert lang das maßgebliche Schullehrbuch in Hamburg blieb. Da er wegen dieser Schrift jedoch in der Folgezeit angefeindet und kryptocalvinistischer Neigungen verdächtigt wurde, blieb seine »Logica Hamburgensis« die einzige größere Arbeit, die Jungius zu Lebzeiten veröffentlichte.

1644 kam Vorstius nach Wittenberg, wo er sich am 8. Juni unter dem Rektor und Professor für griechische Sprache, Johann Erich Ostermann (1604 bis 1668), eigenhändig in die Matrikel eintrug (WEIS-

SENBORN, 1934, 44,111). Mit ihm zusammen immatrikulierte sich ein weiterer Wesselburener, Johannes Jungius, vielleicht ein Verwandter des Hamburger Rektors. In jener Zeit studierten mehrere junge Leute in Wittenberg, mit denen Vorstius nach Jahren in der kurbrandenburgischen Residenz Berlin-Cölln wieder zusammentraf, nämlich der spätere Propst zu Cölln, Andreas → Fromm, sowie die Berliner Archidiakone zu S. Nicolai und S. Marien, Elias Sigismund → Reinhardt und Martin → Lubath. In den Quellen sind die Namen einiger Professoren überliefert, bei denen Vorstius in Wittenberg intensive philologische, philosophische und theologische Studien trieb. Neben dem Gräzisten Ostermann, der vor allem griechische Altertümer und Textgeschichte des Neuen Testaments lehrte, waren das insbesondere Buchner und Scharff. August Buchner (1591–1661) bekleidete beide dem Lateinischen eingeräumte Professuren, seit 1616 jene für Dichtkunst und ab 1632 auch noch die für Rhetorik, und gehörte zu den bekanntesten Gelehrten der philosophischen Fakultät Wittenberg in jenen Jahren. Durch seine Vorlesungen zur deutschen Poetik trug er entscheidend zur Durchsetzung der Opitzschen Dichtungsreform bei. Johann Scharff (1595–1660) lehrte zunächst Ethik, ab 1641 Logik und seit 1640 zugleich Theologie auf einer außerordentlichen Professur, die er 1649 in eine ordentliche umwandeln konnte. Als einer der schärfsten Gegner der reformierten Glaubenslehre hielt er ab 1645 an der Universität sogenannte »Collegia anticalviniana« und bekämpfte die Reformierten auch in zahlreichen Schriften. Wenn Vorstius insbesondere Scharffs Vorlesungen besuchte, dann galt sein Interesse nicht nur dem Logikprofessor, sondern auch dem vormaligen literarischen Gegner von Jungius. Gegen dessen »Logica Hamburgensis« ließ Scharff disputieren, veröffentlichte die gesammelten Disputationen unter dem Titel »Lima logicae Hamburgensis« und wurde in Wittenberg als Kämpfer für die Orthodoxie gefeiert. Weitere Professoren sind namentlich nicht genannt, doch belegt das spätere Werkverzeichnis von Vorstius eine intensive Beschäftigung mit dem Hebräischen und den orientalischen Sprachen, die wohl schon durch den Wittenberger Universitätsaufenthalt angeregt worden waren. Seit 1638 lehrte Andreas Sennert (1606–1689) orientalische Sprachen, 1640 übernahm er die Professur für Hebräisch, die er bis zu seinem Tode fast 50 Jahre bekleidete. In seinen Vorlesungen wandte er sich gegen die durch die Herrschaft einer auf dem Schriftprinzip basierenden Theologie behauptete Unantastbarkeit der Bibel in ihrer vorliegenden Gestalt. Auch liegt es nahe, daß Vorstius, der in Hamburg von Jungius in die Physik und die Naturwissenschaften eingeführt worden war, in Wittenberg Vorlesungen beim berühmten Gelehrten Johannes Sperling (1603–1658) hörte, der 1634 die Professio Physicae übernommen hatte (Physik wurde damals als Naturlehre doziert) und als wichtigster Schüler Daniel Sennerts (1572–1637) dessen Atomlehre in die Lehrbücher der Physik einführte.

Für das Jahr 1646 sind von Vorstius drei öffentliche Disputationen belegt, unter anderem bei Notnagel und Martini. 1633 wurde Christoph Notnagel (1607 bis 1666) als Professor für Mathematik berufen, der sich vor allem durch sein Handbuch der Festungsbaukunst und durch die Einführung öffentlicher Vorlesungen über angewandte Mathematik in deutscher Sprache im Jahre 1656 einen Namen machte. Jakob Martini (1570–1649), seit 1623 Professor theologiae, gehörte wie Paul Röber (1587–1651), seit 1627 Theologieprofessor, zu jenen lutherisch-orthodoxen Theologen Wittenbergs, die vor allem den Kalvinismus im benachbarten Anhalt und in Kurbrandenburg bekämpften. Herausragender Vertreter an der theologischen Fakultät war jedoch Johannes Hülsemann (1602–1661), der 1629 eine Theologieprofessur übernommen und nach dem Tode Johann Gerhards (1582–1637) zum maßgeblichsten lutherischen Theologen aufrückte. Als Teilnehmer am Thorner Religionsgespräch 1645 bekämpfte er neben Abraham Calov (1612–1686), der 1650 als Theologieprofessor nach Wittenberg kam, am entschiedensten die synkretistischen Bestrebungen des Helmstedters Georg Calixt (1586–1656). 1646 folgte Hülsemann einem Ruf nach Leipzig. Zu verweisen ist noch auf Wilhelm Leyser (1592–1649), ein Schüler Johann Gerhards, der 1627 als Professor theologiae berufen worden war und neben systematischen Vorlesungen die Lektüre des Alten Testaments übernommen hatte. Wie groß der Einfluß der lutherisch-orthodoxen Wittenberger Theologen auf Vorstius, den späteren Rektor des reformierten Joachimsthalschen Gymnasiums, gewesen war, läßt sich nicht sagen. Es wäre jedoch falsch, ihn gering bemessen zu wollen. Bis zu Vorstius' Übertritt zur reformierten Religion vergingen noch mehr als zehn Jahre, in denen Universitätsstudien in Helmstedt, Jena und Rostock, vor allem aber eine Reise in die calvinistischen Niederlande lagen, die starke Impulse für die Hinwendung zum reformierten Glauben brachte.

Am 28. April 1646 erlangte Vorstius an der philosophischen Fakultät Wittenberg den Magistergrad. Wohl nicht lange danach bestellte ihn der Hamburger Senator Georg Müller zum Erzieher seiner Söhne. Die Quellen bieten keine Informationen darüber, ob Vorstius bereits während seines Hamburger Aufenthaltes am Akademischen Gymnasium 1643/44 Verbindung zu dieser angesehenen Ratsfamilie hatte. Er begleitete Müllers Söhne nach Helmstedt, wo er sich am 9. Okt. 1646 in die Universitätsmatrikel eintrug. Die Immatrikulation nahm der Prorektor und Professor theologiae Konrad Hornejus (1590–1649) in Vertretung des Rektors, Herzog Friedrich von Braunschweig-Lüneburg, vor (HILLEBRAND, 1981, S. 50).

In Helmstedt soll sich Vorstius insbesondere der Theologie gewidmet und durch seine Gelehrsamkeit so hohe Anerkennung gewonnen haben, daß er sogar in die engere Wahl für eine neu zu besetzende theologische Professur gekommen sei, was ihm begreiflicherweise auch einige Neider und Gegner einbrachte. Namen von Professoren, zu denen er sich besonders hingezogen fühlte, sind nicht überliefert. An der theologischen Fakultät lehrten Georg Calixt, seit 1614 Professor theologiae und wegen seiner Bemühungen um einen Ausgleich der Konfessionen bevorzugter Gegner der lutherisch-orthodoxen Theologen, die ihn des Synkretismus bezichtigten und seine Teilnahme am Thorner Religionsgespräch 1645 verhinderten. Konrad Hornejus hatte ab 1619 zunächst die Professur für Logik und Ethik inne, erhielt 1628 einen theologischen Lehrstuhl und wurde wie Calixt, mit dem er in der Wertung der kirchlichen Altertümer und dem Streben nach Überwindung der konfessionellen Gegensätze übereinstimmte, im synkretistischen Streit aufs schärfste bekämpft. Balthasar Cellarius (1614–1689) las schon 1642 in Helmstedt Collegia und schloß sich Hornejus und Calixt an. 1644 als Prediger nach Braunschweig berufen, kehrte er zwei Jahre später auf Antrag Calixts als Generalsuperintendent und Professor theologiae nach Helmstedt zurück, wo er Neues Testament und die Perikopen las. Auch wenn er sich literarisch am synkretistischen Streit nicht beteiligte, stand er zu den Ideen seines Lehrers Calixt, auf dessen Tod 1656 er die Leichpredigt hielt.

Leider sind aus dem zweijährigen Studienaufenthalt, den Vorstius in Helmstedt absolvierte, keine wissenschaftlichen Arbeiten überliefert. Die ihm angetragene Wahl für eine theologische Professur schlug er aus, weil er die Lehrsätze der lutherischen Kirche nicht mehr uneingeschränkt anerkannt haben soll. Dafür zollte ihm selbst Gerhard Titius (1620–1681), mit dem Vorstius später eine polemische Kontroverse führte, seinen Respekt. Titius, zunächst Professor für Hebräisch, erhielt 1650 eine theologische Professur und stritt als Schüler und Gesinnungsgenosse von Calixt an dessen Seite für einen Ausgleich der Konfessionen.

1648 verließ Vorstius Helmstedt und begleitete seine Zöglinge nach Jena, wo er sich an der Universität immatrikulierte und seine Studien fortführte (MENTZ/JAUERNIG, 1944, S. 347b). Belegt sind einige öffentliche Disputationen, darunter eine 1648 unter Johann Tobias Major (1615–1655) gehaltene Exercitatio über die ersten Bischofssitze der alten Kirche, die 1651 erneut gedruckt wurde. Major, seit 1645 außerordentlicher Theologieprofessor und nach dem Tode seines Vaters Johannes Major (1564–1654) zum ordentlichen Professor berufen, stand noch uneingeschränkt hinter der von Wittenberg ausgehenden streitbaren Verteidigung der »reinen« lutherischen Lehre; erst mit dem Wirken von Johann Musaeus (1613–1681) konnte sich in Jena ein gemäßigter Standpunkt durchsetzen.

1649 gab Vorstius seine Informatortätigkeit für die Söhne des Hamburger Senators Müller auf und nahm das ihm durch Herzog Friedrich von Holstein-Gottorp unterbreitete Angebot an, für die holsteinischen Studenten an der Universität Rostock als Ephorus tätig zu werden. Während seines vierjährigen Aufenthaltes in Rostock konnte sich der Sechsundzwanzigjährige noch mehr als in Helmstedt und Jena auszeichnen und sich durch zahlreiche, zu ganz unterschiedlichen historischen, kirchengeschichtlichen, philosophischen und philologischen Themen gehaltene Disputationen (von denen einige wiederholt gedruckt wurden) einen weit über Rostock hinaus reichenden Namen machen. Unter seinem Präsidium disputierte unter anderem 1653 der hervorragende Kenner der orientalischen Sprachen Andreas → Müller »de quibusdam ad philologiam orientalem spectantibus«; mit ihm traf Vorstius später in der kurbrandenburgischen Residenz wieder zusammen, als Müller 1667 zum Propst von S. Nicolai in Berlin berufen wurde. Auch Andreas Fromm und Elias Sigismund Reinhardt, die Vorstius bereits in Wittenberg getroffen hatten, begegneten ihm in Rostock wieder. Schon in jener Zeit, nämlich bereits 1651 (so FRITZE, 1907, S. 3), soll er auch unter dem Pseudonym Janus Orchamus gegen William Harvey (1578 bis 1658) und dessen Forschungen zur Zeugungstheorie geschrieben haben. Harvey, seit 1615 Professor der Anatomie, ab 1630 Leibarzt König Karls I. von England und Entdecker des Blutkreislaufes, bestritt auf Grund seiner Forschungen auf dem Gebiet der Zeugung die alte Theorie der »Generatio aequivoca« und begründete die Evolutions- und Eitheorie (»omne animal ex ovo«). Die Ergebnisse seiner Untersuchungen über diesen Gegenstand veröffentlichte er in seiner 1651 in London erschienenen Schrift »De generatione animalium«. Mit seiner pseudonym publizierten Gegenschrift »De generatione animantium conjectura, observationi … Harveanae … submissa« (erst 1667 in Cölln gedruckt), reihte sich Vorstius unter die nicht unbeträchtliche Zahl jener Gelehrten, die Harveys Theorie bekämpften.

1653 reiste Vorstius nach Holland, unter anderem nach Utrecht, Amsterdam und Leiden, wo er die Bildungseinrichtungen aufsuchte und Verbindungen mit berühmten Gelehrten aufnahm. Wohl hier, in den calvinistischen Niederlanden, erhielt Vorstius die entscheidenden Anstöße für seinen späteren Übertritt zur reformierten Religion. Doch zuvor wurde er noch im selben Jahr zum Rektor der Flensburger Stadtschule berufen. Während seiner Amtszeit disputierte er 1655 an der Universität Rostock unter dem Vorsitz von Caspar Mauritius über göttliche Gnade und bekam daraufhin den Titel eines Licentiaten der Theologie zuerkannt. Seine (nicht erhalten gebliebene) Inauguraldissertation, zu welcher ihm die Rostocker Theologen Dorsch und Schuckmann Glückwünsche übermittelten, ließ er mit einer Zuschrift an den dänischen König im Druck ausgehen. Die feste Anstellung erlaubte nun auch die Gründung einer Familie: 1656 ehelichte Vorstius Sarah, die Tochter des Sekretärs und Schreibers des Stapelholmer Gebietes, Jodocus Valepagius, mit der er mehrere Kinder gezeugt haben soll (TAUTZ, 1925, S. 45; GUNDLING, 1738, S. 72, erwähnt jedoch nur einen Sohn). Sieben Jahre bekleidete Vorstius das Flensburger Rektorat, dann gab er sein Amt aus religiösen Gründen auf, trat zur reformierten Kirche über und hatte vor, Holstein ganz zu verlassen. Da erreichte ihn die Vokation zum Rektor des Joachimsthalschen Gymnasiums, welche Vorstius annahm und 1660 in die kurbrandenburgische Residenz übersiedelte.

Das Joachimsthalsche Gymnasium war 1607 nach dem Vorbild des zwei Jahre zuvor eingeweihten Casimirianum in Coburg als brandenburgische Fürstenschule gegründet worden. Kurfürst Joachim Friedrich hatte das Gymnasium im abgelegenen Städtchen Joachimsthal in der Uckermark bauen lassen, damit die Schüler dem Lärm und dem ausschweifenden Leben in der Residenz Berlin-Cölln entrückt seien und ungestört und sicher vor Verführungen sich ausschließlich der Arbeit und den Studien widmen könnten. Ihr hohes Ansehen in den ersten Jahrzehnten verdankte die Anstalt vor allem dem 1610 berufenen Rektor Samuel Dresemius (1578–1638), einem herausragenden Gelehrten späthumanistischer Prägung. Er hatte in Frankfurt/O. den Magistergrad erlangt und war in Heidelberg vom bekannten Dichter Paul Schede-Melissus (1539–1602) zum Poeta laureatus Caesareus gekrönt worden. Danach dozierte er in Greifswald und Rostock, war Konrektor an der städtischen Schule in Salzwedel, bevor er das Rektorat in Joachimsthal übernahm. Doch in den Wirren des Dreißigjährigen Krieg erwies sich gerade diese abgelegene Lage des Gymnasiums als besonders nachteilig: Die ungeschützte Anstalt wurde mehrmals geplündert und Anfang des Jahres 1636 völlig zerstört. An einen Wiederaufbau noch während des Krieges war nicht zu denken; erst 1650 ließ Kurfürst Friedrich Wilhelm das Joachimsthalsche Gymnasium wieder einrichten, vereinigte es mit der reformierten Domschule zu Cölln und stellte später auch ein neues Gebäude zur Verfügung (bis dahin wurde der Unterricht in einigen Zimmern des kurfürstlichen Schlosses in Cölln durchgeführt). So blieb die Anstalt nun in der kurbrandenburgischen Residenz und bildete als reformierte Fürstenschule ein Gegengewicht zu den beiden lutherischen Gymnasien in Berlin und Cölln.

Vorstius übernahm das Rektorat des Joachimsthalschen Gymnasiums von seinem Vorgänger Ernst Wulstorp (1595– um 1622), der Ende 1657 wegen vielfacher Klagen über seine Amtsführung entlassen worden war. Die Besetzung des Rektorats vollzog sich in der Weise, daß der Kurfürst bei Vakanz desselben seine Räte aufforderte, sich nach einem geschickten und tüchtigen Rektor umzusehen. Nachdem diese ihre Berichte eingesandt hatten, wurde die

Vokation ausgefertigt und der neue Rektor durch den Kurfürsten persönlich in sein Amt eingesetzt. Allerdings gelang es den Räten nicht immer, für das vakante Rektorat sofort einen Nachfolger zu finden, so daß bis dahin der Konrektor als sogenannter »rector vicarius« die Aufgaben des Rektors mit übernehmen mußte. Dies war seit 1654 Gersom → Vechner, der nach dem Ausscheiden Wulstorps kommissarisch die Leitung der Anstalt inne hatte.

Unter Vorstius' Rektorat nahm das Joachimsthalsche Gymnasium einen neuerlichen Aufschwung. 1667 kaufte Kurfürst Friedrich Wilhelm ein neues Haus an der Langen Brücke und ließ es für das Gymnasium einrichten. Bis zu seinem Tode 1676 leitete Vorstius gewissenhaft und umsichtig die Anstalt. Wohl noch in seinem ersten Amtsjahr führte er die bereits früher am Gymnasium gehandhabten Disputierübungen wieder ein. In einem Schreiben vom 21. Febr. 1661 sprach Kurfürst Friedrich Wilhelm dem neuen Rektor seine Zufriedenheit über das wöchentlich stattfindende Disputationskollegium aus: »Es gereicht uns zu sonderbarem Gefallen, daß Ihr in eurem uns ohne das bekannten Vleiß mit Haltung wöchentlicher Disputationes zu Eurer Untergebenen besten und Unseres Gymnasii Aufnahme begonnen habt.« (WETZEL, 1907, S. 262; die seinem Collegium disputatorium zugrunde liegenden Thesen ließ Vorstius unter dem Titel »Positionum logicarum decades septem« wohl noch 1660 im Druck erscheinen.)

1662 wurde Vorstius neben Johann Raue (1610 bis 1679) auch zum Bibliothekar der erst im Jahr zuvor gegründeten Kurfürstlichen Bibliothek zu Cölln ernannt. Zu seinen hieraus erwachsenden Aufgaben gehörte vor allem die Anfertigung von Katalogen. So zum Beispiel stellte er einen Katalog der theologischen Schriften der Bibliothek auf und beteiligte sich auch an der Führung anderer Kataloge wie zum Beispiel des Katalogs der philosophischen Schriften. 1663 verkaufte Vorstius der Kurfürstlichen Bibliothek eine Sammlung von Büchern für 280 Thaler, 1671 dann einige Bücher in armenischer Sprache für 33 Thaler. Im Unterschied zu seinem Lehramt, das er vorbildlich erfüllte, gab seine Tätigkeit als Bibliothekar jedoch wiederholt Anlaß zu Klagen. So sollen zum Beispiel seiner Obhut anvertraute Bücher abhanden gekommen sein, auch soll er bei der Entleihung von Büchern zu eigenen Studienzwecken die erforderliche Sorgfalt vermissen lassen haben (vgl. TAUTZ, 1925, S. 45-47, mit Verweis auf entsprechende Berichte des Bibliothekars Christoph Hendreich [1630-1702]). Ähnliche Klagen galten dem Hauptbibliothekar Raue; er und Vorstius verteidigten sich in gemeinsam verfaßten Berichten gegen die Anschuldigungen. Kurfürst Friedrich Wilhelm, der von den pädagogischen Fähigkeiten des Rektors eine hohe Meinung hatte, entschuldigte dessen wenig befriedigende Leistungen als Bibliothekar mit der Überlastung, der Vorstius durch seine Tätigkeit als Professor und Leiter des Joachimsthalschen Gymnasiums ausgesetzt war: »So viel aber sonst den Vorstium betrifft, können wir von demselben ein mehreres, als er bey dem wercke (d. h. in seinem bibliothekarischen Amte) gethan, nicht fordern, weil Uns seine labores bey dem Gymnasio bekant, wir auch nicht gerne wolten, daß er dieselben zum nachtheil der jugend verseumen solte.« (TAUTZ, 1925, S. 47, nach einem – allerdings nicht abgesandten – kfl. Schreiben vom 20. Nov. 1665.) Hendreich selbst entschuldigte in seinen »Notitia bibliothecae« von 1687, elf Jahre nach Vorstius' Tod, die ungenügenden Leistungen des Joachimsthalschen Rektors in seinem Bibliotheksamt mit dessen anderen Ämtern.

Dies mag besonders auch für jene Zeit gelten, in der Vorstius am Religionsgespräch teilnahm, das Kurfürst Friedrich Wilhelm einberufen hatte, um die wieder und wieder auflodernden Auseinandersetzungen zwischen Reformierten und Lutherischen gütlich beizulegen. Den Vorsitz bei den insgesamt 17 Treffen, die in der Zeit vom Sept. 1662 bis Mai 1663 auf dem Schloß in Cölln und damit in unmittelbarer Nähe zu Berlin, dem Haupthort des lutherisch-orthodoxen Widerstandes gegen die kurfürstliche Politik des Kirchenfriedens, stattfanden, hatte der Oberpräsident Otto Freiherr von Schwerin (1616-1679) inne. Teilnehmer der Konferenz waren neben einigen kurfürstlichen Räten aus den verfeindeten Lagern von reformierter Seite die beiden Hofprediger Bartholomaeus → Stosch und Johann → Kunsch von Breitenwald sowie Vorstius in seiner Eigenschaft als Rektor des reformierten Joachimsthalschen Gymnasiums; von lutherischer Seite nahmen teil die Mitglieder der beiden geistlichen Ministerien von Berlin und Cölln unter der Leitung ihrer Pröpste Georg von → Lilien und Andreas Fromm. Die Teilnehmer verfaßten Gutachten zu bestimmten theologischen Streitpunkten, die dann von den drei Wortführern Stosch, Fromm und Reinhardt (der von den Berlinischen Geistlichen als Sprecher für den alten und kränklichen Propst Lilien gewählt worden war) vorgetragen wurden.

Entgegen den Erwartungen des Kurfürsten mußte das Religionsgespräch im Mai 1663 ohne Ergebnis abgebrochen werden, da sich die Gegensätze zwischen den streitenden Parteien nicht beilegen ließen, sondern eher noch verschärften. Den lutherischen Geistlichen Berlins ging die Anerkennung der reformierten Religion gegen das Gewissen, ihre Bindung an die Konkordienformel schloß jedwede kirchlich-theologische Toleranz aus. Die Cöllnischen Geistlichen unter ihrem Propst Fromm, die sich um einen Ausgleich zwischen den Konfessionen bemühten, gerieten zwischen die verfeindeten Lager und wurden von ihren lutherischen Amtskollegen aus Berlin als Synkretisten beschimpft. Offenbar trug auch Vorstius wenig zur Aussöhnung von Lutherischen und Reformierten bei, trat er doch in seinen polemischen Schriften jener Jahre mit so großer Schärfe gegen seine Gegner auf, daß ihn der Hallische Professor Nicolaus Hieronymus Gundling (1671–1729) später einen »Lutheranorum flagellum« nannte (GUNDLING, 1738, S. 72). Zu jenen dogmatischen Schriften, in denen Vorstius die reformierte Religion gegen lutherische Angriffe verteidigte, gehören besonders seine »Dissertationum sacrarum libri tres« (Kleve 1662; weitere Auflage Deventer 1718), für deren Druck Kurfürst Friedrich Wilhelm die Kosten übernahm und auf die Samuel Cocus eine Entgegnung unter dem Titel »Anti-Vorstius, tribus dissertationum pulverulenti scholarchae Johannis Vorstii libris oppositus« (Leipzig 1665) verfaßte, sowie seine Streitschriften gegen den Helmstedter Professor Gerhard Titius. Hinzuweisen ist in diesem Zusammenhang auch auf sein »Kurtzes Bedencken Uber Die zwo Predigten Vom Heil. Abendmahl/ Welche H. CHRISTIANUS DREYER/ Der heiligen Schrifft Doctor und Professor zu Königsberg/ Neulich heraus gegeben hat« (Berlin 1664). In der Schrift, die der Kurfürstin Luise Henriette gewidmet war, polemisierte Vorstius gegen den Königsberger Theologen Christian Dreier (1610–1688), der der Kurfürstin zwei Abendmahls-Predigten überreicht habe, dabei auch die von der reformierten Kirche festgesetzte Auslegung und Erklärung der Worte Christi »Das ist mein Leib/ Das ist mein Blut« als richtig anerkannt habe; »daß aber der Auctor meinet/ daß über die itztgedachte Außlegung noch eine andere geschehen müsse/ und zwar diese/ daß der Leib und Blut Christi indistanter dem Brote und dem Weine beygefüget und mit denselben vereiniget werden/ so daß/ wenn das Brot auff dem Tische liget/ zugleich der Leib Christi auff dem Tische lige/ und wenn das Brot in des Menschen Munde ist/ zugleich der Leib Christi in des Menschen Munde sey/ solches hat keinen Grund/ und ist von dem Auctore in gedachten Predigten nicht erwiesen« (Vorrede).

In seinen späteren Lebensjahren ging Vorstius jedoch theologischen Streitigkeiten mehr und mehr aus dem Wege. Das Hauptgebiet seiner regen literarischen Tätigkeit, durch die er sich unter den Gelehrten seiner Zeit hohes Ansehen verschaffte, waren die alten Sprachen, insbesondere die philologia sacra des Alten und des Neuen Testaments. Vorstius galt als einer der ausgezeichnetsten Kenner des Hebräischen. In den 1702 erschienenen »NOVA LITERARIA MARIS BALTHICI & SEPTENTRIONIS« heißt es über ihn: »Polyhistor, ob Eruditionem omnigenam, Merita in Autores Veteres plurimos insignia, & Monumenta Ingenii proprii, Sacra, Philologica, Philosophica atqve historica, numerosa pariter atqve luculenta, per universum Orbem Literatum, inclytus.« (S. 299, weitere Urteile über Vorstius bei MOLLER, 1744, I, S. 700–702.)

Für die Germanistik bedeutsam wurde Vorstius durch seine kleine Schrift »Observationum in linguam vernaculam specimen«, die zuerst 1668 in Cölln erschien, schon ein Jahr später eine erneute Auflage erlebte und 1741 in deutscher Übersetzung unter dem Titel »Johann Vorstens Versuch einiger Anmerkungen über die deutsche Sprache« in die Leipziger »Beyträge zur critischen Historie der deutschen Sprache, Poesie und Beredsamkeit« aufgenommen wurde. In 19 Hauptstücken untersuchte Vorstius anhand von verschiedenen Wörtern (Substantiven, Verben und Adjektiven), Präfixen und Suffixen etymologische Einzelfragen, wobei ihm der römische Polyhistor Marcus Terentius Varro Vorbild war. Ausgehend von Ciceros und Quintilians Lob über denselben heißt es bei Vorstius: »Was nun Varro in seiner Muttersprache, der lateinischen gethan, dieses will ich auch in meiner, der deutschen, unternehmen. Es haben auch schon in den vorhergehenden Jahren verschiedene sich die Mühe gegeben, und mit Hülfe der Grammatik, den Ursprung der deutschen Wörter untersucht; sie haben die Veränderungen der Bedeutungen der Wörter angemerkt, und gar viel andere dergleichen Dinge unternommen. Jch will ihrem Beyspiele nachfolgen, und etwas weniges über die deutsche Sprache, so wohl, wie sie vorzeiten beschaffen gewesen, als auch, wie sie es nunmehro ist anmerken.« (Zit. nach der deutschen Übersetzung von 1741, S. 181f.) Mehrmals knüpft Vorstius bei seinen Erklärungsversuchen an Justus Georg Schottel (1612–1676) und dessen Hauptwerk »Ausführliche Arbeit von der teutschen Haubtsprache« (1663) an. Die von ihm dargelegten Formen und Bedeutungen sind chronologisch zumeist richtig angeordnet, vager Sprachvergleiche enthält er sich – insgesamt ist die Schrift Beleg seiner eingehenden Beschäftigung mit der deutschen Muttersprache und ihrer Geschichte. Mit seiner methodisch gelungenen und an Ergebnissen sicheren Untersuchung erweist sich Vorstius als ein ausgezeichneter Kenner der älteren Sprachdenkmäler Deutschlands, der Niederlande, Englands und Skandinaviens. Vor allem im XIV. Hauptstück gibt er zahlreiche Beispiele dafür, daß der Ursprung vieler deutscher Wörter nicht im Meißnischen, sondern in der dänischen, englischen, holländischen und in anderen Sprachen zu suchen ist. Vor allem hier tritt der polemische Charakter der Abhandlung deutlich hervor, indem ein Vertreter der reformierten Glaubensauffassung Einwände gegen die vom lutherischen Sachsen ausgehende und mit der Bibelübersetzung des großen Reformators Martin Luther belegte Vorrangstellung der Meißnischen Kanzleisprache in der theoretischen Auseinandersetzung um das Wesen einer einheitlichen deutschen Hochsprache erhebt.

Vorstius stand mit zahlreichen Gelehrten seiner Zeit in Verbindung, so unter anderem mit dem Anatom Thomas Bartholinus (1616–1680), dem Helmstedter Professor für Medizin, Geschichte und Poesie, Heinrich Meibom (1636–1700), und dem Jenaer Professor historicae, Johann Andreas Bose (1626 bis 1674). Besonders enge Beziehungen hatte er zu dem Mediziner und Polyhistor Thomas Reinesius (1587 bis 1667), der als hzl.-sächsischer Leibarzt und Stadtphysikus in Altenburg, später als kfl.-sächsischer Rat in Leipzig wirkte und schließlich als Bürgermeister in Altenburg tätig war. Nach Reinesius' Tod erschien sein Inschriftenwerk »Syntagma inscriptionum Romae veteris« (Leipzig 1682), um das sich auch Vorstius verdient gemacht hatte. Ein weiterer Beleg für das fruchtbare Zusammenwirken beider ist die von Reinesius hinterlassene Sammlung von Briefen an Vorstius; sie enthält 30 Briefe aus den Jahren 1647 bis 1666. Die Briefe von Vorstius an Reinesius sind verloren; es waren wohl jene, die sich ehemals in der Bibliothek des Kanzlers Johann Peter von Ludwig befanden (KÜSTER/ MÜLLER, 1752, II, S. 923).

Vorstius starb am 4. Aug. 1676 in Berlin. Die Leichpredigt beziehungsweise damals übliche Epicedia-Sammlungen auf den Verstorbenen sind nicht überliefert.

Für seine Grabstelle im Berliner Dom verfaßte der damalige Kanzler Lorenz Christoph von Somnitz (1612–1678) eine Grabschrift, die er als ehrenvolles äußeres Zeichen für das hohe Ansehen, das der Verstorbene bei seinen Zeitgenossen besaß, anbringen ließ (die lateinische Grabschrift ist mitgeteilt bei TAUTZ, 1925, S. 48). [LN]

Werke

Disputatio de nomine tetragrammato ... [hebr.], praeside Joh. Reichio. Wittenberg 1646 (Tautz, 1925, S. 48).
Disputatio de imagine Dei in homine, praeside Jacobo Martini. Wittenberg 1646 (Tautz, 1925, S. 48).
Diatribia chorographica de quibusdam regionibus, quarum in historia sacra fit mentio, praeside Christoph. Notnagelio defensa. Wittenberg 1646 (Tautz, 1925, S. 48).
Exercitatio de primariis sedibus episcopalibus veteris ecclesiae, imprimis Romanae, praeside Joh. Tob. Majore proposita. Jena 1648 (Tautz, 1925, S. 49); weitere Aufl. Rostock 1651.
Exercitationes duae, quibus sacra quaedam ΙΣΤΟΡΟΥΜΕΝΑ expenduntur. (De vocula Sesach, quae Jer. XXV et LI legitur, disquisitio. De LXX annis captivitatis animadversio chronologica.) Jena 1649 (ausführlicher in: Exercitationum academicarum Δεματιον) (1a: 17 in: Bk 4402; Tautz, 1925, S. 49).
Positiones miscellae. Rostock 1649 (Tautz, 1925, S. 49).
Exercitatio de invito et sponte facto. Rostock 1650 (Tautz, 1925, S. 49).
Exercitationum academicarum Δεματιον, in quo disseritur de temporibus, quibus Medi ac Babylonii ab Assyriis defecerunt: de LXX annis captivitatis Hebraeorum, & vastitatis Hierosolymitanae: de tempore, quo templum

Hierosolymitanum instauratum fuit: de voce Sesach, quae Jerem. XXV & LI legitur, deque expugnatione Babylonis a Cyro facta: & denique de LXX hebdomadibus annorum, de quibus Angelus apud Danielem cap. IX praedixit. Rostock 1651 (1a: 4° Uk 2138; Tautz, 1925, S. 49).

De synedriis Hebraeorum brevis dissertatio academica. Rostock 1651 (1a: 18 in: Bd 8603–4; Tautz, 1925, S. 49); wieder abgedruckt in: Blasius Ugolinus: Thesaurus antiquitatum sacrarum. Venetiis 1762. Vol. 25, Sp. 1103 bis 1150) (1: in Bh 8230 vol. 25 ehem.).

Quaedam de stylo Novi testamenti cogitata. (Johannes Vorstius praes., Simon Rekel resp.) Rostock 1651 (1: 2 in: Bs 901–2; Tautz, 1925, S. 49).

Exercitatio physica de appetitu sensitivo & affectibus. Rostock 1651 (Tautz, 1925, S. 49).

Exercitatio de virtute. Rostock 1651 (Tautz, 1925, S. 49).

Exercitatio de justitia. Rostock 1651 (Tautz, 1925, S. 49).

Disputationes II politicae de summa potestate civitatem gubernandi, quam unus obtinet. Rostock 1651 (Tautz, 1925, S. 49).

Exercitatio logica de secunda mentis operatione, hujusque signo oratione externa. Rostock 1651 (Tautz, 1925, S. 49).

Positiones miscellae. Rostock 1651 (Tautz, 1925, S. 49).

Tres philologicae & ex parte philosophicae diatribae in Lev. XVIII,18, Eph. IV,8 &c. Rostock 1652 (Tautz, 1925, S. 49).

Disquisitio brevis de quibusdam veterum autorum assertionibus. Rostock 1652 (Tautz, 1925, S. 49).

Dissertatio de [griech.] Ἕλλησι, quorum cap. VII & XII Johannis fit mentio. Rostock 1652 (Tautz, 1925, S. 49).

Disputatio brevis de nomine veri Dei proprio. (Johannes Vorstius praes., Joachimus Gisaeus resp.) Rostock 1652 (1a: 9 in: Bd 8603–134; Tautz, 1925, S. 49).

Dissertatio de nominibus propriis rerum & personarum, quae ex nomine veri Dei proprio … (hebr.) sunt composita. Rostock 1652 (Tautz, 1925, S. 49).

Dissertatio brevis de causa per se & per accidens, itemque de physica & morali. Rostock 1652 (Tautz, 1925, S. 49).

Dissertatio de syllogismo infinito. Rostock 1652 (Tautz, 1925, S. 49).

JOH. VORSTII MISCELLANEORUM ACADEMICORUM SYNTAGMA, IN QVO VARIA QVÆ AD PHILOLOGIAM AC HISTORIAM PERTINENT, EXPONUNTUR. ROSTOCHI Prostat apud Johannem Richelium, Sen. Typ. ANNO MDCLII. Rostock 1652 (1: 1 in: Bg 5692; 1a: an: 4° Uk 2138; Tautz, 1925, S. 49).

De latinitate, quae suspecta esse possit, deque Latinae ac Germanicae linguae convenientia brevis diatribe. Rostock 1652 (Tautz, 1925, S. 49).

Exercitationes VII de quibusdam ad philologiam orientalem spectantibus. [Resp. Andr. Müllero.] Rostock 1653 (Tautz, 1925, S. 49).

Disputatio de sceptro & judicibus posterorum Judae, usque ad Messiae adventum e Gen. XLIX,10. Rostock 1653 (Tautz, 1925, S. 50).

Disputatio de paradiso. Rostock 1653 (Tautz, 1925, S. 50); wieder abgedruckt in: Blasius Ugolinus: Thesaurus antiquitatum sacrarum. Venetiis 1747. Vol. 7, Sp. 695–714, u. d. T.: Joannis Vorstii Dissertatio de Paradiso. Venetiis 1747 (1: in: Bh 8230 vol. 7 ehem.).

Dissertationum sacrarum, earumque historicarum et philologicarum, breve syntagma (enthält: Disputatio de paradiso; Disputatio de sceptro & judicibus posterorum Judae; De quatuor vulgo sic dictis monarchiis). Rostock 1653 (Tautz, 1925, S. 50).

Dissertatio de studio sermonis, tum veri, tum falsi. Rostock 1653 (Tautz, 1925, S. 50).

Diatriba de necessario. Rostock 1653 (Tautz, 1925, S. 50).

Disputatio de supposito & persona. Rostock 1653 (Tautz, 1925, S. 50).

Dissertatio de qv.: An logica seu dialectica in philosophiae partibus sit numeranda? Rostock 1653 (Tautz, 1925, S. 50).

Disputatio de prima mentis operatione, eiusque differentiis. Rostock 1653 (Tautz, 1925, S. 50).

Disputatio de enunciatione universali, tum affirmativa, tum negativa. Rostock 1653 (Tautz, 1925, S. 50).

Dissertatio de legibus. Rostock 1653 (Tautz, 1925, S. 50).

(Hg.) Thomae Reinesii defensio variarum lectionum contra iniquam censuram poetae Lipsiensis (gemeint: Andr. Rivinus). Rostock 1653 (Tautz, 1925, S. 50).

Disputatio inaug. de divinae gratiae, in hominibus tum primum convertendis, tum in fide conservandis, efficacia & operandi modo, pro gradu licentiae, praeside D. Casp. Mauritio, d. 8. Nov. A. 1655. proposita. Rostock 1655 (Tautz, 1925, S. 50).

Disputatio de enunciatione negativa, praesertim externa, in Schola Flensburgensi proposita. 1656 (Tautz, 1925, S. 50).

Disputatio de lingua omnium prima, deque hujus, ut Scriptura vocat, confusione, in Schola Flensburgensi proposita. 1657 (Tautz, 1925, S. 50).

De hebraismis Novi Testamenti commentarius. Cujus pars una antehac scorsum prodiit: nunc vero alteram sibi junctam habet. Bde. 1. 2. (Bd. 1: Philologia sacra ... Leiden 1658; Bd. 2: Pars altera philologiae sacrae. Amsterdam 1665) Amsterdam 1665 (1: Bp 2401 ehem.; Tautz, 1925, S. 50); weitere Aufl. Frankfurt u. Leipzig 1705 (1: Bp 2403); Amsterdam 1765; Johannis Vorstii de Hebraismis Novi Testamenti commentarius accessere praeter eiusdem cogitata de stylo N. T. et diatriben de adagiis N. T. Horatii Vitringae animadversiones ad Commentar. de Hebraismis N. T. Curavit Johann Fridericus Fischerus (mit Zusätzen und Bemerkungen). Leipzig 1778 (1: Bp 2405 ehem.); Fischerus, Johann Fridericus: Supplementorum commentarii Joh. Vorstii de hebraismis Novi Testamenti specimen primum. et secundum. Leipzig 1791 (1: 9. 10. in: Bp 2300 ehem.).

Positionum logicarum decades septem, quas – primi exercitii loco captui et studio logicae alumnorum accomodatas, placidae in Philosophico Collegio disquisitioni sigillatim subiectas et examinatas politisque et defendentium et opponentium praefationibus ornatas in usum et gratiam suorum auditorum publicae luci committit. s. l. e. a. [um 1660] (Wetzel, 1907, S. 262).

Dissertationum sacrarum libri tres. Kleve 1662 (1: Be 5594; Tautz, 1925, S. 50); weitere Aufl. Deventer 1718.

CORNELII NEPOTIS Non, ut aliquando credebatur, Æmilii Probi, QVÆ EXTANT: Cum Notis Viri CL. JO. HENR. BOECLERI, cumque ejusdem concinno tam Verborum, quam Rerum Indice; Locupletato hoc novissimè JOH. VORSTIO. Qui idem & Præfationem addidit, qua de Conditione ac utilitate tum hujus, tum id genus aliorum Jndicum disseritur. CUM PRIVILEGIO S. Cæs. Majestatis et Sereniss. Elect. Sax. LIPSIÆ, Impensis CHRISTIANI KIRCHNERI, Bibliop. Typis JOHANNIS WITTIGAU, Anno M.DC.LXII. (vorangestellter Kupferstich mit folgendem Titel: CORNELIJUS NEPOS cum Notis J. H. BOECLERI Ejusdemque Indice plurim: Locupletat: â JOH. VORSTJO Cum Privileg: Lipsiæ apud C. KJRCHNERII Ao M DC LXII.) Leipzig 1662 (1: Wl 3625; Tautz, 1925, S. 50); weitere Aufl. Leipzig 1669 (1: Wl 3660; Tautz, 1925, S. 50); Leipzig 1675 (Tautz, 1925, S. 50).

Ad Warnerum Freund epistola super hujus de corpore & sanguine Domini ... manducando ac bibendo homilia, quam ... Gerhardus Titius ... nuper laudavit ... Berlin s. a. [1662] (1a: Dk 12710; Tautz, 1925, S. 51); auch in: Titius, Gerhard: Repetitio doctrinae protestantium quod corpus et sanguinis domini nostri Jesu Christi ... accipiantur cum confutatione nuperae epistolae Johannis Vorstii ... autore Gerhardo Titio ... Accessit in fine epistola Vorstiana ipsa. Helmestadii, typis Henningi Mulleri acad. typ. 1662. Helmstedt 1662 (1: in: Dk 12714; 23: Ts 306 [2]).

Johannis Vorstii ad Gerhardum Titium ... epistola, super hujus libello, quem contra ejusdem Vorstii ad Warnerum Freund epistolam nuper divulgavit. Berolini, typis Christophori Rungii. Anno 1663. Berlin 1663 (1a: Dk 12944; 23: Ts 306 [3]; Tautz, 1925, S. 51).

Johannis Vorstii ad Gerhardum Titium ... epistola altera, super hujus libello quem nuper contra ejusdem Vorstii ad Warnerum Freund epistolam divulgavit. Berolini, typis Christophori Rungii. Anno 1663. Berlin 1663 (1: Dk 12710a; 23: Ts 306 [4]; Tautz, 1925, S. 51).

Johannis Vorstii ad Christianum Chemnitium ... epistola, super hujus quibusdam disputationibus, quas defensionem ... Johannis Gerhardi contra Johannem Vorstium inscripsit. Berolini, typis Christophori Rungii, anno 1663. Berlin 1663 (1a: Dk 12860; 23: Ts 306 [5]; Tautz, 1925, S. 51).

Lessus Lugubres In Obitum Amplißimi, Nobilißimi, Experientißimi, atq. Excellentißimi, DOMINI OTTONIS BOTTICHERI, Medicinarum Doctoris ..., Serenissimi Electoris Brandenburgici Consiliarii & Archiatri Senioris, nec non Ecclesiastici & in Gymnasio Joachimico Scholastici Antistis, Viri incomparabilis &, dum viveret, rarae Eminentiae, deq. Aulâ & totâ Patriâ meritißimi, ... Amicis & Fautoribus. Berolini, Typis Rungianis. M. DC. LXIII. Berlin 1663 (1: 14 in: Ee 503).

Responsio ad epistolam Joachimi Ludovici Reimeri, qua is par quoddam syllogismorum clar. viri Johannis Gerhardi defendere studuit. Berlin 1664 (1a: Dk 12944; Tautz, 1925, S. 51).

Kurtzes Bedencken Uber Die zwo Predigten Vom Heil. Abendmahl/ Welche H. CHRISTIANUS DREYER/ Der heiligen Schrifft Doctor und Professor zu Königsberg/ Neulich heraus gegeben hat/ Auff begehren auffgesetzet und zum druck übergeben Von JOHANNE VORSTIO. BERLJN/ Gedruckt bey Christoff Runge. Anno 1664. Berlin 1664 (1: 3 in: Bg 5652. 8°; 1a: Dk 12940; Tautz, 1925, S. 51).

De LATINITATE FALSO SUSPECTA, deque linguæ Latinæ cum Germanica convenientia LIBER, Auctore JOHANNE VORSTIO. Adjecti sunt plenissimi INDICES. BEROLINI, Typis Rungianis, M.DC.LXV. Berlin 1665 (Spandau, S. Nic.: 4/1331; 1: Wb 5984); weitere Aufl. Berlin 1666 (1a: 2 in: Nl 12480); 1678 (11: Wa 240²; 1: Wb 5986, Dinse, 1877, S. 218); 1690; 1722; Aufl. ohne Titelblatt (11: Wa 240); ferner unter dem Titel: De latinitate merito suspecta deque vitiis sermonis Latini vulgo fere non animadversis liber. Quem alter, de latinitate falso suspecta, antecessit. Berlin 1669 (1: Wb 5998; Tautz, 1925, S. 51); weitere Aufl. Berlin 1672 (BIBLIOTHECA BRUNSENIANA, 1724, S. 41, Nr. 289); weitere Aufl. 1674 (11: an Wa 240; 1: Wb 6010; Tautz, 1925, S. 51); 1682 (11: an Wa 240²; 1: an Wb 5986; Tautz, 1925, S. 51); Franeker 1698 (Tautz, 1925, S. 51) Leipzig 1703 (1: Wb 5990; 1: Wb 5990ª; Tautz, 1925, S. 51); Leipzig 1723 (Tautz, 1925, S. 51).

SS. Apostolorum Pauli & Jacobi super doctrina de iustificatione conciliandorum facilis & expedita ratio. Cölln 1666 (11: 625ᵖᵃ 4°; 1: Bt 3930; Tautz, 1925, S. 51).

Orchamus, Janus (Ps.): De generatione animantium conjectura, observationi ... Harveanae ... submissa. Cölln 1667 (1: L 240 ehem.; 1: an: L 7120–2 ehem.; Tautz, 1925, S. 51).

(Hg.) Sulpicii Severi opera omnia. Berlin 1668 (Tautz, 1925, S. 51); weitere Aufl. Leipzig 1703 (1a: Bb 3260); 1709 (1a: Bb 3263).

Observationum in linguam vernaculam specimen. Cölln 1668 (1: Ya 4641; Tautz, 1925, S. 51); weitere Aufl. 1669 (1: Ya 4642); in dt. Übersetzung u. d. T.: Johann Vorstens Versuch einiger Anmerkungen über die deutsche Sprache. Cöln, in Verlag Georg Schulzens, 1668. 4 Bogen in 12. Aus dem Lateinischen übersetzt. In: Beyträge Zur Critischen Historie Der Deutschen Sprache, Poesie und Beredsamkeit, herausgegeben von einigen Liebhabern der deutschen Litteratur. Siebenter Band. Sechs und zwanzigstes Stück. Leipzig 1741, S. 179 bis 241.

De adagiis Novi testamenti diatriba. Cölln 1669 (1a: 4° Bp 6780a; Tautz, 1925, S. 51); weitere Aufl. Cölln 1670 (1: Bp 6781 ehem.); außerdem: Johannis Leusdeni de dialectis N. T. singularium de ejus hebraismis libellus singularis denuo edidit Joh. Frider. Fischerus. Accessit Joh. Vorstii commentariolus de adagiis N. T. Hebraicis. Leipzig 1792 (1: Bp 2431 ehem.).

(Hg.) Valerii Maximi factorum dictorumque memorabilium libri IX. Cum codd. mss. Bibliothecae Electoralis Brandenb. collati. Berlin 1672 (11: 65 A 7635; Tautz, 1925, S. 51); weitere Aufl. 1689 (Tautz, 1925, S. 51).

Justini in Historias Philippicas Trogi Pompeii epitomarum libri XLIV. ex recensione et cum notis J. Vorstii. Leipzig 1673 (1: Wm 2680; Tautz, 1925, S. 51).

Epicedium für Samuel Müller, Rektor am Cöllnischen Gymnasium. An: Pawlowsky, Andreas von: Leichpredigt für Samuel Müller. Cölln 1674. (LP StA Braunschweig, Nr. 4389).

Veterum poetarum Graecorum poemata, aut poematum ΑΠΟΣΠΑΣΜΑΤΙΑ selecta ... Cura Johannis Vorstii. Berlin 1674 (11: Vd 7123; Tautz, 1925, S. 52); weitere Aufl. u. d. T.: Veterum poetarum Graecorum poemata, Aut poematum αποσπασματα selecta, eo consilio hunc in modum congesta, ut iuventus in scholis non unum, sed plerosque omnes veteres poetas Graecos ... cognoscere possit ... cura Johannis Vorstii. Frankfurt/O. 1692 (Spandau, S. Nic.: 4/1329, 1: Ve 105).

VETERUM POETARUM LATINORUM POEMATA, AUT POEMATUM ΑΠΟΣΠΑΣΜΑΤΙΑ, SELECTA, Cum Notis perpetuis; sed in alia aliorum: Eo consilio hunc in modum congesta, ut juventus jam in Scholis non unum, sed plerosque omnes veteres Poetas Latinos, quorum quidem scripta supersunt, & inter hos dulcissimum Ovidium cognoscere possit, atque ita mature ad legendos auctores veteres excitetur: Cura JOHANNIS VORSTII, qui et suas in nonnulla eorum Notas adjecit. Cum Privileg. S. Cæs. M. & Sereniss. Elect. Sax. & Brandeb. BERLINI, Ex Officina RUNGIANA, M DC LXXV. Berlin 1675 (1: Wc 120; Tautz, 1925, S. 52).

(Hg.) C. Sallustius Crispus. Frankfurt u. Leipzig 1677 (Tautz, 1925, S. 52).

Joh. Vorstii de latinitate selecta et vulgo fere neglecta liber nunc primum editus. Acc. Andr. Jul. Dornmeieri dissertatio de vitioso Ciceronis imitatore ... Addidit praefationem Christ. Frid. Bodenburg. Berlin 1718 (1: Wb 6028; Tautz, 1925, S. 52); weitere Aufl., hg. von J. M. Gesner, Berlin 1738 (11: Wa 8220; 1: Wb 6036).

Nachlaß

Spicilegium hebraismorum Novi Testamenti. Ms. (Tautz, 1925, S. 52).
P. Virgilii Maronis Bucolica, Georgica & Aeneis. Ms. (Tautz, 1925, S. 52).
Schreiben, die Theologische Konferenz von 1662/63 betreffend (Nachlaß Oelrichs, 1990, S. 99, Nr. 474,4).

Briefe

2 Briefe an Thomas Bartholinus, in: Thomae Bartholini epistolarum medicinalium a doctis, vel ad doctos scriptarum centuria I & II. Kopenhagen 1663, hier Cent. II., epist. IX, S. 433, u. epist. XXXV, S. 511 (Tautz, 1925, S. 48).
Epistolae Theologicae. Berlin 1663 (BIBLIOTHECA BRUNSENIANA, 1724, S. 38, Nr. 162).
Brief an Laurentius Georg, Cölln 4. Juli 1667. In: Reinesius, Thomas: Thomae Reinesii, polyhistoris & summi viri, epistolarum ad Johannem Vorstium scriptarum fasciculus ... Cölln 1667 (1: Xh 6710a. 4° ehem.; 23: Li 5706 [2]; Estermann, 1992/1993, S. 1218).
Brief an Johann Andreas Bose, Prof. hist. in Jena, Cölln 17. Jan. 1670. In: Bose, Johann Andreas: Epistolae virorum quorundam doctorum ad Ioh. Andream Bosium ... editae ab Ioh. Frider. Fischero. Lipsiae ex officina Langenhemia, A. C. 1740. Leipzig 1740, S. XXXVIII–XLI. (23: Li 784; Estermann, 1992/1993, S. 1218); auch in: Thomae Reinesii & Jo. Andr. Bosii ... epistolae mutuae varia philologica & historica complexae quas e scriniis B. Casp. Sagittarii ... publicae luci dat Jo. Andr. Schmidius ... Jenae sumpt. Henr. Christoph. Crökeri. Anno 1700. Jena 1700, S. 476 (23: Li 10259; Estermann, 1992/1993, S. 1218, jedoch mit unbekanntem Adressaten).
Brief vom Mai 1670 an Johannes Fredricus Gronovius in Leiden. (Dibon, P./Bots, H./Bots-Estourgie, E., 1974, S. 450).
Brief vom 2. Juli 1670 von J. F. Gronovius aus Leiden an Johann Vorstius. (Dibon, P./Bots, H./Bots-Estourgie, E., 1974, S. 451; UB Leyde, Gron. 44, f. 12v–14r).
Brief vom 25. Mai 1670 an Johannes Fredricus Gronovius in Leiden. (Dibon, P./Bots, H./Bots-Estourgie, E., 1974, S. 450).
Brief vom 19. Sept. 1670 von J. F. Gronovius aus Leiden an Johann Vorstius. (Dibon, P./Bots, H./Bots-Estourgie, E., 1974, S. 453; UB Leyde, Gron. 54, f. 27v–29r).
Brief vom Sept. 1670 an Johannes Fredricus Gronovius in Leiden. (Dibon, P./Bots, H./Bots-Estourgie, E., 1974, S. 453).
Brief vom 20. Juni 1671 an Johannes Fredricus Gronovius in Leiden. (Dibon, P./Bots, H./Bots-Estourgie, E., 1974, S. 462).
Brief vom 18. Juli 1671 von J. F. Gronovius aus Leiden an Johann Vorstius. (Dibon, P./Bots, H./Bots-Estourgie, E., 1974, S. 453; UB Leyde, Gron. 54, f. 60f.).
28 Briefe, befanden sich in der Bibliothek des Kanzlers von Ludwig (Küster/ Müller, 1752, II, S. 923; wahrscheinlich die heute verlorenen Briefe an Thomas Reinesius).
Briefe von und an Vorstius, aufgeführt in: Estermann, Monika: Verzeichnis der gedruckten Briefe deutscher Autoren des 17. Jahrhunderts. Drucke zwischen 1600 und 1750. Bd. 4. Wiesbaden 1993 (unter dem Stichwort »Vorstius«).

Literatur

Cocus, Samuel: Anti-Vorstius, tribus dissertationum pulverulenti scholarchae Johannis Vorstii libris oppositus ... Leipzig 1665; Reinesius, Thomas: Thomae Reinesii, polyhistoris & summi viri, epistolarum ad Johannem Vorstium scriptarum fasciculus; Quo varia ad literas pertinentia; itemque ingenuum de quibusdam hujus temporis controversiis Theologicis judicium exponitur. Adjecta ceterisque praemissa est una ad Jacobum Clauderum; ex qua ejusdem de Beroso Anniano sententiam intelligilicet. Cölln 1667; Witte, Henning: Diarium biographicum in quo scriptores seculi post natum Christum XVII. praecipui ... Danzig 1688, hier: Anno 1676 (4. Aug.);

REINESIUS, Thomas: Thomae Reinesii & Jo. Andr. Bosii ... epistolae mutuae varia philologica & historica complexae quas e scriniis B. Casp. Sagittarii ... publicae luci dat Jo. Andr. Schmidius ... Jenae sumpt. Henr. Christoph. Crökeri. Anno 1700. Jena 1700, S. 476; BOSE, Johann Andreas: Epistolae virorum quorundam doctorum ad Ioh. Andream Bosium ... editae ab Ioh. Frider. Fischero. Lipsiae ex officina Langenhemia, A. C. 1740. Leipzig 1740, S. XXXVIII–XLI; BECMAN, Bernhard Ludwig: Nachrichten von dem Königl. Joachimsthalschen Gymnasium. 1741 (Ms). S. 455f.; CRENIUS, Thomas (d. i. CRUSIUS, Thomas Theodor): THOMÆ CRENII ANIMADVERSIONUM PHILOLOGICARUM ET HISTORICARUM PARS I (–VII). Novas librorum editiones, præfationes, indices nonnullasqve summorum aliqvot vivorum labeculas notatas excutiens ... LVGDVNI BATAVORVM, Apud FREDERICUM HAARING, & DAVIDEM SEVERINUM. 1698 (–1700). Leiden 1698 bis 1700, hier PARS I (1698), S. 100–105; PARS II (1698), S. 235 u. 240; PARS III (1698), S. 95–98; NOVA LITERARIA MARIS BALTHICI & SEPTENTRIONIS, edita MDCCII. LVBECÆ, Apud Petrum Böckmannum & Johannem Widemeyer, Bibliopolas. Lübeck 1702, S. 299; BECKMANN, Johann Christoph: Catalogus Bibliothecae publ. Univ. Francofurtanae. Frankfurt/O. 1706, S. 299; GUNDLING, Nicolaus Hieronymus: Des Herrn Geheimden Raths Nicolai Hieronymi Gundlings COLLEGIVM HISTORICO-LITERARIVM oder Ausführliche Discourse über die Vornehmsten Wissenschaften und besonders die Rechtsgelahrtheit. Zu verschiedenen malen in zahlreichen Versamlungen gehalten, und in Anmerkungen bis 1737 fortgesetzt. Bremen, Bey Nathanael Saurmann 1738. Bremen 1738, S. 72; MOLLER, Johannes: Cimbria literata sive scriptorum Ducatus utriusque Slesvicensis et Holsatici, quibus et alii vicini quidam accensentur, historia literaria tripartita. Kopenhagen 1744. T. 1, S. 700–707 (Schriftenverzeichnis, S. 702–707); OELRICHS, 1752, S. 140; KÜSTER/ MÜLLER, 1752, II, S. 921–923 u. 1023; JÖCHER, 1751, 4, Sp. 1713f.; SCHRÖDER, Edward: Vorst, Johannes. In: ADB, 1896, 40, S. 308f.; RAUMER, R. von: Geschichte der germanischen Philologie vorzugsweise in Deutschland. München 1870, S. 183; LANDWEHR, 1893, S. 113; FRITZE, 1907, S. 3; WETZEL, Erich: Die Geschichte des Königl. Joachimsthalschen Gymnasiums 1607–1907. Halle a. S. 1907, S. 262; TAUTZ, 1925, S. 44–52 (Schriftenverzeichnis, S. 48–52); DIBON, P./ BOTS, H./BOTS-ESTOURGIE, E.: Inventaire de la correspondance de Johannes Fredericus Gronovius. (1631–1671). La Haye 1974; KRÜGER, Nilüfer: Supellex epistolica Uffenbachii et Wolfiorum ... Hg. und bearb. von Nilüfer Krüger. 2 Bde. Hamburg 1978, S. 1067; ESTERMANN, Monika: Verzeichnis der gedruckten Briefe deutscher Autoren des 17. Jahrhunderts. Teil 1. Drucke zwischen 1600 und 1750. Wiesbaden 1992/93, S. 1218.

Weber, Gottfried

* 26. Sept. 1632 Berlin
† 4. März 1698 Berlin
Pädagoge, luth.
V Georg W., Ratsherr
M Anna geb. Flöring
⚭ –
K –

1646–1650	Berlinisches Gymnasium
1650	Gymnasium Halle/Sa.
1650–1652	Universität Jena
1652–1653	Universität Wittenberg
1653–1660	Subkonrektor am Berlinischen Gymnasium
1660–1668	Subrektor
1668–1698	Rektor

Gottfried Weber wurde am 26. Sept. 1632 in Berlin in einer der angesehensten Familien der Stadt geboren (die biographischen Informationen nach der Leichpredigt, die Philipp Jakob SPENER 1698 auf Weber gehalten hat). Sein Vater Georg Weber (1585 bis 1662) hatte in Frankfurt/O. und in Wittenberg studiert, das Magisterexamen abgelegt und war danach als Lehrer an verschiedenen Schulen tätig, von 1617 bis 1629 auch als Subrektor am Berlinischen Gymnasium zum Grauen Kloster. 1629 wurde er in den Rat gewählt und bekleidete mehrfach das Bürgermeisteramt. Schon sein Großvater Johann Weber war Mitglied des Berliner Rates gewesen; sein Bruder Andreas Weber, der 1694 starb, übte ebenfalls mehrmals das Amt eines Bürgermeisters von Berlin aus. 1620 hatte Georg Weber Anna, die Tochter des Stendaler Syndikus Henning Flöring, geheiratet, die mit dem kfl.-brandenburgischen Kanzler und Geheimen Sekretär Johann Weinleben (gest. 1558) verwandt war. Zu ihrer Beerdigung am 10. Febr. 1661 hielt Paul → Gerhardt die Leichpredigt.

Webers patrizische Herkunft sicherte ihm eine sorgfältige Erziehung im Elternhaus; erst mit 14 Jahren kam er am 12. Nov. 1646 als Schüler ans Berlinische Gymnasium. Zuvor hatte er sich bei einem kurzzeitigen Aufenthalt in Frankfurt/O. für das Wintersemester in die Universitätsmatrikel eintragen lassen, mit dem Zusatz »non iuravit«, minderjährig also (FRIEDLÄNDER, 1887, S. 778b, 30). Am Berlinischen Gymnasium wurden Christoph Hindenberg (1621 bis 1671) und Joachim Franke (gest. 1667), vor allem aber Konrektor Martin → Lubath und Rektor Adam → Spengler seine wichtigsten Lehrer, die ihn in den alten Sprachen und den freien Künsten ausbildeten. Seit 1641 hatte die Anstalt unter Spenglers Rektorat nach Jahren, in denen Krieg und Pest ihr Niveau nach unten drückten, einen neuen Aufschwung genommen. Spengler widmete sich im besonderen den philosophischen Disziplinen und verfaßte auch selbst Bücher über Ethik, Metaphysik und Logik für den Unterrichtsgebrauch. Unter seiner Leitung nahm die Zahl der veranstalteten philosophischen Disputationen beträchtlich zu, die Schüler deklamierten öffentlich zu den unterschiedlichsten Themen in Religion, Philosophie und Geschichte, auch die von ihnen veranstalteten Schulspiele erfuhren eine neue Belebung. Aus jenen Schuljahren stammen die ersten überlieferten Gelegenheitsgedichte Webers, und zwar Glückwünsche für Rektor Spengler zum Geburtstag 1648 und 1649. Das Carmen gratulatorium von 1649 ist ein viersprachiges »VOTUM GRATULATORIUM quatuor lingvis redditum« in Hebräisch, Griechisch, Latein und Deutsch. Am 28. April 1650 kam Weber ans Gymnasium nach Halle. Die Anstalt wurde 1565 im ehemaligen Franziskanerkloster, das im Zuge der Reformation säkularisiert worden war, eingerichtet und dem Patronat des städtischen Rates unterstellt. Im Laufe der Zeit entwickelte sie sich zu einer angesehenen lateinischen Gelehrtenschule mit zehn Klassen, an der die Gymnasiasten in den Freien Künsten und in den alten Sprachen unterrichtet wurden und in Disputationen sowie in öffentlichen deklamatorischen Übungen und regelmäßig stattfindenden Actus scholastici ihr Können unter Beweis stellten. Vor allem unter ihrem Rektor Christian Gueintz (1592–1650) erhöhten sich Ausstrahlung und Anziehungskraft der Einrichtung immens. Gueintz gehörte zu den bedeutendsten Schullehrern des 17. Jahrhunderts. Zunächst hatte er sich als Adjunkt der philosophischen Fakultät Wittenberg ausgezeichnet und war von Fürst Ludwig von Anhalt nach Köthen berufen worden, wo er von 1619 bis 1622 an der von Wolfgang Ratke (1571–1635) initiierten Schul- und Bildungsreform mitwirkte. Als Gueintz 1628 das Rektorat des Gymnasiums in Halle übernahm, wurde er zum Erzieher einer Schülergeneration, aus der zahlreiche angesehene Gelehrte und Dichter, unter anderem auch Philipp von Zesen (1619–1689), hervorgingen. Sein Ruf zog weit über Halle hinaus die Schüler an; auch Weber kam hierher, »theils die reine deutsche sprache daselbsten zu lernen, theils auch den vornehmen Rectorem Hn. Gueinzium zu hören« (so SPENER in seiner Leichpredigt). Doch Gueintz war bereits im April 1650, noch vor Webers Ankunft in Halle, gestorben, so daß sich dieser dem Magister Christian Friedrich Frankenstein (1621–1679), dem späteren Professor für Geschichte in Leipzig, anschloß, der ihn insbesondere in der hebräischen Sprache ausbildete. Weber, der sich bei seiner Ankunft unter dem Prorektor Friedrich Cahlen in die Matrikel des Gymnasiums eingeschrieben hatte, blieb ein halbes Jahr am Gymnasium, an dem vor ihm schon Joachim → Fromm und Elias Sigismund → Reinhardt und nach ihm Cunradus Tiburtius → Rango und Samuel → Rosa unterrichtet wurden, mit denen Weber später an der kurbrandenburgischen Residenz zusammentreffen wird. Überliefert ist, daß er in dieser Zeit in Halle auch einige Male als Opponent unter dem Praeses Johann Olearius (1611–1684), dem Hofprediger von August von Sachsen-Weißenfels und späteren Generalsuperintendenten, disputierte.

Noch im Herbst 1650, am 14. Okt., reiste Weber von Halle nach Jena, wo er sich unter dem Rektorat von Johannes Zeisold (1599–1667) an der Universität immatrikulierte (MENTZ/ JAUERNIG, 1944, S. 353). Hier besuchte er Vorlesungen und Collegia bei den Theologen Cundisius, Musaeus und Major sowie bei den Philosophen Slevogt, Sagittarius und auch bei Zeisold. Gottfried Cundisius (1599–1661) hatte 1643 eine theologische Professur übernommen und las hauptsächlich über Dogmatik und Symbolik. In den religiösen Auseinandersetzungen der Zeit nahm er einen lutherisch-orthodoxen Standpunkt ein und eiferte in zahlreichen konfessionellen Streitschriften gegen die katholische Kirche und mehr noch gegen die Calvinisten, die im Westfälischen Frieden 1648 als Augsburger Religionsverwandte anerkannt worden waren. Gemäßigter trat dagegen Johann Musaeus (1613–1681) auf, der 1643 zunächst als Professor für Geschichte und Poesie berufen worden war, aber schon drei Jahre später auf eine theologische Professur wechselte. Ihm vor allem war es zu verdanken, daß an der theologischen Fakultät der Universität Jena in der zweiten Hälfte des 17. Jahrhunderts die erstarrte Orthodoxie überwunden werden konnte und rationalistische Elemente in ihr mehr und mehr Raum gewannen. Allerdings war in jenen Jahren, in denen Weber in Jena studierte, von den Veränderungen noch kaum etwas zu spüren. Auch Johann Tobias Major (1615–1655), seit 1645 außerordentlicher Theologieprofessor und nach dem Tode seines Vaters Johannes Major (1564–1654) zum ordentlichen Professor berufen, stand noch uneingeschränkt hinter der von Wittenberg ausgehenden streitbaren Verteidigung der »reinen« lutherischen Lehre. Einen größeren Einfluß auf Weber kann man sicher Paul Slevogt (1596–1655) zusprechen. Er hatte in Jena studiert und war danach zunächst als Konrektor nach Braunschweig berufen, auch zum Kaiserlichen Poeten gekrönt worden. 1625 kehrte er nach Jena zurück und übernahm die Professur für griechische und hebräische Sprache. Unter ihm konnte Weber seine später oft gerühmten Kenntnisse in den alten Sprachen weiter vertiefen. 1654 erhielt Slevogt dann die Professur für Logik und Metaphysik. Auch Johann Christian Sagittarius (1617–1689) hatte in Jena studiert und war zunächst im Schuldienst tätig gewesen, von 1641 bis 1643 als Konrektor in Hof, danach Rektor der Stadtschule in Jena. Nachdem er die Magisterwürde erlangt hatte, vozierte er 1646 zum Professor für Geschichte und Poesie, wechselte jedoch 1651 auf die Superintendentur nach Orlamünde. Johannes Zeisold schließlich hatte seit 1633 die Professur für Physik inne.

Nach fast eineinhalb Jahren Aufenthalt in Jena kehrte Weber am 19. März 1652 nach Berlin zurück, reiste aber schon zwei Monate später zur Fortführung seiner Studien nach Wittenberg, wo er sich am 26. Mai unter dem Rektor und Professor für Logik, Christian Trentsch (gest. 1677), eigenhändig in die Matrikel eintrug (WEISSENBORN, 1934, 52,227) und Tischgenosse beim berühmten Professor Andreas Sennert (1606–1689) wurde. Als Webers Wittenberger Professoren, deren öffentliche Vorlesungen er besuchte, von diesen aber auch privat unterwiesen wurde, sind namentlich überliefert die Theologen Calov, Scharff, Meisner und Cunadus sowie an der philosophischen Fakultät Buchner, Sperling, Sennert, Notnagel und Trentsch. Abraham Calov (1612–1686), seit 1643 Pastor an der Trinitatiskirche in Danzig und Rektor am dortigen Akademischen Gymnasium, hatte innerhalb der lutherischen Kirche durch seine unnachgiebige Haltung gegenüber dem »Synkretisten« Georg Calixt (1586–1656) beim Thorner Religionsgespräch 1645 und in der Folgezeit durch einige polemischen Schriften mehr und mehr an Einfluß gewonnen und sich so für eine vakante theologische Professur in Wittenberg empfohlen, auf die er 1650 dann auch berufen wurde. 1652 zum Generalsuperintendenten ernannt, versuchte er, allerdings vergeblich, durch seinen als neue Bekenntnisschrift angelegten »Consensus repetitus fidei vere lutheranae« (1655, gedruckt 1664) die Geltung der Augsburgische Konfession unter Ausschaltung aller »unverbesserlichen« (das meint vor allem die »synkretistischen«) Glieder der Kirche zu sichern. Als einer der gelehrtesten und streitbarsten lutherisch-orthodoxen Geistlichen stand vor allem Calov für den Anspruch der theologischen Fakultät Wittenberg, in der lutherischen Kirche höchste Instanz in Glaubenssachen zu sein, und für die von Wittenberg ausgehende unnachgiebige Bekämpfung aller Abweichungen von der »reinen« lutherischen Lehre, namentlich auch der von Kurfürst Friedrich Wilhelm in Brandenburg verfolgten Kirchenpolitik. Johann Scharff (1595–1660) hatte zunächst Ethik und Logik gelehrt und einige nicht nur in Kursachsen verbreitete lutherisch-orthodoxe Lehrbücher verfaßt. Wegen seiner literarischen Fehde mit Joachim Jungius (1587–1657) in Hamburg wurde er an der Wittenberger Universität als unbeugsamer Kämpfer für die Orthodoxie gefeiert und erhielt 1640 zugleich eine außerordentliche theologische Professur angetragen. 1649 wurde er dann zum ordentlichen Professor für Theologie berufen. Bereits ab 1645 hatte er sogenannte »Collegia anticalviniana« gehalten, in denen er – ebenso wie in zahlreichen Schriften – die Reformierten angriff. Als Scharff 1649 auf einen ordentlichen Lehrstuhl für Theologie wechselte, hatte Johann Meisner (1615–1681) eine außerordentliche theologische Professur bekommen und war bald darauf auch zum ordentlichen Professor berufen worden, in welchem Amt er in der Folgezeit besonders die öffentlichen Disputationen förderte. Andreas Cunadus (1602–1662) schließlich, seit 1640 Superintendent in Grimma, war 1651 auf eine theologische Professur berufen worden.

An der philosophischen Fakultät hörte Weber den Professor für Poesie und Rhetorik, August Buchner (1591–1661), der zu den herausragenden Gelehrten gehörte, mehrfach auch das Rektorat bekleidete. Seine Vorlesungen zur deutschen Poetik trugen entscheidend zur Durchsetzung der Opitzschen Dichtungsreform bei und beeinflußten nachhaltig zahlreiche später berühmte Dichter. Johannes Sperling (1603 bis 1658) bekleidete seit 1634 die Professio Physicae und fügte als erster in Deutschland atomistische Auffassungen in die Lehrbücher der Physik ein. 1633 war Christoph Notnagel (1607–1666) als Professor für Mathematik berufen worden, der vor allem durch sein Handbuch der Festungsbaukunst bekannt wurde und ab 1656 öffentliche Vorlesungen über angewandte Mathematik in deutscher Sprache hielt. Einflüsse von Sperling und Notnagel auf Weber zeigen sich nicht zuletzt darin, daß Weber später als Rektor des Berlinischen Gymnasiums der Mathematik und den Realien eine größere Bedeutung einräumte, als seine Vorgänger diesen Disziplinen beigemessen hatten. Neben Christian Trentsch, der nach Johann Scharff 1649 Professor für Logik geworden war, ist vor allem Andreas Sennert zu nennen, bei dem Weber ja Tischgenosse war und dessen Einfluß auf den begabten Studenten besonders gewichtig war. Sennert lehrte an der Universität seit 1638 orientalische Sprachen und übernahm 1640 die Professur für Hebräisch, die er fast 50 Jahre bekleidete. Er widmete sich im besonderen den verschiedenen semitischen Sprachen. 1653 erschien seine Schrift »Hypotyposis harmonica linguarum orientalium chaldaica, syriaca et arabica cum matre hebrea«. Als Professor für hebräische Sprache wandte er sich gegen die durch die Herrschaft einer auf dem Schriftprinzip basierenden Theologie behauptete Unantastbarkeit der Bibel in ihrer vorliegenden Gestalt. Eine von ihm geplante kommentierte Ausgabe sämtlicher Psalmen kam allerdings nicht mehr zustande. Sennerts Einfluß auf seinen ehemaligen Tischgenossen zeigte sich vor allem in jenen, von Weber später in seinem Berliner Schulamt herausgegebenen Abhandlungen zum Hebräischen sowie in einigen biblischen Kommentaren. In Wittenberg konnte sich Weber in mehreren öffentlichen Disputationen als Opponent und Respondent auszeichnen. Akademische Hilfestellung erhielt er dabei vom damaligen Magister Johannes Deutschmann (1625–1706), der 1652 als Adjunkt in die philosophische Fakultät aufgenommen worden war und 1662 eine ordentliche Professur für Theologie erhielt. So konnte Weber am 26. April 1653 unter dem Dekan Trentsch die Magisterwürde erlangen (WEISSENBORN, 1634, 52,227).

Bald danach, am 17. Mai, kam er auf elterliche Order nach Berlin zurück. Die wohlfundierte Ausbildung an zwei angesehenen Universitäten, vor allem aber die Zugehörigkeit zu einem der bedeutendsten Berliner Ratsgeschlechtern boten die für die Über-

nahme eines öffentlichen Amtes erforderlichen Voraussetzungen.
Dies sollte schon bald geschehen: Als Isaak Pölmann (1618–1693) das Pfarramt zu Schöneberg und Lankwitz bei Berlin übernahm, erhielt Weber am 8. Aug. 1653 die Vokation auf das nunmehr vakante Subkonrektorat am Berlinischen Gymnasium zum Grauen Kloster angetragen; am 12. Sept. wurde er in sein neues Amt eingeführt. An dieser Anstalt war schon sein Vater als Lehrer tätig gewesen, er selbst hatte sie ja bereits als Schüler besucht. Von dieser vierten Lehrerstelle aus stieg er im Laufe der nächsten 15 Jahre bis an die Spitze der Anstalt auf. 1651 war Johannes → Heinzelmann zum neuen Rektor berufen worden, während Michael → Schirmer das Konrektorat bekleidete und Gotthilf Treuer (1632–1711) das Subrektorat inne hatte. Als Treuer 1660 zugunsten eines geistlichen Amtes seinen Schuldienst aufgab, wurde Weber am 22. Febr. vom damaligen Rektor Jakob → Hellwig d. J. als neuer Subrektor eingeführt. 1668 war es dann endlich soweit: Als Rektor Cunradus Tiburtius Rango (er hatte 1663 die Leitung von Hellwig übernommen) Berlin verließ und nach Stettin übersiedelte, erhielt Weber am 27. Febr. das Rektorat angetragen, das er aus Rücksicht auf seinen älteren Kollegen Schirmer jedoch zunächst ablehnte. Nachdem Schirmer, der schon seit Jahren kränkelte, Ostern 1668 in den Ruhestand getreten war, konnte Weber endlich das Rektorat annehmen, in welches er vom Bürgermeister und Syndikus, dem Licentiaten Müller, eingeführt wurde; in einem Schulprogramm vom 22. Nov. 1668 nannte er sich erstmals »Gymnasii patrii Rector« (HEIDEMANN, 1874, S. 168).
Fast ein halbes Jahrhundert wirkte Weber als Lehrer am Berlinischen Gymnasium zum Grauen Kloster, davon allein 30 Jahre im Rektorat. Der Überlieferung nach soll er ein Ehrfurcht gebietendes Äußeres sowie eine große Bestimmtheit im Auftreten besessen haben, »so daß währender lection alles stockstille gewesen, und er mit einem eintzigen Wort und Winck die erste Witterung des unzeitigen plauderns dämpfen können« (DITERICH, 1732, S. 195). Die von ihm als Rektor geführte Schülermatrikel ist zwar überliefert, weist aber für die ersten Jahrzehnte einige Lücken auf und enthält hauptsächlich die Schüler der obersten Klassen (ROHRLACH, 1992, S. 24). Über den Schulunterricht geben zwei von Weber ausgearbeitete Lektionskataloge aus den Jahren 1673 und 1682 einigen Aufschluß (DITERICH, 1732, S. 197–201, mit einer Auswahl aus beiden Lektionskatalogen; HEIDEMANN, 1874, S. 169–173). Stärker noch als seine Vorgänger betonte Weber die Bedeutung philologischer Studien. Die imitatio der klassischen Autoren war immanenter Bestandteil der Ausbildung; durch sie sollten sich die Gymnasiasten jene Sprachfertigkeit erwerben, die sie in den Stand setzte, den Stoff in Disputationen leicht und frei darzulegen. Um ihr Gedächtnis zu üben, mußten die Schüler Reden der klassischen Autoren, etwa jene von Cicero, auswendig lernen, auch ihre Eloquenz bei Schultheateraufführungen mit Stücken von Terenz und Plautus sowie in öffentlichen Deklamationen unter Beweis stellen. Die grammatische Behandlung der Autoren sowie die hierzu notwendigen sachlichen Erläuterungen bildeten nur eine Vorstufe für das eigentliche Ziel, nämlich der oratorischen Verwertung des Autors. Konkret sah das so aus, daß die Primaner zum Beispiel die Vita eines Kaisers aus den Biographien des Nepos Cornelius lasen, übersetzten und dann in ein panegyrisches Gedicht umformten. Auch an die Lektüre der klassischen Dichter, etwa Vergil, schloß sich die poetische Imitation der Schüler mit eigenen Versen an. Daneben erfuhren unter Webers Leitung Mathematik und die Realien eine größere Berücksichtigung im Unterricht. Als Friedrich → Madeweis, der in Jena beim berühmten Mathematiker Erhard Weigel (1625–1699) studiert hatte, 1672 das Konrektorat am Berlinischen Gymnasium übernahm, übertrug ihm Weber die Behandlung von Weigels »Pancosmus« in der Prima, eine der wenigen Veränderungen im Unterricht am Berlinischen Gymnasium, die dem progressiven Geist des 17. Jahrhunderts Rechnung trugen.
Hohen Stellenwert erhielten unter Webers Rektorat die öffentlichen Disputationen und Redeübungen; zu jeder sich bietenden Gelegenheit wurden Schulactus veranstaltet. Schon 1662, damals noch Subrektor, hatte Weber durch die Gymnasiasten den Actus »Triumphus eruditionis« aufführen lassen, der den Studiengang eines Schülers mit seinen mannigfaltigen Hindernissen schilderte. Unter Webers Leitung widmeten sich vor allem Samuel Rosa und Peter → Bredow den Schulspielen. Rosa entnahm seine Stoffe meist der alten Geschichte; so ließ er unter anderem 1669 nach der Epameinondas-Vita des Nepos Cornelius eine dramatische Schulübung mit musikalischen Einlagen, die der Kantor Hermann → Koch vertont hatte, aufführen. Bredow, der statt bisher

gern verwendeter mythologischer Figuren historisch faßbare Personen auf die Bühne brachte, verherrlichte zum Beispiel in seinem Schulspiel »Germania de profligata barbarie triumphans« (1670), in dem deutsche Bildung von Arminius über Karl den Großen und die mönchische Scholastik bis zur Reformation dargestellt wird, den Sieg Germanias über die Barbarei. Eine willkommene Gelegenheit zur Darstellung der deklamatorischen Fähigkeiten der Gymnasiasten bot im Jahre 1674 die erste Säkularfeier des Berlinischen Gymnasiums. Zu diesem Anlaß ließ Weber ein von ihm gedichtetes deutschsprachiges »Freudenspiel« mit dem Titel »Die Unschuld des Bellerophon, wie derselbe von dem Argwohn und Verleumdung zwar gedrücket worden, aber endlich obgesieget hat« aufführen, zu dem die Bürger durch ein besonderes deutschsprachiges Programm in den Saal des Rathauses eingeladen wurden (GUDOPP, 1900, S. 11f.; HEIDEMANN, 1874, S. 173). In seiner Einladungsschrift hob der Rektor die »moralischen Wahrheiten«, die dem Stück zu entnehmen seien, hervor. Er schrieb: »Der Zweck der Vorstellung gehet dahin, dass die Tugend und Aufrichtigkeit, ob sie gleich sehr gedruckt und lange genug verleumbdet wird, dennoch wieder emporkomme und zu hohen Ehren befordert werde, deswegen denn keiner durch das ihme zu handen stossende Unglück bei seinen redlichen Thaten verzaget werden und von dem einmal erwähleten Tugendweg sich abwendig machen solle ...« (GUDOPP, 1900, S. 15). Ebenfalls zur Säkularfeier veröffentlichte Weber seine »Secularis recordatio Gymnasii Berlinensis«, eine kurzgefaßte Geschichte der Einrichtung während des verflossenen Jahrhunderts.

Weber, der auch die Bibliothek des Berlinischen Gymnasiums begründete (zur Gymnasialbibliothek vgl. ROHRLACH, 1981, S. 7–36), veröffentlichte als »polyhistor inexhaustae diligentiae« (wie ihn der Rostocker Professor Bernstorff bezeichnet hatte, sh. HEIDEMANN, 1874, S. 176) eine beträchtliche Anzahl mehr oder minder umfangreicher Schriften und Abhandlungen, unter anderem über Mathematik und Astronomie, Theologie und Kabbala, Philologie und Naturwissenschaften. Bemerkenswert dürften auch seine »Lineae historiae universalis« gewesen sein, Tabellen für den Geschichtsunterricht am Berlinischen Gymnasium, die von der Erschaffung der Welt bis in das Jahr 1688 reichten.

Daneben steht Weber nächst Schirmer für die Blütezeit der Gelegenheitsdichtung an der Einrichtung; von ihm konnten mehr als 50 Casualcarmina nachgewiesen werden. Das sind jedoch weit weniger Gelegenheitsgedichte, als der etwa zur selben Zeit am Cöllnischen Gymnasium wirkende Rektor Johannes → Bödiker veröffentlichte. Außerdem ließ Bödiker seine oft sehr langen Casualia zumeist in separaten Drucken ausgehen, um sie ganz gezielt wichtigen Amtsträgern am kurfürstlichen Hof oder Angehörigen der patrizischen Oberschicht Berlin-Cöllns widmen zu können. Webers Gedichte beschränkten sich dagegen meist auf wenige Zeilen, ab und zu findet sich auch ein Sonett unter den Carmina, die der Berlinische Rektor gemeinsam mit Gelegenheitsgedichten seiner Kollegen publizierte. Webers Beitrag zum Personalschrifttum wird noch ergänzt durch einige Leichabdankungen und andere Reden wie etwa seine Oratio gratulatoria für Kurfürst Friedrich Wilhelm zum Namenstag 1687.

In seinen letzten Lebensjahren wurde Weber wiederholt von schweren Krankheiten heimgesucht; an einer derselben starb er am 4. März 1698 und wurde am 13. März in der Kirche S. Nicolai begraben. Die Leichpredigt für den verdienstvollen Rektor hielt der Propst von S. Nicolai, Philipp Jakob Spener (1635 bis 1705), der am Beginn seiner Trauerrede über die Doppelfunktion des kirchlichen Lehramtes sprach und Gemeinsamkeiten sowie Unterschiede von Predigtamt und Schulamt erläuterte. Da Weber nicht verheiratet war und keine Familie gegründet hatte, richtete Spener seine Grabrede an »vornehme leid=tragende Freundschafft«, also an dem Verstorbenen durch freundschaftliche beziehungsweise berufliche Beziehungen verbundene Trauergäste. Die (nicht überlieferte) Abdankung stammte von Webers Nachfolger im Rektorat, Samuel → Rodigast. Die Geistlichen des Berlinischen Ministeriums sowie die ehemaligen Schulkollegen verfaßten Epicedien auf den Verstorbenen; die Schüler dichteten eine »Elegia fontem doctrinae largifluum« (DITERICH, 1732, S. 213f.).   [LN]

Werke

Q. D. B. V. VIRO Præclaro atque Excellenti DN. M. ADAMO SPENGLERO, Gymnasii Berolinensis Rectori Meritissimo, Genialem suum Diem XXIV. Decebris ANNO ... 1648. qui ADAMO in Fastis sacer est CELEBRANTI devotè applaudunt Quidam Ejus Cupientissimi Discipuli. BEROLINI, Ex Officina Typographica Christophori Rungii. Berlin 1648 (109: Slg. GK: Sch 1/24).

I. N. J. Clarissimo atque Doctissimo DN. M. ADAMO SPENGLERO, Gymnasii Berolinensis Rectori Meritissimo, Natalem suum XXIV. Decembris Anno ... 1649. CELEBRANTI, Devotè applaudunt Quidam Ejus Cupientissimi Discipuli. s. l. [Berlin] 1649 (109: Slg. GK: Sch 1/25 u. 28).

EPICEDIA in Obitum NOBILISS. ET CONSULTISSIMI VIRI DOMINI ERASMI SEIDELII, JCTI. Et in Secretissimo Electoris Brandenburgici Consilio Senatoris haut postremi scripta â DOMINIS AMICIS ac FAUTORIBUS SINGULARIBUS. M.DC. LV. BEROLINI, Exprimebat Christophorus Runge. Berlin 1655 (1a: Av 14162).

CARMINA AD CLARISSIMUM VIRUM DN. M. CHRISTIANUM ROSAM, RECTOREM SCHOLÆ NEORUPPINITANÆ MERITISSIMUM etc. DE GLORIA TRIVIALIUM SCHOLARUM DISSERENTEM, ET EANDEM CONTRA NOVATORES AC TURBATORES VINDICANTEM, SERIUS TRANSMISSA. HAMBURGI, Excudebat Jacobus Rebenlinus, Anno 1655. Hamburg 1655 (109: Slg. GK: Sch 1/41).

FOEDUS AMORUM SOLEMNI NUPTIARUM DN. GABRIELIS LUTHERI ET VIRG. ANNÆ ROSINÆ VVEISIÆ Sacrum Auspicatum vovent atque diuturnum Fautores & Amici. BEROLINI Typis RUNGIANIS, Anno 1655. Berlin 1655 (109: Slg. GK: Cg 121. 6).

EPITAPHIUM CABBALISTICUM. In: Lilius, Georg: Chur Brandenburg: Vice Cancellärn H. Andr. Khols I. C. Seel. ged. Andenck=Seule 1656 [Bl. 1]. GAUDIUM IN DOMINO, de Animae vestimento Die Herrn= Freudt/ übern Seeln=Kleidt Aus Esaias Propheten=buch/ im LXI Cap. Bey Christlich=Edler Leichnbegängknüß/ Deß Weyland WolEdlen/ Großacht=bahren/ Hochgelarten/ Herrn Andreas Kohl: ICTI, Churfürstl. Durchläucht: zu Brandenburgk: Hoff= vnd Cammer=gerichts=Raths/ auch Vice=Cancellärn: Seelged. [...]. Helmstadt/ Gedruckt bey Henning Müllern/ Anno 1656. (1: Ee 519, 8).

Perge, Lector erudite & benevole, & lege sis Funebres hosce modos Musarum Patronorum, Favitorum et Cultorum Prosequentium & Cohonestantium Obitum properum, sed prosperum VIRI Clarißima et Spectabili Dignitate, integra fide et Officio, DN. ERNESTI Pfuel/ J. U. D. Dicasterij Brennopyrgici Advocati, Comitis recèns Palatij Cæsarei, nunc DEI in fulgentissima Beatorum sede cum omnium sanctorum Angelorum splendidissimô Comitatu & applausu facti Placeat hoc monumentum, qvod in animis optimè sentientium atque ex sese virtutem verumque laborem æstimantium erigitur. Berlin 1656 (1: an: 21 in: Ee 526).

Epicedium für Sidonia Rösner geborene Waldner, Ehefrau von Johann Rösner, Archidiakon zu S. Marien. An: Lubath, Martin: Leichpredigt für Sidonia Rösner geborene Waldner. Berlin 1656. (LP StA Braunschweig, Nr. 6966).

LACRYMÆ POSTHUMÆ HONORI SUPREMO Viri Reverendi. Plurimum et Amplißimi DOMINI M. JOACHIMI FROMMI, Archidiaconi Nicolaitani & Senioris Ministerii Berlino-Coloniensis, Emeriti THEOLOGI JUSTI, SANCTI, INCUL-pati, Recti, jam benè beateque habentis in Patriâ, Inde â IV. Kal. Maij MDCLVII. fatali, Viæ, et Gratiæ regni. AFFUSÆ AB AMICIS QUIBUSDAM, COLLEGIS, ET FAUTORIBUS. Berolini Typis Rungianis. Berlin 1657 (1: 17 in: Ee 510).

MEMORIÆ. SACRUM. HEUS. VIATOR. REFLECTE. OCULOS. ET. MENTEM. IN. HANC. TUMBAM. HIC. JACET. PUERULUS. NOVENNIS. VENUSTI. ORIS. ET. MORIS. FRIDERICUS. ZARLANG. CONSULARIS. FILIOLUS. IN. IPSO. VERE. ÆTATIS. INSTAR. ELORIS. AMOENISSIMI. SUCCISI. DYSENTERIA EXTINCTUS. PARENTUM. LAUDATISSIMORUM. MODO. SPES. AT. NUNC. DESIDERIUM. (HEU!) INANE. DIFFICILE. EST. HUIC. MAGNO. PARENTUM. DOLORI. PARIA. VERBA. REPERIRE. AMICI. TAMEN. ET. CONSULARIS. NOMINIS. CULTORES. VERBORUM. FOMENTA. RITE. ADHIBUERUNT. NUNCABI. ET. MEMORI. MENTE. HOC. LEMMA. VERSA. INFANTUM. ET. PUERORUM. EXTINCTIO. EST. VIRORUM. ET. SENUM. AD. DEBITUM. NATURÆ. SOLVENDUM. CITATIO. BEROLINI. TYPIS. RUNGIANIS. ANNO. 1660. Berlin 1660 (1: 3 in: Ee 543).

Epicedium für Johann Rösner. An: Lubath, Martin: Leichpredigt für Johann Rösner. Wittenberg 1661 (1: an 2 in: Ee 531).

PLAUSUS VOTIVUS Solemnitati secundarum Nuptiarum VIRI Pl. Reverendi, Amplißimi, Clarißimi DN. JOACHIMI GRABOVII, Ecclesiæ Perlebergensis Pastoris fidissimi, & Scholæ indidem, ut & vicinarum Ecclesiarum Inspectoris vigilantissimi ac benè merentis SPONSI, Nec non Ornatißimæ, Pudicißimæque Foeminæ ILSABE Manarts/ Viri Spectatißimi, Integerrimique DN. FRANCISCI Hahnsteins/ Brunswigæ Coenobii ad D. Ottil. quondam Præfecti & Curatoris solertissimi ..., relictæ Viduæ SPONSÆ, Perlebergæ XIV. Calendarum Decembris An. M.DC. LXII. celebratarum Datus A Fautoribus & Amicis quibusdam Berlinensibus per Amicum ibi viventem conciliatis. Berl. Typis Rungianis. Berlin 1662 (109: Slg. GK: Sch 1/54).

Triumphus eruditionis (Schulactus Berlin 1662). (Gudopp, 1900, S. 9).

Epicedium für Eva Preunel. Berlin 1664 (Roth, 1959, I, R 877).

An die beyderseits Leydtragenden Eltern (Epicedium, Adressaten unbekannt) s. l. e. a. [ca. 1663–1667] (109: Slg. GK: Sch 1/38).

GEOGRAPHIA CORNELIANA, Sive Nomenclator Geographicus in Cornel. Nepotem, Cum DUABUS TABULIS, GENERALIORE ALTERâ, ALTERâ SPECIALIORE, In usum GYMNASII BERLINENSIS, Studio M. Gotttfried Weber/ Berl. Gymnas. Subrectoris. BEROLINI, Typis Rungianis, M DC LXV. Berlin 1665 (Spandau, S. Nic.: 1 an: 4/1566; Küster/ Müller, 1752, II, S. 948; mit zwei Kupferstichen, davon der erste mit folgendem Impressum: HELLAS Seu GRÆCIA UNIVERSA Una Cum adjacentibus ad GEOGRAPH. CORNELIANAM. Ex conatu M. C. T. Rangonis, & M. G. Weberi.).

DE LAUREA PHILOSOPHICA, Qua RECTORE Magnifico (TIT.) Dn. JOHANNE PLACENTINO, Phil. M. Mathemat. Prof. Publ. &c. celeberrimo, et DECANO SPECTABILI (TIT.) Dn. JOHANNE SIMONIS, S. S. Theol. Licent. Logicæ Profess. Publ. Ordinario, In Illustri Viadrina Anni Currentis M.DC. LXV. d. Xii. Octob. coronatus est (TIT.) DN. SAMUEL ROSA, Gymn. Berlinens. SubConRector, bene merentiss. gratulantur Patroni, Fautores, Amici, & Collegæ. COLONIÆ BRANDENBURGICÆ, Ex Officina GEORGII SCHULZII, Electoralis Typographi. Cölln 1665 (109: Slg. GK: Sch 1/59. 2).

DOLORI super funere Exhausti et exanimati corpusculi. Dulcis et amantißimi Pupi, ANDREÆ CHRISTIANI, VIRI Pl. Reverendi, Clarißimi, DN. PAULI GERHARDI, Ecclesiastæ apud Berlinenses ad D. Nicolai fidelissimi et maximè sinceri, ET Præstantißimæ foeminæ ANNÆ MARIÆ BERTHOLDIÆ, desideratiss. Filioli, NATI Ipsis Non. Febr. circa IIX. vespertin. DENATI A. d. XII. Cal. Octobr. HUMATI verò, & ad majorum latera, in dictâ Æde, compositi a. d. 8. Cal. ejusd. mens. Ipsâ de mandato magno, Pharisæo nobisque omnibus dato, ceterum Mortem involventi, Dominicâ ANNO M.DC. LXV. allevando sunt AMICI CONDOLENTES. BEROLINI, Literis Rungianis. Berlin 1665 (109: Slg. GK: Sch 1/58).

CHRONOLOGIA CORNELIANA juxta Recentiorum Computum adornata, in usum GYMNASII BERLINENSIS, studio M. Gottfried Weber/ Berl. Gymnas. Subrectoris. BEROLINI, Typis Rungianis, M DC LXV. Berlin 1665 (Spandau, S. Nic.: 2 an: 4/1566; Küster/ Müller, 1752, II, S. 948).

M. Gottfried Weber MILTIADES ex Cornelio Nepote, per Historica & Politica propositus. Sumptibus Autoris, COLONIÆ cis SPREAM Literis GeorgI SchultzI, Electoral. Typograph. ANNO M.DC.DC. LXVI. (angeschlossen: M. Gottfried Weber THEMISTOCLES. M. Gottfried Weber ARISTIDES.) Cölln 1666 (Spandau, S. Nic.: 4/1566; Dinse, 1877, S. 563; Küster/ Müller, 1752, II, S. 948, jedoch Berlin 1666).

Nuptiale Donum. (Bl. 1v u. 2:) Raris ac tanto Auspicatioribus Nuptiarum tædis, Quas VIRO Consultissimo et Clarissimo, DN. THOMÆ BOTTICHERO, Cam. Electoralis Advocato longè meritissimo; et Virgini Patritiæ Lectissimæque EUPHROSYNÆ MARGARETÆ TIEFFENBACHIÆ, Parentes Socerique Amplissimi, JOHANNES TIEFFENBACHIUS, Cameræ Elector. Advocatus & COS. Berlinensis ut et THOMAS BOTTICHERUS, COS. Primislaviensis, eodem ipso XXI. Octobris die parant, quo Major Socer, Sponsæ Avus, Vir Senio venerabilis, BENEDICTUS RICHARDUS, inter Principes sui temporis caussarum Patronos, ipse Nobilissimus, & Consul Berlinensis, nunc utrobique emeritus cum Nobilissima Patritiaque Conjuge, MARGARETA MAURITIA, ante hos Quinquaginta annos, Connubio stabili ac foecundo juncti, Per Dei gratiam vivi adhuc ac valentes, Neptis suæ Vota & sua simul ipsa repetentes, Auctori rerum DEO Dicant, Donant, Consecrant, ijsque applaudunt Omnes BONI. Coloniæ Brandenburgicæ, Typis Georgij Schultzij, Elect. Typogr. Anno 1666. Cölln 1666 (109: Slg. GK: Cg 17).

Spontaneus Honor Post Fata DN. M. GEORGII LILII, Præpositi & GYMNASY INSPECTORIS Exhibitus. à quibusdam in illo Docentibus & Cognato. Ipso Tumulationis die 5. Aug. DNC. A. IIX. post. F. Trinitatis 1666. Typis GEORGI SCHULTZI, Elect. Typogr. Colon. cis Spream. Cölln 1666 (109: Slg. GK: Sch 1/62; 1: Ee 6200).

Epicedium auf Johann Friedrich Freiherr von Löben. 1667 (14: H. Sax D 191).

Am Sontag Cantate, des 1667. Jahres/ War Kirchweihe der Marien=Kirchen in Berlin/ do in gewöhnlichen Sontäglichen Evangelio der Heyland von seinem Hingang aus dieser Welt zum Vater lehrete/ Bereitete sich durch ein Hochzeitliches Ehe=verbündnüß Mit ihren Herrn Bräutigamb/ Dem Woll=Ehrenvesten/ Vorachtbaren/ und Wollgelahrten Hn. Zacharia Fröscheln/ Stadt= und Gerichts=Notario in Templin/ Die Woll=Erbare/ Viel=Ehr= und Tugendreiche Braut J. Eva Maria Zanderin/ Herrn Carol Zanders/ Churfürstl. Brandenb. alten außgedienten Trabanten seel. Eheliche hinterbliebene Jungfer Tochter/ Aus Berlin nacher Templin zugehen: Zu welchen theils Hochzeitlichen Ehren=Feste/ theils glücklichen Hinzuge/ Jhren Wunsch hinzuthun Etliche nahe Anverwandten und gute Freunde. Cölln an der Spree/ Druckts Georg Schultze/ Churfürstl. Brandenb. Buchdrucker auf dem Schlosse daselbst 1667. Cölln 1667 (109: Slg. GK: Cg 50. 2).

Thalassio! Thalassio! Facibus prælatis BERNHARDI – HOFFMANNIANIS ad V Id. IXbr. A. Æ. C. M.DC.LXIIX acclamant peregrè & propè faventes AMICI. COLONIÆ BRANDENBURGICÆ, Ex Officina GEORGII SCHULTZII, Typogr. Elector. Cölln 1668 (109: Slg. GK: Cg 13. 1).

Die Thränen Des Wol=Ehrenvesten/ Vor=Achtbarn/ und Wolgelahrten Herrn Martin Klingenbergs/ Und der Viel=Ehr= und Tugendreichen Frauen Sophia Schwanhäuserinn: Welche sie vergossen über den frühzeitigen Todt ihres ältesten Töchterleins Dorotheen/ Nachdem selbiges an diese Welt gebohren im Jahr Christi 1662. den 12. Augusti/ früh umb 6. Uhr/ und wieder von derselben abgefordert den 25. Martii/ Abends umb 9. Uhr/ dieses itztlauffenden 1668ten Jahres/ wurden Am Tage der Beerdigung desselben/ welcher war der 31. Martii/ gemeldten Jahres/ durch tröstlichen Zuspruch abgewischet von Des Herrn Cantoris sämptlichen Amptsgenossen. Berlin/ Gedruckt durch Christoff Runge. Berlin 1668 (109: Slg. GK: Sch 1/65).

Epithalamium für Johann Ernst Schrader, Archidiakon zu S. Nic., und Maria Ehrentraut, Tochter von Georg Lilius. Berlin s. a. [1668] (109: Slg. GK: Cg 176,3).

Epithalamium für Dietrich Butt und Anna Maria Zarlang, Tochter von Michael Zarlang [1668 Berlin ?] 1668 (109: Slg. GK: Cg 23).

Abdanckungs=Rede. (für Euphrosyna Margaretha Tieffenbach geborene Reichardt.) An: Müller, Andreas: Leichpredigt für Euphrosyna Margaretha Tieffenbach geb. Reichardt. Berlin 1669 (1: 6 in: Ee 1593,I).

FRONDES CUPRESSINÆ, AD TUMULUM Beatissimæ VIRGINIS, DOROTHEÆ ELISABETHÆ VEHRIÆ, Condolentibus manibus SPARSÆ à FAUTORIBUS ET GYMNASII BERLINENSIS COLLEGIS. BEROLINI, Charactere RUNGIANO. s. a. [hs. 1669] [Berlin 1669] (109: Slg. GK: Sch 1/66).

Epicedium für Bartholomaeus Zorn (d. Ä.). Guben 1669 (1: 13 in: Ee 543).

Epicedium für Klaus Ernst von Platen. An: Müller, Andreas: Leichpredigt für Klaus Ernst von Platen. Berlin 1670 (1: an 9 in: Ee 527).

FELIX PARENS, H. E. VOTA GAMICA, Cum VIR CONSULTISSIMUS ET INTEGERRIMUS DN. JOHANNES LÜDERUS, N. P. C. & Reipubl. REGIOMONTANÆ in Neo-Marchia CONSUL Gravissimus, UNICE DESIDERATISSIMIS NATÆ & NATO, felici horoscopo, a. d. VII. Novembris, A. O. R. M.DC.LXX. Festivitates Nuptiales pararet, (Bl. 1v:) NEONYMPHIS VIRO NOBILISSIMO, EXPERIENTISSIMO ET CLARISSIMO DN. JOHANNI AVENIO, U. Medic. Licentiato, & Practico ap. Regiomont. in Neomarch. famigeratissimo, Ornatissimam et sexum suum condecor antibus virtutibus maximè conspicuam VIRGINEM URSULAM CATHARINAM LUDERIAM, pariter & VIRO NOBILI ET PER-EXIMIO DN. JOHANNI FRIDERICO LUDERO, J. U. CANDID. Lectissimam et fulgentissimis dotibus instructissimam VIRGINEM ROSINAM JULIANAM ROLLIAM, VIRI SPECTATISSIMI ET OPTIMI DN. JOHANNIS ROLLEN, Sereniss. ELECTORI Brandenb. à reditibus ex vectigalibus, moletrinis & salaria annona, ut & p. t. CONSULIS Gravissimi, FILIAM EXOPTATISSIMAM, Connubiali nexu complectentibus, dicata à PRÆSENTIBUS-ABSENTIBUS AMICIS. BEROLINI, ex Officina RUNGIANA. Berlin 1670 (109: Slg. GK: Sch 1/68).

Epithalamium für Johann Matthaeus Pole, Apotheker in Werder, und Anna Elisabeth Meermann, Tochter von Peter Meermann, Pfarrer in Werder, Glindow und Petzow. 1670 (109: Slg. GK: Cg 168).

Die keuschen Liebes=Flammen/ Welche GOtt selbst angezündet in den Hertzen/ Des Wol=Ehrenvesten/ Vorachtbarn und Wolgelahrten Herrn Herman Kochs/ Wolbestallten DIRECTORIS der Music bey St. Nicol. Kirche in Berlin/ und des Gymnasii daselbst Collegens/ Als Bräutigams: Und dann auch der Wol=Erbarn/ Viel Ehr= und Tugendreichen Jungfer Louysen Söllens/ Des Wol=Ehrenvesten/ Vorachtbarn und Wolbenahmten Herrn Simon Söllen/ Churf. Brandenb. Hoff=Sattlers/ Eheleiblichen Tochter/ Als Braut: Wolten am Tage ihrer Freuden/ welcher war der 7. Maii/ des 1671sten Jahres/ mit wolgemeynten Wündschen vermehren Die sämptliche

Collegen des Berlinischen Gymnasiens. Zu Berlin/ Gedruckt bey Christoff Runge. Berlin 1671 (23: J. 105. 4° Helmst.; Deutsche Drucke des Barock HAB, 1988, C 1880).

»Was Reisen über See und Land für graue Klugheit könn erwerben ...« [Trauergedicht]. In: Am Tage Johannis/ Des Jahrs Christi M.DC.LXXI. wurde der Erden anvertrauet Der Leichnam Des Wol=Ehrenvesten/ Groß=Achtbarn und Wolbenamten Hrn: Johann Korns/ Weiland vornehmen Kauff= und Handelsmannes/ wie auch Bürgers in Berlin. Nach dem die Seele/ jedermanns Wundsche nach/ allbereit im Himmel/ mit Johanne dem Täuffer und allen Heiligen/ der ewigen Freude zugesellet war. Die letzte Ehre bezeugeten mit nachfolgenden Gedichten wolmeynend Einige Gute Freunde. Zu Berlin/ Gedruckt bey Christoff Runge. s. a. [1671]. (1: Ee 519, 14).

Das preißwürdige Alter/ Des Weiland Hoch=Ehrenvesten/ Groß=Achtbaren und Hoch=Weisen Herrn David Reezen/ Hochverdienten Rahts=Cämmerers bey der Churfürstlichen Brandenburgischen Residentz und Veste Berlin/ wurde/ Als derselbige; Da Er im Jahr Christi 1590. den zwantzigsten Julii, frühe zwischen 8. und 9. Uhren/ diese Welt zuerst erblicket/ und in dem itzt lauffenden 1672. Jahre/ den 26. Januarii, Abends zwischen 5. und 6. Uhre/ im wahren Glauben an seinem Erlöser JEsu/ durch einen seligen Tod dieselbe wieder verlassen: Jm 82ten. Jahr seines Alters; Den darauff folgenden 4ten. Februarii, in St. Nicolai Kirche/ bey Hochansehnlicher und Volckreicher Versammlung in sein Ruhekämmerlein beygesetzet: Mit schuldigstem Nachruhm bezieret von Den sämptlichen Collegen des Gymnasii in Berlin. Berlin/ Gedruckt bey Christoff Runge. Berlin 1672 (109: Slg. GK: Sch 1/70).

Epicedium für Ursula Maria Gericke geborene Burckhardt, Ehefrau von Bartholomaeus Gericke, kfl.-brand. Kammergerichtsadvokat. An: Buntebart, Johann: Leichpredigt für Ursula Maria Gericke geborene Burckhardt. Cölln 1672. (LP StA Braunschweig, Nr. 829).

Freudige Jn Poetische Schrancken verfassete Hochzeit=Wündsche/ So da/ als (Tit.) Herr Wolff Christian Otto/ Wolbestallter Cammergerichts=Secretarius, mit (Tit.) Jungfer Marien Elisabeth Tieffenbachin/ (Tit.) Herrn Johann Tieffenbachs/ Churfürstl. Brandenb. Cammergerichts=Advocati, der Löbl. Landschafft zum Engern Außschusse Verordneten/ und Burgermeister in Berlin/ Jüngsten Jungfer Tochter/ Den 14. Aprilis M.DC.LXXIII. Ehelich vertrauet worden. Zur Versicherung eines Hertzgemeynten Wolwollens/ überreichen liessen Derer Neu=Vertrauten Wolbekandte. s. l. 1673 (109: Slg. GK: Sch 1/75. 1).

Jesum propitium, Thalamum florentem, Empyream concordiam, NUPTIIS GNOSPELIO-STARCKMANNIANIS, Fato divino auspicatis, Ejusque benigno nutu D. IX. Junii. M.DC.LXXIII. absolvendis, Uberiori Symbolo votivo, Pro eo, quo in noviter jugandos sunt animo propensiori, Advovent, COGNATI. AMICI. COLLEGÆ. BEROLINI, Ex Officinâ RUNGIANA. Berlin 1673 (109: Slg. GK: Sch 1/74. 3).

Die Unschuld des Bellerophon, wie derselbe von dem Argwohn und Verleumdung zwar gedrücket worden, aber endlich obgesieget hat, in einem Geschichtsbilde von der studierenden Jugend im Gymnasio zu Berlin auf das hundertjährige Schul-Fest dieses 1674. Jahres vorgestellet unter der Direktion M. Gottfried Weber Rectoris. Schulactus Berlin 1674 (Heidemann, 1874, S. 173; Gudopp, 1900, S. 11f.).

Festgedicht zur ersten Säkularfeier des Berlinischen Gymnasiums. Berlin 1674 (Diterich, 1732, S. 202).

GENES. XXIV. v. 50. Das kömmt vom HErren! Daß (Titt:) Herr Joachim Pauli/ SS. Theologiæ Candidatus, in der Hochlöbl. Fruchtbringenden Teutschgesinneten Genossenschafft benamt der Treffliche/ und der Hrn. Hrn. von Platen Ephorus, Mit (Titt:) Jungf. Maria Fahrenholtzin/ Herrn Hans Fahrenholtzen/ Weiland auf Sumholtz Erbherren/ nachgelassenen Eheleiblichen Tochter/ Sich heute den 25. Februarii, M.DC.LXXIV. Göttlicher Ordnung Gemäß/ Ehelichen vertrauen läst. Darum können nicht anders/ Als Fried/ Glück/ Segen/ dazu wündschen/ Etliche des Bräutigams Bekandte Vertraute Freude. Berlin/ Gedruckt bey Christof Runge. Berlin 1674 (109: Slg. GK: Sch 1/78).

Secularis recordatio Gymnasii Berlinensis A. O. R. MDCLXXIV. a. d. XXII Nov. publica autoritate intimatur, a M. Gottfried Weber Berlinense, Rectore. Berlin 1674 (Büsching, 1774, S. 1).

IN GYMNASIO PATIENTIÆ multum subacta SCHOLASTICA LABORIOSISSIMA d. X. Febr. qui est Scholasticæ Sacer, BRABEUM LABORUM accipit Foemina Honestissima, et suum sexum decorantibus virtutibus ornatissima ANNA MARIA CUNZENBACHIA, VIRI Præclarissimi DN. PETRI BREDOVII, Gymnasii Berlinensis Sub Rectoris meritissimi per XI annos fidelissima Conjux, postquam Superatis constantissimo animo febris ... ignibus Quinto demum mense liberata, Nunc inter Celestris Academiæ cives æternum lætatur, Superstitibus vero Dn. Conjugi, Liberis, et Amicis non exiguum luctum peperit, Cui levando Die Humationis, Dominica Septuagesimæ Anno 1674. insurgunt AMICI COLLEGÆ. BEROLINI, Ex Officinâ RUNGIANA. Berlin 1674 (109: Slg. GK: Sch 1/76).

Epicedium für Dietrich Butt, kfl.-brand. Geh.- und Kriegssekretär. An: Herrnbaur, Johann Georg: Leichpredigt für Dietrich Butt. Berlin 1675. (LP StA Braunschweig, Nr. 851).

Demonstratio duplex Messiam in V. T. iam tum venisse, Iesum Nazarenum esse verum Messiam in V. T. promissum cum vindiciis locorum classicorum. Berlin 1675 (Küster/ Müller, 1752, II, S. 948).

Hermathena, h. e. specimen analyseos philologicæ & philosophicæ verbalis & realis per vniuersam encyclopædiam. Berlin 1675 (Küster/ Müller, 1752, II, S. 948).

GOTT/ Der die gantze Welt geliebet/ Hat Umb seines eingebornen Sohnes willen auch im Tode nicht verlassen Den weiland Edlen/ GroßAchtbarn/ Wolweisen und Wolbenamten HERRN Andreas Ideler/ Rathsverwandten in Cölln an der Spree/ Auff Gravendorff und Güssow Erbsassen/ Dessen Christliches Leich=Begängniß Am Andern Pfingst=Feyertage/ war der 24. Maji/ des 1675sten Jahres Mit nachgesetzten Zeilen mitleidend beehreten Etliche Collegen des Berlinischen Gymnasii. Berlin/ Gedruckt bey Christoff Runge. Berlin 1675 (109: Slg. GK: Sch 1/82. 3).

Trost=Worte/ Uber den unverhofften/ Aber von GOtt nicht unversehenen Todesfall Der Wol=Edlen und Hoch=Tugendbegabten Frauen/ Frauen Anna Marien/ gebornen Zarlangin/ Herrn Dieterich Butten/ Weiland Churf. Brandenburgischen Geheimten und Kriegs=Secretarii Nachgelassene Ehegenossin/ Welche am 8. Octobr. im Jahr 1650. an die Welt geboren/ und im 17. Octobr. im Jahr 1676 im HErrn selig entschlaffen/ Womit Am Tage ihrer Beerdigung den 29. Octobr. war der 23. Sonntag nach Trinitatis/ Die höchstbetrübte Frau Mutter/ in ihrem ohne dem recht traurigen Wittwenstande/ aufzurichten sich bemüheten Die Collegen am Gymnasio zu Berlin. Berlin/ Gedruckt bey Christoff Runge. Berlin 1676 (1a: 33 in: Bd 8557).

Gegläubet Hat An Jhren Erlöser JEsum bis ans Ende/ Und daher empfangen Das Ewige Leben/ Die (Tit.) FRAU Anna Maria Seltrechtin/ Des (Tit.) Herrn Wolff Ottens/ Längst Verdienten Churfürstl. Cammer=Gerichts=Secretarii 36. Jahre lang liebgewesene Ehe=Frau/ Welche den 9. Maji dieses 1676. Jahres nach lange außgestandener Leibes=Schwachheit von den Jhrigen durch einen sanfften Tod Abschied genommen/ Und den darauf folgenden 15. selbigen Monats/ war der Pfingst=Montag/ in ihre Ruhe=Kammer in Berlin bey St. Nicolai Kirchen beygesetzet worden. Dieser zur letzten Ehre/ und Trost denen hinterbliebenen haben folgende Zeilen auffsetzen wollen Einige Gönner und Freunde. Berlin 1676 (1: an 6 in: Ee 1593,II).

Sciagraphia historiæ simul & Chronologiæ & Geographiæ. Berlin 1676 (Küster/ Müller, 1752, II, S. 948).

Wolverdienter Nach=Ruhm der beständigen Treue An der Edlen und Hoch=Ehr= und Tugendbegabten Fr. Eva Magdalena/ gebornen Stanginn/ Des Edlen/ GroßAchtbaren und Hochbenahmten Hn. Johann Metzners/ Sr. Churf. Durchl. zu Brandenburg und Dero Hochlöbl. Landschafft wolbestalleten Ober=Ziesemeisters der Mittel= und Ucker=Marck/ Nunmehr Hochbekümmerten Herrn Wittibers/ Wolseligen Eheliebsten/ Welche Zu Regenspurg den 23. Decembr. frühe zwischen 6. und 7. Uhr Anno 1633. geboren/ und allhie in Berlin den 14. Julii Nachmittag umb 3. Uhr ihre Seele dem getreuen Seligmacher wieder anbefohlen/ nachdem Sie in dieser Sterblichkeit zugebracht 42. Jahr/ 6. Monat/ 3. Wochen und 8. Stunden/ Am Tage Jhrer Beerdigung bey volckreicher und ansehnlicher Versammlung/ war der 20. Julii, Zum Trost denen Hinterbleibenden abgefasset/ von Einigen guten Freunden. Berlin/ Gedruckt bey Christoff Runge/ 1676. Berlin 1676 (109:Slg.GK: Sch 1/84. 1).

EPICEDIA Quibus Præmaturum quidem at beatum è vita excessum Pueri singularibus animi ac corporis dotibus ornatissimi GEORGII CHRISTOPHORI, Pl. Reverendi et Clarissimi VIRI, DOMINI M. JOH. ERNESTI SCHRADERI, Ecclesiæ Berolinensis ad D. Nicolai ArchiDiaconi, Filii primogeniti: VII. Martii Anno M DC LXXVI. magno Parentum desiderio exstincti LUGENT Collegæ et Amici. BERLINI, è chalcographéo RUNGIANO. Berlin 1676 (109: Slg. GK: Sch 1/83. 1).

Das ewige JUBILATE feyret im Himmel Die numehr Selige Frau Rebecca Kunzenbachs/ Des Wol=Ehrenvesten und Wolgelahrten Herrn Erdmann Schmidsdorffs/ Des Berlinischen Gymnasii wolverdienten Collegæ, bis in den Tod getreu gewesene Ehegenossin/ Welche Nachdem Sie in dieser Welt gelebet bis ins 44. und in ihrem Ehestande bis ins 24. Jahr/ und 12. Kinder erzeuget hatte/ Am 2. Maji des 1677. Jahres/ Abends zwischen 9. und 10. Vhr in ihrem Erlöser sannft und selig entschlaffen. Da Sie aber Den drauff folgenden 6. Maji/ war der Sonntag JUBILATE Auff St. Marien Kirchhoff in Berlin/ Bey Volckreicher Versammlung beygesetzet wurde/ Beehrten ihren Seligen Abschied Mit folgenden Trauergedichten Des Herrn Wittbers Sämptliche Amptsgenossen. Berlin/ Gedruckt bey Christoff Runge. Berlin 1677 (109: Slg. GK: Sch 1/86).

Epicedium für Charlotte Louysa von Görne geborene von Platen, Ehefrau des Christoph von Görne, Domherrn zu Magdeburg. An: Leyser, Friedrich Wilhelm: Leichpredigt für Charlotte Louysa von Görne geborene von Platen. s. l. 1677. (LP StA Braunschweig, Nr. 4900).

ROGAVIT, & adepta est CORONAM ÆTERNATURÆ GLORIÆ Fæmina quondam Nobilissima, sexumque ipsius decentissimis virtutibus instructissima ANNA SIBYLLA KRAUSIA, Viri Nobilissimi atque Consultissimi DOMINI DN. JOH. CHRISTOPHORI OTTONIS, J. U. Licentiati, & Cameræ Electoralis Advocati celeberrimi Usque ad extremam Lachesin Cara Castaque Costa, Cujus obitum præmaturum, cum justa ei solverentur, Dominica Rogate, A. P. V. M.DC.LXXVII. lugebant FAUTORES & AMICI. BEROLINI, Ex Officinâ RUNGIANA. Berlin 1677 (109: Slg. GK: Sch 1/87. 1).

Davids=Hertz/ Womit Er sich in allen Seinen Anliegen und Bekümmernissen getröstet/ Wündschen getreulich Bey dem frühzeitigen und unverhofften Ableben Des weiland Edlen/ Wol=Ehrenvesten und Wolgelahrten Herrn David Reetzen/ Patritii Berlinensis, Und Juris Utriusque Candidati, Welcher im Jahr 1641. den 20. Julii geboren/ und den 11. Martii, war der Sonntag Reminiscere, im Jahr 1677. wiederumb diese Welt gesegnet/ Am Tage seiner Beerdigung/ den 18. Martii, ist der Sonntag Oculi, obgedachten Jahres/ Bey volckreicher Versammlung/ Denen hochbetrübten hinterbliebenden Die sämptliche Collegen des Gymnasii, und guten Freunden zu Berlin. Berlin/ Gedruckt bey Christoff Runge. Berlin 1677 (109: Slg. GK: Sch 1/88).

Epitome rhetorices ex partitionibus Vossi potissimum excerpta. Wittenberg 1677 (Küster/ Müller, 1752, II, S. 948; Dinse, 1877, S. 563).

ΜΕΛΕΤΗΜΑΤΑ PENTECOSTALIA Super Dictum Classicum 2. Samuel. XXIII. 1,2,3. Publicâ lectione Ordinariâ Studiosæ Juventuti Jn GYMNASIO BERLINENSI resolutum, Privatæ relectioni Auditoribus suis communicata, Cum præmissâ precationis Judæorum matutinæ, quam … [hebr.] vocant, particulâ, a M. Gottfried Weber/ Rectore. Coloniæ Brandenburgicæ, Ex Officina Georgi SchultzI, Elect. Typogr. 1678. Cölln 1678 (Spandau, S. Nic.: 6 an: 4/1566; Küster/ Müller, 1752, II, S. 948, jedoch Berlin 1678).

Trifolium Moralistarum trilingue … I. Rabbi Chai Gaon … II. Epictetus … III. Jo. L. Vives. Berlin 1678 (Dinse, 1877, S. 26).

BIGA ORATIONUM DE QVÆSTIONE: Num Eruditio sit acqvirenda in patria, an extra illam? Qvas Stylo Græco elaboratas, Autoritate VIRI Præcellentissimi, Clarissimi, ut et Doctissimi, DOMINI M. GODOFREDI WEBERI, Celeberrimi, qvod Berlini floret, Gymnasii, RECTORIS longè vigilantissimi, IN DICTI GYMNASII ACROATERIO MAJORI, die Decembris A. O. R. M. DC. LXXVIII. Publicè Recitarunt JOHANNES Kindler/ Berlino Marchicus, Et BARTHOLDUS Holtzfuß/ Rügenwaldiâ Pomeranus. FRANCOFURTI AD VIADRUM, Impressit CHRISTOPHORUS ZEITLERUS. Frankfurt/O. 1678 (Spandau, S. Nic.: 18 an: 4/3022).

APPLAUSUS VOTIVI, Qvibus Ab Amplissimi Philosophici Collegii DECANO Spectabili, Viro Plurimùm Reverendo, atque Excellentissimo DN. JOH. CHRISTOPHORO BECMANNO, S. S. Theol. & Phil. D., Historiarum Professore Publico, nec non ad hunc Magisterialem Actum delegato PRO-CANCELLARIO &c. LAURUM PHILOSOPHICAM Et cum ea MAGISTERII TITULUM & INSIGNIA In Illustrissima ad Viadrum Academia ad d. IX. Octobr. A. O. R. 1679. solemni ritu, In augustissima corona publica impertita, Viro Clarissimo et Humanissimo DN. MARTINO Bussen/ Gymnasii Berlinensis Sub-Con-Rectori dexterrimo, Gratulantur COLLEGÆ. Francofurti ad Viadrum, Literis CHRISTOPHORI ZEITLERI. Frankfurt/O. 1679 (109: Slg. GK: Sch 1/94. 1).

Das Neue Jahr Hält Der Seelen nach Bey Gott im Himmel Der weiland Wol=Ehrenveste/ GroßAchtbare und Wolbenamte Hr. Melchior Breunig/ Bürger und Handelsmann in Berlin/ Welcher den 2. Novembr. Anno 1637. in der Stadt Müllberg an diese Welt geboren/ und an 22. Decembr. des jüngst verflossenen Alten Jahres allhier zu Berlin diese Sterblichkeit gesegnet/ Weßhalb der hocherfreuten Seelen zwar Glückwündschend/ Aber Die hochbetrübte/ Frau Wittibe/ Sohn und andere sämptliche hinterbliebende Leidtragende/ Am Tage Seiner Christlichen Beerdigung/ war der Sonntag nach dem Neuen Jahrs=Tage/ als der 5. Jan. 1679. Danck=schuldigst trösten wollen Die Collegen am Gymnasio zu Berlin. Berlin/ Gedruckt bey Christoff Runge/ Anno 1679. Berlin 1679 (109: Slg. GK: Sch 1/90. 1).

Als Die Seelge Himmels=Braut/ Die Edle und Tugendglänzende Jungfer Dorothea Margaretha/ Des Wol=Edlen/ Vesten und Hochgelahrten Herrn Dieterich Butten/ weiland Sr. Churf. Durchl. zu Brandenburg hochbestallten Geheimten Krieges=Secretarii, Hinterlassene Jungfer Tochter/ Von Jhrem Hertzgeliebten Seelen=Bräutigam JESU CHRISTO/ Zu der himmlischen Hochzeit=Freude/ Von dieser schnöden Welt am 18. Febr. abgefodert/ und der Seelen nach heimgeholet worden/ setzten folgendes Am Tage des Christlichen Volckreichen Leichbegängniß/ War der Sonntag Esto Mihi, als der 2. Martii 1679. da der entseelte Cörper in der Kirchen zu St. Nicolai beygesetzet ward/ Der höchstbetrübten Groß=Frau=Mutter und andern hinterbliebenden Leidtragenden zu Trost Die Collegen am Gymnasio zu Berlin. Berlin/ Gedruckt bey Christoff Runge. Berlin 1679 (1a: 33 in: Bd 8557).

LÆTARE, Freuet Euch/ Jhr Frommen; Daß euere Namen im Himmel angeschrieben seyn! Womit sich gleichesfalls getröstet Der Wol=Ehrnveste/ Groß Achtbare/ und Wolvornehme Herr TOBIAS Scharnow/ Der Löbl. Ritterschafft des Haveländischen Creyses wolbestalter Einnehmer/auch Bürger und Handelsmann in Berlin/ Nunmehr Seliger Welcher Anno 1624. im Monat Junio zu Jüterbock an diese Welt geboren/ Anno 1679. den 22. Martii zu Berlin im Herren Selig entschlaffen/ Und am Sonntage Lætare, war der 30. Martii, Christl. Gebrauch nach bey Volckreicher Versammlung öffentlich in St. Marien Kirchen daselbst beygesetzet ward/ Uber welchen unverhofften tödtlichen Hintritt die hochbetrübte Frau Wittibe/ die überbleibende Vater= und Mütter=lose Weysen/ auch andere traurige Anverwandten zu trösten sich bemüheten Die Collegen an dem Gymnasio zu Berlin. Berlin/ Gedruckt bey Christoff Runge. Berlin 1679 (109: Slg. GK: Sch 1/91. 2).

Epicedium für Anna Maria Zarlang. 1679 (1a: 33 in: Bd 8557).

Solatium JUDÆORUM Ex dicto Levit. XXVI. 44. 45. Quod ipsis SIMIA AUREA Der güldene Affe/ dicitur, enervatum, Et in gratiam Auditorum GYMNASII BERLINENSIS, quibus propositum, publicæ luci expositum, Cum præmissa eorum precatione vespertina ... [hebr.] â M. Gottfried Weber/ Rectore. Anno, quem exprimit votum: CHRISTO IESV VERO DEO VNIQVE MESSIÆ GLORIA PERPETVA. COLONIÆ BRANDENBURGICÆ, Typis GEORGI SCHULTZI Elect. Typogr. Cölln s. a. (Spandau, S. Nic.: 7 an: 4/1566; angeschlossen: Sexagena QVÆSTIONUM THEOLOGICARUM, In quibus MEDULLA Totius Theologiæ Continetur. SEXAGENA QUÆSTIONUM, DE RESURRECTIONE CHRISTI. CANDIDATUS ACADEMIÆ GENUINUS; Titel nach Küster/ Müller, 1752, II, S. 948: Solatium Iudæorum ex Leu. XXVI. 44. quod ipsis simia aurea dicitur, eneruatum, cum precatione eorum vespertina. Berlin 1679).

SCHEDIASMA de Scriptione GRÆCORUM Antiqua, quæ facta est ... M. Gottfried Weber. Coloniæ Brandenb. Impressit GEORGIUS Schultze/ Anno 1680. Cölln 1680. In: DECAS SCHEDIASMATUM De Variis iisque rarioribus Argumentis (Spandau, S. Nic.: 3, 1 an: 4/1566; Küster/ Müller, 1752, II, S. 948, jedoch Berlin 1680).

Felicitatem Omnigenam NUPTIIS VIRI Perqvam Reverendi atque Doctissimi DNI. JOHANNIS CHRISTOPHORI LINDEMANNI, Ecclesiæ Segenfeldensis & Falkenhagensis Pastoris benè merentis & Lectissimæ Virginis MARIÆ MAGDALENÆ Meerkatzin/ VIRI Qvondam perqvam Reverendi atque Doctissimi DNI. CHRISTOPHORI Meerkatzens/ Natæ Relictæ d: XVIII. Jan. A. M.DC.LXXXI. celebratis comprecantur Amici nonnulli Berolinenses. Berlin 1681 (109: Slg. GK: Sch 1/95).

SCHEDIASMA De Cabbala, quæ vulgò dicitur, Latinorum, sive PARAGRAMMATIBUS, M. Gottfried Weber. Coloniæ Brandenburgicæ, Ex Officinâ GeorgI SchultzI, Elect. Typogr. Anno 1681. Cölln 1681. In: DECAS SCHEDIASMATUM De Variis iisque rarioribus Argumentis (Spandau, S. Nic.: 3, 2 an: 4/1566; Küster/ Müller, 1752, II, S. 948, jedoch Berlin 1681).

Sceleton Geographiæ, s. introductio in notitiam mundi. Berlin 1681 (Küster/ Müller, 1752, II, S. 948).

SCHEDIASMA De EMBLEMATIBUS, & Impressiis, vel Phrenoschematis, quæ dicuntur, M. Gottfried Weber. BERLINI, Typis B. Christoph Rungii. Anno 1682. Berlin 1682. In: DECAS SCHEDIASMATUM De Variis iisque rarioribus Argumentis (Spandau, S. Nic.: 3, 3 an: 4/1566; Küster/ Müller, 1752, II, S. 948).

SCHEDIASMA De Quæstione: An Christus eo die, quo Judæi, pascha comederit Tempore passionis suæ, M. Gottfried Weber. Coloniæ Brandenburgicæ, Typis expressit GEORGIUS Schultz/ Elect. Typogr. Anno 1682. Cölln 1682. In: DECAS SCHEDIASMATUM De Variis iisque rarioribus Argumentis (Spandau, S. Nic.: 3, 4 an: 4/1566; Küster/ Müller, 1752, II, S. 948).

SCHEDIASMA De BOVE ET ASINO, Sociis ad præsepe Jesuli, M. Gottfried Weber. BERLINI, Typis B. Christoph Rungii. Anno 1682. Berlin 1682. In: DECAS SCHEDIASMATUM De Variis iisque rarioribus Argumentis (Spandau, S. Nic.: 3, 5 an: 4/1566; Küster/ Müller, 1752, II, S. 948).

Kurtze Bedanckungs=Rede an die hochansehnliche Trauer=Versammlung ... (Abdankung für Ursula Reetz geb. Gericke) Cölln 1683 (1: Ee 6209).

SCHEDIASMA De TESTAMENTO MUHAMMEDIS, quod vulgo dicitur, M. Gottfried Weber. Coloniæ Brandenburgicæ, Typis expressit GEORGIUS Schultze/ Elect. Typogr. 1683. Cölln 1683. In: DECAS SCHEDIASMATUM De Variis iisque rarioribus Argumentis (Spandau, S. Nic.: 3, 8 an: 4/1566; 1: Zu 7002 ehem.; Küster/ Müller, 1752, II, S. 948; angeschlossen: MUHAMMEDIS TESTAMENTUM, Sive Pacta cum Christianis in Oriente inita, M. JOHANNE FABRICIO, Dantiscano, olim editum ROSTOCHII, Anno M DC XXXIIX. nunc recusum COLON. BRANDENB. Anno M DC LXXXIII.).

SCHEDIASMA De CALENDARIO Judæorum, M. Gottfried Weber. BERLINI, Typis B. Christoph Rungii. Anno 1683. Berlin 1683. In: DECAS SCHEDIASMATUM De Variis iisque rarioribus Argumentis (Spandau, S. Nic.: 3, 7 an: 4/1566; Küster/ Müller, 1752, II, S. 948).

De Cruce Christi. Programm. Berlin 1683 (1: 17 in: Cw 8 ehem.).

SCHEDIASMA De SACERDOTIO JESU CHRISTI LEVITICO, C. SUIDAM. M. Gottfried Weber. Coloniæ Brandenburgicæ, Typis expressit GEORGIUS Schultze/ Elect. Typ. M DC LXXXIII. Cölln 1683. In: DECAS SCHEDIASMATUM De Variis iisque rarioribus Argumentis (Spandau, S. Nic.: 3, 9 an: 4/1566; Küster/ Müller, 1752, II, S. 948, jedoch Berlin 1683; angeschlossen: FRAGMENTUM SUIDÆ, De SACERDOTIO JESU CHRISTI LEVITICO, Voc. ... Coloniæ Brandenburgicæ, Typis expressit GEORGIUS Schultze/ Elect. Typ. M DC LXXXIII.).

SCHEDIASMA DE CATECHISMO, M. Gottfried Weber. BERLINI, Typis B. RUNGII. Anno 1683. Berlin 1683. In: DECAS SCHEDIASMATUM De Variis iisque rarioribus Argumentis (Spandau, S. Nic.: 3, 6 an: 4/1566; Küster/ Müller, 1752, II, S. 948).

SCHEDIASMA De CONSTANTINI M. SIGNO M. Gottfried Weber. COLONIÆ ad SPREAM, Typis expressit GEORGIUS Schultze/ Elect. Typogr. M DC LXXXIV. Cölln 1684. In: DECAS SCHEDIASMATUM De Variis iisque rarioribus Argumentis (Spandau, S. Nic.: 3, 10 an: 4/1566; Küster/ Müller, 1752, II, S. 948).

M. Gottfried Weber DECAS SCHEDIASMATUM De Variis iisque rarioribus Argumentis Horis succisivis Conscriptorum, modo collecta & In usum Juventutis junctim edita. COLONIÆ ad SPREAM, Typis expressit GEORGIUS Schultze/ Elect. Typogr. A. O. R. M DC LXXXIV. Cölln 1684 (Spandau, S. Nic.: 3, 1–10 an: 4/1566; Küster/ Müller, 1752, II, S. 948, jedoch Berlin 1684; die zehn Abhandlungen des Sammelbandes sind separat verzeichnet).

Geistliche Reden von den Werkzeugen, die bey dem Leiden Christi sind gebraucht worden. Berlin 1684 (Küster/ Müller, 1752, II, S. 948).

Plutarchi Büchlein was man für Nuzen von seinen Feinden habe. Berlin 1685 (Küster/ Müller, 1752, II, S. 948).

Lineae historiae universalis, ejusque pars prior et posterior. [2 Tle. in 1 Bd.]. Cölln 1685/92 (Dinse, 1877, S. 563; Heidemann, 1874, S. 170, jedoch 1688).

23 kleine Abhandlungen aus den Jahren 1665–1685 in 1 Vol. (Dinse, 1877, S. 138).

Sexagenæ IV. quæstionum (1) de SS. Trinit. (2) de effusione Spiritus S. (3) de mysterio incarnationis. (4) passione Christi. Berlin 1685 (Küster/ Müller, 1752, II, S. 948).

Ad orationem valedictoriam ... (Einladungsschrift zu: Meinders, Christian Albert von: De incrementis serenissimae familiae Brandenburgicae, am 7. Mai 1685 im Auditorium des Berlinischen Gymnasiums gehalten) Berlin: Typis B. Rungii 1685. Berlin 1685 (1: 4ª in: St 3703 ehem.).

Die auf Erden offt betrübte Und Jm Himmel völlig=erfreuete Wittwe/ Bey ansehnlicher und Volckreicher Leichenbestattung Der weiland Wol=Edlen/ Hoch=Ehren und Tugendbegabten Frauen Margarethen gebohrner Damerowin/ Des weiland Wol=Edlen/ Vesten/ Hochgelahrten und Hochweisen Herrn Michael Zarlangs/ Höchstverdienten ältesten Bürgermeisters in der Chur=Fürstl. Brandenb. Haupt und Residentz=Stadt Berlin/ wie auch der löbl. Mittel=Uckermärck= und Ruppinischen Städte Directoris und Verordneten Nachgelassener Frau Wittwen/ Als selbige den 3ten Herbst=Monatstage des 1687sten Jahres/ im 68sten Jahre ihres rühmlichen Alters/ durch einen sanfften und seligen Abschied diese Zeitlichkeit verlassen/ und der Seelen nach/ in die selige Ewigkeit versetzet/ dem verblichenen Leibe nach aber am 11ten darauff/ war der XVI. Sonntag nach Trin: Von der betrübten und Wieder erfreueten Wittwe zu Nain/ in Jhr Begräbniß/ in der St. Nic. Kirchen zur Ruhe gebracht wurde/ Der Seligst=Verstorbenen Matron zur letzten Ehre/ und denen hinterbliebenen Leidtragenden zu schuldigster Dienstbezeugung und Auffrichtung in ihrem Leidwesen/ Beschrieben und gepriesen Von nachbenahmten Collegen deß Berlinischen Gymnasii. Berlin/ Gedruckt bey David Salfelds Wittwe. Berlin 1687 (109: Slg. GK: Cg 227,1).

Magna nomina magnos heroas decore, natali Friderici Wilhelmi, march. Brandenb ... orationibus gratulat ... demonstrabunt juvenes quidam, ad quas invitat. s. l. 1687 (1: 33 in: St 5894 ehem.).

Der Herbst/ so Früchte trägt/ Auch trübe Wolcken hegt. Welches Bey ansehnlicher und volckreicher Leichbestattung Der weiland Edlen/ Viel=Ehren= und Tugendbelobten Fr. Maria Ehrentraut/ gebohrner Nicolain/ Des Wohl=Ehrwürdigen/ Großachtbarn und wohlgelahrten Herrn Johann Schindlers/ Wohlverordneten und treufleissigen Diaconi bey der St. Nic. Kirchen in Berlin/ Hertzwerthesten Eheliebsten/ Als dieselbe am 26sten Herbstmonatstage des 1689sten Jahrs/ in vierdten Jahre ihres liebreichen Ehestandes/ wenig Tage nach erfreulicher Geburth eines jungen Söhnleins/ in ihrem Erlöser sanfft und selig von dieser Welt abgeschieden/ und der verblichene Leichnam am darauffolgenden 2ten Wein=Monatstage seiner Ruhestäte einverleibet wurde/ Aus schuldigen Mitleiden betrachtet/ und in folgenden Blättern beschrieben Nachbenahmte Collegen des Berlinischen Gymnasii. Berlin/ Gedruckt bey Salfeldischen Wittwen. Berlin 1689 (109: Slg. GK: Sch 1/102).

Epicedium für Johann Ernst Schrader, Propst in Berlin. An: Heimburger, Daniel David: Leichpredigt für Johann Ernst Schrader. Berlin 1689. (LP StA Braunschweig, Nr. 5992).

NÆNIÆ FUNEBRES ultimis honoribus VIRI quondam Clarissimi atque Doctissimi DOMINI PETRI BREDOVII, Gymnasii Berlinensis Sub-Rectoris longe meritissimi, Qui post exantlatos XXXV. annorum labores Scholasticos, semestresque languores domesticos III. Nonas Julii A. C. M.DC.LXXXIX. paulo ante horam tertiam pomeridianam hanc mortalitatem pie placideque deposuit, corpore postmodum pridie Idus ejusdem mensis ad D. Nicolai solenniter contumulato, ex communi dolore decantatæ à COLLEGIS, COGNATO, FILIISQVE relictis. BERLINI, Typis B. SALFELDII. Berlin 1689 (109: Slg. GK: Sch 1/101).

De primo et secundo Adamo ... Programm. Berlin 1690 (1: 8 in: Cw 27 ehem.).

Epicedium für Christian Teuber, Propst in Berlin. An: Heimburger, Daniel David: Leichpredigt für Christian Teuber. Cölln 1690. (LP StA Braunschweig, Nr. 6715).

Zum Frölich angetrettenem Englischen Leben Jm Himmel/ Wolten dem Edlen/ Wolweisen und Wolgelahrten Herrn Martin Engel/ Wolverdienten aeltesten Raths=Herren und 36jährigen Stadtschreiber in der Churfl. Brandenbl. Residentz und Veste Berlin/ Als derselbe am verwichenem 22. des Mertz=Monats in dem 65sten Jahr seines Alters diese Eitelkeit verlassen/ und darauff sein erblaster Leichnam den 2 April zu S. Marien der Erden anvertrauet ward/ Mit nachfolgenden Gedichten Glückwünschen/ Und zugleich die hinterbliebene hochbetrübte Freundschafft trösten Die samptliche Collegen des Berlinischen Gymnasii. Berlin/ Gedruckt bey sel. David Salfelds Witwe. Berlin 1693 (109: Slg. GK: Sch 1/85).

THRENODIÆ Super Obitum beatissimum VIRI MAGNIFICI, NOBILISSIMI, EXCELLENTISSIMI ET EXPERIENTISSIMI, DOMINI MARTINI WEISII, Medici Doctoris Celeberrimi, Trium Serenissimorum Electorum Brandenburgicorum, CONSILIARII Et ARCHIATRI SENIORIS DN. MOECENATIS, PATRONI ET EVERGETÆ. Summe etiam post mortem Colendi, Qui cum a. d. XVI. Mart. A. O. R. MDCXCIII. Animam beatam Deo reddidisset, Exuviæ illius In Splendida Exequiatorum frequentia in Conditorium ad Ædem B. Mariæ Berlini a. d. XXV. Ejusdem compositæ sunt, lugenti animo fusæ à Collegis Gymnasii Berlinensis. Berolini, Typis Viduæ Salfeldianæ. Berlin 1693 (1: 1 an 12a in: Ee 633; 1: Ee 6012–7).

MEMORIA JUSTI IN BENEDICTIONE! Ad ORATIONEM PANEGYRICAM VIRO MAGNIFICO, EXCELLENTISSIMO, ET EXPERIENTISSIMO DOMINO MARTINO WEISIO, MEDICINÆ DOCTORI CELEBERRIMO, TRIUM SERENISSIMORUM ELECTORUM CONSILIARIO, ARCHIATRO SUPREMO, COLLEGII ELECT. MEDICI DECANO GRAVISSIMO, Pie denato ET IN SPLENDIDA EXEQUIATORUM FREQUENTIA, Ritu Christiano, IN FESTO ANNUNCIATIONIS MARIÆ publice humato, IN GYMNASII BERLINENSIS Auditorio Majori, a. d. XXVIII. Martii. A. O. R. M DC XCIII. dicendam & audiendam, PER-ILLUSTRES & GENEROSISSIMOS, NOBILISSIMOS, EXCELLENTISSIMOS, MAGNIFICOS, MAXIME ET PLURIMUM REVERENDOS, CONSULTISSIMOS, EXPERIENTISSIMOS, AMPLISSIMOS, CLARISSIMOS, SPECTATISSIMOS, OMNES MUSARUM ET LITERATORUM PATRONOS ET FAUTORES, DOMINOS, MOECENATES ET EVERGETAS HUMILLIME, OBSERVANTER, AMICE, INVITAT M. Gottfried Weber/ Rector. BEROLINI, Typis VIDUÆ SALFELDIANÆ. Berlin 1693 (1: 12a in: Ee 633).

Letztes Denck= und Liebesmahl bey dem Grabe Des Weyland Wohl=Edlen und Hoch=Wohlbenahmten Hn. Joh. Liebmanns/ Churfürstl. Brandenb. gewesenen Müntz=Meisters und Müntz=Guardins, Als derselbe in 72sten Jahre seines Alters sanfft und selig verschieden und am 14. Jenners=Tage des angetretenen 1694sten Jahres in der S. Nicolai Kirchen zu Berlin Christ=gebräuchlich beerdiget wurde/ Mitleidigst auffgerichtet Von Nachbenahmten. Berlin/ Gedruckt bey sel. David Salfelds Witwe. Berlin 1694 (109: Slg. GK: Sch 1/106).

Programm zur Leichenbestattung des Joachim Neyen (3. Juli 1695). Berlin 1695 (Diterich, 1732, S. 208).

AD ACTUM ORATORIUM DE NOVITATE, IN QUO NOVISSIMA MUNDI PRIMUM ET ULTIMUM, IPSO NATALI GYMNASI CXXI. A. d. XXII. NOVEMBR. A. O. R. MDCXCV. HORIS A I. POMERIDIANIS QUIDAM GYMNASII AUDITORES REPETENT, ET SIMUL BENEFICUM DOMINORUM PATRONORUM AFFECTUM IN REPARANDIS ET RENOVANDIS AUDITORIIS DEPRÆDICABUNT, OMNES MUSARUM PATRONOS ET FAUTORES SUBMISSE, BENEVOLE, ET AMICE INVI-

TAT M. Gottfried Weber/ RECTOR. BEROLINI, LITERIS VIDUÆ SALFELDIANÆ. Berlin 1695 (1a: 34 in: Bd 8604).

ÆTERNUM post multos longævæ vitæ labores & æstus REFRIGERIUM, VIRO quondam Nobilissimo, Amplissimo et Consultissimo DOMINO ANDREÆ MAURITIO, Aulæ ac Dicasterii Electoralis Brandenburgici supremi Advocato Seniori, longeque meritissimo, Postquam sub ipsum anni M DC XCV. ingressum, die nempe IX. Januarii placidum beatumque vitæ egressum habuerat, Anno gloriosæ ætatis octogesimo, Ejusque funus solennibus exequiis subsequenti die XX. ejusdem mensis efferebatur, sepulturæ Berolini ad D. Mariæ tradentum, Observanter gratulari, simulque splendidissimæ Familiæ lugenti jucunda divini Solatii refrigeria apprecari voluerunt SEQUENTES GYMNASII BEROLINENSIS COLLEGÆ. Berolini, Literis VIDUÆ SALFELDIANÆ. Berlin 1695 (109: Slg. GK: Sch 1/107).

Uber Das in den himmlischen Hafen glücklich eingelauffene Lebens=Schiff/ Der Weiland WohlEdlen/ Viel=Ehr= und Tugendbegabten Frn. Anna Schillingin/ gebohrner Bergemannin/ Des WohlEdlen/ Großachtbarn und Wohlweisen HERRN Philipp Andreas Schillingen/ Vornehmen Rahts Verwandten/ wie auch wohlbenahmten Kauff= und Handels=Mannes in Berlin/ Treu und wehrtgewesenen Fr. Ehe=Liebsten/ Welche am 22sten Jenners=Tage des 1698sten Jahres/ im 65sten Jhres Alters sanfft und seelig in Jhrem Erlöser entschlaffen/ Und am 30sten darauf unter ansehnlicher Begleitung in St. Marien Kirche in ihre Ruhe=Kammer gebracht wurde/ Wolten ihre Trauer= und Trost=Gedancken schuldigster massen eröffnen Die sämtl. Collegen des Berlinis. Gymnasii. Berlin/ Gedruckt mit Salfeldischer Wittwe Schrifften. Berlin 1698 (109: Slg. GK: Sch 1/109).

SCELETON METAPHYSICÆ, PER PRÆCEPTA, QUÆSTIONES & AXIOMATA, In USUM JUVENTUTIS GYMNASII BERLINENSIS PROPOSITUM, & in INTRODUCTIONEM AD PLENIOREM PHILOSOPHIAM EXPOSITUM a M. Gottfried Weber/ RECTORE. BERLINI, Typis VIDUÆ SALFELDIANÆ. Berlin s. a. (Spandau, S. Nic.: 4 an: 4/1566; Küster/ Müller, 1752, II, S. 948).

Diss. de Ex-Iudæis Christianis. s. l. e. a. (Küster/ Müller, 1752, II, S. 948).

Der blühenden Jugend nothwendige Gedanken. s. l. e. a. (Küster/ Müller, 1752, II, S. 948).

Dissertatio de Historia Ecclesiastica ejusque scriptoribus graecis antiquissimis, respondente Michaële Lobes, Gryphiswaldensi Pomerano. s. l. e. a. (Diterich, 1732, S. 216; Küster/ Müller, 1752, II, S. 948).

Sciagraphia librorum Ciceronis de officiis. s. l. e. a. (Küster/ Müller, 1752, II, S. 948).

Rudimenta arithmeticæ. Frankfurt/O. s. a. (Küster/ Müller, 1752, II, S. 948).

Candidatus Academiæ genuinus. s. l. e. a. (Küster/ Müller, 1752, II, S. 948).

Quinquagena quæstionum de Philosophiæ natura, & doctrinis liberalibus. s. l. e. a. (Küster/ Müller, 1752, II, S. 948).

ANALYSIS utriusque GLOBI COELESTIS ET TERRESTIS, H. E. Doctrina de NATURA & USU GLOBORUM, in qua FUNDAMENTA Astronomiæ et Geographiæ, Studiosæ Juventuti Nobiliori summe necessaria monstrantur, Convenienti Methodo communicata. BEROLINI, Typis B. SALFELDII. s. a. (Spandau, S Nic.: 5 an: 4/1566; Küster/ Müller, 1752, II, S. 948).

Tabula continens dispositionem Logicæ. s. l. e. a. (Küster/ Müller, 1752, II, S. 948).

Literatur

SPENER, Philipp Jakob: Christliche Leich=Predigten. Zehende Abtheilung … Frankfurt a. M. 1700. Darin: Die vierdte Predigt. Von dem unbetrüglichen grund des vertrauens der glaubigen. Aus Psalm. LXII,2. 3. Als Hr. M. Gottfried Webers rectoris des gymnasii in Berlin verblichene cörper in S. Nicolai kirche zu seiner ruhe=statt gebracht wurde/ gehalten 13. Mart. (als Sontag Invocavit.) 1698. (1: 4 in: Ee 710–249); RODIGAST, Samuel: Ein nützliches aber doch endlich stille stehendes Uhrwerk bey Beerdigung Herr M. Gottfr. Webers Rect. Berol. in einer Trauer=Rede den 13 Mart 1698 vorgestellet. Berlin 1698 (Küster/ Müller, 1752, II, S. 949); DITERICH, 1732, S. 193–216; KÜSTER/ MÜLLER, 1752, II, S. 948; HEIDEMANN, 1874, S. 167–177; GUDOPP, 1900, S. 11f. u. 15; NOHL, 1903, S. 99; MAUERMANN, 1909, S. 45f.; ROHRLACH, Peter P.: Die Bibliothek des ehemaligen Berlinischen Gymnasiums zum Grauen Kloster. In: Beiträge zur Berliner Bibliotheksgeschichte. Heft 1. Berlin 1981, S. 7–36; ROHRLACH, Peter P.: Das erste Geschichtswerk Berlins. Jacob Schmidt und seine Berlinisch-Cöllnischen Merk- und Denkwürdigkeiten. In: Der Bär von Berlin. Jahrbuch 1992. Berlin/ Bonn 1992, S. 23–38.

Weise, Martin

* 9./19. Sept. 1605 Lübben
† 16. März 1693 Berlin
Arzt
V Theodor W. (gest. um 1615), Ratsherr Lübben
M Margarethe Donke
∞ Catharina, Tochter des kurbrdbg. Landschafts-Rentmeisters Joachim Berchelmann
K Martin d. J. (gest. 1671), seit 3. Okt. 1659 Hofmedikus; Gottfried, kfl. Amtskammerrat; Johann Jacob, kfl.-brdbg. Rat, Hof- und Leib-Medikus; Anna Rosina, verh. mit Gabriel Luther, kfl. Kammergerichtsrat, später Culmbach. Hof- und Justizrat; Catharina Elisabeth (1644–1673), verh. mit Joachim Ernst Seidel, kfl. Rat und Bürgermeister Cölln

1619 Gymnasium Bautzen und Stettin
1622 Universität Frankfurt/O.
1624 Universität Wittenberg (1628 Lic. med.)
1629 prakt. Arzt in Berlin, später kfl. Rat und Leibarzt
1685 Dekan des Collegium medicum

Martin Weise wurde am 9. Sept. 1605 als Sohn des Ratsherrn Theodor Weise in Lübben geboren. Der Vater hatte im Zuge der Religionskriege seine schottische Heimat verlassen müssen. Die Mutter Margarethe starb bereits 1611; der Vater, der den Jungen zuerst unterrichtet hatte, folgte ihr 1615. Um 1619 bezog Weise das Gymnasium in Bautzen und nach dessen Zerstörung die Stettiner Schule. 1622 immatrikulierte sich Weise an der Viadrina in Frankfurt, wo er unter den Professoren Gottfried Weidner (gest. 1639), Samuel Scharlach (1569–1635) und Franz Omichus Medizin studierte. Die ausbrechende Pest trieb ihn an die Universität Wittenberg, an der einer der bedeutendsten deutschen Medizin-Professoren der Zeit, Daniel Sennert (1572–1637), lehrte. Sennert zeichnete sich durch eine umfassende Kenntnis der medizinischen Teilbereiche sowie durch einen kritischen Umgang mit den Ansichten der galenischen Tradition und denen seiner Fachkollegen aus. Seine umfangreichen chemischen Experimente führten dazu, daß er chemische Drogen gezielt zur Behandlung von Krankheiten einsetzen konnte. Auf der Grundlage dieser experimentellen Erfahrungen kritisierte er die aristotelische Naturauffassung und setzte ihr eine Korpuskulartheorie entgegen, die auch dem Atomismus in der Anschauung des Lebens wieder zu Ansehen verhalf. Sennert bildete eine Reihe herausragender Mediziner aus, unter denen sich auch Weise befand, der selbst bald Privat-Collegia für angehende Mediziner halten konnte. Weises Studienzeit wurde von der Pest unterbrochen, so daß er zwischenzeitlich Böhmen und Schlesien bereiste und 1628 nach Wittenberg zurückkehrte, um zunächst den Grad des Lizentiaten med. (›cum Applausu totius collegii‹, vgl. Spener, 1693) zu erwerben. Nachdem Sennert ihn nach Berlin vermittelt hatte, kehrte Weise noch einmal zurück nach Wittenberg, um sich zum Dr. med. promovieren zu lassen (»welcher [der Titel Dr. med.] Ihm auch praesentation Sr. Churfürstlichen Durchlauchtigkeit zu Sachsen/ und anderer Reichs=Fürsten in der Schloß=Kirchen Solenniter conferieret worden«, vgl. Spener, 1693, S. 38). Zunächst als Arzt kaiserlicher und schwedischer Offiziere tätig, wurde er bald durch Levin von dem Knesebeck in den Dienst des Kurfürsten berufen. Die inzwischen vakant gewordene Professur von Johann Georg Pelshofer (1599 bis 1637) in Wittenberg eröffnete ihm die Aussicht auf den Lehrstuhl für Anatomie und Botanik, den er aber ablehnte, da er inzwischen bereits zum Hofmedikus avanciert war. Die ersten Jahre in diesem Amt war Weise vor allem als Feld- und Reisearzt des Hofes tätig, wobei ihm auch die Versorgung der Hofapotheke oblag (GStA Rep. IX, L 1, Fasc. 4, fol. 1: Anweisung vom 27. Sept. 1637). Als 1640 Kurfürst Friedrich Wilhelm die Regierungsgeschäfte übernahm, ließ er durch den Geh. Rat Sebastian Striepe Weise im Amt des Hofarztes bestätigen; hatte dieser ihn doch 1638 von einer gefährlichen Krankheit geheilt. Zu Weises Aufgabenbereich gehörte auch die Feststellung der Todesursache hoher Beamter und Angehöriger der kurfürstlichen Familie; so mußte er u. a. durch Obduktion feststellen, ob der plötzliche Tod des Markgrafen Ernst (1642) auf einer natürlichen Ursache beruhe.

Etwa bis Mitte der fünfziger Jahre begleitete Weise noch den Hof auf Reisen (1645 Begleiter des Hofes zur Bäderreise nach Karlsbad; 1651ff. Begleitung des Hofes nach Cleve, Holland, Brabant), dann fiel diese Aufgabe vor allem Christian → Mentzel zu. Weise galt nach einem von Martin Friedrich → Seidel geprägten Ausspruch als der »Märckische Hippokrates«, als erfolgreicher und angesehenster praktischer Arzt der Doppelresidenz Berlin-Cölln, der noch im Alter von 80 Jahren zum ersten Dekan des neuerrichteten »Collegium medicum« gewählt wurde (12. Nov. 1685) und 1688, obwohl bereits eremitiert, erneut als Hof=Medikus bestätigt wurde.

»Bey seiner so schweren Aufwartung und Praxi Medica, hat Er dennoch nicht unterlassen/ mit denen berühmtesten und vornehmsten Medici in und ausserhalb Teutschlands fleissig zu korrespondieren, wie solches die zum theil vorhandene Manuscripta, Observationes und Briefe bezeugen/ so er auch in werdenden seines hohen Alters und wenig Wochen für seinem Tode continuiret.« (Vgl. SPENER, 1693, S. 40f.) Unter dem bislang nicht entdeckten Nachlaß von Weise sollen sich nicht nur eine Sammlung lateinischer Gedichte (»Clio Brandenburgica«) und ein Aufsatz zur brandenburgischen Medizingeschichte (»de archiatris Brandenburgicis«) befunden haben, sondern auch sein Briefwechsel mit den Medizinprofessoren Johann Anton von der Linden (1609–1664, Leiden), Frans de la Boë Sylvius 1614–1672, Leiden), Moritz Hoffmann (1622–1698, Altdorf), Werner Rolfinck (1599–1673, Jena), Georg Franck von Franckenau (1644–1704, Heidelberg), Hermann Conring (1606–1681, Helmstedt), Anton Deusing (1612–1666, Groningen), Konrad Viktor Schneider (1614–1680, seit 1638 Prof. med. Wittenberg), sowie den oranischen Leibärzten Willem van der Straaten (1593–1681) und Rompf (BÖDIKER, 1693). [JS]

Werke

DISSERTATIO De Hypochondriaca affectione, Disputationis loco proposita, Ad cujus Articulos, CUM DEO, PRAESIDE DANIELE SENNERTO, D. Facult. Medicae Professore & Seniore, ac Sereniss. Elector. Saxon. Medico, IN ILLUSTRI ACADEMIA VVITTEBERGENSI, pro licentia summos in arte Medica bonores assumendi, Citra eruditionis praejudicium locati, Publice Respondebunt MARTINUS WEISIUS, Lubenâ-Lusatus. JOHANNES GEORGIUS LAURENTIUS, Luben-Lusat. JEREMIAS GIRNT, Glogâ-Silesius. ad diem 30. Octobris Horis ante & pomeridianis, In Auditorio majore. Wittebergae Typis Haeredum SALOMONIS AVERBACHII, Anno MDCXXVIII. (1a: Ja 89, 16).
Diss de febribus symptomaticis. [Wittenberg 1628]. (Seidel/Küster 1751).
THESES De MELANCHOLIA, Quas D. O. M. A. Amplißimi collegii Medici permißu SUB PRAESIDIO Viri Clarißimi ac Excellentißimi Dn. MARTINI WEISII, Medicinae Licentiati, Publicè liberalis exercitii gratiâ defendendas suscipit JACOB JOEL Koch/ In Auditorio Medicorum, horis matudinis. die 30. Martij. WITTEBERGAE, Typis AUGUSTI BORECK Acad. Typogr. ANNO MDCXXIX. (1a: Ja 89, 14; 14: Psychiatr. 22, LXII).
Epicedium. In: Elerdt, Nikolaus: Leichpredigt auf Georg Gutke, Rektor Gymnasium Berlin. Berlin: Georg Runge 1635. (LP StA Braunschweig Nr. 2096).
Epicedium. In: Elerdt, Nikolaus: Leichpredigt für Anna Maria Miser geb. Heyde. Berlin 1637. (LP StA Braunschweig Nr. 2295).
»Dum truculenta suos ponit Bellona furores …«. [Epithalamium für Martin Friedrich Seidel und Martha Sophia Kohl]. In: DEO OPTIMO MAX. AUSPICE ! Fautorum Amicorumque votivi applausus Conscripti, dum DNS. MARTINUS=FRIDERICUS SEIDEL, J. U. L. Serenissimi Electoris Brandenburgici Consiliarius & Consistorii Marchici Assessor Cum Virgine Nobili Cunctisque Sui Sexus Virtutibus Condecoratissima MARTHA SOPHIA, VIRI emeriti Domini ANDRÆÆ KOHLI, ICti Clarissimi & ProCancellarii Marchionatus

Brandenburgensis Natâ perdilectâ, Hilaria gamica celebraret, ANNO Post Christi Nativitatem 1649. 3. Non. Decemb. BEROLINI, CHARACTERE RUNGIANO. (1: Ms. Boruss. fol. 200, f. 91r).

Epicedium. In: FLEIUS AMICORUM, In luctuosissimum Obitum FOEMINÆ singulis sui sexus Virtutibus ac Dotibus Celeberrimæ MARTHÆ SOPHIÆ, ANDREÆ KOHLII, ICti & ViceCancellarii Marchici Filiæ, MARTINI FRIDRICI SEIDELII, Consiliarii Brandenburgici Uxoris singulariter dilectæ & eheu / primo Matrimonii anni unico filiolo relicto defunctæ. MORIENDUM. s. l. e. a. [Berlin 1650]. (1: Ms. Boruss. fol. 200, f. 108r).

»In fano prophano montis lætitiæ propè Clivos lmque f. Martinus Weisius D. Seren. El. Brand. Pers. Medicus.« [Epithalamium für Thomas Pankow und Catharina Berchelmann]. In: MISSUS POETICUS in Nuptiis auspicatissimis VIRI Excellentissimi Clarissimi atque Experientissimi DOMINI THOMÆ PANCOVII, DOCTORIS MEDICI, ET PRACTICI BERLINENSIS, cum VIRGINE Lectissimâ, virtutibusque Virgineis perquam conspicuâ CATHARINA, VIRI Amplissimi, Excellentissimi et Consultissimi, DN. JOHANNIS BERCHELMANNI, J. U. L. & Statuum provincialium in Electoratu Brandenb. cis Viadrum Syndici & Quæstoris fidelissimi, dilectissimâ FILIA, BEROLINI pridie Martini celebratis, Mensæ secundæ surrogatus à PATRONIS, PROPINQUIS, FAUTORIBUS, AMICIS. Literis RUNGIANIS. s. a. [1651]. (109: Slg. GK: Cg 144).

»Omnia in hoc mundo sunt lubrica …« [Epicedium]. In: Quistorp, Tobias: JESUS. Der seligsterbenden Erbschafft. Oder Was sich die Gläubigen in Todesnöthen/ und nach dem Tode freudig getrösten zu überkommen/ Bey Leichbestattung/ Des WolEhrwürdigen/ Vorachtbarn und Wolgelahrten Herrn/ Michaelis Sprewitzen/ Gewesen treufleißigen Pfarrherrn zu Storckow/ und der Benachtbarten Kirchen Inspectorio. Welcher im Jahr Christi 1605. am Fronleichnamstag zu Lübben in der NiederLausitz geboren/ und Anno 1652. den 4. Novembris in Christo selig verschieden: Vnd folgends den 12. ejusdem in Volckreicher Versammlung zu Storckow/ in der Kirchen begraben/ […]. BERLIN/ Gedruckt bey Christoff Runge. s. a. [1652]. (1: Ee 536, 7).

»Haec sunt signa bonae mentis sua commoda recte …«. [Epicedium zum Tod von Barbara Bötticher, geb. Grünicke]. In: Gedult und Trost Der Kinder GOttes in jhren Trübsalen/ Aus dem Propheten Micha/ am 7. Cap. Bey der Leichbegängniß Der weyland Erbarn und Ehren=Tugendreichen Frawen/ Barbara Grünicken/ Des Wol=Ehrenvesten/ Groß=Achtbarn/ und Hochgelahrten Herrn Otto Böttichers/ MED. DOCTORIS, Ihrer Churfürstl. Durchl. zu Brandenburg Eltisten Leib=Medici, gewesenen Hauß=Ehre/ Nach dem sie am 2. Januarii dieses Jahres sanft und selig verschieden/ und am folgenden 9. ten/ bey der Thumbkirchen zu Cölln an der Spree beerdiget worden/ In volckreicher Versamblung erkläret/ Durch D. JOHANNEM BERGIUM, Churfürstl. Brandenb. Eltisten Hoffprediger und Kirchen Rath. Zu Berlin gedruckt bey Christoff Runge/ im 1653. Jahre. (1: Ee 1485, 12).

Defunctus loquitur. [Epicedium]. In: CARMINA FAUTORUM ET AMICORUM in obitum eundem, ejusdem Piè defuncti; an: Der Klag in Reigen Verwandelung/ aus dem 30. Psalm Davids/ v. 11/12/13. Bey Hochansehnlicher Volckreicher Leichbestattung/ Des weyland WollEhrenvesten/ GroßAchtbarn und Hochgelahrten Herrn JOHANNIS Berchelmans/ Beyder Rechten Licentiati, und der Löblichen Landschafft wolbestalten Syndici und Rentmeisters/ welcher den 15. Junij Anno 1655. frühe ümb drey Vhr sanfft und selig im HErren entschlaffen/ und folgends darauf den 22. Junij in der Pfarr=Kirchen St. Marien begraben worden/ erkläret von M. PETRO Vher/ Probsten in Berlin. Daselbst Gedruckt bey Christoff Runge. (1: Ee 502, an 11).

Epicedium. In: Fromm, Andreas: Leichpredigt auf Joachim Schultze, kfl.-brdbg. Amtskammerrat. Berlin: Christoff Runge 1655. (LP StA Braunschweig Nr. 6099).

»In mundo peregrinus eram, verisque pererrans …«. [Epicedium zum Tod von Reichardt Dieter]. In: EPICEDIA In beatum Obitum. Nobilis, Amplißimi et Doctißimi DN. REICHARDI DIETERI: DUORUM LAUDATISSIMORUM ELECTORUM Brandenburgicorum Consiliarij meritissimi, A Fautoribus & Amicis Defuncti Scripta. Prov. 10 v. 7. Memoria Justi erit in Benedictionem. Typis RUNGIANIS. s. l. e. a. [Berlin 1656]. (1: Ee 507, 5).

Memoriae Liliana triga amicorum dedicabat. Coloniae Brandenburgicum. [um 1666]. (1: Xe 10546 ehem.).

»Tu nunc astra subis, tristi nos orbe relinquis …«. [Epicedium zum Tod von Otto Bötticher]. In: Lessus Lugubres In Obitum Amplißimi, Nobilißimi, Experientißimi, atq. Excellentißimi, DOMINI OTTONIS BOTTICHERI, Medicinarum Doctoris …, Serenissimi Electoris Brandenburgici Consiliarii & Archiatri Senioris, nec non Ecclesiastici & in Gymnasio Joachimico Scholastici Antistis, Viri incomparabilis &, dum viveret, rarae Eminentiae, deq. Aulâ & totâ Patriâ meritißimi, … Amicis & Fautoribus. Berolini, Typis Rungianis. M.DC.LXIII. (1: Ee 503, 14).

Carmina Amicorum. [Widmungsgedicht für Johann Sigismund Elsholtz]. In: Jo. Sig. Elsholtij,/ D. & Sereniss. Electoris Brandenburg. / Medici Ordinarii,/ CLYSMATICA/ NOVA:/ sive Ratio, qua in venam sectam/ medicamenta immitti possint, ut eodem/ modo, ac si per os assumta fuissent, ope-/ rentur: addita etiam omnibus seculis/ inaudita Sanguinis Trans-/ fusione. / Editio secunda,/ Variis experimentis per Germaniam, Angli-/ am, Gallias atque Italiam factis, nec non/ Iconibus aliquot illustrata. / COLONIAE BRANDENBURGICAE,/ Ex Officina GEORGI SCHULTZI,/ Typogr. Elector. / Impensis Danielis Reichelij, Biblopolae. / MDC LXVII. (14: 8 Chirurg 960).

Epicedium zum Tod von Georg Lilius. Cölln: Georg Schultze 1667. (LP StA Braunschweig Nr. 3736).

»Doctus & indoctus scribunt medicamina passim ...« [Widmungsgedicht für Th. Pankow]. In: THOMAE PANCOVII, D. SERENISSIMI ET POTENTISSIMI ELECTOR. BRANDENBURG. AULAE MEDICI, HERBARIUM, Oder Kräuter= und Gewächs=Buch/ Darinn so wol Einheimische als Außländische Kräuter zierlich und eigentlich abgebildet zufinden. Auff vielfältiges Begehren mit Fleiß übersehen/ und mit unterschiedlichen Kräutern nebst beygefügten Synonymis der berühmten Botanicorum vermehret/ auch die/ so in der Medicin gebräuchlich/ außführlicher erkläret und mit sonderlichen experimentis und observationibus der bewehrtesten Scribenten verbessert/ Durch BARTHOLOMAEUM ZORNN, D. Cölln an der Spree/ Druckts Georg Schultze/ Churfürstl. Brandenb. Buchdrucker auff dem Schlosse daselbst/ 1673. (11: Jo 73150).

»Ludit in arcanis Divina Potentia rebus ...«. [Widmungsgedicht für J. S. Elsholtz]. In: JO. SIG. ELSHOLTII DESTILLATORIA CURIOSA, sive Ratio ducendi liquores coloratos per alembicum, hactenus si non ignota, certe minus observata atque cognita. Accedunt UTIS UDENII & GUERNERI ROLFINCII NON-ENTIA CHYMICA. BEROLINI, Typis RUNGIANIS, Impensis RUPERTI VOLCHERI. A. MDCLXXIV. (11: 65 A 1901 R).

»EPITAPHIUM. Hie liegt Herr Buntebart! Was darff ich mehr anzeigen?«; »Tu verbo Medicus, coelesti Pharmaca quondam«. [Epitaph und Epicedium zum Tod von Johannes Buntebart]. In: EPICEDIA Quibus VIRI MAXIME REVERENDI, CLARISSIMI ET EXCELLENTISSIMI DN. M. JOHANNIS BUNTEBARTII, ELECTORALIS SYNEDRII ADSESSORIS, PASTORIS ECCLESIÆ PETRINÆ PRIMARII ET VICINARUM INSPECTORIS BENE MERITI, CHRISTI SERVI FIDELIS TUMULUS A Fautoribus, Clientibus et Liberis Honorabatur. s. l. 1674. (1a: Ag 923 R, 104).

»Non esse in Medico semper, relevetur ut æger, ...«. [Epicedium]. An: Ehren= Gedächtniß Deß Hoch=Edlen/ Groß=Achtbaren/ Hochgelahrt= und Hocherfahrnen Herrn/ Herrn Johann Sigismund Elßholtz/ Med. Doct. und Churfürstl. Brandenb. Hoff=Medici, Als derselbe den Lauff eines guten Medici glücklich und seelig vollendet/ Bey seiner Christ= und Standesmäßigen Leich=Bestattung/ am 4. Martii 1688. in Cölln an der Spree/ Dem seel. Herrn D. zu gutem Andencken/ den Leydtragenden zu einigem Trost/ Jn einer Abdanckungs= Rede/ Vorgestellet von JOHANNE BÖDIKERO, P. Gymn. Colon. Rectore. Cölln an der Spree/ Druckts Ulrich Liebpert/ Churfürstl. Brandenb. Hof=Buchdrucker. s. a. [1688]. (1a: At 1941, an 1; 14: H. Germ. biogr. 60, 120).

Nachlaß

Bemerkungen, die Krankheit des Kanzlers Andreas Kohl betreffend; [um 1650/51 ?]. (1: Ms. Boruss. fol. 198, f. 263r).

Literatur

BALDING, Johann Caspar: Schuldigste Trauer=Bezeugung/ Bey Hochansehnlicher Leichen=Begängnis Des Weyland Hoch=Edlen/ Vesten/ Hochgelahrten und Hocherfahrnen Herrn D. MARTINI Weisen/ Dreyer Durchlauchtigsten Churfürsten von Brandenburg Hochverdienten Rath/ und aeltesten Leib=Medici, auch des hochloeblichen Collegii Medici Hochansehnlichen Senioris, Als derselbe Den 16. Martii, im Jahr 1693. in den 88. Jahre seines Alters sanfft und seelig verblichen/ und den 25. Martii darauf zu seinem Ruhe Betlein in der Marien=Kirche zu Berlin bey hoher Personen Volckreicher Versamlung beygesetzet worden/ Wolte/ sein darüber schmertzlich bedrücktes Gemüth/ Dem seelig Verstorbenen zum schuldigen Nachruhm und Danckbarkeit/ der

Hochgeschätzten Familie aber zu seiner ferneren Empfehlung/ Demüthigs abstatten Johann Caspar Balding/ Berl. March. Berlin/ Gedruckt bey sel. David Salfelds Witwe. s. a. [1693]. (1: Ee 6012, 12); SPENER, Philipp Jacob: CHRISTI und seiner glaubigen genaue gemeinschafft in Todt und Leben/ Aus 2. Cor. IV, 10. Bey ansehnlicher Leich=Begängnüs Des Weiland Hoch=Edlen/ Hochgelehrten und Hocherfahrnen Herrn Martini Weisens/ Der Artzeney gewesten weitberühmten Doctoris, auch Hochverdienten Churfürstlichen Brandenburgischen Raths und ältisten (!) Leib=Medici, Als Dessen den 16. Mart. dieses 1693 Jahrs von der in die selige Ewigkeit eingegangenen Seele hinterlassener Leichnam den folgenden 25. Mart. in der Kirchen zu St. Mariae alhier zu Berlin zu seiner Ruhestat gebracht/ und mit Christlichen Ceremonien daselbst eingesencket wurde/ Der versamleten volckreichen Traurgemeinde Vorgestellet Von Philipp Jacob Spenern/ D. Churfürstl. Brandenb. Consist. Rath und Probsten zu Berlin. Berlin/ Gedruckt bey sel. David Salfelds Witwe. (1: Ee 633, 11); BÖDIKER, Johann: Der Brandenburgische Hippokrates/ Zu wolverdientem Ehren= Gedächtniß Des Weyland Hoch=Edlen/ Hochgelehrt= und Hocherfahrnen/ Herrn Martin Weisen/ Medicinae D. Churfürstlichen Brandenburgischen Rahts und ältesten Leib=Medici, Bey dessen standesmässigen Begräbniß Am 25. Martii 1693. In einer Stand=Rede und Abdanckung Beschrieben Von Johanne Bödikero, P. Gymnas. Colon. Rectore. (1: Ee 633, 11 angeb.); HORCH, Christoph: Beym Seeligen Hintritt aus diesem Zeitlichen Und Den 25. sten Martii, 1693. drauff erfolgten Beerdigung Des Weyland Hoch=Edlen/ Hochgelahrt= und Hoch=erfahrnen Herrn/ Herrn Martin Weisen/ Philosoph. & Medicin. Doctor. Sr. Churf. Durchl. zu Brandenb. Raths und ältesten Leib=Medici. Wolte seine Schuldigkeit hiedurch mitleident abstatten/ Christoff Horch, Philos. Chirurg. & Medicin. Doctor. Feld=Lazareth Medicus und Ober Chirurgus bey der Leib=Guardie zu Fuß. Berlin/ Gedruckt bey sel. David Salfelds Witwen. (1: Ee 6012, 6); ACTA MEDICORUM BEROLINENSIUM, Dec. II, Vol. III, p. 2–6. [1724]. [Vita Martin Weise]; KESTNER, Medicinisches Gelehrten-Lexicon, 1740, S. 911; SEIDEL/ KÜSTER, 1751; KÜSTER/ MÜLLER, 1737, I, 286, 473, III, 28, 283, 470, 473; MOEHSEN, J. C. W., 1771, Teil II, S. 144; KÖNIG, 1793, S. 295, 325, 388; WINAU, 1987, S. 13; GStA Rep. IX, L 1, Fasc. 4 und 8.

Westphal, Philipp

* Königsberg/ Preußen
† 1702 Cölln
Kantor, luth.
V N. N.
M N. N.
⚭ Anna Elisabeth geb. Walter (gest. 1686)
K –

1658 (oder 1663) Universität Königsberg
1667–1702 Kantor zu S. Petri in Cölln und am Cöllnischen Gymnasium

Philipp Westphal gehört zu jenen brandenburgischen Gelehrten, die in der Vergangenheit völlig in Vergessenheit gerieten. Informationen zu seinem Leben sind äußerst spärlich. Geboren wurde er im preußischen Königsberg, wo er auch die Universität besuchte. Allerdings weist die Matrikel zwei Eintragungen mit seinem Namen auf, einmal am 15. Nov. 1658 unter dem Rektorat des Theologieprofessors Christian Dreier (1610–1688), zum anderen am 29. April 1663 unter dem Rektorat von Georg Loth (dem Jüngeren), Professor für Medizin (ERLER, 1911/12, II, S. 10 u. 32; aus der Matrikel geht nicht hervor, ob es sich hier um zwei verschiedene Personen gleichen Namens handelt oder ob, wie zum Beispiel an der Universität Helmstedt üblich, der erste Eintrag die Deposition und der zweite die eigentliche Immatrikulation betrifft).

1667 wurde Westphal als Kantor nach Cölln berufen. Das Kantorat gehörte zur Kirche S. Petri; der Kantor war zugleich College am Cöllnischen Gymnasium. Er hatte den Musikunterricht zu erteilen, den Chor aufzustellen und einzuüben und den Kirchendienst mit seinen Aufwartungen zu besorgen. An den Sonn- und Feiertagen hatte der Schulchor während des Gottesdienstes zu singen. Der Kantor leitete den Gesang der Schüler zu Hochzeiten und Begräbnissen und auch das Kurrende-Singen, bei dem die Schüler langsam durch die Straßen zogen, die aus dem Gottesdienst bekannten Choräle sangen und an den Haustüren um milde Gaben baten.

Literarisch ist Westphal als Verfasser von zahlreichen Carmina in Erscheinung getreten, die in Gelegenheitsdrucken zu finden sind, mit denen sich das Cöllnische Lehrerkollegium an der in der kurbrandenburgischen Residenz blühenden Casualdichtung beteiligte. Von Westphal sind etwa 20 Gelegenheitsgedichte überliefert, die ausnahmslos in deutscher Sprache verfaßt und zum Teil mit Melodien unterlegt wurden. Zu den Adressaten seiner Casualia gehörten solch angesehene Persönlichkeiten wie die Cöllnischen Ratsherren Andreas Ideler (gest. 1675) und Christian Straßburg (gest. 1676), der Geheime Kriegssekretär Dietrich Butt (1631–1675) und der kfl.-brandenburgische Leibarzt Martin → Weise. Als Andreas Döring, der ehemalige Kammerdiener des Kurprinzen Karl Emil (1655–1674) und Kaufmann zu Cölln, 1693 starb, komponierte Westphal zur Beerdigung am 19. Nov. eine »Vocal- und Instrumental-Music«.

Westphal übte sein Amt 35 Jahre aus und starb 1702 in Cölln. Die Leichpredigt auf den langjährigen Cöllnischen Kantor ist nicht überliefert. Bereits 1686 war seine Ehefrau Anna Elisabeth geborene Walter gestorben, zu deren Beerdigung am 18. Aug. der Rektor des Cöllnischen Gymnasiums, Johannes → Bödiker, die Abdankung hielt.   [LN]

Werke

Traur=Trost= und Ehren=Zeilen/ Als der weyland Edle und Kunstreiche Herr Martin Donicke/ Churfürstl. Brandenb. Wolbestalter Reise=Apotecker/ nach aus gestandener langwüriger Kranckheit/ den 27. Septembr. des 1669. Jahres/ in hertzlicher Anruffung seines Erlösers/ sanfft und selig im Herrn entschlaffen/ und den 3. Octobr. in S. Peters=Kirchen zu Cölln an der Spree/ bey Volckreicher ansehnlicher Versamlung beerdiget worden/ Aus Christl. und dienstl. Schuldigkeit auffgesetzet von Guten Freunden. Cölln 1669 (1: an 12 in: Ee 507).

Epicedium für Ursula Maria Gericke geborene Burckhardt, Ehefrau von Bartholomaeus Gericke, kfl.-brand. Kammergerichtsadvokat. An: Buntebart, Johann: Leichpredigt für Ursula Maria Gericke geborene Burckhardt. Cölln 1672. (LP StA Braunschweig, Nr. 829).

Wunsch= und Ehren=Gedichte/ Herrn Joachimo Pauli/ S. S. Theol. Cand. und in der hochlöbl. Fruchtbringenden Teutschgesinneten Genossenschafft genannt Der Treffliche/ Als Er Jm Namen Gottes Mit Jungfer Maria Fahrenholtzen/ Des weyland Edlen/ WolEhrenvesten und GroßAchtbaren Herrn Hans Fahrenholtzen/ auff Summetholtz ErbHerrn/ nachgelassenen Jungfer Tochter Den 25. Febr. 1674. Ehelichen vertrawet ward/ Zu Ehren auffgesetzet und überreichet Von Seinen guten Freunden. Kölln an der Spree/ Drukkts Georg Schultze/ Churfürstl. Brandenb. Buchdr. Cölln 1674 (109: Slg. GK: Sch 1/79).

Letzte Schuldigkeit/ Welche Dem Edlen/ Wol=Ehrenvesten/ Groß=Achtbarn und Wolweisen Hn. Andreas Idelern/ Rahtsverwandten allhier in Cöln/ auff Grevendorff und Gussow etc. Erbherrn. Nach dem Er im Zwey und siebentzigsten Jahre seines Alters/ den 15. Maji/ dieses 1675. Jahres/ frühe zwischen 8. und 9. Uhr/ durch einen sannften Tod/ aus dieser mühseligen Welt abgefodert/ Am Tage seiner Beerdigung/ war der andere Tag in den H. Pfingsten/ Erwiesen Von Denen sämptlichen Herren Collegen des Cölnischen Gymnasii. (Vignette) Berlin/ Gedruckt bey Christoff Runge. Berlin 1675 (109: Slg. GK: Sch 1/82. 1).

Als der weiland WolEdle/ Vest und Hochgelahrte HERR Dietrich Butte/ Churfürstl. Brandenb. geheimter und Kriegs=Secretarius, Jm abgewichenen Monat Februariô, zu Rotenburg an der Tauber von dieser Welt abgeschieden/ Und dadurch Seine Eheliebste und Kinder/ nebst der ganzen werthen Familie, in grosse Betrübniß gesetzet hatte: Schrieben Derselben folgende Gedichte zu Trost Nachgesetzte mitleidende Freunde. s. l. e. a. [hs: 1675] (1a: 31 in: Ag 923 R).

Adjubilatio Votiva quâ Nuptias auspicatissimas VIRI Nobilissimi atque prudentia singulari spectatissimi Dn. ANDREÆ CHRISTIANI UDENI, Serenissimæ Electricis Brandenb. Secretarii Cameræ intimioris: Desponsatæque Nobilissimæ atque undiquaque ornatissimæ Virginis CATHARINÆ ELISABETHÆ VIRI Nobilissimi atque Consultissimi, Dn. Christiani StrasburgI, Cameræ. Elect. Brandenb. Advoc. inclytæque Reipubl. Coloniensis CONSULIS ut gravissimi ita meritissimi Filiæ lectissimæ, d. 22. Febr. A. O. R. 1676. celebratas excipiunt quidam Gymnasii Colon. Petrin. PRÆCEPTORES. Coloniæ Brandenburgicæ, Ex Officina Georgii Schultzii, Typogr. Elect. Cölln 1676 (1a: 103 in: Ag 923 R).

Epicedium für Christoph Peutzer (ohne Titelbatt; hs. unter dem 1. Beitrag: A. 1676. 31. Jan.: auf Christoph Peützern, Apotheker.) s. l. 1676 (1a: an 32 in: Ag 923 R; auch in 1: 16 in: Ee 527, ebenfalls ohne Titelblatt).

ÆTERNATURI HONORIS COLUMNA VIRO Quem luget Patria, desiderat Respubl. dolet Ecclesia, deflet Gymnasium, Nobilissimo, Amplissimo ac Consultissimo DN. CHRISTIANO STRASBURGIO, Jcto celeberrimo, ADVOCATO Cam. Elect. Brandenb. primario, & CONSULI Reipubl. Colon. p. t. REGENTI, ut gravissimo sic meritissimo, PATRONO suo, dum viveret, omni honoris cultu colendo, nunc proh! acerbe lugendo, D. XIII. Septemb. Anno 1676. piè defuncto, ipse humationis die d. XXIV.-br. Multis gemitibus nec paucioribus lacrymis erecta à Quibusdam Gymnasii Coloniensis-Petrini PRÆCEPTORIBUS. Coloniæ Brandenburgicæ, Typis GeorgI SchultzI, Electoral. Typogr. Cölln 1676 (1a: 105 in: Ag 923 R).

Letztes Ehren= und Denck=Mahl Auff das Selige Ableben Der Edlen/ VielEhr= und Tugendreichen Frn. Annen Catharinen Bruchmann/ Des WolEhrwürdigen etc. Herrn M. Andreas de Pawlowsky, Hiesiger St. Peters Kirchen wolverdienten Archidiaconi, Hertzgeliebten Hauß=Ehren/ Gesetzet mitleydig Von Etlichen des Cöllnischen Gymnasii Lehrern. d. 17. Februarii Anno 1676. Cölln an der Spree/ Druckts Georg Schultze/ Churfürstl. Brandenb. Cölln 1676 (1a: 34 in: Ag 923 R).

VERSA SCENA, TUMULI IN THALAMUM. Quam VIRI Plurimum REVERENDI atque Clarißimi DN. M. ANDREÆ de PAWLOWSKY, Coloniensis ad D. Petri Ecclesiæ ARCHI-DIACONI, iterum SPONSI, & Virginis Nobilißimæ atque Lectißimæ ROSINÆ SABINÆ NAFZERIANÆ, SPONSÆ, In Nuptiis die 12. Februarii, Anno M DC LXXVII. celebratis, Faustâ describunt acclamatione Quidam in GYMNASIO COLONIENSI DOCENTES. Coloniæ Brandenburgicæ, è Chalcographéo SCHULTZIANO.Cölln 1677 (1a: 98 in: Ag 923 R).

Glückliche Himmels=Jagt/ Wird nach seligen Absterben Des HochEdelgebohrnen/ Vesten und Mannhafften Herrn/ Hn. Hans Friederich von Oppen/ Sr. Churfürstl. Durchl. zu Brandenb. weiland wolbestalten Ober= Jägermeisters und Cammer=Herrn: Hauptmanns der Aempter Marienwalde/ Reetz/ Potstam und Sarmund/ etc. Erb=Herrn auff Fredersdorff und Radun/ etc. Als demselben am 23. Januar 1678. Standesmäßige Leich= Begängniß geschahe/ Zu letzten Ehren und schuldiger Dancksagung vorgestellet Von Etlichen Lehrern des Petrinischen GYMNASII in Cölln. Cölln an der Spree/ Druckts Georg Schultze/ Churf. Brandenb. Buchdr. 1678. Cölln 1678 (1a: 50 in: Ag 923 R).

Die schnelle Flucht des Lebens/ Wenn (Tit.) Herrn/ Herrn Thomas Schatten/ Churfürstl. Brand. weiland im Ampt Saarmund Amptschreibers/ Erblasster Leib eben hie am 14. Martii in Volckreicher Begleitung bestattet ward/ nach dem derselbe von der Seelen/ den 3. Februarii in diesem 1678. Jahr verlassen/ Beklaget Von Nachgesetzten Lehrern des Cöllnischen Gymnasii. Cölln an der Spree/ Druckts Georg Schultze/ Churf. Brandenb. Buchdr. 1678. Cölln 1678 (1a: 51 in: Ag 923 R).

Traur und Ehren=Zeilen/ Welche Auff den schmertzlichen Abschied Der nunmehr seeligen Frauen/ (Tit.) Frauen Jlsa Anna Tietzen genant Schlüterinn/ Des Weyland (Tit.) Herrn Johann Bosterhausen/ Fürstl. Braunschw. Lüneburgischen Hochverdienten Ambtmann zu Bardorff/ Hinterbliebenen Wittwen/ Als dieselbe Bey ansehnlicher Begleitung Am Tage Jhrer Beerdigung/ war der 28. Januarii dieses 1683sten Jahres/ in Jhrem Erb=Begräbnüß zu Cölln an der Spree/ beygesetzet ward/ Mitleydend abgefasset von Etlichen guten Freunden. Cölln an der Spree/ Druckts Georg Schultze/ Churfürstl. Brandenb. Hof=Buchdr. Cölln 1683 (1a: 70 in: Ag 923 R).

Letzte Ehren=Abstattung/ Welche Der Edlen/ Viel=Ehr und Tugendreichen Frauen Armgard Margaretha Dehnin/ Des Edlen/ Wohl=Ehrenvesten/ Vor=Achtbarn und Wohlbenahmten Hn. Christoph Strikkers/ Churfürstl. Brandenb. Müntz=Guardeins/ Bey Dero Christ=gebräuchlicher Beerdigung/ Am XIV. Trinit. war der 28. Aug. 1687. Abgestattet wurde. Cölln an der Spree/ Druckts Ulrich Liebpert/ Churf. Brandenb. Hoff=Buchdr. Cölln 1687 (1a: 77 in: Ag 923 R).

Tugend=Schmuck/ An dem Leben und Tode Der Tit. Frauen Benignen Lissowin/ Tit. Herrn Rudolph Naffzers/ Weyland vornehmen Kauff= und Handelsmanns/ wie auch Rahts=Verwandten in Cölln an der Spree/ Hinterlassenen Wittwen/ Bey ihrem ansehnlichen Leich=Begängnüß/ Am 28. Octobr. 1688. Der Seel. Frauen zu letzten Ehren/ den Leydtragenden zu einigem Trost/ mit der Feder etwas entworffen/ von Des Cöllnischen Gymnasii Lehrern. Cölln an der Spree/ Druckts Ulrich Liebpert/ Churfl. Brandenb. Hoff=Buchdr. Cölln 1688 (1a: 80 in: Ag 923 R).

Ehren=Schrift/ Herrn Gustavus Cassel/ Kauff= Und Handelsmann in Cölln/ Nunmehr Seeligem Zu gutem Gedächtniß zusammen getragen/ Und Bey Seiner Christlichen Leich=Begängniß Am 14. Julii 1689, Den Leydtragenden zum Trost Ubergeben Von Des Cöllnischen Gymnasii Lehrern. Cölln an der Spree/ Druckts Ulrich Liebpert/ Churf. Brandenb. Hof=Buchdr. Cölln 1689 (1a: 81 in: Ag 923 R).

Testimonium OPTIMO DISCIPULO, JUVENI ORNATISSIMO, Friderico Goetschio Anclam. Pomeran. Non ad Academiam, sed heu dolor! ad urnam abeunti d. 8. Decembr. 1689. manantibus lacrimis exaratum à Gymnasii Svevo-Coloniensis Præceptoribus. COLONIÆ BRANDENBURGICÆ, Typis ULRICI LIEBPERTI, Elect. Brand. Typogr. Cölln 1689 (1a: 95 in: Ag 923 R).

SYMPATHIA LACRIMABILIS dum Uxori Clarissimæ b. m. MARIÆ EHRENTRAUT NICOLAI. Vir Admodum Reverendus & Clarissimus Dn. JOAN. SCHINDLERUS, ad D. Nicol. Ecclesiastes, justa faceret Berolini, Die 2. Octob. Anno M.DC.LXXXIX. Exhibita A GYMNASII COLONIENSIS Collegis quibusdam. Typis Roberti Roger, Typogr. & Bibliopol. Elect. Brand. Cölln ? 1689 (109: Slg. GK: Sch 1/103; 1a: 94 in: Ag 923 R).

SYMPATHIAN in Funere lacrimabili Plurimùm Reverendi et Clarissimi Dn. Danielis Davidis Heimburgeri, Ecclesiæ Berlinensis ad S. Nicolai Archidiaconi meritissimi d. 16. Aug. 1691. Consolandæ familiæ Buntbartianæ collugentes exponunt GYMNASII COLONIENSIS COLLEGÆ. COLONIÆ BRANDENBURGICÆ, Imprimebat ULRICUS LIEPERTUS, Electoral. Typogr. Cölln 1691 (1a: 5 in: Ag 923 R).

Als Die Weyland Hoch=Edle/ Groß=Ehr= und Viel=Tugendreiche Frau/ Frau Loysa Maria/ gebohrne Rhewendtin/ Des Hoch=Edlen/ Vesten und Hochgelahrten Herrn/ Herrn GEORG CONRAD Wolffs/ Medicinæ Doctoris, Churfürstl. Brandenb. Hof=Medici und Practici, auch des Stiffts S. S. Petri & Pauli in Magdeburg Canonici, Liebwerthester Ehe=Schatz/ Am 21. Junii des 1691. Jahres/ in Jhre Ruhe=Kammer und Groß=Elterlichen Erb=Begräbniß in der St. Petri Kirchen zu Cölln an der Spree/ beygesetzet wurde/ Bezeigeten Jhr Christliches Mitleiden Nachgesetzte. Cölln an der Spree/ Gedruckt bey Ulrich Liebpert/ Churf. Brandenb. Hofbuchdr. Cölln 1691 (1a: 84 in: Ag 923 R).

MINYRISMATA MUSARUM in funere Nobilissimi, Plurimum Reverendi atque Amplissimi Viri DN. M. ANDREÆ de PAWLOWSKY, Archi-Diaconi meritissimi ad D. Petri Coloniæ, d. 6. Decembr. Anno 1691. Grata benevolentiæ recordatione expromta à Præceptoribus Gymnasii Colon. COLONIÆ BRANDENBURGICÆ, Typis Ulrici Liebperti, Electoral. Brandenb. Typogr. Cölln 1691 (1: an 3 in: Ee 526).

EPICEDIA In Virum Nobilissimum, Experientissimum Pietate Gravissimum DOM. MARTINUM WEISIUM, Medicinæ Doctorem Celeberrimum, Sereniissimi & Potentissimi Electoris Brand. & Domus Brandenburgicæ Archiatrum bene Meritissimum cum, placidissimâ morte defunctus, Ipsô Annunciationis Festô die 25. Martii, 1693. Solennissimè terræ mandaretur. Nonnullorum Gymnasii Colon. Collegarum. BEROLINI, Typis VIDUÆ SALVELDIANÆ. Berlin 1693 (1: 1 an 12b in: Ee 633; 1: Ee 6012–9).

Die abgeschiedene Seele Des Wol=Edlen/ Groß=Achtbahren und Hochbenahmten Herrn Andreas Dörings Sr. Chur=Printzl. Durchl. zu Brandenb. Herrn CAROLI ÆMILII, Höchstseligsten Andenckens/ Gewesenen Cammerdieners und Vornehmen Kauffmanns allhier/ Jst am 19. Novembr. 1693. des Abends Bey Beerdigung ihres Cörpers/ Der Hochbetrübten Frau Wittwen/ Wie auch Denen übrigen Anverwandten und Leidtragenden zum Trost/ Jn Einer traurigen Vocal- und Instrumental-Music, vor und nach der Stand=Rede/ Jn S. Peters Kirche zu Cölln an der Spree/ singend vorgestellet/ Und nach Erforderung aufgesetzet worden von PHILIPPO Westphal/ Cantore hieselbst. s. l. e. a. [Cölln 1693]. (1: an: 11 in: Ee 507).

Literatur

KÜSTER, 1731, S. 57; KÜSTER/ MÜLLER, 1752, II, S. 981; SACHS, 1908, S. 220; NOHL, 1903, S. 100.

Wilhelmi, Johann Gerlach

* 1636 Marburg
† 2. Nov. 1687 Cölln
Pädagoge, kfl. Bibliothekar, reform.
V N. N.
M N. N.
⚭ N. N.
K 8 Kinder

Schulbesuch in Bacharach
Universität Heidelberg
1665–1680 Rektor in Heidelberg
1680–1687 Rektor am Joachimsthalschen Gymnasium,
seit 1683 zugleich kfl.-brandenb. Bibliothekar

Johann Gerlach Wilhelmi wurde 1636 im hessischen Marburg geboren. Seine Kindheit und Jugend waren von den Wirren des Dreißigjährigen Krieges besonders geprägt, hatte doch der Marburger Erbfolgestreit das Land zu einem Kriegsschauplatz ersten Ranges werden lassen. Nach dem Tode des Landgrafen Ludwigs III. von Hessen-Marburg 1604 wurden die nunmehr verwaisten Besitzungen fast fünf Jahrzehnte Gegenstand erbitterter Auseinandersetzungen zwischen den testamentarischen Erben, die durch ihre konträre Parteinahme im Dreißigjährigen Krieg dem Land grauenhafte Zerstörungen brachten. 1609 war die Linie Hessen-Kassel der evangelischen Union beigetreten und hatte sich unter Landgraf Wilhelm V. zunächst mit den Schweden, später mit Frankreich verbündet. Hessen-Darmstadt dagegen nahm seit 1620 für den Kaiser Partei. Beendet wurde der Marburger Erbfolgestreit erst mit dem sogenannten Einigungsvertrag von 1648 zugunsten der Landgräfin Amalie Elisabeth von Hessen-Kassel.

Wegen der kriegerischen Unruhen hatte Wilhelmi bereits als zehnjähriger Knabe seine Heimat verlassen. Er wandte sich westwärts, zunächst in die Pfalz, wo er die Schule in Bacharach besuchte und sich an der Universität Heidelberg immatrikulierte (so Ludwig Heinrich Mieg in seiner Abdankungsrede auf den Verstorbenen 1687; allerdings verzeichnet die Heidelberger Universitätsmatrikel keinen entsprechenden Eintrag). Später setzte Wilhelmi seine Studien im heutigen Belgien fort. Aus diesen Wanderjahren stammt seine erste Schrift, die der nunmehr Siebzehnjährige 1653 ausgehen ließ. Sein »Epos in conventum Friderici Wilhelmi, Electori Brandenburgicae & Wilhelmi Landgravii Hassiae« ist nur durch den Kurztitel überliefert. Nach dem Dreißigjährigen Krieg suchte Hessen-Kassel im Streben nach größerem reichspolitischen Gewicht eine stärkere Annäherung an Kurbrandenburg. Landgraf Wilhelm VI. von Hessen (der Gerechte, 1629–1663) übernahm 1650 von seiner Mutter Amalie Elisabeth die Regierungsgeschäfte. Bereits am 19. Juli 1649 hatte er sich in Berlin mit Hedwig Sophie Prinzessin von Brandenburg, einer Schwester des Großen Kurfürsten, verehelicht. 1652 schloß sich Hessen-Kassel im Hildesheimer Bund mit Brandenburg und Schweden zusammen und förderte die Unionspläne des kurbrandenburgischen Ministers Graf Georg Friedrich von Waldeck (1620–1692).

Über jene, durch den Marburger Erbfolgestreit bedingten Jahre in der Fremde schrieb Wilhelmi später: »Versor jam, imo versatus per sedecim & quod excurrit annos extra patriam, unde funestissimus ille inter Caesareanos & Hassiae Landgrafios belli turbo me olim ceu naufragum ad peregrini littoris oras ejecerat, in quibus procella domi desoeviente, si non ut volui, saltem ut potui, in Palatinatu & postea in florentissimis Belgii Academiis ceu bonarum literarum celeberrimis emporiis vitam traduxi meam ...« (Tautz, 1925, S. 142) Diese Rückschau auf die Schul- und Universitätsjahre findet sich in der Vorrede zu seinen »Deliciae Demminenses« (1664), einer Lobschrift auf Demmin, das mit dem Westfälischen Frieden an Pommern gekommen war; Wilhelmi hatte sein Werk in eben dieser Stadt verfaßt, wo er als Hauslehrer die Söhne des Generals Mardefeldt unterrichtete. Leider sind auch Wilhelmis »Deliciae Demminenses« nicht erhalten geblieben. Das Werk erschien 1664 in Greifswald, wo Wilhelmi die jungen Mardefeldts auf die Universität begleitete. Die von ihm betreuten Zöglinge wurden schon am 4. Aug. 1654 unter dem Rektor und Professor medicinae, Johannes Heunius, als »nobiles fratres, pueri« in die Matrikel eingetragen (Friedländer, 1894, II, 60,25 bis 30; Wilhelmi selbst ist nicht erwähnt). Unter demselben Datum immatrikulierten sich auch die beiden Söhne des Demminer Propstes Johann von Essen. In Greifswald veröffentlichte Wilhelmi außerdem sein »Theatrum historicum, in quo ... omnia imperatorum in quatuor monarchiis nomina carmine heroico«, ein Heldengedicht über die Herrscher der vier Weltmonarchien. Bei diesem ebenfalls nicht erhalten gebliebenen Werk dürfte es sich mit großer Wahrscheinlichkeit um eine versifizierte Bearbeitung jenes berühmten Werkes »De quattuor summis imperiis libri tres« (Straßburg 1556) gehandelt haben, das der protestantische Geschichtsschreiber Johann Sleidan (1506–1556) kurz vor seinem Tode veröffentlichte. Sleidan erklärte die vier Weltmonarchien (Monarchia Babylonica, Monarchia Persica, Monarchia Græca et Monarchia Romana) mehr als Kirchen- denn als Weltgeschichte und betonte vor allem den Trug und die Unrechtmäßigkeit des Papsttums, welches gemeinsam mit den Türken das Menschengeschlecht bis zur Wiederkehr Christi plagen werde. Fast eineinhalb Jahrhunderte lang wurden nicht nur in Deutschland, sondern auch in der Schweiz, in England, Holland und Frankreich die Protestanten nach diesem Kompendium unterrichtet, das wiederholt kommentiert, bearbeitet und erweitert wurde. Schon 1572 veröffentlichte Wilhelm Holtzmann (Xylander, 1536–1576) Anmerkungen zu dem Werk, die der Heidelberger Arzt Theophil Mader (1541–1604) fortsetzte. Zu den wichtigeren Bearbeitungen im 17. Jahrhundert gehören die des lutherischen Kontroverstheologen Ägidius Strauch (1632–1682), dessen »Continuatio Joannis Sleidani« 1668 erschien und wiederholt aufgelegt wurde, und die des Wittenberger Geschichtsprofessors Konrad Samuel Schurtzfleisch (1641–1708), der das Werk um die Jahre 1669 bis 1676 ergänzte. Daß sich Wilhelmi auch später intensiv mit der Weltgeschichte auseinandersetzte, belegt seine 1682 erstmals veröffentlichte »HISTORIA UNIVERSALIS«, die nach eben derselben Einteilung der vier Monarchien gegliedert war.

Wann sich Wilhelmi zur reformierten Religion bekannte, geht aus den Quellen nicht hervor. Er mußte jedoch reformiert sein, um das Rektorat am Gymnasium zu Heidelberg zu erlangen, auf das er 1665 berufen wurde und 15 Jahre inne hatte. Aus seiner Heidelberger Wirksamkeit stammen vor allem für den Unterricht verfaßte Schriften, so ein »Lexicon prosometricum Latino-Graeco-Germanicum«, das 1673 in Mainz erschien und nach Wilhelmis Tod zwei Nachauflagen erlebte, ein Logik-Lehrbuch (1674) und eine Ausgabe mit Reden des athenischen Rhetoriklehrers Isokrates (1678), denen die bekannte Erziehungsschrift Plutarchs »De Paedagogia seu de Liberorum Institutione« beigefügt war.

1680 übernahm Wilhelmi das vakante Rektorat am Joachimsthalschen Gymnasium. In seiner Abdankung hob der Hofprediger Ludwig Heinrich Mieg (1662–1712) später hervor, daß Wilhelmi die Pfalz verließ, obwohl er alle Möglichkeiten des Aufstiegs gehabt habe. Doch er räumte ein, daß Wilhelmis Berufung nach Berlin kurz vor einer »merckwürdigen und betrübten Enderung« in der Pfalz erfolgt sei. Gemeint ist der Übergang der reformierten Kurpfalz nach dem Tode des Kurfürsten Karl (gest. 1685) an die katholische Linie Pfalz-Neuburg. Drei Jahre später fielen die Franzosen in die Pfalz ein, im Okt. 1688 wurde Heidelberg von französischen Truppen besetzt, die bei ihrem Abzug im folgenden Jahr das Schloß niederbrannten; bei der erneuten Erstürmung im Mai 1693 wurde die ganze Stadt in Schutt und Asche gelegt. Nicht ohne Grund zog Mieg, als er über Wilhelmis Weggang sprach, eine Parallele zum kurpfälzischen Theologen David Paraeus (1548–1622), der während des Dreißigjährigen Krieges kurz vor der Einnahme Heidelbergs im Sept. 1622 gestorben war und die Zerstörung der Stadt nicht mit hatte ansehen müssen.

Die Besetzung des Rektorats am Joachimsthalschen Gymnasium geschah in der Weise, daß der Kurfürst bei Erledigung desselben seine Räte aufforderte, sich nach einem geschickten und tüchtigen Rektor umzusehen. Nachdem die Räte ihre Berichte eingesandt hatten, erfolgte die Ernennung des neuen Rektors durch den Kurfürsten persönlich. Doch nicht immer gelang es, für das vakante Rektorat sofort einen Nachfolger zu finden. Der vormalige Rektor Johann → Vorstius war bereits 1676 verstorben; in den nächsten vier Jahren mußte Konrektor Gersom → Vechner die Leitung der Anstalt kommissarisch ausüben. Erst zum 31. Mai 1680 konnte Friedrich Wilhelm den neuen Rektor berufen. In der vom Kurfürsten erteilten Vokation Wilhelmis heißt es: »Wir ... bestellen [ihn], dergestalt und also, daß nachdem er sich allhier wird eingefunden haben, er dies officium antreten, uns getreu ... sein, die studierende Jugend nicht allein für sich in der rechten Erkenntnis und wahren Furcht Gottes, auch allen freien Künsten und Sprachen in den Stunden und lectionibus, so ihm von den ... zur inspection des Gymn. verordneten Räten angewiesen worden, getreulich informiren, des Gymn. Bestes und Aufnehmen möglichst suchen und befördern, sondern auch auf seine Collegen gute Achtung geben solle, daß sie dergleichen tun. ... Er soll auch gute Disciplin bey den Schülern halten ... und wenn Ärgernis oder Mängel einschleichen wollten, solches

Uns oder unsern Räten melden, und zu allem sich verhalten, als einem getreuen Rektor ansteht, eignet und geziemt.« (WETZEL, 1907, S. 377.)

Über Wilhelmis siebenjährige Tätigkeit als Rektor des Joachimsthalschen Gymnasiums ist nur wenig überliefert. Die Anstalt war nach ihrer Zerstörung im Dreißigjährigen Krieg 1650 in der kurbrandenburgischen Residenz wieder eingerichtet worden und hatte 1667 auch ein neues Gebäude bekommen. Doch Kurfürst Friedrich Wilhelm verfolgte noch lange die Absicht, die Schule wieder ins uckermärkische Joachimsthal, an den Ort ihrer einstigen Gründung im Jahre 1607, zurückzuverlegen. Auch die erneuten Verwüstungen dieses Landstriches infolge des schwedischen Einfalls 1675 konnten ihn nicht von dem Vorhaben abbringen; am 5. Juli 1680, Wilhelmi war bereits als neuer Rektor bestellt worden, schickte der Kurfürst Zimmerleute und Maurer nach Joachimsthal, die die vorhandenen Gebäude besichtigen und einen Kostenanschlag für die Wiedereinrichtung des Gymnasiums erstellen sollten. Erst 1685 ließ er den Plan endgültig fallen, zum einen wegen der beträchtlichen Kosten für die Wiederherstellung der stark verfallenen Gebäude, vor allem aber aus Rücksicht auf die reformierte Gemeinde in seiner Residenz, die das Joachimsthalsche Gymnasium als unverzichtbares Gegengewicht zu den beiden lutherischen Gymnasien in Berlin und Cölln betrachtete. Schließlich sah auch der Kurfürst ein, »daß nirgend in der Christenheit eine vornehme Kirche gefunden werde, welche nicht auch eine vornehme Schule ihrer Religion an der Hand haben sollte« (WETZEL, 1907, S. 25).

Im Sommer 1683 ersuchte Wilhelmi den Kurfürsten, ihm die Arbeiten des 1676 verstorbenen Rektors J. Vorstius in der kurfürstlichen Bibliothek zu übertragen, weil er sich auf diese Weise seinem Landesherrn für eine ihm gewährte Gehaltszulage dankbar erweisen wolle. Es war üblich, daß der Rektor des Joachimsthalschen Gymnasiums nach etwa zwei Jahren zugleich in das Amt eines kfl.-brandenburgischen Bibliothekars neben dem Hauptbibliothekar berufen wurde und dort einige Aufgaben, etwa die Anfertigung bestimmter Kataloge, zu erfüllen hatte. Dadurch erhielt der Rektor zugleich den für seine wissenschaftliche Arbeit notwendigen freien Zugang zu den Bibliotheksbeständen. Unter dem Datum des 20. Aug. erteilte Friedrich Wilhelm dem Gesuch Wilhelmis einen »gnädigen Bescheid« und befahl dem Bibliothekar Christoph Hendreich (1630 bis 1702), »dem Supplicanten einen Schlüßel zur Bibliothec zugeben, damit derselbe einen freyen aditum in Dero Bibliothec, gleich der verstorbener Rector Vorstius gehabt haben möge« (TAUTZ, 1925, S. 142; das Gesuch im Anhang Nr. 35). Wie sein Vorgänger bekam auch der neue Rektor den Titel eines kfl.-brandenburgischen Bibliothekars zuerkannt.

Bereits 1682 hatte Wilhelmi seine »HISTORIA UNIVERSALIS« veröffentlicht, »Jn welcher/ Jn kleinen Periodis oder Exercitiolis der Jugend das STUDIUM HISTORICUM wird vorgebildet/ zu dem Ende/ daß sie zugleich mit der Composition auch die vornehmsten Geschichte und Ordnung der Zeiten erlernen möge«. Die Schrift erschien 1696 nach Wilhelmis Tod in 2. Auflage unter dem Titel »UNIVERSAL-HISTORIE Jn kleine Periodos oder Exercitia eingetheilet, Umb der Jugend das STUDIUM HISTORICUM angenehme zu machen/ Wie auch zugleich mit der Composition die vornehmsten Geschichten und Wissenschafft der Länder/ sambt der Ordnung der Zeiten bey zu bringen«. Herausgeber war der Buchhändler Rupert Völcker, der seit 1660 ein Verlagsprivileg für Berlin hatte und seinen Kiosk am Schloßtor betrieb. In seiner Widmung an den Erb- und Kurprinzen Friedrich Wilhelm schrieb Völcker, daß diese Universalhistorie vor 14 Jahren von Wilhelmi durch Völckers Verlag herausgegeben wurde: »Nachdem nun das Buch an unterschiednen/ auch an frembten Ortern beliebet/ und die Exemplarien nach und nach alle distrahiret worden/ habe ich mich entschlossen/ selbiges abermahl/ und zwar biß auff itzige Zeiten continuiret/ aufflegen und drucken zu lassen.« (f. a3)

Wilhelmi hatte seine »HISTORIA UNIVERSALIS« nach dem bekannten Schema der vier Weltmonarchien eingerichtet. Er unterschied bei der Geschichtsbetrachtung zunächst zwischen der Zeit vor der Sintflut und nach der Sintflut; mit Noahs Söhnen habe sich das menschliche Geschlecht in verschiedene Völkerstämme aufgeteilt. Das babylonische Reich sei 131 Jahre nach der Sintflut durch König Nimrod als erste Monarchie gegründet worden; dieser folgten die persische und die griechische Monarchie, schließlich das Römische Reich als vierte Monarchie. Die Darstellung der letzteren nimmt den weitaus größten Umfang in Wilhelmis Universalgeschichte ein. Unterteilt in vier Perioden, enthält die erste die Zeit der römischen Kaiser von Julius Caesar bis Konstantin den Großen und außerdem einen Abriß der Geschichte Frankreichs; die zweite Periode beginnt mit Kaiser Konstantin und reicht bis zu Karl dem Großen, angeschlossen ist hier ein Abriß der Geschichte Spaniens. In der dritten Periode beschreibt Wilhelmi die Historie unter den abendländischen Kaisern von Karl dem Großen bis zu Rudolph von Habsburg sowie die dänische und schwedische Geschichte; in der vierten Periode schließlich wird die Zeit der deutschen Kaiser von Rudolph bis zur Gegenwart beschrieben und um einen Abriß zur Geschichte Englands, Schottlands und Irlands ergänzt. Ans Ende der 2. Auflage der »UNIVERSAL-HISTORIE« Wilhelmis hatte Völcker eine Fortsetzung der vierten Periode angeschlossen, »Darinnen kürtzlich erzählet wird/ was ferner unter der glorwürdigsten Regierung des Käysers LEOPOLDI, insonderheit in dem Türckischen und Frantzösischen Kriege vorgegangen/ vom Jahre 1678. biß auf das ietzt=lauffende 1696ste Jahr«; der Verfasser des letzten Teiles ist nicht angegeben.

Bereits die Erstausgabe von 1682 enthielt im 3. Teil des Buches einen »Appendix De Rebus Brandenburgicis«, der auf ca. 60 Seiten die geschichtliche Entwicklung Brandenburgs unter ihren Landesherren bis hin zum Kurfürsten Friedrich Wilhelm beschreibt. Darin abgedruckt ist auch ein lateinisches Epithalamium, das Wilhelmi zur Hochzeit des Markgrafen Ludwig von Brandenburg (1666–1687) mit Luise Charlotte Fürstin von Radziwill-Birze (1667–1695) am 7. Jan. 1681 verfaßte, damals als »Concept«, welches er nun mit in den Druck gab. In seinem Werkverzeichnis befinden sich darüber hinaus noch einige Drucke als Gelegenheitsgedichte für Mitglieder des Hauses Brandenburg, so Epicedia auf Elisabeth Henriette von Hessen-Kassel, die 1683 verstorbene erste Frau des Kurprinzen und späteren Königs Friedrichs I. von Preußen, auf Markgraf Ludwig von Brandenburg (1666–1687) sowie auf Friedrich August, einen Sohn des Kurprinzen Friedrich aus dessen zweiter Ehe mit Sophie Charlotte von Braunschweig-Lüneburg, der am 6. Okt. 1685 geboren wurde und wenige Wochen später am 31. Jan. 1686 bereits verstarb. Zur Geburt des Prinzen hatte der Rektor bereits ein Glückwunschgedicht verfaßt.

Zu erwähnen sind schließlich noch einige Widmungsgedichte, die für die Beziehungen Wilhelmis zu einigen angesehenen Personen des kurfürstlichen Hofes stehen. So verfaßte er Ehrengedichte für zwei Schriften des kfl.-brandenburgischen Hofmedikus und Hofbotanikus Johann Sigismund → Elsholtz, ein Widmungsgedicht für das vom Hofprediger Heinrich → Schmettau ins Deutsche übertragene Traktat vom Ursprung der Welt und der Menschen des Engländers Matthaeus Hale (1609–1676) sowie ein Ehrengedicht für das »SPECIMEN MEDICINAE SINICAE«, das der bekannte Sinologe und Arzt in Batavia, Andreas Cleyer (1634–1696), 1682 in Frankfurt a. M. herausgegeben hatte. Dem kfl.-brandenburgischen Geheimen Rat Franz von Meinders (1630–1695), seinem »Patron und Gönner«, widmete Wilhelmi seine 1685 veröffentlichte Abhandlung »STATUS ANIMÆ SEPARATÆ«; die Schrift enthält am Ende ein lateinisches Widmungsgedicht des Subrektors am Joachimsthalschen Gymnasium, Balthasar Mülner. Als Wilhelmi am 2. Nov. 1687 nach nur fünftägiger schwerer Krankheit im Alter von erst 51 Jahren in Cölln verstarb, hinterließ er eine Witwe und acht Kinder. In seiner drei Tage später gehaltenen Abdankungsrede auf den Verstorbenen rühmte Hofprediger Mieg dessen Gelehrsamkeit und Bescheidenheit: »Hat Er doch unsere Kinder so treulich gelehret/ war doch sein Wandel unter uns so exemplarisch/ sein Leben so still/ seine Gesellschafft so annehmlich/ seine Gespräch so erbaulich; Und welches rar/ Gelahrtheit und Demuth wohnten beysammen in Jhm wie zwo Schwestern; Sonsten heißt's/ Scientia inflat/ Wissenschafft blähet auf/ aber bey Jhm muß Salomons Betrachtung viel gegolten haben: Was ist's/ wann einer gleich hochberühmt ist/ so weiß man doch/ daß er ein Mensch/ ein sündlicher/ ein sterblicher Mensch ist.« (S. 8 nach eig. Pag.) [LN]

Werke

Epos in conventum Friderici Wilhelmi, Electori Brandenburgicae & Wilhelmi Landgravii Hassiae. s. l. 1653 (Tautz, 1925, S. 143).
Deliciae Demminenses seu similitudines morales proso-metricae … Greifswald 1664 (Tautz, 1925, S. 143).

Theatrum historicum, in quo ... omnia imperatorum in quatuor monarchiis nomina carmine heroico ... in brevi quasi tabella nunc delineantur ac repetuntur. Greifswald 1663 (Tautz, 1925, S. 143).

Lexicon prosometricum Latino-Graeco-Germanicum & Germanico-Latinum ... Mainz 1673. (Nachauflagen: Frankfurt a. M. 1689 und 1706) (Tautz, 1925, S. 143; Fritze, 1907, S. 3, u. d. T.: Lexicon latinum metroprosaicum. Frankfurt 1689).

COMPENDIUM LOGICVM ex Optimis ac præstantissimis Autoribus in proprios usus collectum, & in Juventutis gratiam Juris publici factum à JOHANNE GERLACO WILHELMI, Gymn. Heidelb. Rector. [Illustration]. HEIDELBERGÆ, Sumptibus JOHANNIS PETRI ZUBRODT. Academ. Bibliop. s. a. [Jahreszahl abgeschnitten]. Heidelberg 1674 (1a: an No 412; BIBLIOTHECA Carol Conr. ACHENBACH, 1728, S. 5; Tautz, 1925, S. 143, mit Angabe des Ausgabejahres).

Isocratis Orationes tres, I. Ad Demonicum. II. Ad Nicoclem. III. Nicocles. Cum Plutarchi libello De Paedagogia seu de Liberorum Institutione. Quibus accesserunt Pythagorae Carmina aurea, Et Phoclydae Poëma admonitorium. In hac ultima ed. in usum juventatis ... annotavit ... Joh. Gerlacus Wilhelmi, Gÿmn. Heidelb. Rect. ... Heidelbergae: J. P. Zubrodt 1678 (1: Vx 1986; Tautz, 1925, S. 143).

Epicedium beatissimis manibus ... Evae Sibyllae Stripiae, Domini Joh. Georgii Reinhardi, Consiliarii Elect. Brandenb. Jntimi &c. Viduae, natae 1623. 4. Dec., denatae 1680. 15. Nov. Coloniae ad Spream (1680:) Schultze. (1: Pb 10176 ehem.; Tautz, 1925, S. 143).

Hochzeitsgedicht für Prinz Ludwig von Brandenburg mit Luise Charlotte Fürstin von Radziwill-Birze (1681). In: UNIVERSAL-HISTORIE ... MONARCHIA TERTIA ... Cum BREVI ET SUCCINCTA HISTORIA omnium Electorum Brandenburgicorum ad Captum Juventutis ... Editio Secunda ... Appendix De Rebus Brandenburgicis. Berlin 1696, S. 159 (1a: Px 9046).

Widmung für Johann Sigismund Elsholtz. In: JOAN. SIGISM. ELSHOLTII De PHOSPHORIS OBSERVATIONES: Quarum Priores binae antea jam editae, Tertia vero prima nunc vice prodit. 1681. BEROLINI, LITERIS GEORGI SCHULTZI, Elect. Typogr. Berlin 1681 (14: Chemia 300, 30).

Widmungsgedicht für Johann Sigismund Elsholtz. In: Elsholtz, Johann Sigismund: DIAETETICON: Das ist/ Newes Tisch=Buch/ Oder Unterricht von Erhaltung guter Gesundheit durch eine ordentliche Diaet ... Cölln 1682 (1: 5–39 MA 4849).

Compendium logicum antiquo-novum in faciliorem juventutis institutionem, per quaestiones & responsiones exhibitum ... Add. sunt disputationes aliquot logicae. Berlin 1682 (Tautz, 1925, S. 144).

Widmungsgedicht für Andreas Cleyer. In: Cleyer, Andreas: SPECIMEN MEDICINAE SINICAE, sive OPUSCULA MEDICA ad Mentem SINESIUM. Frankfurt a. M. 1682 (Kraft, E., 1975a, S. 168).

HISTORIA UNIVERSALIS, Jn welcher/ Jn kleinen Periodis oder Exercitiolis der Jugend das STUDIUM HISTORICUM wird vorgebildet/ zu dem Ende/ daß sie zugleich mit der Composition auch die vornehmsten Geschichte und Ordnung der Zeiten erlernen möge/ Hierzu komt auch GRÆCIA ejusque ANTIQVITATES gleichfals in kleine periodos oder exercitiola abgetheilet/ auch zu dem Ende damit der Jugend zugleich durch die Composition RES GRÆCIÆ EX CHARTIS GEOGRAPHICIS mögen beygebracht werden. Addita est PRÆFATIO in qua Scopus AUTORIS plenius explicatur à JOHANNE GERLACO WILHELMI, Gymn. Joach. Rect. Cum Gratia et Privilegio Elect. Brand. BERLIN. Impensis RUPERTI Völckers/ Bibliopolæ. M DC LXXXII. Berlin 1682 (23: P 1334. 8° Helmst. [2]; 1: Px 8855 ehem.; Fritze, 1907, S. 3; Tautz, 1925, S. 144; Deutsche Drucke des Barock HAB, 1983, C 593); Teile 2–4 mit separatem Titel: SECUNDA MONARCHIA Quæ est PERSICA, In Breves periodos ad captum juventutis disposita. Die zweyte Monarchia Persarum, in Kleine Exercitia, zum Nutzen der Kleinen/ abgetheilet/ Hiezu kompt Ex Geographicis Sicilia, Italia, Corsica & Sardinia, In Breves etiam periodos ad captum juventutis distincta. à JOH. GERLACO WILHELMI. Cum Gratiâ & Privileg. Sereniss. Elect. Brandeb. Impensis RUPERTI VÖLCKERI, Bibliopolæ Berolinensis, M.DC.LXXXII. Berlin 1682. 8° (HAB: P 1334. 8° Helmst. [3]; Deutsche Drucke des Barock HAB, 1983, C 594); Teile 3 u. 4. Berlin 1682/83 (1: Px 8855 ehem.; Fritze, 1907, S. 3; Tautz, 1925, S. 144); 1686 (Küster, 1743, S. 350: Cum Appendix, ut vocatur de rebus Brandenburgicis, paginas 62 continens); JOH. GERLACH WILHELMI, Gymn. Joach. Rectoris, p. m. UNIVERSAL-HISTORIE Jn kleine Periodos oder Exercitia eingetheilet, Umb der Jugend das STUDIUM HISTORICUM angenehme zu machen/ Wie auch zugleich mit der Composition die vornehmsten Geschichten und Wissenschafft der Länder/ sambt der Ordnung der Zeiten bey zu bringen; Jnsonderheit aber Das alte Griechen=Land und dessen Antiqvitäten vorzustellen/ Mit einer Vorrede/ darinnen der Endzweck des AUTORIS deutlich erkläret wird/ Jetzund vermehret/

und biß auff gegenwärtiges 1696. Jahr continuiret, heraußgegeben. Cum Gratia & Privileg. Elect. Brandenb. Jn Verlag Rupert Völckers/ Buchhändlers in Berlin/ AN. M DC XCVI. Berlin 1696 (1a: Px 9046; der voluminöse Band trägt den Rückentitel: Wilhelmi Universalhistorie 1696); Teil 2–4 mit dem separaten Titelblättern: SECUNDA MONARCHIA Quae est PERSICA, In Breves periodos ad captum Juventutis disposita. Die Zweyte Monarchia Persarum, in Kleine Exercitia, zum Nutzen der Kleinen abgetheilet/ Hiezu kommpt EX GEOGRAPHICIS Sicilia, Italia, Corsica & Sardinia, in Breves etiam periodos ad captum juventutis distincta. à JOH. GERLACO WILHELMI. Cum Gratiâ & Privileg. Sereniss. Elect. Brandeb. Editio Secunda. Impensis RUPERTI VÖLCKERI, Bibliopolæ Berolinensis, M.DC.XCVI.; MONARCHIA TERTIA, In TAM BREVES PERIODOS disposita, Et Juniorum captui accommodata, ut Exercitiorum loco esse possint. Addita est HUIC TERTIÆ MONARCHIÆ Germania antiqvo-nova, Eodem modo repræsentata, Cum BREVI ET SUCCINCTA HISTORIA omnium Electorum Brandenburgicorum ad Captum Juventutis, à JOHANNE GERLACO WILHELMI, Gymnas. Joachimici Rectore. Cum Gratiâ & Privileg. Elect. Brandeb. Editio Secunda. BEROLINI, Impensis RUPERTI VÖLCKERI, Bibliopol. M DC XCVI. (angeschlossen ein: »Appendix De Rebus Brandenburgicis.«); (Teil 4 mit separaten Titeln für jede Periode:) MONARCHIÆ QVARTÆ Periodus prima, Jn welcher Jn kleinen Periodis der Jugend die Heidnischen Käyser von Julio Cæsare biß auff Constantinum M. den ersten Christlichen Käyser vorgetragen werden/ Zu dem Ende/ Daß sie zugleich mit der Composition auch die vornehmste Geschichte und Ordnung der Zeiten erlernen möge. Hierzu kommt auch GALLIA ANTIQVO-NOVA, Eben zu dem Ende in kleine Paragraphos abgetheilet. Omne tulit punctum, qui miscuit utile dulci. à JOH. GERLACO WILHELMI, Gymn. Elect. Joach. Rectore. Cum Gratiâ & Privileg. Elect. Brandeb. Editio Secunda. Impensis RUPERTI VÖLCKERI, Bibliopolæ Berolinensis, M DC. XCVI.; MONARCHIÆ QVARTÆ Periodus Secunda, Jn welchem Die Christliche Imperatores von Constantino M. biß auff Carolum M. Jn kleinen Periodis oder Exercitiis der Jugend mit den Synchronismis vorgetragen werden/ Zu dem Ende/ Daß sie zugleich mit der Composition auch die fürnehmste Geschichte und Ordnung der Zeiten erlernen möge. Hierzu kommt auch HISPANIA ANTIQVO-NOVA ejusque ANTIQVITATES, Auch zu dem Ende/ Damit der Jugend zugleich durch die Composition Res Hispaniæ ex mappis Geographicis mögen beygebracht werden. Von JOH. GERLACO WILHELMI, Gymn. Elect. Joach. Rectore. Cum Gratiâ & Privileg. Elect. Brandeb. Editio Secunda. Impensis RUPERTI VÖLCKERI, Bibliopolæ Berolinensis, M DC. XCVI.; MONARCHIÆ QVARTÆ PERIODUS TERTIA, Jn welchem Die Imperatores Occidentales der Teutschen von Carolo M. biß auf Rudolphum Habsburgensem ab Annum Christi 1273 mit den Synchronismis vorgestellet werden/ Zu dem Ende Damit die Jugend zugleich mit der Composition auch die vornehmste Geschichte und Ordnung der Zeiten erlernen möge. Hierzu komt auch Dännemarck und Schweden/ auch zu dem Ende/ Damit der Jugend zugleich durch die Composition dieser Länder ex mappis Geographicis mögen gewiesen werden. von JOHANNE GERLACO WILHELMI, Gymn. Elect. Joach. Rectore. Editio II. Cum Gratiâ & Privileg. Elect. Brandeb. BEROLINI, Impensis RUPERTI VÖLCKERI, Bibliop. M. DC. XCVI.; MONARCHIÆ QVARTÆ Periodus Qvarta, Jn welchem Die IMPERATORES GERMANI von Rudolpho Habsburgensi biß auff unsere Zeiten/ der Jugend in kleinen Periodis zugleich mit den Synchronismis vorgetragen werden/ Zu dem Ende/ Daß sie zugleich mit der Composition auch die fürnehmste Geschichte und Ordnung der Zeiten erlernen möge. Hierzu kommt auch Engelland/ Schottland und Jrrland/ Auch zu dem Ende/ Damit der Jugend zugleich mit der Composition dieser Länder ex mappis Geographicis mögen gewiesen werden. Von JOH. GERLACO WILHELMI, Gymn. Elect. Joach. Rectore. Cum Gratiâ & Privileg. Elect. Brandeb. Editio Secunda. Impensis RUPERTI VÖLCKERI, Bibliopolæ Berolinensis, M DC. XCVI.; (angeschlossen:) Universal-Historie Und Fortsetzung Des Vierdten PERIODI, Darinnen kürtzlich erzählet wird/ was ferner unter der glorwürdigsten Regierung des Käysers LEOPOLDI, insonderheit in dem Türckischen und Frantzösischen Kriege vorgegangen/ vom Jahre 1678. biß auf das ietzt=lauffende 1696ste Jahr. Jn vier DECADES abgetheilet. .

Klagelied des Durchläuchtigsten Wittwers an die Durchläuchtigste Selige über Dero frühzeitigen Abschied (und Trauer-Gedancken über den seligen Hintrit der Durchläuchtigsten Chur-Princessin Elisabethae Henriettae. s. l. 1683 (Tautz, 1925, S. 144).

Widmungsgedicht für Heinrich Schmettau. In: Heinrich Schmettau: Der Erste Anfang/ Oder das Ursprüngliche Herkommen/ Des Menschlichen Geschlechts/ Wie dasselbige aus dem Lichte der Natur erforschet/ und Vernunfft gemäß betrachtet und außgeführt Von dem Edlen königlichen Ritter/ Herrn MATTHAEUS HALE, weyland obersten Richter über gantz Engeland/ und Ober=Praesidenten der Königlichen Banck/ Erstlich in

Englischer Sprache beschrieben/ Anjetzo aber/ Auff Churfürstl. Brandenb. Befehl und Special Verordnung/ Sambt einer Vorrede Von dem Atheismo, In unserer HochTeutschen Sprache heraußgegeben worden/ Von/ Heinrich Schmettawen/ Churfürstl. Brandenb. Hoff=Predigern. Cölln an der Spree/ Druckts Georg Schultze/ Churfürstl. Brandenb. Hoff=Buchdrucker. ANNO M.DC.LXXXIII. Cölln 1683, S. 45.

Auff das Regen=Wetter bey dem Begräbniß Der Höchst seeligen Chur=Printzessin Elisabeth Henriette ... Von Joh. Gerlacus Wilhelmi, Gymn. Elect. Joachim. Rector. In: Christliche Leich=Predigt/ Sambt Etlichen anderen Klag= und Trost=Predigten und Schrifften Auff Den Fruezeitigen= jedoch höchst=seeligen Abscheid Der Weyland Durchlauchtigsten Fürstin und Frauen/ Frauen/ Elisabeth Henriette/ Marggräffin und Chur=Princessin zu Brandenburg/ in Preussen/ zu Magdeburg/ Jülich/ Cleve/ Berge/ Stettin/ Pommern/ der Cassuben und Wenden/ auch in Schlesien zu Crossen und Jägerndorff Hertzogin/ Burggräfin zu Nürnberg/ Gebohrnen Land=Gräffin zu Hessen/ Fürstin zu Halberstadt/ Minden und Cammin/ Gräffin zu der Marck und Ravensberg/ Frauen zu Ravenstein/ und der Lande Lauenburg und Bütow/ &c. &c. Welche im Jahr 1683, den 27. Juni/ 7. Juli, Mittwochs nach dem dritten Sonntage Trinitatis, umb 10. Uhr vor Mittage/ im zwey und zwantzigsten Jahre ihres Alters, allhier zu Cölln an der Spree/ auf dem Churfürstl. Schlosse/ seelig im Herrn entschlaffen/ und Deren Hochfürstl. Cörper Am 7./ 17. Novembris, Mittwochs nach dem 22. Sonntage Trinitatis in der Churfürstl. Schloß= und Thum=Kirche dasselbst Mit Hochfürstlichen Solennitäten in das Erbbegräbniß ist beygesetzet worden. Cölln an der Spree. Druckts Georg Schultze, Churfürstl. Brandenb. Hoff=Buchdr. Cölln 1683 (14: H. Boruss. 20).

Epicedium für den Geheimen Rat Karl Mieg. s. l. 1684 (Tautz, 1925, S. 143).

Serenissimis parentibus Friderico, Principi Electorali Brand., et Sophiae Charlottae ... de Friderico Augusto, principe primigenito gratulatur ... J. G. Wilhelmi. Cölln 1685 (Tautz, 1925, S. 144).

STATUS ANIMÆ SEPARATÆ, Ex LUMINE NATURALI succinctè & perspicuè In Gymnasio Electorali Joachimico propositus, à JOHANNE GERLACO WILHELMI RECTORE, & explicatius per quatuor sectiones ventilatus. COLONIÆ ad SPREAM, TYPIS B. GEORGII Schultzens VIDUÆ. Anno M. DC. LXXXV. Cölln 1685 (1a: 4 in: Bd 8603–18; Tautz, 1925, S. 144).

Epicedium für Anna Luise von Grumbkow. 1686 (1: 8 in: Ee 619).

Beatissimis manibus ... Friderici Augusti Marchionis Brand .... denati A. 1686 die 21. Jan. Cölln 1686 (Tautz, 1925, S. 144).

ELEGIACUM MEMORIÆ SERENISSIMI PRINCIPIS LUDOVICI, Marchionis Brandenburgici Sacrum. In: Klag= und Trost=Schrifften/ Wie auch Die Leich= und andere Trost Predigten Welche gehalten Worden/ Auff den frühzeitigen/ jedoch höchst=seeligen Abscheid Des Weyland Durchlauchtigsten Fürsten und Herrn/ Herrn Ludwig/ Marggraffen zu Brandenburg/ in Preussen/ zu Magdeburg/ Jülich/ Cleve/ Berge/ Stettin/ Pommern/ der Cassuben und Wenden/ auch in Schlesien zu Crossen und Schwiebus Hertzogen/ Burggrafen zu Nürnberg/ Fürsten zu Halberstadt/ Minden und Cammin/ Graffen zu Hohen=Zollern/ der Marck und Ravensberg/ Herrn zu Ravenstein/ und der Lande Lauenburg und Bütow/ etc. Der im Jahre 1687. den 28. Martiis/ 7. Aprilis am andern Oster=Tage/ umb 1 Uhr Nachmittage/ im zwantzigsten Jahre und Neunden Monden seines Alters/ zu Potsdam/ auff dem Churfürstl. Schlosse/ seelig im Herrn entschlaffen Und Dessen Hochfürstl. Körper In eben dem Jahre am 27. Aprilis/ 7. Maii Mittwochs nach dem Sonntage Cantate in der Churfürstl. Schloß= und Thum=Kirchen zu Cölln an der Spree Mit Hochfürstlichen Solennitäten in das Erb-Begräbniß ist beygesetzet worden. Cölln an der Spree/ Druckts Ulrich Liebpert/ Churfürstl. Brandenb. Hoff=Buchdr. Cölln 1687 (1: 9 in: St 7100a; Tautz, 1925, S. 144).

Nachlaß

Ad Ser. Pr. Electoralem Fridericum de condita nova Reformatae religionis aede in Cöpenica publica solennitate a. 1685 d. 6. Jan. consecrata MS. 1685 (Tautz, 1925, S. 144).

Literatur

MIEG, Ludwig Heinrich: Kläglicher Abgang Getreuer Schul=Lehrer An dem Exempel Des weyland Wol=Edlen und Hochgelehrten Herren JOH. GERLACI WILHELMI, Churfürstl. Brandenb. Wolbestallten Bibliothecarii und Rectoris des Joachimischen Gymnasii allhier. Als Derselbe Den 2. Novembr. dieses 1687sten Jahres in dem HErrn entschlaffen/ und den 5ten drauf zur Erden bestätiget worden. Jn einer kurtzen Abdanckungs=Rede vorgestellet/ von Ludwig Henrich Mieg/ V. D. M. Cölln an der Spree/ Druckts Ulrich Liebpert/ Churf. Brandenb. Hof=Buchdr. Cölln 1687 (1: 2 in: Ee 542); BECMANN, 1741, S. 457; KÜSTER/ MÜLLER, 1752, II, S. 923; OELRICHS, 1752, S. 142f.; DUNKEL, J. G. W., 1757, III, S. 884f.; SNETHLAGE: Kurze Übersicht der Geschichte des Königlichen Joachimsthalschen Gymnasiums. [Einladungsschrift zur öffentlichen Prüfung.] Berlin 1828; FRITZE, 1907, S. 3; WETZEL, Erich: Die Geschichte des Königl. Joachimsthalschen Gymnasiums 1607–1907. Festschrift zum dreihundertjährigen Jubiläum des Königl.-Joachimsthalschen Gymnasiums am 24. Aug. 1907, T. 1. Halle 1907; TAUTZ, 1925, S. 142–144 (mit einem Werkverzeichnis).

Anhang

Siglenverzeichnis

1	Staatsbibliothek zu Berlin – Preußischer Kulturbesitz, Haus 1	B 171	Märkisches Museum Berlin, Bibliothek
1a	Staatsbibliothek zu Berlin – Preußischer Kulturbesitz, Haus 2	B 177	Kammergericht Berlin, Bibliothek
		B 184	Verein für die Geschichte Berlins, Bibliothek
7	Niedersächsische Staats- und Universitätsbibliothek Göttingen	B 185	Landesgeschichtliche Vereinigung für die Mark Brandenburg e.V., Bibliothek
11	Humboldt-Universität zu Berlin, Universitätsbibliothek	B 201	Evangelische Kirche der Union, Kirchenkanzlei, Bibliothek
11/133	Humboldt-Universität zu Berlin, Universitätsbibliothek, Zweigbibliothek Theologie	B 215	Berlin-Bibliothek, Fachabteilung der Berliner Stadtbibliothek
14	Sächsische Landesbibliothek Dresden	B 496	Deutsches Historisches Museum GmbH, Zeughaus, Bibliothek
23	Herzog August Bibliothek Wolfenbüttel	B 724	Landesarchiv Berlin, Bibliothek
83	Technische Universität Berlin, Universitätsbibliothek	B 1511	Historische Kommission zu Berlin e.V., Bibliothek
109	Berliner Stadtbibliothek	B 2023	Konsistorium der Französischen Kirche, Hugenottenbibliothek
186	Landesbibliothek Potsdam	B 2223	Zentralbibliothek der Evangelischen Kirche in Berlin-Brandenburg
188	Freie Universität Berlin, Universitätsbibliothek	AFrD	Archiv der Französischen Kirche zu Berlin (im Französischen Dom)
188/806	Freie Universität Berlin, Fachbereich Germanistik, Germanisches Seminar, Bibliothek	BL	British Library (CD-ROM-Katalog)
188/869	Freie Universität Berlin, Fachbereich Philosophie und Sozialwissenschaften II, Institut für Evangelische Theologie, Bibliothek	GStA	Preußisches Geheimes Staatsarchiv Berlin-Dahlem
		KBJ	Krakow Biblioteka Jagiellonska
517	Universität Potsdam, Universitätsbibliothek	LBCo	Landesbibliothek Coburg
B 4	Berlin-Brandenburgische Akademie der Wissenschaften, Akademiebibliothek	SSB	SPANDOVIA SACRA. Museum der evangelischen Kirchengemeinde St. Nikolai Berlin-Spandau, Bibliothek
B 41	Geheimes Staatsarchiv Preußischer Kulturbesitz, Bibliothek		

Verzeichnis häufig benutzter Literatur

Achelius/ Börtzler, 1968:
Achelius, Th./ Börtzler, A. (Bearb.): Die Matrikeln des Gymnasium Illustre zu Bremen 1618–1810. Bremen 1968. (= Brem. Jahrbuch. Reihe 2, Bd. 3).

ACTA MEDICORUM BEROLINENSIUM [Vol., Jahr]:
Gohl, Johann Daniel (Hg): ACTA MEDICORUM BEROLINENSIUM, In Incrementum artis & Scientiarum Collecta & digesta. In Volumen Imum. BEROLINI, Apud GODOFREDUM GEDICKIUM, Bibliopol. s. a. [1717]. [Vol. II (1718), Vol. III (1718), Vol. IV (1719), Vol. V (1719), Vol. VI (1729), Vol. VII (1720), Vol. VIII (1721), Vol. IX (1721), Vol. X (1722); Dec. II, Vol. I (1723), Vol. II (1723), Vol. III (1724), Vol. V (1725), Vol. VI (1726)].

ADB, [Jahr], [Band]:
Allgemeine Deutsche Biographie auf Veranlassung und mit Unterstützung seiner Majestät des Königs von Bayern Maximilian II., hg. durch die historische Commission bei der Königlichen Akademie der Wissenschaften. Bd. I–LVI. Leipzig 1875–1912.

Archives Biographiques Françaises:
Archives Biographiques Françaises. Fusion dans un ordre alphabétique unique de 180 ouvrages de référence biographiques français publiés du XVIIe au XXe siecle. Rédactrice: Susan Bradley. Conseiller scientifique: Alfred Fierro. London, Paris, Munich, New York 1988.

Arnoldt, 1746:
D. Daniel Heinrich Arnoldts ausführliche und mit Urkunden versehene Historie der Königsbergischen Universität. Erster Theil. Königsberg 1746. Zweiter Theil, welchem eine Nachricht von dem Leben, und den Schriften hundert Preußischer Gelehrten angehängt ist. Königsberg 1746.

Bachmann, 1856:
Bachmann, Johann Friedrich: Zur Geschichte der Berliner Gesangbücher. Ein hymnologischer Beitrag. Berlin: Verlag von Wilhelm Schultze 1856. (Reprint Hildesheim/ New York 1970).

Bachmann, 1859:
Bachmann, Johann Friedrich: M. Michael Schirmer, Conrector am grauen Kloster zu Berlin, nach seinem Leben und Dichten. Nebst einem Anhange über die gleichzeitigen Berliner geistlichen Sänger: Nicolaus Elerdus, Georg Lilius, Johann Crüger, Christoph Runge, Burchard Wiesenmeyer, Johann Bercow, Gotthilf Treuer, Petrus Vher und Joachim Pauli. Berlin 1859.

Balthasar, [1723; 1725]:
Balthasar, Jacob Heinrich: Sammlung einiger zur Pommerischen Kirchen-Historie gehörigen Schriften. 2 Bde. Greifswald 1723–1725. (Bd. 2: Andere Sammlung Einiger zur Pommerischen Kirchen-Historie gehörige Schriften. Welche zur Erläuterung und Vermehrung der gedruckten Pommerischen Chronicken/ mit möglichsten Fleiß und Treue ... zum Druck befordert. Greifswald 1725).

Bautz, [Jahr], [Band]:
Biographisch-Bibliographisches Kirchenlexikon. Begründet und hg. von Friedrich Wilhelm Bautz. Fortgeführt [ab Bd. 2] von Traugott Bautz. Hamm 1976ff.

Beckmann, 1706:
CATALOGUS BIBLIOTHECAE PUBLICAE UNIVERSITAT. FRANCOFURTANAE, Edente JOH. CHRISTOPH. BECMANO. FRANCOFURTI AD VIADRUM, Impensis JEREMIAE SCHREY & JOH. CHRISTOPH. HARTMANN, Literis CHRISTOPHORI ZEITLERI. Anno Jubilaeo Universitatis Ildo, Christi MDCCVI.

Bellermann, 1825:
Bellermann, Johann Joachim: Das Graue Kloster in Berlin. Berlin 1825.

BIBLIOTHECA BRUNSENIANA, 1724:
BIBLIOTHECA BRUNSENIANA, h. e. Viri Praecellentissimi atque Literatissimi DOMINI PHIL. ANT. BRUNSENII, Sereniss. atque Potentiss. Borussor. Regis Bibliothecarii, dum viveret, integerrimi & fidelissimi Libris ut maximè Theologicis, sic insuper Historicis, Philologicis atque Philosophicis copiosissimè referta, Die XI Septembr. &c. in Muséo Süringiano cuilibet notissimô publicô Auctionis ritu praesenti pecuniâ distrahetur. Catalogus Ibidem gratis distribuetur Die VII Augusti. Bibliotheca autem omnibus perlustraturis patebit totô ante Auctionem Triduô. Dem Teutschen Leser. Des Tit. Seel. Herrn Phil. Anthon. Brunsenii, weil. Königl. Preuß. Bibliothecarii, hinterlassene Bibliothek, so aus einigen tausend guten Büchern bestehet, soll den XI. Septembr. dieses Jahrs, im Süringschen Bücher=Auctions=Logement verauctioniret, der Catalogus davon den VII Augusti jedermann ohne Entgeld mitgetheilet und die Bücher selbsten 3 gantze Nachmittage vor der Auction denen Herren Käuffern und Bücher=Freunden gezeiget werden. Berolini, Literais [sic] Joh. Grynaei, Boruss. Reg. Typogr. 1724.

BLC, 1979ff.:
The British Library General Catalogue of Printed Books to 1975. 1: A – ACHEB. London, München, New York 1979. [Vol. 2–360, 6 Suppl., 1979–1988].

British Biographical Archive:
British Biographical Archive: Series 2. A supplementary series gathered from 268 sources which both complements the material already published in the British Biographical Archive and extends the period covered to 1960. Microfiche Edition. Managing Editor: David Bank. Editior: Anthony Esposito. London, Munich, New York, Paris.

Bruckner, 1971:
A Bibliograhical Catalogue of Seventeenth-Century German Books PUBLISHED IN Holland BY J. Bruckner. The Hague, Paris 1971. (= Anglica Germanica, vol. XIII).

BSB-AK 1501–1840:
Bayerische Staatsbibliothek. Alphabetischer Katalog 1501–1840. BSB-AK 1501–1840. Bd. 1–60. München, London, New York 1987–1990.

BUH:
Bibliothèque Universelle et Historique 1686–1693. Amsterdam 1686–1693. (Reprint 1968).

Büsching, 1774:
Geschichte des Berlinschen Gymnasii im grauen Kloster, Nebst einer Einladung zum Jubelfest desselben, hg. von Seinem jetzigen Director D. Anton Friederich Büsching, Oberconsistorialrath. Berlin 1774.

CBN:
Catalogue général des livres imprimés de la Bibliothèque Nationale. Tome I–CCXXXI. Paris MDCCCCXXIV. [1897–1981].

DBA, 1982ff.:
Deutsches Biographisches Archiv. Eine Kumulation aus 254 der wichtigsten biographischen Nachschlagewerke für den deutschen Bereich bis zum Ausgang des 19. Jahrhunderts. Microfiche-Edition. Hg. von Bernd Fabian, bearb. unter der Leitung von Willy Gorzny. München 1982–1986.

DDL II, 1979ff.:
Die Deutsche Literatur. Biographisches und bibliographisches Lexikon. Reihe II. Die Deutsche Literatur

zwischen 1450 und 1620. Unter Mitarb. zahlreicher Fachgelehrter hg. von Hans-Gert Roloff. Abt. A: Autorenlexikon, Bd. 1ff.; Abt. B: Forschungsliteratur I, Lieferung 1ff., und II (Autoren), Lieferung 1ff. Bern u. a. 1979ff.

DDL III, 1987ff.:
Die Deutsche Literatur. Reihe III. Die Deutsche Literatur zwischen 1620 und 1720. Unter Mitarbeit zahlreicher Fachgelehrter hg. von Hans-Gert Roloff und Gerhard Spellerberg. Abt. B: Forschungsliteratur I, Lieferung 1ff. Bern u. a. 1987ff.

Deutsche Drucke des Barock [Jahr], [Band], [Nr.]:
Bircher, Martin(Hg.): Deutsche Drucke des Barock 1600–1720 in der Herzog August Bibliothek Wolfenbüttel. Abt. A, Bd. 1–9; Abt. B. Bd. 1–15; Abt. C, Bd. 1–6. Registerbd. Nendeln, München 1977ff.; 1988 fortgesetzt u. d. T.: Deutsche Drucke des Barock 1600–1720 in der Herzog August Bibliothek Wolfenbüttel. Begr. von Martin Bircher. Bearb. von Thomas Bürger.

Dinse, 1877:
Dinse, M.: Katalog der Bibliothek des Grauen Klosters zu Berlin. Berlin 1877.

Diterich, 1732:
Diterich, Martin: Berlinsche Kloster= und Schul=HISTORIE, Welche Die Stifftung und Merckwürdigkeiten des Franciscaner-Closters in Berlin/ die Aufrichtung des Gymnasii in demselben/ Jngleichen Die Rectores, Magistros und Schul=Collegen wie auch die sonderbahre Veränderungen und Begebenheiten Jm Schul=Wesen, Nebst beygefügten nützlichen/ die Unterweisung der Schul=Jugend betreffenden Erinnerungen und Vorschlägen, in sich fasset, Jm vormahligen Schul=Amt zusammen getragen und itzo zum Druck überlassen. Berlin 1732.

Döhn, 1988:
Döhn, Helga: Handschriften zur Geschichte Berlins und der Mark Brandenburg. Eine Auswahl aus den ›Manuscripta Borussica‹ der Deutschen Staatsbibliothek. Berlin 1988. (= Handschrifteninventare der Deutschen Staatsbibliothek, Bd. 11).

Döhn, 1990:
Döhn, Helga: Der Nachlaß Johann Karl Konrad Oelrichs. Berlin 1990. (= Handschrifteninventare der Deutschen Staatsbibliothek, Bd. 15).

Dünnhaupt, [Jahr], [Bd.]:
Dünnhaupt, Gerhard: Personalbibliographien zu den Drucken des Barock. Zweite, verbesserte und wesentlich vermehrte Auflage des Bibliographischen Handbuches der Barockliteratur. Stuttgart 1990ff.

Dunckel, [Jahr], [Bd.]:
Johann Gottlob Wilhelm Dunkels, Predigers des göttlichen Wortes im Hoch=Fürstl. Anhalt=Cöthnischen Amte Wulfen, zu Wulfen und Drosa, Historisch=Critische Nachrichten von verstorbenen Gelehrten und deren Schriften, Insonderheit aber Denenienigen, welche in der allerneuesten Ausgabe des Jöcherischen Allgemeinen Gelehrten=Lexicons entweder gäntzlich mit Stillschweigen übergangen, oder doch mangelhaft und unrichtig angeführt werden. Des Ersten Bandes Erster Theil. [Bd. 2 u. 3] Cöthen, In der Cörnerischen Buchhandlung. 1753[–1757] (Reprint Hildesheim 1968).

Du Rieu, 1875:
Du Rieu, Guillaume: ALBUM STUDIOSORUM ACADEMIAE LUGDUNO BATAVAE MDLXXV–MDCCCLXXV ACCEDUNT NOMINA CURATORUM ET PROFESSORUM PER EADEM SECULA. HAGAE MDCCCLXXV.

Erler, 1909:
Die jüngere Matrikel der Universität Leipzig 1559–1809. Im Auftrag der Königlich-Sächsischen Staatsregierung hg. von Georg Erler. [Bd. 2: 1634–1709; Bd. 3: Register]. Leipzig 1909. (Reprint Nendeln 1976).

Erler, 1910:
Die Matrikel der Albertus-Universität zu Königsberg i. Pr. Bd. I: Die Immatrikulationen von 1544 bis 1656. Hg.

von Georg Erler. Leipzig 1910. [Bd. II.: Die Immatrikulationen von 1657 bis 1829; Bd. III: Personenregister und Heimatverzeichnis. Leipzig 1911/12; 1917].

Ersch/ Gruber, [Jahr], [Teil]:
Allgemeine Encyclopädie der Wissenschaften und Künste in alphabetischer Folge von genannten Schriftstellern bearbeitet und herausgegeben von Johann Samuel Ersch und Johann Gottfried Gruber. Mit Kupfern und Charten. 3 Sectionen, 167 Tle. Leipzig 1818–1889.

Estermann, 1992/1993:
Estermann, Monika: Verzeichnis der gedruckten Briefe deutscher Autoren des 17. Jahrhunderts. Drucke zwischen 1600 und 1750. 4 Bde. Wiesbaden 1992/93. (= Repertorien zur Erforschung der frühen Neuzeit. Hg. von der Herzog August Bibliothek, Bd. 12).

Ferguson, 1906:
Ferguson, John: Bibliotheca Chemica: A catalogue of the alchemical, chemical and pharmaceutical books in the collection of the late James Young of Kelly and Durris, E.S.Q., LL. D., F.R.S., F.R.S.E. Vol I, II. Glasgow 1906.

Fischer, 1937:
Fischer, Otto: Die Pfarrer an der St. Nikolaikirche in Berlin seit der Reformation. Leipzig 1937.

Fischer, 1941:
Fischer, Otto (Bearb.): Evangelisches Pfarrerbuch für die Mark Brandenburg seit der Reformation. Hg. vom Brandenburgischen Provinzsynodalverband. Bd. 1: Verzeichnis der Pfarrer und Pfarrstellen. Bd. 2 und 3: Verzeichnis der Geistlichen in alphabetischer Reihenfolge. Berlin 1941.

Friedensburg, 1917:
Friedensburg, Walter: Geschichte der Universität Wittenberg. Halle 1917.

Friedländer, [1887; 1888; 1891]:
Friedländer, Ernst: Ältere Universitätsmatrikeln I. Universität Frankfurt a. O. Bd. 1: 1506–1648. Neudruck der Ausgabe 1887. Osnabrück 1965. Bd. 2: 1649–1811. Neudruck der Ausgabe 1888. Osnabrück 1965. Bd. 3: (Register). Neudruck der Ausgabe 1891. Osnabrück 1965. (= Publikationen aus den preußischen Staatsarchiven, Bd. 32, 34 u. 49).

Friedländer, [1893; 1894]:
Friedländer, Ernst: Aeltere Universitäts-Matrikeln II. Universität Greifswald. Bd. 1: 1456–1645. Leipzig 1893. Bd. 2: 1646–1700. Neudruck der Ausgabe Leipzig 1894. Osnabrück 1965. (= Publikationen aus den preußischen Staatsarchiven, Bd. 52 u. 57).

Fritze, 1907:
Fritze, Ernst: Biographisch-bibliographisches Verzeichnis der Lehrer des Joachimsthalschen Gymnasiums von der Gründung der Anstalt bis 1826. Programm von 1900; abgedruckt in: Festschrift zum 300jährigen Jubiläum des Königlichen Joachimsthalschen Gymnasiums am 24. August 1907. 2. Teil: Zur Statistik des Joachimsthalschen Gymnasiums (3. Beitrag, S. 1–20). Halle a. S. 1907.

Gebhardt, P. von, 1920:
Gebhardt, Peter von: Verzeichnis der Leichenpredigten und personengeschichtlicher Gelegenheitsschriften des 16. und 17. Jahrhunderts in der Universitätsbibliothek zu Leipzig. Leipzig 1920. (= Mitteilungen der Zentralstelle für Deutsche Personen= und Familiengeschichte e.V., 24/25).

Georgi, [Jahr], [Band]:
Georgi, Theophil: Allgemeines Europäisches Bücher-Lexicon, In welchem nach Ordnung des Dictionarii die allermeisten Autores oder Gattungen von Büchern zu finden, Welche sowohl von denen Patribus, Theologis derer dreyen Christlichen Haupt-Religionen, und darinnen sich befindlichen Sectirern; Als auch von denen Juris-Consultis, Medicis, Physicis, Philologis, Philosophis, Historicis, Geographiis, Criticis, Chymicis, Musicis, Arithmeticis, Mathematicis, Chirurgis und Autoribus Classicis, &c. &c. noch vor dem Anfange des XVI. Seculi bis 1739. inclus., und also in mehr als zweyhundert Jahren, in dem Europäischen Teile der Welt, sonderlich aber in Teutsch-

land, sind geschrieben und gedruckt worden ... in vier Theile abgetheilet. Leipzig 1742. Th. 1–5; Suppl. 1–3. Leipzig 1742–1758.

GkPB:
Gesamtkatalog der Preussischen Bibliotheken. Mit Nachweis des identischen Besitzes der Bayerischen Staatsbibliothek in München und der Nationalbibliothek in Wien. Hg. von der Preussischen Staatsbibliothek. I: A – Adveniat. Berlin 1931.

Gudopp, 1900; 1902:
Gudopp, Ernst: Dramatische Aufführungen auf Berliner Gymnasien im 17. Jahrhundert. Teil 1. Wissenschaftliche Beilage zum Jahresbericht des Leibnitz-Gymnasiums zu Berlin. Ostern 1900. Berlin 1900; (Schluß) Wissenschaftliche Beilage zum Jahresbericht des Leibnitz-Gymnasiums zu Berlin. Ostern 1902. Berlin 1902.

GV, 1979ff.:
Gesamtverzeichnis des deutschsprachigen Schrifttums (GV). 1700–1910. Bearbeitet unter der Leitung von Hilmar Schmuck und Willi Gorzny. Bibliographische und redaktionelle Beratung: Hans Popst und Rainer Schöller. Bd. 1–160. München, New York, London, Paris 1979ff.

Heidemann, 1874:
Heidemann, Julius: Geschichte des Grauen Klosters zu Berlin. Berlin 1874.

Heinsius, [Jahr], [Band]:
Heinsius, Wilhelm: Allgemeines Bücher-Lexikon oder vollständiges alphabetisches Verzeichniß der von 1700 bis zu Ende 1810 erschienenen Bücher, welche in Deutschland und in den durch Sprache und Literatur damit verwandten Ländern gedruckt worden sind. Nebst Angabe der Druckorte, der Verleger und der Preise. Neue umgearbeitete, verbesserte und vermehrte Auflage. 4 Bde. Leipzig 1812–1813.

Hering, [1784; 1785], [I; II]:
Hering, Daniel Heinrich: Beiträge zur Geschichte der evangelisch-reformierten Kirche in den brandenburgisch-preußischen Ländern. 2 Tle. Breslau 1784/85.

Hering, [1786; 1787], [I; II]:
Hering, Daniel Heinrich: Neue Beiträge zur Geschichte der reformierten Kirche in den brandenburgisch-preußischen Ländern. 2 Tle. Breslau 1786/87.

Heyne, 1939:
Heyne, Marga: Das dichterische Schrifttum der Mark Brandenburg bis 1700. Potsdam 1939. (= Brandenburgische Jahrbücher, Bd. 13).

Hillebrand, 1981:
Hillebrand, Werner: Die Matrikel der Universität Helmstedt 1636 bis 1685. Hildesheim 1981.

Hofmeister, [Jahr]:
Hofmeister, Adolph: Die Matrikel der Universität Rostock, I: 1419–1499, Rostock 1889, II: 1499–1611, Rostock 1891, III: 1611–1694, Rostock 1895, IV: 1694–1789 und Anhang: Die Matrikel der Universität Bützow 1760 bis 1789, Rostock 1904, V: 1789 – 30. Juni 1831, bearbeitet von Ernst Schäfer, Schwerin 1912, VI: Personen- und Ortsregister A–O, Schwerin 1919, VII: Personen- und Ortsregister P–Z und Anhang: Sachregister, Schwerin 1922.

Jauernig/ Steiger, 1977:
Jauernig, Reinhold (Hg.): Die Matrikel der Universität Jena. Bd. II: 1652 bis 1723. Bearb. von Reinhold Jauernig, weitergeführt von Marga Steiger. Weimar 1977.

Jöcher, [Jahr], [Band]:
Jöcher, Christian Gottlieb: Allgemeines Gelehrten=Lexicon, Darinne die Gelehrten aller Stände sowohl männ= als weiblichen Geschlechts, welche von Anfange der Welt bis auf ietzige Zeit gelebet, und sich der gelehrten Welt bekannt gemacht, Nach ihrer Geburt, Leben, merckwürdigen Geschichten, Absterben und Schrifften aus den glaubwürdigsten Scribenten in alphabetischer Ordnung beschrieben werden. Bd. I–IV. Leipzig 1750–1754.

Jöcher/ Adelung, [Jahr], [Band]:
Jöcher, Christian Gottlieb/ Adelung, Johann Christoph: Fortsetzung und Ergänzungen zu Christian Gottlieb Jöchers allgemeinem Gelehrten=Lexico, worin die Schriftsteller aller Stände nach ihren vornehmsten Lebensumständen und Schriften beschrieben werden. Bd. 1–7. Leipzig 1784–1897.

Jördens, [Jahr], [Band]:
Jördens, Karl Heinrich: Lexikon deutscher Dichter und Prosaisten. Bd. I–VI. Leipzig 1806–1811.

Katalog Braunschweig 1500–1750:
Stadtbibliothek Braunschweig. Alphabetischer Katalog. Cammansche- und Ministerialbibliothek (ca. 1500–1750). Braunschweig 1981.

Kemp, 1975:
Kemp, Friedhelm (Hg.): Paul Gerhardt. Geistliche Andachten. [1667]. Samt den übrigen Liedern und den lateinischen Gedichten. Mit einem Beitrag von Walter Blankenburg. Bern und München 1975.

Klewitz/Ebel, 1898:
Klewitz, Ernst/ Ebel, Karl (Hg.): Die Matrikel der Universität Gießen 1608–1707. Gießen 1898.

Knod, 1897:
Die alten Matrikeln der Universität Strassburg 1621 bis 1793. Bearbeitet von Gustav C. Knod. 3 Bde. Strassburg 1897–1902. (Reprint Nendeln 1976).

Koch, [Jahr], [Band]:
Koch, Eduard Emil: Geschichte des Kirchenlieds und Kirchengesangs der christlichen, insbesondere der deutschen evangelischen Kirche. 3. Aufl. 8 Bde. 1868–1876. (1. Aufl. 4 Bde. Stuttgart 1852/53).

König, 1792–1799:
König, Anton Balthasar: Versuch einer historischen Schilderung der Hauptveränderungen, der Religion, Sitten ... in der Residentzstadt Berlin seit den ältesten Zeiten ... 5 Tle. Berlin 1792–1799.

Kross, 1989:
Kross, Siegfried: Geschichte des deutschen Liedes. Darmstadt 1989.

Küster, 1731:
Küster, Georg Gottfried: Memorabilia Coloniensia. Leipzig 1731.

Küster, 1731a:
Küster, Georg Gottfried: Collectio Opvscvlorvm Historiam Marchiam illvstrantivm ... Berlin 1731.

Küster/ Müller [Jahr], [Band]:
Küster, Georg Gottfried/ Müller, Johann Christoph: Altes und Neues Berlin. Das ist: Vollständige Nachricht von der Stadt Berlin, derselben Erbauern, Lage, Kirchen, Gymnasiis; ingleichen von den Königlichen, und andern öffentlichen Gebaeuden; dem Rath=Hause, dessen, und der Bürgerschafft Güetern, Vorrechten, Privilegiis und andern das Policey= und Stadt=Wesen betreffenden Sachen. Wobey dasjenige, so in Krieges= und Friedens=Zeiten von Anno 1106. biß itzo in hiesigen Residentzien merckwuerdiges vorgegangen, aus Diplomatibus, guten und zuverlaeßigen, theils auch archivischen Nachrichten und den besten Autoribus erzehlet wird. In fünff Theile verfasset, Mit Kupffern gezieret, und nöthigen Registern versehen. 1. Teil. Berlin 1737, 2. Teil Berlin 1752.

Küster, 1740–1762, Specimen [Nr.] [Jahr]:
Q. D. B. V. MARCHIAE LITTERATAE SPECIMEN PRIMVM QVO PRAEMISSO NOVI CANTORES ET COLLEGAE IN GYMNASIO FRIDRICIANO INAVGVRATIONEM DIE XXIII. MAII MDCCXL HORA X. AVDITA RITE INSTITVENDAM INDICIT GEORGIVS GOTHOFREDVS KVSTERVS GYMN. FRID. RECTOR ET REGIAE SOCIET. SCIENTIARVM COLLEGA. BEROLINI LITTERIS CHRISTIANI ALBERTI GAEBERTI TYPOGRAPHI AVLICI. [SPECIMEN II–XXII; 1740–1762].

Küster, 1743:
BIBLIOTHECA HISTORICA BRANDENBURGICA SCRIPTORES RERVM BRANDENBVRGICARVM

MAXIME MARCHICARVM EXHIBENS IN SVAS CLASSES DISTRIBVTA ET DVPLICI INDICE INSTRVCTA A GEORGIO GOTHOFRED. KÜSTERO GYMN. FRIDR. RECT. ET REG. SOCIET. SCIENTIAR. COLLEGA. VRATISLAVIAE. SVMPTU IO. IACOBI KORNII, 1743.

Küster, 1768:
ACCESSIONES AD BIBLIOTHECAM HISTORICAM BRANDENBVRGICAM SCRIPTORES RERVM BRANDENBVRGICARVM MAXIME MARCHICARVM EXHIBENTEM INQVE SVAS CLASSES DISTRIBVTAM EDIDIT ET INDICE AVCTORVM ET RERVM INSTRVXIT GEORGIVS GOTHOFREDVS KÜSTERVS GYMNASII FRIDRIC. RECTOR ET ACADEMIAE REGIAE SCIENTIARVM COLLEGA. BEROLINI SVMTIBVS AVCTORIS 1768.

Laminski, 1990:
Laminski, Adolf: Die Kirchenbibliotheken zu St. Nicolai und St. Marien. Ein Beitrag zur Berliner Bibliotheksgeschichte. Leipzig 1990.

Langbecker, 1841:
Langbecker, Emanuel Christian Gottlob: Leben und Lieder von Paulus Gerhardt. Berlin 1841.

Leichenpredigten Franckesche Stiftungen Halle, 1975:
Leichenpredigten in der Hauptbibliothek der Franckeschen Stiftungen zu Halle. Halle 1975.

Leichenpredigten Liegnitz, 1938:
Katalog der Leichenpredigten=Sammlungen der Peter=Paul=Kirchenbibliothek und anderer Bibliotheken in Liegnitz. Marktschellenberg 1938–1941.

Leichenpredigten Stolberg, 1928–1935:
Katalog der fürstlich Stolberg-Stolberg'schen Leichenpredigten-Sammlung. Hg. von Friedrich Wecken und Werner Konstantin von Arnswald. 4 Bde. in 5. Leipzig 1928–1935.

LP StA Braunschweig Nr.:
Früh, Gustav/ Goedeke, Hans/ Wilckens, Hans-Jürgen von (Hg.): Die Leichenpredigten des Stadtarchivs Braunschweig. 1–10. Hannover 1976–1985. (= Niedersächsischer Landesverein für Familienkunde, Sonderveröffentlichung 14).

LThK, [Jahr] [Band]:
Lexikon für Theologie und Kirche. 2., völlig neubearb. Aufl. Hg. von Josef Höfer und Karl Rahner. Bd. 1–10. Freiburg 1957–1965. Registerband, Freiburg 1967. Erg.-Bd. 1–3. Freiburg 1966–1968.

Matrikel Franeker, 1973:
Album promotorum Academiae Franekerensis (1591–1811). Franeker 1973.

Matrikel Groningen, 1915:
ALBUM STUDIOSORUM ACADEMIAE GRONINGANAE UITGEGEVEN DOOR HET HISTORISCH GENOTSCHAP TE GRONINGEN. Groningae 1915.

Mauermann, 1909:
Mauermann, Siegfried: Die Geschichte des Grauen Klosters zu Berlin. Berlin 1909.

Meinardus, 1889ff.:
Meinardus, Otto (Bearb.): Protokolle und Relationen des Brandenburgischen Geheimen Rates aus der Zeit des Kurfürsten Friedrich Wilhelm. Bd. 1–7. Leipzig 1889ff. (= Publikationen aus den Kgl. Preußischen Staatsarchiven).

Mentz/ Jauernig, 1944:
Mentz, Georg/ Jauernig, Reinhold (Hg.): Die Matrikel der Universität Jena. Bd. I: 1548–1652. Bearbeitet von Georg Mentz in Verbindung mit Reinhold Jauernig. Jena 1944.

Merbach, 1916:
Merbach, Paul Alfred: Literaturgeschichtliche Entwicklung der Provinz Brandenburg. In: Landeskunde der Provinz Brandenburg. Bd. 4. Berlin 1916, S. 195–367.

Michaud, [Jahr], [Band]:
Michaud, J. Fr.: Biographie UNIVERSELLE (Michaud) ANCIENNE ET MODERNE, OU HISTOIRE, PAR ORDRE ALPHABETETIQUE, DE LA VIE PUBLIQUE ET PRIVEE DE TOUS LES HOMMES QUI SE SONT FAIT REMARQUER PAR LEURS ECRITS, LEURS ACTIONS, LEURS TALENTS, LEURS VERTUS OU LEURS CRIMES. NOUVELLE EDITION, REVUE, CORRIGEE ET CONSIDERABLEMENT AUGMENTEE D'ARTICLES OMIS OU NOUVEAUX OUVRAGE REDIGE PAR UNE SOCIETE DE GENS DE LETTRES ET DE SAVANTS. Paris 1854–1865. Bd. I–XLV. Nouvelle edition. Paris 1843–1865.

NDB, [Jahr], [Band]:
Neue Deutsche Biographie. Hg. von der Historischen Kommission bei der Bayerischen Akademie der Wissenschaften. Bd. 1ff. Berlin 1953ff.

Neumeister, 1695:
Neumeister, Erdmann: SPECIMEN DISSERTATIONIS Historico-Criticae DE POETIS GERMANICIS hujus seculi praecipuis, In Academia quadam celeberrima publice ventilatum a M. E. N. (1695).

Nohl, 1903:
Nohl, Hermann: Die Leichenpredigten der Bibliothek des grauen Klosters. Sonderdruck aus: Herold. Vierteljahresschrift für Wappen-, Siegel- und Familienkunde 30 (1903), H. 2, S. 191–291.

Oelrichs, 1752:
Oelrichs, Johann Carl Conrad: Entwurf einer Geschichte der königlichen Bibliothek zu Berlin. Berlin, bey Ambrosius Hauden und J. C. Spenern, Königl. und der Acad. der Wissensch. Buchh. 1752.

Raumer, 1870:
Raumer, R. von: Geschichte der germanischen Philologie vorzugsweise in Deutschland. Auf Veranlassung und mit Unterstützung Seiner Majestät des Königs von Bayern Maximilian II., hg. durch die historische Commission bei der Königl. Academie der Wissenschaften in Deutschland, IX, Neuere Zeit. München 1870.

RBF, 1978–1989:
Répertoire bibliographique des livres imprimés en france au XVIIe siècle. T. 1–16. Baden-Baden 1978–1989.

RGG, [Jahr], [Band]:
Die Religion in Geschichte und Gegenwart. Handwörterbuch für Theologie und Religionswissenschaft. (1. Aufl. Tübingen 1909–1913). 2. Aufl. Hg. von Hermann Gunkel und Leopold Zscharnack. 5 Bde. und Reg.-Bd. Tübingen 1917–1932.

Roth, [Jahr], [Band], R [Nr.]:
Roth, Fritz: Restlose Auswertungen von Leichenpredigten und Personalschriften für genealogische Zwecke. Bd. 1–10. Boppard/Rhein 1959–1980.

Rothscheidt, 1938:
Die Matrikel der Universität Duisburg 1652–1818. Hg. von Wilhelm Rotscheidt. Duisburg 1938.

Schmidt, 1731:
Schmidt, Jacob: COLLECTIONUM MEMORABILIUM BEROLINENSIUM, DECAS PRIMA. Das ist: Derer Sammlungen Berlinischer Merck= und Denckwürdigkeiten, Erste Zehende Aus Liebe zum Vaterlande, zum Ruhm der Königl. Preußischen Marggräflichen und Churfürstlichen Residentz und Veste Berlin, Zum Beytrag der Historie, dem Publico zum besten ans Licht gegeben. BERLIN, druckts Johann Lorentz, Sr. Königl. Majestät in Preussen privil. wie auch E. E. Hochweisen Magistrats Buchdrucker. 1727. [DECAS II, III, Berlin 1731].

Schultze, 1706:
Schultze, Georg Petrus: De claris Marchicis. Dissertatio epistolica. Th. 1–5. Frankfurt/O. 1706–1709.

Seidel/Küster, 1751:
Seidel, Martin Friedrich: Bilder-Sammlung, in welcher hundert größtentheils in der Mark Brandenburg gebohrne, allerseits aber um dieselbe wohlverdiente Männer vorgestellet werden, mit beygefügter Erläuterung, in welcher Derselben merkwürdigste Lebens-Umstände und Schrifften erzehlet werden, von George Gottfried Küster,

des Friedrichs-Gymnasii in Berlin Rectore, und der Königl. Preuß. Academie der Wissenschafften Mitglied. Berlin 1751.

Tautz, 1925:
Tautz, Kurt: Die Bibliothekare der Churfürstlichen Bibliothek zu Cölln an der Spree. Ein Beitrag zur Geschichte der Preussischen Staatsbibliothek im siebzehnten Jahrhundert. Leipzig 1925.

Tentzel, [Jahr]:
Tentzel, Wilhelm Ernst T.: Monatliche Unterredungen Einiger guten Freunde Von Allerhand Büchern und andern annehmlichen Geschichten; Allen Liebhabern Der Curiositäten/ Zur Ergetzligkeit und Nachsinnen heraus gegeben Von A. B. JANVARIVS 1689. sine censura et approbatione Auctoris. LEJPZJG/ bey Thomas Fritschen. (1689–1698).

Thadden, 1959:
Thadden, Rudolf von: Die brandenburgisch-preußischen Hofprediger im 17. und 18. Jahrhundert. Ein Beitrag zur Geschichte der absolutistischen Staatsgesellschaft in Brandenburg-Preußen. Berlin 1959. (= Arbeiten zur Kirchengeschichte, Bd. 32).

Thieme, 1993:
Thieme, Bernhard (Hg.): Berliner Biographisches Lexikon. Berlin 1993.

Tiedemann, 1954:
Katalog der Leichenpredigtsammlung der Niedersächsischen Staats-und Universitätsbibliothek in Göttingen. Hg. von Manfred von Tiedemann. Göttingen 1954/55.

Toepke, [Jahr], [Band]:
Toepke, Gustav (Hg.): Die Matrikel der Universität Heidelberg von 1386 bis 1662. 7 Bde. Heidelberg 1884–916.

UA [Bd.], [Jahr]:
Urkunden und Aktenstücke zur Geschichte des Kurfürsten Friedrich Wilhelm von Brandenburg. Bd. 1–23. Berlin 1864–1930.

Vanselow, 1728:
Gelehrtes Pommern, Oder Alphabetische Verzeichniß Einiger in Pommern Gebohrnen Gelehrten, Männlichen und weiblichen Geschlechtes, Nach ihren Merkwürdigsten Umständen Und Verfertigten Schrifften, Aufs kürtzste zusammen getragen und zum Druck befordert, Von Amando Carolo Vanselow, L. L. C. Stargard, gedruckt bey Joh. Tillern, Königl. Preuß. Pomm. Regierungs=Buchdrucker. 1728. Zu finden beym Autore.

Weissenborn, 1934:
Album Academiae Vitebergensis. Jüngere Reihe. Teil 1 (1602–1660). Textband. Hg. von der Historischen Kommission für die Provinz Sachsen und für Anhalt. Bearb. von Bernhard Weissenborn. Magdeburg 1934.

Wendland, 1930:
Wendland, Walter: 700 Jahre Kirchengeschichte Berlins. Berlin 1930.

Wetzel, 1907:
Wetzel, Erich: Die Geschichte des Königl. Joachimsthalschen Gymnasiums 1607–1907. Festschrift zum dreihundertjährigen Jubiläum des Königl.-Joachimsthalschen Gymnasiums am 24. August 1907, T. 1. Halle 1907.

Winau, 1987:
Winau, Rolf: Medizin in Berlin. Berlin, New York 1987.

Winter, 1970:
Winter, Ursula (Bearb.): Die Handschriften des Joachimsthalschen Gymnasiums und der Carl Alexander-Bibliothek. Berlin 1970. (= Handschrifteninventare der Deutschen Staatsbibliothek, Bd. 1).

Witte, [1677; 1681]:
Witte, Henning: Memoriae philosophorum, oratorum, poetarum, historicum, et philologorum nostri seculi clarissimorum renovatae. 2 tom. Francofurti 1677–1681.

Witte, [1684; 1685]:
Witte, Henning: MEMORIÆ THEOLOGORUM NOSTRI SECULI CLARISSIMORUM RENOVATÆ DECAS PRIMA. CURANTE M. HENNINGIO VVITTEN. FRANCOFURTI, Apud MARTINUM HALLERVORD. Typis JOANNIS ANDREÆ. Anno M.DC.LXXIV. MEMORIÆ THEOLOGORVM NOSTRI SECULI, CLARISSIMORUM RENOVATÆ CENTURIA, Curante M. HENNINGIO WITTEN. FRANCOFURTI AD MOENVM, Apud MARTINUM HALLERVORD. Typis JOHANNIS ANDREÆ. Anno M DC LXXV.

Witte, [1688; 1691]:
Witte, Henning: Diarium biographicum in quo scriptores seculi post natum Christum XVII. praecipui ... Gedani 1688. Diarii biographici tomus secundus, in quo nonnulla etiam ex priori tomo emendatur et illustrantur. Accessit index quadruplex et recensio Professorum hodie vel nuper in inclutis aliquot lyceis docentium. Rigae 1691.

Zedler [Jahr], [Band]:
Zedler, Johann Heinrich: Großes vollständiges Universal-Lexicon aller Wissenschaften und Künste. Bd. 1–64; Suppl. I–IV. Halle und Leipzig 1732–1754.

Zimmermann, 1926:
Zimmermann, Paul: Matrikel der Universität Helmstädt 1574–1636. Hannover 1926.

Porträtnachweis

Bergius, Georg Conrad
Staatsbibliothek zu Berlin – Preußischer Kulturbesitz, Sammlung Hansen, Ref. Kirche, Bd. 1, Nr. 19.

Bergius, Johann
Staatsbibliothek zu Berlin – Preußischer Kulturbesitz, Sammlung Hansen, Ref. Kirche, Bd. 1, Nr. 20.

Berkow, Johann
Staatsbibliothek zu Berlin – Preußischer Kulturbesitz, Porträt-Sammlung, Theol. kl. (gemeinsam mit Georg von Lilien).

Bödiker, Johannes
Staatsbibliothek zu Berlin – Preußischer Kulturbesitz, Sammlung Hansen, Philos., Dichter, Bd. 3, Nr. 13.

Bontekoe, Cornelius
Staatsbibliothek zu Berlin – Preußischer Kulturbesitz, Sammlung Hansen, Med., Bd. 1, Nr. 64.

Brunsenius, Anton
Staatsbibliothek zu Berlin – Preußischer Kulturbesitz, Porträt-Sammlung, Theol. m. (1).

Craanen, Theodor
Staatsbibliothek zu Berlin – Preußischer Kulturbesitz, Sammlung Hansen, Philos., Dichter, Bd. 59, Nr. 62.

Crell, Wolfgang
Staatsbibliothek zu Berlin – Preußischer Kulturbesitz, Porträt-Sammlung, Theol. m. (2).

Crüger, Johann
Staatsbibliothek zu Berlin – Preußischer Kulturbesitz, Sammlung Wadzeck, Bd. 29.

Elsholtz, Johann Sigismund
Staatsbibliothek zu Berlin – Preußischer Kulturbesitz, Porträt-Sammlung, Med. kl. (1).

Fromm, Andreas
Staatsbibliothek zu Berlin – Preußischer Kulturbesitz, Porträt-Sammlung, Theol. kl.

Gerhardt, Paul
Staatsbibliothek zu Berlin – Preußischer Kulturbesitz, Sammlung Hansen, Luth. Theol., Bd. 8, Nr. 49.

Heinzelmann, Johannes
Staatsbibliothek zu Berlin – Preußischer Kulturbesitz, Sammlung Hansen, Nachtrag Bd. 8, Nr. 51.

Hellwig d. J., Jakob
Staatsbibliothek zu Berlin – Preußischer Kulturbesitz, Porträt-Sammlung. Theol. m.

Kunckel von Löwenstern, Johann
Staatsbibliothek zu Berlin – Preußischer Kulturbesitz, Porträt-Sammlung, Nat. m. (2).

Lilien, Georg von
Staatsbibliothek zu Berlin – Preußischer Kulturbesitz, Sammlung Hansen, Luth. Theol., Bd. 12, Nr. 69.

Lubath, Martin
Staatsbibliothek zu Berlin – Preußischer Kulturbesitz, Porträt-Sammlung, Theol. m.

Madeweis, Friedrich
Staatsbibliothek zu Berlin – Preußischer Kulturbesitz, in: Wolgang Melchior Stisser, Der außerwehlte Wahl=Spruch/ Des Weiland Hoch=Edlen/ Vesten und Hochgelahrten HERRN/ Herrn Friederich Mateweissen/ ... Abdanckungs=SERMON ... HALLE/ Druckts Johann Montag/ Universitäts Buchdrucker. Halle a. S. 1705. (1: Ee 700-2123).

Mentzel, Christian
Staatsbibliothek zu Berlin – Preußischer Kulturbesitz, in: Acta Medicorum Berolinensium, Dec. II, Vol. IV (1724), S. 3.

Müller, Andreas
Staatsbibliothek zu Berlin – Preußischer Kulturbesitz, Nachlaß Oelrichs, Nr. 605,3.

Pankow, Thomas
Staatsbibliothek zu Berlin – Preußischer Kulturbesitz, Porträt-Sammlung, Med. m. (3).

Peucker, Nikolaus
Staatsbibliothek zu Berlin – Preußischer Kulturbesitz, in: NICOLAI Peuckers/ ... wolklingende/ lustige Paucke ... zum Druck befodert von OTTO CHRISTIAN Pfeffern/ Buchhändlern in Berlin. druckts Gotth. Schlechtiger/ 1702. (1a: Yi 4261 R).

Reinhardt, Elias Sigismund
Staatsbibliothek zu Berlin – Preußischer Kulturbesitz, Porträt-Sammlung, Theol. m.

Seidel, Martin Friedrich
Staatsbibliothek zu Berlin – Preußischer Kulturbesitz, Ms. Boruss., fol. 200, f. 10r.

Weise, Martin
Staatsbibliothek zu Berlin – Preußischer Kulturbesitz, Ms. Boruss., fol. 198, f. 287v.

Der Abdruck der Ausschnitte aus den oben verwiesenen Porträts erfolgt mit freundlicher Genehmigung der Handschriftenabteilung der Staatsbibliothek zu Berlin – Preußischer Kulturbesitz.

Namenverzeichnis

Geradstehende Seitenangaben verweisen auf Personen, die in den biographischen Teilen der Artikel erwähnt werden, halbfett gesetzte kennzeichnen jeweils einen selbständigen Artikel zur Person. Kursiviert wiedergegeben sind hingegen Verweise auf Zeitgenossen in den bibliographischen Teilen. Da Leichpredigten und Gelegenheitsgedichte auf weibliche Personen zumeist die Geburtsnamen zuerst nennen, sind diese mit dem Verweis »siehe« auf den Namen des Ehegatten mit aufgenommen. Bei Personen mit Adelstiteln, die im übrigen nach ihren Fürsten- bzw. Adelshäusern verzeichnet sind, werden die nachfolgenden Abkürzungen verwendet: *Kg/Kgn* für König/Königin; *Kf/Kfn* für Kurfürst/Kurfürstin; *Hz/Hzn* für Herzog/Herzogin; *Lgf/Lgfn* für Landgraf/Landgräfin; *Mgf/Mgfn* für Markgraf/Markgräfin; *Gf/Gfn* für Graf/Gräfin; *Fh* für Freiherr.

Abbadie, Jacques **3–9**, 85
Adam, Johann 221
Adami, J. Samuel *161*
Aemilius, Catharina Elisabeth geb. Palm *313*
Aemilius, Gregor Wilhelm *313*
Affelmann, Johannes 139, 140
Agricola, Adam Christian *21*, 431
Agricola, Johann *421*
Alber, Matthias *392*
Alberti, Valentin 168, 339, *345*
Albinus, Bernhard 96, *98*
Albinus, Elisabeth *siehe* Pollio, Elisabeth geb. Albinus
Alborn, Christian 150, 151, *157*
Albrecht, Johann Peter 68
Allix, Pierre 3
Althusius, Johannes 205
Alting, Heinrich 221
Alvensleben, Emerentia von *siehe* Knesebeck, Emerentia von dem, geb. von Alvensleben
Ammon, Andreas Gottfried 322, 323
Ancillon, Charles 5
Andermüller, Bernhard Georg *12*
Andreae, Johann 126
Angerer, Johann Georg 7
Anhalt, Ludwig Fürst von 334, 462
Annisius, Jacob *258*
Apel, Fabian Sebastian *341*
Apfelstadt, Gottfried *312*
Appel, Nicolaus *419*

Arithmaeus, Johann David *17*
Arndt, Johann 165, 166, 170, 181, *185*
Arnim, Bernhard Ludolf von *286*
Arnim, Bernhard von 207
Arnim, Franz Ehrenreich von *286*
Arnim, Franz Joachim von 73
Arnim, Hans Georg von 334, 376
Arnim, Moriz August von *286*
Arnim, Stephan Bernhard von *286*
Arnisaeus, Henning 205, *208*
Arnold, Gottfried 109, 169, *173*
Arnold, Johann Gerhard 169
Aschenbrenner, Christian 106
Aschenbrenner, Maria geb. Beling *siehe* Crüger, Maria geb. Beling verw. Aschenbrenner
Avenius, Johann *360*, *390*, *469*
Avenius, Ursula Catharina geb. Lüder *360*, *469*
Ayrmann, Johann Christoph 62

Bach, Caspar *309*
Bach, Johann Sebastian 105, 106
Bach, Rosina geb. Rieger *309*
Balding, Johann Caspar *481*
Balduin, Christian Adolph 266
Balduin, Friedrich *16*, 104, 139, 186, 206, 226, 441, *442, 446*
Balich, Joachim 199
Balthasar, Augustin 323, 324
Baltzar, Johannes 28

Baltzar, Sophia geb. Strömann 28
Bandeco, Daniel 247, *354*
Bandemer, Hans Christoph von *60*
Banzer, Marcus 177
Barbeyrac, Jean *7*
Bardenstein, Ambrosius 373
Bärendes, Anna Christina siehe Schultze, Anna Christina geb. Bärendes
Barfknecht, Christoph *330*
Barfuß, Dietloff Friedrich von *239, 429*
Barfuß, Joachim Valtin von *112*
Barfuß, Johann Albert von *183*
Barnimus Hagius siehe Müller, Andreas
Barth, Caspar von 442
Barth, Thomas *419*
Barthold, Andreas 29, 106, 141, 149, 150, *155*, 237, 367, *385*, 426, 444, *447*
Barthold, Anna Margaretha geb. Kost *62*
Barthold, Anna Maria siehe Gerhardt, Anna Maria geb. Barthold
Barthold, Sabina siehe Fromm, Sabina geb. Barthold
Bartholdi, Christian 100
Bartholinus, Thomas 456, *460*
Bartsch, Anna geb. Hübner *50*
Bartsch, Anna Margaretha geb. Schönmann 285, *416*
Bartsch, Gottfried *50*, 285, *416*
Barwasser, Sophia siehe Hülsemann, Sophia geb. Barwasser
Battus, Abraham 90, 322
Battus, Bartholomäus 140
Bauhuin, Caspar 73, 118
Bavarus, Conradus 375
Bawyr, Johann Hermann von *21*
Bayer, Gottlieb Siegfried 276, 282
Bayle, Pierre 4, 6
Beauliau, Maria Benigna geb. Peutzer siehe Grünakker, Maria Benigna geb. Peutzer verw. Beauliau
Beauliau, Olivier *51*
Bebel, Anna Regina siehe Hasse, Anna Regina geb. Bebel
Bebel, Balthasar *185*
Bebel, Lorenz *52*
Bebel, Ludwig *52*
Becherer, Catharina Ehrentraut *61*
Becherer, Christoph *61*
Becherer, Johann *54*
Bechmann, Friedemann 252, 253
Becker, Anna siehe Tzautsch, Anna geb. Becker
Becker, Eva siehe Hoffmann, Eva geb. Becker
Beckmann, Friedrich 10
Beckmann, Johann Christoph 10, *82*, 131, *203, 261, 406, 472*

Beckmann, Lucas 25, 206
Behm, Johann 15, *16*, 264
Beier, Adrian 347, *350*
Beling, Maria siehe Crüger, Maria geb. Beling verw. Aschenbrenner
Belmann, Ursula geb. Reetz 189
Below, Eva von siehe Wilmersdorff, Eva von, geb. von Below
Bentley, Richard 4
Berbaum, Elisabeth siehe Wilcken, Elisabeth geb. Berbaum
Berchelmann, Anna Rosina 446
Berchelmann, Anna Sibylla siehe Tieffenbach, Anna Sibylla geb. Berchelmann
Berchelmann, Catharina siehe Pankow, Catharina geb. Berchelmann
Berchelmann, Joachim 29, *190*, *385*, *425*, *447*
Berchelmann, Johann Jost 382, *395*
Berchelmann, Johannes 156, *182*, 208, 209, 248, 295, *340*, *367*, *388*, *413*, 448, *479*
Berchelmann, Maria geb. Heinzelmann *395*
Berchelmann, Maria Sabina 446
Bergemann, Anna siehe Schilling, Anna geb. Bergemann
Berger, Joachim Ernst *61*
Berger, Margaretha Maria geb. Hahris *61*
Berghauer, Anna siehe Bernhard, Anna geb. Berghauer verw. Trüstedt
Bergius, Conrad 10, *11*, 100, 431
Bergius, Conrad d. Ä. 14
Bergius, Elisabeth geb. Schönhaus *400, 439*
Bergius, Georg Conrad 3, 5, **10–13**, 22, 23, 88, 128, 192, *394*, 397, *400*
Bergius, Johann 10, *12*, *13*, **14–24**, 99, *101*, 180, 188, *208, 209*, 221, 295, *385*, 431, 432, *433*, *479*
Bergius, Ursula geb. Matthias 24, *433*
Bergmann, Friedrich *428*
Bering, Joachim 140
Bering, Johannes 90, 140
Berkow, Anna geb. Mertens 25
Berkow, Anna Maria siehe Moritz, Anna Maria geb. Berkow
Berkow, Constantin Andreas 27, *155*, 229, *237*, *238*, *248*, *304*, *339*, *387*, *428*
Berkow, Georg 25
Berkow, Johann **25–30**, 104, *142*, *144*, 149, *156*, *189*, *208*, 229, *235*, *236*, *237*, *238*, 291, *303*, *304*, *340*, *364*, *366*, *367*, *377*, *379*, *383*, *387*, *388*, *428*, 446, *447*, *448*
Berkow, Johann Friedrich 27
Berkow, Konstantin 25, 26, 379
Berkow, Konstantin d. Ä. 25

Namenverzeichnis

Berkow, Margaretha 27, 229, *235*
Berkow, Margarethe geb. Runge 26, 27, *291*
Berlin, Anna *siehe* Hellwig, Anna geb. Berlin
Berlin, Urbanus 186
Bernagie, Pieter *69*
Bernard, Jacques 7
Bernhard, Anna geb. Berghauer verw. Trüstedt *47*
Bernhard, Gregor 46, *47*, *63*, 82, *159*, *175*, 198, 250, 260, 289, 309, 311, 359, 381, *394*, 469
Bernhard, Ursula Maria geb. Hoffmann 46, 82, *159*, *175*, 198, 250, 260, 289, 311, 359, 381, *394*, 469
Bernhardt, Margaretha *siehe* Hofmann, Margaretha geb. Bernhardt
Bernoulli, Rosina *siehe* Grünewald, Rosina geb. Bernoulli
Bernstorff 466
Besser, Catharina Elisabeth von, geb. Kühlwein 56
Besser, Johann Friedrich von 57
Besser, Johann von 56, *57*, *59*
Bethlen Gábor 99
Beyer, Amelia geb. Weißbrodt *235*
Beyer, Anna *siehe* Heidkampff, Anna geb. Beyer
Beyer, Christoph Wilhelm 360
Beyer, Helena von *siehe* Stirnhöck, Helena geb. von Beyer
Beyer, Johann 53
Beyer, Margaretha von, geb. Weiler *198*
Beyer, Maria *siehe* Neuberger, Maria geb. Beyer
Beyer, Reichard *235*
Bezançon, G. de *69*
Bèze, Theodor de 107
Biberstein, Ferdinand Fh von 412
Biek, Christian 257, *263*
Bielcke, Erich Fh von 73
Bieltzer, Christiane *siehe* Schmettau, Christiane geb. Bieltzer
Bieltzer, Matthias 396
Bilderbeck, C. L. 6
Bilderbeck, Emilia Margaretha von *siehe* Ursinus, Emilia Margaretha, geb. von Bilderbeck
Birnbaum, Urban *421*
Bismarck, Christoph von 206
Bismarck, Georg von *208*
Bismarck, Herren von 410
Blancken von Stettin 228
Blankaart, Steven *70*, 96
Bläsendorff, Joachim Ernst von 44
Blasius, Gerhard *69*
Blechschmid, Friedrich *29*, 208, 210, 248, *303*, 386
Blechschmid, Friedrich Benedikt *29*, 208, *237*, *303*, 386, *447*
Block, Elisabeth *siehe* Warnecke, Elisabeth geb. Block

Blüchern, Hermann von 73
Bluhme, Margaretha *siehe* Lehmann, Margaretha geb. Bluhme
Blum d. Ä., Michael 441
Blum d. J., Michael 441
Blumenthal, Christoph von 104, *391*
Blumenthal, Johann 360
Blumenthal, Ursula Hedwig von 234
Blumentrost, Lorenz 268
Bockel, Christian Martin 52
Böckler, Andreas 168
Bodenburg, Christoph Friedrich 348, 350, *355*, *459*
Bödiker, Carl Etzard 33, 34, 37, 38, 39, *63*
Bödiker, Carolotta Catharina 39
Bödiker, Johannes 27, **31–64**, 65, *71*, 91, 92, *94*, 107, 119, *123*, 165, *172*, 175, 229, 252, 255, *269*, 298, 299, 300, *301*, *316*, 466, 480, 481, 482
Boecler, Johann Heinrich 32, 347, *458*
Boerhaave, Hermann 96
Bohemus, Mauritius 19
Böher, Caspar 437
Böhme, Adam Simon *300*
Böhme, Johannes 374
Böhmer, Ursula *siehe* Fürstenwerder, Ursula geb. Böhmer
Bönnemann, Anna *siehe* Wolff, Anna geb. Bönnemann
Bonnighausen, Lutter von 206
Bontekoe, Cornelius 52, 53, **65–72**, 96, *269*
Boots, Maria *siehe* Frantzen, Maria geb. Boots
Boots, Saren *siehe* Neuhaus, Saren geb. Boots
Borck, Adrian von 14
Borelli, Alfonso Giovanni 66, 95
Borke, Dorothea *siehe* Nicolai, Dorothea geb. Borke
Born, Johann Georg von dem *12*
Bornemann, Johann 375, 376
Börstel, Luise Constanze von, geb. von Prön *87*
Bose, Johann Andreas 31, 32, 38, 347, 456, *460*, *461*
Bosterhausen, Ilsa Anna gen. Schlüterin geb. Tietze 51, *484*
Bosterhausen, Johann 51, *484*
Botsack, Johann 297, 335
Böttcher, Barbara geb. Grünicke *21*, 295, *479*
Böttcher, Euphrosyna Margaretha geb. Tieffenbach *79*, *327*, *359*, *392*, *468*
Böttcher, Margarethe geb. Seidel verw. Munier 74
Böttcher, Otto *21*, **73–75**, 265, *295*, *296*, 410, *434*, *438*, *458*, *479*
Böttcher, Thomas *79*, *327*, *358*, *392*, *468*
Böttiger, Johannes 232, *241*, *428*
Bouveau, Louis de, Comte d'Espense 3
Boyle, Robert 66
Brandenburg, Albrecht Friedrich Mgf von *313*, 396

Brandenburg, Anna Kfn von, geb. Prinzessin von Preußen *18*, 188, 225, 226
Brandenburg, Anna Sophia Prinzessin von *siehe* Braunschweig-Lüneburg, Anna Sophia Hzn von, geb. Prinzessin von Brandenburg
Brandenburg, Christian Wilhelm Mgf von 128, 334
Brandenburg, Dorothea Kfn von, geb. Prinzessin von Holstein-Sonderburg-Glücksburg, verw. Hzn von Braunschweig-Lüneburg *47*, *51*, 85, *87*, 265, 279
Brandenburg, Dorothea Mgfn von 334
Brandenburg, Elisabeth Charlotte Kfn von, geb. Prinzessin von der Pfalz *12*, *433*, *434*
Brandenburg, Elisabeth Henriette Kurprinzessin von, geb. Lgfn von Hessen-Kassel 4, 6, *13*, *48*, *51*, 86, *400*, 489, *491*, *492*
Brandenburg, Ernst Mgf von 20, 188, *190*, 478
Brandenburg, Friedrich August Prinz von 27, 36, 229, 489, *492*
Brandenburg, Friedrich III. Kf von 3, 7, 10, 35, 36, *39*, *47*, *51*, *52*, *56*, *57*, *59*, *60*, *61*, *62*, 67, *87*, 131, 193, *196*, 217, 222, 257, *262*, 264, 281, 282, 283, *301*, 348, 349, *354*, 397, *401*, *433*, 438, *439*, 489, *492*
Brandenburg, Friedrich Wilhelm Kf von 3, 5, 7, 15, *21*, 27, *29*, 33, 35, 36, *44*, *45*, *46*, *47*, *48*, *51*, *53*, *56*, *62*, 66, 67, *69*, 85, *87*, 90, 91, 100, 107, 109, 127, 128, 129, *132*, *133*, *134*, *143*, 152, 153, 154, 166, 180, 188, 189, *190*, 193, 194, 195, 206, 207, 216, 217, *224*, 229, 230, 231, 233, *236*, 246, 247, 255, 256, *260*, *261*, *262*, 264, 265, *268*, 274, 275, 276, 277, 278, 279, 280, 299, *301*, 302, *304*, *307*, *313*, *315*, 318, 319, 320, 322, 323, 324, *327*, 337, 349, *351*, 365, *371*, 376, 377, *385*, *387*, *388*, 396, *401*, *402*, 404, 410, 411, 412, *414*, 424, 432, 437, 438, 453, 454, 455, 464, 466, *474*, 478, 486, 487, 488, 489, *492*
Brandenburg, Georg Wilhelm Kf von 18, 20, 26, 99, 187, 227, 228, *234*, 251, 376, 379, 380, *385*, 409, 424, *433*, 445
Brandenburg, Hedwig Sophie Prinzessin von *siehe* Hessen-Kassel, Hedwig Sophie Lgfn von, geb. Prinzessin von Brandenburg
Brandenburg, Joachim Friedrich Kf von 205, 369, *417*, 437, 445, 453
Brandenburg, Joachim II. Kf von 26, *28*, 90, 141, *143*, 229, *236*, 377
Brandenburg, Joachim Sigismund Mgf von 18
Brandenburg, Johann Georg Kf von *417*
Brandenburg, Johann Georg Mgf von, Hz von Jägerndorf 188, 221

Brandenburg, Johann Sigismund Kf von 14, *17*, 90, 99, 128, 131, 138, 152, 188, 205, 226, 230, 256, 319, 362, 437, 443
Brandenburg, Johann Sigismund Mgf von *18*
Brandenburg, Karl Emil Kurprinz von 10, *22*, *23*, 35, *40*, *183*, 193, *196*, 222, 264, *306*, 320, *327*, *389*, *399*, 438, 482, *485*
Brandenburg, Karl Philipp Mgf von 396
Brandenburg, Katharina Mgfn von 99
Brandenburg, Ludwig Mgf von *13*, *55*, *86*, 245, *401*, 489, *490*, *492*
Brandenburg, Luise Charlotte Prinzessin von, geb. Fürstin von Radziwill-Birze 489, *490*
Brandenburg, Luise Henriette Kfn von, geb. Prinzessin von Nassau-Oranien *13*, 107, 150, 229, 264, *304*, *371*, 410, *412*, *414*, 424, 431, *435*, 455
Brandenburg, Luise Mgfn von 438
Brandenburg, Maria Amelia Mgfn von *siehe* Mecklenburg, Maria Amelia Hzn von, geb. Mgfn von Brandenburg
Brandenburg, Maria Eleonore Mgfn von *siehe* Schweden, Maria Eleonore Kgn von, geb. Mgfn von Brandenburg
Brandenburg, Sophie Charlotte Kfn von, geb. Prinzessin von Braunschweig-Lüneburg 4, 6, 36, *52*, *56*, 489, *492*
Brandenburg, Wilhelm Heinrich Kurprinz von 26, 27, *29*, 229, *237*, *433*
Brandenburg-Bayreuth, Christian Ernst Mgf von 227, 230
Brandenburg-Bayreuth, Christian Mgf von 151, 180
Brandes, Anna Margaretha *siehe* Damerow, Anna Margaretha geb. Brandes
Brandes, Dorothea Maria geb. Gebel 290
Brandes, Heinrich 290, 315
Brandes, Heinrich Julius 49, 59
Brandes, Helena Sophia *siehe* Oelschläger, Helena Sophia geb. Brandes
Brandt, Christoph von *11*
Braune, Johann 225
Braunschweig-Lüneburg, Dorothea Hzn von, geb. Prinzessin von Holstein-Sonderburg-Glücksburg *siehe* Brandenburg, Dorothea Kfn von, geb. Prinzessin von Holstein-Sonderburg-Glücksburg, verw. Hzn von Braunschweig-Lüneburg
Braunschweig-Lüneburg, Anna Sophia Hzn von, geb. Prinzessin von Brandenburg 229, 337, *433*
Braunschweig-Lüneburg, Ernst August II. Hz von *61*
Braunschweig-Lüneburg, Friedrich Hz von 452
Braunschweig-Lüneburg, Rudolf August Hz von 174

Braunschweig-Lüneburg, Sophie Charlotte Prinzessin von *siehe* Brandenburg, Sophie Charlotte Kfn von, geb. Prinzessin von Braunschweig-Lüneburg
Bredow, Anna Maria geb. Kunzenbach 76, *203*, *213*, *259*, *470*
Bredow, Bartholomaeus 76
Bredow, Gertraut geb. Schultze 76
Bredow, Gertrud geb. Rohtenberges 76
Bredow, Joachim 76
Bredow, Marie Luise *202*, *404*
Bredow, Peter **76–83**, 151, *176*, 201, *203*, *213*, *259*, *350*, *351*, *388*, *406*, *465*, *470*, *475*
Brehme, Anna Margarethe geb. Voigt *385*
Brehme, Christian *385*, *390*
Breier 139
Breitinger, Johann *303*
Bresler, Christoph *342*
Bresnicer, Alexius *421*
Breunig, Melchior 82, *261*, *472*
Breyne, Jacob *267*
Briegelius, Matthaeus 208
Brietzke, Alexander von *447*
Brodtkorb, Corbinianus 376
Broeckhuysen, Benjamin 96
Broen, Johannes 96, *97*
Bromberg, Catharina Ursula geb. Rhoden 58, 59
Bromberg, Johann Daniel 58, 59, 60
Bromberg, Juliana Maria 60
Brösicke, Catharina Erdmuth von *siehe* Stranzen, Catharina Erdmuth von, geb. von Brösicke
Bruchmann, Anna Catharina *siehe* Pawlowsky, Anna Catharina von, geb. Bruchmann
Bruchmann, Georg 298
Brümmer, Chrysosthomus *54*
Brümmer, Maria Magdalena geb. Willmann *54*
Brummer, Michael *343*
Brummet, Christoph 219
Brunnemann, Catharina geb. Pasche *190*, *303*
Brunnemann, Eva Catharina *388*
Brunnemann, Johann 302, 410, *412*
Brunnemann, Paul *190*, *303*
Brunner, Hieronymus 15
Bruns, Engel geb. Prange 84
Bruns, Lüder 84
Brunsenius, Anton 4, **84–88**, *396*
Buchholtz, Christian 302
Buchholtzer, Georg *421*
Buchner, August 104, 148, 149, 178, 181, 187, 201, *245*, *319*, *335*, *356*, *363*, *422*, *451*, *463*, *464*
Bugaeus, Matthias *305*
Buhle, Christoph *339*, *375*
Buntebart, Catharina geb. Klose 89

Buntebart, Dorothea Elisabeth *siehe* Heimburger, Dorothea Elisabeth geb. Buntebart
Buntebart, Eleonora *siehe* Zeitz, Eleonora geb. Buntebart
Buntebart, Joachim 89
Buntebart, Johann 37, *40*, *42*, *79*, **89–94**, *122*, 152, 165, *171*, 175, 192, *198*, *300*, *311*, *312*, *313*, *359*, *360*, *439*, *470*, *480*, *482*
Bünting, Conrad *102*
Burchard, Moritz 375
Burckhard, Amanda 63
Burckhard, David 59, 63
Burckhard, Rosina geb. Puhlmeyer 59
Burckhardt, Bartholomäus 78, *390*
Burckhardt, Ursula Maria *siehe* Gericke, Ursula Maria geb. Burckhardt
Bürger, Margaretha *siehe* Spengler, Margaretha geb. Bürger
Burghofen, Alberich von *135*, *328*
Burgsdorff, Anna Elisabeth von, geb. von Löben 376, *383*
Burgsdorff, Conrad von 23, 100, *101*, 107, 207, 376, *383*
Burgsdorff, Georg Ehrenreich von 207
Burgsdorff, Luise Hedwig von *siehe* Löben, Luise Hedwig von, geb. von Burgsdorff
Burgsdorff, Margaretha Catharina von *siehe* Canitz, Margaretha Catharina von, geb. von Burgsdorff
Busch, J. P. 109
Busse, Martin 82, *204*, *261*, *406*, *472*
Butelius, Christoph 73
Butt, Anna Maria geb. Zarlang *79*, *81*, *202*, *259*, *262*, *289*, *310*, *359*, *393*, *404*, *469*, *471*
Butt, Dietrich *40*, *79*, *81*, 82, *171*, *202*, *203*, *213*, *259*, *261*, *310*, *359*, *393*, *404*, *406*, *469*, *471*, *472*, *482*, *483*
Butt, Dorothea Margaretha 82, *203*, *213*, *261*, *289*, *406*, *472*

Cabeljau, Wilhelm Johann von 85
Cahlen, Friedrich 317, *356*, *463*
Calixt, Georg 15, 32, 108, 125, 148, 175, 178, 252, 318, *324*, *325*, *336*, *338*, *346*, *347*, *451*, *452*, *463*
Calov, Abraham 15, *22*, 108, 125, 148, 178, 201, 252, 297, 319, *323*, *324*, *329*, *336*, *339*, *342*, *346*, *356*, *451*, *463*, *464*
Calov, Regina *siehe* Leyser, Regina geb. Calov
Calovius, Georg 282, 283, *290*
Calovius, Margaretha geb. Müller 274, 282, *290*
Calvin, Jean *18*, 85
Calvisius, Seth 106, 373
Cammerhof 317, 319

Canabaeus, Martin *328*
Canitz und Dallwitz, Eleonora Sophie von, geb. von Preen *398*
Canitz, Ludwig von *209, 340, 413*
Canitz, Margaretha Catharina von, geb. von Burgsdorff *340*
Canstein, Carl Hildebrand von 169
Canstein, Friedrich Wilhelm von 286
Canstein, Raban von 169, 211, *286*, 411
Carll, Anna geb. Hentze *236, 385*
Carll, Georg *236, 385*
Carpzov d. Ä., Johann Burchard *383*
Carpzov, Johann Benedikt 168
Carpzov, Samuel Benedikt 339
Cassel, Gustav *57, 484*
Castello, Edmund 274, 276
Cellarius, Balthasar 174, 175, *452*
Cernitius, Johannes 411
Charias, Johann Caspar *182*
Chemnitz, Anna geb. Köppe *142*
Chemnitz, Anna Walburga *siehe* Seidel, Anna Walburga geb. Chemnitz
Chemnitz, Christian 252, 318, *458*
Chemnitz, Joachim *142*, 188, *304*, *447*
Chemnitz, Joachim Andreas *304*, *447*
Chemnitz, Johann 118
Chemnitz, Johann Joachim *427*
Christian, Dorothea *siehe* Neubauer, Dorothea geb. Christian
Christiani, Alexander 140
Christiani, David 318, 319
Christoph, Johann *131, 428*
Chyträus, David 450
Claude, Jean 3, 4
Cleyer, Andreas 265, *270*, 279, 489, *490*
Cling, Gertrud *siehe* Seidel, Gertrud geb. Cling
Coccejus, Johann 84
Cocus, Samuel 455, *460*
Coelestin von Sternbach, Heinrich 322
Coelestinus, Georg *420, 421*
Colberg, Johannes 323, *329*, 432
Coldebatz, Daniel 300
Colerus, Jeremias 431
Comenius, Johann Amos 14, 84, 373
Conerding, Dietrich *71*
Conring, Hermann 32, 174, 253, 318, 347, 478
Copenius, Bartholomaeus 14
Corvinus, Andreas 375
Cossel, Andreas *303, 306*
Cothmann, Johann 336
Coulombel, Gabriel *306*
Coulombel, Petronella Maria geb. Moch *306*

Couplet, Philippe *269*, 275
Craanen, Theodor 65, **95–98**
Cramer, Anna *siehe* Westarph, Anna geb. Cramer
Cramer, Anna geb. Wieger *236*
Cramer, Daniel 15, *16*
Cramer, Dorothea Elisabeth geb. Köppe *224*
Cramer, Friedrich 196, 322, 323, 325, *330*
Crell, Nikolaus 441
Crell, Sebastian 373, 374
Crell, Wolfgang 10, 15, **99–102**
Crell, Wolfgang d. Ä. 99
Creusing, Paul 411
Creutzen, Helena Dorothea von *siehe* Schwerin, Helena Dorothea Freiin von, geb. von Creutzen
Crocius, Johann *16*
Crocius, Ludwig 84, 221
Cromwell, Oliver 274
Crüger, Christian *428*
Crüger, Elisabeth *siehe* Feller, Elisabeth geb. Crüger
Crüger, Elisabeth geb. Schmidt 106, 109, *366*, 380, *383*
Crüger, Georg 103
Crüger, Joachim 209, *428*
Crüger, Joachim Ernst 109
Crüger, Johann 27, *28*, **103–117**, 141, 149, 150, *155, 156, 157*, 180, 181, *184*, 201, 244, *331*, 358, 363, 364, *366*, 370, 380, 381, *383, 384*
Crüger, Maria *siehe* Hoffmann, Maria geb. Crüger
Crüger, Maria geb. Beling verw. Aschenbrenner 106
Crüger, Ulrike geb. Kohlheim 103, 106
Crull, J. 97
Crummenstein, Anna von *siehe* Schlieben, Anna von, geb. von Crummenstein
Crusius, Gregor *426*
Crusius, Joachim 228
Crusius, Thomas 444
Crusius, Thomas Theodor *136, 161*
Cunadus, Andreas 201, 356, 463, 464
Cundisius, Gottfried 463

D'Artis, Gabriel 5
Dach, Simon 36, 107, 409
Dähne, Georg *352*
Dahnies, Jacob 212
Dahnis, Maria geb. Schadebrodt *siehe* Koch, Maria geb. Schadebrodt verw. Dahnies
Damerow, Anna Margaretha geb. Brandes *49, 62*
Damerow, Elisabeth Sophie geb. Vogelgesang *312*
Damerow, Joachim *49, 62*
Damerow, Margaretha *siehe* Zarlang, Margaretha geb. Damerow verw. Miser
Damerow, Richard *312*

Damse, Balthasar *445*
Danckelmann, Daniel Ludolf 438
Danckelmann, Eberhard von 11
Dänemark, Christian V. Kg von 281
Dänemark, Friedrich III. Kg von 453
Dänemark, Sophie Magdalene Kgn von 170
Dannhauer, Johann Konrad 167, 234
Dedekind, Constantin Christian *390*
Dedekind, Friedrich 90
Dehnin, Armgard Margaretha *siehe* Stricker, Armgard Margaretha geb. Dehnin
Derfflinger, Georg Fh von 255
Descartes, René 65, 67, 95, 450
Detharding, Georg *132*
Deusing, Anton 478
Deutschmann, Johannes 324, 339, 464
Devaux, Jean 70
Didde, Bernhard Joachim *309*
Didde, Maria Dorothea geb. Drachstedt *309*
Diebitsch, Ursula von *siehe* Zedlitz und Neukirch, Ursula von, geb. von Diebitsch
Dieckhof, Dietrich 55
Dieckhof, Eva Justina geb. Elsholtz 55
Diepensee, Catharina *siehe* Vehr, Catharina geb. Diepensee verw. Praetorius
Dieter, Anna geb. Pasche *43*
Dieter, Reichard 22, *43*, *102*, 210, 302, *307*, *413*, *479*
Dieterich, Conrad 193, 298, 348
Dietrich, Johann Conrad 318
Dietrichstein, Bartholomaeus von 363
Dietrichstein, Freifrau von *siehe* Ecksi, Frau von, geb. Freifrau von Dietrichstein
Difenbach, Martin 169
Distelmeier, Christian *421*
Distelmeier, Lampert *420*, *421*
Ditmar, Jakob 213
Dohna, Achatius Burggraf von 431
Dönhoff, Gf von 431
Dönhoff, Magnus Ernst Gf von 20
Donike, Martin *93*, *312*, *482*
Donke, Margarethe *siehe* Weise, Margarethe geb. Donke
Dörffel, Georg Samuel 254
Döring, Andreas 62, *63*, 482, *485*
Döring, Carl 59
Dornau, Caspar 221
Dörrie, Joachim Friedrich *312*
Dorsch, Johann Georg *198*, 453
Drachstedt, Maria Dorothea *siehe* Didde, Maria Dorothea
Drechsler, Christoph Carl *242*

Dreier, Christian 323, 324, *329*, 455, *459*, 482
Dresemius, Samuel 25, 205, 226, 409, 453
Dreßler, Anna *siehe* Pambo, Anna geb. Dreßler
Dreßler, Bernhard 59
Du Moulin, Pierre 15
Du Plessis-Gouret, Agnes Dorothea geb. von Götzen *435*
Du Plessis-Gouret, Isaac *435*
Dünkler, Christian *429*
Duraeus, Johann 10, *23*, 432, *436*
Durant, Samuel 15

Ebel, Kaspar 318, 410
Ebeling, Johann Georg 150, *159*, 212
Eberhard, Johannes 140
Ebert, Adam *131*
Eccard, Johann Georg 33
Eckhardt, Stephan *101*
Eckhardt, Ursula geb. Schönhausen *101*
Eckholt, Amadeus *344*
Eckholt, Catharina geb. Haller *343*
Ecklaff, Henning *343*
Ecksi, Frau von, geb. Freifrau von Dietrichstein 363
Eger, Jeremias *340*
Eggers 256
Eibeswald, Paul Fh von *189*
Eichen, Andreas von *311*
Eingrüber, Dorotha *siehe* Puhlemann, Dorotha geb. Eingrüber
Eisenhardt, Johann 174
Eisenmenger, Johann *310*
Eisenmenger, Maria geb. Winzerling *310*
Eizen, Philipp Konstantin von 221
Elard, Elisabeth Regina geb. Fleck *447*
Elerd d. J., Nikolaus *183*
Elerd, Bartholomaeus *421*
Elerd, Nikolaus 28, 140, *142*, *189*, 228, *234*, *235*, *366*, *371*, *383*, *412*, *444*, *445*, *446*, *478*
Elert, Anna Elisabeth *siehe* Orth, Anna Elisabeth geb. Elert
Elsholtz, Anna geb. Gutwill *133*, *309*, *392*
Elsholtz, Eva Justina *siehe* Dieckhof, Eva Justina geb. Elsholtz
Elsholtz, Johann Sigismund 37, 55, 74, 91, **118–123**, *133*, 216, 265, *269*, *270*, 278, *309*, *480*, 489, *490*
Ende, Elisabeth am *siehe* Reinhardt, Elisabeth geb. am Ende
Ende, Jacob am 339, *342*
Engel, Andreas 25, 165, 410, 411
Engel, Leonhard *426*
Engel, Martin 212, *214*, 350, *352*, *407*, *475*
Engel, Peter *384*, *446*

Engelleder, Johann Caspar 219
England, Georg III. Kg von 5
England, Jakob II. Kg von 5
England, Karl I. Kg von 453
England, Karl II. Kg von 274
England, Maria Stuart Kgn von 8
Erasmus, Catharina geb. Hammelmann 49
Erasmus, Daniel 49
Essen, Johann von 486
Essenbrücher, Anna Elisabeth siehe Kost, Anna Elisabeth geb. Essenbrücher
Essenbrücher, Tilman 384
Evenius, Sigismund 138, 139
Eysden, J. van 96, 97
Ezler, Adam 86

Fabricius, Dorothea siehe Schultze, Dorothea geb. Fabricius
Fabricius, Friedrich 196, 322, 323, 324, 325, *330*, *332*
Fabricius, Jacob *132, 340, 448*
Fabricius, Johann 473
Fabricius, Laurentius 363
Fahrenholtz, Christian Friedrich *93*
Fahrenholtz, Hans 80, *171, 202, 250, 259, 405, 470, 483*
Fahrenholtz, Maria siehe Pauli, Maria geb. Fahrenholtz
Fahrenholtz, Maria siehe Platen, Maria von, geb. Fahrenholtz
Fahrenholtz, Maria Sibylle siehe Oelven, Maria Sibylle geb. Fahrenholtz
Falckenhagen, Anna Eva siehe Mentzel, Anna Eva geb. Falkenhagen
Falckenhagen, Anna Maria geb. Reinhart *248*
Falckenhagen, Johann *248*, 264
Faust, Balzer 91
Fecht, Johann 325
Feetz, Dorothea Sophia geb. Madeweis 256, 258
Feetz, Johann Heinrich 256
Fehr, Johann Michael 269
Fehr, Johann Samuel 305
Felbinger, Jeremias 126
Felbinger, Johann 264
Feller, Elisabeth geb. Crüger 106
Feller, Georg 106
Feller, Joachim 34
Ferbitz, Johann 305
Ferdinand II., dt. Kaiser 363, 380, *384*
Ferdinand III., dt. Kaiser 380, *384*
Fersen, Fabian von, Fh von Chronendahl 196, *199*
Fertee, Elisabeth Charlotta de la *62*

Fessel, Daniel 238, *385*
Feuerborn, Justus 410
Feuerlein, Conrad 159
Feust, Anna geb. von Willich 224
Feust, Anton 224
Feustking, Johann Heinrich 154, 155, *160*
Fiedler, Johann 40, 424
Fischer, Catharina geb. Matthias 222, *433*
Fischer, Johann 222, *433*
Flacius, Matthias 450
Fleck, Elisabeth Regina siehe Elard, Elisabeth Regina geb. Fleck
Fleck, Friedrich *384, 446*
Fleck, Johann *448*
Fleischhauer, August 125, 148
Fleming, Paul 374, 375
Flemming, Johann Heinrich von 37, 348
Flender, Johann 68
Flethe, Asmus 92
Flöring, Anna siehe Weber, Anna geb. Flöring
Flöring, Henning 104, 462
Fontane, Theodor 131, 150
Fornerod, David 3
Förster, Johann 441, 442
Forster, Valentin Wilhelm 205, *208*
Forwerk, Adam 16
Fracassati, Carlo 119
Franck von Franckenau, Georg 478
Franck, Georg 15, *16*
Franck, Johann 36, 107, 302, *303, 306*, 410, *412*
Francke, August Hermann 109, 325
Francke, Elias *307*
Franke, Joachim 462
Franke, Maria siehe Seidel, Maria geb. Franke
Frankenberger, Reinhold 104, 148, 178, 186, 245
Frankenstein, Christian Friedrich 317, 356, 463
Frankreich, Heinrich IV. Kg von 3
Frankreich, Ludwig XIV. Kg von 275
Frantzen, Maria geb. Boots 52
Franz, Wolfgang 139, 186, 187, 226, 441, 442
Frege, Christian 354
Freylinghausen, Johann Anastasius 109
Freytag, Anton 189
Freytag, Johann 310
Freytag, Rebecca geb. Trumbach *310*
Friedeborn, Jacob 13
Friedeborn, Louise siehe Fuchs, Louise geb. Friedeborn
Friedrich, Joachim 52
Friedrich, Johann 375, *383*
Friese, Bernhard 54
Frisch, Johann Leonhard 33, 34, *58*

Frischmann, Christoph 369
Frischmuth, Johann 318
Fritz, Anna Sabina *siehe* Fünster, Anna Sabina geb. Fritz
Fritz, Eva Maria *siehe* Hoffmann, Eva Maria geb. Fritz
Fritz, Eva Maria *siehe* Ideler, Eva Maria geb. Fritz
Fritz, Peter 28, *142*, *143*, 149, *155*, *235*, *366*, 380, *384*
Fritze, Caspar *183*
Froben, Emanuel 223
Fröhden, Euphrosyne Catharina geb. Rupp *314*
Fröhden, Johann Georg *314*
Fromm d. Ä., Andreas 124, 127, 138
Fromm d. Andere, Andreas 138
Fromm, Andreas 89, 90, 91, **124–137**, 141, 149, 152, 178, *182*, 194, 195, *209*, 230, 231, *238*, *242*, 246, *295*, *308*, *309*, 323, *328*, 336, 337, 338, 339, *340*, *343*, *344*, *392*, 432, 451, 453, 454, 455, *479*
Fromm, Andreas Joachim 140, 141
Fromm, Anna Elisabeth 140
Fromm, Anna geb. Pulmann 138
Fromm, Benedikt 138
Fromm, Catharina 140
Fromm, Catharina geb. Köppe 138
Fromm, Christian 140
Fromm, Elisabeth 140
Fromm, Elisabeth geb. Schönberg 127, 130
Fromm, Elisabeth geb. Schulz 124
Fromm, Elisabeth geb. Schwartzkopf 140
Fromm, Eva Maria 140
Fromm, Joachim 29, *78*, 106, 127, **138–146**, 149, 151, 154, *155*, *156*, *183*, 186, *190*, *191*, *235*, *237*, *239*, *249*, *295*, *304*, 335, 337, *340*, *341*, *366*, *367*, *368*, *384*, *385*, *387*, *390*, *426*, *428*, 441, 443, 444, *447*, *448*, *463*, *467*
Fromm, Margarethe geb. Michaelis 124
Fromm, Sabina geb. Barthold 29, 141, 149, 154, *155*, *237*, *366*, *385*, *426*, *447*
Fromm, Valentin 91, *308*
Fromm, Valentin Friedrich 141
Fröschel, Eva Maria geb. Zander *79*, *359*, *469*
Fröschel, Zacharias *79*, *359*, *469*
Frube, Zacharias *343*
Fuchs, Johann 32, *39*
Fuchs, Louise geb. Friedeborn *315*
Fuchs, Paul von *315*, 397
Fuhrmann, J. *97*
Fuld, Conrad 195, *198*
Funck, Albrecht 431
Funck, Jacob 431
Funcke, Anna *siehe* Wirth, Anna geb. Funcke

Fünster, Anna Sabina geb. Fritz 28, *142*, *235*, *366*, *384*
Fünster, Balthasar 28, *142*, *143*, *235*, *237*, *366*, *367*, *384*
Fürstenwerder, Michael *341*
Fürstenwerder, Ursula geb. Böhmer 235
Füssel, Martin 16, *17*, *23*, 431

Gabrieli, Giovanni 103, 104
Galilei, Galileo 95
Garcaeus, Joachim *420*, *421*
Garcaeus, Zacharias 186, 411, 441
Gassendi, Pierre 95
Gastorius, Severus 347
Gebel, Dorothea Maria *siehe* Brandes, Dorothea Maria geb. Gebel
Gebler, Johannes 428
Gediccus, Simon 138, *421*
Gehema, Janus Abraham à *69*, *70*, *71*
Geier, Martin 338, 339, *344*, *390*
Georg, Laurentius 460
Gerber, Emerentia *siehe* Müller, Emerentia geb. Gerber
Gerber, Paul 274
Gerck, Adam 230, 337
Gerdes, Henning Johann *331*
Gerhard, Jacob 138
Gerhard, Johann 125, 148, 166, 178, 244, 252, 335, 336, 338, 422, 451, *458*
Gerhard, Johann Ernst 252, 253, 318
Gerhardt d. J., Christian 147, 148
Gerhardt, Agnes 147
Gerhardt, Andreas 151
Gerhardt, Andreas Christian *79*, 151, *158*, 194, *197*, *327*, *358*, *392*, *468*
Gerhardt, Anna 147
Gerhardt, Anna Catharina 151
Gerhardt, Anna Maria geb. Barthold *79*, 141, 150, 151, 154, *198*, *327*, *358*, *392*, *415*, *468*
Gerhardt, Christian 147
Gerhardt, Dorothea geb. Starke 147
Gerhardt, Maria Elisabeth 150
Gerhardt, Paul 27, *78*, *79*, 106, 107, 108, 125, 141, **147–164**, 179, 181, *185*, 194, *197*, 230, 234, *240*, 247, *250*, 274, 275, *327*, 336, *342*, 357, *358*, 364, *368*, 370, 379, 380, *391*, *392*, 425, 432, 444, 462, *468*
Gerhardt, Paul Friedrich 141, 151, 154
Gericke, Bartholomaeus *79*, *93*, *171*, *198*, *313*, *360*, *470*, *482*
Gericke, Catharina *siehe* Müller, Catharina geb. Gericke

Gericke, Georg Wilhelm *183*
Gericke, Margaretha siehe Raue, Margaretha geb. Gericke
Gericke, Maria Sibylla geb. Wernicke *176*
Gericke, Martin *235*
Gericke, Ursula siehe Reetz, Ursula geb. Gericke
Gericke, Ursula Maria geb. Burckhardt *79*, *93*, *171*, *198*, *313*, *360*, *470*, *482*
Gerlach, Erdmuth siehe Wolff, Erdmuth geb. Gerlach
Gerresheim, Adolph Friedrich *119*
Gerresheim, Johann Adolph von *305*
Gerresheim, Wilhelm von *190*, *385*
Gerschow, Jakob *90*, *140*
Gesenius, Friedrich *129*, *133*, *134*, *135*, *231*, *242*, *243*, *344*, *436*
Gesner, Salomon *441*, *442*
Geßner, Conrad *118*
Geulincx, Arnold *65*, *67*, *68*, *70*
Gewin, Georg *427*
Gigas, David *225*, *226*, *227*, *229*, *233*, *234*, *242*, *330*
Girnt, Jeremias *478*
Gisaeus, Joachim *457*
Gleim, Catharina Elisabeth geb. Schreiber *184*
Gleim, Lorenz *184*
Glück, Anna geb. Schmidt verw. Kertzendorf *306*
Glück, Johann Paul *306*
Gnospel d. Ä., Georg *201*
Gnospel d. J., Georg *80*, *198*, *201*, *202*, *213*, *250*, *258*, *405*, *470*
Gnospel, Emerentia geb. Starckmann *80*, *198*, *202*, *213*, *250*, *258*, *405*, *470*
Gnospel, Jacob *196*
Gobelius, Johann Hubert *437*
Göch, Martin *447*
Göddaeus, Johann *206*
Goede, Kaspar *150*
Goethe, Johann Wolfgang von *276*
Goetsche, Friedrich *58*, *484*
Goldacker, Wolff Albrecht *189*
Goldeisen, Susanna siehe Majus, Susanna geb. Goldeisen
Golius, Jacob *275*
Goltze, Anna Elisabeth siehe Ladovius, Anna Elisabeth geb. Goltze
Goltze, Caspar *104*, *110*
Goltze, Magdalena geb. Moritz *104*, *110*
Görling, Johann *37*, *224*
Görlitz, Dorothea siehe Reinhardt, Dorothea geb. Görlitz
Görlitz, Sigmund *334*
Görne, Charlotte Louysa von, geb. von Platen *260*, *471*
Görne, Christoph von *260*, *471*
Gottsched, Johann Christoph *77*
Gottschling, Caspar *33*
Götze, Georg *252*, *346*
Götze, Lucretia von siehe Waldau, Lucretia von, geb. von Götze
Götzen, Agnes Dorothea von siehe Du Plessis-Gouret, Agnes Dorothea geb. von Götzen
Götzen, Elisabeth von, geb. von Saldern *224*
Götzen, Hedwig von, geb. von Röbel *101*
Götzen, Siegmund von *21*, *101*, *207*
Götzen, Zacharias Friedrich von *74*
Götzkius, Johann *186*
Goudimel, Claude *107*
Gouge, Thomas *85*
Gräbner, David *98*
Grabow, Erdmann *426*
Grabow, Georg *32*, **165–173**
Grabow, Ilsabe geb. Manart verw. Hahnstein *78*, *197*, *202*, *326*, *358*, *391*, *404*, *468*
Grabow, Joachim *78*, *194*, *197*, *202*, *320*, *326*, *357*, *358*, *391*, *404*, *468*
Graefenthal, Christian *425*
Graefenthal, Sibylla siehe Weller, Sibylla verw. Graefenthal
Grebnitz, Elias *275*, *277*, *278*, *279*, *290*, *299*
Gregor, Christian *49*
Greiffenberg, Ludwig Rittmeister von *190*
Greiffenpfeil, Melchior von *414*
Grempler, Anna Augusta siehe Sieber, Anna Augusta geb. Grempler
Gresse, Stephan *89*, *132*, *192*, *389*
Grewnitz, Joachim von *304*
Grimm, Catharina Maria geb. Weding *315*
Grimm, Joachim *315*
Gröben, Friedrich Otto von der *306*
Gröben, Hans Ludwig von der *93*, *391*, *415*
Groening, Peter *251*
Gröffenius, Henricus *197*
Gröffenius, Jeremias *299*
Gromann, Christoph *158*, *425*, *429*, *430*
Gronovius, Johannes Friedrich *460*
Grosse, David *184*
Grosse, Henning *412*
Grossen, Christian *125*
Grossen, Jacob *186*
Großgebauer, Philipp *346*
Grote, Ernst Julius *209*
Grote, Gertrud Sophie von siehe Meinders, Gertrud Sophie von, geb. von Grote
Grote, Luise Margarethe von, geb. von Rochow *433*, *434*

Grote, Otto von 255, *391*, *434*
Grotius, Hugo 4, 272, 347
Grotkius, David *181*
Grumbkow, Anna Luise von *401*, *436*, *492*
Grumbkow, Joachim Ernst von 59, *401*
Grünacker, Maria Benigna geb. Peutzer verw. Beauliau *51*
Grünacker, Peter *51*
Grüneberg, Christian 283
Grünenthal, Bartholomäus *309*
Grünewald, Rosina geb. Bernoulli *390*
Grünicke, Barbara siehe Bötticher, Barbara geb. Grünicke
Grünkäse, Johann 308, *309*
Gryphius, Andreas 36
Gueintz, Christian 139, 317, 334, 356, *462*, *463*
Guericke, Otto von 319
Gundling, Nicolaus Hieronymus 455
Günzel, Albert 186, 189, *191*, *340*, *388*, *413*
Gutjahr, Dorothea siehe Köppe, Dorothea geb. Gutjahr
Gutke, Georg 27, 28, *142*, *144*, *234*, *244*, *478*
Gutke, Maria geb. Moritz *144*
Gutwill, Anna siehe Elsholtz, Anna geb. Gutwill
Gysaeus, Bernhardus *184*

Haake, Hans Georg von *309*
Haake, Hedwig Maria von, geb. von Schlabberndorff *309*
Haberkorn, Peter 318
Hafenreffer, Matthias 139
Hafftiz, Peter 73, 411
Hagerup, Eiler 170, *173*
Hahn, Georg 28, 366, 446
Hahnstein, Franz 78, *197*, *202*, *326*, *358*, *391*, *404*, *468*
Hahnstein, Ilsabe geb. Manart siehe Grabow, Ilsabe geb. Manart verw. Hahnstein
Hahris, Margaretha Maria siehe Berger, Margaretha Maria geb. Hahris
Hake, Gertrud von siehe Saldern, Gertrud von, geb. von Hake
Halbichius, Johannes 425, *427*, *430*
Hale, Matthew 396, *400*, *489*, *491*
Hall, Joseph 396, *398*, *399*, *400*, *402*
Haller, Catharina siehe Eckholt, Catharina geb. Haller
Hammelmann, Catharina siehe Erasmus, Catharina geb. Hammelmann
Hamrath, Friedrich *223*
Hancke, Johann 303
Hanff, Michael 46, *300*
Hanisch, Martin 78, 90, *307*, *390*

Hans, Andreas 236, *385*
Hans, Maria geb. Krumnaw 236, *385*
Happe, Elisabeth geb. Schatte 93, *171*, *311*
Happe, Wilhelm Heinrich 93, *311*
Harsdörffer, Georg Philipp 381
Hartmann, Johann Ludwig 170
Hartwig, Jonathan 174
Hartwig, Margaretha siehe Heimburger, Margaretha geb. Hartwig
Harvey, William 119, 294, 318, 453, *459*
Haslob, Michael *421*
Hasse, Anna Regina geb. Bebel *42*
Hasse, Paul *42*
Haugwitz 297
Haveland, Caspar 441, 443
Havemann, Johann 179, *305*, 437
Hayne, Elisabeth geb. Heinel *343*
Hayne, Michael Martin *343*
Heermann, Johann 106, 380
Heidanus, Abraham 65
Heidereich, Anton *199*
Heidkampf, Anna geb. Beyer *285*, *415*
Heidkampf, Christian Sigismund 50, *424*
Heidkampf, Elisabeth geb. Moll *390*
Heidkampf, Johann Albert *424*
Heidkampf, Veit *237*, *285*
Heidkampff, Amalia siehe Wernicke, Amalia geb. Heidkampff
Heigel, Paul 174
Heiland, Lorenz 226
Heiler 281, *292*
Heimburger, Christoph 174
Heimburger, Daniel David 43, 60, 76, 77, 83, 92, **174–176**, *214*, 233, *352*, *407*, *475*, *484*
Heimburger, Daniel Friedrich 175
Heimburger, Dorothea Elisabeth 175
Heimburger, Dorothea Elisabeth geb. Buntebart *43*, 92, 175
Heimburger, Johann Christoph 175
Heimburger, Margaretha geb. Hartwig 174
Heineccius, Abraham 139, 186, 227
Heinel, Elisabeth siehe Hayne, Elisabeth geb. Heinel
Heinrich, Johann 62
Heinrici, Daniel 338
Heinsius, Anna Hedwig geb. Seger *131*, *428*
Heinsius, Catharina geb. Vehr 443
Heinsius, Daniel 174
Heinsius, Martin 118, *119*, 125, *131*, *158*, 298, *391*, *423*, *428*, 441, 443, 444, *449*
Heintze, Marie Elisabeth siehe Meyer, Marie Elisabeth geb. Heintze
Heinzelmann, Agnes Sophia geb. Zobel 179

Heinzelmann, Bartholomaeus 177
Heinzelmann, Christian Justus 179
Heinzelmann, Elisabeth *157*, 179, *197*, *239*, *249*, 414
Heinzelmann, Johannes 108, 109, *111*, *116*, 127, 141, *144*, 151, 152, *159*, *161*, **177–185**, 193, 201, *204*, *238*, 245, *248*, *305*, 320, 336, 358, *367*, 377, 380, 381, *413*, *414*, 444, *448*, *449*, 465
Heinzelmann, Maria *siehe* Berchelmann, Maria geb. Heinzelmann
Heinzelmann, Maria geb. Schöneichel 177
Heinzelmann, Sophia geb. Zieritz *144*, 179, 180, *238*, *248*, *305*, 358, *360*, *367*, *414*, *448*
Held, Conrad *238*, *295*
Held, Heinrich 302, *303*, 410
Hellendorn, J. *97*
Hellwig d. Andere, Jakob 186
Hellwig d. Ä., Jakob 104, **186–191**, 192, *303*, *340*, 380, *413*, 444
Hellwig d. J., Jakob 129, 151, 152, *157*, *158*, 187, 189, **192–200**, 211, 247, 320, 339, 365, 380, 411, 445, 465
Hellwig, Anna geb. Berlin 186
Hellwig, Anna Sabina 189
Hellwig, Catharina geb. Tonnenbinder *157*, *158*, 194, *341*, *391*
Hellwig, Elisabeth geb. Hertzberg *158*, 194, 196
Hellwig, Friedrich 189
Hellwig, Joachim Ernst 189, 192
Hellwig, Johann 189
Hellwig, Sabina Catharina 189
Hellwig, Sabina geb. Tieffenbach 187, 189, 192
Hellwig, Tobias 186
Helmont, Johann Baptist van 95
Helvetius, Johann Frederik, d. i. Johann Friedrich Schweitzer 67, *68*, *70*
Hendreich, Christoph *64*, 277, 280, 411, 454, 488
Hennert, Martin (?) *269*
Henningsen, Magnus Peter *354*
Hennius, Johann 90
Hentze, Anna *siehe* Carll, Anna geb. Hentze
Hentze, Johann *236*, *385*
Hermann, Peter 32, *39*
Herrnbaur, Johann Georg *81*, *171*, *259*, *471*
Herrwagen, Johann Heinrich *199*
Hertel, Johannes *428*
Hertzberg, Christian *158*, 194
Hertzberg, Elisabeth *siehe* Hellwig, Elisabeth geb. Hertzberg
Hessen-Kassel, Amalie Elisabeth Lgfn von 486
Hessen-Kassel, Elisabeth Henriette Lgfn von *siehe* Brandenburg, Elisabeth Henriette Kurprinzessin von, geb. Lgfn von Hessen-Kassel

Hessen-Kassel, Hedwig Sophie Lgfn von, geb. Prinzessin von Brandenburg 486
Hessen-Kassel, Wilhelm V. Lgf von 485
Hessen-Kassel, Wilhelm VI. Lgf von *303*, 486, *489*
Hessen-Marburg, Ludwig III. Lgf von 486
Hessus, Joachimus 184
Heunius, Johannes 486
Hevelius, Johannes *292*
Heyde, Anna Maria *siehe* Miser, Anna Maria geb. Heyde
Heyse, Sophia *siehe* Rango, Sophia geb. Heyse
Hildesheim, Franz *421*
Hiltebrandt, Jodocus Andreas *328*
Himmel, Johann *18*
Hindenberg, Christoph *462*
Hintze, Jakob 109, *114*
Hippstedt, Johann 84
Hirt, Michael Conrad 106, 109, *389*
Hoburg, Christian *330*
Hochstedt, Elisabeth *siehe* Honack, Elisabeth geb. Hochstedt
Höe von Hohenegg, Matthias *19*, 226, *423*
Hoffmann d. Ä., Friedrich *317*
Hoffmann d. Ä., Jakob *78*, *182*, *249*, *368*, *390*
Hoffmann von Greiffenpfeil, Melchior *158*, *391*
Hoffmann, Anna Sophia, geb. von Pawlowsky *298*
Hoffmann, Bernhard Bartholomaeus *135*
Hoffmann, Christoph 106
Hoffmann, David 381, *385*, *394*
Hoffmann, Eva geb. Becker *236*
Hoffmann, Eva Maria geb. Fritz *143*, *190*, *248*, *367*, *447*
Hoffmann, Friedrich *67*
Hoffmann, Johann Georg 298, 300
Hoffmann, Margaretha geb. Bernhard *78*, *182*, *249*, *295*
Hoffmann, Maria geb. Crüger 106
Hoffmann, Maria geb. Moritz *27*
Hoffmann, Melchior 103
Hoffmann, Moritz *269*, 477
Hoffmann, Samuel *29*, 140, *143*, 188, *237*, *248*, *339*, *367*, *386*, *428*, 444, *447*
Hoffmann, Ursula Maria *siehe* Bernhard, Ursula Maria geb. Hoffmann
Hoffmeister, Johann Friedrich *308*, *426*
Hohenfelder, Ludwig *362*
Hohgrefe, Anton *74*
Holfert, Michael *29*
Holfert, Simon *29*
Holmannus, Thomas 184
Holstein-Gottorp, Friedrich Hz von *452*
Holstein-Gottorp, Hedwig Eleonore von *325*

Holstein-Sonderburg-Glücksburg, Dorothea Prinzessin von *siehe* Brandenburg, Dorothea Kfn von, geb. Prinzessin von Holstein-Sonderburg-Glücksburg, verw. Hzn von Braunschweig-Lüneburg
Holtzfuß, Barthold *472*
Holtzmann, Wilhelm (Xylander) 487
Homberger, Paul 103, 104
Hommel, Elisabeth geb. Zader *342*
Hommel, Johann Andreas *342*
Honack, Elisabeth geb. Hochstedt *314*
Honack, Johann Christian *314*
Hondorf, Gertraut von *234*
Hooke, Robert 321
Höpfner, Heinrich 375
Höpner, Johann 375, *383*
Horch, Christoph *354*, *481*
Horch, Salome Catharina geb. Menin *354*
Hörmann, Johann Christoph 47
Horn, Maria Salome *342*
Horne, Johan van 65
Hornejus, Konrad 452
Hornschuch, Johannes 375
Hoverbeck, Anna Sophia von, geb. von Rochow *12*, *22*, *23*
Hoverbeck, Johann von 23
Hoyer, Eberhard *439*
Hubertsen, Hubert 47
Hübner, Anna *siehe* Bartsch, Anna geb. Hübner
Hübner, Johann Christoph 23
Hübner, Tobias Ernst Christoph 105
Huet, Daniel 4
Hugenpoth, Johann Hermann 84
Hülsemann, Johannes 15, 125, 148, 178, *181*, 244, 298, 335, 336, 338, *342, 343*, 376, *390*, 422, 451
Hülsemann, Sophia geb. Barwasser *343*
Hundeshagen, Christoph 252, 253, 347
Hünicke, Albert Friedrich von *427*
Hunnius, Ägidius 104, 139, 187, 227, 442
Hunnius, Nikolaus 104, 139, 186, 187, 226, *332*, 442
Huß, Anna Margaretha *siehe* Martitz, Anna Margaretha geb. Huß
Hutten, Ulrich von *421*
Hutter, Leonhard 139, 206, 362, 441, 442
Huxholt, Wolfrat 121

Ideler, Andreas *40, 81, 171, 190*, 259, 309, 384, 405, *471, 482, 483*
Ideler, Eva Maria geb. Fritz *190*
Ihle, Johann Abraham *267*
Ilow, Eva Catharina von *siehe* Seidel, Eva Catharina geb. von Ilow, verw. von Rochow

Inckefort, Catharina Margaretha geb. Krause *222*
Inckefort, Daniel 222
Inhausen und Kniphausen, Carlo Ico Ignatius Fh von 223, *390*

Jablonski, Daniel Ernst 16, 397
Jacobi, Anna Maria geb. Fabricius *330*
Jacobi, Ludwig 131, *328, 330*
Jaquelot, Isaac 4
Jasche, Valerius 135
Jastrzembski, Sophia von *siehe* Pawlowsky, Sophia von Pawlowo, geb. von Jastrzembski
Jeckel, Johann Christian 302
Jena, Eleonora Margaretha von, geb. Müller *223*
Jobst, Wolfgang 411
Jockert, Burckhard 89
Jordan, Martha geb. Wins *17*
Jungclaus, Joachim 59
Jungclaus, Sophia 59
Junge, Rosina *siehe* Schmidt, Rosina geb. Junge
Jungenitsch, Maria *siehe* Tschirtner, Maria geb. Jungenitsch
Jungius, Joachim 178, 450, 451, 464
Jungius, Johannes 451
Jurieu, Pierre 6

Kahler, Johannes 325
Kalbesberg, Anna Maria *siehe* Lilien, Anna Maria von, geb. Kalbesberg
Kalbesberg, Caspar 227
Kalchum gen. Leuchtmar, Gerhard Romilian von *20*, 208
Kalchum gen. Leuchtmar, Wilhelm Friedrich von *12*, 192, *196*
Kalle, Catharina geb. Schrödter *235*
Kalle, Johann 104, *110*
Kalle, Margarethe geb. Krause 104, *110*
Kalow, Johann 52
Kanßdorf, Balthasar *132, 340, 448*
Kanßdorff, Daniel *328, 330*
Kassel, Peter 142, 235, 384
Katsch, Charlotta Maria geb. Vielthuedt *352*
Katsch, Friedrich 352
Kaul, Maria *siehe* Thiele, Maria geb. Kaul
Kaut, Catharina Sibylle geb. Seger *289*
Kaut, Peter Franz 289, *401*
Keckermann, Bartholomaeus 14
Kemmerich, Christian *427*
Kemmerich, Franz *427*
Kepler, Johannes 139
Kerssenstein, Sigismund Israel von 84

Kertzendorf, Anna *siehe* Glück, Anna geb. Schmidt verw. Kertzendorf
Kertzendorf, Joachim *306*
Keseler, Caspar *308*, *414*
Kessel, Peter *142*
Khevenhüller, Fh von 334
Kiebeler, Elisabeth *siehe* Püscher, Elisabeth geb. Kiebeler
Kiebeler, Michael *311*
Kieners, Daniel 282
Kieners, Sara geb. Müller 282
Kiepe, Johann *312*
Kies, Johann 254, 255
Kiesewetter, Maria Loysa *siehe* Schechtken, Maria Loysa geb. Kiesewetter
Kindler, Johannes *472*
Kircher, Athanasius 275, 276, 278, 410
Kirchhoff, Anna *siehe* Schläger, Anna geb. Kirchhoff
Kirchmaier, Georg Caspar 216
Kirchner, Christian 231
Kirchner, Hermann 206
Kittelmann von der Sale, Lazarus *49*
Kleist, Paul *306*
Klingenberg, Dorothea *79*, *201*, *359*, *393*, *469*
Klingenberg, Friedrich Gottlieb 201
Klingenberg, Martin *79*, 108, *116*, 179, *183*, **201 bis 204**, *359*, 381, *393*, *469*
Klingenberg, Sophia geb. Schwanhäuser *79*, 201, *359*, *393*, *469*
Klitzing, Anna Ehrentraut von *siehe* Platen, Anna Ehrentraut von, geb. von Klitzing
Klitzing, Caspar von 228, *235*, *239*, *384*
Klitzing, Catharina von, geb. Lüderitz 227
Klitzing, Ehrentraut von, geb. von Wolff 228, *239*
Klitzing, Elisabeth Sophia von *siehe* Waldow, Elisabeth Sophia von, geb. von Klitzing
Klose, Catharina *siehe* Buntebart, Catharina geb. Klose
Knesebeck d. Ä., Thomas von dem 205
Knesebeck d. J., Thomas von dem **205–210**, 445
Knesebeck, Emerentia von dem, geb. von Alvensleben 205
Knesebeck, Hempo von dem 205, 206, 207, *209*, *210*
Knesebeck, Jürgen von dem 208
Knesebeck, Levin von dem 19, 99, 205, 207, *385*, 477
Koch d. Ä., Gerhard 211
Koch d. J., Gerhard 212
· Koch, Andreas *142*, *384*
Koch, Catharina geb. Wernicke *142*, *384*
Koch, Gerhard 211
Koch, Gertrud Louisa 212

Koch, Hermann *80*, 202, **211–215**, *312*, *353*, 357, *360*, *405*, *465*, *469*
Koch, Jacob *478*
Koch, Johann 15, *27*, 188, *190*, *383*, *384*, *446*
Koch, Louisa geb. Sölle *80*, *202*, 212, *360*, *405*, *469*
Koch, Louisa Margaretha 212
Koch, Maria geb. Schadebrodt verw. Dahnies 212, *312*
Koch, Simon Hermann 212
Koch, Wemme geb. Silckenstädt 211
Kohl, Andreas *29*, *78*, *143*, *144*, *145*, *156*, *182*, *190*, *208*, *210*, *237*, *238*, *239*, *249*, *339*, *341*, *367*, *387*, *389*, 410, *428*, 445, *448*, *467*, *478*, *479*, *480*
Kohl, Andreas Friedrich *142*
Kohl, Maria geb. Schönbeck *143*
Kohl, Martha Sophia *siehe* Seidel, Martha Sophia geb. Kohl
Kohlheim, Nikolaus 103
Kohlheim, Ulrike *siehe* Crüger, Ulrike geb. Kohlheim
Kohlreiff, Bernhard 124, 244, 375, 376, 377, 423
Köler, Christoph 177, 178
Konarsky 298
König, Anna *siehe* Preuß, Anna geb. König
König, Anna Elisabeth *siehe* Rodigast, Anna Elisabeth geb. König
König, Anton 348
König, Caspar *261*
König, Johann Friedrich 272, 336
König, Maria Catharina geb. Rühle *261*
Königsmarck, Otto Wilhelm Gf von *416*
Kopke, Thomas *209*
Köppe, Anna 138
Köppe, Anna *siehe* Chemnitz, Anna geb. Köppe
Köppe, Catharina *siehe* Fromm, Catharina geb. Köppe
Köppe, Catharina geb. Supe *45*
Köppe, Dorothea Elisabeth *siehe* Cramer, Dorothea Elisabeth geb. Köppe
Köppe, Dorothea geb. Gutjahr *224*
Köppe, Jobst 138
Köppe, Johann *224*, 255, *360*
Köppe, Michael *45*
Korn, Johann *80*, *285*, *311*, *360*, *394*, *470*
Kornmesser, Catharina *siehe* Neimer, Catharina geb. Kornmesser
Kornmesser, Joachim Friedrich 48, *50*
Kornmesser, Sibylla Dorothea geb. March 48, *50*
Kortholt, Christian 136
Köseler, Clemens 234
Kost, Anna Elisabeth geb. Essenbrücher *313*
Kost, Anna Margaretha *siehe* Barthold, Anna Margaretha geb. Kost

Kost, Hermann *313*
Kraatz, Catharina *siehe* Müller, Catharina geb. Kraatz
Kramer, Michael *309*
Krapp, Ursula *siehe* Tonnenbinder, Ursula geb. Krapp
Krause, Anna Sibylla *siehe* Otto, Anna Sibylla geb. Krause
Krause, Catharina Margaretha *siehe* Inckefort, Catharina Margaretha geb. Krause
Krause, Catharina Regina *siehe* Rhewend, Catharina Regina geb. Krause
Krause, Daniel *183*
Krause, Gallus *446*
Krause, Georg *101*
Krause, Johann *75, 210, 307, 390, 413*
Krause, Loysa Maria *siehe* Wippermann, Loysa Maria geb. Krause
Krause, Margarethe *siehe* Kalle, Margarethe geb. Krause
Krause, Sabina geb. Reulin *446*
Krauß, Barbara Catharina geb. Frischmuth *352*
Krauß, Johannes *352*
Krautheim, Johann Joachim *188*
Kretschmar, Gottfried *12*
Krieger, Sebastian *89, 192*
Krockow, Herr von *84*
Kromayer, Hieronymus *338*
Kruckenberg, Georg *209, 429*
Krüger, Georg *89*
Krumnaw, Georg *236, 385*
Krumnaw, Maria *siehe* Hans, Maria geb. Krumnaw
Kubitz, Anna geb. Schmied *52*
Kubitz, Johann Leonhard *41*
Kubitz, Leonhard *40, 52*
Kühlwein, Catharina Elisabeth *siehe* Besser, Catharina Elisabeth von, geb. Kühlwein
Kühne, Johann *419*
Kümmel, Bartholomaeus *419*
Kunckel von Löwenstern, Johann **216–220**
Kunius, Michael *225*
Kunsch von Breitenwald, Barbara geb. Giller von Lilienfeld *221*
Kunsch von Breitenwald, Jeremias *221*
Kunsch von Breitenwald, Johann *85, 152,* **221–224**, *313, 391, 392, 394, 400, 432, 433, 438, 439, 454*
Kunsch von Breitenwald, Johann d. J. *402*
Kunzenbach, Anna Maria *siehe* Bredow, Anna Maria geb. Kunzenbach
Kunzenbach, Rebecca *siehe* Schmitstorff, Rebecca geb. Kunzenbach
Kupfer, Balthasar *198*
Kupkow, Heinrich *426*
Küster, Georg Gottfried *179, 181, 195*

Kyper, Albert *95*

La Croze, Maturin Veyssiere de *280*
La Placette, Jean de *3, 4*
Lachner, Margaretha *siehe* Lilien, Margaretha von, geb. Lachner
Lachner, Michael *225*
Ladebour, Heinrich *235*
Ladovius, Anna Elisabeth geb. Goltze *315*
Ladovius, Christian *309, 315*
Lambert, Henry *8*
Lange von Langenau, Andreas *221*
Lange, Andreas *343*
Lange, Christian *375*
Lange, Gottfried *8, 42, 91, 175, 301*
Lange, Hermann *105*
Lange, Johann *294*
Lange, Johann Gottfried *50*
Lange, Johannes *89*
Lange, Margaretha geb. Planer *343*
Lange, Samuel *338, 343*
Lauche, Maria *siehe* Preibisius, Maria geb. Lauche
Lauer, Johann Adam *31, 49*
Lauer, Johannes *49, 91*
Lauer, Maria geb. Osterheld *49*
Lauremberg, Petrus *212, 357*
Le Clerc, Jean *7, 70*
Leder, Anna Susanna *siehe* Pfitzer, Anna Susanna geb. Leder
Leeuwenhoek, Antony van *321*
Lehmann, Emerentia *siehe* Lilien, Emerentia von, geb. Lehmann
Lehmann, Georg *168*
Lehmann, Joachim *41*
Lehmann, Margaretha geb. Bluhme *41*
Lehmann, Martin *227*
Lehr, Johannes *393*
Leibniz, Gottfried Wilhelm *4, 32, 65, 67, 96, 98, 119, 122, 216, 278, 280, 282, 292, 346, 347, 350*
Lembke, Georg *331*
Leopold I., dt. Kaiser *53, 129, 269, 277, 280, 382, 489*
Leti, Gregor *7*
Leuschner, Martin *125*
Leuthinger, Thomas Matthias von *421*
Leutinger, Nikolaus *411, 421*
Lewusch, Simon *303*
Leyser d. Ä., Polycarp *362*
Leyser, Dorothea *siehe* Reiter, Dorothea geb. Leyser
Leyser, Friedrich Wilhelm *260, 471*
Leyser, Nicolaus *383*
Leyser, Polycarp *362, 374, 375, 383*

Leyser, Regina geb. Calov *158*
Leyser, Wilhelm 125, 126, 148, 178, *181*, 244, 335, 336, 422, 451
Liebig, Adam 431
Liebmann, Johann *214*, 350, *353*, *407*, *475*
Lieffeld, Christoph 109, 181
Liegnitz, Brieg und Wohlau, Christian Hz von 84, 396
Liegnitz, Brieg und Wohlau, Georg Wilhelm Hz von 85
Liegnitz, Brieg und Wohlau, Luise Hzn von 86
Liegnitz, Ludwig Hz von 437
Liegnitz-Brieg, Anna Sophia Hzn von *398*
Liegnitz-Brieg, Ludwig Hz von 396, *398*
Lier, Artus Gijzel van 276
Ligarius, Johann 450
Lilien, Susanne von *siehe* Mönchmeyer, Susanne geb. von Lilien
Lilien auf Waitzendorf, Caspar von 227, 230, 233, *241*, *424*, *426*
Lilien d. Ä., Caspar von 225
Lilien d. J., Georg von 228, 233
Lilien, Andreas von 225
Lilien, Anna Maria von, geb. Kalbesberg 227
Lilien, Anna Ursula von *siehe* Wolff, Anna Ursula geb. von Lilien
Lilien, Christian Matthaeus von 228
Lilien, Emerentia von, geb. Lehmann *176*, 227, 233
Lilien, Georg Friedrich von 233
Lilien, Georg von 25, 26, 27, *28*, *29*, 78, 91, 104, *145*, 152, 153, 154, *155*, *157*, *176*, 179, *182*, 195, *197*, *210*, *238*, **225–243**, 246, *247*, *248*, *249*, 274, *304*, *327*, 337, *339*, *341*, *359*, 366, *367*, *384*, *385*, *389*, *414*, *424*, *429*, *448*, *454*, *455*, *467*, *468*, *469*, *478*, *479*
Lilien, Joachim Friedrich von 228, 233
Lilien, Johann Conrad von 227
Lilien, Margaretha von, geb. Lachner 225, 227
Lilien, Maria Ehrentraut von *siehe* Schrader, Maria Ehrentraut geb. von Lilien
Lilien, Martin von 227, *341*
Lilien, Matthäus von 225
Lilienström, Nicodemus 126
Limborch, Philipp 4
Linde, Christian von der *157*, 180, *184*, 246, *249*, *286*, *368*, *379*, *391*, *394*
Linde, Margaretha von der, geb. Miser 180, *184*, *379*, *391*, *394*
Linde, Ursula von der, geb. Moyse *157*, 246, *249*, *368*, *391*
Lindemann, Johann Christoph 83, *213*, *351*, *473*

Lindemann, Maria Magdalena geb. Meerkatz 83, *214*, *351*, *473*
Linden, Bernhard von der 124
Linden, Johann Anton von der 478
Lindholtz, Andreas 144
Lindholtz, Anna geb. Tonnenbinder *132*
Lindholtz, Anna Ursula *siehe* Müller, Anna Ursula geb. Lindholtz
Lindholtz, Christian *132*, *157*, *307*, *390*
Lindholtz, Ursula geb. Striepe *144*
Lindner, Johann Friedrich *426*
Lindner, Philipp Jacob 342
Lipach, David 352
Lipmann, Anna Margaretha geb. Preunel 47
Lipmann, Johann 47
Lipsius, Justus *157*, 347
Lipstorp, Daniel 84
Lissow, Benigna *siehe* Naffzer, Benigna geb. Lissow
Löben, Anna Elisabeth von *siehe* Burgsdorff, Anna Elisabeth von, geb. von Löben
Löben, Benigna Lucretia von *237*
Löben, Joachim Sigismund von 207, *304*, *340*
Löben, Johann Friedrich Fh von 79, 180, *198*, *250*, *284*, *310*, 378, *386*, *394*, *414*, *415*, *469*
Löben, Johann von 376, *383*, *421*
Löben, Luise Hedwig von, geb. von Burgsdorff *198*, *202*, *250*, *415*
Löben, Margaretha von, geb. von Winterfeld *342*
Löben, Maria Anna von, geb. von Rechenberg *342*, *414*, *415*
Lobes, Michael *476*
Lobwasser, Ambrosius 107
Locke, John 4
Logau, Anna Eleonora von, geb. Zolikofer 86
Logau, Balthasar Friedrich von 85, 86
Lonicer, Anna Sophia geb. Sommer 50
Lonicer, Wendelin 50
Lorentz, Catharina *siehe* Vehr, Catharina geb. Lorentz
Lorentz, Catharina geb. Rosenthal *111*, *447*
Lorentz, Dorothea Elisabeth *siehe* Rango, Dorothea Elisabeth geb. Lorentz
Lorentz, Joachim 441
Lorentz, Johann 320
Lorentz, Johann Georg *478*
Lorentz, Johann Samuel 329
Lorentz, Margaretha geb. Gerstmann *328*
Lorentz, Samuel *111*, 152, *159*, *328*, *394*, *415*, *447*
Löscher, Caspar 232, *241*, *242*, 432
Loth d. Ä., Georg 226
Loth d. J., Georg 482
Lotichius, Jacob *415*
Lubath d. Ä., Martin 244

Lubath d. J., Martin 245
Lubath, Dorothea geb. Thiele 245
Lubath, Martin 27, 30, 76, 78, 145, 152, 158, 178, 182, 183, 195, 197, 239, 240, 244–250, 295, 336, 339, 341, 362, 364, 368, 377, 378, 389, 391, 448, 451, 462, 467
Luben, Anna Ursula siehe Ransleben, Anna Ursula geb. Luben
Lubens, Christian Friedrich 59
Lubens, Samuel Jacob 59
Lucas, Maria Elisabeth siehe Schmettau, Maria Elisabeth geb. Lucas
Lucas, Martin 396
Lucius, Johann Andreas 392
Ludecus, Johann Christoph 131, 298, 428
Ludecus, Johannes Philipp 198
Ludecus, Matthias 421
Ludekenius, Thomas 290
Ludenius, Laurentius 140
Lüder, Johann Friedrich 360, 469
Lüder, Johannes 360, 469
Lüder, Rosina Juliana geb. Rolle 360, 469
Lüder, Ursula Catharina siehe Avenius, Ursula Catharina geb. Lüder
Lüderitz, Catharina siehe Klitzing, Catharina von, geb. Lüderitz
Luders, A. 97
Lüders, Ludwig 437
Ludewig, Johann Peter von 456, 460
Ludolf, Hiob 273, 280, 282
Ludovicus, Jacob 134, 136, 344
Lühe, Catharina Elisabeth von der, geb. von Peine 46
Lühe, Eilert Christoff von der 46
Luppius, Andreas 109
Lussovius, Matthias 424
Luther, Anna Rosina geb. Weise 144, 182, 209, 238, 248, 295, 367, 389, 413, 467
Luther, Gabriel 144, 182, 209, 238, 248, 295, 313, 367, 389, 395, 413, 467
Luther, Martin 18, 85, 108, 149, 150, 155, 165, 166, 231, 247, 365, 456
Lütkemann, Paul 51, 328
Lütkens, Franz Julius 38, 56, 297, 300, 301
Lütkens, Maria Elisabeth 56
Lüttke, Gottfried 183

Macarius, Vincent 136, 343
Machiavelli, Niccolò 205
Mader, Theophil 487
Madeweis, Anna Eva geb. Nehmitz 256, 258
Madeweis, Charlotte Christina 258
Madeweis, Charlotte Sophia 256

Madeweis, Christiane Elisabeth 258
Madeweis, Christina Elisabeth geb. Schubart 258
Madeweis, Christoph Friedrich 256
Madeweis, Dorothea Sophia siehe Feetz, Dorothea Sophia geb. Madeweis
Madeweis, Eleonora Christina 256
Madeweis, Friedrich 36, 38, **251–263**, 465
Madeweis, Friedrich Wilhelm 258
Madeweis, Gottfried August 256
Madeweis, Johann 251, 254
Madeweis, Johann Christoph 258
Madeweis, Sophia Elisabeth geb. Weber 251
Magirus, Johann 223, 392
Magirus, Tobias 125, 437
Magliabecchus, Antonius 61
Major, Elias 177
Major, Johann Daniel 119
Major, Johann Tobias 452, 456, 463
Major, Johannes 452, 463
Majus, Christian 118
Majus, Susanna geb. Goldeisen 303
Malichius, David 209, 429
Malpighi, Marcello 66, 95
Manart, Ilsabe siehe Grabow, Ilsabe geb. Manart verw. Hahnstein
Mandelsloh, Anna Maria von, geb. von Schlegel 402
Mannholtz, Johann 307
Männlich, Daniel 354
Mansfeld, Gfn von 212
March, Caspar 44, 48, 90, 211
March, Sibylla Dorothea siehe Kornmesser, Sibylla Dorothea geb. March
Mardefeldt 486
Maresius, Samuel 84, 396, 397
Maria, dt. Kaiserin 384
Marot, Clément 107
Mars, Adolph 308
Martin, Heinrich 84
Martini, Jakob 104, 125, 148, 178, 181, 186, 226, 227, 244, 335, 336, 363, 422, 451, 456
Martinius, Johann Baptista 437
Martitz, Anna Margaretha geb. Huß 41
Martitz, Johann 41, 223, 307, 314
Martitz, Maria geb. von der Water 223, 314
Martitz, Matthias 100
Marwitz, Johann Georg von 183
Masius 281
Matthias, Catharina siehe Fischer, Catharina geb. Matthias
Matthias, Daniel 17
Matthias, Michael 256
Matthias, Thomas 420

Matthias, Ursula *siehe* Bergius, Ursula geb. Matthias
Matthias, Zacharias 91, 92
Mauritius, Caspar 127, *132*, 336, 453, *458*
Maus, Georg *284*
Mayer, Johann Friedrich 325, 326, *332*
Mayer, Johann Ulrich *198*, *250*, 334, 335, 336, 338, 339, *344*
Mecklenburg, Eleonora Maria Hzn von, geb. Fürstin von Anhalt *397*
Mecklenburg, Hans Albrecht Hz von 99
Mecklenburg-Güstrow, Karl Hz von 55, *86*
Mecklenburg-Güstrow, Maria Amelia Hzn von, geb. Mgfn von Brandenburg 55, *86*, *435*
Meerkatz, Christoph *83*, *214*, *351*, *473*
Meerkatz, Maria Magdalena *siehe* Lindemann, Maria Magdalena geb. Meerkatz
Meermann, Anna Elisabeth *siehe* Pole, Anna Elisabeth geb. Meermann
Meermann, Peter *469*
Meibom, Heinrich *456*
Meier, Gebhard Theodor *174*
Meinders, Christian Albert von *474*
Meinders, Franz von 37, *489*
Meinders, Gertrud Sophie von, geb. von Grote *401*
Meisner, Balthasar 104, 139, 166, 186, 206, 226, *362*, *463*
Meisner, Johann *158*, 201, 232, 339, 356, *464*
Melanchthon, Philipp 148, 186, 363, 373, 442
Mellemann, Georg 192, 201
Memhard, Anna *siehe* Rotaridis, Anna geb. Memhard
Mencelius, Joachim 10
Mengering, Arnold 166
Menin, Salome Catharina *siehe* Horch, Salome Catharina geb. Menin
Mentzel, Anna Eva geb. Falckenhagen *264*
Mentzel, Christian 67, 118, 119, *121*, *122*, 216, **264 bis 271**, 275, 280, *478*
Mentzel, Christoph *264*
Mentzel, Johann Christian 119, *265*, 280
Merck, Johann *374*
Merrett, Christopher 216, *218*
Merten, Magdalena *siehe* Montag, Magdalena geb. Merten
Mertens, Anna *siehe* Berkow, Anna geb. Mertens
Metzner, Eva Magdalena geb. Stange *81*, *203*, *260*, *406*, *471*
Metzner, Johann *81*, *203*, *260*, *406*, *471*
Meyer, Andreas *290*
Meyer, Benigna Catharina geb. Schleich *290*
Meyer, Heinrich *342*, *343*
Meyer, Marie Elisabeth geb. Heintze *342*
Mezerai *410*

Michael, Christian 232
Michael, Johannes *343*
Michael, Tobias *390*
Michaelis, Daniel 124, 140
Michaelis, Johannes 90
Michaelis, Margarethe *siehe* Fromm, Margarethe geb. Michaelis
Micraelius, Johann 22, 89, *136*, 272
Mieg, Karl *492*
Mieg, Ludwig Heinrich 486, 487, 489, *493*
Mininski 275
Miser, Anna Maria geb. Heyde 28, *142*, *235*, *383*, *412*, *446*, *478*
Miser, Caspar 28, *142*, *235*, *236*, 379, *383*, *385*, *446*
Miser, Margaretha *siehe* Linde, Margaretha von der, geb. Miser
Miser, Margaretha geb. Damerow *siehe* Zarlang, Margaretha geb. Damerow verw. Miser
Mißler, Johann Nikolaus 318
Möbius, Georg 168
Möbius, Gottfried 318
Moch, Petronella Maria *siehe* Coulombel, Petronella Maria geb. Moch
Molino, Michael 323, *330*
Moll, Elisabeth *siehe* Heidkampf, Elisabeth geb. Moll
Möller, Gregor *353*
Moller, Johann 424, *427*
Möller, Maria Elisabeth geb. Kolckwitz verw. Reinmann *353*
Moller, Martin 323, *329*, *330*
Mönchmeyer, Johann Bartholomaeus 227, 233
Mönchmeyer, Susanne geb. von Lilien 227
Monike, Andreas *306*
Montag, Magdalena geb. Merten *385*
Morhof, Daniel Georg 37, 194
Morin, J. 275
Moritz d. Andere, Andreas 140, 444
Moritz d. Ä., Andreas *308*
Moritz, Andreas 27, *142*, *214*, *308*, *309*, *353*, *407*, *476*
Moritz, Anna *siehe* Spengler, Anna geb. Moritz
Moritz, Anna Maria geb. Berkow 27
Moritz, Joachim 425
Moritz, Magdalena *siehe* Goltze, Magdalena geb. Moritz
Moritz, Margaretha *siehe* Reichardt, Margaretha geb. Moritz
Moritz, Maria *siehe* Gutke, Maria geb. Moritz
Moritz, Maria *siehe* Hoffmann, Maria geb. Moritz
Mose, Christian *308*
Mose, Maria Elisabeth geb. Müller *308*
Moubach, Abraham *8*

Movius 140
Moyse, Ursula *siehe* Linde, Ursula von der, geb. Moyse
Müller d. Ä., Quodvultdeus Abraham 282
Müller, Achatius 54
Müller, Andreas 63, 90, 91, 119, 154, *159*, *198*, *250*, 252, 265, *269*, **272–293**, *314*, 347, *360*, *394*, *395*, *416*, 452, *457*, 469
Müller, Andreas Libertus 179, 465
Müller, Anna Elisabeth geb. Straßburg *310*
Müller, Anna geb. Wedigen verw. Prüfer *39*, 42
Müller, Anna Ursula geb. Lindholtz *315*
Müller, Bonaventura 282, 283
Müller, Catharina geb. Gericke 272
Müller, Catharina geb. Kraatz *41*
Müller, Catharina geb. Neuschütz *93*
Müller, Christian *315*
Müller, Dorothea Elisabeth geb. Sandreuther 282
Müller, Eleonora Margaretha *siehe* Jena, Eleonora Margaretha von, geb. Müller
Müller, Emerentia geb. Gerber 274, 282
Müller, Friedrich *197*, *310*, 346
Müller, Georg 452
Müller, Gottfried *41*, *93*, *171*
Müller, Joachim 272
Müller, Margaretha *siehe* Calovius, Margaretha geb. Müller
Müller, Maria Elisabeth *siehe* Mose, Maria Elisabeth geb. Müller
Müller, Michael *343*
Müller, Paul *425*
Müller, Quodvultdeus Abraham 281, 282, *291*
Müller, Samuel 31, 32, *39*, *40*, *42*, 89, 165, 188, 189, *191*, 192, *300*, *459*
Müller, Sara *siehe* Kieners, Sara geb. Müller
Müller, Ursula Dorothea *siehe* Supe, Ursula Dorothea geb. Müller
Mülner, Balthasar 74, 75, 100, *102*, 489
Mundinus, Caspar Gottfried 328
Munier, Margarethe *siehe* Bötticher, Margarethe geb. Seidel verw. Munier
Musaeus, Johann 166, 252, 318, 338, 346, 445, 452, 463
Musculus, Paul *421*
Muthreich, Martin 299
Mylius, Georg 441, 442
Myslenta, Cölestin 15

Naffzer, Anna Catharina *siehe* Rhewald, Anna Catharina geb. Naffzer
Naffzer, Benigna geb. Lissow 56, *484*

Naffzer, Rosina Sabina *siehe* Pawlowsky, Rosina Sabina von, geb. Naffzer
Naffzer, Rudolph 56, *93*, 300, *483*
Nassau, Johann Moritz von 265
Nassau-Oranien, Luise Henriette Prinzessin von *siehe* Brandenburg, Luise Henriette Kfn von, geb. Prinzessin von Nassau-Oranien
Natzmer, Dubislaf Gneomar von *401*
Natzmer, Sophia Tugendreich von, geb. von Wrech *401*
Neander, Christoph 205, 409
Nebel, Daniel 206
Nehmitz, Anna Eva *siehe* Madeweis, Anna Eva geb. Nehmitz
Nehmitz, Christoph 256
Neimer, Catharina geb. Kornmesser *311*
Neimer, Martin *311*
Neri, Antonio 216, *218*
Nesecke, Andreas *353*
Nesecke, Dorothea Elisabeth geb. Teuber *353*
Neubauer, Christian *314*
Neubauer, Dorothea geb. Christian *312*
Neubauer, Dorothea Magdalena geb. Weitzke *314*
Neubauer, Heinrich Eleasar *43*, *52*
Neubauer, Maria geb. Weiler *43*, *52*
Neubauer, Moritz *312*
Neuberger, Christoph *350*
Neuberger, Maria geb. Beyer *350*
Neuberger, Martin *350*
Neuen, Herrmann de 47
Neuhaus, Maria *siehe* Rhete, Maria geb. Neuhaus
Neuhaus, Matthias 222, 224
Neuhaus, Meinhard 224, *439*
Neuhaus, Sara geb. Boots 222
Neumann, Balthasar 303, *315*, *316*
Neumann, Caspar 445
Neumann, Ursula geb. Rummel *315*
Neumark, Georg 346
Neumeister, Erdmann *161*, *185*, *395*
Neumeister, Sigmund 89
Neuschütz, Catharina *siehe* Müller, Catharina geb. Neuschütz
Newton, Isaac 254
Neyen, Joachim *353*, *475*
Nicolai, Catharina *310*
Nicolai, Christian *40*, 91, 152, *157*, 299, *300*, *307*, *309*, *390*
Nicolai, Dorothea geb. Borke *309*
Nicolai, Johannes *309*
Nicolai, Maria Ehrentraut *siehe* Schindler, Maria Ehrentraut geb. Nicolai
Niemann, Gregor 147

Niemann, Sebastian 252
Niese, Christian *386*
Nifan, Christian *136*
Nihske d. Ä., Lorenz *342*
Nise, Joachim 26, *142*, *208*, *445*
Nitsche, Anna Barbara *siehe* Pfitzer, Anna Barbara geb. Nitsche
Noodt, Gerard 95
Notnagel, Christoph 125, 244, 245, 451, *456*, 463, 464
Nüßler, Bernhard Wilhelm 221

Oelhafen, Nicolaus 118, 264
Oelschläger, Friedrich *61*
Oelschläger, Friedrich Julius *61*
Oelschläger, Helena Sophia geb. Brandes *61*
Oelven, Gottlieb Heinrich 223, *307*, *308*
Oelven, Maria Sibylle geb. Fahrenholtz 223, *307*
Olearius *136*
Olearius, Johann 463
Olearius, Johannes 168, 170, 212
Omichus, Franz *409*, *477*
Oosterga, Cyprianus Regner ab 95
Opitz, Martin 148, 149, 177, 178, 181, 221, 335, 363, *372*, 374, 375, 380, 451
Oppen, Hans Friedrich von *45*, *483*
Oranien, Wilhelm von 5
Oranien, Friedrich Heinrich Prinz von 410
Oranien, Luise Juliane Prinzessin von Oranien *siehe* Pfalz, Luise Juliane Kfn von der, geb. Prinzessin von Oranien
Orchamus, Janus *siehe* Vorstius, Johann
Orth, Anna Elisabeth geb. Elert 310
Orth, Ernst *310*
Osterheld, Elisabeth geb. Schultze 57
Osterheld, Eugen 57
Osterheld, Maria *siehe* Lauer, Maria geb. Osterheld
Ostermann, Johann Erich 125, 178, 245, 335, 356, 450, 451
Otto, Anna Maria geb. Seltrecht *81*, *259*, *288*, *405*, *471*
Otto, Anna Sibylla geb. Krause *81*, *175*, *260*, *261*, *289*, *311*, *472*
Otto, Johann Christoph *81*, *175*, *176*, *260*, *261*, *289*, *311*, *472*
Otto, Maria Elisabeth geb. Tieffenbach *80*, *259*, *314*, *405*, *470*
Otto, Wolff *81*, *259*, *288*, *405*, *471*
Otto, Wolff Christian *80*, *259*, *314*, *405*, *470*
Overkamp, H. *71*, *96*

Palm, Catharina Elisabeth *siehe* Aemilius, Catharina Elisabeth geb. Palm
Palthen, Johann Philipp 325, *333*
Palthenius 422
Paludanus, Bernhard 321
Pambo, Anna geb. Dreßler 59
Pambo, Johannes 59
Pankow, Catharina geb. Berchelmann 74, 156, 208, 248, *340*, *367*, *388*, *412*, *448*, *479*
Pankow, Gratia *siehe* Pruckmann, Gratia geb. Pankow
Pankow, Johann 119, *354*
Pankow, Thomas 74, 75, 118, 141, 156, 184, 208, 248, 265, **294–296**, *305*, *315*, *340*, *357*, *367*, *388*, *412*, *416*, *448*, *479*, *480*
Pape, Gertrud geb. Prentzlau 63
Pape, Johann Christian 63
Pape, Maria Sophia *354*
Pape, Peter Sigismund 63
Papenbruch, Catharina *siehe* Supe, Catharina geb. Papenbruch
Paracelsus 95
Pareus, David 14, 206, *487*
Pascal, Blaise 4
Pascha, Joachim *421*
Pascha, Lorenz *421*
Pasche, Anna *siehe* Dieter, Anna geb. Pasche
Pasche, Catharina *siehe* Brunnemann, Catharina geb. Pasche
Pasche, Magdalena *siehe* Seidel, Magdalena geb. Pasche
Pasche, Martin 27, 180
Pauli, Georg 335
Pauli, Joachim 80, 151, *158*, *171*, *202*, *250*, *259*, *405*, *470*, *483*
Pauli, Maria geb. Fahrenholtz 80, *171*, *202*, *250*, *405*, *470*, *483*
Pauli, Simon 294
Pawlowsky d. Andere, Andreas von 297
Pawlowsky d. J., Andreas von 298
Pawlowsky, Andreas Friedrich von 300
Pawlowsky, Andreas von 41, 43, *61*, 91, *94*, **297–301**, *459*, *483*, *484*
Pawlowsky, Anna Catharina von 41, 298, 299
Pawlowsky, Anna Catharina von, geb. Bruchmann 41, 298, 300, *483*
Pawlowsky, Anna Rosina von *siehe* Schartow, Anna Rosina, geb. von Pawlowsky
Pawlowsky, Anna Sophia von *siehe* Hoffmann, Anna Sophia, geb. von Pawlowsky
Pawlowsky, Christian von Pawlowo 297
Pawlowsky, Franz Rudolph von 300
Pawlowsky, Lucas von 297

Pawlowsky, Rosina Sabina von, geb. Naffzer *43*, 300, *483*
Pawlowsky, Sophia von Pawlowo, geb. von Jastrzembski 297
Pein, Herr von 175
Peine, Catharina Elisabeth von *siehe* Lühe, Catharina Elisabeth von der, geb. von Peine
Peisker, Johann 288
Pelargus, Christoph *16*, 226, 227, 409
Pelargus, Gottfried 299
Pelshofer, Johann Georg 476
Pelshoven, Erich 125
Perbant, Dorothea Amelia von, geb. von Wangenheim *61*
Perbant, Gottfried von *61*
Pestaluzi, Octavius von 86
Petersen, Johann Wilhelm 109
Petraeus, Theodor 276, 277
Peucker, Nikolaus 212, **302–316**, 358, 381, 410, 425, 444
Peutzer, Christoph *41*, 187, *190*, *483*
Peutzer, Johann Caspar 58
Peutzer, Maria Benigna *siehe* Grünacker, Maria Benigna geb. Peutzer verw. Beauliau
Pfalz, Elisabeth Charlotte Prinzessin von der *siehe* Brandenburg, Elisabeth Charlotte Kfn von, geb. Prinzessin von der Pfalz
Pfalz, Karl Kf von der 487
Pfalz, Luise Juliane Kfn von der, geb. Prinzessin von Oranien 20
Pfeffer, Otto Christian *315*
Pfeiffer, August 168
Pfeiffer, Johann Philipp 331
Pfennig, Johann Wilhelm 333
Pfitzer, Anna Barbara geb. Nitsche *342*
Pfitzer, Anna Susanna geb. Leder *343*
Pfitzer, Johann Jacob 342, *343*
Pfreund, Benedikt Konrad 40
Pfuel, Anna von, geb. von Streumen *448*
Pfuel, Elisabeth Tugendreich *235*
Pfuel, Ernst 145, 182, 209, 238, *340*, 367, 389, *413*, 467
Pfuel, Georg Adam von 303, *315*
Pfuel, Johann Ernst 323, *330*, 364, *368*
Pfuel, Margaretha von, geb. von Stogsloff *133*
Pictet, Benedict 4
Pipert, Johann Georg 56
Pistoris, Simon Ulrich 420
Placentinus, Johannes 78, *158*, 197, 202, 240, 250, *327*, 357, *361*, *404*, *468*
Planer, Margaretha *siehe* Lange, Margaretha geb. Planer

Platen, Anna Ehrentraut von, geb. von Klitzing 228
Platen, Hartwig Caspar Ernst von 202, 250, 259, *405*, *470*
Platen, Heinrich von 202, 250, 259, *405*, 469
Platen, Klaus Ernst von 198, 228, 250, 284, 360, *391*, 394, *415*, 470
Platen, Maria von, geb. Fahrenholtz 259
Platter, Felix 73
Pole, Anna Elisabeth geb. Meermann 469
Pole, Johann Matthaeus 469
Pollio, Elisabeth geb. Albinus *342*
Pollio, Lucas 342
Pöllnitz, Baron von 227
Pölmann, Isaak 76, *465*
Polyander, Johann 10
Polz, Johannes 124, 376
Pomarius, Dorothea geb. Reusner *306*
Pomarius, Samuel 132, 180, *306*, *307*, *390*
Pommern, Philipp Hz von 125
Pompejus, Nikolaus 118, 245, 335
Ponat, Joachim 320, *327*
Pontanus, Johann 273
Posner, Caspar 318
Praetorius, Abdidas *421*
Praetorius, Catharina geb. Diepensee *siehe* Vehr, Catharina geb. Diepensee verw. Praetorius
Praetorius, Christoph 251, 252
Praetorius, Joachim 443
Praetorius, Johann *421*
Praetorius, Matthaeus 323, *330*
Praetorius, Michael 104, 106
Praetorius, Paul *421*
Prange, Engel *siehe* Bruns, Engel geb. Prange
Preen, Eleonora Sophie von *siehe* Canitz und Dallwitz, Eleonora Sophie von, geb. von Preen
Preibisius, Johannes 343
Preibisius, Maria geb. Lauche *343*
Prentzlau, Gertrud *siehe* Pape, Gertrud geb. Prentzlau
Preunel, Anna Margaretha *siehe* Lipmann, Anna Margaretha geb. Preunel
Preunel, Eva 78, 202, *327*, *342*, 358, *392*, *404*, *468*
Preunel, Johann Adam 159, 225, *327*, 393
Preunel, Wolfgang 225
Preusmann, T. 97
Preuß, Anna geb. König *306*
Preuß, Martin 306
Preußen, Albrecht Friedrich Hz von 226
Preußen, Anna Prinzessin von *siehe* Brandenburg, Anna Kfn von, geb. Prinzessin von Preußen
Preußen, Friedrich I. Kg von *siehe* Brandenburg, Friedrich III. Kf von

Preußen, Friedrich Wilhelm I. Kg von 488
Prillwitz, Wilhelm 54
Prippernau, Johannes 395
Procopius, Levin Leopold 273, *292*
Prön, Luise Constanze von *siehe* Börstel, Luise Constanze von, geb. von Prön
Pruckmann, Friedrich 420
Pruckmann, Gratia geb. Pankow 313
Pruckmann, Ludwig Moritz 313
Prüfer, Anna geb. Wedigen *siehe* Müller, Anna geb. Wedigen verw. Prüfer
Prüfer, Friedrich *39*
Pufendorf, Samuel Fh von 32, 38, *63*, 96, 346, 349, 355
Puhlemann, Dorotha geb. Eingrüber 239
Puhlmeyer, Rosina *siehe* Burckhard, Rosina geb. Puhlmeyer
Pulmann, Anna *siehe* Fromm, Anna geb. Pulmann
Püscher, Elisabeth geb. Kiebeler *311*
Püscher, Peter 311

Quaak, Elisabeth *siehe* Schultz, Elisabeth geb. Quaak
Quast, Albrecht Christoph von 305
Quelmalz, Martin 437
Quenstedt, Johann Andreas 166
Quistorp d. Ä., Johann 140, 272, 336
Quistorp d. J., Johann 195, 272
Quistorp, Tobias *181*, *413*, *479*
Quitzow, Achatz von 209

Radziwill-Birze, Luise Charlotte Fürstin von *siehe* Brandenburg, Luise Charlotte Prinzessin von, geb. Fürstin von Radziwill-Birze
Rahne, Heinrich 127
Ramsay, Charles A. *217*
Ranfft, Michael *238*
Rango, Carl 325
Rango, Conrad Lorentz 325
Rango, Cunradus Tiburtius 130, *135*, 139, 151, 196, 211, 233, 253, **317–333**, 335, 356, 380, 381, 445, 463, 465
Rango, Dorothea Elisabeth geb. Lorentz 320
Rango, Joachim 317
Rango, Johann Joachim 320
Rango, Lorenz 317, 318, 319
Rango, Martin 317, 318, 319
Rango, Regina Catharina 324, *332*
Rango, Sophia geb. Heyse 317
Rango, Theodor 325
Rango, Theodor Friedrich 324, *332*
Ransleben, Anna Ursula geb. Luben 48
Ransleben, Christian 48

Raspe, Gottfried 375
Rathmann, Hermann 170
Ratke, Wolfgang 335, 373, 462
Raue, Christian 277
Raue, Johann *47*, 264, 277, 370, 454
Raue, Johannes 27, *142*
Raue, Margaretha geb. Gericke *142*
Rébenac, François de Pas, Comte de 3
Rechenberg, Maria Anna von *siehe* Löben, Maria Anna von, geb. von Rechenberg
Redern, Friedrich Wilhelm von 46
Redern, Herr von 89
Reetz d. J., David *81*, *260*, *406*, *472*
Reetz, Benigna 189
Reetz, David 80, *202*, 212, *213*, 285, 358, *360*, 395, *405*, *470*
Reetz, Ursula *siehe* Belmann, Ursula geb. Reetz
Reetz, Ursula geb. Gericke 473
Regius, Henricus 65, 95, *97*
Regius, Zacharias 97
Reich, Johann 456
Reichard, Elias Caspar 33
Reichardt, Benedikt 79, *159*, 284, 328, 359, *393*, *426*, *468*
Reichardt, Euphrosyna Margaretha *siehe* Tieffenbach, Euphrosyna Margaretha geb. Reichardt
Reichardt, Margaretha geb. Moritz 79, *159*, 284, *328*, *359*, *393*, *468*
Reiche, Johann 251
Reichel, Catharina geb. Selfisch *133*
Reichel, Daniel 133
Reichel, Friedrich 10, *11*, 15, 396, *397*
Reichenau, Anna Magdalena geb. Wedigen 315
Reichenau, Georg 50
Reichenau, Georg Friedrich *315*
Reichenau, Maria geb. Wenschendorff 50
Reimann, Matthaeus 186
Reimer, Joachim Ludwig 458
Reinesius, Thomas 456, *457*, *460*
Reinhard, Eva Sibylla geb. Stripe *490*
Reinhard, Johann Georg *93*, 438, *439*, *490*
Reinhardt, Dorothea geb. Görlitz 334
Reinhardt, Elias 334, 335
Reinhardt, Elias Sigismund 91, 125, 127, 128, 129, 130, *134*, *135*, *136*, 138, 139, 140, 141, *145*, 152, 153, 178, 194, 195, *198*, 211, 212, 230, 231, *242*, 245, 246, 247, *250*, 274, *304*, 318, **334–345**, 356, 411, 432, 451, 453, 454, 463
Reinhardt, Elisabeth geb. am Ende 339
Reinhardt, Elisabeth geb. Schröder *304*, 336, 339
Reinhardt, Friedrich Sigismund 336
Reinhardt, Johanna Elisabeth 336

Reinhardt, Sophia Elisabeth 336
Reinhardt, Ursula Dorothea 336
Reinhardt, Wilhelm Sigismund 336
Reinhart, Anna Maria *siehe* Falckenhagen, Anna Maria geb. Reinhart
Reiß, Johann Caspar 69
Reißner, Thomas *136*
Reiter, Dorothea geb. Leyser *342*
Reiter, Johann Jacob *342*
Rekel, Simon *457*
Rese, Johann Philipp *439*
Reulin, Sabina *siehe* Krause, Sabina geb. Reulin
Reupke, Georg 438
Reusner, Dorothea *siehe* Pomarius, Dorothea geb. Reusner
Reyger, Arnold de *208*, 446
Reyger, Margaretha Catharina de 446
Reyger, Sophia de, geb. von Wintzingeroda *208*, *445*
Rhaden, Lucius von *391*
Rhenius, Johann 373
Rhetius, Johann Friedrich 319
Rhetius, Maria geb. Neuhaus *13*, *394*
Rhewald, Anna Catharina geb. Naffzer *414*
Rhewald, Christian Gottlieb 308, *414*
Rhewend, Anna Catharina *siehe* Schilling, Anna Catharina geb. Rhewend
Rhewend, Catharina *390*
Rhewend, Catharina Regina geb. Krause 94
Rhewend, Christoph 43
Rhewend, Louysa Maria *siehe* Wolff, Louysa Maria geb. Rhewend verw. Weiler
Rhewend, Sebastian 92, 94, *390*, *393*
Rhewend, Sophia Elisabeth *390*
Rhoden, Catharina Ursula *siehe* Bromberg, Catharina Ursula geb. Rhoden
Rhodius, Ambrosius 139, 147, 363
Ribbach, Johann Ernst 348, *354*
Ribbeck, Hans Georg von 207
Richter, August *343*
Richter, Christoph Philipp 252, 253
Richter, Georg Gottfried 293
Riedel, Gottfried *135*, 242, 243, 344
Riegel, August 303
Rieger, Rosina *siehe* Bach, Rosina geb. Rieger
Riemer 298
Rist, Johann 36, 166, *304*, *305*, *307*, *381*, *388*
Rivinus, Andreas *457*
Röbel, Hans Dietrich von 367
Röbel, Hedwig von *siehe* Götzen, Hedwig von, geb. von Röbel
Röbel, Johann Georg von 45, *424*, *427*, *428*

Röber, Christina Dorothea *siehe* Weller, Christina Dorothea geb. Röber
Röber, Paul 148, 178, *181*, 244, 335, 336, 422, 423, 425, 451
Rochow, Anna Sophia von *siehe* Hoverbeck, Anna Sophia von, geb. von Rochow
Rochow, Eva Catharina von, geb. von Ilow *siehe* Seidel, Eva Catharina geb. von Ilow, verw. von Rochow
Rochow, Luise Margarethe von *siehe* Grote, Luise Margarethe von, geb. von Rochow
Rochow, Otto Christoph von 207, *222*, *390*
Rochow, Wolf Dietrich von 21, 74, *209*
Rodenberg, Johann 363
Rodigast, Anna Elisabeth geb. König 348
Rodigast, Dorothea Elisabeth geb. Thilo 348, *407*
Rodigast, Eleonora Sabina 348
Rodigast, Elisabeth Sophia 348
Rodigast, Eva Dorothea 348
Rodigast, Johann 346
Rodigast, Johann Adam 348
Rodigast, Samuel 32, 36, 77, *83*, 213, *215*, 252, **346 bis 355**, 445, 466, *476*
Rohan, Benjamin de 5
Rohtenberges, Gertrud *siehe* Bredow, Gertrud geb. Rohtenberges
Rolfinck, Werner 120, 252, 253, 318, *478*
Rolle, Johann *360*, *469*
Rolle, Rosina Juliana *siehe* Lüder, Rosina Juliana geb. Rolle
Roloff, David 48
Roloff, Matth. *210*
Roloff, Michael 209
Römann, Johann Jacob 92, 165, *171*, *306*, 309
Romanus, Adam 138
Rönefahrtus, David *182*
Rosa, Anna geb. Spengler *313*, *358*, 425
Rosa, Christian 124, *182*, 187, *197*, 443, 444, *467*
Rosa, Samuel 79, 151, *158*, 166, 180, 194, *197*, 201, 202, 212, 233, *240*, *250*, 296, *313*, 318, 320, *327*, 335, **356–361**, 366, *404*, 425, 463, 465, 468
Rose d. J., Johann 375
Rose, Catharina 375, *383*
Rose, Johann 375, *383*
Rosenecker, Johann Sigismund 187
Rosenthal, Catharina *siehe* Lorentz, Catharina geb. Rosenthal
Rosenthal, Gertrud *siehe* Vulpinus, Gertrud geb. Rosenthal
Rosenthal, Matthaeus 89, *143*, *236*, 366, *386*, 425, 447
Rösner, Anna Sabina *siehe* Weigel, Anna Sabina geb. Rösner

Rösner, Barbara geb. Schönfeld   362, 363
Rösner, Catharina   363
Rösner, Christian   363
Rösner, Dorothea *siehe* Wehling, Dorothea geb. Rösner
Rösner, Gottfried   193, 194, 232, *241*, 357, 363, 364, 365, 366, 369, *427*
Rösner, Johann   78, *145, 158, 183*, 193, 195, *197*, 232, *239, 240*, 245, *249*, *341*, 357, **362–368**, *389, 390, 391*, *448, 467*
Rösner, Johann Christian   363
Rösner, Johannes Bartholomäus   363
Rösner, Maria   363
Rösner, Nikolaus   362
Rösner, Sidonia   363
Rösner, Sidonia geb. Waldner   78, *145, 183, 239, 249, 341*, 363, 364, *389, 448, 467*
Rösner, Sidonie *siehe* Runge, Sidonie geb. Rösner
Rotaridis, Anna geb. Memhard   62
Rotaridis, Christian   31, 34, 38, 39, *62*, *64*, 175
Rotaridis, Melchior   54
Roth, Eleonora Elisabeth   *399*
Rothe, Samuel   *11*
Rother, Simon   186, 441
Rottenburg, Sebastian von   *328*
Rozycki   298
Rudolph II., dt. Kaiser   225
Rudolph, Johann   *343*
Rühle, Andreas Matthias   50
Rühle, Heinrich   *261*
Rühle, Maria Catharina *siehe* König, Maria Catharina geb. Rühle
Rummel, Ursula *siehe* Neumann, Ursula geb. Rummel
Rumph, Georg Eberhard   265
Runge, Catharina   *371*
Runge, Christoph   107, 109, *111*, 150, 153, *156*, 365, **369–372**, *392*
Runge, David   441, 442
Runge, Georg   26, 369
Runge, Jakob   442
Runge, Margaretha *siehe* Berkow, Margaretha geb. Runge
Runge, Sidonie geb. Rösner   *392*
Rupp, Euphrosyne Catharina *siehe* Fröhden, Euphrosyne Catharina geb. Rupp
Rusius, Albert   *67*, 96

Saalbach, Christian   *330*
Sabinus, Georg   186, *421*, 441
Sacer, Gottfried Wilhelm   151, *157*
Sachsen, August Prinz von   442

Sachsen, Christian I. Kf von   441
Sachsen, Christian II. Kf von   225, 441, 442
Sachsen, Johann Georg II. Kf von   129, 151, 180, 216, *307*, *390*
Sachsen, Magdalene Sibylle Kfn von   109, 151, 180, 181
Sachsen-Altenburg, Friedrich Wilhelm Hz von   441, 442
Sachsen-Eisenberg, Christian Hz von   257
Sachsen-Gotha , Ernst Hz von   273
Sachsen-Merseburg, Christian Hz von   154
Sachsen-Merseburg, Christian II. Hz von   256
Sachsen-Weimar, Wilhelm Hz von   318
Sachsen-Weißenfels, August Hz von   255, 463
Sagittarius, Caspar   347, *460*, *461*
Sagittarius, Johann Christian   100, 463
Sainson, Louise Charlotte geb. Schmied   45, *439*
Sainson, Ludwig   45
Saldern, Elisabeth von *siehe* Götzen, Elisabeth von, geb. von Saldern
Saldern, Gertrud von, geb. von Hake   186, 441
Saldern, Matthias von   186, 441
Sandreuther, Dorothea Elisabeth *siehe* Müller, Dorothea Elisabeth geb. Sandreuther
Sandreuther, Siegmund   282
Sartorius, Andreas   *100*
Sartorius, Rosina   *100*
Saubert, Johann   174
Sautyn, Elias   96
Scaliger, Justus Caesar   206
Schacher, Quirin   *343*
Schade, Johann Caspar   109
Schadebrodt, Maria *siehe* Koch, Maria geb. Schadebrodt verw. Dahnis
Schäfer, Antonius   60
Scharde, Catharina geb. Weiler   48
Scharde, Georg Wilhelm   255, *412*
Scharde, Gottfried   48, *399*, *439*
Scharff, Johann   125, 148, 178, *181*, 201, 245, 356, 422, 424, 451, 463, 464
Scharlach, Samuel   477
Scharnow, Tobias   82, 203, 261, *406*, *473*
Schartow, Anna Rosina, geb. von Pawlowsky   298
Schartow, Johann Benedikt   298, 300
Schatte, Elisabeth *siehe* Happe, Elisabeth geb. Schatte
Schatte, Thomas   45, *483*
Schechtken, Christian   57
Schechtken, Maria Loysa geb. Kiesewetter   57
Schede-Melissus, Paul   226, 409, 453
Scheffler, Johannes (Angelus Silesius)   109, *184*, 252
Scheibler, Christoph   205

Scheidt, Samuel 106
Schein, Johann Hermann 104, 106, 373
Schelstrate, Emanuel *269*
Schelwig, Samuel 325
Schepel, Martin *97*
Scherzer, Johann Adam 129, *135*, 231, *241*, *242*, *243*, *344*
Scheucker, Johannes Caspar *183*
Schilling, Anna Catharina geb. Rhewend *44*
Schilling, Anna geb. Bergemann 353, *407*, *476*
Schilling, Johann Salomon *44*
Schilling, Maria Sibylle *siehe* Schmied, Maria Sibylle geb. Schilling
Schilling, Philipp Andreas 350, *353*, *407*, *476*
Schilter, Johann 347, 348
Schindler, Johann 57, *214*, *352*, *407*, *474*, 484
Schindler, Johannes 50
Schindler, Maria Ehrentraut geb. Nicolai 57, *176*, *214*, *351*, *407*, *474*, 484
Schirmer d. Andere, Michael *383*
Schirmer d. Ä., Michael 373
Schirmer d. J., Michael 377, *381*
Schirmer, Catharina geb. Thiele 377, *381*
Schirmer, Dorothea 373
Schirmer, Dorothea Catharina *184*, 377, *380*
Schirmer, Johannes 373
Schirmer, Margarita 373
Schirmer, Michael 106, 124, 150, 151, *156*, 166, 167, 179, 201, 211, 228, *235*, 244, 302, *311*, 364, *372*, **373–395**, 444, 465, 466
Schirmer, Samuel 313
Schlabberndorff, Elisabeth Sophie Freifrau von *siehe* Schwerin, Elisabeth Sophie Freifrau von, geb. von Schlabberndorff
Schlabberndorff, Hedwig Maria von *siehe* Haake, Hedwig Maria von, geb. von Schlabberndorff
Schläger, Anna geb. Kirchhoff *343*
Schläger, Rudolph *343*
Schlegel, Anna Maria von *siehe* Mandelsloh, Anna Maria von, geb. von Schlegel
Schleich, Andreas 53
Schleich, Benigna Catharina *siehe* Meyer, Benigna Catharina geb. Schleich
Schleich, Daniel 53
Schlieben, Adam von (?) *420*
Schlieben, Anna von, geb. von Crummenstein *446*
Schlieben, Baltzer von *446*, *447*
Schlieben, Joachim Friedrich von *427*
Schlieben, Liborius von *420*
Schlieff, Georg 90
Schlüsselburg, Conrad 15
Schlüter, Gottfried *342*
Schlüterin *siehe* Bosterhausen, Ilsa Anna gen. Schlüterin geb. Tietze
Schmeiß von Ehrenpreißberg, Johann *307*, *390*
Schmettau, Christiane geb. Bieltzer *396*
Schmettau, Georg 396
Schmettau, Heinrich 85, 222, *224*, **396–403**, 432, 437, *489*, *491*
Schmettau, Maria Elisabeth geb. Lucas 396
Schmid, Johannes 54
Schmid, Samuel 174
Schmidt gen. Fabricius, Jacob 335
Schmidt, Anna *siehe* Glück, Anna geb. Schmidt verw. Kertzendorf
Schmidt, Christoph 48
Schmidt, Elisabeth *siehe* Crüger, Elisabeth geb. Schmidt
Schmidt, Erasmus 25, 104, 148, 178, 186, 226, 227, 229, 363, 373
Schmidt, Gabriel 106, 380, *383*
Schmidt, Jacob 349
Schmidt, Johann 348
Schmidt, Johann Andreas 347, 348, *460*, *461*
Schmidt, Otto Christoph 49
Schmidt, Paul Heinrich *342*
Schmidt, Rosina geb. Junge *342*
Schmied, Anna *siehe* Kubitz, Anna geb. Schmied
Schmied, Friedrich *310*
Schmieß, Louise Charlotte *siehe* Sainson, Louise Charlotte geb. Schmied
Schmied, Maria *siehe* Schultze, Maria geb. Schmied
Schmied, Maria Sibylle geb. Schilling *310*
Schmitstorff, Erdmann 82, 202, *203*, *213*, *260*, **404 bis 408**, *471*
Schmitstorff, Rebecca geb. Kunzenbach 82, *203*, *213*, *260*, 404, *471*
Schmuck, Vincenz 74, 374, 375
Schnee, Christian 411
Schneider, Konrad Victor 118, 339, 356, 478
Schnobelius, Joachim 294
Schoen, Theodor 96, *98*
Schomberg, Frédéric Armand von 5
Schonaeus, Cornelius 193
Schönaich, Georg von 431
Schönbeck, Margaretha *siehe* Weyler, Margaretha geb. Schönbeck
Schönbeck, Maria *siehe* Kohl, Maria geb. Schönbeck
Schönberg, Abraham von 326, *332*
Schönberg, Elisabeth *siehe* Fromm, Elisabeth geb. Schönberg
Schönberg, Thomas 127
Schönborner von Schönborn, Georg 178
Schönburg, Georg Ernst Herr von 373

Schöneichel, Maria *siehe* Heinzelmann, Maria geb. Schöneichel
Schönfeld, Barbara *siehe* Rösner, Barbara geb. Schönfeld
Schönhaus, Elisabeth *siehe* Bergius, Elisabeth geb. Schönhaus
Schönhausen, Ursula *siehe* Eckhardt, Ursula geb. Schönhausen
Schönhoff, Georg 15
Schönmann, Anna Margaretha *siehe* Bartsch, Anna Margaretha geb. Schönmann
Schoock, Martin 221, 411
Schöppe, Daniel *343*
Schosser, Johannes 103
Schottel, Justus Georg 33, 36, 456
Schrader d. J., Johann Ernst *42*
Schrader, Christoph 174
Schrader, Georg Christoph *42, 81, 260, 406, 471*
Schrader, Johann Ernst *42, 81*, 83, *175, 176*, 214, *260, 352, 359, 406, 407, 469, 471, 475*
Schrader, Maria Ehrentraut geb. von Lilien *359, 469*
Schreiber, Andreas 184
Schreiber, Catharina Elisabeth *siehe* Gleim, Catharina Elisabeth geb. Schreiber
Schreiner, Philipp *307*
Schröder, Elisabeth *siehe* Reinhardt, Elisabeth geb. Schröder
Schröder, Joachim 150, *156*, 336
Schrödter, Catharina *siehe* Kalle, Catharina geb. Schrödter
Schubart, Andreas Christoph 258
Schubart, Christina Elisabeth *siehe* Madeweis, Christina Elisabeth geb. Schubart
Schuckmann, Heinrich 193
Schuckmann, Hermann 193, *197*, 336, 356, 453
Schulenburg, Dietrich von der 205
Schultz, Elisabeth geb. Quaak 223
Schultz, Paul 223
Schultze, Anna *siehe* Stiefel, Anna geb. Schultze
Schultze, Anna Christina geb. Bärendes *43*
Schultze, David 54, 300
Schultze, Dorothea geb. Fabricius *329*
Schultze, Elisabeth *siehe* Osterheld, Elisabeth geb. Schultze
Schultze, Georg 57, 274, 370
Schultze, Gertraut *siehe* Bredow, Gertraut geb. Schultze
Schultze, Joachim 105, *132, 182, 209, 238, 295, 340, 479*
Schultze, Maria geb. Schmied *57*
Schultze, Martin *42*
Schultze, Nicolaus *329*

Schultze, Peter 76
Schulz, Elisabeth *siehe* Fromm, Elisabeth geb. Schulz
Schupp, Johann Balthasar 410
Schurman, Anna Maria van 410
Schurtzfleisch, Konrad Samuel 487
Schuster, Anna Sabina *343*
Schütz, Heinrich 104, 106
Schuyl, Florentinus 65
Schwanhäuser, Sophia *siehe* Klingenberg, Sophia geb. Schwanhäuser
Schwartz, J. 432
Schwartzkopf, Elisabeth *siehe* Fromm, Elisabeth geb. Schwartzkopf
Schwartzkopf, Erdmann 140
Schwarzenberg, Adam Gf von 28, *142, 235, 366*, 376, 380, *384*
Schweden, Carl X. Gustav Kg von 349
Schweden, Carl XI. Kg von 195, 322, 324, 325
Schweden, Gustav Adolf Kg von 124, 188, *189*, 443
Schweden, Maria Eleonore Kgn von, geb. Mgfn von Brandenburg 188
Schwerin, Elisabeth Sophie Freifrau von, geb. von Schlabberndorff 22
Schwerin, Helena Dorothea Freiin von, geb. von Creutzen *414*
Schwerin, Otto Fh von 37, 84, 91, 100, 107, 152, 153, 194, 207, 221, 230, 246, 276, *337, 391*, 410, 432, 437, 438, 454
Scriver, Christian 241
Scultetus, Abraham 14, 206, 323, *329*
Scultetus, Amelia Luise geb. Stosch 87
Scultetus, Andreas 177
Scultetus, Christophorus *131*
Scultetus, Joachim 87
Scultetus, Johannes 431
Sebald, Heinrich 152, *161*, 185
Seckendorff, Veit Ludwig von 273
Seger, Catharina Sibylle *siehe* Kaut, Catharina Sibylle geb. Seger
Seidel d. J., Erasmus 180
Seidel, Andreas Erasmus von 320, *328*, 348
Seidel, Anna Christina *siehe* Siegfried, Anna Christina geb. Seidel
Seidel, Anna Walburga geb. Chemnitz *240, 392*, 410
Seidel, Catharina Elisabeth geb. Weise 287, *314*
Seidel, Erasmus 108, *111, 132*, 144, 179, *182, 183, 184*, 206, *209*, 238, 248, 288, *340*, 367, 383, 389, 409, *414*, 421, 467
Seidel, Erasmus Christian 46
Seidel, Eva Catharina geb. von Ilow, verw. von Rochow 47, 412
Seidel, Gertrud geb. Cling 412

Seidel, Hendrina Magdalena 240, *392*
Seidel, Joachim Ernst *43, 44, 46, 54,* 287, *314*
Seidel, Magdalena geb. Pasche 180, *288*, 409
Seidel, Margarethe *siehe* Bötticher, Margarethe geb. Seidel verw. Munier
Seidel, Maria geb. Franke 44
Seidel, Martha Sophia geb. Kohl 29, *143*, 144, *190, 191,* 208, *237, 304, 339, 387*, 410, *428*, 445, *478, 479*
Seidel, Martin Friedrich 29, *47,* 74, 131, *143,* 179, 180, *191,* 195, *199,* 208, 233, *237,* 240, 242, 294, 302, *303,* 320, *339, 387, 392,* **409–421**, *428,* 445, *478, 479*
Seiffart, Jonas 284
Seiler, Christian 309
Selfisch, Catharina *siehe* Reichel, Catharina geb. Selfisch
Selig, Moritz *403*
Sellius, Thomas 388
Seltrecht, Anna Maria *siehe* Otto, Anna Maria geb. Seltrecht
Sennert, Andreas 178, 201, 245, 272, 319, *326,* 356, *423,* 451, *463, 464*
Sennert, Daniel 97, 187, 226, 320, 335, 451, 477, *478*
Serra, Johann Baptist Mgf von *199,* 411, *420*
Sévigné, Marie Marquise de 4
Seydel, Johann Gottfried *79,* 404
Seyler, Tobias 275, *292*
Sherley, Thomas *120*
Sherlock, William 4
Siber, Adam 147, 363
Siber, Adam Theodor 363
Sieber, Anna Augusta geb. Grempler *390*
Siegfried, Anna Christina geb. Seidel *343*
Siegfried, Daniel *343*
Sieglitz, Johannes 373
Silckenstädt, Wemme *siehe* Koch, Wemme geb. Silckenstädt
Simon, Johannes *78, 158, 197,* 202, 240, *250,* 327, *357, 361,* 404, *468*
Simon, Lorenz 445
Simon, Maria geb. Wagner 445
Sleidan, Johann 487
Slevogt, Paul 463
Sohr, Peter 109, *113,* 114
Sölle, Louisa *siehe* Koch, Louisa geb. Sölle
Sölle, Simon *80,* 202, 212, *284,* 360, *405,* 469
Sommer, Anna Sophia *siehe* Lonicer, Anna Sophia geb. Sommer
Somnitz, Bogislaw von *434*
Somnitz, Lorenz Christoph von 319, *399,* 456

Somnitz, Ulrich Gottfried von *434*
Sonthom 330
Spanheim, Friedrich 10, 95
Spener, Philipp Jakob 5, 11, 109, *116,* 166, 167, 168, 169, 170, 175, *176,* 211, 212, 213, *214,* 324, 325, 348, *353,* 397, 443, 462, 463, 466, *476,* 481
Spener, Wilhelm Ludwig 168
Spengler, Adam 76, *78,* 149, *155, 158,* 244, 245, 336, 358, 377, *386, 387,* **422–430**, 462, *467*
Spengler, Anna *siehe* Rosa, Anna geb. Spengler
Spengler, Anna geb. Moritz 425
Spengler, Joachim Friedrich *155,* 387
Spengler, Johann Georg *386,* 425
Spengler, Margaretha geb. Bürger 422
Sperling, Johannes 118, 125, 126, 193, 201, 245, 320, *328,* 335, 356, 424, 451, 463, 464
Spicker, Eberhard 315
Spinola, Christoph Rojas von 432
Spinoza, Baruch de 67
Sprewitz, Michael *181, 306, 413, 479*
Stange, Eva Magdalena *siehe* Metzner, Eva Magdalena geb. Stange
Starck, Sebastian Gottfried 274, 275, *293, 392*
Starckmann, Emerentia *siehe* Gnospel, Emerentia geb. Starckmann
Starhemberg, Erasmus Fh von 363
Starke, Dorothea *siehe* Gerhardt, Dorothea geb. Starke
Starke, Kaspar 147
Statius, Martin 323, *329, 330*
Staudius, Johannes Hieronymus 90
Steder, Christoph *426*
Steenbergen, Dierick von 321
Steensen, Elert 46
Steger, Thomas 339, *345*
Stegmann, Joachim 15
Steinberg, Johann 221
Stenger, Johann Melchior 91, *332*
Stensen, Nils 66
Stephani, Maria *siehe* Unverfährt, Maria geb. Stephani
Stiefel, Anna geb. Schultze *315*
Stiefel, Johann Friedrich *315*
Stierius, Matthaeus 180
Stirnhöck, Helena geb. von Beyer *198*
Stisser, Wolfgang Melchior 251, 252, 253, 256, 257, 258, *263*
Stockfisch, Daniel *427*
Stockmann, Joachim 294, *295*
Stogsloff, Margaretha von *siehe* Pfuel, Margaretha von, geb. von Stogsloff
Stoltzer, Christian *303*

Storbeck, Christian 312
Stosch d. Ä., Bartholomaeus 431
Stosch, Amelia Luise *siehe* Scultetus, Amelia Luise geb. Stosch
Stosch, Bartholomaeus 10, *12*, *24*, 74, *75*, 90, 91, 96, 100, 128, 129, *133*, *135*, 152, 194, 195, 221, *222*, 229, 230, 231, *241*, *243*, 246, 320, 337, *392*, **431 bis 436**, 438, 454
Stosch, Ferdinand *439*
Stosch, Friedrich Wilhelm 96
Stöve, Albert *384*, *446*
Straaten, Willem van der 478
Stranzen, Catharina Erdmuth von, geb. von Brösicke 237
Strassen, Christoph von (?) *420*
Straßburg, Anna Elisabeth *siehe* Müller, Anna Elisabeth geb. Straßburg
Straßburg, Catharina Elisabeth *siehe* Uden, Catharina Elisabeth geb. Straßburg
Straßburg, Christian 37, *41*, *43*, *310*, 482, *483*
Straßburg, Gottfried Friedrich *133*
Strauch, Ägidius 487
Strauch, Augustin 319
Strauch, Johannes 252, 253
Streumen, Anna von *siehe* Pfuel, Anna von, geb. von Streumen
Stricker, Armgard Margaretha geb. Dehnin 55, *301*, *484*
Stricker, Christoph 55, *301*, *483*
Striepe, Hoyer Friedrich 223, *312*, *394*, 438, *439*
Striepe, Sebastian *21*, 100, 478
Striepe, Ursula *siehe* Lindholtz, Ursula geb. Striepe
Stripe, Eva Sibylla *siehe* Reinhard, Eva Sibylla geb. Stripe
Ströhmann, Paul *41*
Stromann, Martin 144, 238, *304*, *367*, 448
Strömann, Sophia *siehe* Baltzar, Sophia geb. Strömann
Stropp, Joachim 195, *199*
Strünkede, Gotthard Fh von 410
Strünkede, Heinrich Johann Fh von 410
Struve, Georg Adam 252, 253
Stubenberg, Johann Wilhelm von 381
Stuck, Anna Catharina *siehe* Zorn, Anna Catharina geb. Stuck
Stuck, Christoph 314
Stumpf, Johann Matth. *313*, *395*
Sturm, Johann Friedrich 85, *88*, *436*
Sturm, Johannes 168, 179
Sturm, Samuel 151, *159*
Sultze, Georg David *354*
Supe, Caspar 45, 48
Supe, Catharina *siehe* Köppe, Catharina geb. Supe

Supe, Catharina geb. Papenbruch 93, *171*, *311*
Supe, Peter 93, *311*, *314*
Supe, Ursula Dorothea geb. Müller *314*
Swammerdam, Jan 321
Sweelinck, Jan Pieterszon 104, 106
Sydow, Achatz von 73, *74*
Syenius, Arnold 97
Sylvißburg, Polidora Christine Gfn von *siehe* Wrangel, Polidora Christine Gfn von, geb. Gfn von Sylvißburg
Sylvius, Frans de la Boë 65, 96, *478*
Sylvius, Jacob *71*

Tanner, Matthias 127, 130, *134*, *135*, *136*, *343*, *344*
Tarnow, Johann 139
Taschenberg, Caspar *434*
Taubmann, Christoph 335
Taubmann, Friedrich 206, *363*, *442*
Taxis, Lamoral Gf von 256
Tentzel, Jakob *136*
Tentzel, Wilhelm Ernst 281, 282, *292*
Terwen, Johann 97
Teuber, Christian 175, *176*, 214, *311*, *352*, *353*, *407*, *475*
Teuber, Dorothea Elisabeth *siehe* Nesecke, Dorothea Elisabeth geb. Teuber
Teubner, Johannes Ernst *258*
Thering, Dorothea Sophia 55
Thering, Lucas Heinrich 55, 175
Thesendorf, Peter 377
Thévenot, Melchisedech 275
Thiele, Catharina *siehe* Schirmer, Catharina geb. Thiele
Thiele, Dorothea *siehe* Lubath, Dorothea geb. Thiele
Thiele, Georg 377, *390*
Thiele, Johann 245
Thiele, Maria geb. Kaul *390*
Thilo, Adam 348
Thilo, Dorothea Elisabeth *siehe* Rodigast, Dorothea Elisabeth geb. Thilo
Thilo, Elisabeth geb. Würstler 348
Tholdius 422
Thomas à Kempis 330
Thomasius, Christian 174, 253
Thümen, Christoph Ludwig Rittmeister von *157*
Thurneisser zum Thurn, Leonhard 119, 294
Tieffenbach d.Andere, Johann 187, 192
Tieffenbach d. J., Johann 79, *198*, 357, *359*
Tieffenbach, Anna Sibylla geb. Berchelmann 79, *198*, 357, *359*
Tieffenbach, Benedikt Reichard 197
Tieffenbach, Euphrosyna Margaretha *siehe* Bötticher, Euphrosyna Margaretha geb. Tieffenbach

Tieffenbach, Euphrosyna Margaretha geb. Reichardt   284, 426, *469*
Tieffenbach, Johann   *79, 80, 259,* 284, *328, 359, 393, 405, 426, 468, 470*
Tieffenbach, Maria Elisabeth   *siehe* Otto, Maria Elisabeth geb. Tieffenbach
Tieffenbach, Sabina   *siehe* Hellwig, Sabina geb. Tieffenbach
Tiefftrunck, Daniel   *427*
Tietze, Ilsa Anna   *siehe* Bosterhausen, Ilsa Anna gen. Schlüterin geb. Tietze
Tilenius, Johann   *313*
Till, Salomon von   4
Tilly, Johann Graf von   206
Titius, Gerhard   174, 175, 452, 455, *458*
Titius, Michael   118
Tonnenbinder, Anna   *siehe* Lindholtz, Anna geb. Tonnenbinder
Tonnenbinder, Anna geb. Wedigen   *237*
Tonnenbinder, Catharina   *siehe* Hellwig, Catharina geb. Tonnenbinder
Tonnenbinder, Catharina geb. Zorn   80, *287*
Tonnenbinder, Christian Friedrich   277
Tonnenbinder, Joachim   77, 80, *157, 194, 236, 237, 277, 286, 366, 385*
Tonnenbinder, Johann Heinrich   80, *287*
Tonnenbinder, Ursula geb. Krappe verw. Merten   *236, 366, 385*
Töpke, Christoph   *403*
Tornow, Johann   *12,* 74, 100, 206, *392, 434*
Torstenson, Lennart   188
Trentsch, Christian   76, 125, 201, *463, 464*
Treuer, Gotthilf   *465*
Treuner, Johann Philipp   *160*
Trost, Martin   422, *423*
Trumbach, Philipp   188
Trumbach, Rebecca   *siehe* Freytag, Rebecca geb. Trumbach
Trüstedt, Anna geb. Berghauer   *siehe* Bernhard, Anna geb. Berghauer verw. Trüstedt
Trüstedt, Paschasius   47, 151, *289,* 357
Trygophorus, Johannes   140
Tscherning, Andreas   272
Tschirtner, Maria geb. Jungenitsch   *303*
Tzautsch, Anna geb. Becker   29
Tzautsch, Wolf   *29*

Uden, Andreas Christian   *483*
Uden, Catharina Elisabeth geb. Straßburg   *41, 483*
Uden, Christian   *41*
Uffelmann, Werner Johann   50
Ulmann, David   *135, 242, 243, 344*

Ulrich, Dorothea Elisabeth   *siehe* Wordenhof, Dorothea Elisabeth geb. Ulrich
Ulrich, Erasmus   180
Ulrich, Lorenz   258
Unruh, Erasmus   362
Unverfährt, Joachim Martin   87
Unverfährt, Maria geb. Stephani   87
Unwirth, Anna Catharina   *189*
Unwirth, Hans   189
Ursinus von Bär, Benjamin   88, 397, *439*
Ursinus, Christoph   165, 192
Ursinus, Emilia Margaretha, geb. von Bilderbeck   *439*
Ursinus, Simon   125
Ursinus, Zacharias   14

Valepagius, Jodocus   453
Valepagius, Sarah   *siehe* Vorstius, Sarah geb. Valepagius
Varenholtz, Jodocus   *92,* 357, *359*
Varenius, August   273, 339, *344*
Vechner, Georg   431, 437
Vechner, Gersom   74, *224,* **437–440**, 454, 487
Vedelius, Nicolaus   221
Vehr d. Andere, Peter   441
Vehr d. Ä., Peter   15, 27, *28, 29, 30,* 104, *110, 111,* 127, *132,* 140, *144, 145, 156, 181, 182, 183,* 187, *209, 210,* 229, *238, 239,* 248, *249,* 252, *295,* 304, *305, 340, 341,* 364, *366, 367,* 381, *383, 384, 386, 387, 388, 389,* 413, *423, 426, 428,* **441–449**
Vehr d. J., Peter   252, 254, *314,* 381, 445
Vehr, Anna   445
Vehr, Anna geb. Vogt   *29, 111, 181,* 248, *386, 426,* 445
Vehr, Anna Maria   445
Vehr, Benjamin   443
Vehr, Catharina   443, 445
Vehr, Catharina   *siehe* Heinsius, Catharina geb. Vehr
Vehr, Catharina geb. Diepensee verw. Praetorius   *29,* 443
Vehr, Catharina geb. Lorentz   441
Vehr, Dorothea Elisabeth   *79, 198, 250, 359, 405,* 445, *469*
Vehr, Friedlieb (Irenaeus)   *325,* 445
Vehr, Jakob   441
Vehr, Joachim   443
Vehr, Johannes   443
Vehr, Peter   443
Veltheim, Valentin   347, 348
Verbetz, Johann Stephan   375
Vielthuedt, Adolph   *255, 350, 352*
Vielthuedt, Charlotta Maria   *siehe* Katsch, Charlotta Maria geb. Vielthuedt

Vieritz, Wolfgang Andreas   379, *388*
Voëtius, Gisbert   95
Vogelgesang, Elisabeth Sophie   *siehe* Damerow, Elisabeth Sophie geb. Vogelgesang
Vogelhaupt, Nicolaus   328
Vogt, Anna   *siehe* Vehr, Anna geb. Vogt
Vogt, Caspar   445
Voigt, Anna Margarethe   *siehe* Brehme, Anna Margarethe geb. Voigt
Voigt, Johann   *218, 219*
Volckamer, Johann Georg   *67*, 265, *269*
Völcker, Rupert   488
Volckmann, Paul   438
Volmar, Johann Heinrich von   *101*
Vorstius d. Ä., Johann   450
Vorstius, Johann   74, 91, 152, 194, 195, 221, 246, 273, 275, 336, 437, 438, *450–461*, 487, 488
Vorstius, Martin   450
Vorstius, Sarah geb. Valepagius   453
Vossius, Gerhard Johann   174
Vulpinus, Emanuel   89, *143*, 229, *234*, *236*, *366*, *375*, *386, 425*
Vulpinus, Gertrud geb. Rosenthal   *143*, *236*, *366*, *386, 425*
Vult, Jacob   195, *199*
Vulteius, Hermann   206

Wagner, Johannes   *445*
Wagner, Margaretha geb. Willicke   *239*
Wagner, Maria   *siehe* Simon, Maria geb. Wagner
Wagner, Tobias   339
Wagner, Zacharias   *292*
Walaeus, Johann   294
Walaeus, Samuel   445
Waldau, Hans von   *447*
Waldau, Jonas   *61*
Waldau, Lucretia von, geb. von Götze   *447*
Waldburg, Gebhardt Fh von   *92, 414*
Waldburg, Maria Freiin zu   20
Waldeck, Georg Friedrich Gf von   486
Waldner, Matthias   363
Waldner, Sidonia   *siehe* Rösner, Sidonia geb. Waldner
Waldow, Adam   *132*
Waldow, Bastian von   228, *235*, *384*
Waldow, Elisabeth Sophia von, geb. von Klitzing   228, *235*, *384*
Wallenstein, Albrecht von   376
Walliser, Christoph Thomas   105
Walter, Anna Elisabeth   *siehe* Westphal, Anna Elisabeth geb. Walter
Walton, Brian   274
Wanckel, Johann   363

Wangenheim, Dorothea Amelia von   *siehe* Perbant, Dorothea Amelia von, geb. von Wangenheim
Warnecke, Elisabeth geb. Block   288
Warnecke, Johann   288
Water, Maria von der   *siehe* Martitz, Maria geb. von der Water
Watson, Thomas   86
Weber, Andreas   462
Weber, Anna geb. Flöring   78, 104, *110*, *158*, *197*, 240, 249, 341, 368, *391*, *414*, 462
Weber, Catharina Maria geb. von Wedel   251
Weber, Georg   29, 78, 104, *110*, *143*, *158*, *197*, *236*, 240, 249, 341, 368, *385, 391*, *414*, *425*, 462
Weber, Gottfried   34, 139, 141, 151, 194, 201, 211, 233, 254, 318, 320, 335, 348, *354*, 356, 381, *407*, 444, **462–476**
Weber, Johann   251, 462
Weber, Sophia Elisabeth   *siehe* Madeweis, Sophia Elisabeth geb. Weber
Wecker, Johann   363
Wedel auf Uchtenhagen, Otto von   251
Wedel, Catharina Maria von   *siehe* Weber, Catharina Maria geb. von Wedel
Wedel, Georg Wolfgang   120
Wedel, Hasso Adam von   *391*
Wedigen, Anna   *siehe* Müller, Anna geb. Wedigen verw. Prüfer
Wedigen, Anna   *siehe* Tonnenbinder, Anna geb. Wedigen
Wedigen, Anna Magdalena   *siehe* Reichenau, Anna Magdalena geb. Wedigen
Wedigen, Anna Margarethe geb. Wernicke   *313*
Wedigen, Gabriel   *300, 307*
Wedigen, Johann   383
Wedigen, Johann Balthasar   *313*
Wedigen, Maria   *siehe* Welle, Maria geb. Wedigen
Weding, Catharina Maria   *siehe* Grimm, Catharina Maria geb. Weding
Wehling, Dorothea geb. Rösner   363
Wehling, Joachim   363
Wehrenberg, Jacob   149, *155*
Weichmann, Christoph   206
Weidmann, Elias   *342*
Weidner, Christian   59
Weidner, Gottfried   477
Weigel, Anna Sabina geb. Rösner   363
Weigel, Erhard   31, 38, 252, 254, 257, 318, 346, 465
Weigel, Michael   363, *367*
Weigel, Valentin   170
Weikgenandt, Johann   353
Weiler, Catharina   *siehe* Scharde, Catharina geb. Weiler

Weiler, Johann *43*
Weiler, Justus 375
Weiler, Justus Valentin *57*
Weiler, Leonhard 410
Weiler, Louysa Maria geb. Rhewend siehe Wolff, Louysa Maria geb. Rhewend verw. Weiler
Weiler, Margaretha siehe Beyer, Margaretha von, geb. Weiler
Weiler, Maria siehe Neubauer, Maria geb. Weiler
Weinleben (Weinlob), Johann 420, *421,* 462
Weinreich, Melchior 373
Weinrich, Thomas 375
Weise d. J., Martin 122, 198, 250, 285, 313, *394,* 416
Weise, Anna Rosina siehe Luther, Anna Rosina geb. Weise
Weise, Catharina Elisabeth siehe Seidel, Catharina Elisabeth geb. Weise
Weise, Gottfried 180, *183*
Weise, Gottfried von 348
Weise, Margarethe geb. Donke 477
Weise, Martin 37, *62,* 74, 91, 119, *121,* 212, 214, 265, *313,* 350, *352, 353, 407, 475,* **477–481,** 482, 484
Weise, Theodor 477
Weiss, Johann 318
Weißbrodt, Amelia siehe Beyer, Amelia geb. Weißbrodt
Weitzke, Dorothea Magdalena siehe Neubauer, Dorothea Magdalena geb. Weitzke
Welle, Maria geb. Wedigen 56
Welle, Sebastian 56, 89, 192
Weller von Molsdorff, Jacob 392, 423, 425
Weller, Christina Dorothea geb. Röber 423, *425*
Weller, Sibylla verw. Graefenthal 423, *425*
Welschius, Hieronymus 275
Wendler, Michael 125, 126, *131,* 245
Wenschendorff, Johann 188, *189*
Wenschendorff, Maria siehe Reichenau, Maria geb. Wenschendorff
Wernicke, Amalia geb. Heidkampff *133,* 308
Wernicke, Andreas 143, 188, *387*
Wernicke, Anna Margarethe siehe Wedigen, Anna Margarethe geb. Wernicke
Wernicke, Catharina siehe Koch, Catharina geb. Wernicke
Wernicke, Joachim Ernst 93, *133,* 304, 308, 351
Wernicke, Johann 27, 446
Wernicke, Johann Georg 446
Wernicke, Maria Sibylla siehe Gericke, Maria Sibylla geb. Wernicke
Wernicke, Nicolaus 157

Wernicke, Reichard *190*
Wernicke, Theophil 351
Wernsdorf, Gottlieb 154
Werth, Peter 31, *39*
Weseus, Joachim 208
Westarph, Anna geb. Cramer 352
Westarph, Joachim Bernhard 439
Westphal, Anna Elisabeth geb. Walter 54, 482
Westphal, Philipp 54, 300, **482–485**
Weyler, Justus 27, 364, *366,* 445, 446
Weyler, Margarethe geb. Schönbeck 27, 445
Wieger, Anna siehe Cramer, Anna geb. Wieger
Wiesenmeyer, Burchard 106
Wilcken, Andreas 62
Wilcken, Elisabeth geb. Berbaum 62
Wilhelmi, Johann Gerlach 437, 438, **486–493**
Willich, Anna von siehe Feust, Anna geb. von Willich
Willich, Johann Christian 320, *327*
Willicke, Margaretha siehe Wagner, Margaretha geb. Willicke
Willigen, Anna von 439
Willius, Balthasar 84
Willmann, Maria Magdalena siehe Brümmer, Maria Magdalena geb. Willmann
Wilmersdorf, Cuno von 302
Wilmersdorff, Eva von, geb. von Below 190
Winckler, Heinrich 344
Winckler, Johanna Magdalena 344
Wins, Andreas 17, *101*
Wins, Martha siehe Jordan, Martha geb. Wins
Winsheim, Vitus 421
Winterfeld, Anna Elisabeth von 398
Winterfeld, Margaretha von siehe Löben, Margaretha von, geb. von Winterfeld
Winterfeldt, Samuel von 20, 208
Wintzingeroda, Sophia von siehe Reyger, Sophia de, geb. von Wintzingeroda
Winzerling, Maria siehe Eisenmenger, Maria geb. Winzerling
Wippel, Johann Jakob 58, 322
Wippermann, Friedrich 60
Wippermann, Loysa Maria geb. Krause 60
Wirth, Anna geb. Funcke 383
Witkop, Hans 303
Witsen, Nicolas 277, *290*
Witte, Christoph 48, 91
Witte, Hermann 331
Witte, Michael 309
Wittich, Georg 398
Wittmannsdorf, Herr von 431
Wolff, Anna geb. Bönnemann 43
Wolff, Anna Ursula geb. von Lilien 228, 233

Wolff, Ehrentraut von *siehe* Klitzing, Ehrentraut von, geb. von Wolff
Wolff, Erdmuth geb. Gerlach 49
Wolff, Georg Conrad 57, 60, 63, 233, *484*
Wolff, Georg Wilhelm 49
Wolff, Johann Paul 43, 62, 228
Wolff, Louysa Maria geb. Rhewend verw. Weiler 57, 60, *484*
Wolff, M. E. *415*
Woltersdorf, Gabriel 443
Wordenhof, Dorothea Elisabeth geb. Ulrich 80
Wordenhof, Heinrich 80
Wrangel, Carl Gustav Gf von 322, 412
Wrangel, Polidora Christine Gfn von, geb. Gfn von Sylvißburg *416*
Wrech, Sophia Tugendreich von *siehe* Natzmer, Sophia Tugendreich von, geb. von Wrech
Wreich, Christian Sigismund von *434*
Wren, Christopher 119
Wubeck, Nicolaus *419*
Wulstorp, Ernst 437, 453, 454
Würstler, David 348
Würstler, Elisabeth *siehe* Thilo, Elisabeth geb. Würstler

Zabeltitz Herr von 294
Zader, Elisabeth *siehe* Hommel, Elisabeth geb. Zader
Zander, Eva Maria *siehe* Fröschel, Eva Maria geb. Zander
Zander, Karl 79, *359*, *469*
Zarlang, Anna Maria 83, *203*, *213*, *406*, *473*
Zarlang, Anna Maria *siehe* Butt, Anna Maria geb. Zarlang
Zarlang, Catharina Elisabeth *157*, *240*, *249*, 368
Zarlang, Friedrich 78, *197*, *296*, *391*, *467*
Zarlang, Friedrich Ludwig 78, *157*, *197*, *240*, *249*, 308, *341*, *368*, *391*, *467*
Zarlang, Margaretha 159
Zarlang, Margaretha geb. Damerow verw. Miser 83, *351*, *387*, *474*
Zarlang, Michael 83, *157*, *159*, *240*, *249*, 287, 308, *351*, *387*, *469*, *474*
Zedlitz und Neukirch, Christoph von *397*, 398
Zedlitz und Neukirch, Ursula von, geb. von Diebitsch 398
Zeidler, Matthäus Ignatius 128, *134*
Zeisold, Johannes 252, 253, 463
Zeitz, Eleonora geb. Buntebart 48, 92
Zeitz, Johann Georg 48, 92, 300, *353*
Zesen, Philipp von 410, 462
Ziegenbein, Elisabeth geb. Röhner *181*
Ziegenbein, Sigismund *181*
Ziegler, Samuel 343
Zieritz, Bernhard 179, *305*
Zieritz, Johann Michaelis 155
Zieritz, Sophia *siehe* Heinzelmann, Sophia geb. Zieritz
Zimmermann *136*, 297, 343
Zimmermann, Hermann 57
Zimmermann, Martin 63
Zitelmann, Johann 251
Zobel, Agnes Sophia *siehe* Heinzelmann, Agnes Sophia geb. Zobel
Zobel, Ulrich 179
Zolikofer, Anna Eleonora *siehe* Logau, Anna Eleonora geb. Zolikofer
Zorn d. Ä., Bartholomaeus 79, *359*, *394*, *469*
Zorn, Anna Catharina geb. Stuck *176*, *314*, *352*
Zorn, Bartholomaeus 75, *184*, 294, 295, *315*, *416*, 480
Zorn, Catharina *siehe* Tonnenbinder, Catharina geb. Zorn
Zorn, Friedrich *176*, *314*, 348, *352*
Zunner, Johann David 168
Zwinger, Jacob 396
Zytzow, Martin *307*